LITERATURA HISPANOAMERICANA

ANTOLOGÍA CRÍTICA

Orlando Gómez-Gil

Central Connecticut State College

LITERATURA HISPANOAMERICANA

ANTOLOGÍA CRÍTICA

TOMO II: Desde el Modernismo hasta el presente

HOLT RINEHART WINSTON

New York   Toronto   London

RECONOCIMIENTOS

Sin la generosa y desinteresada cooperación de los autores incluídos en esta antología, sus herederos o representantes y casas editoras, esta obra no habría sido una realidad. Por ese motivo, tanto el autor como la editorial desean dejar constancia de su profunda gratitud a las mencionadas personas y entidades.

Finalmente queremos señalar que muchos autores de primera categoría no han podido ser incluídos por razones de espacio. Esta omisión de ninguna manera representa un juicio adverso para sus obras, sino que responde a la índole de esta antología.

FOR PERMISSIONS PLEASE REFER TO PAGE 735-6.

A Ofelia, mi mujer
A Rose Mary, mi hija
A Aurora, mi hermana

Prefacio

Al preparar la presente antología, que se publica en dos tomos, nuestro objetivo ha sido poner al alcance de los estudiantes una selección representativa de toda la producción literaria de Hispanoamérica.

En esta obra seguimos básicamente el plan, método y organización de nuestra *Historia crítica de la literatura hispanoamericana*, tan favorablemente acogida por estudiantes y profesores. Todos los géneros literarios, inclusive el teatro, aparecen representados. Por razones de extensión hemos suprimido la novela, pero insertamos cuentos u otras producciones de los novelistas más importantes para conocimiento de los alumnos.

Las selecciones se presentan por épocas y por géneros literarios. Cada autor va precedido de una breve introducción crítica en la cual se expone un panorama general de sus obras más importantes, destacando especialmente el aspecto estilístico a fin de orientar al alumno en la lectura, comprensión y disfrute estético de las selecciones. En cuanto al criterio de elección, no nos ha movido únicamente el gusto o preferencia personal, sino que hemos tomado en consideración la calidad literaria asignada por la mayoría de la crítica y el valor representativo de los textos escogidos dentro de un período o movimiento determinado. De los escritores que han cultivado más de un género, ofrecemos, siempre que es posible, selecciones de todos aquellos en que han logrado destacarse, a fin de lograr una imagen más completa de sus obras.

En vez de un vocabulario, que no consideramos necesario, explicamos palabras o expresiones de difícil comprensión por medio de notas en español. También hemos usado notas y explicaciones analíticas para ofrecer orientaciones sobre pasajes literarios complicados, pero sin intención de interferir con otras opiniones y criterios, ni influir en la libre interpretación que los profesores y alumnos pudieran tener sobre las obras.

Hemos hecho todo lo posible para darle la suficiente flexibilidad al plan de esta antología, de manera que cada profesor pueda adaptarla a las conveniencias de clase y a la índole del curso, bien sean estos «Graduate courses» como «Undergraduate», ya que en el último caso el profesor podría seleccionar el material a cubrir, de acuerdo con el tiempo que disponga y el nivel de su clase. Debido a que cada género y cada período literario están ampliamente representados, también puede usarse con provecho en cursos especiales sobre determinadas épocas, géneros, movimientos o grupos de escritores. Se ha dado gran importancia a la literatura contemporánea incluyendo los autores más recientes, para complacer así tendencias muy precisas de la enseñanza actual.

Deseamos extender nuestro agradecimiento a los profesores Osbaldo Acosta, María de los Angeles Acosta, Marco A. Arenas, Marquela Arenas y Ofelia Gómez-Gil, mi esposa, por las lecturas parciales del manuscrito, de las pruebas y sus valiosas sugerencias. Gratitud infinita debemos al Dr. Arthur M. Selvi, Ex-Chairman del Departamento de Lenguas Modernas y Director de la División de Humanidades de Central Connecticut State College por su cooperación, estímulo y atinados consejos. Quede también expresa constancia del reconocimiento del autor hacia las personas que lo han ayudado en la lectura de pruebas, señaladamente los señores Felipe Rodríguez y Carlos Entralgo.

Si la presente obra, como esperamos, resulta de utilidad para los estudiantes y profesores de literatura hispanoamericana y contribuye a un conocimiento más amplio de los valores indiscutibles de sus autores, quedarán gratamente compensados los propósitos esenciales que hemos perseguido.

Orlando Gómez-Gil

Índice general*

---

* A fin de lograr una idea más completa de la obra de cada autor, hemos agrupado bajo su nombre todos los géneros literarios presentes en ella. En cursos sobre géneros literarios, bastaría tener este hecho en cuenta.

II Literatura contemporánea: El Postmodernismo   233

III Literatura actual: El Postvanguardismo   487

POESÍA

I El Modernismo

Iniciadores, precursores o primera generación

Plenitud modernista o segunda generación

J^{osé} M^{artí}

CUBA, 1853-1895

A más de ser uno de los grandes escritores de la lengua española, el cubano José Martí es, posiblemente, el hispanoamericano más universal por sus valores como escritor, sus sacrificios por la libertad y la proyección ética de toda su obra. Reunió las cualidades del hombre de letras y del hombre de acción. De aquí que se distinguiera como periodista, poeta, ensayista y pensador. El retrato de su vida se completa con su labor como patriota, revolucionario, político y apóstol de la independencia de Cuba. El americanismo de su pensamiento lo coloca entre las grandes figuras de la América hispana de todos los tiempos. Como poeta inicia la renovación a fondo que se completaría después en el instante de apogeo del Modernismo. En Martí se produce una combinación raramente lograda entre los hombres: el artista consciente de su arte, el hombre de grandes inquietudes morales, metafísicas y político-sociales, y el carácter firme del héroe. Esta simbiosis admirable es la que decreta la indiscutible universalidad de su vida y de su obra. Idealista y revolucionario práctico; artista y político; consagrado a la elevación del hombre y de la humanidad: ofrendó su vida a la independencia de Cuba, pero defendió la libertad de todos los hombres. Martí es el primer iniciador del Modernismo, y quien introduce, tanto en la prosa como en el verso, los elementos claves que han de regir en los escritores posteriores de ese movimiento. También cultivó el teatro y la novela, géneros que no alcanzan tanta importancia dentro de su gran producción de treinta tomos. Tanto en la prosa como en el verso tuvo una directa influencia sobre Rubén Darío, quien lo tenía como «maestro», y sobre otros muchos escritores.

Martí comenzó a escribir versos a los quince años y ellos constituyen el mejor guía para hacer un viaje por la interioridad de su espíritu. Los temas esenciales de su poesía son el amor, desdoblado en amor al hijo, a la mujer, a la patria, a los humildes, a las víctimas de la injusticia y la esclavitud, a la muerte y a la humanidad. Otros temas esenciales son la amistad, la dignidad y la libertad como valor supremo del hombre. Martí señaló rumbos al Modernismo, sin apartarse de la buena poesía española, pero dotándola de nuevo caudal ideológico, simbólico y metafórico. En 1882 publicó Martí su primer libro de versos, *Ismaelillo*, compuesto de quince composiciones dedicadas a su único hijo. En ellas vertió todo su amor y ternura de padre. Lo nuevo no está en los versos, que son tradicionales, ni en esta poesía de tipo familiar, sino en la novedad de las imágenes, en lo sincero del sentimiento y el perfecto acoplamiento entre el ritmo de la poesía y la expresión de la emoción del padre. Nueve años después publicó sus poesías más conocidas y famosas: los *Versos sencillos* (1891), escritos en verso octosílabo, el más tradicional en la lírica española. Eugenio Florit ha dicho que son «versos brillantes, claros como gotas de rocío, infinitos en su brevedad, hondos en la apariencia cristalina». Lo nuevo está en el simbolismo, la naturalidad, las parábolas, el color y justedad de las imágenes. Poesía marcada por el sencillismo, y por el sello personal de todo lo escrito por Martí. Luego vienen los *Versos libres* (compuestos hacia 1882, publicados en 1913), escritos en momentos de gran actividad política. Son versos atormentados, de gran fuerza, escritos en momentos de enorme lucha interior, por eso son a veces ríspidos, recios y a menudo enérgicos, fuertes, herméticos, de sonoridades difíciles. Se destacan por las innovaciones expresivas e imágenes y metáforas que sorprenden por su gran modernidad. Su último libro *Flores del destierro* (versos publicados en 1932, pero compuestos entre 1885 y 1895) sitúa a Martí entre los grandes innovadores de la poesía. Fueron compuestos estos versos cuando más afiebrada era la agitación política en que vivía. El mismo poeta se ha encargado de darnos la mejor descripción de estas poesías al decir en el prólogo: «Se encabritan los versos, como las olas: se rompen con fragor o se mueven pesadamente, como fieras en jaula y con indómito y trágico desorden, como las aguas contra el barco. Y parece como que se escapa de los versos, escondiendo sus heridas, un alma sombría, que asciende velozmente por el lúgubre espacio, envuelta en ropas negras». Desprovisto de retórica, el verso es todo contenido poético.

Donde Martí apenas tiene igual o quien lo supere es en la prosa. Bajo la influencia directa de Santa Teresa, Quevedo, Saavedra Fajardo, Cervantes y Gracián y de los franceses Gautier, Flaubert, Daudet, Hugo y los hermanos Goncourt, escribe en uno de los estilos más expresivos y hondos de la lengua. Es uno de los iniciadores de la prosa vestida de galas y de pensamiento, trabajada con cuidado, con voluntad de estilo, con gran flexibilidad y muy rica en ideas. Contrario a lo que piensan algunos, Martí tenía plena conciencia de las reformas que estaba iniciando y de su necesidad para sacar la prosa castellana de cierto grado de retoricismo, dándole una nueva tónica para su perfeccionamiento. Originalidad, armonía, ritmo, imágenes novedosas, profundidad de pensamiento, se combinan en todo momento para darnos una de las prosas más codiciadas de la lengua española. Aquí descuellan sus famosos discursos, sus ensayos políticos y críticos y las llamadas «crónicas» enviados a distintos periódicos del continente, sobre todo a *La Nación* de Buenos Aires. En estas crónicas comentaba acontecimientos contemporáneos, desde un terremoto hasta un día de playa en Coney Island; o se detenía en el estudio de alguna campaña política, o en una gran figura literaria, militar, histórica o política de los Estados Unidos. Su obra en prosa se completa con su famoso epistolario, quizás lo menos conocido del escritor y, sin embargo, de innegable valor para la comprensión de las interioridades de su alma y su pensamiento. Toda su obra presenta un elevado tono ético así como una preocupación por los valores universales, pues cuando defiende la libertad, por ejemplo, no se refiere a la simple independencia del cubano, sino que la defiende como valor supremo del hombre en todas las latitudes. Lo mismo sucede cuando propugna la igualdad de razas, la justicia social y otros valores consustanciales a la dignidad plena del hombre. Aunque de raíz romántica, Martí se coloca a la vanguardia de los renovadores del verso y la prosa en español. Escribió en medio de una vida llena de premura y agitación, pero en su obra no hay lugar para la improvisación, la vulgaridad o el descuido. Todo lo pensó y creó elevado, como su propia vida.

FUENTES: *Obras completas*, 5 vols., Caracas, Talleres de Litho-Tip C.A., 1964. Prólogo, notas y cronología bibliográfica de Jorge Quintana.

Ismaelillo[1]

Hijo:[2]

Espantado de todo, me refugio en ti.

Tengo fe en el mejoramiento humano, en la vida futura, en la utilidad de la virtud, y en tí.

Si alguien te dice que estas páginas se parecen a otras páginas, díles que te amo demasiado para profanarte así. Tal como aquí te pinto, tal te han visto mis ojos. Con esos arreos de gala te me has aparecido. Cuando he cesado de verte en esa forma, he cesado de pintarte. Esos riachuelos han pasado por mi corazón.

¡Lleguen al tuyo!

Príncipe enano

Para un príncipe enano
se hace esta fiesta.
Tiene guedejas[3] rubias,
blancas guedejas;
por sobre el hombro blanco
luengas[4] le cuelgan.
Sus dos ojos parecen
estrellas negras:
vuelan, brillan, palpitan,
relampaguean!
El para mí es corona,
almohada, espuela.[5]
Mi mano, que así embrida[6]
potros y hienas,
va, mansa y obediente,
donde él la lleva.
Si el ceño frunce, temo;
si se me queja,—
cual de mujer, mi rostro
nieve se trueca;[7]

su sangre, pues, anima
mis flacas venas:
¡con su gozo mi sangre
se hincha, o se seca!
Para un príncipe enano
se hace esta fiesta.

¡Venga mi caballero
por esta senda!
¡Éntrese mi tirano
por esta cueva!
Tal es, cuando a mis ojos
su imagen llega,
cual si en lóbrego antro[8]
pálida estrella,
con fulgores de ópalo,
todo vistiera.[9]
A su paso la sombra
matices muestra,
como al Sol que las hiere,
las nubes negras.
¡Héme ya, puesto en armas,
en la pelea![10]

---

[1] Ismael fue hijo de Abraham y de Agar, y origen de los ismaelitas o árabes. Parece que Martí escogió el título de *Ismaelillo* pensando en la independencia y libertad representadas por esos hijos del desierto.

[2] Martí dedica *Ismaelillo* a su único hijo, José, que tenía cuatro años en esa época.

[3] pelos largos

[4] largas

[5] En estos versos Martí dice todo lo que el hijo es para él: corona (triunfo); almohada (donde pueda descansar de sus luchas); espuela (impulso para seguir viviendo y luchando).

[6] sujeta, le pone riendas a

[7] se trueca (trocarse): se cambia

[8] oscura cueva

[9] Toda su vida se alegra y siente un nuevo optimismo cuando ve a su hijo.

[10] Está dispuesto a seguir luchando porque su hijo lo inspira.

Quiere el príncipe enano
que a luchar vuelva:
¡El para mí es corona,
almohada, espuela!
Y como el Sol, quebrando,
las nubes negras,
en banda de colores
la sombra trueca,—
él, al tocarla, borda
en la onda espesa,
mi banda de batalla
roja y violeta.[11]
¿Conque mi dueño quiere
que a vivir vuelva?
¡Venga mi caballero
por esta senda!
¡Éntrese mi tirano
por esta cueva!
¡Déjenme que la vida
a él, a él ofrezca!
Para un príncipe enano
se hace esta fiesta.

Mi caballero

Por las mañanas
mi pequeñuelo
me despertaba
con un gran beso.
Puesto a horcajadas
sobre mi pecho,
bridas forjaba
con mis cabellos.[12]
Ebrio[13] él de gozo,
de gozo yo ebrio,
me espoleaba
mi caballero:

¡qué suave espuela
sus dos pies frescos!
¡Cómo reía
mi jinetuelo!
Y yo besaba
sus pies pequeños,
¡dos pies que caben
en solo un beso!

Penachos vívidos[14]

Como taza en que hierve
de transparente vino
en doradas burbujas
el generoso espíritu;

como inquieto mar joven
del cauce nuevo henchido
rebosa, y por las playas
bulle y muere tranquilo;

como manada alegre
de bellos potros vivos
que en la mañana clara
muestran su regocijo,
ora en carreras locas,
o en sonoros relinchos,
o sacudiendo el aire
en crinaje magnífico;—

así mis pensamientos
rebosan en mí vívidos,
y en crespa espuma de oro
Besan tus pies sumisos,
o en fúlgidos penachos
de varios tintes ricos,
se mecen y se inclinan
cuando tú pasas—hijo!

---

[11] Martí hace siempre uso de lo cromático. El color rojo hace referencia a la lucha, la violencia y la pasión a que lo conducen sus ideales revolucionarios. El color violeta expresa la idea de luto, aflicción y melancolía, ideas muy constantes en el espíritu de Martí.

[12] Su hijito se le ponía encima y como montado a caballo le halaba el pelo, creyendo que eran las riendas.

[13] borracho

[14] Martí hace una bella descripción, en imágenes muy originales y modernas, del estado de su espíritu. El recuerdo de su hijo le llena el alma de todo lo bueno: luz, generosidad, optimismo, ansia de vivir y luchar, alegría.

Versos libres

Mis versos

Estos son mis versos. Son como son. A nadie los pedí prestados. Mientras no pude encerrar íntegras mis visiones en una forma adecuada a ellas, dejé volar mis visiones: ¡oh, cuánto áureo amigo que ya nunca ha vuelto! Pero la poesía tiene su honradez, y yo he querido siempre ser honrado. Recortar versos, también sé, pero no quiero. Así como cada hombre trae su fisonomía, cada inspiración trae su lenguaje. Amo las sonoridades difíciles, el verso escultórico, vibrante como la porcelana, volador como un ave, ardiente y arrollador como una lengua de lava. El verso ha de ser como una espada reluciente, que deja a los espectadores la memoria de un guerrero que va camino al cielo, y al envainarla en el Sol, se rompe en alas.

Tajos son éstos de mis propias entrañas —mis guerreros.— Ninguno me ha salido recalentado, artificioso, recompuesto, de la mente; sino como las lágrimas salen de los ojos y la sangre sale a borbotones de la herida.

No zurcí de éste y aquél, sino sajé en mí mismo. Van escritos, no en tinta de academia, sino en mi propia sangre. Lo que aquí doy a ver lo he visto antes (yo lo he visto, yo), y he visto mucho más, que huyó sin darme tiempo a que copiara sus rasgos.— De la extrañeza, singularidad, prisa, amontonamiento, arrebato de mis visiones, yo mismo tuve la culpa, que las he hecho surgir ante mí como las copio. De la copia yo soy el responsable. Hallé quebrados los vestidos, y otros no y usé de estos colores. Ya sé que no son usados. Amo las sonoridades difíciles y la sinceridad, aunque pueda parecer brutal.

Todo lo que han de decir, ya lo sé, y me lo tengo contestado. He querido ser leal, y si pequé, no me avergüenzo de haber pecado.

Al buen Pedro

Dicen, buen Pedro, que de mí murmuras
porque tras mis orejas el cabello
en crespas ondas su caudal levanta:[1]
¡diles, bribón, que mientras tú en festines,
en rubios caldos y en fragantes pomas,
entre mancebas del astuto Norte,[2]
de tus esclavos el sudor sangriento
torcido en oro, descuidado bebes,—

pensativo, febril, pálido, grave,
mi pan rebano en solitaria mesa
pidiendo ¡oh triste! al aire sordo modo
de libertar de su infortunio al siervo
y de tu infamia a ti! Y en estos lances,
suéleme, Pedro, en la apretada bolsa
faltar la monedilla que reclama
con sus húmedas manos el barbero.

---

[1] Necesita un corte de pelo.   [2] muchachas de los Estados Unidos

Hierro

Ganado tengo el pan: hágase el verso,—
y en su comercio dulce se ejercite
la mano, que cual prófugo perdido
entre oscuras malezas, o quien lleva
a rastra enorme peso, andaba ha poco
sumas hilando y revolviendo cifras.
Bardo ¿consejo quieres? Pues descuelga
de la pálida espalda ensangrentada
el arpa dívea,[3] acalla los sollozos
que a tu garganta como mar en furia
se agolparán, y en la madera rica
taja plumillas de escritorio y echa
las cuerdas rotas al movible viento.

¡Oh, alma! ¡oh, alma buena! mal oficio
tienes!: póstrate, calla, cede, lame
manos de potentado,[4] ensalza, excusa
defectos, ténlos —que es mejor manera
de excusarlos—, y mansa y temerosa
vicios celebra, encumbra vanidades:
verás entonces, alma, cuál se trueca
en plato de oro rico tu desnudo
plato de pobre!

Pero guarda, ¡oh alma!
que usan los hombres hoy oro empañado![5]
Ni de esos cures, que fabrican de oro
sus joyas el bribón y el barbilindo:[6]
las armas no, —las armas son de hierro!

Mi mal es rudo; la ciudad lo encona;
lo alivia el campo inmenso. ¡Otro vasto
lo aliviará mejor! —Y las oscuras
tardes me atraen, cual si mi patria fuera
la dilatada sombra.[7]

¡Oh verso amigo,
muero de soledad, de amor me muero!
No de amor de mujer; estos amores
envenenan y ofuscan. No es hermosa
la fruta en la mujer, sino la estrella.

La tierra ha de ser luz, y todo vivo
debe en torno de sí dar lumbre de astro.
¡Oh, estas damas de muestra![8] Oh, estas copas
de carne! Oh, estas siervas, ante el dueño
que las enjoya o estremece echadas!
¡Te digo, oh verso, que los dientes duelen
de comer de esta carne!

Es de inefable
amor del que yo muero, del muy dulce
menester de llevar, como se lleva
un niño tierno en las cuidadosas manos,
cuanto de bello y triste ven mis ojos.

Del sueño, que las fuerzas no repara[9]
sino de los dichosos, y a los tristes
el duro humor y la fatiga aumenta,
salto, al sol, como un ebrio. Con las manos
mi frente oprimo, y de los turbios ojos
brota raudal de lágrimas. ¡Y miro
el sol tan bello y mi desierta alcoba,
y mi virtud inútil, y las fuerzas
que cual tropel famélico de hirsutas
fieras saltan de mí buscando empleo;
y el aire hueco palpo, y en el muro
frío y desnudo el cuerpo vacilante
apoyo, y en el cráneo estremecido
en agonía flota el pensamiento,
cual leño de bajel[10] despedazado
que el mar en furia a playa ardiente arroja!

¡Sólo las flores del paterno prado
tienen olor![11] ¡Sólo las ceibas patrias
del sol amparan! Como en vaga nube
por suelo extraño se anda; las miradas
injurias nos parecen, y el Sol mismo,
más que en grato calor, enciende en ira!
¡No de voces queridas puebla el eco
los aires de otras tierras: y no vuelan
del arbolar espeso entre las ramas
los pálidos espíritus amados!
De carne viva y profanadas frutas
viven los hombres, ¡ay! mas el proscripto[12]
de sus entrañas propias se alimenta!

---

[3] arpa de sonido muy melodioso
[4] rico, poderoso
[5] oro no verdadero (emplean engaño)
[6] pícaro, bribón, se precia de lindo
[7] La sombra, la oscuridad, siempre le traen el recuerdo de Cuba porque no es libre.

[8] mujeres no verdaderas, no completas
[9] no da nuevas fuerzas
[10] barco
[11] nueva referencia a su patria
[12] exilado, desterrado

¡Tiranos: desterrad a los que alcanza
el honor de vuestro odio: ya son muertos!
Valiera más ¡oh bárbaros! que al punto
de arrebatarlos al hogar, hundiera
en lo más hondo de su pecho honrado
vuestro esbirro[13] más cruel su hoja más dura!
Grato es morir; horrible vivir muerto.
Mas no! mas no! La dicha es una prenda[14]
de compasión de la fortuna al triste
Que no sabe domarla. A sus mejores
hijos desgracias da Naturaleza:
fecunda el hierro al llano, el golpe al hierro!

Media noche

Oh, qué verguenza! El Sol ha iluminado
la Tierra; el amplio mar en sus entrañas
nuevas columnas a sus naves rojas
ha levantado; el monte, granos nuevos
juntó en el curso de solemne día
a sus jaspes y breñas;[15] en el vientre
de las aves y bestias nuevos hijos
vida, que es forma, cobran; en las ramas
las frutas de los árboles maduran;
y yo, mozo de gleba,[16] he puesto sólo,
mientras que el mundo gigantesco crece,
mi jornal en las ollas de la casa!

Por Dios, que soy un vil! No en vano el sueño
a mis pálidos ojos es negado!
no en vano por las calles titubeo[17]
ebrio de un vino amargo, cual quien busca
fosa ignorada donde hundirse, y nadie
su crimen grande y su ignominia sepa!
No en vano el corazón me tiembla ansioso
como el pecho sin calma de un malvado!

El cielo, el cielo, con sus ojos de oro
me mira, y ve mi cobardía, y lanza
mi cuerpo fugitivo por la sombra
como quien loco y desolado huye

de un vigilante que en sí mismo lleva![18]
¡La Tierra es soledad! ¡La luz se enfría!
¿Adónde iré que este volcán se apague?
¿Adónde iré que el vigilante duerma?

Oh, sed de amor! Oh, corazón prendado[19]
de cuanto vivo el Universo habita:
del gusanillo verde en que se trueca
la hoja del árbol; del rizado jaspe
en que las ondas de la mar se cuajan;
de los árboles presos, que a los ojos
me sacan siempre lágrimas; del lindo
bribón[20] que con los pies desnudos
en fango, y nieve, diario o flor pregona.[21]

Oh, corazón, que en el carnal vestido
no hierros de hacer oro, ni belfudos[22]
labios glotones y sensuosos mira,
sino corazas de batalla, y hornos
donde la vida universal fermenta.
Y yo, pobre de mí!, preso en mi jaula,
la gran batalla de los hombres miro!

Yugo y estrella

Cuando nací, sin sol, mi madre dijo:
«Flor de mi seno, Homagno[23] generoso,
de mí y de la Creación suma y reflejo,
pez que en ave y corcel[24] y hombre se torna,
mira estas dos, que con dolor te brindo,
insignias de la vida: ve y escoge.
Éste, es un yugo: quien lo acepta, goza.
Hace de manso buey, y como presta
servicio a los señores, duerme en paja
caliente, y tiene rica y ancha avena.
Ésta, oh misterio que de mí naciste
cual la cumbre nació de la montaña,
ésta, que alumbra y mata, es una estrella.
Como que riega luz, los pecadores
huyen de quien la lleva, y en la vida,
cual un monstruo de crímenes cargado,
todo el que lleva luz se queda solo,

---

[13] policía secreta o individuo represivo al servicio de una
dictadura
[14] joya, alhaja, gema
[15] *jaspes:* piedras duras, opacas y de varios colores; *breñas:*
malezas (muchos arbustos juntos)
[16] trabajador modesto, pobre
[17] vacilo, dudo, estoy indeciso
[18] Nótese la imagen tan bella de estos cinco versos.

[19] enamorado
[20] un niño precioso
[21] anuncia, vende
[22] de labios gruesos y grandes
[23] Palabra inventada por Martí. Rubén Darío la consideraba
más bella que «superhombre».
[24] caballo

pero el hombre que al buey sin pena imita,
buey vuelve a ser, y en apagado bruto
la escala universal de nuevo empieza.
El que la estrella sin temor se ciñe,[25]
como que crea, crece!

          Cuando al mundo
de su copa el licor vació ya el vivo;
cuando, para manjar[26] de la sangrienta
fiesta humana, sacó contento y grave
su propio corazón, cuando a los vientos
de Norte y Sur vertió su voz sagrada,
la estrella como un manto, en luz lo envuelve,
se enciende, como a fiesta,[27] el aire claro
y el vivo que a vivir no tuvo miedo,
se oye que un paso más sube en la sombra!»
—Dame el yugo, oh mi madre, de manera
que puesto en él de pie, luzca en mi frente
mejor la estrella que ilumina y mata.

Banquete de tiranos

Hay una raza vil de hombres tenaces
de sí propios inflados,[28] y hechos todos,
todos del pelo el pie,[29] de garra y diente;
y hay otros, como flor, que al viento exhalan
en el amor del hombre su perfume.
Como en el bosque hay tórtolas y fieras
y plantas insectívoras y puras,
sensitiva[30] y clavel en los jardines.
De alma de hombres los unos se alimentan:
los otros su alma dan a que se nutran
y perfumen su diente los glotones,[31]
tal como el hierro frío en las entrañas
de la virgen que mata se calienta.

A un banquete se sientan los tiranos,
pero cuando la mano ensangrentada

hunden en el manjar, del mártir muerto
surge una luz que les aterra, flores
grandes como una cruz súbito surgen
y huyen, rojo el hocico y pavoridos
a sus negras entrañas los tiranos.
Los que se aman a sí, los que la augusta
razón a su avaricia y gula[32] ponen:
los que no ostentan en la frente honrada
ese cinto de luz que en el yugo funde
como el inmenso sol en ascuas quiebra
los astros que a su seno se abalanzan:
los que no llevan del decoro humano
ornado el sano pecho: los menores
y los segundones[33] de la vida, sólo
a su goce ruin y medro[34] atentos
y no al concierto universal.

Danzas, comidas, músicas, harenes,
jamás la aprobación de un hombre honrado.
Y si acaso sin sangre hacerse puede,
hágase . . . clávalos, clávalos
en el horcón más alto del camino
por la mitad de la villana frente.
A la grandiosa humanidad traidores,
como implacable obrero
que un féretro de bronce clavetea,
los que contigo
se parten la nación a dentelladas.[35]

Copa con alas[36]

Una copa con alas ¿quién la ha visto
antes que yo? Yo ayer la ví. Subía
con lenta majestad, como quien vierte
óleo sagrado; y a sus dulces bordes
mis regalados labios apretaba.
ni una gota siquiera, ni una gota
del bálsamo perdí que hubo en tu beso!

[25] se pone
[26] comida rica y muy agradable
[27] como para una fiesta
[28] arrogantes, orgullosos
[29] de la cabeza a los pies
[30] especie de planta de la familia de las mimosáceas abundantes en la América Central y las Antillas, cuyas hojitas se caen al más leve contacto o movimiento
[31] los que comen mucho
[32] acto de comer sin moderación
[33] líderes sin importancia que siguen a otros
[34] beneficio
[35] a mordidas
[36] Este poema es muy simbólico como casi toda la poesía de Martí. La copa es de cristal, cuya transparencia simboliza la sinceridad y en ella se bebe para apagar la sed o para alegrarse. Hace un elogio del amor de mujer con mucha originalidad. La poderosa y a veces rara imaginación del poeta ve una hermosa visión al ser besado por su amada.

Tu cabeza de negra cabellera
¿te acuerdas? con mi mano requería,
porque de mí tus labios generosos
no se apartaran. Blanca como el beso
que a ti me transfundía, era la suave
atmósfera en redor; la vida entera
sentí que a mí abrazándote, abrazaba!
Perdí el mundo de vista, y sus ruídos
y su envidiosa y bárbara batalla!
Una copa en los aires ascendía

y yo, en brazos no vistos reclinado
tras ella, asido de sus dulces bordes,
por el espacio azul me remontaba!

Oh, amor, oh inmenso, oh acabado artista!
En rueda o riel funde el herrero el hierro;
una flor o mujer o águila o ángel
en oro o plata el joyador cincela;
tú sólo, sólo tú, sabes el modo
de reducir el Universo a un beso!

Versos sencillos[1]

1891

a Manuel Mercado, de México
a Enrique Estrázulas, del Uruguay

Mis amigos saben cómo se me salieron estos versos del corazón. Fue aquel invierno de angustia, en que por ignorancia, o por fe fanática, o por miedo, o por cortesía, se reunieron en Washington, bajo el águila temible, los pueblos hispanoamericanos. ¿Cuál de nosotros ha olvidado aquel escudo, el escudo en que el águila de Monterrey y de Chapultepec, el águila de López y de Walker, apretaba en sus garras los pabellones todos de la América? Y la agonía en que viví, hasta que pude confirmar la cautela y el brío de nuestros pueblos; y el horror y vergüenza en que me tuvo el temor legítimo de que pudiéramos los cubanos, con manos parricidas, ayudar el plan insensato de apartar a Cuba, para bien único de un nuevo amo disimulado, de la patria que la reclama y en ella se completa, de la patria hispanoamericana, que quitaron las fuerzas mermadas por dolores injustos. Me echó el médico al monte: corrían arroyos, y se cerraban las nubes: escribí versos. A veces ruge el mar, y revienta la ola, en la noche negra, contra las rocas del castillo ensangrentado: a veces susurra la abeja, merodeando entre las flores.

¿Por qué se publica esta sencillez, escrita como jugando, y no mis encrespados VERSOS LIBRES, mis endecasílabos hirsutos, nacidos de grandes miedos, o de grandes esperanzas, o de indómito amor de libertad, o de amor doloroso a la hermosura, como riachuelo de oro natural, que va entre arena y aguas turbias y raíces, o como hierro caldeado, que silba y chispea, o como surtidores candentes? ¿Y mis VERSOS CUBANOS tan llenos de enojo, que están mejor donde no se les ve? ¿Y tanto pecado mío escondido, y tanta

---

[1] En los *Versos sencillos* no hay unidad temática, pues Martí canta a múltiples cosas que asaltan su corazón. Casi todos están escritos en octosílabos, el más popular de los versos españoles. Unas veces emplea la cuarteta (rima *abab*) y otras, las redondillas (*abba*). Escribió estos versos en la primavera de 1890 cuando a causa de una enfermedad tuvo que vivir en Haines Falls, en las montañas Catskills, cerca de Nueva York. Martí sentía las angustias producidas en su ánimo por la Conferencia Internacional Americana que se había reunido en Washington el invierno anterior, muy bien explicadas en el prólogo. El poeta muestra una gran concentración lírica. El sencillismo es solamente exterior, porque las ideas son muy profundas y expresadas en símbolos de mucho hermetismo. Mientras Unamuno se sintió fascinado por los *Versos libres*, el Martí de los *Versos sencillos* es el que más impresionó a Rubén Darío y a Juan Ramón Jiménez.

prueba ingenua y rebelde de literatura? ¿Ni a qué exhibir ahora, con ocasión de estas flores silvestres, un curso de mi poética, y decir por qué repito un consonante de propósito, o los gradúo y agrupo de modo que vayan por la vista y el oído al sentimiento, o salto por ellos, cuando no pide rimas ni soporta repujos la idea tumultuosa? Se imprimen estos versos porque el afecto con que los acogieron, en una noche de poesía y amistad, algunas almas buenas, los ha hecho ya públicos. Y porque amo la sencillez, y creo en la necesidad de poner el sentimiento en formas llanas y sinceras.

I

Yo soy un hombre sincero
De donde crece la palma,[2]
Y antes de morirme quiero
Echar mis versos del alma.

Yo vengo de todas partes,[3]
Y hacia todas partes voy:
Arte soy entre las artes,
En los montes, monte soy.

Yo sé los nombres extraños[4]
De las yerbas y las flores,
Y de mortales engaños,
Y de sublimes dolores.

Yo he visto en la noche oscura
Llover sobre mi cabeza
Los rayos de lumbre pura
De la divina belleza.[5]

Alas nacer vi en los hombros[6]
De las mujeres hermosas:
Y salir de los escombros,
Volando las mariposas.

He visto vivir a un hombre
Con el puñal al costado,
Sin decir jamás el nombre
De aquella que lo ha matado.

Rápida como un reflejo,
Dos veces vi el alma, dos:
Cuando murió el pobre viejo,[7]
Cuando ella[8] me dijo adiós.

Temblé una vez—en la reja,
A la entrada de la viña,—
Cuando la bárbara abeja
Picó en la frente a mi niña.[9]

Gocé una vez, de tal suerte
Que gocé cual nunca:—cuando
La sentencia de mi muerte
Leyó el alcaide llorando.[10]

Oigo un suspiro, a través
De las tierras y la mar,
Y no es un suspiro,—es
Que mi hijo va a despertar.

Si dicen que del joyero
Tome la joya mejor,
Tomo a un amigo sincero
Y pongo a un lado el amor.[11]

Yo he visto al águila herida[12]
Volar al azul sereno,
Y morir en su guarida
La víbora del veneno.

---

[2] La palma es el símbolo de Cuba.
[3] Esta cuarteta expresa la tendencia hacia el universalismo y el cosmopolitismo de los modernistas, así como cierto panteísmo o identificación con la naturaleza.
[4] Ha tenido una gran experiencia vital. Sus conocimientos son amplios y ha conocido la traición y el engaño.
[5] Martí, como todo gran artista, soñaba con apresar la belleza perfecta en su obra.
[6] «Ala», el símbolo por excelencia del idealismo, es también uno de los motivos predilectos de Martí. Con él expresa su deseo de constante elevación hacia regiones superiores. Los dos últimos versos expresan su fe en que lo bajo se puede transformar en algo elevado y superior.
[7] referencia a su padre, coronel del ejército español

[8] la amada
[9] El episodio sucedió realmente en Long Island a María Mantilla, entonces de ocho años, hija de Carmen Mantilla en cuya casa vivía Martí, quien quería a la niña como hija propia.
[10] Martí sufrió su primera y dura prisión por luchar por la libertad de Cuba cuando sólo tenía dieciséis años.
[11] La amistad es uno de los temas favoritos del poeta, quien rendía culto a ese sentimiento.
[12] Una de sus cuartetas más conocidas, por su gran sentido ético. Su simbolismo parece expresar que el bueno sabe elevarse, aunque sufra; el malo se arrastra y al fin muere de su propio veneno.

Yo sé bien que cuando el mundo
Cede, lívido, al descanso,
Sobre el silencio profundo
Murmura el arroyo manso.

Yo he puesto la mano osada,
De horror y júbilo yerta,
Sobre la estrella apagada
Que cayó frente a mi puerta.[13]

Oculto en mi pecho bravo
La pena que me lo hiere:
El hijo de un pueblo esclavo
Vive por él, calla y muere.

Todo es hermoso y constante,
Todo es música y razón,
Y todo, como el diamante,
Antes que luz es carbón.[14]

Yo sé que el necio se entierra
Con gran lujo y con gran llanto,—
Y que no hay fruta en la tierra
Como la del camposanto.[15]

Callo, y entiendo, y me quito
La pompa del rimador:
Cuelgo de un árbol marchito
Mi muceta de doctor.[16]

III[17]

Odio la máscara y vicio
Del corredor de mi hotel:
Me vuelvo al manso bullicio
de mi monte de laurel.

Con los pobres de la tierra[18]
Quiero yo mi suerte echar:
El arroyo de la sierra
Me complace más que el mar.

Denle al vano el oro tierno
Que arde y brilla en el crisol:
A mí denme el bosque eterno
Cuando rompe en él el Sol.

Yo he visto el oro hecho tierra
Barbullendo en la redoma:
Prefiero estar en la sierra
Cuando vuela una paloma.

Busca el obispo de España
Pilares para su altar;
¡En mi templo, en la montaña,
El álamo es el pilar!

Y la alfombra es puro helecho,
Y los muros abedul,
Y la luz viene del techo,
Del techo de cielo azul.

El obispo, por la noche.
Sale, despacio, a cantar:
Monta, callado, en su coche,
Que es la piña de un pinar.

Las jacas de su carroza
Son dos pájaros azules:
Y canta el aire y retoza,
Y cantan los abedules.

Duermo en mi cama de roca
Mi sueño dulce y profundo:
Roza una abeja mi boca
Y crece en mi cuerpo el mundo.

Brillan las grandes molduras
Al fuego de la mañana,
Que tiñe las colgaduras
De rosa, violeta y grana.[19]

---

[13] La imagen «estrella» se refiere a la desilusión, a la caída de las esperanzas del futuro mártir.

[14] Expresa otra idea constante de Martí, quien cree en la perfectibilidad humana y en la posibilidad de ascender de lo abyecto a lo noble y de lo oscuro a la claridad.

[15] Martí nunca expresa temor ante la muerte como Darío, por ejemplo. Cree que el cumplimiento del deber hace la vida perdurable: «La muerte no es verdad cuando se ha cumplido bien la obra de la vida», dijo.

[16] tendencia constante hacia la sencillez y la humildad casi franciscanas; muceta: bonete sobre la toga de los doctores

[17] Contrasta la vida sencilla (en el campo, en el monte) con la existencia complicada y bulliciosa de las grandes ciudades y expresa su preferencia por la primera. Usa símbolos de la naturaleza (monte, tierra, sierra, mar, árboles, abejas, paloma), muy típicos de su poesía.

[18] una de las grandes expresiones del idealismo martiano y de su gran preocupación por la redención humana

[19] Martí juega, por primera vez, con el valor poético de los colores que luego serán preferidos por los modernistas posteriores: azul, oro, rosa, violeta, grana.

El clarín, solo en el monte,
Canta al primer arrebol:
La gasa del horizonte
Prende, de un aliento, el Sol.

¡Díganle al obispo ciego,
Al viejo obispo de España
Que venga, que venga luego,
A mi templo, a la montaña!

V

Si ves un monte de espumas,[20]
Es mi verso lo que ves:
Mi verso es un monte, y es
Un abanico de plumas.

Mi verso es como un puñal[21]
Que por el puño echa flor:
Mi verso es un surtidor
Que da un agua de coral.

Mi verso es de un verde claro[22]
Y de un carmín encendido:
Mi verso es un ciervo herido
Que busca en el monte amparo.

Mi verso al valiente agrada:
Mi verso, breve y sincero,
Es del vigor del acero
Con que se funde la espada.

VII

Para Aragón, en España,[23]
Tengo yo en mi corazón
Un lugar todo Aragón,
Franco, fiero, fiel, sin saña.

Si quiere un tonto saber
Por qué lo tengo, le digo
Que allí tuve un buen amigo,
Que allí quise a una mujer.[24]

Allá, en la vega florida,
La de la heroica defensa,[25]
Por mantener lo que piensa
Juega la gente la vida.

Y si un alcalde lo aprieta
O lo enoja un rey cazurro,[26]
Calza la manta el baturro[27]
Y muere con su escopeta.

Quiero a la tierra amarilla
Que baña el Ebro lodoso:
Quiero el Pilar[28] azuloso
De Lanuza y de Padilla.[29]

Estimo a quien de un revés
Echa por tierra a un tirano:
Lo estimo, si es un cubano;
Lo estimo, si aragonés.

Amo los patios sombríos
Con escaleras bordadas;
Amo las naves calladas
Y los conventos vacíos.

Amo la tierra florida,
Musulmana o española,
Donde rompió su corola
La poca flor de mi vida.

---

[20] En esta estrofa vuelve al símbolo favorito del monte. Su verso es firme, macizo y elevado como aquél; puro como la espuma y de gran suavidad (último verso).

[21] Puñal quiere decir que su verso es del temple del acero y que es capaz de penetrar al corazón; flor simboliza lo delicado, espiritual y tierno; «Agua de coral» (color rojo) refleja los tormentos y dolores de su alma.

[22] El verde simboliza esperanza e identificación con la naturaleza e inspiración en ella. «El ciervo herido» es el mismo poeta considerado como héroe; al quedar herido en su lucha por el bien de los hombres, no tiene otro refugio que la naturaleza («el monte»).

[23] Martí completó sus estudios para los doctorados en Leyes y en Filosofía y Letras en la Universidad de Zaragoza, capital de Aragón. Sentía gran admiración por la franqueza, sinceridad y defensa heroica de la libertad por los aragoneses

[24] referencia a la señorita Blanca de Montalvo, su novia cuando estudiaba en Zaragoza.

[25] Los aragoneses pelearon bravamente contra la invasión francesa (1808). El hecho más sangriento fue el sitio de Zaragoza por las tropas de Napoleón y la heroica resistencia de sus habitantes.

[26] arrogante, encerrado en sí mismo

[27] aragonés típico del pueblo

[28] La virgen del Pilar, una de las más veneradas de España, es una estatuilla dentro de la basílica o templo del Pilar, edificio de gran belleza a la orilla del río Ebro en Zaragoza.

[29] Lanuza, Juan de: (¿?–1592), justicia mayor de Aragón, defensor del médico Alonso Pérez contra la persecución de la Inquisición y de Felipe II. Padilla, Juan de: noble español (1484–1531), líder de los comuneros de Castilla contra la política del Emperador Carlos V.

IX[30]

Quiero, a la sombra de un ala,
Contar este cuento en flor:
La niña de Guatemala,
La que se murió de amor.[31]

Eran de lirios los ramos,
Y las orlas de reseda
Y de jazmín: la enterramos
En una caja de seda.

. . . Ella dio al desmemoriado
Una almohadilla de olor:
El volvió, volvió casado:
Ella se murió de amor.

Iban cargándola en andas
Obispos y embajadores:
Detrás iba el pueblo en tandas,
Todo cargado de flores.

. . . Ella, por volverlo a ver,
Salió a verlo al mirador:
El volvió con su mujer:
Ella se murió de amor.

Como de bronce candente
Al beso de despedida
Era su frente ¡la frente
Que más he amado en mi vida!

. . . Se entró de tarde en el río,
La sacó muerta el doctor:
Dicen que murió de frío:
Yo sé que murió de amor.

Allí, en la bóveda helada,
La pusieron en dos bancos:
Besé su mano afilada,
Besé sus zapatos blancos.

Callado, al oscurecer,
Me llamó el enterrador:
¡Nunca más he vuelto a ver
A la que murió de amor!

X[32]

El alma trémula y sola
Padece al anochecer:
Hay baile; vamos a ver
La bailarina española.

Han hecho bien en quitar
El banderón de la acera;
Porque si está la bandera,
No sé, yo no puedo entrar.[33]

Ya llega la bailarina:[34]
Soberbia y pálida llega:
¿Cómo dicen que es gallega?
Pues dicen mal: es divina.

Lleva un sombrero torero
Y una capa carmesí:
¡Lo mismo que un alelí
Que se pusiese un sombrero!

Se ve, de paso, la ceja,
Ceja de mora traidora:
Y la mirada, de mora:
Y como nieve la oreja.

[30] Estos versos son conocidos como «La niña de Guatemala». En el poema hay dos niveles de narración o «contrapunto»: uno se refiere al momento más reciente (el entierro de la joven) y el otro a recuerdos cuando la joven vivía. El lenguaje es fino y delicado. Martí logra un tono elegíaco auténtico y una emoción sincera, con toda sobriedad y contención. Las estrofas son redondillas y siempre las impares terminan con el verso «la que se murió de amor». La forma reiterativa destaca esa idea y contribuye efectivamente a transmitir el dolor de la elegía.

[31] María García Granados, bella joven guatemalteca enamorada de Martí cuando éste vivía en ese país (1877–1878). Ella murió poco después de la boda del poeta con la cubana Carmen Zayas Bazán, madre de «Ismaelillo». Martí le dedicó otro poema titulado «María».

[32] Comúnmente conocido como «La bailarina española». Consta de trece redondillas. Es uno de los mejores poemas de Martí, quien se destaca por la precisión y concentración poética con que describe todos los movimientos de un baile andaluz, sin omitir detalles, pues inclusive señala la reacción del público («Y va el convite creciendo» . . .). Hay uso de palabras exquisitas, manjar de los modernistas, como: divina, alelí, nieve, y profusión de colores.

[33] El poeta es un exilado político del régimen español en Cuba y no quiere saludar o rendir tributo a la bandera de España.

[34] En las redondillas 3a., 4a. y 5a. describe a la bailarina con mucho sensualismo, imágenes visuales y lenguaje refinado, típicamente modernistas.

Preludian, bajan la luz,[35]
Y sale en bata y mantón,
La virgen de la Asunción
Bailando un baile andaluz.

Alza, retando, la frente;
Crúzase al hombro la manta:
En arco el brazo levanta:
Mueve despacio el pie ardiente.

Repica con los tacones
El tablado zalamera,
Como si la tabla fuera
Tablado de corazones.

Y va el convite creciendo
En las llamas de los ojos,
Y el manto de flecos rojos
Se va en el aire meciendo.

Súbito, de un salto arranca:
Húrtase, se quiebra, gira:
Abre en dos la cachemira,
Ofrece la bata blanca.

El cuerpo cede y ondea;
La boca abierta provoca;
Es una rosa la boca:
Lentamente taconea.

Recoge, de un débil giro,
El manto de flecos rojos:
Se va, cerrando los ojos,
Se va, como en un suspiro. . . .

Baila muy bien la española,
Es blanco y rojo el mantón:
¡Vuelve, fosca, a su rincón
El alma trémula y sola![36]

XXIII

Yo quiero salir del mundo
Por la puerta natural:
En un carro de hojas verdes[37]
A morir me han de llevar.

No me pongan en lo oscuro
A morir como un traidor:
Yo soy bueno, y como bueno
Moriré de cara al Sol![38]

XXV

Yo pienso, cuando me alegro
Como un escolar sencillo,
En el canario amarillo,—
Que tiene el ojo tan negro![39]

Yo quiero, cuando me muera,
Sin patria, pero sin amo,
Tener en mi losa un ramo
De flores,—y una bandera!

XXXIV

¡Penas! ¿Quién osa decir[40]
Que tengo yo penas? Luego,
Después del rayo, y del fuego,
Tendré tiempo de sufrir.

---

[35] Las estrofas 6a. a 13a. presentan una descripción fiel, y vívida de todos los movimientos del baile. Sobresale el gran realismo descriptivo del poeta y su talento para darnos un cuadro de gran plasticidad y belleza, con mucha economía verbal. Nótese como el ritmo del poema se adapta al ritmo del baile.

[36] El bello poema termina con el mismo verso con que se inicia: «El alma trémula y sola . . .».

[37] Véase nota 22. Cuando el héroe muere en su lucha por la humanidad, vuelve a identificarse con la naturaleza, su punto de partida y refugio.

[38] Es sabido que Martí murió como prevén estos versos en una batalla con los españoles en Dos Ríos, Oriente, Cuba, el 19 de mayo de 1895.

[39] El poeta hace uso abundante del simbolismo «cromático», es decir que cada color está en función de un símbolo. El color amarillo lo combina con otros varios colores: azul, negro. El prof. Ivan A. Schulman (Símbolo y color en la obra de José Martí, 1960). afirma que «el amarillo y el negro aparecen juntos para indicar la imposibilidad de lo ideal». En este caso creemos que Martí quiere señalar la curiosidad intelectual que mueve al estudiante a querer explicarse todas las cosas.

[40] Esta redondilla describe el alma de héroe de Martí: no quiere pensar en sus propios dolores, porque está en el proceso de lucha por la liberación de Cuba. Después de la guerra tendrá tiempo de considerar sus propias penas.

Yo sé de un pesar profundo[41]
Entre las penas sin nombres:
¡La esclavitud de los hombres
Es la gran pena del mundo!

Hay montes, y hay que subir[42]
Los montes altos; ¡después
Veremos, alma, quién es
Quien te me ha puesto al morir!

XXXVIII[43]

¿Del tirano? Del tirano
Di todo, ¡dí más!; y clava
Con furia de mano esclava
Sobre su oprobio al tirano.

¿Del error? Pues del error
Dí el antro, dí las veredas
Oscuras: dí cuanto puedas
Del tirano y del error.

¿De mujer? Pues puede ser
Que mueras de su mordida;
Pero no empañes tu vida
Diciendo mal de mujer!

XXXIX

Cultivo una rosa blanca,[44]
En julio como en enero,
Para el amigo sincero
Que me da su mano franca.

Y para el cruel que me arranca
El corazón con que vivo,
Cardo ni oruga cultivo;
Cultivo la rosa blanca.

XLIV[45]

Tiene el leopardo un abrigo
En su monte seco y pardo:
Yo tengo más que el leopardo
Porque tengo un buen amigo.

Duerme, como en un juguete,
La mushma en su cojinete[46]
De arte del Japón yo digo:
«No hay cojín como un amigo.»

Tiene el conde su abolengo:
Tiene la aurora el mendigo:
Tiene ala el ave: ¡yo tengo
Allá en México un amigo![47]

Tiene el señor presidente
Un jardín con una fuente,
Y un tesoro en oro y trigo:
Tengo más, tengo un amigo.

XLV[48]

Sueño con claustros de mármol
Donde en silencio divino
Los héroes, de pie, reposan:
¡De noche, a la luz del alma,
Hablo con ellos: de noche!
Están en fila: paseo
Entre las filas: las manos
De piedra les beso: abren[49]
Los ojos de piedra: mueven
Los labios de piedra: tiemblan
Las barbas de piedra: empuñan:
La espada de piedra: lloran:
¡Vibra la espada en la vaina!
Mudo, les beso la mano.

---

[41] Una de las concreciones más excelsas del ideario martiano. Es un tenaz defensor de la libertad como valor universal supremo. No es la libertad del cubano la que defiende, sino la de todos los hombres.

[42] Una de las imágenes favoritas de Martí: el monte es símbolo de ideal remoto que hay que alcanzar, de constante elevación hacia objetivos cada vez más altos.

[43] Según estas redondillas, el hombre debe extrovertir sus sentimientos hacia el tirano y el error, pero guardar en secreto los sufrimientos causados por la mujer.

[44] Este poema expresa una idea evangélica: devolver bien por mal. Vuelve a rendir culto a la amistad. La rosa blanca es símbolo de pureza, inocencia e idealidad, cualidades que él quiere para ese sentimiento entre los hombres.

[45] Otro poema que refleja el culto constante del poeta a la amistad, como sentimiento de las almas realmente nobles y grandes. Todas las redondillas terminan con la palabra

«amigo», como forma de reiterar aquel sentimiento.

[46] mushma: especie de corderillo pequeño; cojinete: almohadón

[47] Alusión al mexicano Manuel Mercado, uno de los mejores amigos de Martí.

[48] El poema refleja el más vehemente deseo de Martí, que constituye una obsesión: el de ser héroe de la libertad de su patria y de la humanidad. Es de notar el cambio de estructura: ahora no emplea cuartetas o redondillas, sino versos libres o blancos, porque sus ritmos difíciles expresan mejor el sueño angustioso que tiene el poeta. Frente a la idea de que ya no existen los héroes, el final del poema reitera la visión de que todavía los hay.

[49] Nótese la elegancia de lenguaje llamada «conversión», consistente en la repetición de una misma palabra («piedra») al final de varias oraciones o versos.

Hablo con ellos, de noche!
Están en fila: paseo
Entre las filas: lloroso
Me abrazo a un mármol: "Oh, mármol,
Dicen que beben tus hijos
Su propia sangre en las copas
Venenosas de sus dueños!
¡Que hablan la lengua podrida
De sus rufianes! Que comen
Juntos el pan del oprobio,
En la mesa ensangrentada!
Que pierden en lengua inútil

El último fuego! ¡Dicen,
Oh mármol, mármol dormido,
Que ya se ha muerto tu raza!"
    Échame en tierra de un bote
El héroe que abrazo: me ase
Del cuello: barre la tierra
Con mi cabeza: levanta
El brazo, ¡el brazo le luce
Lo mismo que un sol!: resuena
La piedra: buscan el cinto
Las manos blancas: del soclo[50]
Saltan los hombres de mármol!

Flores del destierro[1]

1932

a mi tierra
a una mujer buena
a mis amigos

Éstas que ofrezco, no son composiciones acabadas: son, ¡ay de mí! notas de imágenes tomadas al vuelo, y como para que no se escapasen, entre la muchedumbre anti-ática de las calles, entre el rodar estruendoso y arrebatado de los ferrocarriles, o en los quehaceres apremiantes e inflexibles de un escritorio de comercio—refugio cariñoso del proscripto.

Por qué las publico, no sé: tengo un miedo pueril de no publicarlas ahora. Yo desdeño todo lo mío: y a estos versos, atormentados y rebeldes, sombríos y querellosos, los mimo, y los amo.

Otras cosas podría hacer: acaso no las hago, no las intento acaso, robando horas al sueño, únicas horas mías, porque me parece la expresión la hembra del acto, y mientras hay que hacer, me parece la mera expresión indigno empleo de fuerzas del hombre. Cada día, de tanta imagen que viene a azotarme las sienes, y a pasearse, como buscando forma, ante mis ojos, pudiera hacer un tomo como éste, pero el buey no ara con el arpa de David, que haría sonora la tierra, sino con el arado, que no es lira! Y se van las imágenes llorosas y torvas, desvanecidas como el humo: y yo me quedo, congojoso y triste, como quien ha faltado a su deber o no ha hecho bien los honores de la visita a una dama benévola y hermosa: y a mis solas, y donde nadie lo sospeche, y sin lágrimas, lloro.

---

[50] *soclo:* viene del latín *socculus,* que la Real Academia de la Lengua considera como etimología de «zócalo», semejante a pedestal. Martí usa un neologismo con base en el latín, pues en el poema los héroes saltan, bajan de su pedestal para luchar.

[1] Aunque *Flores del destierro* se publicó en 1932, sus versos fueron escritos posiblemente entre 1885 y 1895, y algunos mucho antes.

De estos tormentos nace, y con ellos se excusa, este libro de versos.

Pudiera surgir de él, como debiera surgir de toda vida, rumbo a la muerte consoladora, un águila blanca!

Ya sé que están escritos en ritmo desusado, que por esto, o por serlo de veras, va a parecer a muchos duro. ¿Mas, con qué derecho puede quebrar la mera voluntad artística . . . , la forma natural y sagrada, en que, como la carne de la idea, envía el alma los versos a los labios? Ciertos versos pueden hacerse en toda forma: otros, no. A cada estado de alma, un metro nuevo. Da el amor versos claros y sonoros, y no sé porqué, en esas horas de florescencia, vertimiento, grata congoja, vigor pujante y generoso rebose del espíritu, recuerdo esas gallardas velas blancas que en el mar sereno cruzan por frente a playas limpias bajo un cielo bruñido. Del dolor, saltan los versos, como las espadas de la vaina, cuando las sacude en ellas la ira, como las negras olas de turbia y alta cresta que azotan los ijares fatigados de un buque formidable en horas de tormenta.

Se encabritan los versos, como las olas: se rompen con fragor o se mueven pesadamente, como fieras en jaula y con indómito y trágico desorden, como las aguas contra el barco. Y parece como que se escapa de los versos, escondiendo sus heridas, un alma sombría, que asciende velozmente por el lúgubre espacio, envuelta en ropas negras. ¡Cuán extraño que se abrieran las negras vestiduras y cayera de ellas un ramo de rosas!

¡Flores del destierro!

Contra el verso retórico y ornado[2]

Contra el verso retórico y ornado
el verso natural. Acá un torrente:
aquí una piedra seca. Allá un dorado
pájaro, que en las ramas verdes brilla,
como una marañuela[3] entre esmeraldas—
acá la huella fétida y viscosa
de un gusano: los ojos, dos burbujas
de fango, pardo el vientre, craso, inmundo.[4]
Por sobre el árbol, más arriba, sola
en el cielo de acero una segura
estrella; y a los pies el horno,
el horno a cuyo ardor la tierra cuece—
llamas, llamas que luchan, con abiertos
huecos como ojos, lenguas como brazos,
savia como de hombre, punta aguda
cual de espada: la espada de la vida
que incendio a incendio gana al fin, la tierra!
Trepa: viene de adentro; ruge: aborta.
Empieza el hombre en fuego y para en ala.

Y a su paso triunfal, los maculados,
los viles, los cobardes, los vencidos.
como serpientes, como gozques,[5] como
cocodrilos de doble dentadura
de acá, de allá, del árbol que le ampara,
del suelo que le tiene, del arroyo
donde apaga la sed, del yunque mismo
donde se forja el pan, le ladran y echan
el diente al pie, al rostro el polvo y lodo,
cuanto cegarle puede en su camino.
El, de un golpe de ala, barre el mundo
y sube por la atmósfera encendida
muerto como hombre y como Sol sereno.
Así ha de ser la noble poesía:
así como la vida: estrella y gozque;
la cueva dentellada por el fuego,
el pino en cuyas ramas olorosas
a la luz de la luna canta un nido
canta un nido a la lumbre de la luna.

---

[2] Martí siempre reacciona contra el exceso de adornos o de retórica que entorpecen lo esencial: el pensamiento o la verdadera belleza de la obra de arte. La poesía debe reflejar la naturaleza, el hombre en su lucha contra los tiranos y su triunfo final, la vida y el individuo, que nace del centro de la tierra y tiene la capacidad de elevarse.

[3] Cubanismo que significa capuchina, nombre de una planta; flor de esta planta

[4] sucio, repugnante, impuro, deshonesto

[5] perros pequeños muy ladradores

Dos patrias

Dos patrias tengo yo: Cuba y la noche.[6]
¿O son una las dos? No bien retira
su majestad el sol,[7] con largos velos
y un clavel en la mano, silenciosa
Cuba cual viuda[8] triste me aparece.
¡Yo sé cual es ese clavel sangriento
que en la mano le tiembla! Está vacío
mi pecho, destrozado está y vacío
en donde estaba el corazón. Ya es hora
de empezar a morir. La noche es buena
para decir adiós. La luz estorba
y la palabra humana. El universo
habla mejor que el hombre.

                              Cual bandera
que invita a batallar, la llama roja
de la vela flamea.[9] Las ventanas
abro, ya estrecho en mí. Muda, rompiendo
las hojas del clavel, como una nube
que enturbia el cielo, Cuba, viuda, pasa. . . .

Domingo triste[10]

Las campanas, el Sol, el cielo claro
me llenan de tristeza, y en los ojos
llevo un dolor que el verso compasivo mira,
un rebelde dolor que el verso rompe
y es ¡oh mar! la gaviota pasajera
que rumbo a Cuba va sobre tus olas!

Vino a verme un amigo, y a mí mismo
me preguntó por mí; ya en mí no queda
más que un reflejo mío, como guarda
la sal del mar la concha de la orilla.

Cáscara soy de mí, que en tierra ajena
gira, a la voluntad del viento huraño,
vacía, sin fruta, desgarrada, rota.
Miro a los hombres como montes; miro
como paisajes de otro mundo, el bravo
codear, el mugir, el teatro ardiente
de la vida en mi torno: Ni un gusano
es ya más infeliz: suyo es el aire,
y el lodo en que muere es suyo!
Siento la coz de los caballos, siento
las ruedas de los carros; mis pedazos
palpo ya no soy vivo: ni lo era
cuando el barco fatal levó las anclas
que me arrancaron de la tierra mía!

Siempre que hundo la mente en libros graves . . .

Siempre que hundo la mente en libros graves[11]
La saco con un haz de luz de aurora:
Yo percibo los hilos, la juntura,
La flor del Universo: yo pronuncio
Pronta a nacer una inmortal poesía.
No de dioses de altar ni libros viejos
No de flores de Grecia, repintadas
Con menjurjes[12] de moda, no con rastros
De rastros, no con lívidos despojos
Se amasará de las edades muertas:
Sino de las entrañas exploradas
Del Universo, surgirá radiante
Con la luz y las gracias de la vida.
Para vencer, combatirá primero:
E inundará de luz, como la aurora.—

---

[6] La patria es uno de los temas esenciales de la poesía de Martí. A menudo asocia el recuerdo de Cuba con la noche, la oscuridad, una viuda, porque está bajo una tiranía.
[7] Bella descripción con una imagen nueva de la llegada de la noche. Supone una ruptura con los «clisés» románticos.
[8] La viuda viste de negro y ese color representa a Cuba esclava.
[9] Símil de gran belleza y precisión: Martí cree ver en la llama de la vela con que se alumbra, la bandera que le invita a combatir por la libertad.
[10] Otro poema patriótico en que canta su tristeza de exilado. Considera su vida vacía, en una tierra extraña, lejos de la suya.
[11] Libros profundos, donde se analiza con seriedad algún aspecto filosófico o vital.
[12] *menjunjes:* mezclas

La edad de oro

1889

Nené traviesa[1]

¡Quién sabe si hay una niña que se parezca a Nené! Un viejito que sabe mucho dice que todas las niñas son como Nené. A Nené le gusta más jugar a «mamá», o «a tiendas», o «a hacer dulces» con sus muñecas, que dar la lección de «treses y de cuatros»[2] con la maestra que le viene a enseñar. Porque Nené no tiene mamá; su mamá se ha muerto y por eso tiene Nené maestra. A hacer dulces es a lo que le gusta más a Nené jugar; ¿y por qué será? ¡quién sabe! Será porque para jugar a los dulces le dan azúcar de veras; por cierto que los dulces nunca le salen bien de la primera vez, ¡son unos dulces más difíciles!: siempre tiene que pedir azúcar dos veces. Y se conoce que Nené no le quiere dar trabajo a sus amigas; porque cuando juega a paseo, o a comprar, o a visitar, siempre llama a sus amiguitas; pero cuando va a hacer dulces, nunca. Y una vez le sucedió a Nené una cosa muy rara: le pidió a su papá dos centavos para comprar un lápiz nuevo, y se le olvidó en el camino, se le olvidó como si no hubiera pensado nunca en comprar el lápiz; lo que compró fue un merengue[3] de fresa. Eso se supo, por supuesto; y desde entonces sus amiguitas no le dicen Nené, sino «Merengue de Fresa».

El padre de Nené la quería mucho. Dicen que no trabajaba bien cuando no había visto por la mañana a «la hijita». El no le decía Nené, sino «la hijita». Cuando su papá venía del trabajo, siempre salía ella a recibirlo con los brazos abiertos, como un pajarito que abre las alas[4] para volar, y su papá la alzaba del suelo, como quien coge de un rosal una rosa. Ella lo miraba con mucho cariño, como si le preguntase cosas; y él la miraba con los ojos tristes, como si quisiese echarse a llorar. Pero en seguida se ponía contento, se montaba a Nené en el hombro, y entraban juntos en la casa, cantando el himno nacional. Siempre traía el papá de Nené algún libro nuevo, y se lo dejaba ver[5] cuando tenía figuras; y a ella le gustaban mucho unos libros que él traía, donde estaban pintadas las estrellas, que tiene cada una su nombre y su color; y allí decía el nombre de la estrella colorada, y el de la amarilla, y el de la azul, y que la luz tiene siete colores, y que las estrellas pasean por el cielo, lo mismo que las niñas por un jardín. Pero no, lo mismo no; porque las niñas andan en los jardines de aquí para allá, como una hoja de flor que va empujando el viento, mientras que las estrellas van siempre en el cielo por un mismo camino, y no por donde quieren; ¿quién sabe?, puede ser que haya por allá arriba quien cuide a las estrellas, como los papás cuidan acá en la tierra a las niñas. Sólo que las estrellas no son niñas, por supuesto, ni flores de luz, como parece de aquí abajo, sino grandes como este mundo, y dicen que en las estrellas hay árboles, y agua, y gente como acá; y su papá dice que en un libro hablan de que uno se va a vivir a una estrella cuando se muere.[6]

—Y dime, papá —le preguntó Nené—, ¿por qué ponen las casas de los muertos tan tris-

---

[1] Cuento publicado en *La Edad de Oro*, revista para niños fundada por Martí y publicada durante algún tiempo. Tiene muchos elementos modernistas, sobre todo en el uso de colores y muestra su excelente conocimiento de la sicología infantil.

[2] la clase de aritmética

[3] un dulce hecho con la clara del huevo

[4] «Alas», es una de las palabras favoritas de Martí porque simbolizan la capacidad para elevarse sobre las materialidades de la vida.

[5] se lo mostraba

[6] Nótese la belleza y profundidad filosófica de este pasaje.

tes? Si yo me muero yo no quiero ver a nadie llorar, sino que me toquen la música, porque me voy a ir a vivir en la estrella azul.

—¿Pero, sola, tú sola, sin tu pobre papá?

Y Nené le dijo a su papá:

—¡Malo, que crees eso!

Esa noche no se quiso ir a dormir temprano, sino que se durmió en los brazos de su papá; ¡los papás se quedan muy tristes, cuando se muere en la casa la madre! Las niñitas deben querer mucho, mucho a los papás cuando se les muere la madre!

Esa noche que hablaron de las estrellas trajo el papá de Nené un libro muy grande; ¡oh, como pesaba el libro! Nené lo quiso cargar, y se cayó con el libro encima; no se le veía más que la cabecita rubia de un lado, y los zapaticos negros de otro. Su papá vino corriendo y la sacó de debajo del libro, y se rió mucho de Nené, que no tenía seis años todavía y quería cargar un libro de cien años. ¡Cien años tenía el libro, y no le habían salido barbas! Nené había visto un viejito de cien años, pero el viejito tenía una barba muy larga, que le daba por la cintura.[7] Y lo que dice la muestra de escribir, que los libros buenos son como los viejos: «Un libro bueno es lo mismo que un amigo viejo», eso dice la muestra de escribir. Nené se acostó muy callada, pensando en el libro. ¿Qué libro era aquél, que su papá no quiso que ella lo tocase? Cuando se despertó, en eso no más pensaba Nené. Ella quiere saber qué libro es aquél. Ella quiere saber cómo está hecho por dentro un libro de cien años que no tiene barbas.

Su papá está lejos, lejos de la casa, trabajando para ella, para que la niña tenga casa linda y coma dulces finos los domingos, para comprarle a la niña vestiditos blancos y cintas azules, para guardar un poco de dinero, no vaya a ser que se muera el papá, y se quede sin nada en el mundo «la hijita». Lejos de la casa está el pobre papá, trabajando para «la hijita». La criada está allá adentro, preparando el baño. Nadie oye a Nené; no la está viendo nadie. Su papá deja siempre abierto el cuarto de los libros. Allí está la sillita de Nené, que se sienta de noche en la mesa de

escribir, a ver trabajar a su papá. Cinco pasitos, seis, siete... ya está Nené en la puerta; ya la empujó; ya entró. ¡Las cosas que suceden! Como si la estuviera esperando estaba abierto en su silla el libro viejo, abierto de medio a medio. Pasito a pasito[8] se le acercó Nené, muy seria, y como cuando uno piensa mucho, que camina con las manos a la espalda. Por nada en el mundo hubiera tocado Nené el libro; verlo no más, no más que verlo. Su papá le dijo que no lo tocase.

El libro no tiene barbas; le salen muchas cintas y marcas por entre las hojas, pero esas son barbas; ¡el que sí es barbudo es el gigante que está pintado en el libro! y es de colores la pintura, unos colores de esmalte que lucen, como el brazalete que le regaló su papá.¡Ahora no pintan los libros así! El gigante está sentado en el pico de un monte, con una cosa revuelta, como las nubes del cielo, encima de la cabeza; no tiene más que un ojo, encima de la nariz; está vestido con un blusón, como los pastores, un blusón verde, lo mismo que el campo, con estrellas pintadas de plata y de oro; y la barba es muy larga, muy larga, que llega al pie del monte; y por cada mechón[9] de la barba va subiendo un hombre, como sube la cuerda para ir al trapecio el hombre del circo. ¡Oh, eso no se puede ver de lejos! Nené tiene que bajar el libro de la silla, ¡cómo pesa este pícaro libro! Ahora sí que se puede ver bien todo. Ya está el libro en el suelo.

Son cinco los hombres que suben; uno es un blanco, con casaca y con botas y de barba también; le gustan mucho a este pintor las barbas!; otro es como indio, sí, como indio, con una corona de plumas, y la flecha a la espalda; el otro es chino, lo mismo que el cocinero, pero va con un traje como de señora, todo lleno de flores; el otro se parece al chino, y lleva un sombrero de pico, así como una pera; el otro es negro, un negro muy bonito, pero está sin vestir; ¡eso no está bien, sin vestir! ¡por eso no quería su papá que ella tocase el libro! No: esa hoja no se ve más, para que no se enoje papá. ¡Muy bonito que es este libro viejo! Y Nené está ya casi acostada sobre el libro, y como si quisiera hablarle con los ojos.

---

[7] La barba era larga, le llegaba hasta la cintura.
[8] muy lentamente, muy despacio

[9] grupo de pelos

¡Por poco se rompe la hoja! Pero no, no se rompió. Hasta la mitad no más se rompió. El papá de Nené no ve bien. Eso no lo va a ver nadie. ¡Ahora sí que está bueno el libro éste! Es mejor, mucho mejor que el arca de Noé. Aquí están pintados todos los animales del mundo. ¡Y con colores, como el gigante! Si esta es, esta es la jirafa, comiéndose la luna; este es el elefante, el elefante, con ese sillón lleno de niñitos. ¡Oh, los perros, cómo corre, cómo corre este perro! ¡ven acá, perro! ¡te voy a pegar, perro, porque no quieres venir! Y Nené, por supuesto, arranca la hoja. ¿Y qué ve mi señora Nené? Un mundo de monos es la otra pintura. Las dos hojas del libro están llenas de monos; un mono colorado juega con un monito verde; un monazo de barba le muerde la cola a un mono tremendo, que anda como un hombre, con un palo en la mano: un mono negro está jugando en la yerba con otro amarillo; ¡aquéllos, aquéllos de los árboles son los monos niños! ¡qué graciosos! ¡cómo juegan! ¡se mecen por la cola, como el columpio! ¡que bien, qué bien saltan! ¡uno, dos, tres, cinco,

ocho, dieciséis, cuarenta y nueve monos agarrados por la cola! ¡se van a tirar al río! ¡se van a tirar al río! ¡visst! ¡allá van todos! Y Nené, entusiasmada, arranca al libro las dos hojas. ¿Quién llama a Nené, quién la llama? Su papá, su papá, que está mirándola desde la puerta.

Nené no ve. Nené no oye. Le parece que su papá crece, que crece mucho, que llega hasta el techo, que es más grande que el gigante del monte, que su papá es un monte, que se le viene encima. Está callada, callada, con la cabeza baja, con los ojos cerrados, con las hojas rotas en las manos caídas. Y su papá le está hablando: «¿Nené, no te dije que no tocaras ese libro? ¿Nené, tú no sabes que ese libro no es mío, y que vale mucho dinero, mucho? ¿Nené, tú no sabes que para pagar ese libro voy a tener que trabajar un año?» Nené, blanca como el papel,[10] se alzó del suelo con la cabecita caída, y se abrazó a las rodillas de su papá:

«¡Mi papá— dijo Nené,— mi papá de mi corazón! ¡Enojé a mi papá bueno! ¡Soy mala niña! ¡Ya no voy a poder ir cuando me muera a la estrella azul!»

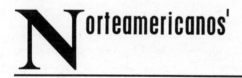

Norteamericanos[1]

1882-1890

Emerson[2]

Tiembla a veces la pluma, como sacerdote capaz de pecado que se cree indigno de cumplir su ministerio. El espíritu agitado vuela a lo alto. Alas quiere que lo encumbren, no pluma que lo taje y moldee como cincel. Escribir es un

dolor, es un rebajamiento: es como uncir cóndor a un carro. Y es que cuando un hombre grandioso desaparece de la tierra, deja tras de sí claridad pura y apetito de paz, y odio de ruídos. Templo semeja el Universo. Profanación

---

[10] muy pálida porque estaba muy asustada
[1] Martí agrupó bajo este título multitud de «crónicas» y ensayos sobre grandes figuras filosóficas, literarias, militares, políticas, etc. de Estados Unidos y publicadas en distintos periódicos de Hispanoamérica, como: *La Nación* de Buenos Aires, *La Opinión Nacional* de Caracas, *El Partido Liberal* de México y otros.

[2] Emerson, Ralph Waldo: famoso filósofo norteamericano (1803–1882), creador del trascendentalismo. Éste es uno de los mejores ensayos de esta clase escritos por Martí. Su prosa muestra riqueza de imágenes, precisión, profundidad y elegancia. Este ensayo se publicó en *La Opinión Nacional*, Caracas, 19 de mayo de 1882.

el comercio de la ciudad, el tumulto de la vida, el bullicio de los hombres. Se siente como perder de pies y nacer de alas. Se vive como a la luz de una estrella, y como sentado en llano de flores blancas. Una lumbre pálida y fresca llena la silenciosa inmensa atmósfera. Todo es cúspide, y nosotros sobre ella. Está la tierra a nuestros pies, como mundo lejano y ya vivido, envuelto en sombras. Y esos carros que ruedan, y esos mercaderes que vocean, y esas altas chimeneas que echan al aire silbos poderosos, y ese cruzar, caracolear, disputar, vivir de hombres, nos parecen en nuestro casto refugio regalado, los ruidos de un ejército bárbaro que invade nuestras cumbres, y pone el pie en sus faldas,[3] y rasga airado la gran sombra, tras la que surge, como un campo de batalla colosal, donde guerreros de piedra llevan coraza y casco de oro y lanzas rojas, la ciudad tumultuosa, magna y resplandeciente. Emerson ha muerto: y se llenan de dulces lágrimas los ojos. No da dolor sino celos. No llena el pecho de angustia, sino de ternura. La muerte es una victoria, y cuando se ha vivido bien, el féretro es un carro de triunfo.[4] El llanto es de placer, y no de duelo, porque ya cubren hojas de rosas las heridas que en las manos y en los pies hizo la vida al muerto. La muerte de un justo es una fiesta, en que la tierra toda se sienta a ver como se abre el cielo. Y brillan de esperanza los rostros de los hombres, y cargan en sus brazos haces de palmas, con que alfombran la tierra, y con las espadas de combate hacen en alto, bóveda para que pase bajo ellas, cubierto de ramas de roble y viejo heno, el cuerpo del guerrero victorioso. Va a reposar, el que lo dio todo de sí, e hizo bien a los otros. Va a trabajar de nuevo, el que hizo mal su trabajo en esta vida. Y los guerreros jóvenes, luego de ver pasar con ojos celosos, al vencedor magno, cuyo cadáver tibio brilla con toda la grandeza del reposo, vuelven a la faena de los vivos, a merecer que para ellos tiendan palmas y hagan bóvedas!

¿Qué quién fue ese que ha muerto? Pues lo sabe toda la tierra. Fue un hombre que se halló vivo, se sacudió de los hombros todos esos mantos y de los ojos todas esas vendas, que los tiempos pasados echan sobre los hombres, y vivió faz a faz[5] con la Naturaleza, como si toda la tierra fuese su hogar; y el sol su propio sol, y él patriarca. Fue uno de aquellos a quienes la Naturaleza se revela, y se abre, y extiende los múltiples brazos, como para cubrir con ellos el cuerpo todo de su hijo. Fue de aquellos a quienes es dada la ciencia suma, la calma suma, el goce sumo. Toda la Naturaleza palpitaba ante él, como una desposada. Vivió feliz porque puso sus amores fuera de la tierra. . . . Para Carlyle,[6] el gran filósofo inglés, que se revolvió contra la tierra con brillo y fuerza de Satán, fue la visita de Emerson, «una visión celeste». Para Whitman,[7] que ha hallado en la Naturaleza una nueva poesía, mirarle era «pasar hora bendita». Para Estedman,[8] crítico bueno, «había en el pueblo del sabio una luz blanca». A Alcott,[9] noble anciano juvenil, que piensa y canta, parece «un infortunio no haberle conocido». Se venía de verle como de ver un monumento vivo, o un ser sumo. Hay de esos hombres montañosos, que dejan ante sí y detrás de sí, llana la tierra. Él no era familiar, pero era tierno, porque era la suya imperial familia cuyos miembros habían de ser todos emperadores. Amaba a sus amigos como a amadas: para él la amistad tenía algo de la solemnidad del crepúsculo en el bosque. El amor es superior a la amistad en que crea hijos. La amistad es superior al amor en que no crea deseos, ni la fatiga de haberlos satisfecho, ni el dolor de abandonar el templo de los deseos saciados por el de los deseos nuevos. Cerca de él, había encanto. Se oía su voz, como la de un mensajero de lo futuro, que hablase de entre nube luminosa. Parecía que un impalpable lazo, hecho de luz de luna, ataba a los hombres que acudían en junto a oírle. Iban a verle los sabios, y salían de verle como regocijados, y como reconvenidos. Los jóvenes andaban luengas[10] leguas a pie por verle, y él recibía sonriendo a los

---

3 laderas, los lados de una montaña o monte
4 Véase el concepto idealista que el autor tiene de la muerte.
5 cara a cara, frente a frente
6 Carlyle, Thomas: historiador y pensador inglés (1795–1881), autor de *Los héroes*
7 Whitman, Walt: poeta norteamericano (1819–1892), autor de *Hojas de hierba*, defensor de los ideales democráticos
8 Estedman: crítico y escritor norteamericano (¿?–¿?)
9 Alcott, Amos: escritor, pedagogo y filósofo norteamericano (1799–1888)
10 largas

trémulos peregrinos, y les hacía sentar en torno a su recia mesa de caoba, llena de grandes libros, y les servía, de pie como un siervo, buen Jerez viejo. [. . .]

5 Su mente era sacerdotal; su ternura, angélica; su cólera sagrada. Cuando vió hombres esclavos, y pensó en ellos, habló de modo que pareció que sobre las faldas de un nuevo monte bíblico se rompían de nuevo en pedazos las tablas de la 10 Ley.[11] Era moisíaco su enojo. Y se sacudía así las pequeñeces de la mente vulgar, como se sacude un león, tábanos.[12] Discutir para él era robar tiempo al descubrimieno de la verdad. Como decía lo que veía, le irritaba que pusiesen 15 en duda lo que decía. No era cólera de vanidad, sino de sinceridad. ¿Cómo había de ser culpa suya que los demás no poseyesen aquella luz esclarecedora de sus ojos? ¿No ha de negar la oruga[13] que el águila vuela? Desdeñaba la 20 argucia, y como para él lo extraordinario era lo común, se asombraba de la necesidad de demostrar a los hombres lo extraordinario. Si no le entendían, se encogía de hombros: la Naturaleza se lo había dicho: él era un sacerdote de la 25 Naturaleza. Él no fingía revelaciones; él no construía mundos mentales; él no ponía voluntad ni esfuerzo de su mente en lo que en prosa o en verso escribía. Toda su prosa es verso. Y su verso y su prosa, son como ecos. El veía detrás 30 de sí al Espíritu creador que a través de él hablaba a la Naturaleza. El se veía como pupila transparente que lo veía todo, lo reflejaba todo, y sólo era pupila. Parece lo que escribe trozos de luz quebrada que daban en él, y bañaban su 35 alma, y la embriagaban de la embriaguez que da la luz, y salían de él. [. . .]

Jamás se vio hombre alguno más libre de la presión de los hombres, y de la de su época. Ni el porvenir le hizo temblar, ni le cegó al pasarlo. 40 La luz que trajo en sí le sacó en salvo de este viaje por las ruinas, que es la vida. Él no conoció límites ni trabas.[14] Ni fue hombre de su pueblo, porque lo fue del pueblo humano. Vio la tierra, la halló inconforme a sí, sintió el dolor de

responder las preguntas que los hombres no hacen, y se plegó en sí. Fue tierno para los hombres, y fiel a sí propio. Le educaron para que enseñara un credo, y entregó a los crédulos su levita de pastor, porque sintió que llevaba sobre los hombros el manto augusto de la Naturaleza. No obedeció a ningún sistema, lo que le parecía acto de ciego y de siervo; ni creó ninguno, lo que le parecía acto de mente flaca, baja y envidiosa. Se sumergió en la Naturaleza, y surgió de ella radiante. Se sintió hombre, y Dios, por serlo. Dijo lo que vio; y donde no pudo ver, no dijo. Reveló lo que percibió, y veneró lo que no podía percibir. Miró con ojos propios en el Universo, y habló un lenguaje propio. Fue creador, por no querer serlo. Sintió gozos divinos, y vivió en comercios deleitosos y celestiales. Conoció la dulzura inefable del éxtasis. Ni alquiló su mente, ni su lengua, ni su conciencia. De él como de un astro surgía luz. En él fue enteramente digno el ser humano.[15] [. . .]

Era veedor sutil, que veía cómo el aire delicado se transformaba en palabras melodiosas y sabias en la garganta de los hombres, y escribía como veedor, y no como meditador. Cuanto escribe, es máxima. Su pluma no es pincel que dilúe, sino cincel que esculpe y taja. Deja la frase pura, como deja el buen escultor la línea pura. Una palabra innecesaria le parece una arruga[16] en el contorno. Y al golpe de su cincel, salta la arruga en pedazos, y queda nítida la frase. Aborrecía lo innecesario. Dice, y agota lo que dice. A veces, parece que salta de una cosa a otra, y no se halla a primera vista la relación entre dos ideas inmediatas. Y es que para él es paso natural lo que para otros es salto. Va de cumbre en cumbre, como gigante, y no por las veredas y caminillos por donde andan, cargados de alforjas, los peatones[17] comunes, que como miran desde tan abajo ven pequeño al gigante alto. No escribe en períodos, sino en elencos.[18] Sus libros son sumas, no demostraciones. Sus pensamientos parecen aislados, y es que ve

---

[11] donde estaban escritas las leyes dadas por Dios al pueblo hebreo a través de su líder Moisés (Véase libro de *Éxodo* en el *Antiguo Testamento*.)
[12] especies de moscas grandes
[13] origen o primer estado de la mariposa
[14] obstáculos, dificultades
[15] Nótese esta prosa nerviosa, incisiva, de frases cortas y precisas que significan una reacción contra la prosa densa, retórica y ampulosa y abre el camino para la prosa contemporánea de la lengua.
[16] pliegue
[17] transeúntes, caminantes
[18] como en forma de índices

mucho de una vez, y quiere de una vez decirlo todo, y lo dice como lo ve, a modo de lo que se lee a la luz de un rayo, o apareciese a una lumbre tan bella, que se sabe que ha de desaparecer. Y deja a los demás que desenvuelvan: él no puede perder tiempo; él anuncia. Su estilo no es lujoso, sino límpido. Lo depuraba, lo acrisolaba, lo aquilataba, lo ponía a hervir. Tomaba de él la médula. No es su estilo montículo verde, lleno de plantas florecidas y fragantes: es monte de basalto.[19] Se hacía servir de la lengua, y no era siervo de ella. El lenguaje es obra del hombre, y el hombre no ha de ser esclavo del lenguaje. Algunos no le entienden bien; y es que no se puede medir un monte a pulgadas. Y le acusan de oscuro; mas ¿cuándo no fueron acusados de tales los grandes de la mente? Menos mortificante es culpar de inentendible lo que se lee, que confesar nuestra incapacidad para entenderlo. Emerson no discute: establece. Lo que le enseña la Naturaleza le parece preferible a lo que le enseña el hombre. Para él un árbol sabe más que un libro; y una estrella enseña más que una universidad; y una hacienda es un evangelio; y un niño de la hacienda está más cerca de la verdad universal que un anticuario. Para él no hay cirios como los astros, ni altares como los montes, ni predicadores como las noches palpitantes y profundas. [. . .]

Pensó en todo lo hondo. Quiso penetrar el misterio de la vida: quiso descubrir las leyes de la existencia del Universo. Criatura, se sintió fuerte, y salió en busca del Creador. Y volvió del viaje contento, y diciendo que lo había hallado. Pasó el resto de su vida en la beatitud que sigue a este coloquio. Tembló como hoja de árbol en esas expansiones de su espíritu, y vertimientos en el espíritu universal; y volvía a sí, fragante y fresco como hoja de árbol. Los hombres le pusieron delante al nacer todas esas trabas que han acumulado los siglos, habitados por hombres presuntuosos, ante la cuna de los hombres nuevos. Los libros están llenos de venenos sutiles, que inflaman la imaginación y enferman el juicio. El apuró todas esas copas

y anduvo por sí mismo tocado apenas del veneno. Es el tormento humano que para ver bien se necesita ser sabio, y olvidar que se lo es. La posesión de la verdad no es más que la lucha entre las revelaciones impuestas de los hombres. [. . .]

¿Y la muerte? ¿No aflije la muerte a Emerson: la muerte no aflije ni asusta a quien ha vivido noblemente: sólo la teme el que tiene motivos de temor: será inmortal el que merezca serlo: morir es volver lo finito a lo infinito: rebelarse no le parece bien: la vida es un hecho, que tiene razón de ser, puesto que es: sólo es un juguete para los imbéciles, pero es un templo para los verdaderos hombres: mejor que rebelarse es vivir adelantando por el ejercicio honesto del espíritu sentidor y pensador.

¿Y las ciencias? La ciencias confirman lo que el espíritu posee: la analogía de todas las fuerzas de la Naturaleza; la semejanza de todos los seres vivos; la igualdad de la composición de todos los elementos del Universo; la soberanía del hombre, de quien se conocen inferiores, mas a quien no se conocen superiores.[20] El espíritu presiente; las creencias ratifican. El espíritu, sumergido en lo abstracto, ve el conjunto; la ciencia insecteando[21] por lo concreto, no ve más que el detalle. Que el Universo haya sido formado por procedimientos lentos, metódicos y análogos, ni anuncia el fin de la Naturaleza, ni contradice la existencia de los hechos espirituales. Cuando el ciclo de las ciencias esté completo, y sepan cuanto hay que saber, no sabrán más que lo que sabe hoy el espíritu, y sabrán lo que él sabe. Es verdad que la mano del saurio se parece a la mano del hombre, pero también es verdad que el espíritu del hombre llega joven a la tumba a que el cuerpo llega viejo, y que siente en su inmersión en el espíritu universal tan penetrantes y arrebatadores placeres, y tras ellos una energía tan fresca y potente, y una serenidad tan majestuosa, y una necesidad tan viva de amar y perdonar, que esto, que es verdad para quien lo es, aunque no lo sea para quien no llega a esto,

---

[19] roca volcánica muy dura
[20] Martí reconoce el valor de la ciencia, pero coloca al hombre por encima de ella en reacción contra el positivismo.

[21] Palabra inventada por Martí que significa cosa no poco frecuente.

es ley de vida tan cierta como la semejanza entre la mano del saurio y la del hombre.

¿Y el objeto de la vida? El objeto de la vida es la satisfacción del anhelo de perfecta hermo-
5 sura; porque como la virtud hace hermosos los lugares en que obra, así los lugares hermosos obran sobre la virtud. Hay carácter moral en todos los elementos de la Naturaleza: puesto que todos avivan este carácter en el hombre,
10 puesto que todos lo producen, todos lo tienen.[22] Así, son una la verdad, que es la hermosura en el juicio; la bondad, que es la hermosura en los afectos; y la mera belleza, que es la hermosura en el arte. El arte no es más que la Naturaleza
15 creada por el hombre. De esta intermezcla no se sale jamás. La Naturaleza se postra ante el hombre y le da sus diferencias, para que per-feccione su juicio; sus maravillas, para que avive su voluntad a imitarlas; sus exigencias, para que
20 eduque su espíritu en el trabajo, en las con-trariedades, y en la virtud que las vence. La Naturaleza da al hombre sus objetos, que se reflejan en su mente, la cual gobierna su habla, en la que cada objeto va a transformarse en un
25 sonido. Los astros son mensajeros de hermosura, y lo sublime perpetuo. El bosque vuelve al hombre a la razón y a la fe, y es la juventud perpetua. El bosque alegra, como una buena acción. La Naturaleza inspira, cura, consuela,
30 fortalece y prepara para la virtud al hombre. Y el hombre no se halla completo, ni se revela a sí mismo, ni ve lo invisible, sino en su íntima relación con la Naturaleza. El Universo va en múltiples formas a dar en el hombre, como los
35 radios al centro del círculo, y el hombre va con los múltiples actos de su voluntad, a obrar sobre el Universo, como radios que parten del centro. El Universo, con ser múltiple, es uno: la música puede imitar el movimiento y los colores
40 de la serpiente. La locomotora es el elefante de la creación del hombre, potente y colosal como los elefantes. Sólo el grado de calor hace diver-sas el agua que corre por el cauce del río y las piedras que el río baña. Y en todo ese Universo
45 múltiple, todo acontece, a modo de símbolo del ser humano, como acontece en el hombre. Va

el humo al aire como a la Infinidad el pensa-miento. Se mueven y encrespan las aguas de los mares como los afectos en el alma. La sensitiva es débil, como la mujer sensible. Cada cualidad del hombre está representada en un animal de la Naturaleza. Los árboles nos hablan una lengua que entendemos. Algo deja la noche en el oído, puesto que el corazón que fue a ella atormentado por la duda, amanece henchido de paz. La aparición de la verdad ilumina súbitamente el alma, como el sol ilumina la Naturaleza. La mañana hace piar a las aves y hablar a los hombres. El crepúsculo nocturno recoge las alas de las aves y las palabras de los hombres. La virtud, a la que todo conspira en la Naturaleza, deja al hombre en paz, como si hubiese acabado su tarea, o como curva que reentra en sí, y ya no tiene más que andar y remata el círculo. [. . .]

Ha tenido los brazos, y ha abarcado con ellos el secreto de la vida. De su cuerpo, cestilla ligera de su alado espíritu, ascendió entre labo-res dolorosas y mortales ansias, a esas cúspides puras, desde donde se dibujan, como en premio el afán del viajador, las túnicas bordadas de luz estelar[23] de los seres infinitos. Ha sentido ese desborde misterioso del alma en el cuerpo, que es ventura solemne, y llena los labios de besos, y las manos de caricias, y los ojos de llanto, y se parece al súbito hinchamiento y rebose de la Naturaleza en primavera. Y sintió luego esa calma que viene de la plática con lo divino. Y esa magnífica arrogancia de monarca que la conciencia de su poder da al hombre. Pues ¿qué hombre dueño de sí no ríe de un rey? [. . .]

[. . .] Toma puesto familiarmente a la mesa de los héroes. Narra con lengua homérica[24] los lances de los pueblos. Tiene la ingenuidad de los gigantes. Se deja guiar de su intuición, que le abre el seno de las tumbas, como el de las nubes. Como se sentó, y volvió fuerte, en el senado de los astros, se sienta, como en casa de hermanos en el senado de los pueblos. Cuenta de historia vieja y de historia nueva. Analiza naciones, como un geólogo fósiles. Y parecen sus frases vértebras de mastodonte, estatuas doradas, pórticos griegos. De otros hombres puede decir-

---

[22] Idea básica en Martí: la belleza y la naturaleza son morales. Cuando el hombre trata de lograr la primera y de confundirse con la segunda, obtiene la virtud.

[23] de las estrellas; *figurativamente*: el más importante
[24] alusión a Homero, el más famoso poeta épico griego (siglo IX a.C.), autor de los poemas *La Ilíada* y *La Odisea*

se: «Es un hermano»; de éste ha de decirse: «Es un padre». Escribió un libro maravilloso, suma humana, en que consagra, y estudia en sus tipos, a los hombres magnos. Vio a la vieja Inglaterra de donde le vinieron sus padres puritanos, y de su visita hizo otro libro, fortísimo libro, que llamó «Rasgos ingleses». Agrupó en haces los hechos de la vida, y los estudió en mágicos «Ensayos», y les dio leyes. Como en un eje, giran en esta verdad todas sus leyes para la vida: «toda la Naturaleza tiembla ante la conciencia de un niño». El culto, el destino, el poder, la riqueza, las ilusiones, la grandeza fueron por él, como por mano de químico, descompuestas y analizadas. Deja en pie[25] lo bello. Echa a tierra lo falso. No respeta prácticas. Lo vil, aunque esté consagrado, es vil. El hombre debe empezar a ser angélico. Ley es la ternura; ley, la resignación: ley, la prudencia. Esos ensayos son códigos. Abruman de exceso de savia. Tienen la grandiosa monotonía de una cordillera de montañas. Los realza una fantasía infatigable y un buen sentido singular. Para él no hay contradicción entre lo grande y lo pequeño, ni entre lo ideal y lo práctico, y las leyes que darán el triunfo definitivo, y el derecho de coronarse de astros, dan la felicidad en la tierra. Las contradicciones no están en la Naturaleza, sino en que los hombres no saben descubrir sus analogías. No desdeña la ciencia por falsa, sino por lenta. Abrense sus libros, y rebosan verdades científicas. Tyndall[26] dice que debe a él toda su ciencia. Toda la doctrina transformista[27] está comprendida en un haz de frases de Emerson. Pero no cree que el entendimiento baste a penetrar el misterio de la vida, y dar paz al hombre y ponerle en posesión de sus medios de crecimiento. Cree que la intuición termina lo que el entendimiento empieza. Cree que el espíritu eterno adivina lo que la ciencia humana rastrea. Esta, husmea como un can; aquel, salva el abismo, en que el natu-

ralista anda entretenido, como enérgico cóndor. Emerson observaba siempre, acotaba cuanto veía, agrupaba en sus libros de notas los hechos semejantes, y hablaba, cuando tenía que revelar. Tiene de Calderón, de Platón y de Píndaro. [5] Tiene de Franklin.[28] No fue cual bambú hojoso, cuyo ramaje corpulento, mal sustentado por el tallo hueco, viene a tierra; sino como baobab, o sabino, o samán grande,[29] cuya copa robusta se yergue en tronco fuerte. Como desdeñoso de [10] andar por la tierra, y mal querido por los hombres juiciosos, andaba por la tierra el idealismo. Emerson lo ha hecho humano: no aguarda a la ciencia, porque el ave no necesita de zancos[30] para subir a las alturas, ni el águila de [15] rieles. La deja atrás, como caudillo impaciente, que monta caballo volante, a soldado despacioso, cargado de pesada herragería. El idealismo no es en él, deseo vago de muerte, sino convicción de vida posterior que ha de merecerse con la [20] práctica serena de la virtud en esta vida. Y la vida es tan hermosa y tan ideal como la muerte. ¿Se quiere verle concebir? Así concibe: quiere decir que el hombre no consagra todas sus potencias, sino la de entender, que no es la [25] más rica de ella, al estudio de la Naturaleza, por lo cual no penetra bien en ella, y dice: «es que el eje de la visión del hombre no coincide con el eje de la Naturaleza». Y quiere explicar como todas las verdades morales y físicas se contienen [30] unas y otras, y están en cada una todas las demás, y dice: «son como los círculos de una circunferencia, que se comprenden todos los unos a los otros, y entran y salen libremente sin que ninguno esté por encima de otro». ¿Se [35] quiere oir cómo habla? Así habla: «Para un hombre que sufre, el calor de su propia chimenea tiene tristeza». «No estamos hechos como buques, para ser sacudidos, sino como edificios, para estar en firme». «Cortad estas palabras, [40] y sangrarán». «Ser grande es no ser entendido». «Léonidas[31] consumió un día en morir». «Esté-

---

[25] conserva, preserva

[26] Tyndall, John: físico irlandés (1820-1893), investigó sobre la difusión de la luz y procedimientos de esterilización

[27] Teoría biológica según la cual los seres vivos se han transformado (evolucionado) a través de las edades geológicas, desde formas unicelulares hasta su estado actual.

[28] Calderón de la Barca, Pedro: poeta y dramaturgo español (1600-1681), autor de La vida es sueño; Platón: filosófo

griego (428-¿348? a.C.), discípulo de Sócrates; Píndaro: poeta griego (518-¿438?), uno de los grandes líricos; Franklin, Benjamín: político, físico, filósofo y publicista norteamericano (1706-1790)

[29] árboles gigantescos

[30] dos piezas de madera que se ponen una a cada pie para aumentar la altura de una persona

[31] Leónidas: rey de Esparta (490-480 a.C.), héroe de la batalla de las Termópilas contra los persas, donde pereció con 300 espartanos

riles, como un solo sexo, son los hechos de la historia natural, tomados por sí mismos». «Ese hombre anda pisoteando en el fango de la dialéctica».

5 Y su poesía está hecha como aquellos palacios de Florencia, de colosales pedruscos irregulares. Bate y olea, como agua de mares. Y otras veces parece en mano de un niño desnudo, cestillo de flores. Es poesía de patriarcas, de hombres 10 primitivos, de cíclopes. Robledales en flor semejan algunos poemas suyos. Suyos son los únicos versos poémicos que consagran la lucha

magna de esta tierra. Y otros poemas son como arroyuelos[32] de piedras preciosas, o girones de nube, o trozo de rayo. ¿No se sabe aún qué son sus versos? Son unas veces como anciano barbado, de barba serpentina, cabellera tortuosa y mirada llameante, que canta, apoyado en un vástago[33] de encina, desde una cueva de piedra blanca, y otras veces, como ángel gigantesco de alas de oro, que se despeña desde alto monte verde en el abismo. ¡Anciano maravilloso, a tus pies dejo todo mi haz de palmas frescas, y mi espada de plata!

Gestación de nuestra América

1891

Nuestra América[1]

Cree el aldeano vanidoso[2] que el mundo entero es su aldea, y con tal que él quede de alcalde, o le mortifique al rival que le quitó la novia, o le crezcan en la alcancía los ahorros, ya 5 da por bueno el orden universal, sin saber de los gigantes que llevan siete leguas en las botas[3] y le pueden poner la bota encima, ni de la pelea de los cometas en el Cielo, que van por el aire dormido engullendo mundos. Lo que quede de 10 aldea en América ha de despertar. Estos tiempos no son para acostarse con el pañuelo a la cabeza, sino con las armas de almohada, como los varones de Juan de Castellanos[4]: las armas del juico, que vencen a las otras. Trincheras de 15 ideas valen más que trincheras de piedra.

No hay proa que taje una nube de ideas. Una idea enérgica, flameada a tiempo ante el mundo,

para, como la bandera mística del juicio final, a un escuadrón de acorazados. Los pueblos que no se conocen han de darse prisa para conocerse, como quienes van a pelear juntos. Los que se enseñan los puños,[5] como hermanos celosos, que quieren los dos la misma tierra, o el de casa chica, que le tiene envidia al de casa mejor, han de encajar,[6] de modo que sean una, las dos manos. Los que, al amparo de una tradición criminal, cercenaron, con el sable tinto en la sangre de sus mismas venas, la tierra del hermano vencido, del hermano castigado más allá de sus culpas, si no quieren que les llame el pueblo ladrones, devuélvanle sus tierras al hermano. Las deudas del honor no las cobra el honrado en dinero, a tanto por la bofetada.[7] Ya no podemos ser el pueblo de hojas,[8] que vive en

32 ríos pequeñitos, de poco caudal
33 renuevo, descendiente, hijo
1 Este ensayo se publicó en *El Partido Liberal*, México 30 de enero de 1891.
2 persona con mente provinciana. Este famoso ensayo es una reafirmación de fe en el futuro de Hispanoamérica y una defensa de los valores nativos o autóctonos.
3 hombres con grandes ideas

4 poeta español (1522–1606), vinculado a la literatura colombiana y autor de las extensas *Elegías de varones ilustres de Indias* (1589).
5 los que quieren pelear entre sí
6 juntar
7 golpe en la cara con la mano abierta
8 débil, pueblo irresoluto, pusilánime

el aire, con la copa cargada de flor, restallando o zumbando, según la acaricie el capricho de la luz, o la tundan y talen las tempestades; ¡los árboles se han de poner en fila, para que no pase el gigante de las siete leguas! Es la hora del recuento,[9] y de la marcha unida, y hemos de andar en cuadro apretado, como la plata en las raíces de los Andes.

A los sietemesinos[10] sólo les faltará el valor. Los que no tienen fe en su tierra son hombres de siete meses. Porque les falta el valor a ellos, se lo niegan a los demás. No les alcanza al árbol difícil el brazo canijo[11], el brazo de uñas pintadas y pulsera, el brazo de Madrid o de París, y dicen que no se puede alcanzar el árbol. Hay que cargar los barcos de esos insectos dañinos, que le roen el hueso a la patria que los nutre. Si son parisienses o madrileños, vayan al Prado,[12] de faroles, o vayan a Tortoni,[13] de sorbetes. ¡Estos hijos de carpintero, que se avergüenzan de que su padre sea carpintero! ¡Estos nacidos en América, que se avergüenzan, porque llevan delantal indio, de la madre que los crió, y reniegan, ¡bribones!,[14] de la madre enferma, y la dejan sola en el lecho de las enfermedades! Pues, ¿quién es el hombre? ¿el que se queda con la madre, a curarle la enfermedad, o el que la pone a trabajar donde no la vean, y vive de su sustento en las tierras podridas, con el gusano de corbata, maldiciendo del seno que lo cargó, paseando el letrero de traidor en la espalda de la casca de papel? ¡Estos hijos de nuestra América, que ha de salvarse con sus indios, y va de menos a más; estos desertores que piden fusil en los ejércitos de la América del Norte, que ahoga en sangre a sus indios, y va de más a menos! ¡Estos delicados, que son hombres y no quieren hacer el trabajo de hombres! Pues el Washington que les hizo esta tierra ¿se fue a vivir con los ingleses, a vivir con los ingleses en los años en que los veía venir contra su tierra propia? ¡Estos «increíbles» del honor, que lo arrastran por el suelo extranjero, como los increíbles de la Revolución francesa, danzando y relamiéndose,[15] arrastraban las erres!

Ni, ¿en qué patria puede tener un hombre más orgullo que en nuestras repúblicas dolorosas de América, levantadas entre las masas mudas de indios, al ruido de pelea del libro con el cirial,[16] sobre los brazos sangrientos de un centenar de apóstoles? De factores tan descompuestos, jamás, en menos tiempo histórico, se han creado naciones tan adelantadas y compactas. Cree el soberbio que la tierra fue hecha para servirle de pedestal, porque tiene la pluma fácil[17] o la palabra de colores,[18] y acusa de incapaz e irremediable a su república nativa, porque no le dan sus selvas nuevas modo continuo de ir por el mundo de gamonal[19] famoso, guiando jacas de Persia y derramando champaña. La incapacidad no está en el país naciente, que pide formas que se le acomoden y grandeza útil, sino en los que quieren regir pueblos originales, de composición singular y violenta, con leyes heredadas de cuatro siglos de práctica libre en los Estados Unidos, de diecinueve siglos de monarquía en Francia. Con un decreto de Hamilton[20] no se le para la pechada al potro del llanero. Con una frase de Sieyés[21] no se desestanca la sangre cuajada de la raza india. A lo que es, allí donde se gobierna, hay que atender para gobernar bien; y el buen gobernante en América no es el que sabe cómo se gobierna el alemán o el francés, sino el que sabe con qué elementos está hecho su país, y cómo puede ir guiándolos en junto, para llegar, por métodos e instituciones nacidas del país mismo, a aquel estado apetecible donde cada hombre se conoce y ejerce, y disfrutan todos de la abundancia que la Naturaleza puso para todos en el pueblo que fecundan con su trabajo y defienden con sus vidas. El gobierno ha de nacer del país. El espíritu del gobierno ha de ser del país. La forma del gobierno ha de avenirse a la constitución propia del país. El gobierno

---

9 pase de lista, llamada a la lucha
10 niños nacidos a los siete meses
11 enclenque, débil, raquítico
12 famoso boulevard de Madrid
13 un café y tienda de helados de París
14 pícaros, bellacos
15 actuando con afectación, con exagerada pulcritud
16 lucha entre el conocimiento moderno y la fe tradicional

17 porque escribe bien
18 es buen orador o conversador
19 cacique, político, terrateniente
20 Hamilton, Alexander: político norteamericano (1755–1804), Secretario de Hacienda en el gobierno de George Washington
21 Sieyés, Emmanuel Joseph: estadista y escritor francés (1748–1836)

no es más que el equilibrio de los elementos naturales del país.

Por eso el libro importado ha sido vencido en América por el hombre natural. Los hombres
5 naturales han vencido a los letrados artificiales. El mestizo autóctono ha vencido al criollo exótico.[22] No hay batalla entre la civilización y la barbarie, sino entre la falsa erudición y la naturaleza. El hombre natural es bueno, y
10 acata[23] y premia la inteligencia superior, mientras ésta no se vale[24] de su sumisión para dañarle, o le ofende prescindiendo de él, que es cosa que no perdona el hombre natural, dispuesto a recobrar por la fuerza el respeto de
15 quien le hiere la susceptibilidad o le perjudica el interés. Por esta conformidad con los elementos naturales desdeñados[25] han subido los tiranos de América al poder; y han caído en cuanto les hicieron traición. Las Repúblicas han
20 purgado en las tiranías su incapacidad para conocer los elementos verdaderos del país, derivar de ellos la forma de gobierno y gobernar con ellos. Gobernante, en un pueblo nuevo, quiere decir creador.
25 En pueblos compuestos de elementos cultos e incultos, los incultos gobernarán, por su hábito de agredir y resolver las dudas con su mano, allí donde los cultos no aprendan el arte del gobierno. La masa inculta es perezosa, y
30 tímida en las cosas de la inteligencia, y quiere que la gobiernen bien; pero si el gobierno le lastima, se lo sacude[26] y gobierna ella. ¿Cómo han de salir de las Universidades los gobernantes, si no hay Universidad en América donde se
35 enseñe lo rudimentario del arte del gobierno, que es el análisis de los elementos peculiares de los pueblos de América? A adivinar salen los jóvenes al mundo, con antiparras[27] yankees o francesas, y aspiran a dirigir un pueblo que no
40 conocen. En la carrera de la política habría de negarse la entrada a los que desconocen los

rudimentos de la política. El premio de los certámenes[28] no ha de ser para la mejor oda, sino para el mejor estudio de los factores del país en que se vive. En el periódico, en la cátedra, en la academia, debe llevarse adelante el estudio de los factores reales del país. Conocerlos basta, sin vendas ni ambajes;[29] porque el que pone de lado, por voluntad u olvido, una parte de la verdad, cae a la larga por la verdad que le faltó, que crece en la negligencia, y derriba lo que se levanta sin ella. Resolver el problema después de conocer sus elementos, es más fácil que resolver el problema sin conocerlos. Viene el hombre natural, indignado y fuerte, y derriba la justicia acumulada de los libros, porque no se la administra en acuerdo con las necesidades patentes del país. Conocer es resolver. Conocer el país, y gobernarlo conforme al conocimiento, es el único modo de librarlo de tiranías. La Universidad europea ha de ceder a la Universidad americana. La historia de América, de los incas a acá, ha de enseñarse al dedillo,[30] aunque no se enseñe la de los arcontes[31] de Grecia. Nuestra Grecia es preferible a la Grecia que no es nuestra. Nos es más necesaria. Los políticos nacionales han de reemplazar a los políticos exóticos. Injértese en nuestras Repúblicas el mundo; pero el tronco ha de ser el de nuestras Repúblicas. Y calle el pedante vencido; que no hay patria en que pueda tener el hombre más orgullo que en nuestras dolorosas repúblicas americanas.

Con los pies en el rosario, la cabeza blanca y el cuerpo pinto de indio y criollo,[32] vinimos, denodados,[33] al mundo de las naciones. Con el estandarte de la Virgen salimos a la conquista de la libertad.[34] Un cura, unos cuantos tenientes y una mujer alzan en México la República en hombros de los indios. Un canónigo español,[35] a la sombra de su capa, instruye en la libertad

---

22 hispanoamericano de ascendencia e ideas europeas
23 acepta, estima
24 no usa, no se beneficia de
25 despreciados, rechazados
26 se lo quita de encima
27 gafas, lentes
28 concursos literarios
29 sin palabras afectadas (remilgadas)
30 a la perfección, en todo detalle
31 los magistrados supremos en Atenas hasta el final del siglo VI a.C.

32 con el rosario (fe católica) para guiarnos, nuestra cabeza blanca y nuestro cuerpo de indio y criollo gritan indignados
33 intrépida, audaz o valientemente
34 referencia a la contribución de algunos sacerdotes católicos al movimiento de independencia en México y Centroamérica
35 Delgado, José Matías: sacerdote salvadoreño, (1768–1883); dirigió la rebelión contra los españoles en 1811 y firmó el acta de Independencia de la América Central (1821).

francesa a unos cuantos bachilleres magníficos, que ponen de jefe de Centro América contra España al general de España.[36] Con los hábitos monárquicos, y el Sol por pecho, se echaron a levantar pueblos los venezolanos por el Norte y los argentinos por el Sur. Cuando los dos héroes chocaron, y el continente iba a temblar, uno, que no fue el menos grande, volvió riendas.[37] Y como el heroísmo en la paz es más escaso, porque es menos glorioso que el de la guerra; como al hombre le es más fácil morir con honra que pensar con orden; como gobernar con los sentimientos exaltados y unánimes es más hacedero que dirigir, después de la pelea, los pensamientos diversos, arrogantes, exóticos o ambiciosos; como los poderes arrollados[38] en la arremetida épica[39] zapaban, con la cautela felina de la especie y el peso de lo real, el edificio que había izado,[40] en las comarcas burdas y singulares de nuestra América mestiza, en los pueblos de pierna desnuda y casaca de París, la bandera de los pueblos nutridos de savia gobernante en la práctica continua de la razón y de la libertad; como la constitución jerárquica de las colonias resistía la organización democrática de la República, o las capitales de corbatín dejaban en el zaguán al campo de bota-de-potro,[41] o los redentores bibliógenos[42] no entendieron que la revolución que triunfó con el alma de la tierra, desatada a la voz del salvador, con el alma de la tierra había de gobernar, y no contra ella ni sin ella, entró a padecer América, y padece, de la fatiga de acomodación entre los elementos discordantes y hostiles que heredó de un colonizador despótico y avieso,[43] y las ideas y formas importadas que han venido retardando, por su falta de realidad local, el gobierno lógico. El continente descoyuntado durante tres siglos por

un mando[44] que negaba el derecho del hombre al ejercicio de su razón, entró, desatendiendo o desoyendo a los ignorantes que lo habían ayudado a redimirse, en un gobierno que tenía por base la razón; la razón de todos en las cosas de todos, y no la razón universitaria de uno sobre la razón campestre de otros. El problema de la independencia no era el cambio de formas, sino el cambio de espíritu.

Con los oprimidos había que hacer causa común, para afianzar el sistema opuesto a los intereses y hábitos de mando de los opresores. El tigre, espantado del fogonazo, vuelve de noche al lugar de la presa. Muere echando llamas por los ojos y con las zarpas al aire.[45] No se le oye venir, sino que viene con zarpas de terciopelo. Cuando la presa despierta, tiene al tigre encima. La colonia continuó viviendo en la república; y nuestra América se está salvando de sus grandes yerros—de la soberbia de las ciudades capitales, del triunfo ciego de los campesinos desdeñados, de la importación excesiva de las ideas y fórmulas ajenas, del desdén inicuo e impolítico de la raza aborigen,—por la virtud superior, abonada con sangre necesaria de la república que lucha contra la colonia. El tigre espera, detrás de cada árbol, acurrucado en cada esquina. Morirá, con las zarpas al aire, echando llamas por los ojos.

Pero «estos países se salvarán», como anunció Rivadavia[46] el argentino, el que pecó de finura en tiempos crudos; al machete no le va vaina de seda, ni en el país que se ganó con lanzón[47] se puede echar el lanzón atrás, porque se enoja, y se pone en la puerta del Congreso de Iturbide[48] «a que le hagan emperador al rubio». Estos países se salvarán, porque, con el genio de la

---

[36] posible referencia a José de Bustamante y Guerra, marino y político español (1759–1825) que asumió su cargo de Capitán General de Guatemala en 1811
[37] En la *Entrevista de Guayaquil* (1822), Simón Bolívar y el general argentino José de San Martín (1778–1850), libertador de la Argentina, Chile y el Perú, discutieron los planes para terminar la dominación española. Debido al desacuerdo entre ellos y, a fin de evitar conflictos, San Martín se retiró («volvió riendas» dice Martí) y fue a vivir a Francia, donde murió.
[38] las fuerzas realistas españolas derrotadas, destruídas
[39] se refiere a las guerras por la Independencia de Hispanoamérica
[40] el régimen (el sistema) que había organizado
[41] Las capitales coloniales donde se usaban corbatas

mantenían a los campesinos en botas de cuero de caballo sin curtir (botas muy rústicas) esperando en los vestíbulos.
[42] líderes intelectuales
[43] malo, inclinado al mal
[44] régimen
[45] garras, patas fuertes de animales feroces hacia arriba
[46] Rivadavia, Bernardino de: político argentino (1780–1845). Como presidente (1826–1828) introdujo muchas mejoras de acuerdo con las ideas de la Ilustración
[47] con lanza grande, con fuerzas armadas
[48] Iturbide, Agustín de: político y general mexicano (1783–1824). De miembro del ejército español pasó a las fuerzas revolucionarias. Lograda la Independencia se proclamó emperador —Agustín I— en 1822, pero el régimen fue muy efímero muriendo ejecutado dos años después.

moderación que parece imperar, por la armonía serena de la Naturaleza, en el continente de la luz,[49] y por el influjo de la lectura crítica que ha sucedido en Europa a la lectura de tanteo y falansterio en que se empapó la generación anterior, le está naciendo a América, en estos tiempos reales, el hombre real.

Éramos una visión, con el pecho de atleta, las manos de petimetre[50] y la frente de niño. Éramos una máscara, con los calzones de Inglaterra, el chaleco parisiense, el chaquetón de Norte América y la montera de España. El indio, mudo, nos daba vueltas alrededor, y se iba al monte, a la cumbre del monte, a bautizar sus hijos. El negro, oteado,[51] cantaba en la noche la música de su corazón, solo y desconocido, entre las olas y las fieras. El campesino, el creador, se revolvía, ciego de indignación, contra la ciudad desdeñosa, contra su criatura. Éramos charreteras y togas,[52] en países que venían al mundo con la alpargata en los pies y la vincha[53] en la cabeza. El genio hubiera estado en hermanar, con la caridad del corazón y con el atrevimiento de los fundadores, la vincha y la toga; en desestancar al indio; en ir haciendo lado al negro suficiente; en ajustar la libertad al cuerpo de los que se alzaron y vencieron por ella. Nos quedó el oidor, y el general, y el letrado, y el prebendado.[54] La juventud angélica, como de los brazos de un pulpo, echaba al Cielo, para caer con gloria estéril, la cabeza, coronada de nubes. El pueblo natural, con el empuje del instinto, arrollaba, ciego del triunfo, los bastones de oro. Ni el libro europeo, ni el libro yankee, daban la clave del enigma hispanoamericano. Se probó el odio, y los países venían cada año a menos. Cansados del odio inútil, de la resistencia del libro contra la lanza, de la razón contra el cirial, de la ciudad contra el campo, del imperio imposible de las castas urbanas divididas sobre la nación natural, tempestuosa o inerte, se empieza, como sin saberlo, a probar el amor. Se ponen en pie los pueblos, y se saludan. «¿Cómo somos?» se preguntan; y unos a otros se van diciendo cómo son. Cuando aparece en Cojímar[55] un problema, no va a buscar la solución a Dantzig. Las levitas son todavía de Francia, pero el pensamiento empieza a ser de América. Los jóvenes de América se ponen la camisa al codo, hunden las manos en la masa, y la levantan con la levadura de su sudor. Entienden que se imita demasiado, y que la salvación está en crear. Crear es la palabra de pase de esta generación. El vino, de plátano; y si sale agrio, ¡es nuestro vino! Se entiende que las formas de gobierno de un país han de acomodarse a sus elementos naturales; que las ideas absolutas, para no caer por un yerro de forma, han de ponerse en formas relativas; que la libertad, para ser viable, tiene que ser sincera y plena; que si la república, no abre los brazos a todos y adelanta con todos, muere la república. El tigre de adentro se entra por la hendija,[56] y el tigre de afuera. El general sujeta en la marcha la caballería al paso de los infantes. O si deja a la zaga[57] a los infantes, le envuelve el enemigo la caballería. Estrategia es política. Los pueblos han de vivir criticándose, porque la crítica es la salud; pero con un solo pecho y una sola mente. ¡Bajarse hasta los infelices y alzarlos en los brazos! ¡Con el fuego del corazón deshelar la América coagulada! ¡Echar, bullendo y rebotando por las venas, la sangre natural del país! En pie, con los ojos alegres de los trabajadores, se saludan, de un pueblo a otro, los hombres nuevos americanos. Surgen los estadistas naturales del estudio directo de la Naturaleza. Leen para aplicar, pero no para copiar. Los economistas estudian la dificultad en sus orígenes. Los oradores empiezan a ser sobrios. Los dramaturgos traen los caracteres nativos a la escena. Las academias discuten temas viables. La poesía se corta la melena zorrillesca[58] y cuelga del árbol glorioso el chaleco colorado.

---

[49] Europa
[50] joven demasiado elegante, «dandy»
[51] perseguido
[52] estábamos gobernados por militares y doctores (*charreteras*: adornos que llevan los oficiales en el hombro; *togas*: las túnicas de los doctores)
[53] pañuelo, venda o faja para la cabeza
[54] privilegio de las clases sociales altas
[55] Pequeño pueblo de pescadores al este de La Habana.

Aquí tiene lugar la acción de la novela *El viejo y el mar* de Ernest Hemingway (1898-1961) con que ganó el Premio Nobel.
[56] rendija: abertura estrecha, sobre todo en una pared
[57] detrás; en la parte posterior. .
[58] La poesía deja de tener la influencia de José Zorrilla, famoso poeta romántico español (1817-1893), autor de *Don Juan Tenorio*.

La prosa, centelleante y cernida, va cargada de idea. Los gobernadores, en las repúblicas de indios, aprenden indio.

De todos sus peligros se va salvando América. Sobre algunas repúblicas está durmiendo el pulpo.[59] Otras, por la ley del equilibrio, se echan a pie a la mar, a recobrar, con prisa loca y sublime, los siglos perdidos. Otras, olvidando que Juárez[60] paseaba en un coche de mulas, ponen coche de viento y de cochero a una bomba de jabón;[61] el lujo venenoso, enemigo de la libertad, pudre al hombre liviano y abre la puerta al extranjero. Otras acendran,[62] con el espíritu épico de la independencia amenazada, el carácter viril. Otras crían, en la guerra rapaz contra el vecino, la soldadesca[63] que puede devorarlas. Pero otro peligro corre, acaso, nuestra América, que no le viene de sí, sino de la diferencia de orígenes, métodos e intereses entre los dos factores continentales, y es la hora próxima en que se le acerque, demandando relaciones íntimas, un pueblo emprendedor y pujante que la desconoce y la desdeña. Y como los pueblos viriles, que se han hecho de sí propios, con la escopeta y la ley, aman, y sólo aman, a los pueblos viriles; como la hora del desenfreno y la ambición, de que acaso se libre, por el predominio de lo más puro de su sangre, la América del Norte, o en que pudieran lanzarla sus masas vengativas y sórdidas, la tradición de conquista y el interés de un caudillo hábil, no está tan cercana aún a los ojos del más espantadizo, que no dé tiempo a la prueba de altivez, continua y discreta, con que se la pudiera encarar y desviarla; como su decoro de república pone a la América del Norte, ante los pueblos atentos del Universo, un freno que no le ha de quitar la provocación pueril o la arrogancia ostentosa, o la discordia parricida de nuestra América, el deber urgente de nuestra América es enseñarse como es, una en alma e intento, vencedora veloz de un pasado sofocante, man-

chada sólo con la sangre de abono que arranca a las manos la pelea con las ruinas, y la de las venas que nos dejaron picadas nuestros dueños. El desdén del vecino[64] formidable, que no la conoce, es el peligro mayor de nuestra América; [5] y urge, porque el día de la visita está próximo, que el vecino la conozca, la conozca pronto, para que no la desdeñe. Por ignorancia llegaría, tal vez, a poner en ella la codicia. Por el respeto, luego que la conociese, sacaría de ella las [10] manos. Se ha de tener fe en lo mejor del hombre y desconfiar de lo peor de él. Hay que dar ocasión a lo mejor para que se revele y prevalezca sobre lo peor. Si no, lo peor prevalece. Los pueblos han de tener una picota para [15] quien les azuza a odios inútiles; y otra para quien no les dice a tiempo la verdad.

No hay odio de razas, porque no hay razas. Los pensadores canijos, los pensadores de lámpara,[65] enhebran y recalientan las razas de [20] librería,[66] que el viajero justo y el observador cordial buscan en vano en la justicia de la Naturaleza, donde resalta, en el amor victorioso y el apetito turbulento, la identidad universal del hombre. El alma emana, igual y eterna, de [25] los cuerpos diversos en forma y en color. Peca contra la Humanidad el que fomente y propague la oposición y el odio de las razas. Pero en el amasijo[67] de los pueblos se condensan, en la cercanía de otros pueblos diversos, caracteres [30] peculiares y activos, de ideas y de hábitos, de ensanche y de adquisición, de vanidad y de avaricia, que del estado latente de preocupaciones nacionales pudieran, en un período de desorden interno o de precipitación del carácter acumu- [35] lado del país, trocarse en amenaza grave para las tierras vecinas, aisladas y débiles, que el país fuerte declara perecederas e inferiores. Pensar es servir. Ni ha de suponerse, por antipatía de aldea, una maldad ingénita y fatal al pueblo rubio [40] del continente,[68] porque no habla nuestro idioma, ni ve la casa como nosotros la vemos, ni se nos parece en sus lacras políticas, que son

---

[59] la amenaza de la opresión o tiranía
[60] Juárez, Benito: político mexicano (1806–1872), indio puro, presidente de México en tres ocasiones (1859, 1867, 1871); en 1859 dictó las Leyes de Reforma de carácter liberal; combatió la intervención francesa y con la ayuda de Estados Unidos venció al Emperador Maximiliano y volvió a la presidencia (1871)
[61] no se dan cuenta de la realidad

[62] purifican
[63] ejército sin disciplina
[64] los Estados Unidos
[65] escritores teóricos y superficiales
[66] Las diferencias de razas sólo existen en los libros, no en la naturaleza.
[67] crisol o mezcla de razas
[68] los Estados Unidos

diferentes de las nuestras; ni tiene en mucho a los hombres biliosos y trigueños,[69] ni mira caritativo, desde su eminencia aún mal segura, a los que, con menos favor de la Historia, suben a tramos heroicos la vía de las repúblicas; ni se han de esconder los datos patentes del problema que puede resolverse, para la paz de los siglos, con el estudio oportuno y la unión tácita y urgente del alma continental. ¡Porque ya suena el himno unánime; la generación actual lleva a cuestas, por el camino abonado por los padres sublimes, la América trabajadora; del Bravo a Magallanes,[70] sentado en el lomo del cóndor, regó el Gran Semí,[71] por las naciones románticas del continente y por las islas dolorosas del mar, la semilla de la América nueva!

Manuel Gutiérrez Nájera

MÉXICO, 1859-1895

Es este famoso poeta mexicano uno de los representantes más sobresalientes de la transición del Romanticismo al Modernismo en las letras mexicanas e hispanoamericanas, en el último cuarto del siglo XIX. Su biografía exterior carece casi por completo de relieve, pues nada de extraordinario hay en ella. En su juventud, su madre quiso que estudiara para sacerdote, momento en que hace amplias lecturas de la literatura mística. Paralela a esta inclinación estaba su afición literaria que lo lleva a leer a los más importantes autores españoles del momento: Pedro A. de Alarcón, José Zorrilla, Gustavo A. Bécquer, Núñez de Arce, Juan Valera y Benito Pérez Galdós. A temprana edad entró en el periodismo, constituyendo esta carrera su modo de vivir. Como periodista hizo de todo: desde artículos de fondo hasta «sueltos» o breves crónicas de teatro, pasando por el verso y el cuento. Más tarde y siguiendo los consejos de su gran amigo y maestro, Justo Sierra, se entregó a la lectura de los autores franceses. Las nuevas ideas al chocar con su antigua fe le crearon una profunda crisis espiritual, muy patente en la desesperanza y honda tristeza de casi todos sus versos. Su extremada fealdad física lo hizo evadirse hacia el logro de la belleza y el dominio del arte poético. De aquí que su poesía, eminentemente subjetiva y de tono romántico, expresa el llamado «mal del siglo», o sea, la angustia de vivir, el pesimismo más radical, la duda y la incertidumbre. En su obra aparecen perfectamente integrados el tono romántico y subjetivo —contrarios por definición al Modernismo— con la actitud nueva y moderna que preconizaba este movimiento. Fue periodista de carrera, y poeta y escritor por vocación. Su fama primera no le vino de ningún libro, sino de las poesías,

---

[69] hispanoamericanos (temperamentales, emocionales) y de piel morena

[70] desde el río Grande, al norte, hasta el Estrecho de Magallanes, al sur de Chile

[71] (Cuba) divinidad inferior, mediadora con las divinidades superiores, entre los indios de la época precolombina. En ella encarnaban todas las fuerzas de la naturaleza.

crónicas y cuentos que publicaba en revistas y periódicos. Hay que citarlo entre los escritores que más influyeron en el modo de escribir preconizado por este movimiento.

La obra de Manuel Gutiérrez Nájera, no muy abundante por cierto, comprende verso y prosa. Publicó un sólo libro de versos con el título de *Poesías* (1896) de las cuales se han sucedido las ediciones posteriores. No fue un innovador audaz de la métrica o de otros aspectos técnicos del verso, pero sí de las imágenes, de la plasticidad, del sentido rítmico y musical del verso, del juego de colores, sobre todo del blanco que era su favorito. Las tres características esenciales de su poesía son: la blandura, pues aun cuando canta al dolor más profundo, el verso es suave. Ya Justo Sierra ha señalado que toda su obra está tocada de la gracia, «especie de sonrisa del alma que comunica a toda producción no sé que ritmo ligero y alado». Finalmente, hay que destacar la delicadeza, refinamiento y finura. Los temas esenciales de su poesía son la tristeza, la búsqueda inútil de Dios o de la fe, el amor inalcanzable, el misterio de la existencia, el dolor, la compasión por los huérfanos y desvalidos y una constante premonición de la muerte. Sus versos tienen casi siempre un marcado tono elegíaco. Es uno de los poetas más pesimistas de esta literatura, quizás por las circunstancias personales de su vida. Su influencia más directa fue la de Musset, seguida de la de Bécquer. También presenta reminiscencias de Gautier en sus versos impersonales en que juega con el ritmo o el color, y de Verlaine y Baudelaire.

Más innovador se nos presenta en la prosa por la flexibilidad, fluidez, refinamiento y sentido poético que sabe influirle. Es uno de los cultivadores más conspicuos de la llamada «prosa parisiense», llena del «*esprit*» francés, en la que se combinan gracia y naturalidad con cierto fino humorismo ribeteado de ironía delicada. Notables son sus cuentos de los cuales publicó dos colecciones: *Cuentos frágiles* (1883) y *Cuentos de Color de humo* (1890–1894), crítica literaria y sus famosas «crónicas», género introducido por él en esta literatura. Es el creador del cuento modernista en su país. El estilo de sus cuentos sabe combinar la prosa poemática llena de lirismo y delicadeza con la captación de diversos matices de la realidad. A estos elementos ha de unirse cierto humorismo, unas veces lleno de frivolidad o de compasión y una rica imaginación. Siempre encontramos en sus cuentos simpatía para los infortunados y los pobres, observación irónica de la vida y abundancia de pensamientos trascendentes que muestran su preocupación vital.

FUENTES: *Poesías completas*, 2 vols., México, Porrúa, 1953. Prólogo por Francisco González Guerrero. *Cuentos completos y otras narraciones*, México, Fondo de Cultura Económica, 1958. Prólogo, edición y notas de E. K. Mapes; estudio preliminar de Francisco González Guerrero.

Poesías

Para entonces[1]

Quiero morir cuando decline el día
en alta mar y con la cara al cielo;
donde parezca un sueño la agonía,
y el alma, un ave que remonta el vuelo.

No escuchar en los últimos instantes,
ya con el cielo y con la mar a solas,
más voces ni plegarias sollozantes
que el majestuoso tumbo de las olas.

Morir cuando la luz triste retira
sus áureas redes de la onda verde,[2]
y ser como ese sol que lento expira;
algo muy luminoso que se pierde.

Morir, y joven: antes que destruya
el tiempo aleve la gentil corona;[3]
cuando la vida dice aún: «soy tuya»,
¡aunque sepamos bien que nos traiciona!

La Duquesa Job[4]

En dulce charla de sobremesa,
mientras devoro fresa tras fresa
y abajo ronca tu perro Bob,
te haré el retrato de la duquesa,
que adora a veces el duque Job.

No es la condesa que Villasana[5]
caricatura, ni la poblana
de enagua roja, que Prieto[6] amó;
no es la criadita de pies nudosos,
ni la que sueña con los gomosos
y con los gallos de Micoló.[7]

Mi duquesita, la que me adora,
no tiene humos de gran señora:
es la griseta de Paul de Kock.[8]
No baila boston,[9] y desconoce
de las carreras el alto goce,
y los placeres del *five o'clock*.[10]

Pero ni el sueño de algún poeta,
ni los querubes que vio Jacob,[11]
fueron tan bellos cual la coqueta
de ojitos verdes, rubia griseta
que adora a veces el duque Job.

Si pisa alfombras, no es en su casa,
si por Plateros[12] alegre pasa
y la saluda Madame Marnat,[13]
no es, sin disputa, porque la vista,
sí porque a casa de otra modista
desde temprano rápida va.

---

[1] Este poema de 1887 aparece siempre al frente de sus poemas, desde la primera edición de *Poesías* en 1896.
[2] *la luz ... verde*: nótese la modernidad de esta imagen para referirse al anochecer, que huye de los «clisés» repetidos de los románticos como «ya se hunde Febo», etc.
[3] ideal griego: no ver terminada la belleza de la juventud
[4] Esposa ideal del poeta, cuyo seudónimo favorito era «El duque Job». El nombre venía bien a su vida: «duque» representa lo aristocrático y «Job» el sufrimiento. El poema está escrito en quintetos de versos decasílabos divididos en hemistiquios de cinco sílabas. La rima es *aabab* y los versos tercero y quinto siempre son agudos. Es notable la influencia francesa en el ritmo ligero, cierto tono frívolo y el espíritu parisiense trasladado al México de la época.
[5] Villasana, José María: caricaturista y periodista mexi-

cano (1848–1904), autor de famosos «cuadros de costumbres»
[6] Prieto, Guillermo; político y poeta mexicano (1818–1897), muy inclinado a la poesía popular
[7] *gomoso*: joven de elegancia afectada; *gallo*: individuo conquistador; *Micoló*: quizás un café de México o peluquero francés muy popular de la época
[8] joven modista en algunas novelas del escritor francés Paul de Kock (1794–1871)
[9] El «boston» era un baile lento parecido al vals, de moda en este tiempo.
[10] reunión y té de las cinco
[11] Jacob vio en un sueño una escala por la que subían y bajaban ángeles de la tierra al cielo (Génesis, 29: 12).
[12] calle de la ciudad de México
[13] modista francesa muy afamada

No tiene alhajas mi duquesita,
pero es tan guapa y es tan bonita,
y tiene un cuerpo tan *v'lan*, tan *pschutt*;[14]
de tal manera trasciende a Francia,
que no le igualan en elegancia
ni las clientes de Hélène Kossut.[15]

Desde las puertas de la Sorpresa[16]
hasta la esquina del Jockey Club,[17]
no hay española, yankee o francesa,
ni más bonita, ni más traviesa
que la duquesa del duque Job.

¡Cómo resuena su taconeo
en las baldosas! ¡Con qué meneo
luce su talle de tentación!
¡Con qué airecito de aristocracia
mira a los hombres, y con qué gracia
frunce los labios! ¡Mimí Pinsón![18]

Si alguien la alcanza, si la requiebra,
ella, ligera, como una cebra,
sigue camino del almacén;
pero ¡ay del tuno[19] si alarga el brazo!
nadie le salva del sombrillazo
que le descarga sobre la sien.

¡No hay en el mundo mujer más linda
pie de andaluza, boca de guinda,
esprit rociado de Veuve Clicqot;[20]
talle de avispa, cutis de ala,
ojos traviesos de colegiala
como los ojos de *Louise Theó*![21]

Agil, nerviosa, blanca, delgada,
media de seda bien estirada,
gola[22] de encaje, corsé de ¡crac!,
nariz pequeña, garbosa, cuca,
y palpitantes sobre la nuca
rizos tan rubios como el coñac.

Sus ojos verdes bailan el tango;
nada hay más bello que el arremango[23]
provocativo de su nariz.

Por ser tan joven y tan bonita,
cual mi sedosa, blanca gatita,
diera sus pajes la emperatriz.

¡Ah, tú no has visto cuando se peina,
sobre sus hombros de rosa reina
caer los rizos en profusión!
¡Tú no has oído qué alegre canta,
mientras sus brazos y su garganta
de fresca espuma cubre el jabón!

¡Y los domingos! . . . ¡Con qué alegría
oye en su lecho bullir el día
y hasta las nueve quieta se está!
¡Cuál se acurruca la perezosa,
bajo la colcha color de rosa,
mientras a misa la criada va!

La breve cofia[24] de blanco encaje
cubre sus rizos, el limpio traje
aguarda encima del canapé;
altas, lustrosas y pequeñitas,
sus puntas muestran las dos botitas,
abandonadas del catre al pie.

Después ligera, del lecho brinca,
¡Oh, quién la viera cuando se hinca
blanca y esbelta sobre el colchón!
¿Qué valen junto de tanta gracia
las niñas ricas, la aristocracia,
ni mis amigas de cotillón?

Toco; se viste; me abre; almorzamos;
con apetito los dos tomamos
un par de huevos y un buen beefsteak,
media botella de rico vino,
y en coche, juntos, vamos camino
del pintoresco Chapultepec.[25]

Desde las puertas de la Sorpresa
hasta la esquina del Jockey Club,
no hay española, yankee o francesa,
ni más bonita ni más traviesa
que la duquesa del duque Job.

---

[14] dos voces francesas que significan: de pronto, rápido y efervescente (agitación, emoción viva)
[15] otra famosa modista francesa del México de este tiempo
[16] tienda de México, muy conocida
[17] Club social para ricos y aristócratas
[18] modista, heroína de un cuento de Alfredo de Musset (1810-1857), poeta y dramaturgo romántico francés
[19] pobre del tunante, pícaro, bribón, granuja
[20] un famoso champán francés
[21] cantante francesa de operetas
[22] parte del vestido o pieza separada de tela que cubre la garganta
[23] nariz respingada, de punta graciosamente levantada hacia arriba
[24] red para el pelo, tocado femenino sobre la cabeza
[25] famoso parque y palacio en la ciudad de México

El hada verde[26]

¡En tus abismos, negros y rojos,
fiebre implacable, mi alma se pierde;
y en tus abismos miro los ojos,
los ojos verdes del hada verde!

Es nuestra musa glauca y sombría,
la copa rompe, la lira quiebra,
y a nuestro cuello se enrosca impía
como culebra.

Llega y nos dice: —¡Soy el olvido;
yo tus dolores aliviaré!
Y entre tus brazos, siempre dormido,
yace Musset.[27]

¡Oh musa verde! Tú la que flotas
en nuestras venas enardecidas,
tú la que absorbes, tú la que agotas
almas y vidas.

En las pupilas concupiscencia;
juego en la mesa donde se pierde
con el dinero, vida y conciencia,
en nuestras copas eres demencia . . .
¡oh musa verde!

Son ojos verdes los que buscamos,
verde el tapete donde jugué,
verdes absintios los que apuramos,
y verde el sauce que colocamos
en tu sepulcro, ¡pobre Musset!

Después . . .

¡Sombra, la sombra sin orillas, ésa
que no se ve, que no acaba! . . .
La sombra en que se ahogan los luceros . . .,
¡ésa es la que busco para mi alma!
Esa sombra es mi madre, buena madre,
¡pobre madre enlutada!

Esa me deja que en su seno llore
y nunca de su seno me rechaza . . .
¡Dejadme ir con ella, amigos míos,
es mi madre, es mi patria!

¿Qué mar me arroja? ¿De qué abismo vengo?[28]
¿Qué tremenda borrasca
con mi vida jugó? ¿Qué ola clemente
me ha dejado en la playa?
¿En qué desierto suena mi alarido?
¿En qué noche infinita va mi alma?
¿Por qué, prófugo huyó mi pensamiento?
¿Quién se fue? ¿Quién me llama?
¡Todo sombra! ¡Mejor! ¡Que nadie mire!
¡Estoy desnudo! ¡Ya no tengo nada!

Poco a poco rasgando la tiniebla,
como puntas de dagas,[29]
asoman en mi mente los recuerdos
y oigo voces confusas que me hablan.
No sé a qué mar cayeron mis ideas . . .;[30]
con las olas luchaban . . .
¡Yo vi cómo convulsas se acogían
a las flotantes tablas!

La noche era muy negra . . ., el mar muy
hondo . . .,
¡y se ahogaban . . ., se ahogaban!
¿Cuántas murieron? ¿Cuántas regresaron,
náufragos desvalidos, a la playa?
. . . ¡Sombra, la sombra sin orillas, ésa,
ésa es la que busco para mi alma!

Muy alto era el peñón cortado a pico,
sí, muy alto, muy alto!
Agua iracunda hervía
en el oscuro fondo de barranco.
¿Quién me arrojó? Yo estaba en esa cumbre . . .
¡Y ahora estoy abajo!
Caí, como la roca descuajada[31]
por titánico brazo.
Fui águila tal vez y tuve alas . . .
¡Ya me las arrancaron!

---

[26] Poema con el típico juego con los colores de Gutiérrez Nájera. Aunque el blanco era su color favorito, aquí asocia el verde con los ojos de la mujer amada, la copa que ofrece un placer transitorio, el juego del dinero, la pérdida de la vida, el poeta más amado y la muerte.
[27] Musset, Alfred de: poeta romántico francés (1810–1857), que influye directamente en Gutiérrez Nájera.
[28] Esta estrofa es un grito desgarrado del poeta que se angustia por el origen de su vida, por su destino final. Su pesimismo sólo lo deja ver sombras, y un total desamparo.
[29] espadas cortas antiguas
[30] Evidente referencia a la gran crisis espiritual del poeta mencionada en la introducción.
[31] convertida en líquido, deshecha

Busco mi sangre, pero sólo miro
agua negra brotando;
y vivo, sí, mas con la vida inmóvil
del abrupto peñasco . . .
¡Cae sobre mí, sacúdeme, torrente!
¡Fúndeme con tu fuego, ardiente rayo!
¡Quiero ser onda y desgarrar mi espuma
en las piedras del tajo! . . .
Correr . . ., correr . . ., al fin de la carrera
perderme en la extensión del Oceano.[32]

El tiempo colosal, de nave inmensa,
está mudo y sombrío;
sin flores el altar, negro, muy negro;
¡apagados los cirios!
Señor, ¿en dónde estás? ¡Te busco en vano! . . .
¿En dónde estás, oh Cristo?
¡Te llamo con pavor porque estoy solo,
como llama a su padre el pobre niño!
¡Y nadie en el altar! ¡Nadie en la nave!
¡Todo en tiniebla sepulcral hundido!
¡Habla! ¡Que suene el órgano! ¡Que vea
en el desnudo altar arder los cirios!
¡Ya me ahogo en la sombra . . ., ya me ahogo!
¡Resucita, Dios mío!

¡Una luz! ¡Un relámpago! . . . ¡Fue acaso
que despertó una lámpara!
¡Ya miro, sí! ¡Ya miro que estoy solo! . . .
¡Ya puedo ver mi alma!
Ya vi que de la cruz te desclavaste
y que en la cruz no hay nada . . .
Como ésa son las cruces de los muertos . . .,
los pomos de las dagas . . .
¡Y es puñal, sí, porque su hoja aguda
en mi pecho se encaja![33]
Ya ardieron de repente mis recuerdos,
ya brillaron las velas apagadas . . .
Vuelven al coro tétricos los monjes,
y vestidos de luto se adelantan . . .
Traen un cadáver . . ., rezan . . ., ¡oh, Dios mío,
todos los cirios con tu soplo apaga! . . .
¡Sombra, la sombra sin orillas, ésa,[34]
ésa es la que busco para mi alma!

Mis enlutadas[35]

Descienden taciturnas las tristezas
al fondo de mi alma,
y entumecidas, haraposas brujas,
con uñas negras
mi vida escarban.[36]

De sangre es el color de sus pupilas,
de nieve son sus lágrimas;
hondo pavor infunden . . . yo las amo
por ser las solas
que me acompañan.

Aguárdolas ansioso si el trabajo
de ellas me separa,
y búscolas en medio del bullicio,[37]
y son constantes,
y nunca tardan.

En las fiestas, a ratos se me pierden
o se ponen la máscara,
pero luego las hallo, y así dicen:
—¡Ven con nosotras!
—¡Vamos a casa!

Suelen dejarme cuando sonriendo
mis pobres esperanzas,
como enfermitas ya convalecientes,
salen alegres
a la ventana.

Corridas huyen,[38] pero vuelven luego
y por la puerta falsa
entran trayendo como nuevo huésped
alguna triste,
lívida[39] hermana.

Ábrese a recibirlas la infinita
tiniebla de mi alma,
y van prendiendo en ella mis recuerdos
cual tristes cirios[40]
de cera pálida.

---

[32] ansia de evasión para escapar de la propia angustia y dolor
[33] se introduce
[34] El poeta ha salido en busca de la fe en Dios que le dé luz para el camino, pero sólo ha encontrado sombras y signos del sufrimiento y de la muerte.
[35] Son las tristezas del poeta, tan grandes y amargas que están vestidas de negro, color símbolo del dolor y la muerte.
[36] arañan, rascan produciendo un gran dolor
[37] ruido, desasosiego
[38] se escapan rápidamente
[39] pálida
[40] velas

Entre esas luces, rígido, tendido,
mi espíritu descansa;
y las tristezas, revolando en torno,
lentas salmodias[41]
rezan y cantan.

Escudriñan[42] del húmedo aposento
rincones y covachas,[43]
el escondrijo do guardé cuitado
todas mis culpas,
todas mis faltas.

Y urgando mudas, como hambrientas lobas,
las encuentran, las sacan
y volviendo a mi lecho mortuorio
me las enseñan
y dicen: habla.

En lo profundo de mi ser bucean,
pescadoras de lágrimas,
y vuelven mudas con las negras conchas
en donde brillan
gotas heladas.

A veces me revuelvo contra ellas
y las muerdo con rabia,
como la niña desvalida y mártir
muerde a la harpía[44]
que la maltrata.

Pero en seguida, viéndose impotente,
mi cólera se aplaca,
¿qué culpa tienen, pobres hijas mías,
si yo las hice
con sangre y alma?

Venid, tristezas de pupila turbia,
venid, mis enlutadas,
las que viajáis por la infinita sombra,
donde está todo
lo que se ama.

Vosotras no engañáis: venid, tristezas,
¡oh mis criaturas blancas
abandonadas por la madre impía,
tan embustera,
por la esperanza!

Venid y habladme de las cosas idas,
de las tumbas que callan,
de muertos buenos y de ingratos vivos . . .
voy con vosotras,
vamos a casa.

Pax animae[45]

¡Ni una palabra de dolor blasfemo!
Sé altivo, sé gallardo[46] en la caída,
¡y ve, poeta, con desdén supremo,
todas las injusticias de la vida!

No busques la constancia en los amores,
no pidas nada eterno a los mortales,
y haz, artista, con todos tus dolores
excelsos monumentos sepulcrales.

En mármol blanco tus estatuas labra,
castas en la actitud, aunque desnudas,
y que duerma en sus labios la palabra . . .
y se muestren muy tristes . . . ¡pero mudas!

¡El nombre! . . . ¡Débil vibración sonora[47]
que dura apenas un instante! ¡El nombre! . . .
¡Ídolo torpe que el iluso adora!
¡Última y triste vanidad del hombre!

¿A qué pedir justicia ni clemencia
—si las niegan los propios compañeros—
a la glacial y muda indiferencia
de los desconocidos venideros?

---

[41] cantos religiosos basados en los salmos
[42] inquieren, rebuscan
[43] cuevas pequeñas, cuartos pequeños y pobres en una casa
[44] ave mitológica con cara de mujer y cuerpo de ave de rapiña
[45] latín: «Paz al alma». Uno de los poemas esenciales para conocer la intimidad del poeta y su actitud ante la vida, de radical pesimismo y desencanto.
[46] airoso, bien parecido, valiente y guapo
[47] la gloria, la fama, el renombre son pura vanidad pasajera

¿A qué pedir la compasión tardía
de los extraños que la sombra esconde?
¡Duermen los ecos de la selva umbría,
y nadie, nadie a nuestra voz responde!

En esta vida el único consuelo
es acordarse de las horas bellas,[48]
y alzar los ojos para ver el cielo . . .
cuando el cielo está azul o tiene estrellas.

Huir del mar, y en el dormido lago
disfrutar de las ondas el reposo . . .
Dormir . . . soñar[49] . . . El sueño, nuestro
                          mago,
¡es un sublime y santo mentiroso!

. . . ¡Ay! Es verdad que en el honrado
                          pecho
pide venganza la reciente herida . . .;
pero . . . ¡perdona el mal que te hayan hecho!,
¡todos están enfermos de la vida![50]

Los mismos que de flores se coronan,
para el dolor, para la muerte nacen . . .
Si los que tú más amas te traicionan,
¡perdónalos, no saben lo que hacen![51]

Acaso esos instintos heredaron,
y son los inconscientes vengadores
de razas o de estirpes que pasaron
acumulando todos los rencores.

¿Eres acaso el juez?[52] ¿El impecable?
¿Tú la justicia y la piedad reúnes?
. . . ¿Quién no es el fugitivo responsable
de alguno o muchos crímenes impunes?

¿Quién no ha mentido amor y ha profanado
de un alma virgen el sagrario augusto?
¿Quién está cierto de no haber matado?
¿Quién puede ser el justiciero, el justo?

¡Lástimas y perdón para los vivos!
Y así de amor y mansedumbre llenos,
seremos cariñosos, compasivos . . .
¡y alguna vez, acaso, acaso buenos!

¿Padeces? Busca a la gentil amante,
a la impasible e inmortal belleza,
y ve apoyado, como Lear[53] errante,
en tu joven Cordelia,[54] la tristeza.

Mira: se aleja perezoso el día . . .
¡Qué bueno es descansar! El bosque oscuro
nos arrulla con lánguida armonía . . .
El agua es virgen. El ambiente es puro.

La luz, cansada, sus pupilas cierra;
se escuchan melancólicos rumores,
y la noche, al bajar, dice a la tierra:
!«Vamos . . . ya está . . . ya duérmete . . .
                          no llores!»

Recordar . . . Perdonar . . . Haber
                       amado . . .[55]
Ser dichoso un instante, haber creído . . .
Y luego . . . reclinarse fatigado
en el hombro de nieve del olvido.

Sentir eternamente la ternura
que en nuestros pechos jóvenes palpita,
y recibir, si llega, la ventura
como a hermosa que viene de visita.

Siempre escondido lo que más amamos:
¡siempre en los labios el perdón risueño;
hasta que, al fin, ¡oh tierra!, a ti vayamos
con la invencible laxitud del sueño!

Esa ha de ser la vida del que piensa
en lo fugaz de todo lo que mira,
y se detiene, sabio, ante la inmensa
extensión de tus mares, ¡oh Mentira!

---

[48] evasión hacia la belleza y los momentos felices
[49] formas de evadirse de la realidad amarga y cruel
[50] En su «mal del siglo» llega a considerar la vida como una verdadera enfermedad.
[51] frase de Cristo
[52] Todos los hombres son culpables. Véase ésta y la siguiente estrofa.
[53] rey de Bretaña y carácter principal de *King Lear* de

William Shakespeare. Representa un padre que encuentra apoyo en la hija que ha despreciado, cuando lo traicionan sus hijas favoritas
[54] Es la hija del rey Lear que le da consuelo a pesar de que éste la ha menospreciado. Sus hijas favoritas, en cambio, le pagan con la traición.
[55] Este cuarteto y los siguientes parecen resumir la triste vida del poeta

Corta las flores, mientras haya flores;
perdona las espinas a las rosas . . .
¡También se van y vuelan los dolores
como turbas de negras mariposas!

Ama y perdona. Con valor resiste
lo injusto, lo villano, lo cobarde . . .
¡Hermosamente pensativa y triste
está al caer la silenciosa tarde!

Cuando el dolor mi espíritu sombrea
busco en las cimas claridad y calma,
¡y una infinita compasión albea
en las heladas cumbres de mi alma!

Non omnis moriar[56]

¡No moriré del todo, amiga mía!
De mi ondulante espíritu disperso
algo, en la urna diáfana del verso,
piadosa guardará la Poesía.[57]

¡No moriré del todo! Cuando herido
caiga a los golpes del dolor humano,
ligera tú, del campo entenebrido
levantarás al moribundo hermano.

Tal vez entonces por la boca inerme
que muda aspira la infinita calma,
oigas la voz de todo lo que duerme
con los ojos abiertos en mi alma.

Hondos recuerdos de fugaces días,
ternezas tristes que suspiran solas;
pálidas, enfermizas alegrías
sollozando al compás de las vïolas . . .

Todo lo que medroso oculta el hombre
se escapará, vibrante, del poeta,
en áureo ritmo de oración secreta
que invoque en cada cláusula tu nombre.

Y acaso adviertas que de modo extraño
suenan mis versos en tu oído atento,
y en el cristal, que con mi soplo empaño,
mires aparecer mi pensamiento.

Al ver entonces lo que yo soñaba,
dirás de mi errabunda poesía:
—Era triste, vulgar lo que cantaba . . .
mas, ¡qué canción tan bella la que oía!

Y porque alzo en tu recuerdo notas
del coro universal, vívido y almo,[58]
y porque brillan lágrimas ignotas
en el amargo cáliz de mi salmo;

porque existe la Santa Poesía
y en ella irradias tú, mientras disperso
átomo de mi ser esconda el verso,
¡no moriré del todo, amiga mía![59]

---

[56] latín: «No se muere del todo». Poema en cuartetos endecasílabos con rima *abba*
[57] La gloria literaria es la única inmortalidad en que cree el poeta. Si su nombre no muere será por la poesía.
[58] excelente, santo, vivificador
[59] En esta última estrofa reitera su creencia en que la única inmortalidad es la literaria.

Cuentos

Memorias de un paraguas[1]

Nací en una fábrica francesa, de más padres, padrinos y patrones que el hijo que achacaban a Quevedo.[2] Mis hermanos eran tantos y tan idénticos a mí en color y forma, que hasta no separarme de sus filas y vivir solitario, como hoy vivo, no adquirí la conciencia de mi individualidad. Antes, en mi concepto, no era un todo ni una unidad distinta de las otras; me sucedía lo que a ciertos gallegos que usaban medias de un color igual y no podían ponerse en pie, cuando se acostaban juntos, porque no sabían cuáles eran sus piernas. Más tarde, ya instruído por los viajes, extrañé que no ocurriera un fenómeno semejante a los chinos, de quienes dice Guillermo Prieto[3] con mucha gracia, que vienen al mundo por millares, como los alfileres, siendo tan difícil distinguir a un chino de otro chino, como un alfiler de otro alfiler. Por aquel tiempo no meditaba en tales sutilezas, y si ahora caigo en la cuenta de que debía haber sido en esos días tan panteísta como el judío Spinoza,[4] es porque vine a manos de un letrado,[5] cuyos trabajos me dejaban ocios suficientes para esparcir mi alma en el estudio.

Ignoro si me pusieron algún nombre; aunque tengo entendido que la mayoría de mis congéneres no disfruta de este envidiable privilegio, reservado exclusivamente para los machos y las hembras[6] racionales. Tampoco me bautizaron, ni había para qué dado el húmedo oficio a que me destinaban. Sólo supe que era uno de los novecientos mil quinientos veintitrés millones que habían salido a luz en aquel año.

Por lo tanto, carecí desde niño de los solícitos cuidados de la familia. Uds., los que tienen padre y madre, hermanos, tíos, sobrinos y parientes, no pueden colegir[7] cuánta amargura encierra este abandono lastimoso. Nada más los hijos de las mujeres malas pueden comprenderme. Suponed que os han hecho a pedacitos, agregando los brazos a los hombros y los menudos dientes a la encía; imaginad que cada uno de los miembros que componen vuestro cuerpo es obra de un artífice distinto, y tendréis una idea, vaga y remota, de los suplicios a que estuve condenado. Para colmo de males, nací sensible y blando de carácter. Es muy cierto que tengo el alma dura y que mis brazos son de acero bien templado; pero, en cambio, es de seda mi epidermis y tan delgada, tenue y transparente que puede verse el cielo a través de ella. Además, soy tan frágil como las mujeres. Si me abren bruscamente, rindo el alma.

A poco de[8] nacido, en vez de atarme con pañales ricos, me redujeron a la más ínfima expresión para meterme dentro de una funda, en la que estaba tan estrecho y tan molesto como suelen estar los pasajeros en los vagones de Ramón Guzmán.[9] Esa envoltura me daba cierto parecido con los muchachos elegantes y con las flautas; pero esta consideración no disminuía mis sufrimientos. Sólo Dios sabe lo que yo sufrí dentro del tubo, sacando nada más pies y cabeza entre congojas y opresiones indecibles. Los verdugos me condenaron a la sombra, encerrándome duramente en una caja

[1] Este cuento se publicó por primera vez en *La Libertad,* México, 3 de junio de 1883.
[2] Quevedo y Villegas, Francisco de: poeta y escritor español (1580–1645) del *Siglo de Oro*
[3] político y poeta popular mexicano (1818–1897), autor de *Musa callejera*
[4] Spinoza, Baruch: filósofo holandés (1632–1677), en cuyas obras aparece buen número de ideas panteístas.
[5] abogado, docto, instruído
[6] hombres y mujeres
[7] inferir, deducir
[8] poco después de
[9] al parecer, un dueño de carruajes en México en esa época

con noventa y nueve hermanos míos. Nada volví a saber de mí, envuelto como estaba en la obscuridad más impenetrable, si no es que me llevaban y traían, ya en hombros, ya en carretas,
5 ya en vagones, ya, por último, en barcos de vapor. Una tarde, por fin, miré la luz, en los almacenes de una gran casa de comercio.[10] No podía quejarme. Mi nueva instalación era magnífica. Grandes salones, llenos de graderías y
10 corredores, guardaban en vistosa muchedumbre un número incalculable de mercancías: tapetes de finísimo tejido, colgados de altos barandales,[11] hules brillantes de distintos dibujos y colores cubriendo una gran parte de
15 los muros; grandes rollos de alfombras, en forma de pirámides y torres; y en vidrieras, aparadores y anaqueles,[12] multitud de paraguas y sombrillas, preciosas cajas policromas, encerrando corbatas, guantes finos, medias de seda,
20 cintas y pañuelos. Sólo para contar, enumerándolas, todas aquellas lindas chucherías,[13] tendría yo que escribir grandes volúmenes. Los mismos dependientes ignoraban la extensión e importancia de los almacenes, y eso que, sin
25 pararse a descansar, ya subían por las escaleras de caracol[14] para bajar cargando gruesos fardos,[15] ya desenrollaban sobre el enorme mostrador los hules, las alfombras y los paños o abrían las cajas de cartón henchidas[16] de sedas, blondas,
30 lino, cabritilla, juguetes de transparente porcelana y botes de cristal, guardadores de esencias y perfumes.

A mí me colocaron, con mucho miramiento[17] y atención, en uno de los estantes más
35 lujosos. La pícara distinción de castas y de clases, que trae tan preocupados a los pobres, existe entre los paraguas y sombrillas. Hay paraguas de algodón y paraguas de seda, como hay hombres que se visten en los Sepulcros de
40 Santo Domingo,[18] y caballeros cuyo traje está cortado por la tijera diestra de Chauveau.[19] En cuanto a las sombrillas, es todavía mayor la diferencia: hay feas y bonitas, ricas, pobres, de condición mediana, blancas, negras, de mil colores, de mil formas y tamaños. Yo desde luego conocí que había nacido en buena cuna y que la suerte me asignaba un puesto entre la aristocracia paragüil. Esta feliz observación lisonjeó grandemente mi amor propio. Tuve lástima de aquellos paraguas pobres y raquíticos, que irían, probablemente, a manos de algún cura, escribiente, tendero o pensionista. La suerte me reservaba otros halagos: el roce de la cabritilla,[20] el contacto del raso,[21] la vivienda en alcobas elegantes y en armarios de rosa, el bullicio de las reuniones elegantes y el esplendor de los espectáculos teatrales. Después pude advertir con desconsuelo que la lluvia cae de la misma suerte para todos; que los pobres cuidan con más esmero su paraguas, y que el destino de los muebles elegantes es vivir menos tiempo y peor tratado que los otros.[22]

En aquel tiempo no filosofaba como ahora: me aturdía[23] el ir y venir de los carruajes, la animación de compradores y empleados: pensé que era muy superior a los paraguas de algodón y a los paraguas blancos con forro verde; repasé con orgullo mis títulos de nobleza, y no preví, contento y satisfecho, los decaimientos inevitables de la suerte. Muchas veces me llevaron al mostrador y otras tantas me despreciaron. Esto prueba que no era yo el mejor ni el más lujoso. Por fin, un caballero, de buen porte,[24] después de abrirme y de transparentarme con cuidado, se resignó a pagar seis pesos fuertes por mi graciosa y linda personita. Apenas salí del almacén, dieron principio mis suplicios y congojas. El caballero aquel tenía y tiene la costumbre de remolinear[25] su bastón o su paraguas, con gran susto de los transeúntes distraídos. Yo comencé a sentir, al poco rato, los síntomas espantosos del mareo.[26] Se me iba la cabeza, giraban a mis ojos los objetos, y Dios

---

[10] una tienda grande
[11] barandilla o tabla que une los balaustres
[12] armario, alacena, lugar para poner libros u otros artículos
[13] baratijas, cosas pequeñas y bonitas de poco valor
[14] escalera en forma de espiral
[15] bultos, paquetes
[16] llenas
[17] consideración, deferencia, respeto, cuidado
[18] lugar de tiendas baratas en el México de esa época
[19] posiblemente un famoso sastre de ese tiempo
[20] piel de cordero o cabrito. Se hacen de ella guantes.
[21] tela de seda con brillo
[22] buen uso de la ironía tan típica de este autor
[23] perturbaba los sentidos, dejaba sin juicio
[24] de buena presencia, de buena figura
[25] agitar, hacer girar un bastón o paraguas con fuerza
[26] vértigo, turbación de la cabeza y a veces del estómago por efecto de la altura, o de movimientos violentos como cuando se viaja en avión o barco

sabe cuál habría sido el fin del vértigo, si un fuerte golpe, recibido en la mitad del cráneo, no hubiera terminado mis congojas. El golpe fue recio; yo creí que los sesos se me deshacían; pero, con todo, preferí ese tormento momentáneo al suplicio interminable de la rueda. Sucedió lo que había de suceder; quedé con la cabeza desportillada,[27] y no era ciertamente para menos el trastazo[28] que di contra la esquina. Mi dueño, sin lamentar ese desperfecto, entró a la peluquería de Micoló. Allí estaban reunidos muchos jóvenes, amigos todos de mi atarantado[29] propietario.

Me dejaron caer sobre un periódico, cuyo contenido pude tranquilamente recorrer. ¡La prensa! Yo me había formado una idea muy distinta de su influjo. El periódico, leído de un extremo a otro, en la peluquería de Micoló, me descorazonó completamente. Era inútil buscar noticias frescas, ni crímenes dramáticos y originales. Los periódicos, conforme al color político que tienen, alaban o censuran la conducta del Gobierno; llenan sus columnas con recortes de publicaciones extranjeras, y andan a la greña[30] por diferencias nimias[31] o ridículas. En cuanto a noticias, poco hay que decir. La gacetilla se surte con los chismes de provincia o con las eternas deprecaciones al Ayuntamiento. Sabemos, por ejemplo, que ya no gruñen los cerdos frente a las casas consistoriales de Ciudad Victoria, que plantaron media docena de eucaliptus en el atrio de tal o cual parroquia; que pasó a mejor vida el hijo de un boticario en Piedras Negras; que faltan losas en las calles de San Luis y que empapelaron de nuevo la oficina telegráfica de Amecameca. Todo esto será muy digno de mención, pero no tiene mucha gracia que digamos. Las ocurrencias de la población tienen la misma insignificancia y monotonía. Los revisteros[32] de teatros encomian el garbo[33] y la elegancia de la Srita. Moriones; se registran las defunciones, que no andan, por cierto, muy escasas; se

habla del hedor espantoso de los mingitorios,[34] de los perros rabiosos, de los gendarmes que se duermen, y para fin y postre, se publica un boletín del Observatorio Meteorológico, anunciando lo que ya todos saben, que el calor es mucho y que ha llovido dentro y fuera de garitas.[35] Mejor sería anunciar que va a llover, para que aquellos que carecen de barómetro sepan a qué atenerse y arreglen convenientemente sus asuntos.

Dicho está: la prensa no me entretiene ni me enseña. Para saber las novedades, hay que oír a los asiduos y elegantes concurrentes de la peluquería de Micoló. Yo abrí bien mis oídos, deseoso de la agradable comidilla del escándalo. Pero las novedades escasean grandemente, por lo visto. Un empresario desgraciado, a quien llaman, si bien recuerdo, Déffossez, ha puesto pies en polvorosa,[36] faltando a sus compromisos con el público. Las tertulias semanarias del Sr. Martuscelli se han suspendido por el mal tiempo. Algunos miembros del Jockey Club se proponen traer en comandita[37] caballos de carrera para la temporada de otoño, con lo cual demuestran que, siendo muy devotos del *sport*, andan poco sobrados de dinero o no quieren gastarlo en lances hípicos. Las calenturas perniciosas[38] y las fiebres traen inquieta y desazonada a la población, exceptuando a los boticarios y a los médicos, cuya fortuna crece en épocas de exterminio y de epidemia. En los teatros nada ocurre que sea digno de contarse y una gran parte de la aristocracia emigra a las poblaciones comarcanas,[39] más ricas en oxígeno y frescura.

No hay remedio. He caído en una ciudad que se fastidia y voy a aburrirme soberanamente. No hay remedio.

A tal punto llegaba de mis reflexiones, cuando el dueño que me había deparado[40] mi destino, ciñéndome la cintura con su mano, salió de la peluquería. No tardé mucho tiempo

---

[27] rota, abierta
[28] porrazo, golpe duro
[29] inquieto, bullicioso
[30] riñen, pelean
[31] pequeñas, insignificantes
[32] los periodistas que escriben crónicas teatrales
[33] gracia, elegancia

[34] urinarios, cuartos de baño
[35] dentro y fuera de la ciudad
[36] se ha escapado, se ha ido precipitadamente
[37] en sociedad (formando una compañía)
[38] fiebres peligrosas
[39] cercanas, inmediatas
[40] dado, proporcionado, suministrado

en recibir nuevos descalabros,[41] ni en sentir, por primera vez, la humedad de la lluvia. Los paraguas no vemos el cielo sino cubierto y obscurecido por las nubes. Para otros es el espectáculo hermosísimo del firmamento estrellado. Para nosotros, el terrible cuadro de las nubes que surcan los relámpagos. Poco a poco, una tristeza inmensa e infinita se fue apoderando de mí. Eché de menos la antigua monotonía de mi existencia; la calma de los baúles y anaqueles; el bullicio de la tienda y el abrigo caliente de mi funda. La lluvia penetraba mi epidermis helándome con su húmedo contacto. Fui a una visita; pero me dejaron en el patio, junto a un paraguas algo entrado en años[42] y un par de chanclos[43] sucios y caducos.[44] ¡Cuántas noches he pasado después en ese sitio, oyendo cómo golpean los caballos, con sus duros cascos, las losas del pavimento y derramando lágrimas de pena, junto al caliente cuarto del portero! Es verdad que he asistido algunas ocasiones al teatro, beneficio de que no habría disfrutado en Europa; porque allí los paraguas y bastones, proscritos de las reuniones elegantes, quedan siempre en el guardarropa o en la puerta. Pero ¿qué valen estas diversiones, comparadas con los tormentos que padezco? He oído una zarzuela[45] cuyo título es: *Mantos y capas;* pero ni la zarzuela me enamora ni estoy de humor para narraros su argumento. Un paraguas que pertenece a un periodista y que concurre habitualmente al teatro desde que estuvo en México la Sontag,[46] me ha dicho que no es nueva esta zarzuela y que tampoco son desconocidos los artistas. Para mí todo es igual, y sin embargo, soy el único que no escucha como quien oye llover,[47] los versos de las zarzuelas españolas.

En el teatro he trabado amistades con otros individuos de mi raza, y entre ellos con un gran paraguas blanco, cuyo dueño, según parece, está en San Ángel. Muchas veces, arrinconado en el comedor de alguna casa, o tendido en el suelo y puesto en cruz, he hecho las siguientes reflexiones: —¡Ah! ¡Si yo fuera de algodón, humilde y pobre como aquellos paraguas que solía mirar con menosprecio! Por lo menos, no me tratarían con tanto desenfado,[48] abriéndome y cerrándome sin piedad. Saldría poco: de la oficina a la casa y de la casa a la oficina. La solícita[49] esposa de mi dueño me guardaría con mucho esmero y mucho mimo[50] en la parte más honda del armario. Cuidarían de que el aire me orease,[51] enjugando las gotas de la lluvia, antes de enrollarme, como hoy lo hacen torciendo impíamente mis varillas. No asistiría a teatros ni a tertulias; pero ¿de qué me sirve oír zarzuelas malas o quedarme a la puerta de las casas en unión de las botas y los chanclos? No, la felicidad no está en el oro. Yo valgo siete pesos; soy de seda; mi puño es elegante y bien labrado; pero a pesar de la opulencia que me cerca, sufro como los pobres y más que ellos. No, la felicidad no consiste en la riqueza; preguntadlo a esas damas cuyo lujo os maravilla, y que a solas, en el silencio del hogar, lloran el abandono del esposo. Los pobres cuidan más de sus paraguas y aman más a sus mujeres.[52] ¡Si yo fuera paraguas de algodón!

¡O si, a lo menos, pudiera convertirme en un coqueto parasol de lino, como esos que distingo algunas veces cuando voy de parranda[53] por los campos! Entonces vería el cielo siempre azul, en vez de hallarlo triste y entoldado por negras y apretadas nublazones.[54] ¡Con qué ansia suspiro interiormente por la apacible vida de los campos! El parasol no mancha su vestido con el pegajoso lodo de las calles. El parasol recibe las caricias de la luz y aspira los perfumes de las flores. El parasol lleva una vida higiénica: no se moja, no va a los bailes, no trasnocha.[55] Muy de mañana, sale por el campo bajo el calado toldo de los árboles, entretenido en observar atentamente el caprichoso vuelo de

---

[41] desventuras, infortunios, contratiempos
[42] bastante viejo
[43] sandalias o zapatos por lo general de madera o goma
[44] viejos, antiguos
[45] obra teatral española parecida a la opereta en que alternan el canto y el diálogo
[46] Sontag, Enriqueta: cantante alemana (¿?–1854); tuvo mucho éxito en México, donde murió
[47] escuchar sin interés (El paraguas es el único que escucha con interés.)
[48] sin miramiento, sin cuidado
[49] diligente, cuidadosa
[50] cariño, amor
[51] secase
[52] El autor siempre muestra su tierna simpatía por los pobres y humildes, mientras que critica a los ricos y aristócratas.
[53] fiesta grande
[54] nubes grandes (también cielo nublado)
[55] no se acuesta muy tarde

los pájaros, la majestad altiva de los bueyes o el galope sonoro del caballo. El parasol no vive en esta atmósfera cargada de perniciosas, de bronquitis y de tifos. El parasol recorre alegremente el pintoresco lomerío[56] de Tacubaya, los floridos jardines de Mixcoac o los agrestes vericuetos de San Ángel.[57] En esos sitios veranea actualmente una gran parte de la aristocracia. Y el parasol concurre, blanco y limpio, a las alegres giras matinales; ve cómo travesea[58] la blanca espuma en el colmado tarro de la leche, descansa con molicie[59] sobre el césped y admira el panorama del Cabrío. Hoy en el campo las flores han perdido su dominio, cediéndolo dócilmente a la mujer. Las violetas murmuran enfadadas, recatándose tras el verde de las hojas, como se esconden las sultanas tras el velo; las rosas están rojas de coraje; los lirios viven pálidos de envidia, y el color amarillo de la bilis tiñe los pétalos de las margaritas. Nadie piensa en las flores y todos ven a las mujeres. Ved cómo salen, jugueteando, de las casas, desprovistas de encajes y de blondas. El rebozo, pegado a sus cuerpos como si todo fuera labios, las ciñe dibujando sus contornos y descendiendo airosamente por la espalda. Una sonrisa retozona abre sus labios, más escarlatas y jugosos que los mirtos.[60] Van en bandadas, como las golondrinas, riendo del grave concejal que descansa tranquilamente en la botica, del cura que va leyendo su breviario, de los enamorados que las siguen y de los sustos y travesuras que proyectan. Bajan al portalón del paradero; se sientan en los bancos, y allí aguardan la bulliciosa entrada de los trenes. Las casadas esperan a sus maridos; las solteras, a sus novios. Llega el vagón y bajan los pasajeros muy cargados de bolsas y de cajas y de líos.[61]

Uno lleva el capote de hule que sacó en la mañana por miedo del chubasco[62] respectivo; otro, los cucuruchos de golosinas[63] para el niño; éste, los libros que han de leerse por las

noches en las gratas veladas de familia; aquél una botella de vino para la esposa enferma, o un tablero de ajedrez.

Los enamorados que, despreciando sus quehaceres,[64] han venido, asoman la cara por el ventanillo, buscando con los ojos otros ojos, negros o azules, grandes o pequeños, que correspondan con amor a sus miradas. Muchos, apenas llegan cuando vuelven, y por ver nada más breves instantes a la mujer habitadora de sus sueños, hacen tres horas largas de camino. En la discreta obscuridad de la estación, suelen cambiarse algunas cartas bien dobladas, algunas flores ya marchitas, algunas almas que se ligan para siempre. De improviso,[65] la campanilla suena y el tren parte. Hasta mañana. Los amantes se esfuerzan en seguir con la mirada un vestido de muselina blanca que se borra, la estación que se aleja, el caserío que se desvanece poco a poco en el opaco fondo del crepúsculo. Un grupo de muchachas atrevidas, que paseando, habían avanzado por la vía, se dispersa en tumulto alharaquiento[66] para dejar el paso a los vagones.

Más allá corren otras, temerosas del pacífico toro que las mira con sus ojos muy grandes y serenos. El tren huye: los enamorados alimentan sus ilusiones y sus sueños con la lectura de una carta pequeñita; y el boletero,[67] triste y aburrido, cuenta en la plataforma sus billetes. En la estación se quedan, cuchicheando, las amigas. Algunas, pensativas, trazan[68] en la arena, con la vara elegante de sus sombrillas, un nombre o una cifra o una flor. Los casados que se aman vuelven al hogar, contándose el empleo de aquellas horas pasadas en la ciudad y en los negocios. Van muy juntos, del brazo; la mamá refiere las travesuras[69] de los niños, sus agudezas y donaires, mientras ellos saborean las golosinas o corren tras la elástica pelota.

¡Cómo se envidian esos goces inefables! Cuando la noche cierre, acabe la velada, y llegue la hora del amor y del descanso, la mujer

---

56 conjunto de montañas bajas
57 lugares de la ciudad de México
58 hace travesuras
59 comodidad, regaladamente
60 Nótese el preciosismo propio de una etapa del Modernismo con juego de flores, colores y tono frívolo.
61 cosas atadas (paquetes)
62 chaparrón, aguacero, lluvia
63 paqueticos de papel con dulces, caramelos, etc.
64 deberes
65 sin previo aviso, de pronto, de repente
66 con exageradas muestras de ira, bullicioso, ruidoso
67 vendedor de boletos o billetes para teatros, trenes, corridas de toros, etc.
68 dibujar
69 acciones traviesas (maldades inocentes de losños) ni

apoyará, cansada, su cabeza en el hombro que guarda siempre su perfume; los niños estarán dormidos en la cuna y las estrellas muy despiertas en el cielo.

5   Parasol, parasol: tú puedes admirar esos cuadros idílicos y castos. Tú vives la honesta vida de los campos. Yo estoy lleno de lodo y derramando gruesas lágrimas en los rincones
10 salitrosos de los patios. Sin embargo, también he conseguido cobijar[70] aventuras amorosas. Una tarde, llevábame consigo un joven que es amigo de mi dueño. Comenzaba a llover y pasaban, apresurando el paso, cerca de nosotros,
15 las costureras que salían de su obrador. Nada hay más voluptuoso ni sonoro que el martilleo de los tacones femeniles en el embanquetado[71]de las calles. Parece que van diciendo: —¡Sigue! ¡Sigue! Sin embargo, el apuesto joven con
20 quien iba no pensaba en seguir a las grisetas,[72] ni acometer empresas amorosas. Ya habrán adivinado Uds., al leer esto, que no estaba mi compañero enamorado. De repente, al volver una esquina, encontramos a una mucha-
25 cha linda y pizpireta[73] que corría temerosa del chubasco. Verla mi amigo y ofrecerme, todo fue uno. Rehusar un paraguas ofrecido con tanta cortesía hubiera sido falta imperdonable; pero dejar, expuesto a la intemperie,
30 a tan galán y apuesto caballero, era también crueldad e ingratitud. La joven se decidió a aceptar el brazo de mi amigo. Un poeta lo ha dicho:

35   La humedad y el calor
        siempre son en la ardiente primavera
                cómplices del amor.

        Yo miraba el rubor de la muchacha y la
40 creciente turbación del compañero. Poco a poco su conversación se fue animando. Vivía lejos y era preciso que atravesáramos muchas calles para llegar hasta la puerta de su casa. La niña menudeaba sus pasos,[74] muy aprisa, para

acortar la caminata; y el amante, dejando descubierto su sombrero, procuraba abrigarla y defenderla de la lluvia. Ésta iba arreciando por instantes. Parecía que en cada átomo del aire venía montada una gota de agua. Yo aseguro que la muchacha no quería apoyarse en el brazo de su compañero ni acortar la distancia que mediaba entre sus cuerpos. Pero ¿qué hacer en trance[75] tan horrible? Primero apoyó la mano y luego la muñeca y luego el brazo; hasta que fueron caminando muy juntitos, como Pablo y Virginia[76] en la montaña. Muchas veces el aire desalmado empujaba los rizos de la niña hasta la misma boca de su amante. Los dos temblaban como las hojas de los árboles. Hubo un instante en que, para evitar la inminente colisión de dos paraguas, ambos a un propio tiempo se inclinaron hasta tocar mejilla con mejilla.[77] Ella iba encendida como grana;[78] pero riendo, para espantar el miedo y la congoja.[79] Una señora anciana, viéndolos pasar, dijo en voz alta al viejo que la cubría con su paraguas:

—¡Qué satisfechos van los casaditos!

Ella sintió que se escapaba de sus labios una sonrisa llena de rubor. ¡Casados! ¡Recién casados! ¿Por qué no? Y la amorosa confesión que había detenido en muchas ocasiones el respeto, la timidez o el mismo amor, salió, por fin, temblando y balbuciente, de los ardientes labios de mi amigo.

        Ya tú ves, parasol, si justamente me enorgullezco de mis buenas obras. Esas memorias, lisonjeras y risueñas, son las que me distraen en mi abandono. ¿Cuál será mi destino? Apenas llevo una semana de ejercicio y ya estoy viejo. Pronto pasaré al hospital con los inválidos, o caeré en manos de los criados, yendo enfermo y caduco a los mercados. Después de pavonearme[80] por las calles, cubriendo gorritos de paja y sombreros de seda, voy a cubrir canastos de verdura.[81] Ya verás si hay razón para que llore en los rincones salitrosos de los patios.

---

[70] cubrir, tapar
[71] acera o espacio para caminar a los lados de las calles
[72] modistillas o costureras
[73] viva, pronta, alegre
[74] daba pasos más cortos y rápidos
[75] momento
[76] protagonistas de la novela del mismo nombre (1787) de

Bernardin de Saint-Pierre (Jacques Henri), escritor francés (1737–1814) perteneciente al Romanticismo
[77] cara con cara, muy juntos
[78] estaba muy roja
[79] angustia, aflicción grande
[80] hacer alarde u ostentación
[81] cestas de legumbres u hortalizas

CUBA, 1863–1893

Pesimismo, tedio y tristeza enfermiza son los signos más característicos de la poesía de Julián del Casal, que constituye uno de los iniciadores más importantes del movimiento modernista en América. Una serie de circunstancias personales adversas lo condujeron al más radical pesimismo, pues su vida estuvo llena de los más terribles infortunios: muerte de la madre, salud precaria, ruina económica, inadaptación al medio social y político. Tuvo el anhelo de los viajes y sólo pudo ir a España sin que sus fondos le alcanzasen para llegar a Paris, su gran sueño. Vivió pobremente de puestos modestos y de sus trabajos como periodista. Fue gran amigo de Rubén Darío, siendo mutua la admiración y el cariño entre ambos, y ganó una crítica consagratoria de parte de Paul Verlaine. La angustia y evasión de Casal se orientan hacia las propias circunstancias personales del poeta, la poesía y el culto a la belleza. En alguna etapa de su vida cultivó también el gusto por el japonismo, con verdadero culto por la tierra del marfil: su bata de casa y su sobrecama eran japonesas, gustaba del sándalo, el marfil y el crisantemo y hasta llegó a escribir los poemas «Kakemono» (1891) y «Sourimono» (1893). Tenía un temperamento neurótico, casi mórbido, bien expresado en su soneto «Pax animae»:

> No me habléis más de dichas terrenales
> que no ansío gustar. Está ya muerto
> mi corazón, y en su recinto abierto
> sólo entrarán los cuervos sepulcrales.

Su poesía, toda impregnada de melancolía y tristeza, expresa su insatisfacción por la vida y su total desacuerdo con el medio y el tiempo que le correspondió vivir. La cultura y la sensibilidad artística de Casal estaban muy por encima del ambiente que ofrecía Cuba en este período. Con tres libros de versos, Casal se erigió en el líder indiscutible del movimiento modernista en Cuba y uno de los iniciadores en plano continental. Fue uno de los primeros en cultivar una serie de formas encaminadas a renovar la poesía castellana. Se inició con *Hojas al viento* (1890), lleno de influencias españolas y francesas: Bécquer, Campoamor, Gautier y Heredia. Ya consagrado casi por completo a lecturas francesas, publicó entonces *Nieve* (1892), su mejor libro de poesía. La influencia decisiva es ahora de los parnasianos, sobre todo de Gautier —su guía más constante—, Heredia, Leconte de Lisle, Charles Baudelaire y Paul Verlaine. Representa este libro el punto más alto de Casal como poeta. Algunas huellas propias de los parnasianos que se notan en la poesía de Casal son: plasticidad en las descripciones, afiebrado anhelo de perfección formal y preciosismo en la forma. Siente un culto ferviente por las imágenes visuales y ópticas, y por los temas propicios a lo pictórico y sensorial. La poesía impersonal de los parnasianos, sin embargo, no logra borrar el subjetivismo y tono romántico de su poesía, que se concentra en su propio dolor, melancolía y angustia como siempre. Este libro hizo exclamar a Verlaine: «Es un hermoso cantor que Dios nos reserva . . . para los postres».

El libro póstumo de Casal lleva por título *Bustos y rimas* (1893), publicado después de su muerte temprana, a los treinta años. La primera parte contiene crítica impresionista sobre escritores notables y las «rimas» representan sus últimos versos. Aunque nos ofrece algunos de sus poemas más logrados, no llega a superar a *Nieve* en su conjunto. También escribió Casal prosa, constituída por cuentos, crónicas, poemas en prosa y crítica. A pesar de que la gloria del poeta ha opacado al prosista, la crítica moderna viene valorando desde hace tiempo su producción en este campo y destacando sus valores intrínsecos.

La obra total de Casal lo acredita como uno de los más notables impulsores del movimiento modernista. Hay en su obra una serie de elementos que luego aparecerán en los modernistas posteriores: su anhelo de perfección formal y expresiva; juego de imágenes sensoriales; integración del impersonalismo parnasiano con el subjetivismo más hondo; huída de los lugares comunes en busca de novedad y originalidad hasta en las terminaciones de los versos consonantes; ansia de evasión; inquietud y angustia propias de la crisis espiritual de la época. Como cantor del propio dolor apenas encuentra igual en la lírica española.

FUENTES: *Poesías completas*, La Habana, Dirección de Cultura, 1945. Introducción y notas por Mario Cabrera Saqui. *Poesías*, (edición del centenario), La Habana, Imprenta Nacional de Cuba, 1963.

Hojas al viento

1890

Mis amores[1]

(Soneto Pompadour)[2]

Amo el bronce, el cristal, las porcelanas,
las vidrieras de múltiples colores,
los tapices pintados de oro y flores
y las brillantes lunas venecianas.

Amo también las bellas castellanas,
la canción de los viejos trovadores,
los árabes corceles voladores,
las flébiles baladas alemanas;

el rico piano de marfil sonoro,
el sonido del cuerno en la espesura,
del pebetero la fragante esencia,

y el lecho de marfil, sándalo[3] y oro,
en que deja la virgen hermosura
la ensangrentada flor de su inocencia.

[1] Obsérvese en este soneto el gusto modernista por lo exquisito y exótico, sin apartarse de lo español combinado con su amor por lo antiguo. Como siempre, Casal hace gala de su perfección formal, terminando el soneto con una imagen tan exótica como nueva.

[2] Pompadour, Antoinette Poisson, marquesa de: (1721–1764), amante del Rey Luis XV, símbolo del espíritu pagano, frívolo y rococó de la Francia del siglo XVIII.

[3] Casal cultivó mucho el gusto por el japonismo.

Nieve

La agonía de Petronio[1]

Tendido en la bañera de alabastro
donde serpea el purpurino rastro
de la sangre que corre de sus venas,[2]
yace Petronio, el bardo decadente,
mostrando coronada la ancha frente
de rosas, terebintos[3] y azucenas.

Mientras los magistrados le interrogan,
sus jóvenes discípulos dialogan
o recitan sus dáctilos[4] de oro,
y al ver que aquéllos en tropel se alejan
ante el maestro ensangrentado dejan
caer las gotas de su amargo lloro.

Envueltas en sus peplos[5] vaporosos
y tendidos los cuerpos voluptuosos
en la muelle extensión de los triclinios,[6]
alrededor, sombrías y livianas,
agrúpanse las bellas cortesanas
que habitan del imperio en los dominios.

Desde el baño fragante en que aún respira,
el bardo pensativo las admira,
fija en la más hermosa la mirada
y le demanda, con arrullo tierno,
la postrimera copa de falerno[7]
por sus marmóreas manos escanciada.

Apurando el licor hasta las heces,[8]
enciende las mortales palideces
que oscurecían su viril semblante,
y volviendo los ojos inflamados
a sus fieles discípulos amados
háblales triste en el postrer instante,

hasta que heló su voz mortal gemido.
amarilleó su rostro consumido,
frío sudor humedeció su frente,
amoratáronse[9] sus labios rojos,
densa nube empañó sus claros ojos,
el pensamiento abandonó su mente.

Y como se doblega el mustio nardo,
dobló su cuello el moribundo bardo,
libre por siempre de mortales penas,
aspirando en su lánguida postura
del agua perfumada la frescura
y el olor de la sangre de sus venas.

El camino de Damasco[10]

Lejos brilla el Jordán[11] de azules ondas
que esmalta el sol de lentejuelas de oro,
atravesando las tupidas frondas,
pabellón verde del bronceado toro.

---

[1] Petronio Cayo: poeta y escritor satírico romano (siglo I d.C.), autor de *El satiricón*, sátira social de la época de Nerón. Acusado en una conspiración se abrió las venas y se fue desangrando delante de sus discípulos y admiradores. Nótese el aire pagano, exótico, preciosista de toda la composición. Está escrita en sextinas (modernistas) con rima aabccb y estilo muy parnasiano.

[2] Nótese la preferencia de Casal por imágenes de poder visual y óptico, así como su gran poder descriptivo.

[3] arbolillo de tres a seis metros de altura; ramas de este arbolillo

[4] verso antiguo compuesto de una sílaba larga seguida de dos breves

[5] túnica sin mangas abrochada al hombro y usada por griegos y romanos

[6] comedores romanos con una mesa rodeada de tres lechos o camas

[7] vino romano muy famoso

[8] bebiéndose todo el vino, hasta la última gota

[9] se pusieron morados

[10] vieja ciudad del suroeste de Siria e importante por sus industrias, especialmente, de tejidos, y su comercio con el Cairo, Bagdad y Estambul. En el camino de Damasco tuvo lugar la conversión del perseguidor Saulo al cristianismo (*Hechos* 9, 1–8). El pasaje bíblico ha quedado como símbolo de cambio espiritual, de conciencia o de moral, súbito o por razones sobrenaturales. El poema está escrito en serventesios (versos endecasílabos con rima abab). El estilo tiene la impersonalidad de los parnasianos y Casal vuelve a dar muestras de su talento descriptivo, pues el lector casi puede ver la escena con gran verismo. Nótese el uso abundante de colores, casi uno por cada cosa mencionada.

[11] río de Palestina muy mencionado en la Biblia. En él tuvo lugar el bautismo de Cristo y otros grandes hechos bíblicos.

Del majestuoso Líbano[12] en la cumbre,
erige su ramaje el cedro altivo,
y del día estival[13] bajo la lumbre
desmaya en los senderos el olivo.

Piafar[14] se escuchan árabes caballos
que, a través de la cálida arboleda,
van levantando con sus férreos callos.[15]
en la ancha ruta, opaca polvareda.[16]

Desde el confín de las lejanas costas
sombreadas por los ásperos nopales,[17]
enjambres purpurinos de langostas
vuelan a los ardientes arenales.

Ábrense en las llanuras las cavernas
pobladas de escorpiones encarnados,
y al borde de las límpidas cisternas
embalsaman el aire los granados.

En fogoso corcel de crines blancas,
lomo robusto, refulgente casco,
belfo espumante y sudorosas ancas,
marcha por el camino de Damasco

Saulo,[18] y eleva su bruñida lanza
que, a los destellos de la luz febea,[19]
mientras el bruto relinchando avanza
entre nubes de polvo, centellea.

Tras las hojas de oscuros olivares
mira de la ciudad los minaretes,[20]
y encima de los negros almenares[21]
ondear azulados gallardetes.[22]

Súbito, desde lóbrego celaje
que desgarró la luz de hórrido rayo,
oye la voz de célico mensaje,
cae transido de mortal desmayo,

bajo el corcel ensangrentado rueda,
su lanza estalla con vibrar sonoro
y, a los reflejos de la luz, remeda
sierpe[23] de fuego con escamas de oro.[24]

Nostalgias[25]

I

Suspiro por las regiones
donde vuelan los alciones[26]
    sobre el mar,
y el soplo helado del viento,
parece en su movimiento
    sollozar;
donde la nieve que baja
del firmamento, amortaja[27]
    el verdor
de los campos olorosos
y de ríos caudalosos[28]
    el rumor;
donde ostenta siempre el cielo,
a través de aéreo velo,
    color gris;
es más hermosa la luna
y cada estrella más que una
    flor de lis.[29]

---

[12] montañas cubiertas de millares de cedros, situadas en Siria
[13] del estío, verano
[14] golpear fuerte y rápido del caballo en el suelo con las patas delanteras.
[15] cascos (punta de las patas) muy duros
[16] nube de polvo espesa
[17] planta de la familia de los cactus
[18] Saulo fue perseguidor de los cristianos, pero después de su conversión en el camino de Damasco fue llamado Pablo. Llegó a ser «el Apóstol de los Gentiles».
[19] luz del sol
[20] torres de las mezquitas desde donde se llama a los fieles
[21] especie de pie de hierro para poner luces o teas para alumbrarse
[22] banderín
[23] culebra, serpiente
[24] Casal termina el poema con una imagen de gran valor óptico semejante a las usadas en distintos pasajes anteriores
[25] El poema de Casal más expresivo de su ansia de evasión hacia regiones distantes y exóticas, debido a su inadaptación al medio. La evasión es muy típica de casi todos los modernistas. Escrito en sextillas (versos de ocho sílabas con pies quebrados de cuatro) con la rima aabccb, en que los pies quebrados son agudos.
[26] aves del mar, fabulosas
[27] cubre, envuelve
[28] anchos y grandes (con mucha agua)
[29] Obsérvese el uso de símbolos de belleza plástica (aves, flores, etc), recurso muy típico de los modernistas.

II

Otras veces sólo ansío
bogar en firme navío
        o existir
en algún país remoto,
sin pensar en el ignoto[30]
        porvenir.
Ver otro cielo, otro monte,
otra playa, otro horizonte,
        otro mar,
otros pueblos, otras gentes
de maneras diferentes
        de pensar.
¡Ah! Si yo un día pudiera,
con qué júbilo partiera
        para Argel,[31]
donde tiene la hermosura
el color y la frescura
        de un clavel.
Después fuera en caravana
por la llanura africana
        bajo el sol
que, con sus vivos destellos,
pone un tinte a los camellos
        tornasol.
Y cuando el día expirara,
mi árabe tienda plantara
        en mitad
de la llanura ardorosa
inundada de radiosa
        claridad.
Cambiando de rumbo[32] luego,
dejara el país del fuego[33]
        para ir
hasta el Imperio florido[34]
en que el opio[35] da el olvido
        del vivir.
Vegetara allí contento
de alto bambú corpulento
        junto al pie,

o aspirando en rica estancia
la embriagadora fragancia
        que da el té.
De la Luna al claro brillo
iría al Río Amarillo[36]
        a esperar
la hora en que, el botón roto,
comienza la flor del loto[37]
        a brillar.
O mi vista deslumbrara
tanta maravilla rara
        que el buril[38]
de artista ignorado y pobre
graba en sándalo o en cobre
        o en marfil.[39]
Cuando tornara el hastío[40]
en el espíritu mío
        a reinar,
cruzando el inmenso piélago[41]
fuera a taitiano archipiélago[42]
        a encallar.
A aquel en que vieja historia
asegura a mi memoria
        que se ve
el lago en que una hada peina
los cabellos de la reina
        Pomaré.[43]
Así errabundo viviera
sintiendo toda quimera
        rauda[44] huir,
y hasta olvidando la hora
incierta y aterradora
        del morir.

III

Mas no parto. Si partiera
al instante yo quisiera
        regresar.
¡Ah! ¿Cuándo querrá el Destino
que yo pueda en mi camino
        reposar?

---

[30] desconocido
[31] capital de Argelia, ciudad del noroeste de África
[32] dirección
[33] se refiere al desierto, que es muy caluroso
[34] China
[35] Algunos modernistas practicaron los «paraísos artificiales» a través del licor o las drogas. Casal es una de las excepciones. Aquí es puramente poético.
[36] el río Hoang-Ho, uno de los más grandes de la China
[37] Obsérvese el carácter exótico del símbolo «flor de loto» y otros que aparecen en el poema.
[38] instrumento de acero usado por los grabadores y otros artistas
[39] Casal sintió en un momento de su vida gran predilección por las cosas del Japón.
[40] aburrimiento, tedio
[41] océano
[42] Archipiélago de la Sociedad, islas de gran belleza situadas en Oceanía (Océano Pacífico)
[43] nombre de una de las dinastías que gobernó en Tahití (1775–1880). La reina Pomaré reinó de 1827 a 1877.
[44] rápida

Bustos y rimas[1]

Nihilismo[2]

Voz inefable que a mi estancia llega
en medio de las sombras de la noche,
por arrastrarme hacia la vida brega[3]
con las dulces cadencias del reproche.

Yo la escucho vibrar en mis oídos,
como al pie de olorosa enredadera
los gorjeos[4] que salen de los nidos
indiferente escucha la herida fiera.

¿A qué llamarme al campo del combate
con la promesa de terrenos bienes,
si ya mi corazón por nada late
ni oigo la idea martillar mis sienes?

Reservad los laureles de la fama
para aquéllos que fueron mis hermanos;
yo, cual fruto caído de la rama,
aguardo los famélicos gusanos.[5]

Nadie extrañe mis ásperas querellas:[6]
mi vida, atormentada de rigores,
es un cielo que nunca tuvo estrellas,
es un árbol que nunca tuvo flores.

De todo lo que he amado en este mundo
guardo, como perenne recompensa,
dentro del corazón, tedio[7] profundo,
dentro del pensamiento, sombra densa.

Amor, patria, familia, gloria, rango,
sueños de calurosa fantasía,
cual nelumbios[8] abiertos entre el fango
sólo vivisteis en mi alma un día.

Hacia país desconocido abordo
por el embozo[9] del desdén cubierto:
para todo gemido estoy ya sordo,
para toda sonrisa estoy ya muerto.

Siempre el destino mi labor humilla
o en males deja mi ambición trocada:
donde arroja mi mano una semilla
brota luego una flor emponzoñada.[10]

Ni en retornar la vista hacia el pasado
goce encuentra mi espíritu abatido;
yo no quiero gozar como he gozado,
yo no quiero sufrir como he sufrido.

Nada del porvenir a mi alma asombra
y nada del presente juzgo bueno;
si miro al horizonte, todo es sombra,
si me inclino a la tierra, todo es cieno.

Y nunca alcanzaré en mi desventura
lo que un día mi alma ansiosa quiso:
después de atravesar la selva oscura
Beatriz[11] no ha de mostrarme el Paraíso.

Ansias de aniquilarme sólo siento
o de vivir en mi eternal pobreza
con mi fiel conpañero, el descontento,
y mi pálida novia, la tristeza.[12]

---

[1] Si *Nieve* representa el momento parnasiano de Casal, *Bustos y rimas* mezcla el ansia de perfección de aquél con un tono romántico y subjetivo muy profundo.

[2] Poema en serventesios (endecasílabos con la rima *abab*), expresivo de un pesimismo desolado y lúgubre. Es uno de los poemas más tristes de la lengua. Fue escrito bajo la influencia directa de Charles Baudelaire. Aunque de tono subjetivo e intimista, lo nuevo está en varias imágenes y la gran perfección formal.

[3] trabaja, pelea, riñe

[4] cantos de los pájaros

[5] espero la muerte, la tumba

[6] quejas

[7] hastío, aburrimiento

[8] plantas de flores blancas o amarillas entre las cuales está el loto sagrado de la India. Nótese nuevamente el exotismo y el uso de flores.

[9] parte del vestido o cualquier pieza que sirva para cubrir o esconder la cara

[10] De esta estrofa en adelante el pesimismo de Casal se hace cada vez más desolado, hallando su culminación en el último serventesio. *emponzoñada*: envenenada.

[11] dama florentina (1266–1290), el gran amor de Dante Alighieri, quien la inmortalizó en su gran poema la *Divina Comedia*.

[12] Pocas veces se ha visto una tristeza y desesperanza tan desoladas en la poesía castellana.

Crepuscular[13]

Como vientre rajado sangra el ocaso,[14]
manchando con sus chorros de sangre humeante
de la celeste bóveda el azul raso,
de la mar estañada la onda espejeante.[15]

Alzan sus moles húmedas los arrecifes
donde el chirrido agudo de las gaviotas,
mezclado a los crujidos de los esquifes,[16]
agujerea[17] el aire de extrañas notas.

Va la sombra extendiendo sus pabellones,[18]
rodea el horizonte cinta de plata,
y, dejando las brumas hechas jirones,[19]
parece cada faro flor escarlata.[20]

Como ramos que ornaron senos de ondinas[21]
y que surgen nadando de infecto lodo,
vagan sobre las ondas algas marinas
impregnadas[22] de espumas, salitre y yodo.

Ábrense las estrellas como pupilas,[23]
imitan los celajes negruscas focas
y, extinguiendo las voces de las esquilas,[24]
pasa el viento ladrando sobre las rocas.[25]

Recuerdo de la infancia[26]

Una noche mi padre, siendo yo niño,
mirando que la pena me consumía,
con las frases que dicta sólo el cariño,
lanzó de mi destino la profecía,
una noche mi padre, siendo yo niño.

Lo que tomé yo entonces por un reproche
y, extendiendo mi cuello sobre mi hombro,
me hizo pasar llorando toda la noche,
hoy inspira a mi alma terror y asombro,[27]
lo que tomé yo entonces por un reproche.

—Sumergida en profunda melancolía
como estrella en las brumas de la alborada,[28]
gemirá para siempre—su voz decía—
por todos los senderos[29] tu alma cansada,
sumergida[30] en profunda melancolía.

Persiguiendo en la sombra vana quimera[31]
que tan sólo tu mente de encantos viste,
te encontrará cada año la primavera
enfermo y solitario, doliente y triste,
persiguiendo en la sombra vana quimera.

Para ti la existencia no tendrá un goce
ni habrá para tus penas ningún remedio
y, unas veces sintiendo del mal el roce,[32]
otras veces henchido de amargo tedio,
para ti la existencia no tendrá un goce.

Como una planta llena de estéril jugo
que ahoga de sus ramas la florescencia,
de tu propia alegría serás verdugo[33]
y morirás ahogado por la impotencia
como una planta llena de estéril jugo.

Como pájaros negros por azul lago
nublaron sus pupilas mil pensamientos,
y, al morir en la sombra su acento vago,
vi pasar por su mente remordimientos
como pájaros negros por azul lago.

---

[13] Poema escrito en cuartetos dodecasílabos de seguidilla en que cada verso de doce sílabas está dividido en dos hemistiquios de 7 y 5 sílabas. Estos versos llegaron a su apogeo en el Modernismo, pero ya habían sido usados por la poetisa cubana Gertrudis Gómez de Avellaneda. Estamos frente al Casal pictórico, con gran preocupación formal y creador de imágenes de gran novedad: «Como vientre rajado sangra el ocaso», «el chirrido de las gaviotas agujerea el aire», etc.
[14] Obsérvese el gran poder visual y sensorial de las imágenes.
[15] el mar es de color estaño (gris claro) y refleja los colores de la puesta de sol (ocaso) como un espejo.
[16] botes o piraguas pequeñas
[17] hace huecos o agujeros
[18] imagen muy nueva para referirse al anochecer
[19] desgarrones (tiras o piezas más pequeñas cuando se rompe o rasga una tela)
[20] Nótese el reiterado uso de flores y colores.
[21] ninfas de las aguas (mitologías escandinava y germánica)
[22] penetradas

[23] las estrellas parecen ojos en la noche
[24] pequeñas campanas (a veces del ganado)
[25] Imagen muy audaz asignando al viento (un elemento natural) la acción de un animal (perro). Quiere decir que el viento pasaba muy fuerte sobre las rocas y producía un gran ruido.
[26] Quintetos dodecasílabos de seguidilla (divididos en hemistiquios de 7 y 5 sílabas). Casal reitera el verso primero en el quinto, bajo la influencia del «rondel» y el «rondó» franceses. La forma fue bastante usada por los modernistas. Todo el poema respira desolación a lo Baudelaire.
[27] sorpresa
[28] amanecer
[29] caminos
[30] hundida
[31] ilusión
[32] contacto, toque
[33] ejecutor de la justicia, persona muy cruel

En el campo[34]

Tengo el impuro amor de las ciudades,
y a este sol que ilumina las edades
prefiero yo del gas las claridades.[35]

A mis sentidos lánguidos arroba,[36]
más que el olor de un bosque de caoba,
el ambiente enfermizo de una alcoba,

Mucho más que las selvas tropicales,
plácenme los sombríos arrabales[37]
que encierran las vetustas[38] capitales.

A la flor que se abre en el sendero,
como si fuese terrenal lucero,
olvido por la flor de invernadero.

Más que la voz del pájaro en la cima
de un árbol todo flor, a mi alma anima
la música armoniosa de una rima.

Nunca a mi corazón tanto enamora
el rostro virginal de una pastora,
como un rostro de regia pecadora.[39]

Al oro de la mies[40] en primavera,
yo siempre en mi capricho prefiriera
el oro de teñida cabellera.

No cambiara sedosas muselinas[41]
por los velos de nítidas[42] neblinas
que la mañana prende[43] en las colinas.

Más que al raudal[44] que baja de la cumbre
quiero oír a la humana muchedumbre
gimiendo en su perpetua[45] servidumbre.

El rocío que brilla en la montaña
no ha podido decir a mi alma extraña
lo que el llanto al bañar una pestaña.

Y el fulgor[46] de los astros rutilantes[47]
no trueco por los vívidos cambiantes
del ópalo,[48] la perla o los diamantes.

---

[34] Poema escrito en tercetos endecasílabos monorrítmicos. Casal usa una estrofa diferente del terceto dantesco o italiano (aquí el verso 1o. rima con el 3o. y el segundo de cada estrofa rima con el 1o. y 3o. del siguiente y la última estrofa es un cuarteto).
[35] Casal, como harían muchos otros modernistas, muestra preferencia por el ambiente mórbido de las ciudades y detesta la vida del campo.
[36] extasía, embelesa
[37] barrios, suburbios
[38] antiguas, viejas
[39] paganismo. El poeta muestra su alma libre de prejuicios.
[40] sembrados; por ejemplo: cereales, trigos, etc.
[41] tela muy valiosa
[42] puras, limpias, claras, transparentes
[43] cuelga (colgar)
[44] corriente rápida de agua
[45] eterna
[46] luz brillante
[47] resplandeciente
[48] piedra preciosa

José Asunción Silva

Perteneció José Asunción Silva a una de las más ricas y distinguidas familias de Bogotá. Su padre era rico, elegante y un excelente escritor costumbrista. Parecía que todo sonreía al poeta, porque a la belleza varonil y física, unía la inteligencia y la sensibilidad. Cuando tenía dieciocho años viajó por Europa, donde pasó dos años largos (1883-1885). Allí conoció a Verlaine, Mallarmé y D'Annunzio. Pero hacia 1889 comenzó a dibujarse el signo de infortunio y adversa fortuna de la vida de este poeta. Vino entonces la ruina económica de la familia, resultando inútiles todos los esfuerzos de Silva por mantener el nivel económico y social de los suyos. Como si esto fuera poco, dos años después murió sin razón aparente Elvira, su hermana favorita, que ensombreció la vida del poeta. En 1895 aceptó un cargo diplomático en Caracas, en el cual permaneció un año escaso y a su regreso perdió los manuscritos de «lo mejor de su obra»: *Cuentos negros, Las almas muertas, Los poemas de la carne.* Frente a tantos golpes de la desventura, la más absoluta amargura, desesperación, escepticismo y pesimismo se apoderaron de Silva, quien mantuvo siempre una actitud de ironía elegante y trascendente frente a un medio social y político que detestaba. La adversidad no hizo más que templar las cuerdas de un alma de extrema sensibilidad, dándonos lo interior de su alma en una de las poesías más originales de la época. Con razón ha escrito Unamuno: «Silva, de una manera balbuciente y primitiva, con un cierto candor y sencillez infantiles, es un poeta metafísico, aunque haya estetas impenitentes que se horroricen de verme ayuntar esos dos términos. Silva me parece un niño grande que se asoma al brocal del eterno misterio, da en él una voz y se sobrecoge de sagrado terror religioso al recibir el eco de ella prolongado al infinito y perdiéndose en lontananzas ultracósmicas, en el silencio de las últimas estrellas». A los treinta y un años se suicidó, encontrándose en su mesita de noche dos libros —*El triunfo de la muerte* de Gabriel d'Annunzio y *Trois stations de psychothérapie* de Maurice Barrés— cuyo asunto, al parecer, venía muy bien con el estado de ánimo y el espíritu del poeta en ese tiempo. Momentos antes había celebrado con toda normalidad su acostumbrada tertulia, pues a su alrededor se reunían los jóvenes que deseaban darle nuevos rumbos a la literatura colombiana.

Iniciado bajo la influencia de los poetas realistas españoles como Campoamor y Bartrina, su lectura de los autores franceses, de Edgar Allan Poe y demás modernos lo orientó hacia su estilo definitivo. Es entonces poeta de gran vida interior, en quien la sensibilidad hiperestesiada crea un mundo poético único a través de la transformación de la realidad circundante. Su poesía tiene un gran tono subjetivo, trascendente y pesimista, con la que expresa la angustia e incertidumbre de su vida. Cultivó la evasión hacia la infancia y los días o cosas que le vieron felices, pero también hace sátira social llena de ironía elegante y amarga. Su poesía es siempre trascendente por las hondas reflexiones filosóficas que contiene. Otros temas de sus versos son su propia angustia existencial y el amor, más como pasión física que como sentimiento. Poe es el escritor a quien más se parece, porque Silva es poeta nocturnal, amante del misterio y de las meditaciones sobre el ser que acuden a la mente durante la noche. Es el más revolucionario innovador del Modernismo, a más de un artífice en el logro de efectos rítmicos, plásticos y musicales. Se ha dicho que su «Nocturno (III)» es la más rítmica composición de la lengua castellana. Dejó un solo libro de versos, *Poesías* (1886) editado muchas veces posteriormente. En 1952 se publicaron en Madrid sus *Poesías completas,* con prólogo de don Miguel de Unamuno. También escribió Silva varias obras en prosa —a más de la perdidas— dignas de estudio: *Carta abierta*, las novelitas *Ensayo de perfumería* y *Del agua mansa* así como la novela *De sobremesa*. Dichas obras, aunque bien escritas, añaden poco a su gloria de poeta.

Su poesía, de lirismo purísimo, refleja directamente las inquietudes metafísicas del poeta sobre el implacable paso del tiempo, la aparición del individuo sobre la tierra y su destino final después de la muerte. También tiene poemas descriptivos y de amor de gran belleza. Su obra se completa con versos irónicos y satíricos en los que muestra su desencanto por la vida o la sociedad, con un dejo de gran pesimismo y una idea filosófica profunda que, unida a la ironía, suaviza la visión amarga.

FUENTE: *Poesías completas seguidas de prosas selectas*, 3ra. edición, Madrid, Aguilar, 1963. Edición ordenada y clasificada por Camilo de Brigard Silva y prólogo de Miguel de Unamuno.

Poesías

1886

Los maderos de San Juan[1]

. . . Y aserrín[2]	alfandoque;
aserrán,	Los de Rique,
los maderos	alfeñique;
de San Juan	los de Trique,
piden queso,	Triquitrán.
piden pan;	¡Triqui, triqui, triqui, tran!
los de Roque,	¡Triqui, triqui, triqui, tran!

---

[1] En este poema hay una evasión hacia los días de la infancia, cosa muy propia de Silva. Existe un «contrapunto» entre el ritmo ligero de un canto infantil muy popular y las profundas reflexiones y dudas de la abuela sobre el futuro del niño. Las estrofas que siguen al canto infantil tienen siete versos alejandrinos divididos en dos hemistiquios de siete sílabas con rima *xabaccb*. El verso 10. es libre y los versos 30. y 70. son agudos (acento en la última sílaba)

[2] intento de sugerir el sonido de un serrucho al cortar un madero

Y en las rodillas duras y firmes de la abuela
con movimiento rítmico se balancea el niño,
y entrambos[3] agitados y trémulos están . . .
La abuela se sonríe con maternal cariño,
mas cruza por su espíritu como un temor extraño
por lo que en lo futuro, de angustia y desengaño,[4]
los días ignorados del nieto guardarán . . .

> Los maderos
> de San Juan
> piden queso,
> piden pan:
> ¡Triqui, triqui, triqui, tran!

Esas arrugas[5] hondas recuerdan una historia
de largos sufrimientos y silenciosa angustia;
y sus cabellos blancos como la nieve están;
de un gran dolor el sello[6] marcó la frente mustia,[7]
y son sus ojos turbios espejos que empañaron
los años, y que ha tiempo las formas reflejaron
de seres y de cosas que nunca volverán . . .

> . . . Los de Roque
> alfandoque . . .
> ¡Triqui, triqui, triqui, tran!

Mañana, cuando duerma la abuela, yerta[8] y muda,
lejos del mundo vivo, bajo la oscura tierra,
donde otros, en la sombra, desde hace tiempo están,
del nieto a la memoria, con grave voz que encierra
todo el poema triste de la remota infancia,
pasando por las sombras del tiempo y la distancia,
de aquella voz querida las notas vibrarán . . .

> . . . Los de Rique
> alfeñique . . .
> ¡Triqui, triqui, triqui, tran!

En tanto, en las rodillas cansadas de la abuela
con movimiento rítmico se balancea el niño
y entrambos agitados y trémulos están . . .
La abuela se sonríe con maternal cariño,
mas cruza por su espíritu como un temor extraño
por lo que en lo futuro, de angustia y desengaño,
los días ignorados del nieto guardarán . . .

---

[3] entre ambos, entre ellos
[4] desilusión
[5] pliegues en la piel

[6] la marca, la huella
[7] melancólica, triste
[8] tiesa, fría

. . . Los maderos
de San Juan
piden queso,
piden pan;
los de Roque,
alfandoque;
los de Rique,
alfeñique;
Triquitrán
¡Triqui, triqui, triqui, trán!

Nocturno (III)[9]

Una noche,
una noche toda llena de murmullos, de perfumes y de músicas de alas,
una noche
en que ardían en la sombra nupcial y húmeda las luciérnagas[10] fantásticas,
a mi lado, lentamente, contra mí ceñida toda, muda y pálida,
como si un presentimiento de amarguras infinitas
hasta el más secreto fondo de las fibras te agitara,
por la senda florecida
que atraviesa la llanura[11]
caminabas,
y la luna llena
por los cielos azulosos, infinitos y profundos esparcía su luz blanca
y tu sombra
fina y lánguida,[12]
y mi sombra
por los rayos de la luna proyectadas
sobre las arenas tristes
de la senda[13] se juntaban
y eran una
y eran una
¡y eran una sola sombra larga![14]
¡y eran una sola sombra larga!
¡y eran una sola sombra larga!

---

[9] El poema más famoso de Silva. Es una elegía a la muerte de su hermana Elvira. Los versos están hechos a base de unidades métricas de cuatro sílabas con un ritmo único que concuerda con la melancolía, el dolor y hasta el llanto del poeta. Se le considera entre las grandes elegías de la lengua castellana. Son versos asonantados, de medida elástica, pues emplea versos de 4, 8, 12, 16 y 20 sílabas (siempre múltiplos de cuatro). Tiene una honda emoción lírica y llega a conmover al lector. Nótese el uso constante de esdrújulos (músicos, húmedos, etc.).

[10] insecto cuya hembra es fosforescente por la noche
[11] terreno llano
[12] débil, sin vigor
[13] camino
[14] El poeta usa la forma reiterativa para demostrar la unión espiritual entre él y su hermana: eran una sola persona.

Esta noche
solo, el alma
llena de infinitas amarguras y agonías de tu muerte,
separado de ti misma por el tiempo, por la tumba[15] y la distancia,
por el infinito negro
donde nuestra voz no alcanza,[16]
mudo y solo
por la senda caminaba . . .
y se oían los ladridos de los perros a la luna
a la luna pálida,
y el chirrido
de las ranas . . .
Sentí frío. Era el frío que tenían en tu alcoba[17]
tus mejillas y tus sienes adoradas,
entre las blancuras níveas[18]
de las mortuorias sábanas.
Era el frío del sepulcro, era el hielo de la muerte,
era el frío de la nada . . .
Y mi sombra,
por los rayos de la luna proyectada,
iba sola,
iba sola,
iba sola por la estepa solitaria;
y tu sombra esbelta[19] y ágil,
fina y lánguida,
como en esa noche tibia de la muerta primavera,
como en esa noche llena de murmullos, de perfumes y de músicas de alas,
se acercó y marchó con ella,
se acercó y marchó con ella,
se acercó y marchó con ella . . .
¡Oh las sombras enlazadas![20]
¡Oh, las sombras de los cuerpos que se juntan con la sombra de las almas
¡Oh, las sombras que se buscan en las noches de tristezas y de lágrimas!

Ars[21]

El verso es vaso santo; poned en él tan sólo
un pensamiento puro,
en cuyo fondo bullan[22] hirvientes las imágenes
como burbujas[23] de oro de un viejo vino oscuro.

Allí verted las flores que la continua lucha
ajó[24] del mundo frío,

---

[15] sepultura, sepulcro
[16] no llega
[17] cuarto, habitación
[18] de nieve
[19] airosa, alta y erguida
[20] abrazadas

[21] Este poema es una especie de exposición del credo poético de Silva.
[22] hiervan
[23] glóbulos de aire de un líquido
[24] maltrató, deslució

recuerdos deliciosos de tiempos que no vuelven,
y nardos empapados[25] en gotas de rocío.

Para que la existencia mísera se embalsame[26]
cual de una ciencia ignota,
quemándose en el fuego del alma enternecida
de aquel supremo bálsamo, ¡basta una sola gota!

Vejeces[27]

Las cosas viejas, tristes, desteñidas,[28]
sin voz y sin color, saben secretos
de las épocas muertas, de las vidas
que ya nadie conserva en la memoria,
y a veces a los hombres, cuando inquietos
las miran y las palpan,[29] con extrañas
voces de agonizantes dicen, paso,
casi al oído, alguna rara historia
que tiene oscuridad de telarañas,
son de laúd, y suavidad de raso.[30]

¡Colores de anticuada[31] miniatura,
hoy, de algún mueble en el cajón dormida;
cincelado puñal; carta borrosa;[32]
tabla en que se deshace la pintura,
por el tiempo y el polvo ennegrecida;
histórico blasón,[33] donde se pierde
la divisa[34] latina, presuntuosa,
medio borrada por el liquen verde;
misales de las viejas sacristías;
de otros siglos fantásticos espejos
que en el azogue de las lunas frías
guardáis de lo pasado los reflejos;
arca, en un tiempo de ducados[35] llena,
crucifijo que tanto moribundo
humedeció con lágrimas de pena
y besó con amor grave y profundo;

negro sillón de Córdoba; alacena[36]
que guardaba un tesoro peregrino
y donde anida la polilla[37] sola;
sortija[38] que adornaste el dedo fino
de algún hidalgo de espadín y gola;[39]
mayúsculas del viejo pergamino;
batista[40] tenue que a vainilla hueles;
seda que te deshaces en la trama
confusa de los ricos brocateles;
arpa olvidada que al sonar te quejas;
barrotes[41] que formáis un monograma
incomprensible en las antiguas rejas:[42]
el vulgo os huye, el soñador os ama
y en vuestra muda sociedad reclama
las confidencias de las cosas viejas.

El pasado perfuma los ensueños[43]
con esencias fantásticas y añejas,[44]
y nos lleva a lugares halagüeños
en épocas distantes y mejores:
¡por eso a los poetas soñadores
les son dulces, gratísimas y caras,[45]
las crónicas, historias y consejas,[46]
las formas, los estilos, los colores,
las sugestiones místicas y raras
y los perfumes de las cosas viejas!

---

[25] humedecidos
[26] se llene
[27] En estos versos vuelve a cultivar la evasión hacia el pasado, siempre más feliz que el presente, presentando sus recuerdos de las cosas de ayer con nostalgia y melancolía. Poesía de evocación.
[28] sin color
[29] tocan con las manos
[30] seda brillante
[31] antigua, sin uso
[32] poco clara, no legible
[33] escudo de armas, símbolo de gloria y honor
[34] lema o mote
[35] monedas españolas antiguas de oro
[36] armario o anaquel con puerta para guardar una vajilla y otros artículos del comedor
[37] insecto que destruye la madera
[38] anillo
[39] armadura para proteger la garganta
[40] especie de lino fino
[41] barras gruesas de metal
[42] cercas
[43] evasión hacia el pasado, muy típico de Silva, porque el presente es muy triste
[44] muy viejas
[45] queridas
[46] cuentos

Un poema[47]

Soñaba en ese entonces con forjar[48] un poema
de arte nervioso y nuevo, obra audaz y suprema.

Escogí entre un asunto grotesco y otro trágico,
llamé a todos los ritmos con un conjuro[49] mágico,

y los ritmos indóciles[50] vinieron acercándose,
juntándose en las sombras, huyéndose y buscándose:

ritmos sonoros, ritmos potentes,[51] ritmos graves,
unos cual choque de armas, otros cual canto de aves;

de Oriente hasta Occidente, desde el Sur hasta el Norte,
de metros y de formas se presentó la corte.

Tascando frenos áureos[52] bajo las riendas frágiles
cruzaron los tercetos, como corceles[53] ágiles;

abriéndose ancho paso por entre aquella grey,[54]
vestido de oro y púrpura llegó el soneto rey.

Y allí cantaron todos . . . Entre la algarabía[55]
me fascinó el espíritu por su coquetería

alguna estrofa aguda, que excitó mi deseo,
con el retintín[56] claro de su campanilleo.

Y la escogí entre todas . . . Por regalo nupcial
le di unas rimas ricas, de plata y de cristal.

En ella conté un cuento que, huyendo lo servil,
tomó un carácter trágico, fantástico y sutil;

era la historia triste, desprestigiada y cierta
de una mujer hermosa, idolatrada y muerta;

y para que sintieran la amargura, ex profeso,
junté sílabas dulces, como el sabor de un beso,

bordé las frases de oro, les di música extraña,
como de mandolinas que un laúd acompaña;

---

[47] Narra muy bien el proceso de creación artística y la incomprensión de que es motivo el poeta, sobre todo por parte de algunos críticos sin intuición de los valores literarios. Está escrito en pareados (dos versos que riman entre sí) alejandrinos (hemistiquios de siete).

[48] escribir, hacer

[49] exorcismo, imprecación

[50] rebeldes

[51] fuertes, poderosos

[52] mascando frenos de oro

[53] caballos

[54] grupo de personas con caracteres comunes

[55] alboroto, gritería con confusión

[56] sonido especial de una campana o metal

dejé en una luz vaga las hondas lejanías
llenas de nieblas húmedas y de melancolías,

y por el fondo oscuro, como en mundana fiesta.
cruzan ágiles máscaras al compás de[57] la orquesta,

envueltas en palabras que ocultan como un velo,
y con caretas[58] negras de raso y terciopelo,

cruzar hice en el fondo las vagas sugestiones
de sentimientos místicos y humanas tentaciones . . .

Complacido en mis versos, con orgullo de artista,
les di olor de heliotropo y color de amatista[59] . . .

Le mostré mi poema a un crítico estupendo . . .
y lo leyó seis veces, y me dijo: «¡No entiendo!»

Midnight Dreams[60]

Anoche, estando solo y ya medio dormido,
mis sueños de otras épocas se me han aparecido.

Los sueños de esperanzas, de glorias, de alegrías
y de felicidades, que nunca han sido mías,[61]

se fueron acercando en lentas procesiones
y de la alcoba oscura poblaron los rincones.

Hubo un silencio grave en todo el aposento[62]
y en el reloj la péndola[63] detúvose un momento.

La fragancia indecisa de un olor olvidado
llegó como un fantasma y me habló del pasado.

Vi caras que la tumba desde hace tiempo esconde,
y oí voces oídas ya no recuerdo dónde.

¡Los sueños se acercaron y me vieron dormido;
se fueron alejando sin hacerme rüido

y sin pisar los hilos sedosos de la alfombra,
se fueron deshaciendo y hundiéndose en la sombra!

---

[57] al ritmo de
[58] máscaras
[59] piedra preciosa color violeta
[60] Poema escrito en pareados alejandrinos (dos hemistiquios de siete).

[61] evasión hacia los momentos felices de la juventud debido a las circunstancias personales del poeta
[62] posada; también cuarto o habitación de una casa
[63] péndulo

Lázaro[64]

—¡Ven, Lázaro! —gritóle
el Salvador. Y del sepulcro negro
el cadáver alzóse entre el sudario,[65]
ensayó caminar, a pasos trémulos,
olió, palpó, miró, sintió, dio un grito
y lloró de contento.

Cuatro lunas más tarde, entre las sombras
del crepúsculo oscuro, en el silencio
del lugar y la hora, entre las tumbas
de antiguo cementerio,
Lázaro estaba sollozando a solas
y envidiando a los muertos.

Día de difuntos[66]

La luz vaga . . . opaco el día . . .
La llovizna cae y moja
con sus hilos penetrantes la ciudad desierta y fría,
por el aire, tenebrosa, ignorada mano arroja
un oscuro velo opaco,[67] de letal melancolía,
y no hay nadie que en lo íntimo no se aquiete y se recoja
al mirar las tinieblas grises de la atmósfera sombría
y al oír en las alturas
meláncolicas y oscuras
los acentos dejativos[68]
y tristísimos e inciertos
con que suenan las campanas,
las campanas plañideras,[69]
que les hablan a los vivos
de los muertos.

Y hay algo de angustioso y de incierto
que mezcla a ese sonido su sonido,
e inarmónico vibra en el concierto
que alzan los bronces al tocar a muerto
por todos los que han sido.
Es la voz de la campana
que va marcando la hora,
hoy lo mismo que mañana,
rítmica, igual y sonora;
una campana se queja
y la otra campana llora,
ésta tiene voz de vieja
y ésa de niña que ora.[70]

---

[64] hermano de Marta y María discípulas de Cristo, a quien éste resucitó según la Biblia. Véase Juan 11:1–45. Pertenece a las poesías llenas de realismo irónico y de amarga sátira social. Pesimismo profundo.

[65] lienzo en que se envuelven los muertos

[66] Uno de los poemas más ajustados al temperamento de Silva, siempre tan preocupado por la muerte. Se han notado influencias de «The Bells» de Poe y de «La canción de las campanas» de Schiller. Es un ensayo polimétrico de forma libre, usando versos desde cuatro hasta dieciséis sílabas. El único verso que no usa es el de quince. El poema tiene un gran efecto onomatopéyico: sugiere el tono de las diferentes campanas. La composición transmite el misterio, la tristeza, los pensamientos sobre la vida y la muerte propios del día de los difuntos.

[67] no transparente, no deja pasar la luz

[68] lentos, débiles

[69] llorosas, quejosas

[70] Obsérvese qué bien capta el ritmo de las campanas.

Las campanas más grandes que dan un doble
                                        recio
suenan con acento de místico desprecio;
mas la campana que da la hora
ríe, no llora;
tiene en su timbre seco sutiles ironías;
su voz parece que habla de fiestas, de alegrías;
de citas, de placeres, de cantos y de bailes,
de las preocupaciones que llenan nuestros días;
es una voz del siglo entre un coro de frailes,[71]
y con sus notas se ríe
escéptica y burladora[72]
de la campana que gime,
de la campana que implora,
y de cuanto aquel coro conmemora;
y es que con su retintín[73]
ella midió el dolor humano
y marcó del dolor el fin.

Por eso se ríe del grave esquilón[74]
que suena allá arriba con fúnebre son;
por eso interrumpe los tristes conciertos
con que el bronce santo llora por los muertos.
No la oigáis, ¡oh, bronces!, no la oigáis, cam-
                                        panas,
que con la voz grave de ese clamoreo[75]
rogáis por los seres que duermen ahora
lejos de la vida, libres del deseo,
lejos de las rudas batallas humanas;
seguid en el aire vuestro bamboleo:[76]
¡no la oigáis, companas! . . .
Contra lo imposible, ¿qué puede el deseo?[77]

Allá arriba suena, rítmica y sonora,
esa voz de oro,
y sin que lo impidan sus graves hermanas
que rezan en coro,
la campana del reloj
suena, suena, suena ahora,
y dice que ella marcó,
con su vibración sonora,
de los olvidos la hora;

que después de la velada[78]
que pasó cada difunto
en una sala enlutada
y con la familia junto
en dolorosa actitud,
mientras la luz de los cirios[79]
alumbraba el ataúd
y las coronas de lirios;
que después de la tristura,[80]
de los gritos de dolor,
de las frases de amargura,
del llanto conmovedor,
marcó ella misma el momento
en que con la languidez
del luto, huyó el pensamiento
del muerto, y el sentimiento
seis meses más tarde . . . o diez.

Y hoy, día de muertos . . . ahora que flota
en las tinieblas grises la melancolía,
en que la llovizna cae gota a gota
y con sus tristezas los nervios embota,[81]
y envuelve en un manto la ciudad sombría;
ella, que ha marcado la hora y el día
en que a cada casa lúgubre y vacía
tras el luto breve volvió la alegría;
ella, que ha marcado la hora del baile
en que al año justo un vestido aéreo[82]
estrena la niña, cuya madre duerme
olvidada y sola en el cementerio;
suena indiferente a la voz de fraile
del esquilón grave y a su canto serio;
ella, que ha marcado la hora precisa
en que a cada boca que el dolor sellaba
como por encanto volvió la sonrisa,
esa precursora de la carcajada;
ella, que ha marcado la hora en que el viudo
habló de suicidio y pidió el arsénico,
cuando aún en la alcoba recién perfumada
flotaba el aroma del ácido fénico;
y ha marcado luego la hora en que mudo
por las emociones con que el gozo agobia,
para que lo unieran con sagrado nudo
a la misma iglesia fue con otra novia;[83]

---

[71] curas, sacerdotes
[72] que hace burla
[73] Véase nota 56.
[74] campana grande
[75] clamor continuo; súplica repetida
[76] sacudimiento, movimiento de algo que no está firme
[77] Nótese el profundo pesimismo, la desesperanza.

[78] velorio (acto de velar a los muertos)
[79] velas
[80] tristeza
[81] adormece, debilita, entorpece
[82] ligero, leve
[83] Obsérvese la ironía amarga, el realismo descarnado, el
escepticismo.

ella no comprende nada del misterio
de aquellas quejumbres[84] que pueblan el aire,
y lo ve en la vida todo jocoserio;[85]
y sigue marcando con el mismo modo,
el mismo entusiasmo y el mismo desgaire
la huída del tiempo que lo borra todo.[86]

    Y eso es lo angustioso y lo incierto
que flota en el sonido;
ésa es la nota irónica que vibra en el concierto
que alzan los bronces al tocar a muerto
por todos los que han sido.

    Es la voz fina y sutil,
de vibraciones de cristal

que con acento juvenil,
indiferente al bien y al mal
mide lo mismo la hora vil,
que la sublime y fatal,
y resuena en las alturas
melancólicas y oscuras
sin tener en su tañido
claro, rítmico y sonoro,
los acentos dejativos
y tristísimos e inciertos
de aquel misterioso coro
con que suenan las campanas . . .
¡las campanas plañideras
que les hablan a los vivos
de los muertos! . . .

El mal del siglo[87]

EL PACIENTE

    —Doctor, un desaliento de la vida
que en lo íntimo de mí se arraiga y nace:
el mal del siglo . . ., el mismo mal de Werther,[88]
de Rolla,[89] de Manfredo[90] y de Leopardi.[91]
Un cansancio de todo, un absoluto,
desprecio por lo humano . . ., un incesante
renegar de lo vil de la existencia
digno de mi maestro Schopenhauer;[92]

un malestar profundo que se aumenta
con todas las torturas del análisis . . .

EL MÉDICO

    —Eso es cuestión de régimen. Camine
de mañanita; duerma largo; báñese;
beba bien; coma bien; cuídese mucho;
¡lo que usted tiene es hambre!

---

[84] quejas
[85] jocoso (cómico) y serio a la vez
[86] Nótese la preocupación de Silva por el paso del tiempo y su efecto destructivo.
[87] Muestra la capacidad de Silva para la ironía amarga.
[88] personaje de la obra de Goethe *Leiden Les Jungen Werthers*, que se suicidó por amor
[89] protagonista de un drama de Alfred de Musset; aunque libertino, se suicida por aburrimiento y desilusión.
[90] el Príncipe Manfredo cambia su alma al diablo por bienes materiales en una obra de Lord Byron.
[91] Leopardi, Giacomo, poeta italiano (1798–1836), de profundo pesimismo
[92] Schopenhauer, Arthur, filósofo alemán (1788–1860), creador del «voluntarismo pesimista», pues según él, el mal, el conocimiento y el principio de la existencia humana tienen su base en la voluntad.

M^{anuel} G^{onzález} P^{rada}

PERÚ, 1848-1918

Aunque nacido en el seno de una familia aristocrática, Manuel González Prada se erigió en campeón de ideas anarco-socialistas y en defensor de los indios de su país. Su pensamiento ha contribuído como pocos, a la formación de la moderna ideología hispanoamericana. Es un pensamiento liberal, rebelde, polémico, expresivo de su actitud antitradicionalista y amante de la causa del pueblo. Viajó extensamente por Europa, donde vivió casi ocho años, haciéndose de una cultura humanística muy amplia, que se refleja en su obra. Su producción expresa el cosmopolitismo propio del Modernismo posterior. Debido a sus ideas radicales en favor de los indios y de los verdaderos intereses del pueblo, se convirtió en el líder de los jóvenes que buscaban nuevos rumbos a la política del Perú. Es uno de los precursores del Aprismo (doctrina político-social avanzada con seguidores en toda Hispanoamérica), así como de la lucha en favor de los indígenas.

La copiosa obra de González Prada está escrita en prosa y verso. Entre la primera sobresalen sus discursos y artículos. Sus trabajos luego fueron recogidos en sus famosas *Páginas libres* (1894) y *Horas de lucha* (1908), libros que se cuentan entre los más leídos por las juventudes hispanoamericanas de todos los tiempos. Después de su muerte se publicaron, entre otros, *Anarquía* (1936) y *Propaganda y ataque* (1939). Fue un renovador de la prosa al reaccionar contra la forma de escribir tradicional y huir de los párrafos densos y retóricos. Es el suyo un estilo lleno de virilidad y energía, con gran poder convincente. Era un polemista terrible por lo demoledor de sus ataques, lo cual le ganó fama de terrible e intransingente, pero también gran predicamento entre la juventud. Toda su obra está llena de ideas hondas, pero expresadas en forma clara y directa, de manera que llegan fácilmente al gran público. Es un verdadero maestro de la frase acuñada, que luego repiten miles como aquella de «Los viejos a la tumba, los jóvenes a la lucha». De sus ideas radicales de los primeros tiempos evolucionó luego a una especie de socialismo humanitario. Sus ideas centrales fueron: actitud antitradicionalista, combatiendo los vicios políticos que considera herencia del régimen español virreinal; reivindicación del indígena, a quien considera factor esencial de la nacionalidad; y una posición anticlerical. Como ha sucedido en múltiples ocasiones, González Prada fue el tipo de escritor que combatió los vicios que en su opinión impiden el desarrollo y bienestar del Perú y otros países hispanoamericanos, pero al no exponer con claridad un plan de soluciones prácticas, facilitó el camino para las interpretaciones más diversas de sus ideas y su defensa por los grupos que parecen más opuestos. Su pensamiento tiene mucha validez todavía hoy, porque es cierto que no se pueden lograr naciones prósperas en este continente, mientras no se rompan con las viejas estructuras político-sociales que no respondan a la concepción moderna del mundo.

González Prada fue en todo momento un asiduo cultivador de la poesía y aquí se nos presenta como uno de los innovadores más audaces que ha habido en lengua castellana. Su amplia cultura le permitió la adaptación de metros y estrofas de diferentes países al español y el darle mucha novedad a técnicas tradicionales. Su más temprana influencia fue la de los poetas alemanes. Esta labor renovadora lo llevó a usar estrofas francesas (rondel, en sus varias formas: rondeau, rondelet, triolet, virelai y villanela); la espenserina inglesa; la balata, el estornelo, el rispetto y el laude italianos; metros orientales (gacelas, pantums); cuartetos persas. También emplea nuevos ritmos, inventa el polirrimo de versos libres con acentos variados y vuelve a emplear metros olvidados o desusados. Asímismo son abundantes en sus obras las «sinestesias» y las «correspondencias», luego muy apreciadas por los modernistas de la segunda promoción. En su poesía se nota un fondo romántico, pero reaccionó contra las formas e ideas manidas de los últimos poetas de esa escuela para darnos una poesía de gran concentración y exactitud, en la que aparecen bien integrados el ritmo poético con ideas filosóficas o sociales muy profundas. Abundan en su producción los versos líricos junto a los meramente epigramáticos e irónicos. En estos últimos era un maestro consumado. Entre sus libros de versos más famosos deben citarse: *Minúsculas* (1901), *Exóticas* (1911) y las famosas *Baladas peruanas* (1935). En estas últimas emplea el romance español tradicional. La vida y la obra de González Prada presentan un carácter revolucionario y reformador inconfundible y hacen de él quizás el más reformador entre los iniciadores del Modernismo.

FUENTE: *Obras completas*, 4 vols., Lima. Editorial P.T.C.M., 1946. Edición, prólogo y notas de Luis Alberto Sánchez.

Páginas libres

1894

Discurso en el Teatro Olimpo[1]
(FRAGMENTO)

Sea cual fuere el programa del Círculo Literario, hay tres cosas que no podemos olvidar: la honradez en el escritor, la verdad en el estilo y la verdad en las ideas. Señores, recordémoslo siempre: sólo con la honradez en el escritor, sólo con la verdad en los escritos, haremos del Círculo Literario una institución útil, respetable, invencible.

En vano los hombres del poder desdeñan al escritor público y disimulan con la sonrisa del desdén los calofríos del miedo a la verdad: si hay algo más fuerte que el hierro, más duradero que el granito y más destructor que el fuego, es   5 la palabra de un hombre honrado.

Desgraciadamente, nada se prostituyó más en el Perú que la palabra: ella debía unir y

---

[1] Este discurso fue pronunciado en un acto para celebrar el primer aniversario del *Círculo Literario de Lima*, en 1888. El círculo fue fundado por González Prada y se constituyó en el centro de los jóvenes reformistas, tanto en política como en literatura. Desde 1891 se convirtió en el núcleo del Partido Unión Nacional, de ideario radical. Solamente se incluye la parte IV y final por ser la más importante. Debemos recordar que González Prada usaba «i» en vez de «y» y «j» en lugar de «g» y otros cambios ortográficos, pero hemos preferido emplear la forma usual. Este discurso contiene muchas de las ideas fundamentales del autor sobre la literatura y el escritor.

dividió, debía civilizar y embruteció, debía censurar y aduló. En nuestro desquiciamiento general, la pluma tiene la misma culpa que la espada.

5   El diario carece de prestigio, no representa la fuerza inteligente de la razón, sino la embestida ciega de las malas pasiones. Desde el editorial ampuloso y kilométrico hasta la crónica insustancial y chocarrera,[2] se oye la diatriba[3]
10 sórdida, la envidia solapada[4] y algo como crujido de carne viva, despedazada por dientes de hiena. Esas frases gastadas y pensamientos triviales que se vacían en las enormes y amenazadoras columnas del periódico, recuerdan el bullicioso
15 río de fango y piedras que se precipita a rellenar las hondonadas y resquebrajaduras[5] de un valle.

Si desde la guerra con Chile[6] el nivel moral del país continúa descendiendo, nadie contribuyó más al descenso que el literato con sus
20 adulaciones y mentiras, que el periodista con su improbidad y mala fe. Ambos, que debieron convertirse en acusadores y justicieros de los grandes criminales políticos, se hicieron encubridores y cómplices. El publicista rodeó con
25 atmósfera de simpatías a detentadores de la hacienda nacional, y el poeta prodigó versos a caudillos salpicados con sangre de las guerras civiles. Las sediciones de pretorianos,[7] las dictaduras de Bajo Imperio,[8] las persecuciones
30 y destierros, los asesinatos en las cuadras de los cuarteles, los saqueos[9] al tesoro público, todo fue posible, porque tiranos y ladrones contaron con el silencio o el aplauso de una prensa cobarde, venal[10] o cortesana.

35 Como en el *Ahasverus* de Edgar Quinet[11] pasan a los ojos del poeta las mujeres resucitadas, llevando en el corazón la herida del amor incurable, así mañana, ante las miradas de la posteridad, desfilarán nuestros escritores, que-
40 riendo ocultar en el pecho la lepra de la venalidad.

Es, señores, que hay la literatura de los hombres eternamente postrados, como las esfinges de piedra en el Egipto esclavo, y la literatura de los hombres eternamente de pie, como el Apolo[12] de mármol en la Grecia libre.

Apartándonos de escuelas y sistemas, adquiriremos verdad en estilo y en ideas. Clasicismo y romanticismo, idealismo y realismo, cuestiones de nombres, pura logomaquia.[13] No hay más que obras buenas o malas: obra buena quiere decir verdad en forma clara y concisa; obra mala, mentira en ideas y forma.

Verdad en estilo y lenguaje vale tanto como verdad en el fondo. Hablar hoy con idiotismo y vocablos de otros siglos significa mentir, falsificar el idioma. Como las palabras expresan ideas, tienen su medio propio en que nacen y viven; ingerir en un escrito moderno una frase anticuada, equivale a incrustar[14] en la frente de un vivo el ojo cristalizado de una momia.

En todas las literaturas abundan escritores arcaicos, aplaudidos por las academias y desdeñados por el público; pero no se conoce en la Historia el movimiento regresivo de todo un pueblo hacia las formas primitivas de su lengua.

El idioma es a las palabras como los períodos geológicos a las especies; la especie una vez desaparecida no reaparece jamás. Pudo Cuvier[15] reconstituir la osamenta de animales fósiles; pero no imaginó restablecer las funciones fisiológicas, devolver el músculo vivo al esqueleto muerto. Así, el escritor anticuado compone obras que tienen la rigidez del alambre y la frialdad del mármol, pero no la morbidez de la carne ni el calor de la sangre.

El estilo, para coronar su verdad, debe adaptarse a nuestro carácter y a nuestra época. Hombres de imaginación ardiente y voluntad inclinada a ceder, necesitamos un estilo que

---

[2] bufona, broma grosera o vulgar
[3] crítica violenta e injuriosa
[4] oculta maliciosamente, taimado, cauteloso
[5] grietas, huecos
[6] llamada la Guerra del Pacífico (1879–1883) sostenida por Chile contra Perú y Bolivia por la zona salitrera de Atacama. Terminó con el Tratado de Ancón. El Perú vio su territorio ocupado por tropas chilenas y finalmente vencido. González Prada juró no salir de su casa mientras existiera la ocupación.
[7] rebeliones militares sin ideales de reforma

[8] El imperio bajo Napoleón III (1852–1870)
[9] robos, rapiñas
[10] que se deja sobornar
[11] escritor, filósofo e historiador francés (1803–1875), idealista y liberal
[12] dios griego (hijo de Zeus y de Letona) de la Medicina, de la Poesía, de las Artes
[13] discusión inútil sobre palabras
[14] grabar, introducir una cosa en otra
[15] Cuvier, Jorge: naturalista francés (1769–1832), creador de la anatomía comparada y de la paleontología

seduzca con imágenes brillantes y se imponga con arranques imperativos.

Aquí nos deleitamos con estilo salpicado de figuras y nos arrebatamos con frases duras y frías como la hoja de una espada.

La palabra que se dirija hoy a nuestro pueblo debe despertar a todos, poner en pie a todos, agitar a todos, como campana de incendio en avanzadas horas de la noche. Después de San Juan y Miraflores[16] en el cobarde abatimiento que nos envilece y nos abruma, nadie tiene derecho de repetir miserias y puerilidades,[17] todos vivimos en la obligación de pronunciar frases que levanten los pensamientos y fortalezcan los corazones.

Algo muere, pero también algo nace: muere la mentira con las lucubraciones metafísicas y teológicas, nace la verdad con la Ciencia positiva.[18] Una vieja Atlántida se hunde poco a poco bajo las aguas del Océano; pero un nuevo y hermoso continente surge del mar, ostentando su flora sin espinos y su fauna sin tigres.

Empiece ya en nuestra literatura el reinado de la Ciencia. Los hombres no quieren deleitarse hoy con música de estrofas insulsas y bien pulidas ni con períodos altisonantes y vacíos: todos, desde el niño hasta el viejo, tenemos sed de verdades. Si, verdades aunque sean pedestres: a vestirse con alas de cera para elevarse unos cuantos metros y caer, es preferible tener pies musculosos y triple calzado de bronce para marchar en triunfo sobre espinas y rocas de la Tierra.

Cortesanos, políticos y diplomáticos no piensan así: llaman prudencia al miedo, a la confabulación[19] de callarse, a la mentira sin palabras. Cierto, el camino de la sinceridad no está circundado de rosas: cada verdad salida de nuestros labios concita[20] un odio implacable, cada paso en línea recta significa un amigo menos. La verdad aísla; no importa: nada más solitario que las cumbres, ni más luminoso.

Rompamos el pacto infame y tácito de hablar a media voz. Dejemos la encrucijada por el camino real, y la ambigüedad por la palabra precisa. Al atacar el error y acometer contra sus secuaces, no propinemos cintarazos con espada metida en la funda: arrojemos estocadas a fondo, con hoja libre, limpia, centelleando al Sol.[21]

Venga, pues, la verdad en su desnudez hermosa y casta, sin el velo de la sátira ni la vestidura del apólogo: el niño delicado y la mujer meticulosa endulzan las orillas del vaso que guarda el medicamento heroico, pero acibarado;[22] el hombre apura de un solo trago la más amarga pócima, siempre que encierre vida y salud.

En fin, señores, seamos verdaderos, aunque la verdad desquicie una nación entera: ¡poco importan las lágrimas, los dolores y los sacrificios de una sola generación, si esas lágrimas, si esos dolores, si esos sacrificios redundan en provecho de cien generaciones!

Seamos verdaderos, aunque la verdad convierta al Globo en escombros y ceniza: ¡poco importa la ruina de la Tierra, si por sus soledades silenciosas y muertas sigue retumbando eternamente el eco de la verdad![23]

---

[16] batallas entre fuerzas peruanas y chilenas ocurridas el 13 y el 14 de enero de 1881. González Prada tomó parte en la segunda.

[17] cosas insignificantes y sin importancia

[18] o positivismo: doctrina filosófica de Augusto Comte, filósofo francés (1798–1857), según la cual sólo es verdadero el pensamiento basado en la observación y la experiencia y no en la intuición del espíritu.

[19] complots, ponerse de acuerdo varias personas en un negocio ilícito

[20] incita, agita

[21] Obsérvese el brío, la energía y el tono agresivo y polémico de este párrafo y de todo el discurso; estilo típico del autor.

[22] amargo

[23] paráfrasis de un pensamiento de Arthur Schopenhauer

Discurso en el Politeama[24]

I

Los que pisan el umbral de la vida[25] se juntan hoy para dar una lección a los que se acercan a las puertas del sepulcro. La fiesta que presenciamos tiene mucho de patriotismo y algo de
5 ironía: el niño quiere rescatar con el oro lo que el hombre no supo defender con el hierro.

Los viejos deben temblar ante los niños, porque la generación que se levanta es siempre acusadora y juez de la generación que desciende.
10 De aquí, de estos grupos alegres y bulliciosos, saldrá el pensador austero y taciturno; de aquí, el poeta que fulmine las estrofas de acero retemplado;[26] de aquí, el historiador que marque la frente del culpable con un sello de
15 indeleble[27] ignominia.

Niños, sed hombres temprano, madrugad a la vida, porque ninguna generación recibió herencia más triste, porque ninguna tuvo deberes más sagrados que cumplir, errores más graves

que remediar ni venganzas más justas que satisfacer.

En la orgía de la época independiente, vuestros antepasados bebieron el vino generoso y dejaron las heces.[28] Siendo superiores a vuestros padres, tendréis derecho para escribir el bochornoso epitafio de una generación que se va, manchada con la guerra civil de medio siglo, con la quiebra fraudulenta[29] y con la mutilación del territorio nacional.

Si en estos momentos fuera oportuno recordar vergüenzas y renovar dolores, no acusaríamos a unos ni disculparíamos a otros. ¿Quién puede arrojar la primera piedra?

La mano brutal de Chile despedazó nuestra carne y machacó nuestros huesos; pero los verdaderos vencedores, las armas del enemigo, fueron nuestra ignorancia y nuestro espíritu de servidumbre.

II

20 Sin especialistas, o más bien dicho, con aficionados que presumían de omniscientes, vivimos de ensayo en ensayo: ensayos de aficionados en Diplomacia, ensayos de aficionados en Economía Política, ensayos de
25 aficionados en Legislación y hasta ensayos de aficionados en Táctica y Estrategia. El Perú fue cuerpo vivo, expuesto sobre el mármol de un anfiteatro, para sufrir las amputaciones de cirujanos[30] que tenían ojos con cataratas[31]
30 seniles y manos con temblores de paralítico. Vimos al abogado dirigir la hacienda pública, al médico emprender obras de ingeniatura, al teólogo fantasear sobre política interior, al marino decretar en administración de justicia,
35 al comerciante mandar cuerpos de ejército . . . ¡Cuánto no vimos en esa fermentación tumul-

tuosa de todas las mediocridades, en esas vertiginosas apariciones y desapariciones de figuras sin consistencia de hombre, en ese continuo cambio de papeles, en esa Babel,[32] en fin, donde la ignorancia vanidosa y vocinglera se sobrepuso siempre al saber humilde y silencioso!

Con las muchedumbres libres aunque indisciplinadas de la Revolución, Francia marchó a la victoria; con los ejércitos de indios disciplinados y sin libertad, el Perú irá siempre a la derrota. Si del indio hicimos un siervo, ¿qué patria defenderá? Como el siervo de la Edad Media, sólo combatirá por el señor feudal.

Y, aunque sea duro y hasta cruel repetirlo aquí, no imaginéis, señores, que el espíritu de servidumbre sea peculiar a sólo el indio de la

---

[24] Este discurso fue pronunciado en el teatro Politeama de Lima la noche del 29 de julio de 1888 en un acto para iniciar una colecta nacional para rescatar las provincias peruanas de Tacna y Arica, en poder de Chile al triunfar en la Guerra del Pacífico (véase nota 6). El discurso fue leído por Miguel Urbina, un joven ecuatoriano exilado, que le pidió ese honor a González Prada. Éste no era buen orador, aunque sí lo fue al final de su vida.
[25] los jóvenes

[26] muy vigoroso y fuerte
[27] no se puede borrar con facilidad
[28] quiere decir: disfrutaron lo mejor y dejaron a los otros lo peor
[29] engañosa, acto de mala fe
[30] médicos que practican la cirugía
[31] opacidad del cristalino del ojo que produce la ceguera (fig: ignorancia)
[32] símbolo de confusión y desorden

puna.[33] también los mestizos de la costa recordamos tener en nuestras venas sangre de los súbditos de Felipe II[34] mezclada con sangre de los súbditos de Huayna-Cápac.[35] Nuestra columna vertebral tiende a inclinarse.

La nobleza española dejó su descendencia degenerada y despilfarradora:[36] el vencedor de la Independencia legó su prole[37] de militares y oficinistas. A sembrar el trigo y extraer el metal, la juventud de la generación pasada prefirió atrofiar el cerebro en las cuadras de los cuarteles y apergaminar la piel en las oficinas del Estado. Los hombres aptos para las rudas labores del campo y de la mina, buscaron el manjar caído del festín de los gobiernos, ejercieron una insaciable succión en los jugos del erario nacional y sobrepusieron el caudillo que daba el pan y los honores a la patria que exigía el oro y los sacrificios. Por eso, aunque siempre existieron en el Perú liberales y conservadores, nunca hubo un verdadero partido liberal ni un verdadero partido conservador, sino tres grandes divisiones: los gobernistas, los conspiradores y los indiferentes por egoísmo, imbecilidad[38] o desengaño.[39] Por eso, en el momento supremo de la lucha, no fuimos contra el enemigo un coloso de bronce, sino una agrupación de limaduras de plomo; no una patria unida y fuerte, sino una serie de individuos atraídos por el interés particular y repelidos entre sí por el espíritu de bandería. Por eso, cuando el más oscuro soldado del ejército invasor no tenía en sus labios más nombre que Chile, nosotros, desde el primer general hasta el último recluta, repetíamos el nombre de un caudillo,[40] éramos siervos de la Edad Media que invocábamos al señor feudal.

Indios de punas y serranías, mestizos de la costa, todos fuimos ignorantes y siervos; y no vencimos ni podíamos vencer.

III

Si la ignorancia de los gobernantes y la servidumbre de los gobernados fueron nuestros vencedores, acudamos a la Ciencia, ese redentor que nos enseña a suavizar la tiranía de la Naturaleza, adoremos la Libertad, esa madre engendradora de hombres fuertes.

No hablo, señores, de la ciencia momificada que va reduciéndose a polvo en nuestras universidades retrógradas: hablo de la Ciencia robustecida con la sangre del siglo, de la Ciencia con ideas de radio gigantesco, de la Ciencia que trasciende a juventud y sabe a miel de panales griegos, de la Ciencia positiva que en sólo un siglo de aplicaciones industriales produjo más bienes a la Humanidad que milenios enteros de Teología y Metafísica.[41]

Hablo, señores, de la libertad para todos, y principalmente para los más desvalidos.[42] No forman el verdadero Perú las agrupaciones de criollos y extranjeros que habitan la faja[43] de tierra situada entre el Pacífico y los Andes; la nación está formada por las muchedumbres de indios diseminadas en la banda oriental de la cordillera. Trescientos años ha[44] que el indio rastrea en las capas inferiores de la civilización, siendo un híbrido con los vicios del bárbaro y sin las virtudes del europeo: enseñadle siquiera a leer y escribir, y veréis si en un cuarto de siglo se levanta o no a la dignidad de hombre. A vosotros, maestros de escuela, toca galvanizar una raza que se adormece bajo la tiranía del juez de paz, del gobernador y del cura, esa trinidad embrutecedora del indio.[45]

Cuando tengamos pueblo sin espíritu de

[33] tierras altas y muy frías en los Andes del Perú, Bolivia, Argentina y Chile
[34] Felipe II, (1527–1598), rey de España (1556–1598).
[35] Inca (Emperador) del antiguo Perú (¿?–1525), padre de Atahualpa (último Emperador) y de Huáscar; extendió el imperio y realizó muchas obras públicas
[36] malgastadora, que gasta con exceso, sin orden
[37] donó sus descendientes, hijos
[38] estupidez
[39] desilusión
[40] alusión al General Andrés Avelino Cáceres, general y político peruano (1833–1923), caudillo de la resistencia en la sierra y luego presidente del Perú (1886–1890 y 1894–1895)
[41] El positivismo estaba en todo su esplendor (véase nota 18) al cual se afilió González Prada, quien ve en la ciencia un medio contra los vicios del Perú: clericalismo, tradicionalismo y demás vicios del régimen colonial.
[42] pobres, débiles, humildes
[43] porción estrecha y larga
[44] hace
[45] La defensa del indio y su reivindicación social como ciudadanos, es uno de los puntos principales del pensamiento del autor.

servidumbre, y militares y políticos a la altura del siglo, recuperaremos Arica y Tacna, y entonces y sólo entonces marcharemos sobre Iquique y Tarapacá,[46] daremos el golpe decisivo, primero y último.

Para ese gran día, que al fin llegará porque el porvenir nos debe una victoria, fiemos sólo en la luz de nuestro cerebro y en la fuerza de nuestros brazos. Pasaron los tiempos en que únicamente el valor decidía de los combates: hoy la guerra es un problema; la Ciencia resuelve la ecuación. Abandonemos el romanticismo internacional y la fe en los auxilios sobrehumanos: la Tierra escarnece a los vencidos, y el Cielo no tiene rayos para el verdugo.

En esta obra de reconstitución y venganza no contemos con los hombres del pasado: los troncos añosos y carcomidos[47] produjeron ya sus flores de aroma deletéreo y sus frutas de sabor amargo. ¡Que vengan árboles nuevos a dar flores nuevas y frutas nuevas! ¡Los viejos a la tumba, los jóvenes á la obra!

IV

¿Por qué desesperar? No hemos venido aquí para derramar lágrimas sobre las ruinas de una segunda Jerusalén, sino a fortalecernos con la esperanza. Dejemos a Boabdil llorar como mujer, nosotros esperemos como hombres.[48]

Nunca menos que ahora conviene el abatimiento del ánimo cobarde ni las quejas del pecho sin virilidad[. . .]

Horas de lucha

1908

Discurso ante la Federación de Trabajadores de Lima[1]

(FRAGMENTO)

[. . .]Cuando preconizamos[2] la unión o alianzas de la inteligencia con el trabajo no pretendemos que a título de una jerarquía ilusoria, el intelectual se erija en tutor o lazarillo[3] del obrero. A la idea que el cerebro ejerce función más noble que el músculo, debemos el régimen de las castas: desde los grandes imperios de Oriente, figuran hombres que se arrogan[4] el derecho de pensar, reservando para las muchedumbres la obligación de creer y trabajar.

Los intelectuales sirven de luz; pero no deben hacer de lazarillos, sobre todo en las tremendas crisis sociales donde el brazo ejecuta lo pensado por la cabeza. Verdad, el soplo de

---

[46] Iquique es la capital de la provincia de Tarapacá, la que junto con Tacna y Arica fueron provincias peruanas tomadas por Chile después de la Guerra del Pacífico. La «Controversia Tacna-Arica» fue arreglada entre Chile y el Perú en 1929. El Perú perdió Arica pero recuperó Tacna, y recibió seis millones de dólares y otras ventajas.

[47] *añosos*: viejos, antiguos; *carcomidos*: casi destruídos por dentro

[48] Boabdil llamado «el Chico», último rey moro de Granada (¿?–1518), quien se rindió a los Reyes Católicos terminando la dominación árabe (1492). La frase completa de su madre fue: «Haces bien en llorar como mujer, la tierra que no supiste defender como hombre.»

[1] En este discurso, pronunciado en Lima el primero de mayo de 1905, González Prada aboga por la unión de trabajadores e intelectuales para obtener el poder político. Estas ideas influyeron en la fundación del APRA (Alianza Popular Revolucionaria Americana) y de su Sección de Trabajadores, hecha por Víctor Raúl Haya de la Torre en México en 1924. El programa del APRA contiene casi todas las ideas básicas de Gonzáles Prada. Es un movimiento político de izquierda con considerable fuerza en el Perú, todavía hoy.

[2] recomendamos, patrocinamos, encomiamos

[3] guía de ciegos

[4] se atribuyen, se apropian, usurpan

rebeldía que remueve hoy a las multitudes, viene de pensadores o solitarios. Así vino siempre. La justicia nace de la sabiduria, que el ignorante no conoce el derecho propio ni el ajeno y cree que en la fuerza se resume toda la ley del Universo. Animada por esa creencia, la Humanidad suele tener la resignación del bruto: sufre y calla. Mas de repente,[5] resuena el eco de una gran palabra, y todos los resignados acuden al verbo salvador, como los insectos van al rayo de sol que penetra en la oscuridad del bosque.

El mayor inconveniente de los pensadores: figurarse que ellos solos poseen el acierto y que el mundo ha de caminar por donde ellos quieran y hasta donde ellos ordenen. Las revoluciones vienen de arriba y se operan desde abajo. Iluminados por la luz de la superficie, los oprimidos del fondo ven la justicia y se lanzan a conquistarla, sin detenerse en los medios ni arredrarse con los resultados. Mientras los moderados y los teóricos se imaginan evoluciones geométricas o se enredan en menudencias[6] y detalles de forma, la multitud simplifica las cuestiones, las baja de las alturas nebulosas y las confina en terreno práctico. Sigue el ejemplo de Alejandro:[7] no desata el nudo; le corta de un sablazo.

¿Qué persigue un revolucionario? Influir en las multitudes, sacudirlas, despertarlas y arrojarlas a la acción. Pero sucede que el pueblo, sacado una vez de su reposo, no se contenta con obedecer el movimiento inicial, sino que pone en juego sus fuerzas latentes, marcha y sigue marchando hasta ir más allá de lo que pensaron y quisieron sus impulsores. Los que se figuraron mover una masa inerte,[8] se hallan con un organismo exuberante de vigor y de iniciativas; se ven con otros cerebros que desean irradiar su luz, con otras voluntades que quieren imponer su ley. De ahí un fenómeno muy general en la Historia: los hombres que al iniciarse una revolución parecen audaces y avanzados, pecan de

tímidos y retrógrados[9] en el fragor de la lucha o en las horas del triunfo. Así, Lutero[10] retrocede acobardado al ver que su doctrina produce el levantamiento de los campesinos alemanes; así, los revolucionarios franceses se guillotinan unos a otros porque los unos avanzan y los otros quieren no seguir adelante o retrogradar. Casi todos los revolucionarios y reformadores se parecen a los niños: tiemblan con la aparición del ogro[11] que ellos solos evocaron a fuerza de chillidos. Se ha dicho que la Humanidad, al ponerse en marcha, comienza por degollar a sus conductores; no comienza por el sacrificio pero suele acabar con el ajusticiamiento, pues el amigo se vuelve enemigo, el propulsor se transforma en rémora.[12]

Toda revolución arribada tiende a convertirse en gobierno de fuerza, todo revolucionario triunfante degenera en conservador. ¿Qué idea no se degrada en la aplicación? ¿Qué reformador no se desprestigia en el poder? Los hombres (señaladamente los políticos) no dan lo que prometen, ni la realidad de los hechos corresponde a la ilusión de los desheredados. El descrédito de una revolución empieza el mismo día de su triunfo, y los deshonradores son sus propios caudillos.

Dado una vez el impulso, los verdaderos revolucionarios deberían seguirle en todas sus evoluciones. Pero modificarse con los acontecimientos, expeler las convicciones vetustas[13] y asimilarse las nuevas, repugnó siempre al espíritu del hombre, a su presunción de creerse emisario del porvenir y revelador de la verdad definitiva. Envejecemos sin sentirlo, nos quedamos atrás sin notarlo, figurándonos que siempre somos jóvenes y anunciadores de lo nuevo, no resignándonos a confesar que el venido después de nosotros abarca más horizonte por haber dado un paso más en la ascensión de la montaña. Casi todos vivimos girando alrededor de féretros[14] que tomamos por cunas o morimos de gusanos,

---

[5] de pronto, de súbito
[6] pequeñeces, detalles sin importancia
[7] Alejandro Magno, rey de Macedonia (356–323 a.C.). El autor se refiere al famoso «nudo gordiano», en el carro de Gordio, Rey de Frigia. Según un antiguo oráculo, dominaría el Asia quien lo deshiciera. Alejandro Magno lo cortó con su espada. La frase ha venido a significar vencer las más duras dificultades para lograr un objetivo.
[8] inactivo, pasivo, inútil; sin actividad o movimiento

[9] opuestos al progreso
[10] Lutero, Martín, líder de la reforma protestante en Alemania (1483–1546)
[11] persona que come carne humana en los cuentos de hadas; persona muy feroz
[12] obstáculo, estorbo, complicación
[13] viejas, antiguas
[14] cajas de muertos

sin labrar un capullo ni transformarnos en mariposa. Nos parecemos a los marineros que en medio del Atlántico decían a Colón: «No proseguiremos el viaje porque nada existe más allá.» Sin embargo, más allá estaba la América.

Pero al hablar de intelectuales y de obreros, nos hemos deslizado a tratar de revolución. ¿Qué de raro? Discurrimos a la sombra de una bandera que tremola entre el fuego de las barricadas, nos vemos rodeados por hombres que tarde o temprano lanzarán el grito de las reivindicaciones sociales, hablamos el primero de mayo,[15] el día que ha merecido llamarse la pascua de los revolucionarios. La celebración de esta pascua, no sólo aquí sino en todo el mundo civilizado, nos revela que la Humanidad cesa de agitarse por cuestiones secundarias y pide cambios radicales. Nadie espera ya que de un parlamento nazca la felicidad de los desgraciados ni que de un gobierno llueva el maná[16] para satisfacer el hambre de todos los vientres. La oficina parlamentaria elabora leyes de excepción y establece gabelas[17] que gravan más al que posee menos; la máquina gubernamental no funciona en beneficio de las naciones, sino en provecho de[18] las banderías[19] dominantes.

Reconocida la insuficiencia de la política para realizar el bien mayor del individuo, las controversias y luchas sobre formas de gobierno y gobernantes quedan relegadas a segundo término,[20] mejor dicho, desaparecen. Subsiste la *cuestión social*, la magna cuestión que los proletarios resolverán por el único medio eficaz: la revolución. No esa revolución local que derriba presidentes o zares y convierte una república en monarquía o una autocracia en gobierno representativo; sino la revolución mundial, la que borra fronteras, suprime nacionalidades y llama la Humanidad a la posesión y beneficio de la tierra.

Si antes de concluir fuera necesario resumir en dos palabras todo el jugo de nuestro pensamiento, si debiéramos elegir una enseña luminosa para guiarnos rectamente en las sinuosidades de la existencia, nosotros diríamos: *Seamos justos.* Justos con la Humanidad, justos con el pueblo en que vivimos; justos con la familia que formamos y justos con nosotros mismos, contribuyendo a que todos nuestros semejantes cojan y saboreen su parte de felicidad, pero no dejando de perseguir y disfrutar la nuestra.[21]

La justicia consiste en dar a cada hombre lo que legítimamente le corresponde; démonos, pues, a nosotros mismos la parte que nos toca en los bienes de la Tierra. El nacer nos impone la obligación de vivir, y esta obligación nos da el derecho de tomar, no sólo lo necesario, sino lo cómodo y lo agradable. Se compara la vida del hombre con un viaje en el mar. Si la Tierra es un buque y nosotros somos pasajeros, hagamos lo posible para viajar en primera clase, teniendo buen aire, buen camarote y buena comida, en vez de resignarnos a quedar en el fondo de la cala,[22] donde se respira una atmósfera pestilente,[23] se duerme sobre maderos podridos por la humedad y se consumen los desperdicios de bocas afortunadas. ¿Abundan las provisiones? pues todos a comer según su necesidad. ¿Escasean los víveres?[24] pues todos a ración, desde el capitán hasta el ínfimo grumete.[25]

La resignación y el sacrificio innecesariamente practicados, nos volverían injustos con nosotros mismos. Cierto, por el sacrificio y la abnegación de almas heroicas, la Humanidad va entrando en el camino de la justicia. Más que reyes y conquistadores, merecen vivir en la Historia y en el corazón de la muchedumbre los simples individuos que pospusieron su felicidad a la felicidad de sus semejantes, los que en la arena muerta del egoísmo derramaron las aguas vivas del amor. Si el hombre pudiera convertirse en sobrehumano, lo conseguiría por el sacrificio.

---

[15] El Primero de Mayo se celebra como el «Día del trabajador» en muchos países con actos, demostraciones y paradas, siguiendo la resolución de la Segunda Internacional Socialista de 1889.
[16] Manjar milagroso que Dios envió a los israelitas en el desierto. Se dice de lo que viene sin esfuerzo.
[17] impuestos
[18] en beneficio de

[19] facciones, grupos políticos divididos
[20] desterrados, puestos en un lugar secundario
[21] Buena expresión de la especie de socialismo humanitario hacia el que evolucionó González Prada.
[22] la parte más baja de un barco
[23] que tiene un olor muy desagradable
[24] provisiones, alimentos
[25] aprendiz de marino

Pero el sacrificio tiene que ser voluntario. No puede aceptarse que los poseedores digan a los desposeídos: sacrifíquense y ganen el cielo, en tanto que nosotros nos apoderamos de la Tierra.

Lo que nos toca, debemos tomarlo porque los monopolizadores difícilmente nos lo concederán de buena fe y por un arranque espontáneo. Los 4 de Agosto[26] encierran más aparato que realidad: los nobles renuncian a un privilegio, y en seguida reclaman dos; los sacerdotes se despojan hoy del diezmo, y mañana exigen el diezmo y las primicias.[27] Como símbolo de la propiedad, los antiguos romanos eligieron el objeto más significativo—una lanza. Este símbolo ha de interpretarse así: la posesión de una cosa no se funda en la justicia sino en la fuerza; el poseedor no discute, hiere; el corazón del propietario encierra dos cualidades del hierro: dureza y frialdad. Según los conocedores del idioma hebreo, Caín[28] significa *el primer propietario*. No extrañemos si un socialista del siglo XIX, al mirar en Caín el primer detentador[29] del suelo y el primer fratricida, se valga de esa coincidencia para deducir una pavorosa conclusión: *La propiedad es el asesinato*.

Pues bien: si unos hieren y no razonan, ¿qué harán los otros? Desde que no se niega a las naciones el derecho de insurrección para derrocar a sus malos gobiernos, debe concederse a la Humanidad ese mismo derecho para sacudirse[30] de sus inexorables explotadores. Y la concesión es hoy un credo universal: teóricamente, la revolución está consumada porque nadie niega las iniquidades del régimen actual, ni deja de reconocer la necesidad de reformas que mejoren la condición del proletariado. (¿No hay hasta un socialismo católico?) Prácticamente, no lo estará sin luchas ni sangre, porque los mismos

que reconocen la legitimidad de las reivindicaciones sociales, no ceden un palmo[31] en el terreno de sus conveniencias: en la boca llevan palabras de justicia, en el pecho guardan obras de iniquidad.

Sin embargo, muchos no ven o fingen no ver el movimiento que se opera en el fondo de las modernas sociedades. Nada les dice la muerte de las creencias, nada el amenguamiento[32] del amor patrio, nada la solidaridad de los proletarios, sin distinción de razas ni de nacionalidades. Oyen un clamor lejano, y no distinguen que es el grito de los hambrientos lanzados a la conquista del pan; sienten la trepidación del suelo, y no comprenden que es el paso de la revolución en marcha; respiran en atmósfera saturada por hedores[33] de cadáver, y no perciben que ellos y todo el mundo burgués son quienes exhalan el olor a muerto.

Mañana, cuando surjan olas de proletarios que se lancen a embestir contra los muros de la vieja sociedad, los depredadores y los opresores palparán que les llegó la hora de la batalla decisiva y sin cuartel.[34] Apelarán a sus ejércitos; pero los soldados contarán en el número de los rebeldes; clamarán al cielo, pero sus dioses permanecerán mudos y sordos. Entonces huirán a fortificarse en castillos y palacios, creyendo que de alguna parte habrá de venirles algún auxilio. Al ver que el auxilio no llega y que el oleaje de cabezas amenazadoras hierve en los cuatro puntos del horizonte, se mirarán a las caras y sintiendo piedad de sí mismos (los que nunca la sintieron de nadie) repetirán con espanto: *¡Es la inundación de los bárbaros!* Mas una voz, formada por el estruendo de innumerables voces, responderá: *No somos la inundación de la barbarie, somos el diluvio[35] de la justicia.*

---

[26] Alusión al 4 de agosto de 1789 cuando en la Asamblea Constituyente de la Revolución Francesa, constituída de los nobles, la clerecía y el estado llano (clase media) los dos primeros espontáneamente renunciaron sus privilegios feudales. Al amparo de la Declaración de los Derechos del Hombre hecha poco después, los nobles y el clero comenzaron a recuperar lo perdido en un momento de exaltación idealista.

[27] el *diezmo* consiste en dar a la iglesia el diez por ciento de los ingresos de una persona (tiene base bíblica) y las *primicias* se refieren a los primeros frutos.

[28] hijo mayor de Adán y Eva; mató a su hermano Abel.

[29] poseedor por la fuerza u otros medios de lo que no es de uno

[30] quitarse de encima algo

[31] no hacer concesiones. El palmo es una medida de longitud equivalente a un cuarto de la vara

[32] menoscabo, disminución

[33] olores desagradables

[34] batalla a muerte, hasta que queda un bando vencido

[35] inundación universal de agua cuando Noé construyó el arca, según la Biblia

Minúsculas

1901

Al amor[1]

Si eres un bien arrebatado[2] al cielo,
¿por qué las dudas, el gemido, el llanto,
la desconfianza, el torcedor quebranto,[3]
las turbias noches de febril desvelo?

Si eres un mal en el terrestre suelo
¿por qué los goces, la sonrisa, el canto,
las esperanzas, el glorioso encanto,
las visiones de paz y de consuelo?

Si eres nieve, ¿por qué tus vivas llamas?;
si eres llama, ¿por qué tu hielo inerte?;
si eres sombra, ¿por qué la luz derramas?

¿Por qué la sombra, si eres luz querida?;
si eres vida, ¿por qué me traes la muerte?;
si eres muerte, ¿por qué me das la vida?

Vivir y morir[4]

Humo y nada el soplo del ser:
mueren hombre, pájaro y flor,
corre a mar de olvido el amor,
huye a breve tumba el placer.

¿Dónde están las luces de ayer?
Tiene ocaso todo esplendor,
hiel esconde todo licor,
todo expía el mal de nacer.

¿Quién rió sin nunca gemir,
siendo el goce un dulce penar?
¡Loco y vano intento el sentir!

¡Vano y loco intento el pensar!
¿Qué es vivir? Soñar sin dormir.
¿Qué es morir? Dormir sin soñar.[5]

Triolet[6]

Los bienes y las glorias de la vida
o nunca vienen o nos llegan tarde.
Lucen de cerca, pasan de corrida,
los bienes y las glorias de la vida.

¡Triste del hombre que en la edad florida[7]
coger las flores del vivir aguarde![8]
Los bienes y las glorias de la vida
o nunca vienen o nos llegan tarde.

---

[1] Soneto endecasílabo (versos de once sílabas).
[2] quitado con violencia
[3] pérdida que produce disgusto, aflicción o pesar
[4] Esta composición es una especie de soneto, pero de versos eneasílabos (de nueve sílabas), todos agudos.
[5] El autor expresa ideas muy trascendentes por medio de interrogaciones y exclamaciones. Nótese la influencia de *La vida es sueño* de Calderón en el último terceto.
[6] El *triolet*, el *rondel* y la *villanela* son formas del rondel francés, muy usados en la Edad Media y el Renacimiento. Por lo general tienen dos rimas solamente y un tema que se repite. González Prada trató de introducirlos en la lengua castellana. Son estrofas de estructura bastante rígida.
[7] la juventud
[8] espere

Ritmo soñado

(REPRODUCCIÓN BÁRBARA DEL METRO ALKMÁNICO[9])

Sueño con ritmos domados al yugo de rígido acento,
libres del rudo carcán[10] de la rima.
Ritmos sedosos que efloren la idea, cual plumas de un cisne
rozan el agua tranquila de un lago.
Ritmos que arrullen con fuentes y ríos, y en Sol de apoteosis
vuelen con alas de nube y alondra.
Ritmos que encierren dulzor de panales, susurro de abejas,
fuego de auroras y nieve de ocasos.
Ritmos que en griego crisol atesoren sonrojos de virgen,
leche de lirios y sangre de rosas.
Ritmos, oh Amada, que envuelven tu pecho, cual lianas tupidas
cubren de verdes cadenas al árbol.

Ritmo sin rima[11]

¿Son inviolables doncellas los léxicos?
¿Son las palabras sagrados cadáveres,
momias de reyes, en pétreos[12] sarcófagos?
Son las palabras libélulas[13] vivas:
yo las atrapo, si rasan mis sienes;
yo, palpitantes, las clavo en mis versos.
Vengas de Londres, de Roma o París,[14]
sé bienvenida, oh exótica voz,
si amplio reguero derramas de luz.

¡Guerra al vetusto lenguaje del clásico!
¡Fuera el morboso purismo académico!
Libre y osado remonte el espíritu.
Vista ropaje del siglo la idea:
deje el raído jubón[15] de Cervantes,[16]
rasgue la vieja sotana de Lope.[17]
Tímido esclavo del Verbo ancestral,
no ames el águila, el cóndor ni el rock:[18]
ten de Pegaso[19] un dormido avestruz.

Rondel[20]

Aves de paso que en flotante hilera
recorren el azul del firmamento,
exhalan a los aires un lamento
y se disipan en veloz carrera,
son el amor, la gloria y el contento.

¿Qué son las mil y mil generaciones
que brillan y descienden al ocaso,[21]
que nacen y sucumben a millones?
        Aves de paso.

Inútil es, oh pechos infelices,
al mundo encadenarse con raíces.
Impulsos misteriosos y pujantes
nos llevan entre sombras, al acaso,[21]
que somos ¡ay! eternos caminantes,
        aves de paso.

---

[9] Se le llama verso alcmánico por haber sido usado por Alcmán de Sardis o Alkmán, poeta griego del siglo VII a.C. Consta de tres dáctilos y una cesura. El dáctilo griego y latino está compuesto de una sílaba larga y dos breves. Cesura es la sílaba que queda al fin de una palabra después de un pie y con la cual comienza otro pie. El poema tiene un gran ritmo interior que suple la falta de rima externa.
[10] Palabra derivada del francés. Especie de collar de metal antiguo para sujetar a los criminales a la picota pública. También la plataforma o columna en que se les exponía al público.
[11] Escrito en versos libres o blancos; en este poema el ritmo interior no deja pensar en la falta de rima exterior.
[12] de piedra
[13] insectos voladores.
[14] González Prada defiende la modernización y renovación de la lengua y la literatura. Su anti-españolismo lo lleva a pensar en modelos ingleses, italianos y franceses. La alemana fue una de las primeras influencias de su poesía, junto a la española.
[15] raído: roto, viejo; jubón: especie de chaleco
[16] Cervantes y Saavedra, Miguel de, máxima figura de las letras españolas (1547–1616), autor de Don Quijote
[17] Lope de Vega, poeta y dramaturgo español (1562–1635), creador del teatro nacional
[18] también «ruc». Ave fabulosa muy grande que cazaba elefantes para alimentar a sus hijos.
[19] caballo con alas en la mitología griega. Es el símbolo de la inspiración poética porque supone al poeta volando por el espacio.
[20] Véase nota 4.
[21] ocaso: atardecer al acaso: al azar, por accidente, casualidad, suceso imprevisto

Exóticas, 1935

Villanela[1]

No me pidas una flor,
que en el jardín y el vergel
eres tú la flor mejor

A mí —tu firme cantor—
pídeme laude y rondel;
no me pidas una flor.

Por tu aroma y tu color,
venciendo a rosa y clavel,
eres tú la mejor flor.

Diosa, pídeme el loor;
reina, pídeme el dosel;[2]
no me pidas una flor.
Para dar sabor y olor
a los panales de miel,
eres tú la flor mejor.
Pídeme siempre el amor
y la constancia más fiel;
no me pidas una flor:
eres tú la flor mejor.

Baladas peruanas, 1911

El mitayo[3]

—Hijo, parto: la mañana
reverbera[4] en el volcán;
dame el báculo de chonta,[5]
las sandalias de jaguar.
—Padre, tienes las sandalias,
tienes el báculo ya;
mas ¿por qué me ves y lloras?
¿A qué regiones te vas?
—La injusta ley de los Blancos
me arrebata del hogar;
voy al trabajo y al hambre,
voy a la mina fatal.
—Tú que partes hoy en día,
dime ¿cuándo volverás?
—Cuando el llama de las punas
ame el desierto arenal.

—¿Cuándo el llama de las punas
las arenas amará?
—Cuando el tigre de los bosques
beba en las aguas del mar.
—¿Cuándo el tigre de los bosques
en los mares beberá?
—Cuando del huevo del cóndor
nazca la sierpe mortal.
—¿Cuándo del huevo del cóndor
una sierpe nacerá?
—Cuando el pecho de los Blancos
se conmueva de piedad.
—¿Cuándo el pecho de los Blancos
piadoso y tierno será?
—Hijo, el pecho de los Blancos
no se conmueve jamás.

---

[1] forma del rondel francés. Véase nota 4.
[2] canopia, pabellón, palio
[3] mitayo es el indio sometido a la mita. Era éste una forma de trabajo forzoso, aunque pagado, en las fábricas, obras públicas, minas, plantaciones a que estaban obligados los indios bajo el imperio Inca y la dominación española.

También impuesto que pagaban con trabajo. Este famoso poema expresa una de las grandes preocupaciones de González Prada: la defensa del indígena
[4] refleja
[5] bastón, palo o vara hecha de madera de palma dura

Salvador Díaz Mirón

MÉXICO, 1870-1919

Este gran poeta nació en Veracruz, México, donde se radicó su padre, militar de carrera y también excelente poeta y escritor. Díaz Mirón abrazó pronto el periodismo y la política, dando muestras de un temperamento vehemente, apasionado y violento. Dirigió varios periódicos y ocupó bancas en el Congreso nacional en diferentes ocasiones. En 1892 mató a un político —Federico Wólter— en legítima defensa, pero pasó cuatro años en prisión antes de ser declarado inocente. La cárcel afectó mucho, tanto su carrera política como su estilo literario. Se puso de parte del usurpador Huerta y atacó duramente a la Revolución mexicana, por cuyo motivo tuvo que tomar el camino del exilio hasta 1920, en que el Presidente Carranza le permitió regresar. En los últimos años de su vida fue profesor de historia y literatura, se recogió en sí mismo —como cansado de tantos afanes y luchas— pero conservando una actitud aislada y altiva.

Se distinguen tres momentos en la poesía de Díaz Mirón. En la primera época (1876–1891) representado por su libro *Poesías* (1886) escribe todavía bajo la influencia de los autores españoles y de románticos como Víctor Hugo y Lord Byron, sobre todo el primero. Sobresale entonces por la virilidad, fogosidad, energía, fuerza y grandilocuencia de los versos, no exento de vigor descriptivo. Bajo la influencia de Hugo muestra una apasionada defensa de su patria, de los humildes, de la justicia social y odio a lo ruin, lo falso, lo innoble y lo bajo. Estos versos le ganaron una enorme popularidad en todo el mundo hispánico. Es poesía llena de bravura, de emoción, de versos vibrantes y retumbantes, manjar preciado de los recitadores.

La segunda época (1892–1901), a la cual pertenece su segundo libro de poemas, *Lascas* (1901) marca un camino distinto a su poesía. Muestra en ese momento mucho talento para trasladar al verso el mundo exterior, evolucionando hacia una especie de realismo no exento de tonos naturalistas confesados por él mismo. Sostiene entonces una lucha gallarda y tenaz para dominar la forma y producir versos perfectos. Escoge las palabras con gran cuidado, evita la repetición de la misma vocal; rehuye la rima de adjetivos con otros y de verbos; y cuida de que no haya repeticiones de palabras. Aquí están muchos de sus mejores poemas. Aunque conserva la bravura y el brío de las primeras composiciones, se nota ahora un anhelo de perfección, de más exactitud expresiva. El tono vibrante aparece mitigado por el pulimento del verso. Como en el libro anterior, Díaz Mirón sabe ser a veces enérgico, sentimental y apasionado, y justiciero, otras.

Su producción posterior no es abundante, pero bien puede hablarse de una tercera época (1902–1928): momento de *Astillas y triunfos*, (1925), en que su execeso de perfección, de renovación técnica, y de purificar su poesía, lo lleva al momento de más hermetismo. Aunque estos versos no gozan del favor popular de su primera etapa y no parecen tan naturales y espontáneos, resultaron junto a los de *Lascas*, los de más influencia en el Modernismo posterior, por las imágenes, las innovaciones técnicas audaces y la novedad de las estructuras. Emplea siempre un vocabulario muy rico y apropiado, acudiendo a menudo a palabras de uso no muy frecuente. Con razón ha escrito Homero Castillo: «Determinado a buscar la realización de renovados anhelos de perfeccionamiento, el poeta a menudo la halla a su manera y con personalidad propia, si no admirable. Quizás su fuerte voluntad le enajene amigos zalameros, le aleje lectores superficiales y le reste el culto que se le quisiera rendir. El mundo diaz-mironiano con sus encontradas concepciones, por otra parte, revela la presencia de una nueva y clara meta estética que necesariamente debe originar juicios divergentes y variables estados de ánimo en los lectores».*

FUENTE: *Poesías completas*, 5a. edición, México, Porrúa, 1966. Edición y prólogo de Antonio Castro Leal.

Poesías

1886

A Gloria[1]

¡No intentes convencerme de torpeza[2]
con los delirios de tu mente loca!
Mi razón es al par[3] luz y firmeza,
firmeza y luz como el cristal de roca.

Semejante al nocturno peregrino,
mi esperanza inmortal no mira al suelo;
no viendo más que sombra en mi camino,
sólo contempla el esplendor del cielo.

¡Vanas son las imágenes que entraña[4]
tu espíritu infantil, santuario oscuro!
Tu numen,[5] como el oro en la montaña,
es virginal, y por lo mismo, impuro.

A través de este vórtice que crispa,
y ávido de brillar, vuelo o me arrastro,[6]
oruga[7] enamorada de una chispa,[8]
o águila seducida por un astro.

Inútil es que con tenaz murmullo
exageres el lance[9] en que me enredo:
yo soy altivo, y el que alienta orgullo
lleva un broquel[10] impenetrable al miedo.

Fiado[11] en el instinto que me empuja,
desprecio los peligros que señalas.
El ave canta aunque la rama cruja
como que sabe lo que son sus alas.

---

* *Antología de poetas modernistas hispanoamericanos,* Waltham, Massachusetts, Blaisdell, 1966, Págs 29-30.
[1] Quizás el poema más conocido del autor. Está escrito en serventesios (estrofa de cuatro versos endecasílabos con rima *abab*). Los dos versos finales de cada estrofa han gozado de una extraordinaria fama y difusión en el Mundo Hispánico.
[2] ineptitud, inhabilidad
[3] igualmente
[4] oculta en lo más íntimo
[5] inspiración
[6] me muevo con el cuerpo pegado al suelo
[7] larva (punto de origen) de los insectos
[8] partícula encendida que salta de una luz o metal muy caliente
[9] circunstancia, ocasión
[10] defensa o amparo; escudo pequeño
[11] confiando

Erguido bajo el golpe en la porfía,[12]
me siento superior a la victoria.
Tengo fe en mí: la adversidad podría
quitarme el triunfo, pero no la gloria.

¡Deja que me persigan los abyectos!
¡Quiero atraer la envidia, aunque me abrume![13]
La flor en que se posan los insectos
es rica de matiz y de perfume.

El mal es el teatro, en cuyo foro[14]
la virtud, esa trágica, descuella;
es la sibila de palabra de oro;
la sombra que hace resaltar[15] la estrella.

¡Alumbrar es arder! ¡Estro[16] encendido
será el fuego voraz que me consuma!
La perla brota del molusco herido
y Venus[17] nace de la amarga espuma.

Los claros timbres de que estoy ufano[18]
han de salir de la calumnia ilesos.[19]
Hay plumajes que cruzan el pantano
y no se manchan . . . ¡Mi plumaje es de ésos!

¡Fuerza es que sufra mi pasión! La palma
crece en la orilla que el oleaje azota.[20]
El mérito es el náufrago del alma:
vivo se hunde; pero muerto, flota.

Depón el ceño[21] y que tu voz me arrulle.
Consuela el corazón del que te ama.
Dios dijo al agua del torrente: ¡Bulle![22]
Y al lirio de la margen: ¡Embalsama!

¡Confórmate, mujer!—Hemos venido
a este valle de lágrimas que abate,[23]
tú, como la paloma, para el nido,
y yo, como el león, para el combate.

A las cosas sin alma[24]

Cosas sin alma que os mostráis a ella
y la servís en muchedumbre tanta
¡temblad! La móvil hora no adelanta
sin imprimiros destructora huella.[25]

De la materia resistente y bella
tomad lo que más dura y más encanta;
si sois piedra, sed mármol; si sois planta,
sed laurel; si sois llama, sed estrella.

Mas no esperéis la eternidad. El lodo
se disuelve en la onda que lo crea.
Dios y la idea, por distinto modo,

pueden sólo flotar en la marea
del objeto y del ser. Dios sobre todo,
y sobre todo lo demás, la idea.

---

[12] lucha, competencia, discusión
[13] oprima, agobie, cause gran molestia
[14] fondo del escenario
[15] sobresalir, proyectarse
[16] inspiración
[17] diosa latina que simboliza la belleza; equivale a la *Afrodita* griega
[18] las limpias acciones (gloriosas, nobles) de que estoy orgulloso, satisfecho
[19] indemnes, intocados, sin heridas o golpes
[20] pega, da golpes
[21] deja de estar enojada o disgustada
[22] hierve, agítate
[23] deprime, derriva
[24] Soneto endecasílabo de corte clásico. Su tema parece ser que todo es transitorio y que lo único eterno son Dios y la idea.
[25] El paso del tiempo significa siempre destrucción.

Lascas

Música fúnebre[1]

Mi corazón percibe, sueña y presume.
Y como envuelta en oro tejido en gasa,
la tristeza de Verdi[2] suspira y pasa
en la cadencia fina como un perfume.

Un frío de alta zona hiela y entume;[3]
y luz de sol poniente colora y rasa;
y fe de gloria empírea pugna y fracasa,
como en ensayos torpes un ala implume.

El sublime concierto llena la casa;
y en medio de la sorda y estulta[4] masa,
mi corazón percibe, sueña y presume.

Y como envuelta en oro tejido en gasa,
la tristeza de Verdi suspira y pasa
en la cadencia fina como un perfume.

Vigilia y sueño[5]

La moza lucha con el mancebo[6]
—su prometido y hermoso efebo[7]
y vence a costa de un traje nuevo.

Y huye sin mancha ni deterioro
en la pureza y en el decoro,[8]
y es un gran lirio de nieve y oro.

Y entre la sombra solemne y bruna,[9]
yerra en el mate jardín, cual una
visión compuesta de aroma y luna.

Y gana el cuarto,[10] y ante un espejo,
y con orgullo de amargo dejo,[11]
cambia sonrisas con un reflejo.

Y echa cerrojos,[12] y se desnuda,
y al catre[13] asciende blanca y velluda,
y aun desvestida se quema y suda.

Y a mal pabilo,[14] tras corto ruego,
sopla y apaga la flor de fuego,
y a la negrura pide sosiego.[15]

Y duerme a poco.[16] Y en un espanto,[17]
y en una lumbre, y en un encanto,
forja un suceso digno de un canto.

¡Sueña que yace sujeta y sola
en un celaje que se arrebola,[18]
y que un querube llega y la viola![19]

---

[1] Soneto endecasílabo, cuyo último terceto repite los tres últimos versos del primer cuarteto. Tiene refinamiento y preciosismo. El vocabulario, como en casi todos los poemas de Díaz Mirón, es muy rico y muchas palabras no son de uso frecuente.
[2] Verdi, Giuseppe: compositor italiano (1813–1901), autor de famosas óperas
[3] barbarismo por entumece. El poeta defendía la forma usada por él. Algo que impide, dificulta el movimiento de las manos
[4] tonta, estúpida, necia
[5] Tercetos monorrimos de versos decasílabos divididos en dos hemistiquios de cinco cada uno.
[6] adolescente, mozo joven
[7] adolescente, mancebo
[8] honor, honestidad, decencia
[9] de color negro u oscuro
[10] llega a su habitación
[11] sentimiento que queda después de hecha una cosa
[12] cierra bien con llaves
[13] cama pobre, generalmente de tela gruesa para una persona
[14] mecha de una vela
[15] quietud, calma, tranquilidad
[16] se queda dormida poco después
[17] terror, temor, pánico
[18] nubecillas que se vuelven rojas
[19] querube: ángel; viola: abusa de ella, la posee sexualmente por la fuerza

Ejemplo[20]

En la rama el expuesto cadáver se pudría,
como un horrible fruto colgante junto al tallo,[21]
rindiendo testimonio de inverosímil fallo[22]
y con ritmo de péndola oscilando en la vía.

La desnudez impúdica,[23] la lengua que salía,
y alto mechón en forma de una cresta[24] de gallo,
dábanle aspecto bufo; y al pie de mi caballo
un grupo de arrapiezos[25] holgábase y reía.

Y el fúnebre despojo,[26] con la cabeza gacha,[27]
escandaloso y túmido[28] en el verde patíbulo,[29]
desparramaba hedores en brisa como racha,

mecido con solemnes compases de turíbulo.[30]
Y el Sol iba en ascenso por un azul sin tacha[31]
y el campo era figura de una canción de Tíbulo.[32]

El fantasma[33]

Blancas y finas, y en el manto apenas
visibles, y con aire de azucenas,
las manos, que no rompen mis cadenas.

Azules y con oro enarenados,[34]
como las noches limpias de nublados,
los ojos, que contemplan mis pecados.

Como albo[35] pecho de paloma el cuello;
y como crin de sol barba y cabello;
y como plata el pie descalzo y bello.

Dulce y triste la faz;[36] la veste zarca[37] . . .
Así, del mal sobre la inmensa charca,
Jesús vino a mi unción, como a la barca.

Y abrillantó a mi espíritu la cumbre
con fugaz[38] cuanto rica certidumbre,
como con tintas de refleja lumbre.[39]

Y suele retornar; y me reintegra
la fe que salva y la ilusión que alegra;
y un relámpago enciende mi alma negra.

---

[20] Soneto alejandrino; versos de catorce sílabas (siete y siete). Obsérvese el uso de esdrújulos y de palabras poco frecuentes
[21] tronco
[22] sentencia
[23] inmoral, indecente, deshonesta
[24] carnosidad que tienen en la cabeza algunas aves, como el gallo
[25] personas pobres, humildes; también personas de poca edad
[26] deshecho. Lo que queda después de la muerte o la destrucción
[27] baja
[28] hinchado, inflado
[29] plataforma de ejecuciones
[30] incensario
[31] Imagen muy bella: el sol marchaba por un cielo limpio, puro. Contraste entre la belleza y serenidad de la naturaleza y el hecho sangriento, quizás recuerdo de la violenta historia mexicana.
[32] Tíbulo, Aulo Albio, poeta italiano (¿50-18? a.C.), autor de Elegías, delicadas y sentimentales
[33] Uno de los mejores poemas de Díaz Mirón. Tercetos monorrimos de versos endecasílabos. Todos los versos son llanos (la última palabra lleva el acento en la sílaba anterior a la última).
[34] cubiertos de arena
[35] blanco
[36] cara, rostro
[37] vestido azul claro
[38] transitoria, que desaparece rápidamente
[39] luz

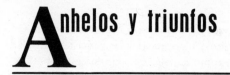
Anhelos y triunfos

Anhelo

No ha de venir de mi existencia al fondo
la dulce luz con que mi ensueño esmalto,[1]
pues, perla o sol lo que en mi anhelo escondo,
si he de pedirlo al cielo, está muy alto;
si he de pedirlo al mar, está muy hondo.

Los peregrinos

Ambos juntos recorren la campiña serena
y van por el camino conducente a Emaús.[2]
Encórvanse[3] agobiados por una misma pena:
el desastre del Gólgota,[4] la muerte de Jesús.

El soplo[5] de la tarde perfuma y acaricia;
y aquellos transeúntes hablan de la Pasión.
Y en cada tosco pecho, desnudo de malicia
se ve saltar la túnica, latir el corazón.

A los cautos discípulos la fe insegura enoja,
y los míseros dudan, como Pedro[6] en el mar.
Ocurre que aun los buenos olvidan de congoja[7]
que la virtud estriba[8] en creer y esperar.

Cadena de montículos, cuadros de sembradura,
y sangrando en la hierba la lis y el ababol;[9]
y entre filas de sauces de pródiga verdura,
la vía que serpea,[10] encharcada de sol.

---

[1] adorno con colores brillantes
[2] Emaús: aldea de Judea cerca de Jerusalén donde tuvo lugar la primera aparición de Cristo a sus discípulos después de la Resurrección. Versos alejandrinos (siete y siete); los pares son agudos. Nótese el cambio de rima en las dos últimas estrofas.
[3] inclínanse (se inclinan)
[4] o Calvario: colina cerca de Jerusalén, donde fue crucificado Jesucristo

[5] viento, brisa
[6] San Pedro (año X a. C.), el primero de los Apóstoles y de los Papas, según la tradición católica
[7] angustia
[8] consiste en
[9] lis: o flor de lis, es una especie de lirio; ababol: es la flor llamada amapola
[10] el camino tiene curvas, va como una serpiente

La pareja trasuda, compungida y huraña,[11]
en la impúdica gloria de tan pérfido abril;
y el susurro que suena en las hojas, amaña
siseos[12] cual de turba[13] profanadora y vil.

Los pobres compañeros se rinden al que-
                                        branto,[14]
y de súbito miran a su lado al Señor . . .
Pero los ojos, turbios al arbitrio del Santo
¡se confunde, no aciertan a pesar del amor!

El Maestro, venido en sazón[15] oportuna,
acrimina y exhorta, más dulce que crüel;
y enseñando cautiva; ¡pues en la voz aduna[16]
armonía y fragancia y resplandor y miel!

Y pregunta y responde a la gente sencilla . . .
Marca rizos al viento y razona la Cruz.
¡El pie bulle y se torna; y la planta le brilla,
como al remo la pala, que surgida es de luz!

Los andantes arriban al villorrio indolente,[17]
que salubre y bucólico huele a mística paz;
y las mozas que acuden al pretil[18] de la fuente,
los acogen con risas de indiscreto solaz.

Y los tres se introducen en humilde casona . . .
Y en rústica mesa, la Sagrada Persona
parte, bendice y gusta la caliente borona[19]
y disípase,[20] luego, como el humo fugaz.

NICARAGUA, 1867-1916

El líder indiscutible del Modernismo es Rubén Darío, cuyo verdadero nombre era Félix Rubén García Sarmiento. Nació en Metapa, Nicaragua, pero fue un viajero incansable, de manera que vivió en distintos lugares de Centroamérica, Chile, Buenos Aires, Madrid, París, Mallorca, Barcelona. El constante peregrinar que fue su vida lo llevó a casi todos los países de América y de Europa. Este hecho fue esencial en el cosmopolitismo y universalidad que alcanza su obra, especialmente la del poeta. Su precocidad poética se desmuestra en el hecho de que antes de los trece años ya componía versos, llegando a ser llamado «el niño-poeta». A esa temprana edad ya tenía un renómbre nacional no sólo en su patria, sino en toda la América Central. Aunque nacido en un medio muy modesto, Darío vino dotado de una extraordinaria sensibilidad y delicadeza de espíritu, a más de un genio extraordinario para la poesía. El mismo

---

[11] *trasuda*: suda ligeramente; *compungida*: afligida, triste; *huraña*: insociable, arisca
[12] sugiere, imita, falsea llamadas
[13] populacho, muchedumbre
[14] quedan vencidos por la pérdida de fuerzas
[15] época, momento

[16] junta, reúne
[17] pequeño pueblo rural
[18] borde, orilla
[19] pan de maíz
[20] desaparece, se desvanece

ha dicho que tenía cara de indio pero manos de marqués. Como muchos otros modernistas sensibles, en vez de aclimatarse al medio por lo general provinciano, pobre y mediocre, trató de situarse por encima de él, de aquí esa actitud de evasión, de cosmopolitismo y de reacción contra la realidad que encontramos en su poesía.

La obra de Darío comprende poesía y prosa. Al salir de su patria rumbo a Chile dejó publicado su primer libro, *Epístolas y poemas. Primeras notas* (1885), con marcadas influencias españolas. Ya en Chile, publicó *Abrojos* (1887) con la huella de Campoamor en su realismo, ironía y humorismo. De ese mismo año son sus *Rimas* (1887) en las que sigue a Bécquer muy de cerca. En Chile había tenido oportunidad de leer ampliamente a los autores franceses, de manera que su primer libro importante, *Azul* (1888) presenta un ambiente totalmente parisiense, aunque el poeta nunca había estado en Francia. Este libro lo dio a conocer en España a través de la crítica favorable de Juan Valera. En 1896 y siendo Cónsul de Colombia en Buenos Aires dio a la publicidad el primer libro realmente importante del Modernismo: *Prosas profanas* (1896) bajo la influencia de los parnasianos y algo menos de los simbolistas. No hay acento americano, pero sí gran preciosismo y aristocratismo de la expresión. Es poesía de evasión hacia el París galante y versallesco del siglo XVIII y Grecia. Pero el libro tiene también sus momentos de gran trascendencia metafísica.

En Madrid publicó Darío su libro de versos más importante, *Cantos de vida y esperanza* (1905), que significa un cambio total de actitud. Sin abandonar el señorío y elegancia de la expresión, el poeta se muestra ahora más profundo y trascendente. El libro contiene sus poemas más famosos y universales. Es bueno señalar que en Darío el momento preciosista y el trascendente no se suceden cronológicamente, sino que se producen simultáneamente a través de toda su obra. En *Prosas profanas*, aunque prevalece el esteticismo, hay muestras del segundo. En *Cantos de vida y esperanza* y en los libros posteriores, expresivos de su gran inquietud metafísica, se observa el mismo cuidado y elegancia de la expresión poética de toda su obra. Dos años después publicó *El canto errante* (1907) apropiado nombre para el sesgo andante que había tomado su vida. El cambio que ya hemos visto en Darío se sigue manifestando y hay ahora como una identificación entre su propia angustia y los sentimientos de todos los hombres. Es otro de los libros claves de la madurez del gran poeta. Ampliando temas ya tratados en otros libros, Darío escribió *Poema del otoño y otros poemas* (1910). Es poesía otoñal, reflexiva, en que el poeta pide a los hombres meditar sobre todo lo que han dejado pasar y recuerda los dones más preciados de la vida: el amor, los buenos momentos ya idos para siempre. Darío fue un excelente poeta civil como lo demuestran *Canto épico a las glorias de Chile* (1887) y *Canto a la Argentina y otros poemas* (1914). En este último libro están dos de sus poemas líricos más famosos: «Los motivos del lobo» y «La Rosa Niña».

Este rápido estudio de Rubén Darío quedaría incompleto si no dedicásemos unos párrafos a su labor como prosista. Aunque elegante y trabajada con esmero, su prosa no es preciosista. Gracias a la influencia de Martí y de los autores franceses se caracteriza por su claridad, diafanidad, por la soltura y fluidez de los períodos, así como por el jugo y riqueza de las ideas. La prosa de Darío merece mucha más atención de la que se le ha prestado hasta ahora. Escribió excelentes cuentos donde se nota la influencia francesa y el anhelo de crear atmósferas raras y escenarios exóticos; en la crítica literaria, aunque benevolente como Cervantes, tiene aciertos interpretativos como en las páginas dedicadas a Martí después de su muerte. También es un maestro de la «crónica», así como de los bocetos y semblanzas de escritores. Entre las primeras descuellan *España contemporánea* (1901), *Peregrinaciones* (1901) y *La caravana pasa* (1903), casi todos compuestos con artículos enviados a *La Nación* de Buenos Aires. Entre los segundos sobresale *Los raros* (1896) en que estudia a los escritores que más admiraba en esa época. A estos libros deben unirse los de carácter biográfico, muy importantes para conocer aspectos e interioridades del escritor y los cientos de artículos publicados en periódicos y revistas.

Haciendo un balance rapidísimo de Darío hay que decir que su puesto está entre los grandes innovadores de la literatura en lengua española. Como poeta jugó un papel transformador semejante al de Boscán y Garcilaso en el Renacimiento y Góngora y Quevedo en el barroco. Con él se inicia la poesía moderna española, porque en sus linfas bebieron Antonio Machado, Juan Ramón Jiménez y otros grandes bardos, verdaderos «padres» de la poesía contemporánea en español.

FUENTES: *Obras completas*, 5 vols., Madrid, Afrodisio Aguado, 1950–1955; *Poesías completas*, 9a. edición Madrid, Aguilar, 1961. Ordenación e introducción de Alfonso Méndez Plancarte.—*Cuentos*, Buenos Aires, Espasa-Calpe (Colección Austral), 1965.

brojos[1]

1887

VI

Puso el poeta en sus versos
todas las perlas del mar,
todo el oro de las minas,
todo el marfil oriental;
los diamantes de Golconda,[2]
los tesoros de Bagdad,[3]

los joyeles y preseas[4]
de los cofres de un Nabb.[5]
Pero como no tenía
por hacer versos ni un pan,
al acabar de escribirlos
murió de necesidad.

---

[1] Este libro, publicado en Santiago de Chile, está compuesto de 58 «abrojos». La palabra significa planta espinosa, peña afilada sobresaliendo de las aguas y por extensión: penas, dolores. En ellos se advierte la influencia del poeta Ramón de Campoamor (1817–1901) en el realismo irónico y el humorismo, y la de Joaquín María Bartrina (1850–1880) en cierta nota escéptica y amarga. Junto a esto hallamos siempre ternura, ideas profundas, simpatía por el humilde y sátira social poco disimulada. El abrojo VI está escrito en octosílabos con rima asonante en los versos pares, que son siempre agudos.

[2] antigua ciudad y reino de la India, famosa por sus riquezas, sobre todo en piedras preciosas

[3] ciudad situada junto al río Tigris, antigua capital de un califato y hoy de Irak. Tenía grandes negocios y fábricas de paños, cuchillos, joyas, sedas y demás tejidos finos.

[4] *joyeles*: joyas, alhajas, gemas pequeñas; *preseas*: joyas o artículos preciosos

[5] o Hag: posible alusión a un río de la India que desemboca en el Golfo de Omán, rico en perlas

Azul

Primaveral[1]

Mes de rosas. Van mis rimas
en ronda,[2] a la vasta selva,
a recoger miel y aromas
en las flores entreabiertas.
Amada, ven. El gran bosque
es nuestro templo; allí ondea[3]
y flota un santo perfume
de amor. El pájaro vuela
de un árbol a otro y saluda
tu frente rosada y bella
como a un alba; y las encinas
robustas, altas, soberbias,
cuando tú pasas agitan
sus hojas verdes y trémulas,
y enarcan[4] sus ramas como
para que pase una reina.
¡Oh, amada mía! Es el dulce
tiempo de la primavera.
Mira en tus ojos los míos;
da al viento la cabellera,
y que bañe el sol ese oro
de luz salvaje y espléndida.
Dame que aprieten mis manos
las tuyas de rosa y seda,
y ríe, y muestren tus labios
su púrpura húmeda y fresca.
Yo voy a decirte rimas,
tú vas a escuchar risueña;
si acaso algún ruiseñor
viniese a posarse[5] cerca
y a contar alguna historia
de ninfas, rosas o estrellas,
tú no oirás notas ni trinos,
sino, enamorada y regia,

escucharás mis canciones
fija en mis labios que tiemblan.
¡Oh, amada mía! Es el dulce
tiempo de la primavera.

Allá hay una clara fuente
que brota de una caverna,[6]
donde se bañan desnudas
las blancas ninfas que juegan.
Ríen al son de la espuma,
hienden la linfa serena;
entre polvo cristalino
esponjan sus cabelleras;
y saben himnos de amores
en hermosa lengua griega,
que en glorioso tiempo antiguo
Pan[7] inventó en las florestas.
Amada, pondré en mis rimas
la palabra más soberbia
de las frases, de los versos,
de los himnos de esa lengua;
y te diré esa palabra
empapada en miel hiblea . . .[8]
¡Oh, amada mía! Es el dulce
tiempo de la primavera.

Van en sus grupos vibrantes
revolando las abejas
como un áureo torbellino[9]
que la blanca luz alegra;
y sobre el agua sonora
pasan radiantes, ligeras,
con sus alas cristalinas
las irisadas libélulas.

---

[1] En *Azul* —compuesto de verso y prosa— Darío incluye cuatro poemas describiendo el amor en las distintas estaciones del año. Este es el referente a la primavera. Está escrito en forma de romance octosílabo conservando la misma rima asonante (sólo son iguales las vocales a partir de la sílaba acentuada) a través de toda la composición.
[2] caminando en grupo, especialmente por la noche
[3] flota, ondula
[4] arquean, forman arcos
[5] descansar, reposar
[6] cueva
[7] En la mitología griega, dios pastoril y de la naturaleza con cuerpo de hombre y cuernos y piernas de cabra. Mientras acompañaba a Baco, tocaba la flauta para que bailasen las ninfas que perseguía.
[8] de Hibla, lugar de la antigua Sicilia famosa por sus mieles
[9] huracán, viento muy fuerte de color oro

Oye: canta la cigarra[10]
porque ama al sol, que en la selva
su polvo de oro tamiza,[11]
entre las hojas espesas.
Su aliento nos da en un soplo
fecundo la madre tierra,
con el alma de los cálices
y el aroma de las hierbas.
    ¿Ves aquel nido? Hay un ave.
Son dos: el macho y la hembra.
Ella tiene el buche blanco,
él tiene las plumas negras.
En la garganta el gorjeo,
las alas blancas y trémulas;
y los picos que se chocan
como labios que se besan.
El nido es cántico. El ave
incuba[12] el trino, ¡oh, poetas!
de la lira universal,
el ave pulsa una cuerda.
Bendito el calor sagrado
que hizo reventar las yemas.
¡Oh, amada mía! Es el dulce
tiempo de la primavera.

    Mi dulce musa Delicia
me trajo un ánfora griega
cincelada en alabastro,
de vino de Naxos[13] llena;
y una hermosa copa de oro,
la base henchida de perlas,
para que bebiese el vino
que es propicio a los poetas.
En el ánfora está Diana,[14]
real, orgullosa y esbelta,
con su desnudez divina
y en su actitud cinegética.
Y en la copa luminosa
está Venus Citerea[15]
tendida cerca de Adonis[16]
que sus caricias desdeña.
No quiero el vino de Naxos
ni el ánfora de asas bellas,
ni la copa donde Cipria[17]
al gallardo Adonis ruega.
Quiero beber el amor
sólo en tu boca bermeja.
¡Oh, amada mía! Es el dulce
tiempo de la primavera.

Caupolicán[18]

    Es algo formidable que vio la vieja raza;
robusto[19] tronco de árbol al hombro de un campeón
salvaje y aguerrido, cuya fornida maza[20]
blandiera el brazo de Hércules,[21] o el brazo de Sansón.[22]

    Por casco sus cabellos, su pecho por coraza,
pudiera tal guerrero, de Arauco,[23] en la región,
lancero de los bosques, Nemrod[24] que todo caza,
desjarretar[25] un toro, o estrangular un león.

---

[10] insecto de color verde amarillento que produce un ruido estridente y monótono
[11] pasa por el tamiz, cierne, cuela
[12] empollar huevos
[13] isla griega, la mayor de las llamadas Cícladas. Producía vinos excelentes.
[14] diosa romana, hija de Júpiter y de Latona. Pidió a su padre no casarse nunca y éste la hizo diosa de los bosques y de la caza.
[15] diosa de la belleza y del amor en la mitología latina, equivale a la Afrodita griega
[16] joven de gran belleza amado por Afrodita; es símbolo de la belleza masculina
[17] nombre dado a Venus por vivir en la isla de Chipre. Véase nota 15.
[18] Soneto alejandrino (con versos de catorce sílabas dividido en siete y siete sílabas). Caupolicán (¿?–1558) fue un jefe de los indios araucanos de Chile, elegido por su fuerza y

gran resistencia. Murió ejecutado por los españoles. El poeta español Alonso de Ercilla y Zúñiga (1533–1594) cantó sus hazañas en *La araucana*. Véase Ercilla en el Tomo I de esta antología.
[19] fuerte, vigoroso
[20] fuerte arma antigua (un palo grueso y pesado)
[21] el más célebre héroe de la mitología griega y romana. Sobresalía por su estatura y fuerza extraordinarias
[22] héroe hebreo y personaje bíblico, famoso por su fuerza que residía en su pelo. Perdió su fuerza cuando Dalila le cortó el cabello.
[23] Antigua región de Chile donde vivían los indios araucanos, que resistieron la colonización española y pelearon bravamente contra los conquistadores.
[24] Según la Biblia (*Génesis 10:10*) era rey de Caldea y excelente cazador. Se le tiene como símbolo de imperialismo.
[25] cortar el cuello a un animal; debilitar, dejar sin fuerzas

Anduvo, anduvo, anduvo. Le vio la luz del día,
le vio la tarde pálida, le vio la noche fría,
y siempre el tronco de árbol a cuestas del titán.

«¡El Toqui,[26] el Toqui!», clama la conmovida casta.
Anduvo, anduvo, anduvo, La aurora dijo: «Basta»,
e irguióse la alta frente del gran Caupolicán.

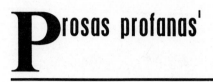
Prosas profanas[1]

1896

Era un aire suave. . . .[2]

Era un aire suave, de pausados giros;
el hada Harmonía ritmaba sus vuelos;
e iban frases vagas y tenues suspiros
entre los sollozos de los violoncelos.

Sobre la terraza junto a los ramajes,
diríase un trémolo de liras eolias[3]
cuando acariciaban los sedosos trajes
sobre el tallo erguidas las blancas magnolias.

La marquesa Eulalia risas y desvíos
daba a un tiempo mismo para dos rivales:
el vizconde rubio de los desafíos
y el abate joven de los madrigales.[4]

Cerca, coronado con hojas de viña,
reía en su máscara Término[5] barbudo,
y, como un efebo[6] que fuese una niña,
mostraba una Diana[7] su mármol desnudo.

Y bajo un boscaje del amor palestra,[8]
sobre rico zócalo al modo de Jonia,[9]
con un candelabro prendido en la diestra[10]
volaba el Mercurio de Juan de Bolonia.[11]

La orquesta perlaba sus mágicas notas;
un coro de sones alados se oía;
galantes pavanas, fugaces gavotas
cantaban los dulces violines de Hungría.[12]

---

[26] caudillo, cacique o jefe de los indios araucanos

[1] Este libro muestra la total asimilación de las corrientes poéticas francesas, sobre todo de los parnasianos, por Darío. Se distingue por su tendencia hacia el esteticismo más puro. Hay innovaciones métricas, extrema preocupación por la forma y refinamiento en el lenguaje. Darío escoge muy bien las palabras, tanto por su belleza como por su sonoridad y sentido musical. Muestra la impersonalidad de la poesía parnasiana en el deseo de representar la belleza plástica, decorativa y sensorial. La fantasía creadora del poeta está a gran altura. El exotismo suplanta la realidad de América, pero el preciosismo no logra ahogar el hondo lirismo de Darío, expresado en varios poemas en que lo esencial es la profundidad de las meditaciones. Al estudiar estos poemas obsérvese la evasión, el cuidado en la selección de las palabras y la preocupación por las imágenes sensoriales.

[2] Poema escrito en versos dodecasílabos (doce sílabas), dividido en dos hemistiquios de seis. Muestra evasión hacia el París versallesco y galante del siglo XVIII —imaginado, no vivido— y objetividad parnasiana en las descripciones. Es poesía intrascendente, en busca sólo de la belleza auditiva y óptica.

[3] *trémolo*: término musical para indicar la repetición rápida de un mismo sonido, especialmente en los instrumentos de cuerda; *lira*: instrumento musical antiguo; *eolia*: de la Eólida, región del Asia Menor antigua; relativo a Eolo, el dios de los vientos, hijo de Zeus y de la ninfa Menalipa

[4] *abate*: sacerdote; también laico que usa ropas eclesiásticas o eclesiástico que ha recibido ordenes menores; *madrigal*: poesía breve amorosa, de tono delicado y fino

[5] dios romano con figura humana que se colocaba en jardines y campos para proteger los límites

[6] adolescente, mozo joven, mancebo

[7] diosa latina de la caza y los bosques

[8] y bajo un lugar en el bosque adecuado para el amor

[9] o Ionia, región de Asia Menor

[10] en la mano derecha

[11] dios de la elocuencia y del comercio y mensajero de los dioses. Juan de Bolonia (Giovanni de Bologna): escultor flamenco (1524-1608), radicado en Florencia; discípulo de Miguel Angel y creador de una estatua del dios Mercurio volando

[12] Nótese el gran preciosismo y el sentido de lo sonoro y musical. *pavanas*: danzas españoles antiguas; *gavotas*: bailes y danzas antiguas, quizás francesas

Al oír las quejas de sus caballeros,
ríe, ríe, ríe la divina Eulalia,
pues son su tesoro las flechas de Eros,[13]
el cinto de Cipria, la rueca de Onfalia.[14]

¡Ay de quien sus mieles y frases recoja!
¡Ay de quien del canto de su amor se fíe!
Con sus ojos lindos y su boca roja,
la divina Eulalia ríe, ríe, ríe.

Tiene azules ojos, es maligna y bella;
cuando mira, vierte viva luz extraña:
se asoma a sus húmedas pupilas de estrella
el alma del rubio cristal de Champaña.[15]

Es noche de fiesta, y el baile de trajes
ostenta su gloria de triunfos mundanos.
La divina Eulalia, vestida de encajes,
una flor destroza con sus tersas manos.

El teclado armónico de su risa fina
a la alegre música de un pájaro iguala,
con los *staccati*[16] de una bailarina
y las locas fugas de una colegiala.[17]

¡Amoroso pájaro que trinos exhala
bajo el ala a veces ocultando el pico;
que desdenes rudos lanza bajo el ala,
bajo el ala aleve del leve[18] abanico!

Cuando a media noche sus notas arranque
y en arpegios áureos gima Filomela,[19]
y el ebúrneo[20] cisne, sobre el quieto estanque,
como blanca góndola imprima su estela,

la marquesa alegre llegará al boscaje,
boscaje que cubre la amable glorieta
donde han de estrecharla los brazos de un paje,
que siendo su paje será su poeta.

Al compás de un canto de artista de Italia
que en la brisa errante la orquesta deslíe,
junto a los rivales, la divina Eulalia,
la divina Eulalia ríe, ríe, ríe.

¿Fue acaso en el tiempo del rey Luis de
                                        Francia,[21]
sol con corte de astros, en campo de azur,
cuando los alcázares llenó de fragancia
la regia y pomposa rosa Pompadour?[22]

¿Fue cuando la bella su falda cogía
con dedos de ninfa, bailando el minué,
y de los compases el ritmo seguía
sobre el tacón rojo, lindo y leve pie?

¿O cuando pastoras de floridos valles
ornaban con cintas sus albos corderos,
y oían, divinas Tirsis[23] de Versalles,[24]
las declaraciones de sus caballeros?

¿Fue en ese buen tiempo de duques pastores,
de amantes princesas y tiernos galanes,
cuando entre sonrisas y perlas y flores
iban las casacas de los chambelanes?

¿Fue acaso en el Norte o en el Mediodía?[25]
Yo el tiempo y el día y el país ignoro,
pero sé que Eulalia ríe todavía,
¡y es crüel[26] y eterna su risa de oro!

---

[13] dios griego del amor
[14] *Cipria*: nombre dado a Venus, diosa latina de la belleza, por vivir en la isla de Chipre; *Onfale*, reina legendaria de Lidia, quien según la mitología hizo a Hércules tejer como mujer por tres años y luego se casó con él.
[15] provincia de Francia; gran productora de champaña y vinos espumosos
[16] del italiano; son sonidos o pasos cortos, diferentes y rápidos producidos por la música o con los golpes de los pies de una bailarina
[17] Nótese nuevamente el sentido musical.
[18] juego con palabras muy delicadas al modo de los conceptistas: *aleve*: traidor, pérfido; *leve*: ligero; *abanico*: objeto para producir fresco

[19] hija de Pandión, rey de Atenas; fue convertida en ruiseñor
[20] muy blanco (como el marfil)
[21] Luis XIV, llamado el rey sol (*roi-soleil*) (1638–1715). Reinó en Francia (1643–1715).
[22] Pompadour, marquesa de (Antoinette Poisson), 1721–1764, favorita de Luis XV (1710–1774); ejerció gran influencia y vino a ser símbolo de la frivolidad
[23] pastora de la «Égloga VII» de Virgilio; nombre muy usado en la literatura bucólica o pastoril
[24] a 23 kilómetros de Paris, palacio de gran belleza construído por Luis XIV
[25] el sur
[26] La diéresis convierte un monosílabo en palabra de dos sílabas.

Sonatina[27]

La princesa está triste . . . ¿Qué tendrá la princesa?
Los suspiros se escapan de su boca de fresa,
que ha perdido la risa, que ha perdido el color.
La princesa está pálida en su silla de oro,
está mudo el teclado de su clave[28] sonoro,
y en un vaso olvidada se desmaya una flor.

El jardín puebla el triunfo de los pavos reales . . .
Parlanchina, la dueña dice cosas banales,
y vestido de rojo piruetea el bufón.
La princesa no ríe, la princesa no siente;
la princesa persigue por el cielo de Oriente
la libélula vaga de una vaga ilusión.

¿Piensa acaso en el príncipe de Golconda[29] o de China,
o en el que ha detenido su carroza argentina[30]
para ver de sus ojos la dulzura de luz,
o en el rey de las islas de las rosas fragantes,
o en el que es soberano de los claros diamantes,
o en el dueño orgulloso de las perlas de Ormuz?[31]

¡Ay! la pobre princesa de la boca de rosa[32]
quiere ser golondrina, quiere ser mariposa,
tener alas ligeras, bajo el cielo volar;
ir al sol por la escala luminosa de un rayo,
saludar a los lirios con los versos de Mayo,
o perderse en el viento sobre el trueno del mar.

Ya no quiere el palacio, ni la rueca de plata,
ni el halcón encantado, ni el bufón escarlata,
ni los cisnes unánimes en el lago de azur.
Y están tristes las flores por la flor de la corte;
los jazmines de Oriente, los nelumbos[33] del Norte,
de Occidente las dalias y las rosas del Sur.

---

[27] Poema escrito en sextinas de alejandrinos (siete y siete) con rima aabccb en que los versos tercero y sexto son siempre agudos. Deja la impresión de un cuento de hadas contado con el más exquisito ritmo y fantasía. Es una de las poesías más sonoras, musicales y rítmicas de la lengua. Hay exotismo, preciosismo y gran señorío de la expresión poética. Obsérvese cómo Darío escoge palabras muy refinadas y el constante uso de esdrújulos (el acento en la sílaba anterior a las dos últimas) por su blandura y suavidad. Gran despliegue de fantasía creadora y de exuberancia verbal.

[28] clavicordio, instrumento musical

[29] antigua ciudad y reino de la India

[30] carroza: coche o carruaje grande de lujo; argentina: con brillo o color de plata

[31] isla situada en el Golfo Pérsico, gran productora de perlas muy valiosas

[32] Nótese el preciosismo y el gran efecto musical de esta estrofa y la siguiente. En ambas estrofas encontramos un leve tono filosófico: todo aburre al ser humano cuando le falta el amor.

[33] o nelumbios; familia de los lotos, de flores amarillas o blancas

¡Pobrecita princesa de los ojos azules!
Está presa en sus oros, está presa en sus tules,
en la jaula de mármol del palacio real;
el palacio soberbio que vigilan los guardas,
que custodian cien negros con sus cien alabardas,[34]
un lebrel[35] que no duerme y un dragón colosal.

¡Oh, quién fuera hipsipila que dejó la crisálida![36]
(La princesa está triste. La princesa está pálida.)
¡Oh visión adorada de oro, rosa y marfil!
¡Quién volara a la tierra donde un príncipe existe
(La princesa está pálida. La princesa está triste.)
más brillante que el alba, más hermoso que Abril!

—Calla, calla, princesa—dice el hada madrina—;[37]
en caballo con alas hacia acá se encamina,
en el cinto la espada y en la mano el azor,[38]
el feliz caballero que te adora sin verte,
y que llega de lejos, vencedor de la Muerte,
a encenderte los labios con su beso de amor.

Margarita[39]

¿Recuerdas que querías ser una Margarita
Gautier?[40] Fijo en mi mente tu extraño rostro está,
cuando cenamos juntos, en la primera cita,
en una noche alegre que nunca volverá.

Tus labios escarlata de púrpura maldita[41]
sorbían el champaña del fino baccarat;
tus dedos deshojaban la blanca margarita,
«Sí . . ., no . . ., sí . . ., no . . .», ¡y sabías que te adoraba ya!

Después, ¡oh flor de Histeria!,[42] llorabas y reías;
tus besos y tus lágrimas tuve en mi boca yo;
tus risas, tus fragancias, tus quejas eran mías.

Y en una tarde triste de los más dulces días,
la Muerte, la celosa, por ver si me querías,
¡como a una margarita de amor te deshojó!

---

[34] armas antiguas; consiste en una viga de hierro que tiene en uno de sus extremos una pica o hacha en forma de media luna
[35] perro
[36] *hipsipila*: mariposa; *crisálida*: estado intermedio entre oruga y mariposa
[37] ser fantástico con poderes mágicos que aparece siempre en los «cuentos de hadas»
[38] ave de rapiña usada antiguamente en las cacerías. Nótese que el poema termina con el optimismo propio de estos cuentos y del Darío de esta época.

[39] Soneto de versos alejandrinos (siete y siete). Darío usa un juego de adolescencia y juventud muy común consistente en pensar o preguntar algo y luego deshojar una flor. Nótese la forma bellísima y original del final del bello soneto.
[40] Gautier, Margarita: heroína de la novela *La dama de las camelias* de Alejandro Dumas, hijo (1824–1895). En esta obra una mujer de vida alegre renuncia al amor de un joven para que éste siga su carrera.
[41] Obsérvese el tono pagano y frívolo.
[42] neurosis

El cisne[43]

Fue en una hora divina para el género humano.
El Cisne antes cantaba sólo para morir.
Cuando se oyó el acento del Cisne wagneriano[44]
fue en medio de una aurora, fue para revivir.

Sobre las tempestades del humano oceano
se oye el canto del Cisne; no se deja de oír,
dominando el martillo del viejo Thor[45] germano
o las trompas que cantan la espada de Argantir.[46]

¡Oh cisne! ¡Oh sacro pájaro! Si antes la blanca Helena[47]
del huevo azul de Leda[48] brotó de gracia llena,
siendo de la Hermosura la princesa inmortal,

bajo tus blancas alas la nueva Poesía[49]
concibe en una gloria de luz y de armonía
la Helena eterna y pura que encarna el ideal.

La Página blanca[50]

Mis ojos miraban en hora de ensueños
la página blanca.

Y vino el desfile de ensueños y sombras.
Y fueron mujeres de rostros de estatua,
mujeres de rostros de estatuas de mármol,
¡tan tristes, tan dulces, tan suaves, tan pálidas!

Y fueron visiones de extraños poemas,
de extraños poemas de besos y lágrimas,
¡de historias que dejan en crueles instantes
las testas viriles[51] cubiertas de canas!

¡Qué cascos de nieve que pone la suerte!
¡Qué arrugas precoces cincela en la cara!
¡Y como se quiere que vayan ligeros
los tardos camellos de la caravana!

Los tardos camellos
—como las figuras en un panorama—,
cual si fuese un desierto de hielo,
atraviesa la página blanca.

---

[43] Soneto alejandrino. Bajo la influencia de los parnasianos, Darío y otros modernistas muestran gran predilección por símbolos de belleza decorativa y exterior, como los cisnes, pavos reales, flor de lis, lotos, etc. Hay más de veinte cisnes en toda la poesía de Darío.

[44] Wagner: Ricardo; compositor y dramaturgo alemán (1813–1883), autor de algunas de las óperas más famosas del mundo

[45] dios de la guerra y el trueno en la mitología nórdica. Con su martillo —que no era más que el trueno— podía vencer a los gigantes. A su hija Thrud se le representa unas veces en forma de nube anunciando el trueno y otras como una gigante de gran fuerza.

[46] héroe y guerrero de las leyendas de Islandia, cuya famosa espada la heredó de su padre como primogénito

[47] o Elena, hija de Zeus y Leda y esposa de Menelao. Al ser raptada la bellísima princesa por París se originó la guerra de Troya.

[48] esposa de Tíndaro, legendario rey de Esparta. Zeus se convirtió en cisne para seducirla y tuvo con ella a Pólux y Elena, dos hijos inmortales.

[49] se refiere a la poesía modernista

[50] Darío es siempre poeta que combina el esteticismo con lo trascendente. Junto a poemas de puro preciosismo, encontramos en Prosas profanas poesías de mucha profundidad como «La página blanca», «Responso a Verlaine», «El reino interior» y «Yo persigo una forma». En este poema Darío combina dodecasílabos (seis y seis) con versos de seis y de cuatro sílabas.

[51] cabezas de hombres de verdad

Éste lleva
una carga
de dolores y angustias antiguas,
angustias de pueblos, dolores de razas;
¡dolores y angustias que sufren los Cristos
que vienen al mundo de víctimas trágicas![52]

Otro lleva
en la espalda
el cofre de ensueños, de perlas y oro,
que conduce la reina de Saba.[53]

Otra lleva
una caja
en que va, dolorosa difunta,[54]
como un muerto lirio, la pobre Esperanza.

Y camina sobre un dromedario
la Pálida,
la vestida de ropas obscuras,
la Reina invencible, la bella inviolada:
la Muerte.

¡Y el hombre,
a quien duras visiones asaltan,
el que encuentra en los astros del cielo
prodigios que abruman y signos que espantan,

mira al dromedario
de la caravana
como el mensajero que la luz conduce,
en el vago desierto que forma
la página blanca!

Yo persigo una forma . . .[55]

Yo persigo una forma que no encuentra mi estilo[56]
botón de pensamiento que busca ser la rosa;
se anuncia con un beso que en mis labios se posa
al abrazo imposible de la Venus de Milo.

Adornan verdes palmas el blanco peristilo;[57]
los astros me han predicho la visión de la Diosa;
y en mi alma reposa[58] la luz, como reposa
el ave de la luna sobre un lago tranquilo.

Y no hallo sino la palabra que huye,[59]
la iniciación melódica que de la flauta fluye
y la barca del sueño que en el espacio boga;

y bajo la ventana de mi Bella— Durmiente,
el sollozo continuo del chorro de la fuente
y el cuello del gran cisne blanco que me interroga.[60]

---

[52] Obsérvese la inquietud de Darío por el dolor y la angustia que sufren todos los hombres, en plano universal.

[53] Saba fue capital de la Arabia Antigua (hoy Yemen). La reina de Saba, célebre por sus riquezas, viajó a Jerusalén para ver al rey Salomón, debido a su sabiduría

[54] muerta

[55] Soneto alejandrino. Los versos de catorce sílabas están divididos en dos hemistiquios.

[56] Casi todos los grandes artistas se han referido a la incapacidad de apresar en el verso todo el mundo imaginativo e íntimo del poeta. Este es el tema de esta poesía.

[57] pórticos; galerías de columnas o atrio con su interior rodeado de columnas

[58] descansa

[59] El poeta no llega a expresar todo lo que desea, se le escapa su mundo poético y sólo le queda el agua de la fuente (lo musical, el sonido) y la figura del cisne (lo visual, decorativo y pictórico). Lo que le queda es, pues, expresión de esta etapa preciosista del Modernismo.

[60] Su imaginación poética le hace ver en el cuello del cisne un signo de interrogación.

Cantos de vida y esperanza[1]

Yo soy aquel...

a José Enrique Rodó

Yo soy aquel que ayer no más decía
el verso azul y la canción profana,[2]
en cuya noche un ruiseñor había
que era alondra de luz por la mañana.

El dueño fui de mi jardín de sueño,
lleno de rosas y de cisnes vagos;
el dueño de las tórtolas, el dueño
de góndolas y liras en los lagos;[3]

y muy siglo diez y ocho y muy antiguo
y muy moderno; audaz, cosmopolita;[4]
con Hugo[5] fuerte y con Verlaine[6] ambiguo,
y una sed de ilusiones infinita.

Yo supe de dolor desde mi infancia,
mi juventud ... ¿fue juventud la mía?
Sus rosas aun me dejan su fragancia ...
—una fragancia de melancolía ...

Potro sin freno se lanzó mi instinto,[7]
mi juventud montó potro sin freno;
iba embriagada y con puñal al cinto;
si no cayó, fue porque Dios es bueno.

En mi jardín se vio una estatua bella;
se juzgó mármol y era carne viva;
un alma joven habitaba en ella,
sentimental, sensible, sensitiva.

Y tímida ante el mundo, de manera
que encerrada en silencio no salía,
sino cuando en la dulce primavera
era la hora de la melodía ...

Hora de ocaso y de discreto beso;
hora crepuscular y de retiro;
hora de madrigal y de embeleso,
de «te adoro», de «ay» y de suspiro.

Y entonces era en la dulzaina[8] un juego
de misteriosas gamas cristalinas,
un renovar de notas de Pan[9] griego,
y un desgranar de músicas latinas,

con aire tal y con ardor tan vivo,
que a la estatua nacían de repente
en el muslo viril patas de chivo
y dos cuernos de sátiro[10] en la frente.

---

[1] De la poesía preciosista y exterior, Darío se vuelve ahora poeta profundo y trascendente en *Cantos de vida y esperanza*, la máxima creación de su genio poético. Ahora canta los efectos del paso del tiempo, la angustia de la juventud ida, el alma atormentada por la lucha entre la carne y el espíritu, el misterio del origen y destino final del hombre, el dolor de vivir, las dudas de su espíritu, el remordimiento. Esos temas eternos del hombre otorgan entonces a su poesía un sentido de universalidad que lo coloca entre los grandes poetas líricos. También muestra mucha preocupación por los problemas de Hispanoamérica, recogiendo el temor que produce la expansión de los Estados Unidos. Este libro contiene los poemas más famosos y profundos del gran poeta.

[2] Poema escrito en serventesios. El segundo verso es una referencia a sus libros *Azul* y *Prosas profanas*. «Yo soy aquel ...» es como una autobiografía poética de Darío.

[3] Aquí menciona algunos de los temas y símbolos de su poesía anterior, sobre todo la de *Prosas profanas*.

[4] Versos muy importantes para conocer los ideales del

Modernismo: se pueden usar metros y formas tradicionales y viejos y ser un buen modernista, porque lo importante es la actitud nueva. «Audaz» se refiere al deseo de novedad y originalidad, al deseo de reforma y renovación; «cosmopolita», al ansia de universalidad como reacción contra el regionalismo de nuestro Realismo.

[5] Hugo, Víctor: gran poeta romántico francés (1802–1885), quien tuvo una gran influencia sobre Darío y muchos modernistas

[6] Verlaine, Paul: poeta simbolista francés (1844–1896), de gran influencia en la poesía mundial e hispanoamericana

[7] Su vida, sin control alguno, estuvo guiada sólo por el instinto

[8] semejante al clarinete; un instrumento musical de viento

[9] dios pastoril griego que tocaba la flauta mientras acompañaba a Baco.

[10] semidiós en la mitología griega, compañero de Baco; tenía el busto de hombre, pero dos orejas puntiagudas, dos cuernos pequeños y patas de cabra

Como la Galatea gongorina
me encantó la marquesa verleniana.[11]
y así juntaba a la pasión divina
una sensual hiperestesia humana;

todo ansia, todo ardor, sensación pura
y vigor natural; y sin falsía,
y sin comedia y sin literatura . . . :
si hay un alma sincera, ésa es la mía.[12]

La torre de marfil[13] tentó mi anhelo;
quise encerrarme dentro de mí mismo,
y tuve hambre de espacio y sed de cielo
desde las sombras de mi propio abismo.

Como la esponja que la sal satura[14]
en el jugo del mar, fue el dulce y tierno
corazón mío, henchido de amargura
por el mundo, la carne y el infierno.[15]

Mas, por gracia de Dios, en mi conciencia
el Bien supo elegir la mejor parte;
y si hubo áspera hiel[16] en mi existencia,
melificó toda acritud[17] el Arte.

Mi intelecto libré de pensar bajo,
bañó el agua castalia[18] el alma mía,
peregrinó mi corazón y trajo
de la sagrada selva[19] la armonía.

¡Oh la selva sagrada! ¡Oh, la profunda
emanación del corazón divino
de la sagrada selva! ¡Oh, la fecunda
fuente cuya virtud vence al destino!

Bosque ideal que lo real complica,
allí el cuerpo arde y vive y Psiquis[20] vuela;
mientras abajo el sátiro fornica,
ebria de azul deslíe Filomela.[21]

Perla de ensueño y música amorosa
en la cúpula en flor del laurel verde,
Hipsipila sutil liba en la rosa,[22]
y la boca del fauno el pezón muerde.[23]

Allí va el dios en celo[24] tras la hembra,
y la caña de Pan[25] se alza del lodo;
la eterna vida sus semillas siembra,
y brota la armonía del gran Todo.

El alma que entra allí debe ir desnuda,
temblando de deseo y fiebre santa,
sobre cardo heridor y espina aguda:
así sueña, así vibra y así canta.

Vida, luz y verdad, tal triple llama
produce la interior llama infinita;[26]
el Arte puro como Cristo exclama:
Ego sum lux et veritas et vita![27]

Y la vida es misterio, la luz ciega
y la verdad inaccesible asombra;[28]
la adusta perfección jamás se entrega,[29]
y el secreto ideal duerme en la sombra.

Por eso ser sincero es ser potente;[30]
de desnuda que está, brilla la estrella;
el agua dice el alma de la fuente
en la voz de cristal que fluye de ella.

---

[11] *Galatea*: ninfa que abandonó a Polifemo por el pastor Acis, a quien el gigante mató con una roca; *gongorina*: referencia a Luis de Góngora y Argote, gran poeta español (1561–1627), cultivador del Culteranismo durante el barroco. Góngora escribió la «Fábula de Polifemo y Galatea». *verleniana*: alusión a Paul Verlaine (véase nota 66). Lo que Darío quiere decir es que tuvo influencias, tanto de los poetas españoles renovadores de la poesía como de los franceses, cosa que es rigurosamente cierta.
[12] defensa de la sinceridad en el arte
[13] Actitud aristocrática y de evasión de muchos modernistas, que quisieron huir de la vida real hacia un mundo de belleza perfecta, creado por su imaginación.
[14] impregna, llena
[15] Darío expresa muy a menudo la lucha entre la carne y el espíritu y un temor religioso a la muerte.
[16] amargura
[17] endulzó todo lo agrio o amargo
[18] según la mitología estaba situada al pie del Parnaso y dedicada a las Musas. Su origen está en la ninfa Castalia, convertida en fuente de aguas con poder profético e inspirador por Apolo. También se le llama Cástalida fuente.

[19] Posible alusión al cuadro «Le Bois sacré» de Puvis de Chavannes y descripción del mismo en las estrofas siguientes. Darío se refiere a la elevación poética hacia regiones que nada tienen que ver con la realidad vulgar y corriente.
[20] el alma, la conciencia, la inteligencia
[21] Filomela (princesa convertida en ruiseñor) deslíe (está muy locuaz y habladora) porque la entusiasman e inspiran el ideal y el ambiente (de la selva sagrada).
[22] Hipsipila (la mariposa) extrae la esencia de la rosa (en este bosque lleno de flores).
[23] Nótese el paganismo de esta estrofa, la precedente y la que sigue.
[24] enamorado, con pasión sexual
[25] Véase nota 69.
[26] ideal artístico de Darío: lograr que el verso refleje la vida, la luz, la verdad
[27] «Yo soy la luz, y la verdad y la vida» (*San Juan 16*: 6)
[28] Nótese la profundidad de esta idea.
[29] Idea ya expuesta en el poema «Yo persigo una forma»
[30] Estrofa muy famosa por su defensa de la sinceridad en el arte: el artista debe expresar todo lo que su alma siente.

Tal fue mi intento, hacer del alma pura
mía, una estrella, una fuente sonora,
con el horror de la literatura
y loco de crepúsculo y de aurora.

Del crepúsculo azul que da la pauta[31]
que los celestes éxtasis inspira,
bruma y tono menor—¡toda la flauta!
y Aurora, hija del Sol—¡toda la lira!

Pasó una piedra que lanzó una honda;
pasó una flecha que aguzó un violento[32]
La piedra de la honda fue a la onda,
y la flecha del odio fuese al viento.

La virtud está en ser tranquilo y fuerte;
con el fuego interior todo se abrasa;
se triunfa del rencor y de la muerte,
y hacia Belén . . . ¡la caravana pasa!

A Roosevelt[33]

¡Es con voz de la Biblia,[34] o verso de Walt Whitman,[35]
que habría que llegar hasta ti, Cazador!
¡Primitivo y moderno, sencillo y complicado,
con un algo de Washington y cuatro de Nemrod![36]

Eres los Estados Unidos,
eres el futuro invasor
de la América ingenua que tiene sangre indígena,
que aún reza a Jesucristo y aún habla en español.

Eres soberbio y fuerte ejemplar de tu raza;
eres culto, eres hábil; te opones a Tolstoy.[37]
Y domando caballos, o asesinando tigres,
eres un Alejandro-Nabucodonosor.[38]
(Eres un profesor de Energía,
como dicen los locos de hoy.)

Crees que la vida es incendio,
que el progreso es erupción;
que en donde pones la bala
el porvenir pones.

No.

---

[31] sirve de modelo, de guía, de norma
[32] Referencia a alguien que atacó fuertemente a Darío en Buenos Aires por su estilo de escribir.
[33] Ejemplo de poesía civil. El poema tiene forma polimétrica, pues Darío combina muy acertadamente versos de 7, 8, 8, 10, 11 y 14 sílabas. El poeta expresa los ideales e inquietudes de los países hispanoamericanos ante el progreso y avance de los Estados Unidos en aquel momento.
[34] Darío la considera como símbolo del protestantismo, religión opuesta al tradicional catolicismo de la América hispana.
[35] poeta norteamericano (1819–1892), de firmes ideales democráticos; muy admirado e influyente en Hispanoamérica
[36] rey de Caldea y excelente cazador, (*Génesis* 10: 10)
[37] Tolstoy, Leo: novelista ruso (1828–1910). De acuerdo con su doctrina del neocristianismo, hay que vivir vidas sencillas, volver al espíritu del primitivo cristianismo y no ofrecer resistencia violenta al mal.
[38] *Alejandro*: general de Macedonia (356–323 a.C.), uno de los grandes guerreros y conquistadores del mundo. *Nabucodonosor*: Rey de Babilonia (605–562 a.C.), también gran conquistador

Los Estados Unidos son potentes y grandes.
Cuando ellos se estremecen hay un hondo temblor
que pasa por las vértebras enormes de los Andes.
Si clamáis, se oye como el rugir del león.
Ya Hugo a Grant[39] lo dijo: «Las estrellas son vuestras.»
(Apenas brilla, alzándose, el argentino sol
y la estrella chilena se levanta . . .) Sois ricos.
Juntáis al culto de Hércules el culto de Mammón;[40]
y alumbrando el camino de la fácil conquista,
la Libertad levanta su antorcha en Nueva York.

Mas la América nuestra, que tenía poetas
desde los viejos tiempos de Netzahualcoyotl,[41]
que ha guardado las huellas de los pies del gran Baco,[42]
que el alfabeto pánico en un tiempo aprendió;
que consultó los astros, que conoció la Atlántida[43]
cuyo nombre nos llega resonando en Platón,[44]
que desde los remotos momentos de su vida
vive de luz, de fuego, de perfume, de amor,
la América del grande Moctezuma, del Inca,[45]
la América fragante de Cristóbal Colón.
la América católica, la América española,
la América en que dijo el noble Guatemoc:[46]
«Yo no estoy en un lecho de rosas»; esa América
que tiembla de huracanes y que vive de amor;
hombres de ojos sajones y alma bárbara, vive.
Y sueña. Y ama, y vibra; y es la hija del Sol.
Tened cuidado. ¡Vive la América española!
Hay mil cachorros sueltos del León español.
Se necesitaría, Roosevelt, ser, por Dios mismo,
el Riflero terrible y el fuerte Cazador,
para poder tenernos en vuestras férreas garras.

Y, pues, contáis con todo, falta una cosa: ¡Dios!

[39] *Hugo, Victor*: véase nota 65; *Grant, Ulysses* S.: general norteamericano (1822–1885) y presidente de la Unión (1868–1876). Cuando visitó Francia en 1887, Víctor Hugo lo atacó en varios artículos. La frase combina alusiones a la bandera y al poderío norteamericano
[40] *Hércules*: por su estatura y fuerza extraordinarias, el héroe más célebre de la mitología griega y romana; *Mammón*: dios de la riqueza en la mitología fenicia
[41] llamado el rey-filósofo; rey mexicano y notable poeta del siglo XV
[42] dios del vino a quien las musas le enseñaron el alfabeto de Pan
[43] continente que los antiguos consideraban situado en el Atlántico, al oeste de Gibraltar. Platón la menciona en dos de sus «Diálogos».
[44] célebre filósofo griego (428–¿348? a. C.), discípulo de Sócrates y maestro de Aristóteles
[45] *Moctezuma* (II): penúltimo emperador azteca (1466–1520). Se sometió a Hernán Cortés y murió herido por sus propios súbditos levantados contra los españoles y enojados por su sumisión a ellos; *el Inca*: referencia al Inca Garcilaso de la Vega, famoso historiador de Indias (1539–1616). Nació en el Perú de madre india y padre español, autor de los *Comentarios reales* (1609–1617)
[46] también llamado Guatimozín o Cuauhtémoc, sobrino de Moctezuma y último emperador de los aztecas como sucesor de éste. Organizó la lucha contra los españoles y al caer prisionero éstos lo torturaron poniéndole fuego en los pies. En esos momentos dijo la frase que transcribe Darío.

Marcha triunfal[47]

¡Ya viene el cortejo![48]
¡Ya viene el cortejo! Ya se oyen los claros clarines.
La espada se anuncia con vivo reflejo;
ya viene, oro y hierro, el cortejo de los paladines.

Ya pasa, debajo los arcos ornados de blancas Minervas y Martes,[49]
los arcos triunfales en donde las Famas erigen sus largas trompetas,
la gloria solemne de los estandartes
llevados por manos robustas de heroicos atletas.
Se escucha el rüido que forman las armas de los caballeros,
los frenos que mascan los fuertes caballos de guerra,
los cascos que hieren la tierra,
y los timbaleros
que el paso acompasan con ritmos marciales.[50]
¡Tal pasan los fieros guerreros
debajo los arcos triunfales!

Los claros clarines de pronto levantan sus sones,
su canto sonoro,
su cálido coro,
que envuelve en un trueno de oro
la augusta soberbia de los pabellones.
El dice la lucha, la herida venganza,
las ásperas crines,
los rudos penachos, la pica, la lanza,
la sangre que riega de heroicos carmines
la tierra;
los negros mastines
que azuza[51] la muerte, que rige la guerra.

Los áureos sonidos
anuncian el advenimiento
triunfal de la Gloria;
dejando el picacho[52] que guarda sus nidos,
tendiendo sus alas enormes al viento,
los cóndores llegan. ¡Llegó la victoria!

Ya pasa el cortejo.
Señala el abuelo los héroes al niño:
—ved cómo la barba del viejo
los bucles[53] de oro circunda de armiño—.[54]

---

[47] Darío escoge las palabras por su efecto musical, rítmico y sonoro. Las sílabas de los versos son siempre múltiplos de tres y usa versos desde tres hasta veinticuatro sílabas. El poema tiene un gran ritmo marcial, típico de estos cantos heroicos

[48] parada en honor de héroes triunfantes

[49] *Minerva o Palas*: diosa de la sabiduría y las artes en la mitología griega; *Marte*: dios de la guerra, hijo de Júpiter y Juno

[50] Nótese el gran efecto musical y onomatopéyico.

[51] incita

[52] parte puntiaguda y más alta de una montaña

[53] rizos mechón del cabello

[54] piel muy blanca y delicada

Las bellas mujeres aprestan coronas de flores,
y bajo los pórticos vense sus rostros de rosa;
y la más hermosa
sonríe al más fiero de los vencedores.
¡Honor al que trae cautiva la extraña bandera;
honor al herido y honor a los fieles
soldados que muerte encontraron por mano extranjera!
¡Clarines! ¡Laureles!

    Las nobles espadas de tiempos gloriosos,
desde sus panoplias saludan las nuevas coronas y lauros:
—las viejas espadas de los granaderos, más fuertes que osos,
hermanos de aquellos lanceros que fueron centauros.[55]

    Las trompas guerreras resuenan;
de voces los aires se llenan . . .
—A aquellas antiguas espadas,
a aquellos ilustres aceros,
que encarnan las glorias pasadas . . .
¡Y al sol que hoy alumbra las nuevas victorias ganadas,
y al héroe que guía su grupo de jóvenes fieros;
al que ama la insignia[56] del suelo paterno,
al que ha desafiado, ceñido el acero y el arma en la mano,
los soles del rojo verano,
las nieves y vientos del gélido invierno,
la noche, la escarcha
y el odio y la muerte, por ser por la patria inmortal,
¡saludan con voces de bronce las trompas de guerra que tocan la marcha triunfal! . . .

Nocturno (I)[57]

    Quiero expresar mi angustia en versos que abolida
dirán mi juventud de rosas y de ensueños,
y la desfloración amarga de mi vida
por un vasto dolor y cuidados pequeños.

    Y el viaje a un vago Oriente por entrevistos barcos,
y el grano de oraciones que floreció en blasfemias,
y los azoramientos[58] del cisne entre los charcos,
y el falso azul nocturno de inquerida bohemia.

    Lejano clavicordio que en silencio y olvido
no diste nunca al sueño la sublime sonata,
huérfano esquife, árbol insigne, oscuro nido
que suavizó la noche de dulzura de plata . . .

---

[55] seres mitológicos; eran mitad hombre, mitad caballo
[56] símbolo, bandera
[57] Darío nunca numeró sus nocturnos, por tanto, esta numeración es nuestra. Los versos son alejandrinos (7 y 7) con rima abab. Los nocturnos están entre los mejores poemas de Darío. En éste llora el paso del tiempo, recuerda momentos e ideales de su vida, canta a la lucha entre el bien y el mal en su espíritu, sus grandes dudas y sus inquietudes sobre el destino del hombre.
[58] sustos, sobresaltos, turbaciones

Esperanza olorosa a hierbas frescas, trino
del ruiseñor primaveral y matinal,
azucena tronchada por un fatal destino,
rebusca de la dicha, persecución del mal . . .

El ánfora funesta del divino veneno
que ha de hacer por la vida la tortura interior,
la conciencia espantable de nuestro humano cieno
y el horror de sentirse pasajero, el horror

de ir a tientas,[59] en intermitentes espantos,
hacia lo inevitable desconocido y la
pesadilla brutal de este dormir de llantos
de la cual no hay más que Ella[60] que nos despertará.

Canción de otoño en primavera[61]

a Martínez Sierra

Juventud, divino tesoro
¡ya te vas para no volver!
Cuando quiero llorar, no lloro . . .
y a veces lloro sin querer . . .

Plural ha sido la celeste
historia de mi corazón.
Era una dulce niña, en este
mundo de duelo y aflicción.

Miraba como el alba pura;
sonreía como una flor.
Era su cabellera obscura
hecha de noche y de dolor.

Yo era tímido como un niño.
Ella, naturalmente fue,
para mi amor hecho de armiño,
Herodías y Salomé . . .[62]

Juventud, divino tesoro,
¡ya te vas para no volver . . . !
Cuando quiero llorar, no lloro,
y a veces lloro sin querer.

La otra fue más sensitiva,
y más consoladora y más
halagadora y expresiva,
cual no pensé encontrar jamás.

Pues a su continua ternura
una pasión violenta unía.
En un peplo[63] de gasa pura
una bacante[64] se envolvía . . .

En sus brazos tomó mi ensueño
y lo arrulló como a un bebé . . .
Y lo mató, triste y pequeño,
falto de luz, falto de fe . . .

---

[59] con dudas
[60] la muerte
[61] Uno de los poemas más famosos y mejor logrados de Darío. Está escrito en versos eneasílabos (9) con rima consonante *abab* en que los versos pares son siempre agudos. Aquí canta con melancolía —a pesar del gesto optimista del último verso— la pérdida de la juventud, de la hermosura y del amor. Es como una historia del corazón apasionado, erótico y amante del poeta. El poema tiene un *leit motiv* formado por los dos primeros versos.

[62] *Herodías*: esposa del Tetrarca Herodes, después de abandonar a su primer esposo. Odiaba a Juan el Bautista porque éste le criticó esa acción *Salomé*: princesa judía, hija de Herodes y Herodías. Después de bailar muy bien delante del Tetrarca, éste le prometió complacerla en cualquier cosa que le pidiera. Entonces ella, presionada por su madre, le pidió la cabeza de Juan el Bautista
[63] túnica sin manga con broche al hombro, usada en Grecia y Roma
[64] sacerdotisa de Baco; por extensión mujer de vida alegre

Juventud, divino tesoro,
¡te fuiste para no volver!⁶⁵
Cuando quiero llorar, no lloro,
y a veces lloro sin querer . . .

Otra juzgó que era mi boca
el estuche⁶⁶ de su pasión
y que me roería, loca,
con sus dientes el corazón,

poniendo en un amor de exceso
la mira de su voluntad,
mientras eran abrazo y beso
síntesis de la eternidad:

y de nuestra carne ligera
imaginar siempre un Edén,
sin pensar que la Primavera
y la carne acaban también . . .

Juventud, divino tesoro,
¡ya te vas para no volver!
Cuando quiero llorar, no lloro,
¡y a veces lloro sin querer!

¡Y las demás!, en tantos climas,
en tantas tierras, siempre son,
si no pretextos de mis rimas,
fantasmas de mi corazón.

En vano busqué a la princesa
que estaba triste de esperar.
La vida es dura. Amarga y pesa.
¡Ya no hay princesa que cantar!⁶⁷

Mas a pesar del tiempo terco,⁶⁸
mi sed de amor no tiene fin;
con el cabello gris me acerco
a los rosales del jardín . . .⁶⁹

Juventud, divino tesoro,
¡ya te vas para no volver! . . .
Cuando quiero llorar, no lloro,
y a veces lloro sin querer . . .

¡Mas es mía el Alba de oro!⁷⁰

A Phocás el campesino

Phocás el campesino, hijo mío,⁷¹ que tienes
en apenas escasos meses de vida, tantos
dolores en tus ojos que esperan tantos llantos
por el fatal pensar que revelan tus sienes . . .

Tarda en venir a este dolor a donde vienes,
a este mundo terrible en duelos y en espantos;
duerme bajo los Ángeles, sueña bajo los Santos,
que ya tendrás la Vida para que te envenenes . . .⁷²

---

⁶⁵ Nótese el cambio de tiempo. Con anterioridad y después el poeta usa el presente, pero aquí emplea el pretérito, significando que ya su juventud se acabó para siempre.
⁶⁶ caja, envoltura
⁶⁷ Recuérdese que Darío había cantado a princesas, marquesas y mujeres hermosas en su juventud. Expresión de gran pesimismo y desesperanza, algo raro en Darío. Contrástese con el último verso.
⁶⁸ obstinado, testarudo.
⁶⁹ A pesar de que el poeta está envejeciendo, siente el ansia de amar, como siempre.

⁷⁰ reafirmación del optimismo innato en Darío
⁷¹ Así llamaba Darío al primero de los dos hijos varones tenidos con la española Francisca Sánchez del Pozo, nacido en 1903 y muerto muy niño. Las tristes premoniciones del poeta sobre su hijo se cumplieron, pues el niño nació muy enfermizo y murió a los pocos años. Es un soneto alejandrino.
⁷² Como padre se preocupa por los sufrimientos que pueda tener el hijo, quizás recordando su propia infeliz infancia y adolescencia.

Sueña, hijo mío, todavía, y cuando crezcas,
perdóname el fatal dón de darte la vida
que yo hubiera querido de azul y rosas frescas;

pues tú eres la crisálida de mi alma entristecida
y te he de ver en medio del triunfo que merezcas
renovando el fulgor de mi psique abolida.[73]

Soneto a Cervantes[74]

Horas de pesadumbre y de tristeza
paso en mi soledad. Pero Cervantes
es buen amigo. Endulza mis instantes
ásperos, y reposa mi cabeza.

Él es la vida y la naturaleza,
regala un yelmo de oros y diamantes
a mis sueños errantes.
Es para mí: suspira, ríe y reza.

Cristiano y amoroso caballero
parla como un arroyo cristalino.
¡Así le admiro y quiero,

viendo como el destino
hace que regocije al mundo entero
la tristeza inmortal de ser divino!

¡Ay, triste del que un día . . . !

¡Ay, triste del que un día en su esfinge interior
pone los ojos e interroga! Está perdido.[75]
¡Ay del que pide eurekas[76] al placer o al dolor!
Dos dioses hay, y son: Ignorancia y Olvido.[77]

Lo que el árbol desea decir y dice al viento,
y lo que el animal manifiesta en su instinto,
cristalizamos en palabra y pensamiento.
Nada más que maneras expresan lo distinto.

---

[73] El poeta quisiera verse continuado en su hijo, cosa que ya hemos visto no pudo lograr.

[74] Especie de soneto, pero de versos endecasílabos y heptasílabos, lo que demuestra el deseo de reformas del Modernismo. Nótese la perfección del poema, lo preciso al enjuiciar a Cervantes y el final excelente.

[75] Nada produce más dolor que el conocimiento de uno mismo. El poeta parece decirnos que cuanto más se sabe, más se sufre.

[76] Aquí está usada la palabra como sinónimo de descubrimiento. «¡Eureka!» es una expresión de alegría y satisfacción cuando se descubre algo, atribuída a Arquímedes, físico y químico griego (¿287-212 a. C.), quien al descubrir el peso específico de los cuerpos gritó: «¡eureka!» (¡Lo he hallado!).

[77] Si el conocimiento trae más sufrimiento, lo mejor es ignorar y olvidar.

Melancolía[78]

Hermano, tú que tienes la luz, díme la mía.
Soy como un ciego. Voy sin rumbo y ando a tientas[79]
Voy bajo tempestades y tormentas
ciego de ensueño y loco de armonía.

Ése es mi mal. Soñar. La poesía
es la camisa férrea de mil puntas crüentas
que llevo sobre el alma. Las espinas sangrientas
dejan caer las gotas de mi melancolía.

Y así voy, ciego y loco, por este mundo amargo:
a veces me parece que el camino es muy largo,
y a veces que es muy corto . . .

Y en este titubeo de aliento y agonía,
cargo lleno de penas lo que apenas soporto.
¿No oyes caer las gotas de mi melancolía?

De otoño[80]

Yo sé que hay quienes dicen: ¿Por qué no canta ahora
con aquella locura armoniosa de antaño?
Ésos no ven la obra profunda de la hora,
la labor del minuto y el prodigio del año.

Yo, pobre árbol, produje al amor de la brisa,
cuando empecé a crecer, un vago y dulce son.
Pasó ya el tiempo de la juvenil sonrisa:
¡Dejad al huracán mover mi corazón![81]

Nocturno (II)

Los que auscultasteis[83] el corazón de la noche,
los que por el insomnio tenaz habéis oído
el cerrar de una puerta, el resonar de un coche
lejano, un eco vago, un ligero rüido . . .

---

[78] Especie de soneto con versos de 14, 11 y 7 sílabas. En él Darío expresa sus incertidumbres sobre la vida, la amargura de ésta, su apasionado amor a la poesía y otros motivos que lo hacen melancólico.
[79] con dudas
[80] Uno de los poemas más expresivos de la angustia de Darío por el paso del tiempo y los cambios que impone en la personalidad, el cuerpo y las ideas. Son versos alejandrinos.

[81] Posible reminiscencia de una rima del poeta romántico español Gustavo Adolfo Bécquer (1836–1870). Véase Rima LII.
[82] Siempre la noche le trae a Darío recuerdos llenos de melancolía y entonces medita sobre la existencia humana con mucha profundidad y angustia. Las estrofas son de versos alejandrinos con rima abab.
[83] los que han oído

En los instantes del silencio misterioso,
cuando surgen de su prisión los olvidados,
en la hora de los muertos, en la hora del reposo,
¡sabréis leer estos versos de amargor impregnados! . . .[84]

Como en un vaso vierto en ellos mis dolores
de lejanos recuerdos y desgracias funestas,
y las tristes nostalgias de mi alma ebria de flores,
y el duelo de mi corazón, triste de fiestas.

Y el pesar de no ser lo que yo hubiera sido,
la pérdida del reino que estaba para mí,
el pensar que un instante pude no haber nacido,
y el sueño que es mi vida desde que yo nací.[85]

Todo esto viene en medio del silencio profundo
en que la noche envuelve la terrena ilusión,
y siento como un eco del corazón del mundo
que penetra y conmueve mi propio corazón.[86]

Lo fatal[87]

Dichoso el árbol que es apenas sensitivo,
y más la piedra dura, porque ésa ya no siente,
pues no hay dolor más grande que el dolor de ser vivo,
ni mayor pesadumbre que la vida consciente.[88]

Ser, y no saber nada, y ser sin rumbo cierto,
y el temor de haber sido y un futuro terror . . .
y el espanto seguro de estar mañana muerto,
y sufrir por la vida y por la sombra y por

lo que no conocemos y apenas sospechamos,
y la carne que tienta con sus frescos racimos,
y la tumba que aguarda con sus fúnebres ramos,
y no saber adónde vamos,
¡ni de dónde venimos . . .!

---

[84] Obsérvese qué bien capta la atmósfera de la noche y a lo que ella es propicia.

[85] Estrofa de gran trascendencia. El hombre es tan poca cosa que pudo no haber venido al mundo y vive como en un sueño.

[86] Buena prueba del ansia de universalidad de Darío, quien ha expresado ideas que afectan a todos los hombres en este poema.

[87] Poema de gran profundidad y trascendencia en que combina versos alejandrinos, eneasílabos y heptasílabos. Como el propio Darío escribió en *Historia de mis libros*

en «Lo fatal» vuelca algunos aspectos de su angustia existencial: el hombre sufre porque es consciente; sufre la desolación y la duda, el terror a lo desconocido y a la muerte; la incertidumbre, el misterio que rodea la vida; la lucha de la carne y el espíritu; dudas sin respuesta —a pesar de su religiosidad innata— sobre el origen y el destino final del hombre.

[88] El poeta menciona tres cosas por el orden de su sensibilidad: la piedra (nada sensible), el árbol (algo), y el hombre, quien únicamente es consciente y plenamente sensitivo; por eso sufre.

El canto errante[1]

La canción de los pinos[2]

¡Oh pinos, oh hermanos en tierra y ambiente,
yo os amo! Sois dulces, sois buenos, sois graves.
Diríase un árbol que piensa y que siente,
mimado de auroras, poetas y aves.

Tocó vuestra frente la alada[3] sandalia;
habéis sido mástil, proscenio, curul,
¡oh pinos solares, oh pinos de Italia,
bañados de gracia, de gloria, de azul!

Sombríos, sin oro del sol, taciturnos,
en medio de brumas[4] glaciales y en
montañas de ensueños, ¡oh pinos nocturnos,
oh pinos del norte, sois bellos también!

Con gestos de estatuas, de mimos, de actores,
tendiendo a la dulce caricia del mar,
¡oh pinos de Nápoles, rodeados de flores,
oh pinos divinos, no os puedo olvidar!

Cuando en mis errantes pasos peregrinos
la Isla Dorada[5] me ha dado un rincón
do soñar mis sueños, encontré los pinos,
los pinos amados de mi corazón.

Amados por tristes, por blandos, por bellos.
Por su aroma, aroma de una inmensa flor,
por su aire de monjes, sus largos cabellos,
sus savias, rüidos y nidos de amor.[6]

¡Oh pinos antiguos que agitara el viento
de las epopeyas, amados del sol!
¡Oh líricos pinos del Renacimiento,
y de los jardines del suelo español!

Los brazos eolios[7] se mueven al paso
del aire violento que forma al pasar
rüidos de pluma, rüidos de raso,
rüidos de agua y espumas de mar.

---

[1] Aunque no llega a superar el libro anterior, *El canto errante* es uno de los libros claves de la madurez de Rubén Darío. Persiste en su anhelo de ser un eco de las angustias, sentimientos, ideales y esperanzas del universo. En el prefacio —documento muy importante para conocer el credo poético y los objetivos artísticos del poeta— nos dice: «La poesía existirá mientras exista el problema de la vida y de la muerte. El dón de arte es un dón superior que permite entrar en lo desconocido de antes y en lo ignorado de después, en el ambiente del ensueño o de la meditación. Hay una música ideal como hay una música verbal. No hay escuelas; hay poetas. El verdadero artista comprende todas las maneras y halla la belleza bajo todas las formas. Toda la gloria y toda la eternidad están en nuestra conciencia.»

[2] Escrito en versos dodecasílabos (seis y seis) y rima consonante *abab*.

[3] con alas; sandalia que usaba Mercurio, dios de la elocuencia y del comercio y mensajero de los dioses

[4] nieblas

[5] Palma de Mallorca, isla perteneciente a España, en el Mar Mediterráneo, donde Darío pasó una temporada recuperándose de su salud maltrecha

[6] Nótese el tono otoñal de esta poesía.

[7] relativo a Eolo, en la mitología, dios de los vientos, hijo de Zeus y de la ninfa Menalipa, que producía las tempestades

¡Oh noche en que trajo tu mano, Destino,
aquella amargura que aún hoy es dolor!
La luna argentaba[8] lo negro de un pino,
y fui consolado por un ruiseñor.

Románticos somos . . . ¿Quién que Es, no es romántico?[9]
Aquel que no sienta, ni amor ni dolor,
aquel que no sepa de beso y de cántico,
que se ahorque de un pino; será lo mejor . . .

Yo no. Yo persisto. Pretéritas normas
confirman mi anhelo, mi ser, mi existir.
¡Yo soy el amante de ensueños y formas
que viene de lejos y va al porvenir![10]

¡Eheu![11]

Aquí, junto al mar latino,
digo la verdad:
Siento en roca, aceite y vino,
yo mi antigüedad.

¡Oh qué anciano soy, Dios santo;
oh, qué anciano soy! . . .
¿De dónde viene mi canto?
Y yo, ¿adónde voy?[12]

El conocerme a mí mismo
ya me va costando
muchos momentos de abismos
y el cómo y el cuándo . . .[13]

Y esta claridad latina,
¿de qué me sirvió
a la entrada de la mina
del yo y el no yo . . .?

Nefelibata[14] contento,
creo interpretar
las confidencias del viento,
la tierra y el mar . . .

Unas vagas confidencias
del ser y el no ser,
y fragmentos de conciencias
de ahora y ayer.

Como en medio de un desierto
me puse a clamar;
y miré el sol como muerto
y me eché a llorar.[15]

---

[8] plateaba

[9] En la poesía de casi todos los modernistas hispanoamericanos subsiste un fondo romántico. Darío define el Romanticismo en este caso como la capacidad de sentir, amar, sufrir y cantar (cultivar la poesía).

[10] El poeta reitera aquí una idea expuesta en la tercera estrofa de «Yo soy aquel . . .»: el Modernismo no supone dogmas, es muy flexible; toma lo mejor del pasado, pero con un deseo de modernidad que se proyecta hacia el futuro.

[11] primera palabra de la oda de Horacio (*Libro II No. XIV*): *Eheu fugaces . . . labuntur anni*, que quiere decir: «Los días fugaces pasan sin sentirse».

[12] Duda sobre el destino del hombre. Véase «Lo fatal».

[13] Véase su poema «Ay, triste del que un día», con la misma idea.

[14] palabra griega que significa amante de las nubes, individuo perdido en las nubes (es decir, soñador)

[15] La desesperanza del poeta está expresada en la imagen «el sol muerto».

Poema del otoño y otros poemas[1]

Poema del otoño[2]

Tú que estás la barba en la mano
meditabundo,
¿has dejado pasar, hermano,
la flor del mundo?

Te lamentas de los ayeres
con quejas vanas:
¡aún hay promesa de placeres
en los mañanas!

Aún puedes casar la olorosa
rosa y el lis,
y hay mirtos para tu orgullosa
cabeza gris.

El alma ahita cruel inmola
lo que la alegra,
como Zingua, reina de Angola,[3]
lúbrica negra.

Tú has gozado de la hora amable,
y oyes después
la imprecación del formidable
Eclesiastés.[4]

El domingo de amor te hechiza;
mas mira cómo
llega el miércoles de ceniza;
Memento, homo . . .[5]

Por eso hacia el florido monte
las almas van,
y se explican Anacreonte
y Omar Kayam.[6]

Huyendo del mal, de improviso
se entra en el mal
por la puerta del paraíso
artificial.[7]

Y, no obstante, la vida es bella,
por poseer
la perla, la rosa, la estrella
y la mujer.[8]

Lucifer[9] brilla. Canta el ronco
mar. Y se pierde
Silvano[10] oculto tras el tronco
del haya verde.

---

[1] De su libro *Poema del otoño y otros poemas*, el más importante es el que le da título a la colección. Darío tenía entonces cuarenta y tres años, la juventud había pasado, y su salud y economía estaban arruinadas completamente. Como lo sugiere el título, es poesía otoñal, mostrándonos un Darío más reflexivo. Todas las meditaciones de este libro son sobre la brevedad de la vida, la existencia vista con la nostalgia y melancolía de los crepúsculos del atardecer. Darío tiene conciencia de que lo mejor de la vida (amor, amigos, placeres, momentos felices) han pasado para siempre. En «Canción otoñal» de «Intermezzo tropical» nos dice: «En la vida hay crepúsculos que nos hacen llorar, porque hay soles que pártense y no vuelven más.»

[2] Versos de nueve y cinco sílabas con rima asonante variada. Uno de los grandes poemas de su madurez como poeta. Obsérvese qué lejos está Darío del esteticismo, belleza exterior y preciosismos de *Prosas profanas*.

[3] territorio portugués en África del Sur

[4] libro de la Biblia atribuído a Salomón, con la célebre frase: «Vanidad de vanidades, todo vanidad» (*Eclesiastes 1 : 1*)

[5] La frase completa es: *memento homo quia pulvis es et in pulverem reverteris* («recuerda, hombre, que polvo eres y en polvo te convertirás»), frase que se repite en los ritos del Miércoles de Ceniza, en algunas iglesias cristianas.

[6] *Anacreonte*: poeta griego (565–478 a. C.), que canta los placeres del amor y el vino. *Omar Khayyam*: poeta persa (siglo XIII), que también canta los placeres sensuales.

[7] Muchos modernistas trataron de lograr la evasión de la realidad por medio de los «paraísos artificiales» (licor, drogas).

[8] Las cosas que se pueden tener en la vida, cuando esta es bella, son la riqueza (perla), la belleza (rosa), el ideal y lo desconocido (estrella) y el amor (la mujer).

[9] el diablo, el demonio,

[10] genio de los pastores, los ganados y los bosques

Y sentimos la vida pura,
clara, real,
cuando la envuelve la dulzura
primaveral.

¿Para qué las envidias viles
y las injurias,
cuando retuercen sus reptiles
pálidas furias?

Para qué los odios funestos
de los ingratos?
¿Para qué los lívidos gestos
de los Pilatos?[11]

¡Si lo terreno acaba en suma,
cielo e infierno,
y nuestras vidas son la espuma
de un mar eterno![12]

Lavemos bien de nuestra veste
la amarga prosa;
soñemos en una celeste,
mística rosa.

Cojamos la flor del instante;[13]
¡la melodía
de la mágica alondra cante
la miel del día!

Amor a su fiesta convida
y nos corona.
Todos tenemos en la vida
nuestra Verona.[14]

Aun en la hora crepuscular
canta una voz:
«Ruth, risueña, viene a espigar
para Booz!»[15]

Mas coged la flor del instante,
cuando en Oriente
nace el alba para el fragante
adolescente.

¡Oh! Niño que con Eros[16] juegas,
niños lozanos,
danzad como las ninfas griegas
y los silvanos.[17]

El viejo tiempo todo roe
y va de prisa;
sabed vencerle, Cintia, Cloe,[18]
y Cidalisa.

Trocad por rosas, azahares,
que suenan al son
de aquel *Cantar de los Cantares*
de Salomón.[19]

Príapo vela en los jardines
que Cipris huella;
Hécate hace aullar los mastines;
mas Diana es bella,[20]

y apenas envuelta en los velos
de la ilusión,
baja a los bosques de los cielos
por Endimión.[21]

¡Adolescencia! Amor te dora
con su virtud;
goza del beso de la aurora,
¡oh, juventud!

¡Desventurado el que ha cogido
tarde la flor!
Y ¡ay de aquel que nunca ha sabido
lo que es amor!

---

[11] Poncio Pilato: gobernador romano de Judea que juzgó a Cristo y permitió que le condenasen, a pesar de que sabía su inocencia.

[12] Darío reitera la idea de que la vida es algo transitorio, breve como la espuma.

[13] Como la vida es muy corta, invita a disfrutar lo mejor de ella.

[14] ciudad del norte de Italia, lugar de los amores de Romeo y Julieta

[15] esposa de Booz y nuera de Noemí, mujer fiel, religiosa y muy trabajadora, según la Biblia. (Véase *Ruth*.)

[16] dios del amor, también llamado Cupido

[17] Véase nota 10.

[18] *Cintia*: nombre dado a Diana porque nació en Cintio, isla de Delos; *Cloe*: ninfa que dejó ciego a Dafnis

[19] rey israelita que gobernó (970–931 a.C), muy famoso por su sabiduría. Fue también excelente escritor y filósofo.

[20] *Príapo*: hijo de Baco y Afrodita, dios de las vides y los jardines; *Cipris*: Venus; *Hécate*: hay dos divinidades con este nombre: la Hécate sencilla, identificada con Artemisa, diosa de la luna y la Hécate triple, diosa infernal, identificada con Perséfone, que tenía tres cuerpos o cabezas, vagaba con las almas de los muertos y su presencia era anunciada por los aullidos de los perros; *Diana*: también llamada Artemisa, diosa de la caza

[21] pastor muy bello. Como la Luna o Selene (identificada con Diana y Artemisa) lo amaba mucho, hizo que durmiera para siempre en una colina para besarlo todas las noches.

Yo he visto en tierra tropical
la sangre arder,
como en un cáliz de cristal
en la mujer,

y en todas partes la que ama
y se consume
como una flor hecha de llama
y de perfume.

Abrasaos en esa llama
y respirad
ese perfume que embalsama
la Humanidad.

Gozad de la carne, ese bien
que hoy nos hechiza,
y después se tornará en
polvo y ceniza.[22]

Gozad del sol, de la pagana[23]
luz de sus fuegos;
gozad del sol, porque mañana
estaréis ciegos.

Gozad de la dulce armonía
que a Apolo invoca;
gozad del canto, porque un día
no tendréis boca.

Gozad de la tierra, que un
bien cierto encierra;
gozad, porque no estáis aún
bajo la tierra.

Apartad el temor que os hiela
y que os restringe;
la paloma de Venus vuela
sobre la Esfinge.[24]

Aún vencen muerte, tiempo y hado
las amorosas;
en las tumbas se han encontrado
mirtos y rosas.

Aún Anadiómena[25] en sus lidias
nos da su ayuda;
aún resurge en la obra de Fidias
Friné desnuda.[26]

Vive el bíblico Adán robusto,
de sangre humana,
y aún siente nuestra lengua el gusto
de la manzana.

Y hace de este globo viviente
fuerza y acción
la universal y omnipotente
fecundación.

El corazón del cielo late
por la victoria
de este vivir, que es un combate
y es una gloria.

Pues aunque hay pena y nos agravia
el sino adverso,
en nosotros corre la savia
del universo.

Nuestro cráneo guarda el vibrar
de tierra y sol,
como el rüido de la mar
el caracol.

La sal del mar en nuestras venas
va a borbotones;
tenemos sangre de sirenas
y de tritones.[27]

A nosotros encinas, lauros,
frondas espesas;
tenemos carne de centauros
y satiresas.[28]

En nosotros la Vida vierte
fuerza y calor.
¡Vamos al reino de la Muerte
por el camino del Amor!

---

[22] Idea persistente en Darío: su lucha con las tentaciones de la carne.
[23] El poeta muestra ahora un gran pesimismo.
[24] ser mitológico con cabeza humana, busto de mujer, cuerpo de león y alas; en los mitos griegos en el camino de Tebas se comía a los que no podían responder sus preguntas; finalmente fue vencida por Edipo
[25] Venus
[26] *Fidias*: célebre escultor griego (¿500–431 a.C.); *Friné*: famosa cortesana de Grecia, inmortalizada en una estatua de Fidias
[27] *sirenas*: seres fabulosos con cuerpo de mujer y cola de pez; *tritones*: deidades marinas mitad hombre; hombres peces, quienes soplando una concha podían agitar o calmar el mar
[28] *centauro*: ser mitológico, mitad hombre, mitad caballo; *satiresa*: divinidad que encarna la sensualidad y los goces

uentos[1]

El caso de la señorita Amelia

Que el doctor Z es ilustre, elocuente, conquistador; que su voz es profunda y vibrante al mismo tiempo, y su gesto avasallador[2] y misterioso, sobre todo después de la publicación de
5 su obra sobre *La plástica de ensueño*, quizás podríais negármelo o aceptármelo con restricción; pero que su calva[3] es única, insigne, hermosa, solemne, lírica si gustáis, ¡oh, eso nunca, estoy seguro! ¿Cómo negaríais la luz
10 del sol, el aroma de las rosas y las propiedades narcóticas de ciertos versos? Pues bien; esta noche pasada, poco después que saludamos el toque de las doce con una salva de doce taponazos del más legítimo Roederer,[4] en el precioso
15 comedor rococó de ese sibarita de judío que se llama Lowensteinger, la calva del doctor alzaba, aureolada de orgullo, su bruñido[5] orbe de marfil, sobre el cual, por un capricho de la luz, se veían sobre el cristal de un espejo las llamas de
20 dos bujías[6] que formaban, no sé cómo, algo así como los cuernos luminosos de Moisés.[7] El doctor enderezaba hacia mí sus grandes gestos y sus sabias palabras. Yo había soltado de mis labios, casi siempre silenciosos, una frase banal[8]
25 cualquiera. Por ejemplo, ésta:

—¡Oh, si el tiempo pudiera detenerse!

La mirada que el doctor me dirigió y la clase de sonrisa que decoró su boca después de oír mi exclamación, confieso que hubiera turbado[9] a
30 cualquiera.

—Caballero—me dijo saboreando el champaña—; si yo no estuviese completamente desilusionado de la juventud; si no supiese que todos los que hoy empezáis a vivir estáis ya muertos, es decir, muertos del alma, sin fe, sin entusiasmo, sin ideales, canosos por dentro; que no sois sino máscaras de vida, nada más... sí, si no supiese eso, si viese en vos algo más que un hombre de fin de siglo, os diría que esa frase que acabáis de pronunciar: «¡Oh, si el tiempo pudiera detenerse!», tiene en mí la respuesta más satisfactoria.

—¡Doctor!

—Sí, os repito que vuestro escepticismo me impide hablar, como hubiera hecho en otra ocasión.

—Creo—contesté con voz firme y serena—en Dios y su Iglesia. Creo en los milagros. Creo en lo sobrenatural.

—En ese caso, voy a contaros algo que os hará sonreír. Mi narración espero que os hará pensar.

En el comedor habíamos quedado cuatro convidados, a más de Minna, la hija del dueño de casa; el periodista Riquet, el abate Pureau, recién enviado por Hirch, el doctor y yo.[10] A lo lejos oíamos en la alegría de los salones la palabrería usual de la hora primera del año nuevo: *Happy New Year! Happy New Year!* ¡Feliz año nuevo!

El doctor continuó:

---

[1] Darío mostró siempre extraordinario interés por esta forma literaria. En sus cuentos se distinguen dos orientaciones principales: en unos el autor se complace en recrear ambientes exóticos, en la línea del más puro esteticismo; en otros —quizás los de mayor impacto— contemplamos atmósferas raras y extrañas y los protagonistas presentan sicologías que lindan en lo anormal. Darío es un excelente cuentista, porque tenía una idea muy precisa de la estructura y ejecución de este género. Trabaja muy bien los elementos narrativos y los diálogos, sabe manejar los momentos dramáticos, el suspenso y los finales, muchas veces sorprendentes. En «El caso de la señorita Amelia», Darío muestra una preocupación que ya hemos visto en su poesía de la madurez: el paso del tiempo.
[2] opresor
[3] cabeza sin pelos
[4] una marca fina de champaña
[5] brillante, con brillo
[6] luces, lámparas
[7] uno de los líderes y legisladores más importantes del pueblo judío, según el Antiguo Testamento
[8] trivial
[9] confundido, alterado
[10] todos son personajes de ficción inventados por el autor

—¿Quién es el sabio que se atreve a decir *esto es así*? Nada se sabe. *Ignoramus et ignorabimus*.[11] ¿Quién conoce a punto fijo[12] la noción del tiempo? ¿Quién sabe con seguridad lo que es el espacio? Va la ciencia a tanteo,[13] caminando como una ciega, y juzga a veces que ha vencido cuando logra advertir un vago reflejo de la luz verdadera. Nadie ha podido desprender de su círculo uniforme la culebra simbólica. Desde el tres veces más grande, el Hermes,[14] hasta nuestros días, la mano humana ha podido apenas alzar una línea del manto que cubre a la eterna Isis.[15] Nada ha logrado saberse con absoluta seguridad en las tres grandes expresiones de la Naturaleza: hechos, leyes, principios. Yo que he intentado profundizar en el inmenso campo del misterio, he perdido casi todas mis ilusiones.

Yo que he sido llamado sabio en Academias ilustres y libros voluminosos; yo que he consagrado toda mi vida al estudio de la humanidad, sus orígenes y sus fines; yo que he penetrado en la cábala,[16] en el ocultismo y en la teosofía, que he pasado del plano material del *sabio* al plano astral del *mágico* y al plano espiritual del *mago*, que sé cómo obraba Apolonio el Thianense y Paracelso,[17] y que he ayudado en su laboratorio, en nuestros días, al inglés Crookes;[18] yo que ahondé en el Karma[19] búdhico y en el misticismo cristiano, y sé al mismo tiempo la ciencia desconocida de los fakires,[20] la teología de los sacerdotes romanos, yo os digo que *no hemos visto los sabios ni un solo rayo de la luz suprema*, y que la inmensidad y la eternidad del *misterio* forman la única y pavorosa verdad.

Y dirigiéndose a mí.

—¿Sabéis cuáles son los principios del hombre? Grupa, jiba, linga, sharira, kama, rupa, manas, buddhi, atma,[21] es decir: el cuerpo, la fuerza vital, el cuerpo astral, el alma animal, el alma humana, la fuerza espiritual y la esencia espiritual . . .

Viendo a Minna poner una cara un tanto desolada, me atreví a interrumpir al doctor:

—Me parece que ibais a demostrarnos que el tiempo . . .

—Y bien—dijo—, puesto que no os placen las disertaciones por prólogo, vamos al cuento que debo contaros, y es el siguiente:

Hace veintitrés años, conocí en Buenos Aires a la familia Revall, cuyo fundador, un excelente caballero francés, ejerció un cargo consular en tiempo de Rosas.[22] Nuestras casas eran vecinas, era yo joven y entusiasta, y las tres señoritas Revall hubieran podido hacer competencia a las tres Gracias.[23] De más está decir que muy pocas chispas fueron necesarias para encender una hoguera de amor . . .

Amooor, pronunciaba el sabio obeso,[24] con el pulgar de la diestra metido en la bolsa del chaleco, y tamborileando sobre su potente abdomen con los dedos ágiles y regordetes, y continuó:

—Puedo confesar francamente que no tenía predilección por ninguna, y que Luz, Josefina y Amelia ocupaban en mi corazón el mismo lugar. El mismo, tal vez no; pues los dulces al par que[25] ardientes ojos de Amelia, su alegre y roja risa, su picardía infantil . . . diré que era ella mi preferida. Era la menor; tenía doce años apenas, y yo ya había pasado de los treinta. Por tal motivo, y por ser la chicuela de carácter travieso[26] y jovial, tratábala yo como niña que era, y entre las otras dos repartía mis miradas incendiarias, mis suspiros, mis apretones de manos y hasta mis serias promesas de matrimonio, en una, os lo confieso, atroz[27] y culpable bigamia de pasión. ¡Pero la chiquilla Amelia! . . . Sucedía

---

[11] latín: «No sabemos ni sabremos nada»
[12] con certeza, con seguridad
[13] sin ver bien, con muchas dudas
[14] dios griego, heraldo y mensajero de los dioses, equivalente al dios latino Mercurio
[15] diosa egipcia de la fecundidad
[16] adivinación o cálculo supersticioso; tradición oral de los hebreos que sirve de base para la interpretación de las Sagradas Escrituras hecha por algunos rabíes judíos y algunas sectas cristianas de la Edad Media
[17] *Apolonio*: filósofo y autor de milagros griego (¿?–97 a.C.); *Paracelso*: alquimista y físico suizo (1493–1541)
[18] Crookes, Sir William: físico y químico inglés, (1832–1919)
[19] según el budismo, el efecto de los actos de una persona en su suerte en la vida futura; todo individuo está sujeto a ese encadenamiento de causas
[20] o faquir: asceta musulmán; por extensión se le llama así a los ascetas de otras religiones de la India
[21] palabras de origen oriental, usadas por los espiritistas
[22] Rosas, Juan Manuel: general y dictador argentino (1793–1877) que gobernó (1829–1852) con el terror
[23] también llamadas Cárites, deidades paganas que simbolizaban la belleza
[24] muy gordo
[25] al mismo tiempo que
[26] pícaro, inquieto, revoltoso
[27] fiero, salvaje

que, cuando yo llegaba a la casa, era ella quien primero corría a recibirme, llena de sonrisas y zalamerías:[28] «¿Y mis bombones?» He aquí la pregunta sacramental. Yo me sentaba regocijado, después de mis correctos saludos, y colmaba las manos de la niña de ricos caramelos, de rosas y de deliciosas grajeas[29] de chocolate, los cuales, ella, a plena boca, saboreaba con una sonora música palatinal, lingual y dental. El porqué de mi apego[30] a aquella muchachita de vestido a media pierna[31] y de ojos lindos, no os lo podré explicar; pero es el caso que, cuando por causa de mis estudios tuve que dejar Buenos Aires, fingí alguna emoción al despedirme de Luz, que me miraba con anchos ojos doloridos y sentimentales; di un falso apretón de manos a Josefina, que tenía entre los dientes, por no llorar, un pañuelo de batista,[32] y en la frente de Amelia incrusté un beso, el más puro y el más encendido, el más casto y el más ardiente ¡qué sé yo! de todos los que he dado en mi vida. Y salí en un barco para Calcuta, ni más ni menos que como vuestro querido y admirado general Mansilla cuando fue a Oriente, lleno de juventud y de sonoras y flamantes esterlinas de oro. Iba yo, sediento ya de las ciencias ocultas, a estudiar entre los mahatmas[33] de la India lo que la pobre ciencia occidental no puede enseñarnos todavía. La amistad epistolar que mantenía con madama Blavatsky,[34] habíame abierto ancho campo en el país de los fakires, y más de un gurú,[35] que conocía mi sed de saber, se encontraba dispuesto a conducirme por buen camino a la fuente sagrada de la verdad, y si es cierto que mis labios creyeron saciarse en sus

frescas aguas diamantinas, mi sed no se pudo aplacar. Busqué, busqué con tesón lo que mis ojos ansiaban contemplar, el Keherpas de Zoroastro,[36] el Kalep persa, el Kovei-Khan de la filosofía india, el archoeno de Paracelso, el limbuz de Swedenborg;[37] oí la palabra de los monjes budhistas en medio de las florestas del Thibet; estudié los diez sephiroth[38] de la Kabala, desde el que simboliza el espacio sin límites hasta el que, llamado Malkuth,[39] encierra el principio de la vida. Estudié el espíritu, el aire, el agua, el fuego, la altura, la profundidad, el Oriente, el Occidente, el Norte y el Mediodía; y llegué casi a comprender y aun a conocer íntimamente a Satán, Lucifer, Astharot, Beelzebutt, Asmodeo, Belphegor, Mabema, Lilith, Adrameleh y Baal.[40] En mis ansias de comprensión; en mi insaciable deseo de sabiduría, cuando juzgaba haber llegado al logro de mis ambiciones, encontraba los signos de mi debilidad y las manifestaciones de mi pobreza, y estas ideas, Dios, el espacio, el tiempo, formaban la más impenetrable bruma delante de mis pupilas . . . Viajé por Asia, África, Europa y América. Ayudé al coronel Olcot a fundar la rama teosófica de Nueva York. Y a todo esto—recalcó[41] de súbito el doctor, mirando fijamente a la rubia Minna— ¿sabéis lo que es la ciencia y la inmortalidad de todo? ¡Un par de ojos azules . . . o negros!

—¿Y el fin del cuento? —gimió dulcemente la señorita.

El doctor, más serio que nunca, dijo:

—Juro, señores, que lo que estoy refiriendo es de una absoluta verdad. ¿El fin del cuento?

---

[28] demostración afectada de cariño
[29] confites (dulces) de varios colores, pastillas
[30] afección, inclinación, preferencia
[31] vestidos cortos, llegaban sólo hasta la mitad de la pierna
[32] tela, lienzo fino
[33] ascetas, jefes espirituales de la India
[34] Blavatsky, Elena Petrovna: teosofista rusa (1831–1891)
[35] un maestro religioso de la India
[36] Zaratustra; fundador de la antigua religión persa (¿660–583? a. de C.)
[37] Swedenborg, Emanuel: teósofo, filósofo y escritor místico sueco (1688–1772), fundador de una secta mística con numerosos seguidores en Inglaterra, Estados Unidos y otros países. Afirmaba que el fin de la creación y de la vida es poner al hombre en conjunción con el más alto espíritu del universo.
[38] o séfiras: nombre que los cabalistas dan a las diez perfecciones de esencia divina, que son: corona, sabiduría, inteligencia, misericordia, fuerza, belleza, victoria, gloria, fundamento y reino. Véase nota 16.

[39] una de las diez séfiras, llamada Reina, Matrona o Madre Inferior en el sistema cabalístico
[40] figuras demoníacas: *Astharot*: o Astaroth, Astarot: ídolo de los filisteos que abatieron los judíos por orden de Samuel; también una divinidad de los sedonios, a quien adoró Salomón cuando las mujeres lo arrastraron a la idolatría; *Beelzebub*: príncipe de los demonios; *Asmodeo*, rey de los demonios en la mitología hebrea; *Belphegor*, archidemonio quien según la leyenda medieval huyó lleno de pánico de la tierra cuando vino a probar la infelicidad de los hombres casados; *Lilith*, según las leyendas judías, es un espectro nocturno que toma la forma de mujer para seducir, defraudar y destruir todo lo que quiere; *Adramelec*: según la Biblia, un parricida asirio (*Segunda de Reyes* 19-37) o un Dios de Sefarvaím (*Segunda de Reyes* 17-31); *Baal*: el Dios-Sol, la divinidad masculina suprema en las antiguas naciones Sirio-Fenicias
[41] repitió, insistió, le dio mucho énfasis

Hace apenas una semana he vuelto a la Argentina, después de veintitrés años de ausencia. He vuelto gordo, bastante gordo, y calvo como una rodilla; pero en mi corazón he mantenido ardiente el fuego del amor, la vestal[42] de los solterones. Y, por tanto, lo primero que hice fue indagar el paradero de la familia Revall. «¡Las Revall—me dijeron—, las del caso de Amelia Revall!» y estas palabras acompañadas con una especial sonrisa. Llegué a sospechar que la pobre Amelia, la pobre chiquilla . . . Y buscando, buscando, di con la casa. Al entrar, fui recibido por un criado negro y viejo, que llevó mi tarjeta, y me hizo pasar a una sala donde todo tenía un vago tinte de tristeza. En las paredes, los espejos estaban cubiertos con velos de luto, y dos grandes retratos, en los cuales reconocía a las dos hermanas mayores, se miraban melancólicos y oscuros sobre el piano. A poco, Luz y Josefina:

—¡Oh amigo mío, oh amigo mío!

Nada más. Luego, una conversación llena de reticencias y de timideces, de palabras entrecortadas y de sonrisas de inteligencia tristes, muy tristes. Por todo lo que logré entender, vine a quedar en que ambas no se habían casado. En cuanto a Amelia, no me atreví a preguntar nada. . . . Quizá mi pregunta llegaría a aquellos pobres seres, como una amarga ironía, a recordar tal vez una irremediable desgracia y una deshonra . . . En esto vi llegar saltando a una niñita, cuyo cuerpo y rostro eran iguales en todo a los de mi pobre Amelia. Se dirigió a mí, y con su misma voz exclamó:

—¿Y mis bombones?

Yo no hallé qué decir.

Las dos hermanas se miraban pálidas, pálidas, y movían la cabeza desoladamente . . .

Mascullando[43] una despedida y haciendo una zurda genuflexión, salí a la calle, como perseguido por algún soplo extraño. Luego lo he sabido todo. La niña que yo creía fruto de un amor culpable es Amelia, la misma que yo dejé hace veintitrés años, la cual se ha quedado en la infancia, ha contenido su carrera vital. Se ha detenido para ella el reloj del Tiempo, en una hora señalada ¡quién sabe con qué designio del desconocido Dios!

El doctor Z era en este momento todo calvo . . .

Amado Nervo

MÉXICO, 1870-1919

Si consideramos a Gutiérrez Nájera en su papel dentro de los iniciadores del movimiento, tenemos que convenir en que ningún modernista mexicano ganó el renombre de Amado Nervo, uno de los poetas más famosos de su tiempo en todo el continente. Cuando joven mostró fuertes inclinaciones por el sacerdocio, las cuales, unidas a sus muchas lecturas de los místicos españoles, dejaron honda huella en su espíritu. Nervo representa un caso muy especial dentro del movimiento modernista. Aunque es indudable que se sentía parte de esa escuela y que siempre tuvo una profunda amistad con Darío y otros poetas, su obra en general carece de los atributos generales que hemos señalado al Modernismo.

---

[42] de la diosa Vesta; sacerdotisa encargada de mantener día y noche el fuego sagrado en el altar de Vesta

[43] murmurando, hablando entre dientes

Nervo dejó una copiosa obra poética, en la cual la crítica moderna ha hecho una gran labor de corte y selección. Parece que sus libros esenciales son *Serenidad* (1914), sin duda el más completo, *La amada inmóvil* (1915), *Elevación* (1917) y *El arquero divino* (1922), su libro póstumo. Pero también se encuentran poemas de gran lirismo en sus otros libros: *Místicas* (1898), *Perlas negras* (1898), *En voz baja* (1909). *El estanque de los lotos* (1919). Hay una serie de temas que aparecen constantemente en la obra de Amado Nervo: lo religioso, (católico y oriental) el filosofismo, el panteísmo, la bondad y el amor. Su obra total nos pone frente a frente a un poeta muy desigual: junto a poemas de innegable mérito artístico y filosófico, escribió poemas que apenas merecen el nombre de tales.

No procede considerarlo como un poeta místico, sino más bien angustiado por el problema religioso. Aquí es donde más se muestra la inquietud de su espíritu. Junto a poemas que expresan una grande y bien fundamentada fe, encontramos versos con la más honda incertidumbre e incredulidad. A veces su alma va en busca del cristianismo representado por Jesucristo y la idea de Dios y otras se refugia en las creencias de Buda y de Krishna. Parece que la actitud más constante lo acerca a un tipo de franciscanismo: ante la duda o la dificultad de creer, no se rebela violentamente, sino que sume su espíritu en la conformidad. En algunos poemas su gesto no es el del creyente que busca a Dios apasionadamente, sino el del inquieto que quiere asomarse al misterio y al infinito en busca de respuestas. Otros poemas suyos muestran a Nervo buscando contestaciones a sus dudas en el campo filosófico. También de la filosofía se agarra para explicarse muchos aspectos de la existencia. Aunque en este campo tiene poemas de mucho interés, los críticos han señalado la superficialidad en general de su ideología.

Su contacto con las religiones orientales lo llevaron a un tipo de panteísmo, fuertemente expresado en sus libros *La hermana agua* (1901) y *El estanque de los lotos* (1919). En ellos muestra no sólo su amor por la naturaleza o su anhelo de explicársela, sino una plena identificación con ella, sobre todo con el árbol y otros elementos naturales tan importantes para la vida del hombre. La cuerda más constante de la lira de Nervo se orientó hacia el amor. Unas veces ese sentimiento se proyecta hacia la mujer y entonces su poesía amatoria es limpia, pura, casta, porque su pasión es mucho más espiritual que carnal. En otras ocasiones se desdobla en comprensión y en bondadosa actitud hacia otros seres, con una ternura y elevación casi evangélicas.

Mucho más copiosa que su obra poética resulta su producción en prosa, donde encontramos muestras de todos los géneros literarios, cultivados con mayor o menor éxito. Nervo tenía buen instinto de narrador como lo demuestran sus novelas y narraciones breves, sin que en ellas encontremos obras maestras. Sus colecciones de cuentos más importantes llevan por título: *Cuentos de juventud* (1898), *Almas que pasan* (1906) y *Cuentos misteriosos* (1921). Algunos de estos cuentos se orientan hacia temas filosóficos, como la inmortalidad, la muerte, el paso del tiempo y el más allá, tratados con poca hondura intelectual; en otros predomina la nota fantástica y oscura u oculta; y en un tercer grupo tenemos los de tono irónico y satírico. De su época de madurez son una serie de ensayos, críticas, conferencias, discursos y «divagaciones», que deben colocarse entre lo más perdurable de su extensa obra.

FUENTE: *Obras completas*, Madrid, Aguilar, 1962. Edición, estudios y notas de Francisco González Guerrero (Prosas) y Alfonso Méndez Plancarte (Poesías).

Místicas, 1898

A Kempis[1]

Sicut nubres, quasi naves, velut umbra . . .[2]

Ha muchos años que busco el yermo,[3]
ha muchos años que vivo triste,
ha muchos años que estoy enfermo,
¡y es por el libro que tú escribiste!

¡Oh Kempis! antes de leerte, amaba
la luz, las vegas, el mar Océano:
mas tú dijiste que todo acaba.
¡que todo muere, que todo es vano!

Antes, llevado de mis antojos,[4]
besé los labios que al beso invitan,
las rubias trenzas,[5] los grandes ojos,
¡sin acordarme que se marchitan!

Mas como afirman doctores graves[6]
que tú, maestro, citas y nombras
que el hombre pasa *como las naves,*
como las nubes, como las sombras . . .

huyo de todo terreno lazo,
ningún cariño mi mente alegra
y con tu libro bajo del brazo
voy recorriendo la noche negra . . .

¡Oh Kempis, Kempis, asceta yermo,
pálido asceta, qué mal me hiciste!
Ha muchos años que estoy enfermo
¡y es por el libro que tú escribiste!

El éxodo y las flores del camino, 1902

Viejo estribillo[7]

¿Quién es esa sirena de la voz tan doliente,
de las carnes tan blancas, de la trenza tan bruna[8]?
—Es un rayo de luna que se baña en la fuente,
es un rayo de luna . . .

¿Quién gritando mi nombre la morada[9] recorre?
¿Quién me llama en las noches con tan trémulo acento?
—Es un soplo[10] de viento que solloza en la torre,
es un soplo de viento . . .

Di, ¿quién eres, arcángel cuyas alas se abrasan[11]
en el fuego divino de la tarde y que subes
por la gloria del éter?

—Son las nubes que pasan;
mira bien, son las nubes . . .

---

[1] Este poema aparece en *Místicas* (1898). Está escrito en estrofas de versos decasílabos (cinco y cinco) con rima *abab. Kempis, Thomas de*: monje y escritor místico alemán (1379–1471), autor del popular devocionario cristiano *Imitación de Cristo*, libro amargo y pesimista sobre lo terrenal, pero lleno de piedad y religiosidad, escrito en un latín vigoroso.

[2] latín: «como las nubes, como las naves, como las sombras»

[3] desierto; tierra inhabitada o no cultivada

[4] conducido por los caprichos

[5] cabellos tejidos o entrelazados

[6] profundos

[7] Poema con estrofas de tres alejandrinos (siete y siete) y un pie quebrado heptasílabo (siete) con rima consonante *abab*. El pie quebrado siempre repite la primer parte del tercer verso. Este poema aparece en *El éxodo y las flores del camino* (1902).

[8] negra u oscura

[9] casa

[10] corriente de aire

[11] se queman

¿Quién regó sus collares en el agua, Dios mío?
Lluvia son de diamantes en azul terciopelo.
—Es la imagen del cielo que palpita en el río,
      es la imagen del cielo . . .

¡Oh, Señor! La Belleza sólo es, pues, espejismo,[12]
nada más Tú eres cierto: sé Tú mi último Dueño.
¿Dónde hallarte, en el éter, en la tierra, en mí mismo?
—Un poquito de ensueño te guiará en cada abismo,
      un poquito de ensueño . . .

Serenidad, 1914

La montaña[13]

Desde que no persigo las dichas pasajeras,[14]
muriendo van en mi alma temores y ansiedad;
la Vida se me muestra con más amplias y severas
perspectivas y siento que estoy en las laderas
de la montaña augusta de la Serenidad . . .

Comprendo al fin el vasto sentido de las cosas;
sé escuchar en silencio lo que en redor[15] de mí
murmuran piedras, árboles, ondas, auras y rosas . . .
Y advierto que me cercan mil formas misteriosas
que nunca presentí.

Distingo un santo sello[16] sobre todas las fren-
      tes;
un divino *me fecit Deus*,[17] por dondequier,
y noto que me hacen signos inteligentes
las estrellas, arcano de las noches fulgentes
y las flores, que ocultan enigmas de mujer.

La Esfinge, ayer adusta,[18] tiene hoy ojos se-
      renos;
en su boca de piedra florece un sonreír
cordial y hay en la comba[19] potente de sus se-
      nos
blanduras de almohada para mis miembros,[20]
      llenos
a veces de la honda laxitud del vivir.

Mis labios, antes pródigos de versos y can-
      ciones,
ahora experimentan el deseo de dar
ánimo a quien desmaya, de verter bendiciones,
de ser caudal[21] perenne de aquellas expresiones
que saben consolar . . .

Finé[22] mi humilde siembra; las mieses en
      las eras[23]
empiezan a dar fruto de amor y caridad;
se cierne un gran sosiego[24] sobre mis semente-
      ras;
mi andar es firme . . .
      Y siento que estoy en las laderas
de la montaña augusta de la Serenidad.

---

[12] En este poema Nervo presenta un panteísmo representado por distintos elementos de la naturaleza vistos como reflejo de algo. Al final, Dios, hombre y naturaleza aparecen confundidos en el panteísmo del poeta.
[13] Estrofas de cinco alejandrinos (siete y siete) con rima consonante *abaab*; los versos 2° y 5° son agudos. Los últimos versos de las estrofas 2° y 5° son pies quebrados (heptasílabos). Este poema aparece en *Serenidad* (1914).
[14] breves, transitorias
[15] alrededor

[16] signo, señal
[17] latín: «Me hizo Dios»
[18] severa, ceñuda
[19] curva, convexa
[20] brazos y piernas
[21] cantidad de agua que lleva un río; abundancia
[22] terminé mi modesto cultivo
[23] los granos (cereales) en los campos
[24] quietud, calma

¡Amemos![25]

Si nadie sabe ni por qué reímos
ni por qué lloramos;
si nadie sabe ni por qué venimos
ni por qué nos vamos;[26]

si en un mar de tinieblas nos movemos,
si todo es noche en rededor y arcano,[27]
¡a lo menos amemos!
¡Quizás no sea en vano!

La amada inmóvil, 1915

Gratia plena[28]

Todo en ella encantaba, todo en ella atraía:
su mirada, su gesto, su sonrisa, su andar . . .
El ingenio de Francia de su boca fluía.[29]
Era *llena de gracia*, como el Avemaría;[30]
¡quien la vio no la pudo ya jamás olvidar!

Cierta dulce y amable dignidad la investía[32]
de no sé qué prestigio lejano y singular.
Más que muchas princesas, princesa parecía:
era *llena de gracia* como el Avemaría;
¡quien la vio no la pudo ya jamás olvidar!

Ingenua como el agua, diáfana como el día,
rubia y nevada[31] como Margarita sin par,
al influjo de su alma celeste, amanecía . . .
Era *llena de gracia* como el Avemaría;
¡quien la vio no la pudo, ya jamás olvidar!

Yo gocé el privilegio de encontrarla en mi vía
dolorosa: por ella tuvo fin mi anhelar,
y cadencias arcanas halló mi poesía.
Era *llena de gracia* como el Avemaría;
¡quien la vio no la pudo ya jamás olvidar!

¡Cuánto, cuánto la quise! Por diez años fue mía;
pero flores tan bellas nunca pueden durar.
Era *llena de gracia* como el Avemaría;
y a la Fuente de gracia, de donde procedía,
se volvió . . . como gota que se vuelve a la mar.

---

[25] Otro poema de *Serenidad* (1914). En la primera estrofa presenta, en forma alterna, versos de once y seis con rima *abab* (todos verbos). En la segunda tiene dos versos de once seguidos de dos de siete con rima *abab*, con dos verbos y dos adjetivos.

[26] La incertidumbre y angustia sobre el origen y destino del hombre, propias del llamado «mal del siglo» de fines del siglo XIX y comienzos del XX. La misma idea aparece en Darío, Gutiérrez Nájera y otros modernistas.

[27] El hombre anda a solas, en oscuridad, todo es incierto y desconocido.

[28] Escrito en estrofas de cinco alejandrinos (siete y siete) con rima en las que los versos 2° y 5° son siempre agudos. Es el poema más famoso de *La amada inmóvil* (1915).

[29] Su mujer se llamaba Ana Cecilia Luisa Dailliez, era francesa y Nervo la conoció en uno de sus viajes a París.

[30] o Ave María: con estas palabras saludaron el Arcángel Gabriel y Elizabeth a María: madre de Jesús; se emplea en una liturgia de la iglesia católica.

[31] de piel blanca

[32] le confería, le daba

Elevación, 1917

En paz[33]

14 alejandrino (handwritten)

Artifex vitae, artifex sui[34]

Muy cerca de mi ocaso,[35] yo te bendigo, Vida,
porque nunca me diste ni esperanza fallida
ni trabajos injustos, ni pena inmerecida;

porque veo al final de mi rudo camino
que yo fui el arquitecto de mi propio destino;
que si extraje las mieles o la hiel de las cosas,
fue porque en ellas puse hiel o mieles sabrosas;
cuando planté rosales, coseché siempre rosas.

. . . Cierto, a mis lozanías[36] va a seguir el
                                                invierno:
¡mas tú no me dijiste que mayo fuese eterno!
Hallé sin duda largas las noches de mis penas;
mas no me prometiste tú sólo noches buenas;
y en cambio tuve algunas santamente serenas . . .

Amé, fui amado, el sol acarició mi faz.
¡Vida, nada me debes! ¡Vida, estamos en paz![37]

Expectación[38]

Siento que algo solemne va a llegar a mi vida.
¿Es acaso la muerte? ¿por ventura el amor?
Palidece mi rostro . . . Mi alma está conmovida,
y sacude mis miembros[39] un sagrado temblor.

Siento que algo sublime va a encarnar en mi barro,[40]
en el mísero barro de mi pobre existir.
Una chispa celeste brotará del guijarro[41]
y la púrpura augusta va el harapo[42] a teñir.

Siento que algo solemne se aproxima, y me hallo
todo trémulo; mi alma de pavor[43] llena está.
Que se cumpla el destino, que Dios dicte su fallo.
Mientras yo de rodillas, oro, espero y me callo,
para oír la palabra que el Abismo dirá . . .[44]

---

[33] Nótese la estructura tan irregular del poema: tiene tercetos monorrimos, tercetos dantescos, pareados y otras combinaciones. Versos alejandrinos (siete y siete) con rima consonante. Este poema aparece en *Elevación* (1917).
[34] latín: «Autor de la vida, autor de sí mismo»
[35] fin, muerte
[36] momentos de juventud y fuerza
[37] poesía otoñal, expresiva de una gran conformidad con la vida, actitud muy típica de Nervo
[38] Versos alejandrinos (siete y siete). Obsérvese que tiene dos primeras estrofas de cuatro versos y termina con una de cinco. Los versos 2°., 4°. y 5°. son siempre agudos.
[39] Véase nota 20.
[40] masa formada de tierra y agua; lodo
[41] piedra redonda
[42] ropa muy pobre
[43] temor, terror, espanto
[44] Nervo expresa muy a menudo, más que seguridad religiosa, la emoción de quien se asoma a lo infinito, un vago presentimiento del más allá

Si tú me dices: «¡Ven!»[45]

Si tú me dices: «¡Ven!», lo dejo todo.   que tu voz, como toque de llamada,[46]
No volveré siquiera la mirada   vibre hasta el más íntimo recodo[47]
para mirar a la mujer amada . . .   del ser, levante el alma de su lodo
Pero dímelo fuerte, de tal modo,   y hiera el corazón como una espada.

Si tú me dices: «¡Ven!», todo lo dejo.
Llegaré a tu santuario casi viejo,
y al fulgor de la luz crepuscular;

mas he de compensarte mi retardo,[48]
difundiéndome, ¡oh Cristo!, como un nardo
de perfume sutil, ante tu altar.

El estanque de los lotos, 1919

Al cruzar los caminos[49]

Al cruzar los caminos el viajero decía
—mientras, lento, su báculo[50] con tedioso[51] compás
las malezas hollaba, los guijarros hería—;
«¡He matado el Anhelo, para siempre jamás!

«Nada quiero, ya nada, ni el azul ni la lluvia,
ni las moras de agosto ni las fresas de abril,
ni amar yo a la trigueña[52] ni que me ame la rubia.
ni alabanza de docto ni zalema[53] de vil!

«Nada quiero, ya nada, ni salud ni dinero,
ni alegría, ni gloria, ni esperanza, ni luz.
¡Que me olviden los hombres, y en cualquier agujero[54]
se deshaga mi carne sin estela ni cruz!

---

[45] Este poema, que aparece en Elevación (1917), es uno de los poemas religioso que mejor logra Nervo. Es un soneto endecasílabo, casi de corte clásico si no fuera por sus dos versos agudos (el soneto clásico español no usa versos agudos).
[46] señal para llamar (a una persona)
[47] ángulo o codo
[48] demora, tardanza
[49] Este poema es de El estanque de los lotos (1919), uno de los libros que Nervo escribe bajo la influencia de las religiones y filosofías orientales. Estrofas de cuatro versos alejandrinos (siete y siete) con rima abab en que los

versos 2°. y 4°. son siempre agudos. En este poema hay tres ideas básicas: (a) el deseo o el anhelo como base de la infelicidad del hombre (idea tomada de Buda); (b) el dolor de la vida consciente (recuérdese «Lo fatal» de Darío); y (c) la idea cristiana de darse a otros sin publicidad, en secreto y sin esperar recompensa.
[50] bastón, palo para apoyarse al caminar
[51] aburrido o fastidioso
[52] mujer morena
[53] cortesía muy grande
[54] hueco, abertura

«Nada quiero, ya nada, ni el laurel ni la rosa,[55]
ni cosecha en el campo ni bonanza[56] en el mar,
ni sultana ni sierva, ni querida[57] ni esposa,
ni amistad ni respeto . . . Solo pido una cosa:
¡Que me libres, Oh Arcano,[58] del horror de pensar!

«Que me libres, ¡ oh Arcano!, del demonio consciente;
que a fundirse contigo se reduzca mi afán,[59]
y el perfume de mi alma suba a Ti mudamente.
Sea yo como el árbol y la espiga y la fuente,
que se dan en silencio, sin saber que se dan.»

Leopoldo Lugones

ARGENTINA 1874-1938

Nació este gran poeta en una pequeña aldea, Villa María de Río Seco en la provincia de Córdoba. Buscando más horizonte para su carrera en el periodismo, se trasladó a Buenos Aires por la época en que Darío llegó a esa ciudad. Pronto se unió al grupo de escritores que buscaban reformar la poesía hispanoamericana, uniéndole una profunda y estrecha amistad con el líder del Modernismo. Su indiscutible talento poético lo convirtió pronto en el líder de ese movimiento en la Argentina y por cerca de treinta años fue la figura más grande de la poesía de ese país. Aunque fue víctima de la burla y de la incomprensión de algunos —lo que al parecer jugó un papel importante en su suicidio— su obra poética y en prosa lo acredita como uno de los grandes exponentes de la literatura de su patria y de Hispanoamérica. Dentro del Modernismo su lugar está bien cerca de Darío.

Lo primero que llama la atención en la obra poética de Lugones es su extraordinaria riqueza de matices, su abundante variedad. Un recorrido por sus diez libros de poesía nos pone frente a frente con un experto en la técnica del verso y un maestro en la precisión verbal. A esto debe unirse su sagacidad para escoger y desarrollar la estructura más apropiada al tema. Se estrenó con *Las montañas del oro* (1897), de tono romántico a

---

[55] El poeta no quiere ni el triunfo (simbolizado por el laurel) ni la belleza (rosa)
[56] tiempo bueno, sereno
[57] amante
[58] Secreto, Misterio de la vida
[59] lucha, deseo grande

lo Hugo y con el versolibrismo propio de Whitman. En el poema «La voz contra la roca» expresa el ideal que viviera toda su vida: el poeta considerado como héroe. Aunque el libro levantó muchos revuelos, ganó el elogio de Paul Groussac, el crítico más severo de su tiempo. Al parecer movido por las *Prosas profanas* de Darío, su segundo libro, *Los crepúsculos del jardín* (1905) presenta fuerte influencia del Simbolismo francés y especialmente de Albert Samain. Es poesía exquisita, preciosista a ratos, de gran refinamiento y perfección formal. Lugones aparece como un experto creador de imágenes, con gran poder descriptivo y plástico. Siguiendo el Simbolismo de Jules LaForgue, publicó *Lunario sentimental* (1909), libro de gran riqueza y complicación metafórica con el que tiende como un puente hacia el Vanguardismo. Es obra llena de ironía, de humorismo, cuya audacia de imágenes la hace aparecer a simple vista como extravagante cuando no se la interpreta correctamente.

Luego asistimos a un gran cambio en Lugones. Se vuelve entonces hacia la búsqueda de lo nacional, de lo argentino con sus *Odas Seculares* (1910). Con acento criollista busca inspiración en lo tradicional, en la naturaleza, en el campo, en los hombres. A pesar de tratar temas, al parecer, tan antipoéticos, aquí se encuentran algunos de los grandes poemas lugonianos. A los temas vernáculos regresa después en *El libro de los paisajes* (1917), *Poemas solariegos* (1927), *Romancero* (1924) y en su libro póstumo, *Romances de Río Seco* (1938). Es decir que, de diez libros, cinco los dedica a cantar aspectos de la patria, como buscando sus raíces más hondas, desde los hechos históricos y la riqueza ganadera, hasta los personajes populares humildes o las flores y pajarillos más pequeños. Aquí es donde Lugones muestra su gran genio para el realismo descriptivo y su destreza para expresar en una imagen todo un mundo real.

Pero hay también un Lugones melancólico, sentimental, capaz de expresar su intimidad y sus sentimientos. Sus dos expresiones más acabadas en este aspecto son *El libro fiel* (1912) y *Las horas doradas* (1922). En el primero canta al amor, que para él se integra de lo carnal y espiritual. Aquí canta al amor conyugal, a la esposa, en un tono confidencial, lleno de matices sentimentales. El poeta objetivo e impersonal de otros poemas se vuelve ahora triste y melancólico. En el segundo se encuentra un Lugones más meditativo y reflexivo. Son poemas otoñales, en que se canta el paso del tiempo y su obra de destrucción, aunque el poeta reconoce siempre que el tiempo contribuye a engrandecer muchos aspectos de la existencia. La obra total de Lugones lo acredita como uno de los grandes poetas de este hemisferio. Es lástima que no expresara con más concreción las inquietudes metafísicas y sociales, que sin duda alguna sintió como pocos, con lo cual su lugar estaría al mismo nivel que el del gran poeta de Nicaragua.

También dejó una extensa obra en prosa, donde sobresalen ensayos de crítica literaria, históricos y de interpretación cultural, a más de sus contribuciones a la prosa narrativa. Entre los primeros deben mencionarse *El imperio jesuítico* (1904), *Guerra gaucha* (1905), *Historia de Sarmiento* (1911) y *El payador* (1916). En sus cuentos hay una combinación de fantasía e imaginación. Sus colecciones de cuentos, *Las fuerzas extrañas* (1906) y *Cuentos fatales* (1924) se caracterizan por el ambiente de extrañeza, misterio y el propósito seudocientífico que los anima a todos. Lugones tenía un especial talento para los géneros narrativos y en ellos encontramos aciertos realmente notables.

FUENTES: *Obras poéticas completas*, 3a. edición, Madrid, Aguilar, 1959. Prólogo de Pedro Miguel Obligado. *Las fuerzas extrañas*, 3a. edición, Buenos Aires, Centurión, 1948.

Las montañas del oro, 1897

La voz contra la roca[1]

(FRAGMENTO)

[. . .] Los grandes hombres y las montañas
es forzoso que siempre estén de pie. Extrañas
son las voces del antro a la cumbre. La oruga
que esconde entre las hierbas su imperceptible fuga,
ve al águila y opina: «¡Eres un ser monstruoso,
águila!» —En cambio el águila no ve a la oruga—. Hermoso
y divino es el cielo porque es indiferente
a las nubes que le hacen mal. El cielo es la frente
de Dios, sobre la eterna serenidad suspensa;[2]
cuando se llena de astros y sombra, es que Dios piensa.
El cielo se repite en las frentes radiosas.
No importa que ellas sean claras, o misteriosas,
o formidables, siendo capaces del martirio.
¡No de la infamia! Tanto vale rasgar[3] un lirio
como manchar un astro; el viejo Cosmos gime
por la flor y la estrella con un amor sublime
y total. ¡Grave enigma de amor! Esto consiste
en que el gran Ser no quiere que ninguno esté triste,
y el dolor, ese fuego que exalta todo nombre
(Cristo sangriento, brilla; triste, suda como hombre),
es un heroico vino que ignora la tristeza.
¡Hombres!, no escupáis nunca sobre una gran cabeza.
No seáis mancha cuando pudierais ser herida.
El hierro sufre en lo hondo de la fragua[4] encendida,
pero hasta hoy nadie ha visto las lágrimas del hierro.

El poeta es el astro de su propio destierro[5]
Él tiene su cabeza junto a Dios, como todos;
pero su carne es fruto de los cósmicos lodos[6]
de la vida. Su espíritu del mismo yugo[7] es siervo,
pero en su frente brilla la integridad del Verbo.

---

[1] En este poema escrito en alejandrinos, Lugones concibe al poeta como héroe. Es como una profesión de fe del poeta: en tono épico habla de él como un ser escogido y superior, quien combate por las justicia social y vislumbra al Nuevo Mundo como las naciones del futuro. Gran originalidad y audacia de metáforas, inspiración vibrante y robusta, versos vigorosos y retumbantes. Influencia directa de Hugo y Whitman.

[2] Nótese la originalidad, la audacia y la abundancia de imágenes de gran belleza y poder expresivo.
[3] romper, desgarrar
[4] especie de fogón donde el herrero calienta los metales
[5] exilio (el poeta está solo, es incomprendido)
[6] masas de agua y tierra
[7] madero que se coloca en la cabeza de dos animales para que trabajen

Cada vez que una de sus columnas, que en la historia
trazan nuevos caminos de esfuerzo y de victoria,
emprende su jornada, dejando detrás de ella
rastros de lumbre como los pasos de una estrella,
noches siniestras, ecos de lúgubres clarines,
huracanes colgados de gigantescas crines[8]
y montes descarnados[9] como imponentes huesos:
uno de esos engendros[10] del prodigio, uno de esos
armoniosos doctores del Espíritu Santo,
alza sobre la cumbre de la noche su canto.
(La alondra y el sol tienen de común estos puntos:
que reinan en los cielos y se levantan juntos.)
El canto de esos grandes es como un tren de guerra
cuyas sonoras llantas[11] surcan toda la tierra.
Cantan por sus heridas ensangrentadas bocas
de trompeta, que mueven el alma de las rocas
y de los mares. Hugo con su talón fatiga
los olímpicos potros de su imperial cuadriga;
y, como de un océano que el sol naciente dora,
de sus grandes cabellos se ve surgir la aurora.[12]
Dante alumbra el abismo con su alma. Dante piensa.
Alza entre dos crepúsculos una portada inmensa,
y pasa, transportando su empresa y sus escombros,[13]
una carga de montes y noches en los hombros.

Whitman entona un canto serenamente noble.
Whitman es el glorioso trabajador del roble.[14]
Él adora la vida que irrumpe en toda siembra,
el grande amor que labra los flancos[15] de la hembra;
y todo cuanto es fuerza, creación, universo,
pesa sobre las vértebras enormes de su verso.
Homero es la pirámide sonora que sustenta
los talones[16] de Júpiter, goznes[17] de la tormenta.
Es la boca de lumbre surgiendo del abismo.
Tan de cerca le ha hablado Dios, que él habla lo mismo. [. . .]

---

[8] conjunto de cerdas o pelos de los caballos y otros animales; obsérvese la fuerza y brío de estos versos.
[9] con la piel o la capa exterior quitada
[10] fetos, embriones
[11] ruedas
[12] alba, amanecer
[13] ruinas, restos de algo destruído
[14] árbol de madera muy dura y resistente
[15] lados
[16] partes posteriores de los pies
[17] piezas donde giran las puertas y ventanas

Los crepúsculos del jardín, 1905

Oceánida[18]

El mar, lleno de urgencias masculinas,[19]
bramaba alrededor de tu cintura,
y como un brazo colosal, la oscura
ribera[20] te amparaba. En tus retinas,

y en tus cabellos, y en tu astral blancura,
rieló[21] con decadencias opalinas,
esa luz de las tardes mortecinas
que en el agua pacífica perdura.

Palpitando a los ritmos de tu seno,
hinchóse en una ola el mar sereno;
para hundirte en sus vértigos felinos[22]

su voz te dijo una caricia vaga,
y al penetrar entre tus muslos finos,
la onda se aguzó como una daga.

El solterón[23]

I

Largas brumas vïoletas
flotan sobre el río gris,[24]
y allá en las dársenas quietas
sueñan oscuras goletas[25]
con un lejano país.

El arrabal[26] solitario
tiene la noche a sus pies,[27]
y tiembla su campanario
en el vapor visionario
de ese paisaje holandés.

El crepúsculo perplejo
entra a una alcoba glacial,[28]
en cuyo empañado espejo
con soslayado reflejo
turba el agua del cristal.

El lecho blanco se hiela[29]
junto al siniestro baúl.
y en su herrumbrada tachuela[30]
envejece una acuarela
cuadrada de felpa azul.

En la percha del testero,[31]
el crucificado frac[32]
exhala un fenol severo,
y sobre el vasto tintero
piensa un busto de Balzac.[33]

La brisa de las campañas[34]
con su aliento de clavel
agita las telarañas
que son inmensas pestañas
del desusado cancel.[35]

---

[18] Soneto endecasílabo que aparece en *Los crepúsculos del jardín* (1905). Repite en los cuartetos las mismas rimas, como en el soneto clásico, pero en diferente orden. Uno de los mejores de «Los doce goces», sonetos antológicos de esta literatura.
[19] en una excelente personificación compara el movimiento fuerte y violento del mar con gestos de hombres
[20] orilla
[21] brilló, destelló
[22] el agua violenta la rodea y la cubre como un tigre; compara un elemento natural (agua del mar) con un elemento animal (felino)
[23] Otro poema de *Los crepúsculos del jardín* (1905). Quintillas de octosílabos con rima *abaab* en que los versos 2° y 5° son siempre agudos. Lugones hace gala otra vez de su facilidad para las imágenes más nuevas.
[24] el Río de la Plata que pasa por Buenos Aires. Las tres primeras quintillas describen el escenario exterior, mostrando Lugones su gran amor por la naturaleza y gran plasticidad. Las estrofas 4ª a la 7ª describen el escenario

interior (el cuarto del solterón); y en la 8ª empieza la descripción física, biográfica y sicológica del protagonista.
[25] barcos pequeños. Nótese la audacia de esta personificación.
[26] barrio, suburbio
[27] es de noche
[28] dormitorio (cuarto) muy frío
[29] Describe muy bien la habitación: todo aparece abandonado, viejo, triste, como la casa de alguien que ha perdido todas sus ilusiones.
[30] especie de clavo muy viejo y mohoso
[31] tabique, pared interior
[32] Excelente metáfora: el frac colgado en el perchero parece un hombre crucificado.
[33] Balzac, Honorato de: novelista francés (1799–1850)
[34] campos
[35] pieza de madera en la parte interior de ventanas y puertas para impedir la entrada del viento

Allá por las nubes rosas
las golondrinas, en pos
de[36] invisibles mariposas,
trazan letras misteriosas
como escribiendo un adiós.

En la alcoba solitaria,
sobre un raído[37] sofá
de cretona centenaria,
junto a su estufa precaria,
meditando un hombre está.

Tendido en postura inerte
masca su pipa de boj,
y en aquella calma advierte
¡qué cercana está la muerte
del silencio del reloj![38]

En su garganta reseca
gruñe una biliosa hez,[39]
y bajo su frente hueca
la verdinegra jaqueca
maniobra un largo ajedrez.

¡Ni un gorjeo[40] de alegrías!
¡Ni un clamor de tempestad!
Como en las cuevas sombrías
en el fondo de sus días
bosteza la soledad.

Y con vértigos extraños,
en su confusa visión
de insípidos[41] desengaños,
ve llegar los grandes años
con sus cargas de algodón.[42]

II

A inverosímil distancia
se acongoja[43] un violín,
resucitando en la estancia
como una ancestral fragancia
del humo de aquel esplín.

Y el hombre piensa. Su vista[44]
recuerda las rosas te
de un sombrero de modista . . .
El pañuelo de batista . . .
Las peinetas . . . el corsé . . .

Y el duelo en la playa sola:
Uno . . . dos . . . tres . . . Y el lucir
de la montada pistola . . .
Y el son grave de la ola
convidando a bien morir.

Y al dar a la niña inquieta
la reconquistada flor
en la persiana discreta,
sintióse héroe y poeta
por la gracia del amor.

Epitalamios de flores
la dicha escribió a sus pies,
y las tardes de colores
supieron de esos amores
celestiales . . . Y después . . .

Ahora, una vaga espina
le punza[45] en el corazón,
si su coqueta vecina
saca la breve botina[46]
por los hierros del balcón;

y si con voz pura y tersa,
la niña del arrabal,
en su malicia perversa,
temas picantes[47] conversa
con el canario jovial;

surge aquel triste percance[48]
de tragedia baladí:[49]
la novia . . . la flor . . . el lance . . .
Veinte años cuenta el romance.
Turguenef[50] tiene uno así.

---

[36] persiguiendo; en seguimiento
[37] roto, viejo, muy usado
[38] Asocia el reloj con la muerte.
[39] desecho, cosa vil, lo último y peor de un licor
[40] sonido de los pájaros y también de los niños cuando empiezan a hablar
[41] sosos, sin sabor
[42] canas (el paso del tiempo pone blanco el pelo)
[43] se angustia, se pone triste
[44] En esta estrofa comienza una especie de «flashback» para recordar la vida sentimental del solterón.
[45] le hiere mucho
[46] zapato alto; Nótese cierto tono sensual.
[47] de doble sentido, audaces, atrevidos
[48] hecho infortunado, una desgracia
[49] frívolo, trivial, sin importancia
[50] Turguenef o Turgueniev, Iván: gran novelista ruso (1818–1883)

¡Cuán triste era su mirada,
cuán luminosa su fe
y cuán leve su pisada!
¿Por qué la dejó olvidada?
¡Si ya no sabe por qué!

III

En el desolado río[51]
se agrisa el tono punzó,[52]
del crepúsculo sombrío,
como un imperial hastío
sobre un otoño de gro.[53]

Y el hombre medita. Es ella
la visión triste que en un
remoto nimbo descuella:[54]
es una ajada doncella
que le está aguardando aún.

Vago pavor le amilana,[55]
y va a escribirla por fin
desde su informe nirvana . . .
La carta saldrá mañana
y en la carta irá un jazmín.

La pluma en sus dedos juega;
y el pliego tiene el doblez[56]
y su alma en lo azul navega.
A los veinte años de brega[57]
va a decir «tuyo» otra vez.

No será trunca ni ambigua
su confidencia de amor
sobre la vitela exigua.[58]
¡Si esa carta es muy antigua! . . .
Ya está turbio el borrador.[59]

Tendrá su deleite[60] loco,
blancas sedas de amistad
para esconder su ígneo foco.
La gente reirá un poco
de esos novios de otra edad.

Ella, la anciana, en su leve
candor de virgen senil,
será un alabastro breve.
Su aristocracia de nieve
nevará un tardío abril.

Sus canas, en paz suprema,
a la alcoba sororal[61]
darán olor de alhucema,[62]
y estará en la suave yema
del fino dedo el dedal.

Cuchicheará a ras del suelo[63]
su enagua un vago fru-frú,
¡y con qué afable consuelo
acogerá el terciopelo
su elegancia de bambú! . . .

Así está el hombre soñando
en el aposento[64] aquel,
y su sueño es dulce y blando;
mas la noche va llegando
y aun está blanco el papel[65]

Sobre su visión de aurora,
un tenebroso crespón
los contornos descolora,
pues la noche vencedora
se le ha entrado al corazón.[66]

Y como enturbiada espuma,
una idea triste va
emergiendo de su bruma:
¡Qué mohosa está la pluma!
¡La pluma no escribe ya![67]

---

[51] vuelve a pintar el exterior con gran plasticidad
[52] el color rojo (color vino) se vuelve gris
[53] tela de seda
[54] sobresale, se distingue
[55] *pavor*: miedo, temor; *amilana*: le acobarda
[56] pliegue
[57] trabajo duro
[58] pequeña hoja de papel
[59] primera copia de un escrito para luego sacar la copia final
[60] placer. Nótese la ironía sentimental de esta quintilla
[61] relativo a monja
[62] planta aromática
[63] hablará bien bajito muy pegada al piso. Es una personificación muy interesante.
[64] cuarto, habitación
[65] No se ha decidido a escribir nada, sólo ha pensado.
[66] El solterón se ha puesto muy triste y pesimista.
[67] La pluma simboliza su vida: está terminada, no sirve ya.

Emoción aldeana[68]

Nunca gocé ternura más extraña,
que una tarde entre las manos prolijas[69]
del barbero de campaña —
furtivo carbonario[70] que tenía dos hijas.
Yo venía de la montaña
en mi claudicante jardinera,[71]
con timidez urbana y ebrio de primavera.

Aristas de mis parvas,
tupían la fortaleza silvestre
de mi semestre
de barbas;[72]
recliné la cabeza
sobre la fatigada almohadilla,
con una plenitud sencilla
de docilidad y de limpieza;
y en ademán[73] cristiano presenté la mejilla . . .

El desconchado[74] espejo
protegido por marchitos tules,
absorbiendo el paisaje en su reflejo,
era un óleo enorme de sol bermejo,
praderas pálidas y cielos azules.
Y ante el mórbido gozo
de la tarde vibraba en pastorelas,
flameaba como un soberbio trozo
que glorificara un orgullo de escuelas.

La brocha, en tanto,
nevaba su sedosa espuma
con el encanto
de una caricia de pluma.
De algún redil cabrío,[75] que en tibiezas amigas,
aprontaba al rebaño su familiar sosiego,
exhalaban un perfume labriego[76]
de polen amizclado las boñigas.[77]

Con sonora mordedura
raía mi fértil mejilla la navaja,
mientras sonriendo anécdotas en voz baja,
el liberal barbero me hablaba mal del cura.
A la plática ajeno,[78]

preguntábale yo, superior y sereno
(bien que con cierta inquietud de celibato),
por sus dos hijas, Filiberta y Antonia;
cuando de pronto deleitó mi olfato
una ráfaga de agua de colonia.

Era la primogénita, doncella preclara,[79]
chisporroteada en pecas bajo rulos de cobre.
Mas en ese momento, con presteza avara,
rociábame el maestro su vinagre a la cara,
en insípido aroma de pradera pobre.

Harto esponjada en sus percales,[80]
la joven apareció, un tanto incierta,
a pesar de las lisonjas locales.
Por la puerta,
asomaron racimos de glicinas,[81]
y llegó de la huerta
un maternal escándalo de gallinas.

Cuando, con fútil prisa,
hacia la bella volví mi faz[82] más grata,
su púdico saludo respondió a mi sonrisa,
y ante el sufragio de mi amor pirata,
y la flamante lozanía de mis carrillos,[83]
vi abrirse enormemente sus ojos de gata,
fritos en rubor como dos huevecillos.

Sobre el espejo, la tarde lila
improvisaba un lánguido miraje
en un ligero vértigo de agua tranquila.

---

[68] Las estrofas son irregulares porque no siguen una estructura igual y emplea varias clases de versos. Nótese la emoción y sentimiento al evocar las cosas del campo argentino. Este poema es uno de los que inicia la vuelta de Lugones a los temas criollos o vernáculos.
[69] muy ocupadas en la tarea de cortar el pelo y de afeitar
[70] *furtivo*: que se esconde; *carbonario*: miembro de una organización secreta contra la monarquía (quiere decir que no tenía licencia para trabajar como barbero)
[71] *claudicante*: vieja, que no funciona bien; *jardinera*: coche de cuatro asientos
[72] hacía seis meses que no se afeitaba ni cortaba el pelo
[73] gesto

[74] muy viejo y usado, se le ha caído la cubierta exterior. Obsérvese que el paisaje siempre está visto a través de este espejo y no directamente.
[75] corral de cabras
[76] campesino
[77] excrementos del ganado. Realismo descriptivo y empleo de material tradicionalmente anti-poético.
[78] sin prestar atención a la conversación
[79] ilustre, famosa
[80] telas de algodón y los vestidos hechos con ellas
[81] plantas de bellas flores azules
[82] cara, rostro
[83] partes carnosas de la cara debajo de las mejillas

Y aquella joven con su blanco traje,[84]
al borde de esa visionaria cuenca,
daba al fugaz paisaje
un aire de antigua ingenuidad flamenca.

Lunario sentimental, 1909

Divagación lunar[85]

Si tengo la fortuna
de que con tu alma mi dolor se integre,
te diré entre melancólico y alegre
las singulares cosas de la luna.

Mientras el menguante[86] exiguo
a cuyo noble encanto ayer amaste,
aumenta su desgaste
de sequín[87] antiguo,
quiero mezclar a tu champaña
como un buen astrónomo teórico,
su luz, en sensación extraña
de jarabe hidroclórico.
Y cuando te envenene
la pálida mixtura,
como a cualquier romántica Eloísa o Irene[88]
tu espíritu de amable criatura
buscará una secreta higiene
en la pureza de mi desventura[89]

Amarilla y flacucha,
la luna cruza el azul pleno,
como una trucha[90]

por un estanque sereno,
y su luz ligera,
indefiniendo asaz tristes arcanos,
pone una mortuoria translucidez de cera
en la gemela nieve de tus manos.

Cuando aún no estaba la luna, y afuera
como un corazón poético y sombrío
palpitaba el cielo de primavera,
la noche, sin ti, no era
más que un obscuro frío.[91]
Perdida toda forma, entre tanta
obscuridad, eras sólo un aroma;
y el arrullo amoroso ponía en tu garganta
una ronca dulzura de paloma.
En una puerilidad de tactos quedos,
la mirada perdida en una estrella,
me extravié en el roce de tus dedos.[92]
Tu virtud fulminaba como una centella[93] . . .
Mas el conjuro de los ruegos vanos
te llevó al lance dulcemente inicuo,
y el coraje se te fue por las manos
como un poco de agua por un mármol oblicuo.

---

[84] Lugones es poeta de gran plasticidad y aquí queda demostrado una vez más.

[85] En este poema Lugones reacciona contra aquellos poemas de amor a la luna, llenos de lugares comunes y frases manidas. Aquí hallamos la emoción del amor, pero expresada con un tono distinto. La estructura es irregular. El poeta está con su amada y ambos contemplan la luna. *Lunario sentimental* fue escrito bajo la influencia del Simbolismo de Jules Laforgue, poeta simbolista francés (1860–1887) nacido en Montevideo, Uruguay. El libro se caracteriza por su nota festiva, jovial, irónica y de rebuscada originalidad. Los ritmos parece que se dislocan, que se va a lo más absurdo para las imágenes y conceptos, pero todo responde a un anhelo de novedad, y en el fondo, el aparente contrasentido son cosas muy lógicas dichas con formas nuevas.

[86] tiempo en que la luna va disminuyendo de tamaño

[87] cequin o cequi: moneda árabe de oro

[88] *Eloísa:* dama francesa (¿1101?–1165), el gran amor del célebre filósofo francés Pedro Abelardo (1079–1142); *Irene:* nombre de heroínas de varias novelas románticas.

[89] Los tres últimos versos significan que el espíritu de la amada se mantendrá puro y limpio porque el poeta es también puro, aunque considera esta pureza un infortunio.

[90] un pez de carne muy rica. Con palabras hasta cierto punto vulgares, Lugones reacciona contra los poemas románticos a la luna.

[91] sinestesia. Este procedimiento fue muy usado por los simbolistas. Son imágenes en que se describe una sensación con palabras propias de otro sentido; por ejemplo, cuando se dice un «rojo chillón» para indicar un color muy llamativo.

[92] Los inocentes y románticos amantes apenas se tocan las manos.

[93] La honestidad de la joven protestaba o resistía cuando él la tocaba.

La luna fraternal, con su secreta
intimidad de encanto femenino,
al definirte hermosa te ha vuelto coqueta.
Sutiliza tus maneras un complicado tino;[94]
en la lunar presencia,
no hay ya ósculo[95] que el labio al labio suelde;[96]
y sólo tu seno de audaz incipiencia,
con generosidad rebelde
continúa el ritmo de la dulce violencia.

Entre un recuerdo de Suiza
y la anécdota de un oportuno primo
tu crueldad virginal se sutiliza;[97]
y con sumisión postiza
te acurrucas en pérfido mimo,
como un gato que se hace una bola
en la cabal redondez de su cola.

Es tu ilusión suprema
de joven soñadora,
ser la joven mora
de un antiguo poema.

La joven cautiva que llora
llena de luna, de amor y de sistema.[98]

La luna enemiga
que te sugiere tanta mala cosa,
y de mi brazo cordial te desliga,[99]
pone un detalle trágico en tu intriga
de pequeño mamífero rosa.
Mas al amoroso reclamo
de la tentación, en tu jardín alerta,
tu grácil juventud despierta
golosa de caricia y de *Yoteamo*.
En el albaricoque
un tanto marchito de tu mejilla,
pone el amor un leve toque
de carmín, como una lucecilla.
Lucecilla que a medias con la luna[1]
tu rostro excava en escultura inerte,
y con sugestión oportuna
de pronto nos advierte
no sé qué próximo estrago,[2]
como el rizo anacrónico de un lago
anuncia a veces el soplo de la muerte . . .

Odas seculares, 1910

A los gauchos[3]

Raza valerosa y dura
que con pujanza[4] silvestre
dio a la patria en garbo ecuestre[5]
su primitiva escultura.
Una terrible ventura
va a su sacrificio unida,
como despliega la herida
que al toro desfonda el cuello,
en el raudal del degüello[6]
la bandera de la vida.

Es que la fiel voluntad
que al torvo[7] destino alegra,
funde en vino la uva negra
de la dura adversidad.
Y en punto de libertad
no hay satisfacción más neta,
que medírsela completa
entre riesgo y corazón,
con tres cuartas de facón[8]
y cuatro pies de cuarteta.[9]

---

[94] acierto, habilidad
[95] beso
[96] una fuertemente
[97] La joven es virgen y resiste las caricias del poeta.
[98] La joven es muy romántica.
[99] separa
[1] la mitad de la luz viene de la lucecilla y la otra mitad de la luna
[2] daño, destrucción
[3] Lugones escribió *Odas seculares* (1910), como una de sus contribuciones a la celebración del Centenario de la Independencia de la Argentina, razón por la que regresa a

los temas nacionales y nativos. Ahora busca inspiración en lo criollo y nacional. El poema «A los gauchos», que aparece en este libro, está escrito en décimas de corte clásico y refleja bien el espíritu total de ese libro.
[4] fuerza, vigor
[5] gallardía, elegancia
[6] matanza, matar cortando el cuello
[7] airado, irritado (enojado)
[8] cuchillo del gaucho
[9] estrofa de cuatro versos octosílabos con rima *abab*, muy usada en la poesía popular

En la hora del gran dolor
que a la historia no paría,
así como el bien del día
trova el pájaro cantor,
la copla del payador[10]
anunció el amanecer,
y en el fresco rosicler
que pintaba el primer rayo,
el lindo gaucho de Mayo
partió para no volver.

Así salió a rodar tierra[11]
contra el viejo vilipendio,
enarbolando el incendio
como estandarte de guerra.
Mar y cielo, pampa y sierra,
su galope al sueño arranca,
y bien sentada en el anca
que por las cuestas se empina,
le sonríe su *Argentina*
linda y fresca, azul y blanca.

Desde Suipacha a Ayacucho[12]
se agotó en el gran trabajo,
como el agua cuesta abajo
por haber corrido mucho;
mas siempre garboso y ducho[13]
aligeró todo mal,
con la gracia natural
que en la más negra injusticia
salpicaba su malicia
clara y fácil como un real.

Luego al amor del caudillo
siguió, muriendo admirable,
con el patriótico sable
ya rebajado a cuchillo,[14]
pensando, alegre y sencillo,
que en cualesquiera ocasión,
desde que cae al montón
hasta el día en que se acaba,
pinta el culo de la taba[15]
la existencia del varón.

Su poesía es la temprana
gloria del verdor campero
donde un relincho ligero
regocija la mañana.
Y la morocha[16] lozana
de sediciosa cadera,
en cuya humilde pollera,[17]
primicias de juventud
nos insinuó la inquietud
de la loca primavera.

Su recuerdo, vago lloro
de guitarra sorda y vieja,
a la patria no apareja[18]
preocupación ni desdoro.
De lo bien que guarda el oro,
el guijarro es argumento;
y desde que el pavimento
con su nivel sobrepasa,
va sepultando la casa
las piedras de su cimiento.

El libro fiel, 1912

La joven esposa[19]

¡Oh la dicha de haber estado grave[20]
y de sentir con tu presencia
la beatitud de la convalecencia
en la madurez pesada y suave!

---

[10] Cantor errante que iba de un lugar a otro en la pampa y que dio origen a la rica «literatura gauchesca». Cantaba y recitaba acompañado de una guitarra.

[11] andar, caminar por la tierra

[12] *Suipacha*: lugar de Bolivia, batalla (1810) en la que el General argentino González Balcarce derrotó al ejército del virrey del Perú; *Ayacucho*: lugar del Perú, batalla ganada por el ejército de Simón Bolívar (1824) y que aseguró la Independencia de Suramérica.

[13] experimentado, hábil, diestro

[14] En la guerra usaba un sable, ahora un simple cuchillo (facón).

[15] parte de la taba opuesta a la carne; *taba*: hueso del pie

[16] (Argentina) joven morena o trigueña

[17] (Argentina) falda de vestido

[18] no trae, no le produce, no le acerca

[19] Este poema aparece en *El libro fiel* (1912), y refleja muy bien el espíritu de este libro, especie de breviario del amor hogareño. Nos presenta un Lugones íntimo, sentimental, con premoniciones más directas de la muerte.

[20] muy enfermo

Y bajo una paz lejana,
ver afanarse[21] con seriedad sencilla
tu diligente juventud de hermana
menor, al son de la cucharilla
que está entibiando una tisana.[22]

   ¡Oh afable prescripción, oh suave cautela!
La vela temblorosa riza su bucle rubio.
En la sala oscura y distante, un efluvio
de polen solar, finje tu angelical estela.
¡Oh bondad evidente de todo lo que existe!
Y tu frescura de aseada[23] muselina
que me llega al corazón y me ilumina
con una piadosa ternura casi triste.

   Silencio presuroso de tu atareado ruedo[24] . . .
Gracia tuya que agosta mis bárbaros abrojos[25] . . .
Y mientras la sortija juega en tu lacio dedo.

¡Oh aquellas largas horas que me paso muy
                                              quedo[26]
en la soledad de tus dulces ojos! . . .

   Hay afuera un rumor de lluvia blanda . . .
Y el reloj con su ruidecito
de carcoma del tiempo,[27] anda y anda
por la arena inacabable del infinito.

   ¡Oh, con qué plácida belleza
dulcifican entonces mi contemplación
la serenidad de tu corazón
en una benéfica quietud de pureza!
y tu adorada cabeza
de palidez ennoblecida;
y bajo un pimpollo[28] en tímido brote,
el pequeño escote
ligeramente palpitando de suave vida . . .

La blanca soledad[29]

Bajo la calma del sueño,
calma lunar de luminosa seda,
la noche
como si fuera
el blanco cuerpo del silencio,[30]
dulcemente en la inmensidad se acuesta.
Y desata
su cabellera,
en prodigioso follaje
de alamedas.

   Nada vive sino el ojo
del reloj en la torre tétrica,[31]
profundizando inútilmente el infinito
como un agujero abierto en la arena.
El infinito.
Rodado por las ruedas
de los relojes,
como un carro que nunca llega.

La luna cava un blanco abismo
de quietud, en cuya cuenca
las cosas son cadáveres
y las sombras viven como ideas.
Y uno se pasma de lo próxima
que está la muerte en la blancura aquella.[32]
De lo bello que es el mundo
poseído por la antigüedad de la luna llena.
Y el ansia tristísima de ser amado,
en el corazón doloroso tiembla.

   Hay una ciudad en el aire,
una ciudad casi invisible suspensa,
cuyos vagos perfiles
sobre la clara noche transparentan,[33]
como las rayas[34] de agua en un pliego,[35]
su cristalización poliédrica.
Una ciudad tan lejana,
que angustia con su absurda presencia.

---

[21] trabajar mucho, insistir
[22] bebida medicinal hecha de ciertas plantas
[23] limpia
[24] constante ir y venir para hacer todas las cosas de la casa
[25] dolores, penas, sufrimientos
[26] tranquilo, quieto, silencioso
[27] metáfora de gran novedad y precisión; *carcoma:* insecto que destruye la madera
[28] niño o niña hermosos; hijo de un árbol
[29] El mismo título «La blanca soledad» es una sinestesia. Lugones capta con toda precisión el silencio y el paisaje de una noche clara, serena, con luna. Vuelve a sobresalir

por la gran novedad de imágenes, ritmos extraños y expresiones fuera de lo común.
[30] especie de sinestesia muy audaz
[31] Obsérvese la preocupación de Lugones por el tiempo y la audacia metafórica. Combina el reloj (medidor del tiempo, por excelencia) con el tiempo y el infinito.
[32] Nótese la constante premonición de la muerte en Lugones, que ya hemos visto en varios poemas.
[33] figuras que forman las nubes en un cielo claro y transparente
[34] líneas
[35] papel

¿Es una ciudad o un buque[36]
en el que fuésemos abandonando la tierra,
callados y felices,
y con tal pureza,
que sólo nuestras almas
en la blancura plenilunar vivieran? . . .

Y de pronto cruza[37] un vago
estremecimiento por la luz serena.
Las líneas se desvanecen,
la inmensidad cámbiase en blanca piedra,
y sólo permanece en la noche aciaga[38]
la certidumbre de tu ausencia.

El libro de los paisajes, 1917

La violeta solitaria[39]

Miré, al descansar la escopeta
en la roja hojarasca del claro,
solitaria y gentil vïoleta.

A los lejos oyóse un disparo . . .
Mas, pronto, el silencio exclusivo
recobró su evidencia de amparo.

El tiempo corrió sin motivo.[40]
Dulcemente llegaba el invierno.
Y en su gota de azul pensativo,
la flor reflejaba lo eterno.

Las horas doradas, 1922

Rosa de otoño[41]

Abandonada al lánguido embeleso[42]
que alarga la otoñal melancolía,
tiembla la última rosa que por eso
es más hermosa cuanto más tardía.

La flor, a cada pétalo caído
como si lo llorara se doblega[44]
bajo el fatal rigor que no ha debido
llegar jamás, pero que siempre llega.

Tiembla . . . Un pétalo cae . . . Y en la leve
imperfección que su belleza trunca,[43]
se malogra algo de íntimo que debe
llegar acaso y que no llega nunca.

Y en una blanda lentitud, dichosa
con la honda calma que la tarde vierte,
pasa el deshojamiento[45] de la rosa
por las manos tranquilas de la muerte.

---

[36] No se sabe si las nubes, en las formas caprichosas que toman, forman una ciudad o un barco.
[37] pasa
[38] fatal, desgraciada
[39] En *El libro de los paisajes* (1917), de donde está tomado este poema, Lugones vuelve a mostrar su gran sentimiento de la naturaleza y su maestría en miniaturas líricas de gran concentración poética y verbal. Aquí asocia la imagen de la violeta, una flor pequeña, mínima y tímida, con el tiempo, como queriendo indicar cuán breve es la vida humana.

[40] El tiempo corre sin que el hombre sepa su propósito.
[41] Este poema aparece en *Las horas doradas* (1922), uno de sus mejores libros. Cuando Lugones lo escribe tiene 48 años, de aquí que sean versos otoñales, presentándonos un poeta muy dado al recuerdo melancólico y más meditativo. El poema está escrito en serventesios (estrofa de cuatro endecasílabos con rima *abab*).
[42] encanto, efecto de cautivar
[43] corta
[44] se dobla, cae
[45] pérdida (caída) de las hojas

Alma Venturosa[46]

Al promediar[47] la tarde de aquel día,
cuando iba mi habitual adiós a darte,
fue una vaga congoja de dejarte
lo que me hizo saber que te quería.

Tu alma, sin comprenderlo, ya sabía . . .
con tu rubor[48] me iluminó al hablarte,
y al separarnos te pusiste aparte
del grupo, amedrentada[49] todavía.

Fue silencio y temblor nuestra sorpresa;
mas ya la plenitud de la promesa
nos infundía un júbilo[50] tan blando,

que nuestros labios suspiraron quedos[51] . . .
y tu alma estremecíase en tus dedos
como si se estuviera deshojando.

Romancero, 1924

Elegía crepuscular[52]

Desamparo remoto de la estrella,
hermano del amor sin esperanza,
cuando el herido corazón no alcanza
sino el consuelo de morir por ella.

Destino a la vez fútil[53] y tremendo
de sentir que con gracia dolorosa
en la fragilidad de cada rosa
hay algo nuestro que se está muriendo.

Eco de aquella anónima tonada
cuya dulzura sin querer nos hizo
con la propia delicia de su hechizo[56]
un mal tan hondo al alma enajenada.[57]

Ilusión de alcanzar, franca o esquiva,[54]
la compasión que agonizando implora,[55]
en una dicha tan desgarradora
que nos debe matar por excesiva.

Tristeza llena de fatal encanto,
en el que ya incapaz de gloria o de arte,
sólo acierto, temblando, a preguntarte
¡qué culpa tengo de quererte tanto! . . .

---

[46] Soneto de estilo clásico, una de las formas favoritas del propio Lugones, a quien hay que considerar, con toda justicia, como a uno de los grandes sonetistas de la lengua.
[47] a media tarde
[48] vergüenza, el color rojo de la cara cuando se tiene vergüenza
[49] atemorizada, con miedo
[50] alegría
[51] quietos, tranquilos, en voz baja
[52] Este poema es uno de los mejores de Romancero (1924),

libro que recuerda mucho El libro fiel por el tono. En él es patente la influencia de Heine, y los temas del amor y la muerte. Esta poesía está escrita en cuartetos endecasílabos con rima consonante abba. El título expresa bien el asunto: el momento del crepúsculo hace al poeta intuir el amor en forma nostálgica.
[53] de poca importancia, insignificante
[54] desdeñosa, áspera, huraña
[55] ruega, pide
[56] sortilegio, maleficio
[57] loca

Heroísmo de amar hasta la muerte,
que el corazón rendido te inmolara,[58]
con una noble sencillez tan clara
como el gozo que en lágrimas se vierte.

Y en lenguaje a la vez vulgar y blando,
al ponerlo en tus manos te diría:
no sé cómo no entiendes, alma mía,
que de tanto adorar se está matando.

Cómo puedes dudar, si en el exceso
de esta pasión, yo mismo me lo hiriera,
sólo porque a la herida se viniera
toda mi sangre desbordada en beso.

Pero ya el día, irremediablemente,
se va a morir más lúgubre[59] en su calma:
y más hundida en soledad mi alma,
te llora tan cercana y tan ausente.

Trágico paso el aposento mide . . .
Y allá al final de la alameda[60] oscura,
parece que algo tuyo se despide
en la desolación de mi ternura.

Glorioso en mi martirio, sólo espero
la perfección de padecer por ti.
Y es tan hondo el dolor con que te quiero,
que tengo miedo de quererte así.

Poemas solariegos, 1927

El labriego[61]

Sumido en una vaga grima[62] de patria ajena,
Traba el viejo lombardo, con zurdos recovecos,[63]
Sobre la presidiaria torpeza de los zuecos,[64]
Su marcha claudicante de edad y de faena.[65]

A la fibra de su árido celibato, la avena
Vincula el frágil garbo de sus tallos entecos,[66]
Y la austera magrura[67] de los campos resecos
Amasa un solo bloque con su carne morena.

Bajo la hebra de humo de la pringosa[68] pipa,
En sueño de hipotecas rurales anticipa
Con probidad astuta la renta del barbecho;[69]

Ráfagas estivales[70] entreabren su camisa,
Y el sudor empeñoso que evapora la brisa,
En rocío de fuerza brota sobre su pecho.

---

[58] sacrificara
[59] fúnebre, sombrío, triste
[60] paseo con muchos árboles
[61] Poema muy representativo de *Poemas solariegos* (1927), otra contribución de Lugones a los temas vernáculos y populares. Es un soneto alejandrino, con versos divididos en siete y siete. Las imágenes sorprendentes, el ritmo y las palabras rebuscadas y poco corrientes son para darle altura poética a cosas tan corrientes y, a veces, tan vulgares y anti-poéticas. Lugones vuelve a sorprender por sus hallazgos expresivos y metafóricos.
[62] desazón, disgusto y soledad que siente el emigrante
[63] *lombardo:* individuo de la Lombardía (región del norte de Italia). La inmigración italiana ha sido muy importante en la Argentina; *recovecos:* rincones, vueltas de un camino, calle o río.
[64] zapatos de madera o de cuero con suelas de madera
[65] tarea, trabajo
[66] delgaduchos, débiles
[67] flaqueza, delgadez; campos pobres, con pocos cultivos
[68] con grasa y sucia
[69] tierra que no se siembra durante cierto tiempo
[70] el viento fuerte del verano

Las fuerzas extrañas

Yzur[1]

Compré el mono en el remate[2] de un circo que había quebrado.[3]

La primera vez que se me ocurrió tentar la experiencia a cuyo relato están dedicadas estas líneas, fue una tarde, leyendo no sé dónde, que los naturales de Java[4] atribuían la falta de lenguaje articulado en los monos a la abstención, no a la incapacidad. «No hablan, decían para que no los hagan trabajar.»

Semejante idea, nada profunda al principio, acabó por preocuparme hasta convertirse en este postulado antropológico:

Los monos fueron hombres que por una u otra razón dejaron de hablar. El hecho produjo la atrofia de sus órganos de fonación y de los centros cerebrales del lenguaje; debilitó casi hasta suprimirla[5] la relación entre unos y otros, fijando el idioma de la especie en el grito inarticulado, y el humano primitivo descendió a ser animal.

Claro está que si llegara a demostrarse esto, quedarían explicadas desde luego[6] todas las anomalías que hacen del mono un ser tan singular; pero ello no tendría sino una demostración posible: volver el mono al lenguaje.[7]

Entretanto había corrido el mundo con el mío, vinculándolo cada vez más por medio de peripecias y aventuras. En Europa llamó la atención, y de haberlo querido, llego a darle la celebridad de un *Cónsul*;[8] pero mi seriedad de hombre de negocios mal se avenía con tales payasadas.

Trabajado por mi idea fija[9] del lenguaje de los monos, agoté toda la bibliografía concerniente al problema, sin ningún resultado apreciable. Sabía únicamente, con entera seguridad, *que no hay ninguna razón científica para que el mono no hable.* Esto llevaba cinco años de meditaciones.

Yzur (nombre cuyo origen nunca pude descubrir, pues lo ignoraba igualmente su anterior patrón), Yzur era ciertamente un animal notable. La educación del circo, bien que[10] reducida casi enteramente al mimetismo, había desarrollado mucho sus facultades; y esto era lo que me incitaba más a ensayar sobre él mi en apariencia[11] disparatada teoría.

Por otra parte, sábese que el chimpancé (Yzur lo era) es entre los monos el mejor provisto de cerebro y uno de los más dóciles, lo cual aumentaba mis probabilidades. Cada vez que lo veía avanzar en dos pies, con las manos a la espalda para conservar el equilibrio, y su aspecto de marinero borracho, la convicción de su humanidad detenida se vigorizaba en mí.

No hay a la verdad razón alguna para que el mono no articule absolutamente. Su lenguaje natural, es decir el conjunto de gritos con que se comunica a sus semejantes, es asaz[12] variado;

---

[1] Este cuento pertenece a su colección *Las fuerzas extrañas* (1906), que es la mejor. En una atmósfera seudocientífica y de misterio, el autor describe el proceso de enseñar a hablar a un mono, con mucha preocupación humana. El argumento en sí no es tan importante como las implicaciones de la narración: partiendo del misterio del origen de la vida humana y la teoría de que el hombre procede del mono, Lugones sugiere que los monos eran hombres que hablaban al principio y que dejaron de hacerlo, a pesar de tener todos los atributos de fonación, para no parecerse a los otros y protegerse de su rapacidad, explotación y vicios. Es uno de los mejores cuentos del autor.

[2] venta (subasta) pública

[3] ido a la bancarrota

[4] isla que forma parte de la República de Indonesia, en el Océano Índico

[5] eliminarla

[6] por supuesto

[7] obtener que el mono hable otra vez

[8] la referencia es al emperador romano Calígula (12–41 d.C.), quien nombró Cónsul de la república a su caballo «Incitato»

[9] idea constante

[10] aunque

[11] aparentemente

[12] bastante

su laringe, por más distinta que resulte de la humana, nunca lo es tanto como la del loro, que habla, sin embargo; y en cuanto a su cerebro, fuera de que[13] la comparación con el de este último animal desvanece toda duda, basta recordar que el del idiota es también rudimentario, a pesar de lo cual hay cretinos que pronuncian algunas palabras. Por lo que hace a la circunvolución de Broca,[14] depende, es claro, del desarrollo total del cerebro; fuera de que no está probado que ella sea *fatalmente*[15] el sitio de localización del lenguaje. Si es el caso de localización mejor establecido en anatomía, los hechos contradictorios son desde luego incontestables.

Felizmente los monos tienen, entre sus muchas malas condiciones, el gusto por aprender, como lo demuestra su tendencia imitativa; la memoria feliz, la reflexión que llega hasta una profunda facultad de disimulo[16] y la atención comparativamente más desarrollada que en el niño. Es, pues, un sujeto pedagógico de los más favorables.

El mío era joven además, y es sabido que la juventud constituye la época más intelectual del mono. La dificultad estribaba[17] solamente en el método que emplearía para comunicarle la palabra.

Conocía todas la infructuosas tentativas de mis antecesores; y está de más decir, que ante la competencia de algunos de ellos y la nulidad de todos sus esfuerzos, mis propósitos fallaron más de una vez cuando el tanto pensar sobre aquel tema fue llevándome a esta conclusión:

Lo primero consiste en desarrollar el aparato de fonación del mono.

Así es, en efecto, cómo se procede con los sordomudos antes de llevarlos a la articulación; y no bien hube reflexionado sobre esto, cuando las analogías entre el sordomudo y el mono se agolparon[18] en mi espíritu.

Primero de todo, su extraordinaria movilidad mímica que compensa al lenguaje articulado, demostrando que no por dejar de hablar se deja de pensar, así haya[19] disminución de esta facultad por la paralización de aquélla. Después, otros caracteres más peculiares por ser más específicos: la diligencia en el trabajo, la fidelidad, el coraje, aumentados hasta la certidumbre por estas dos condiciones cuya comunidad es verdaderamente reveladora: la facilidad para los ejercicios de equilibrio y la resistencia al mareo.[20]

Decidí, entonces, empezar mi obra con una verdadera gimnasia de los labios y de la lengua de mi mono, tratándolo en esto como a un sordomudo. En lo restante,[21] me favorecería el oído para establecer comunicaciones directas de palabra, sin necesidad de apelar al tacto. El lector verá que en esta parte prejuzgaba con demasiado optimismo.

Felizmente, el chimpancé es de todos los grandes monos el que tiene labios más movibles; y en el caso particular, habiendo padecido Yzur de anginas, sabía abrir la boca para que se la examinaran.

La primera inspección confirmó en parte mis sospechas. La lengua permanecía en el fondo de su boca, como una masa inerte, sin otros movimientos que los de la deglución. La gimnasia produjo luego su efecto, pues a los dos meses ya sabía sacar la lengua para burlar. Ésta fue la primera relación que conoció entre el movimiento de su lengua y una idea; una relación perfectamente acorde[22] con su naturaleza, por otra parte.

Los labios dieron más trabajo, pues hasta hubo que estirárselos con pinzas,[23] pero apreciaba— quizá por mi expresión—la importancia de aquella tarea anómala y la acometía con viveza. Mientras yo practicaba los movimientos labiales que debía imitar, permanecía sentado, rascándose la grupa[24] con su brazo vuelto hacia atrás y guiñando en una concentración dubitativa, o alisándose las patillas con todo el aire de un hombre que armoniza sus ideas por medio de ademanes[25] rítmicos. Al fin aprendió a mover los labios.

[13] aparte de que
[14] Broca, Paul: célebre médico francés (1824–1880), quien hizo estudios muy importantes del cerebro
[15] aquí significa: sin duda
[16] actuar con simulación, con intención oculta
[17] consistía
[18] se juntaron de pronto
[19] aunque haya
[20] vértigo, desvanecimiento
[21] después de eso
[22] de acuerdo
[23] utensilio de metal para coger objetos
[24] las asentaderas, la parte posterior
[25] gestos

Pero el ejercicio de lenguaje es un arte difícil, como lo prueban los largos balbuceos[26] del niño, que lo llevan, paralelamente con su desarrollo intelectual, a la adquisición del hábito. Está demostrado, en efecto, que el centro propio de las inervaciones vocales se halla asociado con el de la palabra en forma tal, que el desarrollo normal de ambos, depende de su ejercicio armónico; y esto ya lo había presentido[27] en 1785 Heinicke, el inventor del método oral para la enseñanza de los sordomudos, como una consecuencia filosófica. Hablaba de una «concatenación dinámica de las ideas,» frase cuya profunda claridad honraría a más de un psicólogo contemporáneo.

Yzur se encontraba, respecto al lenguaje, en la misma situación del niño que antes de hablar entiende ya muchas palabras; pero era mucho más apto para asociar los juicios que debía poseer sobre las cosas, por su mayor experiencia de la vida.

Estos juicios, que no debían ser sólo de impresión, sino también inquisitivos y disquisitivos,[28] a juzgar por el carácter diferencial que asumían, lo cual supone un raciocinio abstracto, le daban un grado superior de inteligencia muy favorable por cierto a mi propósito.

Si mis teorías parecen demasiado audaces, basta con reflexionar que el silogismo, o sea el argumento lógico fundamental, no es extraño a la mente de muchos animales. Como que[29] el silogismo es originariamente una comparación entre dos sensaciones. Si no, ¿por qué los animales que conocen al hombre huyen de él, y no aquellos que nunca lo conocieron? . . .

Comencé, entonces, la educación fonética de Yzur.

Tratábase de enseñarle primero la palabra mecánica, para llevarlo progresivamente a la palabra sensata.

Poseyendo el mono la voz—es decir, llevando esto de ventaja[30] al sordomudo, con más ciertas articulaciones rudimentarias—tratábase de enseñarle las modificaciones de aquélla, que constituyen los fonemas y su articulación,

llamada por los maestros estática o dinámica, según que se refiera a las vocales o a las consonantes.

Dada la glotonería del mono, y siguiendo en esto un método empleado por Heinicke con los sordomudos, decidí asociar cada vocal con una golosina: *a* con papa; *e* con leche; *i* con vino; *o* con coco; *u* con azúcar—haciendo de modo que la vocal estuviese contenida en el nombre de la golosina, ora con dominio único y repetido como en *papa, coco, leche*, ora reuniendo los dos acentos, tónico y prosódico, es decir como sonido fundamental: *vino, azúcar*.

Todo anduvo bien, mientras se trató de las vocales, o sea los sonidos que se forman con la boca abierta. Yzur los aprendió en quince días. La *u* fue lo que más le costó[31] pronunciar.

Las consonantes diéronme un trabajo endemoniado; y a poco hube de comprender que nunca llegaría a pronunciar aquéllas en cuya formación entran los dientes y las encías.[32] Sus largos colmillos lo estorbaban enteramente.

El vocabulario quedaba reducido, entonces, a las cinco vocales; la *b*, la *k*, la *m*, la *g*, la *f*, la *c*, es decir todas aquellas consonantes en cuya formación no intervienen sino el paladar y la lengua.

Aun para esto no me bastó el oído. Hube de recurrir al tacto como con un sordomudo, apoyando su mano en mi pecho y luego en el suyo para que sintiera las vibraciones del sonido.

Y pasaron tres años, sin conseguir que formara palabra alguna. Tendía a dar a las cosas, como nombre propio, el de la letra cuyo sonido predominaba en ellas. Esto era todo.

En el circo había aprendido a ladrar, como los perros sus compañeros de tareas; y cuando me veía desesperar ante las vanas tentativas para arrancarle la palabra, ladraba fuertemente como dándome todo lo que sabía. Pronunciaba aisladamente las vocales y consonantes, pero no podía asociarlas. Cuando más, acertaba con una repetición vertiginosa de *pes* y de *emes*.

Por despacio que fuera,[33] se había operado

---

[26] sonidos inarticulados, como de niños que están empezando a hablar
[27] previsto
[28] el resultado de curiosidad e investigación intelectual
[29] parece que

[30] teniendo esta ventaja sobre
[31] la más dura o difícil para él
[32] parte carnosa alrededor de los dientes
[33] a pesar de lo lento del proceso de aprender

un gran cambio en su carácter. Tenía menos movilidad en las facciones, la mirada más profunda, y adoptaba posturas meditabundas. Había adquirido, por ejemplo, la costumbre de contemplar las estrellas. Su sensibilidad se desarrollaba igualmente; íbasele notando una gran facilidad de lágrimas.[34]

Las lecciones continuaban con inquebrantable tesón,[35] aunque sin mayor éxito. Aquello había llegado a convertirse en una obsesión dolorosa, y poco a poco sentíame inclinado a emplear la fuerza. Mi carácter iba agriándose con el fracaso, hasta asumir una sorda animosidad contra Yzur. Éste se intelectualizaba más, en el fondo de su mutismo rebelde, y empezaba a convencerme de que nunca lo sacaría de allí, cuando supe de golpe[36] que no hablaba porque no quería.

El cocinero, horrorizado, vino a decirme una noche que había sorprendido al mono «hablando verdaderas palabras.» Estaba, según su narración, acurrucado junto a una higuera de la huerta; pero el terror le impedía recordar lo esencial de esto, es decir, las palabras. Sólo creía retener dos: *cama y pipa*. Casi le doy de puntapiés[37] por su imbecilidad.

No necesito decir que pasé la noche poseído de una gran emoción; y lo que en tres años no había cometido, el error que todo lo echó a perder,[38] provino del enervamiento de aquel desvelo, tanto como de mi excesiva curiosidad.

En vez de dejar que el mono llegara naturalmente a la manifestación del lenguaje, llamélo al día siguiente y procuré imponérsela por obediencia.

No conseguí sino las *pes* y las *emes* con que me tenía harto,[39] las guiñadas hipócritas y—Dios me perdone—una cierta vislumbre de ironía en la azogada ubicuidad de sus muecas.

Me encolericé,[40] y sin consideración alguna, le dí de azotes. Lo único que logré fue su llanto y un silencio absoluto que excluía hasta los gemidos.

A los tres días cayó enfermo, en una especie de sombría demencia complicada con síntomas de meningitis. Sanguijuelas,[41] afusiones frías, purgantes, revulsivos cutáneos, alcoholaturo de brionia, bromuro—toda la terapéutica del espantoso mal le fue aplicada. Luché con desesperado brío, a impulsos de un remordimiento y de un temor. Aquél por creer a la bestia una víctima de mi crueldad; éste por la suerte del secreto que quizá se llevaba a la tumba.

Mejoró al cabo de mucho tiempo, quedando, no obstante, tan débil, que no podía moverse de la cama. La proximidad de la muerte habíalo ennoblecido y humanizado. Sus ojos llenos de gratitud, no se separaban de mí, siguiéndome por toda la habitación como dos bolas giratorias, aunque estuviese detrás de él; su mano buscaba las mías en una intimidad de convalecencia. En mi gran soledad, iba adquiriendo rápidamente la importancia de una persona.

El demonio del análisis, que no es sino una forma del espíritu de perversidad, impulsábame, sin embargo, a renovar mis experiencias. En realidad el mono había hablado. Aquello no podía quedar así.

Comencé muy despacio, pidiéndole las letras que sabía pronunciar. ¡Nada! Dejélo solo durante horas, espiándolo por un agujerillo del tabique.[42] ¡Nada! Habléle con oraciones breves, procurando tocar su fidelidad o su glotonería. ¡Nada! Cuando aquéllas eran patéticas, los ojos se le hinchaban de llanto. Cuando le decía una frase habitual, como el «yo soy tu amo» con que empezaba todas mis lecciones, o el «tú eres mi mono» con que completaba mi anterior afirmación, para llevar a su espíritu la certidumbre de una verdad total, él asentía cerrando los párpados; pero no producía un sonido, ni siquiera llegaba a mover los labios.

Había vuelto a la gesticulación como único medio de comunicarse conmigo; y este detalle, unido a sus analogías con los sordomudos, redoblaba mis precauciones, pues nadie ignora la gran predisposición de estos últimos a las enfermedades mentales. Por momentos

---

[34] lloraba con mucha frecuencia
[35] con gran perseverancia
[36] de pronto, de súbito
[37] patadas, golpes con los pies
[38] lo arruinó
[39] enojado, cansado
[40] me enojé mucho
[41] un insecto chupador; aquí: método en medicina para hacer sangrías locales
[42] pared interior que divide una habitación de otra

deseaba que se volviera loco, a ver si el delirio rompía al fin su silencio.

Su convalecencia seguía estacionaria. La misma flacura, la misma tristeza. Era evidente que estaba enfermo de inteligencia y de dolor. Su unidad orgánica habíase roto al impulso de una cerebración anormal, y día más, día menos, aquél era caso perdido.[43]

Mas, a pesar de la mansedumbre que el progreso de la enfermedad aumentaba en él, su silencio, aquel desesperante silencio provocado por mi exasperación, no cedía. Desde un obscuro fondo de tradición petrificada en instinto, la raza imponía su milenario mutismo al animal, fortaleciéndose de voluntad atávica en las raíces mismas de su ser. Los antiguos hombres de la selva, que forzó al silencio, es decir al suicidio intelectual, quién sabe qué bárbara injusticia, mantenían su secreto formado por misterios de bosque y abismos de prehistoria, en aquella decisión ya inconsciente, pero formidable con la inmensidad de su tiempo.

Infortunios del antropoide retrasado en la evolución, cuya delantera tomaba el humano[44] con un despotismo de sombría barbarie, habían, sin duda, destronado a las grandes familias cuadrumanas del dominio arbóreo de sus primitivos edenes, raleando[45] sus filas, cautivando sus hembras para organizar la esclavitud desde el propio vientre materno, hasta infundir a su impotencia de vencidas el acto de dignidad mortal que las llevaba a romper con el enemigo el vínculo, superior también, pero infausto, de la palabra, refugiándose como salvación suprema en la noche de la animalidad.

Y qué horrores, qué estupendas sevicias no habrían cometido los vencedores con la semibestia en trance[46] de evolución, para que ésta, después de haber gustado el encanto intelectual que es el fruto paradisíaco de las biblias, se resignara a aquella claudicación[47] de su estirpe en la degradante igualdad de los inferiores;

a aquel retroceso que cristalizaba por siempre su inteligencia en los gestos de un automatismo de acróbata; a aquella gran cobardía de la vida que encorvaría eternamente, como en distintivo bestial, sus espaldas de dominado, imprimiéndole ese melancólico azoramiento[48] que permanece en el fondo de su caricatura.

He aquí lo que, al borde mismo del éxito,[49] había despertado mi malhumor en el fondo del limbo atávico. A través del millón de años, la palabra, con su conjuro, removía la antigua alma simiana; pero contra esa tentación que iba a violar las tinieblas de la animalidad protectora, la memoria ancestral, difundida en la especie bajo un instintivo horror, oponía también edad sobre edad como una muralla.

Yzur entró en agonía sin perder el conocimiento. Una dulce agonía a ojos cerrados, con respiración débil, pulso vago, quietud absoluta, que sólo interrumpía para volver de cuando en cuando hacia mí, con una desgarradora expresión de eternidad, su cara de viejo mulato triste. Y la última tarde, la tarde de su muerte, fue cuando ocurrió la cosa extraordinaria que me ha decidido a emprender esta narración.

Habíame dormitado a su cabecera,[50] vencido por el calor y la quietud del crepúsculo que empezaba, cuando sentí de pronto que me asían por la muñeca.

Desperté sobresaltado.[51] El mono, con los ojos muy abiertos, se moría definitivamente aquella vez, y su expresión era tan humana, que me infundió horror; pero su mano, sus ojos, me atraían con tanta elocuencia hacia él, que hube de inclinarme[52] inmediato a su rostro,[53] y entonces, con su último suspiro, el último suspiro que coronaba y desvanecía a la vez mi esperanza, brotaron—estoy seguro—brotaron en un murmullo (¿cómo explicar el tono de una voz que ha permanecido sin hablar diez mil siglos!) estas palabras cuya humanidad reconciliaba las especies:

—AMO, AGUA. AMO, MI AMO . . .

---

[43] caso sin esperanza
[44] el hombre lo había sobrepasado o había avanzado más que él
[45] haciendo claras. Quiere decir que el hombre disminuía el número de monos, exterminándolos o matándolos.
[46] en proceso de
[47] acto de ceder, faltar a sus deberes

[48] conturbación, sobresalto, susto
[49] cerca del triunfo, de la victoria
[50] estaba medio dormido cerca del lugar de la cama donde se pone la cabeza
[51] asustado, atemorizado de repente
[52] me incliné
[53] cerca de su cara

Ricardo Jaimes Freyre

BOLIVIA, 1868-1933

Al grupo de jóvenes escritores ansiosos de reformas que se formó alrededor de Rubén Darío a su llegada a Buenos Aires, perteneció el boliviano Ricardo Jaimes Freyre, quien llegó a distinguirse como profesor, historiador, diplomático, poeta y escritor. Fue uno de los fundadores con Darío de la *Revista de América* (1894) con la aspiración de convertirla en el órgano oficial del movimiento renovador ya en camino. Su estrecha amistad con Darío y Lugones tuvo mucho que ver con la rápida consolidación del nuevo movimiento literario. Al propio tiempo, es uno de los modernistas más representativos, sobre todo de la primera etapa, y ejerció una influencia muy amplia y directa en los demás poetas de la época.

Desde el punto de vista de la renovación técnica y formal llegó más lejos que ningún otro modernista y fue el único en dejar una preceptiva poética con el título de *Leyes de la versificación castellana* (1912) en la que recoge muchas ideas de González Prada. Puso en práctica en sus propios versos muchas de las innovaciones que postulaba en su famoso tratado. Jaimes Freyre dejó solamente dos libros de poesía, a más de muchos versos sueltos publicados en periódicos y revistas. La crítica considera su primer libro, *Castalia bárbara* (1899) como su obra maestra. Parece que el título y el tono general del estilo le fue inspirado por los *Poèmes barbares* de Leconte de Lisle. Otro aspecto en que Jaimes Freyre parece casi único es en su casi total evasión hacia los mitos y ambientes nórdicos y de la Edad Media, aunque a menudo muestra preocupación social y política. Guiada por su potente fantasía, su poesía rompe casi por completo con la realidad circundante y recrea mundos imaginarios y lejanos de gran poder sugerente. Bajo la influencia del Simbolismo nos ofrece una poesía muy rica musicalmente, exquisita. Mediante tonos vagos e imprecisos, que recuerdan mucho la niebla del ensueño, pinta con gran justeza el mundo nórdico con sus dioses, paisajes, flores, vegetación, mitos y leyendas. Es uno de los casos de evasión más radical de todo el Modernismo. Poesía de gran elegancia y perfección en la que se combinan un gran sentido musical y rítmico. En esos mundos exóticos hacia los que lo lleva su evasión, encuentra marco propicio para expresar sus inquietudes, muchas de ellas de trascendencia metafísica. Es poesía construída a base de símbolos, predominando en ella, como bien ha dicho Federico de Onís, «el sentimiento de lo dramático, lo tenebroso, lo lejano, lo extraño.»*

Su segundo libro de poesía titulado *Los sueños son vida* (1917) nos lo muestra también como un poeta muy consciente de su oficio, y con una constante ansia de perfección artística. En éste sigue, más o menos, las mismas líneas temáticas de su producción poética. En toda su poesía se destaca por el uso de gran variedad de metros, siguiendo de cerca las innovaciones de González Prada, y con los cuales ejerció mucha influencia

---

* *Antología de la poesía española e hispanoamericana*, Nueva York, Las Américas, 1961, pág 363

en todo el movimiento. Su breve obra lo acredita como un prototipo del poeta exquisito, de gran poder para el símbolo y para la creación de ambientes lejanos de la vida cotidiana. Jaimes Freyre jugó un papel de primera importancia en los primeros momentos del Modernismo y con influencia comparable, en muchos aspectos, a la ejercida por Darío y Lugones en ese instante inicial. Con razón ha dicho Max Henríquez Ureña —el más grande historiador del Modernismo— que «Jaimes Freyre fue un revolucionario de la métrica que hizo gala de virtuosismo; esa fue su significación más alta dentro del Modernismo. Su obra poética subsiste como una de las más sabias y elegantes de la lírica hispanoamericana».**

FUENTES: *Poesías completas*, Buenos Aires, Claridad, 1944. Selección y prólogo de Eduardo Joubin Colombres. *Poesías completas: Leyes de la versificación castellana*, La Paz, Bolivia, Ministerio de Educación Pública, 1957. Prólogo de Fernando Diez Medina.

Castalia bárbara

1899

El canto del mal[1]

Canta Lok[2] en la oscura región desolada,
y hay vapores de sangre en el canto de Lok.[3]
El Pastor apacienta[4] su enorme rebaño de hielo,
que obedece,—gigantes[5] que tiemblan,—la voz del Pastor.
Canta Lok a los vientos helados que pasan,
y hay vapores de sangre en el canto de Lok.

Densa bruma se cierne.[6] Las olas se rompen
en las rocas abruptas,[7] con sordo fragor.
En su dorso[8] sombrío se mece la barca salvaje
del guerrero de rojos cabellos, huraño y feroz.
Canta Lok a las olas rugientes que pasan,
y hay vapores de sangre en el canto de Lok.

** *Breve historia del modernismo*, 2a edición, México, Fondo de Cultura Económica, 1962, pág 182

[1] Este poema está escrito en una especie de sextinas, pero de versos libres con excepción del 2°, 4° y 6° que son agudos y con rima asonante. En todas las estrofas los versos 1°, 2°, 5° y 6° son de 13 sílabas (divididos en unidades de siete y seis sílabas) y el 3° y 4° son de 16 sílabas (siete y nueve). Resulta una combinación muy audaz, según los experimentos que tanto gustaban al poeta. Nótese qué bien sabe recrear el misterio y el esplendor fantástico del mundo escandinavo.

[2] o Loki: dios de la mitología nórdica que representa el fuego y el espíritu del demonio y del mal del cual surge toda la angustia e infelicidad de los hombres; está en lucha constante contra otras deidades, hombres y gigantes.

Su eterno instinto destructivo parece simbolizar ese instinto de la humanidad.

[3] Este verso se repite cuatro veces: 2°, 6°, 12°, 18°; la forma reiterativa es para destacar la ferocidad de esa divinidad.

[4] da pastos a los ganados

[5] Los gigantes son divinidades diferentes de los otros dioses, y de los hombres; personifican las fuerzas ciegas de la naturaleza. Aquí los gigantes son el hielo, un elemento natural. También están en lucha continua con los dioses y los humanos.

[6] se introduce, penetra; a veces, se fecunda

[7] escarpadas, cortadas drásticamente

[8] revés; aquí significa parte superior y convexa

Cuando el himno del hierro se eleva al espacio
y a sus ecos responde siniestro clamor,
y en el foso, sagrado y profundo, la víctima busca,
con sus rígidos brazos tendidos, la sombra de Dios,[9]
canta Lok a la pálida Muerte que pasa
y hay vapores de sangre en el canto de Lok.[10]

Los elfos[11]

Envuelta en sangre y polvo la jabalina,[12]
en el tronco clavada de añosa[13] encina,
a los vientos que pasan cede y se inclina,
envuelta en sangre y polvo la jabalina.

Los Elfos de la oscura selva vecina
buscan la venerable, sagrada encina.
Y juegan. Y a su peso[14] cede y se inclina
envuelta en sangre y polvo la jabalina.

Con murmullos y gritos y carcajadas,[15]
llena la alegre tropa las enramadas;[16]
y hay rumores de flores y hojas holladas,[17]
y murmullos y gritos y carcajadas.

Se ocultan en los árboles sombras calladas,
en un rayo de luna pasan las hadas:
llena la alegre tropa las enramadas
y hay rumores de flores y hojas holladas.[18]

En las aguas tranquilas de la laguna,
más que en el vasto cielo, brilla la luna;
allí duermen los albos cisnes de Iduna,[19]
en la margen tranquila de la laguna.

Cesa ya la fantástica ronda importuna,
su lumbre melancólica vierte la luna,
y los Elfos se acercan a la laguna
y a los albos,[20] dormidos cisnes de Iduna.

Se agrupan silenciosos en el sendero,[21]
lanza la jabalina brazo certero;
de los dormidos cisnes hiere al primero,
y los Elfos los espían desde el sendero.

Para oír el divino canto postrero[22]
blandieron el venablo[23] del caballero,
y escuchan, agrupados en el sendero,
el moribundo, alado canto postrero.[24]

---

[9] Nótese la coexistencia de paganismo nórdico con la visión al parecer del Dios cristiano, muy típica de Jaimes Freyre. Da la impresión de que Dios no hace o no puede hacer nada en favor de la víctima.

[10] A pesar del llamado a Dios, la víctima muere a manos del feroz Lok.

[11] Cuartetos monorrimos de versos dodecasílabos (siete y cinco) con rima consonante. Cada dos estrofas tienen la misma rima. A menudo se repite el mismo verso, a veces con ligeras variantes de palabras. Los elfos simbolizan la tierra, el fuego y el genio del bien en la mitología germánica.

[12] Este verso se repite: 1°, 4°, 8°.

[13] vieja

[14] debido al peso de sus cuerpos

[15] Este verso se repite con pequeñas variantes: 9°, 12°, 16°.

[16] Véase verso 15°.

[17] Véase verso 16°.

[18] pisoteadas, oprimidas, abatidas

[19] en la mitología nórdica, la diosa de la primavera, cuyas manzanas producían la juventud eterna a quien las comiese

[20] blancos. Nótese la referencia a los cisnes, tan típica de casi todos los modernistas.

[21] camino

[22] último

[23] flecha o jabalina

[24] El verso primero y cuarto de esta última estrofa terminan con la frase «canto postrero». Recuérdese la leyenda de que el cisne cantaba siempre antes de morir.

La noche[25]

Agitadas por el viento se mecen las negras ramas;
el tronco, lleno de grietas,[26] al rudo empuje vacila,
y entre el musgo donde vagan los rumores de la noche
rompen la tierra y se asoman las raíces de la encina.

Van las nubes por el cielo. Son Endriagos[27] y Quimeras[28]
y enigmáticas Esfinges de la fiebre compañeras,
y Unicornios[29] espantables y Dragones, que persigue
la compacta muchedumbre de las venenosas Hidras;[30]
y sus miembros desgarrados[31] en las luchas silenciosas
ocultan con velo denso la faz de la luna lívida.

Saltan sombras de las grietas del viejo tronco desnudo,
y hacia la selva en fantástica carrera se precipitan,[32]
sobre el musgo donde vagan los rumores de la noche
y amenazantes se yerguen[33] las raíces de la encina.

Extraños seres que visten singulares vestiduras,
y abandonan sus heladas, misteriosas sepulturas,
en el sueño pavoroso de una noche que no acaba . . .
Mientras luchan en el cielo los Dragones y las Hidras,
y sus miembros desgarrados en los choques silenciosos,
ocultan con velo denso la faz de la luna lívida.[34]

Hoc signum[35]

Secos sus ojos turbios el villano,
y con paso medroso y vacilante,
fue a postrarse[36] ante un Cristo agonizante,
símbolo eterno del tormento humano.

—¡Piedad, Señor!—Su labio palpitante
por decir su dolor pugnaba[37] en vano;
y extendió el Cristo su llagada mano
y brilló la piedad en el semblante.

—¡Señor, venganza!—En la profunda herida
abierta en un costado, una encendida
gota de sangre apareció[38] . . . El villano

sonrió entre las sombras . . . En sus ojos
había extraños resplandores rojos
y una ancha daga en su crispada[39] mano.

---

[25] La noche, según la mitología germánica era hija de uno de los gigantes y diosa de esa parte del día. El poema está escrito en versos de 16 sílabas (ocho y ocho). La segunda y última estrofa son sextinas, sus dos primeros versos rimando entre sí con rima consonante. El resto de los versos pares son asonantados
[26] aberturas en una roca, tabla, pared, etc.
[27] monstruos legendarios
[28] O Chimaera: ser fabuloso cuyo cuerpo se formaba de una cabeza de león, cuerpo de cabra y cola de dragón. Era muy feroz porque despedía llamas. Figurativamente se usa como objetivo o ideal muy difícil de lograr.
[29] monstruo fabuloso, tenía cuerpo de caballo y un cuerno en su frente

[30] serpientes marinas fabulosas
[31] rotos, despedazados
[32] corren rápidamente
[33] se levantan
[34] repite el último verso de la segunda estrofa
[35] Latín: este signo
Soneto endecasílabo al estilo clásico con el característico estilo del poeta
[36] arrodillarse
[37] luchaba
[38] da una visión muy pictórica y visual
[39] contraída, nerviosa

Siempre[40]

¡Tú no sabes cuánto sufro! ¡Tú, que has puesto más tinieblas
en mi noche, y amargura más profunda en mi dolor!
Tú has dejado, como el hierro que se deja en una herida,
en mi oído la caricia dolorosa de tu voz.

Palpitante[41] como un beso; voluptuosa como un beso;
voz que halaga y que se queja; vos de ensueño y de dolor . . .
Como sigue el ritmo oculto de los astros el oceano,[42]
mi ser todo sigue el ritmo misterioso de tu voz.

¡Oh, me llamas y me hieres! Voy a ti como un sonámbulo,
con los brazos extendidos en la sombra y el dolor . . .
Tú no sabes cuánto sufro; cómo aumenta mi martirio
temblorosa y desolada, la caricia de tu voz.

¡Oh, el olvido! ¡El fondo oscuro de la noche del olvido,
donde guardan los cipreses el sepulcro del Dolor![43]
Yo he buscado el fondo oscuro de la noche del olvido,
y la noche se poblaba con los ecos de tu voz.

Los sueños son vida

1917

Lo fugaz[1]

La rosa temblorosa
se desprendió[2] del tallo,
y la arrastró la brisa
sobre las aguas turbias del pantano.[3]

Una onda fugitiva
le abrió su seno[4] amargo,
y estrechando a la rosa temblorosa
la deshizo en sus brazos.

Flotaron sobre el agua
las hojas como miembros mutilados,[5]
y confundidas con el lodo negro,
negras, aun más que el lodo, se tornaron.

Pero en las noches puras y serenas
se sentía vagar en el espacio
un leve olor de rosa[6]
sobre las aguas turbias del pantano.

---

[40] Especie de cuartetos de 16 sílabas (ocho y ocho), con rima asonante en los versos pares que son siempre agudos y las mismas palabras, voz y dolor. Repite mucho palabras que expresan dolor (sufrimiento, sufrir, dolor) y olvido (noche, sepulcro, olvido). Según el poema lo único que es para «Siempre» es el dolor.
[41] emocionante
[42] Se le quita el acento de la «e» en uso de una licencia poética y entonces el verso tiene 16 sílabas.
[43] La última vez que menciona la palabra dolor la escribe con mayúscula para destacar que es lo que siempre lo acompaña.

[1] Uno de los poemas más famosos de Jaimes Freyre; combina versos de siete y once sílabas, a capricho.
[2] se separó, se cayó
[3] Este verso es también el último del poema.
[4] intimidad, interior
[5] cortados, lisiados, amputados
[6] La efímera vida de la rosa parece simbolizar la brevedad de la existencia; aunque la vida es corta y el hombre a veces se mezcla a lo sucio y bajo, el alma superior siempre hará el bien—representado en el perfume— a los demás.

JOSÉ SANTOS CHOCANO

PERÚ, 1875-1934

Pocos poetas hispanoamericanos han logrado la fama que alcanzó este peruano en las primeras décadas de este siglo. En España se le llamó el «poeta de la raza» y cuando se propuso ser «el cantor de América», así lo proclamaron muchos, tanto en España como en la América hispana. Era de temperamento activo, apasionado y violento. Llevó una vida política bastante turbulenta y su anhelo de grandes negocios lo condujo a la muerte cuando un socio para un negocio de busca de tesoros se consideró defraudado por él. Se convirtió en la figura más importante del débil movimiento modernista en el Perú. Su modernismo es bastante especial porque mientras por un lado tiene la obsesión de la renovación técnica y formal —en la que muestra buenos conocimientos— huye de los temas exóticos o cosmopolitas propios de la mayoría de los modernistas. Aunque escribió más de una docena de libros e inclusive ensayó el teatro con muy poco éxito, apenas hay tres que sobreviven la acción del tiempo y eso por poemas aislados más que por su contenido total. Ellos son: *Selva virgen* (1898), y especialmente *Alma América* (1906), su mejor obra de conjunto, y *Fiat Lux* (1908).

Al analizar la obra poética, nada escasa, de José Santos Chocano, nos encontramos con una variedad de matices que es necesario destacar. Su momento típicamente modernista es aquél en que al igual que Darío y otros modernistas, cultiva una poesía preciosista, con exquisiteces, refinamiento y ansia de perfección formal. Buen ejemplo de esa tonalidad son sus poemas «El pavo real», «En el diván», «Asunto Watteau», «Pagana», «Troquel», «Magnolia». Las influencias más directas son las de Rubén Darío y los parnasianos, principalmente Heredia. Pero la nota más firme de su poesía rehuye de la evasión, para hacer de los motivos americanos, su centro poético. Como poeta de América canta la naturaleza (árboles, paisajes, animales, flores, plantas) así como al hombre americano. Su interpretación es bastante exterior, debido a la influencia de los parnasianos. En la interpretación de todas las gamas de la naturaleza están muchos de sus mejores aciertos. Es entonces el cantor realista, guiado por un gran sentimiento del mundo físico. También muestra inquietud política y social. En su poesía de preocupación social tiene gran humanitarismo, sobre todo cuando canta las desdichas del indio, pero no ahonda en su drama económico y social. Interpretando un momento histórico, supo ver la solidaridad del mundo de habla española después de la guerra entre España y los Estados Unidos (1898), que lo lleva a una defensa de la herencia cultural e histórica de carácter hispánico. Es la época en que celebra su doble ancestro español e indio, canta a los conquistadores y al genio de la raza. Puso demasiado oído a estos momentos históricos, de aquí que muchos de sus versos sean más bien circunstanciales y no de valores permanentes.

Pero no todo es poesía descriptiva en Chocano. También encontramos en su obra un tono confidencial y hondo en que expresa su desasosiego espiritual, bien patente en los famosos versos de «Nostalgia»:

> Hace ya diez años
> que recorro el mundo.
> ¡He vivido poco!
> ¡Me he cansado mucho!
> Quien vive de prisa no vive de veras:
> quien no echa raíces no puede dar frutos.

También tiene algunos poemas en que canta al amor y aquí tenemos su poema «De viaje», que debería estar en toda poesía amatoria escrita en este continente, por su finura, imágenes y desarrollo de la idea poética. En su libro *Fiat Lux*, ya mencionado tiene algunos poemas como «La canción del camino», que por la audacia de imágenes, la evocación del ambiente y su ritmo, son como anuncios de la poesía vanguardista que vendría después.

José Santos Chocano llegó a ser uno de los poetas más populares por su poesía de tono declamatorio sobre distintos motivos relacionados con la raza hispánica y un momento histórico determinado. Contribuyeron también a esa fama sus poemas inspirados en una amplia gama de motivos americanos. Con el transcurso del tiempo, su fama ha decaído considerablemente, aunque hasta los más exigentes reconocen un limitado número de poemas que por su estilo deben perdurar entre lo mejor escrito en Hispanoamérica.

FUENTES: *Obras completas*, Madrid, Aguilar, 1954. Prólogo de Luis Alberto Sánchez. *Antología poética*, 3a. edición, Buenos Aires, Espasa-Calpe, Argentina, 1952. Selección y prólogo de Alfonso Escudero.

Alma América

1906

Blasón[1]

Soy el cantor de América autóctono y salvaje:
mi lira tiene un alma, mi canto un ideal.
Mi verso no se mece colgado de un ramaje
con un vaivén pausado de hamaca tropical . . .

Cuando me siento Inca,[2] le rindo vasallaje
al Sol, que me da el cetro[3] de su poder real;
cuando me siento hispano y evoco el coloniaje,
paracen mis estrofas trompetas de cristal.

Mi fantasía viene de un abolengo[4] moro:
los Andes son de plata, pero el León de oro;
y las dos castas fundo con épico fragor.[5]

La sangre es española e incaico es el latido;
y de no ser Poeta, quizás yo hubiera sido
un blanco Aventurero o un indio Emperador.

---

[1] Soneto alejandrino en el que el poeta expresa su ideal de ser «el cantor de América» y muestra orgulloso su doble sangre, india y española. *Blasón*: escudo de armas; gloria u honor. Aquí también representa una especie de declaración de principios poéticos.
[2] Entre los Incas del Perú, «el Inca» era el emperador y se

suponía descendiente directo del Sol, el dios principal de su religión.
[3] insignia de mando o de poder supremo
[4] ancestro, estirpe
[5] ruido, estruendo

Las orquídeas[6]

Caprichos de cristal, airosas galas
de enigmáticas formas sorprendentes,
diademas propias de apolíneas frentes,
adornos dignos de fastuosas[7] salas.

En los nudos de tu tronco hacen escalas;
y ensortijan sus tallos de serpientes
hasta quedar en la altitud pendientes
a manera de pájaros sin alas.

Tristes como cabezas pensativas,
brotan ellas, sin torpes ligaduras
de tirana raíz, libres y altivas;[8]

porque también, con lo mezquino en guerra,[9]
quieren vivir, como las almas puras,
sin un solo contacto con la tierra[10] . . .

La epopeya del Pacífico[11]

(A la manera yanki)

I

Los Estados Unidos, como argolla de bronce,
contra un clavo torturan de la América un pie;
y la América debe, ya que aspira a ser libre,
imitarles primero e igualarles después.
Imitemos, ¡oh, musa!, las crujientes[12] estrofas
que en el Norte se mueven con la gracia de un
                                                      tren;
y que giren las rimas como ruedas veloces;
y que caigan los versos como varas de riel.[13]

II

Desconfiemos del Hombre de los ojos azules,
cuando quiera robarnos al calor del hogar
y con pieles de búfalo un tapiz nos regale,
y lo clave con discos de sonoro metal,
aunque nada es huírle, si imitarle no quieren
los que ignoran, gastándose en belígero afán,[14]
que el trabajo no es culpa de un Edén ya per-
                                                      dido,
sino el único medio de llegarlo a gozar.

III

Pero nadie se duela de futuras conquistas;
nuestras selvas no saben de una raza mejor,
nuestros Andes ignoran lo que importa ser blanco,
nuestros ríos desdeñan lo que vale un sajón;
y, así, el día en que un pueblo de otra raza se atreva
a explorar nuestras patrias, dará un grito de horror,
porque el miasma y la fiebre y el reptil y el pantano
le hundirán en la tierra, bajo el fuego del Sol.

---

[6] Soneto endecasílabo en el tono exquisito y preciosista, a ratos cultivado por Chocano como buen modernista. Usa las orquídeas como símbolo de la vida pura, altiva, alejada de la realidad vulgar.
[7] pomposas, magnificentes
[8] arrogantes, orgullosas
[9] luchan contra lo bajo, vulgar
[10] Recuérdese que la evasión de muchos modernistas significaba una ruptura con la realidad.

[11] Este poema expresa el temor de los países hispanoamericanos ante la expansión de los Estados Unidos en el siglo XIX. Está escrito en octavas de alejandrinos con rima asonante aguda en los versos pares; los impares son libres.
[12] ruidosos
[13] carril, línea de hierro del ferrocarril
[14] deseo guerrero vehemente

IV

No podrá ser la raza de los blondos cabellos[15]
la que al fin rompa el Istmo . . . Lo tendrán que romper
veinte mil antillanos de cabezas oscuras,
que hervirán en las brechas[16] cual sombrío tropel.[17]
Raza de las Pirámides, raza de los asombros:
faro en Alejandría, templo en Jerusalen;
¡raza que exprimió sangre sobre el romano circo
y que exprimió sudores sobre el canal de Suez!

V

Cuando corten el nudo que Natura ha formado,
cuando entreabran las fauces del sediento canal,[18]
cuando al golpe de vara de un Moisés en las rocas[19]
solemnemente arrójese uno contra otro mar,
en el único instante del titánico encuentro,
un aplauso de júbilo esos mares darán,
que se eleve en los aires a manera de un brindis,[20]
cual chocasen dos vasos de sonoro cristal . . .

VI

El canal será el golpe que abrir le haga las manos
y le quite las llaves del gran río[21] al Brasil;
porque nuestras montañas rendirán sus tributos
a las naves[22] que lleguen hasta el puerto feliz,
cuando luego de Paita,[23] con enérgico trazo,
amazónica margen solicite el carril,
y el Pacífico se una con el épico río,
y los trenes galopen sacudiendo su crin[24] . . .

VII

¡Oh, la turba[25] que, entonces, de los puertos vibrantes
de la Europa latina llegará a esa región!
Barcelona, Havre, Génova, en millares de manos,
mirarán los pañuelos desplegando un adiós . . .
Y el latino que sienta del vivaz Mediodía[26]
ese sol en la sangre parecido a este sol,
poblará nuestros bosques y vendrá desde Europa,
¡por el propio camino que le alista[27] el sajón!

---

[15] pelos rubios
[16] aberturas, boquetes
[17] multitud sin orden ni disciplina
[18] se refiere al actual Canal de Panamá
[19] alusión a un pasaje bíblico (veáse el *Éxodo*)
[20] acción de brindar, beber a la salud de una o varias personas
[21] río Amazonas, que cruza por el territorio de varios países

de la América del Sur, sobre todo por el extenso Brasil
[22] barcos
[23] puerto del Perú
[24] metáfora de gran fuerza y belleza. Una cosa (*tren*) realiza acciones propias de un caballo (*galopar y sacudir la crin*)
[25] populacho, multitud
[26] Sur
[27] prepara, dispone

VIII

Vierte, ¡oh, musa!, tus cantos, como linfas que corren
y que fingen corriendo milagroso Jordán,
donde América puede redimir sus pecados,
refrescar sus fatigas, sus miserias lavar;
y, después que en el baño quede exenta de culpa,
enjugarse las aguas y envolverse quizás
entre sábanas puras, que se tiendan al viento,
¡como blancas banderas de Trabajo y de Paz!

El sueño del caimán[28]

Enorme tronco que arrastró la ola,
yace el caimán varado en la ribera:
espinazo de abrupta cordillera,[29]
fauces de abismo y formidable cola.

El sol lo envuelve en fúlgida aureola;
y parece lucir cota y cimera,[30]
cual monstruo de metal que reverbera
y que al reverberar se tornasola.

Inmóvil como un ídolo sagrado,
ceñido en mallas de compacto acero,
está ante el agua extático y sombrío,

a manera de un príncipe encantado
que vive eternamente prisionero
en el palacio de cristal de un río.

Fiat lux[1]

1908

De viaje[2]

Ave de paso,[3]
fugaz viajera desconocida:
fue sólo un sueño, sólo un capricho, sólo un acaso;
duró un instante, de los que llenan toda una vida.

No era la gloria del paganismo,
no era el encanto de la hermosura plástica y necia:
era algo vago, nube de incienso, luz de idealismo.
No era la Grecia,
¡era la Roma del cristianismo!

---

[28] Soneto endecasílabo, uno de los más perfectos escritos por el poeta peruano, tanto por la precisión de las imágenes como por su ejecución poética, en la que sobresale el bello «cierre» (final).

[29] El lomo del animal parece un sistema de montañas.

[30] *cota*: armadura antigua en forma de malla; vestidura real; *cimera*: adorno en la parte superior del casco

[1] Latín: «Hágase o sea la luz».

[2] Poema de estructura polimétrica hecha a base de unidades rítmicas de cinco sílabas. Es uno de los poemas amorosos más bellos de la lengua española, por su finura, delicadeza y las imágenes.

[3] que sigue su viaje sin detenerse mucho en cada lugar

Alredor⁴ era de sus dos ojos —¡oh, qué ojos ésos!—
que las facciones de su semblante desvanecidas
fingían trazos de un pincel tenue, mojado en besos,
rediviviendo sueños pasados y glorias idas . . .

Ida es la gloria de sus encantos;
pasado el sueño de su sonrisa.
Yo lentamente sigo la ruta de mis quebrantos;
¡ella ha fugado como un perfume sobre una brisa!

Quizás ya nunca nos encontremos;
quizás ya nunca veré a mi errante desconocida;
quizás la misma barca de amores empujaremos,
ella de un lado, yo de otro lado, como dos remos,
¡toda la vida bogando juntos y separados toda la vida! . . .⁵

Nostalgia⁶

Hace ya diez años
que recorro el mundo,
¡He vivido poco!
¡Me he cansado mucho!
Quien vive de prisa no vive de veras:⁷
quien no echa raíces no puede dar frutos.
Ser río que corre, ser nube, que pasa,
sin dejar recuerdos ni rastro⁸ ninguno,
es triste; y más triste para quien se siente
nube en lo elevado, río en lo profundo.
Quisiera ser árbol mejor que ser ave;⁹
quisiera ser leño mejor que ser humo,
y al viaje que cansa
prefiero el terruño:¹⁰
la ciudad nativa, con sus campanarios,
arcaicos balcones, portales vetustos¹¹
y calles estrechas, como si las casas
tampoco quisieran separarse mucho . . .

Estoy en la orilla
de un sendero abrupto.
Miro la serpiente de la carretera,
que en cada montaña da vueltas a un nudo,
y entonces comprendo que el camino es largo,
que el terreno es brusco,
que la cuesta es ardua,
que el paisaje es mustio . . .
¡Señor!, ya me canso de viajar, ya siento
nostalgia, ya ansío descansar muy junto
de los míos . . . Todos rodearán mi asiento
para que les diga mis penas y triunfos;
y yo, a la manera del que recorriera
un álbum de cromos, contaré con gusto
las mil y una noches de mis aventuras,
y acabaré en esta frase de infortunio:
—¡He vivido poco!
¡Me he cansado mucho!

---

⁴ alrededor
⁵ En una bella imagen expresa el gran dolor de tener cerca a la mujer amada y no ser dueño de su amor.
⁶ este es uno de los poemas más famosos de Chocano. La primera estrofa (cuatro versos de seis sílabas) es el leimotiv. El resto de los versos son dodecasílabos (seis y seis) con rima asonante en los pares; los impares son libres. Poesía intimista, de sentimientos subjetivos, otra de las modalidades de los versos del peruano. Aunque era hombre de gran actividad, aquí muestra su amor por la vida tranquila y estable.
⁷ de verdad
⁸ huella, marca
⁹ El poeta prefiere la vida estable y tranquila, en un solo lugar, a la existencia errante, de un lugar a otro, que ha llevado siempre.
¹⁰ tierra nativa
¹¹ antiguos, viejos

La canción del camino[12]

Era un camino negro.
La noche estaba loca de relámpagos.[13] Yo iba
en mi potro salvaje
por la montaña andina.
Los chasquidos alegres de los cascos
como masticaciones de monstruosas mandí-
                                bulas,[14]
destrozaban los vidrios invisibles
de las charcas[15] dormidas.
Tres millones de insectos
formaban una como rabiosa inarmonía.

Súbito,[16] allá, a lo lejos,
por entre aquella mole doliente y pensativa
de la selva,
vi un puñado de luces, como en tropel de
                                avispas.
¡La posada![17] El nervioso
látigo persignó la carne viva
de mi caballo, que rasgó los aires
con un largo relincho de alegría.

Y como si la selva
lo comprendiese todo, se quedó muda y fría.

Y hasta mí llegó, entonces,
una voz clara y fina
de mujer que cantaba. Cantaba. Era su canto
una lenta . . ., muy lenta . . . melodía;
algo como un suspiro que se alarga
y se alarga y se alarga . . . y no termina.

Entre el hondo silencio de la noche
y al través del reposo de la montaña, oíanse
los acordes[18]
de aquel canto sencillo de una música íntima,
como si fuesen voces que llegaran
desde la otra vida . . .

Sofrené[19] mi caballo,
y me puse a escuchar lo que decía:

— Todos llegan de noche,
todos se van de día . . .

Y formándole dúo,
otra voz femenina
completó así la endecha[20]
con ternura infinita:

—El amor es tan sólo una posada
en mitad del camino de la vida . . .

Y las dos voces luego
a la vez repitieron con amargura rítmica:

— Todos llegan de noche,
todos se van de día . . .

Entonces, yo bajé de mi caballo
y me acosté en la orilla
de una charca.
Y fijo en ese canto que venía
a través del misterio de la selva,
fui cerrando los ojos al sueño y la fatiga.[21]
Y me dormí, arrullado; y desde entonces,
cuando cruzo las selvas por rutas no sabidas,
jamás busco reposo en las posadas;
y duermo al aire libre mi sueño y mi fatiga,
porque recuerdo siempre
aquel canto sencillo de una música íntima:

— Todos llegan de noche,[22]
todos se van de día.
El amor es tan sólo una posada
en mitad del camino de la vida . . .

---

[12] Publicada en el libro *Oro de Indias IV* (1941), con el título de «Nocturno 18». Por la audacia de imágenes y cierto hermetismo, anuncia el Vanguardismo. Poema polimétrico con una misma rima asonante en los versos pares; los impares son libres.
[13] Metáfora muy adecuada para expresar una noche muy tempestuosa.
[14] El ruido de los cascos sobre las piedras del camino parecen bocas enormes comiendo.
[15] hoyos (huecos) en la tierra, llenos de agua
[16] de pronto

[17] hotel, casa de huéspedes, casa con habitaciones, por lo general cerca de los caminos
[18] los ritmos, las armonías
[19] tiré violentamente de las riendas para moderar el paso del caballo
[20] canción triste y melancólica
[21] se fue durmiendo debido al sueño y el cansancio
[22] El amor para los caminantes y viajeros es algo pasajero, dura muy poco y apenas deja huella, pero hace sufrir a los que han creído en él.

Julio Herrera y Reissig

URUGUAY, 1875-1910

Una serie de desgracias personales (la ruina económica de su familia, su incapacidad de adaptación al medio y una afección cardíaca desde muy joven) lo inclinó a una actitud altiva y de aristocratismo literario. Al divorciarse radicalmente de la realidad circundante, cultivó la evasión hacia lo irreal, lo fantástico y el ensueño, produciendo una poesía de fuerte tono personal. Desde su tertulia del desván de su casa, llamada «La Torre de los Panoramas», se erigió en el iniciador de la renovación literaria más amplia del Uruguay, dando inicio a la valiosa literatura contemporánea de ese país. Más tarde, según se fue conociendo su obra, su influencia se proyectó hacia gran número de poetas hispanoamericanos de todas las latitudes. Ese influjo tocó muy de cerca a muchos modernistas, pero era tan moderna su técnica que los «nuevos» que adjuraban de otros modernistas, lo recibían con aplausos. Herrera y Reissig era espiritual y temperamentalmente un rebelde, y su anhelo de romper con todo lo tradicional, unido a las demás circunstancias señaladas, lo llevaron a una situación neurótica, lindando a veces con la anormalidad mental. Incomprendido en su tiempo por los amantes de los senderos trillados de la poesía, hoy se le considera entre los poetas más geniales que ha producido Hispanoamérica.

En la poesía de Herrera y Reissig se notan tres etapas bien distintas en tonalidades. En un primer momento que se extiende, más o menos de 1891 a 1900, sigue las rutas de la literatura tradicional, con fuertes tintes románticos como lo demuestran sus poemas «Fosforescentes», «Salve, España», «Canto a Lamartine». Resulta bastante difícil adivinar aquí al futuro Herrera y Reissig. Años más tarde, bajo la influencia directa de Rubén Darío y Leopoldo Lugones y sus apresuradas lecturas de los parnasianos y simbolistas franceses, entra de lleno en el Modernismo. Cultiva la poesía preciosista, culto a la forma y aristocratismo en la expresión y los temas. Algunos de sus poemas recuerdan el ritmo y la técnica de Darío y Lugones, principalmente. *Las pascuas del tiempo* (1900) y *Los Maitines de la noche* (1902) ejemplifican bien este momento. Véase el parecido rítmico con «Era un aire suave» de Darío en «Recepción instrumental del gran polígloto Orfeo»:

Entra el viejo Orfeo. Mil notas auroran
el aire de ruidos, mil notas confusas:
suspiran las Musas, las Sirenas lloran;
las sirenas lloran, suspiran las Musas.

El Herrera y Reissig más perdurable, sin embargo, es aquel que después de haber criticado fuertemente al Simbolismo, se abraza al que preconizan, sobre todo, Albert Samain y Jules Laforgue. Pero hay que hacer una aclaración sobre el Simbolismo de Herrera y Reissig. Mientras en los simbolistas franceses, significa una ruptura total con la realidad preconizada por el Realismo, el «decadentismo» del uruguayo no lo lleva a separarse de la realidad, sino que la pasa por su sensibilidad y su potente imaginación nos la ofrece transformada. Las cosas más tangibles —soñadas o verdaderamente vistas por el autor— por muy cotidianas y ordinarias que sean, se tiñen a través de sus imágenes, de una nueva realidad. Estas imágenes no se apresan fácilmente en el primer momento, pero son capaces de representar los objetos en todas sus aristas esenciales. Aquí se nos presenta como uno de los poetas más originales de este continente, descollando por un talento extraordinario para las imágenes novedosas, precisas y sorprendentes. En este aspecto no conoce rival en la poesía hispanoamericana, si exceptuamos a Pablo Neruda. Tiene el acierto de traducir a imágenes y palabras su mundo poético —que a veces da la sensación de un sueño o hasta de una pesadilla— siempre lleno de complejidad. Su poesía no descubre su mensaje lírico al primer instante, hay que meditar su interpretación. De aquí que sea poeta de minorías y no para el gran público. Su riqueza verbal es otro de sus instrumentos más preciados. A esta época pertenecen sus mejores libros: *Los éxtasis de la montaña* (series de 1904, 1907, 1910), *Sonetos vascos* (1906), *Los parques abandonados* (1908) y *Clepsidras* (1910), donde el hermetismo llega a su punto más alto. Es el momento en que su evasión lo lleva inclusive a Babilonia, Indostán y otras regiones exóticas.

Sus hallazgos expresivos y su audacia metafórica lo convierten en inmediato precursor del culto apasionado por las más audaces metáforas, una de las bases estéticas de las escuelas de vanguardia que vendrán poco después. Situado entre los grandes modernistas —posición que nadie le discute— su poesía anuncia la radical renovación que vivirá la poesía con posterioridad a 1918.

FUENTE: *Poesías completas*, 2a. edición, Buenos Aires, Losada, 1945. Prólogo de Guillermo de Torre.

Las pascuas del tiempo, 1900

Fiesta popular de ultratumba[1]

Un gran salón. Un trono. Cortinas. Graderías.
(Adonis ríe con Eros de algo que ha visto en Aspasia.[2])
Las lunas de los espejos muestran sus pálidos días,
y hay en el techo y la alfombra mil panoramas de Asia.

Las lámparas se consumen en amarillas lujurias,
y las estufas se encienden en pubertades de fuego.
(Entran Sátiros, Gorgonas, Ménades,[3] Ninfas y Furias,
mientras recita unos versos el viejo patriarca griego.)

Unos pajes a la puerta visten dorado uniforme;
cruzan la sala doncellas ornadas con velos blancos.

---

[1] La potente imaginación del poeta nos presenta una originalísima escena grotesca con extraordinaria variedad de personajes y elementos culturales. Combina comentarios irónicos con su visión de algunos caracteres y aspectos de la vida. Poesía típica de una época de Herrera y Reissig, a la que pertenecen «Desolación absurda», «Recepción instrumental del gran polígloto Orfeo». Son estrofas de versos de dieciséis sílabas (ocho y ocho) con rima conso-

nante *abab*. (A fin de no entorpecer la lectura, vamos solamente a identificar aquellos personajes más difíciles para los estudiantes o que no estén estudiados anteriormente.

[2] *Aspasia*: esposa de Pericles, famosa por su belleza e inteligencia

[3] bacantes; las Ménades mataron a Orfeo, según la mitología griega

(Anuncian: están Goliat y una señora biforme[4]
que tiene la mitad pez, Barba Azul y sus dos zancos.)

Un buen Término se ríe de un efebo que se baña.
Todos tiemblan de repente. (Entra el Hércules nervudo.)
Grita Petronio: «¡Salerno!» Grita Luis Once: «¡Champaña!»
Grita un pierrot: «¡Menelao con un cuerno y un escudo!»

Todos ríen; sólo guardan seriedad Juno[5] y Mohama,
el gran César y Pompeyo, Belisario[6] y otros nobles
que no fueron muy felices en el amor. Se oyen dobles
funerarios: es la Parca que se asoma . . .

Todos tiemblan; los más viejos rezan, se esconden, murmuran.
Safo le besa la mano. Se oye de pronto un gran ruido,
es Venus que llega: todos se desvisten, tiemblan, juran,
se arrojan al suelo, y sólo se oye un inmenso rugido

de fiera hambrienta: los hombres se abalanzan a la diosa.
(Ya no hay nadie que esté en calma, todos perdieron el juicio.[7])
Todos la besan, la muerden, con una furia espantosa,
y Adonis llora de rabia . . . En medio de ese desquicio[8]

el Papa Borgia está orando (mientras pellizca a una niña);
tan sólo un bardo protesta: Lamartine, con voz airada;
para restaurar el orden se llamó a Marat. La riña
duró un minuto, y la escena vino a terminar en nada.

Con el ala en un talón entra Mercurio; profundo
silencio halló el mensajero. El gran Voltaire guiñó un ojo,
como queriendo decir: ¡Cuánto pedante en el mundo
que piensa con los talones! Juan lo miró de reojo,[9]
y un periodista que había se puso serio y muy rojo.

Entra Aladino y su lámpara. Entran Cleopatra y Filipo.
Entra la Reina de Saba. Entran Salomón y Creso.[10]
(Con las pupilas saltadas se abalanzó un burgués rico,
un banquero perdió el habla[11] y otro se puso muy tieso.)

«Mademoiselle Pompadour», anuncia un paje. Mil notas
vibran de pronto; los hombres aparecen con peluca.
(Un calvo aplaude, y de gozo brinca una vieja caduca.)
Comienza el baile: pavanas, rondas, minués y gavotas.

Bailan Nemrod y Sansón, Anteo, Quirón y Eurito;[12]
bailan Julieta, Eloísa, Santa Teresa y Eulalia,
y los centauros Caumantes, Grineo, Medón y Clito.
(Hércules, no; le ha prohibido bailar la celosa Onfalia.)

---

[4] que tiene dos formas o naturalezas
[5] hija de Saturno y esposa de Júpiter; diosa del matrimonio
[6] general bizantino (¿494?–565)
[7] se volvieron locos
[8] desconcierto, descomposición
[9] por encima del hombro, con disimulo, con desprecio

[10] último rey de Lidia (560–546 a.C.); famoso por sus riquezas
[11] se quedó mudo
[12] *Anteo*: gigante, hijo de Poseidón y de Gea, a quien ahogó Hércules entre sus brazos; *Quirón*: célebre centauro, educador de Aquiles

Entra Baco, de repente; todos gritan: «¡Vino! ¡Vino!
(Borgoña, Italia y Oporto, Jerez, Chipre, Cognac, Caña,
Ginebra y hasta Aguardiente), ¡viva el pámpano divino,
vivan Noé y Edgard Poe, Byron, Verlaine y el Champaña!»

Esto dicho, se abalanzan a un tonel.[13] Un fraile obeso[14]
cayó, debido, sin duda (más que al vino), al propio peso.
Como sintieron calor, Apuleyo[15] y Anacreonte
se bañaron en un cubo. Entra de pronto Caronte.[16]

(Todos corren a ocultarse.) No faltó algún moralista
español (ya se supone) que los llamara beodos;[17]
el escándalo tomaba una proporción no vista,
hasta que llegó Saturno, y gritando de mil modos,
dijo que de buenas ganas iba a comerlos a todos.

Hubo varios incidentes. Entra Atila y se hunde el piso.
Eolo apaga unas bujías. Habla Dantón: se oye un trueno.
En el vaso en que Galeno
y Esculapio[18] se sirvieron, ninguno servirse quiso.

Un estoico de veinte años, atacado por el asma,
se hallaba lejos de todos. «Denle pronto este jarabe»,
dijo Hipócrates, muy serio. Byron murmuró, muy grave:
«Aplicadle una mujer en forma de cataplasma.»

Una risa estrepitosa sonó en la sala. De rojo
vestido un dandy gallardo, dióle la mano al poeta
que tal ocurrencia tuvo. (El gran Byron, que era cojo,
tanto como presumido, no abandonó su banqueta,
y tuvo para Mefisto[19] la inclinación más discreta.)

En esto hubo discusiones sobre cuál de los suicidas
era más digno de gloria. Dijo Julieta: «Yo he sido
una reina del amor; hubiera dado mil vidas
por juntarme a mi Romeo.» Dijo Werther: «Yo he cumplido
con un impulso sublime de personal arrogancia».

Hablaron Safo y Petronio, y hasta Judas el ahorcado;
por fin habló el cocinero del famoso Rey de Francia,
el bravo Vatel: «Yo—dijo—con valor me he suicidado
por cosas más importantes, ¡por no encontrar un pescado!»

Todos soltaron la risa. (Grita un paje: «Está Morfeo.»)[20]
Todos callan, de repente . . . todos se quedan dormidos.
Se oyen profundos ronquidos.
(Entra en cuclillas un loco que se llama Devaneo.)

---

[13] barril
[14] muy gordo
[15] escritor latino (siglo II), autor de la alegoría *El asno de oro*
[16] o Carón: barquero de los infiernos, que pasaba las almas de los muertos en su barca a través de la laguna Estigia
[17] borrachos, ebrios

[18] (Claudio), célebre médico griego (¿131–201? d.C.). *Esculapio*: dios de la medicina, hijo de Apolo, curaba enfermos y resucitaba muertos
[19] o Mefistófeles: uno de los nombres del diablo
[20] dios griego del Sueño

Los maitines de la noche, 1902

Julio[21]

Frío, frío, frío. Pieles,
nostalgias y dolores mudos.

Flota sobre el esplín de la campaña[22]
una jaqueca sudorosa y fría,
y las ranas celebran en la umbría
una función de ventriloquía extraña.[23]

Resolviendo una suma de ilusiones,
como un Jordán de cándidos vellones,
la majada eucarística se integra;

La Neurastenia gris de la montaña[24]
piensa, por singular telepatía,
con la adusta y claustral monomanía
del convento senil de la Bretaña.

y a lo lejos el cuervo pensativo
sueña, acaso, en un Cosmos abstractivo
como una luna pavorosa y negra.

Los éxtasis de la montaña, 1904, 1907, 1910

El despertar[25]

Alisia y Cloris[26] abren de par en par la puerta,
y, torpes, con el dorso de la mano haragana,
restréganse los húmedos ojos de lumbre incierta
por donde huyen los últimos sueños de la mañana . . .

La inocencia del día se lava en la fontana,
el arado en el surco vagoroso despierta,
y en torno de la casa rectoral, la sotana
del cura se pasea gravemente en la huerta[27] . . .

Todo suspira y ríe. La placidez remota
de la montaña suena celestiales rutinas.
El esquilón[28] repite siempre su misma nota

de grillo de las cándidas églogas matutinas,
y hacia la aurora sesgan agudas golondrinas,
como flechas perdidas de la noche en derrota.[29]

---

[21] Soneto endecasílabo de corte clásico, pero de gran modernidad en las imágenes. Pertenece a *Los maitines de la noche* (1902).

[22] *campaña*: campo. Hay una figura del lenguaje llamada «personificación»: parece que el campo sufre de humor sombrío, aburrimiento profundo, tedio de la vida (debido al tiempo frío y las nostalgias y dolores).

[23] Nótese el valor y exactitud de esta imagen.

[24] «personificación»: significa que la montaña esta rodeada de una espesa niebla gris.

[25] Soneto alejandrino que aparece en *Los éxtasis de la montaña* (Series de 1904, 1907, 1910). Sus cuartetos repiten sus rimas, pero en orden diferente. Una excelente descripción de la mañana.

[26] Obsérvese el uso de nombres arcádicos o bucólicos.

[27] En esta imagen describe indirectamente lo que está haciendo el cura.

[28] campana pequeña

[29] En los dos últimos versos la imagen expresa que el amanecer significa una derrota para la noche.

La vuelta de los campos[30]

La tarde paga en oro divino las faenas . . .
Se ven limpias mujeres vestidas de percales,[31]
trenzando sus cabellos con tilos y azucenas,
o haciendo sus labores de aguja[32] en los umbrales.

Zapatos claveteados y báculos y chales . . .
Dos mozas con sus cántaros se deslizan apenas.
Huye el vuelo sonámbulo de las horas serenas.[33]
Un suspiro de Arcadia peina los matorrales[34] . . .

Cae un silencio austero . . . Del charco que se nimba,
estalla una gangosa balada de marimba.[35]
Los lagos se amortiguan con espectrales lampos;

las cumbres, ya quiméricas, corónanse de rosas . . .
Y humean, a lo lejos, las rutas polvorosas
por donde los labriegos regresan de los campos.

El cura[36]

Es el Cura . . . Lo han visto las crestas silenciarias[37]
luchando de rodillas con todos los reveses,[38]
salvar en pleno invierno los riesgos montañeses
o trasponer[39] de noche las rutas solitarias.

De su mano propicia, que hace crecer las mieses,
saltan como sortijas gracias involuntarias;
y en su asno taumaturgo[40] de indulgencias plenarias
hasta el umbral del cielo lleva a sus feligreses[41] . . .

Él pasa del hisopo[42] al zueco y la guadaña;[43]
él ordeña la pródiga ubre de su montaña
para encender con oros el pobre altar de pino;

de sus sermones fluyen suspiros de albahaca:[44]
el único pecado que tiene es un sobrino[45] . . .
Y su piedad humilde lame como una vaca.

---

[30] Otro soneto alejandrino que aparece en *Los éxtasis de la montaña* (Series de 1904, 1907, 1910).
[31] telas de algodón finas
[32] costuras (están cosiendo)
[33] horas monótonas, aburridas, sin objetivo cierto
[34] campos llenos de malezas o arbustos; bosquecillo
[35] sonido producido por los sapos o ranas
[36] Soneto alejandrino. Los dos cuartetos tienen sólo dos rimas, pero en vez de seguir el modelo clásico el segundo las repite en orden diferente al primero.

[37] que guardan el silencio
[38] desgracias, derrotas, malas fortunas
[39] pasar, atravesar
[40] adivino, que hace milagros
[41] miembros o asistentes a una iglesia
[42] utensilio que esparce agua bendita (sagrada)
[43] *zueco:* zapato rústico. *Guadaña:* cuchilla curva puesta en el extremo de un palo y que sirve para segar las siembras
[44] planta aromática de flores blancas
[45] Significa que el «sobrino» es realmente hijo del cura

El domingo[46]

Te anuncia un ecuménico amasijo de hogaza,[47]
que el instinto del gato incuba antes que el horno.
La grey que se empavesa[48] de sacrílego adorno,
te sustancia en un módico pavo real de zaraza . . .[49]

Un rezongo[50] de abejas beatifica y solaza[51]
tu sopor,[52] que no turban ni la rueca ni el torno . . .
Tú irritas a los sapos líricos del contorno;
y plebeyo te insulta doble sol en la plaza . . .

¡Oh, domingo! La infancia de espíritu te sueña,
y el pobre mendicante[53] que es el que más te ordeña . . .[54]
Tu genio bueno a todos cura de los ayunos,

la Misa te prestigia con insignes vocablos,
y te bendice el beato rumiar de los vacunos[55]
que sueñan en el tímido Bethlem de los establos . . .

Sonetos Vascos, 1906

Determinismo plácido[56]

De tres en tres las mulas resoplan cara al viento,
y hacia la claudicante berlina[57] que soslaya,[58]
el sol, por la riscosa terquedad de Vizcaya,
en soberbias fosfóricas, maldice el pavimento . . .

La Abadía. El Castillo . . . Actúa el brioso cuento
de rapto y lid . . . Hernani[59] allí campó su raya.
Y fatídico emblema, bajo el cielo de faya,[60]
en rosarios de sangre, cuelga el bravo pimiento . . .[61]

La Terma. Un can . . .[62] La jaula del frontón en que bota,
prisionera del arte, la felina pelota . . .
El convoy, en la bruma, tras el puente se avista.

El vicario. La gresca.[63] Dobles y tamboriles:
el tramonto concreta la evocación carlista[64]
de somatén y «órdagos»[65] . . . y curas con fusiles.

---

[46] Soneto alejandrino de *Los éxtasis de la montaña* (Series de 1904, 1907, 1910). La rima sigue el modelo clásico.
[47] pan grande
[48] *grey*: congregación de fieles de una iglesia; *empavesa*: se engalana, se viste con elegancia
[49] tela de algodón muy ancha
[50] refunfuño, murmuración
[51] entretiene, descansa, da placer
[52] adormecimiento, modorra
[53] mendigo, el que pide limosnas
[54] el que más se beneficia
[55] ganados
[56] Soneto alejandrino con la rima dispuesta al estilo clásico.

[57] carruaje, coche cerrado parecido a las diligencias
[58] pasa por alto o de largo
[59] pueblo de Guipúzcoa, Países Vascos
[60] tejido de seda que forma canutillos
[61] excelente descripción de un pimiento
[62] perro
[63] alboroto, disputa, riña, pelea.
[64] Alusión a las guerras civiles por la sucesión al trono de España a la muerte de Fernando VII. Hubo tres: la primera Guerra Carlista (1833–1839), la segunda (1860) y la tercera (1872–1876)
[65] *somatén*: gresca, bulla, jaleo, riña grande; «*órdago*»: operación en el «mus», juego de naipes o cartas

Los parques abandonados, 1908

La sombra dolorosa[66]

Gemían los rebaños. Los caminos
llenábanse de lúgubres cortejos;
una congoja[67] de holocaustos viejos
ahogaba los silencios campesinos.

Bajo el misterio de los velos finos,
evocabas los símbolos perplejos,
hierática, perdiéndote a lo lejos
con tus húmedos ojos mortecinos.[68]

Mientras, unidos por un mal hermano,
me hablaban con suprema confidencia
los mudos apretones de tu mano,

manchó la soñadora transparencia
de la tarde infinita el tren lejano,
aullando de dolor hacia la ausencia.[69]

Nirvana crepuscular[70]

Con su veste[71] en color de serpentina,
reía la voluble Primavera . . .
Un billón de luciérnagas de fina
esmeralda, rayaba[72] la pradera.

Bajo un aire fugaz de muselina,
todo se idealizaba, cual si[73] fuera
el vago panorama la divina
materialización de una quimera . . .

En consustanciación con aquel bello
nirvana gris de la Naturaleza,
te inanimaste . . . Una irreal pereza

mimó tu rostro de incitante vello,
y al son de mis suspiros, tu cabeza
durmióse como un pájaro en mi cuello . . .

El crepúsculo del martirio[74]

Te vi en el mar, te oí en el viento . . .
OSSIAN[75]

Con sigilo de felpa[76] la lejana
piedad de tu sollozo en lo infinito
desesperó, como un clamor maldito
que no tuviera eco . . . La cristiana

viudez de aquella hora en la campana,
llegó a mi corazón . . . y en el contrito[77]
recogimiento de la tarde, el grito
de un vapor fue a morir a tu ventana.

---

[66] Soneto endecasílabo al estilo clásico; presenta la usual modernidad en las imágenes de Herrera y Reissig.
[67] angustia
[68] murientes, débiles, fallando
[69] El tren (una cosa), realiza una acción (aullar), propia de algunos animales. Una metáfora muy audaz y original
[70] Soneto endecasílabo, pero la rima de los cuartetos es *abab*. *Nirvana:* en el budismo, estado de gracia o anonadamiento final del individuo en la esencia de la divinidad.
[71] en poesía: vestido, ropa
[72] trazaba líneas
[73] como si
[74] Soneto endecasílabo que aparece en *Los parques abandonados* (1908).
[75] bardo legendario escocés del siglo III
[76] quiere decir que no hace ruido; *sigilo:* secreto, prudencia, cautela; *felpa:* especie de terciopelo
[77] triste, afligido

Los sauces padecían con los vagos
insomnios del molino[78] . . . La profunda
superficialidad de tus halagos

se arrepintió en el mar . . . ¡ Y en las riberas
echóse a descansar, meditabunda,
la caravana azul de tus ojeras![79] . . .

Clepsidras, 1910

Epitalamio ancestral[80]

Con pompas de brahmánicas unciones,
abrióse el lecho de tus primaveras,
ante un lúbrico rito de panteras
y una erección de símbolos varones . . .

Al trágico fulgor de los hachones,[81]
ondeó la danza de las bayaderas,[82]
por entre una apoteosis de banderas
y de un siniestro trueno de leones.

Ardió al epitalamio de tu paso,
un himno de trompetas fulgurantes . . .
Sobre mi corazón los hierofantes[83]

ungieron tu sandalia, urna de raso,[84]
a tiempo que cien blancos elefantes
enroscaron su trompa hacia el ocaso.

Óleo indostánico[85]

En torres de marfil, gemas y plata
entre mirras y sándalos y nardos,
llamearon los rajás en sus gallardos[86]
engastes de tisús y de escarlata . . .

Funambulescamente[87] el Mahabarata[88]
hirvió en los iris de tus ojos pardos,
en tanto dos litúrgicos leopardos
se recogieron a tu sombra beata.[89]

En el ritual de las metempsicosis,
bramaron fulgurantes apoteosis
los clarines del Sol . . . El alma inerte

de la pagoda helóse de infortunio,
a tiempo que la araña de la muerte
derramó un signo sobre el plenilunio.[90]

---

[78] metáfora muy novedosa: los molinos nunca duermen, luego, es como si tuviesen insomnio
[79] sombras o manchas alrededor de los ojos
[80] Nótese el exotismo de este soneto que aparece en Clepsidras (1910). Epitalamio: poema en que se canta a la celebración de una boda. Literalmente la palabra significa en el sofá o canapé de bodas.
[81] antorchas
[82] danzarinas de la India
[83] sacerdotes paganos, que oficiaban en los Misterios Eleusianos, en el templo de Deméter, al N.O. de Atenas, Grecia
[84] satín o sea brillante

[85] Nótese nuevamente el exotismo en este otro soneto de Clepsidras (1910). Hay una gran evasión hacia un mundo raro y oriental. Es un soneto alejandrino con la rima al estilo clásico.
[86] galantes, elegantes, bravos
[87] fantástica o extravagantemente
[88] epopeya sánscrita de Viasa, refiere guerras y todos los mitos de la India
[89] mujer muy religiosa y devota
[90] Nótese la belleza y originalidad de esta imagen, así como la presencia de la idea de la muerte. Plenilunio: luna llena

Guillermo Valencia

A la muerte de Silva, el centro de la moderna poesía en Colombia pasa a manos de Guillermo Valencia. Su riquísima familia le deparó una sólida educación en la que se combinan lo mejor de las culturas clásicas con un amplio conocimiento de las literaturas modernas. Su vida se repartió entre la política, el Congreso, la vida social, sus estudios y las letras. Aunque él mismo confesó que no era un profesional de las letras, su obra —bastante reducida en extensión— tiene suficientes méritos para traerlo a esta antología. Siguiendo el orden de sus *Obras poéticas completas* (1955) nos encontramos que publicó un solo libro de versos originales, *Ritos* (1898) que lo acredita como el mejor representante de la orientación parnasiana dentro del Modernismo. El libro se compone de versos originales y traducciones. Es un traductor concienzudo y preciso y sus versiones pueden competir por lo general en méritos con su producción propia. Después publicó *Catay* (1929) con el subtítulo de «Poemas orientales». Constituyen unas traducciones «de segundo grado» como él mismo afirma, ya que realmente vierte del francés las traducciones hechas por Franz Toussaint. Bajo el título de «Otras poesías», encontramos la producción posterior a su primer libro, donde hay algunas poesías trascendentes y muchos versos que podríamos llamar de circunstancias. Finalmente tenemos sus versiones de poemas de Wilde, Hugo, Heredia, Verlaine, Heine, Goethe, Rilke, John Keats y otros grandes poetas. Muchas de estas traducciones son las mejores que existen en la lengua castellana y sorprenden por su precisión, conservando todo el espíritu de los trabajos originales.

Valencia cultivó la amistad de muchos modernistas, entre ellos la de Rubén Darío, pero realmente es una personalidad separada del resto del movimiento. Sus versos no tuvieron en su tiempo la influencia de otros miembros de la escuela, pero la crítica lo considera hoy en día entre los mejores bardos de su tiempo. En su obra se integran perfectamente lo clásico —la tendencia más constante en toda la literatura colombiana— con la perfección formal y la poesía objetiva e impersonal de los parnasianos. Su producción es de firme aliento clásico, pero con espíritu moderno. Los asuntos favoritos de su poesía son los temas históricos, los bíblicos y paganos, y el paisaje. También usó mucho la música, la pintura y la escultura como motivos poéticos. Es la suya una poesía de gran serenidad, en la que el poeta se toma su tiempo para componerla. Son versos tersos, en que la emoción encuentra un dique de contención. Poesía bien pensada y elaborada, intelectual, escrita con gran cuidado, pero a la que el cálculo o la calma no logran ahogar la voz interior del poeta, llena de complejidad y color.

Como se ha calificado a Valencia el más parnasiano de los modernistas, algunos solamente se han fijado en su poesía exterior e impersonal y no pocos han afirmado que carece de sentimientos. La apreciación es del todo falsa. En toda la obra de Valencia hay expresión de sentimientos, de simpatía humana, y el poeta es capaz de transmitir su intimidad a ellos. Lo que sucede es que en vez de desbordarse como en muchos románticos, rueda mansa, por el cauce que le ofrece la serenidad del poeta. Algo que se ha celebrado mucho en la poesía de Valencia es su gran maestría en el uso del idioma, encontrando siempre las palabras precisas, sobre todo los verbos y adjetivos. Ofrece un rico vocabulario, pero no hay expresiones de más, porque sabe sacarle al idioma los secretos de la expresión concreta y feliz. Otro aspecto sobresaliente de su poesía consiste en la técnica de hallar siempre el tipo de verso, el tiempo y el ritmo más apropiados a la índole del asunto. Todos sus versos son expresivos de su amplia erudición, su delicadeza espiritual. A más de un alto poder descriptivo, lo acompaña siempre un oído muy fino para la percepción de los sonidos, lo que juega papel muy importante en la armonía y capacidad para lo visual, algo imprescindible para lograr la plasticidad en las descripciones.

Cuando se estudia su obra a fondo se nota que aunque gustaba de la tersura, limpidez y serenidad de sus versos, sabía transmitir a través de ellos un mensaje subjetivo, donde está presente su espíritu lleno de inquietud y emoción. Heredó de los simbolistas su inclinación por la gracia, el misterio y la vaguedad del verso. Usa mucho de símbolos y apólogos y prefiere aquellos temas desligados de la realidad cotidiana en aras de temas ideales. Sanín Cano, uno de sus mejores críticos, ha escrito: «amó la belleza, la verdad, la justicia; y reconoció siempre las prerrogativas de la razón . . . Fue un excelso poeta. Tuvo finísimo y exigente sentido de la armonía de las voces. Era su oído celoso guardián de las sonoridades del ritmo y de la rima».

FUENTE: *Obras poéticas completas,* 3a. edición, Madrid, Aguilar, 1955. Prólogo de Baldomero Sanín Cano.

Ritos, 1898

Los camellos[1]

Lo triste es así . . .
PETER ALTENBERG[2]

Dos lánguidos camellos, de elásticas cervices,
de verdes ojos claros y piel sedosa y rubia,
los cuellos recogidos, hinchadas las narices,
a grandes pasos miden un arenal de Nubia.[3]

Alzaron la cabeza para orientarse, y luego
el soñoliento avance de sus vellosas[4] piernas
—bajo el rojizo dombo de aquel cenit de fuego—
pararon, silenciosos, al pie de las cisternas . . .

---

[1] El poema más famoso de Valencia, escrito en cuartetos alejandrinos (siete y siete) con rima consonante *abab*. El ritmo de los versos imita muy bien el andar lento y cansado de los camellos en el desierto. Se destaca su habitual maestría para escoger palabras y adjetivos precisos. Combina la perfección formal de los parnasianos con meditaciones subjetivas transcendentes. El poema tiene un doble simbolismo: (1) la vida del artista como un andar por un desierto (pasando calamidades y miserias y sufriendo la incomprensión, la soledad); y (2) el papel del artista, del poeta en el desierto de la vida.

[2] seudónimo de Richard Engländer (1862–1919), poeta austríaco

[3] desierto situado al sur de Egipto. Nótese la evasión hacia tierras lejanes y exóticas.

[4] con muchos pelos

Un lustro[5] apenas cargan bajo el azul magnífico,
y ya sus ojos quema la fiebre del tormento:
tal vez leyeron, sabios, borroso jeroglífico
perdido entre las ruinas de infausto monumento.

Vagando taciturnos por la dormida alfombra,[6]
cuando cierra los ojos el moribundo día,
bajo la virgen negra que los llevó en la sombra,[7]
copiaron el desfile de la Melancolía . . .

Son hijos del Desierto: prestóles la palmera
un largo cuello móvil que sus vaivenes finge,
y en sus marchitos rostros que esculpe la Quimera[8]
¡ sopló cansancio eterno la boca de la Esfinge![9]

Dijeron las Pirámides que el viejo sol rescalda:
«Amamos la fatiga con inquietud secreta . . .»
y vieron desde entonces correr sobre una espalda,
tallada en carne viva su triangular silueta.

Los átomos de oro que el torbellino esparce[10]
quisieron en sus giros ser grácil vestidura,
y unidos en collares por invisible engarce,
vistieron del giboso[11] la escuálida figura.

Todo el fastidio, toda la fiebre, toda el hambre,
la sed sin agua, el yermo sin hembras, los despojos[12]
de caravanas . . . huesos en blanquecino enjambre . . .
todo en el cerco bulle de sus dolientes ojos.

Ni las sutiles mirras,[13] ni las leonadas[14] pieles,
ni las volubles palmas que riegan sombra amiga,
ni el ruido sonoroso de claros cascabeles
alegran las miradas al rey de la fatiga.[15]

¡ Bebed dolor en ellas flautistas de Bizancio[16]
que amáis pulir el dáctilo[17] al son de las cadenas;
sólo esos ojos pueden deciros el cansancio
de un mundo que agoniza sin sangre entre las venas!

---

[5] cinco años
[6] hermosa metáfora para referirse al suelo arenoso del desierto
[7] Todo ese verso se refiere a «la noche»
[8] monstruo fabuloso, mitad león y mitad cabra que vomitaba fuego
[9] entre los egipcios, animal que representa al sol. Tiene cuerpo de león y cabeza humana.
[10] Véase el preciosismo de toda esta estrofa.
[11] jorobado (se refiere al lomo de los camellos)

[12] restos, deshechos, lo que ha quedado después de un robo o destrucción
[13] producto aromático y medicinal producido por una planta de Arabia
[14] color rubio rojizo (como el de los leones)
[15] buena descripción de los camellos, que parece que nunca se cansan y siempre están serios y tristes
[16] o Constantinopla: famoso centro cultural de la Edad Media
[17] forma poética antigua

¡Oh artistas! ¡Oh camellos de la llanura vasta[18]
que vais llevando a cuestas el sacro Monolito!
¡Tristes de Esfinge![19] Novios de la Palmera casta!
¡Sólo calmáis vosotros la sed de lo infinito!

¿Qué pueden los ceñudos? ¿Qué logran las melenas
de las zarpadas tribus cuando la sed oprime?
¡Sólo el poeta es lago sobre este mar de arenas,
sólo su arteria rota la Humanidad redime!

Se pierde ya a lo lejos la errante caravana
dejándome—camello que cabalgó el Excidio[20] . . .—
¡cómo buscar sus huellas al sol de la mañana,
entre las ondas grises de lóbrego fastidio!

¡No! Buscaré dos ojos que he visto, fuente pura
hoy a mi labio exhausta, y aguardaré paciente
hasta que suelta en hilos de mística dulzura,
refresque las entrañas del lírico doliente.

Y si a mi lado cruza la sorda muchedumbre
mientras el vago fondo de esas pupilas miro,
dirá que vio un camello con honda pesadumbre[21]
mirando, silencioso, dos fuentes de zafiro . . .

Nihil[22]

Es ésta la doliente y escuálida figura
de un ser que hizo en treinta años mayores desatinos[23]
que el mismo don Alonso Quijano,[24] sin molinos
de viento, ni batanes, ni bachiller, ni cura.

Que por huir del vulgo, corrió tras la aventura
del ideal, y avaro lector de pergaminos,
dedujo de lo estéril de todos los destinos
humanos, el horóscopo de su mala ventura.

---

[18] Se ha dicho que los dos camellos representan realmente a los poetas José Asunción Silva y al propio Valencia. Esta estrofa y la siguiente se refieren al simbolismo explicado en la nota 1.

[19] *sacro Monolito*: se refiere a las pirámides mencionadas en la estrofa seis del poema. El gran peso de una pirámide sobre una espalda parece simbolizar los sacrificios y la vida dura y dificultosa de los poetas y artistas. *Tristes de Esfinge*: la tristeza les viene del cansancio eterno que les sopló la Esfinge. (Véase verso 20 del poema.)

[20] muerte, destrucción, desvastación

[21] tristeza

[22] soneto alejandrino con versos de dos hemistiquios de siete sílabas.

[23] tonterías, locuras, cosas sin sentido

[24] verdadero nombre de don Quijote, el famoso personaje creado por Miguel de Cervantes y Saavedra

Mezclando con sus sueños el rey de los metales,[25]
halló combinaciones tristes, originales
—inútiles al sino del alma desolada—,

nauta de todo cielo, buzo de todo oceano,
como el fakir idiota de un oriente lejano,
sólo repite ahora una palabra: ¡Nada!

El triunfo de Nerón[26]

Al jonio carro uncidos[27] con áspera cadena
los férvidos corceles presienten la fatiga,
y el ojo atento al brazo del coronado auriga,[28]
escarban[29] el estadio, sacuden la melena.

De las broncíneas trompas[30] por la candente arena
la voz el viento expande, que la inquietud mitiga;
y con los ojos fijos en la imperial cuadriga,
el pueblo de la Loba[31] los ámbitos atruena.

Sobre el marfil luciente de la carroza erguido,
Nerón la gloria ostenta de su oriental vestido.
Alzando el haz de bridas,[32] con indignada mano

vibra la fusta. El grito de la victoria sube . . .
y entre el dorado cerco de polvorosa nube
se borra el grupo móvil en el confín lejano.

---

[25] el oro
[26] Soneto alejandrino. *Nerón:* emperador romano (37–68 d.C.), cuyo reino (54–68 d.C.), comenzó con gran capacidad, pero luego se distinguió por su crueldad. Organizó la primera persecución contra los cristianos y se dice que mandó incendiar a Roma para obtener inspiración y escribir un poema épico.
[27] unidos, atados
[28] cochero, conductor de un carro
[29] arañan, rascan el suelo
[30] hocicos de animales
[31] loba romana: cuenta la leyenda que los fundadores de Roma, los hermanos Rómulo y Remo, fueron amamantados por una loba
[32] conjunto de riendas

Palemón el Estilita[33]

> Enfuriado el Maligno Spíritu de la devota e sancta vida que
> el dicho ermitanno facía, entróle fuertemientre deseo de
> facerlo caer en grande y carboniento peccado. Ca estos e
> non otros son sus pensamientos e obras.
> APELES MESTRES: *Garín* [34]

Palemón el Estilita, sucesor del viejo Antonio,[35]
que burló con tanto ingenio las astucias del demonio,
antiquísima[36] columna de granito
se ha buscado en el desierto por mansión,
y en un pie sobre la *stela*[37]
ha pasado muchos días
inspirando a sus oyentes
el horror a los judíos
y el horror a las judías
que endiosaron, ¡Dios del Cielo!,
que endiosaron a una hermosa
de la vida borrascosa,
que llamaban Herodías.[38]

Palemón el Estilita «era un Santo». Su retiro
circuían mercadantes de Lycoples y de Tiro,[39]
judaizantes de apartadas sinagogas
que anhelaban de sus labios escuchar
la palabra de consuelo,
la palabra de verdad
que nos salve del castigo
y de par en par[40] el cielo
nos entregue: solo abrigo

contra el pérfido enemigo
que nos busca sin cesar
y nos tienta con el fuego de unos ojos
que destellan bajo el lino de una toca,[41]
con la púrpura de frescos labios rojos
y los pálidos marfiles de una boca.

Alredor de la columna que habitaba el Estilita,
como un mar efervescente, muchedumbre in-
gente[42] agita
los turbantes, los bastones y los brazos,
y demandan su sermón al solitario,
cuya hueca voz de enfermo
fuerzas cobra ante la mies
que el Señor ha deparado[43]
a su hoz, y cruza el yermo
que turbaron otros tiempos los timbales de
Ramsés.[44]

Y les habla de las obras de piedad y sacrificio,
de las rudas tentaciones del Apóstol, y del vicio
que llevamos en nosotros; del ayuno y el cilicio,[45]
del vivir año tras año con las fieras
bajo rotos quitasoles de palmeras;

---

[33] *Palemón:* anacoreta o asceta de Tebaida, Egipto (¿?–315 d.C.), a quien se hizo santo de la iglesia. *Estilita:* especie de asceta solitario que vivía sobre una columna para hacer penitencia y estar alejado de las tentaciones y pecados, durante los primeros siglos del cristianismo. Es un poema polimétrico, con gran ritmo sugerente. Su tema es exótico con referencias bíblicas, algo típico en Valencia. Debe notarse la rara combinación de ascetismo y sensualismo y el triunfo subjetivo final de éste.

[34] *Apeles Mestres:* escritor catalán nacido en Barcelona (1854–1918), quien en un estilo arcaico revivió muchas leyendas y cuentos de la antigüedad

[35] *San Antonio:* (¿350–¿? d.C.), uno de los primeros sacerdotes cristianos nacido en Egipto. A los 20 años abandonó la vida social para llevar una de ascetismo y organizar comunidades de anacoretas o ermitaños.

[36] muy antigua, muy vieja

[37] pilar

[38] esposa de Herodes Antipas (Véase nota 54 más adelante.)

[39] *Lycoples:* ciudad comercial egipcia a la orilla del Nilo; *Tiro* (Tyro): importante centro comercial fenicio en el Asia Menor. La frase significa: «comerciantes de Lycoples y Tiro rodeaban, cercaban su refugio».

[40] bien abierto, completo

[41] prenda de tela blanca con que algunas religiosas se cubren la cabeza

[42] muy grande, enorme

[43] ha suministrado, ha dado

[44] o *Rameses:* nombre de varios reyes (faraones) de las dinastías XIX y XX de Egipto

[45] ropa o saco de pelo que se lleva bien pegado al cuerpo como penitencia o castigo corporal

y les cuenta lo que es sed y lo que es hambre,
lo que son las noches cálidas de Libia,[46]
cuando bulle de planetas un enjambre,
y susurra en los palmares la aura tibia,[47]
que provocan en el ánimo cansado[48]
de una vida muerta y loca
los recuerdos tormentosos
que en los días pesarosos,
que en los días soñolientos
de tristezas y de calma,
nos golpean en el alma
con sus mágicos acentos
cual la espuma débil
toca
la cabeza dura y fría
de la roca.

De la turba que le oía
una linda pecadora
destacóse: parecía
la primera luz del día,
y en lo negro de sus ojos
la mirada tentadora
era un áspid; amplia túnica de grana
dibujaba las esferas de su seno;
nunca vieran[49] los jardines de Ecbatana[50]
otro talle más airoso, blanco y lleno;
bajo el arco victorioso de las cejas
era un triunfo la pupila quieta y brava,
y, cual conchas sonrosadas, las orejas
se escondían bajo un pelo que temblaba
como oro derretido;
de sus manos blancas, frescas,
el purísimo diseño
semejaba lotos vivos
de alabastro;
irradiaba toda ella
como un astro:
era un sueño
que vagaba

con la turba adormecida
y cruzaba
—la sandalia al pie ceñida—
cual la muda sombra errante
de una sílfide,[51]
de una sílfide seguida
por su amante.

   Y el buen monje
la miraba,
la miraba,
la miraba,[52]
y, queriendo hablar, no hablaba,
y sentía su alma esclava
de la bella pecadora de mirada tentadora,
y un ardor nunca sentido
sus arterias encendía,
y un temblor desconocido
su figura
larga
y flaca
y amarilla
sacudía:
¡era amor! El monje adusto
en esa hora sintió el gusto
de los seres y la vida;
su guarida
de repente abandonaron
pensamientos tenebrosos
que en la mente
se asilaron
del proscrito,
que, dejando su columna
de granito,
y en coloquio con la bella
cortesana,
se marchó por el desierto
despacito . . .
a la vista de la muda,
¡a la vista de la absorta caravana! . . .

---

[46] país del norte de África compuesto de Tripolitana y Cirenaica; desierto al N.E. de África, extensión del de Sahara
[47] brisa suave no muy caliente
[48] Obsérvese el ritmo sugerente de estos versos hasta el final.
[49] La forma del imperfecto de subjuntivo en «r» es usado a menudo como pretérito o pluscuamperfecto en literatura. Cervantes, Valle–Inclán y otros lo han hecho.
[50] la *Ahmeta* mencionada en la Biblia, la actual Hamadán, Irán
[51] ninfa del aire; quiere decir mujer delgada y atractiva
[52] Nótese la semejanza con el Nocturno de Silva en cuanto a la repetición de palabras y el ritmo de los versos.

Salomé y Joakanann[53]

(ANTÍTESIS)

Con un aire maligno de mujer y serpiente,
cruza en rápidos giros Salomé la gitana
al compás de los crótalos.[54] De su carne lozana
vuela equívoco aroma que satura el ambiente.

Danza todas las danzas que ha tejido el Oriente:
las que prenden hogueras en la sangre liviana[55]
y a las plantas deshojan de la déspota humana
o la flor de la vida, o la flor de la muerte.

Inyectados los ojos, con la faz amarilla,
el caduco Tetrarca[56] se lanzó de su silla
tras la hermosa, gimiendo con febril arrebato:

«Por la miel de tus besos te daré Tiberíades[57]»
y ella dícele: «En cambio de tus muertas ciudades,
dame a ver la cabeza del Esenio[58] en un plato.»

Como viento que cierra con raquítico arbusto,
en el viejo magnate la pasión se desata,[59]
y al guiñar de los ojos, el esclavo que mata
apercibe el acero con su brazo robusto.

Y hubo un grave silencio cuando el cuello del Justo,[60]
suelto en cálido arroyo de fugaz escarlata,
ofrecieron a Antipas[61] en un plato de plata
que él tendió a la sirena con medroso[62] disgusto.

Una lumbre que viene de lejano infinito
da a las sienes[63] del mártir y a su labio marchito
la blancura llorosa de cansado lucero.

Y—del mar de la muerte melancólica espuma—
la cabeza sin sangre del Esenio se esfuma[64]
en las nubes de mirra de sutil pebetero.[65]

---

[53] Dos sonetos alejandrinos que forman parte de una sección de *Ritos* titulada «Las dos cabezas». La primera parte son dos sonetos titulados «Judith y Holofernes» (Tesis) y la última la constituye la sección «La palabra de Dios» (Síntesis). El tema ya había sido cantado por Julián del Casal. Debe destacarse el sensualismo, la justeza del vocabulario y la plasticidad de las descripciones. Estos dos sonetos deben situarse entre lo mejor de Valencia, en la línea estrictamente parnasiana.

[54] serpientes o también especie de castañuelas de los sacerdotes de Cibeles (en la mitología griega, hija del Cielo y de la Tierra, esposa de Saturno y madre de Júpiter)

[55] el verso significa: «las que producen una gran pasión sensual en las personas mundanas»

[56] Herodes Antipas: tetrarca romano de Galilea (4 a.C.– 40 d.C.), hijo de Herodes, el Grande y medio hermano del primo del primer esposo de Herodías.

[57] ciudad de Palestina en Galilea, a orillas del lago de ese nombre

[58] religiosos con creencias muy parecidas a las de los primeros cristianos. Salomé llama así a Juan, el Bautista.

[59] se suelta, se desencadena

[60] se refiere a Juan, el Bautista

[61] Véase nota 56.

[62] tímido, miedoso

[63] ambos lados de la frente de una persona

[64] desaparece

[65] perfumador, utensilio para quemar perfumes

Enrique González Martínez

MÉXICO, 1871-1952

Si el Modernismo contó en México con uno de sus primeros iniciadores —Manuel Gutiérrez Nájera— también ese país produjo a quien se ha llamado «el último modernista»: Enrique González Martínez. Después de haber practicado medicina en provincia por diecisiete años, en 1911 se trasladó a la capital para convertirse en poco tiempo en uno de los inspiradores de la poesía nueva en ese país. Con sus raíces más hondas en el Modernismo (por influencias entre las que deben contarse la de los parnasianos y, sobre todo, la de los simbolistas) el gran poeta le da un nuevo sentido al movimiento, como antes lo hiciera, aunque hacia otra vertiente, el uruguayo Herrera y Reissig. Años después que el propio Darío lo hiciera en sus *Cantos de vida y esperanza* (1905), este poeta mexicano reaccionaba también contra las simples exquisiteces, exterioridad, oropeles sonoros y musicales de algunos modernistas y se orientaba hacia una poesía en que lo bello no era lo esencial, sino lo hondo y trascendente. De aquí que en su poesía se hermanen firmemente la belleza expresiva en la que pocos lo igualan, con gran profundidad de conceptos. Para él poesía no sólo es instrumento de creación, es también cauce para la búsqueda de lo verdadero alrededor de la existencia humana.

Ha publicado más de una docena de libros de poesía, así como una especie de memorias y hasta cuentos. Desde sus primeros libros importantes, *Silénter* (1909) y *Los senderos ocultos* (1911), hasta los últimos, *Tres rosas en el ánfora* (1950) y *El nuevo Narciso y otros poemas* (1952) pasando por *La muerte del cisne* (1915), *El libro de la fuerza, de la bondad y el ensueño* (1917), *Parábolas y otros poemas* (1918) y *La palabra del viento,* (1921) nos damos cuenta de que estamos ante un poeta bien distinto a los modernistas que hemos estudiado hasta ahora. En todas sus obras se presenta González Martínez como poeta de gran poder reflexivo y meditativo, poco amante de los elementos decorativos, en busca de una poesía diáfana, pura, capaz de traducir los anhelos de la vida espiritual. Con serenidad y con equilibrio —productos de su temperamento— se lanza a la búsqueda del oculto sentido de las cosas y de la vida. No se impacienta cuando no logra descubrirlo, sino que recurre entonces a estimular al individuo —sobre todo a los jóvenes, por quienes siente especial predilección— a que consagren por entero su tránsito vital a ese descubrimiento, que considera esencial para el humano.

Es natural que este lirismo hondo y trascendente abriera nuevos caminos a la poesía hispanoamericana, aun cuando no han faltado los que han visto en el gran poeta mexicano poca variedad de tonos. En su libro *Los senderos ocultos* (1911) apareció el famoso soneto «Tuércele el cuello al cisne», que es como un reto a romper con la poesía decorativa y superficial. Toda su poesía tiene el propósito de revelar el enigma de todos los aspectos de la vida: el silencio, la noche, la existencia humana, la naturaleza, el futuro y la muerte misma. Cultiva una especie de panteísmo, consistente en considerar la vida identificada con la naturaleza. La poesía de González Martínez es introspectiva, y se expresa en versos de gran tersura y armonía. En un tono íntimo, busca y estimula la búsqueda del significado trascendente de las cosas. Es una poesía sobria, de profundo subjetivismo que lo aparta de la objetividad de los parnasianos. De lo humano le interesa todo: los sentimientos, las preocupaciones, las dudas, el desasosiego ante el dolor, el tiempo, la desilusión y la muerte. Caillet-Bois ha escrito: «comenzó su carrera dentro del Modernismo, pero fue poco a poco señalando un camino nuevo y divergente, en busca de una poesía recogida y austera. Su panteísmo, radicalmente optimista, se ha ido desgarrando y enriqueciendo a lo largo de esa ruta, hasta llegar en sus últimos poemas a la pura interrogación angustiada».

Hay en esta poesía de hondura filosófica indudable, un gran sentido ético, porque González Martínez estimula a encontrar el verdadero sentido de la vida no por el simple goce de su conocimiento intelectual, sino como impulso hacia un vivir más preocupado por el propio destino y el de otros. Además, como claramente lo afirma en «Intus»,

> Te engañas, no has vivido mientras tu paso incierto
> surque las lobregueces de tu interior a tientas,
> mientras, en un impulso de sembrador, no sientas
> fecundado tu espíritu, florecido tu huerto.

Es González Martínez también un excelso poeta del amor, el que casi siempre ve como algo que no llega a materializarse. Tiene un limpio sentido de este sentimiento, de manera que a sus versos no asoma el erotismo crudo, sino que es como un aleteo de caricias platónicas. Aunque en sus primeros poemas hay muestras de expresiones de la existencia exterior, y diaria, su poesía es básicamente íntima, especie de biografía espiritual. Sus versos están hechos con gran serenidad y sabiduría, sin dejar de traslucir la inquietud y emoción latentes en él. Por efecto del tiempo, al final de su vida se vuelve nostálgico, con premoniciones de la muerte, pero su actitud nunca es desesperada.

FUENTES: *Antología poética*, Buenos Aires, Espasa-Calpe, Colección Austral, 1943. *Poesías completas*, México, Libreros y Editores Mexicanos, 1944.

Silénter, 1909

Irás sobre la vida de las cosas[1]

Irás sobre la vida de las cosas
con noble lentitud; que todo lleve
a tu sensorio luz: blancor de nieve,
azul de linfas o rubor de rosas.

Que todo deje en ti como una huella[2]
misteriosa grabada intensamente;
lo mismo el soliloquio de la fuente
que el flébil[3] parpadeo de la estrella.

---

[1] El poema está escrito en cuartetos endecasílabos con rima consonante *abba*. Aquí y en toda la poesía de este autor se nota la influencia del simbolismo de Verlaine, y especialmente la de Francis Jammes y George Rodenbach, el gran simbolista belga. El poema aparece en *Silénter* (1909).
[2] marca, rastro
[3] triste, lamentable, digno de ser llorado

Que asciendas a las cumbres[4] solitarias
y allí, como arpa eólica,[5] te azoten
los borrascosos[6] vientos, y que broten
de tus cuerdas rugidos y plegarias.

Que esquives lo que ofusca[7] y lo que asombra
al humano redil[8] que abajo queda,
y que afines tu alma hasta que pueda
escuchar el silencio y ver la sombra.

Que te ames en ti mismo, de tal modo
compendiando tu ser cielo y abismo,
que sin desviar los ojos de ti mismo
puedan tus ojos contemplarlo todo.

Y que llegues, por fin, a la escondida
playa con tu minúsculo universo,
y que logres oír tu propio verso
en que palpita el alma de la vida.[9]

Los senderos ocultos, 1911

Busca en todas las cosas[10]

Busca en todas las cosas un alma y un sentido
oculto; no te ciñas[11] a la apariencia vana;
husmea,[12] sigue el rastro de la verdad arcana,
escudriñante[13] el ojo y aguzado el oído.

No seas como el necio, que al mirar la virgínea
imperfección del mármol que la arcilla aprisiona,
queda sordo[14] a la entraña de la piedra que entona
en recóndito ritmo la canción de la línea.

Ama todo lo grácil de la vida, la calma
de la flor que se mece, el color, el paisaje;
ya sabrás poco a poco descifrar su lenguaje . . .
¡Oh, divino coloquio de las cosas y el alma!

Hay en todos los seres una blanda sonrisa,
un dolor inefable o un misterio sombrío.
¿Sabes tú si son lágrimas las gotas de rocío?
¿Sabes tú qué secretos va contando la brisa?

Atan hebras[15] sutiles a las cosas distantes;
al acento lejano corresponde otro acento . . .
¿Sabes tú dónde lleva los suspiros el viento?
¿Sabes tú si son almas las estrellas errantes?

---

[4] cimas, punto más alto de las montañas
[5] de Eolia, Grecia
[6] tormentosas
[7] confunde, deslumbra, alucina
[8] corral, aprisco, establo
[9] Lo que más interesa al poeta es el sentido profundo de la existencia, tono persistente en toda su poesía.

[10] Poema escrito en cuartetos de versos alejandrinos (siete y siete) con rima *abba*.
[11] concretes, limites
[12] oler, olfatear; fig: indagar, averiguar, investigar
[13] rebuscante
[14] uno que no puede oir
[15] unen (amarran) fibras, filamentos, hilos

No desdeñes[16] al pájaro de argentina garganta
que se queja en la tarde, que salmodia a la aurora;
es un alma que canta y es un alma que llora . . .
¡Y sabrá por qué llora y sabrá por qué canta!

Busca en todas las cosas el oculto sentido;
lo hallarás cuando logres comprender su lenguaje;
cuando sientas el alma colosal del paisaje
y los ayes[17] lanzados por el árbol herido . . .

Alas . . . [18]

Alas, todos pedimos alas; pero ninguno
sabe arrojar el lastre[19] en el tiempo oportuno . . .
A todos nos aqueja[20] un ímpetu de vuelo,
una atracción de espacio, una obsesión de cielo;
tendemos nuestras manos codiciosas de lumbre[21]
a la divina llama de la olímpica cumbre;
mas al hacer impulsos de volar, nos aferra[22]
el misterioso lazo que nos ata a la tierra . . .
Un amor, un recuerdo, un dolor es bastante
para apagar las ansias de la pasión errante . . .
¡Oh, la cruz afrentosa,[23] los afectos humanos! . . .
¿Cuándo desclavaremos[24] nuestros pies, nuestras manos?
¿Cuándo sacudiremos la pesadumbre infecta?
¿Cuándo revestiremos la desnudez perfecta
de nuestro propio espíritu? ¿Cuándo daremos con
la ruta que nos marque nuestra liberación? . . .
¡Y pensar que no es fuerza desandar el camino! . . .
Que sea cada cosa el eslabón[25] divino
que nos preste su apoyo para dar aquel salto
de todo lo que es hondo a todo lo que es alto;[26]
sólo que es necesario esquivar,[27] lo primero,
todo lo que es inestable, lo que es perecedero,[28]
para tomar lo eterno, lo que no se consume,
el alma de la piedra y el alma del perfume,
hasta lograr, por último, que vaya confundida
con nuestras propias almas el alma de la vida . . .
Alas, todos pedimos alas; pero ninguno
sabe arrojar el lastre en el tiempo oportuno . . .
¡Oh, la cruz afrentosa, los afectos humanos!
¿Cuándo desclavaremos nuestros pies, nuestras manos?

[16] no desprecies
[17] expresiones de dolor, pena, sufrimiento
[18] Los versos son alejandrinos (siete y siete) y «pareados». En este poema se contrasta el anhelo de elevación del hombre y el apego a las cosas diarias y de la realidad que la obstaculizan.
[19] lanzar fuera las cosas pesadas que se ponen en el fondo de un barco para facilitar su navegación; fig. cortar las cosas que impiden a una persona elevarse.
[20] angustia
[21] luz
[22] ata, agarra fuertemente
[23] deshonrosa, vergonzosa
[24] zafaremos
[25] cada anillo de metal de una cadena
[26] interés del poeta por lo profundo, elevado, eterno
[27] evitar, rehusar
[28] pasajero, transitorio; opuesto de eterno

Tuércele el cuello al cisne[29]

Tuércele el cuello al cisne de engañoso plumaje
que da su nota blanca al azul de la fuente;
él pasea su gracia no más, pero no siente
el alma de las cosas ni la voz del paisaje.

Huye de toda forma y de todo lenguaje
que no vayan acordes con el ritmo latente
de la vida profunda . . . y adora intensamente
la vida, y que la vida comprenda tu homenaje.

Mira al sapiente[30] buho cómo tiende las alas
desde el Olimpo,[31] deja el regazo de Palas[32]
y posa en aquel árbol el vuelo taciturno . . .

El no tiene la gracia del cisne, mas su inquieta
pupila que se clava en la sombra, interpreta
el misterioso libro del silencio nocturno.

Intus[33]

Te engañas, no has vivido . . . No basta que tus ojos
se abran como dos fuentes de piedad, que tus manos
se posen sobre todos los dolores humanos
ni que tus plantas crucen por todos los abrojos.[34]

Te engañas, no has vivido mientras tu paso incierto
surque las lobregueces[35] de tu interior a tientas;[36]
mientras, en un impulso de sembrador, no sientas
fecundado tu espíritu, florecido tu huerto.

Hay que labrar tu campo, divinizar la vida,
tener con mano firme la lámpara encendida
sobre la eterna sombra, sobre el eterno abismo . . .[37]

Y callar, mas tan hondo, con tan profunda calma,
que absorto en la infinita soledad de ti mismo,
no escuches sino el vasto silencio de tu alma.

---

[29] Soneto de alejandrinos (siete y siete) con rima consonante dispuesta como en el soneto clásico. Este poema, que aparece en *Los senderos ocultos* (1911), resumió la reacción contra el Modernismo meramente decorativo (representado por el cisne) y postula una poesía nueva de ideas y trascendencia. El buho (animal feo, pero representante de lo hondo y de la sabiduría) es el nuevo símbolo.

[30] sabio

[31] monte de Grecia, residencia de los dioses según la mitología

[32] Minerva

[33] Soneto alejandrino con la rima dispuesta al modo clásico. Es otro poema de *Los senderos ocultos* (1911), y uno de los más expresivos de la filosofía del poeta. «Intus» en latín significa lo hondo, lo interior.

[34] dolores, penas

[35] oscuridades; cosas sombrías

[36] en la duda, sin seguridad

[37] Nótese la preocupación por la comprensión del sentido de la vida, el alto concepto de ésta y el reto para que cada individuo descifre los misterios que rodean la existencia.

La muerte del cisne, 1915

Los días Inútiles[38]

Sobre el dormido lago está el saúz que llora.
Es el mismo paisaje de mortecina luz.
Un hilo imperceptible ata la vieja hora
con la hora presente . . . Un lago y un saúz.

¿Con qué llené la ausencia? Demente peregrino
de extraños plenilunios, vi la vida correr . . .
¿La sangre? . . . De las zarzas. ¿El polvo? . . . Del camino . . .
Pero yo soy el mismo, soy el mismo de ayer.

Y mientras reconstruyo todo el pasado, y pienso
en los instantes frívolos de mi divagación,
se me va despertando como un afán inmenso
de sollozar a solas y de pedir perdón.[39]

El libro de la fuerza, de la bondad y del ensueño, 1917

Viento sagrado[40]

Sobre el ansia marchita,[41]
sobre la indiferencia que dormita,
hay un sagrado viento que se agita;

un milagroso viento,
de fuertes alas y de firme acento,
que a cada corazón le infunde aliento.

Viene del mar lejano,
y en su bronco[42] rugir hay un arcano
que flota en medio del silencio humano.

Viento de profecía,
que a las tinieblas del vivir envía
la evangélica luz de un nuevo día;

viento que en su carrera
sopla sobre el amor, y hace una hoguera[43]
que enciende en caridad la vida entera;

viento que es una aurora
en la noche del mal, y da la hora
de la consolación para el que llora . . .

---

[38] Compuesto de tres estrofas de alejandrinos (siete y siete) con rima *abab*. Siempre los versos pares de cada estrofa son agudos.

[39] El poeta expresa el dolor de recordar aquellos momentos frívolos en que no se ha hecho nada trascendente. Éstos son los «días inútiles».

[40] En este poema las trece primeras estrofas son tercetos monorrimos con el primer verso heptasílabo y los dos restantes, endecasílabos. Luego vienen dos pareados; a éstos sigue un terceto de endecasílabos y los dos finales son tercetos combinando otra vez heptasílabos con endecasílabos.

[41] seca, debilita, quita el vigor

[42] tosco, áspero, rudo

[43] fuego con madera que levanta gran llama

Los ímpetus dormidos
despiertan al pasar, y en los oídos
hay una voz que turba[44] los sentidos.

Irá desde el profundo
abismo hasta la altura, y su fecundo
soplo de redención llenará el mundo.

Producirá el espanto[45]
en el pecho rebelde, y en el santo
un himno de piedad será su canto.

Vendrá como un divino
hálito[46] de esperanza en el camino,
y marcará su rumbo al peregrino;

dejará en la conciencia
la flor azul de perdurable esencia
que disipa[47] el dolor con la presencia.

Hará que los humanos,
en solemne perdón, unan las manos
y el hermano conozca a sus hermanos;

no cejará en su vuelo
hasta lograr unir, en un consuelo[48]
inefable, la tierra con el cielo;

hasta que el hombre, en celestial arrobo,[49]
hable a las aves y convenza al lobo;

hasta que deje impreso
en las llagas de Lázaro su beso;

hasta que sepa darse, en ardorosas
ofrendas, a los hombres y a las cosas,
y en su lecho de espinas sienta rosas;

hasta que la escondida
entraña, vuelta manantial de vida,
sangre de caridad como una herida . . .

¡Ay de aquel que en la senda
cierre el oído ante la voz tremenda!
¡Ay del que oiga la voz y no comprenda!

Parábolas y otras poemas, 1918

Parábola del camino[50]

a Esteban Flores

La vida es un camino . . .
Sobre rápido tren va un peregrino
salvando montes;[51] otro va despacio
y a pie; siente la hierba, ve el espacio . . .
Y ambos siguen idéntico destino.

A los frívolos ojos del primero,
pasa el desfile raudo de las cosas
que se velan y esfuman. El viajero
segundo bebe el alma de las rosas
y escucha las palabras del sendero.[52]

---

[44] altera, causa inquietud
[45] terror, asombro, temor, susto
[46] aliento; poéticamente significa brisa suave
[47] desvanece, desaparece
[48] alivio de la pena, consolación, confort
[49] éxtasis
[50] Poema de estructura irregular porque no sigue estrofas.

La comparación de la vida con un camino no es nueva, pero el poeta compara el hombre frívolo, que no siente lo esencial de la vida, con el que va descubriendo lo hondo de la existencia.
[51] cruzando, pasando montañas
[52] camino

De noche, el uno duerme en inconsciente
e infecundo sopor,[53] el tren resbala[54]
fácil sobre el talud[55] de la pendiente,
y el viajero no siente
que en la campiña próvida se exhala
un concierto de aromas . . .

        El prudente
que marcha a pie, reposa[56] bajo el ala
de un gran ensueño, y trepa[57] por la escala
excelsa de Jacob.[58] Cuando el Oriente
clarea, se echa a andar; pero señala
el sitio aquel en que posó la frente.

Ambos llegan al término postrero;[59]
mas no sabe el primero
qué vio, qué oyó; su espíritu, desnudo
de toda adoración, se encuentra mudo.
El otro peregrino
recuerda cada voz, cada celaje[60]
y guarda los encantos del paisaje.
Y los hombres lo cercan, porque vino
a traer una nueva[61] en su lenguaje
y hay en su acento un hálito divino . . .
Es como Ulises: hizo un bello viaje
y lo cuenta al final de su destino . . .
Porque la vida humana es un camino.

La palabra del viento, 1922

La visita lúgubre[62]

Esta noche, fantasmas del pasado
a mi balcón tres veces han llamado.

A la tercera vez se abrió la puerta.
Un viento de recóndita fragancia
mató la luz y saturó mi estancia:[63]
y conversé con la esperanza muerta,
el deseo difunto,[64] el sueño ido,
el viejo amor azul que hoy es olvido . . .
Y reviví por lúgubres instantes
años del corazón vividos antes.

Poco después, la ráfaga[65] del viento
que los trajo al dolor de mi aposento,[66]
los arrojó[67] de nuevo a la pavura[68]
helada y triste de la noche oscura.

Por si van a tornar,[69] tendré cuidado
de mantener, con precaución segura,
la luz alerta y el balcón cerrado.[70]

---

[53] somnolencia, estupor, letargo
[54] se desliza, rueda
[55] ladera, lados de una montaña; pendiente, declive
[56] descansa
[57] sube, asciende
[58] Véase nota 50.
[59] punto final (último)
[60] nubecillas de colores, conjunto de las nubes
[61] noticia fresca
[62] Nótese que emplea cuatro estrofas y todas diferentes en estructura: un pareado, una de ocho versos, después un serventesio y, finalmente, un terceto. Ya el poeta muestra una actitud nostálgica y melancólica. Hay cierto desasosiego frente al recuerdo del pasado, pero sin tono angustiado.
[63] casa
[64] muerto
[65] movimiento violento del viento
[66] habitación, dormitorio
[67] lanzó, botó
[68] terror, miedo grande, espanto
[69] regresar, volver
[70] El poeta lucha contra el pasado, no quiere recordar para evitarse la tristeza de lo ido. Nótese la preocupación por el paso del tiempo, algo importante en el autor.

El romero alucinado, 1925

Las tres cosas del romero[71]

Sólo tres cosas tenía
para su viaje el romero;
los ojos abiertos a la lejanía
atento el oído y el paso ligero.[72]

Cuando la noche ponía
sus sombras en el sendero,
el miraba cosas que nadie veía,[73]
y en su lejanía
brotaba un lucero.

De la soledad que huía
bajo el silencio agorero,[74]

¡qué canción tan honda la canción que oía
y que repetía
temblando el viajero!

En la noche y en el día,
por el llano y el otero,[75]
aquel caminante no se detenía,
al aire la frente, y el ánimo entero[76]
como el primer día. . . .

Porque tres cosas tenía
para su viaje el romero:
los ojos abiertos a la lejanía,
atento el oído y el paso ligero.

Ausencia y canto, 1937

El áspid[77]

Nos visitó la muerte y se ha quedado
entre las azucenas escondida . . .[78]

En el pie de mi blanca jardinera
dejó la doble marca purpurina . . .

Mordió después el seno que volcaba
leche de amor en rosas de la vida;[79]

plegó sus garfios, se enroscó de nuevo;
acecha inmóvil, en silencio atisba . . .

No pases por allí, tú la que corres
tras de la mariposa fugitiva . . .

¡No pases por allí, que está la muerte
entre las azucenas escondida![80]

---

[71] Las estrofas primera y última son de cuatro versos y las restantes de cinco. Reitera la consonancia en «ía» y usa versos de seis, ocho y doce sílabas.

[72] Las tres cosas del Romero son: sus ojos y oídos, los dos sentidos más necesarios para viajar, orientarse y ver y oir lo más importante de la vida. El paso (los pies) resultan imprescindibles para avanzar. Es uno de los poemas de mayor poder simbólico.

[73] Podía ver lo hondo, lo oculto y secreto de la existencia.

[74] adivino; que anuncia algún mal o hecho futuro

[75] cerro en un llano

[76] aquí significa: firme, sin desaliento

[77] Poema de Ausencia y canto (1937), escrito en pareados en

que los versos pares presentan la misma rima asonante (i—a).

[78] A partir de los cincuenta años de edad, González Martínez cambia su actitud francamente optimista de su primera etapa, por un tono nostálgico, de inquietud y de premonición de la muerte. Pero obsérvese que su actitud no es de terror, sino simplemente de expectativa y de cuidado.

[79] Parece que la muerte visitó también a su esposa.

[80] El hecho de que el poeta asocie la idea de la muerte con flores, parece indicar que no la ve lúgubre o tenebrosa. También pudiera significar que se encuentra aun en lo más bello y placentero. La azucena es una planta de flores blancas o rojas muy olorosas y delicadas.

Tres rosas en el ánfora, 1952

Berceuse[81]

Duérmete en mí como en lugar seguro;
piensa que en cada sueño hay una vida,
y en el presente del amor olvida
traición de ayer y sombra del futuro.

Duerme en mi corazón . . . El viento impuro
de la maldad no llega a mi guarida;[82]
la abrí para que entraras; defendida
dejé la puerta y reforzado el muro.[83]

La pasión en el fuego se acrisola;
hagamos de dos llamas una sola
y cierzo[84] y soledad queden aparte.

Mientras crepita[85] el perfumado leño,
vendrá mi canto a remecer tu sueño
y mi nueva canción a despertarte.

José Enrique Rodó

URUGUAY, 1872-1917

José Enrique Rodó surge en la vida literaria del Uruguay en los momentos en que a ese país llegan los vientos de la renovación literaria y hay intenso interés en un grupo de jóvenes, por el remozamiento de la cultura. Desde muy temprano, Rodó ganó un inmenso prestigio como prosista, de manera que si Rubén Darío es el poeta por antonomasia del Modernismo, Rodó es el ensayista. En las primeras décadas de este siglo era el escritor y pensador más leído e imitado y el que más autoridad e influencia ejercía sobre las juventudes hispanoamericanas. Rodó produjo una amplia obra como profesor, periodista, político, crítico literario y ensayista. Pero su gran ideal era llegar a ser un gran pensador y filósofo, y especialmente un conductor, un guía moral de los jóvenes y las clases intelectuales del continente. Ocupó una cátedra de literatura en la Universidad Nacional en Montevideo, y la Dirección de la Biblioteca Nacional. Aunque la política mal se avenía con su idealismo innato, varias veces fue congresista. Como enviado de *La Nación* viajó por España e Italia y en Palermo, Sicilia, murió como un desconocido, sin haber llegado a Francia.

---

[81] Soneto de estilo clásico que demuestra la alta calidad de la poesía amatoria de González Martínez, cuya producción en este sentido está entre la mejor escrita en Hispanoamérica. Aquí el poeta se presenta a sí mismo como un refugio seguro de la amada. «*Berceuse*»: (palabra francesa) quiere decir «canción de cuna».

[82] cueva, refugio, amparo
[83] pared gruesa y fuerte
[84] viento norte muy frío
[85] chisporrotea; sonido que produce la leña cuando se quema

Rodó tenía una amplia cultura, especialmente humanística, y sobre todo un conocimiento profundo de los grandes pensadores del siglo XIX. Quienes más lo influyen son Renán (su favorito), Taine, Guyau, Bortroux y Bergson. También hay trazas en su estilo de Macaulay, Carlyle, Emerson y Montaigne. Sus grandes admiraciones fueron Renán, por sus ideas básicas, y el mundo helénico, por el sentido de equilibrio, la contención y la belleza. Se dio a conocer continentalmente con un ensayo titulado *El que vendrá* (1897) de tono profético, donde esperanzadoramente prevee la llegada de un apóstol del idealismo del hombre. Sin embargo, la obra que lo ha inmortalizado en Hispanoamérica es *Ariel* (1900) especie de Biblia ética y moral para los jóvenes de la América Latina. Es, sin duda alguna, el libro que más ha influído en las juventudes latinoamericanas. Todo el libro es la charla que el maestro Próspero dirige a sus discípulos después de un tiempo de labores comunes. En la sala de clases hay un busto de Ariel. Ambos nombres son tomados de *La Tempestad* de Shakespeare. Próspero representa la sabiduría: Ariel la parte libre del individuo, que no se subordina al cuerpo. Calibán simboliza el materialismo, el utilitarismo y demás fuerzas que tratan de destruir el armónico desarrollo de todos los elementos que componen la personalidad humana. Rodó mismo se encargó de bosquejar las ideas básicas del libro en el ejemplar que regaló al Dr. Daniel Martínez Vigil: «(1) Necesidad de que cada generación entre a la vida con un programa propio. Belleza moral de la juventud. Ejemplo de Grecia. (2) El hombre no debe desarrollar una sola faz de su espíritu, sino su naturaleza entera. Peligro de las civilizaciones avanzadas. Necesidad de reservar una parte del alma para las preocupaciones puramente ideales. (3) Importancia del sentimiento de lo bello para la educación del espíritu y su relación con la moralidad. (4) Causas del utilitarismo del siglo. Peligros de la democracia. Necesidad de que predomine en las sociedades la calidad sobre el número. (5) Los Estados Unidos como representante del espíritu utilitario. Crítica de su civilización: méritos y defecto radical. (6) No existe pueblo grande en la historia sin un ideal desinteresado. Confianza en el provenir de América. Simbolismo de Ariel.»

Más tarde publicó *Liberalismo y Jacobinismo* (1906) expresivo de su sentido de la tolerancia y espíritu conciliador. La belleza del estilo y la profundidad y elevación de las ideas hacen de *Motivos de Proteo* (1909) la obra más lograda de Rodó. El tema central del libro es que la personalidad del individuo no es inmutable sino que cambia y se transforma durante toda la vida y que el hombre debe conocerse a sí mismo para vigilar bien ese proceso y poder orientarlo y dirigirlo de acuerdo con nuestro destino. Le confiere un extraordinario valor a la voluntad y a la vocación. La obra tiene mucho de ensayo, pero incluye parábolas, cuentos y otras aparentes digresiones para argumentar mejor sus ideas. Aquí llega Rodó a su punto más alto como moralista, pensador y estilista. Después dio a conocer *El mirador de Próspero* (1913), su libro de crítica más importante. Rodó es un buen crítico, aunque muchos juicios no se adapten a la objetividad de la crítica moderna. Su obra de madurez, porque la escribió con mucha calma, es quizás *El camino de Paros* (1918) con impresiones de su viaje. Complementan la obra de 1909, los *Nuevos motivos de Proteo* (1927), y los *Últimos motivos de Proteo* (1932). Algo muy digno de Rodó son sus millares de artículos para periódicos y revistas, y su epistolario.

Rodó no es un filósofo en el estricto sentido de la palabra, y quizás pecó de exceso de idealismo en el planteamiento de sus ideas, a las cuales no se le puede negar su profundo valor ético y el alto propósito que las animaba. El tono demasiado denso de su prosa y la amplitud de sus párrafos han sido obstáculos para que el lector capte con rapidez sus ideas concretas. De esa manera Emerson, Bacon, Montaigne y Pascal lo superan en grandeza y perennidad. Su voz e ideas, que fueron en un tiempo guía intelectual de muchos, han decaído con el tiempo, no sólo por el estilo sino porque no supo ahondar en la inquietud social, que aparece en otros escritores. Muchos de sus escritos pueden colocarse entre lo mejor escrito en este continente, y su objetivo bien debería excusar sus defectillos. Su obra toda está escrita en un lenguaje muy elegante, con exceso de tono sublime y majestuoso.

FUENTE: *Obras completas*, Madrid, Aguilar, 1957. Introducción, prólogos y notas de Emir Rodríguez Monegal.

Ariel

1900

FRAGMENTO

A la juventud de América

Aquella tarde, el viejo y venerado maestro, a quien solían llamar Próspero, por alusión al sabio maestro de *La Tempestad* shakespeariana, se despedía de sus jóvenes discípulos, pasado un año de tareas, congregándolos[1] una vez más a su alrededor.

Ya habían llegado ellos a la amplia sala de estudio, en la que un gusto delicado y severo esmerábase[2] por todas partes en honrar la noble presencia de los libros, fieles compañeros de Próspero. Dominaba en la sala —como numen[3] de su ambiente sereno— un bronce primoroso, que figuraba al Ariel de *La Tempestad*. Junto a este bronce se sentaba habitualmente el maestro, y por ello le llamaban con el nombre del mago a quien sirve y favorece en el drama el fantástico personaje que había interpretado el escultor. Quizá en su enseñanza y su carácter había, para el nombre, una razón y un sentido más profundos.

Ariel, genio del aire, representa, en el simbolismo de la obra de Shakespeare, la parte noble y alada[4] del espíritu. Ariel es el imperio de la razón y el sentimiento sobre los bajos estímulos de la irracionalidad; es el entusiasmo generoso, el móvil alto y desinteresado en la acción, la espiritualidad de la cultura, la vivacidad y la gracia de la inteligencia —el término[5] ideal a que asciende la selección humana, rectificando en el hombre superior los tenaces[6] vestigios de Calibán, símbolo de sensualidad y de torpeza, con el cincel perseverante de la vida.

La estatua, de real arte, reproducía al genio aéreo en el instante en que, libertado por la magia de Próspero, va a lanzarse a los aires para desvanecerse en un lampo.[7] Desplegadas las alas; suelta y flotante la leve vestidura, que la caricia de la luz en el bronce damasquinaba[8] de oro; erguida la amplia frente; entreabiertos los labios por serena sonrisa, todo en la actitud

[1] reuniéndolos
[2] ponía gran cuidado
[3] inspiración
[4] que tiene alas

[5] fin, objetivo
[6] obstinados
[7] resplandor fugaz
[8] labraba como un damasco

de Ariel acusaba[9] admirablemente el gracioso arranque[10] del vuelo –y con inspiración dichosa el arte que había dado firmeza escultural a su imagen, había acertado a conservar en ella, al mismo tiempo, la apariencia seráfica y la levedad ideal.

Próspero acarició, meditando, la frente de la estatua; dispuso[11] luego al grupo juvenil en torno suyo; y con su firme voz —voz *magistral*, que tenía para fijar la idea e insinuarse en las profundidades del espíritu, bien la esclarecedora penetración del rayo de luz, bien el golpe incisivo del cincel en el mármol, bien el toque impregnante del pincel en el lienzo o de la onda en la arena—, comenzó a decir, frente a una atención afectuosa:

1

Necesidad de que cada generación entre a la vida activa con un programa propio.— Belleza moral de la juventud; su papel en la vida de las sociedades. —Los pueblos más fuertes y gloriosos son los que reúnen las condiciones propias de la juventud. —Ejemplo de Grecia. —Necesidad de la «fe en la vida». —No debe confundirse esta fe con un optimismo cándido.—América necesita de su juventud.[12]

Junto a la estatua que habéis visto presidir, cada tarde, nuestros coloquios de amigos, en los que he procurado despojar[13] a la enseñanza de toda ingrata austeridad, voy a hablaros de nuevo, para que sea nuestra despedida como el sello estampado en un convenio de sentimientos y de ideas.

Invoco a Ariel como mi numen. Quisiera ahora para mi palabra la más suave y persuasiva unción que ella haya tenido jamás. Pienso que hablar a la juventud sobre nobles y elevados motivos, cualesquiera que sean, es un género de oratoria sagrada. Pienso también que el espíritu de la juventud es un terreno generoso donde la simiente[14] de una palabra oportuna suele rendir,[15] en corto tiempo, los frutos de una inmortal vegetación.

Anhelo colaborar en una página del programa que, al prepararos a respirar el aire libre de la acción, formularéis, sin duda, en la intimidad de vuestro espíritu, para ceñir[16] a él vuestra personalidad moral y vuestro esfuerzo. Este programa propio—que algunas veces se formula y escribe; que se reserva otras para ser revelado en el mismo transcurso de la acción— no falta nunca en el espíritu de las agrupaciones y los pueblos que son algo más que muchedumbres. Si con relación a la escuela de la voluntad individual, pudo Goethe[17] decir profundamente que sólo es digno de la libertad y la vida quien es capaz de conquistarlas día a día para sí, con tanta más razón podría decirse que el honor de cada generación humana exige que ella se conquiste, por la perseverante actividad de su pensamiento, por el esfuerzo propio, su fe en determinada manifestación del ideal y su puesto en la evolución de las ideas.

Al conquistar los vuestros, debéis empezar por reconocer un primer objeto de fe, en vosotros mismos. La juventud que vivís es una fuerza de cuya aplicación sois los obreros y un tesoro de cuya inversión sois responsables. Amad ese tesoro y esa fuerza; haced que el altivo sentimiento de su posesión permanezca ardiente y eficaz en vosotros. Yo os digo, con Renán:[18] «La juventud es el descubrimiento de

---

[9] exponía, mostraba
[10] comienzo, inicio
[11] ordenó, organizó
[12] Este sumario de cada capítulo de *Ariel*, fue escrito por el propio Rodó en el ejemplar de uno de sus amigos, Nosotros lo conservamos por estimar que ayudará mucho a los estudiantes en la comprensión de esta obra.

[13] privar, desposeer, quitar
[14] semilla
[15] producir
[16] ajustar, rodear, ponerse
[17] Goethe, Joan Wolfand: poeta alemán (1749-1832)
[18] Renán, Ernest: escritor, pensador e historiador francés (1823-1892)

un horizonte inmenso, que es la vida.» El descubrimiento que revela las tierras ignoradas necesita completarse por el esfuerzo viril que las sojuzga. Y ningún otro espectáculo puede imaginarse más propio para cautivar a un tiempo el interés del pensador y el entusiasmo del artista, que el que presenta una generación humana que marcha al encuentro del futuro, vibrante con la impaciencia de la acción, alta la frente, en la sonrisa un altanero[19] desdén del desengaño, colmada el alma por dulces y remotos mirajes que derraman en ella misteriosos estímulos, como las visiones de Cipango y El Dorado[20] en las crónicas heroicas de los conquistadores.

Del renacer de las esperanzas humanas; de las promesas que fían eternamente al porvenir la realidad de lo mejor, adquiere su belleza el alma que se entreabre al soplo de la vida; dulce e inefable belleza, compuesta, como lo estaba la del amanecer para el poeta de *Las contemplaciones*,[21] de un «vestigio de sueño y un principio de pensamiento».

La humanidad, renovando de generación en generación su activa esperanza y su ansiosa fe en un ideal, al través de la dura experiencia de los siglos, hacía pensar a Guyau[22] en la obsesión de aquella pobre enajenada[23] cuya extraña y conmovedora locura consistía en creer llegado, constantemente, el día de sus bodas.—Juguete de su ensueño, ella ceñía cada mañana a su frente pálida la corona de desposada[24] y suspendía de su cabeza el velo nupcial. Con una dulce sonrisa, disponíase luego a recibir al prometido ilusorio, hasta que las sombras de la tarde, tras el vano esperar, traían la decepción a su alma. Entonces tomaba un melancólico tinte su locura. Pero su ingenua confianza reaparecía con la aurora[25] siguiente; y ya sin el recuerdo del desencanto pasado, murmurando: *Es hoy cuando vendrá*, volvía a ceñirse la corona y el velo y a sonreír en espera del prometido.

Es así como, no bien la eficacia de un ideal ha muerto, la humanidad viste otra vez sus galas nupciales para esperar la realidad del ideal soñado con nueva fe, con tenaz y conmovedora locura. Provocar esa renovación, inalterable como un ritmo de la Naturaleza, es en todos los tiempos la función y la obra de la juventud. De las almas de cada primavera humana está tejido aquel tocado[26] de novia. Cuando se trata de sofocar esta sublime terquedad[27] de la esperanza, que brota alada del seno de la decepción, todos los pesimismos son vanos. Lo mismo los que se fundan en la razón que los que parten de la experiencia, han de reconocerse inútiles para contrastar el altanero *no importa* que surge del fondo de la Vida. Hay veces en que, por una aparente alteración del ritmo triunfal, cruzan la historia humana generaciones destinadas a personificar, desde la cuna, la vacilación y el desaliento. Pero ellas pasan—no sin haber tenido quizá su ideal como las otras, en forma negativa y con amor inconsciente—; y de nuevo se ilumina en el espíritu de la humanidad la esperanza en el Esposo anhelado; cuya imagen, dulce y radiosa como en los versos de marfil de los místicos, basta para mantener la animación y el contento de la vida, aun cuando nunca haya de encarnarse en la realidad.

La juventud, que así significa en el alma de los individuuos y la de las generaciones luz, amor, energía, existe y lo significa también en el proceso evolutivo de las sociedades. De los pueblos que sienten y consideran la vida como vosotros, serán siempre la fecundidad, la fuerza, el dominio del porvenir.—Hubo una vez en que los atributos de la juventud humana se hicieron, más que en ninguna otra, los atributos de un pueblo, los caracteres de una civilización, y en que un soplo de adolescencia encantadora pasó rozando la frente serena de una raza. Cuando Grecia nació, los dioses le regalaron el secreto de su juventud inextinguible. Grecia es el alma joven. [. . .]

---

[19] arrogante
[20] *Cipango:* nombre legendario del Japón; *el Dorado:* región de fabulosas riquezas en Hispanoamérica, según una de las leyendas que corrían durante la conquista
[21] referencia a Víctor Hugo, célebre poeta, dramaturgo y novelista francés (1802–1885), autor de «Contemplations»

[22] Guyau, Marie-Jean: filósofo y pensador francés (1854–1888)
[23] loca
[24] novia
[25] amanecer
[26] peinado y adorno de la cabeza
[27] insistencia, obstinación

II

*El hombre no debe desarrollar una sola faz de su espíritu, sino su naturaleza entera.
—Peligro de las civilizaciones avanzadas, indicado por Comte.[28]—La hermosura de la
vida de Atenas depende de que supo producir el concierto de todas las facultades
humanas.—Necesidad de reservar una parte del alma para las preocupaciones puramente ideales.—Cuento simbólico.—Ni la vida de los individuos, ni la vida de las
sociedades, deben tener un objetivo único y exclusivo.*

La divergencia de las vocaciones personales imprimirá diversos sentidos a vuestra actividad, y hará predominar una disposición, una aptitud determinada, en el espíritu de cada uno de vosotros. —Los unos seréis hombres de ciencia: los otros seréis hombres de arte; los otros seréis hombres de acción. —Pero por encima de los afectos que hayan de vincularos individualmente a distintas aplicaciones y distintos modos de la vida, debe velar, en lo íntimo de vuestra alma, la conciencia de la unidad fundamental de nuestra naturaleza, que exige que cada individuo humano sea, ante todo y sobre toda otra cosa, un ejemplar no mutilado[29] de la humanidad, en el que ninguna noble facultad del espíritu quede obliterada y ningún alto interés de todos pierda su virtud comunicativa. Antes que las modificaciones de profesión y de cultura está el cumplimiento del destino común de los seres racionales. «Hay una profesión universal, que es la de *hombre*», ha dicho admirablemente Guyau. Y Renán recordando, a propósito de las civilizaciones desequilibradas y parciales, que el fin de la criatura humana no puede ser exclusivamente saber, ni sentir, ni imaginar, sino ser real y enteramente *humana*, define el ideal de perfección a que ella debe encaminar sus energías como la posibilidad de ofrecer en un tipo individual un cuadro abreviado de la especie.

Aspirad, pues, a desarrollar en lo posible, no un solo aspecto, sino la plenitud de vuestro ser. No os encojáis de hombros delante de ninguna noble y fecunda manifestación de la naturaleza humana, a pretexto[30] de que vuestra organización individual os liga[31] con preferencia a manifestaciones diferentes. Sed espectadores atentos allí donde no podáis ser actores. —Cuando cierto falsísimo y vulgarizado concepto de la educación, que la imagina subordinada exclusivamente al fin utilitario se empeña en mutilar, por medio de ese utilitarismo y de una especialización prematura, la integridad natural de los espíritus, y anhela proscribir de la enseñanza todo elemento desinteresado e ideal, no repara suficientemente en el peligro de preparar para el porvenir espíritus estrechos, que, incapaces de considerar más que el único aspecto de la realidad con que estén inmediatamente en contacto, vivirán separados por helados desiertos de los espíritus que, dentro de la misma sociedad, se hayan adherido a otras manifestaciones de la vida.

Lo necesario de la consagración particular de cada uno de nosotros a una actividad determinada, a un solo modo de cultura, no excluye, ciertamente, la tendencia a realizar, por la íntima armonía del espíritu, el destino común de los seres racionales. Esa actividad, esa cultura, serán sólo la nota fundamental de la armonía. —El verso célebre en que el esclavo de la escena antigua afirmó que, pues era hombre, no le era ajeno nada de lo humano,[32] forma parte de los gritos que, por su sentido inagotable, resonarán eternamente en la conciencia de la humanidad. Nuestra capacidad de comprender sólo debe tener por límite la imposibilidad de comprender a los espíritus estrechos. Ser incapaz de ver de la Naturaleza más que una faz;

---

[28] Comte, August: filósofo francés (1798–1857), creador del positivismo
[29] lisiado, amputado, cortado
[30] con la excusa de
[31] une
[32] referencia a la obra *El verdugo de sí mismo* de Terencio, poeta y comediógrafo latino (194–159 a.C.)

de las ideas e intereses humanos más que uno solo, equivale a vivir envuelto en una sombra de sueño horadada[33] por un solo rayo de luz. La intolerancia, el exclusivismo, que cuando nacen de la tiránica absorción de un alto entusiasmo, del desborde de un desinteresado propósito ideal, pueden merecer justificación, y aun simpatía, se convierten en la más abominable de las inferioridades cuando, en el círculo de la vida vulgar, manifiestan la limitación de un cerebro incapacitado para reflejar más que una parcial apariencia de las cosas.

Por desdicha, es en los tiempos y las civilizaciones que han alcanzado una completa y refinada cultura donde el peligro de esa limitación de los espíritus tiene una importancia más real y conduce a resultados más temibles. Quiere, en efecto, la ley de evolución, manifestándose en la sociedad como en la Naturaleza por una creciente tendencia a la heterogeneidad, que, a medida que la cultura general de las sociedades avanza, se limite correlativamente la extensión de las aptitudes individuales y haya de ceñirse el campo de acción de cada uno a una especialidad más restringida.[34] Sin dejar de constituir una condición necesaria de progreso, ese desenvolvimiento del espíritu de especialización trae consigo desventajas visibles, que no se limitan a estrechar el horizonte de cada inteligencia, falseando necesariamente su concepto del mundo, sino que alcanzan y perjudican, por la dispersión de las afecciones y los hábitos individuales, al sentimiento de la solidaridad. —Augusto Comte ha señalado bien este peligro de las civilizaciones avanzadas. Un alto estado de perfeccionamiento social tiene para él un grave inconveniente en la facilidad con que suscita[35] la aparición de espíritus deformados y estrechos; de espíritus «muy capaces bajo un aspecto único y monstruosamente ineptos[36] bajo todos los otros». El empequeñecimiento de un cerebro humano por el comercio continuo de un solo género de ideas, por el ejercicio indefinido de un solo modo de actividad, es para Comte un resultado comparable a la mísera suerte del obrero a quien la divi-

sión del trabajo de taller obliga a consumir en la invariable operación de un detalle mecánico todas las energías de su vida. En uno y otro caso, el efecto moral es inspirar una desastrosa indiferencia por el aspecto general de los intereses de la humanidad. Y aunque esta especie de automatismo humano—agrega el pensador positivista—no constituye felizmente sino la extrema influencia dispersiva del principio de especialización, su realidad, ya muy frecuente, exige que se atribuya a su apreciación una verdadera importancia. [. . .]

Cuando el sentido de la utilidad material y el bienestar domina en el carácter de las sociedades humanas con la energía que tiene en la presente, los resultados del espíritu estrecho y la cultura unilateral son particularmente funestos[37] a la difusión de aquellas preocupaciones puramente ideales que, siendo objeto de amor para quienes les consagran las energías más nobles y perseverantes de su vida, se convierten en una remota, y quizá no sospechada, región, para una inmensa parte de los otros. —Todo género de meditación desinteresada, de contemplación ideal, de tregua íntima, en la que los diarios afanes por la utilidad cedan transitoriamente su imperio a una mirada noble y serena tendida de lo alto de la razón sobre las cosas, permanece ignorado, en el estado actual de las sociedades humanas, para millones de almas civilizadas y cultas, a quienes la influencia de la educación o la costumbre reduce al automatismo de una actividad, en definitiva, material. —Y bien: este género de servidumbre debe considerarse la más triste y oprobiosa de todas las condenaciones morales. Yo os ruego que os defendáis, en la milicia de la vida, contra la mutilación de vuestro espíritu por la tiranía de un objetivo único e interesado. No entreguéis nunca a la utilidad o a la pasión sino una parte de vosotros. Aun dentro de la esclavitud material, hay la posibilidad de salvar la libertad interior: la de la razón y el sentimiento. No tratéis, pues, de justificar, por la absorción del trabajo o el combate, la esclavitud de vuestro espíritu. [. . .]

---

[33] agujereada, con huecos
[34] limitada
[35] provoca
[36] incapaces, inhábiles
[37] fatales, tristes

III

Importancia del sentimiento de lo bello para la educación del espíritu.—Su relación con la moralidad.—Ejemplos históricos.— Importancia de la cultura estética en el carácter de los pueblos y como medio de propagar las ideas.

Así como el primer impulso de la profanación será dirigirse a lo más sagrado del santuario, la regresión vulgarizadora contra la que os prevengo comenzará por sacrificar lo más delicado del espíritu. —De todos los elementos superiores de la existencia racional, es el sentimiento de lo bello, la visión clara de la hermosura de las cosas, el que más fácilmente marchita[38] la aridez de la vida limitada a la invariable descripción del círculo vulgar, convirtiéndole en el atributo de una minoría que lo custodia,[39] dentro de cada sociedad humana, como el depósito de un precioso abandono. La emoción de belleza es al sentimiento de las idealidades como el esmalte del anillo. El efecto del contacto brutal por ella empieza fatalmente, y es sobre ella como obra de modo más seguro. Una absoluta indiferencia llega a ser, así, el carácter normal, con relación a lo que debiera ser universal amor de las almas. No es más intensa la estupefacción del hombre salvaje, en presencia de los instrumentos y las formas materiales de la civilización, que la que experimenta un número relativamente grande de hombres cultos frente a los actos en que se revele el propósito y el hábito de conceder una seria realidad a la relación hermosa de la vida.

El argumento del apóstol traidor ante el vaso de nardo derramado inútilmente sobre la cabeza del Maestro[40] es, todavía, una de las fórmulas del sentido común. La superfluidad del arte no vale para la masa anónima los trescientos denarios. Si acaso la respeta, es como a un culto esotérico. Y sin embargo, entre todos los elementos de educación humana que pueden contribuir a formar un amplio y noble concepto de la vida, ninguno justificaría

más que el arte un interés universal, porque ninguno encierra—según la tesis desenvuelta en elocuentes páginas de Schiller[41]—la virtualidad de una cultura más *extensa* y completa, en el sentido de prestarse[42] a un acordado estímulo de todas las facultades del alma.

Aunque el amor y la admiración de la belleza no respondiesen a una noble espontaneidad del ser racional y no tuvieran, con ello, suficiente valor para ser cultivados por sí mismos, sería un motivo superior de moralidad el que autorizaría a proponer la cultura de los sentimientos estéticos como un alto interés de todos.—Si a nadie es dado renunciar a la educación del sentimiento moral, este deber trae implícito el de disponer el alma para la clara visión de la belleza. Considerad al educado sentido de lo bello el colaborador más eficaz en la formación de un delicado instinto de justicia. La dignificación, el ennoblecimiento interior, no tendrán nunca artífice más adecuado. Nunca la criatura humana se adherirá de más segura manera al cumplimiento del deber que cuando, además de sentirle como una imposición, le sienta estéticamente como una armonía. Nunca ella será más plenamente buena que cuando sepa, en las formas con que se manifieste activamente su virtud, respetar en los demás el sentimiento de lo hermoso.

Cierto es que la santidad del bien purifica y ensalza todas las groseras[43] apariencias. Puede él indudablemente realizar su obra sin darle el prestigio exterior de la hermosura. Puede el amor caritativo llegar a la sublimidad con medios toscos,[44] desapacibles y vulgares. Pero no es sólo más hermosa, sino mayor, la caridad que anhela transmitirse en las formas de lo delicado y lo selecto: porque ella añade a sus dones un

---

[38] quita el vigor, mustia las flores o vegetales
[39] vela, vigilia
[40] referencia bíblica: Judas Iscariote y Jesús
[41] Schiller, Fiedrich: poeta, dramaturgo y escritor alemán (1759-1805)
[42] ser útil, darse a
[43] vulgares
[44] rudos, rústicos

beneficio más, una dulce e inefable caricia que no se sustituye con nada y que realza[45] el bien que se concede, como un toque de luz.

Dar a sentir lo hermoso es obra de misericordia. Aquellos que exigirían que el bien y la verdad se manifestasen invariablemente en formas adustas y severas, me han parecido siempre amigos traidores, del bien y la verdad. La virtud es también un género de arte, un arte divino; ella sonríe maternalmente a las Gracias. [. . .][46]

Yo creo indudable que el que ha aprendido a distinguir de lo delicado lo vulgar, lo feo de lo hermoso, lleva hecha media jornada para distinguir lo malo de lo bueno. [. . .]

IV

Causas del utilitarismo[47] del siglo.—Este utilitarismo ha preparado el terreno para idealismos futuros.—¿Debe creerse que la democracia conduce al utilitarismo?— Opinión de Renán.—Examen de esta opinión.—Peligros de la democracia.—Importancia de esta cuestión en las sociedades de América.—Necesidad de que predomine en las sociedades la calidad sobre el número.—El gobierno de las mediocridades; su odio contra toda noble superioridad.—Verdadero concepto de la igualdad democrática.— Siendo absurdo pensar en destruir esta igualdad, sólo cabe pensar en educar el espíritu de la democracia para que dominen los mejores.—La democracia bien entendida es el ambiente más propio para la cultura intelectual.

A la concepción de la vida racional que se funda en el libre y armonioso desenvolvimiento[48] de nuestra naturaleza, e incluye, por lo tanto, entre sus fines esenciales, el que se satisface con la contemplación sentida de lo hermoso, se opone—como norma de la conducta humana—la concepción *utilitaria*, por la cual nuestra actividad, toda entera, se orienta en relación a la inmediata finalidad del interés.

La inculpación de utilitarismo estrecho que suele dirigirse al espíritu de nuestro siglo, en nombre del ideal, y con rigores de anatema, se funda, en parte, sobre el desconocimiento de que sus titánicos esfuerzos por la subordinación de las fuerzas de la naturaleza a la voluntad humana y por la extensión del bienestar material, son un trabajo necesario que preparará, como el laborioso enriquecimiento de una tierra agotada,[49] la florescencia de idealismos futuros. La transitoria predominancia de esa función de utilidad, que ha absorbido a la vida agitada y febril de estos cien años sus más potentes energías, explica, sin embargo—ya que no las justifique—, muchas nostalgias dolorosas, muchos descontentos y agravios de la inteligencia, que se traducen bien por una melancólica y exaltada idealización de lo pasado, bien por una desesperanza cruel del porvenir. Hay, por ello, un fecundísimo, un bienaventurado pensamiento, en el propósito de cierto grupo de pensadores de las últimas generaciones—entre los cuales sólo quiero citar una vez más la noble figura de Guyau— que han intentado sellar la reconciliación definitiva de las conquistas del siglo con la renovación de muchas viejas devociones humanas, y que han invertido en esa obra bendita tantos tesoros de amor como de genio.

Con frecuencia habréis oído atribuir a dos causas fundamentales el desborde del espíritu de utilidad que da su nota a la fisonomía moral del siglo presente, con menoscabo de la consideración *estética* y desinteresada de la vida. Las revelaciones de la ciencia de la naturaleza— que, según intérpretes, ya adversos, ya favorables a ellas, convergen[50] a destruir toda idealidad

---

[45] da brillo y esplendor; destaca, resalta, pone de relieve
[46] o Cárites en griego. Eran tres deidades paganas que personifican la belleza.
[47] doctrina filosófica que considera la utilidad como principio de la moral. John Stuart Mill (1806–1873), el filósofo inglés, es uno de los jefes de la escuela.
[48] desarrollo, evolución
[49] consumida, extenuada, muy cansada
[50] concurren, se dirigen a un mismo punto

por su base—son la una; la universal difusión y el triunfo de las ideas democráticas, la otra. Yo me propongo hablaros exclusivamente de esta última causa; porque confío en que vuestra primera iniciación en las revelaciones de la ciencia ha sido dirigida como para preservaros del peligro de una interpretación vulgar.— Sobre la democracia pesa la acusación de guiar a la humanidad, mediocrizándola, a un Sacro Imperio del utilitarismo. La acusación se refleja con vibrante intensidad en las páginas—para mí siempre llenas de un sugestivo encanto—del más amable entre los maestros del espíritu moderno: en las seductoras páginas de Renán a cuya autoridad ya me habéis oído varias veces referirme y de quien pienso volver a hablaros a menudo.—Leed a Renán, aquellos de vosotros que lo ignoréis todavía, y habréis de amarle como yo.—Nadie como él me parece, entre los modernos, dueño de ese arte de «enseñar con gracia», que Anatole France[51] considera divino. Nadie ha acertado como él a hermanar, con la ironía, la piedad. Aun en el rigor del análisis, sabe poner la unción del sacerdote. Aun cuando enseña a dudar, su suavidad exquisita tiende una onda balsámica sobre la duda. Sus pensamientos suelen dilatarse,[52] dentro de nuestra alma, con ecos tan inefables y tan vagos, que hacen pensar en una religiosa música de ideas. Por su infinita comprensibilidad ideal, acostumbran las clasificaciones de la crítica personificar en él el alegre escepticismo de los *dilettanti* que convierten en traje de máscara la capa del filósofo; pero si alguna vez intimáis dentro de su espíritu, veréis que la tolerancia vulgar de los escépticos se distingue de su tolerancia como la hospitalidad galante de un salón del verdadero sentimiento de la caridad.

Piensa, pues, el maestro, que una alta preocupación por los *intereses ideales* de la especie es opuesta del todo al espíritu de la democracia. Piensa que la concepción de la vida, en una sociedad donde ese espíritu domine, se ajustará progresivamente a la exclusiva persecución del bienestar material como beneficio propagable[53]

al mayor número de personas. Según el, siendo la democracia la entronización de Calibán, Ariel no puede menos que ser el vencido de ese triunfo.—Abundan afirmaciones semejantes a éstas de Renán, en la palabra de muchos de los más caracterizados representantes que los intereses de la cultura estética y la selección del espíritu tienen en el pensamiento contemporáneo. Así, Bourget[54] se inclina a creer que el triunfo universal de las instituciones democráticas hará perder a la civilización en profundidad lo que le hace ganar en extensión. Ve su forzoso término en el imperio de un individualismo mediocre. «Quien dice democracia —agrega el sagaz autor de *Andrés Cornelís*— dice desenvolvimiento progresivo de las tendencias individuales y disminución de la cultura.»—Hay, en la cuestión que plantean estos juicios severos, un interés vivísimo, para los que amamos—al mismo tiempo—, por convencimiento, la obra de la Revolución, que en nuestra América se enlaza además con las glorias de su Génesis;[55] y por instinto, la posibilidad de una noble y selecta vida espiritual que en ningún caso haya de ver sacrificada su serenidad augusta a los caprichos de la multitud —Para afrontar el problema, es necesario empezar por reconocer que cuando la democracia no enaltece su espíritu por la influencia de una fuerte preocupación ideal que comparta su imperio con la preocupación de los intereses materiales, ella conduce fatalmente a la privanza[56] de la mediocridad, y carece, más que ningún otro régimen, de eficaces barreras con las cuales asegurar dentro de un ambiente adecuado la inviolabilidad de la alta cultura. Abandonada a sí misma—sin la constante rectificación de una activa autoridad moral que la depure y encauce[57] sus tendencias en el sentido de la dignificación de la vida—, la democracia extinguirá gradualmente toda idea de superioridad que no se traduzca en una mayor y más osada aptitud[58] para las luchas del interés, que son entonces la forma más innoble de las brutalidades de la fuerza.—La selección espiritual,

[51] France, Anatole: escritor y novelista francés (1844–1924)
[52] ensancharse, extenderse
[53] difundible, multiplicable
[54] Bourget, Paul: novelista y ensayista francés (1852–1935)
[55] origen
[56] predominio
[57] guíe, oriente
[58] habilidad, capacidad

el enaltecimiento de la vida por la presencia de estímulos desinteresados, el gusto, el arte, la suavidad de las costumbres, el sentimiento de admiración por todo perseverante propósito
5 ideal y de acatamiento a toda noble supremacía, serán como debilidades indefensas allí donde la igualdad social que ha destruído las jerarquías imperativas e infundadas no las sustituya con otras, que tengan en la influencia moral
10 su único modo de dominio y su principio en una clasificación racional.

Toda igualdad de condiciones es en el orden de las sociedades, como toda homogeneidad en el de la Naturaleza, un equilibrio inestable.
15 Desde el momento en que haya realizado la democracia su obra de negación, con el allanamiento[59] de las superioridades injustas, la igualdad conquistada no puede significar para ella sino un punto de partida. Resta la afirma-
20 ción. Y lo afirmativo de la democracia y su gloria consistirán en suscitar, por eficaces estímulos, en su seno, la revelación y el dominio de las *verdaderas* superioridades humanas.[. . .]
25 Racionalmente concebida, la democracia admite siempre un imprescriptible elemento aristocrático, que consiste en establecer la superioridad de los mejores, asegurándola sobre el consentimiento libre de los asociados.
30 Ella consagra, como las aristocracias, la distinción de calidad; pero la resuelve a favor de las calidades realmente superiores—las de la virtud, el carácter, el espíritu—, y sin pretender inmovilizarlas en clases constituídas aparte de[60]
35 las otras, que mantengan a su favor el privilegio execrable de la casta, renueva sin cesar su aristocracia dirigente en las fuentes vivas del pueblo y la hace aceptar por la justicia y el amor. Reconociendo, de tal manera, en la
40 selección y la predominancia de los mejores dotados una necesidad de todo progreso, excluye de esa ley universal de la vida, al sancionarla en el orden de la sociedad, el efecto de humillación y de dolor que es, en las con-
45 currencias de la naturaleza y en las de las otras organizaciones sociales, el duro lote del

vencido. «La gran ley de la selección natural—ha dicho luminosamente Fouillée—[61]continuará realizándose en el seno de las sociedades humanas, sólo que ella se realizará de más en más por vía de libertad.»—El carácter odioso de las aristocracias tradicionales se originaba de que eran injustas, por su fundamento, y opresoras, por cuanto su autoridad era una imposición. Hoy sabemos que no existe otro límite legítimo para la igualdad humana que el que consiste en el dominio de la inteligencia y la virtud, consentido por la libertad de todos. Pero sabemos también que es necesario que este límite exista en realidad.—Por otra parte, nuestra concepción cristiana de la vida nos enseña que las superioridades morales, que son un motivo de derechos, son principalmente un motivo de deberes, y que todo espíritu superior se debe a los demás en igual proporción que los excede en capacidad de realizar el bien. El anti-igualitarismo de Nietzsche[62]—que tan profundo surco señala en la que podríamos llamar nuestra moderna *literatura de ideas*—ha llevado a su poderosa reivindicación de los derechos que él considera implícitos en las superioridades humanas un abominable, un reaccionario espíritu; puesto que, negando toda fraternidad, toda piedad, pone en el corazón de *superhombre* a quien endiosa un menosprecio satánico para los desheredados[63] y los débiles; legitima en los privilegiados de la voluntad y de la fuerza el ministerio del verdugo; y con lógica resolución llega, en último término,[64] a afirmar que «la sociedad no existe para sí sino para sus elegidos».—No es, ciertamente, esta concepción monstruosa la que puede oponerse, como lábaro,[65] al falso igualitarismo que aspira a la nivelación de todos por la común vulgaridad. Por fortuna, mientras exista en el mundo la posibilidad de disponer dos trozos de madera en forma de cruz—es decir: siempre—, ¡la humanidad seguirá creyendo que es el amor el fundamento de todo orden estable y que la superioridad jerárquica en el orden no debe ser sino una superior capacidad de amar! . . .

Pero a la vez que manifiesta así la inmortal

[59] violación
[60] además de
[61] Fouillée, Alfred: filósofo y moralista francés (1838–1912)
[62] Nietzsche, Friedrich W.: filósofo alemán (1844–1900)
[63] pobres; personas sin bienes o propiedades
[64] finalmente, por último; en último análisis
[65] estandarte (bandera) de los emperadores romanos

eficacia del esfuerzo colectivo, y dignifica la participación de los colaboradores ignorados en la obra universal, la ciencia muestra cómo, en la inmensa sociedad de las cosas y los seres, es una necesaria condición de todo progreso el orden jerárquico; son un principio de la vida las relaciones de dependencia y de subordinación entre los componentes individuales de aquella sociedad y entre los elementos de la organización del individuo; y es, por último, una necesidad inherente a la ley universal de *imitación*, si se la relaciona con el perfeccionamiento de las sociedades humanas, la presencia, en ellas, de modelos vivos e influyentes, que las realcen por la progresiva generalización de su superioridad.

Para mostrar ahora cómo ambas enseñanzas universales de la ciencia pueden traducirse en hechos, conciliándose, en la organización y en el espíritu de la sociedad, basta insistir en la concepción de una democracia noble, justa; de una democracia dirigida por la noción y el sentimiento de las verdaderas superioridades humanas; de una democracia en la cual la supremacía de la inteligencia y la virtud—únicos límites para la equivalencia meritoria de los hombres—reciba su autoridad y su prestigio de la libertad, y descienda sobre las multitudes en la efusión bienhechora del amor.

Al mismo tiempo que conciliará aquellos dos grandes resultados de la observación del orden natural, se realizará, dentro de una sociedad semejante[66]—según lo observa, en el mismo libro de que os hablaba, Bérenger[67]—, la armonía de los dos impulsos históricos que han comunicado a nuestra civilización sus caracteres esenciales, los principios reguladores de su vida.—Del espíritu del cristianismo nace, efectivamente, el sentimiento de igualdad, viciado por cierto ascético menosprecio de la selección espiritual y la cultura. De la herencia de las civilizaciones clásicas nacen el sentido del orden, de la jerarquía, y el respeto religioso del genio, viciados por cierto aristocrático desdén de los humildes y los débiles. El porvenir sintetizará ambas sugestiones del pasado, en una fórmula inmortal. La democracia, entonces, habrá triunfado definitivamente. ¡Y ella, que, cuando amenaza con lo innoble del rasero nivelador[68] justifica las protestas airadas y las amargas melancolías de los que creyeron sacrificados por su triunfo toda distinción intelectual, todo ensueño de arte, toda delicadeza de la vida, tendrá, aún más que las viejas aristocracias, inviolables seguros para el cultivo de las flores del alma que se marchitan y perecen en el ambiente de la vulgaridad y entre las impiedades del tumulto![69]

---

[66] parecida, similar
[67] Bérenguer, Henry: escritor francés (1867–¿?), autor de *La aristocracia intelectual*
[68] que todo lo hace igual; nivela, empareja
[69] Nótese el tono optimista, tan característico de Rodó y su estilo florido, abundante, preciosista.

Motivos de Proteo[1]

FRAGMENTO

I

Reformarse es vivir[2] . . . Y desde luego, nuestra transformación personal en cierto grado, ¿no es ley constante e infalible en el tiempo? ¿Qué importa que el deseo y la voluntad queden en un punto si el tiempo pasa y nos lleva? El tiempo es el sumo innovador. Su potestad, bajo la cual cabe todo lo creado, se ejerce de manera tan segura y continua sobre las almas como sobre las cosas. Cada pensamiento de tu mente, cada movimiento de tu sensibilidad, cada determinación de tu albedrío,[3] y aún más: cada instante de la aparente tregua[4] de indiferencia o de sueño, con que se interrumpe el proceso de tu actividad consciente, pero no el de aquella otra que se desenvuelve en ti sin participación de tu voluntad y sin conocimiento de ti mismo, son un impulso más en el sentido de una modificación, cuyos pasos acumulados producen esas transformaciones visibles de edad a edad, de decenio a decenio;[5] mudas de alma, que sorprenden acaso a quien no ha tenido ante los ojos el gradual desenvolvimiento de una vida, como sorprende al viajero que torna,[6] tras larga ausencia, a la patria, ver las cabezas blancas de aquellos a quienes dejó en la mocedad.

Cada uno de nosotros es, sucesivamente, no uno, sino muchos. Y estas personalidades sucesivas, que emergen las unas de las otras, suelen ofrecer entre sí los más raros y asombrosos contrastes. Sainte-Beuve[7] significaba la impresión que tales metamorfosis psíquicas del tiempo producen en quien no ha sido espectador de sus fases relativas, recordando el sentimiento que experimentamos ante el retrato de Dante adolescente, pintado en Florencia; el Dante cuya dulzura casi jovial es viva antítesis del gesto amargo y tremendo con que el Gibelino dura en el monetario de la gloria; o bien, ante el retrato del Voltaire de los cuarenta años, con su mirada de bondad y ternura, que nos revela un mundo íntimo helado luego por la malicia senil del demoledor.

¿Qué es, si bien se considera, la *Atalía*, de Racine[8] sino la tragedia de esta misma transformación fatal y lenta? Cuando la hiere el fatídico sueño, la adoradora de Baal advierte que ya no están en su corazón, que el tiempo ha domado la fuerza, la soberbia, la resolución espantable, la confianza impávida, que la negaban al remordimiento y la piedad. Y para transformaciones como éstas, sin exceptuar las más profundas y esenciales, no son menester bruscas rupturas, que cause la pasión o el hado violento. Aun en la vida más monótona y remansada son posibles, porque basta para ellas una blanda pendiente. La eficiencia de las *causas actuales*, por las que el sabio explicó, mostrando el poder de la acumulación de acciones insensibles, los mayores cambios del orbe,[9] alcanza también a la historia del corazón humano. Las *causas actuales* son la clave en muchos enigmas de nuestro destino. ¿Desde qué día preciso dejaste de creer? ¿En qué preciso día nació el amor que te inflama? Pocas veces hay respuesta para

---

[1] El tema central del ensayo son las transformaciones de la personalidad y los asuntos relacionados con ella como la voluntad, la vocación, la esperanza. La obra da la impresión de algo incompleto y fragmentario. Vale como biografía espiritual del autor y por algunas observaciones sicológicas y morales, pero no es muy profundo y adolece de muchos ejemplos, parábolas y cuentos, algunos de gran valor y otros, bastante fuera de lugar. Así y todo es uno de los mejores libros de Rodó.

[2] Opone esta frase a la conocida de D'Annunzio: «Renovarse o morir».

[3] libertad, voluntad libre

[4] cese temporal de una guerra o lucha

[5] período de diez años

[6] regresa, vuelve

[7] Saint-Beuve, Charles-Agustin: crítico francés (1804–1869)

[8] obra cumbre del poeta dramático francés Jean Racine (1639–1699)

[9] mundo, globo

tales preguntas. Y es que cosa ninguna pasa en vano dentro de ti; no hay impresión que no deje en tu sensibilidad la huella de su paso; no hay imagen que no estampe una leve copia de sí en el fondo inconsciente de tus recuerdos; no hay idea ni acto que no contribuyan a determinar, aun cuando sea en proporción infinitesimal, el rumbo de tu vida, el sentido sintético de tus movimientos, la forma fisonómica de tu personalidad. El dientecillo oculto que roe en lo hondo de tu alma; la gota de agua que cae a compás en sus antros oscuros; el gusano de seda que teje allí hebras sutilísimas, no se dan tregua ni reposo; y sus operaciones concordes,[10] a cada instante te matan, te rehacen, te destruyen, te crean . . . Muertes cuya suma es la muerte; resurrecciones cuya persistencia es la vida. ¿Quién ha expresado esta inestabilidad mejor que Séneca,[11] cuando dijo, considerando lo fugaz y precario de las cosas: «Yo mismo, en el momento de decir que todo cambia, ya he cambiado»? Perseveramos sólo en la continuidad de nuestras modificaciones; en el orden, más o menos regular, que las rige; en la fuerza que nos lleva adelante hasta arribar a[12] la transformación más misteriosa y trascendente de todas . . . Somos la estela de la nave,[13] cuya entidad material no permanece la misma en dos momentos sucesivos, porque sin cesar[14] muere y renace de entre las ondas; la estela, que es, no una persistente realidad, sino una forma andante, una sucesión de impulsos rítmicos, que obran sobre un objeto constantemente renovado.

VI

La sucesión rítmica y gradual de la vida, sin remansos ni rápidos, de modo que la voluntad, rigiendo el paso del tiempo, sea como timonel[15] que no tuviera más que secundar la espontaneidad amiga de la onda, es, pues, idea en que debemos tratar de modelarnos; pero no ha de entenderse que sea realizable por completo, mucho menos desde que falta del mundo aquella correlación o conformidad casi perfecta, entre lo del ambiente y lo del alma, entre el escenario y la acción que fue excelencia de la edad antigua. Las mudanzas[16] sin orden, los bruscos cambios de dirección, por más que alteren la proporcionada belleza de la vida y perjudiquen a la economía de sus fuerzas, son, a menudo, fatalidad de que no hay modo de eximirse, ya que los acontecimientos e influencias del exterior, a que hemos de adaptarnos, suelen venir a nosotros, no en igual y apacible corriente, sino en oleadas tumultuosas, que apuran y desequilibran nuestra capacidad de reacción.

No es sólo en la vida de las colectividades donde hay lugar para los sacudimientos revolucionarios. Como en la historia colectiva, prodúcense en la individual momentos en que inopinados[17] motivos y condiciones, nuevos estímulos y necesidades aparecen, de modo súbito, anulando quizá la obra de luengos años y suscitando lo que otros tantos requeriría, si hubiera de esperárselo de la simple continuidad de los fenómenos; momentos iniciales o *palingenésicos*, en que diríase que el alma entera se refunde y las cosas de nuestro inmediato pasado vuélvense como remotas o ajenas para nosotros. El propio desenvolvimiento natural, tal como es por esencia, ofrece un caso típico de estas transiciones repentinas, de estas revoluciones vitales; lo ofrece, así en lo moral como en lo fisiológico, cuando la impetuosa transformación de la pubertad; cuando la vida salta, de un arranque, la valla que separa el candor de la primera edad de los ardores de la que la sigue, y sensaciones nuevas invaden en irrupción y tumulto[18] la conciencia, mientras el cuerpo, transfigurándose, acelera el ritmo de su crecimiento.

Suele el curso de la vida moral, según lo determinan los declives[19] y los vientos del mundo, traer en sí mismo, sin intervención, y

---

[10] de acuerdo, conformes
[11] Séneca, Lucio Anneo: filósofo nacido en Córdoba (¿4?–65 d.C.), de la escuela estoica
[12] llegar a
[13] la huella que deja el barco en el agua
[14] sin parar, sin descanso
[15] marinero que maneja el timón
[16] cambios
[17] inesperados
[18] confusión, alboroto, turbación, agitación
[19] inclinaciones, pendientes de una montaña

aun sin aviso de la conciencia, esos rápidos de su corriente; pero es también de la iniciativa voluntaria provocar, a veces, la sazón o coyuntura de ellos; y siempre, concluir de ordenarlos sabiamente al fin que convenga. Así como hay el arte de la persistente evolución, que consiste en guiar con hábil mano el movimiento espontáneo y natural del tiempo, arte que es de todos los días, hay también el arte de las heroicas ocasiones, aquellas en que es menester forzar la acompasada sucesión de los hechos; el arte de los grandes impulsos, y de los enérgicos desasimientos,[20] y de las vocaciones improvisas. La voluntad, que es juiciosa en respetar la jurisdicción del tiempo, fuera inactiva y flaca en abandonársele del todo. Por otra parte, no hay desventaja o condición de inferioridad que no goce de compensación relativa; y el cambiar por tránsitos[21] bruscos y contrastes violentos, si bien interrumpe el orden en que se manifiesta una vida armoniosa, suele templar el alma y comunicarle la fortaleza[22] en que acaso no fuera capaz de iniciarle más suave movimiento: bien así como el hierro se templa y hace fuerte pasando del fuego abrasador al frío del agua.

VIII

...A menudo se oculta un sentido sublime en un juego de niño.

SCHILLER: *Thecla. Voz de un espíritu.*[23]

Jugaba el niño, en el jardín de la casa, con una copa de cristal que, en el límpido ambiente de la tarde, un rayo de sol tornasolaba como un prisma. Manteniéndola, no muy firme, en una mano, traía en la otra un junco[24] con el que golpeaba acompasadamente en la copa. Después de cada toque, inclinando la graciosa cabeza, quedaba atento, mientras las ondas sonoras, como nacidas de vibrante trino de pájaro, se desprendían del herido cristal y agonizaban suavemente en los aires. Prolongó así su improvisada música hasta que, en un arranque de volubilidad, cambió el motivo de su juego: se inclinó a tierra, recogió en el hueco de ambas manos la arena limpia del sendero, y la fue vertiendo en la copa hasta llenarla. Terminada esta obra, alisó,[25] por primor, la arena desigual de los bordes. No pasó mucho tiempo sin que quisiera volver a arrancar al cristal, su fresca resonancia; pero el cristal, enmudecido, como si hubiera emigrado un alma de su diáfano seno, no respondía más que con un ruido de seca percusión al golpe del junco. El artista tuvo un gesto de enojo para el fracaso de su lira. Hubo de verter una lágrima, mas la dejó en suspenso. Miró, como indeciso, a su alrededor; sus ojos húmedos se detuvieron en una flor muy blanca y pomposa, que a la orilla de un cantero[26] cercano, meciéndose en la rama que más se adelantaba, parecía rehuir la compañía de la hojas, en espera de una mano atrevida. El niño se dirigió, sonriendo, a la flor; pugnó[27] por alcanzar hasta ella; y aprisionándola, con la complicidad del viento que hizo abatirse por un instante la rama, cuando la hubo hecho suya[28] la colocó graciosamente en la copa de cristal, vuelta en ufano búcaro, asegurando el tallo endeble[29] merced a la misma arena que había sofocado el alma musical de la copa. Orgulloso de su desquite, levantó, cuan alto pudo, la flor entronizada, y la paseó como en triunfo, por entre la muchedumbre de las flores.

X

En el fracaso, en la desilusión, que no provengan del fácil desánimo de la inconstancia; viendo el sueño que descubre su vanidad o su altura inaccesible; viendo la fe que, seca de raíz, te abandona; viendo el ideal que, ya agotado, muere, la filosofía víril no será la que te

---

[20] cesiones; (fig.) desinterés, generosidad
[21] pasos
[22] fuerza, vigor
[23] Schiller, Friedrich von: escritor alemán (1759–1805), se distinguió como dramaturgo, historiador, filósofo y poeta
[24] planta de tallo recto, liso y flexible de lugares húmedos
[25] puso liso o plano
[26] donde se cultivan las plantas en una huerta o jardín
[27] luchó
[28] cuando la cogió
[29] débil, frágil, poco resistente

induzca a aquella terquedad[30] insensata que no se rinde ante los muros de la necesidad; ni la que te incline al escepticismo alegre y ocioso, casa de Horacio, donde hay guirnaldas para orlar la frente del vencido; ni la que, como en Harold, suscite en ti la desesperación rebelde y trágica; ni la que te ensoberbezca, como a Alfredo de Vigny,[31] en la impasibilidad de un estoicismo desdeñoso; ni tampoco será la de la aceptación inerme y vil, que tienda a que halles buena la condición en que la pérdida de tu fe o de tu amor te haya puesto, como aquel Agripino[32] de que se habla en los clásicos, singular adulador del mal propio, que hizo el elogio de la fiebre cuando ella le privó de salud, de la infamia cuando fue tildado[33] de infame, del destierro cuando fue lanzado al destierro.

La filosofía digna de almas fuertes es la que enseña que del mal irremediable ha de sacarse la aspiración a un bien distinto de aquel que cedió al golpe de la fatalidad: estímulo y objeto para un nuevo sentido de la acción, nunca segada[34] en sus raíces. Si apuras la memoria de los males de tu pasado, fácilmente verás cómo de la mayor parte de ellos tomó origen un retoñar[35] de bienes relativos, que si tal vez no prosperaron llegaron a equilibrar la magnitud del mal que les sirvió de sombra propicia, fue acaso porque la voluntad no se aplicó a cultivar el germen que ellos le ofrecían para su desquite[36] y para el recobro del interés y contento de vivir.

Así como a aquel que ha menester aplacar[37] en su espíritu el horror a la muerte, y no la ilumina con la esperanza de la inmortalidad, conviene imaginarla como una natural transformación, en la que el ser persiste, aunque desaparezca una de sus formas transitorias, de

igual manera, si se quiere templar la acerbidad del dolor, nada más eficaz que considerarlo como ocasión o arranque de un cambio que puede llevarnos en derechura a nuevo bien: a un bien acaso suficiente para compensar lo perdido. A la vocación que fracasa puede suceder otra vocación; al amor que perece, puede sustituirse un amor nuevo; a la felicidad desvanecida puede hallarse el reparo de otra manera de felicidad

. . . En lo exterior, en la perspectiva del mundo, la mirada del sabio percibirá casi siempre la flor de consolación con que adornar la copa que el hado[38] ha vuelto silenciosa; y mirando adentro de nosotros, a la parte de alma que llega tal vez a revelarse si lo conocido de ésta se marchita o agota, ¡cuánto podría decirse de las aptitudes ignoradas por quien las posee; de los ocultos tesoros que, en momento oportuno, surgen a la claridad de la conciencia y se traducen en acción resuelta y animosa!

Hay veces, ¿quién lo duda?, en que la reparación del bien perdido puede cifrarse en el rescate[39] de este mismo bien; en que cabe volcar la arena de la copa, para que el cristal resuene tan primorosamente como antes; pero si es la fuerza inexorable del tiempo, u otra forma de la necesidad, la causa de la pérdida, entonces la obstinación imperturbable resultaría actitud tan irracional como la conformidad cobarde e inactiva y como el desaliento trágico o escéptico. El bien que muere nos deja en la mano una semilla de renovación; ya sean los obstáculos de afuera quienes nos lo roben, ya lo desgaste y consuma, dentro de nosotros mismos, el hastío: ese instintivo clamor del alma que aspira a nuevo bien, como la tierra harta de sol clama por el agua del cielo.

---

[30] obstinación
[31] Horacio . . . del vencido: posible referencia a los Tres Horacios, hermanos romanos quienes durante el reinado de Tulio Hostilio (siglo VII a.C.) lucharon contra los tres hermanos Curiacios, campeones de la villa de Alba. Muertos dos de los Horacios, el último fingió que huía, pero mató a los Curiacios, uno por uno. El que parecía vencido regresó a Roma como un verdadero héroe, porque había establecido la supremacía de Roma sobre Alba. Harold: referencia a La peregrinación de Childe Harold de Lord Byron (1788–1824). Vigny, Alfred de:

escritor francés (1797–1863), de elevación filosófica y moral
[32] obispo de Cartago (siglo III)
[33] considerado, señalado
[34] cortada, cosechada
[35] reproducirse, echar hijos una planta
[36] venganza; ganar después de haber perdido
[37] calmar
[38] destino, azar
[39] redimir

XI

Don Quijote, maestro en la locura razonable y la sublime cordura,[40] tiene en su historia una página que aquí es oportuno recordar. ¿Y habrá de él acción o concepto que no entrañe un significado inmortal, una enseñanza? ¿Habrá paso de los que dio por el mundo que no equivalga a mil pasos hacia arriba, hacia allí donde nuestro juicio marra y nuestra prudencia estorba?

. . . Vencido Don Quijote en singular contienda por el caballero de la Blanca Luna, queda obligado, según la condición del desafío a desistir por cierto tiempo de sus andanzas[41] y dar tregua a su pasión de aventuras. Don Quijote, que hubiera deseado perder con el combate, la vida, acata el compromiso de honor. Resuelto, aunque no resignado, toma el camino de su aldea. «Cuando era—dice— caballero andante, atrevido y valiente, con mis obras y con mis manos acreditaba mis hechos; y ahora, cuando soy escudero pedestre,[42] acreditaré mis palabras cumpliendo la que di de mi promesa.» Llega con Sancho al prado donde en otra ocasión habían visto a unos pastores dedicados a imitar la vida de la Arcadia[43] y allí una idea levanta el ánimo del vencido caballero, como fermento de sus melancolías. Dirigiéndose a su acompañante, le hace proposición de que, mientras cumplen el plazo de su forzoso retraimiento, se consagren ambos a la vida pastoril, y arrullados por música de rabeles, gaitas y albogues,[44] concierten una viva y deleitosa Arcadia en el corazón de aquella soledad amena. Allí les darán «sombra los sauces, olor las rosas, alfombras de mil colores matizadas los extendidos prados, aliento el aire claro y puro, luz la luna y las estrellas a pesar de la oscuridad de la noche, gusto el canto, alegría el lloro, Apolo versos, el amor conceptos, con que podrán hacerse eternos y famosos, no sólo en los presentes, sino en los venideros[45] siglos» . . . ¿Entiendes la trascendental belleza de este acuerdo? La condena de abandonar por cierto espacio de tiempo su ideal de vida no mueve a Don Quijote ni a la rebelión contra la obediencia que le impone el honor, ni a la tristeza quejumbrosa y baldía,[46] ni a conformarse en quietud trivial y prosaica. Busca la manera de dar a su existencia nueva sazón ideal. Convierte el castigo de su vencimiento en proporción de gustar una poesía y una hermosura nuevas. Propende desde aquel punto a la idealidad de la quietud, como hasta entonces había propendido a la idealidad de la acción y la aventura. Dentro de las condiciones en que el mal hado le ha puesto, quiere mostrar que el hado podrá negarle un género de gloria, el preferido y ya en vía de lograrse; mas no podrá restañar[47] la vena ardiente que brota de su alma, anegándola en superiores anhelos; vena capaz siempre de encontrar o labrar el cauce por donde tienda a su fin, entre las bajas realidades del mundo.

XVI

¿Nada crees ya en lo que dentro de tu alma se contiene? ¿Piensas que has apurado las disposiciones y posibilidades de ella; dices que has probado en la acción todas las energías y aptitudes que, con harta[48] confianza, reconocías en ti mismo, y que, vencido en todas, eres ya como barco sin gobernalle, como lira sin cuerdas, como cuadrante sin sol? . . . Pero para juzgar si de veras agotaste el fondo de tu personalidad es menester[49] que la conozcas cabalmente ¿Y te atreverás a afirmar que cabalmente[50] la conoces? El reflejo de ti que comparece en tu conciencia ¿piensas tú que no sufre rectificación y complemento? ¿Qué no admite mayor

---

[40] contrario de locura
[41] viajes; ir de un lugar a otro
[42] vulgar, inculto, bajo
[43] región montañosa de la Grecia antigua de pueblos pastores; región ideal de la literatura bucólica
[44] instrumentos musicales pastoriles
[45] futuros
[46] vana, inútil, sin cultivar
[47] detener la sangre de una herida; calmar un dolor o pena
[48] demasiada
[49] es necesario
[50] completamente

amplitud, mayor claridad, mayor verdad? Nadie logró llegar a término[51] en el conocimiento de sí, cosa ardua sobre todas las cosas, sin contar con que, para quien mira con mirada profunda, aun la más simple y diáfana es como el agua de la mar, que cuanta más se bebe da más sed, y como cadena de abismos. ¡Y tú presumirás de conocerte hasta el punto de que te juzgues perpetuamente limitado a tu ser consciente y actual! . . . ¿Con qué razón pretendes sondar,[52] de una mirada, esa complejidad no igual a la de ninguna otra alma nacida, esa *única* originalidad (por única, necesaria al orden del mundo), que en ti, como en cada uno de los hombres, puso la incógnita fuerza que ordena las cosas? ¿Por qué, en vez de negarte con vana negación, no pruebas avanzar y tomar rumbo a lo no conocido de tu alma? . . . ¡Hombre de poca fe!, ¿qué sabes tú de lo que hay acaso dentro de ti mismo? . . .

CLI

LA PAMPA[53] DE GRANITO

Era una inmensa pampa de granito; su color, gris; en su llaneza, ni una arruga; triste y desierta; triste y fría; bajo un cielo de indiferencia, bajo un cielo de plomo. Y sobre la pampa estaba un viejo gigantesco; enjuto,[54] lívido, sin barbas; estaba un gigantesco viejo de pie, erguido como un árbol desnudo. Y eran fríos los ojos de este hombre, como aquella pampa y aquel cielo; y su nariz, tajante y dura como una segur;[55] y sus músculos, recios como el mismo suelo de granito; y sus labios no abultaban más que el filo de una espada. Y junto al viejo había tres niños ateridos, flacos, miserables; tres pobres niños que temblaban, junto al viejo indiferente e imperioso, como el genio de aquella pampa de granito.

El viejo tenía en la palma de una mano una simiente menuda.[56] En su otra mano, el índice extendido parecía oprimir en el vacío del aire como en cosa de bronce. Y he aquí que tomó por el flojo[57] pescuezo a uno de los niños, y le mostró en la palma de la mano la simiente, y con voz comparable al silbo helado de una ráfaga, le dijo: «Abre un hueco para esta simiente»; y luego soltó el cuerpo trémulo del niño, que cayó, sonando como un saco mediado de guijarros, sobre la pampa de granito.

«Padre—sollozó él—, ¿cómo le podré abrir si todo este suelo es raso y duro?» «Muérdelo», contestó con el silbo helado de la ráfaga; y levantó uno de sus pies y lo puso sobre el pescuezo lánguido del niño; y los dientes del triste sonaban rozando la corteza de la roca, como el cuchillo en la piedra de afilar; y así pasó mucho tiempo, mucho tiempo, tanto que el niño tenía abierta en la roca una cavidad no menor que el cóncavo de un cráneo; pero roía, roía siempre, con un gemido de estertor; roía el pobre niño bajo la planta del viejo indiferente e inmutable, como la pampa de granito.

Cuando el hueco llegó a ser lo hondo que se precisaba, el viejo levantó la planta opresora; y quien hubiera estado allí hubiese visto entonces una cosa aún más triste, y es que el niño, sin haber dejado de serlo, tenía la cabeza blanca de canas; y apartólo el viejo, con el pie, y levantó al segundo niño, que había mirado temblando todo aquello. «Junta tierra para la simiente», le dijo. «Padre—preguntóle el cuitado—, ¿en dónde hay tierra?» «La hay en el viento; recógela», repuso; y con el pulgar y el índice abrió las mandíbulas miserables del niño; y le tuvo así contra la dirección del viento que soplaba, y en la lengua y en las fauces[58] jadeantes se reunía el flotante polvo del viento, que luego el niño vomitaba, como limo precario; y pasó mucho tiempo, mucho tiempo, y ni impaciencia, ni anhelo, ni piedad, mostraba el viejo indiferente e inmutable sobre la pampa de granito.

---

[51] concluir, acabar
[52] examinar, reconocer
[53] inmensas extensiones de tierra llana en Argentina, Uruguay y parte del Brasil
[54] seco, delgado, flaco
[55] hacha de los lictores romanos; hoz para segar una siembra
[56] pequeña
[57] débil
[58] garganta

Cuando la cavidad de piedra fue colmada, el viejo echó en ella la simiente, y arrojó al niño de sí como se arroja una cáscara sin jugo, y no vio que el dolor había pintado la infantil cabeza de blanco; y luego, levantó al último de los pequeños, y le dijo, señalándole la simiente enterrada: «Has de regar esa simiente»; y como él le preguntase, todo trémulo de angustia: «Padre, ¿en dónde hay agua?» «Llora; la hay en tus ojos», contestó; y le torció las manos débiles, y en los ojos del niño rompió entonces abundosa vena de llanto, y el polvo sediento la bebía; y este llanto duró mucho tiempo, mucho tiempo, porque para exprimir los lagrimales cansados estaba el viejo indiferente e inmutable,[59] de pie sobre la pampa de granito.

Las lágrimas corrían en un arroyo quejumbroso tocando el círculo de tierra; y la simiente asomó sobre el haz[60] de la tierra como un punto; y luego echó fuera el tallo incipiente, las primeras hojuelas: y mientras el niño lloraba, el árbol nuevo criaba ramas y hojas, y en todo esto pasó mucho tiempo, mucho tiempo, hasta que el árbol tuvo tronco robusto, y copa anchurosa[61] y follaje, y flores que aromaron el aire, y descolló[62] en la soledad; descolló el árbol aún más alto que el viejo indiferente e inmutable, sobre la pampa de granito.

El viento hacía sonar las hojas del árbol, y las aves del cielo vinieron a anidar en su copa, y sus flores se cuajaron[63] en frutos; y el viejo soltó entonces al niño, que dejó de llorar, toda blanca la cabeza de canas; y los tres niños tendieron las manos ávidas a la fruta del árbol; pero el flaco gigante los tomó, como cachorros, del pescuezo, y arrancó una semilla, y fue a situarse con ellos en cercano punto de la roca, y levantando uno de sus pies juntó los dientes del primer niño con el suelo; juntó de nuevo con el suelo los dientes del niño, que sonaron bajo la planta del viejo indiferente e inmutable, erguido, inmenso, silencioso, sobre la pampa de granito.

CLII

Esa desolada pampa es nuestra vida, y ese inexorable espectro es el poder de nuestra voluntad, y esos trémulos niños son nuestras entrañas, nuestras facultades y nuestras potencias, de cuya debilidad y desamparo la voluntad arranca[64] la energía todopoderosa que subyuga[65] al mundo y rompe las sombras de lo arcano.

Un puñado de polvo, suspendido, por un soplo[66] efímero, sobre el haz de la tierra, para volver, cuando el soplo acaba, a caer y disiparse en ella; un puñado de polvo, una débil y transitoria criatura, lleva dentro de sí la potencia *original*, la potencia emancipada y realenga,[67] que no está presente ni en los encrespamientos[68] de la mar, ni en la gravitación de la montaña, ni en el girar de los orbes; un puñado de polvo puede mirar a lo alto, y dirigiéndose al misterioso principio de las cosas, decirle: «Si existes como fuerza libre y consciente de tus obras, eres, como yo, una Voluntad; soy de tu raza, soy tu semejante; y si sólo existes como fuerza ciega y fatal, si el universo es una patrulla de esclavos que rondan en el espacio infinito teniendo por amo una sombra que se ignora a sí misma, entonces yo valgo mucho más que tú; y el nombre que te puse, devuélvemelo, porque no hay en la tierra ni en el cielo nada más grande que yo.»

---

[59] que no cambia, no se inmuta
[60] aquí significa superficie
[61] ancha
[62] sobresalió
[63] se llenaron
[64] toma, desprende
[65] domina, controla
[66] instante, momento; aire ligero
[67] Argentina: con carga o gravamen o hipoteca
[68] rizamientos, cuando el mar está furioso

Enrique Gómez Carrillo

Cronista por excelencia del Modernismo se ha llamado al guatemalteco Enrique Gómez Carrillo. Aunque relegado durante muchos años a un plano secundario, la crítica moderna lo va situando ahora en el lugar que le corresponde dentro de la prosa de ese movimiento. Tenía un especial talento para ofrecer su versión de personas, libros y países, en la cual se adivina allá lejos un tinte de realismo y de verdad, a través del enfoque francamente impresionista que les otorga. Es hijo carnal de Guatemala y adoptivo de Europa, a donde fue la primera vez cuando todavía era muy joven a estudiar debido a las recomendaciones de Rubén Darío. A dondequiera que iba conocía y cultivaba la amistad de los grandes escritores: en París, la de Verlaine, Loti, Moréas; la de Benito Pérez Galdós, Emilia Pardo Bazán, Leopoldo Alas (Clarín), en Madrid. Su temperamento inquieto lo condujo a una vida muy movida, no exenta de tintes estrafalarios, lo cual perjudicó al principio su prestigio como escritor. Fue un viajero impenitente, de gran curiosidad intelectual y cosmopolita.

Gómez Carrillo se afilió bien pronto a las huestes del Modernismo que querían una renovación total de la prosa castellana, bastante anquilosada en la rutinaria forma de escribir del siglo XIX. Hoy sabemos que fue uno de los que más contribuyó a remozar, a darle fluidez y nuevos aires, nuevo movimiento, ritmo y color a la prosa castellana, siguiendo muy de cerca a los grandes escritores franceses, cuya literatura vivía en aquel tiempo un momento de gran esplendor. Es posible que no mostrara mucho interés por las cosas de América, y tampoco resulta alejada de la realidad cierta frivolidad de su vida, pero de lo que no hay dudas es que Gómez Carrillo dejó una obra en la que hay mucho que debe perdurar por sus valores intrínsecos e ideológicos. Su vida nómada abrió ante sus ojos el interés de lo exótico y cosmopolita.

En los 27 volúmenes que comprenden sus *Obras completas* (1919–1923?) encontramos artículos de periodismo, ensayos, crítica, labor de reportero, narrador y, sobre todo su insuperable labor como cronista de países, ciudades, figuras literarias y libros. En su labor crítica merecen citarse: *Esquisses* (1892), retratos e impresiones de escritores; *Sensaciones de arte* (1893), *Literatura extranjera* (1894) y *El Modernismo* (1905) con su famoso ensayo «El arte de trabajar la prosa». Su obra más valiosa en este campo es *La nueva literatura francesa* (1927). Sus trabajos críticos sobresalen por su caudal de datos, los juicios bien meditados y el estilo lleno de brillo y sugerencia de que siempre hace gala. Donde Gómez Carrillo se muestra insuperable es en las crónicas, de fuerte tono impresionista. Publicó cinco tomos de los famosos *Libros de crónicas*. También se destacan *El alma encantadora de París* (1902), *Desfile de visiones* (1906), *El Japón heroico y galante* (1912), *La sonrisa de la esfinge* (Egipto), (1903), *La Rusia actual* (1906), *La Grecia eterna* (1920). Mezclando un fondo realista evidente con trazos impresionistas, va descubriendo ante nuestra vista todas las tierras que vieron sus ojos. Aquí sobresale por la elegancia de la prosa, la precisión de los rasgos de los países o cosas y el natural encanto que sabe imprimirle a cuanto describe.

Aunque no tan valiosa como su obra en el ensayo crítico y la crónica, Gómez Carrillo dejó también una obra bastante extensa como narrador. El 1898 fue muy rico en narraciones. Ese año publicó las nueve «Historias sentimentales» incluídas en la novela *Almas y cerebros*. También de ese año son *Del amor, del dolor y del vicio*. Insistió en el género narrativo con sus *Tres novelas inmorales* (1920) y *El evangelio del amor* (1922), que era su favorita. Gómez Carrillo tenía suficiente experiencia vital y conocimiento de la prosa para ser un buen novelista, pero no llegó a desarrollar plenamente su talento. De aquí que sus intentos, si bien con el interés de su prosa soberbia, no ofrezcan tantos valores como sus trabajos en otros géneros. También dejó sus memorias en tres tomos que tituló *Treinta años de mi vida* (1920–1923?) que nos completa la visión íntima del gran escritor. Gran esteta de la prosa, Gómez Carrillo la supo trabajar paciente y conscientemente, llegando a ser, por el color, el ritmo y la elegancia, uno de los grandes escritores de Hispanoamérica. Max Henríquez Ureña ha escrito: «era, pues, un incansable trabajador literario, cuyo principal afán era producir una prosa armoniosa y atrayente, que atesorara los dones supremos de la levedad y de la gracia . . . Pero en la elaboración de su prosa no había descuidos.» Su estilo tiene un ritmo natural que subyuga, mientras que lo bien llevado del pensamiento apela al fondo intelectual de cada lector.

FUENTE: *El japón heroico y galante*, México, Editorial Novaro, 1958,

El Japón heroico y galante

1912

VII

Los samurais[1]

Desde hace algunos días no se habla sino de los samurais. Los samurais, según parece, están consternados.[2] Los samurais están furiosos. Los samurais, como antaño, amenazan al cielo con sus sables. Y uno se figura que las relucientes armaduras del Museo de Uyeno van a animarse llenando la ruta del Tokaido[3] con aquel estrépito de sables, de cascos, de corazas y de máscaras que hacía temblar, en siglos anteriores, a la corte de Kioto[4] en un extremo, y en otro extremo a la corte de Yedo.[5] Pero en esto, como en todo, la realidad es menos pintoresca que el ensueño. Los señores feudales de nuestra época llevan sombrero hongo, kimono obscuro

---

[1] individuos pertenecientes a la clase de los guerreros en la organización feudal japonesa anterior a 1868. El autor nos da la visión de cosas, personajes, instituciones y costumbres a través de un estilo impresionista, pero con un fondo real que descubre al verdadero Japón. Muestra el interés por los temas exóticos y el cuidado, fluidez y elegancia de la prosa, típicos de los modernistas.

[2] entristecidos, desolados

[3] una de las nueve antiguas y grandes divisiones del imperio del Japón. El «Tokaido» significa «el camino del litoral del Este».

[4] antigua capital del Japón; todavía hoy es un gran centro industrial y comercial

[5] o Tokio, actual capital

y lentes de oro. Yo los he visto surgir del seno moviente de las multitudes y trepar a las tribunas públicas con agilidades de monos envejecidos. Los he visto gesticular de un modo sobrio y he adivinado que en sus discursos las amenazas están basadas en datos estadísticos. Sólo que no por eso he creído, como los demás europeos, que los japoneses de hoy son inferiores a los de ayer. Son menos pomposos, son menos magníficos en la forma, eso es todo. En el fondo, son iguales.

¡Cuánto heroísmo y cuánta elegancia en este pueblo! Basta con que el más ligero viento de lucha sople, para que las caballerosidades legendarias se renueven. Anoche, un oficial de la Policía, viendo que una horda de energúmenos se acercaba hacia la catedral rusa, les dijo: «Ni mis hombres ni yo nos serviremos de nuestra armas contra vosotros; más en caso de que incendiéis este edificio extranjero, nos suicidaremos ante vuestra vista.» Y lo mismo que en las batallas antiguas, en que un minamoto[6] heroico se hacía aplaudir por sus enemigos, los Hira, en medio de un combate, los manifestantes de hoy vitorearon al policía enérgico y se alejaron con las teas[7] vírgenes. En otro lugar de la ciudad, el viejo alcalde de Tokio, que, sin embargo, no tiene nada de ministerial, se armó de un sable y defendió la entrada de un ministerio con más vigor que un militar. Un grupo, en fin, juró morir defendiendo al obispo ruso del Japón, en caso de que el populacho[8] lo amenazara.

Todo está en armonía perfecta con el antiguo prestigio de la casta caballeresca cuyo principio fue siempre sonreir aun en la agonía, ser cortés aun en el odio y no regatear jamás la vida. «Lo primero —dice la regla del bushi[9]— es vencerte a ti mismo.» Y esto se entiende vencer lo que hay en cada hombre de grosero y de egoísta, vencer a la bestia, cubrir las muecas con sonrisas. Así los libros tradicionales insisten: «Entre el hombre victorioso en cien batallas y el que sólo se ha vencido a sí mismo,

éste es el más grande.» De este modo habla el *Dammapada*.[10] «Ni aun un dios puede transformar en derrota la victoria que consigas contra ti mismo», dice el *Damikasuta*.[11] La misma religión nacional no es sino una escuela de bello heroísmo, pues *shinto* significa carácter leal y valeroso. En el más antiguo texto santo, el *Kodjiki*, las parábolas y las leyendas ensalzan el heroísmo por encima de todas las demás virtudes. Un dia, el hijo de la diosa Amaterasu[12] pasa por la montaña, y ve que dos ancianos lloran porque el dragón invencible les ha arrebatado a su hija.

En el acto, el san Jorge amarillo desenvaina[13] su sable y, arriesgando su divina existencia, lucha contra el monstruo. Otra vez el poderoso Tsubura ve entrar en su siro[14] a un joven desconocido que le dice: «Protégeme, pues el príncipe Ohoatsue me persigue con sus tropas.» El poder de Ohoatsue es inmenso. No importa. El deber ordena a Tsubura no abandonar a un vencido, y le ofrece protección. Pocos minutos después, las tropas enemigas sitian el siro y amenazan con incendiarlo todo si no se les entrega el fugitivo. El castellano aparece en lo alto de su torre, y dice:

—Poderoso adversario: la princesa Kara, mi hija, será tu esclava y mi fortuna entera será tuya si te alejas con tus huestes.[15] En la lucha no tengo ni la menor esperanza de vencerte. Pero no si aceptas lo que te ofrezco y me pides lo que el honor de la hospitalidad no me permita entregarte, te responderé combatiendo a pesar de que no disponemos ni de flechas ni de lanzas.

El combate principió. En poco tiempo los sitiadores se apoderan de las murallas.

—Estamos perdidos —murmura el fugitivo—; mátame y haz la paz.

—No —contesta Tsubura—; tú estás en mi casa, eres mi huésped; lo único que puedo hacer es morir a tu lado.

Y al mismo tiempo se abre el vientre.

«Aquel —dice la historia— era un verdadero samurai.»

---

[6] generalmente se dio este nombre en el Japón, durante los siglos IX y X, a los hijos y nietos de los emperadores
[7] pieza resinosa de madera que sirve para alumbrar
[8] pueblo bajo, turba
[9] código de conducta moral
[10] libro sagrado de la religión japonesa
[11] otro libro sagrado en la religión japonesa
[12] ésta y los demás mencionados son figuras legendarias de la mitología o la religión japonesa
[13] saca fuera
[14] casa de los seres legendarios según la religión
[15] tropas, soldados

Otro samurai legendario es el triste Matsu, que por salvar la vida al hijo de su señor degolló[16] a su propio hijo.

A todos estos héroes los samurais los han divinizado.

Pero los santos más respetados de la religión samurai, los ejemplos más altos de virtudes japonesas, son los cuarenta y siete ronins, cuyas tumbas constituyen, en los alrededores de Tokio, un santuario nacional.

Otra virtud del samurai es el espíritu de justicia. El alma leal está guiada por una conciencia sin mancha. Cuando un hombre de armas siente el brazo debilitado por la edad, se consagra a la magistratura. El juez es un samurai anciano, por lo general. Así la ley, la equidad, tienen paladines invencibles. Ni ruegos, ni promesas, ni amenazas, logran influir en el ánimo de los que juzgan. El mismo interés político, lo que se llama «razón de Estado» en Europa, los deja absolutamente indiferentes. Durante el proceso contra el policía que en Kioto trató de asesinar hace doce años al actual Zar de Rusia,[17] se vio lo que puede una voluntad firme y una conciencia recta. El ministerio tenía empeño[18] en que el criminal fuese condenado a muerte para evitar reclamaciones rusas. Los jueces, después de consultar las leyes, contestaron que no podían aplicar la pena capital por una simple tentativa de asesinato . . .

El gobierno destituyó a los magistrados y nombró otros que le inspiraban mayor confianza. La sentencia dada por éstos fue, sin embargo, igual a la primera. Entonces el emperador, el santo hijo de la diosa del Sol, el que no se equivoca nunca, quiso con su prestigio apoyar a sus ministros, y llamó a los jueces para aconsejarles que modificaran el veredicto. Todo fue en vano. «Si los rusos quieren hacernos la guerra porque aplicamos la ley —respondió el más anciano magistrado— estamos prontos a morir defendiendo a nuestra patria; pero la justicia es la justicia.» Y cuando uno conoce la historia íntima del pueblo japonés, no puede

menos que reírse de las pretensiones de los europeos, que se figuran haber dado con sus tribunales consulares una gran lección de jurisprudencia práctica a esta gente. En todas las épocas, en efecto, el hombre de las islas niponas[19] ha tenido una idea religiosa del deber, de la lealtad y de la justicia. La biblia cívica del Extremo Oriente, el *Sinkociotoki de Techika-fusa*, dice en su capítulo relativo al gobierno: «La ciencia de gobernar está basada en la justicia estricta. Tal es la lección que nos da la diosa Tensodaizin. Y primeramente conviene saber que es justo lo que premia el mérito y castiga el crimen. Y en esto no habrá jamás debilidad ni complacencia.» Esta enseñanza no es palabra vana.

La rectitud es un precepto religioso. Entre las divinidades sintoístas[20] que el pueblo adora, se encuentra un antiguo juez, modelo de honradez, el gran Itakura Sihheidé. Este magistrado tenía la costumbre de presidir su tribunal escondido detrás de un biombo, y de moler té durante las audiencias. «¿Por qué haces eso?» —preguntóle un día el daimio—. Y el buen juez le contestó: «La razón que tengo para oir las causas sin ver a los acusados, es que hay en el mundo simpatías, y que ciertas caras inspiran confianza y otras no; y viéndolas, estamos expuestos a creer que la palabra del hombre que tiene rostro honrado es honrada, mientras la palabra del que tiene rostro antipático no lo es. Y esto es tan cierto, que antes de que abran la boca los testigos, ya decimos al verlos: este es un malvado;[21] este es un buen hombre.

«Pero luego, durante el proceso, se descubre que muchos de los que nos causan mala impresión son dignos de cariño, y, al contrario, muchos de los agradables son inmundos.[22] Por otra parte, yo sé que aparecer ante la justicia, aun cuando se es inocente, resulta una cosa terrible. Hay personas que, viéndose frente al hombre que tiene entre sus manos su suerte, pierden toda energía y no pueden defenderse, y parecen culpables sin serlo.» El daimio exclamó: «Muy bien; pero, ¿por qué te entretienes en moler té?» «—Por esto que

---

[16] cortó la garganta o el cuello
[17] en este tiempo el Zar de Rusia era Nicolás II (1868–1918)
[18] interés
[19] japonesas

[20] seguidores del sintoísmo, religión nacional del Japón
[21] diabólico
[22] repugnantes, impuros

voy a responderte». —murmuró el juez. Y le dijo: «Lo más indispensable para juzgar, es no permitir a la emoción dominarnos. Un hombre de verdad, bueno y no débil, no debe nunca emocionarse; pero yo no he logrado aún tanta perfección, y así para asegurarme que mi corazón está tranquilo, el medio que he encontrado es moler té. Cuando mi pecho está firme y tranquilo, mi mano también lo está, y el molino va suavemente y el té sale bien molido; pero, en cambio, cuando veo salir el té mal molido, me guardo de sentenciar.» ¿No os parecen deliciosas y deliciosamente significativas estas palabras? Un pueblo que diviniza a quien así habla, tiene que ser un pueblo leal. Los gobiernos no influirán jamás en los que allí están encargados de ser justos.

Y, sin embargo, los europeos siguen llorando la supresión de los Tribunales consulares. En Yokohama, anoche, un holandés me decía: «Desde que los japoneses nos juzgan, no hay una sola queja contra la legalidad.» Y como yo le preguntara por qué en ese caso la Cámara de comerciantes extranjeros continúa siendo tan enemiga de los Tribunales nipones, me contestó: «Por un extraño orgullo que nos hace creer que es humillante someternos, nosotros, blancos, a la justicia de los amarillos.» Siempre los mismos prejuicios, ¡siempre la misma vanidad!

En su heroísmo, en su religión de la justicia, en su culto de la lealtad y caballerosidad, el samurai está sostenido por el orgullo de ser japonés. ¡Vosotros los que creéis amar y admirar a vuestra patria; vosotros, hombres de Europa y de América, apenas si merecéis que se os llame patriotas! El ciudadano del Yamato[23] diviniza a su tierra; oíd:

«Las civilizaciones de todos los países deben reunirse en el Japón; y el Japón transformará esas civilizaciones por su influencia propia y dotará al mundo de una civilización única y verdadera. Esta es la misión particular del Japón, la que debe perpetuar eternamente su influencia.»

Estas palabras, de un místico nipón, una revista de Tokio las reproduce hoy para hacerse de ellas un programa. El Japón debe, a su entender, ser el centro del mundo. Y no creáis que para ello invoque razones de fuerza, ni que los triunfos de China y de Rusia tengan nada que ver con el asunto. El Japón debe ser el centro del mundo por razones eternas, inmutables, independientes de poderíos y de guerras. «Toda cosa organizada tiene su centro —dice el *Jidai Shicho*—[24] y por lo mismo la Tierra debe tenerlo. Ese centro es el Japón, que ocupa aquí abajo el lugar que el Sol ocupa allá arriba. Inglaterra, que creyó tener este privilegio, se equivoca. Sin duda, el primer meridiano terrestre pasa por Londres, y el imperio británico es tan vasto que se puede dar la vuelta al orbe sin salir de sus dominios. Pero su situación es inferior a la nuestra en el mar: las aguas que le bañan son las de un océano secundario. En cuanto a la India, que en tiempos remotos se creyó también el centro del mundo, yace hoy sin aliento y sin esperanzas. La joven América, rica de sus progresos y más rica aún de su porvenir, no puede menos de creerse el centro del globo; pero es demasiado grande para ser un centro. La China tiene el mismo inconveniente.» Una vez los rivales peligrosos así vencidos, la revista japonesa no encuentra inconveniente ninguno para presentar la candidatura del santo Yamoto. «Veamos —dice— si nuestra patria está en circunstancias favorables para ocupar el puesto que a nadie le pertenece aún.» Y con una seriedad extraordinaria analiza a su divino Japón.

Desde el punto de vista geográfico, lo encuentro situado en el límite del mundo occidental y del mundo oriental, dominando el más grande océano. Ya es mucho. Pero hay más, mucho más. La cadena de sus islas, que se extiende de Norte a Sur, encierra todos los climas del Universo, reúne todas las culturas, compendia todas las bellezas. Su genio nacional es el genio de la Tierra entera, puesto que después de asimilarse, en tiempos remotos, las civilizaciones de la India y de la China, posee hoy todos los progresos occidentales. El único inconveniente, pues, que podría encontrársele, sería su pequeñez. Pero a esto el *Jidai Shicho*

---

[23] reino fundado por Jimmu Tenno en la isla Kui-Shiu y muy relacionado con el origen de los japoneses

[24] una revista de Tokio de esta época

responde: «El Sol mismo, entre las estrellas de la Vía Láctea, no es sino una pequeña estrella, y, sin embargo, es el centro del cielo.»

En la extensión de la Tierra hay, sin duda, países más grandes que el nuestro: no los hay con mejores cualidades, con mayor genio, con mejor posición física. Examinando luego las corrientes de las civilizaciones de los siglos, la revista de Tokio nota que todas, en todos los siglos, han sido dirigidas hacia su patria. La más antigua, la índica,[25] penetró en China, conquistó la Corea y llegó al Japón, en donde se detuvo; más tarde, la China, después de producir a Confucio, a Meneio y a Lao-Tse,[26] conquistó espiritualmente el Este, y llegó hasta el Japón, de donde no pudo pasar. Esto por el Oriente. Por el Occidente, la civilización griega, después de apoderarse de Europa, pasó a América, y de América salió hasta el Japón, en donde acabó su carrera.

Y así, haciendo un círculo, las dos grandes civilizaciones, que tratan de alejarse una de la otra, llegaron a reunirse en un lugar admirable que las confunde, que las perpetúa y que las da vida nueva. Ese lugar es el Japón. La revista de Tokio cree que esto es tan claro, que ni siquiera necesita largas explicaciones.

«Sería necesario estar ciego —dice— para no ver, en la marcha de las civilizaciones, el rumbo hacia nuestros lares,[27] marcado por la Naturaleza misma.» Y luego pregunta:

«—¿No es este un signo seguro de que la tierra de Yamato es el centro del mundo?»

La respuesta tiene que ser afirmativa, puesto que el estudio termina con la siguiente oración:

«¡Oh, gran ley de Natura, cuán profundos son tus dictados! Compatriotas, comprended esa ley, comprended lo que es nuestro país, comprended lo que sois siendo de esta tierra! Ya Nichisen[28] dijo que, en el Universo, nuestra patria es la columna que sostiene la belleza y la grandeza. Es el Buda[29] de los pueblos. ¡Adoremos, pues, adoremos humildemente la divina comarca de Mio!»

COLOMBIA, 1861-1957

Aunque por su larga vida, Baldomero Sanín Cano atraviesa muchos movimientos literarios, su puesto está dentro de los prosistas que produjo el Modernismo, por su acercamiento espiritual concreto a ese movimiento y por el cuidado y la elegancia que supo siempre imprimirle al estilo. Es uno de los grandes hombres de letras de Hispanoamérica, pero su lugar está también entre los grandes guías intelectuales y morales. En su juventud ocupó cargos muy modestos hasta ingresar en el periodismo, carrera a la que estuvo vinculado siempre. Ha colaborado en los principales diarios de América, sobre todo en *La Nación* de Buenos Aires y fue fundador de la *Revista Contemporánea*. Sintiéndose tentado por la vida política, fue Diputado a la Asamblea Nacional y

[25] civilización del Océano Índico
[26] grandes filósofos chinos. *Confucio* (551–479 a.C.); *Lao-Tse* (hacia 600 a.C.)
[27] tierras
[28] o Nichiren: fundador de la secta Hokke o Nichiren, que se distinguía por su nacionalismo e intolerancia
[29] vivió en el siglo V a.C. y fue líder de una de las grandes religiones del mundo

Subsecretario de Hacienda. Por el año 1908 ingresó en el cuerpo diplomático y consular de Colombia, viajando entonces por gran número de países. Residió en Europa mucho tiempo, sobre todo en Inglaterra. Más tarde fue nombrado Ministro en Buenos Aires y representó a Colombia en diferentes congresos internacionales. Como premio a su contribución intelectual, fue Rector de la Universidad del Cauca y miembro de la Academia Colombiana de la Lengua. Es uno de los escritores hispanoamericanos de visión más amplia y cosmopolita, con una comprensión muy certera de todo tipo de conocimiento moderno. Mientras viajaba daba a conocer hechos, acontecimientos, figuras políticas, científicas o literarias a través de sus libros, o de sus colaboraciones en varios periódicos hispanoamericanos. Así se convirtió en el más aventajado cronista del movimiento incesante de las ideas contemporáneas, en todos los órdenes del saber y la cultura mundiales.

Brilló a gran altura como periodista, crítico, político, impulsor de la cultura. Por la integridad de su carácter, bien se le puede considerar entre los mentores y guías espirituales de Hispanoamérica. En todas esas actividades cosechó muchos triunfos. Pero Sanín Cano es, por encima de todo, un ensayista de cuerpo entero, con dominio amplio sobre casi todos los órdenes del saber humano. Sus muchas colecciones de ensayos no tienen unidad orgánica externa porque se forman de ensayos breves publicados en periódicos y revistas, pero en todos se ve el discurrir sereno, inteligente y original del autor. Sus colecciones de ensayos más importantes son: *La civilización manual y otros ensayos* (1925); *Indagaciones e imágenes* (1927); *Crítica y arte* (1932); *Ensayos* (1942); *Letras colombianas* (1944); *De mi vida y otras vidas* (1949), interesantes recuerdos personales; *Tipos, obras, ideas* (1949) y *El humanismo y el progreso del hombre* (1955), con ensayos de los últimos años.

Pocos ensayistas hispanoamericanos muestran tal variedad de temas y asuntos en sus obras. En todas sobresale por su precisión, justeza verbal y conocimiento a fondo de las materias. Aun los temas más estudiados y sobre los que se haya escrito más, encuentran en Sanín Cano el comentador que siempre aporta ideas nuevas y originales. Nunca abusa de las afirmaciones a la ligera, sino que se goza en argumentar sólidamente sus juicios, siempre serenos, tolerantes y esclarecedores. La sobriedad, la serenidad de sus juicios nunca le restan calor y animación al estilo, constantemente elegante y rico en pensamientos profundos, que hacen meditar al lector. Su sagacidad en el argumento se ve a menudo acompañada por una ironía fina, que llega al humorismo y el epigrama. Es escritor de pensamiento concreto, que no se diluye en párrafos largos, bellos, pero vacíos de contenido doctrinal. A menudo le basta un número reducido de páginas para hacer un estudio lleno de interés sobre algún hecho contemporáneo, un problema social, la civilización moderna o una figura literaria. En esa labor de analista certero le acompaña uno de los mejores estilos de nuestras letras, su amplia experiencia vital y su variada y profunda cultura.

Uno de los temas que más lo apasionó toda su vida fue el estudio de los aspectos de la civilización en su relación con el hombre. No ocultaba su desasosiego y cierta visión pesimista en que parece adivinar al individuo destruido por los instrumentos del progreso material y de la ciencia moderna. Y siempre se erigía en defensor de los valores permanentes del espíritu del hombre.

FUENTE: *Tipos, obras, ideas*, Buenos Aires, Biblioteca de Cultura Americana, 1949.

Tipos, obras, ideas

El «Grande humor»[1]

> Si una cosa tiene chiste, regístra-
> la en busca de una oculta verdad.
> B. SHAW.[2] *Back to Methuselah.*

I

El autor de las síntesis más completas sobre las ideas filosóficas de los tiempos modernos, analista desprevenido de la moral contemporánea y atrevido investigador de los senos del alma, el profesor Hoeffding,[3] de la Universidad de Copenhague, ha querido coronar su obra de filósofo, de pensador y moralista con un estudio sobre el humor, curiosa y elusiva facultad o disposición del espíritu, a la cual debemos, sin duda, las obras literarias de significado más profundo y las figuras imaginativas más humanas y más trascendentales.

Con un gran respeto a su profesión y para evadir la censura de los especialistas, el autor de este libro advierte desde el principio que no es su animo[4] hacer obra de análisis estético, sino «puramente psicológico»; mas como el humor se ha mostrado casi exclusivamente en obras de arte (dramas, novelas, ensayos literarios, pinturas, grabados, esculturas), viene siendo poco menos que imposible evitar la emisión de opiniones literarias al tratar del humor. En las siguientes páginas, sin excusar el análisis psicológico, la intención del escritor es aplicar las teorías de Hoeffding a las manifestaciones humorísticas en la obra literaria. [. . .]

El profesor Hoeffding ha dividido el humor en dos clases, separadas por él con los calificativos de «grande» y «pequeño», para fijar los caracteres de la primera, en la cual aparecen los grandes luminares de la filosofía y del arte: Sócrates, Shakespeare, Cervantes, Kierkegaard.[5] Fundamento de esta clasificación es el hecho de que el humor, el grande y genuino, es para Hoeffding no un estado de alma transitorio sino el resultado de un concepto general de la vida. En la obra del ironista, del satírico, del humorista en pequeño puede haber alternativas, al través de las cuales la psicología o el mero análisis literario suelen tropezar con maneras contradictorias de entender la vida, de explicar este enigma apasionante de la existencia. Para hacer más comprensible su punto de vista Hoeffding analiza en los primeros capítulos de su obra lo que él llama sentimientos totales (*Totalfoeleser*), en contraposición a los estados de alma elementales o incompletos (*Enkeltfoeleser*). En su tratado sobre las pasiones, Ribot[6] denomina «emociones» los estados de alma elementales y caracteriza con el nombre de «pasión» lo que Hoeffding describe como «sentimiento total».

Para acentuar la diferencia entre estas dos actitudes mentales y evitar las confusiones que las alternativas de la vida individual podrían traer a su estudio, Hoeffding hace valer una curiosa clasificación de los espíritus, debida a Francis Newman,[7] al humanista, hermano del cardenal. Según esa teoría, hay hombres que

---

[1] Nótese la fluidez del estilo, el poder de argumentación, la amplia cultura antigua y moderna, la riqueza doctrinal y la prosa de tono lírico.
[2] Shaw, George Bernard: dramaturgo irlandés (1856–1950), uno de los grandes del teatro contemporáneo
[3] Hoeffding, Harald: sicólogo y filósofo danés (1843–1931), autor de un excelente estudio sobre Kierkegaard
[4] no es su propósito u objectivo
[5] Kierkegaard, Sören Aabye: teólogo y filósofo dinamarqués (1813–1855) con mucha influencia sobre el pensamiento existencialista contemporáneo
[6] Ribot, Théodule Armand: filósofo francés (1839–1916), autor de investigaciones y ensayos de sicología experimental
[7] Newman, Francis: escritor inglés (1805–1897), hermano y contradictor del Cardenal (véase nota 9).

nacen espiritualmente una vez y otros que tienen, como si dijéramos, dos vidas espirituales sucesivas. Solamente entre los primeros hay individuos cuya vida está dominada y dirigida por un estado de alma de los que merecen, de acuerdo con la terminología de Ribot, el nombre de pasión. Los hombres que nacen dos veces (*Tofoedte*), entre los cuales son de citar Renán,[8] el cardenal Newman[9] y, en una esfera mucho más limitada, Mauricio Barrés,[10] la idea directriz de cierta parte de la vida le cede el puesto a otro concepto general de la existencia, como resultado de una crisis sentimental o filosófica. Dice Hoeffding: «En las personalidades fuertemente determinadas habrá, pues, un estado total de sentimiento que le dé al resto de la vida espiritual su carácter propio. No es preciso que ese estado de sentimiento esté siempre en actividad, pero obra sus efectos y desempeña en toda circunstancia un papel indirecto. Y en aquellos momentos decisivos para la personalidad es él quien lleva la palabra. A él recurre la personalidad siempre que ha menester recogimiento, concentración. Con él se expresa el hombre interior, ya sea éste asequible[11] o no a las demás gentes.» Así define con la natural precisión y belleza de su estilo a los hombres de «un solo nacimiento espiritual» el profesor de Copenhague. No hay para qué detenernos en definir a los hombres de dos nacimientos cuya vida es un espectáculo muy interesante, sin duda, pero está fuera de nuestras investigaciones. Aun podría decirse que hay quienes se atreven a nacer espiritualmente más de dos veces, ya por efecto de una excesiva inquietud de la inteligencia, ya para guiarse en la turbia atmósfera de las evoluciones políticas, ya por obedecer al carácter histriónico de su naturaleza. También quedan fuera de nuestra competencia.

El «grande humor», el humor verdadero, sólo es posible en los hombres de una sola vida espiritual dominada, como lo explica Hoeffding, por una sola pasión intelectual. Son por ello tan raros los verdaderos y grandes humoristas. A más de los nombrados anteriormente, es difícil dar con otros en la historia de las letras humanas. En los fastos de la literatura contemporánea apenas podrían caer dentro de la denominación 5 de grandes humoristas, Bernard Shaw,[12] en Inglaterra, y acaso Ángel Ganivet[13] en España. En la vida del primero es discernible una actitud espiritual preponderante, la protesta casi orgánica contra el carácter falaz[14] e hipócrita de 10 la vida moderna. Su obra es la exposición franca y desnuda de la oposición constante entre los principios por los cuales se rigen las sociedades y los individuos y las acciones de unas y otros. En Ángel Ganivet, la actitud mental es 15 semejante, pero en él solicita su protesta más bien la imbecilidad incurable que la hipocresía de los hombres.

No carece de importancia en el análisis del humor buscar el origen de la palabra y seguirla 20 en el curso de sus varios significados. En el principio, la palabra tenía un sentido material y daba la idea de fluidez o humedad. Dos preciosas sugestiones se asocian a este significado original: el humor vivifica el organismo espiritual a la 25 manera que la humedad es elemento indispensable de la vida física. Para hablar de un ingenio que carece de movilidad y de gracia se dice en la mayor parte de las lenguas indogermánicas que es un espíritu seco. La fluidez es 30 virtud literaria tan apreciable como la claridad. En tiempo de Shakespeare y de su rival y amigo Ben Johnson,[15] las palabras *humour* y *humorous* ya habían entrado al idioma con significado distinto del meramente material. [. . .] 35

Acaso pensaba en esto el espíritu sistemático de Taine[16] cuando quiso definir el humor como el estado de espíritu bajo cuyo influjo el escritor describe lo sublime en formas grotescas y lo grotesco en palabras sublimes, definición adap- 40 table tal vez a lo llamado por Hoeffding «el pequeño humor» que, según sus palabras, es una burla más o menos apacible. «Esa benignidad puede tener muchos grados, pasando por los

---

[8] Renán, Ernest: historiador, pensador y escritor francés (1823–1892)
[9] Cardenal Newman: teólogo y escritor inglés (1801–1890)
[10] Barrès, Maurice: novelista francés (1862–1923)
[11] que puede conseguirse u obtenerse
[12] Véase nota 2.

[13] Ganivet, Ángel: ensayista, escritor y diplomático español (1868–1890), uno de los precursores de la «Generación del 98»
[14] engañosa, mentirosa
[15] Johnson, Ben: dramaturgo inglés (1573–1637)
[16] Taine, Hipólito: crítico, pensador y escritor francés (1828–1893)

cuales el humor puede revestir las formas de la ironía, de la sátira o el desdén.»

Está en la imaginación popular, y aun en la mente cultivada de críticos regalones asociada la idea del humor al gesto de la risa. Spencer[17] no ensaya la disociación de estos elementos en su curioso estudio sobre la facultad de reír, ya que su análisis aborda[18] casi exclusivamente el carácter fisiológico de esta función jerárquica, tal vez la única que poseemos, con exclusión de las otras especies zoológicas. «Se revela, dice Hoeffding, el carácter de un hombre, en su actitud ante lo ridículo», una sentencia que encierra en pocas palabras opiniones semejantes de Platón, Kant, Goethe y de la sabiduría popular expresada en proverbios.

De dos puntos de vista muy distintos ha de estudiarse la risa: sea como la calidad de los actos externos que la provocan, sea como la disposición interior que se expresa por medio de ella. Los tratados elementales de estética en sus apreciaciones de lo cómico más tienen que ver con lo exterior que con los estados de ánimo de donde proviene la risa. De aquí resulta que ella es definida como el movimiento de ánimo causado en nosotros por la contemplación de lo inesperado o lo incongruente. La risa no es compañera inseparable del humor y puede afirmarse que allí donde ella se muestra, especialmente en la forma extrema de carcajada, el «grande humor», según lo define Hoeffding, está ausente. El humorista verdadero no suscita la risa. Suele en ocasiones la sonrisa asomar a los labios de quienes se ponen en contacto por la lectura o la contemplación con los maestros del humor, pero mientras más puras y más profundas sean las sensaciones creadas por el humor, mientras más tenue sea el lazo de las asociaciones suscitadas por la obra de arte verdaderamente humorística, más lejos están del lector las manifestaciones exteriores de la sonrisa. El acompañamiento natural de las sensaciones e ideas que despierta en nosotros la obra del humorista genuino es la sonrisa interior.

Hay en las asociaciones de ideas provocadoras de risa una cierta complacencia con el espectáculo del mal ajeno o con la indiferencia de la naturaleza o de los poderes invisibles ante los esfuerzos incompletos de la criatura humana o del mismo animal. La risa se acompaña de una falta de piedad o de simpatía para con la bestia irracional o la bestia humana. En el humor, por el contrario, la nota predominante es la de simpatía para con el género humano. El burlador, por lo tanto, el satírico, el hombre que practica lo que Barrés llamaba el «desdén suficiente», están en el polo opuesto del humorista. Por esto dice Hoeffding muy acertadamente: «Sea que se considere el humor como una especie peculiar de las sensaciones que provocan a risa o como una manera de entender la vida, nada está con él en contraste tan vivo y característico como el sarcasmo o el desdén.»

Más cerca del humor está la ironía, pero aun ésta incluye ciertos matices de sentimiento que la apartan de aquella humanísima visión de la vida. El ironista puede en ocasiones inspirarse en la simpatía y menos frecuentemente hay en sus expansiones muestras de piedad. Renán, sin duda, era un sentimental a quien punzaban[19] las miserias y limitaciones del género humano. Hay piedad comunicativa en algunos libros de France.[20] *Crainquebille* es el apólogo de un evangelista a quien los hados[21] concedieron profusamente con las dotes de la ironía y el sentido de la belleza verbal, un inexhausto anhelo de justicia. En Heine[22] la ironía no es siempre bondadosa. En todos estos autores el rasgo psicológico, la actitud que les impide llegar al grande humor es el sentimiento, velado en Renán con las más dulces apariencias, perceptible a trechos en las últimas producciones de France, y ruidosamente articulado en Heine, de la superioridad del escritor sobre el resto del género humano. A causa de esto la ironía degenera a veces en los dos últimos en burla inmisericorde o en sarcasmo deshecho. Va[23] un abismo de las suaves e irónicas insinuaciones de *Thaïs* al cinismo verbal y al pensamiento indecoroso de la *Révolte des anges*. En Heine el procedimiento literario consiste en dividir sus composiciones en dos partes ligadas hábilmente,

---

[17] Spencer, Herbert: filósofo inglés (1820–1903), mantenedor del positivismo evolucionista
[18] trata, estudia
[19] herían, dolían

[20] France, Anatole: novelista y crítico francés (1844–1924)
[21] la suerte, el destino
[22] Heine, Heinrich: poeta alemán (1799–1856)
[23] existe, hay

en la primera de las cuales hay una nota sentimental delicada o profunda, fragorosamente[24]
contrastada por el sarcasmo sin atenuaciones de
la segunda.

Estos ejemplos, tomados al azar en dos
literaturas, sirven de apoyo a la tesis fundamental del profesor Hoeffding, según la cual el
grande humor no es una actitud pasajera, ni un
estado de espíritu fácilmente provocable, a
manera de la embriaguez o el entusiasmo, por
medios físicos o inmateriales, pero siempre de
artificio, sino una pasión cuya permanencia y
vigor determinan en el individuo su concepto
general de la existencia. Lo cual no quiere

decir, según se explicó antes con palabras del
mismo Hoeffding, que la pasión o estado de alma
total esté actuando siempre en todos los menudos detalles de una vida individual; pero en la
obra literaria o artística del grande, del verda- 5
dero humorista, puede siempre encontrar el
crítico el hilo de oro que le da unidad y le
predica divino encanto. Siguiendo un método
distinto y sin tener a su disposición el riquísimo
caudal[25] de datos ofrecidos por el análisis 10
moderno a los directores de almas, ya Taine
había indicado las ventajas que ofrece la
determinación de la «facultad dominante» en el
estudio de un autor y sus obras. [. . .]

II

No en todas las épocas de la literatura o de
la filosofía ha existido la disposición de ánimo
denominada «grande humor», por el profesor
Hoeffding. Falta por completo en los diversos
autores a quienes se debe el *Antiguo testamento*.
El estado de espíritu que predomina en esos
libros excluye las posibilidades del humor. El
autor de los cinco primeros libros era un
iluminado. Explicaba el origen del mundo de
acuerdo con las nociones que acerca de ese
importante suceso le habían participado seres
sobrenaturales de cuya existiencia estaba él
convencido, tal vez, y seguramente los hombres
a quienes comunicaba el resultado de sus conversaciones con el Altísimo. Algunos de estos
libros contienen preceptos morales y de higiene,
redactando los cuales no era posible extra-
viarse[26] en los meandros[27] de la noción humorística de la vida. Además, el temperamento de
aquel sabio legislador y conductor de multitudes era, como juez y gobernante, de una
severidad que a menudo[28] llegaba a los mayores
extremos de la sevicia,[29] no sólo con sus
enemigos sino también con sus administrados.
En ese pueblo y en esa raza ha predominado
siempre un concepto de la divinidad, que le
atribuye los sentimientos justicieros o vengati-
vos del hombre, llevados a su máximum de

exaltación. Mirar los simulacros sagrados era 15
grave culpa; el tocarlos se pagaba con muerte
subitánea. Un desgraciado que estiró el brazo
con ánimo de evitar que cayese el Arca de la
Alianza, quedó muerto al instante. En ese estado
de exaltación, la disposición de ánimo cuyas 20
manifestaciones suavizan la vida y enriquecen
la mente no podía existir.

Más adelante el *Antiguo testamento* es obra de
profetas y videntes,[30] cuya actitud ante el
pueblo hebreo había de ser una de seriedad 25
absoluta y sin intermitencias. El profeta es
también un iluminado, y de ese punto de vista
su actitud es necesariamente contraria a la del
humorista. La exaltación profética dio frutos
espléndidos en la poesía lírica. Debemos a los 30
hombres que colgaron de los sauces llorones en
Babilonia sus arpas melancólicas, las notas más
altas de ese género de poesía en aquella remota
edad de la cultura humana.[31] Al través de los
siglos esa raza ha conservado el poder sobre- 35
humano de expresar sus más íntimas emociones y
de analizar sus estados de alma en rimas o en
ritmos de un poder comunicativo irresistible.
La poesía de los profetas renace en Heine y
apunta en muchos de los poetas modernistas 40
que le agregaban ímpetu desde Viena al movimiento alemán de «Hojas para el Arte.»

---

[24] ruidosamente
[25] haber, riqueza
[26] perderse
[27] curvas o sinuosidades de un río
[28] frecuentemente

[29] ferocidad, gran crueldad
[30] personas que pretenden ver el pasado y el futuro; adivinos
[31] Nótese la belleza y tono lírico del estilo.

Dauthendey[32] era israelita, y Hofmannsthal[33] lo es por la raza y por el acento de penetrante y refinada tristeza que hay en su obra poética decidamente judaica. Algunos han querido
5 hallar modelos del humor en estos grandes representantes de la raza bíblica en la poesía moderna. Ya hemos visto cómo Heine se aparta del «grande humor» por el uso del sarcasmo, en que fue maestro, y por la ironía que ejercitaba
10 con real emoción contra los demás y contra sí mismo, como para vengarse de la vida, que fue con él indiferente y en ocasiones y a la postre, cruel.

De los griegos pone Hoeffding como excelso
15 modelo del «grande humor» a Sócrates. Sabemos que fue amigo del concepto delicado y gracioso y aun en los últimos momentos de su vida, discurriendo[34] con sus amigos, dió muestras de un ingenio plácidamente burlón. Su
20 discípulo y admirador,[35] al verter la esencia del espíritu socrático en sus divinos diálogos, dejó uno como débil trasunto[36] del temperamento regocijado del maestro. Aristófanes[37] se apartó del humor con el estrépito de su sarcasmo y con
25 el encono[38] personal, de que hay por momentos claro testimonio en sus exhibiciones teatrales de la sociedad contemporánea; y, por lo que hace a los líricos de la Antología, estaban demasiado atraídos por el fragor de la guerra,
30 por el atletismo, por las variadas y sanas emociones del amor pagano, para mirar la vida dentro del ángulo en que es menester colocarse, para sentir y comunicar la impresión humorística.
35 Es menos perceptible el «grande humor» en los famosos latinos del siglo de Augusto.[39] Ellos amaban la gracia, y el más alto exponente de esa maravillosa época de letrados y estetas llegó a tocar notas unísonas con las de aquellos grandes
40 líricos que en las postrimerías del setecientos y en el siglo XIX humanizaron los aspectos del paisaje y crearon el sentimiento moderno de la

naturaleza. Pero la gracia romana no llegó nunca a las fronteras del «grande humor». Fue irónica en Juvenal,[40] acremente sarcástica en el gran satírico hispalense.[41] Carecía aquella civilización del nuevo factor de la piedad y la simpatía que hace posible esta manera complicada de representar los sentimientos humanos. Nacida para la conquista y puesta frente a frente a la inmensa tarea de organizar un mundo, esa raza estimaba principalmente los valores de fuerza y era extraña a los sentimientos humanitarios. Creó el derecho . . . basado en la fuerza, dos elementos de cultura que excluyen naturalmente las premisas del humor. Antes del siglo de Augusto, un gran letrado, un orador sublime y un hombre mezquino, el inolvidable Cicerón, había dicho a Paetus, el epicúreo, en una de sus cartas inmortales: «Y a esto se añade la sal de tu ingenio, no la sal ática, sino un chiste más salado que el de los atenienses, el puro, el antiguo chiste romano, lleno de urbanidad . . . me siento completamente fascinado por el chiste genuino, en especial el del terruño, y más ahora cuando observo que, con la acción del Lacio,[42] de donde nos ha venido a torrentes la influencia extranjera, y con la inmigración de las gentes de bragas,[43] procedentes del otro lado de los Alpes, el puro chiste romano ha tomado otras formas exteriores. Se encuentra ya apenas la huella del talento de nuestros abuelos para la burla.» Las gentes de bragas a quienes se refiere Marco Tulio eran los galos forzados por el clima a cubrirse las piernas con una especie de pantalones. Y ya desde entonces, empezaba a difundirse por el mundo el *esprit gaulois*, forma del ingenio que apenas tiene en su curso relaciones someras de tangencia con las características del «grande humor», según lo han practicado los modernos. El estrépito de la *gaité gauloise* en Rabelais, la ironía en Montaigne, el grueso y demoledor[44] sarcasmo de Voltaire no están incluídos en las categorías humorísticas. Con todo su talento literario y su

[32] Dauthendey, Max: poeta lírico alemán (1867–1918) de la escuela simbolista
[33] von Hofmannsthal, Hugo: poeta lírico y dramaturgo austriaco (1874–1929) de mucha calidad artística
[34] reflexionando, pensando
[35] referencia a Platón
[36] copia, semejanza, imagen fiel
[37] Aristófanes: el gran comediógrafo griego (¿445–386? a.C.)
[38] odio, rencor, mala voluntad
[39] César Augusto: el célebre emperador romano (63 a.C.– 14 d.C.)
[40] Juvenal: poeta satírico latino (¿42–125?)
[41] Marcial, Cayo Valerio: poeta hispanolatino (¿43?–104), autor de *Epigramas*. No era hispalense (de Hispalis, Sevilla) sino de Bilbilis, la actual Calatayud.
[42] región de Italia con costa en el Mar Tirreno
[43] Véase en seguida el concepto que da Marco Tulio.
[44] destructivo

vasta comprensión de las formas, al patriarca de Ferney[45] se le escaparon las sutilezas y el tenue perfume de gracia y de caridad que hacen la obra de Shakespeare un valor excepcional y profundamente humano. Le llamó bárbaro, no sin reconocerle algún talento.

El «grande humor» es un producto eminentemente cristiano. Para que existiese y llegase a ser comprendido era necesario que la ley de gracia, la «charitas»[46] nueva hubiera bañado el sentimiento de las varias razas en una onda amplísima de piedad humana. Era menester que la noción de pecado formase parte de la ideología del hombre, para que el genio del humorista pudiese apelar a la comprensión universal. No fue, por lo tanto, una mera coincidencia que los dos modelos del humorismo en las literaturas modernas hubiesen aparecido en el momento mismo en que la idea cristiana experimentaba la crisis más ruda de cuantas ha padecido en las alternativas de su historia.

Goethe, el genio literario más rico, más desparramado[47] y a un mismo tiempo más profundo, careció del sentido del humor. Era intensamente lírico y conscientemente pagano. Le impacientaba el pequeño humor de los poetas alemanes de segunda alzada,[48] que opacaban el ambiente espiritual del día con sus burlas de gusto equívoco y con aquella ansiedad imprecisa que recibió el nombre de «la flor azul.» En una de sus cartas a Zelter[49] dice que «como el humor no tiene asiento ni ley en sí mismo, tarde o temprano degenera en melancolía o en capricho de mal carácter.» «El humorista, dice en otra parte, atiende más a su propia disposición de ánimo que al objeto que observa o describe.» Sin embargo, decir que carecía del sentido del humor es acaso una exageración. Le irritaban las exteriorizaciones agudas del «pequeño humor», de la ironía metódica al alcance de los funcionarios; pero apreciaba en su justo valor la actitud de Shakespeare y Cervantes ante el variado espectáculo de la vida intensa, generosa y completa.

El «grande humor» es, sin duda, el resultado de una apreciación de los valores humanos, según la cual la vida es una obra de arte. Conformándonos a él, aceptamos las desarmonías en el conflicto vital y tratamos de acomodarlas en la sinfonía general formada por el juego de apetitos y tendencias contradictorias.[50] Los dos grandes humoristas de los tiempos modernos fueron también hombres de acción que sintieron la vida intensamente y recorrieron la escala de las tribulaciones el uno, de las pasiones, de los reveses[51] y logros, el más afortunado.

Es raro que mientras Shakespeare dejara en su patria el germen fecundo de su genio, hasta hacer de él en sus conciudadanos una especie de distintivo nacional en la forma del «pequeño humor»; Cervantes, el genio nacional por excelencia, no haya penetrado en el alma española para provocar la imitación de sus actitudes ante la vida. En Inglaterra es casi condición de la vida intelectual el poseer en vasta o en pequeña escala el sentido del humor. El retruécano, el *calembour*, las frases de vario y torpe sentido, merecen reprobación unánime en las esferas distinguidas de la inteligencia. La sátira violenta y personal, aun la ataviada[52] artísticamente por talentos literarios de tan alta envergadura como Swift[53] o Byron, merece atención literaria, pero excluye la imitación o las actitudes admirativas. Pocos novelistas insignes carecen en la Inglaterra del siglo XIX y de los tiempos actuales, del sentido del humor. Para recomendarse a la gentileza del lector han de llevar en las venas ese grano de sal que impide la corrupción de los humores. Los más excelsos escritores británicos de la época actual y de la que la ha precedido inmediatamente, llegan, por el fondo y por la forma, a la categoría del «grande humor», conforme al minucioso análisis de Hoeffding.

En España el ingenio y la obra de Ganivet caen dentro de aquella definición; pero tamaña persona vivió y murió sin recibir de sus contemporáneos señales de comprensión ni palabras de

---

[45] villa de Francia, cerca de Ginebra, donde vivió Voltaire durante veinte años (1758-1778)
[46] caridad
[47] abierto
[48] de segunda línea
[49] Zelter, Carl Friedrich: compositor alemán (1758-1832)
[50] El estilo llega a momentos de gran belleza.
[51] fracasos, desgracias
[52] vestida, adornada
[53] Swift, Jonathan: escritor satírico inglés (1667-1745), autor de *Viajes de Gulliver*, sátira mordaz contra la sociedad inglesa

aplauso congruentes. Es cierto que su obra es escasa y fragmentaria. En ella, sin embargo, luce[54] la pasión intelectual característica del hombre para quien la vida propia es una obra de arte y la vida de otros un espectáculo humorístico digno de hacer un esfuerzo para comprenderlo en sus grandes líneas y en sus aspectos primordiales, no sin echarle encima un velo sutil y transparente de caridad y simpatía.

Al hacer un estudio del «pequeño humor», no sería posible olvidar dos grandes inteligencias españolas cuya obra tiene reflejos pasajeros del verdadero y grande. Larra[55] murió demasiado pronto para legar a la posteridad cuanto ella tenía derecho a esperar de tamaño temperamento; pero en él estaban reunidas la simpatía hacia el género humano con la aptitud para percibir las incongruencias de las acciones ajenas y representarlas en el plano usual de la vida. Galdós habría sido un grande humorista si su piedad hubiese sido más sincera y si hubiese excusado las tentaciones de la propaganda. En su manera discreta y suave de poner en solfa[56] las costumbres de sus compatriotas, echa uno de menos la onda subterránea de simpatía que caracteriza a los genuinos representantes del humorismo.

Manuel Díaz Rodríguez

VENEZUELA, 1871-1927

El Criollismo era una firme orientación de la literatura venezolana cuando a fines del siglo XIX comienza a tomar cuerpo el Modernismo, cuyo espíritu cosmopolita significó una reacción contra el realismo de aquél. La figura más importante que produjo el movimiento modernista fue Manuel Díaz Rodríguez, cuyo estilo contó muy pronto con varios discípulos e imitadores. Procedía de una familia rica, con propiedades y negocios rurales en la región del Ávila, cerca de Caracas. De aquí le viene al autor su gran sentimiento de la naturaleza y la predilección por la luz y los colores. Se graduó de medicina en la Universidad Central, pero nunca la practicó, dándose por entero al cultivo de las letras. Llevó una vida política muy intensa: Director de Educación Superior, Ministro de Relaciones Exteriores, Senador varios años, Ministro de Fomento, Ministro en Italia y Presidente de los Estados Nueva Esparta y Sucre. Su inquietud intelectual y su curiosidad artística lo llevaron a viajar extensamente por Europa, el Oriente y otras partes del mundo. Al morir en Nueva York era una de las personalidades literarias más amadas en su patria. Como modernista lo influye más el ambiente y cultura de Italia que la de Francia o el mundo clásico. Vestía siempre elegantemente a la última moda, por lo que el crítico Rafael Angarita Arvelo lo llama, con razón, un «Brummel criollo». Su temperamento sereno y su gusto por el atildamiento al vestir se reflejan directamente en su forma de escribir.

---

[54] muestra
[55] Larra, Mariano José de: escritor costumbrista español (1809-1837), agudo crítico de su tiempo

[56] (fig.) poner en ridículo

Su obra literaria comprende libros de viajes, cuentos, novelas, ensayos y discursos. Sus primeros libros, *Sensaciones de viaje* (1896) y *De mis romerías* (1898) son visiones impresionistas más que realistas de varios países visitados por él. Aparece desde ese momento lo que es esencial en el autor: una gran preocupación por la perfección del estilo. Como narrador comenzó por la narración breve con las colecciones *Confidencias de Psiquis* (1897) y *Cuentos de color* (1899). Son cuentos apenas sin argumento, escritos en una prosa muy lírica, con asomos de la tristeza, melancolía y cierto tono romántico característico del autor. Estas obrillas le sirvieron como de entrenamiento adecuado para intentar la novela, donde dejó tres obras de mucho valor. Su primera obra en este campo lleva el título de *Idolos rotos* (1901), y cuenta la vida de un joven artista inadaptado al medio político, social y moral de Venezuela. Es una sátira social en que descubre aspectos muy interesantes de aquel tiempo. La crítica considera que su obra maestra es *Sangre patricia* (1902), una de las primeras novelas sicológicas de Hispanoamérica. Es el estudio de un caso de sicopatología sufrida por un venezolano rico desterrado en París, cuya mujer muere durante el viaje de Venezuela a Francia para reunirse con él. Por veinte años se apartó de la novela dedicado entonces a su labor política. En este interregno se entregó al ensayo y a la oratoria, tanto pública como académica. Escribió entonces su libro de ensayos *Camino de perfección y otros ensayos* (1908) con cuatro trabajos muy notables sobre la vanidad y el orgullo, la idea de ciencia y el Modernismo y un ensayo crítico sobre la crítica. «Crítica severa, elegante y pulida» la ha llamado el crítico Manuel García Hernández. Como siempre, Díaz Rodríguez nos ofrece un estilo en el que se combinan la hondura del pensamiento con la belleza más acicalada en el instrumento expresivo. Parece defender la filosofía espiritualista, argumentando en forma galana, pero convincente. Algunos de los ensayos tienen una nota irónica evidente. En este campo se sitúa bien cerca de Rodó, que era por estos tiempos la pluma más respetada del Modernismo. Parte de su labor en la oratoria —donde llegó a brillar a gran altura, siendo uno de los mejores oradores de su patria— la encontramos en *Sermones líricos* (1918) colección con algunos de sus mejores discursos. Era orador de estilo majestuoso, lleno de conceptos, donde florecen los párrafos bien redondeados y trabajados con paciencia de gran artista de la palabra. Veinte años después de su última novela, ensayó el género nuevamente con *Peregrina o El pozo encantado* (1922), en que aparecen integrados el tema rústico y campestre con el sumo cuidado del estilo, aunque ya el autor no es el preciosista de sus primeros trabajos. La obra tiene gran realismo expresado con mucha donosura del lenguaje. En ella presenta la lucha entre el amor y la muerte, creando la tragedia el triunfo final de ésta. En esta obra añadió tres cuentos, considerados entre los mejores escritos en Hispanoamérica, de tema criollista, pero con gran aliento poético y lírico. Muestra su amor al campo y al estilo lleno de belleza en «Égloga de verano», «Música bárbara» y «Las ovejas y las rosas del Padre Serafín».

FUENTE: *Peregrina o El pozo encantado*, Caracas–Barcelona, Ediciones Nueva Cádiz, 1952.

Peregrina o El pozo encantado

1922

Las ovejas y las rosas del Padre Serafín[1]

—¡Ya lo traen! ¡Ya lo traen!

—¿Por dónde?

—Por el cementerio. Dicen que lo alcanzaron en el cementerio.

5 La multitud, fatigada, nerviosa de tanto esperar, se arremolinó[2] y empezó a deshacerse. La mayor parte, sin darse cuenta de lo que hacían, caminaban de arriba abajo por el camino real, pero sin salir de él, o daban vueltas, 10 como buscando una moneda que se les hubiese extraviado, alrededor del mismo punto. Otros corrieron por las calles que del camino real suben a la plaza de la iglesia. Algunos fueron a reunirse a los que, en corro,[3] y con la más loca 15 agitación, discutían frente a la fachada de la iglesia, en un altozano.[4] Entretanto los pulperos, a la voz de «ya lo traen» cerraban y atrancaban por dentro sus pulperías.[5] Y después de cerrar, ninguno se quedaba dentro: salían a sumarse 20 a la muchedumbre armados, el uno de revólver, el otro de un varal de araguaney,[6] los más con el filoso cola-de-gallo.[7] Don José, el más respetable por la edad, la hacienda y la virtud, se paseaba en mangas de camisa por el corredor 25 de su establecimiento. Provisto de un corto y fuerte cuchillo de caza, decía:

—Es necesario hacer un ejemplar. Es necesario un castigo. No se debe dejar sin castigo una cosa tan fea. En este pueblo no había 30 pasado nunca.

—¡Nunca! Es verdad . . . Es necesario un castigo —coreaban los otros.

De repente, sobre el coro, se alzó rasgando la sutil seda del aire estival[8] una voz airada y plañidera.[9] A la puerta de una casita, hacia el fin de una de las calles que van a la plaza del pueblo, una vieja mulata canosa, con desgreñada cabeza de Medusa,[10] vociferaba:

—¡Saturno! ¡Saturno![11] ¡La sangre de mi hijo! ¡Cobren la sangre de mi hijo!

—¿Quién es?

—¡Hombre! ¿Quién va a ser? ¿Quién va a ser sino Higinia? ¡La pobre vieja!

Algunas mujeres aparecieron a las puertas de las casas, dándoselas de animosas. Otras optaban por quedarse detrás de los portones,[12] viendo a través de las junturas,[13] o se asomaban a los postigos[14] de las ventanas con rostros lívidos de miedo. Unas cuantas, excitadas por los lamentos de Higinia, surgieron detrás de las bardas[15] de un corralón que interrumpía rústicamente el marco de la plaza. Vomitaban denuestos[16] y amenazaban con los puños.

—Pero, si lo cogieron, ¿por qué no lo traen?

Uno de los que habían ido hasta el corro del altozano volvió, advirtiendo que era falsa la noticia.

—Dicen que lo cogieron allá, al pie del Avila, en la Sabana de los Muertos, en donde

---

[1] La presente narración forma parte de la novela *Peregrina o El pozo encantado* (1922), donde Díaz Rodríguez combina una vena criollista por el tema con un estilo afiliado al Modernismo. La historia refleja toda la violencia propia de un instante de luchas y guerras civiles en la vida venezolana, en que los seres humanos parecen haber vuelto a una etapa de gran primitivismo. Muestra cierta inclinación del autor por lo trágico y la muerte, causados por la crueldad de los hombres en lucha fiera entre ellos. Al relato asoman muchos tintes naturalistas.

[2] se amontonó o apiñó en desorden

[3] en coro, en grupo de varias personas

[4] lugar más elevado de una ciudad o población

[5] tienda mixta, donde se venden comestibles, bebidas, medicinas, etc.

[6] (Venezuela) arma de madera

[7] especie de cuchillo con mucho filo

[8] del estío o verano

[9] llorosa, con llanto

[10] una de las tres Gorgonas en la mitología griega

[11] nombre de un personaje y no el dios de la mitología

[12] puertas grandes

[13] punto de unión de dos o más cosas

[14] ventana pequeña abierta en una puerta o ventana mayor

[15] cubiertas de espinas o zarzas sobre cercas o tapias

[16] insultos, injurias

enterraban a los muertos del cólera y de la fiebre amarilla, no en el composanto.[17] Y explicando así, tendía la mano al cerro, en dirección de un punto de la sabana yerma y ardida que hay al pie del Avila, donde un solitario bambú derrama sobre los muertos la fresca sombra musical de sus cañas armoniosas.[18]

—Pero ¿cómo saben que lo cogieron allá arriba?

—Por uno que se vino a la carrera, atravesando los cafetales, y llegó al pueblo hace poco.

—¡Pero, señor! ¿Qué ha hecho ese hombre para que lo persigan ansina?[19]

La gente, descorazonada con el anuncio de ser falsa la noticia, desahogó su mal humor contra el que hacía inocentemente la pregunta. Era un cambujo[20] que, ignorante del suceso y no pudiendo discernirlo[21] entre tantos y tan vagos rumores, acababa de meterse en el corazón mismo del gentío, a horcajadas en su asno. En cosa de un segundo, ni él ni su asno pudieron moverse, estrechamente rodeados por la turba[22] como por una improvisa y viva fortaleza erizada de cólera.

—Mire, socio, no venga con esa . . . preguntica —saltó otro zambo,[23] con un tono entre de rabia y de zumba—.[24] No se haga el inocente, que aquí no queremos quien tenga tratos con el diablo. ¿Usted, como que es también de la cuerda? ¡Ojo e grillo![25]

—¿Yo trato con el diablo? ¡Ave María Purísima! ¡Si yo no sé lo que ha pasao! ¡Si yo vengo ahorita, ahorita, de más allá del Guaire,[26] de coger maíz en mi conuco![27]

—Lo hubiera dicho antes, ño[28] Carrizo.

—¡Si es el compadre Nicasio!— dijo otro y se preparó a referir el suceso —: Pues el hombre que los muchachos persiguen no es del pueblo, compadre. Nadie sabe de dónde vino.

Unos dicen que de Caucagua, otros que de Higuerote, otros que del Tuy.[29]

—Pa mí, que es una espía de los godos[30]— declaró Miguelito, un negro alto y robusto como una torre de basalto que, meses atrás, en plena guerra, fue el terror de los más acaudalados terratenientes vecinos, a quienes de tiempo en tiempo desvalijaba,[31] apellidándolos godos. Con su interrupción recordó que la guerra no estaba terminada todavía, aunque el jefe liberal hubiese entrado en Caracas en triunfo, porque todavía erraban por toda la república algunas buenas partidas[32] de las tropas conservadoras dispersas. De seguro que es un espía.

—Ni se sabe cómo se llama —continuó el narrador.

—Se llama Heriberto Guillén.

—A mi me dijeron que Julián Perdomo.

—¡Bueno! Pues no sabemos ni de dónde vino, ni cómo se llama. Llegó y se convidó a a jugar con nosotros en el corredor de la pulpería: ahí mismito estábamos nosotros limpios como unas patenas,[33] y él con todos los reales.

—Tendrá buena suerte, compae[34] Pechón.

—¡Qué suerte ni suerte! La suerte se la echaba él a los dados,[35] porque les hacía con las manos, ¿ya usté ve?, así, de cierto modo, y parece que les rezaba también oraciones de brujo,[36] porque los dados paraban siempre contra nosotros. Ya usté verá, compadre, que el hombre es de verdá, verdá, un brujo. ¡Bueno! Pues ya el hombre se levantaba para irse, con la cobija[37] en el brazo izquierdo y el machete en la otra mano, cuando Saturno, muy caliente y con razón, ¡caray! le dijo: «Párese ahí, socio. No se vaya sin que nos dé nuestros reales, ¿oyó? los reales que nos ha robado con su brujería». Entonces el otro, un poquito amoscado,[38] le contestó; «Yo no he

[17] cementerio
[18] Nótese la belleza del estilo y el sentimiento de la naturaleza, tan propios del autor.
[19] de esa manera, de ese modo
[20] persona muy morena o negra
[21] distinguirlo, percibirlo
[22] gentío, multitud sin control o disciplina
[23] hijo de negro e india o al contrario
[24] chanza, burla
[25] es . . . cuerda: ser de la mismas ideas; ojo e grillo: ándese con cuidado
[26] río de Venezuela
[27] huerta, pequeña plantación

[28] señor, don
[29] regiones de Venezuela
[30] nombre dado en Hispanoamérica a los españoles o a los conservadores
[31] robaba, desposeía
[32] bandas, grupos
[33] (Venezuela): sin un centavo, sin dinero
[34] compadre
[35] un juego de azar
[36] adivino, hombre que hace cosas misteriosas. Hay un juego de supersticiones y crueldad a lo largo de todo el cuento.
[37] cubierta, manta
[38] enfadado, ofendido, irritado

robado a nadie: esos reales me los ha dado la suerte, y no más que a la suerte se los doy». «Pues yo seré la suerte, so negro, porque ahorita mismo vas a darme lo que malamente nos quitaste» —le gritó Saturno, saltándole encima. Pero el otro ya estaba en guardia con su machete, con el que se tapaba a sí mismo mientras lo dirigía al pecho de Saturno. Al mismo tiempo le decía a Saturno, como adulándole:[39] «¡No se meta, catire,[40] no se meta, catire, que yo no lo quiero cortar, y si se mete se corta!». Y como Saturno era tan arrojado,[41] se metió, y como el otro fue tan sinvergüenza que no quitó el machete y lo dejó siempre de punta, punta fue, que Saturno cayó redondo[42] y que ahí lo está llorando la pobre Higinia. Todos nosotros nos tiramos encima del hombre, y después de mucho trabajo le quitamos el machete. ¡Bueno! Pues ahora es cuando usté va a ver, compadre. Forcejeando y forcejeando con él, yo lo agarré por el pelo, tan duro, que tres chicharroncitos[43] se me quedaron en las manos. Yo los tiré al suelo, y ¿sabe usté lo que entonces pasó, compadre? ¿A que no adivina? Pues que los tres mechoncitos de pelo echaron a correr convertidos en ratones.

—¡Ave María Purísima!

—Como se lo digo: eso, todos lo vieron.

—Es verdad, es verdad —asintió[44] el coro.

—Ahora, dígame, compadre, si el hombre no es brujo. Y no puede ser sino por brujo que, cuando ya lo teníamos como asegurado, se nos despegó, disparándose a correr que ni una ardita.[45] Detrás de él se fueron los muchachos. Y ahora dicen que lo traen, porque lo alcanzaron, ya para esconderse dentro del monte, en la Sabana de los Muertos.

Las cosas habían sucedido más o menos como a su compadre Pechón se las contaba Nicasio.

La noticia del mal fin de la pendencia,[46] ilustrada con la descripción del negro trashumante[47] a quien se pintaba como asesino, caco[48] y brujo, se difundió eléctricamente por el pueblo, suscitando en los corazones el deseo de vengarse de aquel extraño que era a la vez caco, brujo y asesino.

La casa rectoral fue la única no invadida por el clamoroso y unánime deseo de venganza. El padre Serafín trabajaba en su huerta. Labraba los terrones,[49] mientras una vieja hermana suya, que era al mismo tiempo su ama de llaves,[50] refunfuñando[51] y a disgusto, le aderezaba[52] una camisa. La de él —porque de tanto darlas jamás lograba tener sino una— se la había dejado la noche antes a un enfermo a quien administró los Oleos.[53]

Cuando sonó la algazara[54] de los mozos corriendo detrás del forastero fugitivo, dejó por un momento el trabajo, y se informó de lo que era.

—Son los muchachos del pueblo que andan tras de novillos desgaritados[55] —le dijo su hermana, afirmándole para no dejarle salir, lo que en la mente de ella no era sino una hipótesis. Por ser lo que pasaba a menudo, eso dijo ella, y él sin dificultad lo creyó, de modo que impávido[56] continuó con su azadita de jardinero escardando[57] la huerta, que era al mismo tiempo huerta y jardín como su alma. El descansaba en la creencia candorosa de una armonía íntima de su alma con el alma del pueblo. Porque esta alma en que él ingenuamente sentía el reflejo de la suya, se la representaba de igual manera que se representaba al pueblo: como una flor de idilio.[58]

Visto desde las faldas del Avila, cuando el bucaral[59] se engalanaba de verde, el pueblo era, con sus techos rojos y orlado de haciendas de café, un rubí en lo hondo de una copa de

---

[39] halagándole con un fin interesado
[40] (Amer.) tipo rubio, hijo de blanco y mulato
[41] valiente, atrevido
[42] se desplomó (cayó) muerto
[43] mechoncitos de pelo, pedazos de pelo
[44] dio muestras de aprobación; aprobó
[45] animal muy rápido
[46] pelea, disputa, riña, contienda
[47] que va de un lugar a otro; nómada
[48] (fig.) ladrón; hombre muy tímido y cobarde
[49] pedazos pequeños de tierra apretada
[50] quien cuida la casa

[51] gruñendo, protestando en señal de disgusto
[52] le preparaba
[53] Le administró el sacramento de la Extremaunción.
[54] ruido, vocerío, alboroto
[55] perdidos, descarriados
[56] atrevido, valiente
[57] arrancando la yerba mala
[58] Idealización del alma del pueblo, típica de Rousseau, el Romanticismo y la Ilustración.
[59] Sitio plantado de bucares. Estos son árboles americanos usados para proteger las plantas del café contra el sol.

esmeralda. Ahora, porque el bucaral flameaba de flor, fingía más bien una taza de pórfido[60] o una florida cesta de púrpura.

Entretanto, a lo lejos, el Avila, sobre el paisaje de las haciendas y del pueblo agitado, surgía con la calvez[61] de la cima y en la imponderable pureza de la luz, claro, fuerte y sereno, como un incorruptible testimonio.

Hacia el altozano se agregaron unos cuantos rústicos más a los primeros perseguidores. Detrás del fugitivo, penetraron todos en los fundos[62] que están al norte del pueblo. La cáfila[63] ululante corrió por los cafetales, al principio en una verdadera fuga de locos. Luego, uno de la chusma[64] ideó, y a gritos comunicó su idea a los demás, hasta que llegaron a entenderse, organizar la persecución con todas las reglas de una cacería. Tratábase de estorbar que se escapara la pieza. Mientras unos debían seguir los callejones, otros remontarían el cauce de una quebrada[65] seca, y los otros irían por dentro de los mismos cafetales. Debían hacer, deshacer y rehacer paranzas a medida que lo exigieran las tretas[66] del perseguido, y la índole del terreno. Algunos, en el ímpetu de la carrera, se destocaron, y no se detuvieron a recoger el caído sombrero de cogollo.[67] Otros llevaban las ropas desgarradas encima de los torsos medio desnudos. Los bucares[68] florecidos, en su perenne despojarse de flor, fugazmente esmaltaban de sangre la nieve, o el ébano lustroso, o la canela obscura de los cuerpos. Los cazadores, para enardecerse a sí mismos, y a la vez para aturdir a la pieza en fuga, llenaban el cafetal con insistente vocería. De tiempo en tiempo, sobre la vocería de los hombres detonaba, en lo alto de los bucares, la algarabía[69] de los pericos montañeses. Poco a poco el tropel fue empujando la caza fuera del cafetal y hacia arriba, a un punto en donde ya debían de estar apostados los que se adelantaran corriendo por la holgura de los callejones.

El fugitivo, ignorante del terreno, tropezando en los obstáculos conservaba, a pesar de todo, la ventaja, como si la suficiente malicia y lucidez para despistar[70] a los otros la sacara del propio peligro. Los eludía y engañaba con rodeos en 5 que no se alejaba sensiblemente del mismo punto. Más de una vez intentó ocultarse en lo hueco de un tronco. Pero cada vez alguno de sus perseguidores lo alcanzaba con la vista. Por fin se vio fuera del cafetal, a mucha distancia de los 10 que estaban de facción, apercibidos a detenerle. Tuvo un momento de perplejidad en que se preguntó si no sería más cuerdo volver sobre sus pasos[71] a enredarse y maltratarse de nuevo en el cafetal enfadoso, porque su instinto 15 silvestre y seguro le advirtió mayores peligros en aquel paraje abierto que delante de él subía hasta los mismos pies del Avila. Su perplejidad sirvió a los otros. Ya estaban cerca. Y él no pudo sino seguir adelante, por lo abierto, 20 sintiendo en los talones la furia de la traílla.[72] Atravesaba el Pedregal, región salpicada de exiguos y dispersos cafetalitos, a la vera de[73] cada uno de los cuales hay un rancho como una paloma gris que a la sombra de la escasa arboleda 25 se acurruca. Por todas partes, en las más limpias tierras de labor, saltan enhiestos[74] peñascos y reluce al ras del suelo el pedrisco. Una inmensa mole avileña parece en prehistóricos tiempos haber caído retumbando de la cumbre 30 a partirse en fragmentos infinitos en el hondo estupor del valle. En algunas partes, los labriegos han hecho montículos y pirámides con el pedrusco; en otras lo han dispuesto y amontonado en paredones que hacen de aledaños[75] a 35 las tierras labrantías. Por ahí corrió el negro, desesperado cuando se dio cuenta del gran número de enemigos, tropezando unas veces en el peñascal, pasando otras veces como un milagro del viento por encima de los paredones. 40 A las puertas de los ranchos acudieron otros hombres atraídos por la grita de la turba, y casi todos, por comunión con los del pueblo, se

---

[60] especie de mármol rojo con manchas verdes
[61] calvicie; sin pelo, sin vegetación
[62] fincas rústicas
[63] conjunto o multitud de personas
[64] multitud, muchedumbre (por lo general baja o vulgar)
[65] arroyo o riachuelo
[66] artificios, artimañas; acciones para engañar
[67] renuevo de un árbol, punta de las cañas, palmas y otras plantas

[68] Véase la nota 59.
[69] alboroto, gritería confusa
[70] desorientar, desconcertar, hacer perder la pista al perseguidor
[71] regresar por el mismo camino
[72] perros atados con una cuerda usados en las cacerías
[73] al lado de. Expresión castiza, algo típico del autor.
[74] erguidos, derechos, levantados
[75] límites

agregaron a los cazadores del negro fugitivo. Gracias al refuerzo que de ésta recibían de pronto, y a los movimientos más fáciles en aquel paraje abierto, los perseguidores tra-
5 quearon y acosaron[76] como a un ciervo al perseguido, hasta verlo estrechamente acorralado. Abrumándolo con sus gritos de muerte, casi lo tocaban ya con las manos, cuando él, derribando a uno de un puñetazo, y dando a la
10 derecha un salto inverosímil, se internó en los grandes cafetales nuevamente.

Por la primera vez, ya dentro del cafetal, osciló, remolinó y se paró desconcertada la turba. Algunos empezaron a encontrar inútil
15 su carrera fatigosa, imaginando en salvo a la pieza y borrada su pista, cuando volvieron a ésta por unos gajos[77] rotos y manchados de sangre. El hombre, a su entrada en el cafetal, se había destrozado las ropas y desgarrado pro-
20 fundamente las carnes contra las espinas de un naranjero. Debía de estar no muy lejos, al abrigo de las frondas . . . Y. además del rastro de sangre que iba marcando sus huellas, lo denunció el bullicioso vuelo de una bandada
25 de pericos.[78] A la bulla de los loros montaraces y a la algazara de los hombres encaminados otra vez con seguridad sobre su pista, el negro trashumante corrió de los podridos troncos de bucare,[79] entre los que se disimuló por un
30 momento, a guarecerse[80] entre las altas raíces de un matapalo[81] que sobresalían de la tierra y a flor de tierra se desparramaban como los tentáculos de un pulpo. Mas, como los otros lo vieran antes que él tuviera tiempo de
35 ocultarse, de nuevo se encontró forzado a correr, a correr siempre, despedazándose las ropas, rompiéndose las carnes contra las matas de café y algunos árboles de espinas, turbado y entontecido por los otros que, detrás de él, y
40 progresivamente lo empujaban de la densa maraña[82] del arbolado hacia lo limpio del barbecho.[83]

Fue entonces cuando voló al pueblo y en el pueblo se esparció la noticia de habérsele cogido, porque él mismo se vio y los demás lo creyeron cogido en lo limpio de la sabana.[84] Sin embargo, también en la Sabana de los Muertos logró escapar, descolgándose, para correr después quebrada abajo por la peñascosa del Pajarito. Palomas acogidas a sestear[85] al frescor de la quebrada volaron hacia el Avila en sesgo vuelo de susto. En la carrera, el negro miró centellear, bajo una ceja de verdura, el ojo contemplativo de un pozo, y se precipitó al brillo del agua como un venado sediento. No pensó ya sino en calmar el martirio de la sed. Y cuando lo hubo calmado y se halló de nuevo en pie, como si juzgara imposible su fuga, o estuviese resignado a rendirse, en vez de seguir la carrera, dio el frente a la frenética jauría humana.

—¡No me maten! ¡no me maten! Yo no lo corté: él se cortó porque quiso. Yo soy un hombre honrado. Yo no les robé a ustedes los reales; la suerte me los dio. El se cortó a sí mismo: yo no hice fuerza con el machete, ninguna.

Cuando acabó de hablar se hallaba rodeado por toda la pandilla y con las manos a la espalda atadas con cordeles y correas a estilo de esposas.[86] Bajo la gritería jubilante de escarnio, uno de los perseguidores furiosamente vengaba su ropa hecha trizas,[87] arrancando y esparciendo los andrajos que al hombre quedaban de la suya.

—Vamos al pueblo, para que digas eso que ahora dices, a ver si te hacen caso —le sopló otro en la nuca, mientras le daba tal empellón,[88] que el hombre sin el equilibrio de los brazos, bamboleó y estuvo a punto de caerse.

—Yo me entregué, ¿por qué me maltratan?

La respuesta se la dio un charro[89] en una bofetada terrible:

—¿Por qué no te escapas ahora? Anda, vete: válete de tus artes de brujo.

---

[76] *traquearon*: movieron, agitaron; *acosaron*: persiguieron constantemente
[77] ramas
[78] especie de loros
[79] Véase la nota 59.
[80] protegerse, refugiarse
[81] árbol de goma o caucho
[82] maleza, matorral; vegetación muy espesa

[83] tierra que no se cultiva durante cierto tiempo
[84] tierra llana
[85] dormir la siesta
[86] manillas que se ponen a los presos en las muñecas (manos)
[87] rotas
[88] empujón
[89] aldeano; inculto, rústico

Unánimes carcajadas de mofa saludaron esta salida, y una lluvia de bofetadas empezó a caer sobre el prisionero.

—Anda, hombre, haznos una brujería —le dijo Bartolo el pesador de carne del pueblo, ye le tiró de una oreja, tan brutalmente, que la oreja medio desprendida lloró un chorro de púrpura sobre el ébano de la cara. Ebrio de dolor, el hombre se tambaleó,[90] sofocando un alarido. Su rostro de negro asumió en la súbita palidez, el tono de la ceniza, mientras los labios rayaban la ceniza de la faz con una blancura espantosa.

—¡No me maten! ¡no me maten! ¡Por Dios! Yo no soy brujo. No es verdad. Yo no soy brujo.

Y como el hombre hiciera un esfuerzo por desatarse las manos y huir, el mozo de la pesa de carne le labró con un cuchillo un sedal[91] en el vientre, a la vez que otro le asestaba un machetazo tan tremendo en los hombros, que una verdadera ola de tibio carmín saltó, repartiéndosele por el pecho y la espalda.

—¿Qué es eso, muchachos? ¡No lo maten! ¡Déjenlo! ¡Déjenlo! —clamó una especie de albino a quien llamaban el catire Facundo, y se constituyó en el jefe de la banda, con un gesto y un grito: —¿Por qué lo van a matar? ¿no ven que tenemos que llevarlo para el pueblo? ¿Qué dirán los otros? Quítese de ahí, socio, y no vuelva con sus machetazos. ¡Caramba! Por un tris[92] lo deja frío. Y a echar *palante*, que se hace tarde, y nos están esperando en el pueblo. ¡Alza, arriba, y al pueblo muchachos!

De ahí se apresuraron unos cuantos a llevar noticias al pueblo. Algunos se les habían adelantado, y otros les imitaron después, de suerte que en la población a cada instante se recibían noticias de cómo, cuándo y por dónde venían los mozos con el brujo. La multitud, estacionada en el camino real, fue poco a poco subiendo por las distintas calles, para apiñarse[93] en el extremo norte de éstas en la plaza misma. De ese punto verían cuando llegaran los otros por la parte opuesta. Entretanto los otros

avanzaban hacia esta parte del pueblo por los callejones de la hacienda vecina, los guardianes, abrumando a golpes, a risas de sarcasmo, a motes de burla al prisionero, y el prisionero, silencioso, desangrándose y tiñendo el suelo de púrpura, mientras los bucares florecidos lloraban sangre sobre todos.

Por un acuerdo tácito, en el pueblo procuraban todos que el cura no supiese nada. Sólo uno, obedeciendo a un escrúpulo tardío, a última hora y por trascorrales, anunció al desprevenido pastor cuanto pasaba entre las ovejas. Y el haz de noticias entró como un puñal en el corazón del cura.

—¡Dios mío! ¡Dios mío! —balbuceó en el dolor de un repentino y profundo arrancamiento, y corrió desolado hacia la puerta de la calle.

La multitud rompía en la plaza, inundándola de clamores:

—¡Muera! ¡Muera!

En el portal de la tahona vociferaba la cabeza de Medusa:[94]

—¡La sangre de mi hijo! ¡La sangre de mi hijo!

El padre Serafín, desde la puerta de la rectoral, siguió con los ojos a la multitud que corría hacia el altozano del pueblo. Volvió sus ojos a ese punto, y allí, cercado de forajidos de facciones bestiales y de ropas en flecos, apareció el hombre. Al verlo, chorreando sangre y casi desnudo, vivo *Ecce-Homo*, sanguina monstruosa en fondo de sepia, el padre Serafín, turbadísimo, abrió los brazos en cruz y cayó de rodillas frente al hombre, como ante una aparición del Crucificado:

—¡Dios mío, perdón! ¡Dios mío, perdón! ¡Qué han hecho!

Viejos, muchachos, cuantos habían esperado en el camino, subían en tumulto adonde estaba el hombre, a desquitarse en él del ansia de la espera. Las comadres que se esquivaban hasta ahí detrás de la junturas de las puertas, o se asomaban a los postigos de las ventanas, recorrían ahora las calles y aumentaban el tumulto, cual si a la vista del hombre sangriento se

---

[90] se meneó sin equilibrio, como si fuera a caerse
[91] aquí quiere decir una herida larga y superficial en la piel
[92] por poco
[93] aglomerarse, formar grupo compacto

[94] Referencia a la madre de Saturno, la víctima del prisionero, a quien se compara con Medusa (una de las tres Gorgonas, tenía serpientes en lugar de cabellos y convertía en piedra cuanto miraba).

hubieran sentido animosas. Algunas portaban machete o cuchillo. Una de ellas avanzó hacia el mismo pecho del brujo, y lo escupió en la cara. Ante el salivazo agresivo y el persistente avance de la multitud, el miserable, temblando de terror, prorrumpió en una queja:

—¡Si me van a matar, Dios mío, no me dejen morir sin confesión!

Facundo creyó de ley cumplir la voluntad religiosa del reo, y fue en busca del padre Serafín, para que éste oyera en confesión al brujo. El padre Serafín iba y venía como un loco por la plaza, amonestando a unos, reprendiendo a otros, hablándoles de amor, persuadiéndoles caridad, sin que ninguno lo entendiera. Por último se enderezó al altozano, y desde ahí comenzó a predicarles, volcando el ingenuo y cándido jardín de su corazón sobre el fosco[95] oleaje de la turba.

—¡Hombres! ¡Hermanos! ¿Qué habéis hecho? Yo creía que las palabras de flor, que todas las florecitas del Padre Seráfico, a quien está consagrado este pueblo, yo las había guardado por siempre en vuestros corazones como en relicarios vivos. ¿No os he dicho yo que es gran pecado verter la misma sangre de las tórtolas? ¿No os he dicho que es gran pecado cortar inútilmente los árboles mismos, como vosotros lo hacéis a la orilla de los tablones, para mantener en alto y a la vista el machete, porque la savia y la resina que manan de un árbol herido son la sangre y las lágrimas del árbol? Pues ¡cuánto mayor pecado no será, oh hermanos, derramar la sangre preciosísima del hombre!

Nadie le oía. Algunos aprobaban por hábito, por fórmula, pero de un modo extraño, sonriendo. De pronto, alguien le habló detrás: era el catire Facundo:

—Padre Serafín: venga a confesarlo.

—¿A confesarlo? ¿Acaso va a morir?

—De morir tiene: ha robado, ha matado y es brujo.

—¡Hombres! ¡Hermanos! ¡Por Dios! ¡No hay brujos: eso de los brujos es mentira, superstición e ignorancia! Y si ese hombre ha matado y ha robado, para él hay jueces. ¡Por ventura sois jueces vosotros? ¡No, no, hermanos! Al mismo criminal debemos amor en el nombre del Cristo. Vamos a lavarle esa sangre, que no sólo a él sino también a todos nosotros nos mancha, y después de lavarlo con nuestras manos y de pedirle perdón, besándoles los pies con nuestras bocas, lo entregaremos a los jueces.

—¿Qué jueces ni jueces, padre! ¿Usted no recuerda cómo están las cosas?

En esas palabras el padre Serafín recibió de la realidad un golpe rudo. Era el fin de una guerra de años. La revolución, aunque triunfante en la capital, no acababa nunca de constituirse en gobierno. Mientras tanto las aldeas, y en las aldeas los hombres, administraban justicia por sí mismos.

—Suponiendo que los muchachos lo dejaran llevar para Caracas, o se puede ir en el camino, o en Caracas lo sueltan como un estorbo. Dígame, pues, si lo va a confesar o no. Además de todas maneras va a morirse, porque . . . yo creo que tiene agujereada la panza.[96]

—¡Dios mío! ¡Dios mío! —murmuró el padre Serafín en la angustia de no hallar medio de salvar al hombre.

De repente, el hombre dijo:

—Tengo sed.

—¿Oís? ¿Oís, hermanos? —aventuró el cura—. Son las mismas palabras de Jesús en la agonía. ¿Qué diríais vosotros, oh, hermanos, qué diríais vosotros, si hubiéseis injuriado, maltratado y herido al mismo Jesús en la figura de ese hombre?

—No diga eso, padre. ¿Cristo negro?

—¿Por qué no? El no murió por éste o por aquél, sino por todos: él es de todos los hombres y de todas las razas.

—Pero no había matado, ni robado, ni . . .

Facundo pensó agregar «ni sería brujo», pero se guardó de ello para no impacientar más al padre Serafín. Este pensaba: «¿Qué hacer? ¿Qué hacer, Dios mío?». El cacique[97] del pueblo, que siempre con mucha deferencia le oía, estaba lejos guerreando. El que hacía ahora las veces de Jefe Civil, formaba entre las peores cabezas del tumulto. No se le ocurrió sino un

---

[95] hosco, severo, áspero
[96] vientre, estómago

[97] jefe político

medio: «quizás en la iglesia no se atreverían».

—¡Bueno! voy a confesarlo. Llamen al sacristán para que abra la iglesia.

—No, padre —advirtió Facundo—. Los muchachos han pensado ya que no debe ser en la iglesia. Quieren que sea en el mismo camino real, casa de don José, en la trastienda[98] de la pulpería.

—Pero ¿qué intentan ustedes, hermanos?

Los más próximos bajaron la cabeza. La voz del hombre tornó a oírse:

—¡Tengo sed!

El padre Serafín, ya sin esperanzas de salvar al hombre, echó a correr hacia la casa parroquial en busca de un vaso de agua. Cuando volvió a salir con el agua, a través de la plaza descendía la lúgubre procesión; el hombre a la cabeza. El padre se acercó al prisionero, y después de darle el agua, que el hombre sorbió con furia, se abrazó a él y fue protegiéndolo con su cuerpo hasta la entrada de la pulpería.

—Mire, padre, si el hombre no es brujo —gritó un desalmado, y arrancándole un mechón de pelo al miserable indefenso, lo tiró al aire. Todos, en el soplo de la brisa, vieron el mechón reciamente ensortijado convertirse en un murciélago.

Durante la confesión, el pueblo en masa esperaba en la calle, con el sordo y grave zumbar bullente de cólera de una enorme colmena.

El padre Serafín, acabada la confesión, apareció en la puerta:

—¡Por última vez, hermanos! Por última vez, oíd: ese hombre está sin pecado. Os lo juro. Ese hombre es inocente. Ya lo habéis medio matado, y está moribundo. Por las gloriosas llagas de Cristo, por nuestro santo patrón, dejadle morir en paz. Dejadle morir en paz, o la sangre de ese hombre caerá sobre todos nosotros, caerá sobre este pueblo por los siglos de los siglos.

Con un esfuerzo heroico, el hombre se levantó de su lecho de agonía y surgió detrás del cura en el vano de la puerta.

—Sí, sí ¡perdón! ¡Morir en paz! —balbuceó lamentablemente.

Y como el padre Serafín se apartara un poco, el hombre cayó hacia afuera y de soslayo, presa de mortal vahido.[99] Uno del motín, que se hallaba cerca, imaginando o pretextando imaginar una agresión, paró al hombre en su machete, y saltó un chorro de sangre tal, como no lo sospechara nadie en aquella negrura que ya no era más que un pálido montón de ceniza. En confusión laberíntica se precipitó la turba al husmeo de la sangre. El histérico paroxismo de las mujeres predominaba en el tumulto, que cesó cuando apenas quedaba del hombre en medio de la calle una masa inerte, rojiza y disforme. Una impura vieja desdentada hurgó con su machete la masa rojiza, mascullando:

—Dicen que los brujos se hacen los muertos, como los rabipelados.[1]

Y de un tajo habilísimo al cuerpo ya exánime le mutiló el sexo.

El padre Serafín, pálido y de rodillas junto al cadáver, musitaba una oración, abiertos los brazos, clavados los ojos en el azul impasible. Algo dentro de su corazón, palpitó, brilló y se apagó como una llamita trémula. Levantóse después, marchó hasta el altozano y lo cruzó de rodillas. Al llegar a la puerta del templo, se detuvo, y no osó penetrar en sagrado. En seguida salió del pueblo, rumbo al Avila, y caminó bajo el llanto de sangre de los bucares hasta perderse de vista.

En el éter,[2] muy diáfano, parpadeó un lucero. El Avila, con su calvez de la cima y en la imponderable pureza de la luz, claro, fuerte y sereno, se erguía sobre el paisaje como un incorruptible testimonio.

Al día siguiente no se encontraba al padre Serafín en parte alguna. Había desaparecido. Muy turbados de conciencia, varios mozos del pueblo convinieron en salir juntos a buscarle. Después de tres o más días de vanas pesquisas[3] por las quiebras del monte, lo hallaron en devota actitud al pie de un alto peñón que el Sebucán labra y pule con su perenne beso cristalino. Al oírlos acercarse y hablar, el padre Serafín volvió a ellos el rostro. Los acogió con semblante risueño, como si los aguardase:

---

[98] parte de atrás
[99] desmayo, desfallecimiento
[1] nombre ordinario de un pájaro

[2] poéticamente significa espacios celestes
[3] buscas, investigaciones

—El Señor del cielo me ha distinguido entre todas las criaturas. Porque hice de mi pueblo un rebaño de suavísimas ovejas, mi padre San Francisco intercedió por mí para que el Señor
5 me honrase como a él, dándome sus rosas divinas. Mirad.

Y el padre, sonriendo con aquella sonrisa de ciertas locuras dulces que debe ser la misma de la felicidad perfecta, a los del pueblo confundidos mostró las manos y el pecho desnudo, en donde la aspereza y los abrojos del Avila prendieron tres vivas rosas.

CHILE, 1880-1950

Uno de los escritores que jugó un papel más decisivo en la reacción contra las tendencias regionalistas o criollistas de la literatura chilena, fue Augusto D'Halmar, cuyo verdadero nombre era Augusto Geomine Thomson. Su obra, en la que se entrecruzan en todo momento tonos del Naturalismo con las nuevas corrientes de la narración fantástica y artística, lo convirtió en el líder literario de su generación. Los jóvenes escritores lo seguían, no importa que estuviese en Chile o recorriendo el mundo en su largo peregrinaje por otras tierras. Nació en Santiago y estudió humanidades en el Seminario Conciliar y en el Liceo Miguel Luis Amunátegui. Desde los días estudiantiles mostró mucha inclinación por el periodismo, iniciando sus colaboraciones en *Los Lunes de la Tarde.* Más tarde fundó con Alfredo Melosi el periódico *Luz y Sombra,* fusionado más tarde con *Instantáneas* (1900). Sus periódicos y escritos ejercieron mucha influencia en la evolución de la literatura chilena en las primeras décadas del siglo XX. En 1906 sirvió como secretario particular del Dr. Federico Puga Borne, Ministro de Relaciones Exteriores. Por esa época se sintió embuído del idealismo humanitarista de León Tolstoy y fundó con otros escritores una colonia tolstoyana, ensayo fracasado por la rígida disciplina monástica y su ausencia del país. En 1907 se le nombró Cónsul en la India donde permaneció dos años después de viajar por Inglaterra, Francia, Suiza, Italia, Grecia, Turquía y Egipto. También fue cónsul por breve tiempo en Chiclayo, Perú. A su regreso a Chile en 1916 viajó nuevamente a Europa donde presenció la primera Guerra Mundial como corresponsal de *La Unión.* En 1918 se trasladó a Madrid y vivió allí una larga temporada con intervenciones directas en la vida literaria. De regreso a Chile en 1934, después de pasar treinta años recorriendo casi todos los países del mundo, obtuvo el cargo de Director del Museo de Bellas Artes de Valparaíso y luego el de jefe de un Departamento de la Biblioteca Nacional en Santiago, hasta su muerte. Su contacto personal con gran número de países le dio un conocimiento directo de lugares, sicologías y personajes exóticos, hecho que tuvo una importancia decisiva en el exotismo y cosmopolitismo de la mayoría de sus relatos. Su obra total le ganó el codiciado Premio Nacional de Literatura de 1942.

Dejó por lo menos cuatro novelas de mucho interés. Se estrenó con *Juana Lucero* (1902), de gran impacto en la opinión pública, en la que se entrecruzan el naturalismo a lo Zola y Daudet con el humanitarismo de Tolstoy. Es la vida de una prostituta con mucha capacidad para la ternura que muere joven y abandonada. Su novela corta *Gatita* (1917) significó una superación de su estilo y una penetración sicológica más honda. Su mejor novela es *Pasión y muerte del cura Deusto* (1924), cuyo escenario es Sevilla. Presenta las relaciones de un cura vasco con un joven gitano a quien ayuda y protege y la pasión malsana de éste por aquél. El cura nunca deja de ser un sacerdote cabal y prefiere lanzarse delante del tren que lleva a su amigo a Madrid, antes que acceder a marcharse con él. Otra novela interesante es *La sombra del humo en el espejo* (1924).

La crítica está de acuerdo en que lo más perdurable de la obra de D'Halmar está en sus cuentos y narraciones cortas. En ellas aparece más claro su acercamiento a la sensibilidad del Modernismo y su preferencia por los temas alegóricos, fantásticos, con escenarios y personajes exóticos. Ahora parece escribir bajo la influencia de Flaubert, Maupassant, Joseph Conrad, Pierre Loti, Tagore. «A rodar tierras» es una narración corta, modelo en su clase por la finura estilística y la acentuación poética de la prosa. También merecen mucha más atención de la dispensada hasta hoy sus colecciones de cuentos: *La lámpara en el molino* (1914), *Capitanes sin barco* (1934), *Amor, cara y cruz* (1935). En la primera muestra su interés por el exotismo, y por las situaciones y sicologías anormales y mórbidas. En el cuento que le sirve de título, hermana y hermano viven maritalmente en un molino a la muerte de la madre. Un día llega un forastero y Germana se enamora de él. Su seducción en el campo, señalada por un grito estentóreo, no puede negar su afiliación naturalista. El extraño se marcha y Germana vuelve a vivir con su hermano Lot, teniendo más tarde un hijo, cuya paternidad se desconoce. En el segundo cuento titulado «Mi otro yo», un hombre anda en busca de su propia identidad por muchos lugares exóticos. En todos sus cuentos D'Halmar sobresale por su tendencia al preciosismo expresivo, el uso de símbolos y el libre juego de la fantasía que rompe totalmente con la realidad, para caer en lo fantástico. Sus asuntos son más productos del ensueño o de la imaginación que de lo observado. Uno de sus cuentos más celebrados es «En provincia», un caso de adulterio en que trata de borrar toda calificación de crimen o inmoralidad. Es la historia de una mujer que se da por una sola vez a un empleado de su marido —gordo y solterón— para procrear el hijo que su marido añora y que no puede tener. El estudio sicológico detallado que hace, tanto del narrador como de su amante por un momento, contribuyó a abrir nuevos rumbos a la narración chilena.

FUENTE: *Cristián y yo*, Santiago de Chile, Editorial Nascimento, 1946. Prólogo de Mariano Latorre.

En provincia[1]

La vie est vaine;   *La vie est breve;*
un peu d'amour,   *un peu d'espoir,*
un peu de haine;   *un peu de reve,*
et puis «bonjour».   *et puis «bonsoir».*[2]

Tengo cincuenta y seis años y hace cuarenta que llevo la pluma tras la oreja;[3] pues bien, nunca supuse que pudiera servirme para algo que no fuese consignar partidas en el «Libro Diario» o transcribir cartas con encabezamiento inmovible:

«En contestación a su grata, fecha . . . del presente, tengo el gusto de comunicarle . . .»[4]

Y es que salido de mi pueblo a los diez y seis años, después de la muerte de mi madre, sin dejar afecciones tras de mí, viviendo desde entonces en este medio provinciano, donde todos nos entendemos verbalmente, no he tenido para qué escribir.

A veces lo hubiera deseado; me hubiera complacido que alguien, en el vasto mundo, recibiese mis confidencias; pero ¿quién?

En cuanto a desahogarme[5] con cualquiera, sería ridículo.

La gente se forma una idea de uno y le duele modificarla.

Yo soy, ante todo, un hombre gordo y calvo, y un empleado de comercio: Borja Guzmán, tenedor de libros del «Emporio Delfín».

¡Buena la haría saliendo ahora con revelaciones sentimentales!

A cada cual se asigna, o escoge cada cual, su papel en la farsa,[6] pero preciso es sostenerlo hasta la postre.[7]

Debí casarme y dejé de hacerlo. ¿Por qué? No por falta de inclinaciones, pues aquello mismo de que no hubiera disfrutado de mi hogar a mis anchas,[8] hacía que soñase con formarlo. ¿Por qué entonces? ¡La vida! ¡Ah, la vida!

El viejo Delfín me mantuvo un honorario[9] que el heredero mejoró, pero que fue reducido apenas cambió la casa de dueño.

Tres he tenido, y ni varió mi situación ni mejoré de suerte.

En tales condiciones se hace difícil el ahorro, sobre todo si no se sacrifica el estómago. El cerebro, los brazos, el corazón, todo trabaja para él: se descuida Smiles[10] y cuando quisiera establecerse ya no hay modo de hacerlo.

¿Es lo que me ha dejado soltero? Sí, hasta los treinta y un años, que de ahí en adelante no se cuenta.

Un suceso vino a clausurar[11] a esa edad mi pasado, mi presente y mi porvenir, y ya no fui, ya no soy sino un muerto que hojea su vida.

Aparte de esto he tenido poco tiempo de aburrirme. Por la mañana, a las nueve, se abre el almacén; interrumpe su movimiento para el almuerzo y la comida, y al toque de retreta[12] se cierra.

Desde ésa hasta esta hora, permanezco en mi piso giratorio con los pies en el travesaño[13] más alto y sobre el bufete[14] los codos forrados en

---

[1] «En provincia» es uno de los mejores cuentos salidos de la pluma de Augusto D'Halmar. El recuerdo se convierte en una tragedia para un solterón de clase media, solitario y de aparente vida tranquila. El cuento se mueve con cierto aire de suspenso, pero lo fundamental es el realismo, sin caer en detalles, de la sicología interna del protagonista-narrador. El estilo es muy sobrio, con frases breves y diálogos directos. No aparecen imágenes y los adjetivos están reducidos al mínimo. «Este análisis de la psicología compleja de un individuo —como ha escrito el profesor Seymour Menton— revestido de cierta fantasía, contribuyó a iniciar toda una tradición chilena en la cual figuran algunos de los mejores escritores contemporáneos».
[2] Esta canción francesa antigua apareció en las primeras ediciones de este cuento: «La vida es vana; / un poco de amor, / un poco de odio, / y entonces *buenos días* / La vida es breve; / un poco de esperanza, / un poco de ensueño, / y entonces *buenas noches*».
[3] que trabajo de contador
[4] forma usual de comenzar las cartas comerciales
[5] aliviarse de una pena o problema
[6] la «farsa» aquí es la vida
[7] hasta el final
[8] con toda comodidad
[9] salario, sueldo
[10] Smiles, Samuel: escritor escocés (1812–1904), autor de libros populares sobre el ahorro de dinero, tales como *Thrift* (*El ahorro*) y *Self-Help* (*Ayúdate*)
[11] cerrar, concluir
[12] toque militar para que los soldados se recojan al cuartel; función de música al aire libre en un parque o plaza
[13] barra horizontal de una pata a otra de un asiento
[14] escritorio, mesa de trabajo

percalina;[15] después de guardar los libros y apagar la lámpara que me corresponde, cruzo la plazoleta y, a una vuelta de llave, se franquea para mí una puerta: estoy en «mi casa».

Camino a tientas, cerca de la cómoda[16] hago luz; allí, a la derecha, se halla siempre la bujía.

Lo primero que veo es una fotografía, sobre el papel celeste[17] de la habitación; después, la mancha blanca del lecho, mi pobre lecho, que nunca sabe disponer Verónica, y que cada noche acondiciono de nuevo. Una cortina de cretona oculta la ventana que cae a[18] la plaza.

Si no hace demasiado sueño, saco mi flauta de su estuche y ajusto sus piezas con vendajes y ligaduras. Vieja, casi tanto como yo, el tubo malo, flojas las llaves, no regulariza ya sus suspiros, y a lo mejor deja una nota que cruza el espacio, y yo formulo un deseo invariable.

En tantos años se han desprendido muchas y mi deseo no se cumple.

Toco, toco. Son dos o tres motivos melancólicos. Tal vez supe más y pude aprender otros; pero éstos eran los que Ella prefería, hace un cuarto de siglo, y con ellos me he quedado.

Toco, toco. Al pie de la ventana, un grillo,[19] que se siente estimulado, se afina interminablemente. Los perros ladran a los ruidos y a las sombras. El reloj de una iglesia da una hora. En las casas menos austeras cubren los fuegos, y hasta el viento que transita por las calles desiertas pretende apagar el alumbrado público.[20]

Entonces, si penetra una mariposa a mi habitación, abandono la música y acudo para impedir que se precipite sobre la llama. ¿No es el deber de la experiencia?

Además, comenzaba a fatigarme. Es preciso soplar con fuerza para que la inválida flauta responda, y con mi volumen excesivo yo quedo jadeante.[21]

Cierro, pues, la ventana; me desvisto, y en gorro y zapatillas, con la palmatoria[22] en la mano, doy, antes de meterme en cama, una última ojeada al retrato.

El rostro de Pedro es acariciador; pero en los ojos de ella hay tal altivez, que me obliga a separar los míos. Cuatro lustros[23] han pasado y se me figura verla así: así me miraba.

Ésta es mi existencia, desde hace veinte años. Me han bastado, para llenarla, un retrato y algunos aires antiguos;[24] pero está visto que, conforme envejecemos, nos tornamos exigentes. Ya no me basta y recurro[25] a la pluma.

Si alguien lo supiera. Si sorprendiese alguien mis memorias, la novela triste de un hombre alegre, «don Borja», «el del Emporio de Delfín». ¡Si fuesen leídas! . . . ¡Pero no! Manuscritos como éste, que vienen en reemplazo[26] del confidente que no se ha tenido, desaparecen con su autor.

Él los destruye antes de embarcarse, y algo debe prevenirnos cuándo. De otro modo no se comprende que, en un momento dado, no más particular que cualquiera, menos tal vez que muchos momentos anteriores, el hombre se deshaga[27] de aquel «algo» comprometedor, pero querido, que todos ocultamos, y, al hacerlo, ni sufra ni tema arrepentirse. Es como el pasaje, que, una vez tomado, nadie posterga[28] su viaje.

O será que partimos precisamente porque ya nada nos detiene. Las últimas amarras[29] han caído . . . ¡el barco zarpa![30]

Fue, como dije, hace veinte años; más, veinticinco, pues ella empezó cinco años antes. Yo no podía llamarme ya un joven y ya estaba calvo y bastante grueso; lo he sido siempre: las penas no hacen sino espesar mi tejido adiposo.[31]

Había fallecido mi primer patrón,[32] y el Emporio pasó a manos de su sobrino, que habitaba en la capital; pero nada sabía, y de él, ni siquiera le había visto nunca, pero no tardé en conocerle a fondo: duro y atrabiliario[33] con sus dependientes, con su mujer se conducía como

---

[15] tejido fino de algodón
[16] tocador; mueble con gavetas en las habitaciones
[17] azul cielo
[18] que da; que abre para
[19] insecto saltador que emite un ruido agudo y monótono
[20] las luces de las calles
[21] que respira con dificultad
[22] candelero bajo
[23] períodos de cinco años
[24] músicas de tiempos antiguos

[25] acudo, tomo
[26] en substitución
[27] se liberte
[28] pospone
[29] lo que sujeta o priva de movimiento
[30] parte, sale
[31] hacer más gordo
[32] empleador o jefe
[33] de mal humor

un perfecto enamorado, y cuéntese con que su unión databa de diez años. ¡Como parecían amarse, santo Dios!

5 También conocí sus penas, aunque a simple vista pudiera creérseles felices. A él le minaba el deseo de tener un hijo, y, aunque lo mantuviera secreto, algo había llegado a sospechar ella. A veces solía preguntarle: «Qué echas de menos?», y él le cubría la boca de besos. Pero 10 ésta no era una respuesta. ¿No es cierto?

Me habían admitido en su intimidad desde que conocieron mis aficiones filarmónicas. «Debimos adivinarlo: tiene pulmones a propósito.»[34] Tal fue el elogio que le hizo de mí su mujer 15 en nuestra primera velada.[35]

¡Nuestra primera velada! ¿Cómo acerté delante de aquellos señores de la capital, yo que tocaba de oído[36] y que no había tenido otro maestro que un músico de la banda? Ejecuté, 20 me acuerdo, «El ensueño», que esta noche acabo de repasar, «Lamentaciones de una joven» y «La golondrina y el prisionero»; y sólo reparé en la belleza de la principala, que descendió hasta mí para felicitarme.

25 De allí dató[37] la costumbre de reunirnos, apenas se cerraba el almacén, en la salita del piso bajo, la misma donde ahora se ve luz, pero que está ocupada por otra gente.

Pasábamos algunas horas embebidos[38] en 30 nuestro corto repertorio, que ella no me había permitido variar en lo más mínimo, y que llegó a conocer tan bien que cualquiera nota falsa la impacientaba.

Otras veces me seguía tarareando, y, por bajo 35 que lo hiciera, se adivinaba en su garganta una voz cuya extensión ignoraría ella misma. ¿Por qué, a pesar de mis instancias, no consintió en cantar?

¡Ah! Yo no ejercía sobre ella la menor in40 fluencia; por el contrario, a tal punto me imponía, que, aunque muchas veces quise que charlásemos, nunca me atreví. ¿No me admitía en su sociedad para oírme? ¡Era preciso tocar!

En los primeros tiempos, el marido asistió a los conciertos y, al arrullo de la música,[39] se adormecía; pero acabó por dispensarse[40] de ceremonias y siempre que estaba fatigado nos dejaba y se iba a su lecho.

Algunas veces concurría uno que otro vecino, pero la cosa no debía parecerles divertida y con más frecuencia quedábamos solos.

Así fue como una noche que me preparaba a pasar de un motivo a otro, Clara (se llamaba Clara) me detuvo con una pregunta a quemarropa:[41]

—Borja, ¿ha notado usted su tristeza?

—¿De quién?, ¿del patrón? —pregunté, bajando también la voz—. Parece preocupado, pero . . .

—¿No es cierto? —dijo, clavándome sus ojos afiebrados.

—Y como si hablara consigo:

—Le roe[42] el corazón y no puede quitárselo. ¡Ah, Dios mío!

Me quedé perplejo y debí haber permanecido mucho tiempo perplejo, hasta que su acento imperativo me sacudió:

—¿Qué hace usted así? ¡Toque, pues!

Desde entonces pareció más preocupada y como disgustada de mí. Se instalaba muy lejos, en la sombra, tal como si yo le causara un profundo desagrado; me hacía callar para seguir mejor sus pensamientos y, al volver a la realidad, como hallase la muda sumisión de mis ojos a la espera de un mandato suyo, se irritaba sin causa.

—¿Qué hace usted así? ¡Toque, pues!

Otras veces me acusaba de apocado,[43] estimulándome a que le confiara mi pasado y mis aventuras galantes; según ella, yo no podía haber sido eternamente razonable, y alababa con ironía mi «reserva»,[44] o se retorcía en un acceso de incontenible hilaridad: «San Borja, tímido y discreto.»

Bajo el fulgor ardiente de sus ojos, yo me sentía enrojecer más y más, por lo mismo que no perdía la conciencia de mi ridículo; en todos los momentos de mi vida, mi calvicie y mi

---

[34] para eso
[35] reunión, tertulia
[36] toca música sin estudios o sin conocer la pieza
[37] comenzó, se inició
[38] abstraídos
[39] al tono suave de la música
[40] excusarse
[41] directamente, sin rodeos; sin andarse por las ramas
[42] le come, le destruye lentamente
[43] tímido
[44] discreción

obesidad[45] me han privado de la necesaria presencia de espíritu,[46] ¡y quién sabe si no son la causa de mi fracaso!

Transcurrió un año, durante el cual sólo viví por las noches.

Cuando lo recuerdo, me parece que la una se anudaba a la otra, sin que fuera posible el tiempo que las separaba, a pesar de que, en aquel entonces, debe de habérseme hecho eterno.

. . . Un año breve como una larga noche.

Llego a la parte culminante de mi vida. ¿Cómo relatarla para que pueda creerla yo mismo? ¡Es tan inexplicable, tan absurdo, tan inesperado!

Cierta ocasión en que estábamos solos, suspendido en mi música por un ademán[47] suyo, me dedicaba a adorarla, creyéndola abstraída, cuando de pronto la vi dar un salto y apagar la luz.

Instintivamente me puse de pie, pero en la oscuridad sentí dos brazos que se enlazaban a mi cuello y el aliento entrecortado[48] de una boca que buscaba la mía.

Salí tambaleándome. Ya en mi cuarto, abrí la ventana y en ella pasé la noche. Todo el aire me era insuficiente. El corazón quería salirse del pecho, lo sentía en la garganta, ahogándome; ¡qué noche!

Esperé la siguiente con miedo. Creíame juguete de un sueño. El amo me reprendió[49] un descuido, y, aunque lo hizo delante del personal, no sentí ira ni vergüenza.

En la noche él asistió a nuestra velada. Ella parecía profundamente abatida.

Y pasó otro día sin que pudiéramos hallarnos solos; el tercero ocurrió, me precipité a sus plantas[50] para cubrir sus manos de besos y lágrimas de gratitud, pero, altiva y desdeñosa, me rechazó, y con su tono más frío, me rogó que tocase.

¡No, yo debí haber soñado mi dicha! ¿Creeréis que nunca, nunca más volví a rozar con mis labios ni el extremo de sus dedos? La vez que, loco de pasión, quise hacer valer mis derechos de amante, me ordenó salir en voz tan alta, que temí que hubiese despertado al amo, que dormía en el piso superior.

¡Qué martirio! Caminaron los meses, y la melancolía de Clara parecía disiparse, pero no su enojo. ¿En qué podía haberla ofendido yo?

Hasta que, por fin, una noche en que atravesaba la plaza con mi estuche[51] bajo el brazo, el marido en persona me cerró el paso.[52] Parecía extraordinariamente agitado, y mientras hablaba mantuvo su mano sobre mi hombro con una familiaridad inquietante.

—¡Nada de músicas! —me dijo—. La señora no tiene propicios los nervios, y hay que empezar a respetarle este y otros caprichos.

Yo no comprendía.

—Sí, hombre. Venga usted al casino conmigo y brindaremos a la salud del futuro patroncito.

Nació. Desde mi bufete, entre los gritos de la parturienta,[53] escuché su primer vagido, tan débil. ¡Cómo me palpitaba el corazón! ¡Mi hijo! Porque era mío. ¡No necesitaba ella decírmelo! ¡Mío! ¡Mío!

Yo, el solterón solitario, el hombre que no había conocido nunca una familia, a quien nadie dispensaba sus favores sino por dinero, tenía ahora un hijo, ¡el de la mujer amada!

¿Por qué no morí cuando él nacía? Sobre el tapete verde de mi escritorio rompí a sollozar tan fuerte, que la pantalla de la lámpara vibraba y alguien que vino a consultarme algo se retiró en puntillas.[54]

Sólo un mes después fui llevado a presencia del heredero.

Le tenía en sus rodillas su madre, convaleciente, y le mecía amorosamente.

Me incliné, conmovido por la angustia, y, temblando, con la punta de los dedos alcé la gasa que lo cubría y pude verle; hubiese querido gritar: ¡hijo! pero, al levantar los ojos, encontré la mirada de Clara, tranquila, casi irónica.

«¡Cuidado!», me advertía.

Y en voz alta:

—No le vaya usted a despertar.

---

[45] gordura
[46] valor, ánimo fuerte
[47] gesto
[48] interrumpido por momentos
[49] amonestó, censuró

[50] me arrodillé delante de ella
[51] cajita o envoltura de joyas, instrumentos musicales, etc.
[52] se paró enfrente de mí
[53] la mujer que da a luz
[54] caminar en la punta de los pies

Su marido, que me acompañaba, la besó tras de la oreja delicadamente.

—Mucho has debido sufrir, ¡mi pobre enferma!

—¡No lo sabes bien! —repuso ella—; mas, ¡qué importa si te hice feliz!

Y ya sin descanso, estuve sometido a la horrible expiación de que aquel hombre llamase «su» hijo al mío, a «mi» hijo.

¡Imbécil! Tentado estuve entre mil veces de gritarle la verdad, de hacerle reconocer mi superioridad sobre él, tan orgulloso y confiado; pero, ¿y las consecuencias, sobre todo para el inocente?

Callé, y en silencio me dediqué a amar con todas las fuerzas de mi alma a aquella criatura, mi carne y mi sangre, que aprendería a llamar padre a un extraño.

Entretanto, la conducta de Clara se hacía cada vez más oscura. Las escenas musicales, para qué decirlo, no volvieron a verificarse,[55] y, con cualquier pretexto, ni siquiera me recibió en su casa las veces que fui.

Parecía obedecer a una resolución inquebrantable[56] y hube de contentarme con ver a mi hijo cuando la niñera lo paseaba en la plaza.

Entonces los dos, el marido y yo, le seguíamos desde la ventana de la oficina, y nuestras miradas, húmedas y gozosas, se encontraban y se entendían.

Pero andando esos tres años memorables, y a medida que el niño iba creciendo, me fue más fácil verlo, pues el amo, cada vez más chocho,[57] lo llevaba al almacén y lo retenía a su lado hasta que venían en su busca.

Y en su busca vino Clara una mañana que yo lo tenía en brazos; nunca he visto arrebato semejante. ¡Como leona que recobra su cachorro![58] Lo que me dijo más bien me lo escupía al rostro.

—¿Por qué lo besa usted de ese modo? ¿Qué pretende usted, canalla?[59]

A mi entender, estos temores sobrepujaban[60] a los otros, y para no exasperarme demasiado, dejaba que se me acercase; pero otras veces lo acaparaba,[61] como si yo pudiese hacerle algún daño.

¡Mujer enigmática! Jamás he comprendido qué fui para ella: ¡capricho, juguete o instrumento!

Así las cosas, de la noche a la mañana[62] llegó un extranjero, y medio día pasamos revisando libros y facturas.

A la hora del almuerzo el patrón me comunicó que acababa de firmar una escritura[63] por la cual transfería el almacén; que estaba harto[64] de negocios y de vida provinciana, y probablemente volvería con su familia a la capital.

¿Para qué narrar las dolorosísimas presiones de esos últimos años de mi vida? Harán por enero veinte años y todavía me trastorna recordarlos.

¡Dios mío! ¡Se iba cuanto yo había amado! ¡Un extraño se lo llevaba lejos para gozar de ello en paz! ¡Me despojaba de todo lo mío!

Ante esa idea tuve en los labios la confesión del adulterio. ¡Oh! ¡Destruir siquiera aquella feliz ignorancia en que viviría y moriría el ladrón! ¡Dios me perdone!

Se fueron. La última noche, por un capricho final, aquella que mató mi vida, pero que también le dio por un momento una intensidad a que yo no tenía derecho, aquella mujer me hizo tocarle las tres piezas favoritas, y al concluir, me premió permitiéndome que besara a mi hijo.

Si la sugestión existe, en su alma debe de haber conservado la huella de aquel beso.

¡Se fueron! Ya en la estacioncita, donde acudí[65] a despedirlos, él me entregó un pequeño paquete, diciendo que la noche anterior se le había olvidado.

—Un recuerdo —me repitió— para que piense en nosotros.

—¿Donde les escribo? —grité cuando ya el tren se ponía en movimiento, y él, desde la plataforma del tren:

---

[55] realizarse, celebrarse
[56] constante
[57] que está loco por algo
[58] hijo de un perro o fiera y, por extensión, toda cría, aun de personas
[59] persona baja y ruin
[60] sobrepasaban; eran más fuertes o superiores
[61] monopolizar
[62] inesperadamente, de pronto
[63] documento legal notarizado
[64] lleno
[65] vine, me presenté

—No sé. ¡Mandaremos la dirección!

Parecía una consigna de reserva.[66] En la ventanilla vi a mi hijo, con la nariz aplastada contra el cristal. Detrás, su madre, de pie, grave, la vista perdida en el vacío.

Me volví al almacén, que continuaba bajo la razón social,[67] sin ningún cambio aparente, y oculté el paquete, pero no lo abrí hasta la noche, en mi cuarto solitario.

Era una fotografía.

La misma que hoy me acompaña; un retrato de Clara con su hijo en el regazo,[68] apretado contra su seno, como para ocultarlo o defenderlo.

¡Y tan bien lo ha secuestrado a mi ternura, que en veinte años, ni una sola vez he sabido de él; y probablemente no volveré a verlo en este mundo de Dios!

Si vive, debe ser un hombre ya. ¿Es feliz? Tal vez a mi lado su porvenir habría sido estrecho. Se llama Pedro . . . Pedro y el apellido del otro.

Cada noche tomo el retrato, lo beso, y en el reverso leo la dedicatoria que escribieron por el niño.

«Pedro, a su amigo Borja.»

—¡Su amigo Borja! . . . ¡Pedro se irá de la vida sin saber que haya existido tal amigo!

---

[66] un pacto de secreto
[67] nombre de una casa comercial o industria

[68] seno, falda

II Literatura contemporánea: El Postmodernismo*

* Se recuerda al lector que hemos clasificado la producción total de cada autor bajo su nombre. Por esa razón se encontrará el cuento «La signatura de la esfinge» de Rafael Arévalo Martínez en la poesía, así como la obra poética de Alfonso Reyes en la prosa.

Gabriela Mistral

Es una chilena universal, tanto por los valores de su obra literaria en verso y prosa como por su apasionado humanismo. Lucila Godoy Alcaya —su verdadero nombre— nació en Vicuña, Chile. Ella misma proclamaba con orgullo que tenía en sus venas sangre de indio y de vasco. Desde joven se caracterizó por su hondo sentido de humanidad y su sonrisa triste, llegando a decir: «yo que no sé reír y aliviarme con la ironía». La gracia de su sonrisa era como el espejo donde se reflejaba la gran bondad de su corazón. Lo que más amaba era su profesión de maestra, que desempeñó desde 1904 hasta 1922. Fue desde maestra rural hasta directora de Liceo en Santiago. En 1914 comienza su renombre literario al ganar el premio en los Juegos Florales de ese año con sus vigorosos «Los sonetos de la muerte» Ese año comenzó a usar su seudónimo de Gabriela Mistral con el que es conocida mundialmente. En 1922 fue invitada por el Secretario de Educación Pública de México, don José Vasconcelos, para colaborar en la gran reforma educacional y en la organización de bibliotecas populares. Esta labor le dio estatura continental. Comienza entonces una vida muy intensa, que es como un peregrinaje constante. En 1924 viaja por Estados Unidos y Europa. Dos años después va a Ginebra como delegada de Chile a la Liga de las Naciones y viaja a Argentina, Paraguay, Brasil y Uruguay. Entre 1927 y 1930 cumple distintas misiones diplomáticas y en 1931 recorre Centroamérica y las Antillas. En todos los lugares recibe grandes honores y pronuncia conferencias. En 1932 comienza su carrera consular, a la que pertenecerá hasta su muerte. En 1935 se la nombra «Consulesa vitalicia» por el Congreso de su patria. Estando en Brasil recibe la noticia de que le ha sido otorgado el Premio Nobel de Literatura (1945), siendo el primer escritor hispanoamericano en recibirlo. En 1951 Chile le otorga su más alto galardón literario: El Premio Nacional de Literatura. Los últimos años de su vida los pasó como consulesa de Chile en New York, viviendo en Roslyn, Long Island, donde falleció. Al morir gozaba de un prestigio internacional, tanto por su obra literaria como por la significación moral y humana de su personalidad.

Gabriela Mistral dejó una amplia obra, tanto en prosa como en verso. La mayor parte de sus prosas andan todavía dispersas en periódicos y revistas chilenos y extranjeros y son, por ese motivo, apenas conocidos por las nuevas generaciones. Pero la crítica está de acuerdo en que su prosa es tan valiosa como su poesía, y muy importante para comprender el ámbito espiritual de la gran escritora. Gabriela perdió a un hombre a quien amó y luego no se casó nunca. Por eso su poesía está marcada por un dejo dramático en que aparece la imposibilidad del amor maternal y erótico. Lo esencial de la gran escritora es su exquisita sensibilidad, su bondad y ternura, su humanismo y amor por toda la humanidad. De aquí que el sentimiento que permea toda su obra sea el amor. Este sentimiento vive un movimiento de constante ampliación en su biografía interior: comienza amando a los pobres niños de su escuela perdida en las montañas de Chile, luego se siente unida espiritualmente a un hombre y cuando éste le falta, en vez de recogerse en su propio dolor, extiende su ternura hacia todos los niños, hacia todos los hombres, hasta llegar al amor universal. Este sentimiento, en estas distintas gamas marca su obra poética y en prosa total.

Gabriela Mistral dejó cuatro libros de versos: en *Desolación* (1922) su obra capital, canta su propio dolor ante el amado perdido para siempre. Aparece la imagen del amor frustrado, cantado en un verso sobrio, pero expresivo de un patente tono trágico. Es poesía de lirismo hondo y desolado. Dos años después vuelca su corazón hacia los niños, como olvidándose de su propio dolor en *Ternura* (1924) apropiado nombre para este manojo de cantos infantiles, con poemas, rondas y otras canciones para niños, que han de colocarse entre lo mejor escrito en castellano. Su compasión universal, su profundo sentido de fraternidad humana aparece en *Tala* (1938) y *Lagar* (1954). En ellos su corazón se ha vuelto a la naturaleza, a Dios y canta el dolor de los pobres, desamparados y perseguidos y anhela una humanidad mejor. Son versos de sinceridad absoluta y de apasionamiento por el bien y la bondad para todos los hombres. En 1958 aparece su último libro de versos, *Recado: Cantando a Chile*, como tomo IV de las *Obras selectas de Gabriela Mistral*. También se convierte en una gran defensora de la paz. En unos apuntes autobiográficos de su primera época había escrito:

> Soy cristiana de democracia total. Creo que el cristianismo, con profundo sentido social, puede salvar a los pueblos. He escrito como quien habla en la soledad, porque he vivido muy sola en todas partes. Mis maestros en el arte y para regir la vida: la Biblia, Dante, Tagore y los rusos. Mi patria es esta grande que habla la lengua de Santa Teresa, Góngora y Azorín. El pesimismo es en mí una actitud de descontento creador, activo y ardiente, no pasivo. Admiro, sin seguirlo, el budismo; por algún tiempo cogió mi espíritu. Mi pequeña obra literaria es un poco chilena por la sobriedad y la rudeza. Nunca ha sido un fin en mi vida; lo que he hecho es enseñar y vivir entre mis niñas. Vengo de campesinos y soy uno de ellos. Mis grandes amores son mi fe, la tierra, la poesía.

En Gabriela, el sentimiento, las ideas y la expresión de la bondad de corazón constituyen el centro de su mundo poético. De aquí su alejamiento de los afeites expresivos o rítmicos. Es un verso franco, alejado del virtuosismo, que se solaza en los ritmos duros, a veces ásperos y rudos, con notable influencia del Simbolismo. Le gusta usar los versos más difíciles de la lengua, como el eneasílabo. Son versos tersos, secos, de escasos adjetivos pero llenos de ternura sincera. Cuando canta al amado, lo hace en forma casta y serena, porque goza más en el sentimiento espiritual que en lo sensual. El amor en su expresión más amplia y elevada, la soledad, la muerte, profundo sentido de fraternidad humana, comunión con Dios y la naturaleza, son los temas centrales de su poesía. Es una de las grandes voces líricas de la lengua castellana, con un reconocimiento internacional para sus valores.

FUENTE: *Poesías completas* («Desolación», «Ternura», «Tala», y «Lagar»), 3a. edición, Madrid, Biblioteca Premios Nobel de Editorial Aguilar, 1966. Edición definitiva preparada por Margaret Bates e introducción de Esther Cáceres.

Desolación, 1922

El niño solo[1]

Como escuchase un llanto, me paré en el repecho[2]
y me acerqué a la puerta del rancho del camino.
Un niño de ojos dulces me miró desde el lecho
¡y una ternura inmensa me embriagó como un vino!

La madre se tardó, curvada en el barbecho;
el niño, al despertar, buscó el pezón[3] de rosa
y rompió en llanto . . . Yo lo estreché contra el pecho,
y una canción de cuna me subió, temblorosa . . .

Por la ventana abierta la luna nos miraba.
El niño ya dormía, y la canción bañaba,
como otro resplandor, mi pecho enriquecido . . .

Y cuando la mujer, trémula abrió la puerta,
me vería en el rostro tanta ventura cierta
¡que me dejó el infante en los brazos dormido!

La maestra rural[4]

La maestra era pura. «Los suaves hortelanos,»
decía, «de este predio,[5] que es predio de Jesús,
han de conservar puros los ojos y las manos,
guardar claros sus óleos, para dar clara luz.»

La maestra era pobre. Su reino no es humano.
(Así en el doloroso sembrador de Israel.[6])
Vestía sayas pardas, no enjoyaba[7] su mano.
¡Y era todo su espíritu un inmenso joyel!

La maestra era alegre. ¡Pobre mujer herida!
Su sonrisa fue un modo de llorar con bondad
Por sobre la sandalia rota y enrojecida,
era ella, la insigne flor de su santidad.

¡Dulce ser! ¡En su río de mieles, caudaloso,
largamente abrevaba sus tigres el dolor![8]
Los hierros que le abrieron el pecho generoso
¡más anchas le dejaron las cuencas[9] del amor!

¡Oh, labriego, cuyo hijo de su labio aprendía
el himno y la plegaria, nunca viste el fulgor
del lucero cautivo que en sus carnes ardía:
pasaste sin besar su corazón en flor!

---

[1] Poema que aparece en *Desolación* (1922), obra en la cual ya aparecen los temas fundamentales de su poesía: la vida, la escuela, el dolor, la naturaleza, el sentido religioso, la soledad, la angustia de la mujer sin marido ni hijos. La voz dolorosa de la escritora adquiere un fuerte tono romántico de raíz española. El vocabulario y la versificación no ofrecen los problemas que se verán, sobre todo en sus últimas obras. Sobresalen la autenticidad del sentimiento, el profundo amor a la naturaleza y su apego a imágenes concretas.

[2] cuesta, subida o empinada
[3] Tenía hambre y quería que su madre lo amamantara.
[4] Escrita en cuartetos alejandrinos, la composición expresa la admiración de la autora por los que se sacrifican por otros. Ella misma fue maestra rural.
[5] finca, hacienda
[6] referencia a la «Parábola del sembrador», *Mateo 13: 3–8*
[7] no usaba joyas
[8] tenía grandes sufrimientos y penas
[9] territorios cuyas aguas van al mismo río

Campesina, ¿recuerdas que alguna vez pren-
diste[10]
su nombre a un comentario brutal o baladí?[11]
Cien veces la miraste, ninguna vez la viste.
¡Y en el solar[12] de tu hijo, de ella hay más que
de ti!

Pasó por él su fina, su delicada esteva,[13]
abriendo surcos donde alojar perfección.
La albada[14] de virtudes de que lento se nieva
es suya. Campesina, ¿no le pides perdón?

Daba sombra por una selva su encina hendida[15]
el día en que la muerte la convidó a partir.
Pensando en que su madre la esperaba dormida,
a La de Ojos Profundos[16] se dio sin resistir.

Y en su Dios se ha dormido, como en cojín
de luna;
almohada de sus sienes, una constelación.
Canta el Padre ella sus canciones de cuna
¡y la paz llueve largo sobre su corazón!

Como un henchido vaso, traía el alma hecha
para dar ambrosía de toda eternidad.
Y era su vida humana la dilatada brecha[17]
que suele abrirse el Padre para echar claridad.

Por eso aún el polvo de sus huesos sustenta[18]
púrpura de rosales de violento llamear.
¡Y el cuidador de tumbas, como aroma, me
cuenta,
las plantas del que huella[19] sus huesos, al pasar!

Nocturno[20]

Padre Nuestro que estás en los cielos,
¿por qué te has olvidado de mí?
Te acordaste del fruto en Febrero,
al llagarse su pulpa[21] rubí.
¡Llevo abierto también mi costado,[22]
y no quieres mirar hacia mí!

Te acordaste del negro racimo,
y lo diste al lagar carmesí;[23]
y aventaste[24] las hojas del álamo,
con tu aliento, en el aire sutil.
¡Y en el ancho lagar de la muerte
aún no quieres mi pecho oprimir!

Caminando, vi abrir las violetas;
el falerno[25] del viento bebí,
y he bajado, amarillos, mis párpados,
por no ver más Enero ni Abril.

Y he apretado la boca, anegada[26]
de la estrofa que no he de exprimir . . .

¡Has herido la nube de otoño
y no quieres volverte hacia mí!

Me vendió el que besó mi mejilla;
me negó por la túnica ruin.
Yo en mis versos el rostro con sangre,
como Tú sobre el paño, le di.
Y en mi noche del Huerto,[27] me han sido
Juan cobarde y el Angel hostil.

Ha venido el cansancio infinito
a clavarse[28] en mis ojos, al fin:
el cansancio del día que muere
y el del alba que debe venir;
¡el cansancio del cielo de estaño[29]
y el cansancio del cielo de añil![30]

Ahora suelto la mártir sandalia
y las trenzas pidiendo dormir.
Y perdida en la noche, levanto
el clamor aprendido de Ti:
¡Padre Nuestro, que estás en los cielos,
por qué te has olvidado de mí!

---

[10] ataste, clavaste
[11] de poca importancia
[12] en el alma de tu hijo
[13] pieza curva por donde se empuña (sostiene) el arado
[14] blancura
[15] un árbol
[16] la muerte
[17] *dilatada:* extendida, ensanchada; *brecha:* abertura
[18] alimenta
[19] pisa
[20] Este es uno de los grandes poemas de la Mistral, de gran aliento religioso. Escrito en sextinas de decasílabos (diez sílabas), los versos impares son libres o blancos y los pares agudos con rima asonante o consonante.

[21] al llegar el dolor a lo más hondo; *llagarse:* llenarse de llagas o úlceras; *pulpa:* carne de la fruta
[22] lado del cuerpo
[23] *lagar:* sitio donde se exprime la uva para hacer el vino; *carmesí:* rojo
[24] echaste al viento
[25] vino famoso de la Roma antigua
[26] inundada, llena por completo
[27] alusión a los sufrimientos de Cristo en el Huerto de Getsemaní. Véase *Marcos 14:32-36*
[28] introducirse
[29] cielo gris
[30] cielo azul

Los sonetos de la muerte[31]

I

Del nicho[32] helado en que los hombres te pusieron,
te bajaré a la tierra humilde y soleada.
Que he de dormirme en ella los hombres no supieron,
y que hemos de soñar sobre la misma almohada.

Te acostaré en la tierra soleada, con una
dulcedumbre de madre para el hijo dormido,
y la tierra ha de hacerse suavidades de cuna
al recibir tu cuerpo de niño dolorido.

Luego iré espolvoreando[33] tierra y polvo de rosas,
y en la azulada y leve polvareda de luna,
los despojos[34] livianos irán quedando presos.

Me alejaré cantando mis venganzas hermosas,
¡porque a ese hondor recóndito la mano de ninguna
bajará a disputarme tu puñado de huesos!

2

Este largo cansancio se hará mayor un día,
y el alma dirá al cuerpo que no quiere seguir
arrastrando su masa por la rosada vía,[35]
por donde van los hombres, contentos de vivir.

Sentirás que a tu lado cavan[36] briosamente,
que otra dormida llega a la quieta ciudad.[37]
Esperaré que me hayan cubierto totalmente . . .
¡y después hablaremos por una eternidad!

Sólo entonces sabrás el porqué, no madura
para las hondas huesas[38] tu carne todavía,
tuviste que bajar, sin fatiga, a dormir.

Se hará luz en la zona de los sinos,[39] oscura;
sabrás que en nuestra alianza signo de astros ha-
                                                             bía
y, roto el pacto enorme, tenías que morir . . .

3

Malas manos tomaron tu vida,[40] desde el día
en que, a una señal de astros, dejara su plantel[41]
nevado de azucenas. En gozo florecía.
Malas manos entraron trágicamente en él . . .

Y yo dije al Señor: «Por las sendas mortales
le llevan. ¡Sombra amada que no saben guiar!
Arráncalo, Señor, a esas manos fatales
o le hundes en el largo sueño[42] que sabes dar!

¡No le puedo gritar, no le puedo seguir!
Su barca empuja un negro viento de tempestad.
Retórnalo a mis brazos o le siegas en flor.»

Se detuvo la barca rosa de su vivir . . .
¿Que no sé del amor, que no tuve piedad?
¡Tú, que vas a juzgarme, lo comprendes, Señor!

---

[31] Forman parte de *Desolación* (1922), estos tres sonetos alejandrinos en que canta, con mucha sobriedad y auténtico dolor, la muerte del único hombre a quien amó. La muerte no está vista por su lado trágico, sino como medio de unión final con el amado.
[32] tumba; cavidad en la pared para colocar cadáveres
[33] regando polvo de
[34] lo que queda después de la destrucción por la muerte o el tiempo
[35] no quiere seguir viviendo, sino morir para estar con el amado
[36] hacen una tumba; hacen un hueco en el suelo
[37] cementerio
[38] sepulturas
[39] hados, destinos
[40] te mataron
[41] centro de educación
[42] la muerte

Ternura, 1924

Miedo[43]

Yo no quiero que a mi niña
golondrina me la vuelvan.
Se hunde volando en el cielo
y no baja hasta mi estera;[44]
en el alero[45] hace nido
y mis manos no la peinan.
Yo no quiero que a mi niña
golondrina me la vuelvan.

Yo no quiero que a mi niña
la vayan a hacer princesa.
Con zapatitos de oro
¿cómo juega en las praderas?

Y cuando llegue la noche
a mi lado no se acuesta . . .
Yo no quiero que a mi niña
la vayan a hacer princesa.

Y menos quiero que un día
me la vayan a hacer reina.
La pondrían en un trono
a donde mis pies no llegan.[46]
Cuando viniese la noche
yo no podría mecerla . . .[47]
¡Yo no quiero que a mi niña
me la vayan a hacer reina!

Tala, 1938

Pan[48]

a Teresa y Enrique Díez-Canedo

Dejaron un pan en la mesa,
mitad quemado, mitad blanco,
pellizcado[49] encima y abierto
en unos migajones de ampo.[50]

Me parece nuevo o como no visto,
y otra cosa que él no me ha alimentado[51]
pero volteando su miga,[52] sonámbula,
tacto y olor se me olvidaron.

Huele a mi madre cuando dio su leche,
huele a tres valles por donde he pasado:
a Aconcagua, a Pátzcuaro, a Elqui,[53]
y a mis entrañas cuando yo canto.

---

[43] Poema de *Ternura* (1924), libro que es la expresión máxima del sentido de maternidad, tan poderoso en toda su obra. Su centro poético son ahora los niños, captados en los distintos momentos de su proceso vital. Parece amar a todos los niños del mundo (sobre todo a los pobres y abandonados) y se identifica con todas las madres, no sin un dejo de amor frustrado. El poema «Miedo» consta de tres octavillas de versos octosílabos; los versos impares son libres y los pares asonantados con rima e-a.

[44] tejido de juncos o esparto que se pone en el piso o a la puerta

[45] parte del tejado que sale fuera de la pared

[46] es muy humilde para llegar a un palacio

[47] moverla en su cuna de un lado para otro

[48] El poema está compuesto de dos tipos de estrofas: ocho cuartetos de rima asonante en a-o y tres sextinas (cuarta y las dos últimas); versos eneasílabos (nueve sílabas); en las sextinas los versos pares tienen rima asonante también en a-o. El pan es símbolo del alimento universal. Este poema aparece en *Tala* (1938), obra con una fuerte entonación pesimista y con más complicación estilística. Los temas de la muerte, la alucinación, la soledad, se hacen más persistentes que nunca. Su patria y América están cantadas en una forma muy personal y se destaca nuevamente su gran sentimiento de la naturaleza.

[49] con pedacitos cortados

[50] *migajones*: pedacitos de pan; *ampo*: muy blanco

[51] no ha tenido otro alimento que el pan

[52] *volteando*: dando vueltas; *miga*: parte interior y blanda del pan

[53] valles de Chile, México y Chile respectivamente. En el último nació la poetisa.

Otros olores no hay en la estancia
y por eso él así me ha llamado;
y no hay nadie tampoco en la casa
sino este pan abierto en un plato,
que con su cuerpo me reconoce
y con el mío yo reconozco.

Se ha comido en todos los climas
el mismo pan en cien hermanos:
pan de Coquimbo, pan de Oaxaca,
pan de Santa Ana y de Santiago.[54]

En mis infancias yo le sabía
forma de sol, de pez o de halo,
y sabía mi mano su miga
y el calor de pichón emplumado.[55]

Después le olvidé, hasta este día
en que los dos nos encontramos,
yo con mi cuerpo de Sara[56] vieja
y él con el suyo de cinco años.

Amigos muertos con que comíalo
en otros valles, sienten el vaho
de un pan en septiembre molido
y en agosto en Castilla segado.

Es otro y es el que comimos
en tierras donde se acostaron.
Abro la miga y les doy su calor;
lo volteo y les pongo su hálito.[57]

La mano tengo de él rebosada[58]
y la mirada puesta en mi mano;
entrego un llanto arrepentido
por el olvido de tantos años.
y la cara se me envejece
o me renace en este hallazgo.[59]

Como se halla vacía la casa,
estemos juntos los reencontrados,
sobre esta mesa sin carne y fruta,
los dos en este silencio humano,
hasta que seamos otra vez uno
y nuestro día haya acabado . . .

Cosas[60]

a Max Daireaux

Amo las cosas que nunca tuve
con las otras que ya no tengo:

Yo toco un agua silenciosa,
parada en pastos friolentos,
que sin un viento tiritaba[61]
en el huerto que era mi huerto.

La miro como la miraba;
me da un extraño pensamiento,
y juego, lenta, con esa agua
como con pez o con misterio.

Pienso en umbral[62] donde dejé
pasos alegres que ya no llevo,
y en el umbral veo una llaga[63]
llena de musgo y de silencio.

Yo busco un verso que he perdido,
que a los siete años me dijeron.
Fue una mujer haciendo el pan
y yo su santa boca veo.

Viene un aroma roto en ráfagas;
soy muy dichosa si lo siento;
de tan delgado no es aroma,
siendo el olor de los almendros.

Me vuelve niños los sentidos;[64]
le busco un nombre y no lo acierto,
y huelo el aire y los lugares
buscando almendros que no encuentro.

---

[54] *Coquimbo*: puerto al norte de Chile; *Oaxaca*: ciudad y estado de México; *Santa Ana*: ciudad en el valle del Cuzco, Perú o en El Salvador, Centroamérica; *Santiago*: capital de Chile
[55] el ave cuando es pequeñita (joven)
[56] esposa de Abraham, madre de Isaac
[57] aliento
[58] llena hasta derramarse
[59] descubrimiento
[60] Otro poema de *Tala* (1938). Comienza con dos versos libres y luego tiene catorce estrofas con versos eneasílabos y rima asonante, *e-o*, en los pares. El primer verso es de diez y el resto de nueve sílabas.
[61] temblaba de frío
[62] parte inferior de la puerta
[63] herida; enfermedad del alma muy vieja e ignorada
[64] se siente en la infancia otra vez

Un río suena siempre cerca.
Ha cuarenta años que lo siento.
Es canturía[65] de mi sangre
o bien un ritmo que me dieron.

O el río Elqui[66] de mi infancia
que me repecho y me vadeo.[67]
Nunca lo pierdo; pecho a pecho,
como dos niños nos tenemos.

Cuando sueño la Cordillera,
camino por desfiladeros,[68]
y voy oyéndoles, sin tregua,
un silbo casi juramento.

Veo al remate[69] del Pacífico
amoratado[70] mi archipiélago,
y de una isla me ha quedado
un olor acre de alción[71] muerto . . .

Un dorso, un dorso grave y dulce
remata el sueño que yo sueño.
Es al final de mi camino
y me descanso cuando llego.

Es tronco muerto o es mi padre,
el vago dorso ceniciento.
Yo no pregunto, no lo turbo.
Me tiendo junto, callo y duermo.

Amo una piedra de Oaxaca
o Guatemala, a que me acerco,
roja y fija como mi cara[72]
y cuya grieta[73] da un aliento.

Al domirme queda desnuda;
no sé por qué yo la volteo.
Y tal vez nunca la he tenido
y es mi sepulcro lo que veo . . .

Lagar, 1954

Mujer de prisionero[74]

a Victoria Kent

Yo tengo en esa hoguera de ladrillos,
yo tengo al hombre mío prisionero.
Por corredores de filos amargos
y en esta luz sesgada de murciélago,[75]
tanteando como el buzo por la gruta,[76]
voy caminando hasta que me lo encuentro,
y hallo a mi cebra[77] pintada de burla
en los anillos de su befa[78] envuelto.

---

[65] canto monótono
[66] río de Chile, también llamado Coquimbo
[67] paso el río por la parte menos honda
[68] pasos estrechos entre montañas
[69] extremo, cabo, fin
[70] morado
[71] un ave llamada martín pescador
[72] La poetisa tenía a orgullo su ancestro indio.
[73] abertura, hendidura
[74] Es un poema de *Lagar* (1954). En este libro el sentido de humanidad de la autora alcanza su punto más alto. Los temas fundamentales son: su sentimiento de la naturaleza, amor a todos los seres y, especialmente, a los que sufren injusticia o abandono, preocupación por el paso del tiempo y deseo de sembrar. Es poesía grave, trascendente con formas muy distintas: huye de las formas melódicas,

de la versificación y distribución normal de acentos. Versos que parecen duros, pero en realidad son sólo diferentes. Libro confesional y hondo donde se completa el cuadro del alma y los sentimientos de esta gran mujer, situada ahora en un plano universal y a gran altura moral y espiritual. El poema está escrito en estrofas irregulares de versos endecasílabos con rima asonante e-o en los pares. Muestra su simpatía humana por los desamparados, los que sufren y los infelices.
[75] *sesgada*: oblicua; *murciélago*: mamífero nocturno y volador de alas membranosas
[76] *buzo*: persona que se sumerge en el agua; *gruta*: caverna, cueva
[77] El hombre parece una cebra porque tiene un traje a rayas, típico de los prisioneros.
[78] burla, mofa

Me lo han dejado, como a barco roto,
con anclas[79] de metal en los pies tiernos;
le han esquilado[80] como a la vicuña
su gloria azafranada de cabellos.
Pero su Ángel-Custodio anda la celda
y si nunca lo ven es que están ciegos.
Entró con él al hoyo de cisterna;
tomó los grillos[81] como obedeciendo;
se alzó a coger el vestido de cobra,
y se quedó sin el aire del cielo.

El Ángel gira moliendo y moliendo
la harina densa del más denso sueño;
le borra el mar de zarcos[82] oleajes,
le sumerge una casa y un viñedo,[83]
y le esconde mi ardor de carne en llamas.
y su esencia, y el nombre, que dieron.

En la celda, las olas de bochorno[84]
y frío, de los dos, yo me las siento,
y trueque[85] y turno que hacen y deshacen
se queja y queja los dos prisioneros
¡y su guardián nocturno ni ve ni oye
que dos espaldas son y dos lamentos!

Al rematar el pobre día nuestro,
hace el Ángel dormir al prisionero,
dando y lloviendo olvido imponderable
a puñados[86] de noche y de silencio.
Y yo desde mi casa que lo gime[87]
hasta la suya, que es dedal[88] ardiendo,
como quien no conoce otro camino,
en lanzadera[89] viva voy y vengo,
y al fin se abren los muros y me dejan
pasar el hierro, la brea;[90] el cemento . . .

En lo oscuro, mi amor que come moho
y telarañas,[91] cuando es que yo llego,
entero ríe a lo blanquidorado;
a mi piel, a mi fruta y a mi cesto.
El canasto de frutas a hurtadillas[92]
destapo, y uva a uva se lo entrego;
la sidra se la doy pausadamente,
porque el sorbo[93] no mate a mi sediento,
y al moverse le siguen—pajarillos
de perdición—sus grillos cenicientos.

Vuestro hermano vivía con vosotros
hasta el día de cielo y umbral negro;
pero es hermano vuestro, mientras sea
la sal aguda y el agraz acedo,[94]
hermano con su cifra y sin su cifra,
y libre o tanteando en su agujero,
y es bueno, sí, que hablemos de él, sentados
o caminando, y en vela o durmiendo,
si lo hemos de contar como una fábula
cuando nos haga responder su Dueño.

Cuando rueda la nieve los tejados
o a sus espaldas cae el aguacero,
mi calor con su hielo se pelea
en el pecho de mi hombre friolento:
él ríe, ríe a mi nombre y mi rostro
y al cesto ardiendo con que lo festejo.
¡y puedo, calentando sus rodillas,
contar como David todos sus huesos!

Pero por más que le allegue mi hálito
y le funda su sangre pecho a pecho,
¡cómo con brazo arqueado de cuna
yo rompo cedro y pizarra de techos.
si en dos mil días los hombres sellaron
este panal cuya cera de infierno
más arde más, que aceites y resinas,
y que la pez,[96] y arde mudo y sin tiempo!

---

[79] instrumento de hierro con ganchos para sujetar los barcos al fondo del mar o río. Aquí es una alusión a los «grillos» que lleva el prisionero. Véase nota 81.
[80] le han cortado el pelo
[81] anillos de hierro que se ponen a los prisioneros en los pies. Véase nota 79.
[82] azules claros
[83] viña, campo plantado de vides (árbol de la uva) para hacer vino
[84] calor
[85] cambio de una cosa por otra
[86] porciones de una cosa que caben en una mano
[87] lo llora
[88] cubierta de metal que se pone en el dedo para empujar la aguja
[89] instrumento que lleva dentro un carrete y sirve a los tejedores para tramar; también las tienen las máquinas de coser
[90] asfalto de petróleo
[91] tela que forman las arañas para sostenerse y vivir en ellas
[92] a escondidas, secretamente
[93] trago
[94] *agraz*: antes del tiempo debido o regular; *acedo*: zumo o jugo agrio o amargo
[95] le doy una fiesta, le proporciono alegría
[96] substancia pegajosa que se extrae de los pinos y abetos

URUGUAY, 1886-1914

En el destacadísimo grupo de grandes poetisas que surgieron en Hispanoamérica en la época del Postmodernismo, ocupa lugar muy señalado la uruguaya Delmira Agustini. Su temperamento apasionado y febril le dicta una poesía amorosa de gran sensualismo. Nació en Montevideo en el seno de una de las familias más ricas y prominentes socialmente. Unía a la belleza física extraordinaria, una esmerada educación y una cultura excelente que incluía conocimientos de las artes (literatura, pintura, y música). Era una magnífica pianista, sobresaliendo en sus interpretaciones de Bach, Beethoven y Chopin. Junto a su sensibilidad natural para el arte, mostraba un temperamento muy fogoso. A temprana edad se casó con un joven también de la alta sociedad y de las mejores prendas morales, con quien su espíritu no tenía afinidad alguna. El matrimonio duró apenas tres semanas, constituyendo un verdadero escándalo la separación de los jóvenes esposos. Desesperado porque la amaba y para acallar las malas lenguas, el esposo buscó una cita con ella y en esa oportunidad la mató, suicidándose acto continuo.

La excelsa poetisa dejó cuatro libros, cuyo conocimiento es esencial para conocer la evolución y valores de su poesía. Muestra influencias de Rubén Darío, Amado Nervo, Herrera y Reissig, Albert Samain, Charles Baudelaire y Gabriel D'Annunzio, así como de los filósofos alemanes Nietzsche y Schopenhauer. Sus versos son autobiográficos y su estudio es la única manera de conocer el corazón de esta gran artista. Se inició con la colección de poemas *El libro blanco* (1907) y ya en «Explosión», encontramos el sentimiento que llena toda su vida:

¡Si la vida es amor, bendita sea!
¡Quiero más vida para amar! Hoy siento
que no valen mil años de la idea
lo que un minuto azul del sentimiento.

La poetisa, que ha comenzado cantando un amor que podemos considerar normal con acentos naturales, se ha ido angustiando hasta darnos en *Cantos de la mañana* (1910), y, especialmente en sus dos últimos libros, *Los cálices vacíos* (1913) y *El Rosario de Eros* (1924) la visión de un amor atormentado que no encuentra satisfacción por más que la busca. El tema central de su poesía es el amor, pero no casto, delicado y puro como en la Mistral, sino un amor apasionado, intenso, con la impresión de que lo que anhela es la satisfacción física agotadora. Al recorrer esta gama del amor, inclusive la forma del verso y su lenguaje poético cambian. Los metros varían de formas regulares a irregulares y a la sencillez de los primeros sigue el hermetismo de los últimos. La crítica la sitúa en la tendencia neo-romántica del Postmodernismo, por la exaltación de lo subjetivo y del sentimiento en su poesía. Logra su obra capital en *Los cálices vacíos*, ya mencionada, pero es difícil no encontrar una emoción franca expresada con desenfado en todos sus poemas.

Delmira tiene gran dominio técnico del verso, tanto en sus formas regulares como irregulares y destaca su justeza en la colocación y uso de la adjetivación. Su poesía muestra un alma pesimista, presa de un gran desencanto, como si hubiese sido defraudada por la vida misma. Cuando se estudia su poesía se llega a la conclusión de que en vez de la pasión física que parece dictarlos, su sensualidad era de carácter místico, producto de un temperamento apasionado que absorbía su subconsciente y su vida intuitiva total. Da la impresión de andar en busca de un amor ideal, que al no poder apresar en toda su plenitud, le produce una angustia atormentada. En ese momento no tiene otro escape que la exaltación apasionada y febril mediante la poesía.

Su poesía muchas veces logra tonos metafísicos en que las ideas alcanzan elevación al querer apresar el sentido total de la vida, que para ella se presenta siempre como una gran decepción. En otros versos su potente fantasía crea mundos raros, en una atmósfera de extrañeza. Es el momento en que al querer captar el movimiento rápido del subconsciente llega al grado más alto de hermetismo expresivo. Este es un punto que a menudo se deja fuera al estudiar la poesía de Delmira, prestándose toda la atención al aspecto erótico que no obstante ser superior en intensidad, no agota los temas que atenacearon su espíritu. Delmira Agustini es, sin lugar a dudas, una de las grandes poetisas de Hispanoamérica, y contribuyó a traer más libertad para la mujer en el ámbito de la literatura.

FUENTE: *Obras completas*, 2a edición, Buenos Aires, Editorial Losada, 1955. Edición y prólogo de Alberto Zum Felde.

El libro blanco, 1907

El intruso[1]

Amor, la noche estaba trágica y sollozante
cuando tu llave de oro cantó en mi cerradura;
luego, la puerta abierta sobre la sombra helan-
                                                    te,[2]
tu forma fue una mancha de luz y de blancura.

Todo aquí lo alumbraron tus ojos de diaman-
                                          te;
bebieron en mi copa tus labios de frescura,
y descansó en mi almohada tu cabeza fragante;
me encantó tu descaro[3] y adoré tu locura.

Y hoy río si tú ríes, y canto si tú cantas;
y si tú duermes, duermo como un perro a tus
                                     . plantas.
Hoy llevo hasta en mi sombra tu olor de pri-
                                          mavera;

y tiemblo si tu mano toca la cerradura,
y bendigo la noche sollozante y oscura
que floreció en mi vida tu boca tempranera![4]

---

[1] Soneto alejandrino. Los versos están divididos en hemistiquios de heptasílabos. Expresión de un amor erótico y carnal muy apasionado.

[2] que produce frío intenso
[3] frescura, desvergüenza, insolencia
[4] anticipada; que llegó temprano

La sed[5]

¡Tengo sed, sed ardiente!—dije a la maga, y ella
me ofreció de sus néctares.—¡Eso no: me empalaga![6]
Luego, una rara fruta, con sus dedos de maga
exprimió en una copa, clara como una estrella;

y un brillo de rubíes hubo en la copa bella.
Yo probé. —Es dulce, dulce. Hay días que me halaga
tanta miel, pero hoy me repugna, me estraga.—[7]
Vi pasar por los ojos del hada una centella.[8]

Y por un verde valle perfumado y brillante,
llevóme hasta una clara corriente de diamante.
—¡Bebe!—dijo. —Yo ardía; mi pecho era una fragua.

Bebí, bebí, bebí la linfa cristalina . . .
¡Oh, frescura! ¡oh, pureza! ¡oh, sensación divina!
—Gracias, maga; y bendita la limpidez del agua.

Cantos de la mañana, 1910

Lo inefable[9]

Yo muero extrañamente . . . No me mata la Vida,
no me mata la Muerte, no me mata el Amor;
muero de un pensamiento mudo como una herida . . .
¿No habéis sentido nunca el extraño dolor

de un pensamiento inmenso que se arraiga en la vida
devorando[10] alma y carne, y no alcanza a dar flor?
¿Nunca llevasteis dentro una estrella dormida
que os abrasaba[11] enteros y no daba un fulgor? . . .

¡Cumbre de los Martirios! . . . ¡Llevar eternamente,
desgarradora[12] y árida, la trágica simiente
clavada en las entrañas como un diente feroz!

¡Pero arrancarla un día en una flor que abriera
milagrosa, inviolable! . . . ¡Ah, más grande no fuera
tener entre las manos la cabeza de Dios!

---

[5] Soneto alejandrino, también de *El libro blanco* (1907), con sus versos divididos en dos hemistiquios. Expresión de un asunto trascendente: las ansias que siente todo individuo y lo difícil que resulta satisfacerlas.
[6] hastía, repugna, aburre (después de haber comido o bebido mucho)
[7] daña, deteriora

[8] rayo, chispa
[9] Soneto alejandrino. Uno de los poemas más famosos y mejor logrados de la poetisa. Aparece en *Cantos de la mañana* (1910).
[10] comiendo, destruyendo, consumiendo
[11] quemaba
[12] destrozadora, despedazadora; que rompe

Las alas[13]

Yo tenía . . .
                  dos alas! . . .
Dos alas
que del Azur vivían como dos siderales
raíces . . .
Dos alas,
con todos los milagros de la vida, la muerte
y la ilusión. Dos alas,
fulmíneas
como el velamen[14] de una estrella en fuga;
dos alas,
como dos firmamentos
con tormentas, con calmas y con astros . . .

     ¿Te acuerdas de la gloria de mis alas? . . .
El áureo campaneo
del ritmo, el inefable
matiz[15] atesorando
el Iris todo, mas un Iris nuevo
ofuscante y divino,
que adorarán las plenas pupilas del Futuro

(¡ las pupilas maduras a toda luz!) . . . el vuelo . . .
     El vuelo ardiente, devorante y único,
que largo tiempo atormentó los cielos,
despertó soles, bólidos, tormentas,
abrillantó los rayos y los astros;
y la amplitud: tenían
calor y sombra para todo el Mundo,
y hasta incubar un *más allá* pudieron.

     Un día, raramente
desmayada[16] a la tierra,
yo me adormí en las felpas[17] profundas de este
                                             bosque . . .
Soñé divinas cosas! . . .
Una sonrisa tuya me despertó, paréceme . . .
Y no siento mis alas! . . .
¿Mis alas? . . .

     —Yo las vi deshacerse entre mis brazos . . .
¡Era como un deshielo!

Los cálices vacíos, 1913

Tu boca[18]

Yo hacía una divina labor sobre la roca
creciente del Orgullo. De la vida lejana
algún pétalo vívido me voló en la mañana,
algún beso en la noche. Tenaz como una loca

seguía mi divina labor sobre la roca
cuando tu voz, que funde como sacra[19] campana
en la nota celeste la vibración humana,
tendió su lazo de oro al borde de tu boca;

     —maravilloso nido del vértigo tu boca!
Dos pétalos de rosa abrochando[20] un abismo . . .—
Labor, labor de gloria, dolorosa, y liviana;

     ¡tela donde mi espíritu se fue tramando él mismo![21]
Tú quedas en la testa[22] soberbia de la roca,
y yo caigo, sin fin, en el sangriento abismo.

---

[13] Poema que aparece en *Cantos de la mañana* (1910). Es
de estructura irregular y versos libres; no hay rima exterior; versos de tres, cuatro, siete, diez, once y catorce
sílabas. Expresa el anhelo natural de artistas y espíritus
superiores de elevarse por encima de la vida común,
en busca de nuevas perspectivas y horizontes.
[14] conjunto de velas (piezas de tela o lona) de un barco
[15] tonalidad, gradación del color
[16] desvanecida, desfallecida

[17] especies de terciopelo
[18] Otro soneto alejandrino. En este caso la distribución de
la rima es *abba* en los cuartetos y en los tercetos está
repetida la rima con *boca* y *roca*. Es un soneto de *Los
cálices vacíos* (1913).
[19] sagrada
[20] uniendo con broches
[21] envolviendo, tejiendo, hilvanando
[22] aquí significa la parte más alta

Nocturno[23]

Engarzado[24] en la noche el lago de tu alma,
diríase una tela de cristal y de calma
tramada[25] por las grandes arañas del desvelo.

Nata[26] de agua lustral en vaso de alabastros;
espejo de pureza que abrillantas los astros
y reflejas la sima[27] de la Vida en un cielo . . .

Yo soy el cisne errante de los sangrientos rastros,
voy manchando los lagos y remontando el vuelo.

La barca milagrosa[28]

Preparadme una barca como un gran pensamiento . . .
La llamarán «La Sombra» unos; otros, «La Estrella».
No ha de estar al capricho de una mano o de un viento;
yo la quiero consciente, indominable y bella!

La moverá el gran ritmo de un corazón sangriento
de vida sobrehumana; he de sentirme en ella
fuerte como en los brazos de Dios! En todo viento,
en todo mar templadme su prora[29] de centella!

La cargaré de toda mi tristeza, y, sin rumbo,
iré como la rota corola de un nelumbo,[30]
por sobre el horizonte líquido de la mar . . .

Barca, alma hermana: ¿hacia qué tierras nunca vistas,
de hondas revelaciones, de cosas imprevistas
iremos? . . . Yo ya muero de vivir y soñar . . .

El rosario de Eros, 1924

Mis amores[31]

Hoy han vuelto.
Por todos lo senderos de la noche han venido
a llorar en mi lecho.

¡Fueron tantos, son tantos![32]
Yo no sé cuáles viven, yo no sé cuál ha muerto.
Me lloraré yo misma para llorarlos todos:

---

[23] Dos tercetos y una estrofa de dos versos, todos alejandrinos. El poema aparece en *Los cálices vacíos* (1913).
[24] muy unido, encadenado
[25] Véase nota 21.
[26] substancia espesa que se forma encima de los líquidos en reposo
[27] abismo
[28] Soneto alejandrino en que la autora expresa el anhelo de vivir plenamente, guiada por el instinto vital, la conciencia y la pasión; así como de viajar, conocer nuevos rumbos de acuerdo con los sueños. Es un poema de *Los cálices vacíos* (1913).

[29] proa, la parte delantera de un barco
[30] o nelumbio: planta de flores blancas y amarillas. A este género pertenece el loto sagrado de la India.
[31] Delmira Agustini cultivó tanto las formas regulares como las irregulares del verso y en todas mostró gran maestría técnica. Este poema, que aparece en *El rosario de Eros* (1924), es de forma irregular y polimétrico, aunque conserva una rima asonante (*e-o*) en los versos impares, comenzando con el primero. Poesía hermética, con despliegue de metáforas imprevistas.
[32] más imaginados que reales, pues siempre tiene gran fantasía

la noche bebe el llanto como un pañuelo negro.[33]

Hay cabezas doradas al sol, como maduras . . .
Hay cabezas tocadas[34] de sombra y de misterio,
cabezas coronadas de una espina invisible,
cabezas que sonrosa la rosa del ensueño,[35]
cabezas que se doblan a cojines[36] de abismo,
cabezas que quisieran descansar en el cielo,
algunas que no alcanzan a oler a primavera,
y muchas que trascienden a las flores de invierno.

Todas esas cabezas me duelen como llagas . . .
Me duelen como muertos . . .
¡Ah! . . . y los ojos . . . los ojos me duelen más: ¡son dobles! . . .
Indefinidos, verdes, grises, azules, negros,[37]
abrasan si fulguran;
son caricia, dolor, constelación, infierno.
Sobre toda su luz, sobre todas sus llamas,
se iluminó mi alma y se templó mi cuerpo.
Ellos me dieron sed de todas esas bocas . . .
De todas esas bocas que florecen mi lecho:
vasos rojos o pálidos de miel o de amargura,
con lises[38] de armonía o rosas de silencio
de todos estos vasos donde bebí la vida,
de todos estos vasos donde la muerte bebo . . .[39]
El jardín de sus bocas venenoso, embriagante,
en donde respiraban sus almas y sus cuerpos,
humedecido en lágrimas
ha cercado mi lecho . . .

Y las manos, las manos colmadas[40] de destinos
secretos y alhajadas de anillos de misterio . . .
Hay manos que nacieron con guantes de caricia,
manos que están colmadas de la flor del deseo,
manos en que se siente un puñal nunca visto,
manos en que se ve un intangible cetro;[41]
pálidas o morenas voluptuosas o fuertes,
en todas, todas ellas pude engarzar un sueño.

Con tristeza de almas,
se doblegan[42] los cuerpos,
sin velos, santamente
vestidos de deseo.

---

[33] Metáfora de gran belleza y precisión. Significa que la noche es muy triste, como ella misma.
[34] llenas; personas anormales, sin llegar a locas
[35] ideal, sueño despierto
[36] especie de almohadas pequeñas, como los que se usan en los asientos
[37] Los diferentes colores de los ojos expresan su veleidad ante el amor: ha tenido muchos.
[38] especies de lirios
[39] Asocia las ideas de vida, amor y muerte. Concibe el amor como veneno o destrucción, algo semejante a la poesía de Vicente Aleixandre, el poeta español, quien es posterior a ella.
[40] muy llenas, repletas
[41] trono; insignia de poder supremo
[42] doblan, suavizan

Imanes de mis brazos, panales[43] de mi entraña,
como a invisible abismo se inclinan a mi lecho . . .

¡Ah, entre todas las manos yo he buscado tus manos!
Tu boca entre las bocas, tu cuerpo entre los cuerpos,
de todas las cabezas yo quiero tu cabeza,
de todos esos ojos, tus ojos solo quiero.
Tú eres el más triste, por ser el más querido,
tú has llegado el primero por venir de más lejos . . .

¡Ah, la cabeza oscura que no he tocado nunca
y las pupilas claras que miré tanto tiempo!
Las ojeras que ahondamos la tarde y yo inconscientes,
la palidez extraña que doblé sin saberlo,
            ven a mí: mente a mente;
            ven a mí: cuerpo a cuerpo.

Tú me dirás qué has hecho de mi primer suspiro,
tú me dirás qué has hecho del sueño de aquel beso . . .
Me dirás si lloraste cuando te dejé solo . . .
            ¡Y me dirás si has muerto! . . .

Si has muerto,
mi pena enlutará[44] la alcoba lentamente,
y estrecharé[45] tu sombra hasta apagar mi cuerpo.
Y en el silencio ahondado de tiniebla,
y en la tiniebla ahondada de silencio,
nos velará llorando, llorando hasta morirse,
nuestro hijo: el recuerdo.

Tu amor . . . [46]

Tu amor, esclavo, es como un sol muy fuerte:
jardinero de oro de la vida,
jardinero de fuego de la muerte,
en el carmen[47] fecundo de mi vida.

Pico de cuervo[48] con olor de rosas,
aguijón enmelado[49] de delicias
tu lengua es. Tus manos misteriosas
son garras enguantadas[50] de caricias.

Tus ojos son mis medianoches crueles,
panales negros de malditas mieles
que se desangran en mi acerbidad;

crisálida de un vuelo del futuro
es tu abrazo magnífico y oscuro
torre embrujada[51] de mi soledad.

---

43 donde las abejas depositan la miel
44 vestirá de negro, entristecerá
45 abrazaré
46 Soneto endecasílabo del libro *El rosario de Eros* (1924).
47 canción, poema; villa, casa de campo con jardín
48 pájaro de pico fuerte y plumas negras
49 *aguijón:* púa, pico muy afilado (como el de los insectos); *enmelado:* muy dulce, con miel
50 con guantes
51 hechizada, sometida a influencias maléficas

ARGENTINA, 1892-1938

Una actitud de rebeldía innata frente a la proverbial sumisión de la mujer al varón, junto a la necesidad física y espiritual de éste, son las claves más importantes en el drama íntimo de esta gran poetisa argentina. Sus padres eran suizos, oriundos de Italia, radicados en la provincia de San Juan, en la Argentina. La poetisa nació en el Cantón Tesino, en la Suiza Italiana durante un viaje accidental de los padres. La familia volvió al poco tiempo y se radicó en Rosario hacia 1901. Adolescente aún obtuvo su título de maestra normal, en 1910, en la escuela normal de Coronda y empezó a ejercer en la ciudad de Rosario. Su espíritu independiente y su curiosidad intelectual la hicieron trasladarse a Buenos Aires en 1913, a donde llegó con su hijito Alejandro. Combatía su natural soledad en una ciudad tan grande asistiendo a las tertulias literarias, actitud que le atrajo la curiosidad y hasta el escándalo porque fue la primera escritora en hacerlo. Fue lo que hoy llamamos una feminista, o sea, una mujer de ideas liberales que luchó contra los prejuicios y las convenciones sociales, por más libertad para la mujer. Aunque era de carácter sencillo, afable y muy activa, sus versos nos la pintan como mujer de profunda vida interior. Al principio vivió de empleos modestos y de su pluma. Según iba ganando prestigio en el mundo literario, las cosas se le hicieron más fáciles. En 1921 se creó para ella una cátedra en el Teatro Infantil Labardén en el municipio de Buenos Aires. Posteriormente se la nombró catedrática de literatura en la Escuela Normal de Lenguas Vivas y de declamación en el Conservatorio Nacional. En 1930 y 1934 viajó a Europa, recorriendo los países más importantes. Al saber que tenía cáncer escribió una especie de testamento poético, la breve composicion «Voy a morir», la envió al diario *La Nación* y se arrojó al mar en la ciudad balnearia de Mar del Plata. El Congreso de la nación acordó honores póstumos para ella.

Todo la poesía de Alfonsina Storni refleja directamente las inquietudes fundamentales de su vida. Para ella el mundo era vulgar y egoísta y había sido construído en deterioro de la mujer, porque a pesar de que como ser humano es igual al hombre, las convenciones sociales han determinado una especie de esclavitud respecto al sexo fuerte. Sus ideas son por lo general materialistas, lo que unido a su actitud frente al hombre determinan los matices eróticos especiales que presenta su poesía. Entre sus obras se destacan sus versos y algunas piezas de teatro infantil. En sus primeros cinco libros de poesía se afilia al llamado Postmodernismo neo-romántico. Es la época de *La inquietud del rosal* (1916), *El dulce daño* (1918), *Irremediablemente* (1919), *Languidez* (1920) y *Ocre* (1925). En su poesía amatoria vemos la lucha de un alma independiente y quizás muy intelectual, que siente el ansia espiritual y física del hombre, pero que rehuye entregarse como una esclava. Tiene la necesidad de amar, pero no encuentra la satisfacción buscada por lo que se refugia en una actitud de desengaño y, especialmente, de hostilidad frente al varón, a quien considera como el enemigo de la mujer por las razones expuestas. En su libro mejor logrado, *Ocre*, es donde este sentimiento adquiere un sentido más profundo y universal. Aquí vemos su ser y su cuerpo atraídos por el hombre y al propio tiempo su espíritu rebelándose con toda energía a someterse, fondo último de la angustia individual que la devora. Su intelecto y su feminismo son más poderosos y no le permiten la entrega voluntaria que supone el disfrute del amor en sus formas físicas o espirituales.

En sus últimas obras asistimos a una evolución en la subjetividad de la autora, que tiene expresión plena en *Mundo de siete pozos* (1934), libro muy raro y hermético con el que hace concesiones al Vanguardismo de la época. Es poesía muy intelectual, «deshumanizada», tras cuyo barroquismo quiere la poetisa esconder sus torturas y sobre todo su desolado pesimismo sobre la vida. Esta nueva forma le restó admiradores, que gustaban de su primera forma directa de escribir. Su último libro, *Mascarilla y trébol, círculos imantados* (1938), está escrito en este estilo abstruso. Sus poemas son llamados por ella misma «antisonetos», porque son composiciones de catorce versos, pero sin rima. En ellos muestra gran agudeza e ingenio. Tanto en su primera forma, como en sus intentos barrocos, Alfonsina Storni se nos presenta con una gran maestría artística, que la coloca entre las grandes poetisas de la lírica femenina continental.

FUENTES: *Antología poética*, Buenos Aires, Espasa-Calpe, 1938 (Colección Austral). *Obras poéticas*, Buenos Aires, Ramón J. Roggero, 1952. *Obras poéticas completas*, Buenos Aires 1961. Prólogo de Juan Julián Lastra.

El dulce daño, 1918

Tú me quieres blanca[1]

Tú me quieres alba,[2]
me quieres de espumas,
me quieres de nácar.[3]
Que sea azucena[4]
sobre todas, casta.
De perfume tenue.
Corola cerrada.

Ni un rayo de luna
filtrado me haya.
Ni una margarita
se diga mi hermana.
Tú me quieres nívea,[5]
tú me quieres blanca,
tú me quieres alba.

Tú que hubiste[6] todas
las copas a mano,
de frutos y mieles
los labios morados.
Tú que en el banquete
cubierto de pámpanos[7]
dejaste las carnes
festejando a Baco.
Tú que en los jardines
negros del Engaño
vestido de rojo
corriste al Estrago.

Tú que el esqueleto
conservas intacto

no sé todavía
por cuáles milagros,
me pretendes blanca
(Dios te lo perdone),
me pretendes casta
(Dios te lo perdone),
¡Me pretendes alba!

Huye hacia los bosques;
vete a la montaña;
límpiate la boca;
vive en las cabañas;
toca con las manos
la tierra mojada;

---

[1] Este poema de *El dulce daño* (1918), es una especie de romancillo de versos exasílabos (seis sílabas) con rima asonante *a-a* en los versos pares. La autora se queja de que el hombre exige a la mujer que sea pura, pero él no lo es. Idea muy típica de esta poetisa.

[2] muy blanca. Nótese cómo la poetisa destaca la exigencia

de pureza por parte del hombre y el uso de colores.

[3] madre-perla

[4] flor blanca muy olorosa

[5] blanca como la nieve

[6] tuviste

[7] hijos de la vid

alimenta el cuerpo
con raíz amarga;
bebe de las rocas;
duerme sobre escarcha;[8]
renueva tejidos
con salitre[9] y agua;

habla con los pájaros
y lávate al alba.
Y cuando las carnes
te sean tornadas,[10]
y cuando hayas puesto
en ellas el alma

que por las escobas
se quedó enredada,
entonces, buen hombre,
preténdeme blanca,
preténdeme nívea,
preténdeme casta.

Irremediablemente, 1919

Peso ancestral[11]

Tú me dijiste: no lloró mi padre;
tú me dijiste: no lloró mi abuelo;
no han llorado los hombres de mi raza,
Eran de acero.

Así diciendo te brotó una lágrima
y me cayó en la boca . . . más veneno
yo no he bebido nunca en otro vaso
así pequeño.

Débil mujer, pobre mujer que entiende,
dolor de siglos conocí al beberlo;
oh, el alma mía soportar[12] no puede
todo su peso.

Hombre pequeñito[13]

Hombre pequeñito, hombre pequeñito,
Suelta[14] a tu canario que quiere volar . . .
Yo soy el canario, hombre pequeñito,
déjame saltar.

Estuve en tu jaula,[15] hombre pequeñito,
hombre pequeñito que jaula me das.
Digo pequeñito porque no me entiendes,
ni me entenderás.

Tampoco te entiendo, pero mientras tanto
ábreme la jaula que quiero escapar;
hombre pequeñito, te amé media hora,
no me pidas más.

El racimo inocente[16]

Así, como jugando, te acerqué el corazón
hace ya mucho tiempo, en una primavera . . .
Pero tú indiferente, pasaste por mi vera . . .
Hace ya mucho tiempo.

Sabio de toda cosa, no sabías acaso
ese juego de niña que cubría discreto
con risas inocentes el tremendo secreto,
sabio de toda cosa . . .

Hoy, de vuelta[17] a mi lado, ya mujer, tú me
                                              pides
el corazón aquel que en silencio fue tuyo,
y con torpes palabras negativas arguye
hoy, de vuelta a mi lado.

Oh, cuando te ofrecí el corazón en aquella
primavera, era un dulce racimo no tocado
el corazón . . . Ya otros los granos han probado
del racimo inocente . . .

---

[8] rocío helado de la noche
[9] nitrato de potasio
[10] devueltas
[11] Está compuesto de tres estrofas de cuatro versos, de los cuales los tres primeros son endecasílabos y el último —pie quebrado—de cinco; rima asonante en los pares. La fuerza o influencia decisiva del ancestro sobre el temperamento o carácter es el tema.
[12] sufrir, sobrelleva

[13] Estrofas de dodecasílabos (seis y seis) y pie quebrado de seis; rima asonante siempre aguda en los pares.
[14] deja libre, liberta
[15] caja con barras de madera o metal para encerrar pájaros u otros animales
[16] Cada estrofa se compone de tres alejandrinos y un pie quebrado heptasílabo; los versos primero y cuarto son libres y el segundo y tercero tienen rima consonante.
[17] de regreso

Languidez, 1920

La espina[18]

Vagaba yo sin destino,
sin ver que duras retamas
curioseaban con sus ramas
el placentero camino.

Brazo de mata[19] esmeralda,
de largas puntas armado,
clavó una espina en mi falda
y me retuvo a su lado.

Así tus ojos un día
en que vagaba al acaso[20]
como una espina bravía
me detuvieron el paso.

Diferencias: de la hincada
espina pude librarme,
más de tu dura mirada
¿cuándo podré libertarme?

El ruego[21]

Señor, Señor, hace ya tiempo, un día
soñé un amor como jamás pudiera
soñarlo nadie, algún amor que fuera
la vida, toda la poesía.[22]

Y pasaba el invierno y no venía,
y pasaba también la primavera,
y el verano de nuevo persistía,
y el otoño me hallaba con mi espera.[23]

Señor, Señor, mi espalda está desnuda:
¡Haz restallar[24] allí, con mano ruda,
el látigo[25] que sangra a los perversos!

Que está la tarde ya sobre mi vida,[26]
y esta pasión ardiente y desmedida[27]
¡La he perdido, Señor, haciendo versos!

---

[18] Este poema que aparece en *Languidez* (1920), está compuesto de cuatro redondillas y una idea poética desarrollada a través de una sola comparación, breve y precisa.

[19] planta de tallo corto, leñoso, con ramificaciones

[20] al azar, sin rumbo ni plan fijos

[21] Soneto endecasílabo al estilo clásico que también aparece en *Languidez* (1920). La poetisa soñaba con un amor perfecto que nunca llegó, pero encontró consuelo escribiendo versos.

[22] El amor ocupa el lugar más importante en su vida y en su arte.

[23] El uso reiterado de la copulativa «y» coopera a dar la sensación del paso del tiempo en una espera inútil.

[24] chasquear; hacer un ruido fuerte y brusco como con un látigo

[25] azote (cuerda o correa) con que se castiga a los caballos y otros animales

[26] La poetisa está cerca de la decadencia física, que expresa con la palabra «tarde».

[27] excesiva; contrario de moderada

Ocre, 1925

El engaño[28]

Soy tuya, Dios lo sabe por qué, ya que comprendo
que habrás de abandonarme, fríamente, mañana,
y que, bajo el encanto de mis ojos, te gana
otro encanto el deseo, pero no me defiendo.

Espero que esto un día cualquiera se concluya,
pues intuyo,[29] al instante, lo que piensas o quieres.
Con voz indiferente te hablo de otras mujeres
y hasta ensayo el elogio de alguna que fue tuya.

Pero tú sabes menos que yo, y algo orgulloso
de que te pertenezca, en tu juego engañoso
persistes, con aire de actor del papel dueño.[30]

Yo te miro callada con mi dulce sonrisa,
y cuando te entusiasmas, pienso: no te des prisa,
no eres tú el que me engaña; quien me engaña es mi sueño.

Mundo de siete pozos, 1934

Mundo de siete pozos[31]

Se balancea,
arriba, sobre el cuello,
el mundo de las siete puertas:
la humana cabeza . . .[32]

Redonda, como dos planetas:
arde en su centro
el núcleo primero.
Ósea la corteza;
sobre ella el limo dérmico
sembrado
del bosque espeso de la cabellera.

Desde el núcleo
en mareas[33]
absolutas y azules,
asciende el agua de la mirada
y abre las suaves puertas
de los ojos como mares en la tierra.

. . . tan quietas
esas mansas aguas de Dios
que sobre ellas
mariposas e insectos de oro
se balancean.

---

[28] Soneto alejandrino con las rimas distribuidas al modo clásico, que aparece en Ocre (1925). En este libro la poetisa expresa la oposición entre los sexos en forma más dramática. Llega a la intención social porque su feminismo la lleva a considerar a todas las mujeres como infelices, engañadas y abandonadas. Hay gestos de rebeldía y de sumisión ante el hombre. Su poesía, más dominada por el cerebro, se hace más intelectual.
[29] del verbo intuir
[30] creyéndote actor que hace bien su papel

[31] Poema del libro del mismo nombre, publicado en 1934. Es poesía cerebral, rara, original y barroca, plenamente en la línea del Superrealismo. Estructura irregular, sin sujeción a estrofas. La aparente incoherencia, la dislocación de la sintaxis y las metáforas son como medios de expresar sus angustias y torturas.
[32] La cabeza humana tiene capacidad ilimitada para pensar cosas diferentes y para dar entrada a muchas sensaciones.
[33] movimientos alternativos y diarios del mar, producidos por las acciones del sol y la luna

Y las otras dos puertas:
las antenas acurrucadas
en las catacumbas que inician las orejas;
pozos de sonidos,
caracoles de nácar donde resuena
la palabra expresada
y la no expresa;
tubos colocados a derecha e izquierda
para que el mar no calle nunca,
y el ala mecánica de los mundos
rumorosa sea.
Y la montaña alzada
sobre la línea ecuatorial de la cabeza:
la nariz de batientes[34] de cera
por donde comienza
a callarse el color de vida;
las dos puertas
por donde adelanta
—flores, ramas y frutas—
la serpentina olorosa de la primavera.

Y el cráter de la boca
de bordes ardidos[35]
y paredes calcinadas[36] y resecas;

el cráter que arroja
el azufre de las palabras violentas,
el humo denso que viene
del corazón y su tormenta;
la puerta
en corales labrada suntuosos[37]
por donde engulle,[38] la bestia,
y el ángel canta y sonríe
y el volcán humano desconcierta.[39]

Se balancea,
    arriba,
sobre el cuello,
el mundo de los siete pozos:
la humana cabeza.

Y se abren praderas rosadas
    en sus valles de seda:
las mejillas musgosas,

    Y riela[40]
sobre la comba[41] de la frente,
desierto blanco,
la luz lejana de una luna muerta . . .

Mascarilla y trébol, 1938

El hijo[42]

Se inicia y abre en ti, pero estás ciega
para ampararlo[43] y si camina ignoras
por flores de mujer o espadas de hombre,
ni qué de alma prende en él, ni cómo mira.

Lo acunas balanceando, rama de aire,
y se deshace en pétalos tu boca[44]
porque tu carne ya no es carne, es tibio
plumón de llanto que sonríe y alza.[45]

Sombra en tu vientre apenas te estremece
y sientes ya que morirás un día
por aquel sin piedad que te deforma.

Una frase brutal te corta el paso
y aún rezas y no sabes si el que empuja
te arrolla sierpe o ángel se despliega.[46]

---

[34] lugares en que el mar bate (combate) con mucha fuerza
[35] con ardor, ardientes; quemados
[36] quemadas
[37] la puerta labrada en corales suntuosos
[38] traga
[39] Por una misma parte del cuerpo —la boca— tres seres hacen distintas cosas: la bestia traga, el ángel canta y el ser humano expresa su pasión.
[40] destella, brilla trémulamente
[41] convexidad
[42] Poema de *Mascarilla y trébol* (1938). Pertenece a los que la misma autora llamó «anti-sonetos». Tiene catorce versos endecasílabos distribuídos en forma de soneto, pero sin rima exterior.
[43] protegerlo
[44] Le dice cosas dulces, hermosas y suaves al niño.
[45] levanta
[46] se desdobla, se desenvuelve

Juana de Ibarbourou

Un tono diferente de la producción de las poetisas estudiadas tiene la obra de la uruguaya Juana de Ibarbourou, posiblemente debido a sus circunstancias personales, ya que ha sido esposa y madre normal, sin los conflictos íntimos de aquéllas. Nació en la ciudad de Melo, capital del departamento de Cerro Largo, de padre gallego —del cual heredó el sentimiento, el amor a la poesía y el tono nostálgico— y madre uruguaya. Con el nombre de Juanita Fernández llevó una infancia muy alegre, aunque mostrando la precocidad poética. A los siete u ocho años publicó sus primeros versos en el periódico *El Deber Cívico* de su ciudad. Hizo sus estudios elementales en una escuela religiosa y en la del Estado, pero no sobresalió como buena alumna. A los veinte años se casó con el apuesto capitán Lucas Ibarbourou, adoptando este apellido de origen vasco-francés. Ya con el único hijo que ha tenido el matrimonio, vivieron en varios lugares del Uruguay por los deberes militares del esposo, hasta que en 1918 se establecieron en Montevideo.

Surgió a la fama literaria en 1919 con su primer libro de versos, precisamente en la época en que una de las generaciones literarias más brillantes de su país renovaba la literatura y la orientaba hacia el auge que vive en el siglo XX. Desde la publicación de *Las lenguas de diamante* (1919), ha sabido combinar perfectamente sus deberes de madre y esposa con la vida hacia el público que le ha deparado su prestigio literario. El momento más apoteósico de su carrera ocurrió el 10 de agosto de 1929 cuando en el Palacio Legislativo de Montevideo fue laureada en solemne ceremonia presidida por Alfonso Reyes, el famoso escritor mexicano entonces Embajador en Buenos Aires, y Juan Zorrilla de San Martín, el gran poeta del Uruguay. Desde entonces se le llamó «Juana de América», por iniciativa de José Santos Chocano. Su esposo, el capitán Lucas Ibarbourou murió el 13 de enero de 1942 y en 1947 ingresó ella como miembro de la Academia Nacional de Letras de su patria. Todavía hoy se mantiene activa en la vida literaria, aunque ya han pasado, al parecer, los grandes momentos de su inspiración poética. A más de su obra en verso, ha publicado poemas en prosa, teatro, cuentos infantiles y varios libros de tema religioso.

Cuando se estudian todos los libros de versos de esta gran poetisa se notan tres momentos diferentes: el primero coincide con su libro inicial y se caracteriza por cierta gracia pagana, en que la autora con embriagante alegría y optimismo juvenil, expresa su amor a todo lo que hiere sus sentidos (naturaleza, color, luz, movimiento) y se ofrece al hombre amado con toda su pujanza de mujer bella, esbelta, morena, elegante y con ojos embrujadores como es en la realidad. Es un momento de autocontemplación de sí misma, donde aparecen las dos constantes de su poesía: el gozo de los sentidos y su sentimiento de la naturaleza, quizás los aportes más firmes de su obra. En su segundo libro importante, *Raíz salvaje* (1922), en vez de contemplarse a sí misma, mira, goza y a veces desea confundirse con la naturaleza. Aquí canta a las frutas, las estaciones, la noche, la lluvia, el agua, el sol, el cielo, los árboles, los caminos, la madrugada, los pájaros, los pastos, las hierbas. Toda la gama de la naturaleza se le entra por los poros de la sensibilidad y brota convertida en imágenes poéticas de gran aliento panteísta.

La más reciente etapa viene caracterizada por sus últimos libros y muestra la tenaz preocupación de la poetisa por el paso del tiempo y su obra profundamente modificadora. En su libro *La rosa de los vientos* (1930), las imágenes, estructuras y metáforas son de afiliación vanguardista. Aparece cierta nota angustiosa, algo de pérdida de la fe religiosa, anhelo de asomo al misterio de la vida. La felicidad no se ha perdido del todo, pero no es franca como en su primer libro. Muestra un gran dominio de las técnicas más avanzadas, sobre todo en los hallazgos metafóricos. Su próxima obra es *Perdida* (1950), adecuado título para expresar su estado de ánimo en que priva la confusión espiritual. Hay que fijarse en ciertas palabras claves para entender este momento y que la autora repite a menudo en los poemas: «tiempo», «soledad», «neblina», «frío», «gélido», «desvelo», «Angel de la muerte». Hasta el ritmo y forma irregular de los versos indica su angustia y desasosiego. En «Ahora» dice:

> Ya son mis ojos grandes cementerios
> en los que el alma yergue su escultura.
> Vagos jacintos tiñen las pupilas
> que hora tras hora ven abrirse tumbas.

En *Azor* (1953) la nota se hace más triste y pesimista y siente más cercana la muerte. Hay escasas referencias de su religiosidad, como si la fe hubiese escapado. Ahora su poesía es más meditativa, honda y madura. Más o menos en este tono están escritos sus últimos libros de que tenemos noticias: *Romances del destino* (1954) y *Oro y tormenta* (1956). Juana de Ibarbourou es creadora de una serie de composiciones e imágenes poéticas expresivas del amor femenino que han dado la vuelta al Mundo Hispánico y vivirán por muchos años. Muestra siempre cierto erotismo pagano que no desmiente una religiosidad sincera y realmente sentida. Su obra poética ha tenido resonancia en todos los países hispanos, donde se le admira y se recitan sus versos.

FUENTE: *Obras completas*, Madrid, Aguilar, 1953; editadas y con introducción de Dora Isella Russell; prólogo de Ventura García Calderón

Las lenguas de diamante, 1919

La hora[1]

Tómame ahora que aún es temprano
y que llevo dalias nuevas en la mano.

Tómame ahora que aún es sombría
esta taciturna cabellera mía.

---

[1] Este poema aparece en *Las lenguas de diamante* (1919), y está escrito en versos pareados dodecasílabos, divididos en dos hemistiquios de seis, con rima consonante. Expresa una actitud típica de los versos de este tiempo: entrega con alegría juvenil al amado, impaciencia por disfrutar del amor ahora que es joven.

Ahora que tengo la carne olorosa,
y los ojos limpios y la piel de rosa.

Ahora que calza[2] mi planta ligera
la sandalia viva de la primavera.

Ahora que en mis labios repica[3] la risa
como una campana sacudida aprisa.

Después . . ., ¡ah, yo sé
que ya nada de eso más tarde tendré!

Que entonces inútil será tu deseo,
como ofrenda puesta sobre un mausoleo.

¡Tómame ahora que aún es temprano
y que tengo rica de nardos la mano!

Hoy, y no más tarde. Antes que anochezca
y se vuelva mustia la corola fresca.

Hoy, y no mañana. Oh amante, ¿no ves
que la enredadera crecerá ciprés?

Rebelde[4]

Caronte:[5] yo seré un escándalo en tu barca.
Mientras las otras sombras recen, giman, o lloren,
y bajo tus miradas de siniestro patriarca
las tímidas y tristes, en bajo acento,[6] oren,

yo iré como una alondra[7] cantando por el río
y llevaré a tu barca mi perfume salvaje,[8]
e irradiaré en las ondas del arroyo sombrío
como una azul linterna que alumbrará en el viaje.

Por más que tú no quieras, por más guiños siniestros
que me hagan tus dos ojos, en el terror maestros,
Caronte, yo en tu barca seré como un escándalo.

Y extenuada de sombra, de valor y de frío,
cuando quieras dejarme a la orilla del río
me bajarán tus brazos cual conquista de vándalo.[9]

La cita[10]

Me he ceñido toda con un manto negro.[11]
Estoy toda pálida, la mirada extática.
Y en los ojos tengo partida una estrella.
¡Dos triángulos rojos en mi faz hierática!

---

[2] lleva, usa
[3] resuena
[4] Soneto alejandrino de *Las lenguas de diamante* (1919).
[5] o Carón: barquero del infierno que transportaba las almas de los muertos por la laguna Estigia
[6] en voz baja, tímidamente
[7] ave de color pardo, dulce canto y carne delicada
[8] Usa palabras adecuadas para expresar su apasionamiento de mujer joven que desea amar y ser amada.
[9] como presa de los bárbaros, que peleaban con violencia

[10] Estrofas de dodecasílabos, con dos hemistiquios y rima consonante en los versos pares. Nótese el uso de versos esdrújulos (pálida, etc.) para expresar mejor su nerviosismo y ansiedad por la cita con el amado. Se caracteriza por el sensualismo y su actitud de entrega al amor. Es un poema de *Las lenguas de diamante* (1919).
[11] Nótese en esta estrofa la tendencia a encerrar una idea completa en cada verso, propia de algunos vanguardistas, para aumentar la sensación de ansiedad que desea producir en el lector.

Ya ves que no luzco[12] siquiera una joya,
ni un lazo rosado ni un ramo de dalias.
Y hasta me he quitado las hebillas[13] ricas
de las correhuelas[14] de mis dos sandalias.

Mas soy esta noche, sin oros ni sedas,
esbelta y morena como un lirio vivo.
Y estoy toda ungida de esencias de nardos.
Y soy toda suave bajo el manto esquivo.[15]

Y en mi boca pálida florece ya el trémulo
clavel de mi beso que aguarda tu boca.
Y a mis manos largas se enrosca[16] el deseo
como una invisible serpentina loca.

¡Descíñeme,[17] amante! ¡Descíñeme, amante!
Bajo tu mirada surgiré como una
estatua vibrante sobre un plinto[18] negro,
hasta el que se arrastra, como un can,[19] la luna

Raíz salvaje, 1922

Como la primavera[20]

Como un ala negra tendí mis cabellos
sobre tus rodillas.
Cerrando los ojos su olor aspiraste
diciéndome luego:
—¿Duermes sobre piedras cubiertas de musgos?
¿Con ramas de sauces te atas las trenzas?
¿Tu almohada es de trébol? ¿Las tienes tan ne-
                                                        gras
porque acaso en ellas exprimiste un zumo[21]
retinto[22] y espeso de moras silvestres?
¡Qué fresca y extraña fragancia te envuelve!
Hueles a arroyuelos, a tierra y a selvas.
¿Qué perfume usas? Y riendo, te dije:
—¡Ninguno, ninguno!
Te amo y soy joven, huelo a primavera.
Este olor que sientes es de carne firme
de mejillas claras y de sangre nueva.
¡Te quiero y soy joven, por eso es que tengo
las mismas fragancias de la primavera!

Mañana de falsa primavera[23]

Alguien ha sacudido un plumero[24] en el aire
y ha pasado una esponja al sol de esta mañana;
alguien, entre las sombras, limpió hoy los bada-
                                                        jos[25]
locos y relucientes de las viejas campanas
que despiertan la iglesia;
alguien, al sacristán
le ha inyectado inquietud en las venas del puño[26]
que tira de la cuerda sucia que va a la torre:
alguien, al caballito manco[27] de mi lechero
le ha avivado el golpe reverencioso; alguien
me ha despertado alegre, con ansias de empol-
                                                        varme
y de subir a ese «número 38»
que corre hacia la playa. ¡Oh mañana de agosto,
de mediados de agosto,
absurdamente tibia, absurdamente limpia,
que se ha disfrazado[28] con las cosas bonitas
de un alba de noviembre!

---

[12] llevo, uso
[13] especies de broches para unir cintas, correas, etc.
[14] plantas de tallos largos
[15] desdeñoso, áspero, huraño
[16] se tuerce; se une como una serpiente
[17] quítame el manto negro
[18] base de una columna
[19] perro
[20] Poema escrito en versos libres sin sujeción a estrofas.
[21] jugo

[22] castaño o rojo oscuro
[23] Poema de versos libres y de distinta medida que también
    aparece en Raíz salvaje (1922).
[24] agitado con fuerza un haz de plumas usado para quitar el
    polvo
[25] piezas colgantes en el centro de las campanas que las
    hacen sonar al golpearlas
[26] la mano cerrada
[27] que ha perdido una mano o brazo; caballo malo
[28] desfigurado, ocultado su verdadera identidad

La rosa de los vientos, 1930

Día de felicidad sin causa[29]

En la piragua[30] roja del mediodía
he arribado a las islas de la Alegría sin Causa.
El pan tiene un sabor de pitangas[31] y han mezclado miel
a la frescura desconocida del agua.

Luego, ¡oh sol!, remero indio,
me llevarás por los ríos en declive[32] de la tarde
hasta la costa donde la noche
abre el ramaje de sus sauces finos.

Traspasa una de tus flechas en mi puño.
Yo la llevaré en alto como un brazalete flamígero[33]
cuando veloz atraviese los bosques nocturnos.

En mi corazón se hará clarín[34] de bronce resonante
un grito de triunfo y de plenitud.

Y llegaré a las colinas de la mañana nueva,
con la sensación maravillada de haber dormido
apoyando la cabeza en las rodillas de la luz.

Perdida, 1950

Tiempo[35]

Me enfrento a ti, oh vida sin espigas,[36]
desde la casa de mi soledad.
Detrás de mí anclado está aquel tiempo
en que tuve pasión y libertad,
garganta libre al amoroso grito,
y casta desnudez, y claridad.

---

[29] Poema de *La rosa de los vientos* (1930), con versos de once, doce y catorce sílabas. Comienza con estrofas de cuatro versos y, luego entre dos de tres, tiene una de dos. Nótese la audacia de metáforas, tales como «en la piragua roja del mediodía», «sol, remero indio», «en las rodillas de la luz».
[30] embarcaciones hechas de troncos de árboles
[31] árboles americanos

[32] inclinación, pendiente
[33] que echa llamas
[34] especie de trompeta
[35] Poema de *Perdida* (1950). Los versos pares son agudos y riman en forma consonante o asonante. Es patente la nostalgia, el pesimismo y el sentido de soledad con que recuerda el pasado. Se nota confusión espiritual.
[36] cabeza del tallo del trigo y otras plantas semejantes

Era una flor, oh vida, y en mí estaba
arrulladora, la eternidad.

Sombras ahora, sombras sobre el tallo,
y no sentir ya nada más
en la cegada clave de los pétalos
aquel ardor de alba, miel y sal.

Criatura perdida
en la maleza de la antigua mies.
Inútil es buscar lo que fue un día
lava de oro y furia de clavel.

En el nuevo nacer, frente inclinada;
sumiso, el que era antes ágil pie;
ya el pecho con escudo; ya pequeña
la custodiada sombra del laurel.

¿Quién viene ahora entre la espesa escarcha?
Duele la fría rosa de la faz
y ya no tienen los secretos ciervos,[37]
para su dura sed, el manantial.

Ángel del aire que has velado el rostro:
crece tu niebla sobre mi pleamar.[38]

Romances del destino, 1955

Elegía de la abandonada[39]

Día de Mayo, ya gris,
sin barbas de flavo[40] sol.
Tan tibia la casa, tan
bien hecha para el amor.

Pero no cantan sus duen-
des,[41]
ni sus duendezas cultivan,
las tiernas violetas blancas,
las dulces violetas lilas.

Marfiles y porcelanas
no chispean[42] con la luz
del Este, cuando amanece
ni cuando anochece al Sur.
Todo se vuelve callado.[43]
Está perdiendo la voz
mi soledad que poblaban
geranios y ruiseñor.

A mi espalda, ya la sombra.
¡Ay Dios, que me escalofrían
las densas noches sin luna
los largos y quietos días![44]

Los linos a vainillar,[45]
el raso en el bastidor,[46]
los libros, mundos cerrados,
la malva sin blanca flor,
todo ya inerte[47] y sin voces,
todo ya sin melodía.
El alazán de las horas
va galopando sin brida.

Se ha ido tan lejos ya . . .[48]
Se fue con otra mujer,
ella, de blanco sonriendo;
él, serio, con su deber
como una carga de plomo.
Yo en la orilla me quedé

mirando partir el barco
y reír a la mujer.

Adiós, gladiolos de Mayo,
rosas de rojo color,
cedrón de espina madura,
oro fiel del girasol.[49]
Adiós, vestidos de espuma,
sombreros de pluma azul,
cinturón de terciopelo,
prendedor[50] de clara luz.

Ahora, rulos[51] trenzados,
gris vestido de algodón,
dura boca sin canciones,
gris la luna, gris el sol.

Ahora por siempre y siempre
el olvido del amor.

---

[37] mamíferos rumiantes con cuernos
[38] marea alta
[39] Romance octosílabo en que todos los versos pares son agudos con rima consonante, pero en la segunda estrofa son llanos. La poetisa canta la soledad de hoy con la melancolía que le trae el recuerdo de días más felices.
[40] leonado; de color amarillo
[41] fantasmas
[42] destellan, brillan, relucen
[43] silencioso

[44] Debido a la soledad, los días y las noches le parecen densos e interminables.
[45] hacer fundas o vainas
[46] armazón de madera o metal para hacer tejidos o bordados
[47] inactivo, sin movimiento
[48] El amor ha huído porque la poetisa ha envejecido.
[49] planta que cambia de posición según el movimiento del sol
[50] alfiler; adorno de metal que usan las mujeres
[51] especies de peinados

Enrique Banchs

ARGENTINA, 1888-1968

Con solamente cuatro libros de versos, Enrique Banchs se ha acreditado como uno de los grandes poetas contemporáneos de la lengua española. Es un caso insólito de precocidad poética, pues escribió sus cuatro libros antes de los veinticuatro años y muestran una gran maestría técnica a más de madurez de ejecución y de pensamiento. Muy pocos datos se tienen de su infancia, aunque su existencia no ha sido tan silenciosa como creen algunos. Ha colaborado en las principales revistas argentinas: *Nosotros, Caras y Caretas* y *Atlántida* y en los suplementos literarios de *La Nación* y *La Prensa*, los dos periódicos más importantes de su país, trabajó desde 1911 hasta su muerte. También ha ocupado cargos públicos de importancia: director del *Monitor de Educación* (1938); presidente de la Sociedad Argentina de Escritores (1938–1940); miembro de la Comisión Nacional de Cultura. En 1941 se incorporó como miembro de la Academia Argentina de Letras. De 1943 a 1946 fue director de la Oficina de Información del Consejo Nacional de Educación y miembro de la Comisión Protectora de Bibliotecas Populares (1945–46). En 1954 obtuvo el Gran Premio de Honor de la Sociedad Argentina de Escritores.

La obra de Banchs no es muy extensa y esto le ha permitido una gran concentración lírica, un balance de elementos y un cuidado formal que pocos igualan. Cuando solamente tenía diecinueve años sorprendió a la crítica con su primer libro, *Las barcas* (1907), por cuya calidad lo consideraron como el digno sucesor de Leopoldo Lugones. Aunque básicamente un libro juvenil, expresa algunas constantes de la poesía del autor: tono de intimidad, júbilo optimista, lirismo auténtico y juego de realidad y fantasía. A pesar de su juventud, hay subjetivismo recóndito y meditación, por momentos dolorosa. Al año siguiente dio a conocer *El libro de los elogios* (1908) en que persiste la nota de júbilo ante la vida, pero enmarcada en un plano de serenidad y equilibrio. El poeta mira más a fondo la realidad y se destaca entonces por su amor a la naturaleza, al paisaje y a los seres humanos. Técnicamente ha vuelto a formas más tradicionales y sencillas. Un punto diferente señala su tercer libro, *El cascabel del halcón* (1909), dividido en dos secciones de contenido bien diferente. En la primera parte hace concesiones al Modernismo por el gusto por lo antiguo de España, Francia, Inglaterra (canciones, baladas, romances, poesía clásica y provenzal). La fantasía anda en busca del valor poético del pasado. En la segunda parte se notan influencias de Antonio Machado, Ramón Pérez de Ayala y Juan Ramón Jiménez. El poeta del júbilo inicial se entrega ahora a un tipo de meditación que llega a lo más sombrío y desolado. Piensa en la muerte y en el dolor con marcada insistencia. A menudo nos deja traslucir su visión irónica de aspectos de la realidad exterior. En el segundo soneto de «La vida» nos dice:

> Y luego nada más que mucha sombra,
> y luego nada más que un viento frío
> y por el viento algún halcón sombrío
> que ponía más sombra entre las sombras . . .

La obra maestra de este orfebre del verso es el libro *La urna* (1911), colección de cien sonetos escritos con formas clásicas y espíritu moderno. A la maestría de su ejecución se une un pensamiento hondo, en que palpita un sentimiento noble, sereno, con gran comprensión de lo humano. La inspiración es sostenida y elevada; los pensamientos profundos y la intensidad lírica del poeta llega a su momento más excelso. Es una de las colecciones de versos más sobresalientes del parnaso hispanoamericano. Después de este famoso libro ha publicado buen número de poemas, cuentos y críticas en distintos periódicos, sobre todo en *La Nación*. En su poesía no se notan signos de decadencia, sino paso ascensional hacia más justeza expresiva y mayor concentración lírica. Su ideología queda bien expresada en el soneto «Los bienes»:

> Que solo quiero, oscuramente heroico
> módulos de justicia y simetría,
> disciplina de honor, silencio estoico.

Banchs ha dada nuevos rumbos a la poesía argentina a la conclusión del Modernismo. Con extrema originalidad ha vaciado el verso de exquisiteces exteriores y, sin abandonar el señorío de la expresión poética bien escrita, ha llenado su poesía de un nuevo aliento anímico, en que se nota el estremecimiento de un alma sensitiva al pasado y al presente, a lo popular y a lo culto, y, por encima de todo, al hombre. Cada poesía suya es un acierto, tanto en la construcción como en las imágenes. Es poeta de gran espontaneidad y pureza lírica, y muestra una de las firmes orientaciones de la poesía que hemos llamado postmodernista.

FUENTE: *Poemas selectos*, México, Editorial Cultura, 1921. Editados por Francisco Monterde.

El libro de los elogios, 1908

Elogio de una lluvia[1]

Tres doncellas eran, tres
doncellas de bel mirar,[2]
las tres en labor de aguja
en la cámara real.

La menor de todas tres
Delgadina[3] era nombrada.
La del mirar de gacela
Delgadina se llamaba.

¡Ay!, diga por qué está triste;
¡ay!, diga por qué suspira.
Y el rey entraba en gran saña[4]
y lloraba Delgadina.

—Señor, sobre el oro fino
estoy tejiendo este mote:
«Doña Venus, doña Venus,[5]
me tiene presa en sus torres.»

---

[1] Usa la forma tradicional y popular del romance octosílabo con rima asonante en los pares. Delicadeza y aire popular, muy típicos del poeta. Es una composición de *El libro de los elogios* (1908).

[2] el bello mirar
[3] protagonista de un famoso romance tradicional español
[4] ira, cólera, furor
[5] está muy enamorada

En más saña el rey entraba,
más lloraba la infantina.
—En la torre de las hiedras
encierren la mala hija.

En la torre de las hiedras[6]
tienen a la niña blanca.
¡Ay!, llegaba una paloma
y el arquero la mataba.

—Arquero, arquero del rey,
que vales más que un castillo,
dame una poca de agua
que tengo el cuerpo rendido.[7]

—Doncella, si agua te diera,
si agua te diera, infantina,

la cabeza del arquero
la darán a la jauría.[8]

—Hermanitas, madre mía,
que estáis junto al lago, dadme
agua . . .; pero no la oyeron
las hermanas ni la madre.

Y entonces vino una lluvia,
vino una lluvia del cielo,
lluvia que se parte en ruido
de copla de romancero.

La niña que está en la torre
tendía la mano al cielo . . .
De agua se llenó su mano
y la aljaba[9] del arquero.

El cascabel del halcón, 1909

Cancioncilla[10]

Porque de llorar
et de sospirar
ya non cesaré.
LUNA[11]

No quería amarte,
ramo de azahar;
no debía amarte:
te tengo que amar.

Tan manso vivía . . .,
rosa de rosal,
tan quieto vivía:
me has herido mal.

¿No éramos amigos?
Vara de alelí,[12]
si éramos amigos,
¿por qué herirme así?

Cuidé no te amara,
paloma torcaz.[13]
¿Quién que no te amara?
Ya no puedo más.

Tanto sufrimiento,
zorzal[14] de jardín,
duro sufrimiento
me ha doblado[15] al fin.

Suspiros, sollozos,
pájaro del mar;
sollozos, suspiros,
me quieren matar.

---

[6] plantas enredaderas y trepadoras; hay una especie venenosa
[7] muy cansado
[8] conjunto de perros de caza
[9] caja para llevar las flechas
[10] Estrofas con versos de seis sílabas; los pares son agudos con rima consonante. Tiene un aire muy ligero, apropiado al tema. Aparece en *El cascabel del halcón* (1909).
[11] Don Álvaro de Luna (¿1388?-1453), Condestable de Castilla y favorito de Juan II. El hombre más rico y poderoso de su tiempo, también contribuyó a la poesía cortesana de la época. Enemistado con el rey, murió ejecutado.
[12] o alhelí: flores blancas, rojas o amarillas muy estimadas como adorno
[13] con collar; especie de paloma silvestre con un collar blanco
[14] pájaro de canto muy hermoso
[15] vencido

La estatua[16]

1

¡Oh, mujer de los brazos extendidos
y los de mármol ojos[17] tan serenos,
he arrimado [18] mis sienes a tus senos
como una rama en flor sobre dos nidos!

¡Oh, el sentimiento grave que me llena
al no escuchar latir tu carne fría
y saber que la piedra te condena
a no tener latido en ningún día!

¡Oh, diamante arrancado a la cantera,[19]
tu forma llena está de Primavera,
y no tienes olor, ni luz, ni trino![20]

Tú que nunca podrás cerrar la mano,
tienes, en gesto de cariño humano,
la única mano abierta en mi camino.

2

No te enciende el pudor[21] rosas rosadas,
ni el suceder del Tiempo te da injuria,
ni levanta tus vestes consagradas
a la mano temblante de lujuria.

A tus pies se dan muerte las pasiones,
las euménides[22] doman sus cabellos
y se asustan malsines y felones[23]
al gesto inmóvil de tus brazos bellos.

Luz del día no cierra tus pupilas,
viento no mueve el haz de tus guedejas,[24]
ruido no queda preso en tus oídos.

Pues eres, ¡oh, mujer de aras[25] tranquilas!,
un venusto[26] ideal de edades viejas
transmitido a los tiempos no venidos.

3

Mujer, que eres mujer porque eres bella
y porque me haces ir el pensamiento
por senda muda de recogimiento
al símbolo, a la estrofa y a la estrella,

nunca mujer serás: tu carne vana
jamás palpitará de amor herida,
nunca sonreirás una mañana
ni serás una tarde entristecida.

Y sin embargo soy de ti cegado,
y sin embargo soy de ti turbado,
y al propio tiempo bueno y serenado,

y quisiera partir mi pan contigo
y pasear de tu mano en huerto amigo
en busca de esa paz que no consigo.[27]

4

Arrimadas mis sienes a tus senos
siento que me penetra alevemente
frío de nieve y humedad de cienos . . .[28]
¡Siempre materia y siempre indiferente!

Quién tuviera, ¡oh, mujer que no suspira!
esa inmovilidad ante la suerte,
esa serenidad para la ira.
en la vida, esa mano de la Muerte.

Mi espíritu jamás podrá animarte,
ni turbar un instante solamente
el gesto grande que te ha dado el arte.

¡Quién pudiera esperar la muerte tarda,
sereno cual la piedra indiferente,
callado como el Ángel de la Guarda! . . .

---

[16] Cuatro sonetos demostrativos de la fuerte tendencia de Banchs hacia las formas clásicas y tradicionales. Aparecen en *El cascabel del halcón* (1909).
[17] y los ojos de mármol
[18] aproximado, acercado
[19] lugar de donde se extrae el mármol
[20] canto, voz
[21] modestia, timidez; virtud, castidad
[22] o Erinias: en la mitología griega, las furias en la romana; eran las diosas de la venganza, a menudo representadas como tres señoritas con serpientes en el pelo
[23] *malsines:* cizañeros soplones, informadores; *felones:* traidores, desleales
[24] cabelleras largas
[25] altares o piedras del altar
[26] bello, lleno de gracia
[27] obtengo
[28] lodos

La urna, 1911

Hospitalario y fiel
en su reflejo. . . .[29]

Hospitalario y fiel en su reflejo
donde a ser apariencia se acostumbra
el material vivir, está el espejo
como un claro de luna en la penumbra.

Pompa[30] le da en las noches la flotante
claridad de la lámpara, y tristeza
la rosa que en el vaso, agonizante
también en él inclina la cabeza.

Si hace doble el dolor, también repite
las cosas que me son jardín del alma
y acaso espera que algún día habite

en la ilusión de su azulada calma
el Huésped que le deje reflejadas
frentes juntas y manos enlazadas.

Poemas no recogidos en libros, 1952-1955

La soledad[31]

La soledad, la luz, el cielo
—una sola diafanidad—,[32]
eran tan puros, tan perfectos,
tan totales y elementales
—un inmóvil vuelo del éter—,
que parecían desprendidos
para siempre del universo;
para siempre lejos y libres.

La soledad, la luz, el cielo
—un solo abismo de diamante—,
eran tan puros, tan perfectos,
tan transparentes e insondables,
que creí en un fugaz momento
—¿por qué con un vago pavor[33]?—
ver fija, de hielo y de acero,
la mirada de la Verdad.

La soledad, la luz, el cielo
—los tres la misma claridad—,
eran tan puros, tan perfectos,
que me dije, como sintiéndome
redimido en mi propio acento:
¡ser como esta serenidad,
este imperturbable sosiego,
esta paz, esta limpidez!

¡La soledad, la luz, el cielo! . . .
¡Ya sin el peso del pasado;
lejos de aquí, de turbas lejos,
sin rencores, sin amarguras,
sin angustias y sin desvelos
como si no hubiera vivido! . . .
Cerré los ojos repitiendo:
¡Como si no hubiera vivido! . . .

---

[29] Este soneto aparece en *La urna* (1911), uno de los mejores sonetarios que existen en la lengua castellana por la limpidez de la expresión, la perfección formal y el desarrollo del pensamiento poético. Este es un soneto al espejo, pero no con el tono frívolo con que otros le han cantado, sino con elevación filosófica.
[30] fausto, grandeza; suntuosidad, solemnidad

[31] Poema escrito en eneasílabos formando estrofas de ocho versos. Los impares tienen rima asonante e-o y los pares son libres o blancos. El poema fue publicado en *La Nación*, Buenos Aires, 20 de mayo de 1952.
[32] claridad, transparencia
[33] temor, terror, miedo

La soledad, la luz, el cielo
—los tres un inmenso cristal—,
eran tan puros, que un momento
bajé los ojos deslumbrados.[34]
Y como quien ante un destello
baja los ojos deslumbrados
y ve ante sí formas de sueños
en nube oscura a sombra densa,

vi ante mí alzarse un vago espectro,
o sombra o nube de algo humano,
un laurel trémulo en el pecho,
en la mano un haz de cicuta.[35]
Y comprendí, de pronto, al verlo,
que, en su pura sublimidad,
la soledad, la luz, el cielo
eran los velos de la Nada.

Lo que soy, dije, y lo que tengo
es ese peso del pasado.
La vida toda es mi sustento,
gloriosa, ruin, brutal, sagrada.[36]
Lo que me ha dado aún no comprendo.
Jamás, jamás en ella tiendan
la soledad, la luz, el cielo
sus letales velos de olvido.

Esclavitud y pensamiento,
múltiple vida indivisible,
lauro y cicuta, al mismo tiempo:
sólo con tu negra sustancia,
sólo en crisol de tu tormento
podré crear y serán vida
la soledad, la luz, el cielo
en profundos senos del alma.

Los bienes[37]

¡Fuérame dado con la Vida un pacto!
Mañana, como ayer, mezquina sea,
quíteme el cáliz, rompa la presea,[38]
carne y rosas marchite su contacto.

¡Pero el claro mirar déjeme intacto!
Deje que con segura ley posea
prócer,[39] sobre los ídolos, la idea;
el pensamiento libre, el juicio exacto.

No porque espere con laurel divino
y corona de luz entrar un día
en espectrales bosques del Destino.

Que solo quiero, oscuramente heroico,
módulos de justicia y simetría,
disciplina de honor, silencio estoico.

Sombra[40]

Si la muerte es final, total olvido,
el alma, en ese sueño no sentido,
nada es, pues no sabe que ha vivido;
nada, pues de sí misma está vacía.

O, acaso, sombra es de lo que ha sido,
y en vena vana hay eco de un latido
y oye caer un ilusorio oído
hojas secas de extinta melodía.

Sombra. Sombra de todo lo perdido,
reflejo que por siempre ha recogido
fugaz amor e instante de agonía.

Y por siempre, en el Tiempo detenido,
sueña que es cierto su vivir mentido
porque espera la muerte todavía.

[34] maravillados, asombrados; ofuscados por la luz
[35] un manojo de veneno
[36] Destaca el valor supremo de la vida, a pesar de sus lados negativos y su misterio.
[37] Soneto de estilo clásico. Refleja el profundo sentido ético de toda la obra de Banchs. Nótese la serenidad y balance de elementos. Este soneto fue publicado en *La Nación*, Buenos Aires, 26 de junio de 1952.

[38] joya, alhaja o cosa preciosa
[39] héroe, patriota, líder
[40] Es un soneto endecasílabo, de estructura totalmente libre en la organización de las rimas. Tiene filiación conceptista porque a través de un ingenioso juego de palabras y conceptos, discurre con elevación sobre la vida, el tiempo y la muerte. Fue publicado en *La Nación*, Buenos Aires, 6 de marzo de 1955.

Porfirio Barba Jacob

COLOMBIA, 1883-1942

Su verdadero nombre era Miguel Ángel Osorio, pero usó distintos seudónimos en las diferentes etapas de su vida: Maín Ximénez, Ricardo Arenales, hasta quedarse con el último por el que es conocido en todo el Mundo Hispánico. Cuatro características dominan su existencia: el carácter errante y bohemio de su vida, pues vivió en muchos lugares; transiciones entre fortuna y pobreza; las profundas contradicciones de su espíritu y el apasionamiento del temperamento. Todas estas circunstancias determinan el rumbo de su poesía, muy cargada de reminiscencias de su biografía espiritual. Nació en el pueblo de Santa Rosa de Osos (Antioquia), de familia pobre de origen judío. Desde los tres años se crió con los abuelos. En la escuela primaria hizo bien poco por su desaplicación. En Medellín estudió en su Escuela Normal, pero no llegó a graduarse. Luego se trasladó a Bogotá para estudiar derecho en su universidad, y también dejó esos estudios. Fue maestro suplente, pero fracasó. Aunque liberal, fue movilizado como soldado del gobierno conservador en la «guerra civil de los mil días» en 1901. Llegó a ser capitán, desertó y trabajó por un tiempo como maestro de escuela. Volvió a Bogotá y allí fundó la revista literaria *Cancionero de Antioquia*. Decide entonces probar fortuna en otros países. Su vida bohemia y errabunda lo lleva a Puerto Rico, Cuba, los Estados Unidos, América Central, y sobre todo, Guatemala y México donde vivió dos largos períodos (1910–1916, 1933–1942), por ser su país predilecto. En México fundó varios periódicos y revistas: *Revista Contemporánea* (1909), el periódico *El Espectador* (1910); ganó mucho dinero y logró tener mucha popularidad como panfletario. Tampoco en México estuvo tranquilo en un solo lugar, pues erró de un sitio a otro. En 1926 planeó viajar por Suramérica. En Lima se le confió la dirección del diario *La Prensa*. Más tarde cayó en desgracia y un barco lo recogió y llevó a Colombia. En su patria gozó de extraordinaria fama, pero su economía seguía en precario, por lo que decidió volver a México, donde murió en un hospital para pobres con su cuerpo minado por la tuberculosis. Antes de morir volvió a la religión católica, después de haber conocido muchos vicios y de militar en las filas del comunismo internacional.

Barba Jacob era un espíritu contradictorio: defendía a los dictadores, pero amaba la Revolución Mexicana; se mezclaba con el bajo mundo; buscaba los «paraísos artificiales» pero vivía torturado por grandes interrogaciones. Tenía poco de diablo y mucho de ángel; su vida fue un constante peregrinar, y sin embargo gustaba de pulir su obra, porque anhelaba la inmortalidad literaria. En su obra se nota la influencia de Rubén Darío y la de los poetas «malditos»: Baudelaire, Verlaine, Rimbaud. Del Modernismo heredó el ideal del buen escribir, pero por la exaltación del propio sentimiento y el subjetivismo de su poesía, está entre los que abren el camino del Neorromanticismo en el período postmodernista. Sus versos andaban dispersos por periódicos y revistas de varios países y muchas veces eran recogidos en libros veinte o más años después de haber sido publicados por primera vez. Pero al fin se decidió a coleccionarlos y entonces brotaron sus colecciones más importantes: *Canciones y elegías* (1932), *Rosas negras* (1933), *La canción de la vida profunda y otros poemas* (1937), *El corazón iluminado* (1942), *Poemas intemporales* (1944) con los poemas de los libros anteriores y otros inéditos, y *Antorchas contra el viento* (1944). Sus prosas más famosas son «La divina tragedia o El poeta habla de sí mismo», prólogo del volumen *Rosas negras* y «Claves», prólogo del libro *Canciones y elegías*. Tienen mucha importancia para conocer el credo poético y detalles muy interesantes del gran poeta.

La angustia existencial de Barba Jacob lo conduce a tratar los temas más importantes para el hombre contemporáneo: el amor, la muerte, el pecado, la lucha de la carne y el espíritu, los misterios de la vida, la angustia torturada por la existencia humana, la soledad, el dolor. Era un temperamento inquieto, vehemente y exaltado y un espíritu lleno de inquietud espiritual y metafísica. Sus versos son autobiográficos en el sentido de que en ellos vuelca la historia de su corazón y de su espíritu. Ha dejado una poesía desigual en méritos y en entonación. Es a veces profundo, presentando un hondo lirismo; otras, se pierde en la vaguedad e incoherencia de los simbolistas. En los momentos de pasión ardiente, deja versos de subjetivismo exaltado y en los de sosiego, canta a la naturaleza, a los niños, al campo y a los mejores sentimientos del hombre. La vida errante que llevó, tan llena de altibajos —con momentos de opulencia y de persecución o hambre— no le permitió desarrollar todas las posibilidades líricas de que era capaz. La crítica moderna le asigna un puesto muy importante en el parnaso hispanoamericano contemporáneo y señala una serie de poemas suyos entre los de más valor en la lírica continental.

FUENTE: *Poemas intemporales*, México, Editorial Acuarimantima, 1944; contiene las prosas «La divina tragedia: el poeta habla de sí mismo» y «Claves».

Poemas intemporales[1]

1944

La estrella de la tarde[2]

Un monte azul, un pájaro viajero,
un roble,[3] una llanura,
un niño, una canción . . . Y, sin embargo,
nada sabemos hoy, hermano mío.

Bórranse los senderos en la sombra;
el corazón del monte está cerrado;
el perro del pastor trágicamente
aúlla entre las hierbas del vallado.[4]

[1] Contiene los poemas de sus libros anteriores, de *Antorchas contra el viento* (1944), y otros inéditos.
[2] Versos endecasílabos y heptasílabos libres y consonantes o asonantes. El poeta canta el misterio de la vida,

uno de los temas favoritos de su angustia existencial.
[3] un árbol de madera muy dura
[4] lugar cercado

Apoya tu fatiga en mi fatiga,
que yo mi pena apoyaré en tu pena,
y llora, como yo, por el influjo
de la tarde traslúcida y serena.

Nunca sabremos nada . . .

¿Quién puso en nuestro espíritu anhelante,
vago rumor de mares en zozobra,
emoción desatada,
quimeras vanas, ilusión sin obra?[5]
Hermano mío, en la inquietud constante,
nunca sabremos nada . . .

¿En qué grutas de islas misteriosas
arrullaron los Númenes[6] tu sueño?
¿Quién me da los carbones[7] irreales
de mi ardiente pasión, y la resina
que efunde[8] en mis poemas su fragancia?
¿Qué voz suave, qué ansiedad divina
tiene en nuestra ansiedad, su resonancia?

Todo inquirir fracasa en el vacío,
cual fracasan los bólidos nocturnos
en el fondo del mar; toda pregunta
vuelve a nosotros trémula y fallida,[9]

como del choque en el cantil fragoso[10]
la flecha por el arco despedida.

Hermano mío, en el impulso errante,
nunca sabremos nada . . .

Y sin embargo . . .

¿Qué mística influencia
vierte en nuestros dolores un bálsamo radiante?
¿Quién prende a nuestros hombros
manto real de púrpuras gloriosas,
y quién a nuestras llagas
viene y las unge[11] y las convierte en rosas?

Tú, que sobre las hierbas reposabas
de cara al cielo, dices de repente:
—«La estrella de la tarde está encendida».
Avidos buscan su fulgor[12] mis ojos
a través de la bruma, y ascendemos
por el hilo de luz . . .

Un grillo canta
en los repuestos musgos del cercado,
y un incendio de estrellas se levanta
en tu pecho, tranquilo ante la tarde,
y en mi pecho en la tarde sosegado . . .

Soberbia[13]

Le pedí un sublime canto que endulzara
mi rudo, monótono y áspero[14] vivir.
El me dio una alondra de rima encantada . . .
    ¡Yo quería mil!

Le pedí un ejemplo del ritmo seguro
con que yo pudiera gobernar mi afán.
Me dio un arroyuelo, murmurio nocturno . . .
    ¡Yo quería un mar!

Le pedí una hoguera de ardor nunca extinto,
para que a mis sueños prestase calor.
Me dio una luciérnaga[15] de menguado brillo . . .
    ¡Yo quería un sol!

Qué vana es la vida, qué inútil mi impulso,
y el verdor edénico, y el azul abril . . .
¡Oh sórdido guía del viaje nocturno:
    ¡Yo quiero morir!

---

[5] inquietud metafísica constante sentida por el poeta; incertidumbre y tortura ante el enigma de la existencia
[6] cualesquiera de los dioses fabulosos adorados por los gentiles; inspiración del artista o del poeta
[7] producto de la combustión incompleta de la madera
[8] infunde, comunica
[9] fracasada
[10] acantilado, borde de un precipicio áspero, ruidoso
[11] frota con aceite u otra materia
[12] esplendor, brillantez
[13] Estrofas de tres dodecasílabos con pie quebrado de seis y rima asonante y aguda en los pares. Presenta la eterna insatisfacción del hombre.
[14] desabrido, no grato al gusto u oído
[15] insecto cuya hembra es brillante o fosforescente por la noche

Lamentación de octubre[16]

Yo no sabía que el azul mañana
es vago espectro del brumoso ayer;
que agitado por soplos de centurias
el corazón anhela arder, arder.
Siento su influjo, y su latencia,[17] y cuándo
quiere sus luminarias[18] encender.

  Pero la vida está llamando,
  y ya no es hora de aprender.[19]

Yo no sabía que tu sol, ternura,
da al cielo de los niños rosicler,[20]
y que, bajo el laurel, el héroe rudo
algo de niño tiene que tener.
¡Oh, quién pudiera de niñez temblando,
a un alba de inocencia renacer!

  Pero la vida está pasando,
  y ya no es hora de aprender.

Yo no sabía que la paz profunda
del afecto, los lirios del placer,
la magnolia de luz de la energía,
lleva en su blando seno la mujer.
Mi sien rendida en ese seno blando,
un hombre de verdad pudiera ser . . .

  ¡Pero la vida está acabando,
  y ya no es hora de aprender!

Un hombre[21]

Los que no habéis llevado en el corazón el túmulo de un dios
ni en las manos la sangre de un homicidio;
los que no comprendéis el horror de la conciencia ante el Universo;
los que no sentís el gusano[22] de una cobardía
que os roe sin cesar las raíces del sér,
los que no merecéis ni un honor supremo
ni una suprema ignominia:

Los que gozáis las cosas sin ímpetus ni vuelcos,[23]
sin radiaciones íntimas, igual y cotidianamente fáciles;
los que no devanáis la ilusión del Espacio y el Tiempo,
y pensáis que la vida es esto que miramos,
y una ley, un amor, un ósculo[24] y un niño;
los que tomáis el trigo del surco rencoroso,
y lo coméis con manos limpias y modos apacibles;
los que decís: «Está amaneciendo»
y no lloráis el milagro del lirio del alba:

---

[16] Sextinas endecasílabas seguidas siempre de dos versos, que son como el *leit motiv*. Se refieren a tres momentos: cuando la vida llama (juventud), cuando esta pasando y cuando está terminando. Rima consonante siempre aguda en los versos pares.

[17] período latente

[18] luces del altar, iluminación

[19] preocupación por el paso del tiempo y por la brevedad de la vida

[20] rosado

[21] Uno de los poemas claves para entender las luchas interiores del poeta. Aquí describe todo lo que un verdadero hombre tiene que sentir y sufrir. Composición de versos libres y de distinta medida; el primer verso tiene dieciocho sílabas.

[22] animal invertebrado de cuerpo blando y contráctil

[23] movimientos para voltear o virar

[24] beso

Los que no habéis logrado siquiera ser mendigos,
hacer el pan y el lecho con vuestras propias manos
en los tugurios[25] del abandono y la miseria,
y en la mendicidad mirar los días
con una tortura sin pensamientos:

Los que no habéis gemido de horror y de pavor,
como entre duras barras, en los abrazos férreos
de una pasión inicua,[26]
mientras se quema el alma en fulgor iracundo,
muda, lúgubre,
vaso de oprobio y lámpara de sacrificio universal,

¡Vosotros no podéis comprender el sentido doloroso
de esta palabra: UN HOMBRE!

Canción de la vida profunda[27]

El hombre es cosa vana, variable y ondeante . . .
MONTAIGNE[28]

Hay días en que somos tan móviles, tan móviles,
como las leves briznas[29] al viento y al azar.
Tal vez bajo otro cielo la gloria nos sonríe.
La vida es clara, undívaga[30] y abierta como un mar.

Y hay días en que somos tan fértiles, tan fértiles,
como en abril el campo, que tiembla de pasión:
bajo el influjo próvido[31] de espirituales lluvias,
el alma está brotando florestas[32] de ilusión.

Y hay días en que somos tan plácidos, tan plácidos . . .
—¡niñez en el crepúsculo!, ¡lagunas de zafir![33]—
que un verso, un trino, un monte, un pájaro que cruza,
y hasta las propias penas nos hacen sonreír.

Y hay días en que somos tan sórdidos, tan sórdidos,
como la entraña obscura de obscuro pedernal:[34]
la noche nos sorprende con sus profusas lámparas,
en rútilas[35] monedas tasando[36] el Bien y el Mal.

---

[25] lugares pequeños, pobres y mezquinos
[26] malvada, injusta
[27] La poesía más famosa de Barba Jacob y una de las mejor logradas de su repertorio. Estrofas de alejandrinos y rima consonante y aguda en los versos pares. No describe a diversos tipos de hombres, sino los diferentes estados de ánimo por los que atraviesa todo ser humano durante su vida. La verdad sicológica es evidente porque cada hombre vive consecutivamente todos estos momentos.
[28] Montaigne, Michel Eyquem, señor de: moralista y pensador francés (1533–1592), autor de los famosos *Essais* (1580; 1595)
[29] hilos delgados de algodón o cosa semejante
[30] ondea como las olas
[31] benévolo, propicio
[32] bosques
[33] zafiro
[34] variedad de cuarzo
[35] brillantes, rutilantes
[36] evaluando, poniendo precio

Y hay días en que somos tan lúbricos, tan lúbricos,
que nos depara[37] en vano su carne la mujer:
tras de ceñir un talle[38] y acariciar un seno,
la redondez de un fruto nos vuelve a estremecer.

Y hay días en que somos tan lúgubres, tan lúgubres,
como en las noches lúgubres el llanto del pinar.
El alma gime entonces bajo el dolor del mundo,
y acaso ni Dios mismo nos pueda consolar.

Mas hay también ¡oh Tierra! un día . . . un día . . . un día
en que levamos anclas[39] para jamás volver . . .
Un día en que discurren[40] vientos ineluctables.

¡Un día en que ya nadie nos puede retener!

Lamentación baldía[41]

Mi mal es ir a tientas con alma enardecida,[42]
ciego sin lazarillo[43] bajo el azul de enero;
mi pena, estar a solas errante en el sendero;
y el peor de mis daños, no comprender la vida.

Mi mal es ir a ciegas, a solas con mi historia,
hallarme aquí sintiendo la luz que me tortura
y que este corazón es brasa[44] transitoria
que arde en la noche pura.

Y venir, sin saberlo, tal vez de algún oriente
que el alma en su ceguera vio como un espejismo,
y en ansias de la cumbre[45] que dora un sol fulgente
ir con fatales pasos hacia el fatal abismo.

Con todo, hubiera sido quizás un noble empeño
el exaltar mi espíritu la tarde ustoria[46]
como un perfume santo . . .
¡Pero si el corazón es brasa transitoria!

Y sin embargo, siento como un perenne ardor
que en el combate estéril mi juventud inmola . . .[47]
(¡Oh noche del camino, vasta y sola,
en medio de la muerte y del amor!)

---

[37] proporciona, ofrece, da
[38] cintura
[39] nos preparamos a marcharnos
[40] corren
[41] En este poema vuelve a exponer las luchas de su espíritu, la sensación de inseguridad y la incomprensión de los designios de la vida. Nótese cómo al final asocia las ideas de soledad, muerte y amor.

[42] excitada, inflamada de pasión
[43] guía de ciegos. No sabe lo que es la vida y no sabe por dónde anda, porque le falta una fe firme y estable.
[44] madera o carbón encendido
[45] con deseos de alcanzar lo más alto
[46] quema
[47] sacrifica

Andrés Eloy Blanco

El máximo poeta de Venezuela y el que más popularidad ha alcanzado en su patria, nació en Cumaná, estado de Sucre. Estudió en la Universidad Central de Venezuela donde se graduó de doctor en derecho. Ya era famoso como poeta en Venezuela cuando en 1923 obtuvo resonancia en todo el mundo hispánico al obtener su «Canto a España», el primer premio del concurso internacional convocado bajo los auspicios de la Real Academia Española de la Lengua. Se distinguió también como orador de gran arraigo en las masas y como mal político, cosa propia de todo buen poeta. Fue miembro de la «generación de 1918», de orientación política y literaria, formada por Rómulo Betancourt, Rómulo Gallegos, Enrique Planchart, Jacinto Fombona Pachano y otros, que tuvo que luchar a muerte contra la dictadura de Juan Vicente Gómez hasta su caída en 1936. Por sus ideas políticas liberales y democráticas sufrió cárcel hasta quebrantarse su salud por completo (1928–1932). Es la etapa de sus versos cívicos llenos de indignación unos e irónicos y sarcásticos otros. Es el momento de las poesías a «Juan Bimba», representación del pueblo venezolano, que acercó el poeta a la entraña de su país, gozando de una popularidad nunca alcanzada por otro bardo en Venezuela. A la caída de la dictadura se distinguió como parlamentario, diplomático y estadista. En 1946 fue presidente de la Asamblea Constituyente, que abre nuevo devenir en la vida política venezolana, luego Senador y más tarde Ministro de Relaciones Exteriores bajo la presidencia de Rómulo Gallegos. Después del golpe de estado contra éste, volvió al exilio en Cuba y, especialmente en México, donde murió trágica y absurdamente, atropellado por un auto en Cuernavaca, poco después de publicar *Giraluna*, su mejor libro.

La obra de Blanco es bastante extensa, sobre todo en el campo de la poesía e incluye también prosas históricas y políticas, teatro, discursos. Entre sus libros de versos debemos señalar: *Tierras que me oyeron* (1921), *Poda, Saldo de Poemas 1923–1928* (1934), *Barco de piedra* (1937), *Baedeker 2000* (1938), y *Giraluna* (1955), que pasa por ser su colección más importante. Blanco es un temperamento esencialmente romántico que ve la realidad a través de un subjetivismo profundo. Técnicamente hablando se inicia bajo una influencia bastante diluída del Darío de los *Cantos de vida y esperanza*, pero a partir de *Poda* (1934) se orienta hacia un tono de modernidad que lo conduce a veces hasta el barroquismo expresivo y las metáforas vanguardistas. Lo más constante en él es su amor por los motivos populares que lo lleva a usar los metros más tradicionales como las coplas, los romances, las décimas. En toda su extensa producción encontramos versos de fuerte entonación civil (como los escritos en la cárcel contra la dictadura de Gómez), versos populares en los que recoge ideales de todos y por eso le ganaron la simpatía y la admiración del pueblo. Nunca es poeta de cenáculo, porque aun sus versos cultos son gustados por la mayoría. Es también poeta de la naturaleza, el paisaje, y las leyendas de Venezuela —su gran amor— como lo demuestra en los poemas «La vaca blanca» y especialmente «El río de las siete estrellas» (el Orinoco) y «El limonero del Señor». Su poema «Angelitos negros», en que aboga por la revindicación del negro ha tenido repercusión universal y es famosa la versión musical en todo el Mundo Hispánico. Pero es también poeta que refleja su intimidad, bien a través de poemas de amor, como aquellos en que canta temas de la poesía universal: la inquietud del paso cronológico, bien presente en su famoso poema «Las uvas del tiempo». Tiene una serie de poemas de amor que han de situarse entre lo mejor escrito en este continente. El poema «A un año de tu luz», en que canta a la madre muerta es una de las elegías más soberbias de la lengua. En esta poesía del hogar sobresale también «Canto a los hijos».

Toda la poesía de Andrés Eloy Blanco está tocada de una gracia especial por la fluidez de los versos, el acierto en las metáforas, el ritmo de las composiciones. Es siempre un poeta muy personal, que pertenece a la única escuela donde se agrupan los grandes poetas: la escuela de los que escriben de manera que llevan un mensaje lírico directo al corazón de los lectores. Siempre que se hable de poesía de amor en castellano se deben recordar los poemas de Blanco «A Florinda en invierno», «Primera estación», «La renuncia», «El dulce mal», «Coplas del amor viajero», «Miedo» y otras muchas. Sus versos de amor son madrigalescos, de prestancia petrarquista, donde el sentimiento aflora a través de juegos de palabras. Él ha dicho lo que los enamorados sienten sin poder expresarlo en poesía. En mucha de su poesía muestra angustia metafísica, sobre todo en las evocaciones del pasado y en la tristeza velada que le produce el implacable paso del tiempo. En sus últimos versos asoma una hondura ética, como invitando a todos los hombres a ser buenos, a alumbrar. Así se redondea el gran poeta de Venezuela, que ya pertenece al concierto de pueblos de habla española.

FUENTE: *Obras completas*, 10 vols., Feria del Libro Venezolano, 1960 (Comprende toda su obra poética, un volumen de versos políticos no coleccionados, *La juambimbada*, el teatro y la prosa narrativa e histórica).

Poda, saldo de poemas

1923-1928, 1932, 1942, 1956

Coplas del amor viajero[1]

Ya pasaste por mi casa,
a flor de ti[2] la sonrisa . . .
Fuiste un ensueño de gasa;[3]
fuiste una gasa en la brisa . . .

Te vi flotar en la bruma
que tu blancura aureola,[4]
como un boceto de espuma
sobre un pedestal de ola.

Yo, que he buscado el lucero
que a Belén lleve el camino,
preso[5] por lazos de acero
al potro de mi destino,

---

[1] Poema escrito en cuartetas, siguiendo la predilección del autor por los metros tradicionales y populares. Los poemas de amor de Andrés Eloy han de colocarse entre lo mejor de la lengua en este género.

[2] en la superficie
[3] tela muy clara y sutil
[4] ilumina, da luz
[5] prisionero

pensé: «¡En sus brazos, con Ella,
romperé, acero, tus lazos!»
¿Para qué quiere una estrella
quien tiene el cielo en los brazos?

Y tan cerca llegué a verte,
que te rozaba[6] mi dedo . . .
Tuve miedo de quererte . . .,
y ya es querer, tener miedo.

Ansiosos se han emboscado[7]
en mis ojos, mis antojos,[8]
y tú también me has besado
veinte veces con los ojos.

Y tu mano pasionaria,
aquella noche huyó en vano,
porque mi mano corsaria
fue gavilán de tu mano.

Y he sentido que temblaban
tus labios en el café,
cuando mis pies se angustiaban
acorralando[9] tu pie . . .

Pero te vas, sin dejar
ni una huella en el camino . . .
Sombra azul que cruza el mar
la borra el azul marino . . .

No sé si me olvidarás[10]
ni si es amor este miedo;
yo sólo sé que te vas,
yo sólo sé que me quedo.

Tal vez mañana, un mañana
remoto, traiga a tu lado,
con el sol, por tu ventana,
un rayo azul del pasado.

Releyendo viejas cosas
y evocando cosas idas,
entre amarillentas rosas
y epístolas desvaídas,

encontrarás al ocaso
estas coplas del camino,
como en el fondo de un vaso
roto una mancha de vino.

Al oído de la nieta
tu voz de abuela hablará:
«Son los versos de un poeta
que no sé si existe ya» . . .

Ella dirá: «¿Cómo era?
¿Cruzará ignotos países
y cual tú, sombra viajera,
tendrá los cabellos grises?»

Yo, entre tanto, junto al mar,
esperaré tu venida,
y en un eterno esperar
se me pasará la vida.

Vida traidora, por quien
todo este sueño se muere;
si no te hice ningún bien,
¿por qué tu mano me hiere?[11]

Mi voz querrá ensordecer[12]
al propio mar con su llanto:
¿Por qué no la vuelvo a ver,
mi Dios, si la quiero tanto?

Y mi canción irá sola
hacia donde tú te pierdes . . .
Donde ella pase, la ola
tendrá un dolor de aguas verdes . . .

No sé si me olvidarás
ni si es amor este miedo;
yo sólo sé que te vas,
yo sólo sé que me quedo.

Y que, si te quise ayer,
hoy te siento más tirana,
y si así crece el querer,
¡cómo te querré mañana!

---

[6] tocaba ligera y suavemente
[7] escondido, oculto
[8] caprichos; deseo vivo y pasajero
[9] cerrando
[10] Esta estrofa se repite en la penúltima cuarteta. El gran
poeta Nicolás Guillén ha escrito una «Glosa» sobre ella.
Véase sección sobre Guillén en este tomo.
[11] Nótese la ironía tan aguda.
[12] no oir

A Florinda en invierno

Al hombre mozo que te habló de amores
dijiste ayer, Florinda, que volviera
porque en las manos te sobraban flores
para reírte de la Primavera.[13]

Llegó el Otoño: cama y cobertores
te dio en su deshojar la enredadera
y vino el hombre que te habló de amores
y nuevamente le dijiste:—Espera.

Y ahora esperas tú, visión remota,   que te dejó la enredadera trunca,
campiña gris, empalizada[14] rota,   porque cuando el amor viene en Otoño,
ya sin calor el póstumo retoño   si le dejamos ir no vuelve nunca.

La renuncia

He renunciado a ti. No era posible.
Fueron vapores[15] de la fantasía;
son ficciones que a veces dan a lo inaccesible
una proximidad de lejanía.

Yo me quedé mirando cómo el río se iba
poniendo encinta[16] de la estrella . . .
Hundí mis manos locas hacia ella
y supe que la estrella estaba arriba . . .

He renunciado a ti, serenamente,
como renuncia a Dios el delincuente;
he renunciado a ti como el mendigo
que no se deja ver del viejo amigo;
como el que ve partir grandes navíos
con rumbo hacia imposibles continentes;
como el perro que apaga sus amorosos bríos
cuando hay un perro grande que le enseña los dientes;[17]
como el marino que renuncia al puerto
y el buque errante que renuncia al faro[18]
y como el ciego junto al libro abierto
y el niño pobre ante el juguete caro.

---

[13] Era muy joven, tenía muchos años por delante y podía esperar.
[14] cerca, estacada
[15] vaho o gas producido cuando se calienta el agua
[16] preñado, embarazado
[17] lo amenaza; quiere pelea
[18] guía de los barcos de noche y en las tormentas

He renunciado a ti, como renuncia
el loco a la palabra que su boca pronuncia;
como esos granujillas otoñales,[19]
con los ojos extáticos y las manos vacías
que empañan su renuncia, soplando los cristales
en los escaparates de las confiterías . . .[20]

He renunciado a ti, y a cada instante
renunciamos un poco de lo que antes quisimos
y al final, ¡cuántas veces el anhelo menguante
pide un pedazo de lo que antes fuimos!

Yo voy hacia mi propio nivel. Ya estoy tranquilo.
Cuando renuncie a todo, seré mi propio dueño;
desbaratando[21] encajes regresaré hasta el hilo.
La renuncia es el viaje de regreso del sueño . . .

El dulce mal[22]

Vuelvo los ojos a mi propia historia.
Sueños, más sueños y más sueños . . . gloria,
más gloria . . . odio . . . un ruiseñor huyendo . . .[23]
y asómbrame no ver en toda ella
ni un rasgo, ni un esbozo, ni una huella
del dulce mal con que me estoy muriendo.

Torno a mirar hacia el camino andado . . .
Mi marcha fue una marcha de soldado
con paso vencedor, a todo estruendo;[24]
mi alegría una bárbara alegría . . .
Y en nada está la sombra todavía
del dulce mal con que me estoy muriendo.

Volví la frente hacia el más bello ocaso . . .
Mil bravos se rindieron al fracaso
mas, yo fui vencedor del mar tremendo;
fui gloria enpurpurada y vespertina,
sin presentir la marcha clandestina
del dulce mal con que me estoy muriendo.

Surgió una cumbre frente a mí: quisieron
otros mil coronarla y no pudieron;[25]
sólo yo quedé arriba, sonriendo,
y allí, suelta la voz, tendido el brazo,
nunca sentí ni el leve picotazo
del dulce mal con que me estoy muriendo.

Fuerzas y potestades me sitiaron
y, prueba sobre prueba, acorralaron[26]
mi fe, que ni la cambio ni la vendo[27]
y yo les vi marchar con su despecho[28]
feliz, sin presentir nada en mi pecho
del dulce mal con que me estoy muriendo.

---

[19] chiquillos vagabundos; pillos, pícaros
[20] especies de cafés donde venden diferentes cosas
[21] deshaciendo, descomponiendo
[22] Sextinas de endecasílabos con rima *aabccb* que terminan con el mismo verso. Es una de las poesías más famosas del autor.
[23] la inspiración poética se escapa

[24] ruido muy grande
[25] El poeta obtuvo grandes triunfos como político y escritor, y llegó a donde muchos no pudieron.
[26] Véase nota 9.
[27] Fue político y hombre de gran sentido ético o moral.
[28] menosprecio; disgusto debido a un desengaño

Mujeres . . . por mi gloria y por mis luchas
en muchas partes se me dieron muchas
y en todas partes me dormí queriendo
y en la mañana hacia otro amor seguía,
pero en ninguno del dardo[29] presentía
del dulce mal con que me estoy muriendo.

Y un día fue la torpe circunstancia
de quedarnos a solas en la estancia,
leyendo juntos, sin estar leyendo,
mirarnos en los ojos, sin malicia,
y quedarnos después con la delicia
del dulce mal con que me estoy muriendo.

Giraluna

1955

Coloquio bajo la Palma[1]

Lo que hay que ser es mejor[2]
y no decir que se es bueno
ni que se es malo,
lo que hay que hacer es amar
lo libre en el ser humano,
lo que hay que hacer es saber,
alumbrarse ojos y manos
y corazón y cabeza
y después, ir alumbrando.

Lo que hay que hacer es dar más[3]
sin decir lo que se ha dado,
lo que hay que dar es un modo
de no tener demasiado
y un modo de que otros tengan
su modo de tener algo,
trabajo es lo que hay que dar
y su valor al trabajo[4]
y al que trabaja en la fábrica
y al que trabaja en el campo,
y al que trabaja en la mina
y al que trabaja en el barco,

lo que hay que darles es todo,
luz y sangre, voz y manos,
y la paz y la alegría
que han de tener aquí abajo,
que para las de allá arriba,
no hay por qué apurarse tanto,
si ha de ser disposición
de Dios para el hombre honrado
darle tierra al darlo a luz,
darle luz[5] al enterrado.

Por eso quiero, hijo mío,
que te des a tus hermanos,[6]
que para su bien pelees
y nunca te estés aislado;
bruto y amado del mundo
te prefiero a solo y sabio.

A Dios que me dé tormentos,
a Dios que me dé quebrantos,[7]
pero que no me dé un hijo
de corazón solitario.

---

[29] especie de flecha o lanza

[1] Una de las secciones de su admirable poema «Canto a los hijos», de gran elevación filosófica y resumen del credo moral del poeta. Los sentimientos de Blanco llegan a su punto más alto en su preocupación humana y social.

[2] En esta estrofa aboga por la bondad, el amor y la vida que lleve luz a otros.

[3] Partiendo de la idea de que el individuo debe sacrificarse por otros, llega a la preocupación social defendiendo la igualdad y oportunidades para todos los hombres.

[4] Obsérvese el uso reiterativo de la copulativa «y» para destacar la idea de un gran valor moral.

[5] *darlo a luz*: parirlo; *darle luz*: alumbrarlo. Compárese esta frase con la anterior y nótese como juega con palabras parecidas que expresan conceptos distintos, algo muy frecuente en el poeta.

[6] Pide a su hijo el mayor sacrificio: la auto-ofrenda para obtener el bien para los demás hombres.

[7] aflicciones, dolores, penas

Baldomero Fernández Moreno

La tendencia del realismo poético (sentimental o irónico) tiene en el argentino Baldomero Fernández Moreno, a uno de sus cultivadores más sobresalientes. Resulta interesante recordar que en la misma ciudad donde Darío publicó sus *Prosas profanas* (1896), el libro por excelencia del aristocratismo, esteticismo, modernismo exótico y de evasión de la realidad, iniciara Fernández Moreno, casi veinte años después lo que se ha llamado el *sencillismo* poético, o sea la vuelta a la realidad cotidiana, a la sencillez de elementos, a temas tomados no de un mundo lejano, sino de las cosas en torno al individuo. Nació Fernández Moreno —como él prefería ser llamado— en Buenos Aires de padres castellanos. Cuando tenía sólo seis años fue llevado a España, viviendo entonces en Bárcena, la aldea paterna, y Madrid, donde comenzó su bachillerato. A la edad de trece años (1899) regresó a su patria, de la que no volvió a salir nunca más. En 1912 se graduó de médico en la Universidad de Buenos Aires. Ejerció su profesión, tanto en el campo como en la propia capital. En 1915 publicó su primer libro: *Las iniciales del misal* (1915), que produjo verdadero asombro por sus técnicas y temas. Cuatro años después casó con Dalmira López Osorni, la «negrita» de muchos de sus versos. En 1924 se trasladó definitivamente para Buenos Aires y obtuvo dos cátedras de literatura e historia en colegios nacionales de enseñanza secundaria, que desempeñó hasta su muerte. Escribió ininterrumpidamente más de treinta libros: unos 25 en verso y el resto en prosa. Recibió los más altos galardones otorgados a escritores argentinos: en 1925, el Premio Municipal por *Aldea española*; en 1928, el Segundo Premio Nacional por *Décimas y Poesías*. En 1924 se le designó miembro de la Academia Argentina de Letras. En el período de 1933–1937 obtuvo el Primer Premio Nacional de poesía por sus obras *Dos poemas, Romances y Seguidillas*. En 1940, la Sociedad Argentina de Escritores le organizó un homenaje nacional que tuvo repercusiones populares. Sus obras *Viaje del Tucumán* y *Parva* (1949) merecieron el Premio de Honor de la Sociedad Argentina de Escritores.

Aunque la copiosa obra de Fernández Moreno da la sensación a primera vista de una extrema variedad y de falta de unidad, cuando se le estudia a fondo se le nota en seguida su gran organicidad íntima. Su hijo César lo ha hecho agrupándola en tres períodos: (1) Época del sencillismo, 1910–1923, en que prevalecen formas sobrias y elementales; (2) Época formal, 1923–1937, en la que el poeta presta más atención a la métrica que a los temas; y (3) Época sustancial, 1937–1950, cuando el verso gana en hondura y subjetividad. La melancolía se ha trocado en un tono de desilusión y amargura, producida por la acumulación de los años. Pero también —y quizás esto sea más acorde con los deseos del poeta— se podría agrupar su obra poética por temas y entonces veremos que cantó a la realidad cotidiana (desde la inmediata a él como persona hasta la más distante, pero todas en relación con él). Así tenemos versos al campo, la ciudad, a la geografía en general, incluyendo el paisaje y la naturaleza; lugares: plazas, carreteras, parques, calles, iglesias, los cafés; personas: escritores, amigos íntimos, parientes, esposa, hijos, tipos interesantes; el hogar y la intimidad sentimental: los cuartos, el comedor, la esposa, los hijos, los parientes; las cosas: balcones, libros, bibliotecas, retratos, almohada, piedras, lámparas, historia; animales, etc.

Por sus versos desfilan todas las cosas diarias, ordinarias, cotidianas que han tenido alguna relación con el poeta o que de alguna manera le han impresionado. Todo está visto con humildad, con emoción sincera pero contenida, con ternura, con sensibilidad que rebosa la nostalgia y la melancolía sobrias. A veces la evocación es sentimental y llegamos a llorar con el poeta, otras es irónica, hasta humorística y nos asoma una sonrisa rodeada de melancolía. Muestra siempre gran amor por todo lo que le rodea y, especialmente, por lo argentino. Es la suya una sencillez formal, simplemente exterior, porque los conceptos son hondos e incitan a la meditación. Las cosas más cercanas al hombre adquieren la importancia de centro poético y están vistas con gran ternura. Pero no se piense que es poesía de circunstancias o trivial, pues en ella hay hondo sentido humano. El poeta quiere apresar la totalidad del momento fugaz, y la honda significación que para él o para la vida tienen esas cosas que hemos visto todos los días sin pensar en sus aspectos más profundos. Cantó los grandes problemas del hombre: sus recuerdos y evocaciones, el paso de la juventud, la llegada de la vejez, la vida y la muerte, sin engolar la voz, sin palabras altisonantes, sin grandes ademanes, sin búsqueda de preciosismos. Técnicamente se orientó hacia los metros tradicionales e ideológicamente buscó las raíces españolas que son innegables en nuestra cultura. Eugenio Florit y José Olivio Jiménez han escrito: «Fernández Moreno siguió un camino perfectamente honrado y humilde. Honrado en decir lo que deseaba, sin detenerse en modas que pasaban a su lado. Y humilde también, porque sólo deseó para sí la compañía de las cosas cotidianas; las cosas que siempre nos son fieles».[1]

FUENTE: *Antología*, 6a. edición, Buenos Aires, Espasa-Calpe, Austral, 1954

Ciudad, 1917

Canillita muerto[1]

Te veo de plantón[2] en esta esquina
desde hace muchos años, diez cabales,
capeando[3] en el invierno temporales,
desgarrado[4] de pelo y de chalina.[5]

Ojo avizor[6] y palabrita fina
en torno a los clientes habituales,
o rayado por luces espectrales,
o verde de la estrella matutina.

---

[1] *La poesía hispanoamericana desde el modernismo*, Nueva York, Appleton-Century-Crofts, 1968, pág 173
[1] Soneto endecasílabo de estilo clásico que aparece en *Ciudad* (1917). *Canillita*: muchacho voceador (vendedor) de periódicos en la región del Plata.

[2] parado en un lugar sin poder marcharse de él
[3] eludiendo, evitando
[4] rasgado, destrozado
[5] bufanda, corbata de caídas largas
[6] alerta, sobre aviso

Oigo tu voz vibrante y persistente
como una monótona pedrada
contra la espalda oscura de la gente

¿Dónde estás con tu voz centuplicada?
Allá en la eternidad blanca y silente.
La eternidad, donde no ocurre nada.

Al parque Lezama[7]

He ido a ver el parque de Lezama
en el atardecer de un día cualquiera,
y me he encontrado uno diferente
al que por tantos años conociera.

Era aquél un jardín ya carcomido[8]
por lloviznas y líquenes y amores,
flexuoso de raíces y de lianas[9]
y envenenado por extrañas flores.

Contraluces de manos vagarosas[10]
de caricias visibles o furtivas.
Generaciones, ¡ay!, que en él buscaron
frondas podridas para bocas vivas.

Cuando la noche lo llenaba todo
y cuajaban en ella las parejas,
erguidas en recónditos senderos
o desmayadas en las altas rejas.

No está siquiera aquel jarrón de bronce
en que cierto crepúsculo dorado
pusimos los levísimos sombreros
y unos versos leímos de Machado.[11]

«A ti, Guiomar, esta nostalgia mía . . .»
Y en la tarde agravada tu voz honda
estremecía la hoja de los árboles
y el cristal de la brisa y de la onda.

Era hora de estrella y media luna,
de pío agudo, de croar de rana,
de guardián gigantesco y solapado[12]
y de visera[13] en la pelambre[14] cana.

Cada estatua era Venus palpitante,
cada palmera recta era el Oriente,
mientras afuera el tránsito zumbaba
su ventarrón[15] de coches y de gente.

Cuando se entrecerraba la corola
sobre la dulce gota del estigma,
cuando se ahondaban como dos aljibes[16]
en mí la ingenuidad y en ti el enigma.

Ni la vieja escalera de ladrillos
húmedos, desgastados y musgosos.
Todo es argamasa[17] y pedregullo[18]
y barnices espesos y olorosos.

Patricio, arcaico parque de Lezama
cortado y recortado a mi deseo,
verdinegro por donde te mirare
salvo el halo de oro del Museo:

desde un bar arco iris te saludo
ahíto de café y melancolía,
dejo en la silla próxima una rosa
y digo tu elegía y mi elegía.

---

[7] antiguo parque de Buenos Aires. Estrofas de endecasílabos; los versos impares son libres y los pares con rima
consonante.
[8] destruído, roído
[9] bejucos
[10] vagabundas
[11] Machado, Antonio: célebre poeta español (1875-1939),
de la Generación del 98, a quien el autor admiraba mucho.

[12] taimado, cauteloso
[13] parte delantera y sobresaliente de la gorra
[14] cabello
[15] viento muy fuerte
[16] depósitos para agua de lluvia
[17] mezcla de cal, arena y agua
[18] lugar lleno de piedras

Versos de Negrita, 1920

Sahumerio[19]

Grato es cenar, amada, en tu casita
de muros anchos y de muebles viejos,
y caminar después hacia la sala
que alegre y bulliciosa fue en un tiempo.

Tu hermana Nela nos precede, en alto
el sahumador de cobre y arabescos.

Va dejando una estela de perfumes,
dijérase el hogar nave de templo.

Tu hermana es alta, pálida, flexible,
y las volutas[20] del quemado incienso
fingen, al deshacerse por el aire,
el oro ceniciento[21] de su pelo.

Aldea española, 1925

Infancia[22]

Tenía aquel huerto
muy altas las tapias,
muy llenas de broza[23]
y encajos las bardas,[24]
y todos sabíamos
que detrás estaba
mi abuelo, el Civil
como lo llamaban,
las trentes[25] al hombro
ceñuda la cara,
en torno a sus árboles:

las ciruelas claudias
y las gordas peras
de muslo de dama
y las garrafales[26]
guindas coloradas . . .
Sí que lo sabíamos,
pero no importaba.
Y en cualquier desliz[27]
de la adusta guardia,
ni hojas dejábamos
en las curvas ramas.

¿Entonces, Dios mío,
yo he tenido infancia,
y he tirado piedras
y he saltado vallas
y he robado quimas[28]
de fruta cargadas?
¿Y que esto ha pasado
en una lejana
aldehuela de oro,[29]
allá, por España?

Décimas, 1928

Colgando en casa un retrato de Rubén Darío[30]

I

Aquí nos tienes, Darío,
reunidos a todos; mira:
ésta es mi mujer, Dalmira,
morena como un estío.
Éste el hijo en quien confío
que dilate[31] mi memoria,
y esta mi niña y mi gloria
tan pequeña y delicada,
que de ella no digo nada . . .
Cuatro meses es su historia.

II

El momento de yantar
desde hoy has de presidir,
y hasta el llorar y el reir
y la hora de trabajar.
Desde ahí contempla el hogar
que no gozaste en el mundo,
mientras yo, meditabundo,
cuando mire tu retrato
te envidiaré largo rato
triste, genial y errabundo.

---

[19] incienso, humo perfumado o aromático. Este poema es de *Versos de Negrita* (1920), apodo de la esposa del poeta porque era muy morena y a quien le dedicó esta colección y la titulada *Último cofre de Negrita* (1929).
[20] espirales de humo
[21] color de ceniza
[22] Especie de romancillo de versos de seis sílabas con rima asonante en *a-a-* en los pares.
[23] vegetal, planta
[24] cubierta de zarzas puesta sobre las tapias
[25] especies de bieldo u horcón con los dientes de hierro
[26] muy grandes
[27] descuido
[28] ramas de un árbol
[29] posible alusión a Bárcena, pueblecito español donde vivió de los seis a los trece años
[30] Composiciones escritas en décimas.
[31] prolongue, extienda

Seguidillas, 1936

Seguidillas personales[32]

Yo me lancé a la vida
   audaz, desnudo,[33]
apretada una rosa
en cada puño.
   Y no he hecho nada,
aquí estoy sentadito
a la ventana.

He sido siempre un hombre
   de última hora,
el que pierde ocasiones
y el que las llora.
   Soy el que corre
por andenes[34] vacíos
el postrer[35] coche.

Yo era como una hoguera
   resplandeciente,
danza de llamas blancas,
rojas y verdes.[36]
   Ahora soy humo
una antorcha caída[37]
al pie de un muro

Viaje del Tucumán, 1949

Las cumbres[38]

Pronto se busca el ascenso
de las cumbres celebradas
y por los alrededores
el automóvil se enarca.[39]
Sendas de palos borrachos,[40]
odres, botijas, tinajas,
entre lapachos y tarcos[41]
de florecillas rosadas.
El palo borracho tiene
una simpatía humana.
Trepamos a San Javier
en una tarde nublada.
¡Arista, la de San Javier,[42]
vuelo de ponchos y faldas!
Y tres o cuatro mujeres
y unas chiquillas descalzas,
que al brillo de una moneda
en el pasto se arrojaban,
con las narices mocosas,
las piernas amoratadas
y el rancho semideshecho
ya vencidas las estacas.
Un pajarraco en lo alto
giraba, negro, giraba.

Villa Nougués,[43] allá arriba,
parece que nos llamaba.
Ya estamos en la espiral
el auto a media jornada,
la rueda en el precipicio
y el temor en la garganta.
El árbol desde la hondura
recto subía y triunfaba:
algunos, fustes de pórfido,[44]
otros, abuelos con barbas.
Cientos de helechos, millares,
los airecillos serraban.
¡Ay, un helecho de aquéllos
para cegar mi ventana!
Vencida Villa Nougués,
y de Juan Terán,[45] la casa,
alcanzamos el Vivero,
vivas hojas, vivas aguas.
Era allí una mar de cumbres
ya violetas, ya azuladas,
escalando el firmamento
entre nubecillas cárdenas.[46]
Lo inaccesible, lo ignoto,
aquellas cimas licuadas

y la historia y la leyenda
de la una y otra raza.
¡Qué caricia la del viento
y también qué puñalada!
Caricia y acero juntos
clavados en las entrañas.
Era el frío por el frío
con su pasmo y con su ansia,
era el alma que quería
cortar la postrer amarra.
Y tuve que descender:
como un picacho me helaba.
En la llanura mullida[47]
Tucumán centelleaba;
era un millón de luciérnagas,
yo saqué la cuenta exacta.
Y en mitad de la pendiente,
en equilibrio, una vaca.
Buenos Aires, desde aquí,
se deshace a la distancia.
Es apenas una cúpula,
el índice de una fábrica,
y el estuario de Solís[48]
una burbujita, nada.

---

[32] Seguidilla, composición poética de carácter popular compuesta de cuatro o de siete versos y en la que se combinan heptasílabos y pentasílabos
[33] sin nada, sin bienes
[34] plataformas en las estaciones del ferrocarril
[35] último
[36] tenía toda la pasión y el vigor de la juventud
[37] el poeta tiene 51 años y se siente en decadencia
[38] Romance octosílabo que aparece en Viaje del Tucumán (1949), provincia de la República Argentina
[39] se arquea
[40] árboles espinosos, de troncos gruesos, muy abundantes en la Argentina

[41] lapachos: nombre dado en la región del Río de la Plata a un árbol de la familia de las bigonáceas; tarcos: árbol que produce buena madera
[42] altura cerca de la ciudad de Tucumán
[43] pueblo próximo a Tucumán
[44] palos compactos y muy duros
[45] renombrado escritor y educador argentino (1880-1938)
[46] violáceas; color violeta
[47] blanda
[48] nombre que también se le da al Río de la Plata en honor de Juan Díaz de Solís (¿?-1516), navegante español que lo descubrió y murió peleando contra los indios.

Rafael Arévalo Martínez

GUATEMALA, 1884

Renombre extraordinario como poeta en la vena del realismo poético sentimental e irónico, y narrador afiliado a las tendencias sicológicas e imaginativas más recientes ha ganado Rafael Arévalo Martínez, uno de los escritores más originales de esta literatura. Se ha distinguido también como novelista, ensayista de tendencia filosófica y autor teatral. Después de graduarse de bachiller trabajó como empleado de dos casas de cambio y en un banco. En distintas ocasiones ha sido profesor gozando del cariño y admiración de sus alumnos, porque es hombre interesantísimo y de una gran bondad de corazón. Por algún tiempo sirvió de redactor-jefe del diario *La República* de la ciudad de Guatemala y más tarde como redactor de *El Nuevo Tiempo* de Tegucigalpa. Por tres años fue redactor de *Centro América*, órgano de publicidad de la Oficina Internacional Centroamericana. De 1926 a 1945 ocupó la dirección de la Biblioteca Nacional de Guatemala. En 1946 se le nombró Delegado de Guatemala con rango de Embajador ante la Organización de Estados Americanos, permaneciendo en dicho cargo poco más de un año. Es miembro de la Academia Guatemalteca de la lengua y correspondiente de la Española. El Instituto Internacional de Literatura Iberoamericana lo incluyó entre los cien escritores más distinguidos y representativos de Hispanoamérica. Todavía hoy, a una edad avanzada se muestra activo en las letras.

Arévalo Martínez ganó su primer renombre como poeta, seguidor de Rubén Darío como lo demuestra su poemario *Maya* (1911). Luego se orientó hacia la tendencia postmodernista del realismo poético irónico y sentimental con sus libros *Los ator-mentados* (1914), *Las rosas de Engaddi* (1918) *Llama* (1934) y el último, *Por un caminito así* (1947). Es un poeta profundo en cuyos versos la ironía, su amplia simpatía humana y su preocupación trascendente forman un todo de mucha originalidad. Su poesía es también expresiva de sus dudas, caídas, creencias. Después de su gran crisis espiritual e ideológica de 1954, debido a una grave enfermedad, volvió al seno de la religión cristiana movido por una especie de temor que lo conduce a una sincera humillación para lograr el perdón, como lo expresa en su poema «Oración»:

> Señor, perdón; no te he amado, pero te he temido;
> no puedo acogerme a tu misericordia, pero a tu justicia me he acogido.
> Señor, para mi amor al arte, perdón,
> Perdona que en este mismo instante rime mi petición.
> Perdón para mi vanidad;
> perdón porque no soy puro ni sencillo,
> Señor, pero me humillo,
> y reconozco mi maldad.

Hoy nos parece que lo más perdurable del gran escritor está en su prosa narrativa donde encontramos novelas y cuentos. Con estas obras de vuelo libre de la imaginación y aguda penetración sicológica ha contribuído a revolucionar la literatura hispanoamericana y se ha adelantado a Kafka, Ionesco, Cortázar, Arreola y otros cultivadores actuales de la llamada «literatura del absurdo». Entre sus cuentos más famosos ocupan lugar importante: *El hombre que parecía un caballo* (1915), *El trovador colombiano* (1915), *La signatura de la esfinge* (1933), *El hechizado* (1933), *Nuestra señora de los locos* (1914) y *Las fieras del trópico* (1915). Sus novelas más leídas incluyen: *El señor Monitot* (1922), *Las noches en el palacio de la Nunciatura* (1927), *El mundo de los maharachías* (1938) y *Viaje a Ipanda* (1939). La gran mayoría de sus narraciones corresponden al género de los relatos que él mismo ha llamado «psicozoológicos», primicias de este tipo de narraciones en Hispanoamérica. En estos relatos nos ofrece las semejanzas físicas, espirituales, temperamentales y anímicas entre los seres humanos y los animales, defendiendo la tesis de que todas las criaturas tienen una unidad básica, aunque el hombre se distingue por la conciencia y el animal por su irracionalidad. Son historias con un hilo argumental muy tenue, donde lo que sobresale es la penetración sicológica, el caprichoso vuelo de la fantasía, la sensibilidad estética de un gran artista, la búsqueda de los misterios del subconciente, todo apresado en un estilo muy refinado. Los aciertos de imágenes contribuyen a crear una atmósfera fantástica y misteriosa que envuelve y subyuga al lector. Arévalo Martínez es uno de los introductores de las corrientes suprarrealistas en esta literatura por la técnica, donde prevalece lo ideológico, el monólogo interior, lo laberíntico, la libre asociación de ideas y otros métodos contemporáneos. Es —sin lugar a dudas— una de las figuras más originales e interesantes de las letras de Hispanoamérica. Su obra ha abierto nuevos derroteros a la narrativa, no sólo en el aspecto técnico, sino en la base filosófica, humana y sicológica, porque sus relatos más que entretener, son un reto a la meditación y el pensamiento.

FUENTES: *Obras escogidas; prosa y poesía*, Guatemala, Editorial Universitaria, Universidad de San Carlos, 1959. *Cuentos y poesías*, Madrid, Ediciones Iberoamericanas, 1961 (Bibl. de Autores Hispanoamericanos, III). Introducción, selecciones y notas de Carlos García-Prada.

Los atormentados

1914

Los hombres-lobos[1]

Primero dije «hermanos», y les tendí las manos;
después en mis corderos[2] hicieron mal sus robos;
y entonces en mi alma murió la voz de hermanos
y me acerqué a mirarlos: ¡y todos eran lobos!

---

[1] Nótese la influencia de «Los motivos del lobo» de Rubén Darío. Versos alejandrinos (siete y siete) con rima consonante *abab*.

[2] ovejas

¿Qué sucedía en mi alma que así marchaba a ciegas,
en mi alma pobre y triste que sueña y se encariña?
¿Cómo no vi en sus trancos[3] las bestias andariegas?
¿Cómo no vi en sus ojos instintos de rapiña[4]?

Después yo, también lobo, dejé el sendero sano;
después yo, también lobo, caí no sé en qué lodos;
y entonces en cada uno de ellos tuve un hermano
y me acerqué a mirarlos: ¡y eran hombres todos!

Ananké[5]

Cuando llegué a la parte en que el camino
se dividía en dos, la sombra vino
a doblar el horror de mi agonía.
¡Hora de los destinos! Cuando llegas
es inútil luchar. Y yo sentía
que me solicitaban[6] fuerzas ciegas.

Desde la cumbre en que disforme lava
escondía la frente de granito,
mi vida como un péndulo oscilaba
con la fatalidad de un «está escrito».

Un paso nada más y definía
para mí la existencia o la agonía,
para mí la razón o el desatino . . .[7]
Yo di aquel paso y se cumplió un destino . . .

El señor que lo veía . . .

Porque en dura travesía[8]
era un flaco peregrino,
el Señor que lo veía
hizo llano mi camino.

Porque la melancolía
sólo marchaba a mi vera,
el Señor que lo veía
me mandó una compañera.

Porque agonizaba el día
y era cobarde el viajero,
el Señor que lo veía
hizo corto mi sendero.

Y porque era la[9] alma mía
la alma de las mariposas,
el Señor que lo veía
a mi paso sembró rosas.

Y es que sus manos sedeñas[10]
hacen las cuentas cabales
y no mandan grandes males
para las almas pequeñas.

---

[3] saltos, pasos largos
[4] robo con violencia
[5] voz griega que significa hado o destino
[6] llamaban, requerían
[7] locura, disparate
[8] viaje
[9] la por *el*
[10] como la seda

Retrato de mujer[11]

Ella es una muchacha muy gorda y muy fea;
pero con un gran contento interior.
Su vida es buena, como la de las vacas de su
                                    aldea,[12]
y de mí posee mi mejor amor.

Es llena de vida como la mañana;
sus actividades no encuentran reposo;
es gorda, es buena, es alegre y es sana;
yo la amo por flaco, por malo, por triste y por
                                    ocioso.[13]

En mi bohemia, cuando verde copa
se derramaba, demasiado henchida,
ella cosió botones a mi ropa
y solidaridades a mi vida.

Ella es de esas mujeres madres de todos
los que nacieron tristes o viven beodos;[14]
de todos los que arrastran penosamente,
pisando sobre abrojos, su vida trunca.
Ella sustituyó a la hermana ausente
y a la esposa que no he tenido nunca.

Cuando se pone en jarras,[15] parece un asa
de tinajo cada brazo suyo;[16] es tan buena ama de casa
que cuando mi existencia vio manchada y helada y destruída
la lavó, la aplanchó, y luego, paciente,
la cosió por dos lados a la vida
y la ha tendido al sol piadosamente.

Las rosas de Engaddi

1927

Ropa limpia[1]

Le besé la mano y olía a jabón;
yo llevé la mía contra el corazón.

Le besé la mano breve y delicada
y la boca mía quedó perfumada.

Muchachita limpia, quien a ti[2] se atreva,
que como tus manos huela a ropa nueva.

Besé sus cabellos de crencha ondulada;[3]
¡si también olían a ropa lavada!

¿A qué linfa llevas tu cuerpo y tu ropa?
¿En qué fuente pura te lavas la cara?
Muchachita limpia, si eres una copa
llena de agua clara.

---

[11] Combina muy bien el realismo irónico con una nota de simpatía humana hacia una mujer buena y bondadosa.
[12] Nótese en éste y otros símiles, el realismo.
[13] uno que no trabaja, desocupado
[14] ebrios, borrachos
[15] con los brazos arqueados y las manos en las caderas
[16] Nueva muestra del realismo poético. *tinajo:* o tinaja,

vasija grande de barro para guardar agua, aceite u otros líquidos.
[1] Versos de doce sílabas; termina con un pie quebrado seis.
[2] quien contigo
[3] cabello ensortijado, con ondas

Oración[4]

Tengo miedo, miedo a no sé qué, el miedo de una visión confusa.
Un miedo que desconocen los buenos.
Señor, mi miedo mismo de mi crimen me acusa:
si no fuera tan vil te amaría más y te temería menos.

Señor, perdón; no te he amado, pero te he temido;
no pude acogerme a tu misericordia, pero a tu justicia me he acogido.

Señor, para mi amor al arte, perdón.
Perdona que en este mismo instante rime mi petición.
Perdón para mi vanidad;
perdón porque no soy puro ni sencillo,
Señor, pero me humillo
y reconozco mi maldad.

La signatura de la Esfinge[1]

1933

I

Apenas concluí mis abluciones matinales, escribí a Elena la carta que llevó un propio.[2] Me estremecía de comprensión y de deseo de comunicarme con la extraña y bella mujer, al escribirla. La carta decía:

Guatemala, 22 de enero de 19 . . .
Mi temerosa amiga: Ya sé cuál es su signatura, definitivamente. Ya conozco la clave de su trágica vida, que lo explica todo. Su hieroglífico[3] es el de *leona*. Corro a visitarla en cuanto pueda.
J. M. CENDAL.

Breves instantes después estaba con Elena. Encontré a mi amiga en su lecho, con su hermoso cuerpo de leona cubierto por una bata; y su leonina cabeza, de refulgente cabellera enmarañada,[4] abatida contra las sábanas. Sus

---

[4] Expresa una actitud típica en el poeta: se acerca a la divinidad, más por temor que por el ansia de adoración. Quiere salvarse de su maldad a través de la humillación.
[1] Constituye uno de los más famosos «cuentos psico-zoológicos» del autor. Es la historia de una mujer masculina —por su carácter fuerte y dominador— que es presentada, en un proceso de deshumanización aparente, como una leona. Al igual que Ionesco en *Rhinoceros* y el propio autor en *El hombre que parecía un caballo*, los protagonistas se dividen en fuertes y débiles. Lo esencial es el desarrollo sicológico del personaje, con escasas referencias al mundo exterior y una línea argumental muy tenue. Se rompe la estructura tradicional del cuento. La narración se emplea para explicar el carácter de una persona a través del mundo zoológico, pero sin bestializarla como en el Naturalismo. Elena es una leona porque

es hermosa, altanera, enérgica, envolvente, pero quieta y silenciosa. Se rompe el tiempo cronológico convencional, porque se va del presente al pasado y viceversa, sin seguir el orden de los hechos. Aunque casi científico, el estilo es dinámico, con escasos momentos poéticos. El uso de verbos, exclamaciones y breves diálogos aquí y allá ofrecen el único movimiento de un relato sin acción. Aunque es posible que el lector piense otra cosa de Elena, por la forma en que es presentada, al final se descubre que es femenina, pero tan fuerte que necesita un león —es decir, un hombre de carácter— que pueda dominarla y hacerla feliz.
[2] mensajero
[3] o jeroglífico
[4] enredada, complicada

magníficos ojos fosforescían en la penumbra de la alcoba. Aparecía llorosa y enferma. Le expliqué mi carta.

—Dulce amiga —dije—, me preparaba a buscar en el agua fría alivio para mi cansancio cuando tuve la clara visión de su signatura, que explica su vida. Me turbé tanto que no podría decirle lo que hice inmediatamente después.

—Ante todo: ¿qué es una signatura?

—Se llama signatura a la primaria división en cuatro grandes grupos de la raza humana. El tipo de la primera signatura es el buey: las gentes instintivas y en las que predomina el aspecto pasivo de la naturaleza; el tipo de la segunda signatura es el león: las gentes violentas, de presa, en las que predomina la pasión; el tipo de la tercera es el águila: las gentes intelectuales, artistas, en las que predomina la mente; el cuarto y último es el hombre: las gentes superiores, en las que predomina la voluntad. Usted es un puro y hermoso tipo de leona. No le doy más detalles porque sería largo de expresarse.

—Acepto.

Y vi los hermosos ojos de mi amiga brillar de comprensión y de majestad.

—Y ahora, ¿quiere que estudiemos cómo llegué a esta maravillosa visión? Se puede dividir en cinco partes el camino del conocimiento. Primera parte: la que empieza con la intuición inicial de cuando me di clara cuenta, en el Teatro Palace, y viendo ambos correr una cinta,[5] de su fuerte naturaleza magnética, que al aproximarme a usted me llenaba de vitalidad y de energía. Segunda: cuando, jugando ajedrez, usted me tomó una pieza con movimiento tan rápido, tan felino, que parecía el acto de una fiera al caer sobre su presa. Tercera: cuando la concebí como una esfinge. Cuarta: cuando me enseñó su cuadro de «El león». Quinta y definitiva:—la luz deslumbradora— cuando llorosa y desencajada[6] por el dolor, echada[7] sobre la alfombra de su cuarto, tuve la clara visión de su trágica naturaleza de leona. Hay más invisibles jalones[8] en este encantado sendero de sombras, en busca de lo desconocido, algunos que ya señalé, y otros que irán apareciendo poco

a poco; pero no tienen la misma importancia que los enumerados.

Y para manifestárselos ahora a usted, prescindiré del orden cronológico, y pasaré, por de pronto, al de su importancia, en el que sólo quedan dos: cuando usted se me apareció como una esfinge; y cuando, toda llorosa y desencajada por el dolor, apareció clara su verdadera naturaleza de leona.

Si usted hubiera seguido subordinada a su esposo; si no hubiera obtenido, con el divorcio, la libertad de acción, probablemente yo nunca habría podido llegar al conocimiento de su naturaleza leonina: pero, emancipada, *usted pudo reconstruir su cueva florestal*.[9] Pudo arrendar una hermosa casa, y alhajarla. Usted misma me afirmó que prefería comer poco y restar algo a necesidades apremiantes[10] con tal de tener una cómoda vivienda, que diera el apropiado marco a su espíritu. Naturalmente, de la casa elegida formaba parte una amplia sala. Adosada[11] a una de las paredes, y en su medio, usted construyó una extensa especie de canapé, tan bajo que apenas se alzaba diez centímetros del suelo, y lo cubrió de lujosas telas y de almohadas y cojines singularmente bellos y suaves. Almohadones que eran una verdadera obra de arte, de extraños y turbadores matices. Sobre esta alfombra, usted tomó luego el hábito de echarse, para leer y para descansar. Este amplio lecho, que supo obtener, fue obra instintiva de su subconsciente. Usted buscaba poder adoptar su posición habitual de descanso, la única en que puede descansar: *el lecho de la gruta en que reposa la leona*.

Usted se acordará, sin embargo, de que no fue en este bajo lecho donde yo tuve la primera y vaga noción de su signatura, sino en un suntuoso sofá, mucho más alto. Me encontraba descansando en él, y cuando usted se preparaba a leer una obra célebre, a la que no puedo dar nombre, con su magnífica y cálida voz, que amo tanto, yo le supliqué que tomara asiento a mi lado, para entrar en el radio que abarcaba su aura[12] y poder recibir su tibia onda de vida animal; pero usted se negó y *se echó a mis pies en*

---

[5] película
[6] dislocada, descompuesta, abatida
[7] acostada, reclinada
[8] trechos, distancias

[9] especie de cueva para vivir como los leones
[10] urgentes
[11] arrimada, pegada
[12] en la zona de su esfera de influencia

la alfombra. Así leyó. Y entonces yo tuve la conturbadora visión de que usted era una esfinge, visión que me llenó de inquietud y me desorientó, porque no existe propiamente *signatura de esfinge*. Es un símbolo demasiado alto para el hombre.

—¿Y entonces?

—Es que lo que yo vi entonces claramente fue su cuerpo, definidamente animal, echado en el suelo; *su cuerpo de gran digitígrado*,[13] *su hermoso y robusto cuerpo de fiera;* y era tan clara para mí aquella forma bestial, que la acepté sin vacilar; y dije: «poderoso y bello cuerpo animal»; pero sobre él —usted estaba echada— emergía —*hacía usted emerger*— una hermosa cabeza femenina, clásica, que parecía una bella medalla griega o romana —usted es muy bella y tiene un bellísimo rostro femenil—. La gran nariz griega, tan recta y noble; la ancha frente; el mentón[14] puro; todo aquel bello rostro de mujer se alzaba sobre la poderosa forma de bruto tendida a mis pies. La conturbadora percepción no pudo ser evadida; y le dije: «Usted me desconcierta y me inquieta, *porque se parece demasiado a la esfinge.*» ¿Comprende usted el proceso? Un rostro de mujer, amplio y definido, sobre un poderoso cuerpo de león, echado. ¿Qué otra cosa es la esfinge? Recuerde: la esfinge tiene rostro y pechos de mujer, y cuerpo y patas de león. Y aquí tengo que contarle, por vía de digresión, algo extraño también: *No sé por qué, pero tengo en la mente fijo, con gran frecuencia, el rostro femenino de la esfinge.* ¿Entiende usted? Y esta visión frecuente me hizo posible identificarla a usted con rapidez. Yo veía el cuerpo del león y la cabeza de la mujer y balbuceé: «esfinge». Sólo que si mi percepción del rostro de la mujer fue clara, la del cuerpo del león no se precisó lo bastante[15] como para permitirme afirmar: cuerpo de león. No obstante, la sensación indefinida bastó[16] a mi pobre espíritu de dios encadenado para murmurar: esfinge.

Después pasaron días. Yo seguía en aquella misteriosa, aquella aterradora esclavitud de usted. Yo la buscaba como la aguja imantada busca el norte —no se ría: esto no es, *aquí,* un lugar común—; yo me volvía[17] hacia usted como el heliotropo[18] se vuelve hacia la luz. Yo la hubiera buscado aunque ir hacia usted fuera ir al encuentro de una inenarrable tortura. Usted era para mí algo más precioso que la misma vida; mi amor más grande; sangre de mi sangre; médula de mis huesos. Yo la buscaba, digo, todas las noches hasta que un día me encontré tan cansado de usted, tan fatigado de usted, que decidí no ir a buscarla. Sabía que verla era exponerme a morir de cansancio. El espíritu cansa, el *deus* fatiga. «Siento la fatiga del *deus* que me hostiga» —dijo el poeta. Entonces compuse aquellos cruentos versos que más tarde le leeré de nuevo y que empiezan: «La padecí como una calentura[19] / como se padece una obsesión. / Si prosigo[20] sufriendo su presencia / hubiera muerto yo.» ¿Se acuerda? Estaba muy cansado, repito, aquella noche, y decidí descansar de usted y no venir a verla; pero en el lecho me seguía fatigando mi pensamiento; y necesité huir también de mí mismo. ¿Cómo? ¿Dormir? No podía. «Cuando está uno tan cansado, que ya no puede descansar» ...¿Buscar los paraísos artificiales? Arrojé al mar la llave que abre su puerta. ¿Qué hacer? Pensé que un buen libro es también un estupefaciente: un nepente, como diría Rubén;[21] y recordé que usted me había repetidas veces ofrecido y entregado *Ella,* de Rider Haggard;[22] y que yo siempre lo dejé olvidado en su sala, porque usted me llenaba[23] de tal modo que no tenía tiempo para leer. Entonces decidí pasar sólo por un momento a su casa con dos objetos: el referido de pedirle *Ella,* de Rider Haggard; y el de avisarle que aquella noche faltaría a la cita.

Pero no contaba con el huésped desconocido y misterioso, con el demonio interior que a veces me posee. Apenas entré a su vivienda y la hablé, fui de nuevo víctima de mi embrujo, de

---

[13] animales que se apoyan en los dedos al andar
[14] barbilla
[15] suficientemente
[16] fue suficiente
[17] dirigía mi mirada, mi cara
[18] flor de perfume delicado; se dice que gira hacia donde está el sol
[19] fiebre

[20] continúo
[21] *nepente:* bebida mágica, remedio contra la tristeza; *Rubén Darío:* el gran poeta nicaragüense (1867–1916), líder del Modernismo
[22] Sir Henry Rider Haggard: novelista inglés (1856–1925), autor de aventuras románticas como *King Solomon's Mines* (1885) y *She* (1887)
[23] absorbía

su sortílega[24] presencia, y ya no pude salir. Usted me fascina. Como de costumbre, sus sencillas palabras: —«No se vaya»; me encadenaron a usted.

5 Estaba tan cansado, que me eché en el lecho, a su lado; en el lecho donde usted lloraba, presa[25] de un gran dolor, convulsionando su magnífico cuerpo de leona, mientras un trágico signo maculaba[26] su rostro. ¿Se acuerda? Y 10 entonces, al fin —porque el débil espíritu del hombre da traspiés—,[27] *la vi como una hermosa leona echada*. Si a pesar de mi cansancio de muerte no llego aquella noche a su casa, —conducido por el espíritu que me llevaba de la 15 mano—, tal vez nunca habría sabido su terrible hieroglífico. Pero el caso es que llegué. Y la vi.

El dolor desencajaba su rostro. La fuerte mano del dolor había borrado el frágil sello de la mujer, y sólo quedaba la cabeza de la leona en el rostro antes humano. Le repito que era obra del dolor. Vi claramente el belfo leonino. Había sangre de innumerables víctimas en sus fauces entreabiertas. Y comprendí que usted no era —nunca pudo ser— *la esfinge, sino la leona*.[28]

—¿Hay sangre, pues, en mi boca?

—Sí: hay sangre. Usted acaso no sabe las *correspondencias*: los que en el plano de la tierra son víctimas sangrientas, en el plano del espíritu son víctimas espirituales.

Yo le dije siempre: usted tiene un trágico signo.

II

Y de nuevo afirmo que si no llego aquella noche a su casa el extraño suceso del aparecimiento de la fiera no se verifica, porque en todo hombre 20 hay una capa que encubre su hieroglífico, una tela que viste al animal, y cuesta[29] al espectador atravesarla con los ojos del alma y ver a la bestia encubierta; pero el dolor la atenaceaba[30] aquella noche entre las sombras equívocas; el dolor 25 había puesto un cerco[31] alrededor de sus ojos; el dolor acentuaba la cuadratura[32] de su mentón; el dolor hinchaba todo su rostro. ¡Oh qué hábil modelador es el dolor! La pena actuaba en el astral y hacía surgir su cuerpo de 30 pasión: su *kamarupa*.[33] Modelaba la dúctil materia y me entregaba su forma viva y radiante. Y vi así a la leona, a la hermosa leona que hay en usted. De momento, todavía vacilé. Era demasiado inquietante aquella visión de su 35 signatura, explicaba demasiadas cosas, para que mi espíritu desconfiado aceptara su precioso hallazgo. Temblé como el buscador de tesoros subterráneos que al fin ve aparecer, de entre las capas[34] de la tierra removida, una 40 argolla,[35] y presiente una caja; o ve la caja misma, y muere de expectación y de deseo.

¿Qué contendrá la caja misteriosa? ¿Será oro o un cadáver? ¿Iba yo a encontrar el oro del conocimiento o el cadáver del error? Y me fui desconcertado y trémulo de esperanza. Sólo que antes, ¿se acuerda?, me atreví, *porque me laceraba*[36] *su pena y deseaba consolarla* —deseo ineficaz porque el suyo era el dolor de una leona— a coger su mano derecha. Yo, tan respetuoso siempre, digo, me atreví a tomar su mano, a retirarla un poco de su cuerpo y dejarla descansar suavemente sobre la sedosa alfombra, con la palma vuelta hacia abajo; después la acaricié dulcemente. Y entonces saltó un nuevo detalle, como salta una liebre ante el cazador. —¡Oh raro ojeo[37] de sombras, a una luz lunar! ¡Oh extraño cazador, en la noche, de lo desconocido! —Y fue aquella pura, aquella lindísima mano de mujer, que descansaba sobre la alfombra, y que era una admirable y terrible garra leonina, a pesar de su belleza. Dos veces usted la retiró, encogiéndola; y se la metió en el pecho como hacen los gatos con sus suaves manos de felpa; o los leones —y en general todo el género felis[38]— cuando van a dormir. Yo necesito que usted vea a una gata descansar.

---

[24] hechicera, maléfica
[25] víctima
[26] manchaba, ensuciaba
[27] resbala, tropieza
[28] mujer fuerte que ha destruído a muchos hombres
[29] da trabajo
[30] atormentaba, afligía grandemente
[31] círculo, lo que ciñe

[32] forma cuadrada
[33] Kama era el dios del amor entre los hindúes.
[34] segmentos, porciones horizontales del terreno
[35] aro grueso de metal
[36] lastima, dañaba, desgarraba
[37] acción de espantar, ahuyentar (en la caza)
[38] felino, como el gato, el león, etc.

Observará cómo esconde su mano entre el pecho y cómo, contenta con esconderla, la dobla graciosamente sobre la articulación del brazo antes de pegarla[39] a su seno. Miraba con tal fijeza[40] estos movimientos felinos que usted se vio obligada a decirme:

—Yo descanso siempre así; por eso todas las noches se me duermen[41] los brazos, hasta el punto de producirme verdadera tortura.

Encubiertas por la suave seda de las extremidades de sus dedos, yo sin querer buscaba las uñas retráctiles.

Y alrededor de aquella muy amada y blanca mano de mujer, que era una garra de fiera, reposaban, como ella, en el suelo, los mayávicos[42] cuerpos de dos sensaciones mías, alucinantes: mi respeto corporal a la leona y mi incapacidad de consolar su tormentosa aflicción.

Y de este mi respeto corporal y del respeto que le tienen los hombres, no necesito darle muchas explicaciones. Una leona lo impone siempre. Yo tomé —amplifico— su mano con tanta vacilación como pudo hacerlo un domador incipiente con la de una leona en celo.[43]

Así, vacilante, me retiré. Ya en mi casa busqué el lecho. El sueño redondeó mi conocimiento. Al día siguiente ya le dije que me levanté para tomar un baño matinal; y me preparaba a hacer correr el agua fría sobre mi cuerpo, cuando de pronto, deslumbrante, vino a mí el conocimiento, ya sin vacilaciones, de su verdadero hieroglífico. El conocimiento que explicaba su vida: el de su signo de leona.

Y ahora voy a procurar[44] explicarle, siquiera a grandes rasgos,[45] alguno de los torturantes enigmas que la llenan de sombra. Vayamos en orden.

¿Se acuerda, Elena, de su mayor dolor? ¿Del que sintió repetidas veces, cuando los hombres se quejaron de que era poco femenina? ¿Recuerda la dura, injusta acusación de aquella amiga que la llamó con un infamante nombre? ¿Recuerda las muchas veces en que esta duda de su feminidad la atormentó y la hizo sangrar?

Hoy me lo explico y puedo explicárselo a usted. Ante todo, tengo que decirle que no conozco más pura ni más bella alma de mujer que la suya: usted es un tesoro de feminidad; usted es rica en feminidad; usted es una hembra, magnífica 5 y radiosa; pero no olvide que es la hembra del león, la leona, y que las especies inferiores sienten miedo de usted. Miedo pánico. Usted es la hembra, repito, pero la hembra del león. *Lo que ellos llamaban masculinidad no era sino* 10 *fuerza.*[46] Usted no puede ser verdaderamente hembra más que para otro león. Para los demás será la Dominadora, la Señora, la Reina. No puede tener amantes sino siervos o domadores. Necesita un león para que aparezca toda su 15 asombrosa[47] feminidad; pero los leones no abundan. De aquí su continuo tormento.

¡Y ya ve qué luz viva de antorcha que ilumina de arriba abajo la tragedia de su vida! Ahora comprenderá su fracaso matrimonial. Usted 20 casó con un fuerte digitígrado, un cuadrúpedo[48] del género felis también. No podría determinar a qué especie pertenece; pero indudablemente es otro felino. Un felino temible, de afiladas uñas, noble y fuerte dentro de los de su clase, 25 felino, como usted; pero menos poderoso que una leona. ¿Cómo pudo cometer este error, mi hermosa leona? ¿La sedujo el célebre y bello actor de cine, en escena? ¿Fue víctima del hechizo[49] de la pantalla, de esa arte mágica, 30 recién nacida, que resume y pone a contribución a todas las bellas artes, sus hermanas? ¡No se dio cuenta de que iba al desastre! ¡No ve como se odiarán eternamente esas especies antagónicas del felis leo y de los demás félidos, porque 35 expresan dos principios distintos y opuestos! Su marido continuamente sentía la tarascada[50] espiritual, la terrible manotada[51] del león; y acabó por alejarse de usted, sin duda siempre amándola y admirándola al mismo tiempo, pues 40 ya le dije que es un fino y generoso espíritu. No afronta[52] impunemente a una leona ni a otro gran felino. Su alma de usted pesa mucho, es leonina.

---

[39] juntarla, arrimarla
[40] contemplaba con persistencia, continuidad
[41] entumecen, impiden el movimiento
[42] disfrazados
[43] período erótico de los animales
[44] tratar de
[45] in muchos detalles, en forma general

[46] Punto esencial de este cuento; véase nota 1.
[47] sorprendente
[48] que tiene cuatro patas
[49] sortilegio, maleficio, encantamiento
[50] respuesta áspera y grosera
[51] golpe con las manos
[52] desafía, pone frente a frente

En cuanto a aquel otro gran dolor de su vida, el de su amiga de la infancia, Romelia, la que la fustigó[53] con un doloroso vocablo, la que la traicionó después de muchos años de recibir sus beneficios, también tiene fácil explicación. Romelia es una gatita. ¡Amistar con una leona un pequeño gato! ¡Qué tragedia! Usted puede decir la terrible frase: —*Yo soy león: los otros son gatos.* Romelia a cada momento se sentía indefensa ante usted. Por último, naturalmente, surgió la terrible acusación de masculinidad. Aquella gatita creyó masculinidad lo que era fuerza; falta de feminidad lo que era poder; crueldad lo que era potencia. Siempre había sentido celos de usted, y acabó por envidiarla; por odiarla. Entonces, a pesar de su pequeñez, felinamente, le infirió[54] aquella terrible herida, tan comprensible, que casi llegó a tocar su corazón y que alcanzó muy hondo; la que después con sus uñecillas aceradas[55] agrandaron otras bestezuelas menores e innobles, las mustélidas voraces;[56] con sus uñecillas y con sus caninos; la herida en la que más tarde debía dejar una serpiente el veneno mortífero de sus colmillos; esa herida de la que yo la estoy curando: la acusación de masculinidad. Usted me contó que un día Romelia, celosa del amor de alguien que las requebraba[57] a las dos, se atrevió a amenazarla con un látigo. Usted me refirió también la terrible reacción anímica que sintió al verse ofendida; y al hablar le vi tal majestad, tal realeza[58] herida, que comprendí todo lo que siguió después: que la amiga —en otra rápida reacción de su cariño de siempre contra su violencia de un momento— cayera a sus plantas,[59] pidiéndole perdón, arrepentida, pesarosa y temerosa; y que besara con desesperación las fimbrias[60] de su vestido. Aquel día estuvo su amistad al borde del abismo.[61] Suplicó ella tanto, sinceramente arrepentida de su breve ceguedad, que la leona joven, magnánima, generosa, la perdonó; pero en parte perdonó porque desconocía su verdadera naturaleza de leona; porque la sociedad la encadenaba con sus mil prejuicios.

Y ahora, descontadas estas dos terribles tragedias de su vida, las tragedias de la primera amistad y del primer amor frustrados, pasemos a su continuidad, a la tragedia menor y diaria que la atormenta; pasemos a esa otra queja que me ha expresado tantas veces de que también posteriores amistades no duran mucho tiempo. Yo fascino, me dijo usted; fascino hasta un grado difícil de expresar; ofusco,[62] conturbo, domino, veo a mis amigos a mis plantas, correr como siervos para satisfacer el menor de mis caprichos. Me adoran, se arrastran ante mí por complacerme; pero aquella fascinación dura muy poco; los pierdo luego. Ahora comprende, ¿no es cierto? Es la manotada de la leona *que daña cuando quiere acariciar* a seres distintos de su especie.

III

Y después de esta explicación, ¿quiere que yo, el intuitivo, siga explicando su terrible signatura? ¿Que quiere que le aclare? ¿Lo de su admirable cuadro de «El león que está pronto a devorar a su domador»? ¿Lo de los pretendientes[63] que quisieron besarla? ¿Lo de su enorme magnetismo?

—Para ir por orden,[64] permita que recuerde que usted me habló primeramente de cinco jalones en el camino del conocimiento; y que después pasó a explicarme únicamente el tercero y el quinto, los más importantes. El primero, el de ese magnetismo que dizque[65] poseo; el segundo, del ajedrez; y el cuarto, el del cuadro de «El León», no han sido aún descritos.

—Es cierto; y esa precisión no es sino un signo de su clara, fuerte y amplia inteligencia de leona. Lo del hechizo en el Teatro Palace me quitará poco tiempo, porque después tendré que tratar de él más largamente. Quiero decirle ahora nada más que yo acudí con usted a sentarnos a dos de las lunetas del Palace,

---

[53] azotó, pegó, reprendió
[54] le produjo
[55] muy puntiagudas y cortantes, como el acero
[56] mamíferos carnívoros
[57] cortejaba, enamoraba
[58] nobleza
[59] se arrodillase

[60] orillas
[61] a punto de desaparecer, acabarse
[62] deslumbro, confundo, alucino
[63] enamorados, cortejadores
[64] siguiendo un orden lógico
[65] dice que

completamente libre de su magnética acción. Yo acompañaba a doña Nadie.[66] Para mí entonces usted no era más que una antigua amiga, no muy íntima, a la que quería algo y apreciaba poco. Pero esa noche, al estar a su lado, empezó a ejercer en mí su terrible acción. Sentí, a su contacto, que se encendían los fuegos de la vida,[67] semiapagados por una doble enfermedad del cuerpo y del espíritu que con frecuencia ataca a los seres intuitivos, víctimas de las fuerzas que osan,[68] imprudentes, desatar y afrontar. De pronto me sorprendí riendo; disfruté de una gran agilidad de espíritu a la que no estaba acostumbrado, que me remozaba,[69] que me quitaba veinte años. Mis pensamientos adquirieron agudeza y claridad. Una gran serenidad tranquilizaba mi temeroso cuerpo pasional. Estoy bastante avanzado en el camino del conocimiento para no saber que aquel acrecentamiento[70] de vida se lo debía a usted: a su personalidad próxima y radiosa. Entonces comprendí que usted era una inagotable[71] fuente de energía; un espíritu noble y fuerte; y empecé a apreciarla: es decir, a amarla.

—¿Y lo del ajedrez?

—Es muy fácil de contar. Jugábamos ajedrez aquella tarde. Es un fino tablero el que usted posee, lleno de figulinas blancas y violetas, que son un primor.[72] De pronto su larga y delgada mano blanca se abatió[73] con tal rapidez sobre mi reina, para tomármela, que yo vi en el movimiento su segura explicación: la bestia de presa:[74] bestia de presa en los aires, en la tierra o en el mar. Águila, carnicero[75] o escuelo.[76] Me conturbé: miré con sincero temor a la bella dama que tenía delante. *Sólo los grandes carniceros se mueven así.* Aunque de momento no quise aceptar la cruel verdad, sí ya me sentí presa[77] de extraño miedo. Todo mi inconsciente me decía que *aquello* era verdad: que ante usted estaba ante una poderosa fuerza de destrucción.

Juega usted bien el ajedrez, Elena; y también

me depara incomparables delicias ante las piezas de marfil. ¡Son tan finas sus manos, tan blancas y tan bien proporcionadas! Sus magníficas manos de trágica actuación. Da usted así, oh gran batalladora, salida a su violencia necesaria, en este juego tan parecido a la lucha.

—Ahora explíqueme lo del cuadro de «El León».

—Seré breve porque tengo que explicarle un mundo en pocas palabras. Usted es una admirable pintora. Ese cuadro fue para mí una verdadera revelación. En él aparece un león apresado[78] que un día, despreciando el castigo del látigo y del hierro candente, encendido y *porque la mirada fija ha perdido hace tiempo todo valor*, se vuelve contra su domador, le hace frente[79] y lo acobarda hasta hacerlo salir huyendo, dejando en su temerosa huída abierta la puerta, por la que también saldrá su prisionero, a recobrar su libertad nativa.

— . . .

—¿Qué más puedo decirle de este trabajo? ¿Qué es un terrible símbolo en que el león, no sólo se vuelve contra su domador, sino también contra la sociedad? Son barrotes[80] de prejuicios, látigo de ignorancia, hierro candente de superstición los que la tenían prisionera.

—Sí. Es cierto. No es necesario nada más.

—Y ya que llegamos a hablar de sus cuadros, permítame una digresión, aunque por un momento nos separemos del camino que estamos recorriendo juntos. Déjeme que le hable de algo que tiene muy poca relación con su signatura; pero que me conmueve[81] mucho. Déjeme que le hable de ese otro admirable cuadro suyo de «La Malla».[82]

—¿La Malla?

—En toda mujer hay una maga. En la más simple mujer del carbonero[83] hay una maga. La mujer guarda el sagrado tesoro de la especie y posee artes mágicos para encadenar al hombre. El hilo de que forma su malla es el hábito. Toda

---

[66] doña Nadie: la mujer leona, porque todavía no la conocía bien
[67] volvía a tener ansias de vivir, entusiasmo vital, pasión
[68] se atreven
[69] me volvía joven
[70] aumento
[71] inacabable, inextinguible
[72] hermosura
[73] se inclinó, cayó
[74] fiera

[75] carnívoro, que come carne
[76] especie de pez
[77] esclavo, víctima
[78] enjaulado, hecho prisionero
[79] se enfrenta
[80] barras gruesas
[81] emociona
[82] «La red»
[83] quiere decir una mujer muy humilde o pobre; *carbonero*: el que hace o vende carbón (oficios muy humildes)

mujer estudia al hombre, inconscientemente, sin darse cuenta, y la naturaleza la ha dotado del poder de conocerlo intuitivamente. Toda mujer conoce las mismas signaturas que el iniciado, con más finura que éste; conoce el tipo del instintivo, del que hay que complacer la pereza y la glotonería[84] conoce el tipo del anímico, de la fiera humana, a la que sólo se adormece y domina arrojándole la vianda de adulación a su vanidad o de un obstáculo por vencer; es decir, dando de comer a la fiera; conoce al mental, del que hay que aprender las pequeñas manías, para satisfacerlas, y del que hay que suplir la pereza física, moviéndose por él. En cuanto al hombre de voluntad, que es la cuarta signatura, la mujer tiene menos armas contra él; pero las tiene siempre.

En toda mujer hay una engañadora perpetua. Nació para engañar. Es parte de su oficio. Engaña naturalmente, como las bestias respiran. El hombre piensa; la mujer seduce. Seduce al hortera[85] que le ofrece una mercancía barata; seduce al abogado que no le cobra honorarios,[86] sonríe y seduce al compañero de viaje que le cede el asiento; su sonrisa es su pequeña moneda fraccionaria de seducción, y el día en que deje de seducir, ese día está condenada a perecer[87] y a hacer morir al hombre. La mujer seduce como las hojas de los árboles se tiñen[88] de clorofila, y el papel secante embebe[89] la tinta; como el animal respira. Su naturaleza es seducción.

Así toda mujer teje una malla alrededor del amante, así lo encadena con los múltiples hilos del hábito. Éste queda y conserva al hombre amado cuando ya su pasión ha desaparecido. Usted, con sagacidad[90] verdaderamente femenina, haciendo uso de su innato conocimiento de magia y ayudada de intuición de artista, pintó ese admirable cuadro de la malla tejida al hombre amado; tejida con dolor; malla cuyos hilos tiñó la sangre de su corazón; malla llamada a suavizarle la vida, a envolverlo suavemente, dulcemente, y a retenerlo; malla que extenuaba y mataba a la divina tejedora. ¿Cómo usted pudo expresar cosas tan profundas en una obra plástica? Es uno de los secretos de su divino arte, que la ha hecho famosa.

Elena, al llegar aquí, bajó la cabeza dolorida.

De pronto la levantó y gritó con voz extrañamente ronca, llena de desesperanza.

—Ya rompí los hilos de esa malla. Cuando los destrozaba, sentía que era mi propio corazón el que rompía.

— . . .

—Y no contenta con eso, ¿sabe? . . . rompí la única rueca[91] que tiene la mujer para tejer su tela.

—Tenga miedo de decir semejantes palabras, porque esta simbólica rotura de la rueca es una renuncia a su feminidad y al amor. Y si de veras la rompió, hay que hacerse de otra rueca, de cualquier manera, aunque sea al precio de la vida.

IV

Veamos ahora lo de los pretendientes.

—Usted me habló de aquel protector que tiene una alta posición en la banca[92] y el consiguiente[93] poder social. Realizó prodigios por usted. Un día, en su casa, quiso besarla. Usted lo contuvo[94] con una mirada. ¡Pobre diablo! Cómo debe haber corrido, con la cola entre las piernas, cuando vio aparecer a la leona.

—¿Qué signatura es la suya?

—Aunque lo conozco de vista,[95] no veo su signatura en este momento; necesitaría estudiarlo; pero sí puedo decirle que es un mal sujeto; una fiera carnicera, leopardo u otra cosa por el estilo. En cuanto a aquel que un día quiso apoyar la cabeza en el seno de usted, ése es un oso gris. Peligrosa bestia. Yo desconfío de él. En cualquier momento puede aparecer la fiera. ¿Se acuerda? También fue un amigo suyo,

---

[84] vicio de comer con exceso
[85] empleado de comercio (en Madrid)
[86] dinero que se paga a un profesional por sus servicios
[87] morir
[88] pintan, dan otro color a una cosa
[89] absorbe, se empapa

[90] astucia
[91] instrumento para hilar o hacer tejidos
[92] conjunto de bancos o banqueros
[93] consecuente
[94] detuvo, paró
[95] no personalmente ni muy bien

que la llenó de dádivas. ¡Otro pobre diablo que desconoció su verdadera naturaleza de leona! ¿Qué otra cosa quiere que le diga?

—Ya no necesito preguntarle nada más. He entendido.

—Entonces, déjeme que le hable de otro extraño episodio en nuestras extrañas relaciones. Es algo más extenso que los anteriores; y ¡ay!, para mí tan precioso...

¿Ha olvidado acaso que en una ocasión, cuando principiaba nuestra amistad, al pasar por una arteria ciudadana,[96] la vi de pronto? Usted también me vio. Detuvo su coche, y me invitó a sentarme en él y a acompañarla en una gira a Amatitlán.[97] ¿Por qué acepté? No puedo decirlo. Soy hombre de costumbres modestas y llenas de orden: vivir en una casa de huéspedes, decente pero semifamiliar, alejada del ruido y propicia a mis estudios y a mi obra de arte; comer poco y a sus horas; beber raras veces, raras veces ir a los salones; pocos amigos, una sola amiga; escaso contacto social... ¿Por qué acepté? Acaso el artista que hay en mí; siempre en todo artista hay algo de bohemio libérrimo e imprevisto —no ofreció mucha resistencia a aquella su rara invitación de ir así, una o dos semanas, de temporada a Amatitlán, sin avisar a la patrona,[98] sin atender a otras obligaciones sociales. En cuanto a mi trabajo de artista, de éste no hablo porque me dejaba libre. Pero el profesor universitario debió protestar. Dije únicamente:

—¿Pero cómo quiere, señora, que me vaya así, con lo puesto,[99] sin ropa, sin cepillo de dientes?

Usted sólo contestó.

—Vámonos. Todo eso se compra en Amatitlán.

—¿Trajes también?

—Si vamos a estar varios días, enviamos por ellos a la capital.

Y nos fuimos. Usted vestía con rara elegancia, un precioso traje sastre.[1] Conducía muy bien; pero era muy atrevida. Llevaba su coche a velocidades peligrosas. Usted y el auto parecían formar un solo animal, rápido y terrible, que espantaba a los pocos transeúntes del camino y dejó moribundo a un perro, hollado sin piedad por el temible monstruo.

Hoy, a una luz nueva, entiendo perfectamente 5 lo sucedido. Soy hombre de voluntad disciplinada: no me gusta que me aparten del camino que sigo, ni del programa diario que me he trazado en la soledad de la alcoba, por la mañana. No quiero parecerme a las mujeres que 10 salen con propósito de comprarse unos guantes, y regresan con mil caras chucherías... Mil, entre las que no se encuentran los guantes necesitados. Pero usted me tomó como una leona toma con la boca a un cordero, que no 15 puede hacerle resistencia. Era más fuerte que yo...

Llegamos a la maravillosa ciudad del lago. Usted me llevó a un chalet que le habían ofrecido graciosamente,[2] para ocuparlo durante una 20 temporada. Allí nos esperaba su secretaria y una sirviente joven. La pequeña Alicia, única hija de su frustrado matrimonio, había quedado en un colegio, interna. Nos llevaban la comida del hotel. Y empezó entonces para mí aquella 25 dulce atracción, en que usted ejerció sobre todas mis potencias y sentidos su misteriosa influencia. De ahí regresé dominado por un gran amor, prisionero de usted para siempre.

¡Oh temporada divina! Más tarde le hablaré 30 del sortilegio de aquella inmensa gema azul, caída de los cielos, y que se llama el Lago de Amatitlán. De aquellas amanecidas,[3] en que recién salidos del lecho nos encontrábamos como viviendo dentro de un zafiro inmenso, 35 una vida de magia, tal era de transparente y de un pálido azul el cielo; y de un azul reflejado el ambiente; y de un azul intenso el lago. La materia aparecía traslúcida y adquiría una tonalidad azul; y suaves montañas de curvas femeni- 40 nas cerraban el paisaje, como un coro de doncellas que abarcaran con sus manos unidas el horizonte.[4] El chalet estaba en una posición descollante,[5] una escalera descendía, suavemente, hasta el lago que murmuraba a nuestros 45

---

[96] una calle principal de la ciudad
[97] famoso lago de Guatemala
[98] dueña de la casa de huéspedes
[99] sólo con la ropa que lleva encima
[1] vestido femenino de dos piezas, una de las cuales es una chaqueta

[2] gratis
[3] amaneceres, primeras horas de la mañana
[4] Nótese la fuerte influencia del Modernismo en este raro pasaje lírico de este cuento.
[5] sobresaliente

pies; y a él bajaba usted a bañarse con frecuencia, en realidad, como una ondina.[6] Pero volvamos a las mañanas. Yo salía, al despertar, apenas vestido, de mi cuarto al corredor que da al lago,
5 como quien se asoma a una arcadia extranatural. Y el hechizo del maravilloso cuadro empezaba. Me sentaba en un banco a contemplar el brillo del agua; veía aquellas pequeñas pinceladas de las barcas de los pescadores, y me adormía[7] en
10 espera de su llegada. Cuando usted salía al mismo corredor, yo la llamaba a mi lado, y juntos nos perdíamos en la maravillosa perspectiva. Y era tan dulce, que yo me entregaba a la dulce ilusión de que usted era mía, y de que nadie me
15 la podía quitar. Porque entonces, usted lo comprenderá, yo ya sentía por usted una atracción irresistible. Usted me hacía presa de misterioso hechizo.

¡Oh, quién pudiera permitirme explicar lo
20 que fue un largo paseo que dimos una mañana por el encantado camino que bordeaba el lago! De pronto usted se detuvo frente a un arbusto de largas espinas huecas, por las que entraba y salía un agitado pueblo de hormigas. Sabia
25 botánica —sabia en plantas, como en otros muchos conocimientos humanos y divinos—, el arbusto absorbía su atención. Yo *compartí su encanto*. Los vegetales por primera vez se mostraban a mis ojos deslumbrados. Usted sonreía maternalmente y me iniciaba en su oculta ciencia. Y así me enriquecía la vida. ¿Comprende? Es la palabra. *Me enriquecía la vida*. La tónica de la vida acentuaba su embriagante ritmo.

Después seguimos la florida senda. Ya cansados buscamos un tronco de árbol propicio[8] para descansar. Los dos sonreímos infantiles cuando usted lo encontró. Desde que se hizo el mundo parecía aguardar nuestra visita. Había sido creado exprofesamente para nosotros, con exclusión de todo otro objeto que el de darnos asiento durante una hora, desde la eternidad. Fíjese, oh Elena, que ésta es una verdadera magia y la mujer es una maga. La viste malla, la tela de la ilusión; malla, la tela de la vida.

—¡Oh, qué dulce y bello episodio acaba usted de contar! Dulce como para sorprenderme a mí que lo viví . . . —no: mentira— que pasé por él entonces y que lo vivo ahora . . . Me ha conmovido aun en esta hora de desesperanza . . . En esta hora de desolación.

V

Me he alargado mucho. Ya puestos a seguir el rastro del león, no acabaríamos nunca. Se multiplica por doquier. Conviene que obedezca en mi relato, para no cansarla, la técnica del
30 arte, y que no cargue el detalle.[9] Aun me parece haber insistido demasiado; pero es que me interesa tanto su rara signatura . . .

—No me ahorre nada; estoy tan interesada como usted.
35 —Por ejemplo, podría hablarle de su paso, largo y rápido, tan parecido al tranco; de su modo de comer y de acariciar; de sus magníficos ojos, fosforescentes en la oscuridad; de su amor por ésta, que la hace ir apagando las
40 lámparas eléctricas, por mí encendidas instintivamente; podría hablarle de cien detalles más. Sobre todo podría hablarle de su obra de arte. Habrá usted conservado en su memoria, precisa y cruel, como la conocí, cuando expuso sus cuadros en una modesta sala de lejana ciudad.

No había mucha gente. El salón, aunque decoroso, era modesto. Los cuadros eran pocos. Apenas los suficientes para aparecer discretamente en una exposición. En algunas de las obras exhibidas había verdadera maestría; inconfundible maestría. El espíritu se mostraba demasiado. Sobre todo llamaba la atención en ellas la seguridad, la limpieza de ejecución, la claridad de visión; y una extraña firmeza. ¿Desde qué sitio eminente[10] se había situado el pintor para poder obtener aquellos incomparables mirajes[11] de las puestas de sol, de la luz de la luna, rielando sobre las aguas de los lagos, de

---

[6] según las mitologías germánicas y escandinavas, ninfa de las aguas
[7] adormecía, daba sueño
[8] benigno, oportuno

[9] no entré en muchos detalles
[10] lugar alto, prominente
[11] vistas

las altas hierbas? Eran paisajes tropicales, trasladados con singular vigor y un aspecto al que no están acostumbrados los hombres. A veces el cuadro se resentía de descuido, de violencia en la ejecución, pero siempre quedaba manifiesta la garra leonina que era su marca de fábrica. Y a pesar de esta maestría, en raro contraste con ella, había en las geniales composiciones algo de selvático, de primitivo. Parecía que un salvaje, un ser intuitivo, hubiese adquirido de pronto el dominio de un arte plástico y pintara sus visiones de la selva. Me impresioné sobre todo por una pequeña obra maestra que era apenas un boceto inacabado; pero como a una luz extranatural quedó preso en ella un bosque africano. El cielo, los montes y la tierra parecían arder, en una inundación de un fuego subido; era la apoteosis del rojo. Quise comprarla, y así entré en relaciones con usted . . .

—Amargo conocimiento . . .

—Deje que ahora, ya para concluir, le hable de Alicia. ¿Se acuerda de que un día, cuando ya había ganado tal intimidad, usted me hizo pasar a su comedor, a la hora de la refacción del mediodía? ¡Oh, y cómo gocé entonces de su figura señoril, tan majestuosa y soberana, bajándose a derramar tanta ternura sobre su pequeñuela! Yo no sé si era precisamente tanta majestad lo que hacía conmovedor el contraste de contemplar tanta dulzura. Era una reina que

daba de comer a su hija. Me embrujó.

—Siga.

—¿Acaba de entender ahora su signatura de leona? Cuando yo sentí aquel goce singular al verla asistir, en el comedor de su casa, a la pequeña Alicia, fue, sin saberlo, porque me conmovía su majestad de leona, contrastando con lo inseguro de la niñez; con lo indefenso de la niñez. Era como la gracia llevada en brazos de la fuerza. En eso consistía aquel extraño deleite que encontraba al verla acariciar a Alicia, para el que en vano prodigaba vanos epítetos: *señoril, majestuoso*. Porque Alicia, fruto de una unión híbrida, no es un cachorro de león.

—¿Qué es?

—Sólo es una niña, deliciosamente frágil.

— . . .

—Mas ya es hora de que me aleje y de que la permita descansar . . .

Y al concluir mi historia callé. Elena, que hasta entonces me había escuchado con atención, pero con la creciente cólera y desaliento del que ve al médico caminar hacia un diagnóstico fatal, abdicó de pronto de su majestad de diosa. Se echó sobre el lecho y se puso a sollozar angustiosamente.

—¿Entonces, mi mal no tiene remedio? . . .

—Un león.

—Pero: ¿es que todavía queda algún león sobre la tierra?

L^{uis} C^{arlos} L^{ópez}

COLOMBIA, 1883-1950

Nació este humorista y poeta colombiano en Cartagena, ciudad muy importante en el pasado y cantada por José María de Heredia en *Los trofeos*. Allí también terminaron sus días en la fecha indicada. Pertenecía a una rica familia de origen vascozefardita. Tuvo muy escasa educación formal y no poseía ningún título universitario, pero sus lecturas fueron muy extensas y variadas. Era boticario de oficio y también enseñó literatura en un colegio de su ciudad. Vivió la vida del clásico pequeño burgués liberal de mediana fortuna, pero por lo general tranquila y monótona. Gustaba del Casino y de asistir a las tertulias del bar con bohemios e intelectuales donde se hablaba de todo: chismes, cuentos, sátira y comentarios literarios. Aquí y en otros tipos de observaciones y aventuras, tomaba el material que luego emplearía en sus versos satíricos. Fue diputado departamental, director de Salubridad Pública y Cónsul de Colombia en Munich y Baltimore. Conocía varios países de Europa, entre ellos España, así como los Estados Unidos, aunque siempre la nostalgia lo hizo regresar a su «villorrio». La enorme popularidad de sus versos puede medirse por este hecho: en Cartagena se ha construído un monumento a los «Zapatos viejos», a los que se refiere con ternura y afecto en su famoso soneto «A mi ciudad nativa».

López dejó cinco libros de poesía enmarcada en la vertiente humorística e irónica del realismo poético: *De mi villorrio* (1908), *Los hongos de la Riba* (1909), *Posturas difíciles* (1909), *Varios a varios* (1910) en colaboración con otros dos poetas y *Por el atajo* (1920). Se separó por completo de las exquisiteces del Modernismo y, en vez de la evasión hacia lo exótico, concentró su interés en la realidad inmediata de su «villorrio», buscando sus aspectos risibles, irónicos y cómicos. Cantó ese lado jocoso con melancólica filosofía, mostrando mucho talento para el verso perfecto y las imágenes felices por su poder expresivo y de captación de la realidad y del propio sentimiento del poeta. Carlos García Prada ha escrito: «López fue un innovador original e irresistible. Romántico de corazón, en su juventud leyó a los modernistas, pero como tenía un genio desprevenido, desenfadado y zumbón y observó sin prejuicios literarios el medio en que vivió, pronto se dio a burlarse de todo».* López era una personalidad compleja: tenía mucho del humorista y por eso caricaturiza la realidad desdoblada en costumbres, tipos provincianos, pero era también un sentimental y por eso su poesía está llena de simpatía hacia los seres humanos. Este punto de su poesía al lado del humorismo que supo encontrar en tantos aspectos de su villorrio, le ganaron una pronta popularidad en su patria y en todo el Mundo Hispánico. Su aguda pupila capta todos los detalles de su ciudad, desde los más importantes como el alcalde o el juez municipal hasta los más simples como el farol de la esquina, el puntapié de un niño al gato o la «impertinencia

---

* *Diccionario de la literatura latinoamericana*, Washington, D.C., Unión Panamericana, 1963; pág 63

erótica de un gato», pasando por las muchachas casaderas y el boticario. Tipos humanos, costumbres, edificios y hasta la iglesia salen retratados, destacando como en las caricaturas, los rasgos más distintivos en vez del conjunto total.

En la poesía de López encontramos cuatro líneas temáticas que andan por toda su obra. Tiene momentos de ocasional y brutal realismo, en que llega a ser mordaz como en «Versos a la luna»:

> ¡Oh, luna . . . en tu silencio te has burlado
> de todo! . . . ¡En tu silencio sideral,
> viste anoche robar en despoblado . . .
> y el ladrón era un juez municipal! . . .

Otras veces su ironía y humor producen la risa franca por la aguda observación y el arte de la frase ingeniosa. Quizás sus mejores poesías sean aquellas en que a esos elementos mezcla una nota sentimental y nostálgica, mostrando su apego y amor a las cosas de su rincón, muy bien ilustrados en el soneto «A mi ciudad nativa». Finalmente encontramos poesías líricas, por lo general descriptivas, en las que muestra su sentimiento del paisaje, y por las cosas provincianas. Es poeta festivo en quien no se encuentran descuidos de estilo, sino por el contrario, el propósito de acertar siempre en la propiedad de la metáfora y en la ejecución del verso. Hay algo único en López y es su gran habilidad para introducir siempre un punto humorístico o irónico aun en sus poesías más serias, y lo contrario: la nota triste o nostálgica que encontramos en sus mejores versos festivos. Rara vez cae en procacidades, tan típicas de muchos poetas festivos, y el prosaísmo de los temas se anula en la metáfora audaz, el tono lírico, en la reflexión filosófica y la ironía gentil.

FUENTE: *Cuarenta y dos poemas de Luis Carlos López*, México, Revista Iberoamericana, VI, No. 2 (1942), págs. 207–258. Selección y prólogo de Carlos García-Prada.

De mi villorrio

1908

Añoranza[1]

Íbamos en la tarde que caía
rápidamente sobre los caminos.
Su belleza, algo exótica, ponía
aspavientos[2] en ojos campesinos.

—Gozaremos el libro—me decía—
de tus epigramáticos y finos
versos—. En el crepúsculo moría[3]
un desfile[4] de pájaros marinos . . .

Debajo de nosotros, la espesura[5]
aprisionaba en forma de herradura
la población. Y de un charco amarillo

surgió la luna de color de argento,[6]
y a lo lejos, con un recogimiento
sentimental, lloraba un caramillo[7] . . .

---

[1] Soneto endecasílabo. Nótese la perfección formal, la belleza de las descripciones y la precisión de las metáforas. *Añoranza*: aflicción nostálgica y melancólica por el recuerdo de algo pasado o perdido
[2] demostraciones excesivas o afectadas
[3] aquí significa terminaba, concluía
[4] parada
[5] vegetación abundante y espesa
[6] plata
[7] flautilla de caña

Hongos de la Riba[8]

I

El barbero del pueblo, que usa gorra de paja
zapatillas de baile, chalecos de piqué,[9]
es un apasionado jugador de baraja,[10]
que oye misa de hinojos[11] y habla bien de
                                        Voltaire.[12]

Lector infatigable de *El Liberal*.[13] Trabaja
alegre como un vaso de vino moscatel,
zurciendo, mientras limpia la cortante navaja,
chismes, todos los chismes de la mística grey.

Con el señor Alcalde, con el veterinario,
unas buenas personas que rezan el rosario
y hablan de los milagros de San Pedro Claver,[14]

departe[15] en la cantina, discute en la gallera,[16]
sacando de la vida recortes de tijera,
alegre como un vaso de vino moscatel.

II

El alcalde, de sucio jipijapa de copa,[17]
ceñido de una banda de seda tricolor,
panzudo a lo Capeto,[18] muy holgada[19] la ropa,
luce por el poblacho su perfil de *bull-dog*.

Hombre de pelo en pecho,[20] rubio como la
                                        estopa,
rubrica con la punta de su machete. Y por
la noche cuando toma la lugareña sopa
de tallarines y ajos, se afloja el cinturón . . .

Su mujer, una chica nerviosamente guapa,
que lo tiene cogido como con una grapa,[21]
gusta de las grasientas obras de Paul de Kock,[22]

ama los abalorios[23] y se pinta las cejas,
mientras que su consorte luce por las callejas
su barriga, mil dijes[24] y una cara feroz . . .

Por el atajo

1920, 1928

Versos para ti

> Y, sin embargo, sé que te quejas.[1]
> BÉCQUER.

. . . Te quiero mucho.—Anoche parado en una esquina,
te vi llegar . . . Y como si fuese un colegial,
temblé cual si me dieran sabrosa golosina . . .
—Yo estaba junto a un viejo farol municipal.

---

[8] Sonetos alejandrinos con reiterado uso de agudos, sobre todo en los versos pares. Con frecuencia se le llama al primer soneto «El barbero» y «El alcalde» al segundo. Es una descripción realista y costumbrista ribeteada de ironía.
[9] *chaleco*: prenda de vestir de hombre que se usa entre la camisa y la chaqueta; *piqué*: tela de algodón con diversos colores
[10] juego de cartas
[11] de rodillas
[12] Voltaire, François Marie Arouet: filósofo, escritor y autor satírico francés (1694–1778), campeón de la libertad de pensamiento y una de las luminarias del siglo XVIII
[13] periódico de Cartagena fundado alrededor de 1867. Se pueden encontrar ejemplares en la Biblioteca Nacional de Bogotá.
[14] jesuita español (1580–1654) que evangelizó y protegió a

los negros en Colombia. Se le llamó el «Apóstol de los negros» y fue canonizado por el Papa León XIII en 1888.
[15] habla y se divierte con sus amigos
[16] edificio donde se celebran las peleas de gallos
[17] sombrero de paja fina, muy alto
[18] puede aludir a dos reyes: Felipe I (1052–1108), cuarto de los reyes Capetos, famoso por su ineptitud, corrupción y vida sensual o con menos probabilidad: Carlos II (839–888), «El Gordo», rey de Francia de 885 a 888.
[19] ancha
[20] audaz, valiente, de pocos escrúpulos
[21] gancho de hierro para unir cosas
[22] novelista francés (1794–1871), muy leído en su tiempo
[23] cuentecillas de cristal con huecos para hacer adornos y labores
[24] joyas, alhajas
[1] versos de la Rima XII de Gustavo Adolfo Bécquer (1836–1870)

Recuerdo los detalles, cualquier simple detalle
de aquel minuto: como grotesco chimpancé,
la sombra de un mendigo bailaba por la calle,
gimió una puerta, un chico dió a un gato un puntapié . . .

Y tú pasaste . . . Y viendo que tú ni a mí volviste
la luz de tu mirada jarifa[2] como un sol,
me puse más que triste, tan hondamente triste,
que allí me dieron ganas de ahorcarme del farol . . .

Medio ambiente

> —«Papá, ¿quién es el rey?
> —Cállate, niño, que me comprometes.»
> SWIFT.[3]

Mi buen amigo el noble Juan de Dios, compañero
de mis alegres años de juventud, ayer
no más era un artista genial, aventurero . . .
—Hoy vive en un poblacho con hijos y mujer.

. . . Y es hoy panzudo y calvo. Se quita ya el sombrero
delante de un don Sabas, de un don Lucas . . . ¿Qué hacer?
La cuestión es asunto de catre y de puchero,[4]
sin empeñar la «Singer»[5] que ayuda a mal comer.

Quimeras moceriles—mitad sueño y locura—;
quimeras y quimeras de anhelos infinitos,
y que hoy—como las piedras tiradas en el mar—

se han ido a pique[6] oyendo las pláticas del cura,
junto con la consorte,[7] la suegra y los niñitos . . .
¡Qué diablo! Si estas cosas dan ganas de llorar.

A mi ciudad nativa

> «Ciudad triste, ayer
> reina de la mar . . .»
> J. M. DE HEREDIA[8]

Noble rincón de mis abuelos: nada
como evocar, cruzando callejuelas,
los tiempos de la cruz y de la espada,[9]
del ahumado candil y las pajuelas . . .

Pues ya pasó, ciudad amurallada,
tu edad de folletín . . . Las carabelas
se fueron para siempre de tu rada[10] . . .
—¡Ya no viene el aceite en botijuelas[11]! . . .

---

[2] noble, rica, lujosa
[3] Swift, Jonathan: brillante prosista y autor satírico inglés (1667–1745), autor de *Gulliver's Travels* (1726)
[4] asunto de dormir y comer (o sea, las cosas prácticas de la vida)
[5] máquina de coser de esa marca
[6] se han hundido
[7] la esposa
[8] José María de Heredia: poeta francés nacido en Cuba

(1842–1905), uno de los líderes de los parnasianos y autor de *Les Trophées* (1893). La cita es una traducción del primer verso de su soneto «A une ville morte», dedicada a Cartagena de Indias, ciudad de López. Soneto endecasílabo, posiblemente el mejor que escribió el autor.
[9] días coloniales
[10] puerto
[11] vasijas de barro de ancho vientre, para líquidos

Fuiste heroica en los años coloniales,
cuando tus hijos, águilas caudales,
no eran una caterva de vencejos.[12]

Mas hoy, con tu tristeza y desaliño,
bien puedes inspirar ese cariño
que uno le tiene a sus zapatos viejos . . .

Égloga tropical

«¡ Qué descansada vida!»[13]
FRAY LUIS DE LEÓN.

¡Oh, sí, qué vida sana
la tuya en este rústico retiro,
    donde hay huevos de iguana,
    bollo, arepa[14] y suspiro,
y en donde nadie se ha pegado un tiro!

De la ciudad podrida
no llega un tufo[15] a tu corral . . . ¡ Qué gratas
    las horas de tu vida,
    pues andas en dos patas
como un orangután con alpargatas!

No en vano cabeceas
después de un buen ajiaco,[16] en el olvido
    total de tus ideas,
    si estás desaborido[17]
bajo un cielo que hoy tiene sarpullido.[18]

Feliz en tu cabaña
madrugas con el gallo . . . ¡ Oh, maravillas
    que oculta esta montaña
    de loros y de ardillas,
que tú a veces contemplas en cuclillas!

Duermes en tosco lecho
de palitroques[19] sin colchón de lana,
    y así, tan satisfecho,
    despiertas sin galbana,[20]
refocilado con tu barragana.[21]

Atisbas[22] el renuevo
de la congestionada clavellina,
    mientras te anuncia un huevo
    la voz de una gallina,
que salta de un jalón de la cocina.

¡ Quién pudiera en un rato
de solaz,[23] a la sombra de un caimito,[24]
    ser junto a ti un pazguato[25]
    panzudamente ahíto,[26]
para jugar con tierra y un palito!

¡Oh, sí, con un jumento,[27]
dos vacas, un lechón y una cazuela
    —y esto parece un cuento
    del nieto de tu abuela—,
siempre te sabe dulce la panela![28]

---

[12] banda de pájaros parecidos a la golondrina
[13] primer verso de la famosa oda «Vida retirada» del gran
  poeta español del Siglo de Oro, Fray Luis de León
  (1528–1591)
[14] bollo: tamal, panecillo de huevo; arepa: torta de maíz
  rellena de carne de puerco, muy popular en Colombia y
  Venezuela
[15] olor desagradable
[16] caldo con carne y muchos vegetales
[17] sin sabor, sin substancia
[18] o salpullido: ligera irritación de la piel debida al calor

[19] de palos (madera)
[20] haraganería, pereza
[21] refocilado: alegre, gozoso; barragana: amante
[22] miras con cuidado
[23] descanso, placer
[24] árbol americano y su fruto comestible
[25] simple, cándido, bobo
[26] muy lleno
[27] asno
[28] un dulce, un bizcocho

Y aún más: de mañanita
gozas en el ordeño,[29] entre la bruma,
de una leche exquisita
que hace espuma, y la espuma
retoza murmurando en la totuma.[30]

¡Oh, no, nunca te vayas
de aquí, lejos de aquí, donde te digo,
viniendo de otras playas,
que sólo en este abrigo
podrás, como un fakir, verte el ombligo!

Y ¡adiós!. . . Que te diviertas
como un piteco cimarrón[31]. . . ¡Quién sabe
si torne yo a tus puertas
—lo cual cabe y no cabe—
a pedirte una torta de cazabe![32]

Puesto que voy sin rumbo,
cual un desorientado peregrino,
que va de tumbo en tumbo[33]
buscando en el camino
cosas que a ti te importan un comino[34]. . .

Ramón López Velarde

MÉXICO, 1888-1921

El poeta mexicano que se separa del Postmodernismo y sirve como de puente al Vanguardismo es Ramón López Velarde, considerado por ese motivo como uno de los iniciadores de la nueva poesía de ese país. Es el precursor más señalado y el poeta de más directa y amplia influencia en las generaciones posteriores. La muerte temprana a los treinta y tres años, privó a México de uno de sus poetas más originales y completos. Nació en Jerez (llamado hoy García) en el estado de Zacatecas y realizó sus estudios de derecho en la Universidad de San Luis de Potosí. Después de una fugaz participación como juez de provincia se marchó a la capital en 1922, donde se distinguió como periodista, profesor y en varios cargos públicos. Escribió versos, prosas, cartas, artículos. Su obra esencial está contenida en los libros *La sangre devota* (1916), *Zozobra* (1919), *El minutero*, prosas (1923) y *El son del corazón* (1932), de publicación póstuma.

En la evolución creativa de este gran poeta se pueden distinguir tres estilos bastante diferentes en temas, intereses y técnica. *La sangre devota* ejemplifica el momento en que López Velarde se inspira en motivos provincianos, locales, que son el punto de partida de la esencial mexicanidad de su poesía. Pero no se busque en este momento rasgos costumbristas o de plástica captación de los motivos vernáculos, sino cierta ternura sentimental en la evocación de personas y cosas. Éstas, más que herirnos la sensibilidad

---

[29] proceso de extraer la leche a la vaca
[30] calabaza, güira
[31] mono salvaje

[32] torta de harina de mandioca
[33] vaivén violento, caída
[34] muy poco

con su presencia física, nos la rozan con cierto dejo de nostalgia y se deshacen dejándo-
nos su esencia íntima. Desde ese momento asistimos a la revelación de un poeta en
busca de imágenes y metáforas imprevistas, que a menudo aparecen bruscas o rudas, por
lo desusadas. Es poesía de gran suavidad como cuando evoca a un familiar en «Mi prima
Águeda» o a «La tejedora». El segundo estilo de López Velarde aparece cuando, ya
instalado en la capital de la república, publica su segundo libro, *Zozobra*, apropiado
título para el estado anímico del poeta. Constituye su obra más profunda, cuando el
poeta ha llegado a su más alto grado de madurez lírica y señorío expresivo. De la
captación de lo puramente mexicano regional, evoluciona hacia un anhelo de universalismo, mostrando más interés en la humanidad, cuyos anhelos, dolores y conflictos
expresa, tomando como punto de partida su propio corazón. Ahora el poeta se hace
más hermético en una línea metafórica muy audaz y novedosa, como anunciando que el
Vanguardismo anda muy cerca con su culto a la imagen. La influencia lejana de Góngora
y la inmediata de Lugones y de Herrera y Reissig alcanza el aspecto técnico y expresivo
de su poesía, mientras que su devoción por Charles Baudelaire parece presidir esa
lucha en el alma del poeta entre un sentido religioso casi místico y los apetitos sensuales. Hay un conflicto —demostrativo de la gran complejidad interior de López
Velarde— en que rivalizan su religiosidad básica con la tentación del demonio y la
carne. Múltiples son los poemas donde vemos este contraste entre el alma que anhela
a la divinidad y el corazón palpitante de un fuerte erotismo.

El tercer estilo de López Velarde aparece representado por *El son del corazón*, libro
que representa como una vuelta a los primeros temas, en que su mexicanidad llega al
punto más amplio porque entonces canta a toda la nación. En este instante produce
«La suave patria», alto ejemplo de poesía civil en la que el sentimiento patriótico se
concreta en imágenes nuevas y desaparece el tono declamatorio o grandilocuente de los
cantos de otras épocas, aunque la evocación contiene gran admiración y apego a la
nación. Junto a ese regreso a lo tradicional y exterior, encontramos la evolución del
poeta hacia un subjetivismo más acendrado, expresando su intimidad en versos de gran
complicación, con sus temas líricos favoritos: las luchas dentro de su espíritu, el amor,
el dolor y la muerte.

Los versos de López Velarde adquieren categoría de verdadera historia de su
corazón, porque queda fuera de ellos todo lo que no forma parte de su sensibilidad. La
hondura de su alma se muestra en los contrastes que ofrece su poesía entre los temas
provincianos y aquellos que interesan a todos los hombres; su mexicanidad y el anhelo
de humanidad; su apego por la realidad exterior y su profundo subjetivismo; su amor a
lo tradicional, lento y monótono y sus aciertos en la búsqueda de metáforas nuevas y
originales; su profunda religiosidad y los reclamos del demonio y la sensualidad. El
poeta no andaba en busca de una postura irónica contra el Modernismo, ni de un
hermetismo calculado y falso para mostrar profundidad. Las palabras y expresiones no
usuales, los efectos especiales de su poesía y las imágenes audaces eran naturales en su
inspiración poética. Por el profundo y auténtico lirismo, por el barroquismo expresivo,
por su habilidad para la transmutación de la realidad y del propio yo en un mundo
poético lleno de símbolos, abrió nuevos caminos a la poesía del continente y se afirmó
como poeta de gran originalidad y valor.

FUENTE: *Poesías completas y el minutero*, 3a edición, México, Porrúa, 1963. Edición y prólogo de Antonio
    Castro Leal.

La sangre devota, 1916

Mi prima Águeda[1]

Mi madrina invitaba a mi prima Águeda
a que pasara el día con nosotros,
y mi prima llegaba
con un contradictorio
prestigio de almidón[2] y de temible
luto ceremonioso.

Águeda aparecía, resonante
de almidón, y sus ojos
verdes y sus mejillas rubicundas[3]
me protegían contra el pavoroso
luto . . .

Yo era rapaz[4]
y conocía la o por lo redondo,
y Águeda que tejía
mansa y perseverante, en el sonoro

corredor, me causaba
calofríos[5] ignotos . . .
(Creo que hasta le debo la costumbre
heroicamente insana de hablar solo.)

A la hora de comer, en la penumbra
quieta del refectorio,
me iba embelesando un quebradizo
sonar intermitente de vajilla,
y el timbre caricioso
de la voz de mi prima.

Águeda era
(luto, pupilas verdes y mejillas
rubicundas) un cesto policromo
de manzanas y uvas
en el ébano[6] de un armario añoso.

La tejedora

Tarde de lluvia en que se agravan
al par de una íntima tristeza
un desdén manso de las cosas
y una emoción sutil y contrita que reza.

Noble delicia desdeñar
con un desdén que no se mide,
bajo el equívoco nublado:
alba que se insinúa, tarde que se despide.

Sólo tú no eres desdeñada,
pálida que al arrimo de la turbia vidriera,[7]
tejes en paz en la hora gris
tejiendo los minutos de inmemorial espera.

Llueve con quedo sonsonete[8]
nos da el relámpago luz de oro
y entra un suspiro, un vuelo de ave fragante y
                                                    húmeda,
a buscar tu regazo, que es refugio y decoro.

¡Oh, yo podría poner mis manos
sobre tus hombros de novicia
y sacudirte en loco vértigo[9]
por lograr que cayese sobre mí tu caricia,
cual se sacude el árbol prócer
(que preside las gracias floridas de un vergel)
por arrancarle la primicia
de sus hojas provectas[10] y sus frutos de miel!

---

[1] Este poema y los dos siguientes forman parte de *La sangre devota* (1916).
[2] usaba la ropa con almidón
[3] rubias, rojizas
[4] niño
[5] o escalofríos: estremecimiento del cuerpo

[6] árbol de madera negra muy buena para muebles
[7] escaparate
[8] tono, ritmo monótono
[9] vahido, mareo, desmayo
[10] viejas, maduras

Pero pareces balbucir,
toda callada y elocuente:
«Soy un frágil otoño que teme maltratarse»
e infiltras una casta quietud convaleciente
y se te ama en una tutela[11] suave y leal,
como a una párvula[12] enfermiza
hallada por el bosque un día de vendaval.[13]

Tejedora: teje en tu hilo
la inercia de mi sueño y tu ilusión confiada;
teje el silencio; teje la sílaba medrosa[14]
que cruza nuestros labios y que no dice nada;
teje la fluida voz del Ángelus[15]
con el crujido de las puertas;

teje la sístole y la diástole
de los penados corazones
que en la penumbra están alertas.

Divago[16] entre quimeras difuntas y entre
                           sueños
nacientes, y propenso a un llanto sin motivo,
voy, con el ánima dispersa
en el atardecer brumoso y efusivo,
contemplándote, Amor, a través de una niebla
de pésame, a través de una cortina ideal
de lágrimas, en tanto que tejes dicha y luto
en un limbo sentimental.

A Sara

a J. de J. Núñez y Domínguez

A mi paso y al azar[17] te desprendiste
como el fruto más profano
que pudiera concederme la benévola
actitud de este verano.

(Blonda Sara, uva en sazón:[18] mi apego franco
a tu persona, hoy me incita
a burlarme de mi ayer, por la inaudita[19]
buena fe con que creí mi sospechosa
vocación, la de un levita.)[20]

Sara, Sara: eres flexible cual la honda
de David y contundente
como el lírico guijarro del mancebo;
y das, paralelamente,
una tortura de hielo y una combustión de pira;[21]
y si en vértigo de abismo tu pelo se desmadeja,[22]
todavía, con brazo heroico
y en caída acelerada, sostienes a tu pareja.

Sara, Sara, golosina[23] de horas muelles;[24]
racimo copioso y magno de promisión, que fatigas
el dorso de dos hebreos:

---

[11] tutelaje, protección
[12] niña pequeña, inocente
[13] viento muy fiero, huracán
[14] tímida, miedosa
[15] oración cuyas primeras palabras son *Ángelus Dómini* (el ángel del Señor . . .); toque de campana que anuncia la hora para dicha oración
[16] ando sin rumbo; hablo sin concierto
[17] por casualidad

[18] madura, lista para comer
[19] (fig.) extraordinaria; nunca vista u oída
[20] diácono; israelita de la tribu de Leví, consagrado al servicio del templo
[21] hoguera para los sacrificios
[22] se afloja; se deshace el peinado
[23] manjar (comida ligera) agradable; caramelos, bombones
[24] horas de ocio, agradables

siempre te sean amigas
la llamarada del sol y del clavel;[25] si tu brava
arquitectura se rompe como un hilo inconsistente,
que bajo la tierra lóbrega
esté incólume[26] tu frente;
y que refulja tu blonda melena, como tesoro
escondido; y que se guarden indemnes[27] como real sello
tus brazos y la columna
de tu cuello.

Zozobra, 1919

Mi corazón se amerita[28]...

A Rafael López

Mi corazón leal, se amerita en la sombra.
Yo lo sacara al día, como lengua de fuego
que se saca de un ínfimo[29] purgatorio a la luz;
y al oírlo batir su cárcel, yo me anego
y me hundo en la ternura remordida de un padre
que siente, entre sus brazos, latir un hijo ciego.

Mi corazón leal, se amerita en la sombra.
Placer, amor, dolor . . . todo le es ultraje[30]
y estimula su cruel carrera logarítmica,[31]
sus ávidas mareas y su eterno oleaje.

Mi corazón leal, se amerita en la sombra.
Es la mitra y la válvula . . . Yo me lo arrancaría
para llevarlo en triunfo a conocer el día,
la estola[32] de violetas en los hombros del alba,
el cíngulo morado de los atardeceres,
los astros, y el perímetro jovial de las mujeres.

Mi corazón leal, se amerita en la sombra.
Desde una cumbre enhiesta yo lo he de lanzar
como sangriento disco a la hoguera solar.
Así extirparé el cáncer de mi fatiga dura,
seré impasible por el Este y el Oeste,
asistiré con una sonrisa depravada[33]
a las ineptitudes de la inepta cultura,
y habrá en mi corazón la llama que le preste
el incendio sinfónico de la esfera celeste.

---

[25] tu calor humano (tu radiante personalidad) y tu belleza
[26] ileso, sin daño ni lesión
[27] salvos, libres de daño
[28] *amerita:* gana méritos, prestigio
[29] pequeño, muy bajo

[30] ofensa, insulto, injuria
[31] vida muy compleja
[32] chal
[33] pervertida, corrompida

Mariano Brull

Nació en Camagüey, Cuba, y después de pasar su niñez en España regresó a su patria, graduándose de abogado en la Universidad de la Habana. Pronto se unió al grupo de vanguardia que luchaba por el adecentamiento de la vida nacional y la renovación del quehacer literario. Años más tarde ingresó en el cuerpo diplomático, lo cual lo llevó a residir en Estados Unidos, Canadá, Perú, Francia y Bélgica. Era hombre con una visión muy cosmopolita de la vida, los acontecimientos y la literatura. Son notables las traducciones que hizo de Dante Gabriel Rosetti, de Stéphane Mallarmé y, especialmente, de Paul Valéry. De este último tradujo *Cementerio marino* (Paris, 1930) y *La joven Parca* (París, 1950), colocadas entre las mejores versiones que existen en castellano. Aunque hizo de la diplomacia su modo permanente de vida, Brull ofrece el caso de una completa dedicación a las letras, sobre todo a las faenas de escribir poesía. Era un paciente y laborioso escritor, muriendo todo vestigio de improvisación a manos del constante retoque. No daba nunca un poema a la imprenta sin estar seguro de su perfección. De aquí esa impecable técnica y la impresión de cosa acabada y final que da su poesía. Ésta refleja su amplia cultura francesa e inglesa, así como su buen gusto, delicadeza y espiritualidad.

En la poesía de Brull se vislumbran las distintas fases poéticas de los tiempos en que vivió: Postmodernismo, Vanguardismo y Postvanguardismo. Con razón ha escrito Cintio Vitier: «Aunque por su primer libro, *La casa del silencio* (1916), pudiera situarse en el más valioso intimismo postmodernista bajo el signo de Enrique González Martínez y Juan Ramón Jiménez, con tono propio y fina calidad idiomática; en realidad es su segundo cuaderno, *Poemas en menguante* (1928), el que va a fijar la proyección definitiva de su obra. Se sitúa ésta, no sólo dentro de la *poesía nueva* de los años 1927 y 1930, sino como el ejemplo más cabal y constante que hemos tenido en poesía *pura*». Fue precisamente en el último libro mencionado —y ya dentro de las corrientes vanguardistas— donde apareció el famoso poema «Verdehalago», ejemplo de aliteraciones, juegos fonéticos sin contenido conceptual que han cultivado grandes poetas y es esencial en la llamada poesía *negra*. Está en la línea de las llamadas «jitanjáforas», palabra usada por Alfonso Reyes para calificar estos ensayos y tomada de otra poesía breve de Brull para diversión de sus hijas. Este ensayo muestra el ansia de renovación, de apartarse de las fórmulas manidas del arte, así como los extremismos y dislocaciones a que se llegó en ciertos momentos con influencias directas de las incoherencias del Dadaísmo.

En la plenitud de sus facultades como poeta, Brull continuó el camino iniciado en *Poemas en menguante* hasta llegar a ser uno de los cultivadores más valiosos de la llamada *poesía pura*. Es el momento de sus libros *Canto redondo* (1934), *Solo de rosa* (1941), *Tiempo en pena* (1950) y *Nada más que . . .* (1954). Como en toda poesía conceptual y decantada, el poema se despoja de anécdota y de todo lo que no es esencialmente poético. De aquí la concentración, la economía verbal, la emoción refrenada y esquiva que presenta su poesía. En estos poemas el lector no capta la realidad directamente, como lo hacen sus ojos al contemplar los objetos inmediatos, sino a través de un juego intelectual y metafórico, donde se destaca el gran virtuosismo técnico del autor. Debido a la repetición de ciertos símbolos, como la rosa, por ejemplo, y el ansia de limpidez y perfección, su poesía no está exenta de cierta monotonía, compensada, eso sí, por su profundidad y la maestría en todos los aspectos.

Brull muestra persistente predilección por los poemas de corta factura, que a veces son como miniaturas líricas por su brevedad, concisión y precisión. Le gusta recrearse en las antítesis, en el juego de conceptos y de vocablos, pero no por el mero hecho de enseñar habilidad en ese juego, sino para mostrar lo relativo de los aspectos de la realidad. Semejante procedimiento hay en sus poemas sobre el tiempo: en ellos presente, pasado, futuro están como confundidos, entrecruzados, obedeciendo más que a la libre asociación de ideas del Superrealismo, a la expresión de su credo filosófico referente al cambio dialéctico del tiempo, a su fugacidad y relatividad respecto del hombre.

Su predilección por el juego de conceptos y las antítesis está patente en «El niño y la luna»:

> La luna y el niño juegan
> un juego que nadie ve;
> se ven sin mirarse, hablan
> lengua de pura mudez.

Este anhelo de hallar la verdad recóndita de las cosas a través de conceptos aparentemente paradójicos, esta busca de una expresión propia y original, dan a su poesía un tono hermético, que exige la interpretación para su disfrute. Brull fue un precursor en muchos aspectos, tanto del Vanguardismo como de la poesía pura, lo que unido al valor intrínseco de su obra, lo acreditan como uno de los poetas más notables de su tiempo. Cuba lo cuenta entre sus grandes líricos contemporáneos, e igualmente Hispanoamérica.

FUENTE: Ediciones individuales de sus libros de poemas mencionados en esta introducción.

Poemas en menguante, 1928

Ya se derramará como obra plena[1]

Ya se derramará[2] como obra plena
toda de mí, —¡alma de un solo acento!—
múltiple en voz que ordena y desordena
trémula, al borde,[3] del huir del viento.

Y he de hallarme de nuevo, —¡todo mío!—
disperso en mí, con la palabra sola:
dulce, de tierra húmeda en rocío,
blanco en la espuma de mi propia ola.

Y el ímpetu que enfrena y desenfrena
ya sin espera: todo en el momento:
y aquí y allí, esclavo, —sin cadena—
¡y libre en la prisión del firmamento!

---

[1] Este poema está escrito en serventesios.
[2] se verterá fuera
[3] a la orilla de, al margen de

En esta tierra del alma[4]...

En esta tierra del alma
leve[5] y tenaz
—limo naciente de morires súbitos—
hueco, —entre dos piedras de silencio—
mi canto, eterno, recomienza.

¡Qué más
belleza verdadera
sabor a eterna cosa por decir!

Sin nueva espera. Ya
en tierra mía de alma —campo santo—
con la almendra del canto nacido por nacer.[6]

Verdehalago[7]

Por el verde, verde
verdería de verde mar
Rr con Rr.

Viernes, vírgula,[8] virgen
enano verde
verdularia cantárida[9]
Rr con Rr.

Verdor y verdín
verdumbre y verdura.
Verde, doble verde
de col y lechuga.

Rr con Rr
en mi verde limón
pájara verde.

Por el verde, verde
verdehalago húmedo
extiéndome.—Extiéndete.

Vengo de Mundodolido[10]
y en Verdehalago me estoy.

Canto redondo, 1934

Epitafio a la rosa[11]

Rompo una rosa y no te encuentro.[12]
Al viento, así, columnas deshojadas,
palacio de la rosa en ruinas.
Ahora —rosa imposible— empiezas:
por agujas de aire entretejida
al mar de la delicia intacta,
donde todas las rosas
—antes que rosa—
belleza son sin cárcel de belleza.

---

[4] Otra composición de *Poemas en menguante* (1928).
[5] lígera, que no es muy grande o importante
[6] no ha nacido todavía
[7] Poema que aparece en *Poemas en menguante* (1928), y que, exento de todo contenido conceptual, se entretiene en el juego fonímico de los vocablos. A estos llamó Alfonso Reyes «Jitanjáforas» tomando la palabra de un breve poema de fruición verbal que Brull dedicó a sus hijas. Demuestra el deseo de hallar nuevos caminos expresivos, la absoluta libertad que querían los vanguardistas. Es procedimiento muy usado en la llamada poesía negra,

pero también la han empleado otros grandes poetas como Federico García Lorca, Juan Ramón Jiménez, Rafael Alberti y hasta algunos clásicos.
[8] varilla, rayita
[9] quizás se refiere a las verduleras o vendedoras de verduras que cantan para anunciar su mercancía
[10] mundo doloroso, penoso
[11] Este poema es de *Canto redondo* (1934).
[12] Anda en busca de una belleza original, anterior a todo signo exterior, pensamiento que se concreta en el último verso.

Temps en peine, 1950

Tiempo en pena[13]

Yo estaba dentro y fuera —en lo mirado—
de un lado y otro el tiempo se divide,
y el péndulo no alcanza, en lo que mide,
ni el antes ni el después de lo alcanzado.

Mecido entre lo incierto y lo ignorado,
vuela el espacio que al espacio pide
detenerse en el punto en que coincide
cuanto es inesperado en lo esperado.

Por la orilla del mundo ronda en pena
el minuto fantasma: —último nido
de la ausencia tenaz que lo condena

a tiempo muerto aun antes de nacido—
mientras en torno, el péndulo encadena
el futuro a un presente siempre ido . . .

El niño y la luna[14]

La luna y el niño juegan
un juego que nadie ve;
se ven sin mirarse, hablan
lengua de pura mudez.
¿Qué se dicen, qué se callan,
quién cuenta, una, dos y tres,
y quién, tres, y dos y uno
y vuelve a empezar después?
¿Quién se quedó en el espejo,
luna, para todo ver?
Está el niño alegre y solo:

la luna tiende a sus pies
nieve de la madrugada,
azul del amanecer;
en las dos caras del mundo
—la que oye y la que ve—
se parte en dos el silencio,
la luz se vuelve al revés,
y sin manos, van las manos
a buscar quién sabe qué,
y en el minuto de nadie
pasa lo que nunca fue . . .

El niño está solo y juega
un juego que nadie ve.

---

[13] Exterior o formalmente, la composición es un soneto endecasílabo de corte clásico por la distribución de las rimas. Mediante un giro conceptista o juego de palabras muy ingenioso, el poeta canta al paso veloz del tiempo que apenas puede aprehenderse o asirse. Por eso, al final del poema dice «un presente siempre ido». Uno de los poemas mejor logrados de Brull.

[14] Otro poema de gran virtuosismo formal en el que Brull, mediante un malabarismo verbal típico y la aparente presentación de contrasentidos, expresa una idea filosófica profunda: el hombre quiere explicarse toda la naturaleza y el mundo, comunicarse con ellos, pero fracasa por momentos y se sume en su soledad.

Vicente Huidobro

En la época en que florecían como jardín abundante los «ismos» de las escuelas de vanguardia, Vicente Huidobro las estudió bien a todas y en vez de afiliarse a una en particular, fundó el Creacionismo, convirtiéndose en uno de los iniciadores de la poesía nueva, tanto en Hispanoamérica como en España. Después de Rubén Darío ningún poeta de este continente ha tenido tanta influencia renovadora en la poesía del Mundo Hispánico. Nació en Santiago, Chile y murió cerca de Cartagena, Colombia. Su bien cimentada economía le permitió dedicarse por completo a la literatura y residir por mucho tiempo en Buenos Aires, París y España. Cuando el Vanguardismo estaba en su apogeo, se trasladó a Francia e ingresó en el grupo de Guillaume Apollinaire, de quien fue gran amigo y colega intelectual. Se convirtió en seguida en uno de los colaboradores de la revista *Nord Sud,* en la que escribían los grandes innovadores del momento: Tristán Tzara, Paul Dermée, Max Jacob y Pierre Reverdy. Fue un viajero incansable, un consagrado a la poesía y uno de los hispanoamericanos con una visión más cosmopolita de la vida. Un poco ignorado al principio, hoy se le tiene como uno de los grandes innovadores de la poesía lírica en español. Su estatura de escritor dentro y fuera de su patria le ganó la postulación para la presidencia de Chile en 1925.

Huidobro fue uno de los primeros poetas hispanoamericanos en reaccionar contra el Modernismo en busca de nuevos rumbos estéticos, guiado por su gran conocimiento de la poesía francesa y por su extraordinaria imaginación y sensibilidad. Aunque Pierre Reverdy, el gran poeta francés, le ha querido quitar la gloria de haber introducido el Creacionismo como escuela poética, todo hace indicar que fue Huidobro el verdadero padre. Según esta teoría, el poeta no debe ser un simple cantor o imitador de la naturaleza y el mundo físico, sino volver a su papel original de creador e inventor de nuevas realidades. Huidobro comenzó a exponer la teoría en Chile en 1914 y en Buenos Aires en 1916, mucho antes que ningún otro poeta lo hiciese. De esa manera, a este gran escritor hay que estudiarlo, tanto por teórico y expositor de doctrinas literarias como por poeta. Para llegar a escribir poemas creacionistas hay que acudir a metáforas de gran audacia, a comparaciones que parecen disparatadas por su novedad, a neologismos, al carácter pictórico de la poesía en el papel, a la falta de puntuación, al pensamiento aparentemente ilógico y contradictorio, a las jitanjáforas y otros procedimientos. Todo esto y mucho más se encuentra en la obra del poeta chileno.

Huidobro escribió poesía tanto en francés como en español y en ambos idiomas logra una expresión poética de matices inconfundibles. Mostrando una gran precocidad lírica escribió su primer libro de versos a los diecisiete años. En sus intentos iniciales muestra influencia del Romanticismo y más tarde del Simbolismo, tendencias que supera bien pronto hacia el Vanguardismo creacionista. Su primera colección realmente importante es *El espejo de agua* (1916) donde aparece el poema «Arte poética», especie de síntesis de la doctrina creacionista. Su libro inicial en francés es *Horizon carré* (horizonte cuadrado), 1916. Más tarde publicó, entre otros, *Hallali, poème de guerre* (1918) y *Tout à coup* (De golpe), 1925. Sus colecciones en español comprenden también: *Poemas árticos* (1918), *Ecuatorial* (1918), *Altazor o El viaje en paracaídas* (1931) y *El cuidadano del olvido* (1941). En toda la obra de Huidobro se distinguen fácilmente a más de su extraordinario talento para las imágenes más imprevistas, una fantasía rica en recursos de todo tipo y un firme anhelo de dar trascendencia a su poesía, mediante la expresión de las angustias e inquietudes del hombre contemporáneo. Sobre todo en su obra maestra *Altazor*, presenta un cuadro de la evolución total de la vida humana, desde los sueños y aspiraciones hasta la caída final en la nada, con una evidente nota existencial y una justa presentación de la crisis espiritual del hombre del siglo XX. Es un canto pesimista y amargo en que vemos al pequeño Dios que se creyó el poeta, descender como en paracaídas hacia el centro de la tierra atraído por la fuerza de atracción de la muerte y la nada.

Se encuentran también en la obra del poeta novelas, teatro, crónicas y manifiestos. Su especie de épica en prosa *Mío Cid Campeador* (1929) recoge su admiración por el gran héroe castellano de la Reconquista y merecen mayor estudio sus novelas *La próxima* (1930), *Papá o El diario de Alicia Mir* (1934) y *Sátiro o El poder de las palabras* (1939). Sus *manifiestos* (1925) son lectura obligatoria en un estudio de las escuelas de vanguardia y para conocer aspectos esenciales de la vida, doctrina y técnicas del Creacionismo. En momentos de gran inseguridad en las tendencias literarias, cuando las escuelas nacían y morían con mucha rapidez, Huidobro supo demostrar que tenía talento suficiente para figurar a la cabeza de los grandes poetas hispanoamericanos que abren las puertas a la poesía nueva del siglo XX.

FUENTE: *Poesía y prosa: antología*, Madrid, Editorial Aguilar, 1957, con el ensayo «Teoría del creacionismo» por Antonio de Undurraga.

El espejo de agua, 1916

Arte poética[1]

Que el verso sea como una llave
que abra mil puertas.
Una hoja cae; algo pasa volando;
cuanto miren los ojos creado sea,
y el alma del oyente quede temblando.

Inventa mundos nuevos y cuida tu palabra;
el adjetivo, cuando no da vida, mata.

Estamos en el ciclo de los nervios.
El músculo cuelga,

como recuerdo, en los museos;
mas no por eso tenemos menos fuerza:
el vigor verdadero
reside en la cabeza.

Por qué cantáis la rosa, ¡oh Poetas!
hacedla florecer en el poema;[2]

Sólo para nosotros
viven todas las cosas bajo el sol.

El poeta es un pequeño Dios.[3]

[1] Uno de los poemas más importantes de Huidobro porque es como un resumen de la doctrina creacionista. Aparece en *El espejo de agua* (1916), libro cuya primera edición, hecha en Buenos Aires, es anterior a cualquier ensayo creacionista de Pierre Reverdy.

[2] Según estos versos el poeta no debe imitar la naturaleza, sino proceder como ella y *crear* mundos nuevos.
[3] Dios es el creador de todas las cosas y así es también el poeta.

Hallali, 1918

Las Ciudades[4]

En las ciudades
Se habla
                      Se habla
Pero no se dice nada

La tierra desnuda rueda
Y hasta las piedras gritan

Soldados vestidos de nubes azules
                      El cielo envejeció entre las manos[5]
                      Y la canción en la trinchera[6]

Se van los trenes sobre cuerdas paralelas

                              Se llora en todas las estaciones

El primer muerto ha sido un poeta
De su herida se ha visto escapar un pájaro

El aeroplano blanco de nieve
Gruñe entre las palomas de la tarde

Un día
        se extravió[7] en el humo de los cigarros
Nubarrones de las usinas[8]   Nubarrones del cielo

                      Es una ilusión óptica
Las heridas de los aviadores sangran en todas las estrellas

Un grito de angustia
Se ahoga en la neblina
Y un niño arrodillado
                      Alza las manos

TODAS LAS MADRES DEL MUNDO LLORAN

---

[4] Poema de *Hallali* (1918), libro escrito originalmente en francés. Casi todos sus poemas reflejan la angustia desgarrada producida por la Primera Guerra Mundial. Nótese la ausencia absoluta de puntuación y la disposición pictórica de los versos sobre el papel. Gran influencia de Apollinaire.

[5] El cielo se ha tornado gris y sombrío.
[6] La guerra ha durado muchos años y los soldados han cantado la misma canción por muchos años.
[7] se perdió
[8] galicismo por fábrica, planta de gas o energía eléctrica

Poemas Árticos, 1918

X

Horizonte[9]

Pasar el horizonte envejecido

Y mirar en el fondo de los sueños
La estrella que palpita

Eras tan hermosa
                        que no pudiste hablar

Yo me alejé
Pero llevo en la mano
Aquel cielo nativo
Con un sol gastado

Esta tarde
                en un café
                                he bebido

                        Un licor tembloroso
                        Como un pescado rojo

Y otra vez en el vaso escondido
Ese sueño filial

Eras tan hermosa
                        que no pudiste hablar

En tu pecho algo agonizaba

Eran verdes tus ojos
                        pero yo me alejaba

Eras tan hermosa
                        que aprendí a cantar

XVI

Marino[10]

Aquel pájaro que vuela por primera vez[11]
Se aleja del nido mirando hacia atrás

Con el dedo en los labios
                                Os he llamado

Yo inventé juegos de agua
En la cima de los árboles[12]

Te hice la más bella de las mujeres
Tan bella que enrojecías en las tardes

                        La luna se aleja de nosotros
                        Y arroja una corona sobre el
                                                pecho

Hice correr ríos
                        que nunca han existido[13]

De un grito elevé una montaña
Y en torno bailamos una nueva danza

                        Corté todas las rosas
                        De las nubes del Este

Y enseñé a cantar un pájaro de nieve

Marchemos sobre los meses desatados

Soy el viejo marino
                        Que cose los horizontes
                                        cortados

---

[9] Composición que aparece en *Poemas árticos* (1918), libro lleno de cosmopolitismo, viajes, audacia metafórica y disposición muy original de los versos en el papel. Huidobro emplea metáforas imprevistas y desusadas. Hay reflejo de las visiones de la guerra y cierto acento nostálgico y de añoranza. El título no refleja bien el estado de ánimo del poeta que es cálido e inquieto.

[10] Éste, que también aparece en *Poemas árticos* (1918), es uno de los poemas donde mejor se puede ver la técnica del Creacionismo en acción; el poeta no imita, no se limita a cantar a las cosas, sino que éstas salen con vida y como por primera vez de la obra de arte.

[11] O sea, el poeta lo ha creado, siguiendo la teoría del Creacionismo.

[12] Responde a la doctrina creacionista.

[13] Véanse notas 11 y 12.

Ecuatorial, 1918

Molino[14]

El viento es más paciente que un asno

Gira gira gira
Molino que mueles las horas   MAÑANA
Pronto vendrá la Primavera
Y tendrás tus alas cubiertas de flores

Gira gira gira
Molino que mueles los días   MEDIODÍA
Pronto será Verano
Y tendrás los frutos en tu torre

Gira gira gira
Molino que mueles los meses   TARDE
Pronto llegará el Otoño
Y estarás triste en tu cruz

Gira gira gira
Molino triturador de años   NOCHE
Pronto vendrá el Invierno
Y se helarán tus lágrimas

He aquí el verdadero molino
No olvidéis jamás su canción
El nos da la lluvia y el buen tiempo
Él nos da las cuatro estaciones

Molino de la muerte   molino de la vida
Muele los instantes como si fueras un reloj
Ellos también son granos   Molino de la melancolía
Harina del tiempo que pondrá nuestros cabellos blancos[15]

---

[14] Poema de *Ecuatorial* (1918), libro al que asoma un tono vibrante y jovial. Fue uno de los que más influyeron en el Ultraísmo y el Vanguardismo español e hispanoamericano. Sigue presente la visión de la guerra en la imaginación del poeta. Constituye, sin duda alguna, uno de los libros mejor logrados de Huidobro por su profundidad y busca de verdades metafísicas. Nótese la tipografía (disposición de los versos) y las metáforas llenas de originalidad y audacia.

[15] Muestra su preocupación metafísica por el paso del tiempo.

Tout à coup, 1925

Poema trece[16]

A la orilla del silencio absolutamente humanizado
Caliento mis melodías y mis pies
Todo es igual con la diferencia
De un pequeño paraíso ofrecido a la impaciencia

Perdéis vuestro tiempo huérfano por una tempestad olvidada
Lentamente las lágrimas descienden la escalera
Las lágrimas que son los placeres de los telescopios y de los
    instrumentos de viento[17]
Cuando baten las palomas de los aplausos
Y la emoción ondula en las arterias de los astros

Altazor o El viaje en paracaídas[1]

1931

FRAGMENTO

I

Altazor morirás.[2] Se secará tu voz y serás invisible
La Tierra seguirá girando sobre su órbita precisa
Temerosa de un traspiés como el equilibrista sobre el alambre
Que ata las miradas del pavor
En vano buscas ojo enloquecido
No hay puerta de salida y el viento desplaza[3] los planetas
Piensas que no importa caer eternamente si se logra escapar

---

[16] Poema de *Tout à coup* (1925). En este libro, originalmente publicado en francés, se nota una evolución hacia una expresión más hermética, porque el poeta se hace profundo y tiene más complejidad interior. El poeta quiere estar más allá de las circunstancias de espacio y tiempo, para expresar mejor el mundo que lleva dentro.

[17] En momento de calma el poeta recuerda los días duros de la lucha, cuando brotaban las lágrimas, pero éstas se han ido ante momentos de triunfo (aplausos) y del sentimiento. La forma aparentemente trunca del poema indica que éste no está seguro de que ese último instante sea el definitivo.

[1] No solamente constituye el poema más valioso de Huidobro, sino uno de los grandes poemas del siglo XX. Únicamente un poeta de gran talento, inspiración lírica y dominio técnico pudo escribir esta composición de gran

seriedad y hondura filosófica, especie de compendio de toda la vida humana desde el nacimiento hasta la muerte. Hondura y gracia: humor e inquietudes transcendentes se hermanan estrechamente en este poema, sobresaliente, además, por la maestría arquitectónica. El máximo valor del largo poema consiste en expresar como pocos libros, el intenso y angustioso drama espiritual del mundo contemporáneo. En la imagen del paracaídas expresa Huidobro su concepto de la vida: ésta no es más que un descender a las entrañas de la nada. «Mi paracaídas —escribe en el *Prefacio*— empezó a caer vertiginosamente. Tal es la fuerza de atracción de la muerte y del sepulcro abierto».

[2] El verbo en futuro indica la seguridad absoluta de la destrucción definitiva.

[3] desalojar; trasladar, mover de un lugar a otro

¿No ves que vas cayendo ya?
Limpia tu cabeza de prejuicio y moral
Y si queriendo alzarte nada has alcanzado
Déjate caer sin parar tu caída sin miedo al fondo de la sombra
Sin miedo al enigma de ti mismo
Acaso encuentres una luz sin noche
Perdida en las grietas de los precipicios
Cae
      Cae eternamente
Cae al fondo del infinito
Cae al fondo del tiempo
Cae al fondo de ti mismo
Cae lo más bajo que se pueda caer
Cae sin vértigo
A través de todos los espacios y todas las edades
A través de todas las almas de todos los anhelos y de todos
   los naufragios
Cae y quema al pasar los astros y los mares
Quema los ojos que te miran y los corazones que te aguardan
Quema el viento con tu voz
El viento que se enreda en tu voz
Y la noche que tiene frío en su gruta de huesos

Cae en infancia
Cae en vejez
Cae en lágrimas
Cae en risas
Cae en música sobre el universo
Cae de tu cabeza a tus pies
Cae de tus pies a tu cabeza
Cae del mar a la fuente
Cae al último abismo de silencio
Como el barco que se hunde apagando sus luces

Todo se acabó
El mar antropófago golpea la puerta de las rocas despiadadas[4]
Los perros ladran a las horas que se mueren
Y el cielo escucha el paso de las estrellas que se alejan
Estás solo
Y vas a la muerte derecho como un iceberg
Que se desprende del polo

III

Ojos ávidos[5] de lágrimas hirviendo
Labios ávidos de mayores lamentos
Manos enloquecidas de palpar tinieblas
Buscando más tinieblas

---

[4] que no tienen piedad o compasión   [5] ansiosos, codiciosos

Y esta amargura que se pasea por los huesos
Y este entierro[6] en mi memoria
Este entierro que se alarga en mi memoria
Este largo entierro que atraviesa todos los días mi memoria
Seguir
No

Que se rompa el andamio de los huesos
Que se derrumben las vigas[7] del cerebro
Y arrastre el huracán los trozos a la nada al otro lado
En donde el viento azota a Dios
En donde aún resuene mi violín gutural
Acompañando el piano póstumo del Juicio Final

Eres tú el ángel caído
La caída eterna sobre la muerte
La caída sin fin de muerte en muerte
Embruja el universo con tu voz
Aférrate[8] a tu voz embrujador del mundo
Cantando como un ciego perdido en la eternidad
Anda en mi cerebro una gramática dolorosa y brutal
La matanza continua de conceptos internos
Y una última aventura de esperanzas celestes
Un desorden de estrellas imprudentes
Caídas de los sortilegios sin refugio
Todo lo que se esconde y nos incita con imanes fatales
Lo que se esconde en las frías regiones de lo invisible
O en la ardiente tempestad de nuestro cráneo

La eternidad se vuelve sendero de flor
Para el regreso de espectros y problemas
Para el miraje[9] sediento de las nuevas hipótesis
Que rompen el espejo de la magia posible

Liberación,[10] ¡Oh! sí liberación de todo
De la propia memoria que nos posee
De las profundas vísceras que saben lo que saben
A causa de estas heridas que nos atan al fondo
Y nos quiebran los gritos de las alas

La magia y el ensueño liman[11] los barrotes
La poesía llora en la punta del alma
Y acrece[12] la inquietud mirando nuevos muros
Alzados de misterio en misterio
Entre minas de mixtificación que abren sus heridas
Con el ceremonial inagotable del alba conocida

---

[6] funeral
[7] maderos largos y gruesos que sostienen las edificaciones
[8] agárrate fuertemente
[9] galicismo por espejismo; examen, observación

[10] Recuérdese que ya Séneca se había referido a la muerte como la gran liberadora del hombre.
[11] pulen, rebajan con una lima
[12] aumenta

Todo en vano
Dadme la llave de los sueños cerrados
Dadme la llave del naufragio
Dadme una certeza de raíces en horizonte quieto
Un descubrimiento que no huya a cada paso
O dadme un bello naufragio verde[13]
Un milagro que ilumine el fondo de nuestros mares íntimos
Como el barco que se hunde sin apagar sus luces
Liberado de este trágico silencio entonces
En mi propia tempestad
Desafiaré al vacío[14]
Sacudiré la nada con blasfemias y gritos
Hasta que caiga un rayo de castigo ansiado
Trayendo a mis tinieblas el clima del paraíso

IV

Soy todo el hombre
El hombre herido por quién sabe quien
Por una flecha perdida del caos
Humano terreno desmesurado[15]
Sí desmesurado y lo proclamo sin miedo
Desmesurado porque no soy burgués ni raza fatigada
Soy bárbaro tal vez
Desmesurado enfermo
Bárbaro limpio de rutinas y caminos marcados
No acepto vuestras sillas de seguridades cómodas
Soy el ángel salvaje que cayó una mañana
En vuestras plantaciones de preceptos
Poeta
Anti poeta
Culto
Anti culto[16]
Animal metafísico cargado de congojas
Animal espontáneo directo sangrando sus problemas
Solitario como una paradoja
Paradoja fatal
Flor de contradicciones bailando un fox-trot
Sobre el sepulcro de Dios
Sobre el bien y el mal
Soy un pecho que grita y un cerebro que sangra
Soy un temblor de tierra
Los sismógrafos señalan mi paso por el mundo

Crujen[17] las ruedas de la tierra
y voy andando a caballo en mi muerte

---

[13] Nótese la audacia de esta imagen.
[14] Natural reacción de rebeldía del hombre frente a la muerte.
[15] excesivo, descomedido
[16] Es un ser lleno de contradicciones.
[17] hacen ruido (como cuando un palo se rompe, estalla o choca)

Voy pegado a mi muerte como un pájaro al cielo
Como una flecha en el árbol que crece
Como el nombre en la carta que envío
Voy pegado a mi muerte[18]
Voy por la vida pegado a mi muerte
Apoyado en el bastón de mi esqueleto

VI

Angustia angustia de lo absoluto y de la perfección
Angustia desolada que atraviesa las órbitas perdidas
Contradictorios ritmos quiebran el corazón
En mi cabeza cada cabello piensa otra cosa[19]

Un hastío[20] invade el hueco que va del alba al poniente
Un bostezo color mundo y carne
Color espíritu avergonzado de irrealizables cosas
Lucha entre la piel y el sentimiento de una dignidad debida
    y no otorgada[21]
Nostalgia de ser barro y piedra o Dios
Vértigo de la nada cayendo de sombra en sombra
Inutilidad de los esfuerzos fragilidad del sueño

Angel expatriado de la cordura[22]
¿Por qué hablas Quién te pide que hables?
Revienta pesimista mas revienta en silencio
Cómo se reirán los hombres de aquí a mil años
Hombre perro que aúllas a tu propia noche[23]
Delincuente de tu alma
El hombre de mañana se burlará de ti
Y de tus gritos petrificados goteando estalactitas
¿Quién eres tú habitante de este diminuto cadáver estelar?[24]
¿Qué son tus náuseas de infinito y tu ambición de eternidad?
Átomo desterrado de sí mismo con puertas y ventanas de luto
¿De dónde vienes a dónde vas?
¿Quién se preocupa de tu planeta?
Inquietud miserable
Despojo del desprecio que por ti sentiría
Un habitante de Betelgeuse[25]
Veintinueve millones de veces más grande que tu sol

Hablo porque soy protesta insulto y mueca de dolor
Sólo creo en los climas de la pasión
Sólo deben hablar los que tienen el corazón clarividente
La lengua a alta frecuencia
Buzos de la verdad y la mentira

---

[18] La idea y la amenaza de la muerte acompañan al hombre durante toda la vida.
[19] El hombre está lleno de luchas interiores y contradicciones.
[20] fastidio, disgusto, aburrimiento. La vida está llena de hastío desde el nacimiento hasta la muerte.
[21] ofrecida, dada, concedida
[22] o sea, ángel de la locura
[23] El hombre siente miedo ante la obscuridad que lo rodea durante la vida.
[24] Se refiere a la tierra.
[25] la estrella «Alfa», de la constelación de Orión

Cansados de pasear sus linternas en los laberintos de la nada
En la cueva de alternos sentimientos
El dolor es lo único eterno
Y nadie podrá reír ante el vacío
¿Qué me importa la burla del hombre-hormiga
Ni la del habitante de otros astros más grandes?
Yo no sé de ellos ni ellos saben de mí
Yo sé de mi vergüenza de la vida de mi asco celular
De mi mentira abyecta de todo cuanto edifican los hombres
Los pedestales de aire de sus leyes e ideales

Dadme dadme pronto un llano de silencio
Un llano poblado como los ojos de los muertos

IX

No hay tiempo que perder
Ya viene la golondrina monotémpora[26]
Trae un acento antípoda de lejanías que se acercan
Viene gondoleando la golondrina

Al horitaña[27] de la montazonte[28]
La violondrina[29] y el goloncelo[30]
Descolgada esta mañana de la lunala[31]
Se acerca a todo galope
Ya viene viene la golondrina[32]
Ya viene viene la golonfina
Ya viene la golontrina
Ya viene la goloncima
Viene la golonchina
Viene la golonclima
Ya viene la golonrima
Ya viene la golonrisà
La golonniña
La golongira
La golonlira
La golonbrisa
La golonchilla

Ya viene la golondía
Y la noche encoge sus uñas como el leopardo
Ya viene la golontrina
Que tiene un nido en cada uno de los dos calores
Como yo lo tengo en los cuatro horizontes
Viene la golonrisa
Y las olas se levantan en la punta de los pies
Viene la golonniña

---

[26] que vive una sola vez. Nótese los juegos verbales y el humorismo de toda esta sección, con los que se logra un cambio en el largo poema.
[27] palabra inventada por el autor
[28] neologismo o vocablo inventado
[29] inventada
[30] inventada
[31] por luna
[32] Nótese este juego verbal, especie de jitanjáfora.

Y siente un vahido la cabeza de la montaña
Viene la golongira
Y el viento se hace parábola de sílfides en orgía
Se llenan de notas los hilos telefónicos
Se duerme el ocaso con la cabeza escondida
Y el árbol con el pulso afiebrado

Pero el cielo prefiere el rodoñol[33]
Su niño querido el rorreñol
Su flor de alegría el romiñol
Su piel de lágrima el rofañol
Su garganta noturna el rosolñol
El rolañol
El rosiñol

XI

Se abre la tumba y al fondo se ve un rebaño perdido en la
    montaña[34]
La pastora con su capa de viento al lado de la noche
Cuenta las pisadas de Dios en el espacio
Y se canta a sí misma
Se abre la tumba y al fondo se ve un desfile de témpanos[35] de
    hielo
Que brillan bajo los reflectores de la tormenta
Y pasan en silencio a la deriva
Solemne procesión de témpanos
Con hachones de luz dentro del cuerpo
Se abre la tumba y al fondo se ve el otoño y el invierno
Baja lento lento un cielo de amatista
Se abre la tumba y al fondo se ve una enorme herida
Que se agranda en lo profundo de la tierra
Con un ruido de verano y primaveras
Se abre la tumba y al fondo se ve una selva de hadas
    que se fecundan
Cada árbol termina en un pájaro extasiado
Y todo queda adentro de la elipse cerrada de sus cantos
Por esos lados debe hallarse el nido de las lágrimas
Que ruedan por el cielo y cruzan el zodíaco
De signo en signo
Se abre la tumba y al fondo se ve la hirviente nebulosa
    que se apaga y se alumbra
Un aerolito pasa sin responder a nadie
Danzan luminarias en el cadalso[36] limitado
En donde las cabezas sangrientas de los astros
Dejan un halo que crece eternamente

---

[33] otra jitanjáfora
[34] Nótese que el poeta emplea en este verso las palabras *tumba* y *perdido*, para referirse al hombre. En el resto de la estrofa asocia conscientemente las palabras *noche*, *hielo*, *tormenta*, y otras por el estilo para dar una idea más completa de lo que encuentra el hombre en su camino hacia la muerte, etapa final. Ofrece una visión apocalíptica de la muerte y está muy bien captada la sensación de cataclismo que desea producir.

[35] trozos grandes de hielo
[36] patíbulo, plataforma para la ejecución de los condenados

Se abre la tumba y salta una ola
La sombra del universo se salpica
Y todo lo que vive en la sombra o en la orilla
Se abre la tumba y sale un sollozo de planetas
Hay mástiles tronchados y remolinos de naufragios
Doblan las campanas de todas las estrellas

Silba el huracán perseguido a través del infinito
Sobre los ríos desbordados
Se abre la tumba y salta un ramo de flores cargadas de
    cilicios
Crece la hoguera impenetrable y un olor de pasión invade
    el orbe
El sol tantea el último rincón donde se esconde[37]
Y nace la selva mágica
Se abre la tumba y al fondo se ve el mar
Sube un canto de mil barcos que se van
En tanto un tropel de peces
Se petrifica lentamente

Ver y palpar, 1933

XI

Fatiga[1]

Marcho día y noche
Como un parque desolado
Marcho día y noche entre esfinges caídas de
                mis ojos[2]
Miro el cielo y su hierba que aprende a cantar
Miro el campo herido a grandes gritos
Y el sol en medio del viento

Acaricio mi sombrero lleno de una luz especial
Paso la mano sobre el lomo del viento
Los vientos que pasan como las semanas[3]
Los vientos y las luces con gestos de fruta y
              sed de sangre
La luces que pasan como los meses[4]
Cuando la noche se apoya sobre las casas

Y el perfume de los claveles gira sobre su eje
Tomo asiento como el canto de los pájaros
Es la fatiga lejana y la neblina
Caigo como el viento sobre la luz

Caigo sobre mi alma
He ahí el pájaro de los milagros
He ahí los tatuajes de mi castillo
He ahí mis plumas sobre el mar que grita adiós
Caigo de mi alma
Y me rompo en pedazos de alma sobre el
                invierno
Caigo del viento sobre la luz
Caigo de la paloma sobre el viento

---

[37] Hasta el sol desaparece o se oculta ante la eterna noche de la muerte.
[1] La visión del poeta se ha hecho más desolada, debido especialmente a la conciencia de la fugacidad del tiempo y la muerte del entusiasmo fortificado antes por la ilusión y la esperanza. La imagen de «caída» tan favorita del autor, vuelve a repetirse.
[2] no tiene visión, apenas puede ver
[3] pasan muy rápidamente
[4] Véase nota anterior.

El ciudadano del olvido, 1941

III

Balada de lo que no vuelve[5]

Venía hacia mí por la sonrisa
Por el camino de su gracia
Y cambiaba las horas del día
El cielo de la noche se convertía en el cielo del amanecer
El mar era un árbol frondoso lleno de pájaros
Las flores daban campanadas de alegría
Y mi corazón se ponía a perfumar enloquecido[6]

Van andando los días a lo largo del año
¿En dónde estás?
Me crece la mirada[7]
Se me alargan las manos
En vano la soledad abre sus puertas
Y el silencio se llena de tus pasos de antaño[8]
Me crece el corazón
Se me alargan los ojos
Y quisiera pedir otros ojos
Para ponerlos allí donde terminan los míos
¿En dónde estás ahora?
Qué sitio del mundo se está haciendo tibio con tu presencia
Me crece el corazón como una esponja[9]
O como esos corales que van a formar islas.
Es inútil mirar los astros
O interrogar las piedras encanecidas[10]
Es inútil mirar ese árbol que te dijo adiós el último
Y te saludará el primero a tu regreso
Eres substancia de lejanía
Y no hay remedio
Andan los días en tu busca
A qué seguir por todas partes la huella de sus pasos
El tiempo canta dulcemente
Mientras la herida cierra los párpados para dormirse[11]
Me crece el corazón
Hasta romper sus horizontes
Hasta saltar por encima de los árboles

---

[5] Poesía otoñal y de evocación que aparece en *El ciudadano del olvido* (1941). El poeta canta el dolor ante la imposibilidad de apresar materialmente lo vivido y pasado y detener el olvido que cae sobre todo con su fuerza destructora. El hondo pesimismo y la desesperanza del poeta quedan bien expresados en los primeros versos del poema «Tiempo de espera»: Pasan los días la eternidad no llega ni el milagro. En «Balada de lo que no vuelve» hay todo un vocabulario clave expresivo de esa angustia: *soledad, silencio, otros ojos, encanecidas, lejanía, herida, me pierdo, nada vuelve.*

[6] Su sola presencia lo cambiaba todo. Todo era optimismo y alegría.

[7] Intenta ver bien lejos, en la lejanía.

[8] pasado

[9] El sentimiento se le hace más profundo.

[10] viejas

[11] metáfora de gran audacia

Y estrellarse[12] en el cielo
La noche sabe qué corazón tiene más amargura

Sigo las flores y me pierdo en el tiempo
De soledad en soledad
Sigo las olas y me pierdo en la noche
De soledad en soledad
Tú has escondido la luz en alguna parte
¿En dónde?, ¿en dónde?
Andan los días en tu busca
Los días llagados coronados de espinas
Se caen se levantan
Y van goteando sangre
Te buscan los caminos de la tierra
De soledad en soledad
Me crece terriblemente el corazón
Nada vuelve

Todo es otra cosa
Nada vuelve nada vuelve
Se van las flores y las hierbas
El perfume apenas llega como una campanada de otra provincia
Vienen otras miradas y otras voces
Viene otra agua en el río
Vienen otras hojas de repente en el bosque
Todo es otra cosa
Nada vuelve
Se fueron los caminos
Se fueron los minutos y las horas
Se alejó el río para siempre
Como los cometas que tanto admiramos

Desbordará[13] mi corazón sobre la tierra
Y el universo será mi corazón

IV

Al oído del tiempo[14]

Tengo grandes sueños que acumulan tesoros en las
       raíces de los árboles
Tengo ese oficio que hace morir al mar
Voy andando en semejanza de cosa alada

---

[12] romperse, quebrarse
[13] se saldrá de su cauce, se derramará; excederá, sobrepasará
[14] Este poema está dentro del tono general del libro *El ciudadano del olvido* (véase nota 5). El poeta está angustiado y usa palabras simbólicas: *lágrimas* (para expresar su honda tristeza), *la luna* (como lo inalcanzable, aunque ya no lo es tanto en nuestros días), *el río* (símbolo de lo que pasa constantemente como la vida y el tiempo, sin ser nunca lo mismo). El poema avanza hacia un pesimismo desolado hasta llegar a la certidumbre de la nada como fin inevitable de la vida.

A veces canto porque las lágrimas se hacen demasiado gruesas[15]
El universo viene a picotear[16] en mis manos
Los que no saben lo espantan torpemente

Tengo grandes ansias y vergüenza de todo
Como una hora que se detiene a pedir pan
Como aquel que no puede decir lo que quiere
Enterrado al fondo de su raza[17]

Contemplo de tan alto que todo se hace aire
Contemplo el ojo enorme de la tierra
Qué hacer qué hacer
La luna insomne pasa dulcemente
Un río sin voluntad se extasía en silencio
La luz empapada en sus faroles de puertos angustiados
No sabe tampoco qué decir
Ni el faro que ilumina las vitrinas[18] del mar

El río tiene pena
Y una tal cantidad de ojos extasiados
Que la noche podría equivocarse
Que los árboles podrían hacerse vagabundos

Luego todo se va
Y yo miro la tierra y sus distancias desesperadas
Cuando las olas se hablan entre sí

No hay formas no hay colores[19]
No hay seres al fin en esta luz sin luz
Desaparece la creación y sus augurios
Sus pensamentos sus sensaciones y también sus imágenes
Y hasta sus sueños de substancias prisioneras
La nada luminosa
Ni luminosa ni oscura
La armonía de la nada sin armonía
La nada y el todo sin todo
Para ver esto hay que resucitar dos veces
Para sentirlo hay que morir primero

---

[15] Canta para olvidar o aliviar su dolor.
[16] golpear o pinchar (los pájaros) con el pico
[17] el que sufre discriminación por motivo racial

[18] escaparates, armarios o cajas con puertas de cristal para exhibir cosas
[19] En estos versos describe la obra destructora del tiempo.

Muy acertadamente ha dicho el notable crítico Alfredo A. Roggiano que «Borges es con justicia el escritor argentino de este siglo que más ha trascendido a un orden de valores permanentes y eternos, el más conocido y apreciado en el extranjero y el más significativamente nacional de nuestra cultura». Borges fue de los primeros escritores en reaccionar contra el Modernismo y el Criollismo apegado exclusivamente a valores locales, convirtiéndose en uno de los representantes más conspicuos del Cosmopolitismo en esta literatura. Nació en Buenos Aires, donde cursó la escuela primaria y secundaria. En 1914 se trasladó a Suiza y en el Colegio de Ginebra obtuvo el título de Bachiller. Viajó por varios países de Europa y en 1919 se radicó en Madrid donde pasó a formar parte del grupo original de los «ultraístas», aquellos que buscaban una reforma de la literatura. En 1921 regresó a su patria para dirigir la renovación literaria con base en las vanguardias europeas y con firme reacción contra los lugares comunes del Modernismo. Aquí fundó o colaboró en las principales revistas porteñas que luchaban por darle nuevos rumbos a la literatura. Sus obras han ganado los premios argentinos más importantes; es miembro de la Academia Argentina de Letras y en 1944 su obra *Ficciones* ganó el Premio International Formentor otorgado por editores de Alemania, España, Estados Unidos, Inglaterra e Italia. Ha sido director de la Biblioteca Nacional de Argentina y profesor de literatura inglesa en la Universidad de Buenos Aires. Ha viajado extensamente y en 1968 enseñó un curso especial de literatura en la Universidad de Harvard.

Borges ha ganado prestigio internacional como poeta, cuentista y ensayista, vocaciones inseparables en la personalidad total del gran escritor. La producción poética prevalece hasta 1925 y a partir de esa fecha se entrega a la prosa narrativa y ensayística, pero a ratos ha publicado versos nuevamente mostrando una evolución en sentido ascendente. Sus libros de versos más importantes son *Fervor de Buenos Aires* (1923), *Luna de enfrente* (1925), *Cuaderno San Martín* (1929), *Poemas* (1943), con las poesías muy corregidas y *Poemas* (1958) con obras nuevas. En sus tres primeros libros Borges canta a la realidad cotidiana e inmediata, como las calles, hechos históricos y el campo porteño, pero no busca originalidad en la extrañeza de las metáforas, ni profundidad en el hermetismo. Tampoco es poesía en la línea del costumbrismo, porque son como evocaciones con emoción muy contenida y con un fondo de inquietud metafísica que luego encontraremos en toda su producción. El estudio a fondo de Borges como poeta está por hacer, y el día que lo tengamos veremos su estatura en este campo, a veces opacada por sus éxitos, sobre todo en la narrativa.

Este argentino universal logra su mayor estatura como escritor en la cuentística, sobresaliendo tanto en el cuento detectivesco y policial como en el fantástico. Emplea en ellos una mezcla muy interesante de fantasía, de cultura asombrosa, de observaciones hechas en sus viajes. Asimismo es un maestro en la combinación de lo netamente criollo con lo más universal. Son cuentos de corte intelectual, a menudo con finales sorpresivos y siempre de gran originalidad e interés. Sus más notables colecciones incluyen: *Historia universal de la infamia* (1935) con el «Hombre de la esquina rosada»; *Ficciones* (1944); *El Aleph* (1949); y *La muerte y la brújula* (1951). En todos los cuentos de Borges encontramos huellas del poeta en el tono lírico de la prosa, al ensayista en un sentido filosófico siempre presente que mueve a pensar, y al narrador genial, maestro en la creación de los escenarios, personajes y tramas más imprevistos. A veces emplea temas criollos argentinos en sus cuentos, o nombra a amigos íntimos o grandes escritores y otras se remonta a los lugares más remotos firmemente guiado por su gran cultura, que incluye lo más antiguo y lo más moderno, la cultura occidental o la oriental. Borges pertenece al llamado «Cosmopolitismo» en el arte, porque sin desdeñar lo regional, anda en busca de aquellos valores que puedan interesar a un público internacional. Tiene un estilo único, de frase acerada con una prosa muy personal llena de imágenes precisas, de gran poder sugeridor. Parece solazarse en el movimiento lento de sus cuentos, para dar rienda suelta a su habilidad analítica e intelectual. Domina el suspenso y los momentos dramáticos se producen con la mayor naturalidad. Juega con la irrealidad y la realidad y salta de una a otra, dando la impresión de que la primera no existe por el agudo sentido de verosimilitud que le imprime. La crítica europea lo considera entre los grandes cuentistas del mundo contemporáneo.

Borges es también uno de los grandes ensayistas argentinos y de la lengua española, como lo acreditan sus principales libros: *Inquisiciones* (1925), *El tamaño de mi esperanza* (1926), *Discusión* (1932), *Historia de la eternidad* (1936), *Nueva refutación del tiempo* (1948) y *Otras inquisiciones* (1952). Todos ellos son agudas meditaciones sobre los aspectos que más desgarran al hombre contemporáneo: la angustia metafísica del ser, el tiempo, el sentido de la vida y del universo, realidad e irrealidad, la personalidad del hombre, y otros. También ha escrito múltiples ensayos de crítica literaria. Los ensayos de Borges no están esencialmente en la línea de la crítica objetiva, porque es escritor siempre muy personal, pero contienen juicios de gran valor y muy a menudo expresan ideas que no se le habían ocurrido a otros críticos. En los ensayos —aun aquellos de hondura filosófica más patente— aparece siempre el egregio poeta, de manera que el tono lírico acompaña a las disquisiciones más profundas. Su estilo entonces alcanza un alto grado de precisión, de erudición profunda bebida en todas las fuentes posibles. Parece que uno de sus ensayos más perdurables es *Historia de la eternidad*, porque el tiempo —uno de los temas que más lo apasionan como ser humano — es al propio tiempo angustia de todos los hombres. De aquí el sentido de universalidad que presenta toda su obra. Borges es una de las cumbres de la literatura hispanoamericana y uno de los escritores hispánicos de más prestigio en el mundo entero.

FUENTES: *Obras completas*, Buenos Aires, Emecé Editores, 1954–1957. Los distintos volúmenes individuales han sido reeditados varias veces; *Antología personal*, Buenos Aires, Sur, 1961; *Nueva antología personal*, Buenos Aires, Emecé Editores, 1968.

Cuaderno San Martín, 1929

La noche que en el sur lo velaron[1]

a Letizia Álvarez de Toledo

Por el deceso[2] de alguien
—misterio cuyo vacante nombre poseo, cuya realidad no abarcamos—
hay hasta el alba una casa abierta en el Sur,
una ignorada casa[3] que no estoy destinado a rever,
pero que me espera esta noche
con desvelada luz en las altas horas del sueño,
demacrada[4] de malas noches, distinta,
minuciosa de realidad.

A su vigilia gravitada[5] en muerte camino
por las calles elementales como recuerdos,
por el tiempo abundante de la noche,
sin más oíble vida
que los vagos hombres de barrio junto al apagado
almacén
y algún silbido solo en el mundo.

Lento el andar, en la posesión de la espera,
llego a la cuadra y a la casa y a la sincera puerta que busco
y me reciben hombres obligados a gravedad
que participaron de los años de mis mayores,[6]
y nivelamos destinos[7] en una pieza habilitada[8] que mira al patio
—patio que está bajo el poder y en la integridad de la noche—
y decimos, porque la realidad es mayor, cosas indiferentes
y somos desganados y argentinos en el espejo
y el mate compartido[9] mide horas vanas.

---

[1] Aunque Borges se inicia en el Ultraísmo, cuyo principal propósito era la renovación de la metáfora y su consideración como el elemento primordial y reducidor del poema, nunca abusa de ese elemento de la lírica. Sus metáforas muestran extrañeza, combinaciones asombrosas entre las cosas, pero responden básicamente a la concepción metafísica del autor. Su primera poesía es de contornos externos, pero progresivamente encontró su centro poético más adecuado en la expresión de su intimidad, de la angustia metafísica de su espíritu que se hermanan con sus vivencias del tiempo —algo obsesivo en él—, la soledad y la muerte. Ante ellas no adopta una actitud de desesperación, sino de serenidad ética, expresada en un tono nostálgico contenido y mesurado. Poeta de inteligencia reposada y analítica, su poesía le sale llena de profundidad filosófica y de hondo y efectivo calor humano.

[2] muerte

[3] Aunque el muerto no es su amigo, siente su ida porque es un ser humano y se siente solidariamente unido a él.

[4] enflaquecida

[5] tendida, apoyada sobre

[6] Eran amigos de los padres y abuelos del poeta.

[7] Nos tratamos como seres iguales.

[8] preparada para esa ocasión

[9] Es costumbre que todos tomen el mate de la misma «bombilla».

Me conmueven las menudas[10] sabidurías
que en todo fallecimiento de hombres se pierden
—hábito de unos libros, de una llave, de un cuerpo entre los otros—
frecuencias irrecuperables[11] que fueron
la precisión y la amistad del mundo para él.
Yo sé que todo privilegio, aunque oscuro, es de linaje[12] de milagro
y mucho lo es el de participar en esta vigilia,
reunida alrededor de lo que no se sabe: del Muerto,
reunida para incomunicar o guardar su primera noche en la muerte.

(El velorio gasta las caras;[13]
los ojos se nos están muriendo en lo alto como Jesús.)
¿Y el muerto, el increíble?
Su realidad está bajo las flores diferentes de él
y su mortal hospitalidad nos dará
un recuerdo más para el tiempo
y sentenciosas calles del Sur para merecerlas despacio
y brisa oscura sobre la frente que vuelve
y la noche que de la mayor congoja nos libra:
la prolijidad de lo real.

Poemas, 1923-1958

Limites[14]

De estas calles que ahondan el poniente,
una habrá (no sé cuál) que he recorrido
ya por última vez, indiferente
y sin adivinarlo, sometido

a Quien prefija omnipotentes normas
y una secreta y rígida medida
a las sombras, los sueños y las formas
que destejen y tejen esta vida.

Si para todo hay término y hay tasa
y última vez y nunca más y olvido
¿quién nos dirá de quién, en esta casa,
sin saberlo, nos hemos despedido?

Tras el cristal ya gris la noche cesa
y del alto de libros que una trunca
sombra dilata por la vaga mesa,
alguno habrá que no leeremos nunca.

Hay en el Sur más de un portón gastado
con sus jarrones de mampostería[15]
y tunas,[16] que a mi paso está vedado
como si fuera una litografía.

Para siempre cerraste alguna puerta
y hay un espejo que te aguarda en vano;
la encrucijada[17] te parece abierta
y la vigila, cuadrifronte, Jano.[18]

---

[10] pequeñas, sin importancia
[11] que no se pueden recobrar
[12] estirpe, ancestro
[13] Las caras palidecen y se adquieren ojeras debido a las horas de vigilia.
[14] En su período de mayor madurez, los poemas de Borges se hacen más profundos y singularmente simples. Hay un retorno del barroquismo de la primera época —que tanto debe a Quevedo— a un clasicismo presente inclusive en los metros y las rimas. La premonición de la muerte cercana estrecha su intimidad con las cosas, por las que siente pasión verdadera. Con cálido sentido humano evoca todo lo que ha formado su mundo en tránsito de irse de su alcance, de convertirse en algo extraño. El poeta ve en cada acción algo definitivo, irrevocable, irretornable. Así lo expresa en dos poemas que se titulan «Límites», apropiado título para apresar este término de un destino y una vida. En el segundo dice: «Hay una línea de Verlaine que no volveré a recordar, / hay una calle próxima que está vedada a mis pasos, hay un espejo que me ha visto por última vez, / hay una puerta que he cerrado hasta el fin del mundo.»
[15] de piedra y cemento
[16] nopales; planta de ramas carnosas y espinosas
[17] cruce, intersección
[18] *cuadrifronte*: cuatro caras o frentes; *Jano*: primer rey legendario del Lacio a quien se representa con dos caras porque veía el pasado y el porvenir

Hay, entre todas tus memorias, una
que se ha perdido irreparablemente;
no te verán bajar a aquella fuente
ni el blanco sol ni la amarilla luna.

No volverá tu voz a lo que el persa
dijo en su lengua de aves y de rosas,
cuando al ocaso, ante la luz dispersa,
quieras decir inolvidables cosas.

¿Y el incesante Ródano[19] y el lago,
todo ese ayer sobre el cual hoy me inclino?
Tan perdido estará como Cartago
que con fuego y con sal borró el latino.[20]

Creo en el alba oír un atareado[21]
rumor de multitudes que se alejan;
son los que me han querido y olvidado;
espacio y tiempo[22] y Borges ya me dejan.

Obra poética, 1967

Poema de los dones[23]

a María Esther Vázquez

Nadie rebaje[24] a lágrima o reproche
esta declaración de la maestría
de Dios, que con magnífica ironía
me dio a la vez los libros y la noche.

De esta ciudad de libros hizo dueños
a unos ojos sin luz,[25] que sólo pueden
leer en las bibliotecas de los sueños
los insensatos párrafos que ceden

Las albas a su afán. En vano el día
les prodiga[26] sus libros infinitos,
arduos como los arduos manuscritos
que perecieron en Alejandría.[27]

De hambre y de sed (narra una historia griega)
muere un rey entre fuentes y jardines;
yo fatigo sin rumbo los confines
de esta alta y honda biblioteca ciega.

Enciclopedias, atlas, el Oriente
y el Occidente, siglos, dinastías,
símbolos, cosmos y cosmogonías
brindan los muros, pero inútilmente.

Lento en mi sombra, la penumbra hueca
exploro con el báculo indeciso,
yo, que me figuraba el Paraíso
bajo la especie de una biblioteca.

Algo, que ciertamente no se nombra
con la palabra *azar*, rige estas cosas;
otro ya recibió en otras borrosas
tardes los muchos libros y la sombra.

Al errar por las lentas galerías
suelo sentir con vago horror sagrado
que soy el otro, el muerto, que habrá dado
los mismos pasos en los mismos días.

¿Cuál de los dos escribe este poema
de un yo plural y de una sola sombra?
¿Qué importa la palabra que me nombra
si es indiviso[28] y uno el anatema?

Groussac[29] o Borges, miro este querido
mundo que se deforma y que se apaga
en una pálida ceniza vaga
que se parece al sueño y al olvido.

---

19 o Rhône, río de Suiza y Francia
20 Cartago: ciudad-estado fundada por los fenicios en la costa de África (814 a.C.), llegó a tener un gran imperio en el Mar Mediterráneo, pero fue vencida por los romanos.
21 muy ocupado
22 una de las preocupaciones esenciales del poeta
23 Composición que aparece en *Obra poética* (1967). La idea de su ida del mundo y el concepto de la vida como sueño y olvido se hace más patente. Véase la nota 14.
24 disminuya
25 Borges se ha ido quedando ciego lentamente.
26 dar en abudancia
27 En tiempo de los ptolomeos de Egipto, Alejandría fue el centro artístico y cultural del cercano Oriente. La ciudad poseía una biblioteca riquísima que fue quemada, primero por los romanos y luego en el año 390 d.C.
28 No se puede dividir o separar. Nótese esta idea del hombre desdoblado en dos por efecto del tiempo: el que ha muerto ya y el que todavía camina, quizás con muy poca vida.
29 Groussac, Paul: escritor argentino de origen francés (1848–1929). Al igual que Borges fue director de la Biblioteca Nacional de Buenos Aires y perdió la vista casi totalmente.

Historia de la eternidad[1]

El tiempo circular

Yo suelo regresar eternamente al Eterno Regreso; en estas líneas procuraré (con el socorro[2] de algunas ilustraciones históricas) definir sus tres modos fundamentales.

El primero ha sido imputado a Platón. Éste, en el trigésimo noveno párrafo del *Timeo*, afirma que los siete planetas, equilibradas su diversas velocidades, regresarán al punto inicial de partida: revolución que constituye el año perfecto. Cicerón (*De la naturaleza de los dioses*, libro segundo) admite que no es fácil el cómputo de ese vasto período celestial, pero que ciertamente no se trata de un plazo ilimitado; en una de sus obras perdidas, le fija doce mil novecientos cincuenta y cuatro «de los que nosotros llamamos años» (Tácito: *Diálogo de los oradores*, 16). Muerto Platón, la astrología judiciaria cundió[3] en Atenas. Esta ciencia, como nadie lo ignora, afirma que el destino de los hombres está regido por la posición de los astros. Algún astrólogo que no había examinado en vano el *Timeo* formuló este irreprochable argumento: si los períodos planetarios son cíclicos, también la historia universal lo será; al cabo de cada año platónico renacerán los mismos individuos y cumplirán el mismo destino. El tiempo atribuyó a Platón esa conjetura. El 1616 escribió Lucilio Vanini:[4] «De nuevo Aquiles irá a Troya; renacerán las ceremonias y religiones; la historia humana se repite; nada hay ahora que

no fue; lo que ha sido, será; pero todo ello en general, no (como determina Platón) en particular» (*De admirandis naturae arcanis*, diálogo 52). En 1643 Thomas Browne[5] declaró en una de las notas del primer libro de la *Religio medici*: «Año de Platón —*Plato's year*— es un curso de siglos después del cual todas las cosas recuperarán su estado anterior y Platón en su escuela, de nuevo explicará esta doctrina.» En este primer modo de concebir el eterno regreso, el argumento es astrológico.

El segundo está vinculado a la gloria de Nietzsche, su más patético inventor o divulgador. Un principio algebraico lo justifica: la observación de que un número *n* de objetos —átomos en la hipótesis de Le Bon,[6] fuerzas en la de Nietzsche, cuerpos simples en la del comunista Blanqui—[7] es incapaz de. un número infinito de variaciones. De las tres doctrinas que he enumerado, la mejor razonada y la más compleja, es la de Blanqui. Éste, como Demócrito[8] (Cicerón: *Cuestiones académicas, libro segundo*, 40), abarrota[9] de mundos facsimilares y de mundos disímiles[10] no sólo el tiempo sino el interminable espacio también. Su libro hermosamente se titula *L'eternité par les astres;* es de 1872. Muy anterior es un lacónico pero suficiente pasaje de David Hume;[11] consta en los *Dialogues concerning natural religion* (1779) que se propuso traducir Schopenhauer; que yo sepa, nadie lo ha

---

[1] Constituye éste uno de los ensayos medulares de Borges, donde aborda el tema que más lo ha obsesionado. Como él mismo dice en este libro, «el tiempo es un problema para nosotros, un tembloroso y exigente problema, acaso el más vital de la metafísica». Con toda fidelidad se nos presentan el estilo, el modo intelectual, la forma analítica y las características literarias del autor. Se pone de manifiesto, una vez más, el anhelo de universalidad que lo anima, al estudiar uno de los problemas cardinales del hombre contemporáneo. «El tiempo circular» es el capítulo V de dicho ensayo, publicado como tomo I de sus *Obras completas*

[2] ayuda

[3] se extendió, se propagó

[4] Vanini Lucilio, filósofo italiano (1584–1619)

[5] Browne, Sir Thomas: Médico y escritor inglés (1605–1682), alcanzó la fama con su obra «Religio medici».

[6] Le Bon, Phillip: químico francés (1769–1804), inventor del alumbrador de gas

[7] Blanqui, Louis Auguste: revolucionario y pensador comunista francés (1805–1881), uno de los líderes de la Revolución de Febrero de 1848 y de la Comuna de París; influyó mucho en Karl Marx (1818–1883)

[8] filósofo griego (siglo V a. C.), creador de la filosofía atomista

[9] llena con exceso

[10] diferentes

[11] Hume, David: filósofo e historiador inglés (1711–1776), representante del Empirismo

destacado hasta ahora. Lo traduzco literalmente:
«No imaginemos la materia infinita, como lo
hizo Epicuro;[12] imaginémosla finita. Un número
finito de partículas no es susceptible de infinitas
trasposiciones; en una duración eterna, todos
los órdenes y colocaciones posibles ocurrirán un
número infinito de veces. Este mundo, con
todos sus detalles, hasta los más minúsculos, ha
sido elaborado y aniquilado, y será elaborado y
aniquilado: infinitamente» (*Dialogues,* VIII).

De esta serie perpetua de historias universales idénticas observa Bertrand Russell:[13]
«Muchos escritores opinan que la historia es
cíclica, que el presente estado del mundo, con
sus pormenores más ínfimos, tarde o temprano
volverá. ¿Cómo formula esa hipótesis? Diremos
que el estado posterior es numéricamente
idéntico al anterior; no podemos decir que ese
estado ocurre dos veces, pues ello postularía
un sistema cronológico —*since that would imply
a system of dating*— que la hipótesis nos prohibe.
El caso equivaldría al de un hombre que dé la
vuelta al mundo: no dice que el punto de
partida y el punto de llegada son dos lugares
diferentes pero muy parecidos; dice que son el
mismo lugar. La hipótesis de que la historia es
cíclica puede enunciarse de esta manera:
formemos el conjunto de todas las circunstancias contemporáneas de una circunstancia determinada; en ciertos casos todo el conjunto se
precede a sí mismo» (*An inquiry into meaning and
truth,* 1940, pág. 102).

Arribo al tercer modo de interpretar las eternas repeticiones: el menos pavoroso y melodra-
mático, pero también el único imaginable.
Quiero decir la concepción de ciclos similares,
no idénticos. Imposible formar el catálogo
infinito de autoridades: pienso en los días y las
noches de Brahma;[14] en los períodos cuyo
inmóvil reloj es una pirámide, muy lentamente
desgastada por el ala de un pájaro, que cada mil

y un años la roza; en los hombres de Hesíodo,[15]
que degeneran desde el oro hasta el hierro; en el
mundo de Heráclito,[16] que es engendrado por el
fuego y que cíclicamente devora el fuego; en el
mundo de Séneca y de Crisipo,[17] en su aniquilación por el fuego, en su renovación por el agua;
en la cuarta bucólica de Virgilio y en el
espléndido eco de Shelley; en el Eclesiastés; en
los teósofos; en la historia decimal que ideó
Condorcet,[18] en Francis Bacon y en Uspenski;[19]
en Gerald Heard, en Spengler y en Vico;[20]
en Schopenhauer, en Emerson; en los *First prin-
ciples* de Spencer y en *Eureka* de Poe . . . De tal
profusión de testimonios bástame copiar uno, de
Marco Aurelio:[21] «Aunque los años de tu vida
fueren tres mil o diez veces tres mil, recuerda
que ninguno pierde otra vida que la que vive
ahora ni vive otra que la que pierde. El término
más largo y el más breve son, pues, iguales.
El presente es de todos; morir es perder el
presente, que es un lapso brevísimo. Nadie pierde el pasado ni el porvenir, pues a nadie pueden
quitarle lo que no tiene. Recuerda que todas
las cosas giran y vuelven a girar por las mismas
órbitas y que para el espectador es igual verla
un siglo o dos o infinitamente» (*Reflexiones,* 14).

Si leemos con alguna seriedad las líneas
anteriores (*id est,* si nos resolvemos a no juz-
garlas una mera exhortación o moralidad),
veremos que declaran, o presuponen, dos
curiosas ideas. La primera: negar la realidad del
pasado y del porvenir. La enuncia este pasaje de
Schopenhauer: «La forma de aparición de la
voluntad es sólo el presente, no el pasado ni el
porvenir: éstos no existen más que para el
concepto y por el encadenamiento de la conciencia, sometida al principio de razón. Nadie ha
vivido en el pasado, nadie vivirá en el futuro; el
presente es la forma de toda vida» (*El mundo
como voluntad y representación,* primer tomo,
54). La segunda: negar, como el Eclesiastés,

---

[12] filósofo griego (341–270 a.C.)

[13] Russell, Bertrand: filósofo y matemático inglés (1872–1969), Premio Nobel, 1950

[14] Brahma: dios supremo de los antiguos hindúes; en la religión actual de la India es sólo una persona de la trinidad

[15] Hesíodo: poeta griego (s. VIII a.C.)

[16] Heráclito: de Efeso, filósofo griego (576–480 a. C.), defensor de la teoría de la constante mutabilidad de la materia

[17] filósofo estoico griego (¿280–207?)

[18] Condorcet, Antoine Caritat, marqués de: filósofo, matemático y político francés (1743–1794)

[19] Bacon, Francis: filósofo y canciller inglés (1561–1626); Uspenski, Glieb Ivanovich: literato ruso (1840–1902)

[20] Heard, Gerald: escritor inglés (n. 1889) especializado en problemas contemporáneos. Spengler, Oswald: historia-dor y filósofo alemán (1880–1936) autor de *La decadencia de Occidente.* Vico, Juan Bautista: filósofo italiano (1668–1744)

[21] Marco Aurelio: emperador y filósofo estoico romano (121–180)

cualquier novedad. La conjetura de que todas las experiencias del hombre son (de algún modo) análogas, puede a primera vista parecer un mero empobrecimiento del mundo.

Si los destinos de Edgar Allan Poe, de los vikings, de Judas Iscariote y de mi lector secretamente son el mismo destino —el único destino posible—, la historia universal es la de un solo hombre. En rigor, Marco Aurelio no nos impone esta simplificación enigmática. (Yo imaginé hace tiempo un cuento fantástico, a la manera de León Bloy:[22] un teólogo consagra toda su vida a confutar a un heresiarca; lo vence en intrincadas polémicas, lo denuncia, lo hace quemar; en el Cielo descubre que para Dios el heresiarca y él forman una sola persona.) Marco Aurelio afirma la analogía no la identidad, de los muchos destinos individuales. Afirma que cualquier lapso —un siglo, un año, una sola noche, tal vez el inasible presente— contiene íntegramente la historia. En su forma extrema

esa conjetura es de fácil refutación: un sabor difiere de otro sabor, diez minutos de dolor físico no equivalen a diez minutos de álgebra. Aplicada a grandes períodos, a los setenta años de edad que el Libro de los Salmos nos adjudica, [5] la conjetura es verosímil o tolerable. Se reduce a afirmar que el número de percepciones, de emociones, de pensamientos, de vicisitudes humanas, es limitado, y que antes de la muerte lo agotaremos. Repite Marco Aurelio: «Quien [10] ha mirado lo presente ha mirado todas las cosas: las que ocurrieron en el insondable[23] pasado, las que ocurrirán en el porvenir» (*Reflexiones,* libro sexto, 37).

En tiempos de auge[24] la conjetura de que la [15] existencia del hombre es una cantidad constante, invariable, puede entristecer o irritar; en tiempos que declinan (como éstos), es la promesa de que ningún oprobio, ninguna calamidad, ningún dictador podrá empobrecernos. [20]

El jardín de senderos que se bifurcan[1]

1941

Las ruinas circulares

And if he left off dreaming about you . . .
Through the Looking-Glass, VI[2]

Nadie lo vio desembarcar en la unánime noche, nadie vio la canoa de bambú sumiéndose[3] en el fango sagrado, pero a los pocos días nadie ignoraba que el hombre taciturno venía del Sur y que su patria era una de las infinitas aldeas que están aguas arriba, en el flanco violento de la montaña, donde el idioma zend[4] no está contaminado de griego y donde es infrecuente la lepra.

Lo cierto es que el hombre gris besó el fango, repechó la ribera sin apartar (probablemente, sin sentir) las cortaderas que le dilaceraban las carnes y se arrastró, mareado y ensangrentado, hasta el recinto circular que corona un tigre [5] o caballo de piedra, que tuvo alguna vez el color del fuego y ahora el de la ceniza. Ese redondel es un templo que devoraron los

---

[22] Bloy, León: novelista y ensayista francés (1846–1917)
[23] inescrutable
[24] esplendor
[1] Aparece en *Ficciones,* volumen V de *Obras completas,* 1956. Es uno de los cuentos de Borges más aclamados por la crítica mundial. Tanto en este relato como en el siguiente se nos presenta el concepto borgiano del

mundo como mera actividad de la mente y del sueño.
[2] *A través del espejo,* obra de Lewis Carroll, escritor inglés (1832–1898), autor de *Alicia en el país de las maravillas.*
[3] metiéndose, introduciéndose
[4] o zendo, idioma de algunas provincias de Persia en la antigüedad

incendios antiguos, que la selva palúdica ha profanado y cuyo dios no recibe honor de los hombres. El forastero[5] se tendió bajo el pedestal. Lo despertó el sol alto. Comprobó sin asombro que las heridas habían cicatrizado; cerró los ojos pálidos y durmió, no por flaqueza de la carne sino por determinación de la voluntad. Sabía que ese templo era el lugar que requería su invencible propósito; sabía que los árboles incesantes no habían logrado estrangular, río abajo, las ruinas de otro templo propicio, también de dioses incendiados y muertos; sabía que su inmediata obligación era el sueño. Hacia la medianoche lo despertó el grito inconsolable de un pájaro. Rastros de pies descalzos, unos higos y un cántaro le advirtieron que los hombres de la región habían espiado con respeto su sueño y solicitaban su amparo o temían su magia. Sintió el frío del miedo y buscó en la muralla dilapidada un nicho sepulcral y se tapó[6] con hojas desconocidas.

El propósito que lo guiaba no era imposible, aunque sí sobrenatural. Quería soñar un hombre: quería soñarlo con integridad minuciosa e imponerlo a la realidad. Ese proyecto mágico había agotado el espacio entero de su alma; si alguien le hubiera preguntado su propio nombre o cualquier rasgo de su vida anterior, no habría acertado a responder. Le convenía el templo inhabitado y despedazado,[7] porque era un mínimo de mundo visible; la cercanía de los labradores también, porque éstos se encargaban de subvenir[8] a sus necesidades frugales. El arroz y las frutas de su tributo eran pábulo suficiente para su cuerpo, consagrado a la única tarea de dormir y soñar.

Al principio, los sueños eran caóticos; poco después, fueron de naturaleza dialéctica. El forastero se soñaba en el centro de un anfiteatro circular que era de algún modo el templo incendiado: nubes de alumnos taciturnos fatigaban las gradas; las caras de los últimos pendían a muchos siglos de distancia y a una altura estelar, pero eran del todo precisas. El hombre les dictaba lecciones de anatomía, de cosmografía, de magia: los rostros escuchaban con ansiedad y procuraban responder con entendimiento, como si adivinaran la importancia de aquel examen, que redimiría a uno de ellos de su condición de vana apariencia y lo interpolaría en el mundo real. El hombre, en el sueño y en la vigilia, consideraba las respuestas de sus fantasmas, no se dejaba embaucar[9] por los impostores, adivinaba en ciertas perplejidades una inteligencia creciente. Buscaba un alma que mereciera participar en el universo.

A las nueve o diez noches comprendió con alguna amargura que nada podía esperar de aquellos alumnos que aceptaban con pasividad su doctrina y sí de aquellos que arriesgaban, a veces, una contradicción razonable. Los primeros, aunque dignos de amor y de buen afecto, no podían ascender a individuos; los últimos preexistían un poco más. Una tarde (ahora también las tardes eran tributarias del sueño, ahora no velaba sino un par de horas en el amanecer) licenció[10] para siempre el vasto colegio ilusorio y se quedó con un solo alumno. Era un muchacho taciturno, cetrino, díscolo[11] a veces, de rasgos afilados que repetían los de su soñador. No lo desconcertó[12] por mucho tiempo la brusca eliminación de los condiscípulos; su progreso, al cabo de unas pocas lecciones particulares, pudo maravillar al maestro. Sin embargo, la catástrofe sobrevino. El hombre, un día, emergió del sueño como de un desierto viscoso, miró la vana luz de la tarde que al pronto confundió con la aurora y comprendió que no había soñado. Toda esa noche y todo el día, la intolerable lucidez del insomnio se abatió contra él. Quiso explorar la selva, extenuarse; apenas alcanzó entre la cicuta unas rachas de sueño débil, veteadas[13] fugazmente de visiones de tipo rudimental: inservibles. Quiso congregar el colegio y apenas hubo articulado unas breves palabras de exhortación, éste se deformó, se borró. En la casi perpetua vigilia lágrimas de ira le quemaban los viejos ojos.

Comprendió que el empeño[14] de modelar la materia incoherente y vertiginosa de que se

---

[5] extraño, extranjero
[6] se cubrió
[7] en ruinas
[8] proveer
[9] engañar

[10] despidió, eliminó
[11] rebelde, ingobernable
[12] dislocó, perturbó, sorprendió
[13] con vetas, con fajas o tonos de distintos colores
[14] deseo vehemente o grande

componen los sueños es el más arduo que puede acometer un varón, aunque penetre todos los enigmas del orden superior y del inferior: mucho más arduo que tejer una cuerda de arena o que amonedar el viento sin cara. Comprendió que un fracaso inicial era inevitable. Juró olvidar la enorme alucinación que lo había desviado al principio y buscó otro método de trabajo. Antes de ejercitarlo, dedicó un mes a la reposición de las fuerzas que había malgastado el delirio. Abandonó toda premeditación de soñar y casi acto continuo[15] logró dormir un trecho razonable del día. Las raras veces que soñó durante ese período, no reparó en los sueños. Para reanudar la tarea, esperó que el disco de la luna fuera perfecto.[16] Luego, en la tarde, se purificó en las aguas del río, adoró los dioses planetarios, pronunció las sílabas lícitas de un nombre poderoso y durmió. Casi inmediatamente, soñó con un corazón que latía.

Lo soñó activo, caluroso, secreto, del grandor[17] de un puño cerrado, color granate en la penumbra de un cuerpo humano aun sin cara ni sexo; con minucioso amor lo soñó, durante catorce lúcidas noches. Cada noche, lo percibía con mayor evidencia. No lo tocaba: se limitaba a atestiguarlo,[18] a observarlo, tal vez a corregirlo con la mirada. Lo percibía, lo vivía, desde muchas distancias y muchos ángulos. La noche catorcena rozó la arteria pulmonar con el índice y luego todo el corazón, desde afuera y adentro. El examen lo satisfizo. Deliberadamente no soñó durante una noche: luego retomó el corazón, invocó el nombre de un planeta y emprendió[19] la visión de otro de los órganos principales. Antes de un año llegó al esqueleto, a los párpados. El pelo innumerable fue tal vez la tarea más difícil. Soñó un hombre íntegro, un mancebo, pero éste no se incorporaba[20] ni hablaba ni podía abrir los ojos. Noche tras noche, el hombre lo soñaba dormido.

En las cosmogonías gnósticas,[21] los demiurgos[22] amasan un rojo Adán que no logra ponerse de pie; tan inhábil y rudo y elemental como ese Adán de polvo era el Adán de sueño que las noches del mago habían fabricado. Una tarde, el hombre casi destruyó toda su obra, pero se arrepintió. (Más le hubiera valido destruirla.) Agotados los votos a los númenes de la tierra y del río, se arrojó a los pies de la efigie que tal vez era un tigre y tal vez un potro, e imploró su desconocido socorro. Ese crepúsculo, soñó con la estatua. La soñó viva, trémula: no era un atroz bastardo de tigre y potro, sino a la vez esas dos criaturas vehementes y también un toro, una rosa, una tempestad. Ese múltiple dios le reveló que su nombre terrenal era Fuego, que en ese templo circular (y en otros iguales) le habían rendido sacrificios y culto y que mágicamente animaría al fantasma soñado, de suerte que todas las criaturas, excepto el Fuego mismo y el soñador, lo pensaran un hombre de carne y hueso.[23] Le ordenó que una vez instruido en los ritos, lo enviara al otro templo despedazado cuyas pirámides persisten aguas abajo, para que alguna voz lo glorificara en aquel edificio desierto. En el sueño del hombre que soñaba, el soñado se despertó.

El mago ejecutó esas órdenes. Consagró un plazo[24] (que finalmente abarcó dos años) a descubrirle los arcanos del universo y del culto del fuego. Íntimamente, le dolía apartarse de él. Con el pretexto de la necesidad pedagógica, dilataba cada día las horas dedicadas al sueño. También rehizo el hombro derecho, acaso deficiente. A veces, lo inquietaba una impresión de que ya todo eso había acontecido . . . En general sus días eran felices; al cerrar los ojos pensaba: *Ahora estaré con mi hijo. O, más raramente: El hijo que he engendrado me espera y no existirá si no voy.*

Gradualmente, lo fue acostumbrando a la realidad. Una vez le ordenó que embanderara[25] una cumbre lejana. Al otro día, flameaba la bandera en la cumbre. Ensayó otros experimentos análogos, cada vez más audaces. Comprendió con cierta amargura que su hijo estaba

---

[15] seguidamente, inmediatamente después
[16] luna llena
[17] tamaño
[18] asegurarse de su existencia
[19] comenzó, empezó
[20] ponía en pie, levantaba
[21] el gnosticismo es un sistema filosófico religioso, cuyos partidarios pretendían poseer un conocimiento completo y trascendental de la naturaleza y los atributos de Dios
[22] de acuerdo con los gnósticos, alma universal, principio activo del mundo, mediador ante lo finito y lo infinito
[23] un hombre real, verdadero
[24] término, período
[25] pusiese una bandera

listo para nacer —y tal vez impaciente. Esa noche lo besó por primera vez y lo envió al otro templo cuyos despojos blanquean río abajo, a muchas leguas de inextricable selva y de ciénaga.[26] Antes (para que no supiera nunca que era un fantasma, para que se creyera un hombre como los otros) le infundió el olvido total de sus años de aprendizaje.

Su victoria y su paz quedaron empañadas de hastío. En los crepúsculos de la tarde y del alba, se prosternaba[27] ante la figura de piedra, tal vez imaginando que su hijo irreal ejecutaba idénticos ritos, en otras ruinas circulares, aguas abajo; de noche no soñaba, o soñaba como lo hacen todos los hombres. Percibía con cierta palidez los sonidos y formas del universo: el hijo ausente se nutría[28] de esas disminuciones de su alma. El propósito de su vida estaba colmado;[29] el hombre persistió en una suerte de éxtasis. Al cabo de un tiempo que ciertos narradores de su historia prefieren computar en años y otros en lustros, lo despertaron dos remeros a medianoche: no pudo ver sus caras, pero le hablaron de un hombre mágico en un templo del Norte, capaz de hollar[30] el fuego y de no quemarse. El mago recordó bruscamente las palabras del dios. Recordó que de todas las criaturas que componen el orbe, el fuego era la única que sabía que su hijo era un fantasma. Ese recuerdo, apaciguador[31] al principio, acabó por atormentarlo. Temió que su hijo meditara en ese privilegio

anormal y descubriera de algún modo su condición de mero simulacro. No ser un hombre, ser la proyección del sueño de otro hombre (¡qué humillación incomparable, qué vértigo!) A todo padre le interesan los hijos que ha procreado (que ha permitido) en una mera confusión o felicidad; es natural que el mago temiera por el porvenir de aquel hijo, pensado entraña por entraña y rasgo por rasgo, en mil y una noches secretas.

El término de sus cavilaciones fue brusco, pero lo prometieron algunos signos. Primero (al cabo de una larga sequía) una remota nube en un cerro, liviana como un pájaro; luego, hacia el Sur, el cielo que tenía el color rosado de la encía de los leopardos; luego las humaredas que herrumbraron el metal de las noches; después la fuga pánica de las bestias. Porque se repitió lo acontecido hace muchos siglos. Las ruinas del santuario del dios del fuego fueron destruidas por el fuego. En un alba sin pájaros el mago vio cernirse[32] contra los muros el incendio concéntrico. Por un instante, pensó refugiarse en las aguas, pero luego comprendió que la muerte venía a coronar su vejez y a absolverlo[33] de sus trabajos. Caminó contra los jirones de fuego. Éstos no mordieron su carne, éstos lo acariciaron y lo inundaron sin calor y sin combustión. Con alivio, con humillación, con terror, comprendió que él también era una apariencia, que otro estaba soñándolo.

---

[26] pantano, laguna
[27] postraba, se arrodillaba
[28] alimentaba
[29] realizado, satisfecho

[30] pisar, allanar
[31] pacificador
[32] amenazar de cerca
[33] quitarle la pena de sus trabajos

El Aleph[1]

1949

La escritura del dios[2]

a Ema Risso Platero

La cárcel es profunda y de piedra; su forma, la de un hemisferio casi perfecto, si bien el piso (que también es de piedra) es algo menor que un círculo máximo,[3] hecho que agrava de algún modo los sentimientos de opresión y de vastedad.[4] Un muro medianero[5] la corta; éste, aunque altísimo, no toca la parte superior de la bóveda; de un lado estoy yo, Tzinacán, mago de la pirámide de Qaholom, que Pedro de Alvarado[6] incendió; del otro hay un jaguar, que mide con secretos pasos iguales el tiempo y el espacio del cautiverio.[7] A ras del suelo, una larga ventana con barrotes corta el muro central. En la hora sin sombra [el mediodía], se abre una trampa en lo alto y un carcelero, que han ido borrando los años, maniobra una roldana de hierro, y nos baja, en la punta de un cordel, cántaros con agua y trozos de carne. La luz entra en la bóveda; en ese instante puedo ver al jaguar.

He perdido la cifra de los años que yazgo[8] en la tiniebla; yo que alguna vez era joven y podía caminar por esta prisión, no hago otra cosa que aguardar, en la postura de mi muerte, el fin que me destinan los dioses. Con el hondo cuchillo de pedernal he abierto el pecho de las víctimas y ahora no podría, sin magia, levantarme del polvo.

La víspera del incendio de la Pirámide, los hombres que bajaron de altos caballos me castigaron con metales ardientes para que revelara[9] el lugar de un tesoro escondido. Abatieron, delante de mis ojos, el ídolo del dios, pero éste no me abandonó y me mantuve silencioso entre los tormentos. Me laceraron, me rompieron, me deformaron y luego desperté en esta cárcel, que ya no dejaré en mi vida mortal.

Urgido[10] por la fatalidad de hacer algo, de poblar de algún modo el tiempo, quise recordar, en mi sombra, todo lo que sabía. Noches enteras malgasté en recordar el orden y el número de unas sierpes de piedra o la forma de un árbol medicinal. Así fui debelando[11] los años, así fui entrando en posesión de lo que ya era mío. Una noche sentí que me acercaba a un recuerdo preciso; antes de ver el mar, el viajero siente una agitación en la sangre. Horas después, empecé a avistar[12] el recuerdo; era una de las tradiciones del dios. Éste, previendo que en el fin de los tiempos ocurrirían muchas desventuras y ruinas, escribió el primer día de la Creación una sentencia mágica, apta para conjurar esos males. La escribió de manera que llegara a las más apartadas generaciones y que no la tocara el azar. Nadie sabe en qué punto la escribió ni con qué caracteres, pero nos consta

---

[1] Forma el volumen VII de *Obras completas*, 5a. edición individual, 1965. Son diecisiete relatos donde la poderosa mente de Borges penetra por un mundo fantástico, descollando por la ejecución deslumbrante y los finales imprevistos y sorpresivos. Estilo sugerente en el que se amalgaman una forma matemática de llevar la trama, metáforas de trascendencia metafísica y juegos mentales de gran sutileza.

[2] Aunque este relato forma parte de *El Aleph* (1949), libro de ficciones, en la *Nueva antología personal* de Borges está considerado entre los ensayos, lo que demuestra lo difícil que es separar en este autor, el cuentista del ensayista o del poeta. Aquí vuelve a tocar los problemas del tiempo, del recuerdo, el sueño y el ser, en forma muy original.

[3] círculo perfecto

[4] anchura, grandeza

[5] que está en el medio, sirve de división

[6] Alvarado, Pedro de: (1486–1541), lugarteniente de Hernán Cortés y gobernador de Guatemala

[7] o cautividad

[8] estoy echado o tendido

[9] les dijese, les informase

[10] obligado

[11] conquistando, sometiendo

[12] ver, alcanzar con la vista

que perdura, secreta, y que la leerá un elegido. Consideré que estábamos, como siempre, en el fin de los tiempos y que mi destino de último sacerdote del dios me daría acceso al privilegio de intuir esa escritura. El hecho de que me rodeara una cárcel no me vedaba[13] esa esperanza; acaso yo había visto miles de veces la inscripción de Qaholom y sólo me faltaba entenderla.

Esta reflexión me animó y luego me infundió una especie de vértigo. En el ámbito de la tierra hay formas antiguas, formas incorruptibles y eternas; cualquiera de ellas podía ser el símbolo buscado. Una montaña podía ser la palabra del dios, o un río o el imperio o la configuración de los astros. Pero en el curso de los siglos las montañas se allanan y el camino de un río suele desviarse y los imperios conocen mutaciones[14] y estragos[15] y la figura de los astros varía. En el firmamento hay mudanza. La montaña y la estrella son individuos y los individuos caducan.[16] Busqué algo más tenaz, más invulnerable. Pensé en las generaciones de los cereales, de los pastos, de los pájaros, de los hombres. Quizá en mi cara estuviera escrita la magia, quizá yo mismo fuera el fin de mi busca. En ese afán estaba cuando recordé que el jaguar era uno de los atributos del dios.

Entonces mi alma se llenó de piedad. Imaginé la primera mañana del tiempo, imaginé a mi dios confiando el mensaje a la piel viva de los jaguares, que se amarían y se engendrarían sin fin, en cavernas, en cañaverales, en islas, para que los últimos hombres lo recibieran. Imaginé esa red de tigres, ese caliente laberinto de tigres, dando horror a los prados y a los rebaños[17] para conservar un dibujo. En la otra celda había un jaguar; en su vecindad percibí una confirmación de mi conjetura y un secreto favor.

Dediqué largos años a aprender el orden y la configuración de las manchas. Cada ciega jornada me concedía un instante de luz, y así pude fijar en la mente las negras formas que tachaban el pelaje amarillo. Algunas incluían puntos; otras formaban rayas tranversales[18] en la cara interior de las piernas; otras, anulares, se repetían.

Acaso eran un mismo sonido o una misma palabra. Muchas tenían bordes rojos.

No diré las fatigas de mi labor. Más de una vez grité a la bóveda que era imposible descifrar aquel texto. Gradualmente, el enigma concreto que me atareaba me inquietó menos que el enigma genérico de una sentencia escrita por un dios. ¿Qué tipo de sentencia (me pregunté) construirá una mente absoluta? Consideré que aun en los lenguajes humanos no hay proposición que no implique el universo entero; decir *el tigre* es decir los tigres que lo engendraron, los ciervos y tortugas que devoró, el pasto de que se alimentaron los ciervos, la tierra que fue madre del pasto, el cielo que dio luz a la tierra. Consideré que en el lenguaje de un dios toda palabra enunciaría esa infinita concatenación de los hechos, y no de un modo implícito, sino explícito, y no de un modo progresivo, sino inmediato. Con el tiempo, la noción de una sentencia divina parecióme pueril o blasfematoria. Un dios, reflexioné, sólo debe decir una palabra y en esa palabra la plenitud. Ninguna voz articulada por él puede ser inferior al universo o menos que la suma del tiempo. Sombras o simulacros de esa voz que equivale a un lenguaje y a cuanto puede comprender un lenguaje son las ambiciosas y pobres voces humanas, *todo, mundo, universo.*

Un día o una noche —entre mis días y mis noches, ¿qué diferencia cabe?[19]— soñé que en el piso de la cárcel había un grano de arena. Volví a dormir, indiferente; soñé que despertaba y que había dos granos de arena. Volví a dormir: soñé que los granos de arena eran tres. Fueron, así, multiplicándose hasta colmar la cárcel y yo moría bajo ese hemisferio de arena. Comprendí que estaba soñando; con un vasto esfuerzo me desperté. El despertar fue inútil; la innumerable arena me sofocaba. Alguien me dijo: *No has despertado a la vigilia, sino a un sueño anterior. Ese sueño está dentro de otro, y así hasta lo infinito, que es el número de los granos de arena. El camino que habrás de desandar[20] es interminable y morirás antes de haber despertado realmente.*

---

13 prohibía, impedía
14 cambios, mudanzas
15 daños, destrucciones
16 se extinguen, mueren
17 *prados:* campos con hierba para el ganado o para pasear;

rebaños: grupos de ganado
18 o transversales
19 hay, existe
20 volver hacia atrás por el mismo camino

Me sentí perdido. La arena me rompía la boca, pero grité: *Ni una arena soñada puede matarme ni hay sueños que estén dentro de sueños*. Un resplandor me despertó. En la tiniebla superior se cernía un círculo de luz. Vi la cara y las manos del carcelero, la rodaja, el cordel, la carne y los cántaros.

Un hombre se confunde, gradualmente, con la forma de su destino; un hombre es, a la larga, sus circunstancias.[21] Más que un descifrador o un vengador, más que un sacerdote del dios, yo era un encarcelado. Del incansable laberinto de sueños yo regresé como a mi casa a la dura prisión. Bendije su humedad, bendije su tigre, bendije el agujero de luz, bendije mi viejo cuerpo doliente, bendije la tiniebla y la piedra.

Entonces ocurrió lo que no puedo olvidar ni comunicar. Ocurrió la unión con la divinidad, con el universo (no sé si estas palabras difieren). El éxtasis no repite sus símbolos; hay quien ha visto a Dios en un resplandor, hay quien lo ha percibido en una espada o en los círculos de una rosa. Yo vi una Rueda altísima, que no estaba delante de mis ojos, ni detrás, ni a los lados, sino en todas partes, a un tiempo. Esa Rueda estaba hecha de agua, pero también de fuego, y era (aunque se veía el borde) infinita. Entretejidas, la formaban todas las cosas que serán, que son y que fueron, y yo era una de las hebras de esa trama[22] total, y Pedro de Alvarado, que me dio tormento, era otra. Ahí estaban las causas y los efectos y me bastaba ver esa Rueda para entenderlo todo, sin fin. ¡Oh dicha de entender, mayor que la de imaginar o la de

sentir! Vi el universo y vi los íntimos designios del universo. Vi los orígenes que narra el Libro del Común.[23] Vi las montañas que surgieron del agua, vi los primeros hombres de palo, vi las tinajas que se volvieron contra los hombres, vi los perros que les destrozaron las caras. Vi el dios sin cara que hay detrás de los dioses. Vi infinitos procesos que formaban una sola felicidad y, entendiéndolo todo, alcancé también a entender la escritura del tigre.

Es una fórmula de catorce palabras casuales[24] (que parecen casuales) y me bastaría decirla en voz alta para ser todopoderoso. Me bastaría decirla para abolir esta cárcel de piedra, para que el día entrara en mi noche, para ser joven, para ser inmortal, para que el tigre destrozara a Alvarado, para sumir el santo cuchillo en pechos españoles, para reconstruir la pirámide, para reconstruir el imperio. Cuarenta sílabas, catorce palabras, y yo, Tzinacán, regiría las tierras que rigió Moctezuma. Pero yo sé que nunca diré estas palabras, porque ya no me acuerdo de Tzinacán.[25]

Que muera conmigo el misterio que está escrito en los tigres. Quien ha entrevisto[26] el universo, quien ha entrevisto los ardientes designios[27] del universo, no puede pensar en un hombre, en sus triviales dichas o desventuras, aunque ese hombre sea él. Ese hombre *ha sido él* y ahora no le importa. Qué le importa la suerte de aquel otro, qué le importa la nación de aquel otro, si él, ahora es nadie. Por eso no pronuncio la fórmula, por eso dejo que me olviden los días, acostado en la oscuridad.

---

[21] Algo muy típico de Borges: en sus cuentos y poemas hace a menudo profundas disquisiciones y planteamientos filosóficos, más propios del ensayo. Recuérdese que José Ortega y Gasset, el gran filósofo español (1883–1955) dijo: «yo soy yo y mi circunstancia».
[22] tejido o conjunto de hilos; acción, argumento

[23] o Popol Vuh, cosmogonía o «biblia» de los mayas
[24] accidentales, por casualidad
[25] ha perdido la conciencia de su propia identidad. Aquí Borges plantea un profundo problema del ser.
[26] adivinado, divisado
[27] planes, propósitos

El más alto poeta hispanoamericano del siglo XX es Pablo Neruda, seudónimo de Ricardo Eliecer Neftalí Reyes, quien por el valor intrínseco de su obra y la influencia decisiva en el devenir de la poesía, se coloca cómodamente entre los grandes bardos de la lengua española. Nació en Parral, Chile, hijo de un trabajador ferroviario y de una maestra que murió cuando el niño tenía meses de nacido. Trasladado a Temuco, aquí el niño sufrió soledad y abandono, pero al propio tiempo contempló la naturaleza y ambos hechos tienen importancia decisiva en su poesía. Estudió en el Liceo de Hombres de Temuco y en el Instituto Pedagógico de Santiago. A los trece años hizo su primera publicación en el diario *La Mañana* de Temuco y antes de cumplir los veintidós ya gozaba de un prestigio extraordinario como poeta de primera línea. Neruda ha sido senador en su país y como miembro del cuerpo diplomático ha recorrido el mundo entero, incluyendo el Lejano Oriente. En 1936 hizo su ingreso oficial en el Partido Comunista, lo cual marcará su poesía con una tendencia partidista y política muy acentuada, aunque es necesario señalar que la preocupación social aparece casi desde sus primeros versos. La Unión Soviética le otorgó el Premio Internacional de la Paz en 1950. Es poeta de renombre universal y sus poesías más importantes han sido traducidas a más de treinta lenguas diferentes. Es posiblemente el poeta de lengua española de más resonancia internacional en nuestro siglo.

Neruda comenzó su carrera poética bajo la influencia del Modernismo y, especial-mente del Postmodernismo de orientación neo-romántica, como se descubre en *La canción de la fiesta* (1921) y *Crepusculario* (1923), aunque ya se nota una especial tonalidad en lo subjetivo y en la estructura exterior de la poesía. Este último libro le abrió el camino de la fama y la gloria literarias. Neruda es un eximio poeta de lo erótico, apresado en casi todos sus libros pero que en esta primera etapa aparece en *Veinte poemas de amor y una canción desesperada* (1924), el libro de amor más leído en castellano. Ese sentimiento brota lleno de angustia y dolor, con exaltación romántica hacia la expresión de la soledad y el abandono, temas muy típicos de la poesía nerudiana. Es el libro más difundido y conocido del gran poeta.

De la expresión casi constante de lo erótico, Neruda evolucionó hacia una poesía de amplia cosmovisión que coincide con el momento de Superrealismo en su poesía. Es la época de *Tentativa del hombre infinito* (1926) y, especialmente de las tres series de *Residencia en la tierra*: I, 1925–1931 (1933); II, 1931–1935 (1935) y III, 1935–1945 (1947) de la cual forman parte «Las furias y las penas», «España en el corazón» y «Canto a Stalingrado». Constituyen lo más maduro y logrado que ha salido de la inspiración de Neruda, con un gran empaque de lirismo, de profundidad filosófica, pero al propio tiempo de extraordinario hermetismo expresivo. Aquí canta su angustia ante la existencia humana y expresa su visión caótica del mundo. Su angustia se exalta hacia tres vertientes esenciales: el canto del propio dolor con las consabidas notas de pesimismo y su impresión de abandono, desolación, fracaso y naufragio que siempre expresa; la pena que en sí produce el sufrimiento de otros hombres que padecen la injusticia y el abandono; y finalmente, su ubicación dentro de un campo político partidista que lo lleva a su defensa más apasionada. Esta poesía no cede a la fácil interpretación, porque es críptica y por lo general las metáforas no responden a «claves» fijas de interpretación, significando en unos casos una cosa y en otros, una variante total.

Seducido por la historia, la geografía, la naturaleza y el hombre americano, Neruda se orienta más tarde hacia una poesía de tono americanista, cuyo punto más alto es *El Canto General* (1950), formado de quince partes y miles de versos. Constituye el intento más ambicioso de explicar toda la realidad de este continente en verso. El poema es bastante desigual, porque a momentos de suma belleza lírica y de auténtica grandeza épica, suceden otros en que el tono político opaca lo verdaderamente poético. El largo poema nos presenta a un Neruda de gran originalidad, con poderes descriptivos notables y un entrañable amor por las cosas del continente, desde su historia hasta sus animales, pasando por la naturaleza, el hombre americano y su angustia y sufrimiento. Con proyección más amplia, escribió luego *Las uvas y el viento* (1952), con la misma tonalidad política.

Ese mismo año vuelve al tema amoroso en *Los versos del capitán* (1952), biografía de un corazón que ha vuelto a amar. A partir de entonces presenciamos un cambio esencial en Neruda: se serena políticamente, anda en busca de lo más hondo del existir y, por efecto del tiempo, su poesía se tiñe de sensibilidad nostálgica y de ansia evocadora. En las tres series de *Odas elementales* (1954, 1955, 1957) canta con ternura y emoción a las cosas más sencillas y simples, pero que tienen un valor básico para el hombre. En *Estravagario* (1958), uno de los libros favoritos del propio Neruda, encontramos un lirismo real y un poeta meditativo sobre los grandes temas de la vida. Un regreso al tema amoroso representan *Cien sonetos de amor* (1959), en los que la pasión o la exaltación ceden el paso a una actitud más tierna y melancólica. Es experiencia de amor más recordada que presente y anhelo de conservar a la amada bien cerca como protección contra la soledad y la muerte. Neruda es un incansable trabajador. De época más reciente son sus *Cantos ceremoniales* (1961) en que vuelve al tono americanista y, especialmente, su monumental *Memorial de Isla Negra* (1964), compuesto de cinco volúmenes, considerado como uno de los instantes más altos de esta biografía espiritual que constituyen sus versos.

FUENTES: *Obras completas*, 2a. edición, Buenos Aires, Losada, 1962, Casi todas sus obras están publicadas individualmente en la «Biblioteca Contemporánea» de esa editora.

Crepusculario, 1923

Farewell[1]

I

Desde el fondo de ti, y arrodillado,
un niño triste, como yo,[2] nos mira.

Por esa vida que arderá en sus venas
tendrían que amarrarse[3] nuestras vidas.

Por esas manos, hijas de tus manos,
tendrían que matar las manos mías.

Por sus ojos abiertos en la tierra
veré en los tuyos lágrimas un día.

II

Yo no lo quiero, Amada.

Para que nada nos amarre
que no nos una nada.

Ni la palabra que aromó tu boca,
ni lo que no dijeron las palabras.

Ni la fiesta de amor que no tuvimos,
ni tus sollozos junto a la ventana.

III

(Amo el amor de los marineros
que besan y se van.[4]

Dejan una promesa.
No vuelven nunca más.

En cada puerto una mujer espera,
los marineros besan y se van.

Una noche se acuestan con la muerte[5]
en el lecho del mar.)

IV

(Amo el amor que se reparte[6]
en besos, lecho y pan.

Amor que puede ser eterno
y puede ser fugaz.

Amor que quiere libertarse
para volver a amar.

Amor divinizado que se acerca.
Amor divinizado que se va.)

---

[1] «Adiós». Es un poema de *Crepusculario* (1923), escrito en pareados de versos libres de diferentes medidas. Aunque el propio Neruda declaró que «*Crepusculario* es un libro ingenuo y sin valor literario», lo cierto es que le abrió las puertas de la fama. Demuestra que el autor es poeta autobiográfico en el sentido de que sus versos, aun los que parecen más objetivos, responden a su mundo interior, arrancan directamente de su corazón. «Es un diario de cuanto acontecía dentro y fuera de mí mismo, —ha dicho Neruda— de cuanto llegaba a mi sensibilidad». Es notorio que para publicarlo tuvo que vender algunos muebles y un reloj que le había regalado su padre. El libro muestra nostalgia precoz y adolescente con fuerte raigambre neorromántica. Está dentro de la línea del Postmodernismo. Tanto en las estructuras objetivas como en las imágenes y pensamiento poético se advierten varias constantes de la poesía posterior del autor. Su valor no es sólo histórico o como primicia, porque tiene relevancia que vale por sí misma en el conjunto de la poesía nerudiana.
[2] El poeta se recuerda a menudo como un niño triste, sólo y abandonado.
[3] unirse, ligarse, juntarse
[4] amor transitorio, fugaz y, que por tanto, apenas deja huellas
[5] mueren
[6] se divide, se distribuye

V

Ya no se encantarán[7] mis ojos en tus ojos,
ya no se endulzará junto a ti mi dolor.

Pero hacia donde vaya llevaré tu mirada
y hacia donde camines llevarás mi dolor.

Fuí tuyo, fuiste mía. ¿Qué más? Juntos hicimos
un recodo en la ruta donde el amor pasó.

Fuí tuyo, fuiste mía. Tú serás del que te ame,
del que corte en tu huerto lo que he sembrado yo.

Yo me voy. Estoy triste; pero siempre estoy triste.[8]
Vengo desde tus brazos. No sé hacia dónde voy.

. . . Desde tu corazón me dice adiós un niño.[9]
Y yo le digo adiós.

Barrio sin luz[10]

¿Se va la poesía de las cosas
o no la puede condensar mi vida?
Ayer —mirando el último crepúsculo—
yo era un manchón de musgo entre unas ruinas.

Las ciudades —hollines y venganzas—
la cochinada[11] gris de los suburbios,
la oficina que encorva las espaldas,
el jefe de ojos turbios.

. . . Sangre de un arrebol sobre los cerros,
sangre sobre las calles y las plazas,
dolor de corazones rotos,
pobre de hastíos y de lágrimas.

Un río abraza el arrabal como una
mano helada que tienta en las tinieblas;[12]
sobre sus aguas
se avergüenzan de verse las estrellas.[13]

Y las casas que esconden los deseos
detrás de las ventanas luminosas,
mientras afuera el viento
lleva un poco de barro[14] a cada rosa.

. . . Lejos . . . la bruma de las olvidanzas[15]
—humos espesos, tajamares[16] rotos—,
y el campo ¡el campo verde! en que jadean
los bueyes y los hombres sudorosos.

. . . Y aquí estoy yo, brotado entre las ruinas,[17]
mordiendo solo todas las tristezas,
como si el llanto fuera una semilla
y yo el único surco de la tierra.

---

[7] deleitarán
[8] Dolor y más tarde profunda angustia son temas esenciales de la poesía nerudiana.
[9] alusión al hijo que quiso tener y que no pudo. Ve al hijo como producto natural o complemento del amor hacia la mujer.
[10] Los recuerdos directos de su niñez en Temuco, en el Sur de Chile, aparecen en todas las etapas de su poesía. Un centro maderero donde llueve mucho y son frecuentes las inundaciones, incendios, terremotos.
[11] lo sucio
[12] posible recuerdo de una gran inundación en Temuco, que recuerda en su introducción a Poesías completas
[13] aguas muy sucias y turbias que no pueden reflejar las estrellas
[14] La inundación ha dejado barro por todas partes.
[15] neologismo por olvido
[16] malecones o vías junto al mar
[17] Estos años de la infancia tuvieron influencia directa en la concepción de la vida como ruina, naufragio, desolación.

Veinte poemas de amor y una canción desesperada, 1924

Poema seis[18]

Te recuerdo como eras en el último otoño.
Eras la boina gris y el corazón en calma.
En tus ojos peleaban las llamas del crepúsculo.
Y las hojas caían en el agua de tu alma.

Apegada a mis brazos como una enredadera,
las hojas recogían tu voz lenta y en calma.
Hoguera de estupor en que mi sed ardía.
Dulce jacinto[19] azul torcido sobre mi alma.

Siento viajar tus ojos y es distante el otoño:
boina gris, voz de pájaro y corazón de casa
hacia donde emigraban mis profundos anhelos
y caían mis besos alegres como brasas.

Cielo desde un navío. Campo desde los cerros:[20]
Tu recuerdo es de luz, de humo, de estanque[21]
                                        en calma!
Más allá de tus ojos ardían los crepúsculos.
Hojas secas de otoño giraban en tu alma.[22]

La canción desesperada[23]

Emerge tu recuerdo de la noche en que estoy.
El río anuda[24] al mar su lamento obstinado.

Abandonado como los muelles en el alba.
Es la hora de partir, oh abandonado!

Sobre mi corazón llueven frías corolas.
Oh sentina de escombros,[25] feroz cueva de náufragos!

En ti se acumularon las guerras y los vuelos.
De ti alzaron las alas los pájaros del canto.[26]

Todo te lo tragaste, como la lejanía.
Como el mar, como el tiempo. Todo en ti fue naufragio![27]

---

[18] Poema construido sobre el recuerdo que tiene de la amada, ahora lejana. Es el sexto del libro *Veinte poemas de amor y una canción desesperada* (1924). La romántica es la vena más trascendente en la vida de Neruda, constantemente desbordándose hacia el amor. Este sentimiento se orienta hacia la rememoración melancólica unas veces y otras se convierte en fuerza avasalladora, pujante, violenta. A juzgar por los versos de este tipo que ha escrito —regados en todos sus libros— es un egregio poeta del amor, uno de los más grandes de la lengua, con entronques con Quevedo. Neruda escribió este libro a los veinte años, estando enamorado de dos mujeres: una de Temuco y otra de Santiago. Sobresale por su ritmo interior y la tendencia a encerrar un concepto en cada verso que termina en punto y aparte. El sentimiento amoroso, melancólico y auténtico, lleno de protestas de soledad y abandono, llega a enternecer al lector por su fuerza lírica. Es el libro más popular de Neruda y uno de los poemarios de amor más difundidos de la lengua.

[19] una flor originaria del Asia Menor
[20] La realidad vista desde distintos ángulos, representados por lugares donde estuvo con la amada.
[21] fuente
[22] Estos dos últimos versos son variantes de los versos tercero y cuarto, para destacar la idea del otoño.
[23] *Veinte poemas de amor y una canción desesperada* termina con este canto lleno de angustia existencial (no simplemente de amor), producida por la visión de la vida como soledad, ruina, mundo desolado. Nótese el uso de las palabras «abandonado», «escombros», «naufragio», «duelo», «ruina», «amargo», «dolor», etc.
[24] une, junta
[25] *sentina*: lugar muy asqueroso y sucio; *escombros*: desechos, ruinas
[26] huyó la inspiración
[27] Repite la palabra «naufragio» para expresar mejor la desesperación por la dicha perdida para siempre.

Era la alegre hora del asalto y el beso.
La hora del estupor que ardía como un faro.

Oh la boca mordida, oh los besados miembros,
oh los hambrientos dientes, oh los cuerpos
trenzados.[31]

Ansiedad de piloto, furia de buzo ciego,
turbia embriaguez de amor, todo en ti fue
naufragio!

Oh la cópula loca de esperanza y esfuerzo
en que nos anudamos y nos desesperamos.

En la infancia de niebla mi alma alada y herida.
Descubridor perdido, todo en ti fue naufragio!

Y la ternura, leve como el agua y la harina.
Y la palabra apenas comenzada en los labios.

Te ceñiste al dolor, te agarraste al deseo.
Te tumbó la tristeza, todo en ti fue naufragio!

Ése fue mi destino y en él viajó mi anhelo,
y en él cayó mi anhelo, todo en ti fue naufragio!

Hice retroceder la muralla de sombra,
anduve más allá del deseo y del acto.

Oh sentina de escombros, en ti todo caía.
qué dolor no exprimiste,[32] qué dolor no te ahoga.

Oh carne, carne mía, mujer que amé y perdí,
a ti en esta hora húmeda,[28] evoco y hago canto.

De tumbo en tumbo aún llameaste y cantaste
De pie como un marino en la proa de un barco.

Como un vaso albergaste[29] la infinita ternura,
y el infinito olvido te trizó[30] como a un vaso.

Aún floreciste en cantos, aún rompiste en
corrientes.
Oh sentina de escombros, pozo abierto y amargo.

Era la negra, la negra soledad de las islas,
y allí, mujer de amor, me acogieron tus brazos.

Pálido buzo ciego, desventurado hondero,[33]
descubridor perdido, todo en ti fue naufragio!

Era la sed y el hambre, y tú fuiste la fruta.
Era el duelo y las ruinas, y tú fuiste el milagro.

Es la hora de partir, la dura y fría hora
que la noche sujeta a todo horario.

Ah mujer, no sé cómo pudiste contenerme
en la tierra de tu alma, y en la cruz de tus
brazos!

El cinturón ruidoso del mar ciñe la costa.
Surgen frías estrellas, emigran negros pájaros.

Mi deseo de ti fue el más terrible y corto,
el más revuelto y ebrio, el más tirante y ávido.

Abandonado como los muelles en el alba.
Sólo la sombra trémula se retuerce en mis
manos.

Cementerio de besos, aún hay fuego en tus
tumbas,
aún los racimos arden picoteados de pájaros.

Ah más allá de todo. Ah más allá de todo.

Es la hora de partir. Oh abandonado!

---

[28] está lloviendo
[29] hospedaste, diste alojamiento
[30] fragmentó, rompió en pedazos muy pequeños
[31] entrelazados; Chile: agarradas dos personas cuerpo a
cuerpo

[32] extrajiste el zumo
[33] lanzador de la honda (instrumento hecho de un pedazo de
cuero y dos correas para lanzar piedras)

Tentativa del hombre infinito, 1925

Tentativa del hombre infinito[34]

FRAGMENTO

cuando aproximo el cielo con las manos para despertar completamente
sus húmedos terrones su red confusa se suelta
gira el año de los calendarios y salen del mundo los días como hojas
tus besos se pegan como caracoles a mi espalda
cada vez cada vez al norte están las ciudades inconclusas[35]
ahora el sur mojado[36] encrucijada triste
en donde los peces movibles como tijeras
ah sólo tú apareces en mi espacio en mi anillo
al lado de mi fotografía como la palabra está enfermo
detrás de ti pongo una familia desventajosa
radiante mía salto perteneciente hora de mi distracción[37]
están encorvados tus parientes y tú con tranquilidad
te miras en una lágrima te secas los ojos donde estuve
está lloviendo de repente mi puerta se va a abrir
al lado de mí mismo señorita enamorada
quién sino tú como el alambre ebrio en una canción sin título
ah triste mía la sonrisa se extiende como una mariposa en tu rostro
y por ti mi hermana no viste de negro

yo soy el que deshoja nombres y altas constelaciones[38] de rocío
en la noche de paredes azules altas sobre tu frente
para alabarte a ti palabra de alas puras
el que rompió su suerte siempre donde no estuvo
por ejemplo es la noche rodando entre cruces de plata
que fue tu primer beso para qué recordarlo
yo te puse extendida delante del silencio
tierra mía los pájaros de mi sed te protegen
y te beso la boca mojada con crepúsculo

es más allá más alto
para significarte criaría una espiga
corazón distraído torcido hacia una llaga
atajas[39] el color de la noche y libertas a los prisioneros

ah para qué alargaron la tierra
del lado en que te miro y no estás niña mía
entre sombra y sombra destino de naufragio
nada tengo oh soledad

---

[34] Aparece en el libro del mismo título publicado en 1925. Representa el primer ensayo de Neruda dentro del Superrealismo y coincide con el apogeo de las escuelas de vanguardia en Europa. Influencias de Joyce, y los superrealistas, uso de lo onírico, «automatismo síquico», libre asociación de ideas y otras técnicas del Superrealismo. Nótese que no emplea mayúsculas ni puntuación. Dejaba bien atrás la técnica literaria trillada y manida, y abría nuevas posibilidades a su poesía. El título responde al asunto del libro: el hombre que quiere abarcarlo todo, que se siente capaz de saberlo todo y de apresar e identificarse con el universo. No deja de ser, en este sentido, buena muestra de obra juvenil.

[35] sin terminar

[36] Recuérdense las inundaciones de Temuco. Véase nota 10.

[37] diversión

[38] Parece mostrar su gran curiosidad por saberlo y abarcarlo todo.

[39] detienes

sin embargo eres la luz distante que ilumina las frutas
y moriremos juntos
pensar que estás ahí navío blanco listo para partir
y que tenemos juntas las manos en la proa navío siempre en viaje [. . .]

devuélveme la grande rosa[40] la sed traída al mundo[41]
a donde voy supongo iguales las cosas
la noche importante y triste y ahí mi querella
barcarolero[42] de las largas aguas cuando
de pronto una gaviota crece en tus sienes mi corazón está cansado
márcame tu pata gris llena de lejos
tu viaje de la orilla del mar amargo o espérame
el vaho se despierta como una violeta es que
a tu árbol noche querida sube un niño
a robarse las frutas
y los lagartos brotan de tu pesada vestidura
entonces el día salta encima de su abeja
estoy de pie en la luz como el medio día en la tierra
quiero contarlo todo con ternura
centinela de las malas estaciones ahí estás tú
pescador intranquilo déjame adornarte por ejemplo
un cinturón de frutas dulce la melancolía
espérame donde voy ah el atardecer
la comida las barcarolas del océano oh espérame
adelantándote como un grito atrasándote como una huella oh espérate
sentado en esa última sombra o todavía después
todavía

El hondero entusiasta, 1933

Poema ocho[43]

Llénate de mí.
Ansíame, agótame, viérteme, sacrifícame.[44]
Pídeme. Recógeme, contiéneme, ocúltame.
Quiero ser de alguien, quiero ser tuyo, es tu
                                              hora.
Soy el que pasó saltando sobre las cosas,
el fugante,[45] el doliente.

Pero siento tu hora,
la hora de que mi vida gotee sobre tu alma,
la hora de las ternuras que no derramé nunca,
la hora de los silencios que no tienen palabras,
tu hora, alba de sangre que me nutrió de an-
                                              gustias,
tu hora, medianoche que me fue solitaria.

---

[40] el sentido de la belleza, tan importante para un artista
[41] la curiosidad e inquietud metafísica y trascendente
[42] piloto de una barcarola
[43] Este poema es comúnmente llamado «Llénate de mí». Es del libro El hondero entusiasta (1933), y muy representativo de la fiebre erótica del poeta en este momento. Si en Veinte poemas de amor y una canción desesperada se expresa un amor nostálgico y otoñal, aquí el sentimiento erótico es como una embriaguez que dispara toda la voluntad del poeta con apasionamiento, vehemencia y llena de urgencias hacia la posesión plena e inmediata del ser amado. El libro presenta en su misma vehemencia, en su vena

cósmica, autenticidad profunda y fuerte influencia de Walt Whitman y, especialmente del gran poeta uruguayo Carlos Sabat Ercasty (n. 1887), por entonces con más renombre que Neruda. El propio autor ha dicho, que este libro es «como documento de una juventud excesiva y ardiente».
[44] Esta frase vuelve a repetirse al final de la estrofa seis. El poeta no quiere ser la parte activa, sino la pasiva en el acto del amor. Versos propios de una adolescencia apasionada.
[45] neologismo, el que se fuga o escapa

Libértame de mí.[46] Quiero salir de mi alma.
Yo soy esto que gime, esto que arde, esto que sufre.
Yo soy esto que ataca, esto que aúlla, esto que canta.
No, no quiero ser esto.
Ayúdame a romper estas puertas inmensas.
Con tus hombros de seda desentierra estas anclas.
Así crucificaron mi dolor una tarde.

Libértame de mí. Quiero salir de mi alma.
Quiero no tener límites y alzarme hacia aquel astro.
Mi corazón no debe callar hoy o mañana.
Debe participar de lo que toca,
debe ser de metales, de raíces, de alas.
No puedo ser la piedra que se alza y que no vuelve,
no puedo ser la sombra que se deshace y pasa.

No, no puede ser, no puede ser, no puede ser.
Entonces gritaría, lloraría, gemiría.
No puede ser, no puede ser.
¿Quién iba a romper esta vibración de mis alas?
¿Quién iba a exterminarme? ¿Qué designio, qué palabra?
No puede ser, no puede ser, no puede ser.
Libértame de mí. Quiero salir de mi alma.

Porque tú eres mi ruta. Te forjé en lucha viva.
De mi pelea oscura contra mí mismo, fuiste.
Tienes de mí ese sello de avidez no saciada.
Desde que yo los miro tus ojos son más tristes.
Vamos juntos. Rompamos este camino juntos.
Seré la ruta tuya. Pasa. Déjame irme.
Ansíame, agótame, viérteme, sacrifícame.[47]
Haz tambalear los cercos de mis últimos límites.

Y que yo pueda, al fin, correr en fuga loca,[48]
inundando las tierras como un río terrible,
desatando estos nudos, ah Dios mío, estos nudos,
destrozando,
quemando,
arrasando
como una lava loca lo que existe,
correr fuera de mí mismo, perdidamente,
libre de mí, furiosamente libre.
Irme,
Dios mío,
irme!

---

[46] Concibe el acto amoroso como una forma de liberarse de las torturas anteriores a la satisfacción de la pasión. La idea está reiterada en el poema.

[47] repetición del verso 20
[48] Nótese en estos versos el ansia de llegar al orgasmo.

Residencia en la tierra, I[1]

Débil del alba[2]

El día de los desventurados, el día pálido se asoma
con un desgarrador olor frío, con sus fuerzas en gris,
sin cascabeles,[3] goteando el alba por todas partes:
es un naufragio en el vacío, con un alrededor de llanto.

Porque se fue de tantos sitios la sombra húmeda, callada,
de tantas cavilaciones en vano de tantos parajes[4] terrestres
en donde debió ocupar hasta el designio de las raíces,
de tanta forma aguda que se defendía.
Yo lloro en medio de lo invadido, entre lo confuso,
entre el sabor creciente, poniendo el oído
en la pura circulación, en el aumento,
cediendo sin rumbo el paso[5] a lo que arriba,
a lo que surge vestido de cadenas y claveles,
yo sueño, sobrellevando mis vestigios morales.[6]

Nada hay de precipitado, ni de alegre, ni de forma orgullosa,
todo aparece haciéndose con evidente pobreza,
la luz de la tierra sale de sus párpados
no como la campanada, sino más bien como las lágrimas:[7]
el tejido del día, su lienzo débil,
sirve para una venda de enfermos, sirve para hacer señas
en una despedida, detrás de la ausencia:
es el color que sólo quiere reemplazar,
cubrir, tragar, vencer, hacer distancias.[8]
Estoy solo[9] entre materias desvencijadas,[10]
la lluvia cae sobre mí, y se me parece,
se me parece con su desvarío,[11] solitaria en el mundo muerto,
rechazada al caer, y sin forma obstinada.

---

[1] Como el propio Neruda ha expresado, en este ciclo llega a la plena veta cósmica que le hace tratar de apresar todas las fuerzas que integran el cosmos, tanto constructivas como destructivas. La serie muestra la influencia directa de los vanguardistas españoles (García Lorca, Cernuda, Alberti, Aleixandre) y del Superrealismo. Expresa un concepto apocalíptico del mundo: el universo es como un infierno, una materia en ruta hacia la nada, en constante proceso de desintegración y destrucción por fuerzas contrarias y la acción del tiempo. Esta materia es al mismo tiempo eterna y permanente. Hay angustia existencial, trascendentalismo, profundidad filósofica. Coincide el núcleo del libro con el «exilio» del poeta en el Oriente, que él considera como un verdadero infierno en su vida. Sobre este libro ha escrito Neruda: «Es un montón de versos de gran monotonía, casi rituales, con misterio y dolores como los hacían los viejos poetas. Es algo uniforme, como una sola cosa comenzada, como eternamente ensayada sin éxito».

[2] El poema expresa inquietud social; parece referirse al despertar de los desposeídos y desventurados, pero el poeta está en una época pasiva, de ver y percibir, pero no de actuar.

[3] sin ruido

[4] sitios, lugares

[5] dejando pasar

[6] trasunto ético que aparece a menudo en su poesía

[7] no ruidoso como la campana, sino silencioso como las lágrimas

[8] Una venda es de color blanco y este color simboliza lo puro y honesto, que sustituirá o vencerá a lo enfermo de hoy.

[9] Nótese la expresión constante de soledad.

[10] rotas, descompuestas, ruinosas

[11] delirio, locura

Ritual de mis piernas[12]

Largamente he permanecido mirando mis largas piernas,
con ternura infinita y curiosa, con mi acostumbrada pasión,
como si hubieran sido las piernas de una mujer divina
profundamente sumida en el abismo de mi tórax:
y es que, la verdad, cuando el tiempo, el tiempo pasa,
sobre la tierra, sobre el techo, sobre mi impura cabeza,
y pasa, el tiempo pasa, y en mi lecho no siento de noche que una
mujer está respirando, durmiendo desnuda y a mi lado,
entonces, extrañas, oscuras cosas toman el lugar de la ausente,
viciosos, melancólicos pensamientos
siembran pesadas posibilidades en mi dormitorio,
y así, pues, miro mis piernas como si pertenecieran a otro cuerpo,
y fuerte y dulcemente estuvieran pegadas a mis entrañas.

Como tallos o femeninas, adorables cosas,[13]
desde las rodillas suben, cilíndricas y espesas,
con turbado y compacto material de existencia;
como brutales, gruesos brazos de diosa,
como árboles monstruosamente vestidos de seres humanos,
como fatales, inmensos labios sedientos y tranquilos,
son allí la mejor parte de mi cuerpo:
lo enteramente substancial, sin complicado contenido
de sentidos o tráqueas o intestinos o ganglios:
nada, sino lo puro, lo dulce y espeso de mi propia vida,[14]
guardando la vida, sin embargo, de una manera completa.

Las gentes cruzan el mundo en la actualidad
sin apenas recordar que poseen un cuerpo y en él la vida,
y hay miedo, hay miedo en el mundo de las palabras que designan el cuerpo,[15]
y se habla favorablemente de la ropa,
de pantalones es posible hablar, de trajes,
y de ropa interior de mujer (de medias y ligas de «señora»),
como si por las calles fueran las prendas[16] y los trajes vacíos por completo
y un oscuro y obsceno guardarropas ocupara el mundo.

Tienen existencia los trajes, color, forma, designio,
y profundo lugar en nuestros mitos, demasiado lugar,
demasiados muebles y demasiadas habitaciones hay en el mundo,
y mi cuerpo vive entre y bajo tantas cosas abatido,
con un pensamiento fijo de esclavitud y de cadenas.[17]

---

[12] En este poema pone atención a la parte física del cuerpo y sus asociaciones o concomitancias con el movimiento del pensamiento. Hay cierto narcisismo y no poco humor.

[13] Nótese con cuantas cosas relaciona sus piernas, en libre asociación de ideas,

[14] Sus piernas le recuerdan lo sensual y vicioso (versos nueve, diez y once,) pero también lo puro y elevado.

[15] Neruda se adelanta al moderno concepto de que no hay nada vergonzoso en el cuerpo humano o el sexo.

[16] aquí significa piezas de ropa

[17] Mientras otros han hablado de la esclavitud ocasionada por las apetencias del cuerpo, Neruda se refiere a la producida por tratar con prejuicios la parte física del hombre.

Bueno, mis rodillas, como nudos,
particulares, funcionarios, evidentes,
separan las mitades de mis piernas en forma seca:

y en realidad dos mundos diferentes, dos sexos, diferentes
no son tan diferentes como las dos mitades de mis piernas.
Desde la rodilla hasta el pie una forma dura,
mineral, fríamente útil, aparece,
una criatura de hueso y persistencia,
y los tobillos no son ya sino el propósito desnudo,
la exactitud y lo necesario dispuestos[18] en definitiva.

Sin sensualidad, cortas y duras, y masculinas,
son allí mis piernas, y dotadas[19]
de grupos musculares como animales complementarios,
y allí también una vida, una sólida, sutil, aguda vida
sin temblar permanece, aguardando[20] y actuando.
En mis pies cosquillosos,[21]
y duros como el sol, y abiertos como flores,
y perpetuos, magníficos soldados
en la guerra gris del espacio,
todo termina, la vida termina definitivamente en mis pies,
lo extranjero y lo hostil[22] allí comienza:
los nombres del mundo, lo fronterizo y lo remoto,
lo sustantivo y lo adjetivo que no caben en mi corazón
con densa y fría constancia allí se originan.

Siempre,
productos manufacturados, medias, zapatos,[23]
o simplemente aire infinito,
habrá entre mis pies y la tierra
extremando lo aislado y lo solitario de mi ser,
algo tenazmente supuesto entre mi vida y la tierra,
algo abiertamente invencible y enemigo.

---

[18] organizados, colocados
[19] provistas
[20] esperando
[21] que tiene cosquillas (sensación nerviosa que se experimenta cuando le tocan a uno ciertas partes del cuerpo)

[22] contrario, desfavorable
[23] Productos fabricados por el hombre impiden el propósito de los pies: lograr el contacto directo del hombre con la tierra (del ser humano con el universo).

Residencia en la tierra, II[1]

Sólo la muerte[2]

Hay cementerios solos,
tumbas llenas de huesos sin sonido,
el corazón pasando un túnel
oscuro, oscuro, oscuro,
como un naufragio hacia adentro nos morimos,[3]
como ahogarnos en el corazón,
como irnos cayendo desde la piel al alma.

Hay cadáveres,
hay pies de pegajosa[4] losa fría,
hay la muerte en los huesos,
como un sonido puro,
como un ladrido sin perro,
saliendo de ciertas campanas, de ciertas tumbas
creciendo en la humedad como el llanto o la lluvia.

Yo veo, solo, a veces,
ataúdes a vela[5]
zarpar con difuntos pálidos, con mujeres de trenzas
                           muertas,
con panaderos blancos como ángeles,
con niñas pensativas casadas con notarios,
ataúdes subiendo el río vertical[6] de los muertos,
el río morado,
hacia arriba, con las velas hinchadas por el sonido
                           de la muerte,
hinchadas por el sonido silencioso de la muerte.

A lo sonoro llega la muerte
como un zapato sin pie, como un traje sin hombre,[7]
llega a golpear con un anillo sin piedra y sin dedo,
llega a gritar sin boca, sin lengua, sin garganta.
Sin embargo sus pasos suenan
y su vestido suena, callado, como un árbol.

Yo no sé, yo conozco poco, yo apenas veo,[8]
pero creo que su canto tiene color de violetas húmedas,
de violetas acostumbradas a la tierra,
porque la cara de la muerte es verde,
y la mirada de la muerte es verde,[9]
con la aguda humedad de una hoja de violeta
y su grave color de invierno exasperado.

Pero la muerte va también por el mundo vestida de
                           escoba,[10]
lame el suelo buscando difuntos,
la muerte está en la escoba,
es la lengua de la muerte buscando muertos,
es la aguja de la muerte buscando hilo.
La muerte está en los catres:[11]
en los colchones lentos, en las frazadas negras
vive tendida, y de repente sopla:
sopla un sonido oscuro que hincha sábanas,
y hay camas navegando a un puerto
en donde está esperando, vestida de almirante.[12]

---

[1] Muchas de las ideas expuestas en la nota 1 son de aplicación también aquí. Neruda continúa con su visión alucinada del mundo, su concepto agónico de la vida, en que la destrucción y la invasión de la nada aniquiladora son la realidad fundamental. Esto produce en su interior, en su alma, una reacción natural y contraria: la búsqueda de un camino para su salvación personal, que no puede ser la fe religiosa de que carece, sino la vuelta y vinculación a ciertas materias maternas —unidas estrechamente a su origen— y bien representadas por la madera, el apio y el vino, productos típicos del sur de Chile, donde nació y se crió el poeta.

[2] La realidad es un proceso de desintegración mediante la violencia y el despedazamiento. El proceso vital es un irse muriendo, un estarse deshaciendo hasta llegar a la nada total. Hasta lo síquico experimenta este proceso de aniquilación. El mundo y la vida humana son concebidos como destrucción, exterminio, soledad y desaparición definitiva.

[3] La vida es un proceso hacia la total aniquilación, a través de un constante naufragio (terrible modo de ir desapareciendo).

[4] que se adhiere fácilmente

[5] como barcos de vela

[6] Los muertos son enterrados en huecos verticales (hechos de arriba hacia abajo).

[7] causando sorpresa, como algo anormal

[8] El conocimiento del hombre respecto a la muerte es muy escaso todavía hoy.

[9] algunos muertos tienen cara verdosa o amarillo-verdosa

[10] la muerte llega de distintas formas

[11] la muerte ataca en cualquier lugar

[12] la vieja concepción de la muerte como un viaje

Entrada a la madera[13]

Con mi razón apenas, con mis dedos,
con lentas aguas lentas inundadas,[14]
caigo al imperio de los nomeolvides,[15]
a una tenaz atmósfera de luto,
a una olvidada sala decaída,
a un racimo de tréboles amargos.

Caigo en la sombra, en medio
de destruídas cosas,
y miro arañas, y apaciento bosques
de secretas maderas inconclusas,
y ando entre húmedas fibras arrancadas
al vivo ser de substancia y silencio.

Dulce materia, oh rosa de alas secas,[16]
en mi hundimiento tus pétalos subo
con pies pesados de roja fatiga,
y en tu catedral dura me arrodillo
golpeándome los labios con un ángel.

Es que soy yo ante tu color de mundo,[17]
ante tus pálidas espadas muertas,
ante tus corazones reunidos,
ante tu silenciosa multitud.

Soy yo ante tu ola de olores muriendo,
envueltos en otoño y resistencia:
soy yo emprendiendo un viaje funerario
entre tus cicatrices amarillas:

soy yo con mis lamentos sin origen,
sin alimentos, desvelado, solo,
entrando oscurecidos corredores,
llegando a tu materia misteriosa.

Veo moverse tus corrientes secas,
veo crecer manos interrumpidas,
oigo tus vegetales oceánicos
crujir de noche y furia sacudidos,
y siento morir hojas hacia adentro,
incorporando materiales verdes
a tu inmovilidad desamparada.

Poros, vetas, círculos de dulzura,[18]
peso, temperatura silenciosa,
flechas pegadas a tu alma caída,
seres dormidos en tu boca espesa,
polvo de dulce pulpa consumida,
ceniza llena de apagadas almas,
venid a mí, a mi sueño sin medida,
caed en mi alcoba en que la noche cae
y cae sin cesar como agua rota,
y a vuestra vida, a vuestra muerte asidme,[19]
a vuestros materiales sometidos,
a vuestras muertas palomas neutrales,
y hagamos fuego, y silencio, y sonido,[20]
y ardamos, y callemos, y campanas.

---

[13] Véase la nota 1. El poema está trabajado con recuerdos de su infancia, de sus orígenes. Ese bosque de que se habla es su infancia, porque no se olvide que Temuco era un gran centro maderero. A la idea de destrucción ya vista en la primera parte del libro, siguen «Tres cantos materiales» en que canta a la madera, el apio y el vino, como buscando en esta materia de la patria, tan unida a su origen, una reafirmación vital. Ve en la materia natural, en las cosas cotidianas, en los productos de la tierra como una tabla de salvación.
[14] Recuérdense las inundaciones periódicas que vio en su niñez.
[15] una especie de flores
[16] Véase última parte de la nota 13. Neruda sentía predilec-

ción por la madera y hasta escribía versos sobre ella.
[17] Vuelve a encontrarse a sí mismo, se salva al contacto de esta materia natal.
[18] Hace un llamamiento a la materia de la tierra para que venga hacia él como forma de evitar la destrucción (aunque reconoce que también esa materia se destruye para recrearse nuevamente).
[19] agarradme, sostenedme
[20] Concreción del simbolismo del poema: el fuego (el tiempo) destruye la madera (la materia), pero también da vida con su calor. La palabra «campanas» al final parece significar una expresión de júbilo, de optimismo porque se ha salvado con esta vuelta a sus orígenes, a la materia materna.

Tercera residencia[1]

1947

Vals[2]

Yo toco el odio[3] como pecho diurno,
yo sin cesar, de ropa en ropa vengo
durmiendo lejos.

No soy, no sirvo, no conozco a nadie,
no tengo armas de mar ni de madera,[4]
no vivo en esta casa.

De noche y agua está mi boca llena.
La duradera luna determina
lo que no tengo.[5]

Lo que tengo está en medio de las olas.
Un rayo de agua, un día para mí:
un fondo férreo.

No hay contramar, no hay escudo, no hay traje,
no hay especial solución insondable,
ni párpado vicioso.

Vivo de pronto y otras veces sigo.
Toco de pronto un rostro y me asesina.[6]
No tengo tiempo.

No me busquéis entonces descorriendo
el habitual hilo salvaje o la
sangrienta enredadera.

No me llaméis: mi ocupación es ésa.
No preguntéis mi nombre ni mi estado.
Dejadme en medio de mi propia luna,
en mi terreno herido.

---

[1] Este libro refleja las grandes angustias y confusión de su espíritu ante la situación caótica de aquel momento de la historia humana: la Guerra Civil española y la segunda Guerra Mundial con toda su crueldad, destrucción, violencia y dolor. El poeta muestra su contacto espiritual con su mundo y con su tiempo. Aquí se produce la conversión política de Neruda al comunismo internacional en la que jugó papel muy importante su contacto con Rafael Alberti y otros vanguardistas españoles. Neruda es ahora un poeta «comprometido» con el realismo comunista y en su defensa pondrá la contribución de su arte. De la *Tercera residencia* forman parte sus cuadernos «Las furias y las penas», «Reunión bajo las nuevas banderas», «España en el corazón» y «Canto a Stalingrado.» Neruda se parcializa completamente e inclusive omite todo elogio a otros combatientes importantes en el conflicto mundial como fueron los ingleses, americanos y otros sectores.

[2] Representa el tercer poema de este libro y, a pesar de su título, es una composición amarga y pesimista porque ve el odio, la soledad y la incomunicación entre los seres humanos que los conflictos bélicos agravarán al máximo.

[3] el poema fue escrito alrededor de 1935 cuando ya había barruntos de la lucha que vendría después

[4] Expresa su gran soledad e incomunicación, que es la de todos los hombres; desamparo ante el mundo.

[5] Al alumbrarlo o llenar de luz su cuarto, la luna deja ver que el poeta no tiene nada.

[6] otra vez la idea del odio

Canto general[1]

II

Alturas de Machu Picchu[2]

I

Del aire al aire, como una red vacía,
iba yo entre las calles y la atmósfera, llegando y despidiendo,
en el advenimiento del otoño la moneda extendida
de las hojas, y entre la primavera y las espigas,
lo que el más grande amor, como dentro de un guante
que cae, nos entrega como una larga luna.

(Días de fulgor vivo en la intemperie
de los cuerpos: aceros convertidos
al silencio del ácido:
noches deshilachadas[3] hasta la última harina:
estambres[4] agredidos de la patria nupcial.)

Alguien que me esperó entre los violines
encontró un mundo como una torre enterrada
hundiendo su espiral más abajo de todas
las hojas de color de ronco[5] azufre:
más abajo, en el oro de la geología,
como una espada envuelta en meteoros,
hundí la mano turbulenta y dulce
en lo más genital de lo terrestre.

---

[1] Constituye uno de los poemas más largos escritos en español, pues consta de quince partes y de miles de versos en su versión definitiva. El propósito de Neruda fue presentar una interpretación histórica y política de Hispanoamérica, prediciendo su futuro. Le falta objetividad histórica, porque el tema está tratado desde el punto de vista de la ideología marxista. Quiso abarcar todos los aspectos de la América hispana: geografía, naturaleza, historia, razas, clases sociales, luchas políticas, desarrollo histórico y social, grandes líderes y héroes. El pueblo anónimo de Hispanoamérica es como el protagonista esencial. El interés del poeta se centra en presentar las penas y angustias del pueblo, los abusos de que ha sido objeto, así como la corrupción y vicios de las clases dominantes y sus esfuerzos para torcer el verdadero destino popular. Su ideología lo lleva a contradicciones extremas, por ejemplo: combate las dictaduras de Trujillo, Pérez Jiménez o Batista, pero defiende la de Fidel Castro, sencillamente porque es comunista. El poema es muy desigual en méritos: junto a trozos de verdadera grandeza épica y elevación poética, se encuentran secciones de pura prosa rimada con frases vulgares. Críticamente hablando el poema tiene más mérito cuando se espigan sus momentos más felices (como el canto II, «Las alturas de Machu Pichu») que cuando se le estudia en conjunto. A pesar de sus errores, muestra a Neruda como un maestro de la técnica y con una fantasía creadora pocas veces vista en la poesía continental.

[2] Frente a la evocación de la gran ruina incaica, Neruda hace una exposición de su propio estado de ánimo. A través de imágenes superrealistas vemos las angustias del poeta, que anda como perdido y solitario. Se considera lo más perdurable del Canto general.

[3] un tejido con los hilos sacados; noches vividas en cada uno de sus instantes

[4] hilos gruesos de lana para hacer tejidos (medias, etc.)

[5] áspero, bronco

Puse la frente entre las olas profundas,
descendí como gota entre la paz sulfúrica,
y, como un ciego, regresé al jazmín
de la gastada primavera humana.

II

Si la flor a la flor entrega el alto germen
y la roca mantiene su flor diseminada
en su golpeado traje de diamante y arena,
el hombre arruga el pétalo de la luz que recoge
en los determinados manantiales marinos
y taladra[6] el metal palpitante en sus manos.
Y pronto, entre la ropa y el humo, sobre la mesa hundida,
como una barajada cantidad, queda el alma:
cuarzo y desvelo, lágrimas en el océano
como estanques de frío: pero aún
mátala y agonízala con papel y con odio,
sumérgela en la alfombra cotidiana, desgárrala
entre las vestiduras hostiles del alambre.

No: por los corredores, aire, mar o caminos,
quién guarda su puñal (como las encarnadas
amapolas) su sangre? La cólera ha extenuado
la triste mercancía del vendedor de seres,
y, mientras en la altura del ciruelo, el rocío
desde mil años deja su carta transparente
sobre la misma rama que lo espera, oh corazón, oh frente triturada[7]
entre las cavidades del otoño.

Cuántas veces en las calles de invierno de una ciudad o en
un autobús o un barco en el crepúsculo, o en la soledad
más espesa, la de la noche de fiesta, bajo el sonido
de sombras y campanas, en la misma gruta del placer humano,
me quise detener a buscar la eterna veta insondable
que antes toqué en la piedra o en el relámpago que el beso desprendía.

(Lo que en el cereal como una historia amarilla
de pequeños pechos preñados va repitiendo un número
que sin cesar es ternura en las capas germinales,
y que, idéntica siempre, se desgrana en marfil
y lo que en el agua es patria transparente, campana
desde la nieve aislada hasta las olas sangrientas.)

No pude asir sino un racimo de rostros o de máscaras
precipitadas, como anillos de oro vacío,
como ropas dispersas hijas de un otoño rabioso
que hiciera temblar el miserable árbol de las razas asustadas.

---

[6] hace huecos   [7] molida, quebrada, rota en pequeños pedazos

No tuve sitio donde descansar la mano
y que, corriente como agua de manantial encadenado,
o firme como grumo de antracita o cristal,
hubiera devuelto el calor o el frío de mi mano extendida.
¿Qué era el hombre? ¿En qué parte de su conversación abierta
entre los almacenes y los silbidos, en cuál de sus movimientos
vivía lo indestructible, lo imperecedero, la vida?

XII

Sube a nacer conmigo, hermano.[8]

Dame la mano desde la profunda
zona de tu dolor diseminado.
No volverás del fondo de las rocas.
No volverás del tiempo subterráneo.
No volverá tu voz endurecida.
No volverán tus ojos taladrados.
Mírame desde el fondo de la tierra,
labrador, tejedor, pastor callado:
domador de guanacos tutelares:[9]
albañil del andamio[10] desafiado:
aguador de las lágrimas andinas:
joyero de los dedos machacados:[11]
agricultor temblando en la semilla:
alfarero en tu greda[12] derramado:
traed a la copa de esta nueva vida
vuestros viejos dolores enterrados.
Mostradme vuestra sangre y vuestro surco,
decidme: aquí fui castigado,
porque la joya no brilló o la tierra
no entregó a tiempo la piedra o el grano:
señaladme la piedra en que caísteis
y la madera en que os crucificaron,
encendedme los viejos pedernales,

las viejas lámparas, los látigos pegados
a través de los siglos en las llagas
y las hachas de brillo ensangrentado.
Yo vengo a hablar por vuestra boca muerta.
A través de la tierra juntad todos
los silenciosos labios derramados
y desde el fondo habladme toda esta larga noche
como si yo estuviera con vosotros anclado,
contadme todo, cadena a cadena,
eslabón a eslabón, y paso a paso,
afilad los cuchillos que guardasteis,
ponedlos en mi pecho y en mi mano,
como un río de rayos amarillos,
como un río de tigres enterrados,
y dejadme llorar, horas, días, años,
edades ciegas, siglos estelares.

Dadme el silencio, el agua, la esperanza.[13]

Dadme la lucha, el hierro, los volcanes.

Apegadme los cuerpos como imanes.

Acudid a mis venas y a mi boca.

Hablad por mis palabras y mi sangre.

---

[8] Invita al pueblo ánonimo hispanoamericano para obtener en esa altura la inspiración y la esperanza para la lucha por su bienestar.
[9] *guanacos*: rumiantes mamíferos de color pardo oscuro de los Andes; *tutelares*: protectores, favorables
[10] armazón provisional de madera o metal para trabajar en alto en una construcción
[11] triturados, rotos, molidos a golpes
[12] arcilla arenosa
[13] Termina con un llamado proselitista, con tono de solidaridad humana.

Los versos del capitán,[1] 1952

El hijo

Ay hijo, sabes, sabes
de dónde vienes?[2]

De un lago con gaviotas
blancas y hambrientas.

Junto al agua de invierno
ella y yo levantamos
una fogata[3] roja
gastándonos los labios
de besarnos el alma,
echando al fuego todo,
quemándonos la vida.

Así llegaste al mundo.

Pero ella para verme
y para verte un día
atravesó los mares
y yo para abrazar
su pequeña cintura
toda la tierra anduve,
con guerras y montañas,
con arenas y espinas.

Así llegaste al mundo.

De tantos sitios vienes,[4]
del agua y de la tierra,
del fuego y de la nieve,
de tan lejos caminas
hacia nosotros dos,

desde el amor terrible
que nos ha encadenado,
que queremos saber
cómo eres, qué nos dices
porque tú sabes más
del mundo que te dimos.

Como una gran tormenta
sacudimos nosotros
el árbol de la vida
hasta las más ocultas
fibras de las raíces
y apareces ahora
cantando en el follaje,
en la más alta rama
que contigo alcanzamos.

Odas elementales,[5] 1954

Oda a la cebolla

Cebolla,
luminosa redoma,[6]
pétalo a pétalo
se formó tu hermosura,
escamas[7] de cristal te acrecentaron
y en el secreto de la tierra oscura
se redondeó tu vientre de rocío.
Bajo la tierra
fue el milagro

y cuando apareció
tu torpe tallo verde,
y nacieron
tus hojas como espadas en el huerto,
la tierra acumuló su poderío
mostrando tu desnuda transparencia,
y como en Afrodita el mar remoto
duplicó la magnolia
levantando sus senos,

---

[1] Neruda publicó este libro en forma anónima en Nápoles en 1952, reconociendo su paternidad diez años después, al salir la segunda edición de sus *Obras completas* (1962). Las siete partes de que consta forman como un diario poético sobre el nuevo amor que siente el poeta. Toda la gama de este sentimiento está presente: la felicidad, la angustia por el ser amado, el anhelo del hijo como fruto imprescindible de esa unión. Aunque canta su propia experiencia con versos salidos de su corazón, los poemas pueden ser repetidos por otros amantes en cualquier parte del mundo. Este libro es obra de un gran poeta, dueño de su técnica y de una madurez expresiva extraordinaria.
[2] No se refiere a un hijo existente, sino anhelado.
[3] fuego que produce llamas; hoguera
[4] Aquí describe el tipo de hijo que quisiera, pero habla como si ya lo tuviese.
[5] Cuando tenía cincuenta años, Neruda evolucionó hacia una

forma poética más sencilla, sobre todo con su ciclo de *Odas elementales* (1954), *Nuevas odas elementales* (1955), *Tercer libro de odas* (1957), *Navegaciones y regresos* (1959), que viene a ser como una cuarta colección de ellas, así como en *Las piedras de Chile* (1961) y *Plenos poderes* (1962). Demuestran una fuerte reacción contra la retórica grandilocuente de las odas tradicionales de la época neoclásica, hasta en el uso de metros cortos por lo general y el tono muy llano y sencillo. Canta a las cosas simples y de todos los días, pero de gran utilidad para el hombre y el pueblo. Se descubre en ellas un tono didáctico, como si el poeta quisiera extraer conclusiones y adoctrinar. Hay influencia neoclásica en el anhelo de destacar la naturaleza y los aspectos más útiles.
[6] botella ancha en el fondo y estrecha en la boca
[7] membranas protectoras de los peces y otros animales

la tierra
así te hizo,
cebolla,
clara como un planeta,
y destinada
a relucir,
constelación constante,
redonda rosa de agua,
sobre
la mesa
de las pobres gentes.[8]
Generosa
deshaces
tu globo de frescura
en la consumación
ferviente de la olla,
y el jirón[9] de cristal
al calor encendido del aceite
se transforma en rizada pluma de oro.

También recordaré como fecunda
tu influencia el amor de la ensalada,
y parece que el cielo contribuye
dándote fina forma de granizo
a celebrar tu claridad picada[10]
sobre los hemisferios de un tomate.
Pero al alcance
de las manos del pueblo,[11]

regada con aceite,
espolvoreada
con un poco de sal,
matas el hambre
del jornalero[12] en el duro camino.
Estrella de los pobres,
hada madrina
envuelta
en delicado
papel, sales del suelo,
eterna, intacta, pura
como semilla de astro,
y al cortarte
el cuchillo en la cocina
sube la única lágrima
sin pena.
Nos hiciste llorar sin afligirnos.
Yo cuanto existe celebré, cebolla,
pero para mí eres
más hermosa que un ave
de plumas cegadoras,
eres para mis ojos
globo celeste, copa de platino,
baile inmóvil
de anémona nevada

y vive la fragancia de la tierra
en tu naturaleza cristalina.

Oda a un reloj en la noche[13]

En la noche, en tu mano
brilló como luciérnaga
mi reloj.
Oí
su cuerda:
como un susurro seco
salía
de tu mano invisible.
Tu mano entonces
volvió a mi pecho oscuro
a recoger mi sueño y su latido.

El reloj
siguió cortando el tiempo
con su pequeña sierra.[14]
Como en un bosque
caen
fragmentos de madera,
mínimas gotas, trozos[15]
de ramajes o nidos,
sin que cambie el silencio,
sin que la fresca oscuridad termine,
así

---

[8] Destaca la importancia de la cebolla para los pobres y para el pueblo en general.
[9] pedazo; parte pequeña de un todo
[10] cortada
[11] Véase nota 8.
[12] peón, trabajador de bajo salario

[13] No hay análisis profundo o metafísico sobre el tiempo, sino un simple recuerdo del instrumento, tan común y útil en la vida diaria.
[14] Nótese la precisión de esta metáfora.
[15] pedazos, porciones

siguió el reloj cortando
desde tu mano invisible,
tiempo, tiempo,
y cayeron
minutos como hojas,
fibras de tiempo roto,
pequeñas plumas negras.[16]

Como en el bosque
olíamos raíces,
el agua en algún sitio desprendía
una gotera[17] gruesa
como uva mojada.
Un pequeño molino
molía noche,
la sombra susurraba
cayendo de tu mano
y llenaba la tierra.
Polvo,
tierra, distancia
molía y molía
mi reloj en la noche,
desde tu mano.

Yo puse
mi brazo
bajo tu cuello invisible,
bajo su peso tibio,
y en mi mano
cayó el tiempo,
la noche,
pequeños ruidos
de madera y de bosque,
de noche dividida,
de fragmentos de sombra,
de agua que cae y cae:
entonces
cayó el sueño
desde el reloj y desde
tus dos manos dormidas,
cayó como agua oscura
de los bosques,
del reloj
a tu cuerpo,
de ti hacia los países,
agua oscura,
tiempo que cae

y corre
adentro de nosotros.

Y así fue aquella noche,
sombra y espacio, tierra
y tiempo,
algo que corre y cae
y pasa.
Y así todas las noches
van por la tierra,
no dejan sino un vago
aroma negro,
cae una hoja,
una gota
en la tierra
apaga su sonido,
duermen el bosque, las aguas,
las praderas,
las campanas,
los ojos.

Te oigo y respiras,
amor mío,
dormimos.[18]

Nuevas odas elementales, 1955

Oda a los calcetines[19]

Me trajo Maru Mori
un par
de calcetines
que tejió con sus manos
de pastora,
dos calcetines suaves
como liebres.[20]
En ellos
metí los pies
como en
dos
estuches
tejidos
con hebras del
crepúsculo

y pellejo[21] de ovejas.
Violentos calcetines,
mis pies fueron
dos pescados
de lana,
dos largos tiburones
de azul ultramarino
atravesados
por una trenza de oro,
dos gigantescos mirlos,[22]
dos cañones:
mis pies
fueron honrados
de este modo
por

estos
celestiales
calcetines.
Eran
tan hermosos
que por primera vez
mis pies me parecieron
inaceptables
como dos decrépitos[23]
bomberos, bomberos,
indignos
de aquel fuego
bordado,
de aquellos luminosos
calcetines.

---

[16] El paso del tiempo entristece (de aquí la expresión de «plumas negras»).
[17] gotas de agua que caen del tejado
[18] El poeta ha tenido la habilidad de reproducir con toda exactitud, el monótono andar del reloj, el que provoca el sueño al fin.
[19] Esta composición es de *Nuevas odas elementales* (1955).
[20] mamíferos parecidos al conejo, de orejas grandes y muy corredores
[21] piel
[22] pájaros de plumas oscuras
[23] viejos, ancianos

Sin embargo
resistí
la tentación aguda
de guardarlos
como los colegiales
preservan
las luciérnagas,
como los eruditos
coleccionan
documentos sagrados,
resistí
el impulso furioso
de ponerlos
en una jaula
de oro
y darles cada día
alpiste[24]
y pulpa de melón rosado.
Como descubridores
que en la selva
entregan el rarísimo
venado verde

y asador
y se lo comen
con remordimiento,
estiré
los pies
y me enfundé
los
bellos
calcetines
y
luego los zapatos.

Y es ésta
la moral de mi oda:[25]
dos veces es belleza
la belleza
y lo que es bueno es doblemente
bueno
cuando se trata de dos calcetines
de lana
en el invierno.

Estravagario,[26] 1958

Muchos somos

De tantos hombres que soy, que somos,
no puedo encontrar a ninguno:
se me pierden bajo la ropa,
se fueron a otra ciudad.

Cuando todo está preparado
para mostrarme inteligente
el tonto que llevo escondido
se toma la palabra en mi boca.

Otras veces me duermo en medio
de la sociedad distinguida

y cuando busco en mí al valiente
un cobarde que no conozco
corre a tomar con mi esqueleto
mil deliciosas precauciones.

Cuando arde una casa estimada
en vez del bombero que llamo
se precipita el incendiario
y ése soy yo. No tengo arreglo.
Qué debo hacer para escogerme?
Cómo puedo rehabilitarme?

---

[24] alimento para los pájaros
[25] Nótese el tono didáctico, de enseñanza moral.
[26] El ciclo de las *Odas elementales*, *Estravagario* y los libros subsiguientes indican que el poeta ha entrado en la etapa otoñal de la vida por el tono reflexivo, el poder de evocación del pasado, y las meditaciones sobre el paso del tiempo, ese elemento «irreversible y de hierro» como lo ha llamado Borges. Es un Neruda melancólico, aunque no pierde sus ansias de luchas y su optimismo. *Estravagario* (1958) nos muestra en sus reflexiones e inclusive en su tenue humor, a un gran poeta de vuelta de

todos los caminos de la vida, quien no da muestras de decadencia, sino por el contrario, de mayor profundidad y fecundidad. Neruda lo tiene como uno de sus libros favoritos y en verdad debe considerarse entre lo más perdurable del poeta. De este libro es el poema «Muchos somos». Con cierto tono de buen humor Neruda plantea una verdad profunda: la multiplicidad de seres contradictorios que es un hombre en sí. Esta misma idea de las varias vidas que vive un individuo en sucesión está expresada en sus *Memorias* en prosa tituladas *Vidas del poeta*.

Todos los libros que leo
celebran héroes refulgentes
siempre seguros de sí mismos
me muero de envidia por ellos,
y en los films[27] de vientos y balas
me quedo envidiando al jinete,
me quedo admirando al caballo.

Pero cuando pido al intrépido[28]
me sale el viejo perezoso,
y así yo no sé quién soy,
no sé cuánto soy o seremos.
Me gustaría tocar un timbre[29]

y sacar el mí verdadero
porque si yo me necesito
no debo desaparecerme.

Mientras escribo estoy ausente
y cuando vuelvo ya he partido:
voy a ver si a las otras gentes
les pasa lo que a mí me pasa,
si son tantos como soy yo,
si se parecen a sí mismos
y cuando lo haya averiguado
voy a aprender tan bien las cosas
que para explicar mis problemas
le hablaré de geografía.

Cien sonetos de amor, 1959

LXXXIX[30]

Cuando yo muera quiero tus manos en mis ojos:
quiero la luz y el trigo de tus manos amadas
pasar una vez más sobre mí su frescura:
sentir la suavidad que cambió mi destino.

Quiero que vivas mientras yo, dormido, te espero,
quiero que tus oídos sigan oyendo el viento,
que huelas el aroma del mar que amamos juntos
y que sigas pisando la arena que pisamos.

Quiero que lo que amo siga vivo
y a ti te amé y canté sobre todas las cosas,
por eso sigue tú floreciendo, florida,

para que alcances todo lo que mi amor te ordena,
para que se pasee mi sombra por tu pelo,
para que así conozcan la razón de mi canto.

---

[27] películas (anglicismo)
[28] valiente, atrevido
[29] presionar un botón
[30] Soneto escrito en versos libres, unas veces alejandrinos y otras endecasílabos. Este libro está lleno del embriagante júbilo amoroso del poeta por la señora Matilde Urrutia, el gran amor de sus últimos años. Continúa el tono otoñal, de evocación y de preocupación por el tiempo, que ya hemos visto. Estructuralmente representa una vuelta a las fórmulas clásicas del verso, ya que emplea el soneto, aunque de versos libres y con imágenes muy nuevas. Hay gran influencia del Renacimiento, tanto en el uso de ese metro triunfal en esa época, como en la pasión por la belleza de su amada y la glorificación de su físico y de su alma. Expresa un profundo deseo de tener la compañía de su mujer para siempre. Los sonetos son desiguales en méritos, pero su totalidad constituye la obra de un poeta de primera magnitud.

Cantos ceremoniales, 1961

Fin de fiesta[31]

XI

Construyamos el día que se rompe,[32]
no demos cuerda[33] a cada hora sino
a la importante claridad, al día,
al día que llegó con sus naranjas.[34]
Al fin de cuentas de tantos detalles
no quedará sino un papel
marchito, masticado,[35] que rodará en la arena
y será por inviernos devorado.

Al fin de todo no se recuerda la hoja
del bosque, pero quedan
el olor y el temblor en la memoria:
de aquella selva aún vivo impregnado,
aún susurra en mis venas el follaje,
pero ya no recuerdo día ni hora:
los números, los años son infieles,
los meses se reúnen en un túnel tan largo
que Abril y Octubre suenan como dos piedras locas,
y en un solo canasto se juntan las manzanas,
en una sola red la plata del pescado,
mientras la noche corta con una espada fría
el resplandor de un día que de todas maneras
vuelve mañana, vuelve si volvemos.[36]

---

[31] El tono lleva ahora a Neruda a un tipo de poesía muy semejante a la del Darío otoñal: visión melancólica de la vida, exposición de la obra incesantemente destructora del tiempo. Ahora el poeta tiene más serenidad, comprensión de la vida y sabiduría. Aunque está triste, su actitud no es desesperada, porque reconoce que sabe más. El libro se divide en diez partes, así como en poemas personales y casi autobiográficos y aquéllos de intención más abarcadora. Los mejores son los de la primera parte, sobre todo los dedicados a Manuelita Sáenz, la amante de Bolívar, y a Lautréamont. El libro está teñido de nostalgia con la expresión del sentimiento más cercano al corazón. Muy destacable es la parte X, «Fin de fiesta», que marca el momento en que el poeta acepta lo ambiguo de la vida, con ánimo y comprensión serenos. Es ahora un hombre cargado de experiencia en quien no ha muerto el luchador. Aquí están algunos de los versos más tristes y hermosos de Neruda, como el poema XI, «Construyamos el día que se rompe». Este poema es como una exhortación para que se aproveche la claridad del día en trabajar, en construir. El día parece representar el tiempo en que se puede luchar, cuando se tienen bríos y fuerzas para ello. Lo que importa no es el detalle de una hora o un día, sino el resultado de la vida total. Lo trascendente no es poder detener, apresar la vida (cosa imposible), sino en vivirla de tal forma que deje un recuerdo grato en la memoria.

[32] Por ese título es conocido. «Rehagamos el día que ya se ha ido»

[33] no alarguemos, no hagamos más larga

[34] con todas sus cosas cotidianas

[35] triturado con los dientes

[36] optimismo condicionado al hecho de estar vivo un día más

PERÚ, 1892-1938

Por los años veinte surgió en el Perú una generación de jóvenes que deseaban un cambio total en la vida política y social, y una renovación en la orientación de la literatura. Uno de esos «rebeldes», César Vallejo, está considerado como uno de los poetas más completos que han dado Hispanoamérica y su patria. Nació en Santiago de Chuco en la sierra andina y murió en París. Era mestizo y procedía de una familia de la clase media. Vallejo tuvo una amplia educación formal que culminó en la obtención de su doctorado en Filosofía y Letras en la Universidad de la Libertad, en Trujillo, en 1915. En este mismo centro docente inició sus estudios de Derecho, interrumpidos en 1918 para marchar a Lima. Era un infatigable lector y esas lecturas lo pusieron al día con los grandes escritores de la época. En la capital se unió al grupo de los rebeldes ganando pronto renombre como poeta y escritor. Acusado de extremista y de formar parte de una revuelta, pasó cuatro meses en la cárcel. Este hecho y la situación de su país lo movieron a viajar a París, donde vivió desde 1923 hasta su muerte. Viajó por los principales paises de Europa, con estancias ·largas en Madrid. Hizo varios viajes a la Unión Soviética, pues estaba afiliado al marxismo de tendencia radical. Vallejo vivió acosado siempre por una profunda crisis espiritual, agravada por dificultades de carácter económico.

La obra de Vallejo no es muy extensa, pero comprende cuentos, teatro, versos, novelas, crónicas y artículos de periódicos. Su primer libro de versos, *Los heraldos negros* (1918) puede clasificarse dentro del Neorromanticismo postmodernista, con influencias de Darío, Lugones, y Herrera y Reissig, así como de los simbolistas franceses Samain, Laforgue, y Verlaine, lo mismo que de Baudelaire. No hay ruptura con la realidad porque Vallejo canta al amor, a las cosas de su país y a la muerte con ritmos nuevos y gran atrevimiento de metáforas. En este primer libro aparece un tema que es como el centro poético del autor: la orfandad, el desamparo en que vive el hombre en el mundo. Esto marca el tono existencial de su poesía, que parece querer apresar la íntima esencia del ser. Esta filosofía lo lleva a un tipo de pesimismo desolado y a la expresión de un dolor desgarrado y angustioso. En esto se parece a Gutiérrez Nájera y Casal, pero mientras en éstos lo que prevalece es la elegía por el propio dolor, en Vallejo es el sufrimiento de todo ser humano por el hecho de serlo y venir a la vida, lo que permea toda su producción.

Lo que en su primer libro es simple esbozo de un modo de escribir, en *Trilce* (1922) adquiere categoría de estilo definitivo de Vallejo. El poeta ha trascendido la realidad e incorpora a su poesía un mundo abstracto y simbólico, a partir de la realidad de su propio sentimiento, sensibilidad y visiones de la vida. Esa modalidad lo lleva a la búsqueda y encuentro de nuevas estructuras objetivas, cayendo de lleno en el Vanguardismo. Ahora presenta fuertes influencias del Dadaísmo en cierta incoherencia y juego de vocablos y libre asociación de ideas al estilo superrealista. El crítico Xavier Abril parece haber demostrado la influencia también de «Una jugada de dados» de Mallarmé. No hay que olvidar el influjo de Dante y de François Villon, así como los más inmediatos de Jammes, Goudeau, Rimbaud. Ideológicamente lucha por desentrañar el sentido de la vida y expresa —como nunca antes— una gran solidaridad con otros seres, a los que considera huérfanos, olvidados y desamparados, como él mismo lo está.

Los dos últimos libros de poesía de Vallejo ilustran la evolución final del gran poeta. Tanto en *Poemas humanos* (1939) como en *España, aparta de mí este cáliz* (1939) casi no hay formas poéticas y representan el punto más alto en la expresión de la lucha agónica del hombre contemporáneo. Caillet-Bois ha escrito: «es la expresión, aguda y desgarrada, del dolor, no del individuo, sino de la especie, no para entenderse como obra de arte, sino como grito herido en la más tremenda soledad. Es la más estupenda transcripción de la expresión apenas articulada, incoherente y oscura de un modo de vida.»[1] En el cuarto libro mencionado capta —no la realidad anecdótica y circunstanciada— sino el íntimo drama sicológico del pueblo español y del poeta mismo ante la tragedia que significó la Guerra Civil, en la que el hombre se bestializó y lucharon hermanos contra hermanos, en busca de una mutua destrucción. También escribió Vallejo una prosa valiosa: *Escalas melografiadas* (1923), colección de cuentos y otros escritos; *Fabla salvaje* (1923), novela con influencia de Poe; *Poemas en prosa* (1929); *Tungsteno* (1931), novela de corte anti-imperialista; *Rusia 1931* (1931), crónicas sobre el experimento bolchevique.

Vallejo es uno de los poetas más hondos y humanos de esta literatura y, sin perder las raíces étnicas o continentales, —porque en su poesía hay mucho del Perú y de Hispanoamérica— sus versos se orientan hacia el universalismo, al cantar todo lo que íntimamente aflige al hombre de esta época en todas las latitudes. Por su impulso creador, su técnica renovadora y distinta, por su modo personal, directo y único de escribir y por el aliento trascendente y humano de su poesía, constituye una de las grandes figuras del parnaso contemporáneo y uno de los poetas con más influencias en el Mundo Hispánico, a ambos lados del Atlántico.

FUENTES: *Poesías completas*, 1918–1938, Buenos Aires, Losada, 1949. Prólogo de César Miró. Ediciones individuales de: *Heraldos negros, Trilce, Poemas humanos y Poemas en prosa y España, aparta de mí este cáliz*, Lima, Editorial Perú Nuevo, 1961

[1] *Antología de la poesía hispanoamericana*, 2a. edición, Madrid, Aguilar, 1965, pág 1246

Los heraldos negros,[1] 1918

Ágape

Hoy no ha venido nadie a preguntar;
ni me han pedido en esta tarde nada.

No he visto ni una flor de cementerio
en tan alegre procesión de luces.
Perdóname, Señor: qué poco he muerto![2]

En esta tarde todos pasan
sin preguntarme ni pedirme nada.

Y no sé qué se olvidan y se queda
mal en mis manos, como cosa ajena.

He salido a la puerta,
y me da ganas de gritar a todos:
Si echan de menos algo, aquí se queda!

Porque en todas las tardes de esta vida,
yo no sé con qué puertas dan a un rostro,
y algo ajeno se toma el alma mía.[3]

Hoy no ha venido nadie;
y hoy he muerto qué poco en esta tarde!

La voz del espejo

Así pasa la vida, como raro espejismo.
¡La rosa azul que alumbra y da el ser al cardo![4]
Junto al dogma del fardo[5]
matador, el sofisma del Bien y la Razón!

Se ha cogido, al acaso, lo que rozó la mano;
los perfumes volaron, y entre ellos se ha sentido
el moho[6] que a mitad de la ruta ha crecido
en el manzano seco de la muerta Ilusión.

Así pasa la vida,
con cánticos aleves de agostada[7] bacante.
Yo voy todo azorado[8] adelante . . . adelante,
rezongando mi marcha funeral.

Van al pie de brahacmánicos elefantes reales,
y al sórdido abejeo[9] de un hervor mercurial,[10]
parejas que alzan brindis esculpidos en roca,
y olvidados crepúsculos una cruz en la boca.

Así pasa la vida, vasta orquesta de Esfinges
que arrojan al Vacío su marcha funeral.

---

[1] Con este libro abrió Vallejo el camino a la poesía nueva peruana, tanto por la técnica antiretórica, como por el contenido poético. Los temas centrales son el amor, la tierra natal, la evocación, lo humano, el hogar y, especialmente, el dolor que, según el poeta, hasta Dios mismo lo sufre. Hay influencia del Simbolismo, y Vallejo se nos presenta nostálgico, evocador, con claras muestras de su americanismo e indigenismo. Queja y piedad para todos los seres humanos no son en él una postura, sino un vehemente impulso de su corazón. *Ágape:* comida, banquete originado en las costumbres de los primeros cristianos.
[2] Por la falta de acciones exteriores, se ha detenido un poco el proceso de morir que es su vida.
[3] Un pensamiento muy arraigado en Vallejo y repetido en su poesía: su bondad humana es tanta que él considera despojar a los demás por el simple hecho de tomar algo para sí de la vida.
[4] planta con espinas
[5] paquete grande
[6] capa de óxido en la superficie de los metales o capa en la superficie de las cosas que produce su descomposición
[7] muy seca
[8] sobresaltado, asustado, conturbado
[9] revolotear como las abejas
[10] fogosidad, ardor producido por el calor

El pan nuestro

Se bebe el desayuno . . . Húmeda tierra
de cementerio huele a sangre amada.
Ciudad de invierno . . . La mordaz[11] cruzada
de una carreta que arrastrar parece
una emoción de ayuno encadenada!

Se quisiera tocar todas las puertas,
y preguntar por no se quién; y luego
ver a los pobres, y, llorando quedos,[12]
dar pedacitos de pan fresco a todos.
Y saquear a los ricos sus viñedos
con las dos manos santas
que a un golpe de luz
volaron desclavadas de la Cruz![13]

Pestaña matinal, ¡no os levantéis!

¡El pan nuestro de cada día dánoslo,
                                         Señor . . .!

Todos mis huesos son ajenos;
yo tal vez los robé!
Yo vine a darme lo que acaso estuvo
asignado para otro;[14]
otro pobre tomara este café!
y pienso que, si no hubiera nacido,
yo soy un mal ladrón . . . A dónde iré!

Y en esta hora fría, en que la tierra
trasciende a polvo humano y es tan triste,
quisiera yo tocar todas las puertas,
y suplicar a no sé quién, perdón,
y hacerle pedacitos de pan fresco
aquí, en el horno[15] de mi corazón . . !

Trilce, 1922

XXVIII[16]

He almorzado solo ahora, y no he tenido
madre, ni súplica, ni sírvete, ni agua,
ni padre que, en el facundo ofertorio
de los choclos,[17] pregunte para su tardanza
de imagen, por los broches mayores del sonido.

Cómo iba yo a almorzar. Cómo me iba a
                                         servir
de tales platos distantes esas cosas,
cuando habráse quebrado[18] el propio hogar,
cuando no asoma ni madre a los labios.
Cómo iba yo a almorzar nonada.[19]

A la mesa de un buen amigo he almorzado
con su padre recién llegado del mundo,

con sus canas tías que hablan
en tordillo retinte[20] de porcelana,
bisbiseando[21] por todos sus viudos alvéolos;
y con cubiertos francos de alegres tiroriros[22]
porque estánse en su casa. Así qué gracia!
Y me han dolido los cuchillos
de esta mesa en todo el paladar.

El yantar[23] de estas mesas así, en que se
                                         prueba
amor ajeno en vez del propio amor,
torna tierra el bocado[24] que no brinda la
                                         MADRE,
hace golpe la dura deglusión;[25] el dulce,
hiel;[26] aceite funéreo, el café.

---

[11] áspera, cáustica, satírica
[12] quietos, tranquilos
[13] Inquietud social y humana de Vallejo, de fuerte tono radical que lo conducirá al marxismo.
[14] La gran sensibilidad de Vallejo vuelve a considerar que es de otro lo que ha tomado. Véase nota 3.
[15] lugar caliente de la cocina donde se hacen el pan y ciertas comidas
[16] Este y el siguiente son poemas de *Trilce* (1922), donde se demuestra la voluntad de renovación radical de la técnica poética en el autor. *Trilce* ofrece una poesía no literaria, de gran pureza, desnuda del lenguaje retórico, de sintaxis desarticulada o descoyuntada, con libres relaciones imaginativas. La sintaxis no responde a los patrones

comunes de la lengua, porque está al servicio de lo esencialmente poético. En su aparente incoherencia y extrema libertad expresiva hay que ver un recurso para expresar mejor lo más directo y estremecido de la vida.
[17] mazorcas de maíz no maduro
[18] roto
[19] poco o muy poco
[20] *tordillo*: caballo; *retinte*: de color oscuro
[21] diciendo entre dientes
[22] instrumentos musicales de viento
[23] comida, comer
[24] comida muy ligera
[25] acción de tragar
[26] amargura

Cuando ya se ha quebrado el propio hogar,
v el sírvete materno[27] no sale de la
tumba,
la cocina a oscuras, la miseria de amor.

XLIX

Murmurado en inquietud, cruzo,
el traje largo de sentir, los lunes
de la verdad.

Nadie me busca ni me reconoce,
y hasta yo he olvidado
de quien seré.[28]

Cierta guardarropía,[29] sólo ella, nos sabrá[30]
a todos en las blancas hojas
de las partidas.[31]

Esa guardarropía, ella sola,
al volver de cada facción,
de cada candelabro
ciego de nacimiento.
Tampoco yo descubro a nadie, bajo
este mantillo que iridice[32] los lunes
de la razón;
y no hago más que sonreír a cada púa
de las verjas,[33] en la loca búsqueda
del conocido.

Buen guardarropía, ábreme
tus blancas hojas;
quiero reconocer siquiera al l,
quiero el punto de apoyo, quiero
saber de estar siquiera.

En los bastidores donde nos vestimos,
no hay, no Hay nadie: hojas tan sólo
de par en par.

Y siempre los trajes descolgándose
por sí propios, de perchas[34]
como ductores[35] índices grotescos,
y partiendo sin cuerpos, vacantes
hasta el matiz prudente
de un gran caldo de alas con causas
y lindes[36] fritas.
Y hasta el hueso!

---

[27] Cuando la madre le dice a los hijos que se sirvan durante la comida.
[28] expresión de soledad e incomunicación máximas
[29] lugar donde se guarda la ropa
[30] nos conocerá
[31] relaciones de los clientes, partes de una cuenta

[32] tiene los colores del arco iris
[33] púa: punta aguda; verjas: cercas o rejas
[34] maderas que sostienen alguna cosa; mueble para colgar ropa
[35] conductores
[36] límites, márgenes

Poemas en prosa,[37] 1923-1924

Voy a hablar de la esperanza

Yo no sufro este dolor como César Vallejo. Yo no me duelo ahora como artista, como hombre ni como simple ser vivo siquiera. Yo no sufro este dolor como católico, como mahometano ni como ateo. Hoy sufro solamente.[38] Si no me llamase César Vallejo, también sufriría este mismo dolor. Si no fuese artista, también lo sufriría. Si no fuese hombre ni ser vivo siquiera, también lo sufriría. Si no fuese católico, ateo ni mahometano, también lo sufriría. Hoy sufro desde más abajo. Hoy sufro solamente.

Me duelo ahora sin explicaciones. Mi dolor es tan hondo, que no tuvo ya causa ni carece de causa. ¿Qué sería su causa? ¿Dónde está aquello tan importante, que dejase de ser su causa?

Nada es su causa; nada ha podido dejar de ser su causa. ¿A qué ha nacido este dolor, por sí mismo? Mi dolor es del viento del norte y del viento del sur, como esos huevos neutros que algunas aves raras ponen del viento. Si hubiera muerto mi novia, mi dolor sería igual. Si me hubieran cortado el cuello de raíz, mi dolor sería igual. Si la vida fuese, en fin, de otro modo, mi dolor sería igual. Hoy sufro desde más arriba. Hoy sufro solamente.

Miro el dolor del hambriento y veo que su hambre anda tan lejos de mi sufrimiento, que de quedarme ayuno hasta morir, saldría siempre de mi tumba una brizna de yerba al menos. Lo mismo el enamorado. ¡Qué sangre la suya más engendrada, para la mía sin fuente ni consumo!

Poemas humanos, 1931, 1937, 1939

Considerando en frío, imparcialmente ...[39]

Considerando en frío, imparcialmente,
que el hombre es triste, tose y, sin embargo,
se complace en su pecho colorado;
que lo único que hace es componerse
de días;
que es lóbrego mamífero y se peina....[40]

Considerando
que el hombre procede suavemente del trabajo
y repercute[41] jefe, suena subordinado;
que el diagrama del tiempo
es constante diorama en sus medallas
y, a medio abrir, sus ojos estudiaron,
desde lejanos tiempos,
su forma famélica de masa....

Comprendiendo sin esfuerzo
que el hombre se queda, a veces, pensando,
como queriendo llorar,
y, sujeto a tenderse como objeto,
se hace buen carpintero, suda, mata
y luego canta, almuerza, se abotona....[42]

---

[37] En la expresión de la emoción vehemente, de lo recóndito de la vida y del individuo, son hermanos de los *Poemas humanos*, a los que precedieron. Con el estilo personalísimo que le caracteriza, rompiendo violentamente con la retórica y hasta con la sintaxis al uso, Vallejo deja en este reducido puñado de poemas en prosa, su visión pesimista de la vida y enseña a quemarropa el dolor desgarrado que significa ser humano y vivir.

[38] Concibe el dolor no como efecto de algo penoso de la vida, sino como producto de ser hombre, humano. Va en busca del dolor a lo más íntimo del individuo.

[39] Composición de *Poemas humanos* (1931–1937), uno de sus libros más hondos y conmovedores por la forma viva y directa de expresar la angustia existencial, o aristas de la vida, desde su propia experiencia personal, pero apresando la de todos los hombres. Con lenguaje incoherente, con renovación total de las formas poéticas, eleva su lirismo para cantar lo verdaderamente humano, donde se apoya el sentido universal de su obra. Estos versos propenden a la ternura, al calor afectuoso, en un tono insistentemente coloquial.

[40] Describe al hombre a través de sus acciones, mezclando las más trascendentes con las corrientes y vulgares, porque todas ellas combinadas dan el perfil de lo humano.

[41] cambia de dirección, retrocede

[42] se abrocha

Considerando también
que el hombre es en verdad un animal
y, no obstante, al voltear, me da con su tristeza en la cabeza . . .

Examinando, en fin,
sus encontradas piezas, su retrete,[43]
su desesperación, al terminar su día atroz,[44] borrándolo. . . .

Comprendiendo
que él sabe que le quiero,
que le odio con afecto y me es, en suma, indiferente. . . .

Considerando sus documentos generales
y mirando con lentes aquel certificado
que prueba que nació muy pequeñito. . . .

le hago una seña,
viene,
y le doy un abrazo, emocionado.
Qué más da! Emocionado. . . . Emocionado. . . .

Traspié entre dos estrellas[45]

Hay gentes tan desgraciadas, que ni siquiera
tienen cuerpo; cuantitativo el pelo,
baja, en pulgadas, la genial pesadumbre;
el modo, arriba;
no me busques, la muela[46] del olvido,
parecen salir del aire, sumar suspiros mentalmente, oir
claros azotes en sus palabras.

Vanse de su piel, rascándose el sarcófago en que nacen
y suben por su muerte de hora en hora
y caen, a lo largo de su alfabeto gélido,[47] hasta el suelo.
Ay de tanto! ay de tan poco! ay de ellas!
Ay en mi cuarto, oyéndolas con lentes!
Ay en mi tórax, cuando compran trajes!
Ay de mi mugre[48] blanca, en su hez[49] mancomunada!

---

[43] pequeño cuarto de baño
[44] fiero, grave
[45] Es uno de los poemas de Vallejo más expresivos de su intensa piedad por todos los seres humanos. El poeta no ama a un hombre estilizado, o sea un representativo de la especie humana, sino al hombre esencial, al de carne y hueso. Por eso destaca al individuo sufriendo esas molestias y penas ordinarias y naturales de la vida como ser calvo, cogerse un dedo en una puerta, un niño u hombre caído, etc. Aunque muestra más simpatía hacia los desgraciados, pobres y desventurados, su ternura llega a todos los mortales, por el hecho de ser humanos. *Traspié:* resbalón, tropezón
[46] los dientes grandes situados en la parte posterior de la boca
[47] El hombre muere con sus nombres y apellidos, escritos con letras tomadas del alfabeto. *Gélido:* muy frío; hace referencia a la muerte mencionada anteriormente.
[48] suciedad
[49] desecho; cosa vil, despreciable

Amadas sean las orejas sánchez,[50]
amadas las personas que se sientan,
amado el desconocido y su señora,
el prójimo con mangas, cuello y ojos!

Amado sea aquel que tiene chinches,[51]
el que lleva zapato roto bajo la lluvia,
el que vela el cadáver de un pan con dos
                                    cerillas,[52]
el que se coge un dedo en una puerta,
el que no tiene cumpleaños,
el que perdió su sombra en un incendio,
el animal, el que parece loro,
el que parece un hombre, el pobre rico,
el puro miserable, el pobre pobre!

Amado sea
el que tiene hambre o sed, pero no tiene
hambre con que saciar[53] toda su sed,

ni sed con qué saciar todas sus hambres!

Amado sea el que trabaja al día, al mes, a la
                                              hora,
el que suda de pena o de vergüenza,
aquel que va, por orden de sus manos, al
                                            cinema,
el que paga con lo que le falta,
el que duerme de espaldas,
el que no recuerda su niñez; amado sea
el calvo sin sombrero,
el justo sin espinas,
el ladrón sin rosas,
el que lleva reloj y ha visto a Dios,
el que tiene un honor y no fallece!

Amado sea el niño, que cae y aún llora
y el hombre que ha caído y ya no llora.

Ay de tanto! Ay de tan poco! Ay de ellos!

Piedra negra sobre piedra blanca[54]

Me moriré en París con aguacero,
un día del cual tengo ya el recuerdo.
Me moriré en París - y no me corro -[55]
tal vez un jueves, como es hoy, de otoño.

Jueves será, porque hoy, jueves, que proso
estos versos, los húmeros[56] me he puesto
a la mala[57] y, jamás como hoy, me he vuelto,
con todo mi camino, a verme solo.

César Vallejo ha muerto, le pegaban
todos sin que él les haga nada;
le daban duro con un palo y duro

también con una soga; son testigos
los días jueves y los huesos húmeros,
la soledad, la lluvia, los caminos . . .

---

[50] Por ser Sánchez un nombre tan común en español es posible que el poeta se refiera a las de todo el mundo, especialmente a las del hombre anónimo.
[51] insecto de las cosas viejas y de las camas
[52] Nótese su gran ternura hacia los desafortunados de la vida.
[53] satisfacer
[54] Especie de soneto endecasílabo con rimas asonantes distribuídas con toda libertad. Nótese la premonición de la muerte y el tono de humor para no caer en melodramatismos, propio de un poeta tan hondo en el sentido de lo dramático y trágico de la vida. El título responde a la costumbre antigua de indicar los sucesos afortunados con una piedra blanca y los desgraciados con una piedra negra. Es un soneto de *Poemas humanos*.
[55] huyo, me escapo
[56] huesos de los brazos entre el hombro y el codo
[57] a la fuerza

Y si después de tantas palabras...[58]

Y si después de tantas palabras,
no sobrevive la palabra!
si después de las alas de los pájaros,
no sobrevive el pájaro parado!
Más valdría en verdad,
que se lo coman todo y acabemos!

Haber nacido para vivir de nuestra muerte!
Levantarse del cielo hacia la tierra
por sus propios desastres
y espiar el momento de apagar con su sombra
                                su tiniebla!

Más valdría, francamente,
que se lo coman todo y qué más da . . . !

Y si después de tanta historia, sucumbimos,

no ya de eternidad,
sino de esas cosas sencillas, como estar
en la casa o ponerse a cavilar.
Y si luego encontramos,
de buenas a primeras,[59] que vivimos,
a juzgar por la altura de los astros,
por el peine y las manchas del pañuelo!
Más valdría, en verdad,
que se lo coman todo, desde luego!

Se dirá que tenemos
en uno de los ojos mucha pena
y también en el otro, mucha pena
y en los dos, cuando miran, mucha pena . . .
Entonces . . . ! Claro . . . ! Entonces . . . ! ni
                                palabra!

España, aparta de mí este cáliz, 1937-1939

Imagen española de la muerte[60]

¡Ahí pasa! ¡Llamadla! ¡Es su costado!
Ahí pasa la muerte por Irún:[61]
sus pasos de acordeón, su palabrota,
su metro del tejido que te dije,
su gramo de aquel peso que ha callado . . . ¡si son ellos!

¡Llamadla! ¡Daos prisa! Va buscándome en los rifles,
como que sabe bien dónde la venzo,
cuál es mi maña[62] grande, mis leyes especiosas, mis códigos terribles.
¡Llamadla!, ella camina exactamente como un hombre, entre las fieras,
se apoya de aquel brazo que se enlaza a nuestros pies
cuando dormimos en los parapetos[63]
y se para a las puertas elásticas del sueño.

---

[58] Aquí, en otra composición que aparece en *Poemas humanos*, Vallejo muestra su dolorosa preocupación por la sobrevivencia de todo lo creado, desde lo esencial (el hombre, la palabra) hasta lo sencillo de la naturaleza (los pájaros). Se duele de que la vida sea un proceso hacia la muerte. El uso del condicional muestra su inseguridad hacia la perdurabilidad, pero si ella es verdad, no vale la pena nada (idea que expresa en forma muy coloquial: «que se lo coman todo y qué más da . . .», etc.).

[59] de pronto, de súbito

[60] Poema del libro *España, aparta de mí este cáliz* (1937). Muchos han sido los poetas que han cantado la tragedia de la Guerra Civil Española, pero entre todos se destacan Pablo Neruda y César Vallejo. Dos hispanoamericanos sintiendo en carne propia los dolores de España, como muestra de la solidaridad y comunidad espiritual del Mundo Hispánico. Vallejo se subleva y conmueve ante el hecho horrendo, tanto por su ideología como por su vinculación espiritual con el pueblo español, sentimiento que, en el fondo, llevan todos los hispanoamericanos hacia la «Madre Patria». Pero hay también, por encima de todo esto, un impulso de solidaridad con el hombre que se destruye en un conflicto sin sentido. El desgarramiento que sufre el país está dentro del alma del poeta, de aquí la autenticidad de su sentimiento y dolor. Los quince poemas que forman este libro nos dan una visión angustiada y agónica del calvario que vivió el pueblo español.

[61] ciudad española en la provincia de Guipúzcoa que señala la frontera franco-española

[62] habilidad

[63] trincheras, murallas para defenderse del fuego enemigo

¡Gritó! ¡Gritó! ¡Gritó su grito nato, sensorial!
Gritará de vergüenza, de ver cómo ha caído entre las plantas,
de ver cómo se aleja de las bestias,
de oir cómo decimos: ¡Es la muerte!
¡De herir nuestros más grandes intereses!

    (Porque elabora su hígado la gota que te dije, camarada;
    porque se come el alma del vecino.)

    ¡Llamadla! Hay que seguirla
hasta el pie de los tanques enemigos,
que la muerte es un ser sido a la fuerza,
cuyo principio y fin llevo grabados
a la cabeza de mis ilusiones,[64]
por mucho que ella corra el peligro corriente que tú,
que tú sabes
y que haga como que hace[65] que me ignora.

    ¡Llamadla! No es un ser, muerte violenta,
sino, apenas, lacónico suceso;
más bien su modo tira,[66] cuando ataca,
tira a tumulto simple, sin órbitas ni cánticos de dicha;[67]
más bien tira su tiempo audaz, a céntimo impreciso
y sus sordos quilates, a déspotas aplausos.
Llamadla, que en llamándola con saña, con figuras,
se le ayuda a arrastrar sus tres rodillas,[68]
como, a veces,
a veces duelen, punzan fracciones enigmáticas, globales,
como, a veces, me palpo[69] y no me siento.

    ¡Llamadla! ¡Daos prisa! Va buscándome,
con su cognac, su pómulo[70] moral,
sus pasos de acordeón, su palabrota.
¡Llamadla! No hay que perderla el hilo en que la lloro.
De su olor para arriba, ¡ay de mi polvo, camarada!
De su pus para arriba, ¡ay de mi férula, teniente!
De su imán para abajo, ¡ay de mi tumba!

---

[64] todas sus ilusiones mueren
[65] que finja
[66] dispara
[67] La muerte ataca a algunos en la multitud, sin plan ni júbilo.

[68] Algunos han personalizado la muerte, pero Vallejo la impersonaliza; no tiene dos rodillas como cualquier ser humano, sino tres.
[69] Me toco con las manos.
[70] hueso de cada una de las mejillas

Jorge Carrera Andrade

Más de cincuenta años de producción poética ininterrumpida lleva Jorge Carrera Andrade, quien se ha distinguido como periodista, diplomático, viajero de muchos mundos y, por encima de todo, poeta. Comenzó su carrera literaria cuando apenas tenía trece años y ha sobresalido en el verso, la crónica y el ensayo. Ha sido Senador en su país, Vice-Presidente de la prestigiosa Casa de la Cultura Ecuatoriana y como miembro del cuerpo diplomático, ha viajado por el mundo entero, encontrando en todos los lugares y climas inspiración para su obra en prosa y verso. Representó al Ecuador ante las Naciones Unidas y fue director de *Correo*, revista en español de la UNESCO. En los últimos años fue Embajador en Holanda, pero ahora está acogido a la vida privada en Francia, «con más tiempo para la poesía y para altos pensamientos».

Carrera Andrade ha mostrado un talento múltiple y de aquí que su obra abarque poesía, ensayos, crónicas, trabajos históricos, libros de viaje y traducciones de poesía francesa. Se inició en el verso con *Estanque inefable* (1922), mostrando firme reacción contra el Modernismo, un acercamiento amoroso a todas las cosas (al estilo de Francis Jammes) y un tono bucólico, de cariño, hacia el paisaje y la naturaleza que no ha desaparecido nunca de sus versos. Hasta 1935 su poesía muestra gran fervor por la vida, en versos llenos de colorido y vitalidad, con mucha quietud y serenidad en la expresión. *El tiempo manual* (1935) representa un nuevo rumbo en el poeta. Ahora se le ve preocupado por la lucha social, la soledad del hombre contemporáneo, el temor del hombre ante el imperio del maquinismo y un hondo sentido de solidaridad hacia el hombre, que no lo abandonará nunca. Las nieblas de Inglaterra le inspiraron *Biografía para uso de los pájaros* (1937) y *La hora de las ventanas iluminadas* (1937), en las que canta la nostalgia por su tierra de sol. Durante su estancia en el Japón compuso *País secreto* (1940), con gran influencia asiática, tanto en el pensamiento como en la estructura breve de los poemas. Ya en este momento, Carrera Andrade es un poeta de acusada personalidad, cuya poesía tiene resonancia universal, como lo demuestran los homenajes, reconocimientos y la inclusión de su obra en antologías.

«Los poemas que escribió en Londres», dice el crítico Enrique Ojeda, «y que fueron recogidos en *El visitante de la niebla y otros poemas* (1947) y *Aquí yace la espuma* (1950), no sólo expresaron la vanidad de todas las cosas simbolizadas en la insustancial belleza de la espuma, sino que vieron al hombre y al universo mismo como una inmensa prisión cuyas llaves se habían perdido para siempre».[1] Carrera Andrade es también un eximio traductor de la poesía francesa al español como lo demuestra en sus versiones de Pierre Reverdy y Paul Valéry, pero su mejor esfuerzo en ese sentido lo constituye su antología *Poesía francesa contemporánea* (1950), producto de dieciséis años de esfuerzos y por la cual ganó un premio del gobierno francés. Los últimos versos de

[1] Jorge Carrera Andrade, *Poesía última*. Introducción de Enrique Ojeda. Las Américas, Nueva York, 1968.

Carrera Andrade nos lo muestran en un momento de plenitud lírica, donde todo es sustancia poética. En *Familia de la noche* (1952) vuelve el tono eglógico de los primeros años en una añoranza del tiempo pasado y de los seres queridos. Libro de vena elegíaca, donde la emoción y la tristeza están apresadas, como siempre, con contención y sobriedad. En *Moneda del extranjero* se hace eco de la soledad de su corazón en tierras lejanas.

Los últimos libros del gran poeta parecen como resumir los grandes temas que lo han apasionado. En *Hombre planetario* (1959), quizás su obra más profunda y de más alcance filosófico, centra su interés en el hombre, no oculta su temor ante el avance de la tecnología en la sociedad contemporánea y lamenta la soledad, el abandono y la falta de comunicación entre los hombres, a los que se siente unido por un profundo sentimiento de solidaridad. En *Floresta de guacamayos* (1963) y *Crónica de las Indias* (1965) vemos su profundo sentimiento por la naturaleza ecuatoriana y americana, en versos llenos de vida y color. En *El alba llama a la puerta* (1968), nos da su visión de la jornada de la vida con fuerte influencia del Existencialismo, ya aparecida en su obra anteriormente. Toda la poesía de Carrera Andrade se distingue por el predominio de las meditaciones más profundas como fondo ideológico y una gran preocupación por la estructura del verso, demostrada en su maestría expresiva y en un talento soberbio para las imágenes y metáforas. Su poesía en general carece de sentido religioso y son evidentes las influencias de Francis Jammes, Jules Renard, Góngora, Hölderlin, Rilke y Hilarie Voronca. Es un poeta muy ecuatoriano y muy universal al mismo tiempo, porque, como él mismo ha dicho, su actitud poética es resultante de diferentes líneas culturales, que han aparecido en América desde el Descubrimiento. Su poesía tiene un aliento humano y existencial inconfundible y aun cuando canta la soledad e incertidumbre del hombre contemporáneo, su actitud es siempre apacible y esperanzada, porque cree que la existencia humana individual puede desaparecer, pero no la vida que seguirá brotando eternamente. Siente gran fervor por la vida, la naturaleza y el universo. Su obra constituye una de las tendencias más originales del parnaso en lengua castellana del siglo XX.

FUENTES: *Edades poéticas* (recoge casi toda su producción hasta ese momento), Quito, Casa de la Cultura Ecuatoriana, 1958. *Poesía última* (comprende «Hombre planetario», «Floresta de los guacamayos», «Crónica de las Indias» y «El alba llama a la puerta»), Nueva York, Las Americas, 1968. Edición e introducción de Enrique Ojeda.

Noticias del cielo, 1935

Edición de la tarde[1]

La tarde lanza su primera edición de golondrinas
anunciando la nueva política del tiempo,
la escasez de las espigas de la luz,
los navíos que salen a flote[2] en el astillero[3] del cielo,

---

[1] Nótese en este poema, del libro *Noticias del cielo* (1935), la profusión de imágenes, algo muy típico de la primera manera de Carrera Andrade. En la última etapa de su poesía no concede tanta importancia a la metáfora, cosa que también hacen otros grandes poetas. Se destaca la perfección y precisión con que está desarrollada la idea poética.

[2] son lanzados al agua

[3] establecimientos donde se construyen o reparan los barcos

el almacén de sombras del poniente,
los motines y desórdenes del viento,
el cambio de domicilio de los pájaros,
la hora de apertura de los luceros.

La súbita defunción[4] de las cosas
en la marea de la noche ahogadas,

los débiles gritos de auxilio de los astros
desde su prisión de infinito y de distancia,
la marcha incesante de los ejércitos del sueño
contra la insurrección de los fantasmas
y, al filo de las bayonetas de la luz, el orden
                                          nuevo
implantado en el mundo por el alba.

Biografía para uso de los pájaros, 1937

Biografía para uso de los pájaros[5]

Nací en el siglo de la defunción de la rosa
cuando el motor ya había ahuyentado a los
                                        ángeles.[6]
Quito[7] veía andar la última diligencia
y a su paso corrían en buen orden los árboles,
las cercas y las casas de las nuevas parroquias
en el umbral del campo
donde las lentas vacas rumiaban el silencio[8]
y el viento espoleaba[9] sus ligeros caballos.

Mi madre revestida de poniente[10]
guardó su juventud en una honda guitarra
y sólo algunas tardes la mostraba a sus hijos
envuelta entre la música, la luz y las palabras.[11]
Yo amaba la hidrografía de la lluvia,
las amarillas pulgas del manzano
y los sapos que hacían dos o tres veces
su gordo cascabel de palo.[12]

Sin cesar maniobraba la gran vela del aire.
Era la cordillera un litoral[13] del cielo.
La tempestad venía, y al batir del tambor
cargaban sus mojados regimientos;
mas, luego el sol con sus patrullas de oro[14]
restauraba la paz agraria y transparente.

Yo veía a los hombres abrazar la cebada,[15]
sumergirse en el cielo unos jinetes
y bajar a la costa olorosa de mangos
los vagones cargados de mugidores bueyes.

El valle estaba allá con sus haciendas
donde prendía el alba su reguero de gallos[16]
y al oeste la tierra donde ondeaba la caña
de azúcar su pacífico banderín,[17] y el cacao
guardaba en un estuche su fortuna secreta,
y ceñían, la piña su coraza[18] de olor,
la banana desnuda su túnica de seda.

Todo ha pasado ya en sucesivo oleaje
como las vanas cifras de la espuma.
Los años van sin prisa enredando sus líquenes[19]
y el recuerdo es apenas un nenúfar[20]
que asoma entre dos aguas
su rostro de ahogado.[21]
La guitarra es tan sólo ataúd de canciones[22]
y se lamenta herido en la cabeza el gallo.
Han emigrado todos los ángeles terrestres,
hasta el ángel moreno del cacao.

---

[4] muerte, desaparición
[5] Poema del libro del mismo título, publicado en 1937 y escrito en Inglaterra. Muestra la nostalgia y soledad de un hijo de los trópicos en las nieblas y frío de esa nación. Evoca su país y su familia y muestra la sombría incertidumbre de carácter universal en los años inmediatamente anteriores a la Segunda Guerra mundial.
[6] Nació en una época en que se pone más atención a las máquinas (tecnología) que a las cosas del espíritu (la rosa).
[7] ciudad capital del Ecuador, país del poeta
[8] estaban silenciosos
[9] hincaba las espuelas
[10] ya era anciana
[11] La madre tocaba la guitarra, les hablaba y recitaba.
[12] Nótese el profundo sentimiento de la naturaleza, tan

característico del poeta. *Palo:* madera
[13] *cordillera:* cadena de montañas *litoral:* línea de la costa
[14] Bella metáfora para referirse a los rayos del sol.
[15] planta gramínea
[16] Se refiere la metáfora a la costumbre de todos los gallos de cantar en el alba.
[17] Las cañas le parecen banderas flotando.
[18] armadura que protege el pecho y la espalda
[19] plantas formadas de un alga y un hongo que crece sobre las paredes, las rocas y las cortezas de los árboles
[20] planta acuática de hojas anchas y redondas, con flores amarillas o blancas
[21] El poeta descubre ahora que ha sido una evocación del pasado y se angustia por el tiempo.
[22] Véase nota 11.

Segunda vida de mi madre[23]

Oigo en torno de mí tu conocido paso,
tu andar de nube o lento río[24]
tu presencia imponiendo, tu humilde majestad
visitándome, súbdito de tu eterno dominio.

Sobre un pálido tiempo inolvidable,
sobre verdes familias, de bruces[25] en la tierra,
sobre trajes vacíos y baúles[26] de llanto,
sobre un país de lluvia, calladamente reinas.

Caminas en insectos y en hongos,[27] y tus leyes
por mi mano se cumplen cada día
y tu voz, por mi boca, furtiva se resbala
ablandando mi voz de metal y ceniza.

Brújula de mi larga travesía terrestre.[28]
Origen de mi sangre, fuente de mi destino.
Cuando el polvo sin faz te escondió en su guarida,[29]
me desperté asombrado de encontrarme aún vivo.

Y quise echar abajo las invisibles puertas
y di vueltas en vano, prisionero.
Con cuerda de sollozos me ahorqué sin ventura[30]
y atravesé, llamándote, los pantanos del sueño.[31]

Mas te encuentras viviendo en torno mío.
Te siento mansamente respirando
en esas dulces cosas que me miran
en un orden celeste dispuestas por tu mano.

Ocupas en su anchura el sol de la mañana
y con tu acostumbrada solicitud[32] me arropas[33]
en su manta sin peso, de alta lumbre,
aun fría de gallos y de sombras.

Mides el silbo líquido de insectos y de pájaros
la dulzura entregándome del mundo
y tus tiernas señales van guiándome,
mi soledad llenando con tu lenguaje oculto.[34]

Te encuentras en mis actos, habitas mis silencios.[35]
Por encima de mi hombro tu mandato me dictas
cuando la noche sorbe los colores[36]
y llena el hueco espacio tu presencia infinita.

---

[23] Otro poema del libro *Biografía para uso de los pájaros*.
[24] Era una mujer serena y apacible.
[25] con la boca hacia la tierra; boca abajo
[26] arca o caja para guardar o transportar la ropa
[27] andas por fuera (posiblemente donde el niño juega)
[28] guía de un largo viaje por la vida
[29] cuando moriste

[30] Sentí un gran dolor y era muy desventurado.
[31] Soñaba contigo.
[32] ternura
[33] vistes, cubres para proteger del frío
[34] Le parece que la madre le habla.
[35] La está recordando siempre.
[36] De noche, el color negro impide ver los colores.

Oigo dentro de mí tus palabras proféticas
y la vigilia entera me acompañas
sucesos avisándome, claves incomprensibles,
nacimientos de estrellas, edades de las plantas.

Moradora del cielo, vive, vive sin años.
Mi sangre original, mi luz primera.
Que tu vida inmortal alentando en las cosas
en vasto coro simple me rodee y sostenga.

Aquí yace la espuma, 1951

Juan sin cielo[37]

Juan me llamo, Juan Todos,[38] habitante
de la tierra, más bien su prisionero,
sombra vestida, polvo caminante,
el igual a los otros, Juan Cordero.

Sólo mi mano para cada cosa
—mover la rueda, hallar hondos metales—
mi servidora para asir la rosa
y hacer girar las llaves terrenales.

Mi propiedad labrada en pleno cielo
—un gran lote de nubes era mío—
me pagaba en azul, en paz, en vuelo
y ese cielo en añicos:[39] el rocío.

Mi hacienda era el espacio sin linderos
—oh territorio azul siempre sembrado
de maizales cargados de luceros—
y el rebaño de nubes, mi ganado.

Labradores los pájaros; el día
mi granero de par en par abierto
con mieses y naranjas de alegría.
Maduraba el poniente como un huerto.

Mercaderes de espejos, cazadores
de ángeles llegaron con su espada
y, a cambio de mi hacienda—mar de flores—
me dieron abalorios, humo, nada . . .

Los verdugos de cisnes, monederos[41]
falsos de las palabras enlutados,
saquearon mis trojes[42] de luceros,
escombros hoy de luna congelados.

Perdí mi granja azul, perdí la altura
—reses de nubes, luz recién sembrada—
¡toda una celestial agricultura
en el vacío espacio sepultada!

Del oro del poniente perdí el plano
—Juan es mi nombre, Juan Desposeído—.
En lugar del rocío hallé el gusano
¡un tesoro de siglos he perdido!

Es sólo un peso azul lo que ha quedado
sobre mis hombros, cúpula del hielo . . .
Soy Juan y nada más, el desolado
herido universal, soy Juan sin Cielo.

---

[37] En este poema se destaca la falta de religiosidad tan característica del poeta.
[38] Juan aparece como representante de todos los hombres. Pinta al hombre, a quien la naturaleza ha dotado de todo, como prisionero de la tierra y desposeído por los demás hombres, sin tener a nadie a quien clamar.
[39] pedacitos pequeños cuando se rompe una cosa
[40] comerciantes
[41] portamonedas; pequeño bolso para llevar el dinero
[42] graneros

Familia de la noche[1]

1952

Dictado por el agua

I

Aire de soledad, dios transparente
que en secreto edificas tu morada[2]
¿en pilares de vidrio de qué flores?
¿sobre la galería iluminada
de qué río, qué fuente?
Tu santuario es la gruta de colores.
Lengua de resplandores
hablas, dios escondido,
al ojo y al oído.
Sólo en la planta, el agua, el polvo asomas
con tu vestido de alas de palomas
despertando el frescor y el movimiento.
En tu caballo azul van los aromas,
soledad convertida en elemento.

II

Fortuna de cristal, cielo en monedas,
agua, con tu memoria de la altura,
por los bosques y prados
viajas con tus alforjas[3] de frescura
que guardan por igual las arboledas
y las hierbas, las nubes y ganados.
Con tus pasos mojados
y tu piel de inocencia
señalas tu presencia
hecha toda de lágrimas iguales,
agua de soledades celestiales.
Tus peces son tus ángeles menores
que custodian tesoros eternales
en tus frías bodegas[4] interiores.

III

Doncel de soledad, oh lirio armado
por azules espadas defendido,
gran señor con tu vara[5] de fragancia,
a los cuentos del aire das oído.[6]
A tu fiesta de nieve convidado
el insecto aturdido[7] de distancia
licor de cielo escancia,[8]
maestro de embriagueces
solitarias a veces.
Mayúscula inicial de la blancura:
De retazos[9] de nube y agua pura
está urdido[10] tu cándido atavío[11]
donde esplenden,[12] nacidos de la altura
huevecillos celestes del rocío.

IV

Sueñas, magnolia casta, en ser paloma
o nubecilla enana, suspendida
sobre las hojas, luna fragmentada.
Solitaria inocencia recogida
en un nimbo[13] de aroma.
Santa de la blancura inmaculada.
Soledad congelada[14]
hasta ser alabastro
tumbal,[15] lámpara o astro.
Tu oronda frente que la luz ampara
es del candor del mundo la alquitara[16]
donde esencia secreta extrae el cielo.
En nido de hojas que el verdor prepara,
esperas resignada el don del vuelo.

---

[1] Véanse las ideas expuestas en la introducción.
[2] casa
[3] sacos o valijas
[4] lugar para guardar el vino y otras mercancías; almacén
[5] palo; rama delgada y larga
[6] prestas atención
[7] atolondrado, sin juicio
[8] sirve o bebe el vino
[9] pedazos
[10] tejido
[11] vestido
[12] resplandecen, brillan
[13] halo
[14] dura por acción del frío
[15] relativo a la tumba
[16] alambique

V

Flor de amor, flor de ángel, flor de abeja,
cuerpecillos medrosos, virginales
con pies de sombra, amortajados vivos,
ángeles en pañales.[17]
El rostro de la dalia tras su reja,
los nardos[18] que arden en su albura, altivos,
los jacintos cautivos
en su torre delgada
de aromas fabricada,
girasoles, de oro buscadores:
lenguas de soledad, todas las flores
niegan o asienten según habla el viento
y en la alquimia fugaz de los olores
preparan su fragante acabamiento.[19]

VI

¡De murallas que viste el agua pura
y de cúpula de aves coronado
mundo de alas, prisión de transparencia
donde vivo encerrado!
Quiere entrar la verdura[20]
por la ventana a pasos de paciencia,[21]
y anuncias tu presencia
con tu cesta de frutas, lejanía.
Mas, cumplo cada día,
Capitán del color, antiguo amigo
de la tierra, mi límpido castigo.
Soy a la vez cautivo y carcelero
de esta celda de cal[22] que anda conmigo,
de la que, oh muerte, guardas el llavero.

Familia de la noche[23]

I

Si entro por esta puerta veré un rostro
ya desaparecido, en un clima de pájaros.
Avanzará a mi encuentro
hablándome con sílabas de niebla,[24]
en un país de tierra transparente
donde medita sin moverse el tiempo
y ocupan su lugar los seres y las cosas
en un orden eterno.

Si contemplo este árbol, desde el fondo
de los años saldrá una voz dormida,
voz de ataúd y oruga
explicando los días
que a su tronco y sus hojas hincharon de cre-
                                             púsculos
ya maduros de hormigas en la tumba
donde la Dueña de las Golondrinas
oye la eterna música.
¿Es con tu voz nutrida[25] de luceros
gallo, astrólogo ardiente,
que entreabres la cancela[26] de la infancia?
¿O acaso es tu sonámbula herradura,
caballo anacoreta del establo,
que repasa en el sueño los caminos
y anuncia con sus golpes en la sombra
la cita puntual del alba y del rocío?

Estación del maíz salvado de las aguas:
la mazorca, Moisés vegetal en el río
iba a lavar su estirpe fundadora de pueblos
y maduraba su oro protegido por lanzas.
Parecían los asnos
volver de Tierra Santa,
asnos uniformados de silencio
y de polvo, vendiendo mansedumbre en
                                             canastas.

Grecia, en el palomar daba lecciones
de alada ciencia. Formas inventaban,
celeste geometría,
las palomas alumnas de la luz.
Egipto andaba en los escarabajos[27]
y en los perros perdidos que convoca la noche
a su asamblea de almas y de piedras.
Yo, primer hombre, erraba entre las flores.

En esa noche de oro
que en pleno día teje la palmera
me impedían dormir, Heráclito, tus pasos
que sin fin recomienzan.
Las ruinas aprendían de memoria
la odisea cruel de los insectos,

---

[17] lienzos o telas para envolver a los niños
[18] unas flores
[19] fin, terminación
[20] lo verde de la naturaleza
[21] muy lentamente
[22] los huesos del cuerpo humano
[23] En forma elegíaca el poeta evoca cosas de la historia

humana, de América, de su infancia, así como a sus
padres, ya desaparecidos. La palabra «noche» significa
la nostalgia y tristeza del recuerdo.
[24] con palabras difíciles de entender
[25] alimentada
[26] verjilla puesta en el umbral de una puerta
[27] insectos coleópteros negros

y los cuervos venidos de las rocas
me traían el pan del evangelio.

Un dios lacustre[28] andaba entre los juncos
soñando eternidades
y atesorando cielos bajo el agua.
La soledad azul contaba pájaros.
Dándome la distancia en un mugido
el toro me llamaba de la orilla.
Sus pisadas dejaban en la tierra,
en cuencos[29] de agua idénticos, muertas mito-
                                                          logías.

En su herrería aérea las campanas
martillaban espadas rotas de la Edad Media.
Las nubes extendían nuevos mapas
de tierras descubiertas.
Y a mediodía, en su prisión de oro,
el monarca de plumas
le pedía a la muerte que leyera
el nombre de ese Dios escrito sobre la uña.

Colón y Magallanes vivían en una isla
al fondo de la huerta
y todos los salvajes del crepúsculo

Tu geografía, infancia, es la meseta
de los Andes, entera en mi ventana
y ese río que va de fruta en roca
midiendo a cada cosa la cintura
y hablando en un lenguaje de guijarros
que repiten las hojas de los árboles.
En los montes despierta el fuego planetario
y el dios del rayo come los cereales.

¡Alero del que parten tantas alas!
¡Albarda[34] del tejado con su celeste carga!
El campo se escondía en los armarios
y en todos los espejos se miraba.
Yo recibía al visitante de oro[35]
que entraba, matinal, por la ventana
y se iba, oscurecido, pintándote de ausencia
¡alero al que regresan tantas alas!

sus plumajes quemaban en la celeste hoguera.
¿Qué queda de los fúlgidos arneses[30]
y los nobles caballos de los conquistadores?
¡Sólo lluvia en los huesos carcomidos
y un relincho de historia a medianoche!

En el cielo fluía el Amazonas
con ribereñas selvas de horizonte,
Orellana[31] zarpaba cada día
en su viaje de espumas y tambores
y la última flecha de la luz
hería mi ojo atento,
fray Gaspar[32] de las nubes, cronista del ocaso
en esa expedición fluvial del sueño.

Por el cerro salía en procesión la lluvia
en sus andas de plata.
El agua universal pasaba la frontera
y el sol aparecía prisionero entre lanzas.
Mas, el sordo verano por sorpresa
ocupaba el país a oro y fuego
y asolaban poblados[33] y caminos
Generales de polvo con sus tropas de viento.

II

En esa puerta, madre, tu estatura
medías, hombro a hombro, con la tarde
y tus manos enviaban golondrinas
a tus hijos ausentes
preguntando noticias a las nubes,
oyendo las pisadas del ocaso
y haciendo enmudecer con tus suspiros
los gritos agoreros de los pájaros.

¡Madre de la alegría de la tierra,
nodriza[36] de palomas,
inventora del sueño que consuela!
Madrugadores, días, aves, cosas
su desnudez vestían de inocencia
y en tus ojos primero amanecían
antes de concurrir a saludarnos
con su aire soleado de familia.

---

[28] del lago
[29] vasos de barro o madera, hondos y anchos
[30] fúlgidos: brillantes; arneses: armadura o arreos de los
soldados y conquistadores
[31] Orellana, Francisco de: explorador español (¿1470?–
1550), descubridor del Amazonas
[32] Carvajal, Fray Gaspar de: religioso y escritor español

1500–1584) que acompañó a Orellana en su viaje por el
Amazonas y escribió una Relación sobre ese hecho
[33] arrasaban, destruían
[34] silla de montar a caballo
[35] el sol
[36] mujer que cría los hijos de otras mujeres

Imitaban las plantas y los pájaros
tus humildes afanes. Y la caña de azúcar
nutría su raíz más secreta en tu sien,
manantial primigenio de dulzura.
A un gesto de tus manos milagrosas
el dios de la alacena te entregaba sus dones.
Madre de las manzanas
y del pan, Madre augusta de las trojes.

Aquí desciendes, padre, cada tarde
del caballo luciente como el agua
con espuma de marcha y de fatiga.
Nos traes la ciudad bien ordenada
en números y rostros: el mejor de los cuentos.
Tu frente resplandece como el oro,
patriarca, hombre de ley, de cuyas manos
nacen las cosas en su sitio propio.

Cada hortaliza[38] o árbol,
cada teja o ventana, te deben su existencia.
Levantaste tu casa en el desierto,
correr hiciste el agua, ordenaste la huerta,
padre del palomar y de la cuadra,[39]
del pozo doctoral y del umbroso[40] patio.
En tu mesa florida de familia
reía tu maíz solar de magistrado.[41]

¡Devuélveme el mensaje de los tordos!
No puedo vivir más sin el topacio
del día ecuatorial.
¡Dame la flor que gira desde el alba al ocaso,
yacente Dueña de las Golondrinas!
¿Dónde está la corona de abundancia
que lucían los campos? Ya sólo oro
difunto en hojarasca[37] pisoteada.

III

Mas, la muerte, de pronto
entró en el patio espantando las palomas
con su caballo gris y su manto de polvo.
Azucenas y sábanas, entre luces atónitas,
de nieve funeral
el dormitorio helaron de la casa.
Y un rostro se imprimió para siempre en la noche
como una hermosa máscara.

Es el pozo, privado de sus astros,
noche en profundidad, cielo vacío,
y el palomar y huerta ya arrasados[42]
se llaman noche, olvido.
Bolsa de aire no más, noche con plumas
es el muerto pichón. Se llama noche
el paisaje abolido. Solo orugas habitan
la noche de ese rostro yacente[43] entre las flores.

---

[37] hojas secas que caen de los árboles
[38] legumbre
[39] establo
[40] lleno de sombra

[41] El padre del autor fue magistrado de la Corte Suprema de Justicia del Ecuador.
[42] arruinados, destruídos
[43] que yace, acostado

José Gorostiza

MÉXICO, 1901

La crítica destaca hoy en día a José Gorostiza como uno de los poetas más originales y altos de los «Contemporáneos», grupo de intelectuales y escritores mexicanos que ha tratado de entroncar la literatura de ese país con las mejores corrientes universales. A pesar de que es un hombre silencioso y apacible, de gran vida interior, Gorostiza ha llevado una vida intensa en el desempeño de cargos públicos y como pensador y escritor. Nació en Villahermosa, estado de Tabasco y aunque sólo obtuvo el título de Bachiller en Letras (1920), es poseedor de extensa cultura, meditativo y pensador serio y profundo. Después de servir como profesor por algunos años, ingresó en la carrera diplomática, donde ha sido de todo: desde secretario particular del Secretario de Relaciones Exteriores, hasta embajador en varios países y delegado de México a un sinnúmero de conferencias y organismos internacionales. Su carrera diplomática culminó con su nombramiento para Ministro de Relaciones Exteriores en 1964. Al año siguiente fue designado presidente de la Comisión de Energía Nuclear, cargo que ocupa en la actualidad.

La obra poética de Gorostiza es más bien breve, pero lo que le falta en extensión lo ha ganado en precisión, concentración, hondura y trascendencia. Se estrenó en la vida poética con *Canciones para cantar en las barcas* (1925), que ha despistado a algunos críticos que sólo han visto lo sensorial, pictórico y folklórico, cuando en verdad sus versos muestran las líneas temáticas y preocupaciones profundas que marcan casi toda su poesía. En cuanto a la estructura del verso, lo vemos acercarse a la poesía popular española, cuyo ritmo y musicalidad capta a plenitud. Deslumbra por la diafanidad con que le canta al mar y al agua, al paisaje y a la luz, pero bien adentro de esa poesía hay un desasosiego interior frente a la soledad y la idea de la muerte. Este libro, aunque no lo parezca a simple vista, es un antecedente directo de su poema más logrado, *Muerte sin fin* (1939), uno de los ejemplos más altos de la llamada poesía metafísica en este continente.

Este largo poema es una profunda y seria meditación sobre la existencia humana, en un tono realista que lo conduce a una trágica y desolada conclusión. La composición tiene una vena existencial indudable en su preocupación por la muerte. El poeta concibe la existencia humana no como un ir viviendo, sino como un ir muriendo un poco todos los días. La vida es un «morir a gotas». Mediante una técnica poética muy apropiada por la complejidad que imprime al lenguaje poético, por los símbolos y metáforas, canta todo lo que sufre el hombre en ese proceso hacia la nada y la desintegraciòn y que son, en definitiva, las angustias que laceran el corazón del hombre contemparáneo: el amor, la muerte, Dios, lo transitorio y lo permanente, la soledad, la incertidumbre, la incomprensión del sentido de la vida y del universo. La «muerte sin fin» no es otra cosa que la propia vida del hombre.

Muy rica en planteamientos filosóficos, unas veces en tono serio y casi solemne, y otras, a través de la ironía, Gorostiza ha planteado el conflicto entre la materia y la forma, entre la inteligencia y la vida irracional, entre caos y orden para escribir un poema de extraordinaria sustancia poética, que es como un homenaje a la muerte. Aunque es evidente la esencial mexicanidad del poema a través de esta preocupación por la muerte, tiene aliento universal por el balance entre inquisición filosófica profunda y la armazón poética.

Se han notado en el poema influencias, o por lo menos coincidencias, con T. S. Eliot, Góngora, Quevedo, Sor Juana Inés de la Cruz, Paul Valéry, así como de las religiones y filosofías orientales, sobre todo del Budismo. Gorostiza siente gran predilección por las imágenes de agua, vaso, rosa, y tiempo, y el poema es difícil de interpretar por la profundidad de las ideas, más que por el estilo. Esta composición muestra que Gorostiza vive seriamente preocupado de los elementos musicales, de la profundidad filosófica, de la función universal y trascendente y de la perfección formal de la poesía. Todo ello juega como un todo en esta famosa composición, cuya estructura la asemeja a un poema sinfónico por el ritmo y los tiempos. Aunque a ratos optimista, Gorostiza termina el poema dejando una gran sensación de pesimismo, porque la realidad latente es la desaparición final del hombre, y la meta de la conciencia parece ser la muerte.

Con posterioridad a 1939, Gorostiza ha dado a conocer algunas poesías en revistas, antologías y periódicos. En 1964 publicó *Poesías*, una de cuyas partes más interesantes es la titulada «Presencia y fuga» en la sección «Del poema frustrado». También ha pronunciado discursos y conferencias y escrito algunos ensayos críticos, siendo los más valiosos aquellos en que expresa su propio concepto de la poesía, esenciales para conocer su técnica y su idea sobre el papel del poeta en el mundo.

FUENTES: *Canciones para cantar en las barcas*, México, Cultura, 1925. *Muerte sin fin*, 2a. edición, México, Universidad Nacional Autónoma de México, 1952. Comentario de Octavio Paz. *Poesía*, México, Fondo de Cultura Económica, 1964.

Canciones para cantar en las barcas, 1925

La orilla del mar[1]

No es agua ni arena
la orilla del mar.

El agua sonora
de espuma sencilla,
el agua no puede
formarse la orilla.

Y porque descanse
en muelle[2] lugar,

no es agua ni arena
la orilla del mar.

Las casas discretas,
amables, sencillas;
las cosas se juntan
como las orillas.

Lo mismo los labios,
si quieran besar.
No es agua ni arena

la orilla del mar.

Yo sólo me miro
por cosa de muerto;
solo, desolado,
como en un desierto.[3]

A mí venga el lloro,
pues debo penar.
No es agua ni arena
la orilla del mar.

---

[1] Composición de ritmo ligero pero pensamiento trascendente, está escrita en versos de seis sílabas. En ella se nota la influencia de la poesía tradicional y popular española. Ya en este libro Gorostiza muestra mucho interés en el agua como símbolo.

[2] suave

[3] Nótese la preocupación por la muerte y la soledad, motivo central de su poema más ambicioso, *Muerte sin fin*.

Otoño[4]

Un aire frío dispersó la gente,
ramaje de colores.
Mañana es el primer día de otoño.
Los senos quieren iniciar un viaje
de golondrinas en azoro,[5]
y la mirada enfermará de ausencia.

¡Otoño,
todo desnudez de oro!

Pluma de garza[6] contra el horizonte
es la niebla en el alba.
Lo borrará de pronto con un ala
lejana;
pero tendré la tarde aclarecida,[7]

aérea, musical de tus preguntas
esas eternas blandas.

¡Otoño,
todo desnudez el oro!

Tu silencio es agudo como un mástil.
Haré de viento orífice.
Y al roce inmaterial de nuestras pausas,
en los atardeceres del otoño,
nunca sabremos si cantaba el mástil
o el viento mismo atardeció sonoro.

¡Otoño,
todo desnudez en oro!

Sonetos[8]

I

En el espacio insomne[9] que separa
el fruto de la flor, el pensamiento
del acto en que germina su aislamiento,
una muerte de agujas me acapara.[10]

Febril, abeja de la carne, avara,
algo estrangula en mí a cada momento.
Usa mi voz, se nutre de mi aliento,
impone muecas[11] turbias a mi cara.

¿Qué amor, no obstante, en su rigor acierta
a destruir este hálito enemigo
que a compás con mi pulso me desierta?

¡Templado hielo, sí, glacial abrigo!
¡Cuánto—para que dure en él—liberta
en mí, que ya no morirá conmigo!

III

Tu destrucción se gesta[12] en la codicia
de esta sed, toda tacto, asoladora,
que deshecha, no viva, te atesora
en el nimio caudal de la noticia.

Te miro ya morir en la caricia
de tus ecos; en esa ardiente flora
que, nacida en tu ausencia, la devora
para mentir la luz de tu delicia.

Pues no eres tú, fluente, a ti anudada.
Es belleza, no más, desgobernada
que en ti porque la asumes se consuma.

Es tu muerte, no más, que se adelanta,[13]
que al habitar tu huella te suplanta
con audaces resúmenes de espuma.

---

[4] Poema de estructura irregular. Destaca los aspectos sensoriales como los colores. Ciertas palabras como «frío», «ausencia», «desnudez» expresan la melancolía del autor, así como su impresión de soledad y abandono. Es otro poema de *Canciones para cantar en las barcas* (1925).
[5] turbación, sobresalto
[6] ave zancuda que vive cerca de los ríos
[7] clara
[8] Estos sonetos forman parte de los cuatro publicados en

Letras de México (1939) y recogidos bajo el título de «Presencia y fuga» en la sección «Del poema frustrado» de *Poesía* (1964). Son sonetos endecasílabos de corte clásico, con imágenes muy novedosas.
[9] desvelado, que no puede dormir
[10] monopoliza
[11] gesto o visaje con la cara
[12] se origina
[13] llega antes del tiempo debido

 uerte sin fin[1]

1939

(FRAGMENTO)

Conmigo está el consejo y el ser; yo soy la
inteligencia; mía es la fortaleza.

PROVERBIOS 8: 14.

Con él estaba yo ordenándolo todo; y fui su
delicia todos los días, teniendo solaz delante de
él en todo tiempo.

PROVERBIOS 8: 30.

Mas el que peca contra mí, defrauda su alma;
todos los que me aborrecen, aman la muerte.

PROVERBIOS 8: 36.

I[2]

Lleno de mí, sitiado en mi epidermis,
por un dios inasible[3] que me ahoga,
mentido acaso
por su radiante atmósfera de luces
que oculta mi conciencia derramada,
mis alas rotas en esquirlas[4] de aire,
mi torpe andar a tientas por el lodo;[5]
lleno de mí—ahíto[6]—me descubro
en la imagen atónita del agua,
que tan sólo es un tumbo inmarcesible,[7]
un desplome[8] de ángeles caídos
a la delicia intacta de su peso,
que nada tiene
sino la cara en blanco

hundida a medias, ya, como una risa agónica,
en las tenues holandas[9] de la nube
y en los funestos cánticos del mar
—más resabio[10] de sal o albor de cúmulo
que sola prisa de acosada[11] espuma.
No obstante—oh paradoja—constreñida[12]
por el rigor del vaso que la aclara,
el agua toma forma.
En él se asienta,[13] ahonda y edifica,
cumple una edad amarga de silencios
y un reposo gentil de muerte niña,
sonriente, que desflora
un más allá de pájaros
en desbandada.[14]

---

1 El poema consta de 775 versos, diez secciones y dos *codas*, intermezos o «bailes». Resulta evidente su hermetismo, pero al mismo tiempo su esmero y perfección formal. La composición tiene estructura musical, semejante a un poema sinfónico, así como gran variedad de metros. Gorostiza recoge la preocupación por la muerte que siempre ha existido en la literatura española. A través de una lucha dialéctica entre la substancia y la forma, Gorostiza canta todo lo que constituye la existencia humana —alma, naturaleza, universo, poesía, lucha por la inmortalidad o permanencia— y concluye que todo confluye a la nada y la muerte.

2 En la sección I Gorostiza inicia el tratamiento de un tema universal: la preocupación del hombre por el complicado problema de la existencia y de su ser. Percibe lo universal, pero no puede apresar el misterio de la vida o del universo. Escribe «dios» con minúscula porque no cree en Dios y para mostrar lo incomprensible del universo. Introduce el agua como imagen constante del poema: la analogía entre lo fundamental de la existencia y el agua, substancia sin forma.

3 no se puede coger o agarrar

4 astillas de huesos rotos.

5 barro

6 harto, saturado, indigesto; cansado de una persona o cosa (el poeta cansado de sí mismo)

7 inmarchitable

8 caída

9 telas o lienzos finos

10 aquí significa mal gusto o sabor

11 perseguida con empeño

12 apremiada, obligada

13 se estabiliza, se calma (el agua u otro líquido)

14 huída en desorden o confusión

En la red de cristal que la estrangula,
allí, como en el agua de un espejo,
se reconoce;
atada allí, gota con gota,
marchito el tropo de espuma en la garganta,
¡qué desnudez de agua tan intensa,
qué agua tan agua,
está en su orbe tornasol[15] soñando,
cantando ya una sed de hielo justo!
¡Más que vaso—también—más providente
éste que así se hinche[16]
como una estrella en grano,
que así, en heroica promisión, se enciende
como un seno habitado por la dicha,
y rinde[17] así, puntual,
una rotunda flor
de transparencia al agua,
un ojo proyectil que cobra alturas[18]
y una ventana a gritos luminosos
sobre esa libertad enardecida
que se agobia[19] de cándidas prisiones! [. . .]

IV[20]

[. . .] ¡Oh inteligencia, soledad en llamas,
que todo lo concibe sin crearlo!
Finge el calor del lodo,
su emoción de substancia adolorida,
el iracundo[21] amor que lo embellece
y lo encumbra[22] más allá de las alas
a donde sólo el ritmo
de los luceros[23] llora,
mas no le infunde el soplo que lo pone en pie[24]
y permanece recreándose en sí misma,
única en Él, inmaculada, sola en Él,
reticencia indecible,

amoroso temor de la materia,
angélico egoísmo que se escapa
como un grito de júbilo sobre la muerte
—¡oh inteligencia, páramo[25] de espejos!
helada emanación de rosas pétreas[26]
en la cumbre de un tiempo paralítico;
pulso sellado;
como una red de arterias temblorosas,
hermético sistema de eslabones[27]
que apenas se apresura[28] o se retarda
según la intensidad de su deleite;
abstinencia angustiosa
que presume el dolor y no lo crea,
que escucha ya en la estepa de sus tímpanos
retumbar el gemido[29] del lenguaje
y no lo emite;
que nada más absorbe las esencias
y se mantiene así, rencor sañudo,
una, exquisita, con su dios estéril,
sin alzar entre ambos
la sorda pesadumbre de la carne,
sin admitir en su unidad perfecta
el escarnio[30] brutal de esa discordia
que nutren vida y muerte inconciliables,[31]
siguiéndose una a otra
como el día y la noche,
una y otra acampadas en la célula
como en un tardo tiempo de crepúsculo,
ay, una nada más, estéril, agria,
con Él, conmigo, con nosotros tres;
como el vaso y el agua, sólo una
que reconcentra su silencio blanco[32]
en la orilla letal de la palabra
y en la inminencia misma de la sangre,
¡ALELUYA, ALELUYA!

---

15 *orbe:* mundo; *tornasol:* flor que gira hacia donde está el sol. El agua no ha logrado una forma estable, sino cambiable (tornasol).
16 se abulte
17 produce
18 que asciende, se eleva
19 angustia, atormenta
20 En la Sección II el poeta usa los símbolos del agua, como substancia informe y el vaso, donde aquélla se encuentra como forma. En la analogía el agua es el alma del hombre y el vaso, el universo. En la Sección III rechaza el concepto de «otra vida», afirmando que ésta camina en constante movimiento hacia lo estático: la muerte. Al final introduce el elemento de la inteligencia como el medio que tiene el hombre para explicarse su propio ser, su destino y el universo. Concluye que la inteligencia no puede lograrlo. En la Sección IV sigue su idea sobre la inteligencia, la cual, aunque no tiene poderes creativos, se ha imaginado un Dios semejante al hombre en muchos aspectos, capaz de darle permanencia o vida eterna.

Reitera la incapacidad de la inteligencia para comprender todo el universo y toda la existencia. Plantea el problema de las dificultades para la comunicación por las limitaciones del lenguaje. Termina con marcada ironía con la expresión «¡Aleluya, aleluya!», propio de un rito o libro sagrado, aunque momentos antes ha expresado que lo esencial de la vida es inclinarse a la muerte.
21 colérico, irritado, muy enojado
22 levanta, engrandece
23 estrellas
24 lo para, lo levanta
25 lugar desierto, desolado y muy frío
26 rocosas, como piedras
27 anillos de una cadena
28 apura
29 *retumbar:* resonar con mucho ruido o estruendo; *gemido:* llanto, quejido
30 injuria, insulto, burla afrentosa
31 irreconciliables
32 la muerte

Carlos Vaz Ferreira

URUGUAY, 1873-1958

Aunque no dejó un sistema completo de sus ideas, el más filósofo del grupo notable de ensayistas post-modernistas es Carlos Vaz Ferreira, quien se distinguió además como sociólogo, moralista, crítico de arte, pedagogo, y guía y mentor de la juventud. Su padre era portugués y su madre tenía sangre española y portuguesa. Después de graduarse de doctor en la Facultad de Filosofía y Letras de la Universidad Nacional de Montevideo, ganó la cátedra de Filosofía cuando sólo tenía veinticinco años. Desde ese momento se consagró por entero a su carrera de profesor, vocación que supera y orienta todas las demás en que descolló. Ocupó los cargos más importantes dentro de la enseñanza y en la universidad lo fue todo: desde profesor hasta rector por tres períodos consecutivos pasando por director y decano de la Facultad de Humanidades y Ciencias. Vio logrado su sueño de fundar una institución de enseñanza superior no profesional, en la cual las humanidades y las ciencias son estudiadas independientemente de todo fin interesado. De su personalidad, de su vida y de su obra irradia un firme tono ético que ha tenido singular influencia en la formación moral e intelectual de la juventud de su país.

Vaz Ferreira ha dejado una vastísima producción en todas las ramas de la filosofía (filosofía pura o metafísica, ética, estética, filosofía de la religión, jurídica, social y de pedagogía, axiología), y en todas muestra su modo peculiar de abordar, analizar, esclarecer y resolver los problemas más vitales. Entre sus obras más importantes debemos citar: *Curso de Psicología elemental* (1897), con más de doce ediciones; *Los problemas de la libertad* (1907), donde toca uno de sus temas favoritos, los derechos del hombre; *Moral para intelectuales* (1909), *Lógica viva* (1910); *Fermentario* (1938); *La actual crisis del mundo desde el punto de vista racional* (1940) y otras. En todas sus obras combina una aguda penetración en el campo especulativo ayudada por su vasta formación filosófica, histórica y literaria, con un agudo sentido de lo práctico, lo real, y lo inmediato. A esto ha de unirse un estilo muy personal capaz de transformar a módulos llenos de sencillez las ideas más complejas y abstractas. Es un estilo que siempre parece hablado, como si las palabras acabasen de brotar de labios del maestro, sin preocupaciones de galanura, sin grandilocuencia, con llaneza que le confiere cierta apariencia falsa de descuido. Ha sabido lograr un estilo propio, personal, de gran vigor expresivo, poniendo al alcance de todos la comprensión y comunicación de lo más profundo, cosa muy difícil de lograr en el campo de la expresión de las ideas.

Uno de sus libros más difundidos y que mejor refleja la preocupación ética de su autor, es *Moral para intelectuales,* en el que se dirige a los estudiantes, profesionales liberales y a todos los que tengan que ver con la inteligencia, invitándoles a meditar sobre los objetivos de sus carreras y las responsabilidades éticas que tienen frente a la sociedad. Sin olvidar la importancia de cada profesión en el destino individual, traza un verdadero tratado de la conducta moral práctica, atendiendo a los más altos intereses colectivos. No encuentra oposición entre el interés individual del hombre de inteligencia y los principios que deben informar su conducta y la conveniencia colectiva. Vaz Ferreira da pruebas de su gran humanismo, de su estilo vivaz y convincente y de sus acendrados principios morales.

Los que han estudiado a fondo la obra del gran pensador y filósofo uruguayo están de acuerdo en que *Fermentario* es, posiblemente, la obra más representativa de la personalidad intelectual y moral del maestro, a más de culminación de un estilo lúcido que adquiere, a fuerza de madurez y de meditación, un tono muy concentrado y preciso, casi aforístico. No es una simple abreviación y síntesis de ideas expuestas más ampliamente en otros libros, sino una especie de breviario o libro de confesiones íntimas, en el que da a conocer con toda naturalidad y espontaneidad, sus ideas sobre múltiples aspectos de la vida. Es libro muy peculiar dentro del ámbito del idioma por su estructura y objetivos, y parece perseguir la clarificación intelectual de algunas de las ideas que consideraba más importantes.

Cuando Vaz Ferreira llegó a la cátedra de Filosofía en 1887, prevalecía el positivismo filosófico en casi todo el ámbito de Hispanoamérica. Iniciado en esa doctrina por el lado de Stuart Mill, pronto reaccionó contra ella, introduciendo una postura independiente, abierta y nueva. Partiendo de la condenación de todos los dogmatismos y escuelas, consideraba como esenciales armas del filósofo una fuerte actitud crítica y una firme capacidad especulativa. Esa postura de independencia, unida a su temple moral, marcan toda su producción. Unamuno sentía gran admiración por él y en verdad que la merecía porque Vaz Ferreira supo meditar con hondura sobre múltiples problemas esenciales para la vida del hombre y la sociedad, haciendo aportaciones muy lúcidas y valiosas y concretándolas en forma comprensible para todos.

FUENTE: *Moral para intelectuales*, Buenos Aires, Editorial Losada, 1962.

Moral para intelectuales[1]

1908, 1962

Algunas sugestiones sobre el «carácter»

Si se tratara de definirlo, diríamos con mucha facilidad que es la disposición, o el hábito, o la práctica de ajustar siempre y en todos casos nuestra conducta a lo que creemos bueno y deseable.

No ya definirlo, sino reconocerlo en la práctica, es cosa bastante menos fácil.

Puede asegurarse que la mayoría de los hombres, generalmente, no reconocen el carácter, en el sentido en que lo hemos definido; o lo confunden muy fácilmente con otras manifestaciones o variedades mentales.

Los primeros que son tomados por hombres de carácter, son los declamadores,[2] esto es, los que hacen frases —o los que toman actitudes, que son como frases en acción—, sin que corresponda todo ello al fondo mismo psicológico de su vida. Es un caso de sugestión vulgar, 5

---

[1] Véase la introducción para algunas ideas sobre este libro.   [2] recitadores

que a veces es hasta de auto-sugestión; muchas veces los declamadores, ellos mismos acaban por tomarse por hombres de carácter. El poder de la palabra es asustador,[3] y tenía razón el personaje de la tragedia cuando condensaba la experiencia de su vida en el temor a la palabra. Con palabras se puede alterar[4] todo. A veces un mismo hecho, aun sin tergiversarlo[5] en lo más mínimo, según las palabras con que se lo narre o se lo califique, se nos presenta como de alcance o mérito muy diferentes: y ¡cuántas veces lo vemos, no en los grandes casos, sino simplemente en la vida ordinaria: por ejemplo, en la vida pública! Supónganse ustedes la noticia, dada por un diario, de que cierto funcionario que ha sido, por ejemplo, hostilizado[6] en su puesto por sus superiores, no va a renunciar al cargo. Tomemos *el mismo* suelto,[7] en el cual se anuncia que el funcionario en cuestión no va a renunciar; si yo procedo o epilogo ese suelto con una línea en que diga: «El funcionario Tal no suelta el puesto, no se desprende del puesto ni a dos tirones»[8] o algo análogo, entonces mi suelto da la impresión de que ese funcionario es un hombre servil; si la línea agregada es, por ejemplo, esta: «El funcionario en cuestión sabrá permanecer firme en su puesto», entonces *el mismo* suelto, narrando *el mismo* hecho, dará la impresión de referirse a un hombre enérgico ... Pues bien: hay muchos hombres que, debido simplemente a la declamación con que revisten sus palabras o sus actos, pasan engañosamente por hombres de carácter, y empiezan a menudo por engañarse a sí mismos.

La segunda variedad humana que da fácilmente la ilusión del carácter, la constituyen *los violentos*. Para el examen del público, para el juicio de la mayor parte de los hombres, los violentos son hombres de carácter, siendo así que justamente el tipo supremo del débil, es el violento, esto es, el que no tiene la fuerza necesaria para ser dueño ni de sí mismo, cuanto más de los otros hombres o de los acontecimientos: es el que depende de sus pasiones, es el que no puede reflexionar, es el que no puede ni

siquiera ponerse en la situación mental necesaria para ser recto y justo.

Un tercer tipo de hombres confundidos erróneamente también con los de carácter, son los obstinados[9] (en algunos, la obstinación puede hacer las veces de carácter en la práctica, pero es en sí contraria al carácter). Y, por razones parecidas, también son a menudo tomados por hombres de carácter, los simplistas y los estrechos de espíritu, esto es, aquellos que, por no tener la amplitud necesaria de inteligencia y de comprensión para apreciar la complicación de las cuestiones[10] o para resolver los hechos y los problemas con un criterio abierto y elevado, guardan en su vida esas actitudes sencillísimas que se pueden reducir a muy simples fórmulas. Supongamos el caso más común: un hombre hace oposición al gobierno, y le hace oposición siempre, en todos los casos; todo lo que haga el gobierno, es malo, y así lo ve y lo califica él; ése, para el vulgo, es un hombre de carácter. Si, en cambio, ese hombre, aunque el gobierno sea malo en general, y él lo haya dicho; si en un cierto caso particular, encuentra un acto bueno, y lo ve bueno, y lo califica de bueno, generalmente ese hombre, ante la opinión pública, baja: no es un hombre «*de una sola pieza*»[11] ... Lo que hay es, sencillamente, que su actitud no puede resumirse con una fórmula verbal simplista, porque su criterio es amplio y su moral también.

En cuanto al *verdadero* carácter, suele presentarse en dos variedades —hablo aquí por esquemas—: unido a una inteligencia estrecha, o unido a una inteligencia bien amplia.

En el primer caso, el hombre de carácter es indudablemente más feliz: no ve las complicaciones de su actitud, no siente dudas, resuelve todas las cosas sencillamente. Posiblemente, a este tipo han pertenecido muchísimos de los grandes caracteres de la historia, sobre todo de esos hombres de acción que no fueron más que hombres de acción; en el fondo, poco complicados. Tal vez a este tipo pertenezca también el hombre de carácter tal como suelen describirlo

---

[3] que produce miedo
[4] modificar
[5] falsearlo, deformarlo
[6] molestado, tratado como enemigo
[7] artículo corto de un periódico

[8] a la fuerza
[9] porfiados, testarudos
[10] asuntos
[11] cabal, honesto

ciertas ficciones optimistas (por ejemplo: los tratados de moral demasiado sencillos), que nos explican el cumplimiento del deber en los hombres de carácter como un acto que, no sólo no suscita ninguna duda, sino que se realiza en todos los casos de una manera casi maquinal.[12] Poco a poco, y por este tipo que nos parece tan respetable, se llega, sin embargo, a una variedad de hombres de carácter que casi sería inferior: especie de inconscientes. Yo afirmo, al contrario de lo que se enseña o se dice generalmente, que el hombre que no sufriera en ningún caso al cumplir su deber, sería un anestésico afectivo . . . si no fuera un caso de mitología moral.

Ahora, la forma más elevada del carácter, existe allí donde éste aparece unido, bien combinado, con una inteligencia superior. Lo curioso es que esta forma de carácter es la que más difícilmente es reconocida. ¿Por qué? Por razones muy sencillas: Para esa inteligencia elevada, los problemas dejan de ser claros y precisos; y, entonces, dejan de tener soluciones completamente hechas, no digo todos los problemas, pero muchos de los que se presentan en la vida: en moral, hay problemas claros, pero hay también problemas oscuros. De manera que una de las manifestaciones de esos hombres de carácter del tipo elevado, es, muchas veces, la duda. Ciertos problemas morales, en que interfieren, por ejemplo, móviles diferentes, verbigracia,[13] el respeto a la ley y la piedad, no son problemas claros; más: generalmente hay que resolverlos, en cierto modo, por grados. En esos casos, la acción del hombre de carácter y de amplia inteligencia, mirada *desde afuera, no parece tan clara* como cuando el hombre de carácter tiene una inteligencia estrecha. ¿Comprenden? No se ve una raya;[14] no es un trazo rígido, su acción; sino que se ve un poco de oscilación; indudablemente está la dirección general: se ve de dónde parte, y a dónde va, y, si se pudiera analizar toda la psicología de este hombre, se vería su esfuerzo inmenso por adaptar con toda la precisión posible su con-

ducta a su moral; pero es que en él intervienen móviles distintos.

Una imagen podría expresar tal vez esto mejor que una descripción. Si se pudiera trazar el surco[15] que la conducta de un hombre deja sobre los acontecimientos, el hombre de carácter del tipo superior no dejaría precisamente una línea recta, rígida, como la de una máquina: dejaría, sí, una línea de dirección general firmísima, con puntos de partida y puntos de llegada claros, pero con ciertas oscilaciones, debidas a la duda y a la piedad.

También a este hombre de carácter del tipo superior, le está reservado el remordimiento; vive continuamente obseso,[16] entristecido, *problemizado* en su vida; porque, nunca bien satisfecho su deseo de pureza y de superioridad moral, no tiene la seguridad de haber resuelto bien los problemas.

Como les digo, el hombre de carácter de esa especie, es muy a menudo desconocido; no se lo puede *formular,* no se puede encontrar una fórmula verbal, simple, que dé razón de lo que es, de lo que piensa, siente y hace; parece a veces que se trata de un hombre débil, contradictorio. Sea nuestro ejemplo anterior: ese opositor al gobierno, que en un momento dado, encuentra bueno un acto de éste, y lo declara, generalmente está perdido ante la opinión, tal vez más perdido que los que hayan defendido siempre a un mal gobierno; se lo encuentra indeciso, vacilante; y, efectivamente, mirada *desde afuera,* su conducta puede confundirse perfectamente con la de un individuo moralmente débil.

Y todavía hay que tener en cuenta[17] que el carácter, generalmente, no se revela muy especialmente en ciertos grandes actos, en ciertos grandes «gestos» más o menos aparatosos,[18] los cuales, muy a menudo, suelen corresponder a ese valor inferior que se desarrolla en el animal acorralado. Los actos de carácter que hacen impresión sobre las masas, son por ejemplo, la renuncia insultante de un funcionario hostigado,[19] la oposición política permanente, absoluta, de un hombre que

---

[12] como una máquina
[13] por ejemplo
[14] una línea recta, sin variaciones
[15] huella, marca, rastro

[16] que tiene una idea fija
[17] considerar
[18] ruidosos, llenos de ostentación
[19] perseguido, acosado

tal vez se vea reducido a esa actitud. Entre tanto, otros actos de carácter, más hondos, más profundos, y más fuertes, más firmes, no se ven, por su misma naturaleza: esos casos, tan comunes en la vida, de sacrificar, por ejemplo, una amistad provechosa o malquistarnos[20] con un individuo del cual va a depender tal vez nuestro bienestar o nuestro éxito, por un acto de franqueza o independencia, quizá a propósito de una simple pequeñez —pequeñez no moralmente, sino desde el punto de vista práctico; el hacer de las pequeñas cuestiones, cuestiones grandes porque lo son desde el punto de vista moral; un funcionario, por ejemplo, que resiste una imposición para el nombramiento de un escribiente con la misma energía, y efectos funestos[21] para él, que si resistiera en una cuestión espectable, en que, a lo menos, podría obtener popularidad o aplausos. Toda esa clase de pequeños hechos: nuestro caso de antes, del ciudadano que, por un simple escrúpulo de sinceridad, se abstiene de embanderarse[22] en ninguno de los partidos de un país, si los encuentra ilógicos, sacrificando así, sin el menor aparato, el éxito material de toda su vida. Las *verdaderas* renuncias a candidaturas o posiciones, que se hacen casi siempre de antemano y privadamente, no autorizando ciertos trabajos, no aceptando cualquier compromiso . . . El sacrificio inmenso y amargo del que se resigna a servir un puesto bajo la autoridad superior de un hombre inepto[23] o malo, o compartiendo responsabilidades (por ejemplo: en una corporación) con hombres de esa especie, de manera que ante el juicio público, que no discierne[24] responsabilidades, él, personalmente, sufrirá en su propio crédito. Todo eso, generalmente, no se ve: o no se ve el acto, o no se aprecia su alcance; y, por todas estas razones, los hombres de carácter del tipo más elevado, tienden a no ser reconocidos o a no ser bien reconocidos. Más: cuando esa necesidad de pureza moral se lleva hasta los detalles, la impresión que se hace sobre los demás hombres es, muy a menudo, una impresión desfavorable,

no porque los hombres tiendan a juzgar desfavorablemente la moral, sino porque generalmente creen ver otros móviles en lo que, explicado por las solas razones de moralidad, les parecería excesivo e inverosímil. Las actitudes firmes, fuertes, cuando se relacionan con hechos que pasan vulgarmente por pequeñeces o por insignificancias, casi nunca son atribuidas a razones de orden puramente moral; el que procede así, es generalmente tomado por un obstinado, por un caprichoso, por un orgulloso, o simplemente por un loco.

Por lo demás, las ejemplos de carácter que se me han ocurrido hasta ahora preferentemente, esto es, los que se relacionan, sobre todo, con la actitud que puede asumirse para con los poderosos, no son, en nuestra época social, ni los únicos importantes ni los únicos necesarios. En las épocas democráticas, sobre todo, hay una forma de carácter que es tal vez la más rara y la más difícil de todas, y es aquella que se relaciona con nuestra independencia personal respecto a las masas, y de la cual es un caso particular la independencia personal en lo relativo a la reputación. Ustedes conocen seguramente esos estudios, de psicología de las masas, que, en nuestros tiempos, se han desarrollado bastante. No se trata, naturalmente, de hechos nuevos. Cuando los romanos expresaban su célebre aforismo: *Senatores viri boni, senatus autem magna bestia,*[25] tenían ya el sentimiento de esa inferiorización del hombre cuando se reúne en masas, cuando procede colectivamente; pero el estudio científicamente realizado de esos estados, corresponde a la época moderna. La conclusión de esos estudios es que la reunión de los hombres no da, en manera alguna, una resultante igual a la suma de sus cualidades; la resultante es más baja o tiende a serlo.[26] Pues bien: en la época moderna, la organización actual exige una de las formas a la vez más raras y más necesarias de carácter: y es la que consiste en conservar la independencia personal contra las influencias de las masas, de las turbas,[27] del público, de la gente, de la opinión, de todo lo

---

[20] disgustarnos, enemistarnos
[21] fatales, desgraciados, tristes
[22] ingresar, pertenecer
[23] incapaz, inhábil
[24] distingue

[25] (Latín) «Los senadores son virilmente buenos, el senado ostensiblemente una gran bestia».
[26] A veces, al contrario, obrar o sentir colectivamente agranda, ennoblece o depura. [*Nota del autor*]
[27] masas, populacho

que es colectivo; conservar *la persona*. Realmente es imposible ponderar los efectos empequeñecedores y rebajantes que el *amasamiento* —diremos— o el arrebañamiento,[28] pueden producir sobre los hombres; aun los más elevados están expuestos. Y dicho sea de paso, se trata de un sentimiento —el de la independencia personal contra lo colectivo— que debe cultivarse desde el principio, desde la infancia, con mayor razón desde la adolescencia, pues desde el principio ya ejerce sus efectos el mal, y ellos obran fácilmente en los espíritus jóvenes. Al citarles el siguiente hecho, no tengo más propósito que el de presentarles un ejemplo que los impresione: Cuando yo era Decano en la Sección de Enseñanza Secundaria, tuve ocasión y obligación, de disgustar a los estudiantes, oponiéndome a uno de esos pedidos de prórroga[29] de exámenes, que son tan comunes. Fui, naturalmente, objeto de insultos y ofensas de todo género; y, finalmente, un grupo de estudiantes pasó por mi casa, en momentos en que no había en ella más que mi madre, en el balcón, y arrojaron piedras.

Y bien: tengo la seguridad absoluta de que ninguno de los jóvenes que formaban parte de aquel grupo tenía, personalmente, ni la bajeza de sentimientos ni la cobardía que se necesita para ejecutar un acto de esa naturaleza. ¿Qué era, entonces? Sólo la influencia absolutamente deletérea[30] que produce la colectivización, el arrebañamiento; todos los hombres, salvo los muy selectos, sufren por esta influencia; y la historia nos muestra casos en que la humanidad ha descendido, de ese modo, muy por debajo del nivel de la bestia.

Una forma, pues, del carácter, la más difícil de todas, y sobre todo aquella que deberá ser por nuestra parte objeto del mayor cuidado, de una atención más continua, es ésa; y dentro de ella, la que se relaciona con la reputación: la resignación, la conformidad . . . no diré el placer, en manera alguna; pero el saber soportar, el sufrir que nuestra reputación, que el concepto de los hombres sobre nosotros, padezca en cual-

quier grado, antes de desviarnos del cumplimiento de nuestro deber. Teóricamente, así formulada como máxima, parece, ésta, la cosa más sencilla del mundo; sentida y hecha, es la más difícil de todas. Y, sin embargo, son situa- 5 ciones en que nos encontramos muy a menudo. En la vida pública, sea en la vida política, sea en la vida del funcionario, es menester (o si no, no entrar en ella) estar absolutamente preparado para soportar la impopularidad y para afrontarla 10 en todo momento en homenaje al deber. Son las situaciones más comunes del funcionario. En realidad, lo que un funcionario hace, piensa y siente, dentro de esa máquina complicadísima que es la Administración, cuya acción es la 15 resultante de tantas fuerzas y de tantas voluntades; lo que es, lo que piensa y lo que siente el funcionario, nadie lo sabe. El que es miembro, por ejemplo, de una corporación que toma resoluciones contrarias a su opinión personal 20 o que no coinciden completamente con ella, tiene que ser juzgado por esas resoluciones; nunca se sabrá cuál fue su parte personal, lo que él discutió, lo que él sostuvo, lo que él combatió, las opiniones que dejó en salvo:[31] eso, no 25 llega al público. Aun sin necesidad de ese caso particular, todo funcionario es un engranaje[32] de una máquina, depende de otros; hasta los más elevados de todos, dependen de sus inferiores en la ejecución de las medidas que dictan. 30

Y, por lo demás, la reputación es caprichosa: se distribuye un poco al azar. Si no es exacto, naturalmente, decir que se distribuye en razón inversa de los méritos, es inexacto también decir que se distribuye en razón directa: tiene 35 toda clase de caprichos. Los mismos actos, ejecutados por diferentes hombres, son juzgados a veces, no se sabe por qué, de diferente manera. ¿No han visto ustedes, por ejemplo, cómo ciertos actos inmorales, en determinados hom- 40 bres, son severamente juzgados, y cómo esos mismos actos inmorales, en otros hombres, no son objeto de censura?[33] ¿No han visto cómo la opinión elige a veces a un hombre, entre muchos culpables de las mismas faltas; a un funcionario 45

---

[28] acción de convertirse en un rebaño o conjunto de corderos que siguen ciegamente a un guía
[29] posposición
[30] perjudicial, destructiva, venenosa

[31] omitió, exceptuó
[32] partes de una máquina
[33] crítica

que ha cometido actos de improbidad,[34] a un político servil, y lo hace *expiatorio*, y condena en él todas las culpas, las propias y las ajenas, en tanto que otros individuos, reos[35] absolutamente

5 de los mismos delitos, pasibles de las mismas responsabilidades, no reciben sanción de opinión? ¿Han visto cómo, por otra parte, ciertos actos elevados y nobles de ciertas personas, son perfectamente comprendidos y justicieramente

10 juzgados y hasta recompensados por la opinión; y cómo otros actos, absolutamente iguales, de otras personas, no lo son, y hasta son desnaturalizados y tergiversados, y atraen para sus autores la hostilidad, aun el odio . . . ?

15 ¡Extraña cuestión, la de las relaciones entre la moralidad y el éxito! No se puede dar absolutamente ninguna regla: Las ficciones optimistas a que ya me he referido, los libros de moral, las historietas moralizadoras, pretenden

20 enseñar a los niños, y a veces a los hombres, que la moralidad y el cumplimiento del deber son siempre reconocidos. Ni es exacto el hecho, ni el procedimiento está pedagógicamente libre de toda crítica. Si alguien tomara demasiado en

25 serio esas enseñanzas, y esa confianza en la sanción de opinión, más adelante, al recibir los desengaños tan frecuentes en la práctica, correría peligro de ceder, de aflojarse moralmente ante la falta de la recompensa en que se

30 acostumbró a creer. Hay, pues, algo de *mistificación*, a este respecto, aunque sea irreprochable la intención. Ahora, naturalmente, sería más absurdo todavía irse a la doctrina opuesta: decir, como se afirma a veces vulgarmente, que las

35 recompensas sociales, de opinión o públicas, están en razón inversa de los méritos. En realidad, no se ve una regla clara; posiblemente, si alguna pudiera formularse, pero sumamente vaga, sumamente fluctuante, tal vez fuera ésta,

40 que, entre paréntesis, es un poco amarga: Me parece evidente, ante todo, que una moralidad muy deficiente o inferior, tiende a ser obstáculo para el éxito, y que, en este punto, y en este grado, las ficciones optimistas a que me he

45 referido, tienen razón; me parece también que una moralidad mediana facilita el éxito: que, a medida que crece la moralidad, tiende a asegurarlo mejor, *hasta cierto grado*: que no

cometer inmoralidades grandes, es más bien condición de éxito en la vida. Pero creo también, y esto es lo amargo, que cuando la moral pasa de cierto grado, cuando llega a hacerse demasiado severa, demasiado estricta, demasiado escrupulosa, empieza a ser un obstáculo. Naturalmente, esto no quiere decir que sea un obstáculo absoluto o decisivo; con una moralidad perfecta y rigurosa, se imponen gran cantidad de personas (por lo demás, también con una moralidad deficientísima se imponen otras, sobre todo en el caso de que esa moralidad deficientísima esté unida a una buena inteligencia, o a la habilidad . . .).

Pero si todas estas fueran leyes, serían tan vagas, tan indecisas, que el número de excepciones sería casi igual al de realizaciones . . . No es, por consiguiente, en nombre del éxito, como puede predicarse la moral práctica; la recompensa no es esa.

¿Cuál será entonces? ¿La «satisfacción del deber cumplido»?

Sí; pero, entendámonos; porque *aquí hay también otra mistificación,* que importa desvanecer; hay que saber en qué sentido ha de entenderse esa llamada *satisfacción* del cumplimiento del deber.

Para las ficciones optimistas, es satisfacción pura, tranquilidad absoluta, serenidad completa, puro placer; el hombre recto, ni sufre ni duda; su estado es de serenidad y beatitud. Eso es falso; es falso, y tiene que serlo. Para tomar un solo caso: ¿Cuántas veces el cumplimiento del deber no se traduce, no tiene fatalmente que traducirse, en sufrimientos ajenos? Sean los deberes más sencillos: el funcionario que debe destituir de su puesto a un inferior por una falta cometida; el legislador que debe tomar una medida que hará sufrir a muchos hombres . . . no necesito seguir citando: continuamente el cumplimiento de nuestro deber se traduce en sufrimientos ajenos. Eso sólo bastaría para que lo que se llama la satisfacción del deber cumplido no fuera una satisfacción tal como generalmente es descrita; sin contar con los sufrimientos de la duda, y de los remordimientos, que, como tantas veces lo hemos mostrado, tienden a hacerse más intensos a medida que la moralidad

---

[34] falta de rectitud o integridad   [35] acusados, responsables de delitos

acrece;[36] y sin contar con los sufrimientos personales, sencillamente—y con que somos hombres . . .

Otra comparación es la que necesitamos aquí para que ustedes me comprendan bien. A los niños les gusta el dulce; el sabor más agradable para ellos, es el azúcar, la dulzura pura; después, cuando nuestro paladar se hace más formado y más viril, empieza a agradarnos un poco de agrio, de ardiente, y hasta de francamente amargo. Al ponderar la satisfacción del deber cumplido, podemos, pues, ser sinceros, como será sincero el hombre que diga a un niño que le gusta el limón o el bitter; pero mentiría si dijera a ese niño que el limón o el bitter tienen gusto a azúcar.

La mistificación a que me refiero, consiste, pues, en azucarar la «satisfacción del deber cumplido». No: ¡es acre,[37] es ardiente, es amargo! Contiene, mezclada a inefable dulzura, una considerable proporción de dolor, de indignación hasta de orgullo; y con todo eso, el alma superior y fuerte se compone el más estimulante y viril de los placeres, que, una vez bien gustado, ya no se puede abandonar ni sustituir por otro alguno.

VENEZUELA, 1874-1944

Rufino Blanco Fombona se convirtió en uno de los más vigorosos y recios escritores de su generación, en momentos de tiranía o de lacras sociales en la vida venezolana. Tuvo el coraje de hablar fuerte contra todas las iniquidades. Fue muy rudo en sus ataques a la corrupción política, como se ve en el cuento «Democracia criolla» uno de sus mejores. Al mismo tiempo, se distinguió como un agudo observador de la conducta social y humana y captó como pocos las injusticias dentro de la sociedad de su país, pero aplicables al resto de Hispanoamérica. Su vida se orienta por tres vertientes, inseparable la una de las otras: temperamentalmente era un romántico, pero fue uno de los grandes propulsores del Modernismo poético, aunque su prosa se afilia de lleno al Realismo. Nació en Caracas en el seno de una familia de gran distinción y murió en Buenos Aires. Cuando era apenas un adolescente se dio por entero a la política conociendo la cárcel por primera vez a los 18 años debido a sus ideas revolucionarias. Tenía un carácter exaltado y gran espíritu aventurero. Era terrible en la polémica y los enemigos de la democracia y la justicia temían los dardos de su crítica. Luchó tesoneramente contra la dictadura de Juan Vicente Gómez (1908-1935) y ocupó importantes cargos políticos y diplomáticos. En España fundó la Editorial América que contribuyó a la difusión de los escritores hispanoamericanos.

---

[36] aumenta   [37] áspero y picante

Blanco Fombona dejó una obra tan extensa como variada que incluye versos, crónicas, novelas, cuentos y ensayos. Su poesía se enmarca en el Modernismo y comprende *Trovadores y trovas* (1899), *Cantos de la prisión y del destierro* (1911) y *Cancionero del amor infeliz* (1918). Sus versos unas veces buscan el preciosismo de la forma, otras la protesta airada contra la tiranía, pero siempre hay también un poeta delicado que nos deja ver su intimidad.

También se distinguió como narrador, iniciándose por el relato breve: todavía en la línea modernista de la prosa cuidada están sus *Cuentos de poetas* (1904), a los que sigue un tomo de acento criollista, *Cuentos americanos* (1904). Aunque el ensayista no dejaba ver bien al narrador, hoy se le tiene en alta estima por la ejecución rápida y concisa y su preocupación por lo humano y lo social. En sus novelas tuvo el propósito de presentar un panorama animado de la sociedad venezolana de su tiempo, en busca de las causas últimas de la injusticia y la opresión. Son relatos pesimistas y bastante amargos, en los que ataca la estupidez, la maldad y el oportunismo erigidos en armas políticas. Su mejor novela se titula *El hombre de hierro* (1907), que escribió en la cárcel, presentando la destrucción trágica de un hombre bueno en su lucha contra los pícaros y las lacras de la sociedad. Es una sátira social realista y vigorosa de la vida venezolana de comienzos de siglo. *El hombre de oro* (1915) pinta al individuo de gran voluntad, pero de conducta antisocial y egoísta, que logra encumbrarse de un modesto cargo a Ministro de Hacienda. Lo esencial es la pintura del medio ambiente y la crítica ruda contra el *modus operandi* de la vida política.

Casi siempre se recuerda al Blanco Fombona ensayista por encima de cualquier otra actividad. Escribió ensayos políticos, sociológicos, críticos, culturales, históricos y en todos sobresale, más que el pensador profundo, el combatiente por una causa noble y el polemista formidable. Entre sus ensayos críticos sobresalen *Letras y letrados de Hispanoamérica* (1908) y, especialmente *El modernismo y los poetas modernistas* (1929). Junto a estudios donde prevalecen el buen gusto, la seriedad y balance críticos, encontramos criterios movidos por su individualismo o exaltación. Ocupa un lugar singular en la divulgación de los valores literarios de este continente. Su ensayo capital se titula *El conquistador español del siglo XVI* (1922), por el esclarecimiento e interpretación de un hecho histórico de tanta importancia en la vida de estos pueblos. Antes había escrito *Evolución política y social de Hispano-América* (1911) y otros. Un sabor especial ofrecen sus memorias, *Diario de mi vida* (de 1906 a 1914), publicadas en 1933 con el título de *Camino de imperfección* (1933). Su interés radica en la gran variedad de aventuras y circunstancias de la vida del autor y el estilo siempre lleno de fuerza y poder de convicción.

Blanco-Fombona es uno de los escritores más representativos de la Hispanoamérica de su época, tanto en sus virtudes y valores, como en sus puntos criticables. Su fama se extendió de su patria a todo el continente y a España, siendo pocos los que lo igualan en su labor de crítico, mentor y pensador. La crítica moderna, juzgándolo con más serenidad de juicio, le asigna una especial significación en un momento interesante de la evolución de las letras hispanoamericanas y considera el alto valor de muchas de sus páginas en el aspecto literario y de las ideas.

FUENTES: *El conquistador español del siglo XVI*, Caracas, Editorial Edime, 1956. Prólogo de Joaquín Gabaldón Márquez; estudio bibliográfico de Edgar Gabaldón Márquez. *Camino de imperfección: diario de mi vida (1906-1914)*, Madrid, Editorial América, 1933.

El conquistador español del siglo XVI[1]

En extremeños, vizcaínos, andaluces, castellanos nuevos y viejos, en todos se borran o esfuman los caracteres de las distintas provincias a que pertenecen; en todos aparece el tipo psicológico del español castellanizado. Todos pertenecen a la misma alcándara[2] de rapaces.

Dieron lo que podían dar: impulsividad, combatividad, fortaleza de ánimo y de cuerpo para resistir pesares y fatigas, toda suerte de virtudes heroicas. Esto, por una parte; por la otra, ignorancia, intolerancia para las opiniones ajenas, máxime cuando se refieren a cuestiones de religión, ambición de adquirir oro al precio de la vida, si llega el caso, exponiéndola en rápido albur,[3] antes que obtenerlo por esfuerzo metódico, paciente, continuo. A ello se alió un orgullo sostenido, que da tono y altura a la vida, aun cuando degenera a menudo en arrogancia baldía[4] y frustránea, e incontenible desprecio por todo derecho que no se funda y abroquela[5] en la fuerza.

Fueron políticos malos, pésimos administradores; echaron simientes de sociedades anárquicas, crueles, sin más respeto que la espada. Fundaron un imperio, sin proponérselo, sacando bueno el postulado del pesimismo alemán: el fin último de nuestras acciones es ajeno al móvil que nos impulsa a obrar.

Muy pocos de ellos, muy pocos, se restituyeron a vivir en calma, felices, en Europa. ¡Cómo iban a resignarse a vivir en la estrechez de sus pueblos, en Europa, una vida sedentaria, regular, tiranizada tal vez por mísero alcalde, 5 ellos que habían dominado razas y descubierto y paseado continentes! Aunque en Europa nacidos, dieron lo mejor de su esfuerzo, de su vida, su muerte y su progenie a América. Son nuestros abuelos. Son nuestras figuras representativas de 10 entonces, apenas oscurecidas en la admiración popular, tres siglos más tarde, por los Libertadores.[6]

Los descendientes directos de aquellos hombres formaron en América, por lógica imprevista, una suerte de oligarquía o aristocracia. 15 Durante siglos enteros fue timbre de orgullo[7] descender de los conquistadores; y en aquella sociedad, dividida en castas durante el régimen español, hasta se solían fraguar[8] ingenuas y 20 fantásticas genealogías para probar que se entroncaba[9] con los primeros civilizadores llegados de Europa. Pocos sintieron el orgullo de originar en[10] los grandes caudillos indios. Ésa es la suerte de los vencidos: el desprecio. 25

Ser nieto de conquistadores por ambos lados era patente de limpieza de sangre. Hijos, nietos de conquistadores, ¡qué altiva satisfacción!

[1] En este ensayo, uno de los mejores que salieron de su pluma, Blanco Fombona analiza con su estilo característico, el hecho de la conquista española. La prosa es vigorosa, convincente y rica en conceptos. El autor tiene el concepto ciceroniano de la historia, o sea, como maestra de la vida, porque siempre de su estudio se pueden colegir grandes enseñanzas.

[2] percha, marca (de fábrica)

[3] riesgo o peligro

[4] vana, inútil

[5] se defiende

[6] El recuerdo de los conquistadores, de muchos de ellos, se conserva en los pueblos americanos, aun en el vulgo iletrado de los campos, si bien enturbiado por leyendas más o menos absurdas. Con el nombre de Tirano Aguirre aun se asusta a los niños de Venezuela: «Pórtate bien, que si no te lleva el Tirano Aguirre». A un fuego fatuo de los campos de Barquisimeto lo llaman «el alma del Tirano Aguirre». Paulina Maracara, la buena, la santa mujer que es nuestra segunda madre hace cuarenta y

cinco años, es decir, que hace cuarenta y cinco años que sirve maternalmente en nuestra familia, es oriunda de Choroní. Este pueblecito de la costa venezolana nada tiene que hacer con México. Pues bien, Paulina entretenía nuestra niñez cantándonos unas coplas referentes al sojuzgador de los aztecas. Recuerdo ésta:

Allá viene Hernán Cortés
embarcado por el mar;
déjalo que salte a tierra
que lo vamos a flechar.

[Nota del autor]. Los lugares mencionados son pueblos de Venezuela. Lope de Aguirre, conocido como «El traidor» (1518–1561) fue un soldado y aventurero español notorio por su crueldad y traición hacia los indios y los propios españoles. Se alzó contra el rey y, finalmente, sus hombres lo mataron en Barquisimeto.

[7] motivo de gran satisfacción

[8] idear, discurrir

[9] descendía de

[10] descender de

Olvidábase que los primeros mestizos fueron también hijos de los primeros conquistadores. Equivalía, además, el descender de conquistadores, o suponérselo, a pertenecer por derecho propio a la casta de los dominadores.

La aristocracia de la espada fue siempre preocupación en la América de lengua castellana, hija de España, país guerrero.

Ahora, conclúyase. Resulta fácil reprochar a los conquistadores el que supieron en grado máximo destruir lo existente, desde naciones hasta sistemas de gobierno, y que no supieron en el mismo grado sustituir lo que destruyeron. El reproche tendría tanto de verdad como de injusto.

Cada generación tiene un cometido, que cumple si puede. Es decir, cada generación debe proponerse un ideal y, de acuerdo con sus fuerzas, caminar hacia él. Y la generación española de los conquistadores cumplió a maravilla[11] el encargo del destino.

Su deber no consistía en aprender a gobernar ni en ser maestra en el ramo de la administración pública. Consistió en hallar mundos, descubrir tierras, subyugar razas, derrocar imperios. En los conquistadores, además, existían deficiencias de raza que los incapacitaban para fundar administraciones regulares; e intemperancias de carácter, intemperancias de oficio, y excitaciones del medio bárbaro, para que los leones pudiesen convertirse en corderos; los fanáticos, en filósofos; los hombres de la guerra bárbara contra el indio, en burgueses pacíficos.

No fueron administradores, es verdad. No tenían por qué serlo aquellos soldados. Robaron, es cierto, a los vencidos; pero ser despojados[12] por el vencedor—y no sólo de bienes materiales. sino de sus mujeres, de sus dioses, de su idioma, de su soberanía—es lote de los que se dejan vencer.

Fundaron, con todo, indirectamente, un nuevo orden de cosas, al legar su obra de tábula rasa[13] a la mano de España para que la mano de España levantase sobre las ruinas de la vieja civilización, donde la hubo, civilización nueva, o creara cultura donde no existían sino desiertos cruzados de tribus bravías.

Porque debe hacerse hincapié,[14] a punto de concluir, para mejor comprender la obra de los conquistadores y de España, en algo que se indicó ya en el curso de la obra, con respecto a los indios; a saber: que eran naciones las indias en diferentes etapas de civilización. Estas etapas iban desde el imperio comunista de los incas y el imperio oligárquico, teocrático, de los aztecas —es decir, desde pueblos perfectamente organizados, con una original civilización—hasta las tribus errantes en estado de barbarie.

Contra lo que pudiera imaginarse, ocurrió que la conquista de los grandes imperios, y su ulterior hispanización, fue más fácil que la de las naciones bárbaras. Nada más dramático, en efecto, que la lucha contra los araucanos de Chile y los aún más bárbaros caribes de Venezuela. Vencidas unas tribus, se levantaban otras. El conquistador acudía a someterlas y los vencidos de la víspera se insurgían a su turno. A los caribes no les faltó, para inmortalizar su defensa, sino un cantor épico, un Ercilla.[15] En cambio, los pueblos organizados caían en pocos combates. Los imperios morían con sus dinastas.

Respecto a la hispanización sucedió algo semejante. Con los hijos sometidos de los imperios se mezcló el español fácilmente; y produjo las sociedades mestizas de México, Perú, Nueva Granada,[16] Centro América. El indio puro fue esclavo y trabajó para el dueño, en las minas y en los campos; porque el indio de aquellos pueblos, en estado de civilización, era ya agricultor y pudo ser minero. En las tribus bárbaras, el indio fue destruído en la guerra; y los que no desaparecieron por el hierro y por el fuego, o por las pestes[17]—o por la esclavitud que no podían sufrir—huyeron a lo más escarpado[18] de los montes, a lo más intrincado de las selvas. Negros del África sustituyeron al indígena en las labores del campo.

Aquellas sociedades todas quedaron divididas en castas. Estas castas se aborrecían unas a otras. Andando el tiempo, y por obra de las guerras

---

[11] muy bien
[12] robados, desposeídos, privados
[13] labor de destrucción de las civilizaciones antiguas
[14] poner énfasis, destacar
[15] Ercilla y Zúñiga, Alonso de: poeta español (1533-1594), autor del poema épico *La araucana*.
[16] Nombre del «reino» o «virreinato» que comprendía a Colombia, Panamá (como parte de aquélla) y Venezuela. El virreinato fue establecido en 1718, abolido en 1723 y restablecido en 1793.
[17] epidemias
[18] subida muy pendiente, muy inclinada

civiles, de la forzosa convivencia secular, de la evolución democrática de las ideas y del temperamento sensual de los habitantes, aquellas castas se han ido fundiendo con lentitud y extrema repugnancia, y han ido dando origen a sociedades heterogéneas. Pero en estas sociedades impera, sobre todos los demás, el elemento caucásico.

Aun en aquellos pueblos en que está en minoría, la raza blanca les infunde su espíritu. Ella impera en sociedad, de modo exclusivo, celoso e intransigente; posee la riqueza; es ama de la tierra; practica el comercio; ejerce el poder público[19] impone sus ideas culturales. En muchas de estas sociedades el elemento superior, el caucásico, no ha sido renovado todavía en cantidad suficiente para absorberlos por completo a todos. Tarde o temprano ocurrirá. En algunos países ya ha ocurrido.

Pero vuélvase a los héroes de la conquista, primeros progenitores de las actuales sociedades americanas.

Gracias a ellos pudo España crear lo que—bueno o malo—existió durante siglos y fue raíz de lo que existe hoy y en lo futuro existirá.

España, por su parte, dio lo que tenía. Pobre fue siempre en hombres de Estado, en hacendistas,[20] en buenos y pulcros[21] administradores de cosa pública; fértil en burócratas inescrupulosos, en jueces de socaliña,[22] en oligarquías que pusieron su conveniencia por encima de la conveniencia de la Nación. Largas páginas se han dedicado en esta obra a comprobarlo.

Lleguemos ahora a la conclusión de aquellas prolijas premisas: ¿cómo iba a darnos España lo que no tenía? ¿cómo culpar a los conquistadores de ser como por herencia, por educación, por tradición, por oficio, por época y por medio tenían que ser?

La Historia no se cultiva por el placer baldío de condenar ni de exaltar. Se cultiva para aprovechar sus lecciones y atesorar experiencia; para conocer el mensaje que cada época y cada raza legan a la Humanidad.

Camino de imperfección: diario de mi vida[1]

1933

1906. CARACAS

2 DE ABRIL. Quisiera, al morir, poder inspirar una pequeña necrología por el estilo de la siguiente:

Este hombre, como amado de los dioses, murió joven. Supo querer y odiar con todo su corazón. Amó campos, ríos, fuentes; amó el buen vino, el mármol, el acero, el oro; amó las núbiles[2] mujeres y los bellos versos. Despreció a los timoratos,[3] a los presuntuosos y a los mediocres. Odió a los pérfidos, a los hipócritas, a

los calumniadores, a los venales, a los eunucos y a los serviles. Se contentó con jamás leer a los fabricantes de literatura tonta. En medio de su injusticia, era justo. Prodigó aplausos a quien creyó que los merecía; admiraba a cuantos reconoció por superiores a él, y tuvo en estima a sus pares.[4] Aunque a menudo celebró el triunfo de la garra y el ímpetu del ala, tuvo piedad del infortunio hasta en los tigres. No atacó sino a los fuertes. Tuvo ideales y luchó y se sacrificó por ellos. Llevó el desinterés hasta el ridículo. Sólo

---

[19] dirige el gobierno
[20] economistas
[21] honestos
[22] ardid o truco para obtener algo
[1] En esta especie de «Memorias», Blanco Fombona expone, en un estilo muy espontáneo y combativo, sus ideas más íntimas sobre diversos problemas. Aquí está de cuerpo entero el gran polemista y combatiente, que no oculta la crítica más feroz contra los males y vicios políticos y sociales.
[2] en edad de casarse
[3] tímidos, temerosos
[4] a sus iguales (a los que eran iguales que él)

una cosa nunca dio: consejos. Ni en sus horas más tétricas le faltaron de cerca o de lejos la voz amiga y el corazón de alguna mujer. No se sabe si fue moral o inmoral o amoral. Pero él se tuvo por moralista, a su modo. Puso la verdad y la belleza —su belleza y su verdad— por encima de todo. Gozó y sufrió mucho espiritual y físicamente. Conoció el mundo todo y deseaba que todo el mundo lo conociera a él. Ni imperatorista ni acrático,[5] pensaba que la inteligencia y la tolerancia debían gobernar los pueblos; y que debía ejercerse un máximum de justicia social, sin privilegio de clases ni de personas. Cuanto al arte, creyó siempre que se podía y debía ser original, sin olvidarse del *nihil novum sub sole*.[6] Su vivir fue ilógico. Su pensar fue contradictorio. Lo único perenne que tuvo parece ser la sinceridad, ya en la emoción, ya en el juicio. Jamás la mentira mancilló ni sus labios ni su pluma. No le temió nunca a la verdad, ni a las consecuencias que acarrea. Por eso afrontó puñales homicidas; por eso sufrió cárceles largas y larguísimos destierros. Predicó la libertad con el ejemplo: fue libre. Era un alma del siglo XVI y un hombre del siglo XX. Descanse en paz, por la primera vez. La tierra, que amó, le sea propicia.

3 DE DICIEMBRE. El balneario de Macuto rebosa en gente; todo Caracas está aquí, sin contar mucho personaje político de las provincias, que viene a acechar la agonía de Castro,[7] porque Castro agoniza en Macuto, en su quinta de la Guzmanía.[8] Pero a Macuto no le importa. Macuto se divierte. ¿Se divierte? No. En Venezuela nadie se divierte sino finge divertirse. Faltan sinceridad, ingenuidad, tolerancia; sobran hipocresía, orgullo y estupidez. Lo que pasa en Macuto es curiosísimo. Unas familias no se juntan con otras porque se creen mejores o de más claro linaje,[9] como si aquí hubiese linaje sin algo de tenebroso. Algunas señoras piensan que el buen tono consiste en huir de las distracciones y aburrirse en la soledad. Y no falta quien las imite. Una panadera —vieja antipática y presuntuosa— mujer de un pobre diablo de panadero, da el tono y se cree de sangre azul. Quizás como la tinta: azul negra. La otra noche en el casino, después de una audición de fonógrafo —colmo de las distraciones locales— alguien sentóse al piano y tocó un vals. Los jóvenes quisieron bailar; pero la hija de la panadera —una chica idiota de catorce años, incapaz de coordinar dos palabras— se levantó, acaso por miedo de que nadie la sacara a bailar, acaso porque no sabía. Eso bastó. Retirándose la hija de la panadera ¡cómo se iban a quedar las otras muchachas! Todas fueron partiendo, una a una, a fastidiarse, por supuesto, en su casa. Se propone un paseo a los alrededores de Macuto, que son pintorescos: no falta imbécil de señora que exclame cuando invitan a sus hijas, como si le propusieran llevarlas a un burdel:[10]

—Mis hijas no han venido aquí para eso.

¡Qué gente más repugnante y más fastidiosa! El orgullo los devora a todos; un orgullo absurdo, por infundado. Todo el mundo se cree mejor que el prójimo; y es, a menudo, el único en tal opinión. Para probar superioridad, trata de denigrar o ridiculizar al vecino, cuando no lo calumnia, y, desde luego, lo mira con aire de protección, sin querer rozarse con él. El otro paga el desdén, con desdén y con odio.

La ignorancia es igual a la presunción. ¡Qué mujeres, qué hombres tan ignorantes! ¡Y hablan de todo con tonillo tan doctoral, tan solemne, tan contundente! Lo que dicen ciertos viejos o ciertas viejas no admite réplica. Meros lacayos, como el farsante y molieresco Mascarilla,[11] hácense pasar ante los incautos, ridículos aunque no preciosos, por «grandes», como se decía en tiempos de maricastaña,[12] por empingorotados[13] señorones; y como el picaresco Mascarilla, piensan que la gente de calidad puede saber de todo, sin haber estudiado nada. Por eso opinan.

Las muchachas, enclaustradas todo el año en sus casas de Caracas, ociosas, fastidiadas,

---

[5] *imperatorista*: uno que actúa como un general romano victorioso; *acrático*: anarquista
[6] «Nada nuevo hay bajo el sol», palabras de Salomón en el *Eclesiastés 1: 10*
[7] Castro, Cipriano: político venezolano (1858–1924), presidente y dictador de Venezuela (1900–1909)
[8] se refiere al régimen de Antonio Guzmán Blanco (1829–

1899), presidente y dictador de Venezuela (1864–1887)
[9] ancestro, raza, familia
[10] casa de prostitutas
[11] famoso personaje de varias obras de Molière: un criado apicarado e ingenioso de *Las preciosas ridículas*
[12] frase muy común para referirse a tiempos muy remotos
[13] engreídos, arrogantes

despechugadas,[14] sudando, tienen por única distracción asomarse de tarde a las rejas de las ventanas. Lo natural sería que anhelaran solazarse aquí, dando al traste[15] vanas presunciones. Pero tienen tan en la sangre la necedad ancestral, y tan envenenadas de estupidez fueron por el ejemplo y la educación, que se creen las más hermosas mujeres del orbe, nietas de María Santísima, superiores en alcurnia a una Rohan,[16] a una Colonna,[17] a una Medinaceli.[18] Olvidan que Boves[19] hizo fornicar a todas nuestras abuelas con sus llaneros de todos colores. Para esas infelices desmemoriadas y presuntuosas, todos los hombres tienen defectos. ¡Pobrecitas! Cuando vienen a adquirir experiencia, cuando vienen a abrir los ojos a la verdad de la vida, ya la frescura de sus abriles se ha marchitado, y condenadas al celibato se hacen místicas. Entonces adoran a Dios, pero odian a la humanidad. Estas beatas que suspiran por el cielo, convierten el hogar de sus padres en infierno, acaso en venganza de sus padres que no supieron enderezarlas,[20] cuando jóvenes, hacia el marido y la felicidad.

La gente de Macuto, es decir, de Caracas, piensa y opina que el colmo[21] del honor es ser comerciante. A un pobre infeliz, vendedor de cintas, de pescado seco, de café; a un importador de trapos europeos; a todo hombre atareado, sudado, oloroso al queso que expende o al tabaco que acapara en su almacén, lo imaginan un personaje, y su importancia se mide por la de sus negocios. Generalmente los comerciantes son conservadores cuyos padres, o ellos mismos, dejaron escapar de sus ineptas manos el poder, hace cuarenta años. Aunque refugiados en el comercio, se suponen todavía los únicos con derecho a gobernar y ser árbitros de la República, y se permiten despreciar —in pectore,[22] por supuesto— a los políticos, sin que el despreciarlos sea óbice[23] para que los adulen y hasta exploten.

Esta gente vive una vida tirada a cordel, árida, isócrona, hipócrita, carneril, aburrida. Salirse por la palabra o por la acción del círculo de hastío que trazaron la estupidez y la pereza es salirse de su estimación o incurrir en su reproche. No hay medio. Todo el mundo debe aburrirse a compás.[24] Si no, es un bandido.

Los jóvenes de sociedad son todavía peores que las jóvenes. Ellas, víctimas de la educación, las pobres, por su belleza —abundante hasta lo increíble en las mejores clases—y por su sexo y su mayor infortunio se hacen a la postre perdonar. Pero ellos, cínicos o hipócritas sin término medio, roídos por la sífilis, envenenados por el alcohol, mueren prematuramente o vegetan toda la vida, en ignominia y holgazanería, alimentados por el padre, por el tío rico o por la hermana casada. Tienen tanto horror al trabajo que prefieren todo, hasta la muerte, antes que trabajar. Por eso engrosan[25] a menudo las filas revolucionarias, en las guerras civiles. Esperan ser coroneles y generales; asaltar el poder y robar bastante.

1908. PARÍS

27 DE ENERO. Cotejando ambas lenguas, española y francesa, comprendo, por primera vez, la superioridad de nuestra lengua castellana. Tiene más palabras, más giros,[27] más hermosura resonante que el francés. Parece enfática porque los escritores españoles —los malos— son altisonantes y solemnes; pobre, porque España de siglo y medio a esta parte, con rarísimas excepciones, no ha producido sino por excepción grandes artistas de pluma,[28] aunque empieza de nuevo abundantemente a producirlos. Pobres fueron los escritores, no la lengua de Quevedo y de Cervantes, de Luis de Granada y

---

[14] con el pecho descubierto
[15] rompiendo, haciendo fracasar
[16] Madame Rohan (1600–1679) dama francesa de la corte de Luis XIII y enemiga mortal del Cardenal Richelieu
[17] Colonna, Victoria: poetisa italiana, esposa del Marqués de Pescara, muy admirada por Miguel Ángel y autora de unos famosos sonetos a la muerte de su marido
[18] posible alusión genérica a una dama de dicha aristocrática familia
[19] Boves, Tomás: guerrillero español (¿?–1814) que al frente de sus llaneros luchó contra los patriotas en la guerra de Independencia de Venezuela. Murió atravesado por una lanza.
[20] ponerlas derechas; educarlas
[21] el último grado
[22] en el pecho, para sus adentros, para sí
[23] obstáculo
[24] al mismo ritmo
[25] aumentan (se unen a)
[26] confrontando, comparando
[27] expresiones
[28] escritores

Góngora.[29] El oro es oro lo mismo en cuarzo, lo mismo en pieza de troquel defectuoso, que en la sortija labrada por el cincel de Benvenuto.[30] ¿No resplandece el castellano moderno, no vuela con alas de mariposa en las obras maestras de Rubén Darío, de Gutiérrez Nájera, de José Martí, de Díaz Rodríguez, de Rodó,[31] de tantos otros poetas y prosadores jóvenes de América? ¿Y en algunos españoles emparentados por la sensibilidad con éstos, como Valle-Inclán?[32] La ventaja del francés consiste en que esa lengua fue puesta sobre el yunque y cincelada por habilísimos y graciosos artistas, ya que en Francia a los Chenier han sucedido los Hugo, a los Hugo los Gautier, a los Gautier los Heredia, a los Heredia los Verlaine; y entre los prosadores lo mismo: desde Bossuet hasta Voltaire y desde Voltaire hasta Renan y Anatole France, la cadena no se interrumpe. Hispano-América no necesitó crear una lengua. Se encontró con ese regalo de España. Pero el alma hispanoamericana —que no necesitó crear una lengua—, ha infundido al idioma de nuestros padres un intrépido aliento de juventud. La lluvia de los cielos americanos, la ráfaga abrileña ha cubierto de pimpollos[33] y de ramas florecidas el viejo tronco; y entre el follaje verde cantan, con un nuevo canto inaudito, los nuevos pájaros.

1909. CARACAS

31 DE ABRIL. Un mes de vida más, un mes de juventud perdido. No he hecho nada. El ansia, la inquietud, la zozobra, la tensión de nervios, la intranquilidad de espíritu, la incertidumbre del porvenir, me tornan estéril para todo: para pensar, para escribir, para querer, para obrar, para todo. ¿Y esto es la vida? ¿Y esto es la juventud? ¡Una y otra corren, pasan en la inacción, en la esterilidad! Espero algo; ¿pero qué espero? ¿Cómo va a cambiar mi existencia, o mejor, cómo va a fijarse, por fin? Que éste es un período provisional en la vida pública de Venezuela, se me arguye.[34] Pero, bien: nuestra juventud, nuestra existencia ¿no son también provisio-

nales, transitorios, fugaces? ¿Cómo es posible dilapidar los mejores años y llegar al *mezzo del cammin di nostra vita*[35] haciéndonos la ilusión de estar atravesando un puente? No; no hay nada transitorio, ni provisional, ni efímero, sino nosotros mismos. ¡Que la hora es fugaz! ¿Por qué, pues, verla volar en la inacción, llenos de quimeras imaginarias e infecundas, y no ponerle nuestro mensaje en el cuello o bajo las alas a esa paloma viajera?

1911. PARÍS

25 DE ABRIL. En nuestra América necesitamos crear, en arte, el nacionalismo. Es decir, el arte propio. No lo tenemos; por el camino que vamos no lo tendremos nunca. Somos artistas y espíritus reflejos. Carecemos del pudor de imitar. Nos faltan la decisión y la desfachatez[36] de ser nosotros mismos. Mucho se obtendría ya si lográsemos la sinceridad. Necesitamos arte, no artificio. Personalidades, no escuelas. Americanos, no europeos trasplantados.

Naturalmente, no debemos erigir murallas de China contra nada ni contra nadie. Las ideas vuelan por encima de las murallas. Tampoco imaginar que se nace por generación espontánea, ni que debemos ser extraños a las formas y novedades del arte extranjero. Conozcámoslo todo, sin ceder a nada. A nada, sino a nosotros mismos. Y si nosotros mismos sentimos la tendencia a la sumisión ¿por qué no recordar que podemos ser, espiritualmente, señores y no lacayos? Cuestión de inteligencia, de sensibilidad, de voluntad.

En cuanto a las ideas, las ideas una vez puestas en circulación pertenecen al patrimonio común de todos los hombres. Sería ridículo pretender sustraernos a la corriente universal de ideas que es, en nuestra época, la atmósfera intelectual de todo hombre moderno. Pero contentémonos con cultivar nuestro espíritu; con sembrar en él nobles simientes, provengan de donde provengan, procurando que nuestro espíritu, por una química superior parecida a la de la tierra, eche fuera sus frutos y no nos

---

[29] Luis de Granada, Fray: escritor místico español (1504–1588). Quevedo, Cervantes, Granada y Góngora son todos escritores del Siglo de Oro español.
[30] Cellini, Benvenuto: célebre artista italiano (1500–1571), una de las grandes figuras del Renacimiento
[31] todos grandes figuras del Modernismo literario
[32] Valle-Inclán, Ramón del: poeta, dramaturgo y novelista

español (1866–1936), de tendencia modernista.
[33] hijos que echan los árboles; árbol nuevo. (Fig.) muchachos hermosos
[34] se me discute, se me argumenta
[35] «En mitad del camino de nuestra vida», verso inicial de la famosa *Divina Comedia* de Dante
[36] descaro, desvergüenza

emborrachemos en el momento de crear con aguardiente ni menos con libros.

De lo contrario, nuestro pensamiento no sería nuestro. De lo contrario, nuestro arte será un arte híbrido, violento, contra natura; y no produciremos sino literatura de artificio, prosa mestiza, poesía descastada, una obra sin arraigo en el suelo de donde surje, planta exótica, pronta a morir.

Es necesario, en suma, que obedezcamos a nuestros ojos, a nuestros nervios, a nuestro cerebro, a nuestro panorama físico y a nuestro mundo moral. Es necesario que creemos el nacionalismo en literatura, el arte propio, criollo, exponente de nuestros criollos sentir y pensar.

La patria intelectual no es el terruño;[37] pero procuremos que pueda serlo.

La principal deficiencia del Modernismo en América —de la escuela literaria conocida con ese nombre y que tantos y tan excelsos poetas ha producido— el germen ponzoñoso[38] que iba a darle temprana muerte, ha sido el exotismo. ¡Abajo el exotismo! El enemigo es París. ¡Muera París!

1912. PARÍS

14 DE ENERO. Veo en París argentinos, chilenos, brasileños, colombianos, venezolanos, gentes de toda América, orgullosos unos de su dinero, otros de su talento, y otros de su país. ¡Qué lástima me dan; y qué desprecio me inspiran! ¿No dejarán nunca de ser colonos?

Los pueblos americanos han podido ser, en la historia, una cosa absolutamente original. Sobre la cultura de Europa —o por lo menos sin desconocerla— han podido fundar una cultura propia, deliberadamente diferenciada. Aún sería tiempo. Pero nadie desea la originalidad sino la imitación: continuar a Europa, simularla, similarla. El mono es animal del Nuevo Mundo. Haremos con la cultura lo que hizo con la navaja el orangután que vio afeitarse a un hombre: nos degollaremos.[39]

Entretanto ¿a qué quedamos reducidos? Pudiendo ser cabeza de ratón, somos cola de león. Aún quedamos reducidos a menos que a cola de animal: la del pavo real hace buen papel en cualquier parte. Quedamos ya no en cola, sino en baticola[40] de Europa. ¡Y hay americanos orgullosos del puesto que ocupan! Muy bien. Ésos están en donde merecen.

1913. PARÍS

7 DE ABRIL. Lo que más me interesa en un libro es el autor, el alma del autor. Por eso no leo libros tontos o vulgares; a la segunda página sé si debo continuarlo o no. La lectura que prefiero es la de un Diario íntimo; o de unas Memorias, sobre todo si no son políticas ni de algún militar: los soldados resultan prolijos y carecen de alma como las bestias. Después, me complacen las biografías de hombres célebres; después, las biografías de hombres corrientes,[41] es decir, las novelas modernas; después, los estudios de crítica y, por último, las obras de psicología, de psiquiatría y aun de lo que llaman ahora los alemanes y austriacos, psicoanálisis. Leo con agrado la historia: la de un Mommsen, de un Taine.[42] No me interesa la aparatosa, mentirosa, teatral, la que pinta a las almas de etiqueta, de parada y no en la intimidad de todos los días, en la realidad, en los altibajos cotidianos de todo el mundo. Tampoco la elocuente y partiprista. Almas quiero y no literatura.

A los poemas hago puesto especial. Los poetas son para un escritor como el agua y el sol para las plantas: lo mantienen lozano. ¡Ay de aquel que no lee a los poetas! Su alma quedará pronto como un Sahara: vacío, tórrido, polvoriento, arenoso, estéril, sin una nube en el cielo, sin una vena de agua en la tierra, sin un pájaro en el aire. Morirá abrasado, seco, entre remolinos de arena, oyendo el ruido de los chacales[43] que lo buscan.

11 DE OCTUBRE. Observo que a pesar de mi

---

[37] la patria, el lugar donde se nace
[38] (Fig.) nocivo y perjudicial
[39] nos cortaremos el cuello
[40] correa que sale de la silla de montar en cuyo extremo tiene un hueco por donde entra la cola del caballo o bestia (Fig.) estar a la cola de

[41] comunes
[42] Mommsen, Theodor: historiador y filólogo alemán (1817–1903); Taine, Hipólito: filósofo, historiador y crítico francés (1828–1893)
[43] fieras parecidas al lobo

egotismo recalcitrante, me preocupan el destino del hombre en general y la idea de la justicia. Como no soy filósofo sino literato, estas y otras ideas se traducen en mí, literariamente. ¿Qué es mi novela *El hombre de hierro*,[44] bajo su máscara concreta y localista? Es la idea angustiosa de la injusticia triunfante en la tierra; de la bondad arrastrada por los suelos; una protesta contra la ironía y la crueldad de la vida.

No he dado, casi nunca, una plumada verdaderamente egoísta, a pesar de ser un pagano. Llamo egoísta a aquello en que no se trasluce una noble preocupación de orden trascendental.

Léanse todos mis *Cuentos* con atención y en cada uno se encontrará, dentro de la cáscara, la almendra. Sólo en mi Diario aparezco como el animal que se contenta con vivir.

1914. MADRID

17 DE OCTUBRE. Si en mi Diario no existiesen contradicciones me parecería que no trataba de mí, naturaleza contradictoria. Contradictoria fuera de ciertas normas esenciales —incluso las del honor—, a que no he faltado nunca. Además, la vida no es lógica. La lógica le parece el mayor absurdo.

Pedro Henríquez Ureña

REPÚBLICA DOMINICANA, 1884-1946

Aunque nacido en la República Dominicana, Pedro Henríquez Ureña es por derecho propio, ciudadano de toda Hispanoamérica, porque los avatares de la vida lo llevaron a vivir en varios de estos países y porque se consagró por entero a la valoración y difusión de su cultura. Pertenecía a una familia de distinción en el mundo de las letras y de alto sentido moral. Cuando apenas tenía veintiún años salió de su patria debido a la inestabilidad política. Luego la larga y terrible dictadura de Trujillo le impidió regresar. Cuatro países adquieren entonces importancia en el itinerario de su vida: Cuba, México, España y Argentina. En Cuba, donde pasó dos años muy decisivos en su proceso formativo, los escritores y artistas lo recuerdan con cariño. A México llegó en 1906, uniéndose al grupo del Ateneo de la Juventud, centro de la renovación intelectual, espiritual y artística que abre nuevos caminos a la cultura del país. Momento fundamental en su vida es el período de 1917 a 1920 cuando hace estudios y trabajos de investigación filológica y literaria en el Centro de Estudios Históricos de Madrid dirigido por don Ramón Menéndez Pidal. En España cuajó el gran humanista que sería don Pedro. Años después se trasladó a la Argentina ocupando por un largo período la dirección del Instituto de Filología de la Universidad de Buenos Aires, contribuyendo a la formación intelectual y literaria de varias generaciones. Su prestigio continental lo

---

44 Véanse algunas ideas sobre esta novela en el estudio introductorio sobre este autor.

llevó a la Universidad de Harvard donde fue profesor visitante en 1945. Murió en Buenos Aires rodeado del respeto de sus estudiantes y de todos los escritores e intelectuales.

Aunque no muy extensa, en la obra de Henríquez Ureña encontramos poesía, piezas teatrales, trabajos de erudición, históricos y críticos, y multitud de ensayos. A más de esto ha de añadirse su papel de orientador de la juventud, de animador de la cultura y de valorador de las letras continentales. Realizó en su propia vida la personalidad del verdadero humanista: entusiasmo vital por la cultura, don de captación de los valores artísticos y ansia para su divulgación. Solía publicar sus ensayos breves en periódicos y revistas y luego coleccionarlos de acuerdo con las coincidencias de los temas. Así nació su primer libro, *Ensayos críticos* (1905), donde muestra gran interés por las literaturas hispánicas y europeas y también por la música, ya que estimaba que las artes formaban un gran todo en el patrimonio espiritual. En *Horas de estudio* (1910) mezcla estudios filosóficos y literarios, intelectuales e históricos, con interés, tanto por lo europeo y español como por lo americano. Su tercer ensayo, *En la orilla, mi España* (1922) contrasta el espíritu español con el maquinismo y otros fenómenos de la época y defiende los valores literarios y culturales de la Madre Patria, mientras da a conocer a algunos de sus grandes escritores y artistas. Sus *Seis ensayos en busca de nuestra expresión* (1928) constituyen uno de los trabajos más medulares sobre la interpretación de las tendencias y valores de la cultura y la literatura de la América Hispana. Su texto es de obligada consulta sobre dichos aspectos.

Este interés por las letras continentales lo lleva a escribir *La cultura y las letras coloniales en Santo Domingo* (1936), esclareciendo muchos puntos básicos en nuestros orígenes culturales. Muestra su amplio conocimiento de la literatura española en *Plenitud de España. Estudios de historia de la cultura* (1940–1945). Tanto los estudios individuales de grandes escritores, como sus aportaciones a otros aspectos de la cultura lo presentan como un gran erudito. Asimismo gozan de merecida fama sus ensayos *El teatro de la América Española en la época colonial* (1936), en el que descubre ante nuestra vista todo el proceso evolutivo del género, con datos encontrados en sus profundas investigaciones. Sus obras más difundidas son *Las corrientes literarias en la América Hispánica* (1945), apretada síntesis del desarrollo de esta literatura, con juicios muy acertados y precisos e *Historia de la cultura en la América hispánica* (1947), en la que vuelve a mostrar su gran habilidad para presentar escuetamente, grandes momentos del devenir cultural de estos pueblos.

Henríquez Ureña considera las culturas hispánicas como una gran unidad. Mientras otros tratan de interpretar a la América hispana desde el punto histórico, político o económico, él lo intenta tomando como base la cultura y las artes. Es siempre crítico sereno, serio, agudo y preciso que sabe expresarse en un estilo macizo de ideas con una gran perfección formal. Su sólida y amplia cultura bien asimilada se muestra tanto en sus afirmaciones, siempre bien pensadas, como en su afán de dar las fuentes de sus datos, obtenidas en incansables horas de investigaciones. Gustaba de considerar la literatura y cultura de Hispanoamérica como una gran unidad, en vez de subdividirla por países o regiones. Sus juicios son siempre definitivos por su justeza y veracidad, guiados por una gran sensibilidad hacia los valores culturales. Henríquez Ureña es una verdadera cima entre los mejores críticos de Hispanoamérica, a pesar de que su obra se resiente de cierto fragmentarismo porque tuvo que dedicar demasiado tiempo al artículo y a la enseñanza de las letras. Reunía todas las cualidades del gran crítico: erudición profunda y bien asimilada, extraordinario talento expresivo y don para la captación de los genuinos valores de la obra de arte, destacando lo transitorio de lo permanente.

FUENTE: *Obra crítica*, México, Fondo de Cultura Económica, 1960, Edición, bibliografía e índice onomástico de Emma Susana Speratti Piñero, prólogo de Jorge Luis Borges.

Seis ensayos en busca de nuestra expresión

1928

Caminos de nuestra historia literaria[1]

La literatura de la América española tiene cuatro siglos de existencia, y hasta ahora los dos únicos intentos de escribir su historia completa se han realizado en idiomas extranjeros: uno,
5 hace cerca de diez años, en inglés (Coester); otro, muy reciente, en alemán (Wagner).[2] Está repitiéndose, para la América española, el caso de España; fueron los extraños quienes primero se aventuraron a poner orden en aquel caos o
10 —mejor— en aquella vorágine[3] de mundos caóticos. Cada grupo de obras literarias —o, como decían los retóricos, «cada género»— se ofrecía como «mar nunca antes navegado», con sirenas y dragones, sirtes[4] y escollos.[5] Buenos
15 trabajadores se aventuraron a poner orden en aquel caos o van trazando cartas parciales: ya nos movemos con soltura entre los poetas de la Edad Media; sabemos cómo se desarrollaron las novelas caballerescas, pastoriles y picarescas;
20 conocemos la filiación de la familia de Celes-

tina . . .[6] Pero para la literatura religiosa debemos contentarnos con esquemas superficiales, y no es de esperar que se perfeccionen, porque el asunto no crece en interés; aplaudiremos siquiera que se dediquen buenos estudios aislados a Santa Teresa o a Fray Luis de León,[7] y nos resignaremos a no poseer sino vagas noticias, o lecturas sueltas, del Beato Alonso Rodríguez o del padre Luis de la Puente.[8] De místicos luminosos, como Sor Cecilia del Nacimiento, ni el nombre llega a los tratados históricos.[9] De la poesía lírica de los «siglos de oro» sólo sabemos que nos gusta, o cuándo nos gusta; no estamos ciertos de quién sea el autor de poesías que repetimos de memoria; los libros hablan de escuelas que nunca existieron, como la salmantina; ante los comienzos del gongorismo,[10] cuantos carecen del sentido del estilo se desconciertan, y repiten discutibles leyendas. Los más osados exploradores se confiesan a merced

---

[1] Uno de los estudios que forman *Seis ensayos en busca de nuestra expresión* (1928), escrito en 1925. Véase la introducción para más ideas sobre este trabajo.
[2] *Coester, Alfred:* profesor norteamericano, autor de *The Literary History of Spanish America* (1928); *Wagner, Max Leopoldo:* célebre filólogo alemán (1880-¿?)
[3] remolino, torbellino
[4] bancos o bajos de arena
[5] impedimentos, obstáculos
[6] o *La Celestina:* nombre que comúnmente recibe la *Tragicomedia de Calixto y Melibea* (1499), una de las cumbres de la literatura española, escrita por Fernando de Rojas (¿1465-1541)
[7] *Teresa de Cepeda y Ahumada, Santa Teresa de Jesús:* religiosa

y escritora mística española, (1515-1582); *Fray Luis de León:* poeta y escritor místico español (1527-1591)
[8] *Beato Alonso Rodríguez:* jesuíta y escritor ascético español (1538-1616); *Padre Luis de la Puente:* jesuíta y escritor ascético español (1554-1624)
[9] Debo su conocimiento, no a ningún hispanista, sino al doctor Alejandro Korn, el sagaz filósofo argentino. Es significativo. [*Nota del autor*]
[10] o culteranismo: extremo o tendencia radical del barroco creada por Luis de Góngora y Argote (1561-1627), el célebre poeta del Siglo de Oro. Se caracteriza por el hermetismo, el culto a la metáfora, el retorcimiento de la sintaxis, el empleo de latinismos y de expresiones o figuras mitológicas, etc.

de[11] vientos desconocidos cuando se internan en el teatro, y dentro de él, Lope[12] es caos él solo, monstruo de su laberinto.

¿Por qué los extranjeros se arriesgaron, antes que los nativos, a la síntesis? Demasiado se ha dicho que poseían mayor aptitud, mayor tenacidad; y no se echa de ver[13] que sentían menos las dificultades del caso. Con los nativos se cumplía el refrán: los árboles no dejan ver el bosque. Hasta este día, a ningún gran crítico o investigador español le debemos una visión completa del paisaje. D. Marcelino Menéndez y Pelayo,[14] por ejemplo, se consagró a describir uno por uno los árboles que tuvo ante los ojos; hacia la mitad de la tarea le traicionó la muerte.[15]

En América vamos procediendo de igual modo. Emprendemos estudios parciales: la literatura colonial de Chile, la poesía en México, la historia en el Perú... Llegamos a abarcar países enteros, y el Uruguay cuenta con siete volúmenes de Roxlo,[16] la Argentina con cuatro de Rojas[17] (¡ocho en la nueva edición!). El ensayo de conjunto se lo dejamos a Coester y Wagner. Ni siquiera lo hemos realizado como simple suma de historias parciales, según el propósito de la *Revue Hispanique:* después de tres o cuatro años de actividad la serie quedó en cinco o seis países.

Todos los que en América sentimos el interés de la historia literaria hemos pensado en escribir la nuestra. Y no es pereza lo que nos detiene: es, en unos casos, la falta de ocio, de vagar suficiente (la vida nos exige, ¡con imperio!, otras labores); en otros casos, la falta del dato y del documento: conocemos la dificultad, poco menos que insuperable, de reunir todos los materiales. Pero como el proyecto no nos

abandona, y no faltará quien se decida a darle realidad, conviene apuntar observaciones que aclaren el camino.

LAS TABLAS DE VALORES

Noble deseo, pero grave error cuando se quiere hacer historia es el que pretende recordar a todos los héroes. En la historia literaria el error lleva a la confusión. En el manual de Coester, respetable por el largo esfuerzo que representa, nadie discernirá si merece más atención el egregio historiador Justo Sierra[18] que el fabulista Rosas Moreno, o si es mucho mayor la significación de Rodó[19] que la de su amigo Samuel Blixen. Hace falta poner en circulación tablas de valores: nombres centrales y libros de lectura indispensable.[20]

Dejar en la sombra populosa a los mediocres; dejar en la penumbra a aquellos cuya obra pudo haber sido magna pero quedó a medio hacer: tragedia común en nuestra América, con sacrificios y hasta injusticias sumas es como se constituyen las constelaciones de clásicos en todas las literaturas. Epicarmo fue sacrificado a la gloria de Aristófanes; Gorgias y Protágoras[21] a las iras de Platón.

La historia literaria de la América española debe escribirse alrededor de unos cuantos nombres centrales: Bello, Sarmiento, Montalvo, Martí, Darío, Rodó.[22]

NACIONALISMOS

Hay dos nacionalismos en la literatura: el espontáneo, el natural acento y elemental sabor de la tierra nativa, al cual nadie escapa, ni las excepciones aparentes: y el perfecto, la expresión superior del espíritu de cada pueblo, con poder de imperio, de perduración[23] y

---

[11] a la voluntad, al arbitrio de
[12] Félix Lope de Vega Carpio o Lope de Vega: poeta y dramaturgo español (1562–1635), una de las grandes figuras de la literatura española de todos los tiempos
[13] advierte, repara
[14] polígrafo y crítico español (1856–1912)
[15] A pesar de que el colosal panorama quedó trunco, podría organizarse una historia de la literatura española con texto de Menéndez y Pelayo. Sobre muchos autores sólo se encontrarían observaciones incidentales, pero sintéticas y rotundas. [*Nota del autor*]
[16] Roxlo, Carlos: escritor y crítico uruguayo (1861–1926)
[17] Rojas, Ricardo: profesor, crítico y escritor argentino (1882–1957)

[18] Véase tomo I de esta obra.
[19] Véase este autor en este tomo.
[20] A dos escritores nuestros, Rufino Blanco Fombona y Ventura García Calderón, debemos conatos de bibliotecas clásicas de la América española. De ellas prefiero las de García Calderón, por las selecciones cuidadosas y la pureza de los textos. [*Nota del autor*]
[21] *Epicarmo:* poeta cómico griego (¿525–450? a.C.); *Aristófanes:* comediógrafo griego (¿445–386 a.C.); *Gorgias:* discípulo de Platón y también filósofo; *Protágoras:* sofista griego (¿485–410? a.C.)
[22] Véanse los tres primeros en el tomo I y los otros en éste.
[23] duración

expansión. Al nacionalismo perfecto, creador de grandes literaturas, aspiramos desde la independencia: nuestra historia literaria de los últimos cien años podría escribirse como la historia del flujo y reflujo de aspiraciones y teorías en busca de nuestra expresión perfecta; deberá escribirse como la historia de los renovados intentos de expresión y, sobre todo, de las expresiones realizadas.

Del otro nacionalismo, del espontáneo y natural, poco habría que decir si no se le hubiera convertido, innecesariamente, en problema de complicaciones y enredos.[24] Las confusiones empiezan en el idioma. Cada idioma tiene su color, resumen de larga vida histórica. Pero cada idioma varía de ciudad en ciudad, de región a región, y a las variaciones, dialectales siquiera mínimas, acompañan multitud de matices espirituales diversos. ¿Sería de creer que mientras cada región de España se define con rasgos suyos, la América española se quedará en nebulosa informe, y no se hallará medio de distinguirla de España? ¿Y a qué España se parecería? ¿A la andaluza? El andalucismo de América es una fábrica de poco fundamento, de tiempo atrás derribada por Cuervo.[25]

En la práctica, todo el mundo distingue al español del hispanoamericano: hasta los extranjeros que ignoran el idioma. Apenas existió población organizada de origen europeo en el Nuevo Mundo, apenas nacieron los primeros criollos, se declaró que diferían de los españoles; desde el siglo XVI se anota, con insistencia, la diversidad. En la literatura, todos la sienten. Hasta en D. Juan Ruiz de Alarcón:[26] la primera impresión de todo lector suyo es que *no se parece* a los otros dramaturgos de su tiempo, aunque de ellos recibió —rígido ya— el molde de su comedias: temas, construcción, lenguaje, métrica.

Constituímos los hispanoamericanos grupos regionales diversos: lingüísticamente, por ejemplo, son cinco los grupos, las zonas. ¿Es de creer que tales matices no trascienden a la literatura? No; el que ponga atención los descubrirá pronto, y les será fácil distinguir cuando el escritor es rioplatense, o es chileno, o es mexicano.

Si estas realidades paladinas[27] se obscurecen es porque se tiñen de pasión y prejuicio, y así oscilamos entre dos turbias tendencias: una que tiende a declararnos «llenos de carácter», para bien o para mal, y otra que tiende a declararnos «pájaros sin matiz, peces sin escamas», meros españoles que alteramos el idioma en sus sonidos y en su vocabulario y en su sintaxis, pero que conservamos inalterables, sin adiciones, la *Weltanschauung*[28] de los castellanos o de los andaluces. Unas veces, con infantil pesimismo, lamentamos nuestra falta de fisonomía propia; otras veces inventamos credos nacionalistas, cuyos complejos dogmas se contradicen entre sí. Y los españoles, para censurarnos, declaran que a ellos no nos parecemos en nada: para elogiarnos, declaran que nos confundimos con ellos.

No; el asunto es sencillo. Simplifiquémoslo: nuestra literatura se distingue de la literatura de España, porque no puede menos de distinguirse, y eso lo sabe todo observador. Hay más: en América, cada país, o cada grupo de países ofrece rasgos peculiares suyos en la literatura, a pesar de la lengua recibida de España, a pesar de las constantes influencias europeas. Pero ¿estas diferencias son como las que separan a Inglaterra de Francia, a Italia de Alemania? No; son como las que median entre Inglaterra y los Estados Unidos. ¿Llegarán a ser mayores? Es probable.

AMÉRICA Y LA EXUBERANCIA

Fuera de las dos corrientes están muchos que no han tomado partido;[29] en general, con una especie de realismo ingenuo aceptan la natural e inofensiva suposición de que tenemos fisonomía propia, siquiera no sea muy expresiva. Pero

---

[24] complicaciones

[25] A las pruebas y razones que adujo Cuervo en su artículo *El castellano en América*, del *Bulletin Hispanique*, de Burdeos, en 1901, he agregado otras en dos trabajos míos: *Observaciones sobre el español en América* en la *Revista de Filología Española*, de Madrid, 1921, y *El supuesto andalucismo de América*, en las publicaciones del Instituto de Filología de la Universidad de Buenos Aires, 1925.

[26] Véase «Historia crítica de la literatura hispanoamericana» por Gómez-Gil

[27] públicas, patentes

[28] la perspectiva del mundo, el concepto de la vida, el punto de vista o ideología

[29] no han llegado a una resolución, no se han decidido

¿cómo juzgan? Con lecturas casuales: *Amalia o María, Facundo o Martín Fierro,* Nervo o Rubén.[30] En esas lecturas de azar[31] se apoyan muchas ideas peregrinas; por ejemplo, la de nuestra exuberancia.

Veamos, José Ortega y Gasset,[32] en artículo reciente, recomienda a los jóvenes argentinos «estrangular el énfasis», que él ve como una falta nacional. Meses atrás, Eugenio d'Ors,[33] al despedirse de Madrid el ágil escritor y acrisolado poeta mexicano Alfonso Reyes,[34] lo llamaba «el que le tuerce el cuello a la exuberancia». Después ha vuelto al tema, a propósito de escritores de Chile. América es, a los ojos de Europa —recuerda d'Ors— la tierra exuberante, y razonando de acuerdo con la usual teoría de que cada clima da a sus nativos rasgos espirituales característicos («el clima influye los ingenios,» decía Tirso[35]), se nos atribuyen caracteres de exuberancia en la literatura. Tales opiniones (las escojo por muy recientes) nada tienen de insólitas; en boca de americanos se oyen también.

Y, sin embargo, yo no creo en la teoría de nuestra exuberancia. Extremando, hasta podría el ingenioso aventurar la tesis contraria; sobrarían escritores, desde el siglo XVI hasta el XX, para demostrarla. Mi negación no esconde ningún propósito defensivo. Al contrario, me atrevo a preguntar: ¿se nos atribuye y nos atribuímos exuberancia y énfasis, o ignorancia y torpeza? La ignorancia, y todos los males que de ella se derivan, no son caracteres: son situaciones. Para juzgar nuestra fisionomía espiritual conviene dejar aparte a los escritores que no saben revelarla[36] en su esencia porque se lo impiden sus imperfecciones en cultura y en dominio de formas expresivas. ¿Qué son muchos? Poco

importa; no llegaremos nunca a trazar el plano de nuestras letras si no hacemos previo desmonte.[37]

Si exuberancia es fecundidad, no somos exuberantes; no somos, los de América española, escritores fecundos. Nos falta «la vena», probablemente; y nos falta la urgencia profesional: la literatura no es profesión, sino afición, entre nosotros; apenas en la Argentina nace ahora la profesión literaria. Nuestros escritores fecundos son excepciones; y ésos sólo alcanzan a producir tanto como los que en España representen el término medio de actividad; pero nunca tanto como Pérez Galdós o Emilia Pardo Bazán.[38] Y no se hable del siglo XVII; Tirso y Calderón bastan para desconcertarnos; Lope produjo él solo tanto como todos juntos los poetas dramáticos ingleses de la época isabelina. Si Alarcón escribió poco, no fue mera casualidad.[39]

¿Exuberancia es verbosidad? El exceso de palabras no brota en todas partes de fuentes iguales; el inglés lo hallará en Ruskin, o en Landor, o en Thomas de Quincey,[40] o en cualquier otro de sus estilistas ornamentales del siglo XIX; el ruso, en Andreiev:[41] excesos distintos entre sí, y distintos del que para nosotros representan Castelar o Zorrilla.[42] Y además, en cualquier literatura, el autor mediocre, de ideas pobres, de cultura escasa, tiende a verboso; en la española, tal vez más que en ninguna. En América volvemos a tropezar con la ignorancia; si abunda la palabrería es porque escasea la cultura, la disciplina, y no por exuberancia nuestra. *Le climat* —parodiando a Alceste— *ne fait rien à l'affaire.*[43] Y en ocasiones nuestra verbosidad llama la atención, porque va acompañada de una preocupación estilística, buena en sí, que procura exaltar el poder de los voca-

---

[30] *Amalia* y *María*: novelas románticas de José Mármol y Jorge Isaacs respectivamente; *Facundo*: ensayo de Domingo F. Sarmiento; *Martín Fierro*: poema gauchesco de José Hernández. Véase tomo I. Para Amado Nervo y Rubén Darío, véase este tomo.
[31] casualidad
[32] ensayista, filósofo y pensador español (1883–1955), que ejerció gran influencia intelectual
[33] ensayista y crítico español (1882–1954)
[34] Véase este autor en este tomo.
[35] Tirso de Molina: dramaturgo español (¿1571?–1648) del Siglo de Oro
[36] descubrirla; mostrarla
[37] aquí, selección cuidadosa; acción de separar lo importante de lo accesorio

[38] Pérez Galdós, Benito: el más grande novelista español después de Cervantes (1843–1920); Emilia Pardo Bazán: escritora y novelista española (1851–1921)
[39] Recuérdese que era mexicano, no español.
[40] Ruskin, John: crítico de arte y escritor inglés (1819–1900); Landor, Walter: poeta inglés (1775–1864) de tendencia clásica durante el Romanticismo; Thomas de Quincey: escritor inglés (1785–1859)
[41] Andreiev, Leónidas: narrador y dramaturgo ruso (1871–1919)
[42] Castelar, Emilio: político, orador y escritor español (1832–1899); Zorrilla, José: poeta y dramaturgo romántico español (1817–1893)
[43] (Francés) «El clima no hace nada por el asunto». Alceste: personaje de *Le Misanthrope de Moliere*

blos, aunque le falte la densidad de pensamiento o la chispa de imaginación capaz de trocar[44] en oro el oropel.[45]

En fin, es exuberancia el énfasis. En las literaturas occidentales, al declinar el romanticismo, perdieron prestigio la *inspiración*, la elocuencia, el énfasis, «primor de la scriptura,» como le llamaba nuestra primera monja poetisa, doña Leonor de Ovando.[46] Se puso de moda la sordina, y hasta el silencio. *Seul le silence est grand*,[47] se proclamaba ¡enfáticamente todavía! En América conservamos el respeto al énfasis mientras Europa nos lo prescribió; aún hoy nos quedan tres o cuatro poetas *vibrantes,* como decían los románticos. ¿No representarán simple retraso en la moda literaria? ¿No se atribuirá a influencia del trópico lo que es influencia de Víctor Hugo? ¿O de Byron, o de Espronceda, o de Quintana?[48] Cierto; la elección de maestros ya es indicio de inclinación nativa. Pero —dejando aparte cuanto reveló carácter original— los modelos enfáticos no eran los únicos; junto a Hugo estaba Lamartine; junto a Quintana estuvo Meléndez Valdés.[49] Ni todos hemos sido enfáticos ni es éste nuestro mayor pecado actual. Hay países de América, como México y el Perú, donde la exaltación es excepcional. Hasta tenemos corrientes y escuelas de serenidad, de refinamiento, de sobriedad; del *modernismo* a nuestros días, tienden a predominar esas orientaciones sobre las contrarias.

AMÉRICA BUENA Y AMÉRICA MALA

Cada país o cada grupo de países —está dicho—, da en América matiz especial a su producción literaria: el lector asiduo[50] lo reconoce. Pero existe la tendencia, particularmente en la Argentina, a dividirlos en dos grupos únicos: la América mala y la buena, la tropical y la *otra,* los *petits pays chauds*[51] y las naciones «bien organizadas». La distinción, real en el orden político y económico —salvo uno

que otro punto crucial, difícil en extremo—, no resulta clara ni plausible en el orden artístico. Hay, para el observador, literatura de México, de la América central, de las Antillas, de Venezuela, de Colombia, de la región peruana, de Chile, del Plata; pero no hay una literatura de la América tropical frondosa y enfática y otra literatura de la América templada, toda serenidad y discreción. Y se explicaría —según la teoría climatológica en que se apoya parcialmente la escisión[52] intentada —porque, contra la creencia vulgar, la mayor parte de la América española situada entre los trópicos no cabe dentro de la descripción usual de la zona tórrida. Cualquier manual de geografía nos lo recordará: la América intertropical se divide en tierras bajas y en tierras altas; sólo las tierras bajas son legítimamente tórridas, mientras las altas son de temperatura fresca, muchas veces fría. ¡Y el Brasil ocupa la mayor parte de las tierras bajas entre los trópicos! Hay opulencia en el espontáneo y delicioso barroquismo de la arquitectura y las letras brasileñas. Pero el Brasil no es América española . . . En la que sí lo es, en México y a lo largo de los Andes, encontrará el viajero vastas altiplanicies[53] que no le darán impresión de exuberancia, porque aquellas alturas son poco favorables a la fecundidad del suelo y abundan en las regiones áridas. No se conoce allí «el calor del trópico». Lejos de ser ciudades de perpetuo verano, Bogotá y México, Quito y Puebla, La Paz y Guatemala merecerían llamarse ciudades de otoño perpetuo. Ni siquiera Lima o Caracas son tipo de ciudad tropical: hay que llegar, para encontrarlos, hasta La Habana (¡ejemplar admirable!), Santo Domingo, San Salvador. No es de esperar que la serenidad y las suaves temperaturas de las altiplanicies y de las vertientes favorezcan «temperamentos ardorosos» o «imaginaciones volcánicas». Así se ve que el carácter dominante de la literatura mexicana es de discreción, de melancolía, de tonalidad gris (recórrase la serie

---

[44] cambiar
[45] (fig.) cosa brillante, pero de poco valor
[46] Véase nota 26
[47] (Francés) «Sólo el silencio es grande».
[48] *Espronceda, José de:* poeta romántico español (1808–1842); *Quintana, Manuel José:* poeta pre-romántico español (1772–1857) de tono grandilocuente

[49] Meléndez Valdés, Juan: poeta español (1754–1817) del Neoclasicismo
[50] frecuente; perseverante
[51] (Francés) «pequeños países calientes»
[52] rompimiento, división
[53] mesetas, llanuras altas

de los poetas desde el fraile Navarrete hasta González Martínez[54]), y en ella nunca prosperó la tendencia a la exaltación, ni aun en las épocas de influencia de Hugo, sino en personajes aislados, como Díaz Mirón,[55] hijo de la costa cálida, de la tierra baja. Así se ve que el carácter de las letras peruanas es también de discreción y mesura;[56] pero en vez de la melancolía pone allí sello particular la nota humorística, herencia de la Lima virreinal, desde las comedias de Pardo y Segura[57] hasta la actual descendencia de Ricardo Palma. Chocano[58] resulta la excepción.

La divergencia[59] de las dos Américas, *la buena y la mala,* en la vida literaria, sí comienza a señalarse, y todo observador atento lo habrá advertido en los años últimos; pero en nada depende de la división en zona templada y zona tórrida. La fuente está en la diversidad de cultura. Durante el siglo XIX, la rápida nivelación, la semejanza de situaciones que la independencia trajo a nuestra América, permitió la aparición de fuertes personalidades en cualquier país: si la Argentina producía a Sarmiento, el Ecuador a Montalvo; si México daba a Gutiérrez Nájera,[60] Nicaragua a Rubén Darío. Pero las situaciones cambian: las *naciones serias* van dando forma y estabilidad a su cultura, y en ellas las letras se vuelven actividad normal; mientras tanto, en «las otras naciones», donde las instituciones de cultura, tanto elemental como superior, son víctimas de los vaivenes[61] políticos y del desorden económico, la literatura ha comenzado a flaquear. Ejemplos: Chile, en el siglo XIX, no fue uno de los países hacia donde se volvían con placer los ojos de los amantes de las letras; hoy sí lo es. Venezuela tuvo durante cien años, arrancando nada menos que de Bello,[62] literatura valiosa, especialmente en la forma: abundaba el tipo del poeta y del escritor dueño del idioma, dotado de *facundia.* La serie de tiranías ignorantes que vienen afligiendo a Venezuela desde fines del siglo XIX —al contrario de aquellos curiosos «despotismos ilustrados» de antes, como el de Guzmán Blanco—[63] han deshecho la tradición intelectual: ningún escritor de Venezuela menor de cincuenta años disfruta de reputación en América.

Todo hace prever que, a lo largo del siglo XX, la actividad literaria se concentrará, crecerá y fructificará en «la América buena»; en la otra —sean cuales fueren los países que al fin la constituyen—, las letras se adormecerán gradualmente hasta quedar aletargadas.[64]

---

[54] *Martínez de Navarrete, Manuel:* franciscano y poeta mexicano (1768–1809), véase tomo I de esta obra; *González Martínez, Enrique:* véase en este tomo.
[55] Díaz Mirón, Salvador: véase este tomo.
[56] moderación
[57] *Pardo y Aliaga, Felipe:* escritor peruano (1806–1868); *Segura, Manuel Ascensio:* comediógrafo y escritor peruano (1805–1851)
[58] *Palma, Ricardo:* véase tomo I de esta obra; *Chocano,* José Santos: véase este tomo.
[59] diversidad de opiniones
[60] Gutiérrez Nájera, Manuel: véase este tomo.
[61] oscilaciones
[62] Bello, Andrés: véase Tomo I de esta obra.
[63] Guzmán Blanco, Antonio: general y político venezolano (1829–1899), dictador (1873–1888)
[64] en estado de letargo; totalmente inactivas

José Vasconcelos

MÉXICO, 1882-1959

Uno de los representantes más importantes de la reacción contra el positivismo científico fue José Vasconcelos, considerado entre los grandes ensayistas del período postmodernista. Nació en Oaxaca, la misma región donde viera la luz Benito Juárez, pero pronto se trasladó a la capital mexicana donde se graduó de abogado y completó su formación cultural de amplia base en el campo filosófico y sociológico. Abandonó una práctica jurídica prestigiosa para respaldar la revolución de Francisco I. Madero y se opuso tenazmente a la usurpación del General Huerta. Dos veces ocupó la Secretaría de Educación: de 1914 a 1916, cuando se separó del cargo por discrepancias con la línea del gobierno. Volvió al mismo en 1921 para realizar una de las labores más fecundas que se han realizado desde ese cargo. Impulsó la educación popular, creó bibliotecas públicas, protegió el arte nacional, fomentó campañas contra el analfabetismo. Gustaba de distribuir al pueblo en las plazas públicas las obras más importantes de la cultura universal impresas por cuenta del gobierno. Sembró en el pueblo mexicano una arraigada preocupación por la cultura y la educación. Hacia 1924 durante el gobierno de Plutarco Elías Calles, su enemigo político, Vasconcelos viaja por Europa, los Estados Unidos y América Latina y de regreso presenta su candidatura a la presidencia de la república en 1929, saliendo derrotado. Este hecho fue interpretado por su temperamento vehemente y exaltado como un agravio a sus méritos, sin comprender que así son siempre los vaivenes políticos. Furibundo enemigo de los Estados Unidos en un tiempo, cambia luego a una actitud de simpatía hacia la Política del Buen Vecino; poco interesado en cuestiones religiosas en lo más álgido de sus luchas revolucionarias, vuelve más tarde al seno del catolicismo, inclusive abjurando de muchas de sus ideas previas. Era un carácter vehemente, de asombrosa actividad, exaltado y apasionado. Todas estas aristas del temperamento marcan con un sello propio y original toda su obra.

Vasconcelos dejó una copiosa y variada obra —podrían llenar fácilmente treinta volúmenes— que comprende: poesía, teatro, cuentos, relatos autobiográficos, novelas y ensayos. Hoy nos parece que lo más perdurable de su obra está en algunos ensayos y, especialmente, en sus relatos autobiográficos. En sus trabajos filosóficos se le nota la intención de trabajar para que Hispanoamérica tenga su propia filosofía. Lo influyen poderosamente en este aspecto Nietzsche y Schopenhauer. Sus obras más famosas en este aspecto son *El monismo estético* (1918), *Tratado de metafísica* (1929), *Ética* (1932) y *Estética* (1936), quizás la mejor del conjunto. La filosofía de Vasconcelos seduce más por su originalidad que por la hondura de los conceptos. Como sistema filosófico no alcanza la altura que él pensara, pero tiene ideas y páginas sueltas que merecen estudio y consideración crítica. Una idea esencial en Vasconcelos es que la personalidad del hombre es algo cambiante que se perfecciona en la acción. En ese proceso los valores éticos se transforman en valores estéticos. Sus ensayos más famosos y con más amplia influencia en Hispanoamérica fueron *La raza cósmica* (1925) e *Indología* (1926). Su asunto es el complejo étnico y cultural de Hispanoamérica. En la primera lanza la teoría de que la «raza cósmica» o quinta raza —o sea la surgida en América del mestizaje— tiene la misión de enfrentarse a la sajona y ser la raza dominadora del porvenir. En la segunda repite su optimismo sobre la obra de la raza mestiza, en muchos aspectos superior a la de sangre pura. Este optimismo sobre el futuro hispanoamericano le ganó muchas simpatías y seguidores en el continente. Vasconcelos muestra un estilo ágil, flexible, de gran poder convincente; sabe argumentar con inteligencia, dándole un vigor único a su prosa.

Hasta un crítico tan adverso a Vasconcelos como Alberto Zum Felde[1] reconoce que lo mejor de la obra del autor está en sus cinco relatos autobiográficos: *Ulises criollo* (1935), *La tormenta* (1936), *El desastre* (1938), *El proconsulado* (1939) y *La flama* (edición póstuma, 1959). El gran escritor muestra sus excelentes dotes de narrador, así como una intuición histórica y política completadas con su participación directa en los hechos que narra. A veces destaca más su propia participación, quedando los hechos históricos un poco al fondo, pero en general son modelos excelentes de ese género híbrido que goza de la historia y de la narración. *Ulises criollo* es la obra mejor lograda de este conjunto, seguida de *La tormenta*. En todas muestra Vasconcelos talento para enhebrar lo histórico y lo íntimo; agudo don de observación con penetrante sensibilidad crítica. Es narrador ameno, con una sobriedad y estilo directo que faltan a menudo en sus ensayos. Estas especies de memorias son —todo en una pieza— documentos históricos, relatos autobiográficos y de las mejores novelas del ciclo de la Revolución Mexicana.

FUENTE: *Obras completas*, 4 vols., México, Libreros Unidos Mexicanos, 1957–1961.

La raza cósmica[1]

1925

PRÓLOGO

Es tesis central del presente libro que las distintas razas del mundo tienden a mezclarse cada vez más, hasta formar un nuevo tipo humano, compuesto con la selección de cada uno de los pueblos existentes. Se publicó por primera vez tal presagio en la época en que prevalecía en el mundo científico la doctrina darwinista[2] de la selección natural que salva a los aptos, condena a los débiles; doctrina que, llevada al terreno social por Gobineau,[3] dio 5

---

[1] Véase su ensayo sobre Vasconcelos en *Índice crítico de la literatura hispanoamericana, I: El ensayo y la crítica*, México Guaranía, 1954, págs. 419–429.
[1] Éste es el ensayo más famoso de Vasconcelos y sus ideas le ganaron un extraordinario renombre en toda Iberoamérica y España. La tesis central del libro mantiene que la quinta raza o raza cósmica, producto del mestizaje entre las diversas razas que pueblan la América hispana, se convertirá en la raza más importante, quitando el predominio ganado por la sajona después de los desastres de la Armada Invencible (1588) y de Trafalgar (1805).

Vasconcelos se nos presenta con un estilo hermoso, varonil, lleno de fuerza, pero al mismo tiempo profundo por sus conceptos y sabiduría histórica. A todo esto se añade un gran optimismo respecto al porvenir de Hispanoamérica.
[2] teoría de Charles Darwin, naturalista y fisiólogo inglés (1809–1882), sobre el origen y evolución de las especies
[3] Joseph Arthur, conde de Gobineau: diplomático y escritor francés (1816–1882), cuyo *Ensayo sobre la desigualdad de las razas* (1853–1855) influyó en el racismo llevado a sus extremos por los Nazis

origen a la teoría del ario puro,[4] defendida por los ingleses, llevada a imposición aberrante[5] por el nazismo.

Contra esta teoría surgieron en Francia biólogos como Leclerc du Sablon[6] y Noüy, que interpretan la evolución en forma diversa del darwinismo, acaso opuesta al darwinismo. Por su parte, los hechos sociales de los últimos años, muy particularmente el fracaso de la última gran guerra,[7] que a todos dejó disgustados, cuando no arruinados, han determinado una corriente de doctrinas más humanas. Y se da el caso de que aun darwinistas distinguidos, viejos sostenedores del spencerianismo,[8] que desdeñaban a la raza de color y las mestizas, militan hoy en organizaciones internacionales que, como la UNESCO, proclaman la necesidad de abolir toda discriminación racial y de educar a todos los hombres en la igualdad, lo que no es otra cosa que la vieja doctrina católica que afirmó la aptitud del indio para los sacramentos y por lo mismo su derecho de casarse con blanca o con amarilla.

Vuelve, pues, la doctrina política reinante a reconocer la legitimidad de los mestizajes y con ello sienta las bases de una fusión interracial reconocida por el Derecho. Si a esto se añade que las comunicaciones modernas tienden a suprimir las barreras geográficas y que la educación generalizada contribuirá a elevar el nivel económico de todos los hombres, se comprenderá que lentamente irán desapareciendo los obstáculos para la fusión acelerada de las estirpes.[9]

Las circunstancias actuales favorecen, en consecuencia, el desarrollo de las relaciones sexuales interraciales, lo que presta apoyo inesperado a la tesis que, a falta de nombre mejor, titulé: de la Raza Cósmica futura.

Queda, sin embargo, por averiguar si la mezcla ilimitada e inevitable es un hecho ventajoso para el incremento de la cultura o si, al contrario, ha de producir decadencias, que ahora ya no sólo serían nacionales, sino mundiales. Problema que revive la pregunta que se ha hecho a menudo el mestizo: «¿Puede compararse mi aportación a la cultura con la obra de las razas relativamente puras que han hecho la historia hasta nuestros días, los griegos, los romanos, los europeos?» Y dentro de cada pueblo, ¿cómo se comparan los períodos de mestizaje con los períodos de homogeneidad racial creadora? A fin de no extendernos demasiado, nos limitaremos a observar algunos ejemplos.

Comenzando por la raza más antigua de la historia, la de los egipcios, observaciones recientes han demostrado que fue la egipcia una civilización que avanzó de sur a norte, desde el Alto Nilo al Mediterráneo. Una raza bastante blanca y relativamente homogénea creó en torno de Luxor[10] un primer gran imperio floreciente. Guerras y conquistas debilitaron aquel imperio y lo pusieron a merced de[11] la penetración negra, pero el avance hacia el norte no se interrumpió. Sin embargo, durante una etapa de varios siglos, la decadencia de la cultura fue evidente. Se presume, entonces, que ya para la época del segundo imperio se había formado una raza nueva, mestiza, con caracteres mezclados de blanco y de negro, que es la que produce el segundo imperio, más avanzado y floreciente que el primero. La etapa en que se construyeron las pirámides, y en que la civilización egipcia alcanza su cumbre, es una etapa mestiza.

Los historiadores griegos están hoy de acuerdo en que la edad de oro de la cultura helénica aparece como el resultado de una mezcla de razas, en la cual, sin embargo, no se presenta el contraste del negro y el blanco, sino que más bien se trata de una mezcla de razas de color claro. Sin embargo, hubo mezcla de linajes y de corrientes.

La civilización griega decae al extenderse el imperio con Alejandro y esto facilita la conquista romana. En las tropas de Julio César[12] ya se advierte el nuevo mestizaje romano de

---

4 supremacía de la raza nórdica
5 absurdo, que se aparta de la regla o forma común
6 Leclerc Du Sablon, Mathieu: botánico francés (1859–1944), cuyos estudios ganaron gran renombre
7 se refiere a la Segunda Guerra Mundial
8 filosofía evolucionista del filósofo inglés Herbert Spencer (1820–1903)

9 linajes, ancestros
10 población del Alto Egipto, en las ruinas de la antigua Tebas. Allí está el célebre templo de Amenofis III.
11 sometido a, bajo la voluntad de
12 Cayo Julio César: general, historiador y dictador romano (101–44 a.C.)

galos, españoles, británicos y aun germanos, que colaboran en las hazañas del imperio y convierten a Roma en centro cosmopolita. Sabido es que hubo emperadores de sangre hispano-romana.[13] De todas maneras, los contrastes no eran violentos, ya que la mezcla en lo esencial era de razas europeas.

Las invasiones de los bárbaros, al mezclarse con los aborígenes,[14] galos, hispanos, celtas, toscanos, producen las nacionalidades europeas, que han sido la fuente de la cultura moderna.

Pasando al Nuevo Mundo, vemos que la poderosa nación estadounidense no ha sido otra cosa que crisol de razas[15] europeas. Los negros, en realidad, se han mantenido aparte en lo que hace a[16] la creación del poderío, sin que deje de tener importancia la penetración espiritual que han consumado a través de la música, el baile y no pocos aspectos de la sensibilidad artística.

Después de los Estados Unidos, la nación de más vigoroso empuje[17] es la República Argentina, en donde se repite el caso de una mezcla de razas afines, todas de origen europeo, con predominio del tipo mediterráneo; el revés de los Estados Unidos, en donde predomina el nórdico.

Resulta entonces fácil afirmar que es fecunda la mezcla de los linajes similares y que es dudosa la mezcla de tipos muy distantes, según ocurrió en el trato de españoles y de indígenas americanos. El atraso de los pueblos hispanoamericanos, donde predomina el elemento indígena, es difícil de explicar, como no sea remontándonos[18] al primer ejemplo citado de la civilización egipcia. Sucede que el mestizaje de factores muy disímiles tarda mucho tiempo en plasmar.[19] Entre nosotros, el mestizaje se suspendió antes de que acabase de estar formado el tipo racial, con motivo de la exclusión de los españoles, decretada con posterioridad a la independencia. En pueblos como Ecuador o el Perú, la pobreza del terreno, además de los motivos políticos, contuvo[20] la inmigración española.

En todo caso, la conclusión más optimista que se puede derivar de los hechos observados es que aun los mestizajes más contradictorios pueden resolverse benéficamente siempre que el factor espiritual contribuya a levantarlos. En efecto, la decadencia de los pueblos asiáticos es atribuíble a su aislamiento, pero también, y sin duda, en primer término, al hecho de que no han sido cristianizados. Una religión como la cristiana hizo avanzar a los indios americanos, en pocas centurias, desde el canibalismo hasta la relativa civilización.

I

EL MESTIZAJE

Opinan geólogos autorizados que el continente americano contiene algunas de las más antiguas zonas del mundo. La masa de los Andes es, sin duda, tan vieja como la que más del planeta. Y si la tierra es antigua, también las trazas[21] de vida y de cultura humana se remontan adonde no alcanzan los cálculos. Las ruinas arquitectónicas de mayas, quechuas y toltecas[22] legendarios son testimonio de vida civilizada anterior a las más viejas fundaciones de los pueblos del Oriente y de Europa. A medida que las investigaciones progresan, se afirma la hipótesis de la Atlántida, como cuna de una civilización que hace millares de años floreció en el continente desaparecido y en parte de lo que es hoy América. El pensamiento de la Atlántida evoca el recuerdo de sus antecedentes misteriosos. El continente hiperbóreo desaparecido, sin dejar otras huellas que los rastros de vida y de cultura que a veces se descubren bajo las nieves de Groenlandia; los lemurianos o raza negra del sur; la civilización atlántida de los hombres rojos; en seguida, la aparición de los amarillos, y por último la civilización de los blancos. Explica mejor el proceso de los pueblos esta profunda hipótesis legendaria que las elucubraciones[23] de geólogos como Ameghino,[24] que ponen el origen del hombre en la Patagonia, una tierra

---

[13] Trajano, Adriano, Teodosio
[14] primitivos habitantes de un país
[15] «melting pot»
[16] en lo que se refiere a, en lo relacionado con
[17] desarrollo
[18] elevándonos
[19] formarse, crearse
[20] paró, frenó, dificultó

[21] apariencia o figura de una persona o cosa
[22] mayas: indios de Centroamérica y Yucatán; quechuas o incas: indios del Perú; toltecas: indios de México
[23] trabajo asiduo y paciente en alguna obra de ingenio
[24] Ameghino, Florentino: famoso naturalista argentino (1854–1911), autor de Antigüedades del hombre en el Río de la Plata

que desde luego se sabe es de formación geológica reciente. En cambio, la versión de los imperios étnicos de la prehistoria se afirma extraordinariamente con la teoría de Wegener[25]
5 de la traslación de los continentes. Según esta tesis, todas las tierras estaban unidas, formando un solo continente, que se ha ido disgregando.[26] Es entonces fácil suponer que en determinada región de una masa continua se desarrollaba una
10 raza que después de progresar y decaer era sustituída por otra, en vez de recurrir a[27] la hipótesis de las emigraciones de un continente a otro por medio de puentes desaparecidos. También es curioso advertir otra coincidencia
15 de la antigua tradición con los datos más modernos de la geología, pues, según el mismo Wegener, la comunicación entre Australia, la India y Madagascar se interrumpió antes que la comunicación entre la América del Sur y el
20 África. Lo cual equivale a confirmar que el sitio de la civilización lemuriana[28] desapareció antes de que floreciera la Atlántida, y también que el último continente desaparecido es la Atlántida, puesto que las exploraciones científicas han
25 venido a demostrar que es el Atlántico el mar de formación más reciente.

Confundidos más o menos los antecedentes de esta teoría en una tradición tan obscura como rica de sentido, queda, sin embargo, viva la
30 leyenda de una civilización nacida de nuestros bosques o derramada hasta ellos después de un poderoso crecimiento, y cuyas huellas están aún visibles en Chichén Itzá y en Palenque[29] y en todos los sitios donde perdura el misterio
35 atlante.[30] El misterio de los hombres rojos que, después de dominar el mundo, hicieron grabar los preceptos de su sabiduría en la tabla de Esmeralda, alguna maravillosa esmeralda colombiana, que a la hora de las conmociones telúricas
40 fue llevada a Egipto, donde Hermes[31] y sus adeptos conocieron y transmitieron sus secretos.

Si, pues, somos antiguos geológicamente y también en lo que respecta a la tradición,

¿cómo podremos seguir aceptando esta ficción, inventada por nuestros padres europeos, de la novedad de un continente que existía desde antes de que apareciese la tierra de donde procedían descubridores y reconquistadores?

La cuestión tiene una importancia enorme para quienes se empeñan en buscar un plan en la Historia. La comprobación de la gran antigüedad de nuestro continente parecerá ociosa[32] a los que no ven en los sucesos sino una cadena fatal de repeticiones sin objeto. Con pereza contemplaríamos la obra de la civilización contemporánea si los palacios toltecas no nos dijesen otra cosa que el que las civilizaciones pasan sin dejar más fruto que unas cuantas piedras labradas puestas unas sobre otras, formando techumbre[33] de bóveda arqueada, o de dos superficies que se encuentran en ángulo. ¿A qué volver a comenzar, si dentro de cuatro o cinco mil años otros nuevos emigrantes divertirán sus ocios cavilando sobre los restos de nuestra trivial arquitectura contemporánea? La historia científica se confunde y deja sin respuesta todas estas cavilaciones. La historia empírica, enferma de miopía, se pierde en el detalle, pero no acierta a determinar un solo antecedente de los tiempos históricos. Huye de las conclusiones generales, de las hipótesis trascendentales, pero cae en la puerilidad de la descripción de los utensilios y de los índices cefálicos y tantos otros pormenores, meramente externos, que carecen de importancia si se les desliga de una teoría vasta y comprensiva.

Sólo un salto del espíritu, nutrido de datos, podrá darnos una visión que nos levante por encima de la micro-ideología del especialista. Sondeamos entonces en el conjunto de los sucesos para descubrir en ellos una dirección, un ritmo y un propósito. Y justamente allí donde nada descubre el analista, el sintetizador y el creador se iluminan.

Ensayemos, pues, explicaciones no con fantasía de novelista, pero sí con una intuición

[25] Wegener, Alfred L.: geólogo y explorador alemán (1880–1930), autor de las obras *Origen de los continentes* (1915) y *Los continentes a la deriva* (1920)
[26] apartando, separando
[27] dirigirse a, valerse de, echar mano de
[28] posible referencia a una civilización de primates de Madagascar, África y Malasia
[29] grandes ciudades y centros de civilización construídos por

los mayas en Yucatán y Guatemala, respectivamente
[30] de la Atlántida
[31] Personaje legendario que sintetiza o condensa la ciencia antigua. Se le relaciona con Theuth, dios lunar egipcio, al cual se atribuían muchos descubrimientos.
[32] inútil, no necesaria
[33] techo

que se apoya en los datos de la historia y la ciencia.

La raza que hemos convenido en llamar atlántida prosperó y decayó en América. Después de un extraordinario florecimiento, tras de cumplir su ciclo, terminada su misión particular, entró en silencio y fue decayendo hasta quedar reducida a los menguados[34] imperios azteca e inca, indignos totalmente de la antigua y superior cultura. Al decaer los atlantes, la civilización intensa se trasladó a otros sitios y cambió de estirpes; deslumbró en Egipto; se ensanchó en la India y en Grecia injertando en razas nuevas. El ario, mezclándose con los dravidios,[35] produjo el indostán, y a la vez, mediante otras mezclas creó la cultura helénica. En Grecia se funda el desarrollo de la civilización occidental o europea, la civilización blanca que al expandirse llegó hasta las playas olvidadas del continente americano para consumar una obra de recivilización y repoblación. Tenemos entonces las cuatro etapas y los cuatro troncos: el negro, el indio, el mogol y el blanco. Este último, después de organizarse en Europa, se ha convertido en invasor del mundo, y se ha creído llamado a predominar, lo mismo que lo creyeron las razas anteriores, cada una en la época de su poderío. Es claro que el predominio del blanco será también temporal,[36] pero su misión es diferente de la de sus predecesores; su misión es servir de puente. El blanco ha puesto al mundo en situación de que todos los tipos y todas las culturas puedan fundirse. La civilización conquistada por los blancos, organizada por nuestra época, ha puesto las bases materiales y morales para la unión de todos los hombres en una quinta raza universal,[37] fruto de las anteriores y superación de todo lo pasado.

La cultura del blanco es emigradora pero no fue Europa en conjunto la encargada de iniciar la reincorporación del mundo rojo a las modalidades de la cultura preuniversal, representada desde hace siglos por el blanco. La misión trascendental correspondió a las dos más audaces ramas de la familia europea, a los dos tipos humanos más fuertes y más disímiles: el español y el inglés [. . .]

II

Después de examinar las potencialidades [5] remotas y próximas de la raza mixta que habita el continente iberoamericano y el destino que la lleva a convertirse en la primera raza síntesis del globo, se hace necesario investigar si el medio físico en que se desarrolla dicha estirpe [10] corresponde a los fines que le marca su biótica. La extensión de que ya dispone es enorme; no hay, desde luego, problema de superficie. La circunstancia de que sus costas no tienen muchos puertos de primera clase casi no tiene importancia, dados los adelantos[38] crecientes de [15] la ingeniería. En cambio, lo que es fundamental abunda en cantidad superior, sin duda, a cualquiera otra región de la tierra: recursos naturales, superficie cultivable y fértil, agua y [20] clima. Sobre este último factor se adelantará, desde luego, una objeción: el clima, se dirá, es adverso a la nueva raza, porque la mayor parte de las tierras disponibles está situada en la región más cálida del globo. Sin embargo, tal es, [25] precisamente, la ventaja y el secreto de su futuro. Las grandes civilizaciones se iniciaron entre trópicos y la civilización final volverá al trópico. La nueva raza comenzará a cumplir su destino a medida que se inventen los nuevos [30] medios de combatir el calor en lo que tiene de hostil para el hombre, pero dejándole todo su poderío benéfico para la producción de la vida. El triunfo del blanco se inició con la conquista de la nieve y del frío. La base de la [35] civilización blanca es el combustible.[39] Sirvió primeramente de protección en los largos inviernos; después se advirtió que tenía una fuerza capaz de ser utilizada no sólo en el abrigo, sino también en el trabajo; entonces [40] nació el motor, y, de esta suerte, del fogón y de la estufa[40] procede todo el maquinismo que está transformando al mundo. Una invención semejante hubiera sido imposible en el cálido Egipto, y, en efecto, no ocurrió allá, a pesar de [45]

---

[34] débiles, disminuidos, menoscabados, decadentes
[35] dravidas: un grupo de tribus del sur de la India y mitad norte de Ceylán. Precedieron a los arios en la India.
[36] transitorio
[37] Según el autor esta es la raza hispanoamericana, producto

del mestizaje, a la que llama «raza cósmica».
[38] progresos, avances
[39] carburante; líquido que hace funcionar los motores
[40] calorífero

que aquella raza superaba infinitamente en capacidad intelectual a la raza inglesa. Para comprobar esta última afirmación basta comparar la metafísica sublime del Libro de los Muertos de
5 los sacerdotes egipcios, con las chabacanerías[41] del darwinismo spenceriano. El abismo que separa a Spencer de Hermes Trimegisto no lo franquea el dolicocéfalo rubio ni en otros mil años de adiestramiento[42] y selección.

10 En cambio, el barco inglés, esa máquina maravillosa que procede de los vikingos del Norte, no la soñaron siquiera los egipcios. La lucha ruda contra el medio obligó al blanco a dedicar sus aptitudes a la conquista de la
15 naturaleza temporal, y esto precisamente constituye el aporte del blanco a la civilización del futuro. El blanco enseñó el dominio de lo material. La ciencia de los blancos invertirá alguna vez los métodos que empleó para alcanzar
20 el dominio del fuego y aprovechará nieves condensadas, o corrientes de electroquimia, o gases de magia sutil, para destruir moscas y alimañas, para disipar el bochorno y la fiebre. Entonces la humanidad entera se derramará
25 sobre el trópico, y en la inmensidad solemne de sus paisajes las almas conquistarán la plenitud.

Los blancos intentarán, al principio aprovechar sus inventos en beneficio propio, pero como la ciencia ya no es esotérica no será fácil
30 que lo logren; los absorberá la avalancha[43] de todos los demás pueblos, y finalmente, deponiendo su orgullo, entrarán con los demás a componer la nueva raza síntesis, la quinta raza futura [. . .]

35 Supuesta, pues, la conquista del trópico por medio de los recursos científicos, resulta que vendrá un período en el cual la humanidad entera se establecerá en las regiones cálidas del planeta. La tierra de promisión estará
40 entonces en la zona que hoy comprende el Brasil entero, más Colombia, Venezuela, Ecuador, parte de Perú, parte de Bolivia y la región superior de la Argentina [. . .]

Naturalmente, la quinta raza no pretenderá
45 excluir a los blancos, como no se propone excluir a ninguno de los demás pueblos;

precisamente la norma de su formación es el aprovechamiento de todas las capacidades para mayor integración del poder. No es la guerra contra el blanco nuestra mira,[44] pero sí una guerra contra toda clase de predominio violento, lo mismo el del blanco que, en su caso, el del amarillo, si el Japón llegare a convertirse en amenaza continental. Por lo que hace al blanco y a su cultura, la quinta raza cuenta ya con ellos y todavía espera beneficios de su genio. La América latina debe lo que es al europeo blanco y no va a renegar de[45] él; al mismo norteamericano le debe gran parte de sus ferrocarriles y puentes y empresas, y de igual suerte[46] necesita de todas las otras razas. Sin embargo, aceptamos los ideales superiores del blanco, pero no su arrogancia; queremos brindarle, lo mismo que a todas las gentes, una patria libre en la que encuentre hogar y refugio, pero no una prolongación de sus conquistas. Los mismos blancos, descontentos del materialismo y de la injusticia social en que ha caído su raza, la cuarta raza, vendrán a nosotros para ayudar en la conquista de la libertad.

Quizás entre todos los caracteres de la quinta raza predominen los caracteres del blanco, pero tal supremacía debe ser fruto de elección libre del gusto y no resultado de la violencia o de la presión económica. Los caracteres superiores de la cultura y de la naturaleza tendrán que triunfar, pero ese triunfo sólo será firme si se funda en la aceptación voluntaria de la conciencia y en la elección libre de la fantasía. Hasta la fecha, la vida ha recibido su carácter de las potencias bajas del hombre; la quinta rama será el fruto de las potencias superiores. La quinta raza no excluye; acapara vida; por eso la exclusión del yanqui, como la exclusión de cualquier otro tipo humano, equivaldría a una mutilación anticipada, más funesta aún que un corte posterior. Si no queremos excluir ni a las razas que pudieran ser consideradas como inferiores, mucho menos cuerdo[47] sería apartar de nuestra empresa a una raza llena de empuje y de firmes virtudes sociales.

Expuesta ya la teoría de la formación de la

---

[41] groserías, faltas de buen gusto
[42] véase nota 31.
[43] alud
[44] objetivo, propósito

[45] blasfemar, abjurar; negar vigorosamento una cosa
[46] de la misma manera
[47] sabio, inteligente

raza futura iberoamericana y la manera como podrá aprovechar el medio en que vive, resta[48] sólo considerar el tercer factor de la transformación que se verifica en el nuevo continente; el factor espiritual que ha de dirigir y consumar la extraordinaria empresa. Se pensará, tal vez, que la fusión de las distintas razas contemporáneas en una nueva que complete y supere a todas, va a ser un proceso repugnante de anárquico hibridismo, delante del cual la práctica inglesa de celebrar matrimonios sólo dentro de la propia estirpe se verá como un ideal de refinamiento y de pureza. Los arios primitivos del Indostán ensayaron precisamente este sistema inglés para defenderse de la mezcla con las razas de color, pero como esas razas obscuras poseían una sabiduría necesaria para completar la de los invasores rubios, la verdadera cultura indostánica no se produjo sino después de que los siglos consumaron la mezcla, a pesar de todas las prohibiciones escritas. Y la mezcla fatal fue útil no sólo por razones de cultura, sino porque el mismo individuo físico necesita renovarse en sus semejantes. Los norteamericanos se sostienen muy firmes en su resolución de mantener pura su estirpe; pero eso depende de que tienen delante al negro, que es como el otro polo, como el contrario de los elementos que pueden mezclarse. En el mundo iberoamericano el problema no se presenta con caracteres tan crudos; tenemos poquísimos negros y la mayor parte de ellos se han ido transformando ya en poblaciones mulatas. El indio es buen puente de mestizaje. Además, el clima cálido es propicio al trato[49] y reunión de todas las gentes. Por otra parte, y esto es fundamental, el cruce[50] de las distintas razas no va a obedecer a razones de simple proximidad, como sucedía al principio, cuando el colono blanco tomaba mujer indígena o negra porque no había otra a mano. En lo sucesivo,[51] a medida que las condiciones sociales mejoren, el cruce de sangre será cada vez más espontáneo, a tal punto que no estará ya sujeto a la necesidad, sino al gusto; en último caso, a la curiosidad. El motivo espiritual se irá sobreponiendo de esta suerte a las contingencias de lo

físico. Por motivo espiritual ha de entenderse, más bien que la reflexión, el gusto que dirige el misterio de la elección de una persona entre una multitud.

III

[. . .] Tenemos el deber de formular las bases de una nueva civilización, y por eso mismo es menester que tengamos presente que las civilizaciones no se repiten ni en la forma ni en el fondo. La teoría de la superioridad étnica ha sido simplemente un recurso de combate común a todos los pueblos batalladores; pero la batalla que nosotros debemos de librar es tan importante que no admite ningún ardid[52] falso. Nosotros no sostenemos que somos ni que llegaremos a ser la primera raza del mundo, la más ilustrada, la más fuerte y la más hermosa. Nuestro propósito es todavía más alto y más difícil que lograr una selección temporal. Nuestros valores están en potencia, a tal punto que nada somos aún. Sin embargo, la raza hebrea no era para los egipcios arrogantes otra cosa que una ruin casta de esclavos, y de ella nació Jesucristo, el autor del mayor movimiento de la Historia, el que anunció el amor de todos los hombres. Este amor será uno de los dogmas fundamentales de la quinta raza que ha de producirse en América. El cristianismo liberta y engendra vida, porque contiene revelación universal, no nacional, por eso tuvieron que rechazarlo los propios judíos, que no se decidieron a comulgar con gentiles. Pero la América es la patria de la gentilidad, la verdadera tierra de promisión cristiana. Si nuestra raza se muestra indigna de este suelo consagrado, si llega a faltarle el amor, se verá suplantada por pueblos más capaces de realizar la misión fatal de aquellas tierras; la misión de servir de asiento a una humanidad hecha de todas las naciones y todas las estirpes. La biótica que el progreso del mundo impone a la América de origen hispánico no es un credo rival que frente al adversario dice: «te supero, o me basto»,[53] sino una ansia infinita de integración y de totalidad que por lo mismo invoca al universo. La infinitud de su anhelo le

---

[48] queda por
[49] relación, amistad
[50] mezcla

[51] de ahora en adelante, en el futuro
[52] astucia, artificio, maña
[53] soy autosuficiente, no necesito ayuda

asegura fuerza para combatir el credo exclusivista del bando enemigo y confianza en la victoria que siempre corresponde a los gentiles. El peligro más bien está en que nos ocurra a nosotros lo que a la mayoría de los hebreos, que por no hacerse gentiles perdieron la gracia originada en su seno.[54] Así ocurriría si no sabemos ofrecer hogar y fraternidad a todos los hombres; entonces otro pueblo servirá de eje, alguna otra lengua será el vehículo; pero ya nadie puede contener la fusión de las gentes, la aparición de la quinta era del mundo, la era de la universalidad y el sentimiento cósmico [. . .]

Tenemos, pues, en el continente todos los elementos de la nueva humanidad; una ley que irá seleccionando factores para la creación de tipos predominantes, ley que operará no conforme a criterio nacional, como tendría que hacerlo una sola raza conquistadora, sino con criterio de universalidad y belleza; y tenemos también el territorio y los recursos naturales. Ningún pueblo de Europa podría reemplazar[55] al iberoamericano en esta misión, por bien dotado que esté, pues todos tienen su cultura ya hecha y una tradición que para obras semejantes constituye un peso. No podría substituirnos una raza conquistadora, porque fatalmente impondría sus propios rasgos, aunque sólo sea por la necesidad de ejercer la violencia para mantener su conquista. No pueden llenar esta misión universal tampoco los pueblos del Asia, que están exhaustos o, por lo menos, faltos del arrojo necesario a las empresas nuevas.

La gente que está formando la América hispánica, un poco desbaratada,[56] pero libre de espíritu y con el anhelo en tensión a causa de las grandes regiones inexploradas, puede todavía repetir las proezas de los conquistadores castellanos y portugueses. La raza hispánica en general tiene todavía por delante, esta misión de descubrir nuevas zonas en el espíritu, ahora que todas las tierras están exploradas.

Solamente la parte ibérica[57] del continente dispone de los factores espirituales, la raza y el territorio que son necesarios para la gran empresa de iniciar la era universal de la humanidad. Están allí todas las razas que han de ir dando su aporte;[58] el hombre nórdico, que hoy es maestro de acción, pero que tuvo comienzos humildes y parecía inferior en una época en que ya habían aparecido y decaído varias grandes culturas; el negro, como una reserva de potencialidades que arrancan de los días remotos de la Lemuria; el indio, que vio perecer la Atlántida, pero guarda un quieto misterio en la conciencia; tenemos todos los pueblos y todas las aptitudes, y sólo hace falta que el amor verdadero organice y ponga en marcha la ley de la Historia.

Muchos obstáculos se oponen al plan del espíritu, pero son obstáculos comunes a todo progreso. Desde luego[59] ocurre objetar que cómo se van a unir en concordia[60] las distintas razas si ni siquiera los hijos de una misma estirpe pueden vivir en paz y alegría dentro del régimen económico y social que hoy oprime a los hombres. Pero tal estado de los ánimos tendrá que cambiar rápidamente. Las tendencias todas del futuro se entrelazan[61] en la actualidad: mendelismo[62] en biología, socialismo en el gobierno, simpatía creciente en las almas, progreso generalizado y aparición de la quinta raza que llenará el planeta, con los triunfos de la primera cultura verdaderamente universal, verdaderamente cósmica.

Si contemplamos el proceso en panorama, nos encontraremos con las tres etapas de la ley de los tres estados de la sociedad, vivificadas cada una con el aporte de las cuatro razas fundamentales que consuman su misión y en seguida desaparecen para crear un quinto tipo étnico superior. Lo que da cinco razas y tres estados, o sea el número ocho, que en la gnosis pitagórica[63] representa el ideal de la igualdad de todos los hombres. Semejantes coincidencias o aciertos sorprenden cuando se les descubre, aunque después parezcan triviales.

Para expresar todas estas ideas que hoy procuro[64] exponer en rápida síntesis, hace

---

[54] en el interior de esa raza
[55] substituir
[56] deshecha, descompuesta
[57] Brasil e Hispanoamérica
[58] contribución
[59] por supuesto
[60] en armonía

[61] se cruzan, se entretejen
[62] referencia a las teorías sobre la herencia de Juan Gregorio Mendel, religioso y botánico austríaco (1822–1884)
[63] gnosis: referente al conocimiento; pitagórica: referencia a Pitágoras, filósofo y matemático griego (¿580–500? a.C.)
[64] trato de

algunos años, cuando todavía no se hallaban bien definidas, procuré darles signos en el nuevo Palacio de la Educación Pública de México. Sin elementos bastantes para hacer exactamente lo que deseaba, tuve que conformarme con una construcción renacentista española, de dos patios, con arquerías y pasarelas,[65] que tienen algo de la impresión de un ala. En los tableros de los cuatro ángulos del patio anterior hice labrar alegorías de España, de México, Grecia y la India, las cuatro civilizaciones particulares que más tienen que contribuir a la formación de la América latina. En seguida, debajo de estas cuatro alegorías debieron levantarse cuatro grandes estatuas de piedra de las cuatro grandes razas contemporáneas: la blanca, la roja, la negra y la amarilla, para indicar que la América es hogar de todas y de todas necesita. Final- [5] mente, en el centro debía erigirse un monumento que en alguna forma simbolizara la ley de los tres estados: el material, el intelectual y el estético. Todo para indicar que mediante el ejercicio de la triple ley llegaremos en América, [10] antes que en parte alguna del globo, a la creación de una raza hecha con el tesoro de todas las anteriores, la raza final, la raza cósmica.

MÉXICO, 1889-1959

Comparación favorable con los grandes ensayistas contemporáneos de cualquier lengua admite Alfonso Reyes, quien, además de ensayista, se ha distinguido como poeta, dramaturgo, novelista, cuentista, erudito e investigador, historiador de la cultura, y pensador. Es una de las grandes figuras de las letras mexicanas, cuya personalidad se proyecta hacia todo el Mundo Hispánico, a ambos lados del Atlántico. Nació en Monterrey y se graduó de abogado en la Facultad de Derecho de la Universidad de México. Fue profesor de dicho centro docente en varias ocasiones. Perteneció a la «generación del centenario» (1910) así como al Ateneo de la Juventud, constituida por jóvenes escritores e intelectuales que dieron una nueva orientación a la cultura mexicana. En Madrid trabajó en la sección de Filología del famoso Centro de Estudios Históricos bajo la dirección de Ramón Menéndez y Pidal, donde fue compañero de Henríquez Ureña. Luego ingresó en la carrera diplomática y representó a México en España, Francia, Argentina, Brasil, Chile y Uruguay. En 1939 se retiró definitivamente de la vida diplomática y regresó a México, donde vivió dedicado a las letras. En 1940 fundó el Colegio de México, centro de altos estudios, cuyo objetivo es la investigación y la divulgación de la cultura. Ningún escritor mexicano ha sido tan traducido ni ha recibido honores y galardones como él. En 1956 se le propuso para el Premio Nobel de Literatura.

Como poeta se inició en el Modernismo, pero luego evolucionó hacia el Postmodernismo de tendencia sencilla y clásica. Posteriormente sus versos adquieren —en los

---

[65] puentes pequeños o provisionales

modos expresivos y las metáforas— la influencia de las escuelas de vanguardia, a las que no se afilia por el poder de equilibrio de su talento. Sus mejores libros son: *Huellas* (1922), *Pausa* (1926), *Romances del Río de Enero* (1933), *Minuta* (1935), *Romances (afines)*, (1945) *La vega y el soto* (1916–1943), (1946) y otros. Es la suya una poesía de precisión lírica, de raíz clásica, de tono autobiográfico. Canta tanto a lo mexicano como a lo universal. Los temas más frecuentes son el paisaje, los amigos, el amor, el paso del tiempo. A veces sus versos tienen un tono irónico y hasta burlón y otras se vuelven melancólicos y meditativos. Nunca aparecen en ellos la angustia y amargura de otros poetas de su época.

En la narrativa dejó ejemplos que lo acreditan con gran talento para el género, pero el erudito, el crítico y el ensayista no le dejaron suficiente tiempo. Su mejor tomo de cuentos es *El plano oblicuo* (1924), donde hay relatos tan interesantes como «La reina perdida» que ofrecemos aquí. También cultivó la novela y dejó varias obras teatrales, tanto en prosa como en verso, de valor escénico e intelectual.

Donde Reyes no tiene figura que lo iguale en toda la América Hispana es en el ensayo, cultivado en toda su rica variedad moderna. Tenía una inmensa curiosidad intelectual, un afán de abarcar todo lo digno de saberse, desde lo más antiguo hasta lo más moderno y esto le dio un fondo cultural e intelectual extraordinario e indispensable para su éxito como ensayista de primera línea. Estudió todas las grandes culturas y a los escritores más notables de todas las literaturas. El fenómeno literario le interesó desde todos los puntos de vista, dándole una visión muy amplia de la literatura. Escribió ensayos históricos, de estética, filología, teoría literaria, filosofía de la cultura, crítica literaria (española, europea, hispanoamericana, clásica, antigua, contemporánea). En los temas americanos intenta una valorización muy acertada de la cultura y los méritos literarios de Hispanoamérica. En él prevalece el crítico, el pensador, el ensayista y el humanista sobre toda otra actividad. Cuando tenía veintiún años escribió *Cuestiones estéticas* (1911) con el que ganó un gran prestigio. Dignos del estilo de Reyes son: *El paisaje en la poesía mexicana del siglo XIX* (1911), los ensayos críticos de *Simpatías y diferencias* (cinco series), (1921), *Cuestiones gongorinas* (1927), *Capítulos de literatura española* (1a serie, 1939; 2a, 1945), *La crítica en la edad ateniense* (1941). La obra capital de Reyes es *El deslinde: Prolegómenos a la teoría literaria* (1942), uno de los estudios más profundos y amplios que existen en español sobre el fenómeno literario considerado en todos sus aspectos. De mucho valor también es *La experiencia literaria* (1942). Rico en meditaciones muy agudas sobre distintos aspectos de la historia y la cultura hispanoamericana es *Última Tule* (1942), donde lo vemos interesado en desentrañar los verdaderos valores artísticos e intelectuales hispanoamericanos.

Reyes fue un verdadero humanista, sabio en la combinación de erudición con un estilo lleno de gracia, flexibilidad y fluidez, donde no hay nunca aridez o pesadez, aun cuando trata de los asuntos más profundos. Su prosa está llena de naturalidad y muy alejada de la frondosidad y el formalismo de los estudios de este tipo. Es un mexicano universal, por el cosmopolitismo de sus puntos de vista, por su vasta experiencia en varios campos y por su actitud humana frente a la inteligencia y la cultura, a las que consideraba como las fuentes de una mutua comprensión en plano internacional.

FUENTE: *Obras completas*, 16 vols., México, Fondo de Cultura Económica. 1955-1964. Algunas de las obras de Reyes están publicadas en la colección Austral de la Editorial Espasa-Calpe, S.A.

Repaso poético, 1906-1958[1]

Salutación al romero[2]

a Ricardo Arenales[3]

—CAMINAS por el prado, que está de primavera
y, ciego, ¿no contemplas sino el radioso vano?
¿Adónde, adónde, ciego, conduces la carrera,
alzando a Dios las palmas que llevas en la mano?

Ciego del mundo, y sabio para mirar al cielo,
sueltas la mente por donde los astros van,
como en la noche oscura, por el Monte Car-
                             melo,[4]
erraba, libre, el alma del místico San Juan.[5]

La tierra estaba verde, el cielo estaba rosa
y, lejos, en el cielo, fulguraba una cruz.
Pasaste tú, romero, y no mirabas cosa,
sino, en el cielo, la maravillosa luz.

¿Andabas por el prado, que está de primavera,
y, ciego, no mirabas sino el radioso vano?
¿Adónde, adónde, ciego, llevabas la carrera
alzando a Dios las palmas que ofrecía tu mano?

A mí, que, donde piso, siento la voz del suelo,
¿qué me dices con tu silencio y tu oración?
¿Qué buscas, con los ojos fatigados de cielo,
más alto que la vida y sobre la pasión?

Romero: en el crepúsculo vuelan los serafines.
En la dorada luz te borras para mí.
Tu alma y el crepúsculo se mezclan por afines,[6]
y en la tarde tu lámpara arde como un rubí.

La sacrosanta lámpara donde quemar perfumes;
la de alumbrar, nocturna, la trabajosa senda;
la que ha de velar por ti, cuando te abrumes[7]
en medio de la noche azul, bajo la tienda—.

El romero, que estaba en medio de la tarde,
me miró silenciosamente, con claridad:
yo no vi en sus ojos mentira ni alarde,
sino la inmóvil luz de la fatalidad.[8]

La lumbre de la tarde se apaga. Raudo giro
de imperceptibles pájaros vibra con suave son.
Y un grito, y un sollozo, y un canto, y un sus-
                             piro
se ahogan en la tarde como en mi corazón.

Jornada en sonetos, 1912-1951[9]

La señal funesta[10]

I

Si te dicen que voy envejeciendo
porque me da fatiga la lectura
o me cansa la pluma, o tengo hartura[11]
de las filosofías que no entiendo;

si otro juzga que cobro el dividendo
del tesoro invertido, y asegura
que vivo de mi propia sinecura[12]
y sólo de mis hábitos dependo,

[1] en *Obras completas*, tomo X, 1969
[2] Este poema está escrito en cuartetos alejandrinos con rima consonante *abab. Romero*: peregrino que viaja con bordón y esclavina
[3] Arenales, Ricardo; uno de los seudónimos usados por el poeta colombiano Porfirio Barba Jacob. Véase sección sobre este autor en este tomo.
[4] montaña cerca de Haifa, Israel
[5] Cruz, San Juan de la: religioso carmelita y poeta místico español (1542-1591)

[6] que tienen afinidad; que son similares
[7] agobies, molestes
[8] destino, hado; lo inexorable
[9] en *Obra poética*, 1952
[10] Dos sonetos endecasílabos; el primero es de corte clásico, el segundo sigue la rima *abab* en los cuartetos. Preocupación por el paso del tiempo el cual no puede destruir su carácter.
[11] abundancia; llenura
[12] empleo con buen salario y poco trabajo

cítalos a la nueva primavera
que ha de traer retoños, de manera
que a los frutos de ayer pongan olvido;

pero si sabes que cerré los ojos
al desafío de unos labios rojos,
entonces puedes darme por perdido.

II

Sin olvidar un punto la paciencia
y la resignación del hortelano,[13]
a cada hora doy la diligencia
que pide mi comercio cotidiano.

Como nunca sentí la diferencia
de lo que pierdo ni de lo que gano,
siembro sin flojedad ni vehemencia
en el surco trazado por mi mano.

Mientras llega la hora señalada,
el brote guardo, cuido del injerto,
el tallo alzo de la flor amada,

arranco la cizaña[14] de mi huerto,
y cuando suelte el puño de la azada
sin preguntarlo me daréis por muerto.

El plano oblicuo, 1924

La reina perdida[15]

I

Desde el día en que me expulsaron del Club padezco insomnios. La poca costumbre de leer durante las altas horas de la noche[16] hace que la compañía de los libros me sea importuna.[17] La mujer resulta un consuelo mediocre para los ambiciosos, y más si son, como yo, poco aficionados a los rodeos y circunloquios[18] del placer. El vino hace más desierta mi soledad, y la calle o los espectáculos me producen una jaqueca[19] de varios días. Me quedo solo en casa.

Desde mis ventanas —que dan al descampado[20] suelo entretenerme en contar los farolillos de gas, en adivinar sus secretos, alegrías y dolores.

Hay unos que palpitan como una mariposa que abre y cierra las alas. Otros se quejan con un grito largo, inalterable. Otros se extinguen de súbito, sin decir por qué, y tienden entre las acacias una hamaca de sombra.

Desde el mirador[21] logro ver un palacio blanco que parece desierto. Cerrado y mudo, sus vidrieras devuelven equívocamente los reflejos de las estrellas.

Las palmas del trasnochador[22] que llama al sereno me sobresaltan, no sin darme cierta emoción de compañía que me alivia un poco. El ruido de los cerrojos,[23] el rechinar de las puertas,

---

[13] el que cultiva una huerta
[14] planta gramínea venenosa; (fig.) lo que daña o produce mal
[15] Siguiendo su técnica favorita Alfonso Reyes escribió este cuento sin complicaciones de trama y dándole rienda suelta a su fantasía hasta crear un mundo sobrenatural en muchos aspectos. La realidad se descompone a fuerza de imaginación y de elementos líricos. Un hombre combate su soledad jugando una partida imaginaria de cartas con el infinito en la que muchas veces se apuestan constelaciones y estrellas. Así logra enamorarse de una reina de la baraja francesa, que el Rey de Espadas le arrebató un día. El

cuento tiene un halo de misterio evidente y un tono pesimista al perder un alma solitaria la única ilusión que le quedaba.
[16] muy tarde en la noche y la madrugada
[17] enfadosa, que causa fastidio
[18] modo ambiguo e indirecto de decir las cosas
[19] dolor de cabeza muy fuerte
[20] campo descubierto
[21] especie de balcón cerrado con cristales
[22] que pasa la noche sin dormir
[23] cierres de puertas o ventanas

ocupan completamente mi alma. Es hora en que se oye hasta el paso de los insectos, el desperezarse de un élitro[24] en la sombra, el crujido de una de esas diminutas alas de cebolla, el diálogo entre la burbuja y la brizna.[25]

Y mes a mes, la frente pegada a los cristales, casi pendiente de un hilo, como una araña— porque a un hilo siento reducida mi vida—, miro saltar, sobre el tapete del horizonte, el as de oros de la luna.

II

No sabéis jugar, como yo, a las constelaciones. El juego de las constelaciones no requiere compañero ninguno, ni mozos de frac[26] y calzón corto, ni candelero de luz, que multiplican los espejos, ni tapices verdes, ni nada: una pupila abierta en la tierra, y algunos millones en el cielo.

Y apostáis:

—Apuesto diez duros a que ahora sale Aldebarán.[27]

Y no sale Aldebarán, porque lo que sale es la constelación del Boyero.

Y apostáis:

—¡Quinientas pesetas a las Siete Cabrillas! ¡Mil por los ojos de Santa Lucía! ¡A Casiopea[28] pongo cuatro mil!

Yo he llegado a deberle al cielo un buen pico:[29] me pareció que la luna barría y borraba todas las oncitas de oro del cielo en medio segundo. Pero otro día gané la Osa Mayor, Escorpión. Orión[30] y muchas estrellas de primera magnitud. Entre ellas, el lucero del alba. Había luna nueva,[31] y la mano opaca corría, subrepticia,[32] por el firmamento, como una mano de ladrón. El gallo nos avisó a tiempo, y todos nos pusimos en salvo.[33]

III

Pero ¡y la reina, aquella reina perdida! ¿Quién me la quitó de las manos? No he de ser yo quien proponga excusas, eso no. Pero —lo saben tal vez los espejos— *yo no fui quien la escabulló*.[34]

La llevo pintada sobre el corazón, como una afrenta.[35]

Había dos juegos de cartas completos: uno francés, otro español: estoy enteramente seguro, puedo apostar mi vida. Yo, agotados los recursos puse sobre la mesa el reloj de oro y los valiosos gemelos.[36] Y, con mi superstición habitual, me dediqué a escoger los palos, por razones que yo me entiendo: los oros, me dije, son los capitalistas; los bastos, los villanos; las copas. los industriales; las espadas, los militares. Y ahora, a los reyes: David, Salomón, Alejandro, Carlomagno . . . Y ahora, a las reinas: Nino, Cleopatra . . .

Y me detuve, extático: frente a mí, a espaldas de Urquijo—que acababa de pedir otra botella más de champaña—, cubierto de arreos resplandecientes y ferradas mallas[37] resonantes, con un espadón en forma de cruz y calzado de guantelete[38] guerrero; noble y encanecido, las barbas vellidas,[39] el ademán entre altivo e irónico, el Rey de Espadas —os lo aseguro— apareció. Y alargó la mano decidida, y nos arrebató una reina francesa . . .

¡Una reina que era mi novia! ¡La reina que yo más quería!

Y todas las estrellas del cielo me acecharán[40] en vano, y en vano me perseguirán los trasgos[41] de la noche. Porque yo no he de confesar nunca el nombre de mi novia, ¡el nombre de la Reina Perdida!

[24] ala de insecto
[25] *burbuja*: glóbulo de aire en un líquido; *brizna*: hilo delgado
[26] traje formal de hombre de faldones estrechos y largos
[27] estrella de la constelación de Tauro
[28] constelaciones celestes
[29] cantidad que sobra de una suma grande
[30] constelaciones
[31] fase de luna, cuando ésta va hacia el cuarto creciente
[32] oculta, escondida
[33] en lugar seguro
[34] escondió, hizo desaparecer
[35] vergüenza y deshonor
[36] juego de botones de metal que cierran los puños de las mangas de la camisa
[37] *ferradas*: protegidas con hierro; *mallas*: redes, tejidos
[38] pieza de la armadura que protegía la mano
[39] vellosas; con vellos o pelos
[40] vigilarán
[41] duendecillos, espíritus revoltosos

Última tule

XI

Valor de la Literatura Hispanoamericana[1]

El panorama de nuestras literaturas no es fácil de abarcar.[2] Los manuales de que disponemos, entre los cuales cuentan algunos beneméritos libros extranjeros, no han logrado contentarnos del todo. Carecen de perspectiva y sentido de las jerarquías en el mejor de los casos. En el peor de los casos, su información es defectuosa y trazan cuadros arbitrarios. La buena doctrina y la buena documentación andan dispersas entre veinte o más monografías relativas a un país o a un género determinado. Y todavía cuando se llegara al apetecible manual hispanoamericano, faltaría conjugarlo convenientemente con el manual español, dando a la literatura de nuestra lengua una organización de conjunto.

Por eso, para el que de veras desee conocernos, el mejor camino es acudir a las fuentes, al trato directo con nuestras obras fundamentales. Después de todo, los esquemas históricos sólo recogen la sombra del fenómeno literario y nunca podrían sustituirlo. Si es una verdad general que el conocimiento de una literatura no puede comunicarse de modo automático, como en extractos de vitaminas, sino en alimentos vivos que han de pasar por el paladar, o en suma, por la conciencia del lector, esta verdad general se agudiza para nuestra América, por lo mismo que el panorama, la guía, el organismo crítico total está todavía en elaboración.

Por suerte toda literatura admite el ser estudiada en torno a unos cuantos nombres eminentes, los cuales sirven de puntos de concentración o puntos de arranque a las cohortes,[3] las generaciones, las pléyades.[4] En el caso de Hispanoamérica, por ejemplo, se disciernen,[5] dentro de la gran familia, unos cinco grupos lingüísticos y, cuando menos, otras tantas zonas de matiz literario característico. Cada grupo, cada zona, tiene sus héroes, sus inventores o intérpretes máximos; y junto a ellos, sus coros de propagación o de precipitación. Pues bien: para un primer contacto, bastaría con mostrar las páginas culminantes de estas grandes figuras, sumariamente comentadas. Los educadores que logren realizarlo y ofrecer así a los pueblos amigos las coordenadas[6] de nuestro mapa, habrán prestado un servicio eminente a la causa de las Américas, que hoy se confunde con la esperanza humana.

La literatura, en efecto, no es una actividad de adorno, sino la expresión más completa del hombre. Todas las demás expresiones se refieren al hombre en cuanto es especialista de alguna actividad singular. Sólo la literatura expresa al hombre en cuanto es hombre, sin distingo[7] ni calificación alguna. No hay mejor espejo del hombre. No hay vía más directa para que los pueblos se entiendan y se conozcan entre sí, que esta concepción del mundo manifestada en las letras. Tal es el sentido, tal es el alcance de los programas literarios de radio que ahora se inauguran.

Pero estos programas no podrán realizar sus fines si se entregan a la audacia de quienes no se hayan familiarizado largamente con nuestros hábitos mentales y con nuestra tradición escrita. Si es ya un pecado contra el espíritu que el simple turista se atreva a generalizaciones y

---

[1] Inauguración de los programas de Literatura Hispanoamericana en la Radio-Escuela del Columbia Broadcasting System, bajo los auspicios de la Secretaría de Educación Pública, Palacio de Bellas Artes, México, 15 de agosto, 1941. *La Prensa*, Buenos Aires, 12 de octubre, 1941. [*Nota del autor*]
[2] comprender
[3] décimas partes de una legión romana

[4] grupo o reunión de hombres ilustres, de grandes poetas. El nombre viene de la pléyade de siete poetas egipcios del siglo III a. C. y los siete poetas franceses (Ronsard y otros), así llamados en el siglo XVI.
[5] distinguen
[6] conjunto de líneas que permiten localizar un punto en un mapa
[7] distinción

juicios sociológicos sobre nuestros pueblos, tras un raudo[8] viaje de ocho días, cortado por breves estancias en posadas u hoteles donde solamente llegan los ecos estilizados y convencionales de nuestra vida; sin siquiera conocer nuestra lengua y sin haberse preocupado de adquirir antes una preparación suficiente —lo que limita este género de relatos a la modesta proporción de un recuerdo de familia, de cuyo seno nunca debieran salir—, mayor pecado sería entregar la exposición de programas sobre nuestra cultura a los practicones sin criterio; y máxime a través del radio, donde la inmensa difusión aumenta el concepto de la responsabilidad.

En el estado actual de las cosas, sólo las autoridades reconocidas, los críticos eminentes de nuestros propios países pueden correctamente encargarse de semejantes programas. Algunos extranjeros nos conocen y entienden: aún ellos, sólo podrían ser acompañantes y asesores[9] en esta obra de educación, pero ninguno de ellos podría dirigirla a satisfacción de nuestros públicos que, bueno es saberlo, son exigentes.

Este problema, como todo problema de cambio, se divide en dos: una oferta y una demanda. Me referiré primero a la oferta y luego a la demanda; me enfrentaré primero con los propios, y luego con los extraños.

¿Cómo se ofrecen al extranjero nuestras literaturas? Los iberoamericanos que han frecuentado otros medios literarios saben bien que el verdadero obstáculo para que los extranjeros se informen sobre nuestra América está en los libros. No quiero decir una paradoja, me explicaré. Por una parte, el obstáculo está en la falta de guías generales, como ya lo he dicho; y por otra, como consecuencia de lo anterior, en la superabundancia de libros inútiles o sólo en parte aprovechables[10] con que queremos anonadar[11] al que desea documentarse.

¿Cómo pretender que un lector o un escritor extranjero, que encuentran en su propio ambiente los elementos de su formación espiritual acostumbrada y el estímulo acostumbrado de su vida mental, se den tiempo todavía, cuando sienten el deseo de conocer nuestros países, para leerse los sesenta o cien volúmenes de nuestras colecciones de clásicos nacionales? Tiene sus clásicos América, y ellos debieran 5 estar en la memoria de todos. Pero en las recopilaciones particulares andan confundidos muchos otros que no lo son, aun cuando puedan poseer indiscutible valor casero.[12] ¿Qué pueden, por ejemplo, importar al mundo todos esos 10 libros que, en el mejor supuesto, sólo merecen llamarse «materiales para la historia»? Todo esto es asunto de especialistas, de investigadores, de quienes esta vez tratamos. Al mundo no debemos mostrar canteras y sillares,[13] sino a ser posible 15 edificios ya construídos. De lo contrario tendremos que resignarnos a ser mal entendidos; o a que los extraños nos hagan el edificio conforme a perspectivas desviadas; o lo que es peor, a que este edificio pretendan levantarlo los 20 supernumerarios[14] de las culturas extranjeras, los que no encuentran ya cabida dentro de su propio terreno literario, como ha ocurrido algunas veces.

El fárrago,[15] el fárrago es lo que nos mata. 25 Cuidémosle a nuestra América la silueta; pongámosla a régimen;[16] depurémosla de adiposidades.[17] Todos estamos convencidos de que ha llegado para nuestra América el momento de dar, en el mundo del espíritu, algo como un 30 gran golpe de Estado. Conviene, pues, que estemos ágiles y bien entrenados. Yo no recomendaría en los seminarios y gimnasios otro ejercicio que el despojar la tradición.

Pues no todo lo que ha existido debe con- 35 servarse, por la sencilla razón de que, como todo tiene sus efectos, hay masas enteras de hechos y actividades que han quedado del todo resumidas, vaciadas, aprovechadas en un resultado compendioso. Y este resultado viene a ser entonces lo 40 único que establece tradición; es decir, lo que crea una porción viva a lo largo del ser histórico que somos. A los americanos de hoy, la posteridad ha de juzgarnos por el mayor o menor

---

[8] rápido, precipitado
[9] consejeros
[10] útiles, que dan beneficios
[11] (fig.) apocar, abatir; agobiar
[12] doméstico; nacional, local
[13] *canteras*: lugares donde se sacan piedras de construcción;

sillares: piedras grandes
[14] trabajadores que no aparecen en la lista (plantilla) de personal
[15] conjunto confuso de objetos; desorden
[16] dieta
[17] sitios llenos de grasa

acierto con que hayamos dado en esos pulsos, en esos puntos latientes de nuestra existencia.

Ya hemos abierto los ojos; ya no nos dejamos adormecer[18] con letanías de la rutina y con enumeraciones mecánicas de grandes hombres. Nuestros manuales históricos ofrecen una verdadera superabundancia de padres de la patria; nuestros manuales literarios, una superabundancia de padres del alfabeto y desbravadores[19] del arisco potro del espíritu. Hay que jardinar esta maleza; hay que someter a geometría y a razón tanto plano desordenado. Los extranjeros nos ponen en un grave apremio[20] cuando nos piden los seis o diez libros indispensables para conocer nuestro país.

Estas y otras reflexiones parecidas me empujaron, hace unos diez años, a convocar voluntades, desde una revista personal, para emprender lo que me pareció justo llamar «el aseo[21] de América». Propuse entonces la creación, en cada una de nuestras Repúblicas, de una colección representativa, una Biblioteca Mínima (la B. M.), que se ofreciera al viajero y al escritor no especialista; que pudiera consultarse en las Direcciones del Turismo, en las sedes diplomáticas y consulares; que los comisionados oficiales llevaran siempre consigo en su equipaje; que se obsequiara a las bibliotecas extranjeras, a los clubes, a las escuelas de los países amigos; que formara parte de nuestros programas primarios como capítulo de educación cívica. La B. M. sería nuestro pasaporte por el mundo, nuestra moneda espiritual.

Soñaba yo con que un gran editor prohijara[22] la idea; y de antemano aconsejaba el defenderse contra el afán de lucro[23] o contra la desmedida afición erudita que, multiplicando los entes sin necesidad, resultarían aquí en una agitación tan estéril como la pereza, pues la B. M. original iría soltando colas y apéndices hasta desvirtuarse del todo. Y concluía con estas palabras: «Ningún esfuerzo más digno de la inteligencia que aquel que se traza de antemano sus límites. Hay sacrificio en ello, sin duda; pero también

sacrificamos algo de la generosidad natural en eso de uñas y cabellos,[24] y no los dejamos crecer como ellos quieren. Todo por el aseo de América: ésta sea nuestra divisa.» (*Monterrey*, Río de Janeiro, diciembre de 1931.)

Recibí preciosas comunicaciones de varios países, índices posibles de las distintas B. M. nacionales. Y hoy contamos con la excelente Biblioteca de Cultura Peruana, en trece pequeños volúmenes, de Ventura García Calderón,[25] que sin duda persigue nuestros mismos propósitos y que pudiera servir de ejemplo a otras Repúblicas. En cuanto a monografías históricas de literaturas particulares, tras el intento interrumpido de la *Revue Hispanique*, ha comenzado a aparecer la serie del Instituto de Cultura Latinoamericana de Buenos Aires, y pronto aparecerá otra en México.

Enfrentémonos ahora con la demanda. El interés por nuestras literaturas, ¿es sólo un interés accidental de la hora que atravesamos, o debe ser entendido como un interés humano permanente? Si sólo fuese lo primero, ya sería bastante atendible; pero, además, es lo segundo. Veamos de explicarlo.

Las literaturas hispanas, de Europa y de América, no representan una mera curiosidad, sino que son parte esencial en el acervo[26] de la cultura humana. El que las ignora, ignora por lo menos lo suficiente para no entender en su plenitud las posibilidades del espíritu; lo suficiente para que su imagen del mundo sea una horrible mutilación. Hasta es excusable pasar por alto[27] algunas zonas europeas que no pertenecen al concepto goethiano[28] de la Literatura Mundial. Pero pasar por alto la literatura hispánica es inexcusable. El que la ignora está fuera de la cultura.

Por lo que a España se refiere, no es necesario remontarse hasta las cimas del genio; ni siquiera hace falta recordar que la imaginación de Cervantes ha dominado el pensamiento. No: la literatura española, en su acarreo[29] total, ha creado formas mentales y formas de expresión

---

[18] dar sueño
[19] domadores
[20] apuro; situación difícil
[21] higiene
[22] tratara como hijo; diera su apoyo a
[23] ganancia, beneficio
[24] limitación, evitación de la superabundancia

[25] Escritor peruano (1886–1959)
[26] conjunto de valores culturales; conjunto de bienes
[27] omitir, callar
[28] Posible referencia a la idea que Goethe tenía de la literatura. Según él, debía ser un reflejo del espíritu humano y tener una proyección universal.
[29] producción de obras

sin las cuales sería inexplicable la historia literaria en conjunto, y el proceso que conduce hasta la hora presente carecería de algunas articulaciones indispensables. El romance viejo español es, en su género, una creación artística tan excelsa como los coros de la tragedia helénica. Y sin la comedia del Siglo de Oro o sin la novela picaresca, el panorama de las letras europeas se deshace como una tela sin mallas.

La interpretación de la vida es una función integrante en el descubrimiento de la realidad por la mente. A tal punto que quien nunca se ha asomado a ella —sea un hombre o sea un pueblo— hace figura de arribista[30] en la especie, de insolente recién llegado, cuya sensibilidad está todavía cruda y no se ha dorado en el fuego de la experiencia, no ha alcanzado aún la saturación de ingredientes que le comunique el sabor humano pleno y cabal.

Los pueblos hispánicos poseen una perspicacia singular para descubrir esta condición de crudeza y de inexperiencia. Desde lejos ventean[31] al bárbaro. Esto suelen ignorarlo los extranjeros, y es bueno y útil y hasta es piadoso que se les diga. Los pueblos hispánicos, además, son lo bastante conscientes para no dejarse nunca aturdir por otras grandezas que no sean las de la verdadera afinación del espíritu. Admiran al que llamaba Gracián[32] «el hombre en su punto», y la masa humana sin cocción[33] sin condimento les parece nada más materia prima,[34] sin derecho a mayor estimación que aquella que la materia prima merece.

Hasta aquí sólo he tomado en consideración, por lo que se refiere a la demanda, a España y no a las Américas. La orgullosa declaración que hago respecto a España, ¿es igualmente aplicable a las Américas? Sin duda que sí.

Por lo que respecta a la concepción del mundo, el sentimiento hispánico, al derramarse sobre América en onda colonizadora, fue sometido a un debate heroico, a una crisis suprema de transporte hacia un medio nuevo y de injerto con elementos exóticos. En suma, ha sido castigado en una prueba de vitalidad. El estudio y conocimiento de esta magna experiencia de resultado positivo para la historia, mal podría ser indiferente a la integración de la cultura. España no ha hecho solamente colonias ni se quedó en protectorados de explotación, como otros pueblos imperiales que todavía no maduran su ciclo hasta llegar el desprendimiento[35] del fruto, sino que hizo gérmenes de naciones nuevas que ya salieron[36] a la autonomía política y a la mayoría suficiente. La única experiencia comparable por estar ya acabada, la de Roma, resulta estrecha junto a ésta: su derrame fue menor en el espacio, menor en la audacia, menor en la creación de un patrimonio cultural definido.

Por lo que respecta a la sola literatura, hay que analizar de cerca el fenómeno. Nuestra América no ha producido *todavía* un Dante, un Shakespeare, un Cervantes, un Goethe. Nuestra literatura, como conjunto, ofrece un aspecto de improvisación y también de cosa incompleta. No nos detengamos a saber por qué. Preguntémonos simplemente si puede una literatura en tal estado aspirar a ser indispensable en el cuadro de la cultura humana. No dudamos en afirmarlo.

Hay culturas que, por su misma orientación eminentemente espiritual, pueden vivir entre la incomodidad, el sobresalto y la pobreza, que a otros pueblos —no dotados[37] de semejante orientación— los habrían atajado[38] en su camino y aun los habrían conducido rápidamente a la barbarie. Nuestra organización social deficiente obliga al literato a ser, ante todo, un hombre como los demás, en lucha con los contratiempos, y sólo escritor a ratos perdidos.[39] No hay alojamiento[40] reservado para él; vive a la intemperie, sin poder especializarse del todo. Y si nuestra cultura ha logrado, no sólo sobrenadar sino adelantar visiblemente por entre vicisitudes[41] semejantes, el resultado de la prueba por lo negativa es tanto más honroso, y el conocimiento y estudio de esta magna experiencia

---

[30] advenedizo; alguien sin escrúpulos dispuesto a triunfar a toda costa
[31] huelen, buscan
[32] Gracián, Baltasar: jesuíta y escritor español (1601–1658), de estilo conceptista
[33] acción de cocinar, cocer
[34] materiales no elaborados y luego manufacturados

[35] caída al suelo; acción de desprenderse
[36] aquí significa llegaron
[37] provistos, suministrados
[38] parado, detenido
[39] en los pocos momentos libres
[40] vivienda, habitación
[41] alternativa de fracasos y éxitos; crisis

tampoco aquí podría ser indiferente a la integración de la cultura.

Nuestras escuelas y universidades son pobres, nuestras bibliotecas desorganizadas, nuestros recursos editoriales, casi primitivos, irrisoria[42] nuestra compensación para los trabajadores del espíritu. A pesar de eso, la cultura atmosférica que en nuestras repúblicas se respira es, por término medio,[43] superior a la que encontramos en países más afortunados. Nuestros jóvenes graduados salen de las casas de estudios a ganarse la vida porque no les queda otro remedio; pero han acabado generalmente su carrera pensando en que ella sea un medio de sustento. Entregados a su inclinación natural, preferirían la vida de creación pura, intelectual, o preferirían la acción heroica. «Tierras de poetas y generales», decía Rubén Darío. Y ya el Mariscal Pilsudski[44] observaba profundamente que no hay dos temperamentos más afines que el de la acción y el de la poesía. Entiéndase por acción la creación, no la repetición: el oficio del artista, no el del artesano.

Hay, por acá entre nosotros, una herencia acumulada, impresa en los estratos del alma, que hace hasta del analfabeto[45] un hombre evolucionado por la sola sensibilidad. En el modo de dar los buenos días de un castellano viejo, como de un gaucho argentino o de un ranchero mexicano; en el solo continente y en la mirada de nuestros desiertos campesinos, aunque a veces apenas sepan deletrear,[46] hay varios siglos de civilización en compendio. Los extranjeros deben percatarse[47] de que el hombre hispanoamericano los sopesa[48] y los juzga desde que les echa encima los ojos.

Hemos carecido de eso que se llama las técnicas. Somos los primeros en lamentarlo y en desear corregir las deficiencias que la fatalidad, y no la inferioridad, nos ha impuesto. Pero podemos afirmar con orgullo que hasta hoy nuestros pueblos sólo han conocido y practicado una técnica: el talento.

Hay más aún. El que a ciertos valores sumos[49] de nuestras letras no se haya concedido hasta hoy categoría internacional es triste consecuencia del decaímiento político de la lengua española, no de que tales valores sean secundarios. Tanto peor para quienes lo ignoran: Ruiz de Alarcón, Sor Juana Inés de la Cruz, Bello, Sarmiento, Montalvo, Martí, Darío, Sierra, Rodó, Lugones, pueden hombrearse[50] en su línea con los escritores de cualquier país que hayan merecido la fama universal, a veces simplemente por ir transportados en una literatura a la moda. Y entre los centenares que dejo de nombrar, hay obras aisladas que podría envidiar cualquier literatura.

No es eso todo. La experiencia de nuestra cultura tiene un valor de porvenir, que asume en estos instantes una importancia única. Hemos llegado a la vida autónoma cuando ya nuestra lengua no dominaba el mundo. Los que se criaron dentro de un orbe cultural en auge,[51] o siquiera dentro de una lengua que aún sostenía su fuerza imperial, por eso mismo han vivido limitados dentro de ese orbe o de esa cultura. Nosotros, en cambio, hemos tenido que buscar la figura del universo juntando especies dispersas en todas las lenguas y en todos los países. Somos una raza de síntesis humana. Somos el verdadero saldo[52] histórico. Todo lo que el mundo haga mañana tendrá que contar con nuestro saldo.

En cuanto a lo que significa la América hispana como personaje en el diálogo de los intereses materiales y comerciales del Continente, ello es tan obvio que no vale la pena de detenerse a subrayarlo.

En resumen: no somos una lengua muerta para entretenimiento de especialistas. El orbe hispano nunca se vino abajo, ni siquiera a la caída del imperio español, sino que se ha multiplicado en numerosas facetas de ensanches[53] todavía insospechados. Nuestra lengua y nuestra cultura están en marcha, y en ellas van transportadas algunas simientes[54] de porvenir. No somos una curiosidad para aficionados, sino una porción integrante y necesaria del pensamiento

---

[42] ridícula, risible; mínima, insignificante
[43] promedio
[44] Pilsudski, Joseph: mariscal y político polaco (1867–1935)
[45] el que no sabe leer ni escribir
[46] pronunciar por separado las letras o sílabas de una palabra
[47] pensar, considerar
[48] pesa
[49] supremos, muy grandes
[50] compararse
[51] apogeo, momento de esplendor
[52] balance
[53] *facetas*: aspectos; *ensanches*: extensiones, dilataciones
[54] gérmenes, semillas

universal. No somos pueblos en estado de candor, que se deslumbren fácilmente con los instrumentos externos de que se acompaña la cultura, sino pueblos que heredan una vieja civilización y exigen la excelencia misma de la cultura. Nos importa más el resultado inteligente de todo trabajo que el método con que se lo realice, y nos reímos del método cuando el resultado es mezquino.[55] Las papeletas[56] bien clasificadas nos dejan fríos cuando el libro para en una sandez.[57]

No nos sentimos inferiores a nadie, sino hombres en pleno disfrute de capacidades equivalentes a las que se cotizan en[58] plaza. Y por lo mismo que han sido muy amargos nuestros sufrimientos; y por lo mismo que hoy nos defraudan[59] los maestros que nos enseñaron a confiar en el bien, recibimos con los brazos abiertos, y con la conciencia cabal de nuestros actos, al que se nos acerca con una palabra sincera de entendimiento, de armonía y de concordia.[60] Nuestro júbilo es grande cuando esa palabra nos viene de la gente que ha hecho del respeto humano su actual bandera.

CHILE, 1884-1963

Dentro del Realismo al estilo europeo, que se aparta del Regionalismo, se cultivó la novela sicológica y la de fondo filosófico. Esta novela deja a un lado los problemas sociales de carácter regional para centrar su interés en el estudio del alma humana, con carácter universal. En esta corriente descolló el chileno Eduardo Barrios, hijo de chileno y peruana, quien vio la primera luz en Valparaíso. Habiendo quedado huérfano de padre a los cinco años, su madre lo llevó a Lima, donde hizo estudios de Humanidades. En 1899, cuando tenía quince años, regresó a Chile e ingresó en la Escuela Militar para complacer el gusto de sus abuelos paternos. Como detestaba la carrera de las armas, la abandonó y se marchó de Chile para recorrer muchos países y vivir de gran número de empleos y oficios. Estas peripecias y aventuras lo graduaron en la universidad de la vida y le dieron un valioso material que el agudo sentido de observación del novelista aprovechó muy bien en su obra. Barrios combinó toda su vida su labor de periodista con la de escritor, al tiempo que ocupaba cargos públicos de importancia, llegando a ser Ministro de Educación dos veces y director de la Biblioteca Nacional. En 1948 se le otorgó el Premio Nacional de Literatura por su brillante obra.

En toda la producción de Barrios, donde encontramos cuentos, novelas cortas y largas, y teatro, sobresalen los estudios sicológicos profundos de un gran escudriñador del alma humana, que hace de ésta el centro esencial de su obra total. Su teatro tiene más importancia e interés del que se le ha señalado hasta ahora e incluye: *Lo que niega*

---

[55] pobre
[56] fichas, tarjetas
[57] despropósito, necedad

[58] señalan el valor o precio
[59] usurpan; frustran
[60] armonía

la vida (1913), *Por el decoro* (1913) y *Vivir* (1916). Barrios se estrenó como narrador con una colección de cuentos, titulada *Del natural* (1907) donde exhibe influencias del Naturalismo de la época. Sin negarle su carácter de obra de juventud —escrita a los 23 años— estos relatos se distinguen como antecedentes del estilo definitivo del autor. El primer gran éxito de Barrios fue su cuento *El niño que enloqueció de amor* (1915), estudio sicológico muy preciso del alma de un adolescente enamorado de una muchacha mayor que tiene su novio. Barrios tiene la tendencia a presentar personajes tímidos y supersensitivos o muy fuertes; y Jorge, el protagonista de doce años, pertenece a la primera clasificación. La acción exterior es apenas perceptible, porque el autor se concentra en el estudio del alma, en una prosa muy poemática y sobria, con diálogos de gran valor expresivo.

Algunos críticos sitúan *Un perdido* (1917) como la mejor novela de Barrios, en la que se integran armoniosamente la pintura realista del medio ambiente chileno, con el desarrollo sicológico del personaje central. Es la historia del fracaso de Luis Bernales para adaptarse a la realidad del mundo que lo rodea y su final refugio en el licor. Otros críticos consideran que la obra maestra del autor, atendiendo a todos los aspectos de la novela, es *El hermano asno* (1922), la historia de un hombre que se hace sacerdote franciscano tras un fracaso amoroso en el mundo. La pintura de un convento es muy ajustada a la realidad y el tema está tratado con mucha elevación y fuerte influencia de la prosa de los místicos españoles. El estilo es muy sobrio y en la prosa escueta y concisa se nota la influencia de la generación del '98. Al tono de confidencia lleno de naturalidad se une un lenguaje de gran lirismo y transparencia. Posteriormente, Barrios volvió al relato breve en *Páginas de un pobre diablo* (1923), grupo de cuentos muy bien ejecutados y con el mismo interés del autor por desentrañar el alma humana y presentarla ante el lector desnuda y con todas sus inquietudes. En algunos cuentos asoma un humorismo sano y gozoso, mostrando el lado grotesco pero humano del individuo.

Después de un silencio de más de veinte años, Barrios publicó *Tamarugal* (1944), cuyo protagonista tiene un caracter recio, muy del gusto de Barrios. El escenario está en las minas salitreras del norte de Chile, donde Barrios trabajó algún tiempo en el constante peregrinaje de sus años mozos. Intención histórica y social presenta su gran novela *Gran señor y rajadiablos* (1948), cuyo protagonista, José Pedro Valverde, también tiene un carácter fuerte y vencedor. Al fondo del relato se nota la evolución política y económica de Chile, con la cual se cruza y entrecruza la trama novelesca. En su última novela, *Los hombres del hombre* (1949), lleva la línea sicológica de sus mejores relatos a su punto más complejo. La obra está escrita en primera persona y es la historia de un hombre cuya alma se desdobla en siete, con vidas independientes, de manera que dialogan y discuten entre sí. De esa manera aparecen Juan el sensato, Rafael el celoso, Fernando el sentimental y así sucesivamente. Resulta una técnica muy interesante a la que recurre el autor para presentar las distintas reacciones y las variadas sensaciones del protagonista. En esta obra predomina lo discursivo con escasa acción física, porque el autor anda en busca de la verdad sicológica en constantes buceos en el alma de su carácter principal. Barrios se propuso y lo logró, formar parte de los novelistas hispanoamericanos cuya obra logra universalidad.

FUENTE: *Obras completas de Eduardo Barrios,* dos tomos, Santiago, Chile, Empresa Editora Zig-Zag, 1962. Introducción crítica de Milton Rossel y «También algo de mí», síntesis autobiográfica escrita por Barrios.

Del natural

Celos bienhechores[1]

Ernesto había concluido de afeitarse.

Pensativo, palpábase la barba, buscando los sitios que pudiesen haber quedado hirsutos.[2]

De pronto, tiró la navaja sobre la mesa y se dijo, frunciendo el ceño, en resuelta energía: «Sí, esto terminará ahora. . . . La eterna ecuanimidad[3] de Elisa me aburre, me hastía. . .» Y pasó al lavatorio a enjuagarse[4] la cara con la tranquilidad casi temerosa que nos produce la resolución firme que inicia un cambio en nuestra existencia.

En la habitación todo estaba desparramado[5] y fuera de su sitio, como consecuencia natural de ese atolondramiento[6] de los muchachos que viven lejos de la familia, quienes, para buscar un objeto colocado siempre en diferentes partes, revuelven cuanto tienen. Colgando de una tachuela,[7] en la ventana del balcón, pendía el espejo que momentos antes le sirviera para afeitarse. Al lado estaba la mesa. ¡Oh! ¡La mesa!. . . Aquello era un dédalo[8] lamentable: en la esquina próxima a la ventana formaban un grupito aparte las herramientas para la barba; el resto lo ocupaban libros, escobillas[9] para calzado, un plato con sobras de gallina fiambre,[10] una botella de vino vacía, dos vasos, un tintero, papel, una peineta de carey[11] y un puñado de horquillas olvidadas sin duda por alguna amiga bohemia y, en fin, mil utensilios, formando otros mil caprichosos antagonismos en loca revolución,

entre los que se destacaba la lámpara, alumbrando la estancia con la mezquina luz de la parafina. Todo allí acusaba la mano febril que lo manejaba, y a no ser por la anciana que, con paciencia admirable, devolvía el orden y el aseo[12] coti- 5 dianamente a la pieza, el modesto menaje hubiera perecido mucho ha por el mal trato.

En mangas de camisa, con los tirantes[13] colgando por detrás del pantalón abrochado a medias y la camisa abullonada[14] con ese descuido 10 del que no ha terminado su *toilette*, Ernesto abría un cofrecito tallado de sándalo.[15]

Era el arca sagrada que guardaba las cartas de Elisa.

«Se las llevaré —decía—. Así verá que mi 15 decisión es inquebrantable.»

Y fue sacando esquelitas perfumadas; un mitoncito[16] de seda blanco, el primer recuerdo, recogido una noche a la salida del teatro; luego un ramillete..., otro..., muchos ramilletes, 20 de rosas todos, su flor predilecta, y todo cuanto sacaba trascendía a rosas, pues ella lo rociaba[17] con la misma esencia.

¡Ah! ¡El perfume!... No hay evocador más poderoso de remembranzas que el perfume. Más 25 que la música y los lugares frecuentados en compañía de la mujer amada, él penetra hasta el fondo de nuestro ser, removiendo el rescoldo[18] de las pasiones yertas.[19]

Debido a él, Ernesto se detuvo un instante. 30

---

[1] Aunque Eduardo Barrios impresiona más como autor de novelas que como cuentista, siempre que se acercó a este género lo hizo con talento y habilidad. Este cuento es obra de su juventud y, por consiguiente, no escapa a cierto tono romántico que a veces oscurece una leve huella de Naturalismo. Con mano maestra pinta un ambiente frívolo y una especie de don Juan a quien los celos lo acercan al verdadero amor, después de una experiencia muy dura y desagradable. En esta y otras obras tempranas hay ya indicios de la espléndida prosa de Barrios, siempre llena de fluidez, construida a base de oraciones cortas, como reacción contra la retórica del siglo XIX.
[2] erizados
[3] igualdad de ánimo; imparcialidad
[4] quitarse el jabón con agua limpia
[5] desordenado

[6] precipitación, falta de reflexión
[7] clavo pequeño de cabeza grande
[8] (fig.) cosa embrollada, complicada; referencia al constructor del laberinto de Creta
[9] especie de cepillos
[10] alimentos que se comen fríos
[11] *peineta*: peine alto de adorno que suelen usar las mujeres; *carey*: tortuga de mar, de concha muy apreciada
[12] limpieza, higiene
[13] tiras elásticas que sujetan los pantalones
[14] adornada con botones de metal
[15] árbol oloroso cuando se le corta
[16] guante de punto sin dedos
[17] regaba; mojaba
[18] brasas que se conservan entre la ceniza
[19] frías, muertas

Ningún corazón, por cruel que sea, deja de sentir una impresión de melancolía, un vago germen de nostalgia al ver próximo a desaparecer un lazo que le fue querido.

5 Así, Ernesto respiraba los efluvios[20] que despedía aquel manojo de recuerdos, y con ellos, moléculas de su Muñeca, palpitantes de vida unas, balsámicas[21] y puras otras. Recordó las dulces horas pasadas a su lado, cuando apenas 10 hacía un mes de su conquista, cuando duraba aún el entusiasmo de su nuevo amor, cuando, sentado junto a ella, respirando el vaho[22] de sus cabellos, sentía un vahído[23] de vorágine que lo arrastraba y, mareado, loco, arrodillábase a sus 15 pies y cubría de besos sus manos blancas y exangües[24] como tiernos lirios. Mas, después, los días en que por su temperamento morboso y voluble empezó a sentir el aterrador hastío,[25] volvieron a su imaginación, y los sentimientos 20 nostálgicos desaparecieron.

No; ya no le importaba la falta de su cariño... Además, otra se encargaría de entretenerlo mientras desaparecía lo que él llamaba escrúpulos tontos.

25 Dotado de una belleza enfermiza y débil como su carácter, pero muy encantadora para las mujeres, había gozado de innumerables seducciones y amoríos que tornáronlo veleidoso[26] hasta el extremo de bendecir su volubilidad y 30 considerarla como su mejor condición, pensando con el filósofo que no odiar ni amar constituye la mitad del saber humano.

De tal suerte, un amorcillo trivial e insignificante le consolaba del vacío que otro le 35 dejaba, y su frivolidad fue de este modo aumentando insensiblemente. Un día abandonó antes de su fin una conquista, de sólo verla venir sin luchar, con la sumisión fatal que su físico le producía. Sólo le entusiasmaban las mujeres que 40 se le resistían heroicamente, contagiándole algo de su firmeza y despertando en él las energías dormidas.

Una de éstas, quizás la más fuerte, fue Elisa, y por lo mismo la que más le había interesado. Empero, al cabo de un par de meses, su amor fue debilitándose, y hoy ya casi se extinguía. De nuevo, pues, las ansias desesperadas de luchar, de vencer obstáculos, de anhelar lo que no tenía, se apoderaban de aquel infeliz que no sabía lo que deseaba y que pasaba ciego al lado de la verdadera dicha.

«Todo terminará hoy», volvió a decirse. Ató las cartas con una cinta, y un suspiro nervioso, mezcla de indecisión y curiosidad, se escapó de su pecho. ¿Qué diría ella al recibir la noticia?, pensó en seguida. Con seguridad que iba a llorar. Ya la veía entristecerse, entregarse a dolorosas lamentaciones, decirle que los que desconocen el dolor son insensibles a él... ¡Qué fastidio![27]... Si al menos cometiese alguna falta, si descubriese alguna leve infidelidad... ¡Bah! La cuestión era empezar, y después..., después los acontecimientos se encargarían del fin.

Al poco rato estaba ya vestido. Era la una y media: la hora de ir. Apagó la luz y salió.

Sentíase libre. Volvería a su círculo bohemio; recorrería las calles en las horas avanzadas de la noche, y entre las casas de cena, los pasatiempos *non sancta* y su casa, mataría deliciosamente las interminables noches, en compañía de traviatas,[28] de horizontales[29] perfumadas de ojos tiznados[30] y cabellos teñidos de rubio metálico, gozando del amor por horas con sus desenfrenadas borrascas[31] de lujuria.[32] Volverían a desfilar por su casita, dejando otras peinetas y horquillas olvidadas sobre su mesa, Sara, Ana, Laura, Rosa, aturdiéndolo con sus carcajadas alegres y sonoras como el *gluc-gluc* de la botella de champaña y con sus besos bulliciosos como el burbujeo[33] de la espuma del gran inspirador de la alegría. Su vida anterior pasó por su memoria, reconquistándolo con sus oropeles[34] y su atrayente vocinglería[35] de fiestas y de voluptuosidad. La sangre corría ya por sus venas con más fuego y se agolpaba a sus mejillas, arrebolándolas e incendiando sus ojos con lujurioso brillo; su boca se

---

[20] emanaciones, emisiones
[21] que fluyen o emiten aroma
[22] vapor tenue que fluye de una cosa
[23] desvanecimiento, desmayo breve
[24] sin fuerzas, sin sangre; aniquilado
[25] repugnancia, fastidio
[26] inconstante, mudable
[27] hastío, véase nota 25
[28] damas

[29] Parece que esta palabra en Chile alguna vez significó mujer lujuriosa o de la vida.
[30] pintados
[31] tempestades, tormentas
[32] afición a los placeres de la carne
[33] glóbulos de aire en los líquidos
[34] cosas brillantes y de poco valor
[35] gritería, vocerío

entreabría y sus labios gruesos, ardientes y secos, palpitaban con estremecimientos lascivos.[36] Sentía sed de besos voraces, ganas de morder: la carne, en sus mil aspectos incentivos y bestiales, obsesionaba sus pensamientos. ¡Eso era la vida!, que se le presentaba como un día de verano, resplandeciente y sin crepúsculo, con sus objetos bañados de sol, emanando calor, regocijo[37] y fuerza. Y terminó diciéndose: «Aceptemos lo que nos halaga[38] y ríamos de lo demás!»

Como visiones brillantes desfilaron entonces ante su vista, en confusa fantasmagoría,[39] sus orgías pasadas. Se acordó de Violeta, de la loca que buscaba hombres muy vividos, que la seducían con sus intrincadas[40] aventuras. Era el prototipo de las heteras[41] aturdidas, que se enamoraban de los hombres por la reputación de seductores que tienen. ¡Cuántas veces él le había relatado irrealizadas pero bien urdidas[42] aventuras, llenas de atrevimientos temerarios, de mujeres que se levantaban del lecho en que el marido dormía para ir a entregársele sobre un sofá, en medio de una voluptuosidad delirante como la de las cortesanas sagradas en el didascalión[43] de Afrodita,[44] logrando, así, hacerse su amante predilecto!

Mas, como todos los sueños, cuando llegan al máximum de su locura, éste también hubo de derrumbarse. Y despertó, sintiendo estrujadas[45] entre sus dedos, hasta ponerse compactas como un pelmazo,[46] las cartas de su Muñeca.

Entonces, una voz que él no oía, pero que le gritaba desde lo más hondo: «Te equivocas, te equivocas», tornóle a pensar en ella, en la querida sentimental que lo recibía en su alcobita casi mística, melancólica, llena de adornos tenuemente coloreados que palidecían más y más a la diáfana y mortecina luz de su lamparita celeste, y en el ambiente misterioso que allí lo embriagaba en un sopor[47] balsámico, muy dulce, muy dulce...

Muy dulce era todo eso, sí; pero muy monó-

tono también, y la monotonía era su mayor martirio. Era, pues, indispensable. Ya estaba resuelto: rompería sus relaciones. Así, más tarde, el sentimiento de supremo bienestar de esos amores no desaparecería en el arcano archivo de sus recuerdos, nublado por el tedio mortal del aburrimiento.

Sin darse cuenta, había llegado muy cerca de la casa de Elisa. Ya la fachada se distinguía bien... Pero qué raro..., la puerta estaba cerrada... ¿Se le habría ocurrido al vejete[48] de don Ruperto quedarse en casa de su querida?... Esto no era posible: su esposa y sus hijas le impedían pasar la noche fuera de su casa. Sin embargo, hasta la una podía disculparse con el club, pero pasada esa hora...

Esta idea lo mortificaba sobremanera, no obstante considerar justo que don Ruperto, el amante oficial, el que la mantenía se quedase en su casa la noche que le pluguiese.[49]

Todo esto pensaba el infeliz muchacho a diez pasos de la puerta de Elisa, y cuando hubo llegado a este punto de sus meditaciones, vio aparecer, por la esquina próxima, a su querida acompañada de un joven.

No cabía duda, era un joven; bien se diferenciaba del obeso don Ruperto para poderle confundir.

Ocultóse en la portada de la casa vecina y observó... Abrían la puerta... Entraban luego los dos... «Mejor —se dijo—; ya tengo el motivo para el rompimiento.» Mas los celos empezaron a darle pellizcos[50] y fueron creciendo hasta morderlo rabiosamente.

Entraría. Conocida como le era la distribución de la casa, podría esconderse y observar lo que pasaba.

Presa de febril excitación, lo hizo. La puerta estaba abierta. Penetró en el vestíbulo. Allí, entre la bastonera[51] tallada y la maceta[52] con su frondosa palmera, quedó muy bien. Los veía... Estaban en el salón. Elisa sentada en un

---

[36] lujuriosos, véase nota 32
[37] alegría
[38] causa satisfacción, agrada
[39] visión ilusionada y algo confusa
[40] enredadas
[41] mujeres públicas
[42] preparadas
[43] la corte
[44] diosa griega de la belleza y del amor, identificada con la Venus de los romanos

[45] exprimidas, apretadas
[46] cosa apretada o demasiado aplastada
[47] estado morboso parecido al sueño
[48] (fam.) viejo ridículo y pequeño; anciano
[49] subjuntivo imperfecto de placer
[50] acción de apretar entre los dedos o de otro modo
[51] mueble para colocar paraguas y bastones
[52] tiesto de barro que sirve para criar plantas; pie o vaso donde se ponen flores

diván, con el abrigo descolgado sobre la espalda y sujeto sólo por los colgantes de gasa en los ángulos de los codos, escuchaba a Enrique —a Enrique, el sobrino de don Ruperto, que estaba vuelto de espaldas en una butaca frente a ella—. Muñeca le oía con seriedad e indiferencia, pero en su semblante se reflejaba ese halago[53] del amor propio, esa vanidad que las mujeres no pueden evitar cuando se les habla de sus encantos, por hostil que sea su estado de ánimo.

No alcanzaba a oír las palabras del joven, mas de fijo eran de amor. El rostro de Elisa bien lo expresaba. A ratos, seria, respondía con negativas manifiestas en sus ademanes y en la expresión de reproche de sus gestos. Probablemente increpaba la conducta de aquel sobrino que traicionaba a su tío. Empero, Ernesto leía en sus ojos el efecto lisonjero de las galanterías y esto agotaba su paciencia. Hubiérase abalanzado sobre el galán si su situación de galante clandestino no le hubiera aconsejado la prudencia. ¡Qué martirio! ¿De qué hablarían? ¿Terminaría por seducirla?... Bien podía suceder... Enrique era apuesto, elegante...

Una congoja íntima de humillación, de celos atroces, de una turbación nunca sentida se apoderó de aquel corazón enfermo que se creía infranqueable[54] a las grandes pasiones.

En su escondite, Ernesto temblaba ante la posibilidad de que el infiel sobrino le arrebatara el cariño de Elisa. Veíalo con esa alucinación hiperbólica con que reviste el miedo al ser temido. Su frente alta, su cabellera abundosa y rizada, su bigote insolente y su cuello vigoroso, antojábansele irresistibles. Le veía como un tipo adorable de belleza masculina, lleno de juventud de robustez, pletórico[55] de vida y de salud, cual si fuera descendiente de Higia,[56] mientras que su belleza delicada, que a tantas mujeres había rendido, le parecía decrépita y paupérrima.[57]

Temía de todo. Su frialdad para con ella en los últimos tiempos, ¿podría haber disminuído su amor e influir ahora en beneficio de Enrique? ¿No podría haberse aburrido ella también?... ¿*También*? Esta palabra le chocó. ¡Cómo!

¿Estaba él realmente aburrido de ella?... ¡Ah! ... Ya no sabía ni qué sentimientos abrigaba...

Todas estas ideas bullían dentro de su cerebro en una masa confusa que subía de punto su violenta excitación hasta hacerle saltar apagados e incontenibles «¡Ah!» de desesperación y de vehemencia por encontrarse al fin frente a ella y a solas para que le explicase lo que sucedía.

Y de nuevo se encontró con el lío de las cartas apachurrado[58] entre sus dedos febriles. Lo estiró. Las flores secas crujían dentro, estropeadas por los apretones. Al pensar en que, hacía un momento, había mirado todo aquello como un puñado de nimiedades[59] despreciables, sintióse cruelmente humillado y, con vergüenza de sí mismo, mirando a otra parte, lo metió en su bolsillo.

Su vista tropezó entonces con la bastonera tallada, en la que un busto del dios Momo,[60] con su sonrisa sarcástica, parecía burlarse de su miopía de entendimiento, cual si quisiera decirle que había necesitado que otro apreciase el tesoro de que era poseedor para aquilatar[61] sus inefables encantos, y un sudor frío humedeció su cuerpo, crispando su piel en extraño orgasmo. Por último, como si no bastase con esto para castigar sus ligerezas, en el salón Enrique colocaba un cuaderno en el piano. Era el álbum de los poéticos músicos alemanes. Elisa se negaba; él suplicaba, exigía... Luego ella cedió, mirando antes por la ventana a la calle, sin duda para ver si Ernesto estaba esperando.

«Teme que yo llegue de un momento a otro y le reproche esta demora», pensó Ernesto. Y a pesar de que Elisa daba gusto a Enrique, él reanimó la idea de que pensaba en él.

Ahora Muñeca se sentaba al piano... Ya empezaba a tocar.

Los primeros compases del *Adiós*, de Beethoven, de aquella despedida triste y gemebunda[62] tan admirablemente interpretada por el maestro bonense,[63] surgían del piano como quejas brumosas que recordaban los grises inviernos alemanes, laxando los nervios de Ernesto al llegar a sus oídos, y estremeciéndolo con su

---

[53] muestras de afecto o de admiración
[54] que no puede conceder, dar; impasable
[55] muy lleno, abundante
[56] diosa de la salud
[57] muy pobre
[58] aplastado

[59] pequeñeces, insignificancias
[60] dios de las fiestas y carnavales
[61] apreciar el mérito de una persona o cosa
[62] gemidora
[63] se refiere a Beethoven que nació en Bonn, Alemania

rítmica amargura. Su imaginación sensible hacíalo presa de la misma angustia de la melodía, como si fuese él quien se despidiese, conmoviéndolo tanto, que las lágrimas preñaron sus ojos, Y lloró..., lloró todo el tiempo que su Muñeca tocaba...

Los últimos acordes sonaron, y Ernesto figurábase alejándose de la casa, transido[64] de pena.

Y pensar que poco antes estuvo cansado de lo que él llamaba *lamentable monotonía*; que había sublimado la fuerza de la carne y la grosería del vicio, menospreciando la poesía de un alma encantadora y verdaderamente artística y original... ¡No era posible, no; no la abandonaría!

Elisa pasaba ya el sombrero y el bastón a Enrique, y lo despedía, inquieta y presurosa.

Al fin se fue éste, y el afligido Ernesto pudo pasar al salón al encuentro de su Muñeca nuevamente idolatrada.

—¿Qué significa esto, señorita; dónde estuvo usted? —le preguntó, entre cariñoso y represivo.

—¡Ay, hijo! Bien a pesar mío, por cierto; pero no pude esquivarlo. Verás. Era el cumpleaños de Ruperto, y con este motivo se le metió entre ceja y ceja[65] que habíamos de cenar juntos. Fuimos a Cavancha, donde nos esperaba su sobrino disponiendo la cena. Comimos a prisa... Yo, apurándolos, como tú comprenderás, para no hacerte esperar. Después me vine con Enrique, porque, como era tarde, Ruperto se fue directamente a su casa.

Luego, aquella muchacha delicada y medrosa, acariciando a su amante los cabellos con una mano y atusándole[66] el bigote con la otra, continuó con mimos y mohines de chicuela:

—¿Mucho te aburrías, *papacito mío*? Ven, ven con tu Muñeca a la azotea[67] un rato. La noche está deliciosa y bien necesito de tus caricias después de tanta farsa.

—Sí, vamos —asintió Ernesto, enternecido—.

A una fruta exquisita como tú debe aspirársele primero el aroma, para saborearla después con más fruición.

—¡Caramba! ¡Qué galante vienes hoy! —respondió ella, en tono feliz y admirativo. 5

Y lenta, rítmicamente, dejándose coger por el talle,[68] fue a sentarse con Ernesto en un sofacito de junco de la azotea.

Allí, recostada en su brazo, la cabeza echada atrás y los ojos entornados, presentábasele a 10 Ernesto más adorable que nunca. La luna cubría su rostro de una palidez celeste y agrandaba sus ojos con una sombra azul obscuro que le daba un aire insólito de beldad mística.

Ernesto se acercó más a ella, contagiado por 15 aquel goce sublime, tanto que las gasas[69] de su cuello y los ricillos[70] que el viento batía le rozaban la piel como suaves caricias.

Las casas vecinas destacábanse en la sombra como grandes manchones negros; algunas de 20 ellas, iluminadas en su interior, exteriorizaban el ambiente sibarítico[71] en que vivían sus moradores.[72] En el cielo, las estrellas, apenas perceptibles por la claridad de la noche, parecían decirle que ellas sólo brillaban con todo su 25 esplendor en los momentos lúgubres de obscuridad; las nubes, cual inmensos borrones[73] compactos, obligábanlo con su contraste a admirar la pureza de aquel cielo diáfano. El mar, rugiendo allá lejos, le inducía a apreciar el religioso 30 silencio de la noche; y las olas, con sus terribles estampidos, le decían que, para comprender la dulzura de la bonanza, era necesario experimentar sus furiosos choques. En fin, toda aquella noche contribuía a presentarle desnuda su felicidad. La 35 naturaleza le abría los ojos, presentándole sus grandiosos contrastes y gritándole, con la voz profunda de sus elementos, que la dicha de que disfrutaba no se le presentaría muchas veces en la vida.[74] 40

Y él pensaba: «¿Será cierto que el placer real del amor está en el sufrimiento?... Por lo menos, el dolor nos obliga sabiamente a reconocer

---

[64] angustiado, acongojado
[65] tuvo un propósito firme
[66] alisándole el pelo con la mano
[67] plataforma en el tejado de una casa
[68] cintura, cadera
[69] tela muy clara y sutil
[70] terciopelos ensortijados; cordoncillos
[71] sensual

[72] quienes habitan en un sitio
[73] manchas como de tinta
[74] Este y otros párrafos son ejemplos del estilo de Barrios: el lirismo de la prosa se une a un don especial para escoger las palabras y disponerlas de manera que produzcan una armonía única. En todas sus obras hallaremos este encuentro de lo realista con la prosa de calidades poéticas.

las delicias de él. Es como un marco obscuro que realza[75] su radiante colorido». E increpábase mentalmente por haber sido tan ciego.

—Elisa, Muñeca —le dijo entonces muy quedo—. ¿Me amas siempre?

—¡Con toda el alma!

—¿No quieres que conversemos de nuestro amor, de este amor sin límites que siento crecer momento por momento en mi pecho?

—¡Oh! Me haces muy feliz, Ernesto; pero mejor estamos así: las grandes alegrías se demuestran con frenético y bullicioso regocijo; mas el inefable embeleso del alma se manifiesta mejor con el silencio, que es su elocuencia.

Y lo concluyó de fascinar con una mirada tan deliciosamente enamorada, que un escalofrío apenas sensible recorrió su cuerpo. Sus grandes pupilas* obscuras, que los rayos lunares constelaban de irisaciones azulejas, seguían fijas en él, como diciéndole: «No hablemos. Hay momentos en los cuales el ruido de las palabras y el esfuerzo imaginativo disminuyen la quietud infinita que anhelamos para entonar con el espíritu un salmo[76] sagrado al amor».

Entonces Ernesto, llorando de ventura, se fue acercando más aún, muy suavemente, y poseído de una sensación casi divina que difundía en él un bienestar lánguido, hundió el rostro en la cabellera de su Muñeca y parecióle recibir de ella una interminable caricia, prólogo de un perpetuo idilio, aurora de una nueva vida, superior a cuantas pudiera haber soñado.

VENEZUELA, 1884-1965

El más destacado novelista dentro del Regionalismo hispanoamericano es Rómulo Gallegos (1884–1969), en cuya obra aparecen íntimamente integrados su preocupación por las cosas de su patria, con la presentación de los problemas esenciales, y un estilo que es heredero directo del Modernismo. Gallegos continúa la modernización de la novela venezolana iniciada por Manuel Díaz Rodríguez y Teresa de la Parra. El gran novelista nació en Caracas y estudió filosofía y matemáticas, consagrándose a la enseñanza. Fue profesor de álgebra y otras materias en varios colegios de la capital y luego del Liceo, del que llegó a ser director. En 1909 aparecieron sus primeros artículos en la revista *La Alborada* y sus cuentos iniciales en *Actualidad* y *El Diablo Cojuelo*. Mediaba en los cuarenta años cuando ya gozaba de un gran renombre como narrador de primera línea, tanto por los valores artísticos, como por su actitud de rebeldía frente a todo lo que perjudicara a su país. Como miembro de la generación que se enfrentó a la dictadura de Gómez, tuvo que tomar el camino del exilio: vivió entonces en Estados Unidos y España, donde combinó labores de vendedor con el cultivo de las letras. A la caída de esa dictadura, Gallegos regresa a Caracas y lleva una vida pública muy activa porque sus conciudadanos lo admiran como hombre de gran dignidad, líder ejemplar y gran artista. Ministro de Educación primero, presidente del Consejo Municipal de Caracas, después, su personalidad lo lleva a la presidencia de la

---

[75] intensifica; da brillo o resplandor

[76] canto o composición poética. Tuvo su origen entre los antiguos hebreos. Véase la Biblia.

república con el 72% de los votos emitidos. Antes del año es depuesto por un golpe militar, viéndose obligado a volver al exilio en Cuba, Puerto Rico y México. Restablecida la democracia nuevamente en su patria, el presidente Betancourt le confía varias misiones diplomáticas. Al morir Gallegos gozaba de fama internacional y era considerado como el más grande escritor venezolano del siglo XX.

Aunque alguna vez intentó el teatro, Gallegos es básicamente un narrador, habiéndose distinguido, tanto en el cuento como en la novela. Sus cuentos están agrupados en tres colecciones: *Los aventureros* (1913), *Los inmigrantes* (1922) y *Cuentos venezolanos* (1949). En estos pequeños relatos comienza la exposición de los aspectos más inportantes de su patria, continuados luego en la novela. Ha escrito más de una docena de novelas, entre las que sobresalen: *La trepadora* (1924), *Doña Bárbara* (1929), *Cantaclaro* (1931) y *Canaima* (1935). No se pueden conocer los orígenes y resultados de los problemas políticos, humanos, económicos y sociales de Venezuela —aplicables en muchos casos al resto de Hispanoamérica— sin leer estas novelas, por las que desfilan cuadros llenos de realismo que presentan esas dificultades y una amplia galería de tipos humanos: seres de carne y hueso que representan el mosaico étnico y social de Venezuela. En *La trepadora,* una mestiza, Victoria, hija de Hilario Guanipa, lucha por el reconocimiento que se le debe. Es una recia heroína en cuya alma se funden dos razas y el ímpetu de la naturaleza con elementos de la ciudad. La novela más famosa de Gallegos y una de las más leídas en el Mundo Hispánico es *Doña Bárbara*, libro de cabecera y de inspiración de la joven generación y del pueblo que luchaba contra la tiranía. En ella Santos Luzardo, un intelectual con alma de llanero, regresa a sus tierras y mezclando coraje con sentido de justicia, destruye a Doña Bárbara, la «devoradora de hombres» que asolaba los llanos, y salva para la civilización a su hija Marisela, con quien luego se casa. El pueblo vio en esta novela un símbolo de la situación de Venezuela: aunque la tiranía destruye lo mejor del país, una acción inteligente, basada en el bien y la verdad, terminará por destruirla. *Doña Bárbara* contribuyó a la vertebración de una conciencia popular hacia su destino más efectivamente que cientos de discursos o manifiestos políticos.

Cantaclaro (1931) es la novela de Gallegos más rica en folklore y que más cerca vive del alma popular. Presenta la historia de un trovador popular y don Juan de los llanos, especie de juglar llanero, que va de sitio en sitio, con la copla en los labios. Se le tiene como uno de los personajes más simpáticos de Gallegos, aunque la novela presenta algunos episodios sin conclusión. *Canaima*, «el espíritu del mal de la selva», es otra de las grandes novelas del autor. En ella Marcos Vargas es ganado por la selva, donde se casa con una india y vive, pero queriendo que su hijo sea civilizado, lo envía a la ciudad para que un amigo íntimo cuide de su educación. La selva es a veces el verdadero protagonista y está pintada en toda su majestuosa grandeza.

Gallegos no tiene quien lo iguale en su maestría para presentar la evolución espiritual y social de Venezuela. Naturaleza, problemas socio-económicos, hombre y estilo aparecen firmemente vinculados, para ofrecernos una novelística llena de interés humano y de excelentes cualidades artísticas. Gallegos repite algunos personajes, a veces integra sus novelas con relatos independientes, y busca siempre el símbolo apropiado. Sin embargo, su obra total, aunque inspirada en la realidad venezolana, alcanza importancia universal, por su lucha por la justicia, la libertad y el mejoramiento del pueblo, que son pilares de la literatura contemporánea.

FUENTE: *Obras completas*, 2 tomos, 2a. edición, Madrid, Aguilar, 1959. Prólogo de Jesús López Pacheco.

Cuentos venezolanos

1949

Pataruco[1]

Pataruco era el mejor arpista de la Fila de Mariches. Nadie como él sabía puntear un joropo,[2] ni nadie daba tan sabrosa cadencia al canto de un pasaje,[3] ese canto lleno de melan-
5 colía de la música vernácula. Tocaba con sentimiento, compenetrado en el alma del aire que arrancaba a las cuerdas grasientas sus dedos virtuosos, retorciéndose en la jubilosa embriaguez del *escobillazo*[4] del golpe aragüeño,
10 echando el rostro hacia atrás, con los ojos en blanco, como para sorberse toda la quejumbrosa lujuria del pasaje, vibrando en el espasmo musical de la cola, a cuyos acordes los bailadores jadeantes lanzaban gritos lascivos que turbaban
15 a las mujeres, pues era fama que los joropos de Pataruco, sobre todo cuando éste estaba medio «templao»,[5] bailados de la «madrugá p'abajo»,[6] le calentaban la sangre al más apático.

Por otra parte el Pataruco era un hombre
20 completo y en donde él tocase no había temor de que a ningún maluco de la región se le antojase «acabar el joropo» cortándole las cuerdas al arpa, pues con un araguaney[7] en las manos el indio era una notabilidad y había que ver
25 cómo bregaba.

Por estas razones, cuando en la época de la cosecha del café llegaban las bullangueras romerías de las escogedoras y las noches de la Fila comenzaban a alegrarse con el son de las guitarras y con el rumor de las «parrandas», al Pataruco no le alcanzaba el tiempo para tocar los joropos que «le salían»[10] en los ranchos esparcidos en las haciendas del contorno.

Pero no había de llegar a viejo con el arpa al hombro, trajinando por las cuestas repechosas de la Fila, en la obscuridad de las noches llenas de consejas[11] pavorizantes y cuya negrura duplicaban los altos y coposos guamos de los cafetales, poblados de siniestros rumores de crótalos,[12] silbidos de macaureles[13] y gañidos espeluznantes de váquiros[14] sedientos que en la época de las quemazones bajaban de las montañas de Capaya, huyendo del fuego que invadiera sus laderas y atravesaban las haciendas de la Fila. en manadas bravías en busca del agua escasa.

Azares propicios de la suerte o habilidades o virtudes del hombre, convirtiéronle, a la vuelta de no muchos años, en el hacendado más rico de Mariches. Para explicar el milagro salía a relucir en las bocas de algunos la manoseada patraña[15] de la legendaria botijuela colmada de onzas[16] enterradas por «los españoles»; otros escépticos y pesimistas, hablaban de chivaterías[17] del Pataruco con una viuda rica que le nombró su mayordomo y a quien despojara de su hacienda; otros por fin, y eran los menos, atribuían el caso a la laboriosidad del arpista, que de peón de trilla había ascendido virtuosamente hasta

---

[1] En este cuento aparecen muchas de las características del estilo de Rómulo Gallegos: una prosa heredera legítima del Modernismo y de Manuel Díaz Rodríguez, y la integración total de la naturaleza y del hombre del campo venezolano. Constituye la historia de un hombre que se encuentra a sí mismo en su vinculación a lo popular y folklórico de su patria. Opone el arte del pueblo y de la tierra nativa al importado o clásico. El llamado de la sangre y de la patria actúan como elementos determinantes de la personalidad.
[2] el baile nacional venezolano y muy popular en los llanos
[3] canto vernáculo muy melancólico
[4] zapateo; uno de los movimientos del joropo en que se mueven los pies rápidamente

[5] borracho
[6] desde la madrugada hasta el amanecer
[7] arma de madera
[8] fiestas ruidosas, con mucha alegría y música
[9] fiestas; grupo de músicos que van por la noche tocando y cantando para divertirse
[10] que le brotaban espontáneamente
[11] cuentos con algo de misterio o superstición; patrañas
[12] serpientes de cascabel
[13] serpientes de Venezuela
[14] pecaríes; especie de cerdo de América
[15] cuento, conseja. Véase nota 11.
[16] monedas españolas antiguas de oro
[17] relaciones ocultas

la condición de propietario. Pero, por esto o por aquello, lo cierto era que el indio le había echado para siempre «la colcha al arpa»[18] y vivía en Caracas en casa grande, casado con una mujer blanca y fina de la cual tuvo numerosos hijos en cuyos pies no aparecían los formidables juanetes[19] que a él le valieron el sobrenombre de Pataruco.

Uno de los hijos, Pedro Carlos, heredó la vocación por la música. Temerosa de que el muchacho fuera a salirle arpista, la madre procuró extirparle la afición; pero como el chico la tenía en la sangre y no es cosa hacedera torcer o frustrar las leyes implacables de la naturaleza, la señora se propuso entonces cultivársela y para ello le buscó buenos maestros de piano. Más tarde, cuando ya Pedro Carlos era un hombrecito, obtuvo del marido que lo enviase a Europa a perfeccionar sus estudios, porque, aunque lo veía bien encaminado y con el gusto depurado en el contacto con lo que ella llamaba la «música fina», no se le quitaba del ánimo maternal y supersticioso el temor de verlo, el día menos pensado, con un arpa en las manos punteando un joropo.

De este modo el hijo de Pataruco obtuvo en los grandes centros civilizados del mundo un barniz de cultura que corría pareja[20] con la acción suavizadora y blanqueante del clima sobre el cutis, un tanto revelador de la mezcla de sangre que había en él, y en los centros artísticos que frecuentó con éxito relativo, una conveniente educación musical.

Así, refinado y nutrido de ideas, tornó a la Patria[21] al cabo de algunos años y si en el hogar halló, por fortuna, el puesto vacío que había dejado su padre, en cambio encontró acogida entusiasta y generosa entre sus compatriotas.

Traía en la cabeza un hervidero[22] de grandes propósitos: soñaba con traducir en grandiosas y nuevas armonías la agreste majestad del paisaje vernáculo, lleno de luz gloriosa; la vida impulsiva y dolorosa de la raza que se consume en momentáneos incendios de pasiones violentas y pintorescas, como efímeros castillos de fuegos artificiales, de los cuales a la postre y bien pronto, sólo queda la arboladura lamentable de los fracasos tempranos. Estaba seguro de que iba a crear la música nacional.

Creyó haberlo logrado en unos motivos[23] que compuso y que dio a conocer en un concierto en cuya expectativa las esperanzas de los que estaban ávidos de una manifestación de arte de tal género, cuajaron en prematuros elogios del gran talento musical del compatriota. Pero salieron frustradas las esperanzas: la música de Pedro Carlos era un conglomerado de reminiscencias de los grandes maestros, mezcladas y fundidas con extravagancias de pésimo gusto que, pretendiendo dar la nota típica del colorido local sólo daban la impresión de una mascarada[24] de negros disfrazados de príncipes blondos.

Alguien condensó en un sarcasmo brutal, netamente criollo, la decepción sufrida por el público entendido:

—Le sale el pataruco; por mucho que se las tape, se le ven las plumas de las patas.[25]

Y la especie, conocida por el músico, le fulminó el entusiamo que trajera de Europa.

Abandonó la música de la cual no toleraba ni que se hablase en su presencia. Pero no cayó en el lugar común de considerarse incomprendido y perseguido por sus coterráneos.[26] El pesimismo que le dejara el fracaso, penetró más hondo en su corazón, hasta las raíces mismas del ser. Se convenció de que en realidad era un músico mediocre, completamente incapacitado para la creación artística, sordo en medio de una naturaleza muda, porque tampoco había que esperar de ésta nada que fuese digno de perdurar en el arte.

Y buscando las causas de su incapacidad husmeó el rastro de la sangre paterna.[27] Allí estaba la razón: estaba hecho de una tosca substancia humana que jamás cristalizaría en la forma delicada y noble del arte, hasta que la obra de los siglos no depurase el grosero[28] barro originario.

---

[18] Quiere decir que no la tocaba ya.
[19] huesos de los dedos gruesos de los pies cuando están muy abultados y que molestan al caminar
[20] iban iguales, eran paralelas
[21] Venezuela
[22] (fig.) manantial, fuente
[23] temas de composiciones literarias o musicales
[24] desfile de gente enmascarada. (fig.) cosa fingida o falsa
[25] muestra su verdadera personalidad (es como su padre Pataruco) a pesar de los esfuerzos por cubrirla; *patas*: pies
[26] de la misma tierra
[27] averiguó sus antecedentes familiares, su ancestro
[28] ordinario, común

Poco tiempo después nadie se acordaba de que en él había habido un músico.

Una noche, en su hacienda de la Fila de Mariches, a donde había ido a instancias de su madre, a vigilar las faenas[29] de la cogida del café, paseábase bajo los árboles que rodeaban la casa, reflexionando sobre la tragedia muda y terrible que escarbaba[30] en su corazón, como una lepra implacable y tenaz.

Las emociones artísticas habían olvidado los senderos de su alma y al recordar sus pasados entusiasmos por la belleza, le parecía que todo aquello había sucedido en otra persona, muerta hacía tiempo, que estaba dentro de la suya emponzoñándole[31] la vida.

Sobre su cabeza, más allá de las copas obscuras de los guamos y de los bucares que abrigaban el cafetal, más allá de las lomas cubiertas de suaves pajonales[32] que coronaban la serranía, la noche constelada se extendía llena de silencio y de serenidad. Abajo alentaba la vida incansable en el rumor monorrítmico de la fronda, en el perenne trabajo de la savia que ignora su propia finalidad sin darse cuenta de lo que corre para componer y sustentar la maravillosa arquitectura del árbol o para retribuir con la dulzura del fruto el melodioso regalo del pájaro: en el impasible reposo de la tierra, preñado[33] de formidables actividades que recorren su círculo de infinitos a través de todas las formas, desde la más humilde hasta las más poderosas.[34]

Y el músico pensó en aquella obscura semilla de su raza que estaba en él pudriéndose en un hervidero de anhelos imposibles. ¿Estaría acaso germinando, para dar a su tiempo, algún sazonado fruto imprevisto?

Prestó el oído[35] a los rumores de la noche. De los campos venían ecos de una *parranda* lejana: entre ratos el viento traía el son quejumbroso de las guitarras de los escogedores.[36] Echó a andar, cerro abajo, hacia el sitio donde resonaban las voces festivas: sentía como si algo más poderoso que su voluntad lo empujara hacia un término imprevisto.

Llegado al rancho del joropo, detúvose en la puerta a contemplar el espectáculo. A la luz mortal de los humosos candiles,[37] envuelto en una polvareda que levantaba el frenético *escobilleo* del golpe, los peones de la hacienda giraban ebrios de aguardiente, de música y de lujuria. Chischeaban[38] las maracas acompañando el canto dormilón del arpa, entre ratos levantábase la voz destemplada del «cantador» para incrustar un «corrido» dedicado a alguno de los bailadores y a momentos de un silencio lleno de jaleos[39] lúbricos, sucedían de pronto gritos bestiales acompañados de risotadas.

Pedro Carlos sintió la voz de la sangre; aquélla era su verdad, la inmisericorde verdad de la naturaleza que burla y vence los artificios y las equivocaciones del hombre: él no era sino un arpista, como su padre, como el Pataruco.

Pidió al arpista que le cediera el instrumento y comenzó a puntearlo, como si toda su vida no hubiera hecho otra cosa. Pero los sones que salían ahora de las cuerdas pringosas[40] no eran, como los de antes, rudos, primitivos, saturados de dolorosa desesperación que era un grañido[41] de macho en celo o un grito de animal herido; ahora era una música extraña, pero propia, auténtica, que tenía del paisaje la llameante desolación y de la raza la rabiosa nostalgia del africano que vino en el barco negrero y la melancólica tristeza del indio que vio caer su tierra bajo el imperio del invasor.[42] Y era aquello tan imprevisto que, sin darse cuenta de por qué lo hacían, los bailadores se detuvieron a un mismo tiempo y se quedaron viendo con extrañeza al inusitado arpista.

De pronto uno dio un grito: había reconocido en la rara música, nunca oída, el aire de la tierra y la voz del alma propias. Y a un mismo

---

[29] trabajos, tareas
[30] arañaba, rascaba. (fig.) profundizaba, ahondaba
[31] envenenándole
[32] tierras cubiertas de paja o de hierbas altas
[33] aquí significa *lleno*
[34] Nótese la belleza de las descripciones de la naturaleza, elemento que siempre juega un papel fundamental en la narrativa de Gallegos.
[35] puso atención
[36] trabajadores que seleccionan el café

[37] lámparas de aceite muy usadas en las zonas rurales donde no hay luz eléctrica
[38] sonido característico de las maracas (instrumento musical consistente en un objeto hueco con piedrecitas dentro). Son muy usadas en la música popular.
[39] fiestas ruidosas y alegres
[40] con grasa o pringue
[41] o gruñido; voz o ruido ronco
[42] el conquistador español

tiempo, como antes, lanzáronse los bailadores en el frenesí del joropo.

Poco después camino de su casa, Pedro Carlos iba jubiloso, llena el alma de música. Se había encontrado a sí mismo; ya oía la voz de la tierra . . .

En pos de[43] él camina en silencio un peón de la hacienda.

Al fin dijo:

—Don Pedro, ¿cómo se llama ese joropo que usted ha tocao?[44]

—Pataruco.

5

ARGENTINA, 1886-1927

La novela gauchesca, perteneciente a la tendencia del Criollismo o Regionalismo que se enfoca en tipos humanos, encontró en Ricardo Güiraldes a su más eximio cultivador. Nació en Buenos Aires y murió en París, aunque sus restos descansan en tierra argentina. Su padre era un rico estanciero, dueño de la estancia «La Porteña» donde transcurrió buena parte de la vida del escritor. Cuando sólo tenía un año, su padre lo llevó a París. Pasó sus años siguientes entre la estancia y Buenos Aires. En la universidad de esta ciudad empezó, sin concluirlas, las carreras de Arquitectura y Derecho: prefería otras lecturas a la de los libros de texto. A los veintiséis años volvió a París y desde entonces su existencia transcurrió entre esa ciudad, Buenos Aires y «La Porteña». En alguna ocasión viajó extensamente llegando hasta el Lejano Oriente (Japón e India). En la capital francesa tuvo contactos directos con las escuelas de vanguardia, a las cuales se afilió por afinidades espirituales y artísticas. A su regreso a la patria, se convirtió en uno de los líderes del naciente Vanguardismo porteño junto con Jorge Luis Borges y otras grandes figuras del movimiento. Estuvo entre los fundadores y directores de *Proa*, uno de los órganos de la nueva estética y de la renovación literaria. Fue a París por última vez en busca de salud y allí lo sorprendió la muerte.

Güiraldes sobresalió, en una generación de grandes escritores, como poeta y narrador, oficios que resultan inseparables en él, ya que en el verso siempre aparece el narrador insigne y todos sus relatos son ricos en tono poético y lírico. Su primer libro es un tomo de versos, *El cencerro de cristal* (1915), que apunta hacia el Vanguardismo, con influencias del Simbolismo de Jules Laforgue. Su poesía apenas tiene estructura de verso y se centra en el paisaje y hombre argentinos, unos de los grandes amores del autor. En seguida aparecieron sus *Cuentos de muerte y de sangre* (1915), colección de veintiséis relatos, donde aparecen algunas de las características de su estilo: brevedad, severidad conceptual, recato expresivo, sobriedad y «condensación conceptual para lograr más sugestión lírica y más intensa energía».[1] Hay cierta indecisión en el estilo y propensión

---

43 detrás de; siguiendo a
44 forma popular o rural por *tocado*

1 Francisco Luis Bernández, «Prólogo» a *Obras Completas*, Buenos Aires, Emecé, 1962, pág 15

a los temas nacionales y el Vanguardismo en la técnica. Uno de los mejores cuentos de esta colección es «Güelé», que ofrecemos como selección.

Después de este buen entrenamiento previo en la narrativa, Güiraldes intenta la novela, iniciándose con *Raucho* (1917), de tono autobiográfico. El protagonista, un joven rico, adquiere vicios y enfermedades en Buenos Aires y París, pero encuentra la salud y la salvación moral con su regreso a la pampa. El desarrollo sicológico del personaje vale más que el tema, ya tratado tantas veces. El autor se abrazó por completo a las nuevas técnicas novelísticas en la novelita corta *Rosaura* (1922), con visibles influencias de Maupassant y Poe. Aunque el asunto es sentimental, hay amenidad en el relato, no exento de cierta fuerza trágica al final. Si las anteriores son ensayos que muestran todavía cierta vacilación y escarceos estilísticos, *Xamaica* (1923), escrita en forma de diario, es otra cosa. Presenta la historia de un amor durante un viaje desde Buenos Aires hasta Jamaica, pasando por Perú y Panamá. En estas tierras tropicales y exóticas se va desarrollando la ilusión idílica, acompañada de excelentes descripciones del paisaje y del amor. Resulta una de las mejores obras de Güiraldes, por la concentración del estilo caracterizado por su limpidez y lirismo. El lector conserva su interés hasta la última página. La obra cumbre del novelista es *Don Segundo Sombra* (1926), ganadora del Premio Nacional de Literatura de ese año. La historia es simple: un «gauchito» de trece años, impresionado por la recia personalidad de Don Segundo, decide hacerse un gaucho genuino. Cuando lo ha logrado, recibe la noticia de que ha heredado una gran fortuna y regresa a la estancia acompañado de su «padrino», Don Segundo. Para sorpresa del joven, Don Segundo un día se marcha a su pampa, que es su ambiente natural y donde es feliz. El realismo de la obra está en las descripciones de la pampa y los cuadros de costumbres y de labores gauchas, pero el personaje es una estilización, ya que presenta todas las posibles cualidades y virtudes del verdadero gaucho. Como siempre, Güiraldes combina lo nativo argentino, con lo humano universal (como es la defensa de su propia personalidad que hace Don Segundo) y lo tradicional con lo más moderno (las técnicas vanguardistas). El estilo constituye una de las joyas de la obra: sobriedad, gran lirismo, feliz hallazgo de imágenes y metáforas, combinación de argentinismos y de la lengua culta, y diálogos realistas y naturales. La novela no tiene intención social, porque el autor se propuso escribir una pura obra de arte. Sin negar su base regional, la novela ha interesado a un público internacional por la defensa de un personaje ya casi desaparecido y muy importante en la formación de la nacionalidad argentina. La admiración por esta novela ha ido creciendo con los años, como en el caso de otras verdaderas obras de arte.

FUENTE: *Obras completas,* Buenos Aires, Emecé, 1962. Prólogo de Francisco Luis Bernárdez.

Cuentos de muerte y de sangre[1]

Güelé

(PIEDAD)

Una vida curiosa. Un milagro. El indio había de manar[2] piedad, como agua las piedras bíblicas al divino conjuro[3] de Moisés.

La Pampa era entonces un vivo alarido[4] de pelea. Caciques brutos, sedientos de malón,[5] quebraban las variables fronteras. Tribus, razas y agrupaciones rayaban[6] el desierto en vagabundas peregrinaciones por botín.[7]

En esa época, que no es época fija, y por esos lugares vastos, una horda de doscientas lanzas, invicta y resbalosa al combate como anguila[8] a la mano, corría hirsuta de libertad, sin más ley que su cacique, despótica personificación de la destreza[9] y el coraje. Cuadrilla de ladrones, no respetaba señor en ocasión propicia, y sus supercaballos, más ligeros que bolas arrojadizas, eran para la fuga símiles a la nutria[10] herida, que no deja en el agua rastro de sus piruetas[11] evasivas.

Murió el cacique viejo. Su astucia, bravura y lanza no dejaban, empero,[12] el hueco sensible de los grandes guerreros. Ahí estaba el hijo, promesa en cuerpo, pues, niño todavía, sobrepujaba[13] al viejo temido en habilidades y fierezas de bestia pampeana.

Amthrarú (el carancho[14] fantasma) era una constante angustia para quienes tuvieron que hacer con él. Aborrecido, llevando a hombros odios intensos, fue servido según el poder de sus riquezas y adulado por temor a la tenacidad de sus venganzas. Perfecto egoísta y menospreciador de otro poderío que el conquistado a sangre, vivía en desprecio del dolor ajeno.

Así era por herencia y por educación paterna. Amaba o mataba, según su humor del día.

El 24 de septiembre de no sé qué año viejo el cacique, frescamente investido, convocó a sus capitanejos[15] a un certamen. Quería practicar sus impulsos de tigre, y cuando los indios, en círculo, esperaban la palabra de algún viejo consejero o adivino, el mismo Amthrarú salió al medio.

Habló con impetuosidad guerrera, azuzando[16] a todos para un copioso malón al cristiano. Él nunca había peleado a los célebres blancos y quería desmenuzar[17] algún pueblo de aquel enemigo legendario, odiado vehemente en codicia de sus riquezas inagotables.

Cuando hubo concluído hizo rayar su pangaré[18] favorito con gritos agudos. Parecía como querer firmar su vocerío ininteligible con las gambetas del flete[19] más bruscas y ligeras que las del mismo ñandú[20] enfurecido.

Al día siguiente salieron en son de guerra

---

[1] Este relato es uno de los mejores de la colección *Cuentos de muerte y de sangre* y está escrito en una prosa que debe más al Modernismo que al vanguardismo, aunque Güiraldes fue uno de los grandes líderes de esta escuela. Las frases cortas y precisas contribuyen a darle más sentido dramático y de suspenso a la narración. Güiraldes muestra en ella un innegable don para la condensación de la narrativa y con mucha sobriedad la encamina hacia un final en que reluce la piedad, como uno de los sentimientos más hermosos del ser humano. Lenguaje culto y regional; ferocidad, violencia y amor forman una mezcla admirable.
[2] brotar un líquido
[3] sortilegio de adivino
[4] grito
[5] (Amer.) irrupción o ataque inesperado de los indios; felonía, mala jugada
[6] hacían rayas en
[7] para conseguir ganancias o beneficios de los enemigos vencidos
[8] pez de agua dulce, cuyo cuerpo cilíndrico está cubierto de una substancia viscosa
[9] habilidad
[10] mamífero carnicero del tamaño de un gato
[11] saltos
[12] pero, sin embargo
[13] excedía, aventajaba, prevalecía
[14] ave de rapiña
[15] jefes inferiores a él
[16] irritando, excitando
[17] deshacer una cosa en partes menudas
[18] caballo de hocico blanco
[19] *gambetas*: movimientos del caballo; *flete*: (Arg.) caballo brioso de paseo
[20] avestruz de América

hollando[21] campos, incendiando pajales, violando doncellas, agotando tesoros, sembrando muerte y espanto.

La furia de sangre llevóles lejos. Iban cansados los caballos, exhaustos los jinetes y falleciente la ira de combate.

—Veo, señor — dijo uno de sus secuaces—[22], blanquear[23] el caserío de un pueblo cristiano.

Amthrarú miró ensañado el reverberar blancuzco acusador de populosa ciudad.

—¡Pues vamos! —dijo—. Grano falta a nuestros caballos, sustento a nuestros cuerpos y hembras a nuestras virilidades. Bien nos surtirá de todo el que tales riquezas tiende al sol.

Subrayando esta arenga,[24] un clarín desgarró su valiente alarido, los brazos alzaron al unísono las lanzas que despedazaban sol. Seguidamente cargaron erizados de mil puntas.

El caserío se agrandaba, distinguiéronse puertas y ventanas. Llegaban. Amthrarú enfiló[25] una calle: nadie le salió al paso. Sólo mujeres y niños asomaban a las rejas, estremecidos por aquella avalancha de tropeles.

Desembocaron en la plaza; un palacio relumbrante aguzaba hacia el cielo una superposición numerosa de piedra.

Amthrarú se apeó al tiempo que su montura, espumante de sudor y coloreada de espolazos,[26] caía a muerte.

Los guerreros callaron. Algo extraño, debilitador y ferviente imponíales respeto ignorado.

Amthrarú avanzó por el atrio, interrogó la maciza puerta remachada de clavos, y adivinando la entrada principal, dio en ella un gran golpe con el revés de su lanza.

El golpe se propagó[27] por ojivas y naves, rodando a ejemplo de truenos lejanos. Los batientes[28] de la alta portada aletearon[29] sobre sus goznes,[30] y en la estrecha negra grieta de una abertura investigadora apareció un ensotanado[31] de humilde encorvamiento.

El cacique le habló como a un siervo.

—Soy Vuta-Am-Thrarú; mi nombre es en el alma de los cobardes un desgarramiento terrorífico. Invencibles son mis huestes, ricos los botines de mi lanza; el que no se dobla en mis manos, se rompe, y si no quisiera tu señor darnos vinos, manjares, hembras y presentes, nos bañaremos en su sangre, beberemos el quejido de las violadas sobre sus bocas y nos vestiremos con sus estandartes.

Una bondadosa sonrisa se diluyó en las cansadas arrugas del fraile.

—Oye —dijo—, y no se inflame tu saña[32] contra esta miserable carroña,[33] sólo abierta al dolor e indiferente a otra salud que la de su alma. Yo soy un humilde; mi Señor murió hace muchos años, no insultes su memoria, sígueme más bien y, en la paz claustral del recuerdo evocado por mi amor infinito, te diré su historia.

Extraño fue a Amthrarú aquel exordio. Gustábanle los relatos, frecuente pasatiempo en los momentos de inacción, allá en el aduar[34] paterno.

—Anda —dijo. Y fue por la grieta negra tras el hombre negro.

Entraba en una nube; un mareo de incienso le flotó en el cráneo. Luces, colores imprecisos vagaron en espesa sombra fresca. Imitando a su conductor, metió la mano en una concha de mármol pegada al muro; pasósela mojada por la frente y sintió alivio al asegurar sus sensaciones imprecisas.

Sombras colgaban en harapos por rincones y techos. Los ventanales destilaban color a cataratas sobre grandes telas rojas, violáceas, cobalto, púrpuras.

De pronto, todo vibró en un sonido quieto. Otro se unió, pareció esquivarse, buscando su tonalidad relativa hasta que un acorde levantó el templo, que vagó inseguro por los espacios.

Amthrarú se alzaba sobre sus pies. Nunca el *pulcí*[35] le diera tal borrachera. Caminó unos

---

[21] pisando
[22] los que siguen el partido de otro
[23] (fig.) producir reflejos, resplandecer; aparecer en la distancia
[24] discurso enardecedor pronunciado delante de una asamblea, de tropas, etc.
[25] caminó a lo largo de
[26] *espolazo*: golpe o aguijonazo dado con la espuela a la caballería para que ande
[27] se multiplicó por vía de reproducción; se difundió

[28] marcos de las puertas y ventanas que baten al cerrarse
[29] agitaron las alas o los brazos
[30] pieza sobre la que giran puertas y ventanas
[31] cura o sacerdote
[32] ira, cólera, furor
[33] carne corrompida
[34] campamento (de beduínos o gitanos)
[35] chicha (bebida alcohólica) que fabricaban los indios, de toda especie de frutos y granos

pasos. Cruzando los rayos de un vitró,[36] creyó vivir cristalizado en un diamante. Tambaleaba. Sintió un gran frío y cayó de bruces frente al altar mayor, donde el Cristo abría los brazos en cruz sufriendo y amando.

Una palabra tenue, de entonación ignota,[37] columpiábase incierta por entre el acorde, el incienso y los colores. Todo lo percibido, sin comprender, se destilaba en hablar cristalino.

—Fue hace muchos años..., muchos años. En un país ardido de sol y sequía, una orden divina engendró el bien humano en madre pura. Pesado su destino ... dijo amor en una sola grande palabra y llevó la cruz del Dios hecho hombre. Había venido para resumir en su cuerpo, vasto al dolor, todos los sufrires humanos, todos los castigos, para así lavar las faltas.

Los hombres, en premio, lo crucificaron, escupiendo su rostro santo.

¡Oye, cacique, muchos son tus pecados, grandes tus faltas; pero todo se lava en la sangre de Cristo, hijo de Dios!

Amthrarú sintió la copa en sus labios, vio el rubí de un líquido y el vino oloroso corrió por su garganta sedienta; se evaporó en un intenso perfume por su paladar como el acorde en los claustros ojivales.

Sostenido por el fraile, salió hacia los suyos. Una extraña sensación de liviandad le hacía luminoso, parecíale por momentos que iba a florecer.

El sol era frío, áspero como tiza. Amthrarú subía en un nuevo caballo, y sin eludirse de los suyos, encaminó su montura al aduar.

Los guerreros husmearon[38] la derrota y siguieron cabizbajos, doloridos, como enterrando la gloria.

Durante un mes las armas del tolderk,[39] arrinconadas, se enmohecían de inacción. Callaban los refranes de guerra. El suelo erizado de lanzas era inútil templo de un culto muerto.

Amthrarú estaba enfermo; un mal extraño le roía el alma, y deliraba, duende de sus vastos dominios. La soldadesca callaba a su paso, temblorosa ante una posible arremetida de su ira sanguinaria.

Pálido de encierro, los ojos alarmados de ojeras aceradas, la melena fláccida, acompasaba pasos inciertos. No pensaba, sufría, y este estado le atormentaba como yugo[40] que solía romper con brutales furias.

Entonces descolgaba su lanza, arremetía al primer siervo o embestía un árbol, contra el cual se ensañaba hasta tajear[41] tan hondo en las fibras, que su brazo era impotente para arrancar el acero mordido. Cuando así le sucedía, largaba su cuerpo a muerto y quedaba al pie del tronco, desvanecido, media lanza en la mano, hasta que le transportaran a su toldo.[42]

Otras veces corría entre los bosques desnudados por el huracán y bramaba[43] con él, espantando al que lo viera, las manos entre el pelo, la cara levantada hacia las nubes, que pasaban volando como enormes ponchos arrancados por viento rabioso y tirados a través del cielo.

Amthrarú sufría el peor de los martirios. Dudaba. No tenía ya el reposo de su anterior egoísmo ni gozaba la beatitud de los fervientes cristianos. El desorden se revolcaba en su alma torturante como una preñez madura.

Y un día fue a su tropilla; enfrenó el mejor de sus caballos.

No admitió séquito.[44]

Galopó recorriendo pajonales, guaycos, médanos[45] y llanuras. Las bolas[46] le aseguraron sustento, y bebía en los charcos,[47] evitando mirar su frente, desceñida del antiguo orgullo.

Fueron tres días de continuo andar: tres noches de desvelo, en indiferencia de todo lo que no fuese la atención del camino. A veces, un estremecimiento le castigaba el cuerpo: «Matar al ensotanado que lo embrujara.»

Señaló su reverbero blancuzco la ciudad

---

[36] vidrio o cristal que refleja la luz
[37] no conocida
[38] olieron, olfatearon; (fig. y fam.) averiguaron
[39] o toldería, campamento de indios en la Argentina
[40] madero que se coloca en la cabeza a los bueyes para unirlos
[41] hacer heridas alargadas
[42] pabellón de lienzo que se extiende sobre un paraje para darle sombra; cabaña de indios en la Argentina
[43] (fig.) gritaba de ira

[44] conjunto de personas que forman el acompañamiento de otra
[45] *guayco*: árbol de América cuya madera, dura y resistente, se emplea en ebanistería; *médanos*: dunas, montones de arena en las costas
[46] arma arrojadiza utilizada en la pampa; consiste de una correa de tres puntas en las cuales se ponen piedras o hierro
[47] agua detenida en un hoyo del suelo

buscada. No en carga, sino al paso y recogido en sí mismo, enfiló la calle conocida hasta desembocar en la plaza. La misma iglesia allá, a su frente, con sus mil aristas, recortes y puntas afiladas hacia el cielo.

Amthrarú sintióse henchido, sonoro como una cúpula, y cuando el fraile le abrió la puerta del templo, que irradió su incienso, humilde le besó la cruz del pecho.

Aprendió el Cristo, los rituales, la beatitud.

El padre Juan se esmeraba en convertir al salvaje, y no ponía mérito en su palabra, sino en la omnipotencia de Dios, que obraba ese milagro inmenso en el indio sanguinario.

Amthrarú palpó su fe y desde entoces marchó como los magos, tras la estela luminosa que le indicaba el camino de redención. Quería expiar sus pasadas violencias, e hincado por esa espuela, despertó una noche a la orden de una voz que le decía: «Has gozado en ti: ahora levántate, sufre y sé de los otros».

Obedeció, y el camino de su desierto volvió a verlo siempre disminuído, sin armas, a pie como un mendigo.

Tardó, tardó en llegar, sediento, haraposo, la boca sucia de comer raíces, pastos y bulbos.

No le reconocieron en el aduar. Amthrarú entró en su toldo; sus lujos y holganzas estaban allí en su espera. El cansancio, la sed, el hambre un despertar de recuerdos sensuales, le tentó agudamente; pero volvió a oír la voz: «Has gozado en ti; ahora sufre y sé de los otros . . .»

Fue entre la chusma,[48] eligió al más decrépito y, llevándole en brazos humildemente, le acostó en su propio lecho, tapólo con sus más ricos cobertores, dióle sus mejores prendas y púsole en la diestra su gran lanza de comando; la que tantas veces cimbrara, horizontal, pendiendo de su hombro en la mano potente, al correr descoyuntado de su pangaré.

Estaba libre; tiró su chamal,[49] último lujo, y, siguiendo el hilo invisible de su vocación de mártir, andando, anduvo por campos, pajales, guaycos, lagunas y playas, incansablemente, tras el rescate de su alma pecadora, en expiación doliente.

Así se fue, y a pesar de su antigua pericia[50] del desierto, perdióse en la igualdad eterna de la pampa. Parecíale, en su fiebre, ganar alma, por lo que iba perdiendo de fuerzas.

Sufrió sed. Sus flancos se chupaban, astringidos. La nuca, floja por un cansancio aumentado; los ojos en tierra, algo le sorprendió . . . ¡un rastro! . . . por instinto y costumbre, siguió el andar desparejo de un caballo.

El animal parecía cansado, tropezaba a veces y adivinó otro sediento como él. El jinete iría perdido rumbo al Sur, buscando agua, y el converso trotó sin vacilar sobre la pista,[51] clara para él como una confesión de dolor.

Pronto divisó tal un punto sobre la uniformidad arenosa: la bestia caída.

Muerto, sumido, el caballo estaba solo. Amthrarú estiró la vista. «Allá». dijo, y apresuró su paso hasta llegar junto a un hombre tendido boca abajo. Había éste cavado un hoyo,[52] hondo como su brazo, y estaba envarado.[53]

Amthrarú le dio vuelta. Tenía la boca llena de barro, que había estado chupando en su delirio de frescura. Ayudóle a escupir para que hablara; pero tenía la lengua como un aspa y farfulló confusamente:

—Agua, hermano; allí . . . río . . .

Amthrarú corrió olvidado de sí mismo.

El suelo se poblaba de escasas matas de esparte y paja brava. Chuciábase[54] las piernas, que se salpicaban de poros sanguíneos.

Iba sin sentir su cuerpo, llevado por el instinto hacia el agua que intuía cercana. Evitaba las pajas cuando podía; otras, tropezaba cortandose en las espadañas.

Un quejido ronco se exhalaba por sus labios, costrudos de sequedad.

Llegó al río, el fresco vivificó su piel, metióse en el agua, cuchareó[55] en la corriente e iba a beber cuando tuvo una visión.

El paisano de hoy, tendido tal le viera, pero con el semblante aureolado, como sucede en las estampas sagradas, era el Cristo.

Entonces alejó de sus labios la vida, vio sólo la divina imagen y volvió lo andado, roncando más fuerte, cayendo entre espinas. El resuello[56]

---

[48] conjunto de gente baja; (Ríopl.) multitud de indios
[49] paño que usan los indios araucanos para cubrirse de la cintura abajo
[50] experiencia práctica en una cosa; destreza
[51] huella que deja un animal al pasar por un sitio
[52] hueco, cavidad
[53] entorpecido, entumecido
[54] (Ríopl.) Se golpeaba con un chuzo (látigo de jinete),
[55] trató de sacar agua ahuecando sus manos
[56] respiración, aliento

era en sus oídos como algo ajeno. Poco a poco fuése haciendo musical, recordó el órgano el primer día que entrara al templo; sintióse, como entonces, divinamente enajenado, y deliró sin perder el rumbo con claridades, sonidos y beatitudes, siempre musicadas por su gemido.

Llegó hacia el moribundo, arrodillóse y, al entregarle el agua, creyó tomar la hostia.[57] El paisano se incorporó.

—Dios se lo pague, compañero.

Amthrarú oía:

—Tu asiento tendrás en el cielo.

Sus párpados caían; el paisano se alejaba. Amthrarú vio a Cristo elevándose por los espacios.

Unas alas le rozaron la frente: era un chimango;[58] y Amthrarú, de pronto vuelto en sí, vio la muerte, sintió hervir la gusanera[59] en su vientre aterrorizado.

Pero oyó la voz que le musitaba:

«Sufre y sé de los otros.»

Levantó los párpados e hizo limosna de sus ojos.

Gregorio López y Fuentes

MÉXICO, 1897-1967

Una orientación en muchos aspectos diferente de la de otros novelistas del ciclo de la Revolución Mexicana representó Gregorio López y Fuentes. En vez de tratar concretamente de los hechos bélicos o revolucionarios, puso más atención en el movimiento de la reforma agraria y en los problemas de los indios y clases rurales mostrando gran preocupación de reforma social. Por otro lado, se distinguió por una tendencia, a lo menos en sus obras principales, hacia la estilización y la alegoría que no aparece en los demás autores. Nació en una ranchería en la Huasteca Veracruzana. Su padre era un modesto ganadero-agricultor y esto le dio oportunidad al futuro escritor de conocer directamente los problemas fundamentales de las clases campesinas mexicanas, que tan bien describe luego en muchos de sus libros. No queriendo oponerse a los consejos de su padre, comenzó a estudiar para maestro en su provincia, para trasladarse más tarde a la ciudad de México e ingresar en su Escuela Normal para Maestros. Como se sentía muy atraído por las letras, bien pronto se vinculó a la nueva hornada de escritores. Después que el usurpador Huerta tomó la presidencia, López y Fuentes se unió a las filas revolucionarias del General Carranza, en las que permaneció por dos años. Tiempo después enseñó literatura en la Escuela Normal hasta dedicarse por completo a las letras y el periodismo. Como periodista colaboró en diarios muy importantes de México y llegó a ser director de *El Universal,* uno de los más influyentes.

Como muchos otros escritores López y Fuentes se inició en la poesía cuando estaba de moda el Modernismo. Aunque ya había publicado dos relatos previamente, su primera novela en llamar la atención fue *Campamento* (1931) en la que emplea una

---

[57] elemento sagrado que el sacerdote da en la comunión
[58] ave de rapiña

[59] grupo de gusanos, animalitos que comen el cuerpo humano ya muerto

técnica semejante a la del cine en la captación sucesiva o simultánea de las diferentes escenas de la vida de un grupo de soldados revolucionarios durante una noche en que acampan en un lugar desconocido. Los episodios captan todas las posibles incidencias de un conjunto de ese tipo: escenas de humor, grotescas, eróticas y no pocas de hondo contenido humano. Al año siguiente dio a conocer *Tierra* (1932), a la que sirve de fondo la vida de Emiliano Zapata, el gran héroe de la reforma agraria y la lucha por el reparto de tierras. Es muy difícil escribir una novela sobre una gran figura histórica, pero López y Fuentes le confiere dignidad a su relato, posiblemente la mejor novela escrita hasta hoy sobre el zapatismo.

Una de las mejores narraciones de este autor, titulada ¡*Mi general*! presenta otro punto de vista de esa contienda: la desilusión revolucionaria, representada por un luchador que llega a las más altas posiciones y luego pierde todo su poder al caer en desgracia con los que controlan la política. La obra nos ofrece un cuadro muy atinado de la falta de una moral sólida en muchos seudorevolucionarios, que olvidan las promesas y los ideales revolucionarios a la hora de la victoria. El novelista ganó el premio Nacional de Literatura con la recia novela *El indio* (1935), considerada con razón como la mejor obra que salió de su pluma. Constituye un cuadro valiente y denunciador de una de las grandes fallas de la revolución: no haber llevado a los indígenas la redención y justicia que se les prometió. En este gran lienzo humano, López y Fuentes nos pinta la vida total del indio, quien siempre lleva la peor parte en sus relaciones con el blanco. Las conclusiones del autor son pesimistas, porque no ve solución para dicho problema, dando a entender una desviación esencial de la revolución de sus ideales fundamentales.

Después de otras dos obras no tan importantes, escribió *Acomodaticio* (1943), novela de sátira y crítica política. Es la historia de un revolucionario oportunista que emplea toda clase de artificios para mantener su influencia política, no importa que tenga que adjurar de los principios que pudo tener en una época. Posteriormente volvió a la novela indianista moderna en *Los peregrinos inmóviles* (1944). Su historia se centra en la peregrinación de un grupo de indios después de ser liberados por la revolución, en busca de un lugar adecuado para reorganizar su vida. La marcha de los indios está pintada con mucho realismo y descubre los sufrimientos y angustias así como las divisiones e intrigas entre unos y otros. En la ejecución de la trama hay dos momentos: a un instante de alguna monotonía por la narración de episodios algo semejantes, sigue la última parte donde es más fluida y rápida. Al igual que *El indio* expresa preocupación social, aunque el final deja una impresión de pesimismo ya vista en aquella novela. Apartándose de este tipo de relato el autor escribió *Entresuelo* (1948) presentando las luchas e infortunios de una familia de la clase media que se ha trasladado del campo a la ciudad en busca de un destino mejor. Aunque no carece de méritos, no supera los valores intrínsecos de su ciclo revolucionario.

Sus cuentos son deliciosos y se encuadran en el tono irónico y de buen humor («Una carta a Dios»), los que se acercan a los cuentos infantiles («Un pacto») y aquellos en que presenta aspectos de las clases rurales o de la vida mexicana («La patria»). Su colección más famosa lleva por título *Cuentos campesinos de México* (1940), en los que a más de la preocupación artística se nota el interés por llamar la atención hacia los pobres, indígenas y pueblo en general.

FUENTE: *Cuentos campesinos de México*, México, Editorial Cima, 1940.

Cuentos campesinos de México

La patria[1]

Nada disgustaba tanto a don Gorgonio Medina como que le dijeran que a él lo había dejado el tren[2] allá en los tiempos de los liberales.[3]

—¡No pudo haberme dejado el tren, muchachos, porque en aquellos tiempos todavía no conocíamos los trenes! ¡Entonces se viajaba en diligencia[4] y a caballo; entonces se peligraba[5] en los caminos y quien hacía un viaje era un hombre!

Eludía así sin contestar a quienes criticaban sus ideas. Muchos de los compañeros de tertulia se conformaban con la explicación, pero quienes se divertían con los enojos del viejo, decían siempre:

—No se trata de viajes, don Gorgonio: se trata de su manera de pensar. A usted lo dejó el tren allá en los tiempos de los liberales.

—Por lo que veo, ustedes quieren discusión... Pues sostengo lo que siempre he dicho: mi patria está aquí, en este rincón del país, donde las gentes me conocen y donde yo conozco a todos, donde las costumbres son familiares para mí y donde sé el nombre de las plantas...

—A eso se llama quedarse parado a la orilla del[6] camino, mientras que todos los compañeros de viaje ya van allá lejos.

—Si a eso vamos: ¿quiénes pelearon más para unificar al país? ¿Ustedes, que ya encontraron la mesa puesta,[7] o los liberales? Fueron ellos quienes hicieron la verdadera patria, pues antes, por la falta de vías de comunicación, nos mirábamos como extraños, más bien como 5 enemigos.

—Usted lo ha dicho: eso fue entonces, pero no ahora, porque ahora es lo mismo ser de Yucatán, que de Veracruz, que de Sonora o de Tlaxcala.[8]   10

—¡Eso sí que no! ¡Mi patria es este rincón de México!

—Eso es provincialismo.

—Eso es patriotismo: nadie puede querer a todo un país si no quiere a la tierra donde pasó 15 los primeros años, de donde son sus padres y donde están sepultados[9] los abuelos. ¡Ojalá y que viviera mi general,[10] o por lo menos aquel endiablado de capitán Rojas:[11] ellos harían entrar en razón a ustedes!...[12] ¡Cuántas veces, 20 después de caminar tres días por las sierras, ya nos considerábamos en tierra extraña, entre enemigos! Y ahora ustedes, con sus ideas modernas, me vienen con que es lo mismo ser de aquí que de allá...   25

—¿Por qué se ha quedado tan atrás, don Gorgonio? Corra un poco y súbase al tren... Todavía es tiempo, aunque las ideas caminan

---

[1] En este cuento Gregorio López y Fuentes trata el viejo tema de las discrepancias de pensamiento entre las diferentes generaciones. Abuelo, padre y nieto tienen conceptos bien distintos de la patria. Para el más viejo, la patria es la región donde se ha nacido, «la patria chica»; el hijo se opone a este concepto restringido y considera que la patria es todo el país; pero el nieto, quizás embuído de la famosa frase de Víctor Hugo («Mi patria es el mundo»), quiere borrar las diferencias nacionales, para llegar a un concepto de patria universal. López y Fuentes capta muy bien la sicología de las distintas edades y pinta esquemáticamente, pero con precisión el seno de una familia patriarcal mexicana. Los diálogos son vivos, amenos y casi reales y ricos en planteamientos ideológicos. El enojo del viejo y luego del hijo y su necesidad constante de cocimientos para la bilis, pone un punto de humorismo, bastante frecuentes en los relatos breves de este autor.

[2] tenía ideas muy atrasadas

[3] El movimiento liberal aprobó la Constitución de 1857. El Presidente Benito Juárez promulgó las leyes de Reforma de 1859.

[4] coche grande para el transporte de viajeros y mercancías tirado por caballos

[5] estaba en peligro, corrían riesgo, se corría peligro

[6] al lado de

[7] todas las cosas ya hechas

[8] Estados de México

[9] enterrados

[10] un general de la Revolución mexicana

[11] un oficial de la Revolución mexicana

[12] ser razonable

más de prisa que los hombres... No se empeñe[13] en quedarse rezagado...[14]

Y don Gorgonio cortaba casi siempre tan enojosas discusiones con un recuerdo familiar acompañado de una referencia de sus andanzas juveniles, y se iba para su casa gritando:

—¡Descastados! ¡Descastados![15]

Al llegar a su casa ordenaba a una de sus hijas, señoritas de sesenta años y siempre vestidas de negro, que le pusieran a hervir una pósima[16] contra la bilis.[17] Le temblaba la mano al colgar de una percha su sombrero y su bordón.[18]

—¡Bandidos! ¡Querer discutir conmigo, es decir, con uno de los que organizaron el país, ellos que ya encontraron la mesa puesta!

—¿Por qué te violentas, padre? Con que no les hagas caso, todo queda arreglado.[19]

—Tienes razón: ¡para qué dar oídos a estos necios![20]

La casa de la familia Medina era un encanto, algo así como una exposición de la provincia:[21] viejos y pasados muebles, espesas cortinas, el piso enladrillado[22] y rojo, trabajos de aguja[23] sobre el piano y los sillones, muchas macetas[24] adornando el patio y la entrada, muchas jaulas...

—¡Bandidos! Discutir conmigo, queriendo convencerme que es lo mismo ser de aquí que de allá... Bien se ve[25] que a ellos no les dejaron un plomo pegado al hueso,[26] sólo porque nuestras tropas pasaban los límites del Estado vecino...

—Ya no hablar de eso, padre: ¡a la mesa! La comida ya está lista y abundan los platillos de tu agrado.

Por lo regular,[27] ya se hallaba instalada la familia cuando aparecía el otro Gorgonio Medina, el médico, hombre tenido[28] como benefactor de la comarca, parlanchín y regordete.[29] Para distinguirlos, todos llamaban al viejo don Gorgonio y a su hijo simplemente el doctor Medina.

¡Cómo lucía aquel comedor con su mesa suficiente para treinta invitados, con sus grandes cromos[30] adornando la pared, con sus jícaras[31] enormes y de colores vivos y con sus platos de orilla dorada, haciendo juego con[32] la cuchillería[33] de plata! En uno de los cromos de la pared se veía una mofletuda[34] cabeza de cochino,[35] adornada con el rojo de los rábanos[36] y el verde tierno de la lechuga. En otro de los cromos, unos pescados invitaban a ser puestos en la cacerola.[37]

El viejo ocupaba el sitio de honor, en uno de los extremos de la mesa, inconfundible con el otro, a causa del asiento con alto y tallado respaldo.[38] Ese otro extremo, lo ocupaba la más joven de las señoritas Medina, Mercedes, quien servía e iba pasando los platillos:

Para papá: sólo le gusta la pierna...

Y por cadena iba[39] el platillo hasta el sitio de honor.

Para Cuca...

Mercedes conocía el gusto y el apetito de todos. Una de las hermanas apenas si probaba los platillos y naturalmente le servía poco. Uno de los sobrinos, muchacho de buen diente, preguntaba siempre:

—¿Se puede repetir?[40]

Y cuando el muchacho hacía su pregunta, Mercedes ya le estaba remitiendo el plato.

Casi siempre, mientras que los presentes ya iban por el tercer platillo, llegaba como un rondón[41] el médico, a ocupar el asiento que permanecía esperándolo, con espacio suficiente para que maniobrara[42] a su gusto aquel par de brazos regordetes.

El médico, fiel a su costumbre, se disculpaba

---

[13] insista
[14] atrás, atrasado
[15] peleados con su familia
[16] hierba medicinal
[17] líquido producido por el hígado
[18] bastón largo
[19] todo estará bien
[20] tontos
[21] quiere decir que la casa parecía un museo
[22] pavimentado de ladrillos
[23] tejidos
[24] tiestos o calderas de barro para cultivar plantas
[25] es evidente
[26] heridos por una bala
[27] generalmente
[28] considerado
[29] *comarca*: región, territorio, provincia; *parlanchín*: (fam.)

hablador, indiscreto; *regordete*: (fam.) pequeño y bastante grueso
[30] estampas o dibujos
[31] especie de taza pequeña de loza, porcelana o fruto hueco de un árbol
[32] correspondiéndose dos cosas
[33] utensilios de plata para comer
[34] con la cara muy gorda
[35] cabeza de cerdo
[36] plantas carnosas y rojas de raíz comestible
[37] vasija con mango para guisar
[38] parte de la silla en que descansan las espaldas
[39] eran pasados de mano en mano
[40] tener más comida
[41] impetuoso y sin reparo alguno
[42] hiciese maniobras; manejara

con la cocinera porque ésta tenía que recalentar mucho de lo que ya se habían llevado las muchachas de la servidumbre:[43]

—¡Imposible venir antes, doña Andrea! Una señora con síntomas de peritonitis, un muchacho con catarro de pecho, una niña con anginas...[44]

Doña Andrea, aunque disimulando su disgusto, contestaba amablemente la galantería:

—No tiene usted por qué[45] darme explicaciones, doctor: yo estoy para servir a sus mercedes...[46]

—Bien, bien, pero... Cuando llegue mi hijo, ya hecho un médico,[47] tendrá usted que recalentar para él y para mí,

—Para los dos, para los dos...

La señorita Mercedes se apresuró[48] a dar la noticia, movida por la alusión que se había hecho del estudiante:

—He recibido carta de Luis: dice que para el mes próximo tendrá el gusto de venir a pasar algún tiempo con nosotros, pues que está para presentar su tesis y, en cuanto reciba su título de médico, toma el tren...

—¡Un gran muchacho! Tan joven y ya va a ser médico.

—Ojalá y que sepa ganarse el cariño de las gentes,[49] como tú, hermano.

—Pero si se gana el cariño de las gentes, vivirá como yo, con cariño y sin dinero.

—Valen más las satisfacciones.

Don Gorgonio parecía ajeno a la conversación, inclinado para beber a pequeñas cucharadas[50] la infusión[51] que le habían preparado contra la bilis. Casi no había comido y, si no se retiraba, era por no faltar a la costumbre de la sobremesa.[52]

—¿Qué te pasa, padre?

—Lo de siempre, pero no vayas a llevarme la contra[53] como acostumbras hacerlo, porque voy a enfermar seriamente... Además, ya sabes que, por desgracia, tus medicinas son eficaces[54]

para los extraños pero no para mí... Creo que es porque no te tengo confianza. ¿Cómo puedes ser un hombre de ciencia, si te vi nacer, si te llevé en los brazos y, a la muerte de tu madre, yo te dormía en tu cuna...? ¿Cómo voy a creer en tus medicinas si de muchacho decías tantas sandeces?[55]

—Está bien: no te llevaré la contra, pero, ¿qué te sucede? Tampoco te lo pregunto porque quiera recetarte...[56] Bien veo que le tienes más confianza al cocimiento de naranjo, al simonillo o a la hierbabuena...[57]

—Hice bilis, hijo... Todo porque me puse a discutir con algunos necios, quienes quieren hacerme entender que la patria es todo el país, que cuantos vivimos en él somos iguales: bien se ve que ellos hallaron la mesa puesta, mientras que yo luché para imponer el orden y que hasta los vecinos me vieron como enemigo... Yo sigo sosteniendo que la patria está aquí, en este rincón donde vivimos... ¿Tú qué opinas?

—Hemos hecho la advertencia de que no le llevaría la contra... Otras veces que hemos tratado esta cuestión, usted se ha violentado, padre... Yo no quiero agravarle su padecimiento[58] a causa de haber discutido con extraños... Ellos no tienen ninguna obligación de ser razonables, mientras que yo...

—¡Eso sí que no lo tolero! Si te callas por lástima, es preferible que discutamos como en otras veces. No temas a que yo me ponga enfermo; jamás he rehuído un reto,[59] mucho menos una discusión con un hijo mío: al menos, tú no me dirás lo que ciertos patanes,[60] quienes dicen que a mí me dejó el tren en tiempo de los liberales.

—No, padre. ¿Para qué discutimos? Usted tiene sus ideas y yo las mías... Las de usted son producto de su tiempo...

De un salto dejó su asiento el viejo y, como ya se habían levantado otros de los familiares,

[43] conjunto de criados
[44] *peritonitis*: inflamación del peritoneo; *catarro de pecho*: resfriado; *anginas*: todas las afecciones inflamatorias de la faringue
[45] no necesita usted
[46] modo formal y antiguo de «usted»
[47] con su título de doctor en Medicina
[48] se dio prisa, aceleró
[49] hacer que las personas lo quieran
[50] lo que cabe en una cuchara
[51] líquido; cocimiento; pósima, véase nota 16
[52] tiempo que se queda en la mesa después de haber comido
[53] oponerte a mí
[54] que producen efecto
[55] tonterías
[56] prescribirte una medicina
[57] *simonillo*: una hierba medicinal; *hierbabuena*: planta de menta
[58] sufrimiento, enfermedad
[59] provocación o desafío; amenaza
[60] (fam.) campesinos, rústicos; (fig.) hombre grosero y tosco

fue a sentarse, nervioso y ágil, frente a su hijo.

—¡Con que mis ideas son producto de mi tiempo! En otras palabras, que conservo mis ideas y que me dejó el tren por allá en tiempo de los liberales... ¡En una palabra, que no he evolucionado!

—No he querido decir semejante cosa, pero sí creo que la patria no puede reducirse a un rincón del país, sólo porque lo amemos[61] más que al resto del territorio: la patria no es la tierra, no es el crecido número de habitantes, no es únicamente aquello que nos es grato porque lo hemos visto desde la niñez. Ese concepto es más aplicable a la tribu, ¡pero no a la nacionalidad! Decir patria es decir instituciones, es decir tradición, historia; es decir hogar, pero no el hogar personal, sino el hogar de todos; decir patria es decir el conjunto de las provincias y decir provincia es decir patria...

—¡Palabras! ¿Cómo van a ser mis compatriotas los del Estado vecino, si allá por el setenta[62] nos hicieron prisioneros y por poco nos fusilan?[63] ¡Nosotros peleamos por esto que es nuestra tierra y, si los hubiéramos hecho prisioneros, de seguro no se escapan!

—Padre, necesitas despejarte de esas ideas: la patria es todo el país. Las alegrías de quienes viven en el extremo sur son nuestras propias alegrías, y las tribulaciones de quienes viven en la frontera norte tienen que preocuparnos también... De estar[64] en peligro la integridad nacional, nuestro deber es ir a la guerra, sea cual fuere el pedazo de tierra que se nos quiera arrebatar...[65]

Don Gorgonio Medina dio un puñetazo en la mesa —punto final en la plática— y, sin dignarse siquiera contradecir al doctor, le dijo a la señorita Mercedes:

—¡Prepárame otro cocimiento contra la bilis...!

Durante muchos días no volvió a hablarse de la cuestión, siempre enojosa. Todas las conversaciones se reconcentraron en los preparativos para recibir al estudiante: la mejor pieza para Luis, una recordación de lo que le gustaba más. Lo que entusiasmaba al viejo era cuanto el muchacho decía en sus últimas cartas, todas llenas de un entrañable cariño para su tierra natal, para «aquel girón[66] de tierra que lo vió nacer...»

—Tenía que ser mi nieto para sentir, lo mismo que yo, un inmenso cariño por esta tierra. A pesar de los años que lleva en la ciudad, no se ha descastado, y sigue amando esto que, tanto él como yo, consideramos la patria, la patria chica,[67] como la llaman algunos, pero que es la verdadera patria... Allá los que[68] parecen perros finos, encariñados[69] lo mismo con las tierras del norte que con las tierras del sur. Yo soy como los perros corrientes:[70] sólo quiero mi casa y la tierra que la rodea. Si me veo lejos, no hago más que aullar[71] rumbo a mi tierra...

De toda la familia, fue don Gorgonio quien recibió con más calor al muchacho. Se lo disputaba al mismo médico y a las tías.[72] Le brillaban los ojos al viejo, próximo ya a las lágrimas, cuando el estudiante se puso a decir a la mañana siguiente a su llegada:

—Tenía hambre de ver estos campos, este cielo, estas gentes...

Y mientras llegaba la hora de reunirse en el comedor, don Gorgonio saboreó previamente lo que ya consideraba como su triunfo: derrotar a su hijo el médico con las propias palabras del estudiante, pues que éste, sin duda alguna, por cuanto había dicho y escrito, iba a dar la razón al abuelo,[73] a pesar del sentir del padre.

A la hora de la mesa, Mercedes se esmeró[74] en servir a su sobrino. Todos los demás sólo deseaban tener el gusto de pasarle los platillos. El estudiante, alto y formal, con su bigotillo presuntuoso y su aplomo en el hablar, era motivo constante de admiración. ¡Con qué juicio habló de la política nacional, con qué seguridad —a pesar de estar presente un médico— explicó lo que es y como se practica una laparatomía,[75] qué admirablemente recordaba, analizándolos,

[61] queramos
[62] el año de 1870
[63] casi nos matan
[64] si está
[65] quitar con violencia, robar
[66] pedazo
[67] el pueblo o región donde se nace
[68] fuera con los que

[69] aficionados, enamorados
[70] perros ordinarios; como todo el mundo
[71] emitir un sonido como los lobos y perros
[72] Él peleaba por él con el médico y las tías.
[73] a estar de acuerdo con él
[74] puso extremado cuidado
[75] operación que consiste en abrir las paredes abdominales y el peritoneo

todos los puntos de lo que fue su tesis...!

Las tías preguntaron si en verdad estaba muy adelantada en la ciudad la cirugía estética:[76] no porque ellas quisieran quitarse las arrugas:[77] por simple curiosidad . . . El doctor inquirió acerca de algunos nombres, viejos condiscípulos...

Cuando sirvieron el café, don Gorgonio creyó llegado el momento propicio y lanzó su manzana de la discordia sobre la mesa:

—Quiero, Luis, que tú opines acerca de una cuestión sobre la que venimos discutiendo tu padre y yo: la divergencia de opiniones, según él, es cuestión de tiempo, de años, los que yo tengo más que él, tantos como los que tú tienes menos que tu padre. Son, de hecho, tres etapas, es decir, tres generaciones, la mía, la de tu padre y la tuya: abuelo, hijo, nieto...Tú oyes y luego opinas: yo sostengo que la verdadera patria es este rincón del país —que tú tanto amas, según lo has dicho y lo has escrito—, esta tierra donde todo nos es familiar. Mientras que tu padre sostiene que la verdadera patria lo es todo el país, es decir, cuanto comprenden las fronteras... ¿Tú qué opinas?

El joven no lo pensó mucho y dijo:

—Siento no estar de acuerdo ni contigo, abuelo, ni contigo, padre. Mi opinión está basada en las ideas más modernas acerca del viejo concepto de patria: ¡Yo soy un ciudadano del mundo! Para mí no deben existir las líneas divisorias que son obra del egoísmo humano y motivo para la multiplicidad de los dictadores: no debe haber fronteras, todos los pueblos deben formar una sola familia sin distingos de color, de lengua, de historia... La idea de terruño[78] es herencia de la tribu, así como la idea de patria es la herencia de los heroísmos mal entendidos... ¡Y pensar que por ese afán se han matado pueblos enteros y los supervivientes[79] se amenazan, como lobos que se enseñan los dientes por sobre una cerca,[80] en tanto que los trabajadores cargan con los pesados presupuestos de guerra! Por eso he dicho que no puedo estar de acuerdo contigo, abuelo, ni contigo, padre...

Don Gorgonio y su hijo se miraron comprensivamente, como se miran quienes acaban de firmar una alianza, pero no replicaron. El anciano se concretó a ordenar:

—¡Mercedes, prepárame doble cocimiento contra la bilis!

—Y otro para mí, —agregó el doctor.

Jorge Icaza

ECUADOR, 1906

Como autor dramático, cuentista y novelista se ha distinguido Jorge Icaza, quien en toda su producción se afilia a la literatura testimonial y a la tendencia universal contemporánea de orientar la obra de arte hacia el interés por el hombre y su redescubrimiento. Casi todas sus obras pertenecen al Neorrealismo por su base ideológica y por la franqueza con que presenta la realidad, sin afeites literarios y artísticos. Ha viajado extensamente por los Estados Unidos, Europa, China Comunista, Cuba, otros países de Hispanoamérica y la Unión Soviética. Intentó el negocio de librería, pero la literatura ocupa todo su tiempo. Es miembro de la prestigiosa Casa de la Cultura Ecuatoriana

---

[76] cirugía plástica
[77] pliegues en la piel
[78] tierra, comarca natal, país en que se nace

[79] sobrevivientes, los que viven después de la muerte de otros
[80] o cercado; valla o división entre una propiedad y otra

y fundador del Sindicato de Escritores y Artistas del Ecuador. Es fama que en una Feria del Libro celebrada en Lima hace años, presenció la venta de más de quince mil ejemplares de su novela *Huasipungo*, la obra más popular salida de su pluma. Algunos consideran que ha mostrado veleidades políticas: iniciado en las ideas socialistas, luego mostró simpatías por el comunismo y hasta por el peronismo. Actualmente ocupa un alto cargo en la Biblioteca Nacional del Ecuador.

Después de un éxito discreto en el teatro con siete obras dramáticas, entre las que sobresalen *El intruso* (1929), *¿Cuál es?* (1931) y *Como ellos quieren* (1932), logró atraer la atención de la crítica con su primera colección de cuentos, *Barro de la sierra* (1933), donde pinta en estilo muy directo, las condiciones infrahumanas en que vive el indio ecuatoriano. Estos relatos dan la tónica de su narrativa posterior. Al cuento ha vuelto posteriormente con mucho éxito, en *Seis relatos* (1952), luego publicados con el título de *Seis veces la muerte* (1954) y *Viejos cuentos* (1960).

La obra que lo llevó al pináculo de la fama fue la novela *Huasipungo* (1934), que ha logrado diez y seis ediciones sin contar las fraudulentas, y traducciones a catorce de los idiomas modernos más importantes. La obra presenta con todo realismo y crudeza la explotación a que está sometido el indio por los terratenientes y las compañías extranjeras en complicidad con las autoridades civiles y el ejército. Aunque hay descuidos y procacidades en el lenguaje, a más de defectos gramaticales, la obra tiene un aliento épico y dramático indudable y una honesta intención de dar a conocer los abusos que se cometen contra el indígena.

Al publicar la novela *En las calles* (1935) ganó Icaza el Premio Nacional de Literatura. Con el mismo aliento político y revolucionario presenta la lucha de los desheredados de la fortuna contra sus opresores: los terratenientes, el gobierno y un estado político-social que permite tales desmanes, en el escenario que ofrece la ciudad de Quito. Después el discutido novelista publicó una especie de tetralogía en la que intenta presentar tipos básicos de la realidad sociológica de su país: indios, cholos, chullas, gamonales, terratenientes, burócratas, gobernantes, indiferentes. Este ciclo lo abre *Cholos* (1938), de gran vigor y sobriedad, aunque el plan total se resiente bastante. Ahora los protagonistas son los mestizos que desean incorporarse al proceso social. Hay una fuerte lucha entre Braulio Peñafiel, de una familia de sangre pura, pero decadente, y Alberto Montoya —el más convincente de los caracteres individuales de Icaza— representante del cholo que desplaza al blanco en el círculo burgués. La segunda novela de este ciclo es *Huairapamushcas* (Hijos del viento), 1948, donde vuelve a pintar al indio bajo la opresión del gamonal o terrateniente, el mayordomo, el cura y el jefe político. El indio es un despojado, y no es dueño ni siquiera de sus propios actos. La última novela de esta serie se titula *El chulla Romero y Flores* (1958).[1] El protagonista quiere sobresalir, pero no tiene acceso a la alta sociedad por su pobreza. Entonces se decide a vengarse desde un cargo público, denunciando la corrupción de los ricos, pero al fin es vencido. Es un inadaptado, un hombre que se ha encontrado a sí mismo, pero en definitiva un fugado de su verdadero mundo. Icaza es un excelente narrador, aunque con el propósito de llamar la atención sobre la horrible situación de los indígenas, los pinta casi bestializados y llega a la más negativa crudeza narrativa. Destaca los lados negativos de la realidad ecuatoriana, dando más importancia al tono

---

[1] «Chulla» significa individuo de la clase media que trata de superarse por las apariencias.

de exposición y denuncia de las lacras sociales que a los valores artísticos de la novela. Escritor de gran fuerza convincente, construye sus obras a base de relatos casi independientes, dándole una solemnidad bíblica y apocalíptica. Aunque pueden hacérsele algunas objeciones al estilo, sus narraciones quedan enclavadas dentro de la corriente universal de la literatura que profundiza en el contenido humano y vital. Por lo general emplea el personaje-masa y sobresale por sus diálogos exactos, directos, realistas. Icaza es el escritor más famoso del Ecuador después del gran panfletario Juan Montalvo.

FUENTE: *Obras escogidas*, México, Aguilar, 1961. Prólogo y vocabulario de F. Ferrándiz Alborz.

Barro de la sierra

1933

Cachorros[1]

La india Nati, sentada al umbral de la puerta de la choza de su huasipungo[2] —cual hijuelo en color y en forma que le hubiera salido a la rústica vivienda—, con el guagua[3] en la falda prendido a la teta, miraba y remiraba hacia el vértigo de la ladera y hacia los confines del valle surcado por la cicatriz de un largo camino. Ese día no fue al trabajo tras de su marido —taita[4] José Callahuazo— como tenía por costumbre. Amaneció enferma y, además, era el último mes de su segundo embarazo.

La inquietud de la espera, la ternura maternal para dormir al cachorro, la indefinida angustia de su habitual abandono, la cólera y el rubor de víctima por viejos atropellos de los patrones y todo lo que en la intimidad de la mujer bullía

en forma indefinida y viscosa,[5] se dejaba arrullar por el murmullo del follaje[6] de un pequeño bosque que se extendía más allá del barranco. Del pequeño bosque de eucaliptos —avenidas de pértigas[7] invitando a soñar hacia lo alto y hacia lo largo, árboles quijotes[8] a pie y lanza al cielo, espejismo de una raza que sueña y se le entierra— por donde apareció taita José —figura de agobiada cabeza, de anchas espaldas que se escurren[9] por las cuatro esquinas del poncho, de piernas cortas, prietas, mal abrigadas por un viejo calzón de liencillo—.

Al sonar en la desollada[10] inconsciencia del pequeño los pasos de su padre —gigante poderoso, malo, que vivía en su torno—, desapareció como por encanto la teta bajo la

<hr>

[1] Teniendo al fondo un cuadro tremendamente realista de las miserias y calamidades que sufre el indio y de los abusos de los latifundistas, Jorge Icaza nos presenta en un estilo muy vigoroso y neorrealista «el complejo de Edipo» que sufre un indito de menos de tres años al ver que su padre y otro hermanito menor le arrebatan el cariño de la madre. El niño termina por matar al menor y así recupera los cuidados de la madre. El ambiente repugnante e infernal en que viven los indios, su situación social y sus supersticiones y sicología aparecen captados con gran realismo. El relato es propio del estilo de Icaza donde vemos combinado lo más sucio y grosero con momentos e imágenes de gran belleza. Presenta una imitación exacta de la forma en que los indios hablan el español, a más de muchas voces indígenas para aumentar la autenticidad ambiental. Para un excelente estudio de este cuento,

véase: Eva Giberti: *El complejo de Edipo en la literatura*: «*Cachorros*», Quito, Ecuador, Casa de la Cultura Ecuatoriana, 1964. *Cachorro*: perro muy joven o hijo de fiera (de león, tigre, etc.); por extensión, cualquier niño.
[2] Pedazo de tierra que el dueño da a la familia india por su trabajo y donde ésta construye la choza y cultiva la tierra en su tiempo libre.
[3] hijo; toda criatura pequeña
[4] padre, protector
[5] pegajosa
[6] vegetación, plantas
[7] varas largas
[8] muy delgados y altos
[9] se escapan, sobresalen
[10] herida

pringosa camisa de la madre —su teta, única cosa grata y feliz en ese momento de la vida—, y él —pequeño, indefenso— tuvo que llorar en tono de maldición y desafío. ¿Contra quién?
5 ¿Contra qué? El llanto transformó entonces el cansancio de taita José en desesperación silenciosa, reprimida, rumiante, después de arrojar las herramientas que trajo del campo en un rincón y acurrucarse en el suelo. Y lo
10 oscuro en la piel, y lo bilioso en las pupilas, y lo alelado en el gesto del runa[11] se tornaron más impenetrables. ¿Su hijo? ¡Oh! Cachetes[12] rojos, pelo castaño de los patrones de la casa de la hacienda. ¿Por qué el guagua —su
15 guagua— salió así? ¿Sabía? ¿No sabía? «Carajuuu!»,[13] exclamaba la sangre del runa confundido —grito y estigma humillantes a la vez de miles de caras tostadas al sol de los valles y de los páramos y del látigo del latifundio— al
20 topar con aquella verdad. Con aquella verdad que había que envolverla en dudas, en preguntas, en silencios. Por decir algo el indio ordenó a la mujer:
—Candelita prenderás, pes.[14]
25 —Arí, taiticu[15] —respondió Nati dejando en el jergón[16] al crío, el cual volvió a chillar[17] con mayor resentimiento mientras ella encendía el fogón y ponía la olla de barro sobre la lumbre. Al final el llanto se ahogó en el humo. En el
30 humo que había tapizado de hollín las paredes y el techo de paja y palos. Al quedarse dormido el rapaz soñó: «Tendido de bruces a la orilla del maíz puesto a secar en el patio del huasipungo, siente, ve y palpa la teta de mama Nati,
35 llenándole la boca, toda la boca. Sí; es la teta, su teta. ¡Mamiticaaa! Solos, felices... El, al devorar; ella, al dejarse devorar. Sabrosa, tibia, mama Nati. La teta llena. Llenitaaa. Sabrositaaa... De pronto, sobre ellos, la cara hosca,
40 prieta, del hombre que vive en su torno, como una maldición junto a ellos. Siempre... Los ojos encendidos, los labios voraces, los pelos

empapados en sudor y pegados a la frente. Acercándose, acercándose... ¡Oh! A quitarle su dulce, su único placer. Su mama Nati... Y ella habla con el hombre feroz, con el hombre imposible, con el hombre que se halla siempre en lo alto, y se acerca a él, y llora con él, y se abraza a él, y trabaja con él, y ríe con él, y duerme con él, y se va con él... Conspiran, le abandonan, le dejan solo... Solitico... Ha desaparecido su teta llena, color a barro cocido... Su mama Nati... ¡Soliticooo!»

La mañana se había despertado acatarrada y se arropaba bajo un cielo gris que evocaba la carpa de los circos.[18] Los indios y las indias —de la ladera, del valle, de la montaña y del barranco—, tiritando de frío, vacío el estómago, llegaban a esas horas a su trabajo —en las sementeras del alto, en los desmontes del bajío,[19] en la limpia de las quebradas, en el arreglo de la carce, de los desagües[20] de los pantanos—. Para buena suerte, la imaginación en los hombres les abrigaba con grandes copas de aguardiente o con pilches[21] rebosando de guarapo;[22] en las mujeres, en cambio, les consolaba con la esperanza de la lumbre del fogón a la noche.

Taita José Callahuazo y mama Nati —dos números en la tropa de peones que abren una zanja interminable en el lodo—, agobiados por la barra que hunde él y por la pala que usa ella, también pensaban en sus cosas. Taita José, a cada «carajuuu» de coraje que sembraba en la tierra con su herramienta, aladeaba y desechaba[23] por absurdos —como quien escoge maíz podrido— sus proyectos para solicitar un adelanto[24] a los patrones por el parto de su mujer, «Ya mismitu, caraju, suelta el guagua. Esticu sí, pes... Míu mismu... Ojalá, pes... Comu quiera me he de separar unus rialitus[25] para tomar un buen puritu. Veinte sucres.[26] ¿Dará veinte sucres al pobre runa? ¡Qué ha de dar, pes! Una copita siquiera... El sábadu ha

---

[11] (Ecuador) vulgar, bajo, ordinario
[12] mejilla abultada (gorda)
[13] expresión de enojo; es una mala palabra
[14] pues
[15] Sí, taitica. Véase nota 4. *Arí*: en quechua significa sí, afirmación
[16] colchón de paja muy pobre
[17] gritar, llorar
[18] Imagen muy precisa y hermosa para describir una mañana nublada y sin sol.
[19] parte baja del terreno
[20] lugares por donde se saca el agua de un terreno
[21] recipientes (vasijas) hechos de media calabaza
[22] zumo de la caña de azúcar
[23] *aladeaba*: ponía a un lado; *desechaba*: abandonaba
[24] anticipo de pago
[25] unas monedas. Nótese como Icaza imita la forma como los indios hablan el español. La terminación «o» cambia a «u»: «mismitu», «míu», etc.
[26] El sucre es la moneda nacional del Ecuador; cada sucre vale 5.5 centavos de dólar.

de gritar taita mayordomo desde el corredur de la casa de la hacienda: «Taita José Callahuazo! Sólu un sucre en la semana. Sólu cincuenta centavitus. Faltas al trabaju, pes. Descontan du pur fiesta a Mama Virgen, pes. Deudas de taita vieju también.» Uuu... Peru yu he de decir, pes: «Taitiquitu, boniticu, pur vida suya, pes. Un adelanticu para la guarmi, que quiere parir nu más...» ¡Caraju! ¿Nu dará duru comu otras veces? Pur atrevidu, pur runa brutu, mañosu. Jodidu[27] está hablar. Jodidu está pedir. Yu solicitu. «¿Cómu, pes?», se decía una y otra vez el marido de la india embarazada.

Por curiosa coincidencia todos los peones apuntaban con su imaginación al mismo blanco —los pagos de la tarde del sábado en el corredor de la casa de la hacienda—. Tomás Chiluisa, el cual nunca recibía nada por haber perdido dos reses cuando fue cuentayo[28] —a más de los descuentos generales: una vez en la vida prioste[29] y la deuda de sus mayores como herencia—, había llegado al consuelo nebuloso y amargo de las maldiciones. Y Manuel Cahueñas, el cual no entendía que en la ley del embudo[30] si a diez se le quitan cinco no queda nada. Y Antonio Hachi, que faltaba desde varios meses atrás al reparto de los centavos, pensando sin duda en que el teniente político, el señor cura o el patrón obstaculizarían su dulce amaño.[31] Y Juan Toapanta, y Luis Perugachi, y Ricardo Caiza, y todos...

También las mujeres —algo les daban por su ayuda— pensaban conmover con lágrimas y con ruegos el corazón del «amo, patrón, su mercé» en los pagos de la semana. Así mama Nati, quien para su entender tenía desquitado[32] mucho más de los cincuenta sucres que le hicieron cargo —objetos perdidos o rotos en el servicio obligatorio y gratuíto que como india más joven seleccionada aquel año tuvo que cumplir en la cocina y en la alcoba del amo— cuando le casaron con taita José, proyectaba mentalmente —con rubor respetuoso y resentido a la vez— hablar al patrón, decirle... Imposible decirle lo que pensaba en presencia de los suyos, lo que le daba vueltas en la cabeza: «Taiticu. Dé, pes,

al guagua. Una ayudita. Algu, pes... Uuu... Igualiticu a su mercé. Cachete coloradu, pelitu también, ojitus también... Y ahura preñada del natural, pes. ¿Dónde está lu que ofreciú, lu que dijú, lu que hizu pensar a una pobre?»   5

—¡Nati! Deja al guagua en el suelo. Hay que bajar a la quebrada —ordenó el marido volviéndose hacia la india.

Con humilde diligencia —capaz de borrar toda sospecha— ella obedeció al indio. Acomodó al   10 crío junto a unas matas. Algo le dijo para que no se quede llorando.[33] Y siguió al runa viejo —resbalando unas veces, agarrándose con las uñas otras— ladera abajo.

Como de costumbre, el pequeño chilló con   15 llanto lastimero, y agotado, ronco, no pudo dormirse. Se hallaba sin faja, libres los brazos y las piernas. Podía arrastrarse, gatear. Fatigosamente llegó al filo del barranco. Allá, muy lejos —para él un abismo imposible—, alcanzó   20 a distinguir a mama Nati —apetito amoroso en los labios, en el paladar, en la lengua—; a taita José —ansia de temor y de asco en el pecho—, y creció su llanto en tono de profundo resentimiento. ¿Por qué le abandonaba ella? ¿Por   25 qué se iba siempre con él? ¿Por qué le dejaban solo? ¡Ambos! Con su primera cólera instintiva adelantó las manos para seguir... Rodaron ladera abajo pequeñas piedras y terrones. Alguien gritó entonces.   30

—¡Ave María! ¡El guaguaaa! ¡El guagua va a rodar comu zambu,[34] pes! ¡Agárrenle, taiticus!

Manos poderosas levantaron al cachorro del suelo para luego entregarle a su madre. Una vez en la espalda querida, entre hipos de anhelante   35 queja, el rapaz miró de reojo a taita José —cara hosca, gesto de venganza insatisfecha, de desesperación sin palabras, todo trunco, todo agobiado sobre la gris tarea—, y, con aterciopelada sensación de triunfo en la piel, se quedó   40 dormido, dulcemente narcotizado por ese olor a sudadero de mula que despedía su mama Nati en el trabajo.

Aquella mañana mama Nati, tirada sobre el   45 jergón, se revolcaba dando gritos. Algo le

---

[27] por jodido, fastidiado
[28] el que cuida el ganado
[29] (Amer.) mayordomo de una hermandad o cofradía
[30] todo lo bueno para el poderoso y lo peor para el pobre
[31] arreglo

[32] aquí significa pagado
[33] Icaza a menudo quebranta las normas del subjuntivo. En este cuento hay varios ejemplos.
[34] zambo; mono

atormentaba en la barriga. Algo que para el
cachorro de los cachetes colorados y del pelo
castaño no era normal. Desde un rincón, sin
atreverse a llorar —quizá él era el culpable. El,
5 taita José, a pesar de no estar en la choza— el
pequeño —los ojos muy abiertos, helada la
sangre, inmóvil la cólera, en silencio como para
desaparecer— observaba... Felizmente, a medio
día apareció en el tugurio de los Callahuazo
10 una india, la curandera —mandíbulas que sabo-
reaban incansablemente una vejez sin dientes,
cabellera revuelta,[35] ojos diminutos de mirar
alelado, manos flacas de sucio pergamino—.
Encendió la candela en el fogón y puso la olla
15 grande de barro con agua a hervir la vieja.
Entretanto, el primogénito, agotado por el susto
y por la sorpresa, ovillado[36] sobre las pajas y las
hierbas húmedas de los cuyes,[37] se había quedado
dormido. Al despertar el pequeño, la vieja
20 curandera algo murmuró a mama Nati, la cual
permanecía tendida en el jergón —sin gritos,
sin dolores—. Cuando la anciana se despidió
hizo una broma, para él incomprensible, al
rapaz de los cachetes colorados y del pelo
25 castaño. Ella dijo:

—Vuy donde taiticu. Que venga a conocer al
guagua tiernu, pes.

«¿Guagua tiernu? ¿Qué guagua, pes?», se
interrogó inconscientemente el pequeño aludido
30 moviendo nerviosamente la cabeza.

—Guagüiticu. Vení nu más... Verás lu que
tengu aquí... Aquicitu —invitó cínicamente
mama Nati. Sin vacilar el cachorro de los
cachetes colorados y del pelo castaño se
35 arrastró hasta el jergón. Ella levantó entonces
los ponchos viejos y enseñó a su hijo mayor el
espectáculo de un ser viscoso, repugnante. Un
ser que... ¡Oh! Al impulso de extraño furor
el primogénito quiso lanzarse contra el intruso;
40 pero ella, ¡ella!, mama Nati, le detuvo con una
mueca de reproche y de ternura a la vez.
Minutos más tarde la india sacó una de sus tetas
y dio de mamar al repugnante ser recién llegado.
«¡Nooo!», protestó alguien instintivamente en
45 la sangre y en los nervios del muchacho de los
cachetes colorados y del pelo castaño. Alguien
que no era él. Alguien que no era taita José.

Se mamaba lo suyo! ¡Lo suyo! Y ella consentía...

Como al celoso muchacho le era imposible
interrogar —¿de dónde cayó?, ¿quién le trajo?,
¿por qué le robaba su teta color de tierra cocida
su mama Nati?—, abrió la boca y lanzó un
alarido de mutiladas interrogaciones.

—Gritandu comu diablu, nu... ¿Por qué,
pes? Guagua de Taita Diositu. ¡Longu[38] brutu,
animal! ¡Ñañitu, pes —advirtió con enojo
maternal la india.

—Uuu... Uuu...

—Ñañitu pes, brutu.

Con todo el coraje apretado en la barriga, en
el pecho, en la garganta, el cachorro celoso
comprendió que debía disimular. ¡Disimular!
Con taita José era diferente —mandaba en la
choza, estuvo desde siempre, su poder era
inmenso, su figura...—. El intruso en cambio:
débil, feo, cerdoso, moreno... Ella le defendía.
¡Oh! Para salvar aquella angustia que todo lo
transformaba en el secreto turbio de las entrañas
el rapaz corrió a ocultarse tras del montón de
la leña y de las boñigas[39] secas.

A medida que pasaban las semanas y los
meses crecían los celos y los resentimientos
profundos —actitudes taimadas,[40] fantasía de
crueldades, ganas de huir— del cachorro de
los cachetes colorados y el pelo castaño.

Aquella mañana mama Nati, cargada del
guagua menor a las espaldas y tirando de la mano
al mayor —el cual, por ese entonces andaba
perfectamente—, se dirigía al trabajo del
bosque. Al cruzar un arroyo el muchacho que
iba a pie pidió a la madre le dé agua. Ella se
quitó el sombrero —sucio recipiente de lana,
olor a sebo y agrios sudores—, le llenó en la
corriente que lamía sus pies y le entregó al hijo,
recomendándole:

—La sobrita darasle al guagua. Comu está
cargadu, pes, nu puedu yu mismu. Breve,
longuitu. Taita José ha de estar esperandu.

Se sentó en una piedra de la orilla del
riachuelo para que el rapaz cumpla[41] su orden.
Pero una broma que hábilmente disimulaba el
rencor del primogénito —rebelábase ante la

---

[35] cabellos sin peinar
[36] encogido de manera que está casi redondo
[37] conejillos de Indias
[38] (Ecuador) indio joven

[39] excrementos del ganado vacuno
[40] astutas, hipócritas, disimuladas
[41] Véase nota 33.

idea de servir al hermano— lo cambió todo. Inspirado echó la sobra del agua al suelo y corrió chaquiñán[42] arriba con el sombrero de la mujer en la mano.

—Ahura verás, longu bandidu, mañosu, Ahura verás lu que te hagu. Ahura te aplastu comu a cuy. Ahura he de avisar a taiticu —chilló derrotada, mama Nati en pos del pequeño.

Fatigada llegó la madre al claro del monte boscoso donde trabajaba el marido por ese entonces. Pero... No pudo o no quiso acusar al travieso muchacho, el cual, taimado y mirando con recelo, se había quedado tras de un tronco. Como de costumbre, la india acomodó a sus hijos a la sombra —para ella más segura y fresca— del follaje de un chaparral.[43] Y, antes de alejarse en ayuda de taita José, con voz de amenaza y súplica a la vez, ordenó al mayor de los rapaces:

—Cuidarás al chiquitu. Verás bien, longu mañosu. Donde le pase algu al guagua te hemus de matar nu más. Si tiene hambre darasle nu más la mazamurra[44] que traje. Aquí deju. Vus también comerás...

A pesar de las recomendaciones y del temor, el cachorro de los cachetes colorados y del pelo castaño nunca pudo permanecer sentado mucho tiempo. Se arrastraba por la hojarasca como lagartija, jugaba con el lodo de cualquier zanja[45] o vertiente próximas, atrapaba diminutos insectos entre la hierba para arrancarles las alas y la cabeza, se tendía cara al sol, deslizábase hasta muy cerca de los leñadores, y, oculto en cualquier refugio, observaba cómo los árboles caían entre quejas y truenos al golpe del hacha, cansado y hambriento devoraba la comida y entretenía el llanto del pequeño dándole a mamar la cuchara de palo —negra por el uso— ligeramente embarrada en mazamorra.

Aquella ocasión, a la tarde, el viento se puso bravo,[46] el cielo se tornó gris, desde los cerros llegaron —con intervalo de segundos— los gritos cavernosos de los rayos y el resplandor de los relámpagos. «Si cae el aguaceru meterás al guagua en cualquier huecu hasta venir nosotrus, pes», recordó el cachorro de los cachetes colorados y el pelo castaño con la voz de la madre

al oído. Y diligente arrastró al hermano —fajado como una momia diminuta— hacia una especie de cobertizo de ramas viejas y follaje seco. Por desgracia no se desató la lluvia y en cambio crecieron los rumores roncos y supersticiosos que arrastraba el huracán y las amenazas salvajes que rodaban desde el cielo. Un extraño temor se apoderó entonces del muchacho —ellos, mama Nati y taita José no llegarían pronto—. Se sintió solo, con soledad de angustiosos y resentidos contornos. Se sintió cruel, con toda la crueldad para defenderse, para sobrevivir. El hermano dormía con placidez e indiferencia que desesperaban. Pudo soportar diez, quince minutos aquella situación. Pero... ¡Imposible! Sin ningún escrúpulo, con ansia morbosa por oír el chillido del niño tierno —torcida urgencia de amparo y compañía—, le pellizcó en los párpados, una, dos veces.

¡Ah!

—Bandidu. Mañosu.

—¡Ah!

Como reacción momentánea, los gritos, en vez de tranquilizar al verdugo, le inquietaron obligándole a servir apresuradamente a la víctima unas cuantas cucharadas de mazamorra fría. Calló la criatura, y, a pesar del cerco del refugio —envuelto por las insistentes y dramáticas voces de la Naturaleza—, el cachorro de los cachetes colorados y del pelo castaño volvió a experimentar ese pavor angustioso de soledad, de abandono, de injusticia, que había destapado su rencor, sus celos. Alguien... ¡No! No era sólo alguien. Todos le robaban con solapado egoísmo el cariño de su mama Nati, la tibieza de su teta color de barro cocido, el amparo... Ciego de diabólico y amargo coraje —al parecer inmotivado—, el primogénito ejercitó de nuevo su crueldad en los ojos del hermano. Le pellizcó en los párpados. Una, dos, tres... Diez veces... El viento y los truenos ahogaban el llanto. ¡El llanto! Echó sobre las lágrimas tierra seca. Tierra que debía penetrar...

—¡Aaah!

—Ji... Ji... Ji...

—¡Aaah!

Luego, cuando calmó la tormenta del viento

---

[42] sendero en zig-zag que sube por los cerros
[43] matorral (lugares de mucha vegetación)
[44] por mazamorra: especie de caldo de harina de maíz, con

leche y azúcar o sal
[45] excavación larga en la tierra
[46] el viento era muy fuerte

y de los rayos, cuando el crepúsculo anunciaba la vuelta de taita José y de mama Nati, el pequeño verdugo limpió con gozoso cuidado las huellas de su venganza.

5 —¡Ave María, taiticu! ¿Qué pasú, pes? ¿Qué...? ¿Qué animal picaría en lus ojus del guagua? ¿Nu viste? —interrogó la madre al mayor de sus cachorros al notar algo raro: hinchada la cara, angustioso el llanto— en su 10 hijo tierno. Y con nerviosa diligencia sacó una de sus senos y le hundió en la boca del rapaz inconsolable—.

—Nu, mama. Nu...

—Caraju... Estu... Estu... —comentó 15 taita José rascándose de mala manera la cabeza. No dijo más. El cansancio y la indolencia eclipsaban a veces en él todas sus pasiones.

—Nu, mama. Nu... —insistió el cachorro de los cachetes colorados y del pelo castaño. Sus 20 palabras, en realidad, no respondían a lo que la madre interrogaba. Eran más bien la protesta, el grito del alma celosa y resentida.

—Pur estar jugandu. Longu pícaru, bandidu.

—Nu, mama. Nu. Uuuy...

25 —Y vus primeru hechu el guagua ñagüi, nu... ¿Pur qué, pes? Y vus primeru soltandu el mocu y las lágrimas. ¿Pur qué, pes?

Llena de angustia mama Nati al comprobar 30 que los ojos del menor de sus hijos —tres días cerrados por la hinchazón y por el llanto— supuraban[47] con abundancia, buscó a la curandera.

—Ave María. ¿Cómu, pes? Taitiquitu... 35 Cun mal está el guagua. Cogidu del cuichi[48] parece. Palpablitu. Del cuichi del mal de oju. Claritu, pes —opinó con voz y con gesto de bruja la experta mujer mientras examinaba al diminuto enfermo en el suelo.

40 —¿Del cuichi? ¿Y ahura qué será, pes, de hacer mama bonitica, shunguitica?[49] —interrogó con voz empapada en temores supersticiosos la madre del pequeño.

«Ha sido el cuichi. Yu nu, pes. ¿Yu? 45 Mentirosu. El cuichi. El cuichi mismu», se dijo mentalmente el mayor de los hijos de mama Nati,

que observaba desde un rincón de la choza la escena de las mujeres y del hermano. Y a fuerza de oír y repetir aquel nombre —causa y genio maligno de la misteriosa gravedad del pequeño intruso—, desterró a la hermética región del aparente olvido íntimo —como quien borra una huella— sus pequeños remordimientos sobre el caso.

—Ha de ser buenu.[50]

—¿Qué, pes?

—Estar segura —murmuró la india que examinaba.

—¿Cómu, bonitica?

—Frotandu al guagua, pes.

—¿Cun cuy negru?

—Sólu para dolur de barriga, para dolur de shungo,[51] para dolur de rabadisha,[52] para dolur de espalda, es esu buenu. Para estu, ca; hay que reventar sapitu en candela. Sapitu tiernu.

Del interior de una bolsa mugrienta de cáñamo, con la cual llegó a la choza, la curandera extrajo, en silencio, trapos, yuyus[53] secos casi en polvo y una diminuta rana. Luego, mientras murmuraba extrañas oraciones en quechua,[54] frotó con el animalillo varias veces los párpados hinchados del enfermo, que chillaba sin consuelo. De inmediato se acercó hasta el fogón —fuego de leña de chaparro[55] y de boñiga seca—, quitó la olla donde hervía la mazamorra cotidiana, y, después de hacer una serie de gestos y movimientos cabalísticos, echó sorprensivamente el sapo en la lumbre. Con leve queja de músculos que se contraen, se estiran y se achicharran, reventó el batracio, saturando el ambiente de un olor a carne asada. Rápida la vieja metió las narices en el humo que despedían las candelas. Y como si despertase o volviera de un éxtasis, confirmó su diagnóstico. :

—El cuichi. Agarradu del cuichi. Claritu se huele, pes.

—El cuichi —repitió la madre.

«El cuichi», se dijo el cachorro de los cachetes colorados y del pelo castaño con burla casi inconsciente.

—Ahura hay que esperar que pase la luna tierna, pes.

---

[47] echaban humor (como una herida)
[48] genio del mal
[49] corazoncito; viene de «shungo»: corazón en quechua
[50] se pondrá bien
[51] Véase nota 49.

[52] rabadilla; cadera
[53] yerbas silvestres
[54] Quechua: lengua de los Incas y que todavía hablan muchos indios de las regiones que comprendían su imperio.
[55] maleza, matorral; árbol pequeño

—Arí, bonitica.

—Hay que conseguir también hojitas de shantén de monte,[56] fluir de mora machacada y hierba de pozu que crece en cueva. De toditicu[57] hay que hacer cocimientu[58] para poner empapandu pañus calienticus en ojus. Dus, tres veces al día.

—Cómo nu, mamitica.

—Manu de Taita Dius es.

—¿Y cuántu será de pagar, bonitica?

—Dus cuicitus[59] nu más.

—Negrus ha de querer.

—Ojalá, pes.

A gatas[60] mama Nati se metió por los rincones de su vivienda. Su habilidad y decisión equivocaron una y otra vez en el color de los roedores que sorprendía.

—Cuuuy... Cuuuy... Cuuuy... —chillaban los animales enloquecidos huyendo de un lado a otro. Pero cuando llegó taita José la cacería fue más fácil y la curandera se marchó satisfecha.

Mientras maduraba la luna, mama Nati, con cierto misterioso sentido adivino, procuró no abandonar un solo instante al enfermo —por fuerte que era el trabajo le llevaba cargado a la espalda, en la choza le daba el seno, le arrullaba sin cesar y por las noches dormía a su lado—. Sí. Saturada de nebuloso y de amargo temor creía haber sorprendido más de una vez en las pupilas de su hijo mayor una especie de rabioso encono[61] de taimada venganza. ¿Para ella? No. ¿Para taita José o para el hermano tierno? Quizá...

Aquella ternura y cuidados maternales mejoraron a medias los ojos del pequeño, pero no tardaron muchos días en agravar los celos —viscoso ardor en la sangre, fermento de odio, impulso subconsciente de venganza— del cachorro de los cachetes colorados y pelo castaño, el cual al observar y oír —desde cualquier rincón de la choza o del campo— las amorosas y tiernas escenas de mama Nati con el crío de piel oscura, de labios gruesos, de idiota actitud, rumiaba insultos y proyectos de trágicos perfiles: «Manavali[62] es, pes. Runaaa. Yu...

Taita cura sonríe cuando me ve. Patrún grande también. Longas[63] de huasipungo me agarran nu más donde quiera. Yu... Que nu suy percudidu[64] dicen. Que nu suy runa, pes. El... Uuu... Atatay,[65] guagua longu. ¡Longuuu! Peru he de pisar nu más comu a gusanu, comu a moscu de monte. He de sacar los ojus, la lengua. Cierticu... El cuichi... Mi cuichi que nadie sabe cúmu mismu... Mi cuichi que... Ji... Ji... Ji...» Otras veces, hueca la cabeza, apretadas de angustia las entrañas, con la visión maldita del hermano prendido en la teta de mama Nati —su teta color de barro cocido, su mama Nati—, el cachorro de los cachetes colorados y el pelo castaño gritaba inopinadamente[66] o se tiraba al suelo llorando por algo que nadie sabía lo que era, quizá ni él mismo —vago sentimiento de abandono y soledad, coraje insatisfecho por no poder entretenerse con el intruso pellizcándole los párpados, echándole tierra en los ojos y en la boca, metiéndole palos de punta aguda en los huecos de la nariz, de las orejas, de...—.

—¿Qué será, pes? Parece enfermu. Parece cun diablu mismu —opinaba la madre sin poder intuir claramente la causa de los emperros[67] cotidianos del muchacho.

—Caraju. En una de éstas le aplastu comu a cuy con el acial[68] —amenazaba taita José.

Las cosechas de aquel año se caracterizaron en su mayor parte por lo duro, violento e inquieto del trabajo de la peonada —lucha con inesperados fenómenos de la Naturaleza—. Por los huasipungos, por las aldeas y por el caserío de la hacienda grande del valle se comentaba en tono y pena de velorio sobre el absurdo de los vientos y del granizo que azotaban las tierras altas de la cordillera.

—¿Ahura qué haremus, pes?

—Mayordomus han de saber.

—Patrún ha de saber.

—De arrancar adelantadu sería.

—¿Adelantadu?

---

[56] hierba de cualidades curativas
[57] toditico; todito eso
[58] líquido medicinal que se obtiene cocinando algunas substancias
[59] roedores
[60] caminando con los pies y los brazos como los gatos
[61] mala voluntad, odio, rencor
[62] que no vale nada
[63] indias o cholas jóvenes
[64] muy sucio
[65] exclamación, expresa sensación de asco
[66] inesperadamente
[67] irritación, enojo, encolerizamiento
[68] látigo, azote

—El maicitu.[69]

—La cebadita.

—El trigu del campu altu.

—Hechu una lástima toditicu en la ladera.

5 —En la ladera.

—Arí, taiticus.

—Arí, boniticas.

Ante semejante amenaza, rubricada por pinceladas sospechosas de nubes como motas de 10 lana en el cielo de mediodía, el patrón y los mayordomos resolvieron adelantar las cosechas. Presurosa acudió la gente a los sembrados maduros —los huasipungueros con toda la familia, por obligación; los campesinos pobres 15 de los anejos,[70] en busca de trabajo y de chugchi[71]. Volvieron a transitar por los senderos las carretas desvencijadas y chirriantes hacia las trojes[72] del amo. La codicia de latifundistas y de acaparadores[73] volvió a perderse y enredarse 20 en cálculos millonarios, en utilidades y en precios. Volvió la indiada a sudar copiosamente de seis a seis.[74] Por desgracia —la urgencia decapitó[75] los únicos minutos de alegría y de recuerdos— no volvieron las danzas y los cantos 25 con los cuales los campesinos solían mitigar en parte la fatiga de la dura tarea y bendecir devotamente el milagro fecundo de la tierra en aquella ocasión. Hubo chicha, aguardiente, picantes —tostado de manteca, chochos, treintaiuno, 30 ají—, pero faltó tiempo para saborear a gusto. El acial de los mayordomos —flagelo temible a las espaldas de la indiada—, cruel, celoso y altanero, luchó en afán de adelantarse a los truenos de la tormenta:

35 —¡Apuren, carajo!

—¡Longos vagos!

—¡Indias carishinas![76]

—Respirando a gusto, ¿no?

—Hechos los cansados, ¿no?

40 —Desdoblándose como bisagras viejas, ¿no?

—¡Apuren antes de que llegue el granizo!

—¡El granizo que acabará con las espigas!

—¡Apuren antes de que lleguen las aguas!

—¡Las aguas que humedecerán hasta pudrir las cosechas!

—¡Apuren antes de que llegue el viento!

—¡El viento que se llevará todo!

—¡Apuren, carajo!

—¡Longos vagos!

—¡Indias carishinas!

—¡Apúrense, carajooo!

A taita José, a mama Nati —siempre cargada del pequeño a la espalda— y lógicamente al cachorro de los cachetes colorados y el pelo castaño, les tocó en la sementera grande —al indio al corte con un centenar de runas agobiados y sudorosos; a la india hacer y deshacer las parvas,[77] llevarlas de un lado a otro; al guagua mayor el cuidado del cucayo[78] al filo del barranco que limitaba el campo de la cosecha—.

Los tres primeros días, a pesar de la urgencia por ganar tiempo —maldiciones del patrón, gritos de los mayordomos, carreras de longos y de longas de toda edad y tamaño, marcha bamboleante de viejas carretas, improvisado almacenar de cuanto llegaba al caserío de la hacienda en los galpones,[79] en el establo, en el cobertizo del horno, en el corredor de la casa—, a pesar de esa locura por adelantar a la tormenta, todo salió más o menos bien. Pero al cuarto día —más de las dos terceras partes recogidas bajo techo—, un viento helado y juguetón se enredó con murmullo de sables de lata entre las cañas de maíz que aún quedaban en pie, se acostó en el oleaje de los dorados reflejos de los trigales y de los cebadales, se filtró con agudos lamentos y roncas voces en el follaje de los árboles del bosque y de los chaparros de las quebradas y de las cercas. Ante aquel aviso de la caprichosa Naturaleza la gente buscó en el cielo, en el horizonte de los cerros, en el olor del aire una esperanza, una tregua.[80] Cada cual comentó a su modo:

—Ahura sí, pes. Nus jodimus.

—Vientu de aguas.

—Vientu de granizu.

---

[69] pronunciación del diminutivo de maíz

[70] anexos, accesorios, adjuntos; *terrenos anejos*: terrenos anexos

[71] recolección de frutos olvidados después de las cosechas en las sementeras de los latifundios

[72] graneros

[73] los que adquieren y retienen muchas cosas

[74] Trabajaba desde las seis de la mañana hasta las seis de la tarde.

[75] mató

[76] mujer u hombre de pocos escrúpulos sexuales, en quechua

[77] mies (frutos) tendidas en la tierra para trillar

[78] comestible que se lleva en los viajes

[79] porches o cobertizos con paredes o sin ellas; tinglados

[80] Nótese la belleza de que es capaz el estilo de Icaza.

—Claritu se ve comu cortina de algodún en el monte de la rinconada.

—Ya vienen las aguas, pes.

—Ya viene el granizu, pes.

—Ya mismitu.

—¡Apúrense, carajooo!

—Apurandu mismu estamus, pes.

—Taita mayordomu, patroncitu.

La absurda porfía para no dejarse atrapar por la tormenta —codicia en peligro, poder fraguado en el sacrificio ajeno— enloqueció de exigencias y de crueldades al amo y a los mayordomos, quienes, como verdugos a caballo o a mula, corrían de un lado a otro, surgían por todos los rincones donde alguien fallaba en su tarea, donde alguien respiraba a gusto, flagelaban por la espalda —con o sin motivo—, daban gritos histéricos, maldecían al cielo por arrastrar color de ceniza prieta y por bramar con truenos incesantes.

—¡Apúrense, carajooo!

—¡Apúrense!

En medio de aquella caótica urgencia al parecer heroica —al recordar grotesca—, el taimado rencor del cachorro de los cachetes colorados y el pelo castaño no cesaba de acechar —diminuto pulso de odio y de celos, perdido en aquella especie de batalla entre la amenaza del viento, de la lluvia, del granizo y el pavor de la indiada imponente en su esfuerzo por mantener el orgullo del latifundista y el sádico esbirrismo de los mayordomos—. No cesaba de acechar a mama Nati —siempre cargando al hijo menor— con la esperanza de que en algún momento le entregaría al hermano para jugar con él. «Un raticu nu más, mama... Mamitica... El longuitu gateandu, pes... Yu caminandu nu más... Nu he de echar tierra en lus ojus... Nu, mama... ¿Por qué nu, pes? Aaah... El huaira fue... Cierticu... Nu... ¿Nu me...? Mala mama... Un raticu nu más quiero, pes... Acasu... Uuu... Guagua renegridu... Hiju... Adefesio... Para jugar es... Jugar bonitu, pes...», pensó el pequeño cuidador del cucayo en diálogo trunco con la madre que se movía a cien metros de distancia poco más o menos. Con la madre, que inopinadamente cayó al suelo bajo un gran bulto de espigas cortadas. «¡Bien hechitu! Pur mala. Pur

estar cargadota del guagua renegridu. Un raticu nu más que me den. Para jugar quieru... Mamaaa...» A los pocos minutos volvió a caer la india; sin duda se hallaba muy débil por el trabajo. En ese mismo instante acudió en ayuda de ella el acial de uno de los mayordomos:

—¡Carajo! ¿Qué ha de poder, pes? ¡Cargadota al guagua!

—Taiticu.

—¡Echale en el chaparro al longo!

—Así haremus, pes.

—¡Pronto!

La mujer dejó la carga que le agobiaba y corrió mecánicamente hacia el filo del barranco donde se hallaba su otro hijo. El mayordomo fue tras ella. Al depositar en el suelo al pequeño recomendó una y otra vez —leve murmurar escurriéndose de contrabando frente al hombre que le perseguía a caballo— al cachorro de los cachetes colorados y el pelo castaño:

—Verás bien al guagüitu.

Arí, mama.

¡Carajo! ¡Pronto! —chilló el mayordomo, furioso sin duda por lo que él creía inútil y taimada tardanza de la india.

Mama Nati, con impulso y resolución de quien se desprende de algo querido, se encaminó diligente de nuevo al trabajo, pero segundos antes de llegar a las parvas se dejó convencer por un temor angustioso, por una sospecha rara —indefinida, profunda—. Quiso e intentó —sentimiento maternal que trataba de amparar a los cachorros tendiéndoles una sonrisa, unas palabras de esperanza— correr hacia donde estaban ellos. Ellos podían herirse... ¿Por qué? Ella era indispensable... ¿Para qué? Llegar a tiempo de... ¿De qué? ¡Oh! Alcanzó a dar cinco, diez pasos. El largo acial del mayordomo —abrazo doloroso, vértigo de una corriente que le arrastraba sin reclamo— detuvo a la mujer, obligándola a reintegrarse a su destino.

—¡A trabajar, carajo! ¡A trabajar!

—Taiticu.

—India vaga, mal amansada. ¿Corriendo como carishina en estos apuros, no?

—Taiticu.

—¡A trabajar, carajo!

Con satánica felicidad —apariencia melosa[81]

---

[81] dulce, suave

y tierna—, el cachorro de los cachetes colorados y el pelo castaño miró a su víctima tendida en el suelo, a su víctima que movía las piernas y los brazos con la torpeza de un escarabajo echado de espaldas. Era la hora... Le había llegado la oportunidad que buscaba... No obstante... ¿Qué podía hacer para poder librarse de esa piltrafa sucia, inútil, intrusa, asquerosa? ¡Qué! Darle la mazamorra hasta que reviente, meterle la cuchara de palo en la garganta, romperle la olla en la cabeza, abrirle la barriga...

—Toma, pes. Mama mismu diju. Una cuchara. Una cuchara de mazamorra. Toma nu más.

Aquella invitación del cachorro de los cachetes colorados y el pelo castaño estimuló el apetito del menor, el cual, con toda el hambre de cinco horas de ayuno y dejando su nido de pringosas bayetas,[82] se arrastró por la hojarasca tras del alimento que se le ofrecía.

—Toma —insistió el muchacho, que llevaba la cuchara llena de viscosa y amarillenta sopa, retrocediendo a medida que el otro avanzaba. La burla, entre risas, ofertas, amenazas y carantoñas,[83] se tornó cruel, estúpida, angustiosa. Ante lo imposible —sin entender lo que pasaba—, el pequeño que iba a gatas se detuvo y con sonrisa que parecía chapotear en súplica de dolorosos rasgos miró al hermano una y otra vez.

—Toma.

—Uuu...

—Toma, longuitu.[84]

—Uuu...

Saturado de íntimas protestas que no podía formularlas, llorando a ratos en amenaza de no seguir el juego, el pequeño rapaz —ciego impulso instintivo— continuó arrastrándose de mala manera. Arrastrándose hacia el filo del barranco donde el viento —más próxima la tormenta— silbaba con ronquera cavernosa y el resplandor de los relámpagos deprimían con eficacia de acial de mayordomo. «Taitiquitu... Rodandu quebrada morir longu, pes. Rodandu...», pensó el cachorro de los cachetes colorados y el pelo castaño con sincero temor de que la torpe e inexperta criatura se... Pero de pronto —ansia que estalla ante una perspectiva,

odio que se libera—, desde lo más profundo del egoísmo infantil, en tono de diabólico consejo, con atrevida luz de venganza en los poros, cambió la sana inquietud por taimado coraje. «Ahura, pes. Comu taita patrún cun el natural. Cun lus naturales, pes. Comu amu mayordomu. Yu patrún. Yu su mercé. Yu mayordomu. El guagua runa es, pes. Uuu. Ahura, caraju. Robandu mi teta, nu... Robandu mi mama Nati, nu... Bandidu, mañosu...» Febrilmente —precisión de deseos olvidados, automatismo ingenuo, irreflexivo— el cachorro de los cachetes colorados y el pelo castaño llenó la cuchara de palo con mazamorra, le metió luego muy cerca de las narices de la víctima —olfatear de perro hambriento—, y, con fuerza diabólica le lanzó hacia el barranco mientras invitaba:

—Corre... Corre longuitu a coger, pes. Rica la comidita. Corre nu más.

Ante la vacilación llorosa y resentida del pequeño, el muchacho que dirigía el juego, pensó: «Si nu quiere obedecer he de empujar comu piedra para abaju... Comu palu vieju... Así mismu.» Pero no fue necesario llegar a tal recurso. La víctima —renovados bríos inconscientes, furiosos— se arrastró hasta el filo mismo del abismo, en donde cedió el terreno misteriosamente y desapareció el muchacho sin una queja, sin un grito. Leves golpes rodaron por el declive del muro de la enorme herida de la tierra. Chilló entonces el cachorro de los cachetes colorados y el pelo castaño con llanto de morbosa alegría que esquivaba hábilmente toda responsabilidad ante los demás. Por desgracia, sus lágrimas de cocodrilo[85] y sus gritos —mezcla paradójica de remordimiento, de temor, de angustia y de placer a la vez— fueron arrebatados por la tormenta, que había envuelto a la tierra en furia de huracán y de granizo.

Cuando llegaron mama Nati, taita José y los peones de la cosecha interrumpida —indios e indias— en busca de refugio, el cachorro de los cachetes colorados y el pelo castaño —tras una trinchera de ramas y de espinos cual rata asustada—, entre mocos, llanto y medias palabras dio a entender lo que había sucedido con su hermano —enternecedor cinismo criminal—.

—¡Nuuu!

---

[82] telas de lana, poco tupidas
[83] halagos y caricias; muestras de cariño

[84] Véase nota 63.
[85] dolor fingido, no verdadero

—Arí, taita.

—¡Nuuu!

—Arí, mama. Gateandu estaba, pes.

—¿Y nu viste cómu te dije?

—Arí, mama.

—¿Comu te recomendé?

—Arí, mama.

—¿Comu te supliqué pur Taita Diositu?

—Arí, mama.

—¿Por qué?

—Acasu pude agarrarle. Casi caigu rodandu yu también, pes. Mama. Mamitica.

—Ahura verás, bandidu. Ahura te aplasto comu a cuy. Ahura... —amenazó al muchacho taita José mientras se preparaba diligente y nervioso, con algunos indios comedidos que lamentaban por la desgracia, para descender a la quebrada en busca del cadáver del pequeño.

Abatida por duro cansancio y amarga desesperación —abundantes y silenciosas lágrimas en los ojos chirles[86] y en sopor afiebrado los músculos de todo el cuerpo—, mama Nati se sentó en el suelo, bajo la lluvia, que le chorreaba por los negros y desordenados cabellos, por la cara, por la bayeta sucia del rebozo. Un temblor irrefrenable en los labios le cortaba las palabras.

Una mueca de máscara trágica le rasgaba hacia abajo las comisuras de los labios. Una súplica muda aflojábale las mejillas. Una ansia gutural:

—Uuu... Uuu... Uuu...   5

Así miró el cachorro de los cachetes colorados y el pelo castaño a la madre cuando taita José había desaparecido por la quebrada. Entonces fue cuando creyó —impulso de amor heroico, coraje que amortigua el remordimiento, vehe- 10 mencia que olvida el castigo— que debía defenderla, que debía consolarla, que... Salió a gatas de su escondite y se prendió a ella gritando:

—Mamita. ¡Mamiticaaa!   15

A pesar de que su intuición le hizo ver clara la verdad, la india perdonó en silencio al rapaz. No sabía qué decirle. Se avergonzaba de acusarle. Acaso ella... Le abrazó mecánicamente contra su pecho. El entonces —ternura 20 incontenible— le acarició la cara, limpiándole las lágrimas y la lluvia; le acarició el cuello tibio, le acarició los senos. ¡Oh! Había vencido. De nuevo era suya.

¡Su mama Nati!   25

¡Sus tetas sucias, color de tierra cocida!

Horacio Quiroga

URUGUAY, 1878-1937

Varias colecciones de cuentos de mucho mérito han colocado a Horacio Quiroga a la vanguardia de los grandes cuentistas de la lengua castellana, admitiendo comparación con los mejores de cualquier otro país. Nació en el Salto, Uruguay, donde su padre era cónsul de la Argentina. A los nueve años se trasladó a Montevideo donde vivió hasta 1900. Ese año hizo un rápido viaje a Europa. En 1902 se trasladó a Buenos Aires y allí residió hasta su muerte, salvo una estancia de cerca de siete años en el territorio selvático de Misiones (1909-1916), su lugar preferido y cuya exuberante naturaleza le inspiró no pocos de sus grandes cuentos. En Buenos Aires se unió a los escritores que querían la renovación literaria, sobre todo a Leopoldo Lugones y fue líder de una tertulia literaria llamada Consistorio del Gay Saber. La obsesión que muestra por el

---

[86] (Fam.) insípidos, insubstanciales; sin expresión

horror y la muerte le vienen de varias circunstancias personales. Era un hombre refinado y de gran sensibilidad, introspectivo y neurótico; la muerte y las enfermedades lo persiguieron muy de cerca: su padre murió accidentalmente, su primera mujer se suicidó, mató a un amigo con un revólver en forma casual y él mismo cometió suicidio al saberse enfermo de cáncer. Fue profesor de gramática y literatura, renovador literario, periodista, autor dramático, poeta, novelista; pero su puesto en la literatura lo debe a sus excelentes cuentos cortos. Leyó asiduamente a Lugones, Poe, Maupassant, Dostoievsky, Chejov y Kipling y éstas son las influencias más directas que encontramos en su estilo. Quiroga asimila y supera todos los influjos recibidos hasta llegar a un estilo personal, intenso y dramático que lo acredita como uno de los primeros narradores hispanoamericanos.

Surgió a la vida literaria en la época en que estaban en su apogeo el Modernismo, como intento de renovación literaria y el Naturalismo narrativo. Ambas tendencias confluyen directamente en el gran escritor, dejando sus huellas a través de toda su obra. Se inició en la poesía con *Los arrecifes de coral* (1901), cuyos versos inseguros muestran las corrientes de la época. Luego intenta la novela con *Historia de un amor turbio* (1908), con visible influencia de Fedor Dostoievsky; al género volverá años después en *Pasado amor* (1929), con huellas del estilo de Baudelaire y D'Annunzio. La gloria literaria lo esperaba, sin embargo, en el relato breve, en el que se inicia con la colección *El crimen del otro* (1904), ganador de un premio literario. El momento de plenitud de Quiroga como cuentista se puede fijar entre 1910 y 1926. En esta época publica sus mejores colecciones: *Cuentos de amor, de locura y de muerte* (1917), *Cuentos de la selva* (1918), relatos para niños con influencias de Kipling, *El salvaje* (1920), *Anaconda* (1921), cuyos personajes son serpientes; *El desierto* (1924); *La gallina degollada y otros cuentos* (1925), *Los desterrados* (1926) una de sus mejores colecciones con una verdadera galería impresionante de tipos llenos de interés y rareza. En su última colección, *Más allá* (1935) se destaca «El hijo», uno de sus mejores relatos breves.

Los mejores relatos de Quiroga son aquellos sobre los temas de horror, fatalismo inexorable, cuentos crueles y de animales, el hombre destruyéndose contra las fuerzas bárbaras de la naturaleza, la morbidez y anormalidad sicológica, notas de misterio, de alucinación y de muerte, ambientes de desolación y tragedia. Sus cuentos suelen horrorizar al lector por su grado de autenticidad, pero nadie abandona su lectura hasta reconocer su fuerza dramática. La premura con que escribió afecta estructuralmente algunos de sus cuentos, pero dejó más de una veintena de los que pueden sacarse algunos para una antología universal del género. En sus cuentos de animales —situados entre los mejores que escribió— no hay humanización de los irracionales como en Walt Disney, sino que se interna por su sicología, a través de un agudo don de observación. A menudo pinta a los animales como más humanos que los propios hombres. Sus cuentos están bien construidos, salvo aislados defectillos técnicos, con diálogos muy bien manejados y una prosa sobria, pero con influencia del Modernismo. Sobresale por la forma en que maneja el clímax del cuento, y el cuidado que pone en no anticipar el desenlace, con lo cual conserva el suspenso y el dramatismo hasta el final, donde a menudo campea la tragedia y la desolación. Era un buen creador de caracteres, pero parece que su lado fuerte es la creación de la atmósfera adecuada para la acción, así como su habilidad para trasladar al lector la intensidad dramática buscada por él. Aunque muchos de sus cuentos tienen escenarios regionales, Quiroga gana universalidad a través de su interés en presentar temas y problemas de tipo sicológico que afectan a todos los hombres. Las contribuciones de este autor al cuento hispanoamericano son inmensas, tanto en lo referente a la técnica y estilo como a los temas, ambientes y problemas presentados.

FUENTES: *Cuentos*, 13 vols., Montevideo, C. García, 1937–1945. *Los desterrados*, Buenos Aires, Biblioteca Contemporánea, Editorial Losada, 1956.

Los desterrados

1926

Tacuara-mansión[1]

Frente al rancho de don Juan Brown, en Misiones,[2] se levanta un árbol de gran diámetro y ramas retorcidas, que presta a aquél frondosísimo amparo. Bajo este árbol murió, mientras esperaba el día para irse a su casa, Santiago Rivet, en circunstancias bastante singulares para que merezcan ser contadas.

Misiones, colocada a la vera de un bosque que comienza allí y termina en el Amazonas, guarece[3] a una serie de tipos a quienes podría lógicamente imputarse cualquier cosa, menos el ser aburridos. La vida más desprovista de interés al norte de Posadas, encierra dos o tres pequeñas epopeyas de trabajo o de carácter, si no de sangre. Pues bien se comprende que no son tímidos gatitos de civilización los tipos que del primer chapuzón[4] o en el reflujo final de sus vidas, han ido a encallar[5] allá.

Sin alcanzar los contornos pintorescos de un João Pedro, por ser otros los tiempos y otro el carácter del personaje, don Juan Brown merece mención especial entre los tipos de aquel ambiente.

Brown era argentino y totalmente criollo, a despecho[6] de una gran reserva británica. Había cursado en La Plata[7] dos o tres brillantes años de ingeniería. Un día, sin que sepamos por qué, cortó sus estudios y derivó[8] hasta Misiones. Creo haberle oído decir que llegó a Iviraromí por un par de horas, asunto de ver las ruinas. Mandó más tarde buscar sus valijas a Posadas para quedarse dos días más, y allí lo encontré yo quince años después, sin que en todo ese tiempo hubiera abandonado una sola hora el lugar. No le interesaba mayormente el país; se quedaba allí, simplemente por no valer sin duda la pena hacer otra cosa.

Era un hombre joven todavía, grueso y más

---

[1] Al igual que otros de los mejores cuentos de Quiroga, éste tiene al territorio de Misiones por escenario. Como lugar selvático rico en recursos naturales y fronterizo, este sitio se convirtió en centro de individuos raros y extraños, de vida peregrina, cuya filosofía de la vida —perdida toda ilusión— los conducía a agotarse en un momento de placer. Toda la colección de *Los desterrados* está llena de estos tipos enigmáticos. «Tacuara-Mansión», uno de los mejores relatos del volumen, nos presenta tipos de este jaez, cuya vida estrafalaria ofrece gran interés al lector. Todo en el cuento contribuye a reforzar la impresión objetiva que Quiroga quiere dejar en el lector: la de existencias ya acabadas, de «ex-hombres», como él mismo dice que han venido a terminar sus días en ese lugar, ya sin ilusiones, ni esperanzas ni planes. El talento del autor para crear caracteres es tan extraordinario, que los personajes no parecen entes de ficción, sino seres de carne y hueso. El relato tiene técnica cinematográfica y describe todo un ciclo: termina por donde empezó y se centra en estas sicologías

fuera de lo común y en lo aventurero de esas vidas. Las descripciones ofrecen gran plasticidad y el relato corre con morosidad para que el lector saboree las biografías que tiene delante. *Tacuara-Mansión*: casa hecha de *tacuara*, una especie de caña muy dura. *Mansión* aquí está usada en sentido irónico, naturalmente.

[2] *Misiones*: provincia al noroeste de la Argentina. El territorio de Misiones es una especie de meseta selvática entre los ríos Paraná y Uruguay, formando parte de la Argentina y el Uruguay; lugar favorito de Quiroga; *Posadas*: la capital de la provincia de Misiones; *Iviraromí*: población de Misiones; *Tucumán*: ciudad del noroeste de la Argentina, capital de la provincia del mismo nombre.

[3] acoge, da asilo

[4] zambullida (nadar por debajo del agua)

[5] llegar un barco a la orilla sin poder salirse de ella

[6] a pesar de

[7] ciudad argentina, capital de la provincia de Buenos Aires, donde hay una universidad

[8] siguió el rumbo

que grueso muy alto, pues pesaba 100 kilos.
Cuando galopaba —por excepción— era fama
que se veía al caballo doblarse por el espinazo,[9]
y a don Juan sostenerlo con los pies en tierra.
En relación con su grave empaque,[10] don
Juan era poco amigo de palabras. Su rostro
ancho y rapado bajo un largo pelo hacia atrás,
recordaba bastante al de un tribuno del noventa
y tres. Respiraba con cierta dificultad, a causa
de su corpulencia. Cenaba siempre a las cuatro
de la tarde, y al anochecer llegaba infaliblemente al bar, fuere el tiempo que hubiere,[11] al
paso de su heroico caballito, para retirarse
también infaliblemente el último de todos.
Llamábasele «don Juan» a secas, e inspiraba
tanto respeto su volumen como su carácter. He
aquí dos muestras de ese raro carácter.
Cierta noche, jugando al truco[12] con el juez
de Paz de entonces, el juez se vio en mal trance
e intentó una trampa. Don Juan miró a su
adversario sin decir palabra, y prosiguió jugando. Alentado el mestizo, y como la suerte
continuara favoreciendo a don Juan, tentó una
nueva trampa. Juan Brown echó una ojeada a
las cartas, y dijo tranquilo al juez:
—Hiciste trampa de nuevo; da las cartas otra
vez.
Disculpas efusivas del mestizo, y nueva rein-
cidencia. Con igual calma, don Juan le advirtió:
—Has vuelto a hacer trampa; da las cartas de
nuevo.
Cierta noche, durante una partida de ajedrez,
se le cayó a don Juan el revólver, y el tiro
partió. Brown recogió su revólver sin decir una
palabra y prosiguió jugando, ante los bulliciosos
comentarios de los contertulios, cada uno de los
cuales, por lo menos, creía haber recibido la
bala. Sólo al final se supo que quien la había
recibido en una pierna, era el mismo don Juan.
Brown vivía solo en Tacuara-Mansión (así
llamada porque estaba en verdad construída de
caña tacuara, y por otro malicioso motivo).
Servíale de cocinero un húngaro de mirada muy
dura y abierta, y que parecía echar las palabras
en explosiones a través de los dientes. Veneraba
a don Juan, el cual, por su parte, apenas le
dirigía la palabra.

Final de este carácter: Muchos años después
cuando en Iviraromí hubo un piano, se supo
recién entonces que don Juan era un eximio
ejecutante.

Lo más particular de don Juan Brown, sin
embargo, eran las relaciones que cultivaba con
monsieur Rivet, llamado oficialmente Santiago-
Guido-Luciano-María Rivet.
Era éste un perfecto ex hombre, arrojado
hasta Iviraromí por la última oleada de su vida.
Llegado al país veinte años atrás, y con muy
brillante actuación luego en la dirección
técnica de una destilería de Tucumán, redujo
poco a poco el límite de sus actividades intelectuales, hasta encallar por fin en Iviraromí, en
carácter de despojo humano.
Nada sabemos de su llegada allá. Un crepúsculo, sentados a las puertas del bar, lo vimos
desembocar del monte de las ruinas en compañía
de Luisser, un mecánico manco,[13] tan pobre
como alegre, y que decía siempre no faltarle nada
a pesar de que le faltaba un brazo.
En esos momentos el optimista sujeto se
ocupaba de la destilación de hojas de naranjo,
en el alambique más original que darse pueda.
Ya volveremos sobre esta fase suya. Pero en
aquellos instantes de fiebre destilatoria la
llegada de un químico industrial de la talla[14]
de Rivet fue un latigazo de excitación para las
fantasías del pobre manco. Él nos informó de la
personalidad de monsieur Rivet, presentándolo
un sábado de noche en el bar, que desde
entonces honró con su presencia.
Monsieur Rivet era un hombrecillo diminuto,
muy flaco, y que los domingos se peinaba el
cabello en dos grasientas ondas a ambos lados de la
frente. Entre sus barbas siempre sin afeitar pero
nunca largas, tendíanse constantemente adelante
sus labios en un profundo desprecio por todos,
y en particular por los *doctores* de Iviraromí. El
más discreto ensayo de sapecadoras[15] y secadoras
de yerba mate que se comentaba en el bar, apenas arrancaba al químico otra cosa que salivazos
de desprecio, y frases entrecortadas:
—¡Tzsh!... Doctorcitos... No saben nada...
¡Tzsh!... Porquería...

---

[9] nombre vulgar de la columna vertebral; lomo, espalda
[10] aspecto, figura de una persona
[11] no importa las condiciones climáticas
[12] juego de cartas
[13] le faltaba un brazo
[14] importancia; capacidad
[15] una máquina secadora de plantas

Desde todos o casi todos los puntos de vista, nuestro hombre era el polo opuesto del impasible Juan Brown. Y nada decimos de la corpulencia de ambos, por cuanto nunca llegó a verse en boliche[16] alguno del Alto Paraná,[17] ser de hombros más angostos[18] y flacura más raquítica que la de mosiú Rivet. Aunque esto sólo llegamos a apreciarlo en forma, la noche del domingo en que el químico hizo su entrada en el bar vestido con un flamante trajecillo negro de adolescente, aun angosto de espalda y piernas para él mismo. Pero Rivet parecía estar orgulloso de él, y sólo se lo ponía los sábados y domingos de noche.

El bar de que hemos hecho referencia era un pequeño hotel para refrigerio de los turistas que llegaban en invierno hasta Iviraromí a visitar las famosas ruinas jesuíticas, y que después de almorzar proseguían viaje hasta el Iguazú,[19] o regresaban a Posadas. En el resto de las horas, el bar nos pertenecía. Servía de infalible punto de reunión a los pobladores con alguna cultura de Iviraromí: 17 en total. Y era una de las mayores curiosidades en aquella amalgama de fronterizos del bosque, el que los 17 jugaran al ajedrez, y bien. De modo que la tertulia desarrollábase a veces en silencio entre espaldas dobladas sobre cinco o seis tableros, entre sujetos la mitad de los cuales no podían concluir de firmar sin secarse dos o tres veces la mano.

A las doce de la noche el bar quedaba desierto salvo las ocasiones en que don Juan había pasado toda la mañana y toda la tarde espaldas a mostrador de todos los boliches de Iviraromí. Don Juan era entonces inconmovible.[20] Malas noches éstas para el barman,[21] pues Brown poseía la más sólida cabeza del país. Recostado al despacho de bebidas, veía pasar las horas una tras otra, sin moverse ni oír al barman, que para advertir a don Juan salía a cada instante afuera a pronosticar lluvia.

Como monsieur Rivet demostraba a su vez una gran resistencia, pronto llegaron el ex

ingeniero y el ex químico a encontrarse en frecuentes vis a vis.[22] No vaya a creerse sin embargo que esta común finalidad y fin de vida hubiera creado el menor asomo de amistad entre ellos. Don Juan, en pos de un *Buenas noches*, más indicado que dicho, no volvía a acordarse para nada de su compañero. Mr. Rivet, por su parte, no disminuía en honor de Juan Brown el desprecio que le inspiraban los doctores de Iviraromí, entre los cuales contaba naturalmente a don Juan. Pasaban la noche juntos y solos, y a veces proseguían la mañana entera en el primer boliche abierto; pero sin mirarse siquiera.

Estos originales encuentros se tornaron más frecuentes al mediar el invierno en que el socio de Rivet emprendió la fabricación de alcohol de naranja, bajo la dirección del químico. Concluída esta empresa con la catástrofe de que damos cuenta en otro relato, Rivet concurrió todas las noches al bar, con su esbeltito traje negro. Y como don Juan pasaba en esos momentos por una de sus malas crisis, tuvieron ambos ocasión de celebrar vis a vis fantásticos, hasta llegar al último, que fue el decisivo.

Por las razones antedichas y el manifiesto lucro[23] que el dueño del bar obtenía con ellas, éste pasaba las noches en blanco,[24] sin otra ocupación que atender los vasos de los dos socios, y cargar de nuevo la lámpara de alcohol. Frío, habrá que suponerlo en esas crudas noches de junio. Por ello el bolichero se rindió una noche, y después de confiar a la honorabilidad de Brown el resto de la damajuana de caña,[25] se fue a acostar. De más está decir que Brown era únicamente quien respondía de estos gastos a dúo.

Don Juan, pues, y monsieur Rivet quedaron solos a las dos de la mañana, el primero en su lugar habitual, *duro* e impasible como siempre, y el químico paseando agitado con la frente en sudor, mientras afuera caía una cortante helada.[26]

Durante dos horas no hubo novedad alguna; pero al dar las tres, la damajuana se vació. Ambos

---

[16] (Arg.) taberna pequeña
[17] departamento del sureste del Paraguay
[18] estrechos
[19] río que en parte sirve de límite entre Brasil y Argentina; tiene las famosas cataratas de su nombre
[20] que no se conmueve; firme, perenne
[21] anglicismo por cantinero o dependiente

[22] (francés) frente a frente
[23] beneficio, ganancia
[24] sin dormir
[25] *damajuana*: botellón grande de cuerpo abultado y cuello estrecho, cubierto por lo general de mimbre; *caña*: aguardiente (licor) de caña
[26] lluvia congelada (muy fría); escarcha

lo advirtieron, y por un largo rato los ojos globosos y muertos de don Juan se fijaron en el vacío delante de él. Al fin, volviéndose a medias, echó una ojeada a la damajuana agotada,
5 y recuperó tras ella su pose.[27] Otro largo rato transcurrió y de nuevo volvióse a observar el recipiente. Cogiéndolo por fin, lo mantuvo boca abajo sobre el cinc; nada: ni una gota.

Una crisis de dipsomanía puede ser derivada
10 con lo que se quiera, menos con la brusca supresión de la droga. De vez en cuando, y a las puertas mismas del bar, rompía el canto estridente de un gallo, que hacía resoplar a Juan Brown, y perder el compás de su
15 marcha a Rivet. Al final, el gallo desató la lengua del químico en improperios[28] pastosos contra los doctorcitos. Don Juan no prestaba a su cháchara[29] convulsiva la menor atención; pero ante el: «Porquería . . . no saben nada . . .» del
20 ex químico, Juan Brown volvió a él sus pesados ojos, y le dijo:

—¿Y vos qué sabés?

Rivet, al trote y salivando, se lanzó entonces en insultos del mismo jaez[30] contra don Juan,
25 quien lo siguió obstinadamente con los ojos. Al fin resopló, apartando de nuevo la vista:

—Francés del diablo . . .

La situación, sin embargo, se volvía intolerable. La mirada de don Juan, fija desde hacía
30 rato en la lámpara, cayó por fin de costado sobre su socio:

—Vos que sabés de todo, industrial . . . ¿Se puede tomar el alcohol carburado?

—¡Alcohol! La sola palabra sofocó, como un
35 soplo de fuego, la irritación de Rivet. Tartamudeó, contemplando la lámpara:

—¿Carburado? . . . ¡Tzsh! . . . Porquería . . . Bencina . . . Piridinas . . . ¡Tzsh! . . . Se puede tomar.
40 No bastó más. Los socios encendieron una vela, vertieron en la damajuana el alcohol con el mismo pestilente embudo,[31] y ambos volvieron a la vida.

El alcohol carburado no es una bebida para
45 seres humanos. Cuando hubieron vaciado la damajuana hasta la última gota, don Juan perdió

por primera vez en la vida su impasible línea, y cayó, se desplomó como un elefante en la silla. Rivet sudaba hasta las mechas del cabello, y no podía arrancarse de la baranda del billar.

—Vamos —le dijo don Juan, arrastrando consigo a Rivet, que resistía. Brown logró cinchar[32] su caballo, pudo izar al químico a la grupa, y a las tres de la mañana partieron del bar al paso del flete de Brown, que siendo capaz de trotar con 100 kilos encima, bien podía caminar cargado con 140.

La noche, muy fría y clara, debía estar ya velada[33] de neblina en la cuenca de las vertientes. En efecto, apenas a la vista del valle del Yabebirí, pudieron ver la bruma, acostada desde temprano a lo largo del río, ascender desflecada en jirones por la falda de la serranía. Más en lo hondo aún, el bosque tibio debía estar ya blanco de vapores.

Fue lo que aconteció. Los viajeros tropezaron de pronto con el monte, cuando debían estar ya en Tacuara-Mansión. El caballo, fatigado, se resistía a abandonar el lugar. Don Juan volvió grupa,[34] y un rato después tenían de nuevo el bosque por delante.

—Perdidos . . . —pensó don Juan, castañeteando a pesar suyo, pues aun cuando la cerrazón impedía la helada, el frío no mordía menos. Tomó otro rumbo, confiando esta vez en el caballo. Bajo su saco de astracán, Brown se sentía empapado en sudor de hielo. El químico, más lesionado, bailoteaba en ancas de un lado para otro, inconsciente del todo.

El monte los detuvo de nuevo. Don Juan consideró entonces que había hecho cuanto era posible para llegar a su casa. Allí mismo ató su caballo en el primer árbol, y tendiendo a Rivet al lado suyo se acostó al pie de aquél. El químico, muy encogido, había doblado las rodillas hasta el pecho, y temblaba sin tregua. No ocupaba más espacio que una criatura—, y eso, flaca. Don Juan lo contempló un momento; y encogiéndose ligeramente de hombros, apartó de sí el mandil que se había echado encima, y cubrió con él a Rivet, hecho lo cual, se tendió de espaldas sobre el pasto de hielo.

---

[27] actitud o postura fingida; afectación
[28] injurias; insultos, denuestos
[29] charla o conversación inútil
[30] calidad, carácter
[31] utensilio de forma cónica para vaciar líquidos

[32] asegurar la silla de montar con unas correas por la barriga del caballo
[33] oculta como por un velo; no se podía ver
[34] regresó; se volvió sobre sus pasos

Cuando volvió en sí, el sol estaba ya muy alto. Y a diez metros de ellos, su propia casa.

Lo que había pasado era muy sencillo: Ni un solo momento se habían extraviado[35] la noche anterior. El caballo habíase detenido la primera vez —y todas— ante el gran árbol de Tacuara-Mansión, que el alcohol de lámparas y la niebla habían impedido ver a su dueño. Las marchas y contramarchas, al parecer interminables, habíanse concretado a sencillos rodeos[36] alrededor del árbol familiar.

De cualquier modo, acababan de ser descubiertos por el húngaro de don Juan. Entre ambos transportaron al rancho a monsieur Rivet, en la misma postura de niño con frío en que había muerto. Juan Brown, por su parte, y a pesar de los porrones[37] calientes, no pudo dormirse en largo tiempo, calculando obstinadamente, ante su tabique[38] de cedro, el número de tablas que necesitaría el cajón de su socio.

Y a la mañana siguiente las vecinas del pedregoso camino del Yabebirí oyeron desde lejos y vieron pasar el saltarín carrito de ruedas macizas, y seguido a prisa por el manco, que se llevaba los restos del difunto químico.

Maltrecho[39] a pesar de su enorme resistencia, don Juan no abandonó en diez días Tacuara-Mansión. No faltó sin embargo quien fuera a informarse de lo que había pasado, so pretexto de consolar a don Juan y de cantar aleluyas al ilustre químico fallecido.

Don Juan le dejó hablar sin interrumpirlo. Al fin, ante nuevas loas[40] al intelectual desterrado en país salvaje que acababa de morir, don Juan se encogió de hombros:

—Gringo de porquería[41] . . . —murmuró apartando la vista.

Y esta fue toda la oración de monsieur Rivet.

Alfonso Hernández-Catá

CUBA, 1885-1940

Nació en Santiago de Cuba de padre español y madre cubana, trasladándose muy niño a España, donde transcurrieron sus años formativos y publicó casi toda su obra. A los quince años ingresó en la Escuela Militar de Toledo, pero como la carrera de las armas no le gustaba, se marchó a Madrid y aquí comenzó su triunfal carrera literaria. Contó desde el primer momento con la ayuda y simpatía de Benito Pérez Galdós, quien lo consideraba uno de los grandes narradores en español. Siempre se sintió cubano, vinculado a la tierra de su madre, de manera que no se hizo nunca ciudadano español. En momentos de grandes dificultades en Cuba se situó siempre al lado de las causas populares, como en la época de la dictadura de Machado, cuando escribió *Un cementerio en las Antillas* (1933), denunciando dicho régimen. En 1909 ingresó en el servicio exterior representando a Cuba en Madrid —lo que le permitió conocer toda

---

[35] perdido
[36] vueltas
[37] botijos; (Arg.) botellas de barro
[38] pared delgada entre una habitación y otra
[39] maltratado; mal parado, adolorido

[40] elogios, alabanzas
[41] *gringo*: en los países del Río de la Plata se aplica a cualquier extranjero y no específicamente a los norteamericanos como en México y otros lugares; *de porquería*: cochino (muy sucio), frase muy ofensiva

Europa— Chile y Brasil. Murió en un accidente de aviación en Río de Janeiro. En su honor se instituyó en Cuba el «Premio Hernández-Catá», para premiar el mejor cuento todos los años.

La amplia obra de este autor incluye poesías, cuentos, novelas, piezas dramáticas, conferencias, crítica, crónicas y ensayos. Después de haber figurado sus poemas en una antología de poetas jóvenes (1905), se orientó definitivamente hacia la narrativa. Hombre de lecturas muy variadas e intensas, su obra presenta influencias de Pérez Galdós, Clarín, Pérez de Ayala, Horacio Quiroga, así como de Maupassant, Conrad, Andreiev, Renard y Somerset Maugham. Dejó más de quinientos cuentos, novelas y novelas cortas. Su primera colección, *Cuentos pasionales* (1907), lo fijó para siempre entre los grandes escritores de la época, fama que supo elevar a cada paso. Luego ensayó la novela grande en *Pelayo González* (1909) y *La juventud de Aurelio Zaldívar* (1911), con argumentos bien llevados, pero sin la calidad de sus relatos breves. Las obras más perdurables de Hernández-Catá son sus novelas cortas y su colección *Los frutos ácidos* (1915) su obra cumbre, con un grupo de *novelletes* que admiten ser comparadas con las mejores de cualquier lengua. Otras colecciones que se distinguen extraordinariamente son: *La muerte nueva* (1923), *La casa de las fieras* (Bestiario), 1922, *El bebedor de lágrimas* (1925), *Piedras preciosas* (1926), *Manicomio* (1931), *Cuatro libras de felicidad* (1933) y otras.

Hernández-Catá se apartó del Criollismo para crear una narrativa de aspiraciones universales. Sus temas predilectos son: los problemas sicológicos, los celos, las pasiones amorosas, los conflictos entre el donjuanismo y el amor verdadero, la locura, la muerte. En sus cuentos hallamos la más extensa variedad de escenarios, asuntos y caracteres de toda la cuentística en español. Pinta con la misma maestría el ambiente de una aldea, que el de una opulenta ciudad europea. Sus protagonistas van desde los más humildes hasta los miembros de la burguesía y clases altas. Siente gran predilección por los conflictos del alma humana, sin caer en las morbosidades de Horacio Quiroga. Por lo general combina un agudo don de observación con un talento para sacar el mejor aprovechamiento de lo dramático y hasta de lo trágico. Sus cuentos son a menudo pesimistas, porque ése era el concepto que tenía de la vida, pero su amargura se disfraza de fina ironía o de simpatía hacia el ser humano que sufre los embates imprevisibles de la existencia. Pocos narradores presentan como él contención ante el melodramatismo y sobriedad para llevar el relato hacia la emoción buscada. A esto ha de unirse la precisión para delinear los caracteres y en la presentación de los más diversos escenarios y situaciones, Poseyó el talento de impresionar vivamente a sus lectores, en cuyas mentes deja siempre un recuerdo imborrable por la intensidad de las pasiones y los desenlaces, por lo general pesimistas y a menudo crueles como la vida. Siempre logra un equilibrio y balance entre la exposición, el climax y el final de sus cuentos, así como entre la fluidez de la trama y el desarrollo vital de sus personajes. No le interesan tanto las exterioridades de la persona o de los escenarios, como los problemas que se desarrollan en la mente, inclinando las vidas a una trayectoria exterior definida.

Una de las cosas que más destacan todos los críticos en los estudios del estilo de Hernández-Catá es su prosa, siempre espléndida, limpia, rica, elevada y pulcra, que muestra las huellas del Modernismo sin caer en el preciosismo del que también huyó Darío en sus mejores páginas. Sus libros revelan a un sicólogo profundo, a un observador atento y rico en observaciones, a un pintor de caracteres y a un técnico que conoce todos los secretos del arte de narrar. Sus relatos no dan la impresión de cosa trunca o de evolución esquemática, sino de desarrollo completo, tanto en los protagonistas como en la trama. Los valores intrínsecos de su obra le han ganado a Hernández-Catá una gran celebridad en todo el Mundo Hispánico y lo han perfilado como uno de los narradores más completos que ha dado Hispanoamérica.

FUENTES: *Un cementerio en la Antillas*, Madrid, G. Sáez, 1933. *Los frutos ácidos y otros cuentos* (1915), Madrid, Aguilar, 1953, *Sus mejores cuentos*, Santiago, Chile Editorial Nascimento, 1936. Prólogo de Eduardo Barrios.

Un cementerio en las Antillas

1933

El pagaré[1]

Se llamaba Herminio, vivía en un bohío[2] de tablas y guano[3] enclavado allí donde la población, medio desnuda ya, miraba al campo frente a frente, y tenía seis hijos que, según expresión guajira,[4] cabían dentro de una batea.[5] El mismo, con su chamarreta,[6] sus medias botas de cuero amarillo, su sombrerón de yarey[7] y su machete acariciándole con planazos[8] suaves el muslo izquierdo, era el guajiro perfecto. Y en cuanto a sus hijos, cierto que de ellos abultaban[9] poco; pero la mayor, acaso por la necesidad de sustituir cerca de los hermanos a la madre y a la criada, que no tenían, se echó a crecer, y no era debajo, sino junto a la batea donde podía vérsela a diario lavando la ropa de todos o cerca del anafre,[10] preparando el congrí y el ajiaco.[11]

—Muchachita, hay que coser esta rienda.

—Muchachita, que ese ñiñe[12] no tiene pañuelo.

—¡La frita,[13] que se me abre la boca, muchacha!

Estas eran las voces que la espoleaban[14] a cada minuto; y tenía que ser muy fuerte para resistir. Sin el trabajo que desde la mañana a la noche la cercaba por todas partes, quién sabe si a sus doce años hubiera ya sido una de estas hembras opulentas[15] que el trópico injerta[16] en la niñez. La fortaleza vital heredada de Herminio impedíale caer en la anemia y en la tristeza, y era bastante. Sus ojos pardos y su boca de trazo[17] firme reían de continuo, parleros,[18] sin que sus manos dejaran de trajinar.[19]

—¿Entra a tomar una tacita de café?

En el bohío, confluencia de ciudad y monte,

[1] El presente cuento no es muy típico de Alfonso Hernández-Catá en el sentido de que prefería escenarios cosmopolitas a los meramente regionales, Sin embargo, sí lo es en la fuerza dramática y la ejecución perfecta de la historia. Tomando como escenario la provincia de Oriente y como instante, el tiempo de la dictadura del General Gerardo Machado y Morales (1927-1933), nos pinta toda la crueldad, violencia y abusos de una dictadura. Cambiando algunos nombres solamente, tendremos la misma situación bajo otros dictadores: Trujillo, Batista, Fidel Castro. Hernández-Catá reproduce con gran fidelidad el habla típica del campo cubano y emplea muchos cubanismos para aumentar la autenticidad del relato, el cual se centra en uno de los esbirros del dictador, quien a más de asesino saca ventajas económicas e inclusive muestra gran lujuria hacia la hijita de Herminio, niña solamente. El terrible Comandante hace pensar en un personaje célebre de la dictadura de Machado, Arsenio Ortiz, quien sembró la muerte y la persecución también en la provincia de Oriente.

[2] cabaña de ramas o cañas
[3] (Cuba) hoja de la palma real
[4] campesina
[5] utensilio de madera donde se lava ropa; quiere decir que los niños eran muy pequeños.
[6] especie de chaqueta
[7] guano, palma de las Antillas
[8] golpes con un machete
[9] estaban gruesos
[10] hornillo portátil
[11] *congrí*: guiso de arroz con frijoles; *ajiaco*: caldo formado de carnes y vegetales
[12] niño pequeño
[13] especie de hamburguesa
[14] animaban; (fig.) estimulaban
[15] mujeres de buen cuerpo
[16] introduce
[17] línea
[18] habladores
[19] andar de un lugar para otro; trabajar

practicábase aún el rito hospitalario de los tiempos en que la política no había hecho de cada cubano una isla de recelos. Herminio tenía fama de ahorrativo[20] y de haber sabido aprovechar las épocas en que el azúcar fue buscado y bien pagado por el mundo. Apenas sabía leer y escribir, pero era listo y, además, trabajador como muy pocos. Diversos oficios le habían conocido: carboneó por la Vuelta Abajo, tuvo una tiendecita cerca de un ingenio en Matanzas, anduvo con negocios de ganado en Camagüey y en corte de caoba[21] cerca de Manzanillo. Activo, todo músculos, lo mismo se echaba a la cintura el saco de henequén franjeado[22] de azul que montaba a caballo y se pasaba campo adentro, misteriosas transacciones siempre fructuosas,[23] en días y días. La muchachita —muy pocos le sabían el nombre— hacía frente[24] a la casa, y tomaba a crédito en las bodegas[25] cercanas lo que era menester, sin salirse jamás de las normas[26] Uno de los bodegueros,[27] asturiano, solía decirle:

—El viejo no debía trabajar ya: tiene buena plata. El no anda con papelotes[28] de Banco, porque desde la robadera que hubo en la Habana cuando los americanos se hicieron «amargos»[29] de pronto, desconfía hasta de su sombra; pero vaya si tiene tinaja[30] enterrada . . . , ¡y hasta tinajón![31] Lo que es vosotros, no iréis pa allá —para el campo—, sino pa acá, a vivir sabroso, ya veréis.

Y señalaba a la población.

Herminio, al regreso, desmentía las aseveraciones[32] largo tiempo, y después, se sentaba sobre una lata[33] de «luz brillante»[34] y una rara jactancia[35] desbordaba de su boca, por lo común parca[36] y prudentísima:

—Pues, sí tengo: mi trabajo de muchos años

me ha costao . . . Tengo. No me ha gustao botar la plata nunca, ni ponerme a esperar los marañones[37] de la estancia. Yo no soy como muchos *planetas*[38] que compraron las prendas[39] por miles de pesos y que no vieron que los Bancos tenían las patas aserrás.[40] Tengo. Y lo que tengo, a nadie le importa, porque no hay ni un centavo quitao a nadie, ¿estamos? Y para ustedes lo guardo, que lo que es para mí, que vivo con unas viandas salcochás[41] o con una jutía[42] del monte y hasta con unas guayabas[43] verdes si es preciso, no lo guardo.

—El padrino es quien dice que debía usted dejarse ya de tantos trabajos; que el campo está muy peligroso.

—¡El padrino! . . . Aconsejar es fácil . . . Yo lo quiero; es un buen hombre que no se atreve a ná. Si tuviera valor como saber, haría muchos . . . Y tiene razón: el campo está perdío . . . Cualquier día, en cuanto acabe unas cosas que tengo allá, por Bayamo, sigo su consejo.

Y, al par hermético y confidencial, sonreía a los cuatro que cabían debajo de la batea y a la muchachita, que ya mostraba al través de la chambra[44] atisbos[45] de mujer. Después se asomaba a la puerta del bohío, y con el veguero[46] muy pascado[47] y a medio apagar, quedábase largo rato rememorando, proyectando. El campo . . . , la ciudad . . . ¡Ah, si fuera siquiera un poco más viejo o menos fuerte, para apetecer[48] comodidades y no sentirse a la caja en el campo, en donde siempre había ganado su vida y un poco más también! Y dos veces, en momentos de crisis políticas, había intentado retirarse y no le fue posible; las calles, las casas, hasta el modo de hablar de la población, lo oprimían igual que un fluz[49] estrecho. Pero el padrino tenía razón. Nunca en el campo los rifles, los machetes y las

---

[20] que ahorra
[21] madera preciosa
[22] con franjas; con rayas anchas
[23] que dan beneficio o ganancia
[24] manejaba la casa
[25] tiendas de comestibles
[26] reglas
[27] dueños o empleados de las tiendas de comestibles
[28] documentos
[29] cuando intervenían en los asuntos de Cuba
[30] vasijas (receptáculos) grandes de barro
[31] una tinaja grande
[32] afirmaciones
[33] una vasija de metal
[34] un combustible
[35] arrogancia; alarde

[36] moderada, sobria
[37] árboles cuya fruta es comestible; aquí significa esperar que las cosas le llegaran fácilmente.
[38] individuos que no ven la realidad
[39] joyas
[40] cortadas
[41] por salcochadas o sancochadas; solamente hervidas en agua
[42] mamífero roedor de las Antillas de carne comestible
[43] frutas tropicales comestibles
[44] blusa
[45] signos, señales
[46] puro
[47] bien introducido en la boca
[48] desear
[49] traje de hombre

sogas se movieron con menos respeto a la Ley. Por eso, desde hacía un año ya, habíase asentado en aquel bohío en el límite de los dos elementos. Y ahora en la creciente sombra nocturna que bajaba de las montañas, miraba, indeciso, a un lado el fresco silencio del manigual[50] surcado[51] a veces por la tenue fosforescencia de los cocuyos,[52] y, en la negrura opuesta el enjambre[53] artificial de las luces de la población.

El supervisor se detuvo frente al bohío al día siguiente de su llegada a la ciudad.

—¿Hay una taza de café para un amigo?

Y mucho gusto en dársela— respondió desde dentro Herminio.

Mientras la muchachita juntaba la candela[54] y preparaba el colador[55] para echar café recién pilado,[56] los dos hombres hilaron la charla:

—Ya me ha dicho el bodeguero que es usted hombre de bien y de posibles.

—Y que no hago política, comandante.

—Eso no es una recomendación; hay que hacerla. Hay que estar con el General, que es estar con el orden. El que no está con él, o es bandolero o es comunista, que viene a ser lo mismo. Y aquí el que no ande derecho va a andar muy poco o a esperar a las auras[57] guindado[58] de una guásima.[59] Estar seguro.

—Ya.

Era el supervisor un hombre macizo,[60] de facciones toscas.[61] El rostro afeitado y peludo, la parte donde debiera estar el bigote y las orejas acusaban un principio de abolsamiento.[62] La frente dura, los ojos tenaces y las manos feas, predisponían en contra suya, a pesar de la mesura cortés de su hablar. De tiempo en tiempo la diestra iba a tocar la funda[63] de cuero tostado donde dormía el revólver.

—De nombre ya lo conocía a usted.

—Ah, ¿sí? Pues ya me conocerá del todo. Si lo que ha dicho el bodeguero es cierto, nada tiene que temer de mí: seremos amigos.

Hubo en el «Ah, ¿sí?» un doble fondo capcioso[64] que Herminio no percibió. La muchachita salió a la puerta con la taza de café, que el Comandante paladeó[65] despacio.

—El café es aquí mejor que en todas partes. Ojalá que los hombres sean igual. Muchas gracias, muchacha. ¿Es hija de usted?

—La mayor de cinco. Y ya ve si hay que trabajar duro.

—También yo tengo dos, fuera: en Europa, estudiando... Ea, aquí va un tabaco.[66] Y cuando vuelva a pedir que me haga café, con permiso del viejo, le traeré unos caramelos, o una cinta,[67] que ya a su edad le gustará más. ¿La quiere punzó,[68] que le sentará al pelo? ¡Pues será punzó! Vaya, gracias otra vez, y buenas tardes.

Así se conocieron. Dos días después, ya el ala negra de la violencia comenzó a ensombrecer la ciudad. En voz muy baja, tan baja que ningún delator[69] podía oírla, se hablaba del hombre terrible que vestía uniforme caqui[70] con dos barras[71] en las hombreras,[72] cuyo ceño[73] era resorte que desencadenaba la muerte. Herminio fue a ver al padrino y le dijo:

—¿Ha oído usted lo que dicen? Pero yo he debido caerle en gracia: ahora mismo, al venir pa acá, me vio de lejos y me saludó como si fuéramos compadres. Habrá hecho eso los dos días primeros pa escarmentar.[74]

El padrino nada dijo. Tenía su opinión; había tomado informes del personaje: pero, aun cuando estimaba mucho a su ahijado,[75] creyó prudente callar. Era uno de esos seres de talento y sapiencia a quienes la cobardía y el egoísmo esterilizan. Si se hubiera atrevido habría aconsejado a Herminio que emprendiera hacia el interior uno de aquellos viajes que duraban un par de meses, y si no hubiera pensado tanto en las molestias, le hubiese dicho que cerrara el

---

[50] conjunto de arbustos
[51] atravesado, rayado
[52] insectos que despiden una luz por la noche
[53] grupo numeroso
[54] fuego
[55] utensilio para colar el café antes de tomarlo
[56] tostado
[57] aves de rapiña
[58] colgado
[59] árbol grande de tronco grueso
[60] gordo y fuerte
[61] rudas
[62] abultamiento, que forma bolsas; hinchadas

[63] vaina, donde se guarda la pistola o revólver
[64] engañoso, insidioso
[65] saboreó, gustó
[66] puro
[67] tejido largo y estrecho usado como adorno
[68] rojo
[69] que da informes a la policía o a otras personas
[70] color que va desde el amarillo ocre al verde gris
[71] signo que indica el rango de un militar
[72] parte de la camisa o chaqueta que cubre los hombros
[73] demostración de disgusto que se hace arrugando la frente
[74] servirle a uno de lección una cosa
[75] chico a quien se bautiza; quien lo bautiza es el padrino

bohío y trajera los muchachos a su casa. Los favores que le debía a Herminio no eran para menos. Sin embargo, puso al impulso los frenos de la egolatría y apretó la boca. Cuando Herminio se fue calle abajo, miró alejarse sus anchas espaldas, su cogote[76] tostado de soles, sus largas piernas devoradoras de leguas y sus manos siempre dispuestas a servir... No volvería a verle vivo nunca más.

La segunda vez que el caballo del Comandante se detuvo frente al bohío, fue una semana después. Ya la ciudad estaba agarrotada[77] por el miedo, y bastaba amenazar con su nombre para que en las almas más fuertes y en los días más tórridos penetrase un soplo helado[78] y trémulo. Criminal e imán[79] de criminales, el Comandante, apenas llegó, había sabido rodearse de brazos sin conciencia que prolongaban el alcance del suyo; y el vivac habíase transformado en cueva de torturas, y los sitios más apacibles, en escenario de asesinatos. Pocas veces iba solo: mas aun cuando pareciera estarlo, iba siempre escoltado[80] por la injusticia y por el crimen.

—¡Eh, amigo! —llamó.

Herminio dudó unos momentos. Y la voz, impaciente, volvió a llamar:

—¿Hay que sacar al cimarrón[81] del monte? Se pide una tacita de café nada más. Y si no hay candela, nada, porque se está de prisa. Un apretón de manos de amigo, y abur.[82]

Herminio salió, y poco después la muchachita, lo mismo que la primera vez, sacó la taza aromática y humeante. Como no le brotaran las palabras, el Comandante volvió a hablar:

—Faena dura, amigo... El militar tiene que cumplir las órdenes, y a mí me han mandado de la Habana a limpiar esto de mala hierba.[83] A mí que me echen ñáñigos[84] oposicionistas y estudiantes y lo que quieran: la bala que ha de tumbarme no está fundida, por eso voy por todas partes sin miedo, cumpliendo mi deber...

Y si hay que afrijolar[85] a cien, se afrijolan... El militar no puede discutir... Que se quejen a los políticos o al General . . . Pero, por supuesto, a la gente de bien como usted, ya ve que no le pasa nada. La otra vez te traeré la cinta, muchachita . . . En estos días no he podido ocuparme de cintas, sino de soga..., contra mi voluntad, que es de perro manso...[86] Ea, hasta pronto.

Y se fue. Herminio y su hija mayor quedaron a la puerta del bohío mirándole alejarse. Al pasar debajo de un árbol de flamboyant,[87] caballo y jinete adquirieron un reflejo rojizo.

—Mire, taita...,[88] mire —dijo la muchachita—. Ojalá no me traiga la cinta nunca. Sangre pa pintarla de punzó no le falta.

—Sí... Ojalá no vuelva. El colorao no es del flamboyant: sale de él— dijo Herminio.

Y como si temiese que alguien hubiese podido oírle, entró de prisa en el bohío, empujando a la muchachita, y atrancó la puerta.

Ya hacía un mes que estaba en la ciudad, y la Muerte no había tenido ni un día de reposo. Nunca jamás, ni en los días peores de la guerra de emancipación, habían caído tantos hombres a fuego y a hierro. Era una epidemia de homicidios, una especie de amok[89] occidental, un barbarismo tan refinado, tan inconcebible, que el estupor paralizaba las reacciones viriles de la ira.

Amordazados[90] los periódicos, enloquecidas las imaginaciones, contábanse a media voz escenas feroces. Se había borrado la senda que separa lo inverosímil de lo real. Ningún hombre osaba[91] mirar a otro cara a cara, por pudor[92] y por pavura.[93] Y nadie sentíase seguro. Lo increíble era lo verdadero. La Muerte, borracha de sangre y ron,[94] daba vivas a Machado y blandía en torno su guadaña[95] sin errar ni un golpe. La mies[96] humana caía y regaba con su jugo

[76] parte superior y posterior del cuello
[77] tiesa, rígida
[78] muy frío
[79] aquí quiere decir atracción
[80] acompañado
[81] esclavo que ha huído
[82] ¡Adiós!
[83] individuos perseguidos por la ley; anti-sociales
[84] miembros de una sociedad secreta de negros en Cuba
[85] (Cuba) matar
[86] tranquilo, sereno
[87] un árbol corpulento de hojas rojas y grandes

[88] nombre de cariño dado al padre por el niño
[89] acceso de locura furiosa entre los malayos
[90] impedidos de hablar
[91] se atrevía
[92] recato, honestidad, castidad
[93] pavor, temor, terror
[94] bebida alcohólica hecha de caña de azúcar
[95] cuchilla curva con un palo para cortar hierbas o segar a ras de tierra
[96] sembrados o plantaciones; aquí significa grupos de personas

la tierra donde había nacido la libertad de la patria, que había vuelto a dejar de ser libre.

Una mañana llamaron a la puerta del bohío. No era el Comandante, pero era un emisario suyo. Herminio quiso desviar el ataque con sutiles ambigüedades de guajiro. Todo fue inútil.

—Déjese de pretextos. El Comandante sabe a qué atenerse, y sabe que si usted dice que no, es que no le quiere servir.

Hablaba el emisario con vago dejo[97] peninsular, Herminio lo conocía de oídas. Periodista, abogado, político, con mal renombre en las tres profesiones, aquel letrado, llamado por su inteligencia a servir de guía, había rodado a impulso de sus vicios desde las posiciones más altas a la miseria y al descrédito. Sus frases hubieran avergonzado a otro, a él mismo quizá años antes. Capciosas, irresistibles, entraron por los oídos de Herminio a congelar su alma:

—Piénselo usted. El Comandante tiene, usted lo sabe bien, fincas con que responder. El pagaré[98] se firmará en toda regla: una operación corriente, con su interés; y, además, con un interés mayor que alcanzará Dios sabe a cuánto... Estar bien con el Comandante es estar bien con el General, y estar bien con el General... Pregunte usted el dinero que han hecho muchos en la Habana y en otros sitios. ¿Sabe usted a qué le debe Viriato ser el hombre más influyente de la República, después del Presidente? Pues a un pagaré, precisamente a un pagaré: fíjese. Usted sáquelo de este apuro,[99] y ya verá; de menos se han hecho muchos representantes, amigo... El sabe que usted lo tiene, le consta. Eso y más... Y es sólo por unos días, hasta que le llegue una plata que espera. La única condición es que se haga en seguida y que no se entere nadie, ni siquiera su padrino de usted... Tiene que contestar esta tarde.

¿Y qué iba a contestar? La muchachita lo vio salir y entrar varias veces, alejarse con un azadón,[1] tomando muchas precauciones por si alguien lo seguía: lo vio regresar preocupado y apenas abrir la boca, a pesar de que le había ella traído unos pasteles de manteca,[2] que tanto le gustaban... Por la tarde regresó el abogado y el Comandante pasó poco después, echó pie a tierra y firmó un papel cuyo valor ella ignoraba. Herminio se lo guardó y se quedó triste. Estuvo despegado[3] con los hijos, y al más revoltoso, al preferido, al que siempre le hacía más gracia, solo porque había cogido un pedazo de raspadura[4] le dio dos gaznatones.[5] Sin embargo, a los dos días cambió de humor: ¡Quién sabe si el abogado estuviera en lo cierto! Después de todo, lo de hacer al lobo pastor[6] podía dar resultado. Y puesto que no le quedaba otro remedio... Por lo pronto, estar bien con el que podía, por una mera sospecha o capricho, quitar a uno del mundo, ya era gran cosa. Que se lo dijeran si no a cuantos a diario seguían apareciendo colgados en árboles o cribados[7] por balas de fusil y pistola en las calles... «Usted no será de los que caigan así», había dicho dos veces el abogado sonriendo. Y esa vez no mintió: Cayó de otro modo.

Es decir, no se sabe cómo cayó. Se sabe únicamente que de su cabeza no quedó casi nada. Herido o quizá muerto, se empleó para que no pudiera identificársele un medio diabólico y sencillo: le abrieron la boca, le colocaron entre los dientes un petardo[8] y encendieron la mecha.[9] Del tallo del cuello la flor del rostro se desprendió en sangrientos pedazos. La nariz, los ojos, parte de la bóveda frontal volaron deshechos. En una pared quedó un manchurrón[10] de masa encefálica;[11] el pobre cerebro, que con sus manos ahora rígidas habíale servido para trabajar y ahorrar aquel dinero cuya entrega había equivalido a la de su vida.

Alguien vino a decirle por la mañana que el Comandante había recibido ya lo esperado, y que le rogaba que fuera la tardecita con el papel para canjearlo.[12] Herminio, tan listo, pero tan hombre de bien, no sospechó. Solo cuando

---

[97] acento
[98] documento donde consta una deuda que debe pagarse en fecha determinada
[99] dificultad, problema
[1] instrumento para labrar la tierra
[2] grasa para freír
[3] contrario de cariñoso
[4] dulce en forma de barras hecho del jugo de la caña
[5] golpes con la mano
[6] quiere decir hacer que el malo cuide a los buenos
[7] llenos de huecos o agujeros
[8] bomba explosiva pequeña
[9] dispositivo que se enciende y hace estallar el petardo
[10] mancha grande
[11] del cerebro
[12] cambiarlo

cuatro esbirros[13] se le echaron encima, un relámpago póstumo iluminó su mente. Ni siquiera tuvo tiempo de luchar. Cuando ya no era más que un monstruo inerme.[14] lo cambiaron de ropa, y en la que pusieron no fue hallado ningún papel. Un muerto más no podía llamar la atención, lo mismo que un trueno un poco más horrísono no sorprende en medio de una gran tormenta. Para que los señores botelleros[15] de la Audiencia, sobre todo el pesado del Presidente, no diesen en decir que las leyes se atropellan, se obligó a ir al necrocomio[16] al bodeguero, a quien la muchachita, asustada por la ausencia paterna, fue a avisar, y al padrino, avisado también. Ninguno de los dos pudo reconocerlo con los ojos: y por la misma razón, el ser inculto que explotaba la bodega y el ser culto que se había abroquelado[17] en su egoísmo para hacer infecundo su talento, desoyeron la voz del alma, que les gritaba con certidumbre: «¡Es él!»

—¿Es decir —aseveraba el abogado triunfalmente—, que porque falte de su casa un hombre ha de estar muerto? Se habrá ido a uno de esos viajes que ustedes mismos afirman que acostumbra hacer... Este es, sin duda, un comunista que ha caído en su propio cepo;[18] un terrorista que

no vale la pena de que nos estemos molestando tanto. ¿Verdad, Comandante?

—Claro... El que anda con bombas, ya se sabe. Puesto que ustedes no lo han reconocido, no es menester más. Los niños, que no los traigan. No hace falta que vean estas cosas. Yo también tengo hijas —estudiando en Europa—, ¡qué caray!... Estas no son cosas para muchachos.

Y dirigiéndose al padrino, concluyó:

—Usted los recoge en su casa hasta que él vuelva. Y dígale a la muchachita mayor que ya iré a llevarle la cinta prometida cuando me dejen tiempo.

No se lo dejaron. Tenía que servir tan activamente al General, que no le quedó hora libre. Si la muchachita hubiese tenido siquiera dos años más. ¡Quién sabe! El día que, al fin, lo llamaron de la Habana para dejarlo descansar un poco y para que no siguieran fastidiando al Presidente de la Audiencia y los periodistas, desde el tren, apartando con su diestra fea el humo del tabaco, contempló el bohío cerrado, sin que una facción de su rostro se desfigurase y sin que un miembro de su cuerpo, sin alma, abandonase la postura indolente. A lo lejos, en el andén,[19] el abogado agitaba aún, para despedirlo, el pañuelo de seda.

---

[13] policías secretos al servicio de una dictadura
[14] indefenso; sin armas
[15] (Cuba) empleados del gobierno que cobran sin trabajar
[16] departamento de un cementerio donde se hacen las autopsias
[17] encerrado
[18] cadena o barra que se pone en la pierna del preso
[19] plataforma de una estación de ferrocarril

III Literatura actual: El Postvanguardismo

Poesía

Narrativa

Ensayo

Xavier Villaurrutia

MÉXICO, 1903-1950

Tanto en la poesía nueva como en el teatro contemporáneo de México, Xavier Villaurrutia trazó pautas reconocidas entre las más beneficiosas para la literatura de ese país. Nació en México en cuya ciudad murió a los cuarenta y siete años de una afección cardíaca, dolencia estrechamente relacionada con los temas de su obra. En 1927 unió sus esfuerzos a los de Salvador Novo y ambos lanzaron la revista literaria *Ulises* (1927–1928) que sucedió a *Contemporáneos* como órgano de expresión de la poesía nueva en México. La revista dio nombre al primer grupo del teatro experimental del país —el Teatro Ulises— entre cuyos fundadores y animadores se contaba. Habiendo ganado una beca de la fundación Rockefeller, pasó un año (1936) estudiando drama en la Universidad de Yale junto a Rodolfo Usigli, otro de los grandes dramaturgos mexicanos. De vuelta a México se dio a múltiples tareas como profesor de literatura en la Universidad Nacional, crítico literario y director del programa dramático del Palacio de Bellas Artes.

La obra de Villaurrutia, aunque no muy abundante, incluye poesías, teatro y ensayos de crítica literaria. Su producción lo hace una de las figuras más dignas de estudio dentro de las generaciones literarias contemporáneas. Aunque ya había publicado muchos poemas, su primer libro de versos se titula *Reflejos* (1926), demostrativo de que estamos frente a un poeta que gusta de la exactitud, el rigor, el cálculo y la inteligencia. Como ha dicho certeramente Federico de Onís, «Su temperamento intelectual y crítico, su agudeza de visión y su buen gusto frío y contenido le han permitido dar plasticidad y exactitud a los estados de ánimo más sutiles, vagos e incoercibles»[1]. El estilo deambula del Vanguardismo de las novedades metafóricas al esquematismo y ausencia de anécdota de la poesía «pura». Encontramos influencia de los hai kai japoneses así como de López Velarde y Sor Juana Inés de la Cruz. Debido al conocimiento temprano de una afección del corazón el poeta se aleja de su inquietud formal para trabajar un verso nuevo en que lo esencial es el juego entre el sentimiento y la inteligencia, la emoción y el rigor intelectual. Esta doble combinación marcará toda su poesía posterior de un sello característico. El tema obsesionante será ahora el de la muerte llevado tanto a la poesía como al teatro. Este momento queda primeramente estampado en *Nocturnos* (1933). El poeta sentía gran predilección por la noche quizás por inclinación superrealista hacia lo onírico. La muerte no está vista desde un ángulo tenebroso, sino como una amada esquiva del poeta cuya visita es esperada constantemente. El momento más alto de su poesía está representado por *Nostalgia de la muerte* (1946). El poeta oculta su desesperación ante la nada mediante una expresión más hermética y culterana con fuerte influencia de Sor Juana Inés de la Cruz y de López Velarde. No se busque intención metafísica en esta poesía —aunques es evidente que la tiene— sino la lucha directa y personal de un

---

[1] *Antología de la poesía española e hispanoamericana*, 2a edición, Nueva York, Las Américas, 1961, pág 1171

hombre inteligente y fuerte que tiene que aceptar la desaparición total como la realidad más evidente del individuo. Su lirismo se concentra todavía más en *Décima muerte y otros poemas no coleccionados* (1941), poema expresivo de su propia tragedia. La pureza expresiva no aparece nunca empañada por la visión agónica y es siempre clara e intelectual. Tiene una reminiscencia de Santa Teresa de Jesús cuando dice:

> En vano amenazas, Muerte
> si en vista de tu tardanza
> para llenar mi esperanza
> no hay hora en que yo no *muera*.

Su último libro representa un momento esperanzador porque en *Canto a la primavera y otros poemas* (1948) el poeta siente el júbilo que le proporciona el amor. Da entonces más libertad al sentimiento y la emoción, aunque no es un amor satisfecho y feliz, sino una pasión llena de torturantes esperas. Lo más certeramente acabado de este libro es el poema «Nuestro amor», donde expresa ese concepto de tormento, de duda y espera a que hemos aludido antes.

Hay que estudiar también a Villaurrutia entre los que han contribuído con una visión contemporánea a la creación de un teatro mexicano de orientación moderna. Profundo conocedor de las literaturas del siglo XX, estudioso de Cocteau, Camus, Gide, Giraudoux, Anouilh, Miller, Romains y Lenormand, su teatro se caracteriza por una técnica impecable y la dimensión existencialista. Cultivó tanto la comedia de fino humorismo como la de proyección trascendente por la búsqueda del ser y destino del hombre contemporáneo. Comenzó con obras cortas: *Parece mentira* (1933), *¿En qué piensas?* (1934), *Sea usted breve* (1934). Posteriormente se orientó hacia piezas largas entre las que sobresale *La hiedra* (1941), que ha visto múltiples representaciones y fue considerada como la mejor obra de la temporada teatral de aquel año. Mayor universalidad y trascendencia alcanza su aportación cumbre en este género, *Invitación a la muerte* (1944). La inspiración en Hamlet y su esencial mexicanidad no le privan de la universalidad que logra en el estilo, la técnica y el tratamiento del tema. Villaurrutia es una de las grandes figuras de la literatura mexicana del siglo XX, con una obra que merece ser leída y estudiada con más amplitud.

FUENTE: *Poesía y teatro completo*, México, Fondo de Cultura Económica, 1953. Prólogo de Alí Chumacero.

Nocturnos, 1933

Nocturno eterno

Cuando los hombres alzan los hombros y pasan
o cuando dejan caer sus nombres
hasta que la sombra se asombra

cuando un polvo más fino aún que el humo
se adhiere a los cristales de la voz
y a la piel de los rostros y las cosas

cuando los ojos cierran sus ventanas
al rayo del sol pródigo[1] y prefieren
la ceguera al perdón y el silencio al sollozo[2]

cuando la vida o lo que así llamamos inútil-
                                                    mente
y que no llega sino con un nombre innombra-
                                                    ble
se desnuda para saltar al lecho
y ahogarse en el alcohol o quemarse en la nieve

cuando la vi cuando la vid cuando la vida[3]
quiere entregarse cobardemente y a oscuras
sin decirnos siquiera el precio de su nombre

cuando en la soledad de un cielo muerto
brillan unas estrellas olvidadas
y es tan grande el silencio del silencio
que de pronto quisiéramos que hablara

o cuando de una boca que no existe
sale un grito inaudito[4]
que nos echa a la cara su luz viva
y se apaga y nos deja una ciega sordera

o cuando todo ha muerto
tan duro y lentamente que da miedo
alzar la voz y preguntar «quién vive»

dudo responder
a la muda pregunta con un grito
por temor de saber que ya no existo

porque acaso la voz tampoco vive
sino como un recuerdo en la garganta
y no es la noche sino la ceguera
lo que llena de sombra nuestros ojos

y porque acaso el grito es la presencia
de una palabra antigua
opaca y muda que de pronto grita

porque vida silencio piel y boca
y soledad recuerdo cielo y humo
nada son sino sombras de palabras
que nos salen al paso de la noche

Nostalgia de la muerte, 1938, 1946

Nocturno en que habla la muerte

Si la muerte hubiera venido aquí, conmigo, a
                                    New Haven,[5]
escondida en un hueco de mi ropa en la maleta,
en el bolsillo de uno de mis trajes,
entre las páginas de un libro
como la señal que ya no me recuerda nada;
si mi muerte particular estuviera esperando
una fecha, un instante que sólo ella conoce
para decirme: —Aquí estoy.
Te he seguido como la sombra
que no es posible dejar, así no más en casa;
como un poco de aire cálido e invisible
mezclado al aire frío y duro, que respiras;
como el recuerdo de lo que más quieres;
como el olvido, sí, como el olvido
que has dejado caer sobre las cosas

que no quisieras recordar ahora.
Y es inútil que vuelvas la cabeza en mi busca:
estoy fuera de ti y a un tiempo dentro.
Nada es el mar que como un dios quisiste
poner entre los dos;
nada es la tierra que los hombres miden
y por la que matan y mueren;
ni el sueño en que quisieras creer que vives
sin mí, cuando yo misma lo dibujo y lo borro;
ni los días que cuentas
una vez y otra vez a todas horas,
ni las horas que matas con orgullo
sin pensar que renacen fuera de ti.

Nada son estas cosas ni los innumerables
lazos que me tendiste,

---

[1] que da con abundancia
[2] acto de llorar
[3] Nótese este juego con la palabra vida como si el poeta

tuviese dificultades para pronunciarla.
[4] nunca oído, extraordinario
[5] El poeta estudió un año en la Universidad de Yale (1936).

ni las infantiles argucias[6] con que has querido dejarme
engañada, olvidada.
Aquí estoy, ¿no lo sientes?
Abre los ojos; ciérralos, si quieres—

Y me pregunto ahora,
¿si nadie entró en la pieza contigua,[7]
quién cerró cautelosamente la puerta?
¿Qué misteriosa fuerza de gravedad
hizo caer la hoja de papel que estaba en la mesa?
¿Por qué se instala aquí, de pronto, y sin que yo la invite,
la voz de una mujer que habla en la calle?

Y al oprimir la pluma,
algo como la sangre late y circula en ella,
y siento que las letras desiguales
que escribo ahora,
más pequeñas, más trémulas, más débiles,
ya no son de mi mano solamente.

Nocturno rosa

También yo hablo de la rosa.
Pero mi rosa no es la rosa fría
ni la de piel de niño,
ni la rosa que gira
tan lentamente que su movimiento
es una misteriosa forma de la quietud.

No es la rosa sedienta,
ni la sangrante llaga,
ni la rosa coronada de espinas,
ni la rosa de la resurrección.

No es la rosa de pétalos desnudos,
ni la rosa encerada,
ni la llama de seda,
ni tampoco la rosa llamarada.

No es la rosa veleta,
ni la úlcera secreta,
ni la rosa puntual que da la hora,
ni la brújula rosa marinera.

No, no es la rosa rosa
sino la rosa increada,
la sumergida rosa,
la nocturna, la rosa inmaterial,
la rosa hueca.

Es la rosa del tacto en las tinieblas,
es la rosa que avanza enardecida,[8]
la rosa de rosadas uñas,
la rosa yema de los dedos[9] ávidos,
la rosa digital,
la rosa ciega.

Es la rosa moldura del oído,
la rosa oreja,
la espiral del ruido,
la rosa concha siempre abandonada
en la más alta espuma de la almohada.

Es la rosa encarnada[10] de la boca,

---

6 sutilezas, sofismas, mentiras
7 próxima, la de al lado
8 excitada, avivada

9 punta del dedo opuesta a la uña
10 roja

la rosa que habla despierta
como si estuviera dormida.
Es la rosa entreabierta
de la que mana sombra,
la rosa extraña
que se pliega y expande
evocada, invocada, abocada,
es la rosa labial,
la rosa herida.

Es la rosa que abre los párpados,
la rosa vigilante, desvelada,
la rosa del insomnio desojada.

Es la rosa del humo,
la rosa de ceniza,
la negra rosa de carbón diamante
que silenciosa horada[11] las tinieblas
y no ocupa lugar en el espacio.

Décima muerte y otros poemas, 1941

Décima muerte[12]

I

¡Qué prueba de la existencia
habrá mayor que la suerte
de estar viviendo sin verte
y muriendo en tu presencia!
Esta lúcida conciencia
de amar a lo nunca visto
y de esperar lo imprevisto;
este caer sin llegar
es la angustia de pensar
que puesto que muero existo.[13]

II

Si en todas partes estás,
en el agua y en la tierra,
en el aire que me encierra
y en el incendio voraz;
y si a todas partes vas
conmigo en el pensamiento,
en el soplo de mi aliento
y en mi sangre confundida,
¿no serás, Muerte, en mi vida,
agua, fuego, polvo y viento?

III

Si tienes manos, que sean
de un tacto sutil y blando
apenas sensible cuando
anestesiado me crean;
y que tus ojos me vean
sin mirarme, de tal suerte
que nada me desconcierte[14]
ni tu vista ni tu roce,
para no sentir un goce
ni un dolor contigo, Muerte.

IV

Por caminos ignorados,
por hendiduras secretas,
por las misteriosas vetas
de troncos recién cortados,
te ven mis ojos cerrados
entrar en mi alcoba oscura
a convertir mi envoltura
opaca, febril, cambiante,
en materia de diamante
luminosa, eterna y pura.

---

[11] hace hueco, penetra
[12] El título es muy apropiado; está escrito en diez décimas (estrofa de diez versos) al estilo clásico.
[13] variante de la famosa frase de René Descartes: «Pienso luego existo»
[14] turbe, inquiete

V

No duermo para que al verte
llegar lenta y apagada,
para que al oír pausada
tu voz que silencios vierte,
para que al tocar la nada
que envuelve tu cuerpo yerto,
para que a tu olor desierto
pueda, sin sombra de sueño,
saber que de ti me adueño,
sentir que muero despierto.

VI

La aguja del instantero[15]
recorrerá su cuadrante,
todo cabrá en un instante
del espacio verdadero
que, ancho, profundo y señero,[16]
será elástico a tu paso
de modo que el tiempo cierto
prolongará nuestro abrazo
y será posible acaso
vivir aun después de muerto.

VII

En el roce, en el contacto,
en la inefable delicia
de la suprema caricia
que desemboca en el acto,
hay el misterioso pacto
del espasmo delirante
en que un cielo alucinante
y un infierno de agonía
se funden cuando eres mía
y soy tuyo en un instante.

VIII

¡Hasta en la ausencia estás viva!
Porque te encuentro en el hueco
de una forma y en el eco
de una nota fugitiva;
porque en mi propia saliva
fundes tu sabor sombrío,
y a cambio de lo que es mío
me dejas sólo el temor
de hallar hasta en el sabor
la presencia del vacío.

IX

Si te llevo en mí prendida
y te acaricio y te escondo;
si te alimento en el fondo
de mi más secreta herida;
si mi muerte te da vida
y goce mi frenesí,
¿qué será, Muerte, de ti
cuando al salir yo del mundo,
deshecho el nudo profundo
tengas que salir de mí?

X

En vano amenazas, Muerte,
cerrar la boca a mi herida
y poner fin a mi vida
con una palabra inerte.
¡Qué puedo pensar al verte,
si en mi angustia verdadera
tuve que violar la espera;
si en vista de tu tardanza
para llenar mi esperanza
no hay hora en que yo no muera![17]

---

[15] para indicar instantes. Es un neologismo. El reloj tiene
minutero y horario, pero no instantero.
[16] sobresaliente, que se destaca mucho

[17] aparente reminiscencia de Santa Teresa de Jesús (1515–
1582), escritora mística española del Siglo de Oro

Canto a la primavera y otros poemas, 1948

Nuestro amor[18]

Si nuestro amor no fuera,
al tiempo que un secreto,
un tormento, una duda,
una interrogación;

si no fuera una larga
espera interminable,
un vacío en el pecho
donde el corazón llama
como un puño cerrado
a una puerta impasible;

si nuestro amor no fuera
el sueño doloroso
en que vives sin mí,
dentro de mí, una vida
que me llena de espanto;

si no fuera un desvelo,
un grito iluminado
en la noche profunda;

si nuestro amor no fuera
como un hilo tendido
en que vamos los dos
sin red sobre el vacío;

si tus palabras fueran
sólo palabras para
nombrar con ellas cosas
tuyas, no más, y mías;

si no resucitaran,
si no evocaran trágicas
distancias y rencores
traspuestos y olvidados;

si tu mirada fuera
siempre la que un instante
—¡pero qué instante eterno!—
es tu más honda entrega;

si tus besos no fueran
sino para mis labios
trémulos y sumisos;
si tu lenta saliva
no fundiera en mi boca
su sabor infinito;

si juntos nuestros labios
desnudos como cuerpos,
y nuestros cuerpos juntos
como labios desnudos
no formaran un cuerpo
y una respiración,
¡no fuera amor el nuestro,
no fuera nuestro amor!

---

[18] Poema escrito en heptasílabos de versos libres, aunque se encuentran algunas rimas consonantes y asonantes.

Ricardo E. Molinari

Huyendo de la facilidad y en busca de lo más recóndito del fenómeno lírico, Ricardo E. Molinari se ha colocado entre los cinco o seis poetas más grandes de la América hispana en el siglo XX. Sus estudios formales fueron bastante reducidos: la escuela primaria y secundaria, pero, amante entusiasta de las letras —especialmente de la poesía— su obra muestra un repertorio de lecturas muy varias, amplias y hechas con mucho discernimiento. Se inició en el Ultraísmo porteño debido a su vinculación con el grupo *Martín Fierro* con una poesía muy cercana a la de Borges, para luego orientarse hacia su estilo personalísimo. Sus primeros poemas aparecieron en la revista *Inicial* en 1923. En 1927 publicó su primer libro, *El imaginero* y ese mismo año figuraba en una importante antología de la poesía argentina. Borges lo reconoció en seguida como gran poeta. Molinari fue por algunos años empleado del Congreso y en 1933 viajó por España y Portugal estrechando amistad con el grupo vanguardista español: Lorca, Diego, Alberti, Altolaguirre y Moreno Villa. Casi todos sus libros han sido publicados en ediciones de gran lujo y con reducido número de ejemplares costeadas por el Sr. Furst, millonario y mecenas argentino. Ha obtenido el Tercer Premio Municipal de Poesía (1930), el Primer Premio Municipal (1933) y el Segundo Premio Nacional (1947). Ha colaborado en las principales revistas literarias argentinas, entre ellas: *Nosotros*, *Huella*, *Sur* y en el Diario *La Nación*. Sus mejores poemas han sido publicados en varios de los idiomas modernos más extendidos.

Molinari ha escrito más de treinta y cinco cuadernillos de poesía, pero por su insistencia en los puntos que más le preocupan, no muestran una extrema variedad de temas. Parece que sus libros más notables son *Cancionero de Príncipe Vergara* (1933), *Hostería de la rosa y el clavel* (1933), *Casida de la bailarina* (1937), *Elegías de las altas torres* (1937), *Cinco Canciones antiguas de amigo* (1939), *El huésped y la melancolía* (1946), *Unida noche* (1957) Premio Nacional de Literatura, y *Un día, el tiempo, las nubes* (1946), su último libro. Estas obras representan un número muy reducido dentro de su producción total. La originalidad de Molinari no consiste sencillamente en el dominio de las estructuras objetivas, tanto tradicionales como libres, ni el hermetismo que a menudo asoma en su poesía, sino en su forma de llegar a un lirismo hondo, trascendente. Mediante introspecciones constantes—porque es poeta básicamente íntimo—se aparta de la realidad en sus mejores momentos y en su propio espíritu encuentra los temas que preocupan a todos los hombres y que son los básicos en la poesía contemporánea. Así canta al amor concebido como elemento desuniente; la soledad, la incomunicación, el abandono. Otras veces se vuelve a lo criollo argentino o a sus recuerdos de España, pero vistos a través de su modo personal. No faltan en su poesía inquietudes metafísicas: la irrecuperabilidad del tiempo, realidad e irrealidad, la nada, el concepto agónico del ser, la duda, el deseo irrealizado, la muerte. Estructuralmente su poesía recorre una gama que va desde lo tradicional y folklórico hasta el Superrealismo, pasando por la poesía medieval, Garcilaso, Góngora, y el Simbolismo francés. De toda esta gama sale una poesía muy original y una de las más perdurables del parnaso argentino del siglo XX.

La poesía de Molinari encuadra en la existencial debido a su preocupación por el ser, al que concibe siempre en soledad y abandono absolutos. Entre lo más constante hay que ver también el tono evocativo y la persistencia de una visión elegíaca de la vida y del mundo. Correspondiendo al sentido que de este género tiene Molinari, en sus versos se hermanan entrañablemente una fuerte voluntad de lograr la belleza junto al deseo de trascender ese mero objetivo estético hacia el apresamiento del sentimiento y la intimidad del poeta, lo cual le otorga un sello inconfundible de Neorromanticismo a su obra. En la búsqueda de aquello en que su *yo* se complace, encuentra una especie de comunidad de intereses con el hombre contemporáneo, cuyas ansias y angustias expresa a través de vivencias personales. La forma de usar el vocabulario y la insistencia en ciertas frases claves son imprescindibles para comprender su poesía. La presencia de «si» (condicionales) muestra su incertidumbre por la falta de sentido de la vida; el uso de «yo», y de formas del verbo como «quisiera» indican un fuerte deseo cuya realización se considera, en el fondo, casi imposible. «Ay», y otras expresiones son de un tono elegíaco muy evidente. Pocos poetas hispanoamericanos han apresado con más galanura estética y profundidad de pensamiento las angustias del hombre contemporáneo, prisionero de una vida cuyo significado no comprende y mirando distante a un Dios, visto más como testigo impasible que como padre intercesor.

FUENTES: *Elegías de las altas torres* (*Antología*), Luján (Provincia de Buenos Aires), Ediciones de la Asociación Cultural Ameghino, 1937. *Mundos de la Madrugada*, Buenos Aires, Losada, 1943.

El tabernáculo, 1934

Yo quisiera ser feliz como un pie desnudo[1]

Yo quisiera ser feliz como un pie desnudo en una
playa;[2]
como un remo frente al mar;
como la cinta llena de muerte de la gorra de los
marineros;
como la hoja de ciprés que guarda el horizonte de
las estatuas;
como duerme el Condestable de Castilla[3] en la Catedral de Burgos;
como la hoja y la corona de laurel;
como tu sombra de plomo,[4] dormida entre columnas
y peces;
como el aire desierto.

---

[1] Molinari muestra predilección por los metros largos, los poemas polimétricos, construídos a base de rima interior, sin rima exterior alguna. El poeta expresa el anhelo del hombre contemporáneo de volver hacia las cosas sencillas (por ejemplo un pie desnudo en una playa) en busca de la felicidad que un mundo complicado le niega. Nótese la constante nota de melancolía y dolor y cómo asocia las ideas de felicidad y muerte.

[2] Nótese las cosas humildes y sencillas que menciona el poeta a lo largo del poema.
[3] su tumba está en la catedral mencionada; *Condestable*: antiguo oficial superior del ejército, también oficial de artillería de marina
[4] sombra fija, sin movimiento; constantemente pegada a la tierra

¡Pero yo estoy con tu muerte sin pronto!⁵
Con un cielo que se cansa⁶ de mirar los pastos;
con un cielo que vuelve hacia sí la mirada
de piedra y nieve
que llevo colgada de los dientes.⁷ Yo sé que él⁸ consuela a algunos,
pero a mí me destempla⁹ el corazón, de flor apretada,
de espuma sin raíz, de gemido impedido.¹⁰

Pero tu muerte es tu muerte:¹¹ sin murallas, con todo distante en la boca.
¡Como el aire desnudo!

Casida¹² de la bailarina, 1937

Si baylas, no miro miembros tan sueltos
en tus ninfas, ribera Gaditana,
ni passos hazia Venus tan resueltos.
(BOCÁNGEL.)¹³

I

Quiero acordarme de una ciudad deshecha junto a sus dos ríos sedientos;¹⁴
quiero acordarme de la muerte de los jardines, del agua verde que beben las palomas,
ahora que tú bailas,¹⁵ y cantas con una voz áspera de campamento;¹⁶
quiero acordarme de la nieve que vuelve con la lluvia
para humedecer su boca de viento dormido, su luna abierta entre la yedra,¹⁷
Quiero acordarme de mis amigos, ¡ay!, de cómo dormirá una mujer
que he querido.

Baila, aliento triste, alarido oscuro. Lleva tus pies de acero sobre los alacranes
que tiemblan por las hojas de la madera,¹⁸
golpeando sus tenazas¹⁹ de polvo
cerca de tu piel.
Baila, amanecida; empuja el aire con el calor del cuello, con la serpiente que conduces rota
en la mano enamorada y dura.²⁰

Yo estoy pendiente de ti, ensombrecido:²¹ tu canto me enfría la cara, me envenena el vello.²²
¡Qué haría para poder estar quieto,

---

⁵ sin prisa
⁶ Nótese la personificación.
⁷ Ante la idea de la muerte su boca se ha vuelto fría y dura.
⁸ se refiere a cielo, en el sentido religioso
⁹ Me altera la templanza, me produce desazón (pesadumbre, tristeza).
¹⁰ Su corazón no tiene el fundamento de una fe y no puede llorar.
¹¹ La muerte es intransferible, sólo podemos llorar la muerte de otro, pero no la compartimos físicamente.
¹² Composición poética de origen persa y árabe, con la misma rima a lo largo de toda ella, de número variable de versos, aunque larga por lo general. Se empleaba para «poesías de ocasión». Los temas favoritos de la casida eran el amor o el elogio de la belleza o inteligencia de alguna persona admirada por el poeta. Fue usada por Federico García Lorca en distintas ocasiones. Al igual que éste, Molinari no usa el monorrimo de la casida, sino que prefiere no emplear rima exterior alguna, a fin de evitar la monotonía. Continúa su preferencia por los metros largos. Véase nota 1.

¹³ Bocángel, Gabriel: poeta español (1608–1658), autor de los libros de versos *Lira de las musas* y *Rimas*
¹⁴ Puede referirse a Granada porque los ríos Darro y Genil bajan de la Sierra Nevada y se unen cerca de esa ciudad andaluza. Recuérdese «Baladilla de los tres ríos» de García Lorca y sus versos: «Los dos ríos de Granada, /uno llanto y otro sangre». Pero no hay que olvidar que el poeta rehuye muchas veces las ubicaciones concretas de tiempo y espacio.
¹⁵ El baile —posiblemente un baile flamenco— lo entristece, le trae la idea de la muerte.
¹⁶ Tiene una voz bronca como la de los soldados.
¹⁷ o hiedra: planta trepadora y enredadora siempre verde
¹⁸ El repiqueteo (golpes de la bailarina con sus zapatos) hace temblar toda la madera de la casa.
¹⁹ instrumento de metal de dos piezas cruzadas para coger cosas y llevarlas de un lugar a otro
²⁰ Parece referirse a uno de los movimientos que la bailarina hace con sus manos.
²¹ entristecido
²² el pelo de los brazos y las piernas

abierto en tu garganta llena de barro,[23]
hasta resbalarme por tu pecho, como una llama de rocío!

   Baila sobre el desierto caliente,
Nilo de voz,[24] delta de aire perecible.[25]

II

   Quisiera oír su voz que duerme inmensa con su narciso de sangre en el cuello,[26]
con su noche abandonada en la tierra.

   Quisiera ver su cara caída, impaciente sobre el amanecer,
junto a su viola[27] de luz insuperable, a su ángel tibio;
su labio con su muerte, son su flor deliciosa,
sumergida.
Así, ofrecido; luna de jardín, perfume de fuente, de amor sin amor;[28]
¡ah!, su alto río encerrado, vagando por la aurora.

III

   Rosa de cielo, de espacio melancólico;
Orfeo[29] de aire, numeroso, solo.[30] ¿Quién verá
la tarde que contuvo su cara de hombre muerto?
Su soledad esparcida entre los ríos.

IV

   Baila, que él tiene el cuerpo cubierto de vergüenza
y la lengua seca, saliéndole por la boca dulce,
como una vena perdida.

   Yo pienso en él, y ya no me duele el silencio,
porque nunca estarás más cerca de la luz
que en su muerte. Su pobre muerte
encadenada.

   ¡Ya se ve su sueño en el desierto!

   Las altas tardes que van naciendo del mar, los pájaros con los árboles de las colinas; las gentes
                                                            aún pegadas a las sombras,
a los ríos oscuros de la carne.

   Su muerte, sí, su muerte, un poco de la nuestra;[31]
de nuestra muerte sin premura.[32] Ya estás ahí, solo como alguno de nosotros en la vida.

   Duerme, triste mío, perdido, que yo estoy oyendo
el canto del adufe[33] que viene del desierto.

---

[23] La voz no es cristalina, sino bronca, aunque de gran efecto.
[24] río de voz; *Nilo*: río de África
[25] que muere
[26] El cuello de la bailarina se pone muy rojo por su esfuerzo al cantar con mucha emoción.
[27] instrumento musical, parecido al violín, pero más grande
[28] Algo que no es verdaderamente amor. Molinari canta a menudo la insatisfacción o imposibilidad de colmar el deseo o el amor verdadero.
[29] El músico más célebre de la antigüedad; hijo de Eagro, rey de Tracia y de la musa Calíope, o de Apolo y Clío.
[30] puede referirse a la música, que es producida por muchos, pero ella es una sola
[31] Cada individuo desaparece un poco con la muerte de otro.
[32] sin prisa, sin apuro
[33] pandereta, instrumento musical

Cinco canciones antiguas de amigo,[34] 1939

I

¡Ay!,[35] amigo mío, qué barcas del rey
    suben por el río.
Por el río Tajo[36] bajan anchas
    coronas de pino.
¡Ay!, amigo mío, dime si las barcas
    duermen en el río.
Las barcas del rey andan por el frío,
    como hombre sin amigo.

2

¡Quién verá[37] su luna helada
mirando la costa del mar!
    Las ciervas[38] del monte.
¡Quién verá la Sierra Estrella
cuando la empapa[39] el viento!
    Las ciervas del monte.
En qué pensará su amor cuando la toma el frío
    en su cama sola.
    En las ciervas del monte.

3

    Amigo, amigo, qué mal me quieren;[40]
barcas nuevas bajarán por los ríos
    portugueses
sin mirarme a mí, cubierto de amores
como un rey. Mírame río muerto,
    arena de orilla fría.

Barcas nuevas bajarán por los ríos
    portugueses,
sin mirarme, amigo.

4

    Su cuerpo hermoso, dónde bailará[41]
        bajo los árboles.
    En la romería[42]
debajo de los árboles floridos
crecerá mi aliento igual que el mar.[43]
En barcas grandes irán las flores
    buscando amores.
    Madre, su cuerpo dorado con quién bailará
a la sombra de las ramas floridas.
    *Dos ánsares[44] andan
    posándose[45] en la aurora.*

5

    Amores lleva el viento entre los limones.
        ¡Ay, Dios, qué viento frío[46]
mueve la flor del granado[47] este día!
¡Cuándo te verá la luna sin caballero;
la luna, con una garza[48] de oro
        en la cabellera!
¡Cuándo te verá[49] el viento llorando.
buscándome sobre las arenas,
        adormecido!
    *Las barcas del rey andan por el frío
    como hombre sin amigo.*

---

[34] España es una referencia bastante constante en este poeta. El tono nostálgico, y elegíaco es muy propio de toda la poesía de Molinari. *Canción de amigo*: tipo de poema muy utilizado en la Edad Media, por lo general de tono íntimo, evocador, nostálgico y hasta elegíaco.

[35] Las exclamaciones, los tiempos de los verbos, los condicionales revisten gran importancia en la poesía de Molinari. ¡Ay! espresa un gran dolor, un tono elegíaco auténtico.

[36] río de España, nace en Teruel, pasa por Toledo y desemboca en Lisboa

[37] El empleo de quién y del verbo en futuro expresa su incertidumbre.

[38] hembras del ciervo, mamífero rumiante de color pardo rojizo

[39] moja, humedece

[40] Parece referirse a la pérdida del amor hacia él aunque aparecen nuevos amados. Véase nota 28.

[41] El uso de dónde y el verbo en futuro para expresar inseguridad, falta de conocimiento real. Véase nota 37.

[42] peregrinación y fiesta religiosa

[43] con la emoción aumenta la respiración

[44] aves palmípedas (especies de gansos), cuyas plumas se usaban para escribir en la antigüedad

[45] parándose, descansando

[46] El verso comienza con «¡Ay!» y termina con frío para expresar la tristeza de la soledad.

[47] árbol de las *punicaceas*, de hermosas flores rojas; su fruto es la granada

[48] ave zancuda (con patas muy largas)

[49] añoranza, anhelo; incertidumbre expresada por el adverbio de tiempo y el verbo en futuro

Luis Palés Matos

Una de las más interesantes corrientes poéticas a la disolución del Vanguardismo viene representada por la llamada «poesía negra o afro-antillana», de profunda raíz popular. Alguna de esta poesía destaca el lado pintoresco de la sicología, costumbres, sentimientos, o modo de hablar del negro, pero otras presentan una marcada intención de protesta social ante su condición, orientada hacia la igualdad del negro y su liberación de la explotación. Aunque el género ha tenido cultivadores en casi todos los países hispanoamericanos, sus centros principales han estado en Puerto Rico y Cuba. Algo que llama la atención es que la mayoría de los grandes poetas de este género son blancos, pero con una fina intuición de lo negroide, como es el caso de Luis Palés Matos. El hecho de que sea este poeta el primero en publicar versos de este tipo, disipa para siempre las dudas al respecto y fija a Puerto Rico como el centro iniciador del género. Nació este poeta en Guayama, Puerto Rico, viniéndole la afición literaria de su propia familia, ya que tanto su padre como su hermano Vicente eran excelentes bardos. Su primer libro, *Azaleas* data de 1915 y sus primeros versos afro-antillanos fueron publicados en 1926. Enseñó como catedrático de la Universidad de Puerto Rico por muchos años viviendo enteramente consagrado a las letras. Con justicia se le considera como uno de los grandes poetas puertorriqueños de todos los tiempos.

Aunque la fama alcanzada por su poesía negra había opacado bastante el resto de su producción, hoy sabemos que sus versos líricos muestran una perspectiva tan importante o más que los afro-antillanos. El impulso inicial de su poesía hay que buscarlo en el Modernismo bajo la influencia de Darío, Jaimes Freyre, Lugones y Herrera y Reissig, bien representado por *Azaleas*. Más tarde se aproximó al Vanguardismo en busca de la renovación poética, y en los años veinte se abrazó a lo popular a partir de «África», «Pueblo negro», «Danza negra» y otros poemas que publicó en 1926. Sus composiciones en este campo sobresalen por la combinación de ritmos, sensaciones, colores y sentimientos y por su hondo poder para la estilización y la ironía. Sus mejores intentos están recogidos en el libro *Tuntún de pasa y grifería. Poemas afro-antillanos* (1937). A pesar de que era blanco, Palés Matos ofrece una gran intuición y visión del mundo del negro, donde vio una dimensión estética casi intocada por el tiempo en que inicia este tipo de poesía. A más del tono pintoresco del negro, a la que asoma siempre cierta ironía, supo verter al verso los sentimientos más profundos, tanto del negro de su Isla como el de las Antillas en general. En su producción de este tipo confluyen la maestría en la invención de metáforas, ritmos y sonidos de gran sensualismo y fieles reproductores del folklorismo negroide, y una marcada intención social que a veces toma la forma de airada protesta ante la inferioridad en que se tiene al negro y otras se torna poesía de fuerte entonación elegíaca. Esta poesía racial no se limita al negro concreto de Puerto Rico, sino que amplía su visión hacia los orígenes, los demás negros y las matizaciones culturales y ancestrales de la raza, lo cual acrecienta su valor artístico y, especialmente humano.

Al igual que Guillén, Cabral, Ballagas y otros grandes poetas afro-antillanos, Palés Matos es también poeta lírico de primera línea, distinguiéndose por su autenticidad de sentimiento y por preocupaciones de hondo contenido metafísico. Los motivos esenciales de su poesía giran entonces alrededor del sueño, el amor, el misterio de la vida, lo recóndito de su espíritu. Aparece en esta etapa un Palés Matos de hondo sentimiento, mostrando cierto temblor ante lo inesperado de las cosas de la vida y un marcado pesimismo, que adquiere a menudo tintes sombríos como en «El pozo». A lo largo de toda su producción, no importa en el campo que sea, vemos a un poeta de gran complejidad anímica y espiritual que no falta ni siquiera en su producción afro-antillana. Su poesía presenta méritos suficientes para colocarlo entre los grandes poetas líricos de Hispanoamérica. De aquí el interés cada día mayor que se siente por el estudio de sus obras, tanto de una índole como de otra.

FUENTES: *Tuntún de pasa y grifería. Poemas afro-antillanos*, San Juan P. R., Universidad de Puerto Rico, 1937; 2a. edición, 1950. Prólogos de Ángel Balbuena Prat en la 1a. edición y de Jaime Benítez en la 2a. *Poesías, 1915–1956*, San Juan P. R., Universidad de Puerto Rico, 1957. Introducción de Federico de Onís.

El palacio en sombras, 1919-1920

El pozo[1]

Mi alma es como un pozo de agua sorda y profunda,
en cuya paz solemne e imperturbable ruedan
los días, apagando sus rumores mundanos
en la quietud que cuajan las oquedades[2] muertas.

Abajo el agua pone su claror de agonía:
irisación[3] morbosa que en las sombras fermenta,
linfas que se coagulan en largos limos[4] negros
y exhalan[5] esta exangüe[6] y azul fosforescencia.

Mi alma es como un pozo.[7] El paisaje dormido,
turbiamente en el agua se forma y se dispersa,
y abajo, en lo más hondo, hace tal vez mil años,
una rana misántropa y agazapada[8] sueña.

A veces al influjo lejano de la luna
el pozo adquiere un vago prestigio de leyenda:
se oye el cro-cro[9] profundo de la rana en el agua,
y un remoto sentido de eternidad lo llena.

---

[1] A más de poeta afro-antillano, Palés Matos se distingue como excelente poeta lírico. «El pozo», uno de sus poemas más logrados y representativos, es como un intento de explicar las profundidades de su propia alma. Tiene inquietud metafísica y un ansia de eternidad.
[2] huecos
[3] dispersar los rayos de la luz en los siete colores como el arco iris

[4] cuajan, solidifican (un líquido) en largos lodos, cienos, barros
[5] despiden
[6] sin fuerzas, sin sangre
[7] Nótese como reitera el tema central del poema, pero ahora no califica las aguas.
[8] acurrucada; escondida, oculta
[9] El poeta trata de imitar el canto de la rana.

Canciones de la vida media, 1925

Pueblo[10]

¡Piedad, Señor, piedad para mi pobre pueblo
donde mi pobre gente se morirá de nada![11]
Aquel viejo notario que se pasa los días
en su mínima y lenta preocupación de rata;
este alcalde adiposo[12] de grande abdomen vacuo[13]
chapoteando[14] en su vida tal como en una salsa;
aquel comercio lento, igual, de hace diez siglos;
estas cabras que triscan[15] el resol[16] de la plaza;
algún mendigo, algún caballo que atraviesa
tiñoso,[17] gris y flaco, por estas calles anchas;

la fría y atrofiante modorra[18] del domingo
jugando en los casinos con billar y barajas;
todo, todo el rebaño tedioso de estas vidas
en este pueblo viejo donde no ocurre nada,
todo esto se muere, se cae, se desmorona,[19]
a fuerza de ser cómodo y de estar a sus anchas.[20]

¡Piedad, Señor, piedad para mi podre pueblo!
Sobre estas almas simples, desata algún canalla
que contra el agua muerta de sus vidas arroje
la piedra redentora de una insólita[21] hazaña...
Algún ladrón que asalte ese Banco en la noche,
algún Don Juan que viole esa doncella casta,
algún tahur[22] de oficio que se meta en el pueblo
y revuelva estas gentes honorables y mansas.

¡Piedad, Señor, piedad para mi pobre pueblo
donde mi pobre gente se morirá de nada!

---

[10] En este poema vemos al poeta preocupado por el destino colectivo. Con tono nostálgico y melancólico hace una descripción realista de un pueblo pequeño y humilde. Sobresale su poder de evocación y las remembranzas.
[11] o sea de muerte natural, porque el pueblo es tan monótono que no sucede nada importante
[12] lleno de grasa, muy gordo
[13] *abdomen*: vientre; estómago; *vacuo*: vacío, hueco
[14] golpeando (el agua) para que salpique

[15] enredan; hacen ruido; mezclan
[16] reverberación (del sol)
[17] con una enfermedad desagradable en la piel
[18] sueño pesado
[19] se deshace
[20] con toda comodidad
[21] rara, no acostumbrada
[22] jugador (que hace trampas)

Tuntún de pasa y grifería. Poemas afroantillanos[1]

1937

Danza negra

Calabó y bambú.
Bambú y calabó.[2]
El Gran Cocoroco[3] dice: tu-cu-tú.
La Gran Cocoroca dice: to-co-tó.
Es el sol de hierro que arde en Tombuctú.[4]

Es la danza negra de Fernando Póo.[5]
El cerdo en el fango gruñe: pru-pru-prú.
El sapo en la charca sueña: cro-cro-cró.
Calabó y bambú.
Bambú y calabó.

Rompen los junjunes[6] en furiosa ú.
Los gongos[7] trepidan con profunda ó.
Es la raza negra que ondulando va
en el ritmo gordo del mariyandá.[8]
Llegan los botucos[9] a la fiesta ya.
Danza que te danza la negra se da.

Calabó y bambú.
Bambú y calabó.
El Gran Cocoroco dice: tu-cu-tú.
La Gran Cocoroca dice: to-co-tó.

Pasan tierras rojas, islas de betún:
Haití, Martinica, Congo, Camerún,[10]
las papiamentosas[11] Antillas del ron
y las patualesas[12] islas del volcán,
que en el grave son
del canto se dan.

Calabó y bambú.
Bambú y calabó.
Es el sol de hierro que arde en Tombuctú.
Es la danza negra de Fernando Póo.
El alma africana que vibrando está
en el ritmo gordo del mariyandá.

Calabó y bambú.
Bambú y calabó
El Gran Cocoroco dice: tu-cu-tú
La Gran Cocoroca dice: to-co-tó.

---

[1] Constituye uno de los libros más famosos de Palés Matos, verdadero iniciador de la poesía afro-antillana, aunque más tarde el «grupo cubano» logró también mucha importancia. Palés Matos unas veces se refiere a un negro mítico al proceder por generalizaciones y otras al negro verdadero de Puerto Rico y el resto de las Antillas. Sentía predilección por el verso irónico y humorístico donde critica a aquellos que quieren ocultar sus antecedentes negros. A menudo lo vemos cantar a todos los negros de las Antillas mostrando una sutil preocupación social y política. A pesar de que era blanco, se le reconoce como uno de los grandes intérpretes del alma del individuo de color.

[2] Nótese el gran número de voces sin sentido usadas por el poeta para producir efectos rítmicos y onomatopéyicos. Usa tres clases de palabras: inventadas (fónicas), negras y del español normal.

[3] persona de influencia e importancia; jefe máximo de tribus africanas o negras

[4] ciudad de la República de Mali, Sahara Meridional (Sur)

[5] isla de España, en el Golfo de Guinea, en la costa occidental de África

[6] violines primitivos, instrumentos musicales de los negros hotentotes

[7] instrumentos musicales de percusión

[8] baile de los negros de Puerto Rico

[9] jefes de los pueblos negros de Fernando Póo

[10] países de África, de donde se trajeron cantidad de negros como esclavos a América en el período colonial

[11] alusión al «papiamento», habla criolla de las Antillas holandesas

[12] referencia al «patois» (patuá), especie de dialecto hablado en las Antillas francesas

Canción festiva para ser llorada[13]

Cuba —ñáñigo y bachata—[14]
Haití —vodú[15] y calabaza—
Puerto Rico —burundanga—[16]

Martinica y Guadalupe[17]
me van poniendo la casa.
Martinica en la cocina
y Guadalupe en la sala.
Martinica hace la sopa
y Guadalupe la cama.
Buen calalú,[18] Martinica,
que Guadalupe me aguarda.

¿En qué lorito aprendiste
ese patuá[19] de melaza,[20]
Guadalupe de mis trópicos,
mi suculenta[21] tinaja?
A la francesa, resbalo,
sobre tu carne mulata,
que a falta de pan, tu torta
es prieta gloria antillana.
He de traerte de Haití
un cónsul de aristocracia:
Conde del Aro en la Oreja,[22]
Duque de la Mermelada.[23]

Para cuidarme el jardín
con Santo Domingo basta.
Su perenne do de pecho[24]
pone intrusos a distancia.
Su agrio gesto de primate
en lira azul azucara,
cuando borda madrigales
con dedos de butifarra.[25]

Cuba —ñáñigo y bachata—
Haití —vodú y calabaza—
Puerto Rico —burundanga—

Las antillitas menores,
titís[26] inocentes, bailan
sobre el ovillo de un viento
que el ancho golfo huracana.

Aquí está San Kitts[27] el nene,
el bobo de la comarca.
Pescando tiernos ciclones
entretiene su ignorancia.
Los purga[28] con sal de fruta
los ceba[29] con cocos de agua,
y adultos ya, los remite,

C.O.D.[30] a sus hermanas,
para que se desayunen
con tormenta rebozada.[31]

Aquí está Santo Tomé,[32]
de malagueta y malanga[33]
cargado el burro que el cielo
de Su Santidad demanda...
(Su Santidad, Babbitt Máximo,[34]
con sello y marca de fábrica.)
De su grave teología
Lutero[35] hizo una fogata,
y alrededor, biblia en mano,
los negros tórtolos[36] bailan
cantando salmos oscuros
a bombo, mongo[37] de Africa.

¡Hola, viejo Curazao!
Ya yo te he visto la cara.
Tu bravo puño de hierro
me ha quemado la garganta.[38]
Por el mundo, embotellado,
vas del brazo de Jamaica,
soltando tu áspero tufo[39]
de azúcares fermentadas.

---

[13] Este poema está escrito en forma de romance octosílabo, con un refrán o *leit motiv* que se repite cinco veces. Con gran idealismo aboga por la solidaridad del negro antillano, cuya sicología y costumbres expone con mucho conocimiento. Véase nota 1.
[14] *ñáñigo*: sociedad secreta de negros en Cuba o persona miembro de ella; *bachata*: (Cuba) juego, broma, fiesta. Estos tres versos constituyen un refrán o *leit motiv*.
[15] rito y religión de los negros de Haití
[16] en Cuba y Puerto Rico, brujería o mal de ojo
[17] islas pertenecientes a las Antillas Menores francesas
[18] un potaje (caldo) de legumbres
[19] Véase nota 12.
[20] líquido espeso, residuo de la cristalización del azúcar
[21] nutritiva, sabrosa, jugosa
[22] referencia a los anillos que llevan en las orejas muchos negros africanos
[23] personaje creado por el poeta, que aparece en muchos de sus poemas
[24] nota muy grave que alcanza la voz del bajo
[25] longaniza
[26] monos pequeñitos de la América Central y del Sur
[27] islita del Mar Caribe, del grupo de Sotavento

[28] purifica, limpia; descarga el vientre
[29] engorda, cría
[30] *cash on delivery* (palabras usadas en transacciones comerciales): entrega contra pago (se paga al entregar el paquete)
[31] cubierta con huevo, harina, etc.
[32] isla al este de Puerto Rico, pertenece al Archipiélago de las Vírgenes
[33] *malagueta*: semilla usada como pimienta y procedente de arbustos tropicales; en Puerto Rico se denomina así a una planta de hojas medicinales; *malanga*: planta aroidea alimenticia de las Antillas Mayores
[34] el poeta usa como prototipo del norteamericano a este personaje de la novela *Babbit* (1922) de Sinclair Lewis, escritor norteamericano (1885-1951)
[35] religioso alemán (1483-1546) líder de la reforma protestante
[36] negros de la isla de Tórtola, próxima a las Islas Vírgenes; también todos los negros de ese archipiélago
[37] *bombo*: o Bombo, dios fluvial del Congo; *mongo*: jefe
[38] Se refiere a una bebida alcohólica hecha en la isla de Curaçao.
[39] mal olor; olor desagradable

Cuba —ñáñigo y bachata—
Haití —vodú y calabaza—
Puerto Rico —burundanga—

Mira que te coje el ñáñigo,
niño, no salgas de casa.
Mira que te coje el ñáñigo
del jueguito[40] de la Habana.
Con tu carne hará gandinga,[41]
con tu seso mermelada;
ñáñigo carabalí[42]
de la manigua[43] cubana.

Me voy al titiringó[44]
de la calle de la prángana.[45]
Ya verás el huele-huele
que enciendo tras de mi saya,[46]
cuando resude canela
sobre la rumba de llamas;
que a mí no me arredra[47] el ñáñigo
del jueguito de la Habana.

Macandal[48] bate su gongo[49]
en la torva[50] noche haitiana.
Dentaduras de marfil
en la tiniebla resaltan.
Por los árboles se cuelan
ariscas formas extrañas,
y Haití, fiero y enigmático,
hierve como una amenaza.

Es el vodú. La tremenda
hora del zombi[51] y la rana.
Sobre los cañaverales
los espíritus trabajan.
Ogún Badagri[52] en la sombra
afila su negra daga...

—Mañana tendrá el amito
la mejor de las corbatas—
Dessalines[53] grita: ¡Sangre!
L'Ouverture[54] ruge: ¡Venganza!
mientras remoto, escondido,
por la profunda maraña,[55]
Macandal bate su gongo
en la torva noche haitiana.

Cuba —ñáñigo y bachata—
Haití —vodú y calabaza—
Puerto Rico —burundanga—

Antilla, vaho pastoso
de templa[56] recién cuajada.
Trajín de ingenio cañero.[57]
Baño turco de melaza.
Aristocracia de dril[58]
donde la vida resbala
sobre frases de natilla[59]
y suculentas metáforas.
Estilización de costa
a cargo de entecas[60] palmas.
Idioma blando y chorreoso[61]
—mamey, cacao, guanábana—[62]
En negrito y cocotero
Babbitt turista te atrapa;[63]
Tartarín[64] sensual te sueña
en tu loro y tu mulata;
sólo a veces Don Quijote,
por chiflado y musaraña,[65]
de tu maritornería
construye una dulcineada.[66]

Cuba —ñáñigo y bachata—
Haití —vodú y calabaza—
Puerto Rico —burundanga—

---

[40] grupo o logia de náñigos
[41] en Puerto Rico: comida a base de los riñones, el hígado y el corazón del cerdo, picados y condimentados
[42] tribu de negros africanos, muy abundantes en Cuba
[43] en Cuba: terreno cubierto de malezas o breñas
[44] en Cuba: fiesta, alboroto, jaleo
[45] «estar en la prángana»: no tener dinero
[46] quiere decir que muchos hombres la seguirán muy de cerca, como oliendo su saya
[47] da miedo, atemoriza
[48] líder legendario haitiano, se afirma que existió realmente y dirigió la primera rebelión de esclavos. Personaje en la novela El reino de este mundo de Alejo Carpentier.
[49] pandero de metal sonoro que se golpea con un palo o mazo
[50] airada, irritada
[51] rito mágico de los negros haitianos
[52] dios de la guerra en el vudú de Haití. Aparece también en los ritos de los negros brujos de Cuba

[53] Dessalines, John Jacob: negro de Haití (1758-1806); se proclamó emperador después de una matanza de blancos.
[54] L'Ouverture, Toussaint: patriota haitiano (1753-1803), dirigió la insurrección contra los franceses (1796).
[55] maleza, matorrales; vegetación abundante de poca altura
[56] melado al momento de hacerse azúcar
[57] fábrica de azúcar
[58] especie de tela
[59] dulce hecho de leche, huevo y maicena (almidón de maíz)
[60] enfermizas, flacas
[61] lento, que se habla poco a poco
[62] frutas tropicales
[63] agarra, hace prisionero
[64] Tartarín de Tarascón (1872), novela del autor francés Alphonse Daudet (1840-1897)
[65] chiflado: loco; musaraña: distraído
[66] referencia a Maritornes y Dulcinea, personajes de Don Quijote de la Mancha

Elegía del Duque de la Mermelada[67]

¡Oh mi fino, mi melado[68] Duque de la Mermelada!
¿Dónde están tus caimanes en el lejano aduar del Pongo,[69]
Y la sombra azul y redonda de tus baobabs[70] africanos,
Y tus quince mujeres olorosas a selva y a fango?

Ya no comerás el suculento asado de niño,
Ni el mono familiar, a la siesta, te matará los piojos,[71]
Ni tu ojo dulce rastreará el paso de la jirafa afeminada
A través del silencio plano y caliente de las sabanas.

Se acabaron tus noches con su suelta cabellera de fogatas
Y su gotear soñoliento y perenne de tamboriles,[72]
En cuyo fondo te ibas hundiendo como en un lodo[73] tibio
Hasta llegar a las márgenes últimas de tu gran bisabuelo.

Ahora, en el molde vistoso de tu casaca[74] francesa,
Pasas azucarado de saludos como un cortesano cualquiera,
A despecho de tus pies que desde sus botas ducales
Te gritan: Babilongo,[75] súbete por las cornisas del palacio.

¡Qué gentil va mi Duque con la Madama de Cafolé,[76]
Todo afelpado[77] y pulcro en la onda azul de los violines,
Conteniendo las manos que desde sus guantes de aristócrata
Le gritan: Babilongo, derríbala sobre ese canapé de rosa!

Desde las márgenes últimas de tu gran bisabuelo,
A través del silencio plano y caliente de las sabanas,
¿Por qué lloran tus caimanes en el lejano aduar del Pongo,
Oh mi fino, mi melado Duque de la Mermelada?

---

[67] Pertenece a la vena satírica de los poemas afro-antillanos de Palés Matos. En el famoso poema se burla de aquellos que llevando sangre negra, tratan de ocultarla una vez que logran cierta importancia social. Véase nota 1.
[68] dulce y pegajoso como la miel
[69] *aduar*: pueblo del norte de África; *Pongo*: río de África. El poeta se refiere a aquellos que tienen antepasados negros pero desean ocultar sus antecedentes africanos.
[70] árboles bombáceos, gigantescos del África tropical
[71] insectos parásitos que viven entre el cabello
[72] tambores largos y estrechos
[73] barro
[74] vestidura de mangas anchas, con faldones y ceñida al cuerpo
[75] por babilónico; ostentoso, fastuoso
[76] palabra inventada por el poeta con intención irónica; contracción del francés *café au lait* (café con leche), para referirse a lo mulato
[77] vestido con una tela parecida al terciopelo

La poesía popular de inquietud social no ha encontrado hasta el momento en Hispano-américa un intérprete de la calidad de Nicolás Guillén. Nació en Camagüey de ascendientes en que se fundían la sangre española y africana, porque Guillén es mulato. Trabajó de tipógrafo y empleado y después de terminar su bachillerato, se trasladó a la Habana en cuya Universidad terminó su primer año de Derecho. Urgido por razones económicas abandonó sus estudios dedicándose por completo al periodismo. Joven todavía ingresó en el Partido Comunista, perteneciendo a su élite intelectual y artística. En 1954 la Unión Soviética le concedió el Premio Stalin de la Paz. Varias veces ha sido aspirante a posiciones electivas por su partido, cuando en Cuba se celebraban elecciones antes de Castro. Visitó España durante la guerra civil y viajó después por Europa, Asia, casi todos los países de la América del Sur, México, Haití y los Estados Unidos. Como periodista ha colaborado en las mejores revistas de Cuba. En la actualidad es presidente de la Unión de Artistas y Escritores de Cuba.

Según propia confesión escribió sus primeros poemas a la edad de dieciséis años. Esos primeros versos están dentro de la estética modernista y poco iluminan sobre los futuros pasos del gran poeta. El momento inicial de su poesía de estilización culta de lo popular está representado por *Motivos de son* (1930), donde se ve un gran acierto en la captación del lado pintoresco de lo vernáculo representado por escenas callejeras y tipos populares, sobre todo de la raza de color. Son poemas escritos siguiendo el ritmo sensual y cadencioso del «són», uno de los bailes típicos de Cuba. Un paso de avance significó *Sóngoro cosongo* (1931) por el amplio conocimiento del folklore, visiones certeras de los lejanos orígenes de su raza y excelente dominio de los metros tradicionales de la poesía popular española, unido a su dominio de los fonemas y ritmo sensual propio de la poesía negra. A más de adentrarse en la sicología del negro, Guillén incluye en su poesía una honda protesta de tipo económico-social, abogando por la reivindicación social de los hombres de esta raza. Con motivo de ese libro, Miguel de Unamuno le escribió una carta emocionada y elogiosa haciendo constar que veía en sus versos ritmos que entroncaban con la mejor poesía popular española. En estos dos libros da acabadas muestras de ser poeta de gran poder plástico, con oído muy fino para las onomatopeyas propias de la poesía negroide.

En sus próximos libros Guillén se aproxima a la línea política del Partido y, aunque son muchos sus aciertos, su sectarismo lo hace a veces caer en momentos propios de la propaganda. *West Indies Ltd.* (1934) tiene una fuerte entonación anti-norteamericana de acuerdo con las directrices del partido. En *Cantos para soldados y sones para turistas* (1937) se acerca a las formas métricas tradicionales de la poesía española e introduce a Ramón Cantaliso, quien junto a Papá Montero y a Quirino con sus tres, constituyen tipos populares de su propia invención que han gozado de una extraordinaria fama en

Cuba y fuera de ella. Como en casi todos sus libros, muestra gran influencia de Federico García Lorca en *El son entero* (1947), que es una de sus mejores obras, y donde su gran interés por el destino de su país y sus preocupaciones raciales lo llevan a escribir versos muy vigorosos; y no pocos expresan sus viajes y amor por los países de la América Latina. Pero hay también en este libro ensayos del gran poeta lírico que es Guillén, inspirado por los temas del misterio, el amor y la muerte. En uno estos poemas dice:

> Cuando yo vine a este mundo
> nadie me estaba esperando.

En «Iba yo por un camino» canta a sus premoniciones de la muerte mientras un tono melancólico aparece en «Rosa tú, melancolía».

Las últimas obras acreditan a Guillén como un alto poeta, en quien la militancia y preocupación social o política no desdibujan su sentido del verso, su lirismo lleno de sobriedad y su agudo instinto de lo popular. Entre ellas sobresalen los poemas de *La paloma de vuelo popular y Elegías* (1958), uno de los mejores libros publicados por el cubano, tanto por su gran variedad como por el sentimiento efectivo volcado en estos cantos. Aunque su denuncia social sufre las naturales limitaciones de su militancia política, hay muchos logros en su poesía ideológica y política.

Sus poemas en general pueden agruparse en tres grandes categorías: los versos en que destaca simplemente el pintoresquismo negro, con buen aprovechamiento del folklore y la poesía tradicional española; la preocupación social que aparece tanto en poemas negros, como en muchos que no lo son. Finalmente hay en él una fina veta de poeta lírico genuino, a quien quizás ha malogrado su persistente inclinación a la poesía popular de inquietud social. Es uno de los grandes poetas hispanoamericanos y en la poesía popular no reconoce ningún rival de consideración.

FUENTES: *El son entero, suma poética*, 1929-1946, Buenos Aires, Pleamar, 1947. *La paloma de vuelo popular, Elegías*, 2a. edición Buenos Aires, Losada, 1965.

Motivos de son, 1930

Mulata

Ya yo me enteré, mulata,
mulata, ya sé que dice
que yo tengo la narice[1]
como nudo de corbata.

Y fíjate bien que tú
no ere tan adelantá,[2]

porque tu boca e bien grande,
y tu pasa, colorá.

Tanto tren[3] con tu cuerpo,
tanto tren,
tanto tren con tu boca,
tanto tren;

tanto tren con tu sojo,[4]
tanto tren . . .

Si tú supiera, mulata,
la verdá:
¡que yo con mi negra tengo,
y no te quiero pa na!

---

[1] por nariz
[2] de color claro, casi blanca

[3] importancia, ostentación.
[4] por tus ojos

Sóngoro cosongo,[5] *1931*

Secuestro de la mujer de Antonio[6]

Te voy a beber de un trago[7],
como una copa de ron;
te voy a echar en la copa
de un son,
prieta,[8] quemada en ti misma,
cintura[9] de mi canción.

Záfate[10] tu chal de espuma
para que torees la rumba,
y si Antonio se disgusta,
que se corra[11] por ahí;
¡la mujer de Antonio
tiene que bailar aquí!

Desamárrate,[12] Gabriela.
Muerde
la cáscara verde,
pero no apague[13] la vela;
tranca[14]
la pájara blanca,
y vengan de dos en dos,
¡que el bongó
se calentó!

De aquí no te irás, mulata,
ni al mercado ni a tu casa;
aquí molerán tus ancas[15]
la zafra de tu sudor;

repique, pique, repique,[16]
repique, repique, pique,
pique, repique, repique, ¡pó![17]

Semillas las de tus ojos
darán sus frutos espesos;[18]
y si viene Antonio luego,
que ni en jarana pregunte
cómo es que tú estás quí . . .
Mulata, mora, morena,
que ni el más tonto se mueva,
porque el que más toro sea
saldrá caminando así:
el mismo Antonio, si llega,
saldrá caminando así;
todo el que no esté conforme,[19]
saldrá caminando así . . .
todo el que no este conforme,
saldrá caminando así;

Repique, repique, pique,
repique, repique, ¡pó!
¡Prieta, quemada en ti misma,
cintura de mi canción!

---

[5] Véanse en la introducción algunas ideas sobre este libro. El título está formado de palabras onomatopéyicas. Aquí se inicia la influencia en Guillén de Federico García Lorca.

[6] Nótese el ritmo cadencioso y sensual a través de todo el poema. Guillén suele adaptar con mucha habilidad el ritmo de estas poesías al de bailes populares cubanos.

[7] porción de líquido que se bebe de una sola vez; bebida

[8] negra

[9] En los bailes típicos de Cuba y en los de los negros, el movimiento rítmico de la cintura es muy importante.

[10] suéltate, desátate

[11] que se desaparezca

[12] suéltate. Véase nota 10.

[13] por apagues

[14] cierra

[15] nalgas; sentaderas

[16] Nótese la imitación del ritmo de una rumba.

[17] palabra onomatopéyica o fónica, sin significado

[18] densos; gruesos; macizos

[19] de acuerdo

West Indies Ltd., 1934

Sensemayá[20]

(CANTO PARA MATAR UNA CULEBRA[21])

¡Mayombe-bombe-mayombé![22]
¡Mayombe-bombe-mayombé!
¡Mayombe-bombe-mayombé!

La culebra tiene los ojos de vidrio;[23]
la culebra viene y se enreda[24] en un palo;
con sus ojos de vidrio, en un palo;
con sus ojos de vidrio.

La culebra camina sin patas;
la culebra se esconde en la yerba;
¡caminando se esconde en la yerba!
¡Caminando sin patas!

¡Mayombe-bombe-mayombé!
¡Mayombe-bombe-mayombé!

Tú le das con el hacha y se muere.
¡Dale ya!
¡No le des con el pie, que te muerde;
no le des con el pie, que se va!

Sensemayá la culebra,
sensemayá;

sensemayá, con sus ojos,
sensemayá;
sensemayá, con su lengua,
sensemayá;
sensemayá, con su boca,
sensemayá;

¡La culebra muerta no puede comer;[25]
la culebra muerta no puede silbar;
no puede caminar,
no puede correr!
La culebra muerta no puede mirar;
la culebra muerta no puede beber;
no puede respirar,
no puede morder.

¡Mayombe-bombe-mayombé!
Sensemayá, la culebra.
¡Mayombe-bombe-mayonbé!
Sensemayá, no se mueve.
¡Mayombe-bombe-mayombé!
Sensemayá, la culebra.
¡Mayombe-bombe-mayombé!
¡Sensemayá, se murió . . . !

---

[20] Uno de los poemas más famosos y conocidos de Guillén, manjar de recitadores por su ritmo y cadencia. Imita muy bien los movimientos de los «bembés» (fiestas de negros).
[21] serpiente
[22] palabras onomatopéyicas
[23] cristal
[24] se enrosca, ovilla alrededor de
[25] Nótese la ingenuidad y simplicidad de las ideas, porque lo esencial es el ritmo y el efecto fónico y sonoro.

Cantos para soldados y sones para turistas,[26] *1937*

No sé por qué piensas tú

No sé por qué piensas tú,
soldado, que te odio yo,
si somos la misma cosa
yo,
tú.

Tú eres pobre, lo soy yo;
soy de abajo,[27] lo eres tú:
¿de dónde has sacado tú,
soldado, que te odio yo?

Me duele que a veces tú
te olvides de quién soy yo;
caramba,[28] si yo soy tú,
lo mismo que tú eres yo.

Pero no por eso yo
he de malquererte, tú;
si somos la misma cosa,
yo,
tú,
no sé por qué piensas tú,
soldado, que te odio yo.

Ya nos veremos yo y tú,
juntos en la misma calle,
hombro con hombro[29], tú y yo,
sin odios ni yo ni tú,
pero sabiendo tú y yo,
a dónde vamos yo y tú . . .
¡No sé por qué piensas tú,
soldado, que te odio yo!

Fusilamiento[30]

I

Van a fusilar
a un hombre que tiene los brazos atados.[31]
Hay cuatro soldados
para disparar.
Son cuatro soldados
callados,
que están amarrados,
lo mismo que el hombre amarrado que van a matar.

II

—¿Puedes escapar?
—¡No puedo comer!
—¡Ya van a tirar!
—¡Qué vamos a hacer?
—Quizá los rifles no estén cargados . . .
—¡Seis balas tienen de fiero plomo![32]

—¡Quizá no tiren esos soldados!
—¡Eres un tonto de tomo y lomo![33]

III

Tiraron.
(¿Cómo fué que pudieron tirar?)
Mataron.
(¿Cómo fué que pudieron matar?)
Eran cuatro soldados
callados,

y les hizo una seña, bajando su sable,
un señor oficial;
eran cuatro soldados
atados,
lo mismo que el hombre que fueron
los cuatro a matar.

---

[26] Véase un comentario sobre este libro en la introducción. La poesía es un contrasentido porque el partido comunista, al que pertenece Guillén, destruye el ejército tan pronto toma el poder. La mayoría de los versos son octosílabos, pero emplea dos pies quebrados de dos sílabas. Obsérvese el juego verbal.
[27] Soy de la clase más humilde; soy del pueblo.
[28] una expresión
[29] luchando juntos por la misma causa
[30] Otro de los poemas más celebrados de Guillén. El uso de versos cortos y la forma de diálogos con respuestas entrecortadas y rápidas aumenta el efecto dramático.
[31] amarrados
[32] La parte dura de la bala que es la que hiere o mata.
[33] muy grande

Velorio de Papá Montero[34]

¡Quemaste la madrugada
con fuego de tu guitarra:[35]
zumo de caña en la jícara
de tu carne prieta y viva,
bajo luna muerta y blanca!

El son te salió redondo[36]
y mulato, como un níspero.[37]

Bebedor de trago largo,
garguero de hoja de lata,[38]
en mar de ron, barco suelto,
jinete de la cumbancha:[39]
¿Qué vas a hacer con la noche,
si ya no podrás tomártela,[40]
ni qué vena te dará
la sangre que te hace falta,
si se te fue por el caño[41]
negro de la puñalada?

¡Ahora sí que te rompieron,
papá Montero!

En el solar[42] te esperaban,
pero te trajeron muerto;
fue bronca de jaladera,[43]
pero te trajeron muerto;
dicen que él era tu ecobio,[44]

pero te trajeron muerto;
el hierro[45] no apareció,
pero te trajeron muerto . . .

Ya se acabó Baldomero,
¡zumba, canalla y rumbero![46]

Solo dos velas están
quemando un poco de sombra;[47]
para tu pequeña muerte
con esas dos velas sobra.[48]
¡Y aun te alumbran, más que velas,
la camisa colorada[49]
que iluminó tus canciones,
la prieta sal de tus sones,
y tu melena planchada![50]

¡Ahora sí que te rompieron,
papá Montero!

Hoy amaneció la luna
en el patio de mi casa;
de filo[51] cayó en la tierra,
y allí se quedó clavada.
Los muchachos la cogieron
para lavarle la cara,
y yo la traje esta noche[52]
y te la puse de almohada.

---

[34] Resulta muy visible la influencia del *Romancero gitano* de García Lorca en éste y otros poemas de Guillén. Esta poesía recuerda el romance del «Prendimiento y muerte de Antoñito el Camborio» de aquel poeta. «Papá Montero» es uno de los tipos populares más famosos creados por el poeta. Hay canciones y piezas teatrales populares sobre este personaje. Versos octosílabos de rima asonante *a-a e-o o-a* y *a-a*, otra vez.
[35] Papá Montero pasaba las noches de fiesta, tomando, cantando y tocando la guitarra.
[36] aquí significa entero, perfecto
[37] fruta tropical comestible
[38] Su garganta resistía mucho los licores más fuertes.
[39] fiesta o diversión muy ruidosa
[40] bebértela
[41] herida honda o profunda

[42] (Cuba) casa dividida en cuartos donde viven familias muy pobres; casa de vecindad
[43] (Cuba) *bronca*: pelea; *jaladera*: borrachera
[44] amigo íntimo
[45] aquí se refiere al cuchillo
[46] *zumba*: que hace ruido continuado y bronco; *canalla*: pícaro; *rumbero*: bailador
[47] Nótese la belleza y justeza de esta imagen.
[48] Son más que suficientes.
[49] roja
[50] Es costumbre de algunos negros alisarse el pelo crespo (pasas) con un peine caliente.
[51] directamente; resueltamente
[52] Nada más apropiado que traer la luna (símbolo de la noche) para Papá Montero, cantante bohemio que pasaba toda la noche de fiesta.

El son entero,[53] 1947

Cuando yo vine a este mundo[54]

Cuando yo vine a este mundo,
nadie me estaba esperando;
así mi dolor profundo
se me alivia caminando,
pues cuando vine a este mundo,
te digo,
nadie me estaba esperando.

Miro a los hombres nacer,
miro a los hombres pasar;
hay que andar,
hay que mirar para ver,
hay que andar.

Otros lloran, yo me río,
porque la risa es salud:
lanza[55] de mi poderío,
coraza[56] de mi virtud.
Otros lloran, yo me río,
porque la risa es salud.

Camino sobre mis pies,
sin muletas ni bastón,[57]
y mi voz entera es
la voz entera del sol.
Camino sobre mis pies,
sin muletas ni bastón.

Con el alma en carne viva,[58]
abajo, sueño y trabajo;
ya estará el de abajo arriba,
cuando el de arriba esté abajo.[59]
Con el alma en carne viva,
abajo, sueño y trabajo.

Hay gentes que no me quieren,
porque muy humilde soy;
ya verán cómo se mueren,
y que hasta a su entierro voy,
con eso y que no me quieren
porque muy humilde soy.

Miro a los hombres nacer,
miro a los hombres pasar;
hay que andar,
hay que vivir para ver,
hay que andar.

Cuando yo vine a este mundo,
te digo,
nadie me estaba esperando;
así mi dolor profundo,
te digo,
se me alivia caminando,
te digo,
pues cuando vine a este mundo,
te digo,
¡nadie me estaba esperando!

---

[53] Libro de tono nacionalista y exponente de la alta vena lírica de Guillén.
[54] Combina versos octosílabos (los más) con versos de tres y cuatro sílabas. Como hace casi siempre reitera muchos ideas y versos. Poema profundo y de tono ético.
[55] arma compuesta de un palo largo con una cuchilla aguda
[56] cubierta protectora
[57] muletas: artículo que usan bajo los brazos los que tienen dificultades para caminar; bastón: palo para apoyarse al caminar
[58] muy herida, sangrando
[59] Los pobres de hoy algún día serán ricos y éstos, pobres.

Glosa[60]

No sé si me olvidarás,
ni si es amor este miedo;
yo sólo sé que te vas,
yo sólo sé que me quedo.
ANDRÉS ELOY BLANCO[61]

I

Como la espuma sutil
con que el mar muere deshecho,
cuando roto el verde pecho
se desangra en el cantil,[62]
no servido, sí servil,[63]
sirvo a tu orgullo no más,
y aunque la muerte me das,
ya me ganes o me pierdas,
sin saber que me recuerdas
no sé si me olvidarás.

II

Flor que sólo una mañana
duraste en mi huerto amado,[64]
del sol herido y quemado
tu cuello de porcelana:
quiso en vano mi ansia vana
taparte[65] el sol con un dedo;
hoy así a la angustia cedo
y al miedo, la frente mustia[66] . . .
No sé si es odio esta angustia,
ni si es amor este miedo.

III

¡Qué largo camino anduve
para llegar hasta ti,
y qué remota te vi
cuando junto a mí te tuve!
Estrella, celaje,[67] nube,
ave de pluma fugaz,
ahora que estoy donde estás,
te deshaces, sombra helada:
ya no quiero saber nada;
yo sólo sé que te vas.

IV

¡Adiós! En la noche inmensa,
y en alas del viento blando,
veré tu barca bogando,[68]
la vela impoluta[69] y tensa.
Herida el alma y suspensa,
te seguiré, si es que puedo;
y aunque iluso[70] me concedo
la esperanza de alcanzarte,
ante esa vela que parte,
yo sólo sé que me quedo.

---

[60] Composición poética que repite al final de cada una de sus estrofas uno o más versos de una estrofa inicial. La presente glosa está escrita en décimas o espinelas de corte clásico.
[61] Poeta venezolano (1897-1955). La estrofa citada aparece en el poema «Coplas del amor viajero». Véase a este poeta en la sección anterior de este tomo.
[62] acantilado; borde de un precipicio o despeñadero
[63] Nótese el juego verbal, procedimiento favorito de Guillén.

[64] Fue un amor muy efímero.
[65] cubrirte
[66] triste, marchita
[67] nubecillas de colores
[68] navegando
[69] *vela*: tela grande contra la cual el viento sopla para impulsar un barco; *impoluta*: sin manchas; muy limpia, nítida
[70] engañado, víctima de una ilusión, soñador, chiflado

La paloma de vuelo popular, 1958

Little Rock[71]

a Enrique Amorim[72]

Un *blue* llora con lágrima de música
en la mañana fina.
El Sur blanco sacude
su látigo y golpea. Van los niños
negros entre fusiles pedagógicos[73]
a su escuela de miedo.
Cuando a sus aulas[74] lleguen,
Jim Crow será el maestro,
hijos de Lynch[75] serán sus condiscípulos[76]
y habrá en cada pupitre
de cada niño negro,
tinta de sangre, lápices de fuego.[77]

Así es el Sur. Su látigo no cesa.

En aquel mundo faubus,[78]
bajo aquel duro cielo faubus de gangrena,
los niños negros pueden
no ir junto a los blancos a la escuela.
O bien quedarse suavemente en casa.
O bien (nunca se sabe)
dejarse golpear hasta el martirio.

O bien no aventurarse por las calles[79]
O bien morir a bala[80] y a saliva.
O no silbar al paso de una muchacha blanca.

O en fin, bajar los ojos yes,
doblar el cuerpo yes,
arrodillarse yes,
en aquel mundo libre yes
de que habla Foster Tonto[81] en aeropuerto y
    aeropuerto,[82]
mientras la pelotilla blanca,[83]
una graciosa pelotilla blanca,
presidencial, de golf, como un planeta mínimo,
rueda en el césped puro, terso, fino,
verde, casto, tierno, suave, yes.

Y bien, ahora,
señoras y señores, señoritas,
ahora niños,
ahora viejos peludos y pelados,
ahora indios, mulatos, negros, zambos,
ahora pensad lo que sería
el mundo todo, Sur,
el mundo todo sangre y todo látigo,
el mundo todo escuela de blancos para blancos,
el mundo todo Rock y todo Little,
el mundo todo yanqui,[84] todo Faubus . . .
        Pensad por un momento,
imaginadlo un solo instante.

[71] Inspirado en los dramáticos episodios de Little Rock, capital del estado de Arkansas, cuando el Gobernador Orval Faubus y la Guardia Nacional estatal no permitieron en septiembre de 1957 a unos niños negros asistir al Central High School. El presidente Eisenhower despachó tropas federales para garantizar la integración de alumnos blancos y negros.
[72] escritor uruguayo (1900-1960)
[73] Los niños de color tenían que ser escoltados a la escuela bajo protección militar.
[74] salas de clase
[75] Parece referirse a Charles Lynch, soldado revolucionario norteamericano (1736-1796) que ejecutaba a los prisioneros «leales» a los ingleses sin corte marcial legal. De aquí se deriva la expresión «ley de Lynch» y también la palabra española *linchar*: matar a individuos sin garantías jurídicas, sin juicio.

[76] compañeros de escuela
[77] Los niños negros serán tratados con violencia.
[78] mundo de Faubus, gobernado por gobernadores como Orval Faubus
[79] no correr el riesgo que ofrecen las calles
[80] fallecer por disparos de balas
[81] John Foster Dulles diplomático norteamericano (1888-1959), Secretario de Estado (1953-1959) del Presidente Eisenhower.
[82] referencia irónica a los muchos viajes de Foster Dulles. Ha sido el Secretario de Estado que más ha viajado.
[83] pelotica de golf, referencia irónica a la afición de Eisenhower por ese deporte
[84] Es típico de la propaganda comunista presentar hechos aislados ocurridos en los Estados Unidos como práctica y política general de toda la nación.

Un largo lagarto verde[85]

Por el Mar de las Antillas
(que también Caribe llaman)
batida por olas duras
y ornada de espumas blandas,
bajo el sol que la persigue
y el viento que la rechaza,
cantando a lágrima viva[86]
navega Cuba en su mapa:
un largo lagarto verde,
con ojos de piedra y agua.

Alta corona de azúcar
le tejen agudas cañas;[87]
no por coronada libre,[88]
sí de su corona esclava:

reina del manto hacia fuera,
del manto adentro, vasalla,[89]
triste como la más triste
navega Cuba en su mapa:
un largo lagarto verde,
con ojos de piedra y agua.

Junto a la orilla del mar,
tú que estás en fija guardia,
fíjate, guardián marino,
en las puntas de las lanzas
y en el trueno de las olas
y en el grito de las llamas
y en el lagarto despierto
sacar las uñas del mapa:[90]
un largo lagarto verde,
con ojos de piedra y agua.

REPÚBLICA DOMINICANA, 1907

Se ha distinguido como uno de los poetas hispanoamericanos de más amplio y variado registro, pues lo mismo cultiva la poesía de tono americanista y telúrico de la que es variante la afro-antillana, como se distingue en los temas eróticos y aun en los versos de hondura metafísica. Su obra total lo acredita como uno de los grandes poetas hispanoamericanos de nuestro siglo, con lugar bien cercano a Vallejo, Neruda y otros grandes bardos. Nació en Santo Domingo, pero ha visto mucho mundo en sus numerosos viajes por Europa, Estados Unidos y la América del Sur. Conoce casi todos los países hispanoamericanos y ha vivido en España, Colombia, Chile y actualmente en la Argentina. Se contó entre los luchadores contra la larga dictadura de Trujillo (1930-1961), por lo que tuvo que andar de un lugar a otro dedicado por entero a las letras y la lucha contra la opresión. Después de la caída de Trujillo, el gran escritor Juan Bosch ocupó la presidencia de la República Dominicana, nombrando a Cabral embajador de ese país en Chile.

---

[85] Escrito en forma de romance octosílabo con rima asonante en los versos pares y siempre en *a-a*. Cuba tiene en el mapa la forma de un lagarto o cocodrilo.

[86] con gran tristeza

[87] La producción de azúcar de caña es la riqueza más importante de Cuba.

[88] Nótese otra vez el juego de palabras a que tan aficionado es Guillén. Dice que Cuba es esclava del monocultivo.

[89] esclava; súbdita

[90] El poeta se refiere a un estado latente de rebeldía, protesta e intranquilidad que existía y aun existe en Cuba.

Cabral buscó el primer impulso de su inspiración en la propia patria, produciendo entonces una poesía llena de evocaciones y descripciones del suelo nativo. Desde ese momento su obra se matiza de un fuerte sentido social, abogando por reivindicaciones raciales, económicas, políticas y sociales. Sus cantos a la tierra natal y a la tierra americana, aunque se caracterizan por su tono viril y admirativo, se alejan del tono grandilocuente y vacío de los versos de este tipo, como se nota fácilmente en sus libros *Tierra íntima* (1930) y *Pilón* (1931). Su preocupación social y su amor a los que sufren la opresión económica, racial y política lo llevó a la poesía popular o folklórica conocida como poesía negra. Casi todos sus versos de este tipo están contenidos en *Doce poemas negros* (1935) y la antología *Trópico negro* (1942). Combinando una aguda intención de reforma social con un especial talento, ofrece un cuadro muy realista del abandono, los sufrimientos y abusos de que es motivo el negro antillano. En sus versos apenas hay rasgos humorísticos basados en el lado pintoresco del negro, porque Cabral vive preocupado por la liberación de un ser humano preterido que es en muchos de estos países componente esencial de la nacionalidad. Ataca entonces a los militares sin escrúpulos, a las fuerzas del imperialismo, a los que todo lo ven con simples ojos de turistas y destaca la miseria, humillación, injusticia, los atropellos y la explotación a que está sometido el individuo de color. Algo que lo caracteriza es su virtual actitud de optimismo, porque siempre deja ver que la lucha concertada llevará al cese de un estado ignominioso. En este género ocupa lugar bien cercano a Palés Matos, Guillén y Ballagas.

Otra nota distintiva de Cabral aparece en *Compadre Mon* (1943) y *Por tierra de Compadre Mon* (1949): su acercamiento a lo criollo nacional a través de una pintura realista y vivaz de la realidad de su país. Aquí se muestra un consumado poeta narrativo y sobresale el vigor de su actitud contra la osadía, el oportunismo, la corrupción como en el poema «Mon dice cosas». Detrás de un tono humorístico e irónico, deja ver las grandes verdades del acontecer nacional. Se cuentan entre los versos más conocidos de Cabral y los que más lo acercaron al pueblo, que ve en ellos una forma de protesta social y política al propio tiempo que de solaz y divertimiento. En *Poemas continentales* (1949) extiende su preocupación a todo el ambiente latinoamericano y en sus últimas implicaciones al hombre en general.

Entre lo más valioso de la poesía de Cabral hay que destacar su poesía erótica o sexual: *Sexo y alma* (1956) y *14 mudos de amor* (1962) con innovaciones dignas de atención, tanto en lo formal como en el pensamiento poético. El poeta reacciona contra el modo tradicional de tratar del amor en una obra que como él mismo dice en el último libro mencionado «busca la superación y novedad de un tema tan antiguo, tan caro al arte y a la sensibilidad humana» cuyo tópico sale trascendido de esencia filosófica, pues Cabral afirma que «sólo a través de la metafísica puede explicarse el amor». Los *14 mudos de amor* es uno de los grandes poemarios eróticos de Hispanoamérica por su fuerte originalidad y su profundidad. Forman parte de la expresión romántica de su temperamento.

En esta vertiente metafísica encontramos nuevos aspectos de la obra de Cabral: aquellos versos de temas universales en que lo desazonan y obseden las meditaciones más trascendentes sobre el origen, naturaleza y destino del hombre. Aquí debemos considerar *Los huéspedes secretos* (1950–1951), uno de sus libros más hondos y metafísicos. La imagen del gran escritor que es Cabral se completa teniendo en cuenta su labor como prosista. En la narrativa ya había dado a conocer *Cuentos* (1951), pero hay un paso de avance hacia expresiones más hondas en *Los relámpagos lentos* (1966) en la que encontramos cuentos, parábolas y aforismos —ya que el autor cree que el género narrativo camina hacia ese tipo de concreción y simplificación expresiva— con frecuente engarce de la corriente imaginativa o de fantasía con una sustancial preocupación metafísica que constantemente emana de su obra. Este nuevo libro de Cabral es un aporte sumamente interesante a la ficción hispanoamericana y por su carácter, en muchos aspectos experimental, está llamado a despertar el mayor interés y a encontrar seguidores.

FUENTES: *Antología clave 1930-1956*, Buenos Aires, Editorial Losada, 1957. *14 mudos de amor*, 2a. edición, Buenos Aires, Losada, 1963.

Tierra íntima, 1930-1954[1]

Carta a Manuel

> Enséñame, viejo puente,
> a dejar pasar el río.
> COMPADRE MON[2]

Qué pesado, qué difícil se me hace este «yo soy».
Esta afirmación se me echó al hombro una vez, una sola.
Se me echó, desde luego cuando no la pensaba
sino que la decía.
Aun no había crecido,
era el momento preciso
en que iba a comenzar ese pecado.

¿Quién me puso a crecer?
Todavía lo ignoro,
pero el hecho tan solo de saber que yo pienso
es ya bastante triste.
Pues mira, Manuel, la cosa no es tan simple:
un poco de crecimiento es un poco de sangre,
es decirle ya al hombre que sacrifique sus huesos
por el tamaño de la palabra,
por el temblor de algo que no se comercia,
por aquel «ven a verme»,
«fíjate aquí dentro»,
«mira que aquí no hay nada que no lo haya hecho
la responsabilidad de lo no transitorio»,
de lo que un día te dirá:
por qué no me tomaste de la mano,
yo que soy una cosa tan sencilla,
y no se te ocurrió ni siquiera pensar
que la nada vive en tu cuerpo,
vive de ti, se alimenta de tus virutas,
vive de tus pequeñeces.

---

[1] Como lo indica su título, en este libro el poeta abre su intimidad y vemos su sensibilidad agitarse alrededor de algunos problemas que son constante preocupación en él.
[2] Personaje inventado por Cabral

En tus muebles barnizados,
en el brillo de tus zapatos,
en el resplandor de tu espada sin duelo,
en el sonido de tus monedas,
en la blancura de lujo de tus dientes,
en fin,
en todo lo que para ti tiene una sonrisa
de abundancia y bienestar con fecha,
¡qué bien está allí la nada,
qué justa,
qué verdadera,
nunca la vi tan perfecta!

   Ya ves, Manuel,
qué difícil que es ahora decir «yo soy».
Mi físico, mi boca,
esa cosa simplemente fabricada
con lengua, con dientes, con labios, con pala-
                                           dar,
con sonido, con la piel de mi acento,
toda esa materia puede decir palabras,
las que quiera,
pero qué dura es y cómo dura la que no me
                                          sale.

   Ya ves, Manuel, qué poco estoy...
Voy a acercarme hoy a los que no han llegado.
Que no me toque ahora lo maduro.
Que no me toque ahora el pensamiento,
que ya estoy junto a los niños que juegan
con su «yo soy».
¡Qué bien estoy junto al principio...
Qué bien estoy donde no estoy.
Oh, tiempo sin mí, nunca te vi tan inútil!

   ¿Podré decir ahora:
Manuel, hemos llegado,
toma este alimento para que estés fuerte
junto a las cosas del hombre,
y ante el espectáculo cierto de lo maravilloso,
porque desde que se llega se comienza a morir,
no ves que un poco de paisaje
te va quitando materia:
las cosas innecesarias,
y acumula eternidades allí,
donde puedes defenderte de las caricias

de la pobre sensibilidad de la piel,
de la inocente comodidad de lo físico,
de esa medida exclamación: ¡carne mía!

   Quizá ya, para este límite,
la cáscara comprenderá tu responsabilidad,
tu sacrificio,
y no podrá decir «espérate,
mira que eres un buen padre de familia,
mira que tienes tantos años».

   No. Ya no padrá decírtelo.
Mucho has tenido que callar,
mucho has tenido que gritar,
mucho has tenido que dejar de dormir,
mucho has tenido que dormir,
mucho has tenido que soportar esta absurda
                                      palabra:
—haragán—.
Pero, no obstante, te han dicho esta otra:
—niño—.
Y esta última palabra los hombres, a pesar de
                               que la dicen,
no la comprenden,
te la tiran a la cara como una piedra de buena
                                           fe,
pero piedra al fin.

   Ah, pero ellos no lo saben,
no comprenden la cantidad de hombre
que hay en tu niño,
no comprenden lo hombre que tú has tenido
                                      que ser
para salvar tu niño,
no comprenden lo mucho que el secreto ha
                                    luchado
para sacar de las nieblas:
agua pura,
aire puro,
y todas esas cosas de la infancia del mundo.

   Ya ves, Manuel, qué inevitable estás:
en el agua,
en el aire...

   Hoy, con la hilacha³ blanca de tu sonrisa de
                                         niño
le vas cosiendo al hombre las roturas⁴ del alma.

---

³ pedazo de hilo que se separa de una tela

⁴ rompimientos, partes rotas

Trópico negro,[5] 1942

Negro sin zapatos

Hay en tus pies descalzos: graves amaneceres.
(Ya no podrán decir que es un siglo pequeño.)
El cielo se derrite[6] rodando por tu espalda:
húmeda de trabajo, brillante de trabajo,
pero oscura de sueldo.[7]

Yo no te vi dormido... Yo no te vi dormido...
aquellos pies descalzos
no te dejan dormir.

Tú ganas diez centavos, diez centavos por día.
Sin embargo,
tú los ganas tan limpios,
tienes manos tan limpias,
que puede que tu casa sólo tenga:
ropa sucia,
catre sucio,
carne sucia,
pero lavada la palabra: Hombre.

Negro sin risa

Negro triste, tan triste
que en cualquier gesto tuyo puedo encontrar
el mundo.

Tú que vives tan cerca del hombre sin el
hombre,
una sonrisa tuya me servirá de agua
para lavar la vida, que casi no se puede
lavar con otra cosa.

Quiero llegar a ti, pero llego lo mismo
que el río llega al mar... De tus ojos, a veces,
salen tristes océanos que en el cuerpo te
caben,
pero que en ti no caben.

Cualquiera cosa tuya te pone siempre triste,
cualquiera cosa tuya, por ejemplo: tu espejo.

Tu silencio es de carne, tu palabra es de
carne,
tu inquietud es de carne, tu paciencia es de
carne.

Tú lágrima no cae
como gota de agua...

(No se caen en el suelo
las palabras.)

---

[5] Mediante el juego rítmico, visión colorista y penetración social presenta el drama del negro antillano. El negro no está visto en sus lados pintorescos, sino como víctima de un estado social injusto. Por lo general, hay ausencia de humorismo en estos versos que se cargan de enérgica crítica y protesta.
[6] se licúa (se vuelve líquido)
[7] mucho trabajo y salario muy bajo

Negro manso

Negro manso,
ni siquiera
tienes la inutilidad
de los charcos[8] con cielo.

Sólo
con tu sonrisa rebelde
sobre tu dolor,

como un lirio valiente que crece
sobre la tierra del pantano.

Sin embargo,
negro manso,
negro quieto:
hoy la voz de la tierra te sale por los ojos,
(tus ojos que hacen ruido cuando sufren).

Compadre Mon,[9] 1943

Mon dice cosas

1

El juez, mientras descansa,
limpia sus anteojos.
¿Y para qué los limpia,
si el sucio está en el ojo?[10]

2

La[11] del río, qué blanda,
pero qué dura es ésta:
la que cae de los párpados[12]
es un agua que piensa.
Enséñame, viejo puente,
a dejar pasar el río.

3

Sólo el silencio es amigo,
pero también
no es amigo . . . si lo mudo
se oye bien . . .

¿Quién mide el aire y lo pone
cuadrado como pared?
¿Quién lo pone tan pequeño
que cabe en el puño . . .
quién?

El mapa se está llenando
de dientes como el menú.
Pero no importa:
el horno de mi guitarra
da caliente pan azul.

4

En una esquina está el aire
de rodillas . . .[13]
Dos sables analfabetos[14]
lo vigilan.

Pero yo sé que es el pueblo
mi voz desarrodillada.[15]
Pone a hablar muertos sin cruces[16]
mi guitarra.

Pedro se llaman los huesos
de aquel que cruz no le hicieron.
Pero ya toda la tierra
se llama Pedro.

Aquí está el aire en su sitio
y está entero . . .
Aquí . . .

---

[8] huecos con agua estancada
[9] Véanse nota 2, y algunas ideas sobre este importante libro en la introducción al autor.
[10] Nótese la ironía y la crítica a la venalidad de algunos jueces.
[11] se refiere al agua

[12] la que cae de los párpados: las lágrimas
[13] Nótese la audacia de ésta y otras metáforas de estos poemas.
[14] posiblemente dos soldados que no saben leer ni escribir
[15] de pie, no está de rodillas
[16] muertos muy pobres y humildes, del pueblo

Madera de carne alta,
tierra suelta:
mi guitarra.

5

Hoy está el pueblo en mi cuerpo.
¿A quién viene a ver usted?
Usted no ve que esta herida
es como un ojo de juez . . .[17]

6

¿Quién ha matado este hombre
que su voz no está enterrada?

Hay muertos que van subiendo
cuanto más su ataúd baja . . .[18]

Este sudor . . . ¿por quién muere?
¿por qué cosa muere un probre?

¿Quién ha matado estas manos?
¡No cabe en la muerte un hombre!

Hay muertos que van subiendo
Cuanto más su ataúd baja . . .

¿Quién acostó su estatura
que su voz está parada?

Hay muertos como raíces
que hundidas . . . dan fruto al ala.

¿Quién ha matado estas manos,
este sudor, esta cara?

Hay muertos que van subiendo
cuanto más su ataúd baja . . .

7[19]

Camina el jefe del pueblo
después de beber café,
y una voz que no se ve,
grita al oído:

—Mire, jefe, que hay un hombre
que allí herido.
—Lo sé.

Camina el jefe del pueblo
después de beber café.

Y vuelve la voz y dice:
Jefe, que un hombre no ve;
tiene llanto entre los ojos,
y tiene plomo en los pies.[20]
—Lo sé.

Sigue caminando el jefe
después de beber café.
Y la misma voz le grita:
—Murió un hombre allí de sed.
¿Qué heremos, ahora, jefe?
—Que haga pronto el hoyo[21] usted.

Y el jefe sigue su rumbo
pero también
el jefe sigue pensando . . .

Piensa sólo a qué hora es
la otra taza
de café . . .

8

Que aquí no metan[22] comprado
el ojo chismoso, no.
Que más que para los gringos
Pancho cortó
tres casi Antillas de cañas,[23]
tres Antillas . . . Sí, señor.
¡No cabrá en el ataúd,
ha crecido Pancho hoy!

Soldado, no cuide al muerto;
no meta el ojo, doctor.
Ganaba un cobre[24] por día;
¡sabemos de qué murió!

---

[17] está sucia. Véase nota 12.
[18] Algunos personas mueren, pero la admiración por ellos crece por días. *Ataúd*: caja de muerto, catafalco
[19] En esta sección con mucha ironía critica la indiferencia de las autoridades ante los infelices y humildes.
[20] está herido de bala

[21] la tumba, el sepulcro
[22] introduzcan
[23] para producir azúcar, producción muy importante en la economía de Santo Domingo
[24] moneda de poco valor

Quítenle el jipi[25] y la ropa,
pero aquello . . . aquello no.
¡Qué serio es un hombre pobre
que no quiere ser ladrón!

La muerte aquí tiene cara
de cosa que no murió . . .
Cuando muere . . . ¡cómo vive
lo que tiene pantalón!

Soldado, no cuide al muerto,
que de pie lo veo yo.
Pancho está aquí como Pancho . . .
Se llama . . . no se llamó . . .

No vengan a preguntar
de qué murió.
Vengan a mirar a Pancho
como hago yo.

Quítenle todo del cuerpo,
todo,
pero aquello no.
Con un pedazo de caña
entre la boca murió.
Le quiso poner azúcar
a su voz . . .

Déjenlo que endulce ahora
su silencio sin reloj . . .[26]
Que nadie revise a Pancho.
¡Sabemos de qué murió!

9

Hombre que vas con tu perro:
con tu guardián.
Cuida mi voz, como el perro
cuida tu pan.

Perro que vas con un hombre
que amigo tuyo no es . . .
Acércate un poco al pobre,
huélelo bien.

Fíjate que tengo boca,
fíjate en mí.
Mira que soy hombre, pero . . .
con estas manos vacías[27]
cómo me parezco a ti.

Perro que vas con tu amo,
fíjate bien:
que al hablar contigo, hablo
conmigo mismo . . . No ves
que tan cerca del patrón,
no somos tres,
sino dos . . .

Hombre que vas con tu perro:
tu servidor.
¡Qué grueso que está tu perro,
y qué flaco que estoy yo!
¡Estoy flaco porque tengo
gorda la voz!

10

No vayas, soldado, al frente,
deja el rifle y el obús.[28]
Que todos ganan la guerra,
menos tú.

El soldado lleva el peso
de la batalla en la tierra.
Muere el soldado, y el peso . . .
se queda haciendo la guerra.[29]

No vayas, soldado, al frente,
quédate aquí,
que tú defiendes a todos,
menos a ti.

11

Palabra, ¿qué tú más quieres?
¿Qué más?
Vengo a buscar tu silencio,
el que a fuerza de esperar
se endurece . . . se hace estatua . . .
para hablar.

---

[25] un sombrero de paja
[26] silencio eterno porque está muerto
[27] No tiene nada qué comer, es muy pobre.
[28] pieza de artillería para lanzar granadas; proyectil

[29] soportar la carga, sufrir lo más difícil. Nótese el juego entre dos de los significados diferentes de la palabra «peso». La primera es «carga» y la segunda «dinero».

Ya ves, palabra, ya ves,
herida, tú, sin edad . . .
¿Qué hará contigo el soldado?
¿Qué harán los grillos? ¿Qué hará
en la punta de la espada
la eternidad?

Sangre mayor,[30] 1945

Letra

Letra:
esqueleto de mi grito,
pongo mi corazón sobre tu muerte,
pongo mis más secretas cualidades de pétalo,
pongo
la novia que he guardado entre el aire y mi cuerpo,
mi enfermedad de ángel con cuchillo,[31]
mi caballero ausente cuando muerdo manzanas,
y el niño que hay en mí, el niño
que sale en cierto día, el día
en que la mano casi no trabaja,
el día en que sencillos
mis pies pisan los duendes que están en el rocío
haciendo el oro joven del domingo.

Todo lo pongo en ti,
y tú siempre lo mismo:
estatua de mis vientos,
ataúd de presencias invisibles,
letra inútil.

Todo,
todo lo pongo en ti, sobre tu muerte.

La tierra no me entiende.

Sin embargo...

---

[30] Un Cabral inquieto y buceador en un mundo trascendente
asoma a cada paso en este libro, no muy conocido
todavía, pero con poemas muy reveladores.

[31] Se refiere al dualismo de un hombre, es manso y violento
al mismo tiempo.

MÉXICO, 1914

Desde la edad de veintinueve años en que publicó su primer libro de versos, Octavio Paz ha producido una magna obra de calidad sostenidamente ascensional que lo sitúa entre los poetas hispanoamericanos más sobresalientes del siglo XX. Su poesía abre una de las tendencias más originales y valiosas del parnaso de la América hispana. Vino al mundo en la ciudad de México donde recibió toda su educación. Viajó a España durante la Guerra Civil y vio los horrores de esa tragedia que ha dejado huellas en su poesía a más del libro ¡*No pasarán!* (1936). De regreso a su patria obtuvo el doctorado en la Universidad Nacional Autónoma y continuó su vinculación al grupo literario *Taller* (1936–1940) cuyos miembros renuevan y superan las tendencias poéticas de los *Contemporáneos*. En 1943 una beca Guggenheim le abrió la oportunidad de hacer estudios especializados sobre poesía en los Estados Unidos. Años más tarde ingresó en el servicio exterior de México, desempeñando cargos en París y Suiza. Después de formar parte de la delegación de su país ante las Naciones Unidas, se le nombró embajador en la India, cuyas filosofías, han ejercido una poderosa influencia en su pensamiento y poesía. Se completan así las diversas corrientes —cultura occidental, hispanismo, mexicanidad, filosofías orientales— que, conjugándose en su espíritu, decretan el universalismo de su obra. En 1967 Paz se retiró del cuerpo diplomático y vive actualmente en París, dedicado por entero a sus vocaciones ineludibles: la poesía y el ensayo.

La bastante amplia producción de Octavio Paz incluye poesía, ensayo y algunos cuentos poemáticos. En su poesía aparece superado el Superrealismo, pero es hermética por su profundidad y riqueza de simbolismo. Parece difícil poder vaciar en versos de técnica tradicional el contenido y mensaje de la producción de Paz. Sus grandes influencias han sido Neruda, Luis Cernuda, Hölderlin, Eluard y entre las filosofías, el Existencialismo y las doctrinas orientales. Pertenece a la estirpe de poetas que no sólo se preocupan por la creación de poemas, sino que viven obsedidos por desentrañar la verdadera naturaleza del fenómeno poesía. Estos intentos aparecen, tanto en sus libros de versos como en la ensayística, porque resulta interés primordial en él. Sus libros fundamentales en el campo poético son: *Raíz del hombre* (1937), *Libertad bajo palabra* (1949), *Semillas para un himno* (1952), *Piedra de sol* (1958), *La estación violenta* (1958), *Salamandra* (1962) y *Viento entero* (1965), una de las colecciones favoritas del propio autor. Toda su poesía presenta fuertes matices existencialistas por su interés ontológico que abarca los problemas básicos del proceso de vivir. Temas constantes son la soledad, la falta de comunicación entre los hombres y la búsqueda del ser. El poeta comenzó buscando su propio universo íntimo para terminar en una poesía de contornos universales en la que se le ve afanoso por desentrañar la verdadera naturaleza de la vida y el posible punto de salvación para todos los hombres. Paz no considera la poesía como un mero género literario o medio expresivo, sino como acto creador en sí e imprescindible en el proceso vital del individuo. Por esa razón anhela saber no sólo la técnica exterior capaz de escribir un buen poema o el complejo proceso de la inspiración poética. Lo que más ardientemente desea es descubrir qué puede hacer la poesía como fenómeno autónomo en favor del hombre en la vorágine de su inmensa crisis contemporánea. Según él los únicos medios capaces de restablecer el diálogo o comunión entre los hombres son el amor y la poesía. La suprema misión del poeta es ir al reencuentro del amor universal destruido por la violencia y la tiranía del mundo contemporáneo. Como hemos dicho en otra ocasión, «la poesía de Octavio Paz entronca, por sus inquietudes, planteamientos y mensaje, con la mejor poesía universal de la época contemporánea».

Aunque el autor es esencialmente un poeta, se hace necesario estudiar con detenimiento sus medulares aportes a la ensayística. Sus trabajos en este sentido reiteran algunos de los temas básicos de sus versos. Llamó la atención de la crítica y del público en general con *El laberinto de la soledad* (1950), singular y aguda exploración del alma mexicana, mediante la disección de expresiones, actitudes características y preferencias básicas. Con suma inteligencia descubre los nexos entre tradición y carácter, individuo y cultura y el juego de las raíces últimas del ser en el modo de actuar y en la sicología nacional. Como todo ensayo de este tipo, ofrece afirmaciones que han levantado juicios favorables y encontrados, pero hay unanimidad en reconocerlo como trabajo de madurez y de imprescindible consulta para conocer directrices de la conducta, la sicología y la cultura mexicanas. Mucho más profundo y maduro resulta el ensayo titulado *El arco y la lira* (1956), con sesudas meditaciones sobre el fenómeno poético, aspecto que ya hemos visto ocupa lugar preferente en sus inquietudes. El voluminoso trabajo lleva ya dos ediciones y ha sido traducido a varios idiomas, entre ellos el francés y el checo. Es uno de las reflexiones más serias y profundas que se han hecho sobre este tema que escapa tan fácilmente de su apresamiento. Después de estudiar lo que es poesía, entra al estudio de los elementos del poema, la revelación poética, el papel de la poesía en la historia para terminar con la poesía en el engranaje de la sociedad y el estado. Últimamente ha publicado *Claude Lévi-Strauss o el nuevo festín de Esopo* (1967) en el que vuelve a temas que le resultan cardinales. En efecto, es un estudio muy reflexivo sobre el lenguaje, los signos y sus significados, pero no con interés de filólogo sino con la certeza de que son el medio básico para producir la convivencia humana en un mundo desgarrado. Paz unas veces coincide y otras se aparta del pensamiento central del famoso antropólogo francés, para en definitiva darnos su propia teoría cuya originalidad constituye un reto a la meditación.

FUENTES: *Libertad bajo palabra. Obra poética, 1935–1958*, México, Fondo de Cultura Económica, 1960. *Salamandra, 1958–1961*, México, Joaquín Mortiz, 1962. *Viento entero*, Nueva Delhi, India, 1965. *El arco y la lira*, 2a. edición, México, Fondo de Cultura Económica, 1967.

L a estación violenta

Himno entre ruinas[1]

donde espumoso el mar siciliano (GÓNGORA)

Coronado de sí el día extiende sus plumas.
¡Alto grito amarillo,[2]
caliente surtidor en el centro de un cielo
imparcial y benéfico!
Las apariencias son hermosas en ésta su verdad momentánea.
El mar trepa[3] la costa,
se afianza[4] entre las peñas, araña deslumbrante;
la herida cárdena[5] del monte resplandece;
un puñado de cabras es un rebaño de piedras;
el sol pone su huevo de oro[6] y se derrama sobre el mar.
Todo es dios.
¡Estatua rota,
columnas comidas por la luz,
ruinas vivas en un mundo de muertos en vida!

Cae la noche sobre Teotihuacán.[7]
En lo alto de la pirámide los muchachos fuman marihuana,
suenan guitarras roncas.
¡Qué yerba, qué agua de vida ha de darnos la vida,
dónde desenterrar la palabra,
la proporción que rige el himno y el discurso,
al baile, a la ciudad y a la balanza?
El canto mexicano estalla en un carajo,[8]
estrella de colores que se apaga,
piedra que nos cierra las puertas del contacto.
Sabe la tierra a tierra envejecida.

Los ojos ven, las manos tocan.
Bastan aquí unas cuantas cosas:
tuna,[9] espinoso planeta coral,
higos encapuchados,[10]
uvas con gusto a resurrección,

---

[1] Poema polimétrico sin rima exterior en el que Paz emplea un modo favorito: sobre el mexicanismo de la realidad exterior, le da visión universal a su poesía con preocupaciones sobre la vida, el presente, el tiempo, la condición del hombre («se arrastra un rebaño de hombres») en el mundo contemporáneo. La presencia del Superrealismo le imprime una nota hermética y simbólica.
[2] sinestesia
[3] sube
[4] se afirma
[5] morado, violáceo
[6] metáfora novedosa y precisa
[7] Significa «morada de los dioses», centro religioso indio situado al este de la ciudad de México. Sus pirámides y templos son impresionantes.
[8] palabra para expresar enojo, sorpresa, alegría
[9] nopal; planta con hojas carnosas y con espinas
[10] cubiertos con capucha (especie de capa pequeña)

almejas, virginidades ariscas,
sal, queso, vino, pan solar.
Desde lo alto de su morenía[11] una isleña me mira,
esbelta catedral vestida de luz.
Torres de sal, contra los pinos verdes de la orilla
surgen las velas blancas de las barcas.
La luz crea templos en el mar.

Nueva York, Londres, Moscú.
La sombra sube al llano con su yedra fantasma,
con su vacilante vegetación de escalofrío,
su vello ralo,[12] su tropel de ratas.
A trechos[13] tirita un sol anémico.
Acodado en montes que ayer fueron ciudades, Polifemo[14] bosteza.
Abajo, entre los hoyos, se arrastra un rebaño de hombres.
(Bípedos domésticos, su carne
—a pesar de recientes interdicciones religiosas—
es muy gustada por las clases ricas.
Hasta hace poco el vulgo los consideraba animales impuros.)

Ver, tocar formas hermosas, diarias.
Zumba la luz,[15] dardos y alas.
Huele a sangre la mancha de vino en el mantel.
Como el coral sus ramas en el agua
extiendo mis sentidos en la hora viva:
el instante se cumple en una concordancia amarilla,[16]
¡oh mediodía, espiga henchida de minutos,
copa de eternidad!

Mis pensamientos se bifurcan,[17] serpean,[18] se enredan,
recomienzan,
y al fin se inmovilizan, ríos que no desembocan[19]
delta de sangre bajo un sol sin crepúsculo.
¿ Y todo ha de parar en este chapoteo[20] de aguas muertas?

¡Día, redondo día,
luminosa naranja de veinticuatro gajos,[21]
todos atravesados por una misma y amarilla dulzura!
La inteligencia al fin encarna,
se reconcilian las dos mitades enemigas
y la conciencia-espejo se licúa,[22]
vuelve a ser fuente, manantial de fábulas:
Hombre, árbol de imágenes,
palabras que son flores que son frutos que son actos.

---

[11] color oscuro; que tiene la piel muy oscura y el pelo negro
[12] que tiene sus partes muy separadas
[13] con intermisión
[14] el más célebre de los Cíclopes, era un gigante con un solo ojo en la frente que Ulises le reventó
[15] Sinestesia: la luz hace un ruido bronco y continuo.
[16] Metáfora: todo es amarillo por la plenitud del sol.

[17] se dividen, toman diversos caminos
[18] o serpentean, andan como las serpientes
[19] desaguan, vierten sus aguas en el mar, un lago u otro río
[20] el agua que salpica (salta) cuando se le golpea
[21] ramas
[22] se vuelve líquida

Libertad bajo palabra: obra poética 1935-1958

Más allá del amor[1]

Todo nos amenaza:
el tiempo, que en vivientes fragmentos divide
al que fui
          del que seré,
como el machete a la culebra;
la conciencia, la transparencia traspasada,
la mirada ciega de mirarse mirar;
las palabras, guantes grises,[2] polvo mental sobre la yerba,
   el agua, la piel;
nuestros nombres, que entre tú y yo se levantan,
murallas de vacío que ninguna trompeta derrumba.[3]

Ni el sueño y su pueblo de imágenes rotas,
ni el delirio y su espuma profética,
ni el amor con sus dientes y uñas, nos bastan.
Más allá de nosotros,
en las fronteras del ser y el estar,
una vida más vida nos reclama.

Afuera la noche respira, se extiende,
llena de grandes hojas calientes,
de espejos que combaten:
frutos, garras, ojos, follajes,
espaldas que relucen,
cuerpos que se abren paso[4] entre otros cuerpos.

Tiéndete aquí a la orilla de tanta espuma,
de tanta vida que se ignora y entrega:
tú también perteneces a la noche.
Extiéndete, blancura que respira,
late, oh estrella repartida,
copa,
pan que inclinas la balanza del lado de la aurora,
pausa de sangre entre este tiempo y otro sin medida.

---

[1] Fuera del amor, el hombre sólo encuentra el tiempo como divisor de la vida y la conciencia; el vacío de la existencia, la falta de comunicación. Pero hay en el poeta el deseo de buscar la vida verdadera («una vida más vida nos reclama») a pesar del desconocimiento sobre aspectos esenciales de la existencia («de tanta vida que se ignora»).

El amor tiene una misión salvadora.
[2] La palabra encierra el concepto como el guante a la mano y los dedos.
[3] derriba, tumba
[4] se hacen camino

El sediento[5]

Por buscarme, Poesía,
en ti me busqué:
deshecha estrella de agua,
se anegó en mi ser.
Por buscarte, Poesía,
en mí naufragué.

Después sólo te buscaba
por huir de mí:
¡espesura[6] de reflejos
en que me perdí!
Mas luego de tanta vuelta
otra vez me vi:

el mismo rostro anegado
en la misma desnudez;
las mismas aguas de espejo
en las que no he de beber;
y en el borde del espejo,
el mismo muerto de sed.

El regreso[7]

A mitad del camino
me detuve. Le di la espalda al tiempo
y en vez de caminar lo venidero[8]
«nadie me espera allá»,
volví a caminar lo caminado.[9]

Abandoné la fila en donde todos,
desde el principio del principio, aguardan
un billete, una llave, una sentencia,
mientras desengañada la esperanza espera
que se abra la puerta de los siglos
y alguien diga: no hay puertas ya, ni siglos...

Crucé calles y plazas,
estatuas grises en el alba fría
y solo el viento vivo entre los muertos.
Tras[10] la ciudad el campo y tras el campo
la noche en el desierto:
mi corazón fue noche y fue desierto.
Después fui piedra al sol, piedra y espejo.
Y luego del desierto y de las ruinas,
el mar y sobre el mar el cielo negro,
inmensa piedra de gastadas letras:
nada me revelaron las estrellas.

Llegué al cabo.[11] Las puertas derribadas
y el ángel sin espada, dormitando.
Dentro, el jardín: hojas entrelazadas,
respiración de piedras casi vivas,

sopor de las magnolias y, desnuda,
la luz entre los troncos tatuados.

El agua en cuatro brazos abrazada
al prado verde y rojo.
Y en medio, el árbol y la niña,
cabellera de pájaros de fuego.

La desnudez no me pesaba:
ya era como el agua y como el aire.

Bajo la verde luz del árbol,
dormida entre la yerba,
era una larga pluma
abandonada por el viento, blanca.

Quise besarla, mas el son[12] del agua
tentó mi sed y allí su transparencia
me invitó a contemplarme.
Vi temblar una imagen en su fondo:
una sed encorvada y una boca deshecha,
¡oh viejo codicioso, sarmiento, fuego fatuo![13]
Cubrí mi desnudez. Salí despacio.

El ángel sonreía. Sopló el viento
y me cegó la arena de aquel viento.

Viento y arena fueron mis palabras:
no vivimos, el tiempo es quien nos vive.

---

[5] Especie de sextillas, de versos de seis, siete y ocho sílabas con rima consonante o asonante aguda en todos los pares. Expresa la incapacidad del verso o ejercicio poético como medio de lograr el conocimiento total de uno mismo, de la poesía y del mundo, o como medio de huir de sí.
[6] lugar con muchos árboles o vegetación
[7] Combina unos versos heptasílabos con la mayoría de endecasílabos. No hay rima exterior. Muestra su preocupación por el tiempo presentando a alguien que, porque no hay futuro, desanda lo vivido para encontrarse con que ni las estrellas le revelan nada sobre los secretos de la existencia. Al autocontemplarse en el agua descubre que de todas maneras está viejo. El poema termina con una de las ideas capitales del poeta: «no vivimos, el tiempo es quien nos vive».
[8] lo futuro
[9] Regresé al pasado.
[10] después de
[11] fin, final
[12] sonido agradable; murmullo
[13] fuego con poca consistencia; se apaga muy pronto

El desconocido[14]

HOMENAJE A XAVIER VILLAURRUTIA

La noche nace en espejos de luto.
Sombríos ramos húmedos
ciñen su pecho y su cintura,
su cuerpo azul, infinito y tangible.
No la puebla el silencio: rumores silenciosos,
peces fantasmas, se deslizan, fosforecen y huyen.

La noche es verde, vasta y silenciosa.
La noche es morada y azul.
Es de fuego y es de agua.
La noche es de mármol negro y es de humo.
En sus hombros nace un río que se curva,
una silenciosa cascada de plumas negras.

La noche es un beso infinito de las tinieblas infinitas.
Todo se funde en ese beso,
todo arde en esos labios sin límites,
y el nombre y las memorias
son un poco de ceniza y olvido
en esa entraña que sueña.

Noche, dulce fiera,
boca de sueño, ojos de llama fija y ávida;
Océano,
extensión infinita y limitada como un cuerpo acariciado a oscuras;
indefensa y voraz como el amor,
detenida al borde[15] del alba como un venado[16] a la orilla del susurro o del miedo;
río de terciopelo y ceguera,
respiración dormida de un corazón inmenso que perdona:
el desdichado, el hueco,
el que lleva por máscaras su rostro,
cruza tus soledades, a solas con tu alma.[17]

Tu silencio lo llama,
rozan tu piel sus alas negras
donde late el olvido sin fronteras,
mas él cierra los poros de su alma
al infinito que lo tienta,
ensimismado en su árida pelea.

Nadie lo sigue, nadie lo acompaña.[18]
En su boca elocuente la mentira se anida,
su corazón está poblado de fantasmas
y el vacío hace desiertos los latidos de su pecho.

---

[14] Si en el poema anterior el tiempo es la preocupación esencial en éste lo es la soledad absoluta en que se encuentra el individuo. Poema escrito en diversos metros que van desde el verso de seis hasta el de veinte sílabas. Está arreglado en estrofas con número caprichoso de versos. Con imágenes imprevistas, Paz canta a la soledad y llega al absoluto de ese estado al afirmar que el hombre marcha tan solo que ni siquiera tiene la compañía de él mismo. Así habla de «el que lleva por máscaras su rostro» o «un fantasma que buscara su cuerpo». Tema secundario es el de la consideración del ser y de la existencia como una no-existencia: el vacío.

[15] orilla, margen

[16] animal grande de muchos cuernos, bueno para la caza

[17] Es tan desconocido que emplea su propio rostro como un disfraz. Es un solitario que anda en busca de su propia identidad. No sabe quién es ni si existe o no.

[18] Está completamente solo.

Dos perros amarillos, hastío y avidez, disputan en su alma.[19]
Su pensamiento recorre siempre las mismas salas deshabitadas,
sin encontrar jamás la forma que agote su impaciencia.[20]
el muro del perdón o de la muerte.
Pero su corazón aún abre sus alas
como un águila roja en el desierto.[21]

Suenan las flautas de la noche.
El mundo duerme y canta.
Canta dormido el mar
y, ojo que tiembla absorto,
el cielo es un espejo donde el mundo se contempla,
lecho de transparencia para su desnudez.

El marcha solo, infatigable, eterno
encarcelado en su infinito,
como un solitario pensamiento,
como un fantasma que buscara un cuerpo[22]

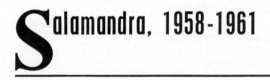

Salamandra, 1958-1961

1962

Repeticiones[1]

El corazón y su redoble iracundo
El oscuro caballo de la sangre
Caballo ciego caballo desbocado
El carrousel nocturno la noria del terror
El grito contra el muro y la centella rota
Camino andado
           Camino desandado[2]
El cuerpo a cuerpo[3] con un pensamiento afilado
La pena que interrogo cada día y no responde
La pena que no se aparta y cada noche me despierta
La pena sin tamaño y sin nombre
El alfiler y el párpado traspasado[4]
El párpado del día mal vivido[5]
La hora manchada la ternura escupida

---

[19] Tiene hondas luchas interiores.
[20] El conocimiento no se le entrega completo nunca.
[21] Pero él ama y espera.
[22] Veáse nota 17.
[1] Siguiendo la técnica de Apollinaire, Huidobro, Aleixandre y Cernuda, Paz no emplea puntuación en los poemas que siguen. En ellos es más directa la presencia y supervivencia del Superrealismo. El título «Repeticiones» viene muy bien al tema de la poesía: el poeta considera la vida como una repetición de las cosas más desagradables: dolor, sufrimiento, fracaso, horror. O sea, la vida va

hacia adelante y hacia atrás. Como siempre considera el tiempo como algo inexorable y destructivo.
[2] La idea central de que la vida se repite, pero en sus aspectos más dolorosos, viene dado por este refrán que encontramos cinco veces a lo largo del poema. La que no vuelve es la existencia misma, porque el poeta afirma: «La vida se ha ido sin volver el rostro».
[3] a brazo partido; pelear muy cerca uno de otro
[4] Un párpado traspasado por un alfiler es algo muy doloroso.
[5] Evocación de algunos de los momentos más desagradables y terribles de la vida.

La risa loca y la puta mentira
La soledad y el mundo
Camino andado
        Camino desandado
El coso[6] de la sangre y la pica y la rechifla[7]
El sol sobre la herida
Sobre las aguas muertas el astro hirsuto
La rabia y su acidez recomida[8]
El pensamiento que se oxida[9]
Y la escritura gangrenada
El alba desvivida y el día amordazado[10]
La noche cavilada y su hueso roído
El horror siempre nuevo y siempre repetido
Camino andado
        Camino desandado
El vaso de agua la pastilla la lengua de estaño
El hormiguero en pleno sueño
Cascada negra de la sangre

Cascada pétrea de la noche
El peso bruto de la nada
Zumbido de motores en la ciudad inmensa
Lejos cerca lejos en el suburbio de mi oreja
Aparición del ojo y el muro que gesticula
Aparición del metro cojo
El puente roto y el ahogado
Camino andado
        Camino desandado
El pensamiento circular y el círculo de familia
¿Qué hice qué hiciste qué hemos hecho?
El laberinto de la culpa sin culpa
El espejo que recrimina y el silencio que rasgu-
                    ña[11]
El día estéril la noche estéril el dolor estéril
La soledad promiscua el mundo despoblado
La sala de espera en donde ya no hay nadie
Camino andado y desandado
La vida se ha ido sin volver el rostro

El tiempo mismo[12]

No es el viento
No son los pasos sonámbulos del agua
Entre las casas petrificadas y los árboles
A lo largo de la noche rojiza
No es el mar subiendo las escaleras
Todo está quieto
        Reposa el mundo natural
Es la ciudad en torno de su sombra
Buscando siempre buscándose
Perdida en su propia inmensidad
Sin alcanzarse nunca
        Ni poder salir de sí misma
Cierro los ojos y veo pasar los autos
Se encienden y apagan y encienden
Se apagan
        No sé adónde van

Todos vamos a morir
        ¿Sabemos algo más[13]?
En una banca un viejo habla solo[14]
¿Con quién hablamos al hablar a solas?
Olvidó su pasado
        No pasará el futuro
No sabe quién es[15]
Está vivo en mitad de la noche
        Habla para oírse
Junto a la verja se abraza una pareja
Ella ríe y pregunta algo
Su pregunta sube y se abre en lo alto

A esta hora el cielo no tiene una sola arruga
Caen tres hojas de un árbol
Alguien silba en la esquina

---

[6] plaza de toros
[7] *pica*: especie de lanza que usan los «picadores» en el toreo; *rechifla*: silbido de burla y crítica
[8] muy enojada, con ira, con mucha rabia
[9] el que no se expresa o emplea
[10] impedido de hablar o actuar
[11] da un arañazo, hiere pasando algo duro sobre la piel o ropa
[12] Uno de los mejores poemas de Paz, escrito en diversos metros y sin rima exterior. El poema se destaca en seguida por su estructura: mediante el uso de la libre asociación de ideas Paz combina escenas o aspectos cotidianos y de la vida diaria con meditaciones trascendentes sobre los temas fundamentales que le obseden como hombre, filósofo y poeta. Estos asuntos son: la muerte como el único conocimiento; la limitación del conocimiento sobre la vida, las dudas sobre la existencia, el paso del tiempo. Otra vez encontramos la unión del mexicanismo del mundo exterior físico y el universalismo del pensamiento poético.
[13] En estos dos versos se expresa que lo único que el hombre sabe realmente es la muerte; todo lo demás está envuelto en la más terrible duda, expresada por una pregunta.
[14] Véase el uso de escenas cotidianas de la vida real. El poema es como una meditación mientras el poeta anda por la ciudad.
[15] Dudas sobre el tiempo y especialmente, sobre la propia existencia.

En la casa de enfrente se enciende una ventana
¡Qué extraño es saberse vivo!
Caminar entre la gente
Con el secreto a voces de estar vivo
Madrugadas sin nadie en el Zócalo[16]
Sólo nuestro delirio
    Y los tranvías
Tacuba Tacubaya Xochimilco San Ángel Coyo-
        acán[17]

En la plaza más grande que la noche
Encendidos
    Listos para llevarnos
En la vastedad de la hora
      Al fin del mundo
Rayas negras
Las pértigas enhiestas[18] de los troles[19]
      Contra el cielo de
        piedra
Y su moña[20] de chispas su lengüeta[21] de fuego
Brasa que perfora la noche
      Pájaro
Volando silbando volando
Entre la sombra enmarañada de los fresnos
Desde San Pedro hasta Mixcoac[22] en doble fila
Bóveda verdinegra
     Masa de húmedo silencio
Sobre nuestras cabezas en llamas
Mientras hablábamos a gritos[23]
En los tranvías rezagados[24]
Atravesando los suburbios
Con un fragor de torres desgajadas
Si estoy vivo camino todavía
Por esas mismas calles empedradas
Charcos lodos de junio a septiembre
Zaguanes tapias altas huertas dormidas
En vela sólo
    Blanco morado blanco
El olor de las flores
     Racimos de negrura
En la tiniebla
    Un farol casi vivo
La pared yerta

     Preguntas a la noche
Un perro ladra
    No es nadie
El viento ha entrado en la arboleda
Nubes nubes gestación y ruina y más nubes
Templos caídos nuevas dinastías
Escollos[25] y desastres en el cielo
      Mar de arriba
Nubes del altiplano ¿dónde está el otro mar?
Maestras de los ojos
    Nubes
Arquitectos de silencio
Y de pronto sin más porque sí
La palabra
    Alabastro
Esbelta transparencia no llamada
Haría música con ella
     Castillos en el aire
No hiciste nada
    Alabastro
Sin flor ni aroma
    Tallo
Sin sangre ni savia
     Blancura cortada
Garganta sólo garganta
     Canto sin pies ni cabeza
Hoy estoy vivo y sin nostalgia
La noche fluye
    La ciudad fluye
Yo escribo sobre la página que fluye
Transcurro[26] con las palabras que transcurren
Conmigo no empezó el mundo
No ha de acabar conmigo
    Soy
Un latido en el río de latidos
Hace veinte años me dijo Vasconcelos[27]
«Dedíquese a la filosofía
Vida no la Defiende de la muerte»
Y Ortega y Gasset[28]
    En un bar sobre el Ródano[29]
«Aprenda el alemán
Y póngase a pensar

---

[16] plaza principal de la ciudad de México
[17] lugares próximos a la ciudad de México
[18] varas largas muy tiesas o derechas
[19] dispositivos que transmiten la electricidad a un tranvía o trolebús
[20] que sirve de adorno
[21] lengua alargada. La chispa de fuego parece una lengua.
[22] suburbios o barrios de la ciudad de México
[23] charlábamos en voz muy alta
[24] dejados atrás; atrasados, retrasados
[25] rocas, peñascos, arrecifes
[26] paso el tiempo
[27] Vasconcelos, José: político, ensayista, escritor y pensador mexicano (1881–1959)
[28] Ortega y Gasset, José: ensayista y filósofo español (1883–1955)
[29] río de Suiza y Francia que desemboca en el Mediterráneo

Olvide lo demás»
Yo no escribo para matar al tiempo
Ni para revivirlo
Escribo para que me viva[30]
Hoy en la tarde desde un puente[31]
Vi al sol entrar en las aguas del río
Todo estaba en llamas
Ardían las estatuas las casas los pórticos
Llameaban los cuerpos sin quemarse
En los jardines pétreos racimos femeninos
Lingotes[32] de luz líquida
Frescura de vasijas solares
Un follaje de chispas la alameda
El agua horizontal inmóvil
Bajo los cielos y los mundos incendiados
Cada gota de agua
                    Un ojo fijo
El peso de la enorme hermosura
Sobre cada pupila abierta
Realidad suspendida
                    En el tallo del tiempo
La belleza no pesa
Tiempo y belleza son lo mismo[33]
                              Agua en llamas
Mirada que sostiene a la hermosura
El tiempo embelesado en la mirada
Luz dormida en el agua
                    Mundo sin peso
Fuego en el alma sosegada
                              ¿Pesa el hombre?
Si el agua y la llama se besan
¿No basta la hermosura?
                    No sé nada[34]
Sé lo que sobra no sé lo que basta

La ignorancia es ardua como la belleza
Un día sabré menos y abriré los ojos
Tal vez no pasa el tiempo
Pasan imágenes de tiempo
Si no vuelven las horas vuelven las presencias
En esta vida hay otra vida
La higuera aquella volverá esta noche
Esta noche regresan otras noches
Mientras escribo oigo pasar el río[35]
No éste
        Aquel que es éste
Vaivén de momentos y visiones
El mirlo está sobre la piedra gris
En un claro de marzo
                    Negro
Centro de claridades
No lo maravilloso presentido
                              Lo presente sentido
La presencia sin más
                         Nada más pleno colmado
No es la memoria Nada pensado ni querido
No son las mismas horas
                    Otras
Son otras siempre y son la misma[36]
Entran y nos expulsan de nosotros
Con nuestros ojos ven lo que no ven los ojos
Dentro del tiempo hay otro tiempo
Quieto
        Sin horas ni peso ni sombra
Sin pasado o futuro
                    Sólo vivo
Como el viejo del banco
Unimismado[37] idéntico perpetuo
Nunca lo vemos Es la transparencia

---

[30] idea favorita de Paz, no vivimos el tiempo, el tiempo nos vive a nosotros.
[31] Hasta ahora el poema «ha transcurrido en la noche» (en la ciudad de México y sus suburbios). Ahora es «la tarde» del próximo día, posiblemente.
[32] barras o pedazos de metal
[33] Después de una descripción de la realidad exterior, de gran belleza, el poeta vuelve al concepto del tiempo, una de sus preocupaciones básicas.
[34] Idea repetida por el poeta: el hombre sabe muy poco de su existencia y del universo. Recuérdese el dicho de Sócrates: «Sólo sé que no sé nada».
[35] La meditación sobre el tiempo le hace recordar inconscientemente al río, porque ambos fluyen constantemente sin retroceder o regresar.
[36] El tiempo es siempre diferente, pero el mismo. El río también parece el mismo, pero es diferente cada segundo.
[37] neologismo: ensimismado (pensativo); quien está cabizbajo y pensando en sí mismo

iento entero

Viento entero[1]

El presente es perpetuo
Los montes son de hueso y son de nieve
Están aquí desde el principio
El viento acaba de nacer
                         Sin edad
Como la luz y como el polvo
                         Molino de sonidos
El bazar tornasolea[2]
                    Timbres motores radios
El trote pétreo de los asnos opacos
Cantos y quejas enredados
Entre las barbas de los comerciantes
Alto fulgor a martillazos esculpido
En los claros de silencio
                         Estallan
Los gritos de los niños
                    Príncipes en harapos
A la orilla del río atormentado
Rezan ornan meditan
                    El presente es perpetuo
Se abren las compuertas del año
                         El día salta
          Ágata[3]
     El pájaro caído
Entre la calle Montalambert y la de Bac[4]
Es una muchacha

                    Detenida
Sobre un precipicio de miradas
Si el agua es fuego
               Llama
En el centro de la hora redonda
                         Encandilada
     Potranca alazana[5]
Un haz de chispas
                    Una muchacha real
Entre las casas y las gentes espectrales
Presencia chorro de evidencias
Yo ví a través de mis actos irreales
La tomé de la mano
                    Juntos atravesamos
Los cuatro espacios los tres tiempos[6]
Pueblos errantes de reflejos
Y volvimos al día del comienzo
El presente es perpetuo
                         2 1 de junio
Hoy comienza el verano
                         Dos o tres pájaros
Inventan un jardín
                    Tú lees y comes un durazno[7]
Sobre la colcha roja
                    Desnuda
Como el vino en el cántaro de vidrio

          Un gran vuelo de cuervos

     En Santo Domingo[8] mueren nuestros hermanos
     Si hubiera parque no estarían ustedes aquí
                    Nosotros nos roemos los codos

     En los jardines de su alcázar[9] de estío
     Tipú sultán[10] plantó el árbol de los jacobinos

---

[1] Influencia directa de las filosofías orientales y del Superrealismo. Diferentes metros sin rima exterior. El estribillo o leit motiv «El presente es perpetuo» hace referencia al concepto de Paz de que el tiempo es siempre el mismo. También muestra ese verso su interés por varios aspectos del presente, esto es de la vida contemporánea. El mismo Paz lo considera entre sus poemas favoritos. A través de él se evidencia la ubicación ideológica y humana de Paz hoy en día.

[2] *bazar*: mercado público en el Oriente; *tornasolea*: brilla, resplandece

[3] cuarzo jaspeado de colores muy vivos. Así era el pájaro.

[4] dos calles de París en el barrio de Montparnasse

[5] *potranca*: yegua menor de tres años; *alazana*: de color rojo canela

[6] pasado, presente, futuro

[7] melocotón

[8] referencia a los hechos revolucionarios ocurridos en esa nación en 1965

[9] palabra de origen árabe: castillo, fortaleza; palacio real

[10] o *Tippo-Saeh*, último nabad (gobernador) de Misora, India, enemigo de los ingleses

Luego distribuyó pedazos de vidrio
Entre los oficiales ingleses prisioneros
Y ordenó que se cortasen el prepucio
Y se lo comiesen
                    El siglo
Se ha encendido en nuestras tierras
Con su lumbre
                    Las manos abrasadas
Los constructores de catedrales y pirámides
Levantarán sus casas transparentes
                                        El presente es perpetuo
El sol se ha dormido entre tus pechos
La colcha roja es negra y palpita
Ni astro ni alhaja
                    Fruta
Tú te llamas dátil
                    Datia
Castillo de sal si puedes
                              Mancha escarlata
Sobre la piedra empedernida[11]
Galerías terrazas escaleras
Desmanteladas[12] salas nupciales
Del escorpión
                          Ecos repeticiones
Relojería erótica
                    Deshora
                              Tú recorres
Los patios taciturnos bajo la tarde impía
Manto de agujas en tus hombros indemnes
Si el fuego es agua
                          Eres una gota diáfana
La muchacha real
                    Transparencia del mundo
El presente es perpetuo
                          Los montes
      Soles destazados[13]
Petrificada tempestad ocre
                              El viento rasga
          Ver duele
El cielo es otro abismo más alto
Garganta de Salang[14]
La nube negra sobre la roca negra
El puño de la sangre golpea
                          Puertas de piedra
Sólo el agua es humana
En estas soledades despeñadas
Sólo tus ojos de agua humana
                          Abajo

---

[11] muy dura, insensible
[12] abondonadas, sin muebles
[13] despedazados

[14] desfildero o parte más estrecha formada por el río Salang de la isla de Célebes (Malasia) que nace en las montañas centrales del país

En el espacio hendido
El deseo te cubre con sus dos alas negras
Tus ojos se abren y se cierran
                                    Animales fosforescentes
Abajo
        El desfiladero caliente
La ola que se dilata y se rompe
                                    Tus piernas abiertas
El salto blanco
La espuma de nuestros cuerpos abandonados
                                            El presente es perpetuo
El morabito[15] regaba la tumba del santo
Sus barbas eran más blancas que las nubes
Frente al moral[16]
                    Al flanco del torrente
Repetiste mi nombre
                        Dispersión de sílabas
Un adolescente de ojos verdes te regaló
Una granada
                Al otro lado del Amu-Darya[17]
Humeaban las casitas rusas
El son de la flauta usbek[18]
Era otro río invisible y más puro
En la barcaza el batelero[19] estrangulaba pollos
El país es una mano abierta
                                Sus líneas
        Signos de un alfabeto roto
Osamentas de vacas en el llano
Bactriana[20]
            Estatua pulverizada
Yo recogí del polvo unos cuantos nombres
Por esas sílabas caídas
Granos de una granada cenicienta
Juro ser tierra y viento
                        Remolino
Sobre tus huesos
                    El presente es perpetuo
La noche entra con todos sus árboles
Noche de insectos eléctricos y fieras de seda
Noche de yerbas que andan sobre los muertos
Conjunción de aguas que vienen de lejos
Murmullos
            Los universos se desgranan
Un mundo cae
                Se enciende una semilla
Cada palabra palpita

---

[15] ermitaño mahometano
[16] árbol de la familia de las moráceas, cuyo fruto es la mora
[17] río grande de Turquestán

[18] de Usbekistán, república socialista soviética en Asia Central
[19] barquero, botero; marinero
[20] región del Asia antigua, hoy Turquestán Afgano

                                        Oigo tu latir en la sombra
                        Enigma en forma de reloj de arena
                                                        Mujer dormida
                        Espacio espacios animados
                        Anima mundi
                                        Materia maternal
                        Perpetua desterrada de sí misma
                        Y caída perpetua en su entraña vacía
                                                        Anima mundi
                        Madre de las razas errantes
                                                De soles y de hombres
                        Emigran los espacios
                                                El presente es perpetuo
                        En el pico del mundo se acarician
                        Shiva y Parvati[21]
                                        Cada caricia dura un siglo
                        Para el dios y para el hombre
                                                        Un mismo tiempo
                        Un mismo despeñarse
                                        Lahor[22]
                                                Río rojo barcas negras
                        Entre dos tamarindos una niña descalza
                        Y su mirar sin tiempo
                                                Un latido idéntico
                        Muerte y nacimiento
                        Entre el cielo y la tierra suspendidos
                        Unos cuantos álamos[23]
                        Vibrar de luz más que vaivén de hojas
                                                        ¿Suben o bajan?
                        El presente es perpetuo
                                                Llueve sobre mi infancia
                        Llueve sobre el jardín de la fiebre
                        Flores de sílex árboles de humo
                        En una hoja de higuera tu navegas
                        Por mi frente
                                        La lluvia no te moja
                        Eres la llama de agua
                                                La gota diáfana de fuego
                        Derramada sobre mis párpados
                        Yo veo a través de mis actos irreales
                        El mismo día que comienza
                                                Gira el espacio
                        Arranca sus raíces el mundo
                        No pesan más que el alba nuestros cuerpos
                                                Tendidos

---

[21] Shiva o Siva, el tercero de los grandes dioses de la   [22] ciudad capital del Punjab, India
    Trimurti (Trinidad hindú). *Parvarti*, esposa del anterior.   [23] árboles, los hay de diversos colores

El arco y la lira

1956

El verbo desencarnado[1]

La novela y el teatro son formas que permiten un compromiso entre el espíritu crítico y el poético. La primera, además, lo exige; su esencia consiste precisamente en ser un compromiso. En cambio, la poesía lírica canta pasiones y experiencias irreductibles al análisis y que constituyen un gasto y un derroche.[2] Exaltar el amor entraña una provocación, un desafío al mundo moderno, pues es algo que escapa al análisis y que constituye una excepción inclasificable; de ahí el extraño prestigio del adulterio durante la edad moderna: si para los antiguos era un crimen o un hecho sin importancia, en el siglo XIX se convierte en un reto a la sociedad, una rebelión y un acto consagrado por la luz ambigua de lo maldito. (Asistimos ahora al fenómeno contrario: la boga del erotismo suprime sus poderes de destrucción y creación. Tránsito del pecado a la diversión anónima . . .) El sueño, la divagación, el juego de los ritmos, el fantaseo, también son experiencias que alteran sin posible compensación la economía del espíritu y enturbian el juicio. Para el burgués, la poesía es una distracción —¿pero a quién distrae, si no es a unos cuantos extravagantes?— o es una actividad peligrosa: y el poeta, un clown[3] inofensivo —aunque dispendioso—[4] o un loco y un criminal en potencia. La inspiración es superchería[5] o enfermedad y es posible clasificar las imágenes poéticas —curiosa confusión que dura todavía— como productos de las enfermedades mentales.

Los «poetas malditos»[6] no son una creación del romanticismo: son el fruto de una sociedad que expulsa aquello que no puede asimilar. La poesía ni ilumina ni divierte al burgués. Por eso destierra al poeta y lo transforma en un parásito o en un vagabundo. De ahí también que los poetas no vivan, por primera vez en la historia, de su trabajo. Su labor no vale nada y este *no vale nada* se traduce precisamente en un *no ganar nada.* El poeta debe buscar otra ocupación —desde la diplomacia hasta la estafa—[7] o perecer de hambre. Esta situación se confunde con el nacimiento de la sociedad moderna: el primer poeta «loco» fue Tasso;[8] el primer «criminal» Villon.[9] Los Siglos de Oro[10] españoles están poblados de poetasmendigos y la época isabelina[11] de líricosrufianes. Góngora[12] mendigó toda su vida, hizo trampas en el juego y acabó sitiado por los acreedores; Lope[13] acudió a la tercería; en la vejez de Cervantes hay un penoso incidente en el que aparecen con luz equívoca mujeres de su familia; Mira de Amescua,[14] canónigo en Granada y dramaturgo en Madrid, cobraba por un empleo que no desempeñaba; Quevedo,[15] con varia fortuna, se

---

[1] Constituye el último capítulo de la parte cuarta del ensayo *El arco y la lira*, titulada «Poesía e Historia». Contiene ideas básicas de Paz sobre el fenómeno poesía, instrumento trascendente que ayuda al hombre a descubrir lo más hondo de la realidad. La función de la poesía, como la del amor, es establecer la comunicación entre los mortales y salvar al hombre. *El arco y la lira* es, sin duda alguna, el punto más alto de Paz como pensador, ensayista y filósofo, por la riqueza de ideas y por la madurez del estilo.
[2] acción de malgastar
[3] la palabra castellana es «payaso»
[4] gastador, caro
[5] trampa, astucia censurable
[6] grupo de poetas franceses llamados así por su filosofía pesimista y contraria a la sociedad burguesa
[7] robo mediante engaño o artificio
[8] Tasso, Torcuato: poeta épico italiano (1544–1595)
[9] Villon, Francois: poeta francés (1431–¿1465?)
[10] Siglos XVI y XVII
[11] puede referirse a la época de Isabel I, Tudor (1533–1603), reina de Inglaterra (1558–1603) Protegió las artes y el comercio
[12] Góngora, Luis de: uno de los grandes poetas barrocos españoles (1561–1627)
[13] Lope de Vega; poeta y dramaturgo español (1562–1635)
[14] Mira de Amescua, Antonio: dramaturgo y poeta español (1574–1644)
[15] Quevedo y Villegas, Francisco de: uno de los grandes poetas y escritores españoles (1580–1645)

entregó a la política;[16] Alarcón[17] se refugió en la alta burocracia. . . Marlowe[18] fue asesinado en una oscura intriga, después de haber sido acusado de ateísmo y libertinaje; Johnson[19] fue poeta laureado y recibía, amén de [20] una suma de dinero, una barrica anual de vino: ambas insuficientes; Donne[21] cambió de casaca y así logró ascender a Deán de San Pablo. . . En el siglo XIX la situación social de los poetas empeora. Desaparecen los mecenas y sus ingresos disminuyen, con excepciones como la de Hugo.[22] La poesía no se cotiza, no es un valor que puede transformarse en dinero como la pintura. Las «tiradas de lujo»[23] no han sido tanto una manifestación del espíritu de secta de la nueva poesía como un recurso para vender más caros, en razón del poco número de ejemplares, libros que de todos modos el gran público no ha de comprar. El *Manifiesto comunista*[24] afirma que «la burguesía ha convertido al médico, al abogado, al sacerdote, al poeta y al hombre de ciencia en servidores pagados». Esto es verdad, con una excepción: la burguesía cerró sus cajas de caudales[25] a los poetas. Ni criados, ni bufones: parias, fantasmas, vagos.

Esta descripción sería incompleta si se omitiese que la oposición entre el espíritu moderno y la poesía se inicia como un acuerdo. Con la misma decisión del pensamiento filosófico, la poesía intenta fundar la palabra poética en el hombre mismo. El poeta no ve en sus imágenes la revelación de un poder extraño. A diferencia de las sagradas escrituras, la escritura poética es la revelación de sí mismo que el hombre se hace a sí mismo. De esta circunstancia procede que la poesía moderna sea también teoría de la poesía. Movido por la

necesidad de fundar su actividad en principios que la filosofía le rehusa[26] y la teología sólo le concede en parte, el poeta se desdobla en crítico. Coleridge[27] es uno de los primeros en inclinarse sobre la creación poética, para preguntarle qué significa o dice realmente el poema. Para el poeta inglés la imaginación es el don más alto del hombre y en su forma primordial «la facultad original de toda percepción humana». Esta concepción se inspira en la de Kant.[28] Según la interpretación que ha hecho Heidegger[29] de la *Crítica de la razón pura:* la «imaginación trascendental» es la raíz de la sensibilidad y del entendimiento y la que hace posible el juicio. . . La imaginación despliega o proyecta los objetos y sin ella no habría ni percepción ni juicio; o mejor: como manifestación de la temporalidad que es, se despliega y presenta los objetos a la sensibilidad y al entendimiento. Sin esta operación —en la que consiste propiamente lo que llamamos «imaginar»— sería imposible la percepción.[30] Razón e imaginación («trascendental» o «primordial») no son facultades opuestas: la segunda es el fundamento de la primera y lo que permite percibir y juzgar al hombre. Coleridge, además, en una segunda acepción de la palabra, concibe la imaginación no sólo como un órgano del conocimiento sino como la facultad de expresarlo en símbolos y mitos. En este segundo sentido el saber que nos entrega la imaginación no es realmente un conocimiento: es el saber supremo, «*it's a form of Being, or indeed it is the only Knowledge that truly is, and all other Science is real only as it is symbolical of this*».[31] Imaginación y razón, en su origen una y la misma cosa, terminan por fundirse en una evidencia que es indecible excepto por medio de una representación simbólica: el mito. En suma, la

---

[16] Sobre Quevedo, político realista, véase el ensayo de Raimundo Lida, «Cartas de Quevedo», publicado en el número 1 de *Cuadernos Americanos* (México, 1953). [*Nota del autor*].

[17] Juan Ruiz de Alarcón: dramaturgo mexicano (¿1581?– 1639) que pasó la mayor parte de su vida en España

[18] Marlowe, Christopher: dramaturgo y poeta inglés (1564– 1593)

[19] Johnson, Benjamin: dramaturgo y poeta inglés (1572– 1637)

[20] además de

[21] Donne, John: poeta inglés (1572–1631), considerado el más grande poeta de la llamada escuela metafísica

[22] Hugo, Víctor: poeta, novelista y dramaturgo francés (1802–1885)

[23] ediciones limitadas y elegantes de libros

[24] publicado en 1848, en él Karl Marx (1818–1893) y Freidrich Engels (1820–1895) exponen las teorías básicas del comunismo

[25] arcas donde se guarda dinero u objetos de valor

[26] no le acepta; le rechaza

[27] Coleridge. Samuel Taylor: poeta, crítico y filósofo inglés (1772–1834)

[28] Kant, Emmanuel: filósofo alemán (1724–1804), autor de *Crítica de la razón pura* y una de las cumbres de la filosofía universal

[29] Heidegger, Martín: filósofo alemán (n.1889)

[30] Martin Heidegger: *Kant y el problema de la metafísica*, Fondo de Cultura Económica, México, 1954. [*Nota del autor*].

[31] *On Method*. Essay XI. [*Nota del autor*].

imaginación es, primordialmente, un órgano de conocimiento, puesto que es la condición necesaria de toda percepción; y, además, es una facultad que expresa, mediante mitos y símbolos, el saber más alto.

Poesía y filosofía culminan en el mito. La experiencia poética y la filosófica se confunden con la religión. Pero la religión no es una revelación, sino un estado de ánimo, una suerte de acuerdo último del ser del hombre con el ser del universo. Dios es una substancia pura, sobre la que la razón nada puede decir, excepto que es indecible: «*the divine truths of religion should have been revealed to us in the form of poetry; and that at all times poets, not the slaves of any particular sectarian opinion, should have joined to support all those delicate sentiments of the heart. . .*»[32] Religión es poesía, y sus verdades, más allá de toda opinión sectaria, son verdades poéticas: símbolos o mitos. Coleridge despoja[33] a la religión de su cualidad constitutiva: el ser revelación de un poder divino y la reduce a la intuición de una verdad absoluta, que el hombre expresa a través de formas míticas y poéticas. Por otra parte, la religión *is the poetry of Mankind*. Así, funda la verdad poético-religiosa en el hombre y la convierte en una forma histórica. Pues la frase «la religión es la poesía de la humanidad» quiere decir efectivamente: la forma que tiene la poesía de encarnar en los hombres, y hacerse rito e historia, es la religión. En esta idea, común a todos los grandes poetas de la edad moderna, se encuentra la raíz de la oposición entre poesía y modernidad. La poesía se proclama como un principio rival del espíritu crítico y como el único que puede sustituir los antiguos principios sagrados. La poesía se concibe como el principio original sobre el que, como manifestaciones secundarias e históricas, cuando no como superposiciones tiránicas y máscaras encubridoras, descansan las verdades de la religión. De ahí que el poeta no pueda sino ver con buenos ojos la crítica que hace el espíritu racional de la religión. Pero apenas ese mismo espíritu crítico se proclama sucesor de la religión, lo condena.

Sin duda las reflexiones anteriores simplifican con exceso el problema. Ya se sabe que la realidad es más rica que nuestros esquemas intelectuales. Sin embargo, reducida a lo esencial, no es otra la posición del romanticismo alemán, desde Hölderlin[34] y, a partir de ese momento, de todos los poetas europeos, llámense Hugo o Baudelaire, Shelley o Wordsworth.[35] No es inútil repetir, por otra parte, que todos estos poetas coinciden en algún momento con la revolución del espíritu crítico. No podía ser de otro modo, pues ya se ha visto que la empresa poética coincide lateralmente con la revolucionaria. La misión del poeta consiste en ser la voz de ese movimiento que dice «No» a Dios y a sus jerarcas y «Sí» a los hombres. Las Escrituras del mundo nuevo serán las palabras del poeta revelando a un hombre libre de dioses y señores, ya sin intermediarios frente a la muerte y a la vida. La sociedad revolucionaria es inseparable de la sociedad fundada en la palabra poética. No es extraño por eso que la Revolución francesa suscitase una inmensa expectación en todos los espíritus y que conquistase la simpatía de los poetas alemanes e ingleses. Cierto, a la esperanza sucede la hostilidad; pero más tarde —amortiguado[36] o justificado el doble escándalo del terror revolucionario y del cesarismo napoleónico— los herederos de los primeros románticos vuelven a identificar poesía y revolución. Para Shelley el poeta moderno ocupará su antiguo lugar, usurpado[37] por el sacerdote, y volverá a ser la voz de una sociedad sin monarcas. Heine[38] reclama para su tumba la espada del guerrero. Todos ven en la gran rebelión del espíritu crítico el prólogo de un acontecimiento aún más decisivo: el advenimiento de una sociedad fundada en la palabra poética. Novalis[39] advierte que «la religión no es sino poesía práctica», esto es, poesía encarnada y vivida. Más osado que Coleridge, el poeta alemán afirma: «La poesía

---

[32] *Biografía Literaria*. [*Nota del autor*].
[33] quita, desposee
[34] Hölderlin, Friedrich: poeta alemán (1770-1843) iniciador del Romanticismo
[35] Shelley, Percy S.: poeta lírico inglés (1792-1822); Wordsworth, William: poeta inglés (1770-1850) gran amigo de Coleridge; Baudelaire, Charles: poeta y escritor francés (1821-1867), uno de los jefes entre los parnasianos y autor de *Las flores del mal* (1857)
[36] hecho menos violento; moderado
[37] robado, apropiado con violencia
[38] Heine, Heinrich: autor alemán (1797-1856)
[39] seudónimo de Friedrich von Hardenberg: poeta alemán (1772-1801), uno de los grandes románticos

es la religión original de la humanidad.» Restablecer la palabra original, misión del poeta, equivale a restablecer la religión original, anterior a los dogmas de las Iglesias y los Estados.

La actitud de William Blake[40] ilustra de un modo insuperable la dirección de la poesía y el lugar que ocupa al iniciarse nuestra época. Blake no escatima[41] sus ataques y sarcasmos contra los profetas del siglo de las luces y especialmente contra el espíritu volteriano. Sólo que, con el mismo furor, no cesa de burlarse del cristianismo oficial. La palabra del poeta es la palabra original, anterior a las Biblias y Evangelios: «El genio poético es el hombre verdadero. . . las religiones de todas las naciones se derivan de diferentes recepciones del genio poético. . . los Testamentos judío y cristiano derivan originalmente del genio poético. . .»[42] El hombre y el Cristo de Blake son el reverso[43] de los que nos proponen las religiones oficiales. El hombre original es inocente y cada uno de nosotros lleva en sí a un Adán. Cristo mismo es Adán. Los diez mandamientos son invención del Demonio:

> Was Jesus chaste? or did he
> Give any lessons of chastity?
> The morning plush'd a fiery red:
> Mary was found in adulterous bed.
> . . . .
> Good and Evil are no more,
> Sinai's trumpets, cease to roar!

La misión del poeta es restablecer la palabra original, desviada por los sacerdotes y los filósofos. «Las prisiones están hechas con las piedras de la Ley; los burdeles,[44] con los ladrillos de la Religión.» Blake canta la Revolución americana y la francesa, que rompen las prisiones y sacan a Dios de las iglesias. Pero la sociedad que profetiza la palabra del poeta no puede confundirse con la utopía política. La razón crea cárceles más oscuras que la teología. El enemigo del hombre se llama Urizel (la Razón), el «dios de los sistemas», el prisionero de sí mismo. La verdad no procede de la razón,

sino de la percepción poética, es decir, de la imaginación. El órgano natural del conocimiento no son los sentidos ni el raciocinio; ambos son limitados y en verdad contrarios a nuestra esencia última, que es deseo infinito: «Menos que todo, no puede satisfacer al hombre.» El hombre es imaginación y deseo:

> Abstinence sows sand all over
> The suddy lambs and flaming hair,
> But desire gratified
> Plants fruits of life and beauty there.

Por obra de la imaginación el hombre sacia su infinito deseo y se convierte él mismo en ser infinito. El hombre es una imagen, pero una imagen en la que él mismo encarna. El éxtasis amoroso es esa encarnación del hombre en su imagen: uno con el objeto de su deseo, es uno consigo mismo. Por tanto, la verdadera historia del hombre es la de sus imágenes: la mitología. Blake nos cuenta en sus libros proféticos la historia del hombre en imágenes míticas. Una historia en marcha que ésta sucediendo ahora mismo, en este instante y que desemboca en la fundación de una nueva Jerusalem. Los grandes poemas de Blake no son sino la historia de la imaginación, esto es, de los avatares del Adán primordial. Historia mítica: escritura sagrada: escritura de fundación. Revelación del pasado original, que desvela el tiempo arquetípico, anterior a los tiempos. Escritura de fundación y profecía: lo que fue, será y está siendo desde toda la eternidad. ¿Y qué nos profetizan estas sagradas escrituras poéticas? El advenimiento de un hombre que ha recobrado su naturaleza original y que así ha vencido a la ley de gravedad del pecado. Aligerado de la culpa, el hombre de Blake vuela, tiene mil ojos, fuego en la cabellera, besa lo que toca, incendia lo que piensa. Ya es imagen, ya es acto. Deseo y realización son lo mismo. Cristo y Adán se reconcilian, Urizel se redime. Cristo no es «el eterno ladrón de energías» sino la energía misma, tensa y disparada hacia el acto. La imaginación hecha deseo, el deseo hecho acto:

---

[40] artista y poeta inglés (1757–1827), ha ejercido una gran influencia
[41] rebaja, cercena, acorta
[42] All Religions are One. 1778. [Nota del autor].
[43] lo opuesto, lo contrario
[44] casas de prostitución

«Energía, delicia eterna.» El poeta limpia de errores los libros sagrados y escribe inocencia ahí donde se leía pecado, libertad donde estaba escrito autoridad, instante donde se había grabado eternidad. El hombre es libre, deseo e imaginación son sus alas, el cielo está al alcance de la mano y se llama fruta, flor, nube, mujer, acto. «La eternidad está enamorada de las obras del tiempo.» El reino que profetiza Blake es el de la poesía. El poeta vuelve a ser Vate[45] y su vaticinio proclama la fundación de una ciudad cuya primera piedra es la palabra poética. La sociedad poética, la nueva Jerusalem, se perfila por primera vez, desprendida de los dogmas de la religión y de la utopía de los filósofos. La poesía entra en acción.

El romanticismo alemán proclama ambiciones semejantes. En la revista *Athenäum*, que sirvió de órgano a los primeros románticos, Federico Schlegel[46] define así su programa: «La poesía romántica no es sólo una filosofía universal progresista. Su fin no consiste sólo en reunir todas las diversas formas de poesía y restablecer la comunicación entre poesía, filosofía y retórica. También debe mezclar y fundir poesía y prosa, inspiración y crítica, poesía natural y poesía artificial, vivificar y socializar la poesía, hacer poética la vida y la sociedad, poetizar el espíritu, llenar y saturar las formas artísticas de una substancia propia y diversa y animar el todo con la ironía.» Las tendencias del grupo de Jena[47] encuentran en Novalis la voz más clara y el pensamiento más recto y audaz, unidos a la autenticidad del gran poeta. La religión de la noche y de la muerte de los *Himnos*, los impresionantes *Fragmentos* —cada uno como un trozo de piedra estelar, en la que estuviesen grabados los signos de la universal analogía y las correspondencias que enlazan al hombre con el cosmos—, la búsqueda de una Edad Media perdida, la resurrección del mito del poeta como una figura triple en la que se alían el caballero andante, el enamorado y el vidente, forman un astro de muchas facetas. Una de ellas es un proyecto de reforma histórica: la creación de una nueva Europa, hecha de la alianza de catolicismo y espíritu germánico. En el famoso ensayo «Europa y la Cristiandad» —escrito en 1799, el año de la caída del Directorio— Novalis propone un retorno al catolicismo medieval. Pero no se trata de un regreso a Roma, sino de algo nuevo, aunque inspirado en la universalidad romana. La universalidad de Novalis no es una forma vacía; el espíritu germánico será su substancia, pues la Edad Media está viva e intacta en las profundidades del alma popular germana. ¿Y qué es la Edad Media sino la profecía, el sueño del espíritu romántico? El espíritu romántico: la poesía. Historia y poesía se funden. Un gran Concilio de la Paz reconciliará la libertad con el Papado, la razón filosófica con la imaginación. Nuevamente, y por vías inesperadas, la poesía entra en la historia.

El sueño de Novalis es un inquietante anuncio de otras y más feroces ideologías. Mas la misma inquietud, si se ha de ser justo, deben provocarnos ciertos discursos de Saint-Just,[48] otro joven puro, que son también una profecía de las futuras hazañas del espíritu geométrico. La actitud de Novalis, por otra parte, refleja una doble crisis, personal e histórica, imposible de analizar aquí. Baste decir que la Revolución francesa puso entre la espada y la pared[49] a los mejores espíritus alemanes, como lo hizo con los españoles.[50] El grupo de Jena, tras un momento de seducción y no sin desgarramiento,[51] reniega de muchas de sus concepciones del primer momento. Algunos se echan en brazos de la Santa Alianza,[52] otros escogen un catolicismo menos militante y el resto penetra en la gran noche romántica de la muerte. Estas oscilaciones son la contrapartida[53] de las crisis y convulsiones revolucionarias, desde el Terror

---

45 bardo, poeta
46 crítico y filósofo alemán (1772–1829) fundador de la revista *Athenäum*, de gran influencia
47 grupo de románticos alemanes formado alrededor de August Wilhelm von Schlegel, (1767–1845) hermano del anterior y profesor en la Universidad de Jena
48 Saint-Just, Louis de: revolucionario francés (1767–1794) gran amigo de Robespierre
49 puso en una disyuntiva, en un dilema
50 Nadie, entre nosotros, ha retratado mejor la ambigüedad de ese momento que Peréz Galdós, en las dos primeras series de los *Episodios Nacionales*. Gabriel Araceli y Salvador Monsalud combaten todavía en cada español e hispanoamericano. [*Nota del autor*].
51 destrozamiento, rasgamiento; rompimiento
52 pacto entre Austria, Rusia y Prusia (1815) en defensa del *status quo* frente al creciente nacionalismo de los pequeños estados oprimidos por las grandes potencias
53 compensación

hasta el Thermidor[54] y su final culminación en la aventura de Bonaparte. Es imposible entender la reacción romántica si se olvidan las circunstancias históricas. Defender a Alemania de las invasiones napoleónicas era combatir contra la opresión extranjera, pero también fortificar el absolutismo interior. Dilema insoluble para la mayoría de los románticos. Como ha dicho Marx: «La lucha contra Napoleón fue una regeneración acompañada de una reacción.» Nosotros, contemporáneos de la Revolución de 1917 y de los Procesos de Moscú, podemos comprender mejor que nadie las alternativas del drama romántico.

La concepción de Novalis se presenta como una tentativa por insertar la poesía en el centro de la historia. La sociedad se convertirá en comunidad poética y, más precisamente, en poema viviente. La forma de relación entre los hombres dejará de ser la de señor y siervo, patrono y criado, para convertirse en comunión poética. Novalis prevé comunidades dedicadas a producir colectivamente poesía. Esta comunión es, ante todo, un penetrar en la muerte, la gran madre, porque sólo la muerte —que es la noche, la enfermedad y el cristianismo, pero también el abrazo erótico, el festín en donde la «roca se hace carne»— nos dará acceso a la salud, a la vida y al sol. La comunión de Novalis es una reconciliación de las dos mitades de la esfera. En la noche de la muerte, que es asimismo la del amor, Cristo y Dionisos[55] son uno. Hay un punto magnético donde las grandes corrientes poéticas se cruzan: en un poema como El pan y el vino, la visión de Hölderlin, poeta solar, roza por un momento la del Himno V de Novalis, poeta de la noche. En los Himnos arde un sol secreto, sol de poesía, uva negra de resurrección, astro cubierto de una armadura negra. Y no es casual la irrupción de esa imagen del sol como un caballero que lleva armas y penacho enlutados, porque la comunión de Novalis es una cena mística y heroica en que los comensales[56] son caballeros que también son poetas. Y el pan que se reparte en ese banquete es el pan solar de la poesía. «Beberemos ese vino de luz, seremos astros», dice el Himno. Comunión en la poesía, la cena del romanticismo alemán es una rima o respuesta a la Jerusalem de Blake. En ambas visiones descendemos al origen de los tiempos, en busca del hombre original, el Adán que es Cristo. En ambas, la mujer —que es el «alimento corporal más elevado»— es mediación, puerta de acceso a la otra orilla, allá donde las dos mitades pactan y el hombre es uno con sus imágenes.

Desde su nacimiento la poesía moderna se presenta como una empresa autónoma y a contracorriente. Incapaz de pactar con el espíritu crítico, tampoco logra encontrar asidero en las Iglesias. Es revelador que para Novalis el triunfo del cristianismo no entrañe la negación, sino la absorción, de las religiones precristianas. En la noche romántica «todo es delicia, todo es poema eterno y el sol que nos ilumina es la faz augusta de Dios». La noche es sol. Y lo más sorprendente es que esta victoria solar de Cristo se cumple no antes sino después de la era científica, esto es, en la edad romántica: en el presente. El Cristo histórico que predicó en Galilea evidentemente no es el mismo que la deidad noche-sol que invocan los Himnos. Lo mismo ocurre con la Virgen, que asimismo es Perséfona y Sofía, la novia del poeta, la muerte que es vida. El nuevo catolicismo de Novalis es, al pie de la letra,[57] nuevo y distinto del histórico; y también es más antiguo, porque convoca las divinidades que adoraron los paganos. Desde esta perspectiva se ilumina con otro sentido el ensayo Europa y la Cristiandad; la poesía, una vez más, ostenta una doble faz: es la más revolucionaria de las revoluciones y, simultáneamente, la más conservadora de las revelaciones, porque no consiste sino en restablecer la palabra original. La actitud de los otros grandes precursores —Hölderlin, Blake, Nerval[58]— es aún más neta: su Cristo es Dionisos, Luzbel, Orfeo.

La raíz de la ruptura entre poesía moderna y

---

[54] Terror: período revolucionario (31 de mayo de 1793-27 de julio de 1794) dominado por Robespierre y caracterizado por gran cantidad de ejecuciones; Thermidor: el 9 de Thermidor (27 de julio de 1794), caída de Robespierre y sus amigos

[55] dios griego al que los romanos llamaban Baco; dios del vino
[56] compañeros de mesa en una comida
[57] literalmente
[58] Nerval, Gerard de: escritor y poeta romántico francés (1808-1855)

religión es de índole distinta a la que enfrenta el espíritu poético con el racional, pero sus consecuencias son semejantes: también las Iglesias, como la burguesía, expulsan a los poetas. La oposición entre las escrituras poéticas y las sagradas es de tal naturaleza que todas las alianzas de la poesía moderna con las religiones establecidas terminan siempre en escándalo. Nada menos ortodoxo que el cristianismo de un Blake o de un Novalis; nada más sospechoso que el de un Baudelaire; nada más alejado de la religión oficial que las visiones de un Shelley, un Rimbaud o un Mallarmé,[59] para no hablar de aquel que hizo de ruptura y negación el canto fúnebre más acerado del siglo: Isidoro Ducasse.[60]

No es necesario seguir los episodios de la sinuosa y subterránea marcha del movimiento poético del siglo pasado, oscilante siempre entre los dos polos de Revolución y Religión. Cada adhesión termina en ruptura; cada conversión, en escándalo. Monnerot[61] ha comparado la historia de la poesía moderna con la de las sectas gnósticas y con la de los adeptos de la tradición oculta. Esto es verdad en dos sentidos. Es innegable la influencia del gnosticismo y de la filosofía hermética en poetas como Nerval, Hugo, Mallarmé, para no hablar de los poetas de este siglo: Yeats, George, Rilke, Breton.[62] Por otra parte, cada poeta crea a su alrededor pequeños círculos de iniciados, de modo que sin exageración puede hablarse de una sociedad secreta de la poesía. La influencia de estos grupos ha sido inmensa y ha logrado transformar la sensibilidad de nuestra época. Desde este punto de vista no es falso afirmar que la poesía moderna ha encarnado en la historia, no a plena luz, sino como un misterio nocturno y un rito clandestino. Una atmósfera de conspiración y de ceremonia subterránea rodea el culto de la poesía.

Condenado a vivir en el subsuelo de la historia, la soledad define al poeta moderno. Aun-que ningún decreto lo obligue a dejar su tierra, es un desterrado. En cierto sentido, Dante jamás abandonó Florencia, pues la sociedad antigua siempre guardó un sitio para el poeta. Los vínculos con su ciudad no se rompieron: se transformaron, pero la relación continuó viva y dinámica. Ser enemigo del Estado, perder ciertos derechos cívicos, estar sujeto a la venganza o a la justicia de la ciudad natal, es algo muy distinto a carecer de identidad personal. En el segundo caso la persona desaparece, se convierte en un fantasma. El poeta moderno no tiene lugar en la sociedad porque, efectivamente, no es «nadie». Esto no es una metáfora: la poesía no existe para la burguesía ni para las masas contemporáneas. El ejercicio de la poesía puede ser una distracción o una enfermedad, nunca una profesión: el poeta no trabaja ni produce. Por eso los poemas no valen nada: no son productos susceptibles de intercambio mercantil. El esfuerzo que se gasta en su creación no puede reducirse al valor trabajo. La circulación comercial es la forma más activa y total de intercambio que conoce nuestra sociedad y la única que produce valor. Como la poesía no es algo que pueda ingresar en el intercambio de bienes mercantiles, no es realmente un valor. Y si no es un valor, no tiene existencia real dentro de nuestro mundo. La volatilización[63] se opera en dos sentidos: aquello de que habla el poeta no es real —y no es real, primordialmente, porque no puede ser reducido a mercancía—; y además la creación poética no es una ocupación, un trabajo o actividad definida, ya que no es posible remunerarla. De ahí que el poeta no tenga *status* social. La polémica sobre el «realismo» se iluminaría con otra luz si aquellos que atacan a la poesía moderna por su desdén de la «realidad social» se diesen cuenta de que no hacen sino reproducir la actitud de la burguesía. La poesía moderna no habla de «cosas reales» porque previamente se ha decidido abolir toda una parte de la realidad:

---

59 Rimbaud, Arthur: poeta francés (1854–1891), ejerció gran influencia sobre Verlaine y otros simbolistas; Mallarmé, Stéphane: poeta francés (1842–1898), uno de los iniciadores del Simbolismo
60 Sobre el caso de Whitman, véase el Apéndice III del presente ensayo, *El arco y la lira* (Págs. 297–300). [*Nota del autor*]. Ducasse, conde de Lautréamont: poeta y escritor francés (1846–1870) nacido en Montevideo, precursor del Superrealismo
61 *Monnerot*: crítico y escritor francés contemporáneo
62 Yeats, William Butler: poeta y dramaturgo irlandés (1865–1939); George, Stephan: poeta simbolista alemán (1868–1933); Rilke, Rainer Maria: gran poeta lírico alemán (1875–1926); Breton, André: sicólogo, crítico, poeta, novelista francés (1896–1966), líder del Superrealismo
63 vaporización

precisamente aquella que, desde el nacimiento de los tiempos, ha sido el manantial de la poesía. «Lo admirable de lo fantástico —dice Breton— es que no es fantástico sino real.» Nadie se reconoce en la poesía moderna porque hemos sido mutilados y ya se nos ha olvidado cómo éramos antes de esta operación quirúrgica. En un mundo de cojos, aquel que habla de que hay seres con dos piernas es un visionario, un hombre que se evade de la realidad. Al reducir el mundo a los datos de la conciencia y todas las obras al valor trabajo-mercancía, automáticamente se expulsó de la esfera de la realidad al poeta y a sus obras.

A medida que el poeta se desvanece como existencia social y se hace más rara la circulación a plena luz de sus obras, aumenta su contacto con eso que, a falta de expresión mejor, llamaremos la mitad perdida del hombre. Todas las empresas del arte moderno se dirigen a restablecer el diálogo con esa mitad. El auge de la poesía popular, el recurso al sueño y al delirio, el empleo de la analogía como llave del universo, las tentativas por recobrar el lenguaje original, la vuelta a los mitos, el descenso a la noche, el amor por las artes de los primitivos, todo es búsqueda del hombre perdido. Fantasma en una ciudad de piedra y dinero, desposeído de su existencia concreta e histórica, el poeta se cruza de brazos y vislumbra que todos hemos sido arrancados de algo y lanzados al vacío: a la historia, al tiempo. La situación de destierro, de sí mismo y de sus semejantes, lleva al poeta a adivinar que sólo si se toca el punto extremo de la condición solitaria cesará la condena. Porque allí donde parece que ya no hay nada ni nadie, en la frontera última, aparece el *otro*, aparecemos *todos*. El hombre solo, arrojado[64] a esta noche que no sabemos si es la de la vida o la de la muerte, inerme, perdidos todos los asideros, descendiendo interminablemente, es el hombre original, el hombre real, la mitad perdida. El hombre original es todos los hombres.

La tentativa más desesperada y total por romper el cerco[65] y hacer de la poesía un bien común se produjo ahí donde las condiciones objetivas se habían hecho críticas: Europa, después de la primera Guerra Mundial. Entre todas las aventuras de ese momento, la más lúcida y ambiciosa fue el surrealismo. Examinarlo será dar cuenta, en su forma más extremada y radical, de las pretensiones de la poesía contemporánea.

El programa surrealista —transformar la vida en poesía y operar así una revolución decisiva en los espíritus, las costumbres y la vida social— no es distinto al proyecto de Federico Schlegel y sus amigos: hacer poética la vida y la sociedad. Para lograrlo, unos y otros apelan a la subjetividad: la disgregación de la realidad objetiva, primer paso para su poetización, será obra de la inserción del sujeto en el objeto. La «ironía» romántica y el «humor» surrealista se dan la mano.

El amor y la mujer ocupan en ambos movimientos un lugar central: la plena libertad erótica se alía a la creencia en el amor único. La mujer abre las puertas de la noche y de la verdad; la unión amorosa es una de las experiencias más altas del hombre y en ella el hombre toca las dos vertientes del ser: la muerte y la vida, la noche y el día. La heroínas románticas, hermosas y terribles como esa maravillosa Carolina de Gunderode, reencarnan en mujeres como Leonora Carrington.[66] Las vicisitudes políticas son también parecidas: entre la reacción bonapartista y la Santa Alianza, Schlegel se entrega a Metternich[67] y otros se refugian en el catolicismo; en dirección opuesta, pero no menos negadora de su pasado, frente al mundo burgués y la reacción estalinista, poetas como Aragon y Éluard[68] abrazan esta última. Los otros se dispersan (hasta que el campo de concentración o el manicomio se los tragan: Desnos y Artaud),[69] continúan solos su aventura, acción y creación, como René Char[70] o persisten, como Breton y Péret,[71] en busca de una vía que concilie poesía y revolución.

---

[64] lanzado, tirado
[65] obtener la libertad; acabar con el aprisionamiento
[66] heroínas de novelas románticas
[67] Metternich, Clemens Fürst von, Príncipe de: estadista austríaco (1773-1859), creador de la Santa Alianza
[68] Aragon, Louis: poeta y novelista francés (1897), Eluard, Paul: poeta francés (1895-1952)
[69] Desnos, Robert: escritor superrealista francés (1900-1945); Artaud, Antonin: escritor superrealista francés (1896-1948)
[70] poeta francés (n. 1907) superrealista
[71] Péret, Benjamin: poeta superrealista francés. (1899-1959)

No menos notables son las diferencias. Entre los surrealistas es menos aguda y amplia la mirada metafísica; incluso en Breton y Artaud —los únicos con vocación realmente filosófica— la visión es parcial y desgarrada. La atmósfera que envuelve a los románticos es la filosofía alemana; al surrealismo, la poesía de Apollinaire,[72] el arte contemporáneo, Freud y Marx. En cambio, la conciencia histórica de los surrealistas es más clara y profunda y su relación con el mundo más directa y arrojada. Los románticos terminan negando la historia y refugiándose en el sueño; los surrealistas no abandonan la partida[73] —incluso si esto significa, según ocurre con Aragon, someter la palabra a las necesidades de la acción. Diferencias y semejanzas se funden en una circunstancia común: ambos movimientos son una protesta contra la esterilidad espiritual del espíritu geométrico, coinciden con revoluciones que se transforman en dictaduras cesáreas o burocráticas y, en fin, constituyen tentativas por trascender razón y religión y fundar así un nuevo sagrado. Frente a crisis históricas semejantes son simultáneamente crepúsculo y alba. El primero delata la común insuficiencia del feudalismo y del espíritu jacobino; el segundo, el nihilismo último del capitalismo y los peligros del bolchevismo burocrático. No logran una síntesis, pero en plena tormenta histórica levantan la bandera de la poesía y el amor.

Como los románticos, los surrealistas atacan las nociones de objeto y sujeto. No es útil detenerse en la descripción de su actitud, expuesta ya en otro capítulo. Sí lo es, en cambio, subrayar que la afirmación de la inspiración como una manifestación del inconsciente y las tentativas por crear colectivamente poemas implican una socialización de la creación poética. La inspiración es un bien común; basta con cerrar los ojos para que fluyan las imágenes; todos somos poetas y *sí* hay que pedirle peras al olmo.[74] Blake había dicho: «*all men are alike in*

the poetic genius». El surrealismo trata de mostrarlo acudiendo al sueño, al dictado del inconsciente y a la colectivización de la palabra. La poesía hermética de Mallarmé y Valéry[75] —y la concepción del poeta como un elegido y un ser aparte— sufren una terrible embestida:[76] todos podemos ser poetas. «Devolvemos el talento que se nos presta. Habladme del talento de ese metro de platino, de ese espejo, de esa puerta. . . Nosotros no tenemos talento», dice Breton en el *Primer manifiesto*. La destrucción del sujeto implica la del objeto. El surrealismo pone en entredicho las obras. Toda obra es una aproximación, una tentativa por alcanzar algo. Pero ahí donde la poesía está al alcance de todos, son superfluos[77] los poemas y los cuadros. Todos los podemos hacer. Y más: todos podemos ser poemas. Vivir en poesía es ser poemas, ser imágenes. La socialización de la inspiración conduce a la desaparición de las obras poéticas, disueltas en la vida. El surrealismo no se propone tanto la creación de poemas como la transformación de los hombres en poemas vivientes.

Entre los medios destinados a consumar la abolición de la antinomia[78] poeta y poesía, poema y lector, tú y yo, el de mayor radicalismo es la escritura automática.[79] Destruída la cáscara del yo, rotos los tabiques de la conciencia, poseído por la otra voz que sube de lo hondo como un agua que emerge, el hombre regresa a aquello de que fue separado cuando nació la conciencia. La escritura automática es el primer paso para restaurar la edad de oro, en la que pensamiento y palabra, fruto y labios, deseo y acto son sinónimos. La «lógica superior» que pedía Novalis es la escritura automática: yo es tú, esto es aquello. La unidad de los contrarios es un estado en el que cesa el conocimiento, porque se ha fundido el que conoce con aquello que es conocido: el hombre es un surtidor de evidencias.

La práctica de la escritura automática se enfrenta con varias dificultades. En primer

---

[72] Apollinaire, Guillaume: poeta superrealista francés (1880-1918), ha ejercido gran influencia
[73] no se dan por vencidos
[74] querer o pedir lo imposible
[75] Valéry, Paul: escritor y poeta francés (1871-1945)
[76] ataque violento
[77] no necesario; inútil

[78] contradicción entre dos cosas; oposición
[79] El Superrealismo postulaba que el escritor debía escribir «automáticamente», sin arreglo lógico o planeado, según el fluir espontáneo de la conciencia, sin tener en cuenta lo exterior. De aquí nace la «libre asociación de ideas» —según la mente o la conciencia la van pensando— tan importante en ese movimiento.

término, es una actividad que se realiza en dirección contraria a todas las nociones vigentes en nuestro mundo; ataca, señaladamente, uno de los fundamentos de la moral corriente: el valor del esfuerzo. Por otra parte, la pasividad que exige el automatismo poético implica una decisión violenta: la voluntad de no intervenir. La tensión que se produce es insoportable y sólo unos cuantos logran llegar, si es que llegan, a ese estado de pasiva actividad. La escritura automática no está al alcance de todos. Y aun diré que su práctica efectiva es imposible, ya que supone la identidad entre el ser del hombre individual y la palabra, que es siempre social. Precisamente el equívoco[80] del lenguaje reside en esa oposición. El lenguaje es simbólico porque trata de poner en relación dos realidades heterogéneas: el hombre y las cosas que nombra. La relación es doblemente imperfecta porque el lenguaje es un sistema de símbolos que reduce, por una parte, a equivalencias la heterogeneidad de cada cosa concreta y, por la otra, constriñe[81] al hombre individual a servirse de símbolos generales. La poesía, precisamente, se propone encontrar una equivalencia (eso es la metáfora) en la que no desaparezcan ni las cosas en su particularidad concreta ni el hombre individual. La escritura automática es un método para alcanzar un estado de perfecta coincidencia entre las cosas, el hombre y el lenguaje; si ese estado se alcanzase, consistiría en una abolición de la distancia entre el lenguaje y las cosas y entre el primero y el hombre. Pero esa distancia es la que engendra el lenguaje; si la distancia desaparece, el lenguaje se evapora. O dicho de otro modo: el estado al que aspira la escritura automática no es la palabra sino el silencio. No niego la espontaneidad ni el automatismo: son partes constitutivas de la premeditación o inspiración. El lenguaje *nos dice* —a condición de que lo digamos... Nuestro juicio sobre esta idea será menos severo si la insertamos dentro de la perspectiva histórica del

surrealismo. El automatismo es otro nombre de esa recuperación de la conciencia enajenada que postula el movimiento revolucionario. En una sociedad comunista, el trabajo se transformaría poco a poco en arte; la producción de cosas sería también la creación de obras. Y a medida que la conciencia determinase a la existencia, todos seríamos poetas porque nuestros actos serían creaciones. La noche que es un «eterno poema» sería una realidad cotidiana y a pleno sol.

Ahora, tras la segunda Guerra Mundial y los años tensos que la han seguido, puede verse con mayor claridad en qué consistió el fracaso revolucionario del surrealismo. Ninguno de los movimientos revolucionarios del pasado había adoptado la forma cerrada del Partido Comunista; ninguna de las escuelas poéticas anteriores se había presentado como un grupo tan compacto y militante. El surrealismo no sólo se proclamó la voz poética de la Revolución, sino que identificó a ésta con la poesía. La nueva sociedad comunista sería una sociedad surrealista, en la que la poesía circularía por la vida social como una fuerza perpetuamente creadora. Pero en la realidad histórica esa nueva sociedad había ya engendrado sus mitos, sus imágenes y un nuevo sagrado. Antes de que naciese el culto a los jefes, ya habían surgido los guardianes de los libros santos y una casta de teólogos e inquisidores. Finalmente, la nueva sociedad empezó a parecerse demasiado a las antiguas y muchos de sus actos recordaban no tanto el terror del Tribunal de Salud Pública[82] cuanto las hazañas de los Faraones. Sin embargo, la transformación del Estado obrero de Lenín[83] en inmensa y eficaz burocracia precipitó la ruptura, pero no fue su causa. Con Trotski[84] en el poder las dificultades no habrían sido del todo diferentes. Basta leer *Literatura y revolución* para darse cuenta de que la libertad del arte también tenía para Trotski ciertos límites; si el artista los traspasa, el Estado revolucionario

[80] doble sentido; posibilidad de poder interpretarse de diversas formas
[81] obliga, apremia
[82] tribunal creado durante la Revolución francesa para juzgar a los acusados de delitos contra revolucionarios. Ordenó la ejecución de miles de individuos.
[83] seudónimo de Vladimir Ilich Ulianof: líder de la Revo-
lución Rusa y fundador del estado soviético (1870–1924)
[84] Trotski, León: revolucionario ruso (1879–1940), colaborador de Lenín; vencido por Stalin en la lucha por el poder a la muerte de aquél, fue asesinado en México por órdenes de Stalin

tiene el deber de cogerlo por los hombros y sacudirlo.[85] El compromiso era imposible, por las mismas razones que habían impedido a los poetas del siglo pasado toda unión permanente con la Iglesia, el Estado liberal o la burguesía.

A partir de esta ruptura, el surrealismo vuelve a ser lo que fueron los antiguos círculos poéticos: una sociedad semisecreta. Es cierto que Breton no ha cesado de afirmar la identidad última del movimiento revolucionario y el poético, mas su acción en el campo de la realidad ha sido esporádica y no ha llegado a influir en la vida política. Al mismo tiempo, no sería justo olvidar que, más allá de este fracaso histórico, la sensibilidad de nuestra época y sus imágenes —singularmente el triángulo incandescente que forman la libertad, el amor y la poesía— son en gran medida una creación del surrealismo y de su influencia sobre la mayor parte de los poetas contemporáneos. Por lo demás, el surrealismo no es una supervivencia de la primera posguerra, ni un objeto arqueológico. En realidad, es la única tendencia que ha logrado llegar viva a la mitad del siglo, después de atravesar una guerra y una crisis espiritual sin paralelo. Lo que distingue al romanticismo y al surrealismo del resto de los movimientos literarios modernos es su poder de transformación y su capacidad para atravesar, subterráneamente, la superficie

histórica y reaparecer de nuevo. No se puede enterrar al surrealismo porque no es una idea sino una dirección del espíritu humano. La decadencia innegable del estilo poético surrealista, transformado en receta,[86] es la de una forma de arte determinada y no afecta esencialmente a sus poderes últimos. El surrealismo puede crear nuevos estilos, fertilizar los viejos o, incluso, prescindir de toda forma y convertirse en un método de búsqueda interior. Ahora bien, independientemente de lo que reserve el porvenir a este grupo y a sus ideas, es evidente que la soledad sigue siendo la nota dominante de la poesía actual. La escritura automática, la edad de oro, la noche que es un festín eterno, el mundo de Shelley y Novalis, de Blake y Hölderlin, no está al alcance de los hombres. La poesía no ha encarnado en la historia, la experiencia poética es un estado de excepción y el único camino que le queda al poeta es el antiguo de la creación de poemas, cuadros y novelas. Sólo que este volver al poema no es un simple retorno, ni una restauración. Cervantes no reniega de Don Quijote: asume su locura, no la vende por unas migajas[87] de sentido común. El poema futuro, para ser de veras poema, deberá partir de la gran experiencia romántica. ¿Las preguntas que desde hace siglo y medio se hacen los más grandes poetas tienen una respuesta?

---

[85] Años más tarde, ya en el exilio, Trotski modificó sus puntos de vista y afirmó que el único régimen posible para el artista sería el del anarquismo, la libertad absoluta, independientemente de las circunstancias por que atraviese el Estado revolucionario. [*Nota del autor*]

[86] convertido en una forma de escribir basada en cierta técnica que se podía copiar y producir con ella obras de arte

[87] pedacitos muy pequeños (de pan)

Eduardo Mallea

Eduardo Mallea ha logrado un relieve de primera magnitud en las letras continentales con su impresionante obra. Nació en Bahía Blanca, provincia de Buenos Aires, donde su padre era médico en el hospital, distinguiéndose por su cultura y por sus firmes convicciones morales. Su madre era mujer de gran sensibilidad, buen gusto y pianista. Después de un breve viaje a Francia ingresó en un colegio inglés en 1907, mezclándose con niños inmigrantes. Ya en 1916 la familia se había trasladado a Buenos Aires para la educación de Mallea. Después de abandonar el Colegio Nacional Belgrano entró en la Universidad de Buenos Aires para estudiar Derecho, pero pudo más su vocación hacia la literatura, la música y las artes visuales. A sus primeras lecturas de Sexton, Blake, Dickens y Víctor Hugo siguió la de los rebeldes de la literatura: Pascal, Rimbaud, Dostoyevsky, Unamuno y el filósofo y teólogo Kierkegaard. La influencia de estos dos últimos es muy poderosa en toda su obra. Mallea fue uno de los fundadores de la *Revista de América* y en 1928 ingresó en la redacción del famoso periódico *La Nación* de cuyo suplemento literario ha sido editor. Ha viajado por toda Europa y admira grandemente el cosmopolitismo de esa literatura. Ha sido presidente de la Sociedad Argentina de Escritores, Delegado ante la UNESCO y embajador en París (1955–1958). Es miembro de la Academia Argentina de Letras. Ha obtenido muchos galardones: Primer Premio Nacional de Letras (1945), Gran Premio de Honor de la Sociedad Argentina de Escritores (1946) y el Premio Vacarro (1960). Ha pronunciado conferencias en Roma, Milán, París, Alemania, España e Inglaterra. En 1968 la Universidad de Michigan le confirió un doctorado honorario.

Desde su primer libro, *Cuentos para una inglesa desesperada* (1926) escrito en una época de gran predominio del Regionalismo o Criollismo, Mallea reaccionó contra esa tendencia con el propósito de orientar la literatura hacia temas, asuntos y valores más universales. Afortunadamente esta tendencia se ha ido imponiendo, siendo la dominante en la actualidad. Desde sus inicios dos temas han apasionado a Mallea: la búsqueda de las raíces más profundas de la Argentina con la finalidad de regenerarla y hacer que cumpla el destino histórico que merece; y, en un plano más amplio, el estudio del ser humano, sobre todo en los aspectos de su soledad, abandono, aislamiento y falta de comunicación. Estos son los motivos que veremos reiterados constantemente en sus obras, en la línea del Existencialismo por la búsqueda afanosa de las raíces más hondas del ser.

Mallea es uno de los escritores más fecundos de Hispanoamérica y sus obras muestran cuentos, novelas, ensayos, teatro y artículos de periódicos. El conjunto de su producción es de lo más valioso de esta literatura. Su primera novela realmente importante fue *Fiesta en noviembre* (1938) y prueba su asimilación de las corrientes narrativas contemporáneas de Joyce, Huxley y otros. Hay contrapunto entre dos relatos paralelos y muy bien llevados; la acción, que transcurre en una noche, tiene muy poco movimiento exterior. Por el contrario, ofrece gran riqueza ideológica y muestra la angustia e inquietud del propio autor. Después vino su novela más ambiciosa *La bahía de silencio* (1940) profunda disección del estado espiritual de la propia generación del autor a la que se le ve en busca afanosa de sí misma. No hay contactos perdurables entre los personajes, sino apenas cambios de saludos, como para mostrar la soledad y la falta de comunicación. Novela de gran densidad ideológica y una de las mejores del autor. Al año siguiente publicó la obra que muchos consideran su obra maestra: *Todo verdor perecerá* (1941) la historia de una mujer estéril para la comunicación humana que mata a su marido y se destroza ella misma en una búsqueda angustiosa de la comunicación humana que le falta. Al no poder vencer su soledad regresa a su pueblo pensando en sus orígenes como tabla de salvación, pero al fracasar termina su vivir. En una trilogía que incluye *Las águilas* (1943), y *La torre* (1951) presenta el florecimiento, auge y decadencia de la clase rural aristocrática argentina, con el tono angustioso y pesimista de todos sus relatos. Uno de los libros más dramáticos y de mayor fuerza es *Los enemigos del alma* (1950), un trío de almas que simbolizan los «enemigos» bíblicos: Mario, *Mundo*; Débora, *Demonio*, Cora, *Carne* y que se desgarran en una lucha en busca de ellos mismos.

En 1953 publicó otras dos excelentes novelas: *Chaves* y *Sala de espera*. Al protagonista de la primera muchos fracasos personales le han quitado la facultad de hablar, pero descubre que en el silencio está su fuerza, porque se hace centro de la curiosidad de todos sus compañeros. En la segunda, siete vidas angustiadas esperan en una triste estación de ferrocarril el tren que los llevará a Buenos Aires, a donde van en busca de un mejor porvenir. Como ensayista ha escrito, entre otros: *Conocimiento y expresión de la Argentina* (1935), *Historia de una pasión argentina* (1937), *Meditación en la costa* (1939) y *La guerra interior* (1963). Mallea es al propio tiempo uno de los grandes cuentistas de la lengua y su obra admite comparación con las mejores de otros países. Entre sus colecciones mejor logradas debemos mencionar *La ciudad junto al río inmóvil* (1936) y *La razón humana* (1959), posiblemente la mejor en su conjunto. En esta obra hace patente la insuficiencia de lo racional para hallar respuestas adecuadas a muchos aspectos de la vida. La última obra lleva por título *La barca de hielo* (1967) que nos muestra a un Mallea más nostálgico y evocador, pero con su fuerza dialéctica característica. Sus pesimistas relatos nos ponen frente a frente con algunos de los problemas básicos del hombre contemporáneo de todas partes, de aquí el universalismo de la obra de este autor, sin duda alguna, uno de los grandes de la novela en español.

FUENTE: *La razón humana*, Buenos Aires, Biblioteca Contemporánea, Editorial Losada, 1959.

La razón humana

La celebración[1]

Siempre se había burlado de todo eso, y cuando el amigo le habló en la calle del asunto le entró ante todo una gran risa. No era que la sensatez[2] del otro flaqueara[3] frente a la cuestión: lo que daba risa era esa especie de espanto o acobardamiento con que aludía a las experiencias del visionario. Rovira oyó el relato sin dejar de estar atento a las transformaciones que en el rostro del narrador alternativamente se operaban: esas facciones, por lo general tan difíciles de conmover, se iban acomodando por virtud de la historia en que la boca se había embarcado, a las alteraciones menos previstas; se agitaban, casi palidecían. Y al fin y al cabo, lo que el amigo relataba no era sino la historia de ese personaje que en el cuarto alquilado en una mueblería de antigüedades se prestaba a mostrar desinteresadamente sus facultades de penetración u ocultismo a las personas que le llegaran amistosamente recomendadas. No se trataba, como lo dijo quien lo refería, de un explotador o de un farsante, de un loco o de un impostor, sino de un ser dueño, sin duda, de propiedades más afines con la ciencia que con la adivinación.

Rovira se despidió de su amigo no sin cierta sonrisilla de sorna.[4] Caminó bajo los arcos de la calle pensando todavía en el personaje que el otro acababa de describirle, y no habían pasado muchos minutos antes de que le entrara una especie de afán, deseo o curiosidad por conocer al sujeto. ¿Sería posible que, en algún caso, el visionario o vidente, acertara hasta hacer una sola cosa del presagio[5] con el acontecimiento? ¿Podía poseer, en cualquier medida, el don de anticiparse con la inteligencia a los hechos mismos, predescribiéndoles en la proporción que había suscitado tanto asombro en la persona a quien Rovira acababa de oír?

No pensó más en la cosa. Ya conocería al personaje, si el azar[6] o las circunstancias lo conducían a ello. Por el momento le resultaba más hacedero e infinitamente más cómodo, antes que fantasear sobre el vidente, revestir la figura del amigo con los ropajes del ridículo: ¡qué cara más estupidizada por la sinrazón acababa de verle, en efecto, y qué obvia aparecía la estultez[7] de aquella boca puesta a expresar lo que la inteligencia no penetraba ni interpretaba!

Rovira se dirigió a su casa. A las siete debía entregar a su mujer el cheque con el que pagarían los pasajes para ella y para los dos niños, y debía entregarle también los datos sobre los dos mejores hoteles de la región donde la señora y los niños tomarían sus baños de azufre. La señora estaba esperando, apoltronada[8] junto al aparato de radio; en el piso de arriba se oían los gritos de las criaturas, confundidas en las disputas que parecían ya un rito de la hora, minutos antes de servirse la comida. Rovira colgó de la percha el sobretodo,[9] sacó el diario del bolsillo, y vino a sentarse en la otra butaca

---

[1] Quien interprete este cuento a la ligera y piense que el autor cree en adivinos está bastante alejado de su verdadero sentido. Lo que Mallea plantea en éste y otros cuentos de esta colección es algo más profundo y trascendente: la incapacidad manifiesta de la razón humana para penetrar y explicar todos los aspectos de la vida. Hay cosas que escapan a toda lógica y análisis porque la existencia es en extremo compleja. Quizás lo que llamamos «misterio» no sea más que aquella zona de la realidad vital a donde no puede llegar la mente o el raciocinio. Es una narración típica de Mallea en el sentido de que no se detiene en la descripción del mundo exterior, sino que con todo detalle nos presenta el movimiento de la conciencia del protagonista. Cuento de ritmo lento, de profundo análisis sicológico, con el estilo bien ceñido y de bellos momentos líricos tan característicos de Mallea.

[2] sentido común, cordura

[3] se debilitase

[4] burla

[5] augurio, adivinación; señal que indica el futuro (porvenir)

[6] destino; casualidad

[7] estupidez, sandez, necedad

[8] arrellanada, sentada con mucha comodidad

[9] *percha*: mueble para colgar la ropa; *sobretodo*: abrigo

que quedaba al lado de la radio. Empezó a sonreírse, con una mezcla de crueldad y benevolencia:

—En la calle, Baldeguini me estuvo contando la historia de ese adivinador que ha llegado, ese belga empleado de banco, que para entretenerse tiene algunas reuniones en su casa con gentes aficionadas al ocultismo o con víctimas de nacimiento que se disputan el serle presentadas. Había que verle la cara a Baldeguini: parece que el sujeto le ha relatado con pelos y señales[10] las vicisitudes y desastres de toda su vida y Baldeguini cree que es sin disputa un caso de franqueo[11] con lo sobrenatural.

—¡Qué disparate! —dijo la señora—. ¿Has traído el cheque?

—Voy a hacerlo. Pero estoy seguro de que necesitarás más de lo que me has dicho. Te conozco. ¿No sería mejor que redondeáramos[12] los siete mil?

—¡Qué disparate! Me basta y sobra con los cinco mil quinientos.

—No hago más que prevenírtelo —dijo él; y pasó a otra cosa.

Antes de comer subió a ver a los chicos y después de haber jugueteado y reído con ellos, se dirigió al escritorio, donde preparó el cheque y despachó[13] con laboriosidad algunos papeles. No se concebía en su casa sino trabajando aún, descontento con el rendimiento de sus siete horas de tarea en el escritorio.[14] El escritorio funcionaba en el octavo piso de una casa de oficinas, llena de cristales, y Rovira se adhería a su mesa con tenacidad, ocurriendo a veces que se trasladaba allí aun a deshoras[15] de la noche para terminar cualquier cálculo o corregir algunas cifras o ajustar algún balance, en medio del silencio y la desolación de la casa de oficinas. Trabajó, pues, aquella noche, una media hora, y luego, antes de que se les llamara al comedor, pasó a la biblioteca para entregar el cheque a su mujer y echar una ojeada al diario de la tarde, del que no leía, por principio,

más que los títulos. De pronto alzaba la voz para comunicar a su mujer el anuncio o la noticia estampados[16] en la primera página, para lo cual prefería el telegrama menos común o la línea que anunciaba un escándalo o bien la anécdota destacada en el recuadro.[17]

—¡Qué disparate!— decía su mujer. Y alguna que otra vez el comentario continuaba, entre sarcasmos o entre sonrisillas. A las nueve los llamaban a comer.

Madrugaron al día siguiente, pues el tren salía a las ocho. Rovira tuvo que imponer orden con alguno que otro grito a la hora de los preparativos, pues la behetría[18] y el retardo[19] de los niños amenazaba hacerles perder el tren. Fue feliz cuando los vio instalados en el coche, repartiéndose a todos el apuro,[20] entre bultos y mantas; su mujer brillaba, como siempre, y los niños sonreían con los rostros enrojecidos, en la expectativa del viaje y de la vacación. La familia invadió el andén con prisa, seguida de los dos changadores[21] cargados hasta el aplastamiento.[22] Rovira impartió todavía recomendaciones:

—Los hipofosfitos[23] de Mario, sin falta, dos veces por día... Eres capaz de olvidarte.

—¡Qué disparate! ¿Me he olvidado alguna vez?

—Y este otro, que no ande escapándose de la cama. Ármate de energía.

—¡Cuídate tú!

Partió al fin el expreso,[24] y Rovira se quedó en el andén hasta que desapareció de la ventanilla el pañuelo de Mario, que había flotado largamente entre los tiznes,[25] más agitado por la diversión que por el enternecimiento.[26]

Rovira se encaminó lentamente a sus ocupaciones. Sentía que la ciudad era otra. Jamás se había quedado solo, salvo aquellos tres días en el club. Ahora, experimentaba una sensación de despejo,[27] como si todo su cuerpo fuera cabeza y la cabeza acabara de aligerársele.

Pasaría el día entregado a hacer las cosas que

---

[10] con todo realismo, con todos los detalles
[11] de libertad
[12] aquí significa completáramos
[13] estudió y preparó
[14] aquí significa oficina
[15] muy tarde
[16] insertados
[17] una figura cuadrada o rectangular que rodea un texto
[18] (fig.) confusión, desorden
[19] retraso

[20] prisa
[21] (Arg. y Chile) mozos de cuerda; mozos cargadores; maleteros
[22] llevaban muchas maletas y paquetes
[23] sales de fósforo; medicina o vitamina
[24] tren
[25] manchas
[26] emoción, ternura
[27] desembarazo, libertad de obligaciones

no hacía nunca: meterse en sitios de la ciudad que sólo conocía por referencias, comer en restaurantes adonde nunca había entrado, echar una ojeada a los teatros, y aun — ¿por qué no?— a los sitios de diversión donde se oye música y se baila. Su ánimo estaba tan lejos de la disipación o del pecado que podía hacer cualquier cosa sin peligro, tal cual si fuera un turista en un mundo al que acabara de llegar y ante el que no tuviera más que candor.

Eligió, efectivamente, para almorzar, aquel restaurancito lleno de maderas y de espejos, con su vestibulillo cubierto de plantas de invernáculo.[28] Estaba, el establecimiento, en el centro de la ciudad y un gentío de extranjeros colmaba aquella mañana el salón, lleno de humo. Rovira se despojó ante el espejo que corría al costado de la mesa de su bufanda de seda —aquel regalo de su mujer, que siempre le había resultado demasiado larga—, una bufanda de seda de Milán, con su gran borla en la punta, y la depositó sobre la silla, a su lado. Examinó a los otros clientes. En una de las mesas de la izquierda comía una señora que aparentaba tener mucho dinero y haber poseído distinción y belleza: la atendían, la agasajaban,[29] la halagaban. La fisonomía del hombre que junto a ella masticaba con beatitud de liturgia, tenía el tono de cobre de las gentes de la India. La familia instalada presidencialmente bajo el palco de la orquesta revelaba su condición de viajeros: vestían, sobre todo los niños, a la usanza de[30] otros países. Conservaban el mantel cubierto de guías, de folletos, se les escapaban de los bolsillos envoltorios[31] de poco tamaño, puntas de pañuelo, tarjetas con una estampilla[32] pegada al borde.

Mirándolo todo, Rovira se divirtió sobremanera, mientras consumía la raya a la manteca[33] negra que no conseguía nunca que le prepararan en su casa, y la ensalada de frutas al marrasquino que le recordaba siempre sus caprichos de niño cuando comía con sus padres en los hoteles de las playas.

Pasó el día excesivamente bien. Despachó de buen grado todos sus quehaceres, fue al anochecer al club, se quedó a comer allá, aunque, eso sí, solo. Quería tener al fin un poco de relación consigo mismo. La vida de hogar lo arrastra a uno a menudo a complicaciones cuyo carácter consiste en volverlo una caricatura de lo que es. Después de la comida echó un párrafo[34] con el cirujano Godoy e interrogó a Álvarez sobre la pieza[35] que daban en el Odeón. Se prometió obtener localidades[36] e ir al día siguiente.

Su casa, al llegar aquella noche, le pareció flotante en una atmósfera que no conocía. Encerraba algo de abandono, de soledad, de grandor en que no participaba lo humano. No estaba iluminada, como siempre; sólo brillaba, en el hall, alguna que otra lámpara, las sombras eran mayores que la luz. La escalera, abierta primero en uno, luego en dos brazos que ascendían, acumulaba oscuridad, imponencia, misterio. Las salas acallaban sombras. Otros huéspedes que los de siempre parecían habitar el hotelito.

Después de prepararse un vaso de grog,[37] Rovira se refugió en la sala, junto a la chimenea. Los sirvientes dormían. Latía el silencio. Rovira se sintió feliz. Todo marchaba, en su vida, a la perfección. Bebió el grog a pequeños tragos, sin pensar en nada especial, sólo sintiéndose feliz; y luego, cuando hubo pasado media hora, apagó la lámpara y subió a su dormitorio.

Un vacío, una especie de gran paz, presidió su sueño. Cuando se levantó, la casa, habitualmente llena de ruidos, parecía robada. Rovira llamó a un amigo a quien hacía mucho, que no veía y con quien le gustaba conversar, para invitarlo a almorzar en el centro. Se encontrarían a la una, en el Odeón.

Era un restaurante iluminado con luz eléctrica aun durante el día. Rovira disfrutó de la conversación. Hacía mucho tiempo que no se permitía una charla en la que pudiera hablar de todo sin las interferencias de su mujer, que se

---

[28] invernadero, lugar donde se cultivan las plantas en invierno
[29] halagaban, hacían grandes demostraciones de afecto o consideración
[30] a la moda de; al modo de
[31] líos, paquetes
[32] sello

[33] mantequilla
[34] conversó brevemente
[35] pieza dramática o de teatro
[36] asientos, boletos; billetes
[37] bebida hecha de coñac o ron con agua caliente, azúcar y limón

manifestaba siempre propensa[38] a disentir o a corregir, tratárase de lo que se tratara.

Rovira se despidió del amigo, prometiendo volver a llamarlo pronto. El vinillo y la ex-quisitez de los platos le habían dejado el ánimo excelentemente dispuesto. Le brillaban los ojos; le brillaba el alma. Echó a caminar por la calle Corrientes, soltando, sin sacarse el cigarro de los labios, bocanadas de aquel humo que no dejaba lugar a dudas acerca de la legitimidad de la hebra.[39] Era un cigarro de la misma marca de los que fumaba el príncipe de Gales —¿o se trataba, tal vez, del Agha Kan?— y emitía un aroma que verdaderamente, no se podía com-parar con ningún otro.

Por la noche decidió ir al circo. Las paredes de la ciudad estaban llenas de la propaganda del espectáculo recién llegado: era imposible eludir[40] el efecto que producían en los ojos la figura de la écuyère[41] y el fondo de jaulas y trape-cios impresos a todo color en los cartelones del Retiro. Rovira se prometió una noche diferente a todas las demás. Comió solo, en el grill de un hotel, y temprano, exactamente a las nueve y cuarenta y cinco, se encaminó hacia la barraca elevada frente a una de las plazoletas del Paseo. Experimentó la ansiedad que hubiera sentido un niño al tomar ubicación en las gradas, frente a la pista en forma de círculo, cubierta de aserrín,[42] bajo el cono de lona[43] de cuyo ápice colgaban a medias recogidos los trapecios y las escaleras. Rovira se sentó; lo ocupaba una lasitud,[44] casi una delicia. Las gradas estaban llenas de adultos y de niños, de señoras, de muchachas, y los vendedores de golosinas circulaban con la caja pendiente de la correa a la bandolera.[45] A Rovira le gustó que todo le llamara la atención. Era como un extranjero en una ciudad de la que todo lo ignoraba. Los rostros las cosas, el ambiente, le ofrecían el atractivo de lo nuevo de lo cándido, de lo misterioso.

Apreció infantilmente la gracia de los payasos —uno de los cuales exhibía la fastuosidad de un traje recubierto de lentejuelas,[46] mientras otro nadaba en el exceso de un frac[47]—, la destreza de los acróbatas, la pericia de la écuyère, el tacto de los equilibristas, lo impresionante de los números de fuerza. Compró y masticó paquete en mano algunos caramelos, y unió sus carca-jadas a las carcajadas de los otros. Al acabar el espectáculo, mientras iba saliendo de la tienda, acariciaba todavía cierto alborozo,[48] una especie de satisfacción de la intimidad.

Siguieron dos días caracterizados por la misma sensación de felicidad. Su casa lo recibía por la noche en la profundidad de su penumbra tan llena de círculos y escaleras. Una sonrisa se le dormía en el rostro al acostarse. Se hundía inmediatamente en el sueño, rodeado de paz y silencio, sin tener ya que escuchar la voz de su mujer ni los gritos de los niños. Al adormecerse, todavía planeaba lo que podría hacer al otro día: escuchar un concierto, asistir al estreno[49] de alguna película, vagar por las calles del centro, que las luces iluminaban principescamente.

Sólo al quinto día empezó a inundarlo una sensación de tedio. Primero fue algo casi difícil de percibir: algo así como un cansancio, como un fastidio, como una lasitud. Luego la sensa-ción se afianzó. Acabó por consolidarse en el temor de no tener ya qué hacer. Había visto todo lo que se anunciaba en la ciudad. No le quedaba una pieza por escuchar, una película por ver, un restaurante por conocer; las calles no variaban en su espectáculo, todo le era en ellas repetido, conocía las casas hasta el hartazgo.[50] En resumi-das cuentas,[51] él había visto todo.

Fue entonces cuando empezó a acordarse de lo que le había contado seis días antes aquel amigo, en la calle. Recordó los pormenores, que le relatara, las características del vidente, las formas que habían dado extrañeza a la narración, los rasgos de que estaba rodeado el caso y que habían producido en el amigo un efecto que tan pocas experiencias habrían podido superar. Lo divirtió la idea de poder apreciar por sí mismo las causas de ese efecto, las proporciones de esa farsa o la naturaleza de esos trucos. Se tenía por

---

[38] con inclinación
[39] en este caso, hoja del tabaco
[40] evitar, huir de
[41] (Francés) amazona, mujer que monta a caballo; una caballista
[42] o serrín, polvo de madera
[43] especie de tela gruesa usada como cubierta
[44] cansancio, fatiga, falta de fuerza

[45] con las correas pasadas por el hombro y cayendo sobre la espalda y el frente
[46] laminillas de metal en forma de lente
[47] el traje era demasiado grande para él
[48] gran alegría, regocijo
[49] presentación por primera vez
[50] exceso de comida u otra cosa
[51] en resumen

un espíritu formado en la apreciación sin fantasía de las cosas; desdeñaba la fantasía como atributo de feminidad; le placía aplicar a los fenómenos y a las circunstancias, fueran de la naturaleza que fueran, los cartabones de la frialdad y los reactivos de la razón.

Fue pensando en eso mientras costeaba los escaparates[52] de una droguería, donde el nombre de la casa estaba escrito en infinidad de idiomas, y dobló hasta ir a dar, cuando comenzaba la noche, en la apertura de la plaza de la República. Desde el restaurante donde comió llamó al amigo a quien debía la historia del visionario o vidente y como aquél no hubiera llegado aún a su casa, fue a sentarse de nuevo entre las mesas, para consumir la raya a la manteca negra con un poco menos de placer de lo que comiera días antes. Una vez acabado el postre, bebido el café, y pagado la adición, volvió nuevamente al teléfono y esta vez dio con[53] el amigo, a quien le comunicó en tono de chanza[54] su propósito de visitar al sujeto de quien le había él hablado, y para quien le solicitaba desde ya[55] una presentación. La prometió el otro, y Rovira colgó el auricular con una sonrisita en la boca, endosándose luego el sobretodo y ajustándose la bufanda, de la que sobraba, con su borla, aquel pedazo que no sabía dónde meter.

La idea de ir a ver a un tipo así le mitigó un tanto el tedio. Aquella noche, antes de acostarse, escribió a su mujer, ingeniándose en decirle algo que se diferenciara de lo que le había contado en carta de dos días antes; pero era difícil encontrar qué decir, y Rovira pasó una buena media hora sin poder llenar siquiera una carilla,[56] acabando en definitiva por impacientarse y cerrar las líneas con una despedida a la disparada.[57]

Al día siguiente se levantó del mejor humor. Se regalaba, pecho[58] adentro, con el propósito de burlarse del buen señor que se hacía pasar por[59] técnico en el más allá, y esperó la comunicación

de Baldeguini, prometida para las diez. A las diez en punto, mientras estaba acabando de vestirse, sonó efectivamente el teléfono: esa misma tarde a las siete lo recibiría, con mucho gusto, el personaje en cuestión.[60] Baldeguini le dio las señas.[61] No tenía más que entrar sin anunciarse. El despacho del caballero estaba al fondo de la mueblería de antigüedades y desde la entrada distinguiría en el acto, un poco a la izquierda, la puertita pintada al duco.

—Espero que me cuente cómo le fue — le dijo Baldeguini—. Me interesan sus impresiones.

—Pierda cuidado.[62] Lo llamaré esta misma noche.

Rovira se relamió de gusto.[63] En la oficina hizo esa mañana lo que hacía todos los días y en el restaurante buscó algo que comer donde no reconociera los sabores de siempre. Pero halló poca cosa que elegir y escogió sin entusiasmo, expresando al mozo su sorpresa ante la falta de variedad en los menús, tanto más sorprendente en una ciudad de la importancia de Buenos Aires, cargada por añadidura[64] con la fama de ser una de aquellas donde mejor se come.

Al fin, por la tarde, después de haber despachado un par de asuntos desprovistos de[65] dificultad o interés, abandonó sin prisa la oficina —todavía faltaba algo más de una hora para las siete—, bajó en el ascensor, y descendió hasta la esquina, donde solía presentar menos dificultades hallar un taxímetro. Iba con las manos en los bolsillos del sobretodo y le bailaba por dentro el anticipo[66] de la diversión.

Llegó a la mueblería a las siete en punto. En efecto vio desde la calle que clareaba un caminejo entre cómodas de época y mesas abarrotadas,[67] hasta la puertita pintada al duco, allá al fondo. Un mar de litografías bordeaba la puerta, cubriéndola sobre el dintel y cayendo verticalmente a ambos lados, con lo cual la entradita se destacaba en la nitidez y limitación de sus proporciones. Rovira avanzó. Antes de que se le acercara desde un extremo del salón un

---

[52] vidrieras; espacios cerrados por cristales para exhibir mercancía de una tienda
[53] encontró, halló
[54] broma
[55] (Arg.) desde ahora
[56] página, hoja de papel
[57] a toda prisa
[58] se sentía íntimamente contento, alegre, satisfecho
[59] se daba a conocer como

[60] mencionado
[61] domicilio o dirección
[62] no se preocupe
[63] sintió un gran placer
[64] además, en adición
[65] sin
[66] adelanto
[67] muy llenas

vendedor que parecía surgir de la modorra, ya estaba llamando con los nudillos sobre el panel al duco. La expectativa, sonrientemente, le cosquilleaba el alma.

5 —Pase— dijo la voz que abría.

Rovira se encontró en un cuartito donde no se observaban más objetos que un escritorio colonial, un sofá de baqueta[68] con botones, tres sillas de brazos, en una pared cierto retrato casi
10 imposible de percibir y en el suelo una alfombra de Esmirna. El hombre que tenía el picaporte[69] en la mano, no se destacaba más por su estatura que por su delgadez; en la corbata exhibía un camafeo; sus ropas eran del color de
15 las pizarras de escolar. Cerró la puerta con tranquilidad. Rovira aceptó el asiento que le ofrecía junto al escritorio; el caballero se sentó contra el flanco de la mesa. Esperó a que Rovira hablara.

20 —Aunque yo soy prácticamente lo más opuesto que existe a la credulidad —comenzó Rovira —, tenía curiosidad por verle; y así, he venido. Baldeguini me habló de usted.

El hombre lo contemplaba sin interés ni
25 deferencia. No podía decirse que tuviera una expresión de frialdad: sus manos reposaban quietas sobre la pierna cruzada. Parecía propenso a escuchar sin limitación de paciencia o tiempo, aun sin proponerse interrupciones o
30 preguntas. Predominaba en su actitud una calma visiblemente adscrita a las leyes de sí misma.

—Estoy, pues —continuó Rovira con cierta volubilidad o retintín—, en la situación del hombre que desea ser convencido, que se
35 presta con gusto a ser objeto de una experiencia de la que quizás pueda sacar algún partido,[70] y que agradecerá el favor del paso que se dé por él en el sentido de convencerlo.

Sonreía con cierta sorna, con un asomo de
40 insolencia, y especulaba con su facilidad de palabra:

—Por lo pronto, considéreme, más que como un visitante del montón,[71] como una empresa llena de dificultad. Yo no vengo con el candor de
45 los que corren tras apacentamientos[72] para su

necesidad de ilusión, ni con la ductilidad de una solterona que quiere sorber futuro en los filtros de la magia, ni con la dulcedumbre de las personas dispuestas a dejarse sugestionar por todo y porque sí. Lo que predomina en mi persona es, al revés, la naturaleza crítica. De lo que Baldeguini me ha dicho de sus facultades yo no estoy dispuesto a aceptar más que lo que vea. *Credo quia logicum.*[73]

Abundó en el mismo sentido, deseando lucirse:

—Ha de saber usted —precisó— que para mí la razón lo es todo. Aquello que no se mide por ella, es falso; lo que no proviene de ella, tantea; lo que no concluye en ella es aproximativo. La razón preside lo calculable; y un gran poeta ha dicho: lo que no es calculable es estúpido. Ahí tiene usted, pues, mi estatuto.[74] Difiere del suyo.

El hombre lo dejó hablar aún, sin abandonar su calma ni modificar un ápice[75] su posición. Mientras Rovira exponía, iba viendo en el otro la impasibilidad de los ojos, la extensión sin hondura de las arrugas que le corrían a los lados de la boca, la palidez de unos labios que se cerraban sin apretarse.

Rovira, después de haber avanzado el cuerpo, lo echó atrás, en la silla, con la satisfacción de oírse y de conducirse. Casi lo que en todo momento le placía más era observar la justeza con que gobernaba su raciocinio y la sagacidad[76] con que ordenaba sus palabras.

—En consecuencia le pido —expresó finalmente, después de haber trazado un bosquejo más de su personalidad, que prolongaba por las artes de la conversación y los conductos del escepticismo—, en consecuencia le pido, que si puede usted decirme algo de mí mismo, de mi vida, de sus posibilidades o accidentes de desarrollo, de sus peripecias, en fin, lo haga sin temor. —Rió, despacio—. Ya discutiremos punto por punto su método y mi crítica.

El dueño de casa permaneció sin moverse.

—Lo siento —dijo—. No tengo nada que decirle.

---

[68] con junquillo o moldura posiblemente de piel o cuero
[69] aldaba o llamador de puerta
[70] beneficio, ventaja, provecho
[71] común, corriente
[72] (fig.) satisfacción de los deseos o pasiones

[73] Latín: «Creo lo lógico».
[74] regla, ley
[75] (fig.) parte pequeñísima
[76] prudencia, astucia; precaución

Rovira se agitó casi triunfalmente en la silla de brazos.

—¿Puedo preguntarle por qué?

—No tengo nada que decirle. La proyección de su vida se rompe para mí el siete de este mes.

Rovira temió que la cara se le demudara.[77] Calculó que estaban a primero de agosto. Se rehízo voluntariamente, casi agresivo:

—¿Qué pretende usted significar?

—Solamente eso, señor. En lo que le atañe, nada existe para mí después de esa fecha.

—Le ruego que se explique. ¿Pretende usted que ese día voy a desaparecer?

—No he hablado en esos términos —dijo el caballero, siempre impasible, en una voz que no acusaba desigualdad ni vacilación—. Pero si posee suficiente incredulidad como para haber venido a verme en medio de un halo de sorna, ¿por qué no ha de poseerla también para tomar en broma cualquier vaticinio, aunque el vaticinio significara justamente eso?

—¡Vaya! —estalló Rovira añadiendo al movimiento de su cuerpo una casi carcajada—. ¡Tiene usted flema![78] ¿Me anuncia en un tono así nada menos que una catástrofe? ¡De no causarme tanta gracia me parecería un asunto para la policía! Pues si en vez de tratarse de mí se tratara de una persona más propensa a dejarse impresionar, sería un caso de abuso, de delito. Felizmente sabía de antemano con lo que me iba a encontrar: ahora, y tanto antes de lo que pensaba, confirmo mi idea de que no hay excepción a la regla, y no pasa usted de ser un pescador de inocentes.

El hombre se levantó sin que uno solo de sus rasgos indicara precipitación o susceptibilidad. Se levantaba desde el fondo del tiempo, desprovisto de prisa, ofensa, duda o humanidad.

—Preferiría, señor, que no hubiera usted venido.

—En cambio yo prefiero haberlo hecho. Se lo aseguro, Prefiero haber venido . . . Diré a la gente lo que he visto. No le quepa la menor duda. Y en cuanto a lo que me ha dicho, me río hasta las vísceras de su grotesquería sin pareja.[79] ¡Adios!

Rovira abandonó la tienda con una sensación de molestia y cólera. Se sintió perturbado, desagradado. Concibió una especie de violencia, que necesitaba manifestarse inmediatamente hacia Baldeguini; se prometió decirle aquella noche lo que pensaba de él: era un imbécil y un irresponsable. ¿Cómo podía hacerle el juego[80] a semejante bandido? ¡El 7 de agosto! Otro se hubiera sentido alarmado, quizás hubiera entrado en la desesperación o el pavor. Pero él conocía a estos profesionales de la impostura —aunque este caballero pasara por aficionado— y advertía, ahora, haber hecho mal en haberse consentido, a cambio de divertirse un rato, una visita que no pudo acarrearle[81] más que las consecuencias que acababa de traerle. Entró en el primer bar, sobre una esquina, a beber un café, y notó que estaba agitado y que debía estar pálido, puesto que aun en el habla, al hacer el pedido al mozo, se sorprendió cierto tartamudeo o confusión.

Luego, al sorber el café, comenzó paulatinamente a recobrar el aplomo,[82] la sonrisa, la sorna, y estuvo tentado de contar al mozo lo que acababa de pasarle. Veía ya claro. Lo que sin duda había ocurrido era que el presunto mago se sintió molesto y ofendido por la cara de burla que él no pudo disimular del todo, y había estallado en esa forma, dejándole a manera de venganza una espina, como vulgarmente se dice. ¡Y había elegido una espina de medio metro de largo! La rabia debió ser mucha, más allá de esa expresión de impasibilidad y frío. La reacción fue puramente verbal, pero ¡qué reacción!

Rovira, rumiando[83] tales pensamientos, se dirigió lentamente al club. Tenía ganas de ver gente, de encontrar caras familiares. Fue, al llegar, a repantigarse en uno de los salones de lectura, junto a la chimenea en que a esa hora el fuego ardía con el máximum de espectáculo y furor. Pidió el vaso del jerez que bebía desde hacía años y no pasaron cinco minutos antes de que aparecieran los amigos de siempre, Figuera y los otros varios, a quienes por aquellos días había abandonado.

---

[77] cambiara, mudara; inmutara, alterarse
[78] procede con lentitud y sin alterarse
[79] sin otra igual, única, inigualable
[80] cooperar con alguien para que tenga éxito en lo propuesto
[81] producirle
[82] serenidad, calma; confianza en sí mismo
[83] considerando despacio, pensando con madurez

Les narró, claro está, con abundantes risas, lo que acababa de ocurrirle, y fue, en coro, festejado por todos. Hasta se habló de ir fingidamente, de uno en uno, a dar un chasco[84] al visionario; pero esa idea, al rato, fue dejada caer, y en cambio se habló mucho de casos en que esos farsantes habían salido acertando o bien habían provocado efectivamente en ánimos no preparados, las consecuencias que el charlatán no pudo producir en Rovira.

Rovira se quedó aquella noche a comer con sus amigos. El comedor del club volvió a serle simpático, y a decir verdad, lo encontró más capaz de atracción que nunca, con sus columnas al estuco y sus travesaños[85] de madera, su amplitud y su lleno. El rumor de las conversaciones, los pedidos gritados[86] de los mozos, los ruidos de las cocinas, improvisaban tal inquietud y movimiento que uno se sentía, en aquel ambiente, rápidamente despersonalizado.

Al regresar a su casa sintió soledad e inquietud. Evitó llamar a Baldeguini. Se prometió comunicarse por la mañana, temprano, con su mujer, y se la imaginó a ella y a los chicos durmiendo, en el punto donde estaban, en la lejanía y en la paz, sin hacer mal a nadie, reponiéndose de sus altibajos de salud, acechados por la vida. Lo embargó un sentimiento de ternura. No había pasado la medianoche, cuando ya estaba acostado, solo en la casa de dos pisos, lleno de pensamientos y de insatisfacción. El sueño cayó al fin sobre él y si se hubiera visto dormir se habría inspirado lástima y desesperanza, tan reducido como parecía, bajo las frazadas, en la vastedad del dormitorio donde hubieran podido alojarse fácilmente muchas personas, pero donde estaba solo.

Se levantó, sin embargo, lleno de optimismo. Al acostarse había dejado las cortinas descorridas[87] y la luz de la mañana llenaba el cuarto. Era un día espléndido. La gente hablaba y gritaba abajo en la calle; se oían los klaxons y las cornetas; por todas partes alzaba su voz la satisfacción de vivir. Rovira pidió la comunicación con su mujer, y cuando la oyó y supo que estaba bien y ella le repitió dos o tres de aquellas frases calmas e inexpresivas, se sintió tranquilizado y alegrado. El día empezaba bien. Bajó a desayunarse y cambió con la mucama[88] algunas ingeniosidades y bromas. Luego partió para la oficina. Casi podría decirse que se había olvidado de su entrevista con el embaucador.[89]

Tuvo unos días de trabajo superior al común. Olvidó un tanto sus propósitos de diversión, se aplicó obstinadamente a sus ocupaciones, la frente se le había plegado[90] y tenía sin tregua la sensación de estarse olvidando de algo. No dejó de ir al club una sola tarde; llegaba siempre a eso de las ocho, y en el acto buscaba con quien hablar. Sólo dos o tres veces le recordaron los amigos, entre bromas, la respuesta del adivinador; pero la presencia de este recuerdo le seguía ocasionando molestia y fastidio, desagrado, y cuando se tocaba el asunto se apresuraba en pasar a otro tema. No obtuvo ningún placer de los espectáculos que vio esos días. Salió a comer con Figuera, y se trenzaron[91] en una discusión cuya nerviosidad los dejó llenos de impaciencia, de acritud. Al día siguiente Rovira se quejó con rabia en el club de la obcecación del amigo y luego, cuando en la rueda[92] empezaron a darle bromas por su exceso en tales reproches, cambió de cara y empezó a reír, casi forzadamente, aunque con énfasis y encarnizamiento.

—El siete comeremos en casa, opíparamente[93] —anunció la tarde del cuatro a los amigos, y agregó con la sorna de antes: —Vamos a festejar mi «cesación», según el mago de Baldeguini . . . Espero llegar a la noche con los pies en este mundo; y si no, amigos míos, comerán ustedes con un muerto.

La risa le dibujaba un arco de ironía a los dos lados de la boca, los ojos le brillaban, la actitud de hombre habituado a triunfar le impregnaba toda la figura. Se dedicó de lleno a preparar el éxito de la comida. Anotó en una hoja de carnet los nombres de los negocios de comestibles por donde pasaría, indicando al lado las especialidades. En lo atañadero[94] al pescado,

---

[84] burla, engaño; suceso contrario a lo que se espera
[85] barras horizontales de una parte a otra; vigas
[86] pedían las órdenes en voz alta
[87] abiertas
[88] (Arg.) criada, sirvienta
[89] engañador

[90] arrugado
[91] se envolvieron
[92] amigos sentados en círculo
[93] abundante, espléndidamente
[94] en lo relacionado con

haría una visita al Mercado del Plata; en lo concerniente a los vinos, acudiría al almacén de siempre, donde conservaba seguramente algunas partidas de las cosechas que buscaba: un borgoña del 24, un blanco del 32, que había probado y encontraba difíciles de superar. Casi no ocupó su mente, los dos días que siguieron, más que en preparar la comida. Calculó un total de diez invitados. Decidió que los sirviera un mozo que había actuado en ocasión del bautismo del menor de los chicos, y a quien se podía conseguir con facilidad, pues no actuaba más que en esas ocasiones. La oportunidad era sin igual para agasajar a aquellos amigos con quienes tenía retribuciones pendientes y con los que desde hacía mucho estaba en deuda. Y además, como se acortaba el plazo de la ausencia de su mujer, podía ser la despedida que correspondía a sus días de soledad. Por eso no debía faltar nada: todo debía estar preparado con gusto, con elegancia. Y al fin y al cabo, el dinero que se gasta en una cosa así es de los mejor empleados y el único que no deja amargura en el paladar.

Llegó al fin el día siete. Por la mañana, se presentó algo imprevisto. Una clienta de Rovira que vivía en México, persona cuyos bienes administraba él aquí, se anunció tempranísimo en la oficina, provocando la agitación que en esos casos suscita la presencia inesperada de un cliente cuya posición supera los niveles de siempre. Felizmente, Rovira tenía todo listo para la comida y sólo quedaban pendientes dos o tres detalles, cuyo cumplimiento confió a la mucama, dejándole al respecto unas pocas indicaciones.

Tuvo, en realidad, un día lleno de ocupaciones imposibles de evitar o transferir; pero por la noche, cuando empezaron a llegar los amigos, la casa les pareció nunca vista. Las puertas de los salones que se comunicaban estaban ampliamente abiertas; las lámparas esplendían; los objetos de cristal y la superficie de los muebles brillaban reflejándolo todo con una especie de jovialidad[95] impropia de las cosas, más propia de entes[96] con vida; los sillones y

sofaes se proporcionaban noble y ordenadamente, y la misma escalera principal, con su copón de madera en lo alto, ostentaba cierta dignidad sin empaque, que se imponía de súbito al llegar los invitados al piso de recep- 5 ción. La mesa estaba señorialmente tendida. Sobre el mantel de encaje, aparecían, colmadas, las fruteras de plata, cuya gracia se convertía en prodigio al sostener tal cantidad de paltas,[97] naranjas, bananas y mandarinas; los platos no 10 mostraban más que el decorado que representaban unas hojas de acanto[98] impresas en oro, girando y enlazándose hasta dejar libre en el centro la escena de campo pintada sobre un azul Tiépolo;[99] los platos de menor tamaño 15 soportaban apenas el peso de un solo panecillo, un delfín; y las lamparillas a propósito, iluminaban aisladamente las pocas telas colgadas, sin quitar esplendor a la mesa.

Rovira los recibió sonriente, en el hall, 20 juntando y separando la largura de sus manos de caballero, en movimientos llenos de soltura y distinción. Hizo servir a los unos jerez, a los otros mezclas. Rió y chanceó. Mostraba su disposición inclinada a la valentía y a la sorna. 25

La alegría que reinó en la comida fue sin igual.[1] Los diez amigos sentados como pares a ambos lados y en las dos cabeceras de la mesa en forma de rectángulo, hicieron los honores a la conversación y a los platos cuya selección 30 denunciaba el refinamiento del dueño de casa, y cuyo punto y adorno hablaba alto de la maestría de una cocinera que iba, ese mes, a cumplir los doce años en la casa. Se conversó como no conversan más que los solteros y los adolescentes, 35 con ironía y arrebato, casi con crueldad. Rodaron los vinos, humearon las fuentes, estallaron las carcajadas, formando viandas y palabras la misma guirnalda, mientras el dueño de casa, a la cabecera de la mesa, se refería a lo 40 bueno que es en el fondo sentirse vivir y a la broma pesada que habría sido que el adivino hubiera tenido razón. Baldeguini, que había sido invitado, mostró ante las bromas una tolerancia de clérigo. Y sobre sus espaldas, 45 cayeron, unas tras otras, las peores alusiones a

---

95 alegría, de carácter apacible
96 seres
97 (Amer.) aguacates
98 planta de hojas largas, rizadas y espinosas

99 pintor y grabador italiano (1696–1770), quien trabajó y murió en Madrid, y cuyas obras se distinguen por los colores claros y alegres
1 Nótese el dinamismo y belleza de este párrafo descriptivo.

su credulidad, que ya excedía todos los límites, que ya lo libraba, como dijo uno de los comensales, a la rapacidad del primer cuentero del tío.

5 El dueño de casa sintió el alma expandida en una especie de germinación: todo él salía a la superficie de sí mismo, con el achispamiento del vino y el picor[2] de las salsas. Levemente enrojecido, su semblante, al insistir en la 10 complacencia que le causaba la celebración, parecía triunfar aún, triunfar todavía, haber corrido y ganado, estar corriendo y ganando su carrera con todas las tretas de la vida, fueran infortunios, fueran supersticiones. Parecía 15 estar imbuído de la satisfacción de resistir a todo con felicidad y de haber salido de aquella peripecia ligeramente intranquilizadora, o por lo menos desagradable, en la que él mismo se había metido, por un azar o por una ligereza. 20 Y por dentro, muy por dentro, le bailaba la idea, el capricho, la decisión de ir días más tarde, haciéndose el encontradizo,[3] a esperar la salida del embaucador, y hacerle, nada más, un saludo lleno de ironía y ceremoniosidad . . . 25 La idea le corrió sesos adentro, mientras reía y contestaba a su vecino, que con aquellos párpados sin pestañas se inclinaba hacia él para confiarle al oído una ocurrencia que acababa de presentársele y que merecía la 30 pena de ser gritada a voz en cuello.[4] Pero ya servía el mozo el borgoña, y las miradas volvían de rabillo a las copas que iba llenando.

Fueron, en fin, a beber los licores y el café en la biblioteca; circuló una caja de cigarros. 35 Rovira, en el reloj Tudor de pie, miró la hora. ¡El pobre sujeto de la predicción estaba vencido! Iban a ser ya las once y él estaba viviendo. La noche pasaba ya. Ya estaba casi doblada por la mitad. Él seguía adelante, ali-40 gerada la cabeza por los vapores de tanta bebida, oliendo el tabaco de los cigarros y viendo a todos sus amigos de pie con sus proclamas y sus opiniones, todos elegantes, de noche, de oscuro, luciendo sus corbatas a pintas 45 o a rayas, sus pañuelos de una blancura que humillaba la pobreza, sus cabezas lustradas

con los cosméticos y las brillantinas. ¡Qué sensación de aplomo, firmeza, seguridad, paz! ¡Qué buena idea, la de aquella comida! ¡Cómo la gran alegría de vencer no viene sino cuando damos un paso adelante y dejamos a la espalda las tinieblas o las indeterminaciones, los refugios, los sótanos o los subsuelos!

Y a medida que se acercaba la medianoche, ¡qué inquietud, apuro o necesidad de acabar con la noche lo conquistaba! Se posesionaron de él, al pronto, unas ganas de irse, de no esperar la medianoche, sino de salirle al encuentro, de avanzar, cubrir la última distancia . . . Le fue imposible soportar la idea de quedarse allí. Pasaría la medianoche solo en la oficina. Telefonearía, pese a la hora, a su mujer. Vería desde los ventanales, allá, a solas, la noche dejada atrás, la medianoche pasada . . . Pero, a solas. Sí. Eso era lo que quería. Enteramente a solas.

Le había entrado un desasosiego,[5] una suerte de imposibilidad casi física de estar más, allí, entre esa gente; y de pronto, en medio de las risas, el desasosiego salió por sí solo a campar. Le estalló a él, los labios afuera, imponiéndose. Ni supo lo que inventó. Tenía que enviar un despacho,[6] algo inevitable, a causa de la señora de México, un despacho, un cable, y debía redactarlo antes de la una, pues, con la diferencia de hora, era el único modo de que llegara a Nueva York por la mañana, a las horas hábiles de trabajo. Debían disculparlo, se llegaría por un instante a la oficina. Y no tenían necesidad de irse, en modo alguno: podían quedarse allí, con toda comodidad, a gusto, hasta que volviera.

Y mientras les decía eso, él temía horriblemente, no tener tiempo de llegar a la oficina antes de la medianoche. No le habría sido posible mitigar ese apuro, ni tenía ganas de mitigarlo. La sorpresa de los amigos no fue mucha, y él salió disparado,[7] apresurándose a caminar las cinco cuadras que lo separaban de la calle donde estaba la oficina. ¡Con qué alivio respiró al dejar atrás a todos aquellos ebrios! Eran las doce menos cuarto.

---

[2] *achispamiento*: energía, entusiasmo, alegría que da el vino; *picor*: picazón, comezón, escozor
[3] buscando a uno para encontrarse con él y fingir que ha sido por casualidad
[4] en voz muy alta; a toda voz
[5] intranquilidad
[6] mandar una comunicación, cable
[7] a toda prisa

Caminó en el aire frío de la noche. Era ahora cuando él salía a conquistar el retazo[8] que le quedaba de inquietud. Y ahora se decía, se declaraba, que la inquietud, pese a su disimulo consigo mismo, lo había ocupado toda la noche. Más que toda la noche: los días antes; los seis días antes.

Y ahora al fin luchaba solo este tramo,[9] este tramo de la pelea, porque ya no podía más estar allí, fingiendo, mostrándose dueño de sus risas, sus ocurrencias, su compostura[10] y su tranquilidad. Sí, ahora luchaba este tramo solo; e iba caminando hacia allá, hacia su oficina, paso tras paso, con el sobretodo y la bufanda puestos, echando vaho por la boca a causa del frío, que parecía ir creciendo, creciendo, segundo tras segundo, en la calle y en la noche.

Llegó por fin ante la casa de altos, elevada como un cubo[11] lleno de ventanas, iguales todas, no todas a oscuras, muchas iluminadas, pues a aquella hora, sin falta, barrían y limpiaban siempre los escritorios; y oprimió el timbre, a un lado de la puerta de rejas de cobre, distinguiendo al fondo la luz del sereno.

Tardaban: creció su impaciencia. Volvió a tocar el botón y entonces vio salir al sereno, que venía a abrirle con lentitud.

—Buenas noches, señor — le dijo el hombre.

—Buenas —dijo él, y se precipitó hacia el ascensor, cuya gran puerta estaba abierta.

¡Qué lenta fue la subida! Tenía que esperar hasta ver anunciado en el señalador el octavo piso. Lo fue mirando, sin poder él ayudar. El ascensor se detuvo. Rovira dio un paso, cerró la puerta, se dispuso a avanzar. Y fue entonces cuando, en toda la casa, resonó el grito.

El ascensor, llamado desde abajo por el sereno, tiraba, arrancaba con la borla de la boa enganchada. La puerta de rejas de la jaula la apresaba, bajando de un tirón sin soltarla. Ya estaba él caído. Ya lo ahorcaba el tirón. Ya no tenía tiempo de ver, con la lengua espantosamente afuera, más que la puerta de su oficina que se abría, el limpiador que salía, y al fondo, precozmente[12] cambiada, recién renovada, apenas descubierta en el calendario, la hoja nueva, fresca: la fecha a que no llegaría, el límpido y triunfante ocho de agosto.

Alejo Carpentier

CUBA, 1904

Con su novelística y relatos cortos Alejo Carpentier se ha situado a la vanguardia de la novela contemporánea, tanto en Cuba como en el resto de Hispanoamérica. Pocos narradores hispanoamericanos gozan de su prestigio internacional, prestigio que ha rebasado el marco del Mundo Hispánico dándolo a conocer en Francia, Inglaterra, Estados Unidos y otros países a través de traducciones de sus principales obras. Vio la primera luz en La Habana como descendiente de un arquitecto francés y de una maestra rusa. En un liceo francés completó su escuela secundaria, especializándose más tarde en música. Interrumpió sus estudios de arquitectura para regresar a La Habana, en cuya universidad ingresó. Escribe algunos «escenarios» y libretos musicales y después de ser encarcelado por su lucha contra la dictadura de Machado (1927–1933) se radica en

---

8 pedazo pequeño de tela
9 distancia; terreno entre un punto y otro
10 buenos modales, presencia, prestancia

11 recipiente de diversas formas y material
12 prematuramente, antes de tiempo; muy temprano

París, donde se dedica a la radio y al cine. Años después se trasladó a Caracas donde trabajó para el periódico *El Nacional*. Comunista militante, al triunfar Castro regresó a Cuba para ser nombrado Director de Cultura. Desde hace unos dos años ocupa un cargo diplomático en la Embajada de Cuba en París. Sus obras más logradas han sido traducidas a cerca de una docena de lenguas. Goza de un notable reconocimiento internacional como lo atestiguan las opiniones críticas sobre su obra.

Carpentier es autor de la primera historia de la música cubana, de la primera novela afrocubana así como de libretos de ballets, «escenarios», cantatas y óperas bufas, pero lo que realmente le ha dado renombre son sus novelas y relatos en los cuales sigue las técnicas más recientes como el «realismo mágico» y las corrientes neosimbolistas. Su primera novela, *Ecue-Yamba-O* (1933) tiene por asunto el mundo de un grupo ñáñigo de la población negra de Cuba. Recrea con alucinante autenticidad el mundo primitivo de estos seres dentro del ambiente moderno de la Isla, ofreciendo un cuadro amplio de su magia, ritos religiosos, supersticiones, ceremonias, danzas, sin faltar la violencia, la exaltación y el misticismo que les caracteriza. Como trasfondo del relato tenemos la dictadura de Machado y se ofrecen detalles de la penetración imperialista al pintar cómo las tierras pasan a compañías extranjeras. Carpentier da muestras de sus grandes conocimientos de la música, el folklore, la historia y la antropología, elementos que casi siempre se fusionan en sus relatos. Después escribió *El reino de este mundo* (1949) para la cual obtuvo inspiración y observaciones directas durante su viaje a Haití con el actor francés Louis Jouvet. Pinta un episodio de la historia de Haití durante el efímero reinado del rey Henri Christophe. Tanto éste como Paulina Bonaparte y otros personajes de la época se mueven en este cuadro de ribetes superrealistas, a los que la técnica del «realismo mágico», desfigura a gusto del autor, pero sin robarle ni un grano de verdad ni de autenticidad. El ambiente de pasiones, violencia, tiranía, hechos sangrientos y asesinatos deja en el lector la impresión de haber vivido una pesadilla. La obra tuvo una amplia repercusión en Francia y otros países.

La obra maestra de Carpentier según el consenso casi unánime de la crítica son *Los pasos perdidos* (1953), la historia de un músico y profesor que va comisionado por su Universidad al alto Orinoco en busca de instrumentos musicales primitivos. Llega a un lugar donde parece vivirse en el momento mismo cuando llegaron los conquistadores. Queda fascinado por este ambiente e inclusive encuentra una mujer nativa llena de exotismo y misterio que lo ama, a pesar de que él ha viajado hasta allí con su amante. Vuelve a la civilización a llevar el bastón tambor y la jarra funeraria y a buscar papel para una composición, pero cuando intenta regresar al encuentro con su verdadera felicidad, no puede hallar la ruta al perderse las marcas por las crecidas de los ríos. La novela tiene una dimensión alegórica evidente: la insatisfacción del hombre y del intelectual modernos con su propia civilización y modos de vivir. También puede significar la pérdida de la felicidad, del «paraíso» por el hombre después de haberlo encontrado transitoriamente. El encanto y magia de este mundo está visto a través de la neblina deformante del «realismo mágico». La prosa debe mucho al Modernismo en su momento preciosista, con una visión superrealista de las cosas. El estilo y la habilidad de narrar del autor llegan a su punto más consagratorio. Posteriormente apareció *Guerra del tiempo* (1958) con tres relatos: «El camino de Santiago», «Viaje a la semilla» y «Semejante a la noche» y una novela: *El acoso*. Carpentier rompe entonces con las barreras del tiempo y del espacio, como queriendo decirnos que el hombre es siempre semejante a sí mismo y que lo que cambia es su contorno exterior y la historia. Finalmente publicó *El siglo de las luces* (1962). Por un proceso de mitificación del acontecer histórico y de hechos telúricos, el asunto se centra en las aventuras de Víctor Hugues en Haití y demás area del Mar Caribe. Con todo tipo de peripecias y de imaginación da un cuadro vivísimo de las correrías de ese personaje, donde no faltan paisajes, ciclones, revueltas, fiestas, matanzas mezcladas con escenas llenas de ternura unas veces, o de fina ironía, otras. Obra llena del encanto, la fuerza y el poder de sugestión y alucinación de Carpentier, quien vuelve a hacer gala de un estilo bien trabajado y único. El autor es uno de los novelistas más sobresalientes y originales de Hispanoamérica y se cuenta entre nuestros escritores con mayor resonancia en Europa y Estados Unidos.

FUENTE: *Guerra del tiempo* (1958), 4a edición, México, Compañía General de Publicaciones, S.A., 1967.

Guerra del tiempo

1958

Semejante a la noche[1]

> *Y caminaba, semejante a la noche.*
> ILÍADA—(CANTO I)

I

El mar empezaba a verdecer entre los promontorios todavía en sombras, cuando la caracola[2] del vigía[3] anunció las cincuenta naves negras que nos enviaba el Rey Agamemnón. Al oir la señal, los que esperaban desde hacía tantos días sobre las boñigas de las eras,[4] empezaron a bajar el trigo hacia la playa donde ya preparábamos los rodillos[5] que servirían para subir las embarcaciones hasta las murallas de la fortaleza. Cuando las quillas[6] tocaron la arena, hubo algunas riñas con los timoneles,[7] pues tanto se había dicho a los micenianos que carecíamos de toda inteligencia para las faenas marítimas, que trataron de alejarnos con sus pértigas. Además, la playa se había llenado de niños que se metían entre las piernas de los soldados, entorpecían las maniobras, y se trepaban a las bordas[8] para robar nueces de bajo

[1] En todos sus relatos Carpentier anda en busca de nuevas posibilidades de espacio y tiempo para el arte narrativo, de manera que a menudo emplea superposiciones de esos elementos. En «Semejante a la noche» vemos los mismos protagonistas y hechos mientras el escenario y el tiempo van cambiando. Al comienzo parece que son los preparativos para la guerra de Troya. Más adelante da la sensación de ser conquistadores españoles preparándose para salir para América en el siglo XVI. La mención a Montaigne hace pensar en el siglo XVII o XVIII. Un poco más adelante parece tratarse de soldados franceses que van para las colonias de ese país (sin referencia a época). El relato termina por donde empezó: con posibles alusiones a la guerra de Troya. La acción puede cubrir unos 25 siglos de historia. El tiempo es circular y el espacio cambiante

a cada momento. Mediante la técnica del «realismo mágico» el autor nos presenta la historia de un hombre quien se comporta —de acuerdo con sus apetencias carnales— como cualquier otro hombre lo haría en tales circunstancias y momento.

[2] caracol de forma cónica; aquí significa bocina
[3] centinela, hombre que vigila el mar desde un lugar alto en la costa
[4] lugares donde se limpian las mieses y cosechas
[5] cilindros
[6] bases de los barcos que sostienen toda su estructura
[7] pilotos
[8] velas mayores; aquí parte superior de costado (lado) del barco

los banquillos de los remeros. Las olas claras del alba se rompían entre gritos, insultos y agarradas a puñetazos, sin que los notables pudieran pronunciar sus palabras de bienvenida, en medio de la baraúnda.[9] Como yo había esperado algo más solemne, más festivo, de nuestro encuentro con los que venían a buscarnos para la guerra, me retiré, algo decepcionado, hacia la higuera[10] en cuya rama gruesa gustaba de montarme, apretando un poco las rodillas sobre la madera, porque tenía un no sé qué de flancos de mujer.

A medida que las naves eran sacadas del agua, al pie de las montañas que ya veían el sol, se iba atenuando en mí la mala impresión primera, debida sin duda al desvelo de la noche de espera, y también al haber bebido demasiado, el día anterior, con los jóvenes de tierras adentro, recién llegados a esta costa, que habrían de embarcar con nosotros, un poco después del próximo amanecer. Al observar las filas de cargadores de jarras, de odres[11] negros, de cestas, que ya se movían hacia las naves, crecía en mí, con un calor de orgullo, la conciencia de la superioridad del guerrero. Aquel aceite, aquel vino resinado, aquel trigo sobre todo, con el cual se cocerían,[12] bajo ceniza, las galletas, de las noches en que dormiríamos al amparo de las proas mojadas, en el misterio de alguna ensenada desconocida, camino de la Magna Cita de Naves —aquellos granos que habían sido aechados[13] con ayuda de mi pala, eran cargados ahora para mí, sin que yo tuviese que fatigar estos largos músculos que tengo, estos brazos hechos al manejo de la pica de fresno,[14] en tareas buenas para los que sólo sabían de oler la tierra; hombres, porque la miraban por sobre el sudor de sus bestias, aunque vivieran encorvados encima de ella, en el hábito de deshierbar y arrancar y rascar, como los que sobre la tierra pacían.[15] Ellos nunca pasarían bajo aquellas nubes que siempre ensombrecían, en esta hora, los verdes de las lejanas islas de donde traían el silfión[16] de acre perfume. Ellos nunca conocerían la ciudad de anchas calles de los troyanos, que ahora íbamos a cercar, atacar y asolar. Durante días y días nos habían hablado, los mensajeros del Rey de Micenas, de la insolencia de Príamo,[17] de la miseria que amenazaba a nuestro pueblo por la arrogancia de sus súbditos, que hacían mofa[18] de nuestras viriles costumbres; trémulos de ira, supimos de los retos lanzados por los de Ilios a nosotros, acaienos[19] de largas cabelleras, cuya valentía no es igualada por la de pueblo alguno. Y fueron clamores de furia, puños alzados, juramentos hechos con las palmas en alto, escudos arrojados a las paredes, cuando supimos del rapto de Elena de Esparta.[20] A gritos nos contaban los emisarios de su maravillosa belleza, de su porte[21] y de su adorable andar, detallando las crueldades a que era sometida en su abyecto cautiverio, mientras los odres derramaban el vino en los cascos.[22] Aquella misma tarde, cuando la indignación bullía en el pueblo, se nos anunció el despacho de las cincuenta naves negras. El fuego se encendió entonces en las fundiciones de los bronceros,[23] mientras las viejas traían leña del monte. Y ahora, transcurridos los días, yo contemplaba las embarcaciones alineadas a mis pies, con sus quillas potentes, sus mástiles al descanso entre las bordas como la virilidad entre los muslos del varón, y me sentía un poco dueño de esas maderas que un portentoso ensamblaje, cuyas artes ignoraban los de acá, transformaba en corceles de corrientes, capaces de llevarnos a donde desplegábase en acta de grandezas el máximo acontecimiento de todos los tiempos. Y me tocaría a mí, hijo de talabartero,[24] nieto de un castrador de toros, la suerte de ir al lugar en que nacían las gestas cuyo relumbre nos alcanzaba por los relatos de los marinos; me tocaría a mí, la honra de contemplar

---

[9] o barahúnda, ruido y confusión grandes; alboroto
[10] árbol cuyo fruto es el higo
[11] vasijas de cuero para guardar vino, aceite, etc.
[12] cocinarían
[13] juntados
[14] *pica*: lanza; *fresno*: árbol de las oleáceas
[15] comían
[16] hierba alta y vivaz
[17] último rey de Troya, degollado por Pirro después de la toma de la ciudad
[18] burla, escarnio
[19] *Ilios*: ciudadanos de Troya, conocida también por Ilión: *acaienos*: héroes míticos del Ática
[20] más bien Helena de Troya, princesa griega de gran belleza cuyo rapto por París (hijo del Rey de Troya) provocó la guerra de Troya
[21] apariencia, compostura
[22] toneles, barriles, pipas
[23] fundidores de bronce y otros metales
[24] trabajador del cuero

las murallas de Troya, de obedecer a los jefes insignes, y de dar mi ímpetu y mi fuerza a la obra del rescate de Elena de Esparta —másculo empeño,[25] suprema victoria de una guerra que nos daría, por siempre, prosperidad, dicha y orgullo. Aspiré hondamente la brisa que bajaba por la ladera de los olivares, y pensé que sería hermoso morir en tan justiciera lucha, por la causa misma de la Razón. La idea de ser traspasado por una lanza enemiga me hizo pensar, sin embargo, en el dolor de mi madre, y en el dolor, más hondo tal vez, de quien tuviera que recibir la noticia con los ojos secos[26] —por ser el jefe de la casa. Bajé lentamente hacia el pueblo, siguiendo la senda de los pastores. Tres cabritos retozaban en el olor del tomillo.[27] En la playa, seguía embarcándose el trigo.

II

Con bordoneos de vihuela[28] y repiques de tejoletas,[29] festejábase, en todas partes, la próxima partida de las naves. Los marinos de *La Gallarda* andaban ya en zarambeques[30] de negras horras,[31] alternando el baile con coplas de sobado[32] —como aquella de la Moza del Retoño, en que las manos tentaban el objeto de la rima dejado en puntos por las voces. Seguía el trasiego[33] del vino, el aceite y el trigo, con ayuda de los criados indios del Veedor,[34] impacientes por regresar a sus lejanas tierras. Camino del puerto, el que iba a ser nuestro capellán arreaba[35] dos bestias que cargaban con los fuelles y flautas de un órgano de palo. Cuando me tropezaba con gente de la armada, eran abrazos ruidosos, de muchos aspavientos, con risas y alardes para sacar las mujeres a sus ventanas. Éramos como hombres de distinta raza, forjados para culminar empresas que nunca conocerían el panadero ni el cardador[36]

de ovejas, y tampoco el mercader que andaba pregonando camisas de Holanda, ornadas de caireles[37] de monjas, en patios de comadres. En medio de la plaza, con los cobres al sol, las seis trompetas del Adelantado se habían concertado en folías,[38] en tanto que los atambores borgoñones[39] atronaban los parches, y bramaba, como queriendo morder, un sacabuche[40] con fauces de tarasca.[41]

Mi padre estaba, en su tienda oliente a pellejos y cordobanes,[42] hincando la lezna en un ación[43] con el desgano de quien tiene puesta la mente en espera. Al verme, me tomó en brazos con serena tristeza, recordando tal vez la horrible muerte de Cristobalillo, compañero de mis travesuras juveniles, que había sido traspasado por las flechas de los indios de la Boca del Drago. Pero él sabía que era locura de todos, en aquellos días, embarcar para las Indias —aunque ya dijeran muchos hombres cuerdos que aquello era engaño común de muchos y remedio particular de pocos. Algo alabó de los bienes de la artesanía, del honor —tan honor como el que se logra en riesgosas empresas— de llevar el estandarte de los talabarteros en la procesión del Corpus; ponderó la olla segura, el arca repleta, la vejez apacible. Pero, habiendo advertido tal vez que la fiesta crecía en la ciudad y que mi ánimo no estaba para cuerdas[44] razones, me llevó suavemente hacia la puerta de la habitación de mi madre. Aquel era el momento que más temía, y tuve que contener mis lágrimas ante el llanto de la que sólo habíamos advertido de mi partida cuando todos me sabían ya asentado en los libros de la Casa de la Contratación. Agradecí las promesas hechas a la Virgen de los Mareantes por mi pronto regreso, prometiendo cuanto quiso que prometiera, en cuanto a no tener comercio deshonesto con las mujeres de aquellas tierras, que el Diablo tenía

---

25 *másculo*: grande, importante; *empeño*: empresa, acto
26 sin lágrimas, sin poder llorar
27 planta común en España y que se usa como tónica estomacal
28 *bordoneos*: sonidos roncos del bordón (cuerda más gruesa) de la guitarra, *vihuela*: instrumento de cuerda parecido a la guitarra
29 especie de castañuelas
30 ciertas danzas de negros
31 estériles, que no se quedan preñadas
32 muy usadas, muy repetidas
33 cambio, traslado de un lugar a otro
34 inspector
35 conducía
36 el que carda (saca) la lana a las ovejas
37 *ornadas*: adornadas; *caireles*: flecos, adornos de algunas ropas
38 bailes antiguos; cantos populares en las Islas Canarias
39 tambores de Borgoña, región de Francia
40 especie de trombón; instrumento musical de aire
41 figura de dragón monstruoso usado en algunas procesiones
42 pieles
43 correa que sostiene el estribo de la silla de montar
44 contrario de locas

en desnudez mentidamente edénica[45] para mayor confusión y extravío[46] de cristianos incautos, cuando no maleados por la vista de tanta carne al desgaire.[47] Luego, sabiendo que era inútil rogar a quien sueña ya con lo que hay detrás de los horizontes, mi madre empezó a preguntarme, con voz dolorida, por la seguridad de las naves y la pericia de los pilotos. Yo exageré la solidez y marinería de *La Gallarda*, afirmando que su práctico era veterano de Indias, compañero de Nuño García. Y, para distraerla de sus dudas, la hablé de los portentos[48] de aquel mundo nuevo, donde la Uña de la Gran Bestia y la Piedra Bezar curaban todos los males, y existía en tierra de Omeguas, una ciudad toda hecha de oro,[49] que un buen caminador tardaba una noche y dos días en atravesar, a la que llegaríamos, sin duda, a menos de que halláramos nuestra fortuna en comarcas aún ignoradas, cunas de ricos pueblos por sojuzgar.[50] Moviendo suavemente la cabeza, mi madre habló entonces de las mentiras y jactancias de los indianos, de amazonas y antropófagos, de las tormentas de las Bermudas, y de las lanzas enherboladas[51] que dejaban como estatua al que hincaban. Viendo que a discursos de buen augurio ella oponía verdades de mala sombra, le hablé de altos propósitos, haciéndole ver la miseria de tantos pobres idólatras,[52] desconocedores del signo de la cruz. Eran millones de almas, las que ganaríamos a nuestra santa religion, cumpliendo con el mandato de Cristo a los Apóstoles. Éramos soldados de Dios, a la vez que soldados del Rey, y por aquellos indios bautizados y encomendados,[53] librados de sus bárbaras supersticiones por nuestra obra, conocería nuestra nación el premio de una grandeza inquebrantable, que nos daría felicidad, riquezas, y poderío sobre todos los reinos de la Europa. Aplacada[54] por mis palabras, mi madre me

colgó un escapulario del cuello y me dio varios ungüentos contra las mordeduras de alimañas ponzoñosas,[55] haciéndome prometer, además, que siempre me pondría, para dormir, unos escarpines[56] de lana que ella misma hubiera tejido. Y como entonces repicaron las campanas de la catedral, fue a buscar el chal bordado que sólo usaba en las grandes oportunidades. Camino del templo, observé que, a pesar de todo, mis padres estaban como acrecidos[57] de orgullo por tener un hijo alistado en la armada del Adelantado. Saludaban mucho y con más demostraciones que de costumbre. Y es que siempre es grato tener un mozo de pelo en pecho,[58] que sale a combatir por una causa grande y justa. Miré hacia el puerto. El trigo seguía entrando en las naves.

III

Yo la llamaba mi prometida,[59] aunque nadie supiera aún de nuestros amores. Cuando vi a su padre cerca de las naves, pensé que estaría sola, y seguí aquel muelle triste, batido por el viento, salpicado de agua verde, abarandado de cadenas y argollas verdecidas por el salitre,[60] que conducía a la última casa de ventanas verdes, siempre cerradas. Apenas hice sonar la aldaba[61] vestida de verdín,[62] se abrió la puerta, y, con una ráfaga de viento que traía garúa[63] de olas, entré en la estancia donde ya ardían las lámparas, a causa de la bruma.[64] Mi prometida se sentó a mi lado, en un hondo butacón de brocado antiguo, y recostó la cabeza sobre mi hombro con tan resignada tristeza que no me atreví a interrogar sus ojos que yo amaba, porque siempre parecían contemplar cosas invisibles con aire asombrado. Ahora, los extraños objetos que llenaban la sala cobraban[65] un significado nuevo para mí. Algo parecía ligarme al astrolabio, la brújula y la Rosa de los

---

[45] del Edén, del paraíso
[46] perdición
[47] con descuido
[48] cosas extraordinarias o sorprendentes
[49] fue una de las leyendas que corrían durante la conquista española de América
[50] dominar, conquistar y colonizar
[51] o enarvoladas, levantadas, elevadas
[52] que adoran ídolos; fanáticos, paganos
[53] dados en encomienda
[54] calmada, tranquilizada

[55] animales venenosos o malos
[56] calcetines, medias
[57] muy llenos
[58] valiente, bravo
[59] novia con promesa de matrimonio
[60] sal del mar
[61] picaporte, llamador de una puerta
[62] moho o sustancia verde que se forma sobre los metales
[63] llovizna, lluvia muy ligera
[64] niebla
[65] adquirían

Vientos;[66] algo, también, al pez-sierra que colgaba de las vigas del techo, y a las cartas de Mercator y Ortellius que se abrían a los lados de la chimenea, revueltos con mapas celestiales habitados por Osas, Canes y Sagitarios.[67] La voz de mi prometida se alzó sobre el silbido del viento que se colaba[68] por debajo de las puertas, preguntando por el estado de los preparativos. Aliviado por la posibilidad de hablar de algo ajeno a nosotros mismos, le conté de los sulpicianos y recoletos[69] que embarcarían con nosotros, alabando la piedad de los gentiles hombres y cultivadores escogidos por quien hubiera tomado posesión de las tierras lejanas en nombre del Rey de Francia. Le dije cuanto sabía del gigantesco río Colbert, todo orlado de árboles centenarios de los que colgaban como musgos plateados, cuyas aguas rojas corrían majestuosamente bajo un cielo blanco de garzas. Llevábamos víveres pare seis meses. El trigo llenaba los sollados[70] de *La Bella* y *La Amable*. Ibamos a cumplir una gran tarea civilizadora en aquellos inmensos territorios selváticos, que se extendían desde el ardiente Golfo de México hasta las regiones de Chicagua, enseñando nuevas artes a las naciones que en ellos residían. Cuando yo creía a mi prometida más atenta a lo que le narraba, la vi erguirse ante mí con sorprendente energía, afirmando que nada glorioso había en la empresa que estaba haciendo repicar, desde el alba, todas las campanas de la ciudad. La noche anterior, con los ojos ardidos por el llanto, había querido saber algo de ese mundo de allende[71] el mar, hacia el cual marcharía yo ahora, y, tomando los ensayos de Montaigne,[72] en el capítulo que trata de los carruajes, había leído cuanto a América se refería. Así se había enterado de la perfidia de los españoles, de cómo, con el caballo y las lombardas,[73] se habían hecho pasar por dioses. Encendida de virginal indignación, mi prometida me señalaba

el párrafo en que el bordelés escéptico afirmaba que «nos habíamos valido de la ignorancia e inexperiencia de los indios, para atraerlos a la traición, lujuria, avaricia y crueldades, propias de nuestras costumbres». Cegada por tan pérfida lectura, la joven que piadosamente lucía una cruz de oro en el escote,[74] aprobaba a quien impíamente afirmara que los salvajes del Nuevo Mundo no tenían por qué trocar[75] su religión por la nuestra, puesto que se habían servido muy útilmente de la suya durante largo tiempo. Yo comprendía que, en esos errores, no debía ver más que el despecho[76] de la doncella enamorada, dotada de muy ciertos encantos, ante el hombre que le impone una larga espera, sin otro motivo que la azarosa[77] pretensión de hacer rápida fortuna en una empresa muy pregonada.[78] Pero, aun comprendiendo esa verdad, me sentía profundamente herido por el desdén a mi valentía, la falta de consideración por una aventura que daría relumbre[79] a mi apellido, lográndose, tal vez, que la noticia de alguna hazaña mía, la pacificación de alguna comarca, me valiera algún título otorgado por el Rey —aunque para ello hubieran de perecer, por mi mano, algunos indios más o menos. Nada grande se hacía sin lucha, y en cuanto a nuestra santa fe, la letra con sangre entraba.[80] Pero ahora eran celos los que se traslucían en el feo cuadro que ella me trazaba de la isla de Santo Domingo, en la que haríamos escala, y que mi prometida, con expresiones adorablemente impropias, calificaba de «paraíso de mujeres malditas». Era evidente que, a pesar de su pureza, sabía de qué clase eran las mujeres que solían embarcar para el Cabo Francés, en muelle cercano, bajo la vigilancia de los corchetes,[81] entre risotadas y palabrotas de los marineros; alguien —una criada, tal vez— podía haberle dicho que la salud del hombre no se aviene con ciertas abstinencias y vislumbraba, en un misterioso mundo de desnudeces edénicas, de

---

[66] instrumentos náuticos imprescindibles para la navegación
[67] constelaciones y estrellas
[68] entraba, se introducía
[69] religiosos
[70] cubiertas o pisos interiores de un barco
[71] mas allá de, al otro lado de
[72] Montaigne, Michel: ensayista y pensador francés (1533-1592)
[73] cañones que disparaban piedras grandes

[74] la parte superior delantera de los vestidos de mujer
[75] cambiar
[76] menosprecio; disgusto producido por el desengaño o desilusión
[77] peligrosa, arriesgada, insegura
[78] muy anunciada
[79] brillo, fama, prestigio
[80] para obtener conocimientos hay que sacrificarse mucho
[81] agentes; ministros inferiores de justicia

calores enervantes,[82] peligros mayores que los ofrecidos por inundaciones, tormentas, y mordeduras de los dragones de agua que pululan[83] en los ríos de América. Al fin empecé a irritarme ante una terca discusión que venía a sustituirse, en tales momentos, a la tierna despedida que yo hubiera apetecido. Comencé a renegar de la pusilanimidad de las mujeres, de su incapacidad de heroísmo, de sus filosofías de pañales y costureros,[84] cuando sonaron fuertes aldabonazos, anunciando el intempestivo[85] regreso del padre. Salté por una ventana trasera[86] sin que nadie, en el mercado, se percatara de mi escapada, pues los transeúntes, los pescaderos, los borrachos —ya numerosos en esta hora de la tarde— se habían aglomerado en torno a una mesa sobre la que a gritos hablaba alguien que en el instante tomé por un pregonero del Elixir de Orvieto, pero que resultó ser un ermitaño que clamaba por la liberación de los Santos Lugares. Me encogí de hombros y seguí mi camino. Tiempo atrás había estado a punto de alistarme en la cruzada predicada por Fulco de Neuilly. En buena hora una fiebre maligna —curada, gracias a Dios y a los ungüentos de mi santa madre— me tuvo en cama, tiritando, el día de la partida: aquella empresa había terminado, como todos saben, en guerra de cristianos contra cristianos. Las cruzadas estaban desacreditadas. Además, yo tenía otras cosas en qué pensar.

El viento se había aplacado. Todavía enojado por la tonta disputa con mi prometida, me fui hacia el puerto, para ver los navíos. Estaban todos arrimados[87] a los muelles, lado a lado, con las escotillas[88] abiertas, recibiendo millares de sacos de harina de trigo entre sus bordas pintadas de arlequín.[89] Los regimientos de infantería subían lentamente por las pasarelas, en medio de los gritos de los estibadores, los silbatos[90] de los contramaestres,[91] las señales que rasgaban la bruma, promoviendo rotaciones de grúas. Sobre las cubiertas se amontonaban

trastos[92] informes, mecánicas amenazadoras, envueltos en telas impermeables. Un ala de aluminio giraba lentamente, a veces, por encima de una borda, antes de hundirse en la obscuridad de un sollado.[93] Los caballos de los generales, colgados de cinchas, viajaban por sobre los techos de los almacenes, como corceles wagnerianos.[94] Yo contemplaba los últimos preparativos desde lo alto de una pasarela de hierro, cuando, de pronto, tuve la angustiosa sensación de que faltaban pocas horas —apenas trece— para que yo también tuviese que acercarme a aquellos buques, cargando con mis armas. Entonces pensé en la mujer; en los días de abstinencia que me esperaban; en la tristeza de morir sin haber dado mi placer, una vez más, al calor de otro cuerpo. Impaciente por llegar, enojado aún por no haber recibido un beso, siquiera, de mi prometida, me encaminé[95] a grandes pasos hacia el hotel de las bailarinas. Christopher, muy borracho, se había encerrado ya con la suya. Mi amiga se me abrazó, riendo y llorando, afirmando que estaba orgullosa de mí, que lucía más guapo con el uniforme, y que una cartomántica[96] le había asegurado que nada me ocurriría en el Gran Desembarco. Varias veces me llamó *héroe*, como si tuviese una conciencia del duro contraste que este halago establecía con las frases injustas de mi prometida. Salí a la azotea. Las luces se encendían ya en la ciudad, precisando en puntos luminosos la gigantesca geometría de los edificios. Abajo, en las calles, era un confuso hormigueo de cabezas y sombreros.

No era posible, desde este alto piso, distinguir a las mujeres de los hombres en la neblina del atardecer. Y era sin embargo por la permanencia de ese pulular de seres desconocidos, que me encaminaría hacia las naves, poco después del alba. Yo surcaría el Océano tempestuoso de estos meses, arribaría a una orilla lejana bajo el acero y el fuego, para defender los Principios de los de mi raza. Por última vez, una espada

---

[82] que debilitan
[83] brotan; se multiplican; abundan
[84] filosofías vulgares, no profundas
[85] inoportuno, fuera de tiempo
[86] de atrás
[87] próximos, juntos a, cerca de
[88] bocas o aberturas en la cubierta de un barco para subir y bajar
[89] personaje cómico de la comedia italiana vestido con

traje de diversos colores
[90] instrumentos para silvar
[91] jefes u oficiales de un barco
[92] cosas inútiles e inservibles
[93] Véase nota 70.
[94] referencia a Richard Wagner, célebre músico y compositor alemán (1813–1883).
[95] me dirigí, caminé hacia
[96] adivina por medio de naipes o cartas

había sido arrojada sobre los mapas de Occidente. Pero ahora acabaríamos para siempre con la nueva Orden Teutónica, y entraríamos, victoriosos, en el tan esperado futuro del hombre reconciliado con el hombre. Mi amiga puso una mano trémula en mi cabeza, adivinando, tal vez, la magnanimidad de mi pensamiento. Estaba desnuda bajo los vuelos de su peinador[97] entreabierto.

IV

Cuando regresé a mi casa, con los pasos inseguros de quien ha pretendido burlar con el vino la fatiga del cuerpo ahito de holgarse[98] sobre otro cuerpo, faltaban pocas horas para el alba. Tenía hambre y sueño, y estaba desasosegado,[99] al propio tiempo, por las angustias de la partida próxima. Dispuse mis armas y correajes sobre un escabel[1] y me dejé caer en el lecho. Noté entonces, con sobresalto, que alguien estaba acostado bajo la gruesa manta de lana, y ya iba a echar mano al cuchillo cuando me vi preso entre brazos encendidos de fiebre, que buscaban mi cuello como brazos de náufrago, mientras unas piernas indeciblemente suaves se trepaban a las mías. Mudo de asombro quedé al ver que la que de tal manera se había deslizado en el lecho era mi prometida. Entre sollozos me contó su fuga nocturna, la carrera temerosa de ladridos, el paso furtivo[2] por la huerta de mi padre, hasta alcanzar la ventana, y las impaciencias y los miedos de la espera. Después de la tonta disputa de la tarde, había pensado en los peligros y sufrimientos que me aguardaban, sintiendo esa impotencia de enderezar el destino azaroso del guerrero que se traduce, en tantas mujeres, por la entrega de sí mismas —como si ese sacrificio de la virginidad, tan guardada y custodiada, en el momento mismo de la partida, sin esperanzas de placer, dando el desgarre[3] propio para el goce ajeno, tuviese un propiciatorio poder de ablación ritual. El contacto de un cuerpo puro, jamás palpado por

manos de amante, tiene un frescor único y peculiar dentro de sus crispaciones,[4] una torpeza que sin embargo acierta, un candor que intuye, se amolda y encuentra, por obscuro mandato, las actitudes que más estrechamente machiembran los miembros. Bajo el abrazo de mi prometida, cuyo tímido vellón parecía endurecerse sobre uno de mis muslos, crecía mi enojo por haber extenuado[5] mi carne en trabazones[6] de harto tiempo conocidas, con la absurda pretensión de hallar la quietud de días futuros en los excesos presentes. Y ahora que se me ofrecía el más codiciable consentimiento, me hallaba casi insensible bajo el cuerpo estremecido que se impacientaba. No diré que mi juventud no fuera capaz de enardecerse una vez más aquella noche, ante la incitación de tan deleitosa novedad. Pero la idea de que era una virgen la que así se me entregaba, y que la carne intacta y cerrada exigiría un lento y sostenido empeño por mi parte, se me impuso con el temor al acto fallido. Eché a mi prometida a un lado, besándola dulcemente en los hombros, y empecé a hablarle, con sinceridad en falsete,[7] de lo inhábil que sería malograr júbilos nupciales en la premura de una partida; de su vergüenza al resultar empreñada;[8] de la tristeza de los niños que crecen sin un padre que les enseñe a sacar la miel verde de los troncos huecos, y a buscar pulpos[9] debajo de las piedras. Ella me escuchaba, con sus grandes ojos claros encendidos en la noche, y yo advertía que, irritada por un despecho sacado de los trasmundos del instinto, despreciaba al varón que, en semejante oportunidad, invocara la razón y la cordura, en vez de roturarla,[10] y dejarla sobre el lecho, sangrante como un trofeo de caza, de pechos mordidos, sucia de zumos, pero hecha mujer en la derrota. En aquel momento bramaron las reses que iban a ser sacrificadas en la playa y sonaron las caracolas de los vigías. Mi prometida, con el desprecio pintado en el rostro, se levantó bruscamente, sin dejarse tocar, ocultando ahora, menos con gesto de pudor que con ademán de

---

[97] especie de bata de mujer, de uso íntimo o para dormir
[98] harto, más que satisfecho de divertirse, gozar
[99] intranquilo, inquieto
[1] asiento de madera sin respaldo; taburete
[2] a escondidas, en secreto
[3] rompimiento
[4] contracciones de los músculos

[5] muy cansado y debilitado
[6] uniones, enlaces de dos cosas
[7] con voz más aguda que la natural
[8] preñada
[9] molusco cefalópodo de ocho tentáculos (brazos)
[10] arar una tierra por primera vez

quien recupera algo que estuviera a punto de malbaratar,[11] lo que súbito estaba encendiendo mi codicia. Antes de que pudiera alcanzarla, saltó por la ventana. La vi alejarse a todo correr por entre los olivos, y comprendí en aquel instante que más fácil me sería entrar sin un rasguño[12] en la ciudad de Troya, que recuperar a la Persona perdida.

Cuando bajé hacia las naves, acompañado de mis padres, mi orgullo de guerrero había sido desplazado[13] en mi ánimo por una intolerable sensación de hastío, de vacío interior, de descontento de mí mismo. Y cuando los timoneles hubieron alejado las naves de la playa con sus fuertes pértigas, y se enderezaron los mástiles entre las filas de remeros, supe que habían terminado las horas de alardes, de excesos, de regalos, que preceden las partidas de soldados hacia los campos de batalla. Había pasado el tiempo de las guirnaldas, las coronas de laurel, el vino en cada casa, la envidia de los canijos,[14] y el favor de las mujeres. Ahora, serían las dianas, el lodo, el pan llovido, la arrogancia de los jefes, la sangre derramada por error, la gangrena que huele a almíbares infectos. No estaba tan seguro ya de que mi valor acrecería la grandeza y la dicha de los acaienos de largas cabelleras. Un soldado viejo que iba a la guerra por oficio, sin más entusiasmo que el trasquilador de ovejas que camina hacia el establo,

andaba contando ya, a quien quisiera escucharlo, que Elena de Esparta vivía muy gustosa en Troya, y que cuando se refocilaba[15] en el lecho de Paris sus estertores[16] de gozo encendían las mejillas de las vírgenes que moraban en el palacio de Príamo. Se decía que toda la historia del doloroso cautiverio de la hija de Leda, ofendida y humillada por los troyanos, era mera propaganda de guerra, alentada por Agamemnón, con el asentimiento de Menelao. En realidad, detrás de la empresa que se escudaba con tan elevados propósitos, había muchos negocios que en nada beneficiarían a los combatientes de poco más o menos.[17] Se trataba sobre todo —afirmaba el viejo soldado— de vender más alfarería, más telas, más vasos con escenas de carreras de carros, y de abrirse nuevos caminos hacia las gentes asiáticas, amantes de trueques,[18] acabándose de una vez con la competencia troyana. La nave, demasiado cargada de harina y de hombres, bogaba despacio. Contemplé largamente las casas de mi pueblo, a las que el sol daba de frente. Tenía ganas de llorar. Me quité el casco y oculté mis ojos tras de las crines enhiestas de la cimera[19] que tanto trabajo me hubiera costado redondear —a semejanza de las cimeras magníficas de quienes podían encargar sus equipos de guerra a los artesanos de gran estilo, y que, por cierto, viajaban en la nave más velera[20] y de mayor eslora.[21]

---

[11] malgastar
[12] herida superficial en la piel
[13] sustituído
[14] muy flacos y débiles; raquíticos, enclenques
[15] se alegraba, se divertía
[16] respiraciones anhelosas de los amantes o los moribundos
[17] pobres
[18] cambios de unas mercancías por otras
[19] adorno en la parte superior del casco
[20] la que navegaba mejor
[21] longitud (largo) del barco

Agustín Yáñez

MÉXICO, 1904

En la década de los cuarenta varios escritores mexicanos trataron de sacar la novela de los cauces regionalistas impuestos por el ciclo de la Revolución, para entroncarla con las corrientes universales de la narrativa. En esta lucha ocupa lugar de vanguardia Agustín Yáñez, en cuya obra hay una total asimilación de las técnicas novelísticas más modernas y expresión de las angustias, desgarramientos e incertidumbres del hombre contemporáneo, usando siempre escenarios mexicanos. Nació en Guadalajara, capital del estado de Jalisco y después de hacerse abogado se marchó a la capital en cuya Universidad Autónoma recibió los títulos de maestro de Estética y Literatura y de Filosofía y Letras. Su vida se presenta tan intensa en la literatura, como en la carrera profesoral y la política. Ha sido desde profesor de escuela preparatoria en Jalisco hasta catedrático de la Universidad Nacional. En el campo político fue electo gobernador de su estado natal (1953–1959) donde realizó una obra notable. También ha servido en el servicio exterior: en 1960 tuvo el cargo de jefe de la delegación mexicana ante la UNESCO en París. Hoy en día es profesor de la Universidad, miembro de la Academia Mexicana de la Lengua y persiste en su obra literaria. En 1964 el presidente de la República lo escogió para Ministro de Educación, cargo que ocupa todavía hoy.

Yáñez es hombre muy trabajador y fecundo en todas las ramas de la vida donde ha dejado sentir su actividad. Ha escrito trece volúmenes de prosa narrativa con novelas y cuentos, así como crítica literaria, biografías y prólogos. Es hombre de amplia cultura e intenso poder creador a los que se unen sus lecturas: Joyce, Huxley, Faulkner; Kafka, Freud, Mann, Woolf, Lawrence; y los españoles Valle-Inclán, Unamuno y Baroja. Todas estas influencias resultan muy reconocibles en su obra total. Después de cinco libros narrativos, Yáñez tomó su verdadero camino abrazado a las últimas técnicas novelísticas con *Flor de juegos antiguos* (1942). Mediante el uso de monólogo interior y otros procedimientos revolucionarios dedica estos cuentos a las fantasmagorías del mundo infantil en el escenario de una ciudad provinciana. Estilo, prosa, recuerdos de la niñez se combinan para ofrecer al lector uno de sus libros más hermosos. En *Archipiélago de mujeres* (1943), publicado luego con el título más apropiado de *Melibea, Isolda y Alda en tierras cálidas* (1946), toma esas famosas heroínas del arte universal y mediante «traslaciones» las hace vivir nuevamente en el ambiente mexicano. Son tres novelitas superrealistas. Con gran sutileza sicológica y con los malabarismos típicos de su estilo, trasplanta esas mujeres, cuyas sicologías, aunque permanecen fundamentalmente iguales, se adaptan a un medio mexicano.

Yáñez llega a su punto más alto con *Al filo del agua* (1947), una de las grandes novelas hispanoamericanas del siglo XX. El autor hace un alucinante estudio de la subconsciencia de un pequeño pueblo sin identificar, en el momento inmediatamente anterior a la Revolución de 1910. Emplea las técnicas más modernas: protagonista múltiple (el pueblo en general), «realismo crítico» (la realidad vista en su totalidad y no parcialmente), monólogo interior, contrapunto, ruptura del tiempo cronológico, libre asociación de ideas, técnicas del cine. La novela nos presenta la vida de un pueblo de vida opresiva por la situación política, las costumbres provincianas y el poder religioso, en cuyo fondo bullen los sentimientos humanos que luchan por liberarse. El rompimiento de las cadenas por el pueblo coincide —en exacto contrapunto— con el inicio de la Revolución de Madero de 1910 que vino a traer libertad a toda la nación. La alegoría, sin embargo, parece ser más honda: simboliza que la vida humana no puede ser aherrojada para siempre, porque el hombre encuentra una salida hacia la libertad guiado por sus instintos humanos. Yáñez continuó este ciclo presentando un panorama del México contemporáneo en *La creación* (1959). Valiéndose de personajes de la novela anterior como Victoria, Jacobo Ibarra, María y el campanero Gabriel Martínez nos pinta a éste regresando a México después de la Revolución, desde Europa, donde se ha hecho un gran músico. Una de las técnicas más avanzadas son los diálogos llenos de viveza y contenido profundo entre los protagonistas, los artistas y los escritores mexicanos verdaderos, tanto vivos como muertos. En un medio nacional, el autor nos presenta los problemas e inquietudes del arte en plano universal, defendiendo la independencia del artista en el proceso de creación, sin atender a programas o escuelas. El entrecruzamiento de ficción y realidad, la prosa poemática, y el realismo de los diálogos, otorgan a esta obra un tono de gran poder y sugestión.

Yáñez lleva muchas de las técnicas modernas —sobre todo el monólogo interior— a sus últimas implicaciones en *La tierra pródiga* (1960). Presenta la lucha de los caciques, que desean construir un gran centro turístico en la costa, con los técnicos de la economía moderna. Acostumbrados a ganar siempre a través de la audacia y la violencia, sucumben ante el funcionario de mentalidad contemporánea. La obra es una pintura de la amplia transformación social y económica llevada a cabo por la Revolución. En *Las tierras flacas* (1962), ubica el escenario en las áridas tierras del norte y nos presenta la lucha por el predominio económico, centrándola en las rivalidades entre las familias Trujillo y Garabito. En su última obra, *Tres cuentos* (1964) vuelve Yáñez a la narración breve de técnica contemporánea. En «La niña esperanza o El monumento derribado» hace un estudio sicológico del desplome de la fe de un niño porque sus oraciones no han podido salvar de la muerte a la joven amada. El proceso mental del protagonista con sus múltiples facetas se combina con algunas escenas costumbristas. Este último libro constituye una nueva contribución de Yáñez a la narrativa hispanoamericana, donde tiene ya un sitial junto a los grandes maestros.

FUENTE: *Tres cuentos* (1964), 3a. edición, México, Editorial Joaquín Mortiz, 1967.

Tres cuentos

La niña Esperanza o
El monumento derribado[1]

El último del año comenzó a estar mala,[2] según parece, o mejor dicho: el día de año nuevo amaneció con la enfermedad, aunque todavía se levantó y se vistió con intención de salir a misa; pero no pudo, ardiendo en calentura[3] como se hallaba, y con muchos escalofríos.

Nosotros hasta hoy no nos dimos cuenta. Es que no hemos de haber estado presentes o no nos fijamos en las conversaciones, los primeros días, y por estar en la escuela no nos ha tocado[4] ver la llegada del médico, ni su coche parado frente a la puerta, ni el movimiento apurado[5] de las casas en que hay enfermo grave. Anoche mismo, cuando nos juntamos a jugar en la calle, ni cuando nos despedimos, pasadas las ocho de la noche, ninguno dijo nada: señal[6] de que no lo sabían; pero ahora desayuné con la noticia, y salí disparado a ver a quién hallaba para contarla.

—Cómo amanecería —oí que mi padre preguntaba con preocupación, y mi madre, con ese tono de voz velado[7] cuando algo la mortifica, respondió:

—Parece que peor, según dijeron en la lechería y en la panadería. ¡Sea por Dios! —haciéndosele nudo la garganta,[8] añadió—: dicen que se le ha declarado pulmonía[9] doble.

El anuncio hizo que mi padre abriera los ojos espantados y soltara una exclamación de sorpresa irremediable.   5

—¿Pulmonía doble y en enero?

—Dios no lo quiera. Dentro de un rato iré a preguntar cómo sigue.

La plática[10] fue llenándose de miedo ansioso; la interrumpí con frenéticas[11] preguntas. Al 10 saber de quién se trataba, y desde cuándo, cómo había empezado a estar mala, sentí una revoltura de sosiego,[12] de tristeza muy grande y de alegría vengativa. No sé si por esto, si por la cara de aflicción que tenían mis padres o por la voz 15 temblorosa de mi madre, se me atragantó[13] el desayuno. Tarde se me hacía para echarme a la calle con tamaña[14] noticia.

No encontré a ninguno de los muchachos. La curiosidad me llevó a pasar por la casa de la 20 enferma, desviándome del camino de la escuela, pues al fin era temprano y haría tiempo para toparme[15] con alguno de los amigos en cuya compañía, cuántas veces, hemos pasado por la misma casa, con el deseo casi siempre callado, 25

---

[1] Este cuento es de tipo sicológico al que presta carácter de confesión la narración en primera persona. Las divagaciones de la conciencia de un niño —a veces de estructura complicada y frases muy largas— se expresan a través del monólogo interior. Como en otras obras suyas, Yáñez sobresale por la habilidad de presentar las ideas, sicología y costumbres de un ente colectivo: en este caso un pueblo pequeño. Asistimos a todo el proceso mental angustioso del protagonista—un adolescente— ante la muerte de Esperanza, una joven a quien ha idealizado. La fe del protagonista se derrumba cuando ve que sus cartas a los Reyes Magos y sus ruegos a Dios han resultado inútiles para resucitar a Esperanza. El relato es todo un tratado de sicología del adolescente por su precisión analítica y encaja dentro del estilo general de las mejores novelas de Yáñez. A veces asoma la cuestión social y hay meditaciones muy profundas sobre la muerte, expresadas a través de las dudas del narrador. ¿Amaba el jovencito platónicamente a la Niña, o Yáñez nos presenta la angustia de una persona ante la muerte de otro ser humano? Son preguntas que el lector podrá contestarse según su criterio y observaciones. *Derribado*: echado por tierra, tirado al suelo; destruido; en ruinas

[2] enferma
[3] fiebre
[4] no hemos podido
[5] rápido, de prisa
[6] muestra, prueba, evidencia
[7] apagado por la emoción o tristeza
[8] hablando con dificultad por la tristeza o la emoción
[9] neumonía
[10] charla, conversación
[11] exaltadas, locas
[12] una calma angustiosa
[13] ahogó, atascó
[14] grande, importante
[15] encontrarme

sobreentendido —secreto a voces de la palomilla—,[16] con la tentación de ver a la que ahora —todavía, se me hace imposible, no lo creo— está enferma; ella, tan lozana y garbosa, que nos deja encandilados cuando la miramos. Hallé cerradas las ventanas y entornada[17] la puerta del zaguán,[18] que por lo regular he visto siempre abiertas; me acogí a la esperanza de que sería por lo temprano de la hora, tanto más que adentro no se notaba movimiento, ni vi entrar o salir personas mientras estuve espiando, y fue mucho rato, hasta que recordé la escuela y que alguien podría preguntarme qué buscaba, qué hacía parado allí, o que mi madre llegara. Volví a pasar junto a la puerta. Volví a ver de reojo. Nada descubrí. Emprendí carrera, olvidado el deseo de ser yo el primero en dar a los muchachos la noticia.

Al irlos encontrando, unos en la escuela, otros a la salida, o en la tarde, ya todos la sabían. Los más no daban señales de que les hiciera fuerza,[19] y esto no dejó de dolerme. Yo, por mi parte, no tuve calma ni atención en la escuela, no más pensando en la enferma, representándomela en las distintas formas en que muchas veces la he visto y, sobre todo, la he imaginado en secreto, muy seguido, y hasta creo que —sí, tengo que confesarlo: es muy cierto— la he soñado con bastante frecuencia, y son de los más bonitos sueños que recuerdo, sin saber bien a bien el motivo. Distraído por completo en las clases, la mañana entera, se juntaban a esas figuraciones otros pensamientos y mil ocurrencias, que tampoco sabía de dónde, inesperadamente iban saliendo, y hasta sorprendí en los labios palabras extrañas, que no recordaba conocer y, de momento, se han vuelto a olvidar. También cavilé sobre lo que sentí al tener la noticia; escarbé[20] dentro de mí buscando la causa del sosiego que me produjo de pronto, y principalmente de la alegría vengativa: eso fue, aunque rápidamente pasó, y sólo quedó la tristeza, cada vez más grande, al grado de no explicármela, pues no se trata de persona de mi familia; ni siquiera es amiga de los de mi casa;

ellos, como yo, como los muchachos de mi palomilla y la mayor parte de los vecinos en el barrio, la conocemos, la vemos de lejos; de retirado la admiramos, más bien por su fama, que por su trato, pues pocos pueden decir que de veras la han tratado, y ninguno que se alabe de tener amistad con ella; digo: ninguno del barrio; porque amistades, tiene a montones,[21] que la visitan; pero son de otros rumbos, principalmente del centro y de las colonias elegantes; a nosotros como que nos ve con lástima o con cierto desprecio, si es que se digna vernos; ya no digamos a los de la palomilla, que acaso somos los que mayor admiración le tenemos. Eso ha de ser lo que ando buscando, lo que dentro de mí vengo escarbando desde que comenzó la primera clase, y en el recreo, y hasta este momento: primero, que no se trataba de alguien de la casa, como las caras largas de mis padres y la voz afligida de mi madre me hicieron pensar en un principio; esto fue seguramente lo que me produjo alivio momentáneo, como peso que se quitaba, o nubarrón[22] que se iba; mientras el impulso de alegría rencorosa —que no puedo negar, que no pude dominar, que ahora me causa vergüenza— brotó de resentir esa soberbia de su persona, que tomamos por desprecio a nuestra insignificancia. En mis orejas no han dejado de resonar unas palabras de mi madre: *a nadie hay que desear males*; aunque no hacen falta para el arrepentimiento de haber sentido involuntario gusto porque la orgullosa sufriera enfermedad como cualquier hijo de vecino; no, no fue mi propósito desearle males; ni siquiera que la enfermedad le quitara lo bonito, lo garboso: ¿qué haríamos entonces? ¿qué haría el barrio entero si le faltara la contemplación del único encanto que lo alegra? ¿qué haría la palomilla? ¿de qué podríamos hablar con el mismo entusiasmo? ¿a dónde iríamos dominados por secretas intenciones cuando nos llega el aburrimiento y nos arrastran oscuras ganas de adivinar misterios? ¡Misterios de mujer! Sin quererlo, se me ha ocurrido este pensamiento, que por igual

---

[16] *secreto a voces*: el que todo el mundo sabe; *palomilla*: (México) grupo de personas que andan juntas; pandilla
[17] medio abierta
[18] vestíbulo

[19] les interesara mucho
[20] ahondé
[21] muchas
[22] nube muy negra y grande

me infunde harta[23] vergüenza y me hace gozar desconocidamente: ¡misterios de una —ésa— entre todas las mujeres!

A todo esto,[24] se alzó la impaciencia de salir y correr en busca de noticias frescas.¡ Qué insoportablemente larga, horrible, la prisión de la escuela, y cuán imposibles las escapatorias[25] que discurrí!

Al fin pude salir, correr. Lo seguro sería marchar directamente a casa y preguntar a mi madre. Una fuerza irresistible nos hizo desencaminarnos,[26] rodear, dirigirnos, pasar, detenernos, contemplar la casa consabida.[27] Sin decírnoslo, nos habíamos juntado varios muchachos. Esperábamos —yo, al menos— ver el coche negro del médico, que siempre nos hace gran impresión cuando lo vemos parado en alguna casa del barrio; he oído que le dicen *cupé*: ya viejo, aunque relujado;[28] tan viejo como el caballo que lo jala[29] —negro también— y como el cochero: tieso, vestido de negro, el chicote[30] listo en una mano, y la rienda en la otra. (—*Más bien parece cochero de funeraria*— dijo una vez no recuerdo cuál de los muchachos.) Pero ahora no estaba, no lo vimos. Ha de haber venido antes. Pero seguían cerradas las ventanas y entornada la puerta. Ni siquiera los pájaros cantaban dentro: no los oímos. Los muchachos decían palabras extrañas, feas y hasta horrorosas; algunas yo las conocía; otras, no; eran, si las recuerdo bien: tisis, bronconeumonía, derrame cerebral, angina de pecho, tifo, tifoidea, viruela, cáncer, no tiene remedio, estirar el pellejo,[31] se acabó el cuero y la tentación.[32] Esto último sí lo entendí bien y por pelado[33] me prendió la sangre, me hizo avanzar contra el lépero[34] a trompadas: le pegué dos, bien dadas; ni las manos metió; nos apartaron los otros; y lo peor es recordar que yo también así la he llamado, con esa palabra de plebes: *cuero*, y que se me hacía sabrosa otras veces, y muy propia para decir lo que sentíamos al ver a

la vecina, o simplemente al pensar en ella o al imaginarla, sin encontrar otra palabra que cuadrara[35] con la mera significación que a ésta le damos. (Hoy descubrí otra: *monumento*, que por muchos motivos me gustó, aunque no se me hace tan sabrosa, quién sabe si porque le falta el picante o lo agrio de la primera. Hoy en la tarde, casi ya en la noche, se la oí a un muchacho mayor que nosotros, que por estar en sexto y jugar futbol en un club formal nos ve como si fuéramos microbios;[36] refiriéndose a la enferma —ya no hay a estas horas otro tema de conversación en el barrio, dentro y fuera de las casas—, aseguró, poniendo los ojos en blanco —él es muy faceto[37] y le gusta hacerse más delante de nosotros por apantallarnos—,[38] le oí decir: —¡Ah! ¡es un monumento! y lo repitió:— ¡un monumentazo! A ver si puedo después explicar por qué la dicha palabra me agradó tanto, a pesar del chocante[39] que me la descubrió; a ver si tengo tiempo.)

Volviendo a mi casa, lo primero que hice fue preguntar a mi madre si había ido a informarse cómo seguía de males la vecina; no me gustó el gesto que hizo al contestar, ni menos oírle responder no más con una palabra: —¡Grave! Muchas veces oída, en ese momento sonó a nueva, y tremenda; se agolparon mil figuraciones;[40] nubláronse los ojos; no quise, no pude preguntar más; con el corazón apachurrado,[41] me metí a la última recámara;[42] cerré el postigo; tuvieron que gritarme varias veces a fin de que fuera a comer; no tenía apetito; apenas probé bocado; el alma en un hilo,[43] esperando que volvieran a tocar[44] el asunto; seguramente lo habían hecho cuando llegó mi padre; no tardaron en recaer.

—Tan activa. Tan atenta con los pobres. Tan compadecida. Un modelo (monumento ¡monumentazo! —no, a esa hora no había descubierto la palabra). Tantas caridades que hace. Tan infatigable. Se desbarataba, se hacía pedazos por

---

[23] me produce mucha
[24] además
[25] escapes, huídas
[26] cambiar de camino o ruta
[27] bien sabida
[28] lustrado, con brillo
[29] por hala
[30] (Amer) látigo corto
[31] estirar la pata, morir
[32] falleció, murió; la mujer sensual desapareció
[33] desvergonzado, rufián
[34] grosero, indecente
[35] que viniera bien
[36] virus
[37] (México) quien hace gracia, monería de niños
[38] (México) ponernos en ridículo; hacernos bobos o idiotas
[39] persona ofensiva, desagradable
[40] ideas, fantasías
[41] (México) achaparrado, persona gruesa y baja; pequeñito
[42] cuarto, habitación
[43] tener una gran tristeza o dolor
[44] aquí significa mencionar

cumplir las obligaciones que se había echado en tantas buenas obras. Era natural que le sucediera esto . . .

—Le sucedió al salir de dar gracias por el fin
5 del año; un enfriamiento al salir del templo, tras ayudar a bien morir al año en sus agonías; volvió tosiendo y con escalofríos, tan piadosa siempre, con mucha, calentura . . .

—no entiendo cómo hay gentes que no la
10 quieran y hablen de ella por purita envidia; hoy mismo andan diciendo que cogió la pulmonía en una fiesta pagana, ¡un baile! de esos que hacen para recibir al año entre desórdenes impropios de cristanos . . .

15 —sí, eso decían ahora en la tienda de la esquina, y añadían que por ir muy escotada . . .[45]

—¡cómo es posible que puedas oír semejantes calumnias y las repitas aquí, delante . . .

Con ojos indignados mi madre me indicó
20 que saliera de la cocina. Obedecí, porque habría sido peor seguir oyéndolos y no poder preguntar el enjambre de dudas que me picaban la lengua.

Escapé a la calle con la esperanza —¡la
25 esperanza!— de hallar muchachos que no lo supieran. Estaban vacías nuestra calle y las calles vecinas por donde vagué. Sin resultado estuve chiflando frente a las casas de amigos. Nadie salió. En una carrera fui, pasé por la casa de la
30 doliente.[46] No había novedad.[47] Continuaban cerradas las ventanas; entornada la puerta. Por hacer tiempo,[48] volví, me encerré, me tiré sobre la cama. Era sábado. No había clases en la tarde. ¡Ah! si durmiendo la soñara. Vestida
35 de seda chillante. Soñara la fiesta pagana. El baile. Y el escote. Nunca la hemos visto con escote. Ahora la imagino. Recuerdo haber oído hablar de trajes indecentes. A ella siempre, la mayoría, la califica de muy decente. Aunque no
40 faltan risitas de burla. No pudiendo conciliar el sueño, torné[49] a la calle. Mi madre me regaña por callejero. Ni remedio. No tengo más diversión. Recuerdo haber oído hablar, entre risitas, de las mujeres de la calle, sin entender

bien por qué se ríen así cuando los muchachos mientan eso, que no entiendo, si a ellos como a mí nos gusta la calle y no tenemos otra diversión y andamos como leones enjaulados —eso dice mi mamá— cuando no nos dejan, cuando no podemos salir de las cuatro paredes de la casa.

Como león enjaulado anduve de acera en acera; llegaba a la esquina y me devolvía.[50] Fueron al fin saliendo los muchachos. Nos fuimos juntando. —¡Vagos! qué ¿nacieron en la calle, que de la calle no quieren salir? de la calle no los podemos meter— dicen al regañarnos por callejeros. (Yo no andaba con ellos ese día; pero uno de los agravios de la palomilla contra la orgullosa vecina es que una vez los llamó vagos porque andaban alborotando[51] cerca de su casa.) Sabían ya todos lo de la enfermedad. Algunos quisieron jugar. Se los estorbé, distrayéndolos con pláticas de mucha sensación, en que hubo competencia para echárnosla de lado[52] sobre quién sabía más detalles tocantes[53] a la vida y milagros de la encumbrada,[54] sus intimidades y gustos: ¡puros inventos! pero aparentábamos creerlos para ensanchar[55] la plática y desahogarnos; yo buscaba también alguna esperanza —una esperanza—, por insignificante que fuera, del pronto alivio, de lo pasajero del mal, de la promesa de verla y gozarla otra vez, pronto, aunque desde lejos, como siempre.

Corriendo, desaforado,[56] llegó un muchacho que vive a la vuelta, y nos dijo que había gran movimiento en la casa de la enferma, con la llegada de varios coches. Movidos por un resorte,[57] corrimos a la oscuridad. El corazón se me movía como badajo de campana mayor.

Era cierto. No sé cuántos coches llenaban la calle. Sentí el corazón en la garganta. Jamás había visto una concentración igual. Me infundió respeto y miedo. Entraban y salían personas muy catrinas;[58] hombres de levita, con barbas y cara de apuro; mujeres cubiertas con chal, como asustadas, como llorosas, bien

---

[45] con el escote muy bajo, enseñando mucho el pecho
[46] enferma
[47] noticia nueva
[48] matar el tiempo; esperar
[49] No pudiendo dormir volví.
[50] regresaba
[51] haciendo mucho ruido

[52] hacer alarde
[53] relacionados
[54] de la clase alta
[55] alargar
[56] mucho, grande, excesivo; sin ley ni control
[57] empujados por un muelle
[58] (México) elegantes, pulidas

vestidas. Abierto el zaguán de par en par; pero bien cerradas las ventanas. —*Hay junta de médicos*—[59] oí decir a uno de los curiosos. A indicación de uno de los catrines, vino el gendarme y mandó que nos retiráramos. —*La calle es muy libre*— alegó un grandullón;[60] el gendarme se le abalanzó,[61] amenazándolo con la macana.[62] Como de rayo nos dispersamos; yo y otros no paramos hasta meternos en la tienda, cerca de mi casa. El tema del dueño y los clientes era el mismo; en una palabra: que había pocas esperanzas.

Lo mismo que si me hubieran sofocado de una pedrada[63] en la boca del estómago. Necesidad, ansias de hallar a mi madre para preguntarle qué podemos hacer; y decirle que no podemos quedarnos con los brazos cruzados; y recordarle lo que me ha enseñado, lo que tantas veces me ha contado de milagros patentes hechos por santos y santas, aunque nos comprometamos con mandas[64] trabajosas de cumplir. Eso de los paganos, del baile, del escote, qué, caso de resultar cierto, ¿será muy grave?

—Sí, vamos a rezar por lo que más le convenga, según los justos juicios de Dios. A nosotros no nos toca lo de las mandas—. Ahora fue como un baldazo de agua fría; ni me animé a tratar lo del escote y los paganos.

Era hora de ir por la leche y el pan, me ofrecí al mandado[65] con interés de saber novedades, o cuando menos oír hablar de la que se había convertido en el tema de todas las conversaciones. Y así fue. Como reguero de pólvora[66] se hablaba de la junta de médicos, ya en voz baja o a gritos.

—Que todavía no acaba ni tiene para cuándo acabar . . .

—Se conoce lo rica que es . . .

—Tanto presumir: al fin ¿para qué?

—Que la van a operar. . .

—No: que está en las últimas. . .[67]

A gritos, de ventana en ventana, de puerta en puerta, calle de por medio. Me detenía para oír mejor. Me acercaba a los grupos que hablaban con misterio, para entender lo que decían. Aventadas[68] de un lado a otro como pedradas, las palabras me descalabraban,[69] o eran como toques eléctricos. Mientras algunos compadecidos la ponían por las nubes,[70] llamándola con términos bonitos: princesa, esbelta, graciosa, sin comparación, virtuosa (lástima que no pueda retener en la memoria lo que más me gustó, por ser palabras nunca oídas antes), las voces de la envidia, sin compasión alguna, la trataban de tipa, mustia, faceta, apretada,[71] coqueta, presumida; me quemaban la sangre, tenía que refrenarme y apresurar el paso para no discutirles ni meterme en dificultades como en la mañana. Precisamente alegaban sobre lo mismo, en la panadería, gentes de los dos bandos, y en la lechería también; aquí precisamente fue donde le oí al futbolista eso de ¡Ah! ¡es un monumento! ¡un monumentazo! El alegato[72] era tan acalorado,[73] que tardaron en despacharme; aunque la verdad es que tampoco hice nada por darles prisa, pues contaban historias que picaron mi curiosidad, aunque no las entendiera bien a bien: pilas de pretendientes,[74] buenos partidos, montón de amistades, tan fina y afable, de carácter tan bonito y alegre; sí, pero por esto y por sus modos de vestir y de andar y de ver, da lugar a que la confundan y hablen de ella; no, porque sabe darse su lugar;[75] eso acá, con los pobres: pero allá en sus círculos, con los empingorotados,[76] la muy engreída,[77] he sabido. . . ; es lo contrario, allá es donde ha despreciado esos partidos, mientras acá es compadecida; lo que sea de cada quien. . .

—¡Ah! ¡es un monumento! ¡un monumentazo!

Quedé deslumbrado. Tanto, que de pronto se me olvidó lo que dijo uno de los que allí estaban:

—Sí, es una espléndida mujer.

---

[59] cuando varios médicos ven juntos a un enfermo grave
[60] muchacho grande
[61] se lanzó violentamente sobre él
[62] (Antillas, México, Argentina) garrote grueso; palo corto y fuerte como el que usa la policía
[63] golpe duro con una piedra
[64] ofertas o promesas muy difíciles de cumplir
[65] a buscar las compras
[66] todo el mundo sabía y comentaba
[67] muy grave, cerca de la muerte
[68] echadas al viento

[69] me herían
[70] la alababan mucho
[71] (México) expresiónes ofensivas, derogatorias: *mustia*: falsa, hipócrita; *faceta*: afectada; *apretada*: engreída
[72] (Amer) disputa, discusión viva
[73] apasionado
[74] gran cantidad de enamorados
[75] comportarse, tener buena conducta, ser honesta
[76] engreídos, envanecidos; con vanagloria
[77] vana, arrogante, envanecida

—¡Vas a tirar la leche, muchacho! ¡Vete! ¿Qué esperas?

Otro de los presentes comenzó a contar los muchos viajes hechos por la bella.

5 —Conoce medio mundo. Hasta Tierra Santa y China. Quién sabe cuántos idiomas habla. Del Japón...

Volvieron a correrme[78] y no hubo más remedio que dejar de oír. Por el camino vine re-

10 pitiendo: *es un monumento, un monumento.* Estuve a punto de tirar muchas veces la leche. Había oscurecido por completo. Y es que anochece muy temprano en estos días.

—¿Por qué te tardaste tanto? Ya estaba con

15 pendiente.[79]

—Oye, madre, ¿acabaría ya la junta de médicos?

—Yo qué sé; una cosa es compadecer el mal ajeno y otra andar de entrelucido;[80] sobre todo

20 no me gusta que seas nervioso.

Merendé, y ante la negativa de permitirme salir, hice buen berrinche.[81]

—¿Ni a la iglesia vamos a rezar porque se alivie?

25 Nada valió. La fatiga del día me rindió. Ni los clarines de las ocho de la noche oí. Me llevaron dormido a la cama y allí me desvistieron. Entre sueños escuché a mi madre:

—Lo impresionó mucho lo de la Niña Es-

30 peranza.

Y a mi padre:

—Que los médicos todavía tienen esperanzas.

Hice un gran esfuerzo por abrir los ojos y despertar completamente. *La Niña Esperanza,*

35 *Esperanza, esperanzas.* Caí en el sueño echando maromas[82] que no acababan, que no me dejaban parar: volando sin encontrar piso firme: volando de cabeza sobre plazas con monumentos, entre monumentos de cementerios, frente a

40 monumentos de Jueves Santo, las estatuas escotadas, las hileras de coches negros, las ventanas cerradas, las calles llenas de mujeres, las esperanzas bailando, las rachas de frío persiguiéndonos, yo queriéndola tapar, yo no

pudiendo, yo queriendo agarrarme al monumento de Año Nuevo, el aire levantándome, alejándome del catre, tumbando las estatuas de la esperanza, estrellándose la Niña, la Niña, la Niña del Japón escotada.

Lo primero que dijo mi madre al día siguiente, atajándome[83] la pregunta que leyó en mis ojos:

—Estamos hoy a cinco de enero, víspera de los Santos Reyes,[84] que ahora en la noche pasan por las casas de los muchachos que se han portado juiciosos.

Era visto que trataba de desviar mi atención.

—¿Cómo amanecería la... Niña Esperanza?

—Mejor— y dio media vuelta. Si había leído la angustia en mi frente, también yo la leí en la suya; pero comprendí que no le sacaría la verdad. Su semblante me hizo imaginar lo peor. Guardé silencio.

Volvió con la bandeja de pan; me miró a los ojos:

—Lo que has de hacer es escribirles a los Santos Reyes a ver...

—Ni cuándo han pasado por aquí.

—Quién quita[85] y ahora se acuerden.

—Quiero... que traigan el alivio de la Niña Esperanza.

Se le agolparon en la boca las palabras, entre contrariada y compasiva; meneó[86] la cabeza, y llamó a mi padre para que desayunara.

Por no complicar la situación, desayuné a fuerzas, pasando los bocados con trabajo y sintiendo que caían como piedras en el estómago. Sorprendí un gesto de mi madre, indicando a mi padre que se fijara en mí; para nada trataron el asunto de la enferma.

—Ya le dije que les escriba a los Reyes Magos. Quién quita y se acuerden de dejarle algo.

—Peor lucha es la que no se hace— dijo mi padre distraídamente, no más por decir algo; terminó de desayunar; tomó el sombrero y salió, amonestándome:[87]

—No me gustan los hombres nerviosos que de todo se impresionan.

---

78 (México) regañarme, echarme, amonestarme
79 empezaba a preocuparme
80 entrometido
81 enojo, disgusto; rabieta
82 haciendo acrobacias
83 adelantándose a

84 Día de los Reyes Magos: seis de enero. A los niños se les dan regalos ese día.
85 quién puede evitar
86 movió
87 advirtiéndome, regañándome

Aunque me hubiera dado tiempo, no habría sabido qué replicarle de momento; tardaron en venírseme cosas a la cabeza; pero me las callo por respeto.

Nuestro barrio es humilde; familias de jornaleros[88] y artesanos lo componemos; en las casas no se oye hablar más que de apuros; pero en general vivimos contentos; a las pocas calles —tres apenas, dando vuelta en la esquina, sobre la derecha—, comienza el movimiento de la ciudad, propiamente; y precisamente la casa de la Niña Esperanza —cómo me gusta que mi madre la nombre así— es la primera bonita que hay, rumbo al centro: bien pintada; las ventanas altas, con rejas y vidrieras; la puerta del zaguán ancha y con cancel[89] de fierro; los pisos de ladrillo rojo, como espejos; el patio lleno de macetas, flores y pájaros; todo muy lujoso y limpio. —*Las cosas se parecen a sus dueños*— acostumbra decir mi madre. Cuando paso, me gusta, si puedo, detenerme a contemplar lo que hay dentro, aunque no sepa dar bien a bien razón, pues me ataranto[90] siempre a la vista de los muebles finos, las cortinas, los espejos y, con frecuencia, la figura de la dueña con esos vestidos, esos peinados, esos zapatos que hacen música cuando caminan, esa natural arrogancia: es el colmo de mi atarantamiento; sin fijarme a mis anchas, la he divisado frente a un gran espejo, alzando los brazos, componiendo flores de un jarrón con sus manos de virgen, alisando las colchas de la cama o las cortinas; la he oído hablar, sí; en ocasiones me ha tocado escucharla de cerca; pero jamás he podido sostenerle la mirada, si es que se queda viéndome alguna vez.

Para ir a la iglesia hay que pasar por esa casa. Hoy, domingo, estuvo retardando mi madre la hora de ir a misa. Lo noté bien, a fuerza de proponerle que fuéramos. Como no daba traza,[91] pretextando quehaceres distintos, escapé, Sorprendí a los muchachos cariacontecidos,[92] formando bolita en la esquina. —*Malo*— me

dije. Hasta los que ayer no daban muestra de que les importara lo de la vecina, se veían preocupados.

—Ya lo sabes ¿no?, ¡desahuciada![93]

—Eso. . . ¿qué significa?

Se atropellaron las contestaciones, rivalizando en demostrar conocimientos:

—Que no hay ninguna esperanza.

—Que no se aliviará.

—Que le quedan pocas horas de vida.

—Que los médicos nada tienen ya que hacer.

—Los médicos la desahuciaron.

—Que sólo un milagro.

—Quién quite, hoy que llegan los Reyes Magos— en la confusión había podido yo intervenir; había soportado el garrotazo[94] súbito; y, por una parte, dudaba que fuera cierto; por otra, me aferraba[95] a la esperanza: cómo un *monumento* así de glorioso podía ser abatido de la noche a la mañana, y arrasado[96] como torre de arena.

Peores anuncios esperaban en el rodar[97] del domingo, que ahora no sé si transcurrió con lentitud o en vértigo; las dos cosas a un tiempo, a cual más aborrecibles.[98]

—Entró en agonía— dijeron cuando pasamos a misa, cerca de las once de la mañana; y al volver, informaron:

—Que no saldrá el día.

Delante de mi madre me hice fuerte, considerando que la mortificaba[99] mi pesadumbre, o que mis nervios le disgustaban. Conseguí que se despreocupara de mí.

—Volveré luego a ver si puedo ayudar en algo— dijo.

—¡Sí! ¡sí! ojalá pudiera yo también. . .

—Tú te vas a estar en la casa, sosegado.[1] Hay que resignarse con la voluntad de Dios.

Adivinó que le iba a replicar, y se me adelantó.

—Para la muerte no hay diferencias de edades o dinero, ni nadie tiene comprada la vida: un resbalón, un aire acaban con ella en chico rato,[2]

---

[88] trabajadores humildes
[89] construcción de madera que se coloca en el interior de las puertas para impedir el viento
[90] me inquieto, me espanto, me pongo como loco
[91] no daba señales (de ir a la iglesia)
[92] afligidos, turbados, sobresaltados
[93] que no tiene remedio o cura; sin esperanza de que viva
[94] golpe muy fuerte
[95] me agarraba fuertemente; insistía con tenacidad
[96] derribado, arruinado
[97] en el transcurso
[98] odiosas, abominables
[99] molestaba
[1] tranquilo, quieto
[2] (México) poco tiempo

cuando menos se espera, y hay que hacerse el ánimo: ¿no ves? una mujer tan frondosa, tan llena de vida...

—Eso es lo que me aflige, madre, y no entiendo por más vueltas que le doy en la cabeza: una mujer tan bonita según te oigo decir.

—Alma bella, más que todo. Será que Dios la necesita. Desde anoche le dieron la Extremaunción.[3]

—¿La Extremaunción? Entonces... ¿ni la esperanza de los Santos Reyes? ¿no hay ninguna esperanza? Oye, madre, ¿verdad que no es altanera[4] como algunos dicen?

—Sosiégate. No tienes que impresionarte por una cosa natural: a cada momento mueren más gentes en el mundo que hojas caen de los árboles: haz la cuenta.

Ya no pude replicar: —*Sí, pero no ésta: una mujer tan frondosa, tan llena de gracias, tan sin comparación: ¡un monumento! No, no me hago el ánimo.*

Cuando me quedé solo, no sentí ningunas ganas de salir a la calle y buscar a mis amigos; por lo contrario, hasta la idea me repugnaba, y se me hacían odiosos los muchachos, imaginándolos hablar de la enferma sin respeto, con ociosa curiosidad. Además, necesitaba emplear bien el rato, antes de que volviera mi madre.

Arranqué una hoja de mi cuaderno, y a lápiz, dominado por una fe que rápidamente me llegó sin saber de dónde, y que antes nunca sentí en víspera de Reyes, escribí una carta para pedir a los queridos Santos Reyes el alivio de la Niña Esperanza, y que luego se hiciera amiga de los de mi casa y yo pudiera entrar a la suya, y me hiciera de confianza, y me enseñara, me dejara tocar y oler tantas cosas bonitas, tantos adornos que tiene, y perfumes. No resultó fácil. Primero, me turbó eso de *queridos*, pues fácilmente descubrirían la mentira, ya que jamás me había ocupado de ellos, por considerarlo inútil; el propósito firme de quererlos mucho si me concedían aunque no más fuera el alivio de la Niña, me hizo dejar tranquilamente la palabra; peor fue la turbación que me asaltó

cuando recordé la plática de uno de los muchachos al referirnos el otro día, con gran misterio, que había escrito una carta para pedirle a una niña que fuera su novia, y que no hallaba cómo entregársela;[5] no sé por qué se me vino eso a la cabeza y me hizo temblar de vergüenza el pensar y escribir eso de la *confianza, entrar a la casa, tocar y oler*... ¡Si llegara mi madre y sorprendiera mis renglones![6] El más ligero ruido me hacía esconderlos. Acabé muy de prisa y guardé la carta donde nadie la pudiera encontrar. Metí la cara en un lebrillo[7] con agua para quitarme cualquier huella de la frente, y chiflé tratando de no hacerme de delito[8] cuando mi madre regresara y me preguntara lo que había hecho en su ausencia.

La espera se me hizo eterna. Siempre han sido para mí eternos los días que siguen a las Posadas y a la Nochebuena.[9] Eternos y tristes. No más en espera del Viernes de Dolores y los Días Santos. En el año son las dos únicas épocas que me ofrecen motivos de gusto: la Nochebuena y la Semana Santa; en ésta son los *monumentos*. ¡Ah! el *monumento* amenazado. El nombre prohibido: *Esperanza*. ¿Por qué le dirán la *Niña* si es una mujer, una *espléndida* mujer, que podría estar ya casada? No deja de ser bonito decirle *Niña*, con cariño. ¡Cariño! Qué palabras tan fuera de uso acuden a la boca desde ayer, agravando mi demencia de hablar solo. *Cariño* ¿qué significa?

Rechina[10] la puerta. Entra mi madre. Le pregunto con los ojos. Me contesta:

—Todavía está viva. De milagro, según los médicos.

—¿Milagro?

—Su fuerte naturaleza, que es lo que la hacía tan buena moza y llamativa,[11] es la que resiste; pero se consume a cada momento que pasa —se detuvo, me vio con fijeza, calculando el efecto que su desahogo me produciría, le conocí el impulso de callar; pero sea que me viera sereno, sea que no pudo contenerse, siguió hablando—: da compasión ver esa lucha inútil... pude pasar y verla un momento con el estertor[12] de la

[3] sacramento que se suministra a los enfermos muy graves
[4] arrogante
[5] dársela
[6] líneas escritas
[7] vasija de boca ancha
[8] ocultar lo que había hecho
[9] *Posadas*: (México) fiesta popular típica durante los nueve días anteriores a Navidad; *Nochebuena*: la noche del 24 de diciembre
[10] hace un ruido agudo
[11] atractiva
[12] respiración dificultosa de los moribundos

agonía, la gran fatiga de la respiración; su gran vitalidad la sostiene; uno piensa si no sería mejor que acabara la lucha y dejara de sufrir inútilmente, aunque desde anoche no se da cuenta de nada. Vete a dar una vuelta mientras hago de comer; pero no te acerques allí: está lleno de curiosos y hay que evitar ruidos.

He oído platicar de los que caminan dormidos. Ha da ser como anduve a esa hora. No soportaba la luz del sol en los ojos; ni los ruidos de la calle metidos en las orejas; ni el miedoso asombro en los rostros de los vecinos. Y sin embargo no resistí la tentación de presumir, mostrándome bien enterado:

—No será raro un milagro, apoyado en su gran vitalidad, que es la que la hacía tan llamativa. . .

—Dirás: tan cuero.[13]

La rabia me cegó; cubrí de puñetazos al hablador; los demás se me vinieron encima; me sacaron la sangre de las narices; a duras penas me les escabullí.[14]

Callejero, sí; pero no peleonero.[15] Yo mismo me desconozco, no sabiendo de dónde, de pronto, desde ayer, me ha salido esa propensión a enojarme y reñir. No es otra cosa que sentimiento de ver que una vida tan lozana se troncha[16] de repente, y no poder hacer nada para defenderla. Es un desquite[17] defenderla de babosos habladores.[18]

Si son siempre tan enfadosos[19] los domingos, interminables, y principalmente las tardes de los domingos, ninguna como ésa. Para que no faltara contrariedad, un cilindro[20] se puso a tocar cerca de la casa, traspasándome la cabeza, taladrándomela.[21] Con gran trabajo resistí el impulso de salir y apedrear al cilindrero impertinente, junto con los necios que le pagaban. Acabé con jaqueca, viendo chispas, estallándome las sienes, el cuerpo quebrantado, el estómago revuelto, una sed insaciable, unas ganas inmensas de estirarme, de bostezar, de dormir, de no pensar. La tarde se había nublado. La fatiga me derrumbó en la cama.

Desperté. Por la mirada de mi madre supe que la Niña vivía.

—Llévame a verla.

—Estás loco.

—Llévame, no seas mala, llévame— seguí con la terquedad mucho rato. Había oscurecido completamente y caía una lluvia sorda. El frío llenaba la casa.

—La tristeza me apachurra el corazón, madre.

—Yo también estoy triste; pero hay que hacerse el ánimo[22] a todo en la vida.

—La vida ¿de qué sirve, si se acaba sin motivo?

—Acuérdate que hoy vienen los Santos Reyes.

—¡Bah! Si ni el Niño Dios vino.

—Quién quite. Por las dudas, escríbeles, pidiéndoles, por ejemplo, unos pantalones, que te hacen falta.

—Quién puede pensar en eso. Más valdría que trajeran el alivio de la Niña Esperanza.

—Eso es tentar la paciencia de Dios.

—Siquiera llévame, no seas mala.

—Mañana, si Dios quiere, mañana la verás. Voy a darte una taza de hojas de naranjo con azahar.[23]

—¿Mañana?

Llegó mi padre con la noticia de que mantenían a la agonizante con vida artificial.

—Qué es eso, padre— pregunté con vivo asombro. No entendí o no supo darme la explicación.

—Vete a acostar en seguida, por si llegan los Reyes Magos. ¿Escribiste la carta?

—Sí. No. La escribiré.

—Unos pantalones, por ejemplo.

¿Qué hacer con la otra carta? Ya: son Magos y adivinarán dónde está, qué les pido de cierto, qué les ofrezco en cambio: quererlos en adelante.

Para contentar a mis padres, escribí dos renglones con el pedido que me aconsejaban.

—¿Mañana, madre? ¿Seguro?

—¡Mañana!

Simulé dormir; pero me mantuve atento a la

---

[13] (Amer) mujer voluptuosa; piel curtida
[14] escapé
[15] pendenciero; muchacho que anda siempre peleando con sus amigos
[16] corta
[17] acto de tomar satisfacción de una ofensa o agravio; compensación

[18] babosos: (fig.) tontos, bobos; habladores: chismosos
[19] molestos; que producen enfado, enojo, disgusto
[20] (México) organillo
[21] haciendo huecos
[22] enfrentar con valor
[23] bebida para calmar los nervios

conversación, que no tardó:

—Sí, los traje. Vamos esperando.

—Eché dos vueltas. Oí decir que van a repartir su ropa entre los pobres. Parte el alma[24] ver tanta vitalidad que lucha de balde.

—Aseguran que no saldrá la noche.[25]

—El barrio entero parecerá vacío sin la Niña.

—¡La Niña! Y puede que sea de tu edad.

—Qué diferencia. Los sufrimientos chupan[26] a los pobres en un santiamén, mientras los ricos se conservan; además, ella siempre andaba muy arreglada, y eso disimula los años. Tampoco era vieja.

—Tampoco tú lo eres; pero eso de Niña la achicaba.[27]

—No eso, sino su alma, que parecía no haber probado sufrimientos. Y sin embargo, dicen que sufrió mucho en la vida.

—Ese misterio en que vivía me inquietó siempre.

—Sí, ya lo sé: a ti también ella te inquietaba. Eso es lo que la hacía sufrir más, siendo una mujer tan pura.

—No sé a qué te refieres.

—Una mujer de veras buena, que por una maldición estaba expuesta a que se pensara siempre mal de su carácter franco, caritativo. Es el peligro de las bonitas que no se casan.

—Y ¿por qué no se casó? Nunca me lo he explicado, con tantas relaciones que la visitaban diariamente, y con tantas historias que le achacaban.[28]

—Dios no la llamaba por ese camino.

—Monja, entonces.

—En el mundo tenía su campo para obrar el bien.

—Pero el mundo se la comía.

—Ella estaba sobre el mundo de murmuraciones y habladurías, que es distinto del mundo en que hay tantas necesidades por aliviar. Socorrerlas[29] era su encargo.

—Y despertar tentaciones.

—En hombres corrompidos. Mejor cállate.

No vaya a despertar el niño, que sigue muy nervioso.

—Es la primera vez que siente cerca la muerte.

—Sí, tal vez eso sea. No quiero pensar otra cosa. Cambiando de tema, ¿conseguiste mejor trabajo? Mañana volverá el de la renta[30] y vence el plazo para el corte de la luz.[31]

—No me resolvieron todavía; pero conseguí dinero prestado.

—¿Más deudas?

La misma conversación de todos los días me arrastra[32] al sueño, a pesar de las muchas dolencias que la plática me causó, al grado de querer contestar, sublevarme.[33] Desde luego, ¿por qué hablan de la Niña como si ya estuviera muerta?

Queridos Santos Reyes: ¡ahora! Y en la hora. . .

Quedé paralizado al despertarme las esperadas, temidas, tremendas palabras:

—En punto de las doce acabó. La hora exacta en que hace cinco días, al entrar el Año, sintió la primera punzada.[34]

—Qué rápido se fue, y parecía tan llena de vida.

Intenté abrir los ojos, brincar. No pude. Quise gritar. También la lengua se había hecho piedra. En el fondo me consoló el pensamiento, ¡ay! la esperanza, de que hubiera vuelto a agarrarme el sueño de quedar tieso cuando más necesito correr, o porque me siguen, o porque algo quiero alcanzar, soñando. Pero escuché que de la calle me silbaban con empeño.[35] Hice mayor esfuerzo: tronaron los huesos del cuello, y luego, como esquitera,[36] las coyunturas de brazos, piernas y espalda. La boca era como si toda la noche hubiera estado retacada de cobres. La lengua seca, rasposa.[37] Seguían chiflándome los amigos. Sentí necesidad imperiosa de juntarme con ellos y hacer las paces con los que había peleado. Rehusé la intención de llamar a mi madre. Pude abrir los ojos y saber que la

---

[24] entristece, da lástima o pena
[25] que no vivirá después de esta noche; que morirá esta noche
[26] sacan con los labios el jugo
[27] la hacía más chica o joven
[28] atribuían, imputaban
[29] darles ayuda; ayudarlas
[30] el que cobra la renta o alquiler
[31] el término para pagar la cuenta de electricidad
[32] me conduce, me lleva
[33] rebelarme; alzarme en rebelión
[34] herida o pinchazo
[35] con tesón, constancia; con insistencia
[36] o esquite; (México) grano de maíz reventado (que salta) al tostarlo
[37] muy áspera

mañana estaba nublada.[38] El cuerpo era de hilacho ahora, desguazado.[39] Lloviznaba. —*El cielo llora; luego, es verdad*— pensé.

—Desde anoche no ha dejado de lloviznar. Son las cabañuelas—[40] dijo en la cocina mi madre.

Ya no se oían los chiflidos de la palomilla. La luz era ceniza.[41]

—Están doblando[42] las campanas para la misa por la difunta.

Un sacudimiento —¡la difunta!— me aventó de la cama —¡la difunta!—, me puso en pie, me hizo vestir aprisa. En la silla encontré unos pantalones nuevos, al tiempo que mi madre se acercó:

—¿Ves cómo sí se acordaron?— pero mis ojos le cortaron la palabra, y también mis voces:

—La resurrección de los muertos ¿no es el mayor milagro? Es. . . el que quiero— abrió mucho los ojos; pero se quedó callada y salió de la pieza. Desde la cocina, pasado buen rato, me llamó a desayunar.

—Ten café negro, no más, y un taco de sal para que no te haga daño la impresión— habíamos quedado como distanciados; ella ni yo hallábamos que decirnos. Yo, al fin, tras pesado silencio, hablé:

—¿Vamos a ir? ¿Me vas a llevar?

—No tengo vestido negro: apropiado. Pero anda, asómate; necesitas acostumbrarte a ver con naturalidad estas cosas— tocaban a muerto las campanas: —es la segunda llamada de su misa— después de reflexionar un momento, agregó: —dicen que quedó como dormida, semejante a la Purísima[43] que tienden el trece de agosto en la iglesia del Tránsito— la noté otra vez indecisa: —oye. . . mira: parece que deja de llover, y no será raro que salga el sol— noté que luchaba en su interior; la pausa fue más larga; hizo un gesto de decisión: —oye, no hagas caso si oyes decir cosas feas contra doña Esperanza; abundan gentes malintencionadas, perversas. . .

No puse atención en esto último, aunque no dejó de rasguñarme[44] que la llamara *doña* en vez de Niña, como si se tratara de una señora vieja. Lo del milagro tenía por completo entretenido a mi pensamiento, y resulté con una distancia: [5]

—Siendo más fácil curar, ¿qué necesidad hubo de tener que resucitarla?

—Me dan miedo tus terquedades.

Miedo, al mismo tiempo que grandes ganas me dominaban al salir. Ya más que llovizna, era [10] brisa en la calle. Como si nada hubiera sucedido, nada en la calle ni el barrio encontré cambiado: las mismas casas, las mismas caras, las mismas costumbres y los ruidos de diario; hasta los mismos vestidos (—*no tengo ropa de luto*, como [15] dijo mi madre queriendo decir: —*acuérdate que somos pobres*); no más el día cenizo. Pero la gloria de la Resurrección llenaba mi esperanza. Involuntariamente repetí en voz alta:

—¡Mi Esperanza!— para en seguida ver la [20] cola de alacrán escondido abajo de las palabras, y avergonzarme.

—¡Una sonsacadora[45] de hombres! Los enhechizaba enyerbándolos para luego hacerlos padecer. Era su gracia: divertirse con los que [25] picaban el anzuelo ¡la muy gurbia![46]—vociferaba en la puerta de la vecindad una mujer desgreñada, con cara de bruja, madre de dos grandullones pendencieros;[47] le hacían rueda varios curiosos; y seguía vomitando imprope- [30] rios:[48] —¡qué bueno vernos libres de su peligro! ¡se acabó su tentación! ¡provocativa hipócrita! (—*No hagas caso*— abundan gentes perversas).

La boca maldita me hizo llegar de una carrera, huyendo de sus abominaciones. El apeñusca- [35] miento[49] de gente fue lo primero que vi al dar vuelta y descubrir la casa de la Niña. Los muchachos trepados,[50] agarrados a las rejas de las ventanas, arrempujándose,[51] peleando por ver más y mejor. Es la costumbre del barrio, a la [40] curiosidad cuando hay cuerpo tendido,[52] nunca como ahora; desde lejos ha venido concurrencia desconocida. Igual que al entrar al mercado, el

---

[38] Nótese como el estado del tiempo coincide con las tristes noticias de la muerte de la niña.
[39] sin fuerza, sin vigor; deshecho
[40] (México) lluvia en los meses de invierno; pronóstico del clima en enero
[41] de color gris de ceniza; muy nublado
[42] tocando en tono triste; toque de difuntos
[43] la virgen de la Purísima
[44] herirme

[45] coqueta; seductora
[46] (México) pícara, taimada, bribona
[47] buscadores de peleas
[48] insultos, injurias graves
[49] apiñamiento, agrupamiento; acto de reunirse muchas personas
[50] subidos, encima
[51] empujándose unos a otros
[52] cadáver, muerto

vocerío no deja oír; o encandilados, no distinguimos los objetos hasta que acostumbramos los oídos a la boruca[53] y los ojos a la claridad o a la oscuridad, así no puse cuidado a los murmullos de los que se arremolinaban cerca de la casa; me reduje a ver ansiosamente; paredes, puerta, ventanas, rejas, nada había cambiado, ni hallé siquiera moños[54] negros, como en otras casas en situación parecida (¿será que, como yo, rezando el Credo, esperan la Resurreción de la Carne?) Principalmente me entristeció el comportamiento y las caras de mis amigos, que antier, ayer, parecían inconsolables, y se resistían a admitir que fuera grave, menos todavía que fuera irremediable la enfermedad; se les veía contentos, alborotados, como en convite o función de títeres,[55] corriendo, dando empujones, hablando en voz alta, sin respeto; a veces gritaban y hasta chiflaban y decían inconveniencias; desplomáronse[56] mis propósitos de reconciliación; los odié rencorosamente por inconstantes, por groseros y faltos de sentimientos. Uno me dijo:

—Están dejando entrar. Vamos entrando.

Con la mirada le di cortante negativa. Sin embargo, sus palabras prendieron fuego en la sangre: no tener que andar a empellones[57] para llegar a la ventana; librarme de verla, perturbado por el ajetreo,[58] la falta de respeto, la fisgonería[59] de la chusma; poder contemplarla de cerca, sin prisas, y acaso tentar su catre, su vestido con que la tendieron (semejante a la Purísima del Tránsito), y admirar por dentro su casa, sus espejos, y roperos, y alfombras, y cortinas, y macetas floreadas; y caminar sobre sus pisos relucientes; y oír a sus pájaros casi al oído; y cumplir, en fin, la vieja ilusión, la necesidad, la tentación de penetrar sus misterios (la tentación acabó —martillaba la boca vil, con mayor fuerza—; le gustaba provocarlos por hacerlos sufrir; los hechizaba, los traía como enyerbados); pero no daría mi brazo a torcer: la vería de lejos; no entraría en la casa. Espiaba, con deseo y miedo enormes, la ocasión de acercarme, aferrarme, no: trepar no, a las rejas de la ventana (como los novios —tan rápidamente como la pensé, rechacé tan sofocante ocurrencia); la cabeza me daba vueltas; después de todo, lo dicho por la vieja desgreñada no era tan malo; repasándolo, comenzó a gustarme, o desde un principio me había gustado, porque reconocía el poder, los encantos de la Niña Esperanza; qué culpa tenía ella si los hombres malinterpretaban sus gracias, y sufrían por querer lo que falsamente inventaban; tampoco, no, nunca vimos ni supimos que platicara con hombres tras las rejas, ni siquiera que se sentara en la ventana, como acostumbran las muchachas en todos los rumbos de la ciudad.

—Arrímate, aquí te hago campo[60] —gritó un amigo—, por esta ventana se ve mejor.

Como dicen que avientan[61] los alambres de la electricidad al que se les acerca, me sentí arrastrado por irresistible corriente; alcancé la reja; pero resultó alta la ventana para mi estatura; sin pensarlo, dominado por las ansias de ver, trepé los barrotes; la sala se abrió a mis anchas.

Allí estaba. La reconocí. Sepultada en flores. Como la Virgen del Tránsito. Afilada la cara. Como de cera. Sin aquellos colores que nos encandilaban. Hermosa de distinto modo. Se me hizo mejor. Muy jovencita. No, nunca la había visto bien, tanto rato. Como dormida. Sonriente. Tranquila. Sí, seguro, sí, despertará, se levantará, me mirará, entenderá las angustias que por ella he pasado, seguirá sonriendo ya no más para mí, me llamará, entraré, le contaré cuánto me ha hecho sufrir, cuánto he sufrido por su causa todos estos días, y hasta peleado por ella, sí resucitara hoy mismo, sin esperar tres días, ¡hoy mismo! Pero seguía inmóvil. Toda vestida de blanco. La cabeza cubierta con un manto, como la Virgen, que agraciaba las líneas del rostro. Repasé su frente, sus pestañas, su nariz, el óvalo de su cara, sus labios finísimos.

Entonces comencé a oír lo que decían dentro de la sala y en la calle:

—qué chula—[62] qué primorosa —qué per-

---

[53] (México) bulla, algazara, mucho ruido
[54] lazos
[55] muñecos que una persona hace hablar y actuar
[56] se cayeron
[57] empujones
[58] agitación; mucha actividad; lo opuesto de descanso
[59] acción de fisgonear (husmear, curiosear, querer enterarse de todo)
[60] te preparo un lugar o espacio
[61] hinchan, llenan de viento
[62] linda, hermosa, guapa

fecta— elegante hasta en la muerte —sobre todo: una santa: se desvivía por hacer beneficios— muy estricta —da cáncer permaneciendo mucho rato junto a un muerto, con el olor que se desprende del cuerpo— muy caprichosa...

Me jalaban para que dejara el campo a otros.

—Ya estuvo suave,[63] tú bájate— con mayor fuerza me agarraba a los barrotes, contemplándola con la esperanza de que me tocara ver el milagro de su resurrección.

—Sí, muy caprichosa; dejó plantados[64] a varios novios, ya pedida, con las donas[65] hechas y hasta corridas las amonestaciones; diz[66] que uno se mató de la desesperación o por el ridículo en que lo puso —era muy castigadora: le encantaba— muy pretenciosa —apretada— Dios la haya perdonado...

El olor de las flores comenzó a marearme. Resistí con fuerzas. No hacía caso ni de los jalones, ni de lo que oía y me disgustaba. Por seguir viéndola entre flores. Y más que, por sorpresa, la descubrí reflejada en la luna del gran espejo, vista de frente.

—Que se bajen, vagos ociosos— eran unos catrines enojados que me arrancaron de la reja, entre las risas de mis amigos y demás concurrentes. El ridículo, la vergüenza, el mareo, el coraje ciego —pero lo más seguro es que fue respeto por la Niña— sosegaron mis ímpetus de patearlos por parejo.[67] Despechado regresé a casa (los dejó con las donas compradas y corridas las amonestaciones —le encantaba coquetear— nunca se le quitó lo coqueta —¡qué mentiras! ¡puras mentiras!) En el camino escuché:

—Hoy mismo en la tarde será el sepelio,[68] antes de que se descomponga, que comience a corromperse.

Mi madre me contempló con gran atención: pasó la mano por mis cachetes[69] y la detuvo en la frente, como cuando quiere saber si tengo calentura.

—Estuve platicando con ella en la ventana, agarrado a la reja— me contuve de agregar: como los novios.

—Propasas[70] la raya de tus locuras.

—Madre, ¿qué significa sepelio?

—El entierro.

—¿Cómo? ¿Sin esperar que resucite? No hay que dejarlos.

—Todos hemos de resucitar en el valle de Josafat, el día del juicio.

—Ya entonces ¿a qué?

—Cállate mejor: estás loco de remate.

—Lo mismo dicen: que era loca y le encantaba...

Levantó las manos en ademán de pegarme; pero se tapó con ellas la cara y salió aprisa del cuarto. Afligido, busqué la carta para los Reyes; pero la esperanza, ¡última esperanza! me detuvo.

Llegó mi padre. Oí que decía:

—Acaban de ponerla en la caja; una caja blanca, muy lujosa; por cierto que no faltan críticas: que por las dudas le hubieran puesto rayas negras o fuera grisecita, entre azul y buenas noches— oí que mi madre lo interrumpía con voz alterada:

—¡Cállate, por Dios! Tú y el muchacho van a acabar con mis nervios.

No se habló en la comida. Tampoco me regañaron por mi falta de apetito, Acabando de comer, suspiró mi madre:

—Se fue derechito al cielo. Era un alma blanca.

Esperé a que saliera mi padre para preguntar con tiento[71] a mi madre si asistiríamos al entierro.

—Lo veremos a la vuelta de la esquina.

Mientras llegaba la hora, saqué de la memoria y fui rejuntando detalles: el catre de latón con reflejos de oro, donde dormía; el cojín de raso; las coronas a montones; la luna del espejo donde la vi de frente; *antes que se corrompa; ¿ella? sí, dicen que se engusanan, que apestan, y más un cuerpo como el de ella, tan llena de vida: una verdadera desgracia;* está en el paraíso; ¿dónde es? ¡el monumento destrozado! las donas compradas; *no sé que atracción ejercía en los hombres; yo soy hombre: luego...* ¿qué irán a hacer con sus cosas? ¿a dónde irán a parar, caso que no resucite? ha de ser hoy

---

[63] (México) Ya tuviste placer, te divertiste.
[64] dejó, rechazó
[65] regalos de boda que el novio hace a la novia
[66] dicen
[67] a todos en la misma forma
[68] entierro, funeral
[69] mejillas, lados de la cara
[70] te excedes, actúas con mucha locura
[71] con prudencia, con mucho cuidado

mismo, antes del entierro, y no hasta el valle de Josafat; ¿por dónde se va? Los catrines que me arrancaron de la ventana, las gentes viles que se rieron; ya nunca tendré amigos; los dedos de las manos entrelazados, como Virgen de los Dolores; ¡tan linda! y el sufrimiento de los hombres. Aquí apareció un recuerdo de la escuela, cuando hablan de los que sacaban corazones para ofrecérselos a sus dioses; ¿sonsacadora de corazones? ¡qué bueno! el mío está listo para cuando resucite; ¿por qué ahora precisamente tanta tristeza, siendo día de Reyes? ¡ah! con razón jamás les he tenido demasiada fe; pero vamos a ver: ha de ser antes de las cuatro de la tarde. . .

Desde las tres y media conseguí que saliéramos. Encontramos gran animación en el barrio. Libres de aburrimiento con la novedad, las caras de los vecinos reflejaban alegría, como si fueran a una fiesta. Mayor era la desconsideración de los muchachos, al extremo de darme vergüenza ser su amigo, y recordando sus risas de la mañana, o adivinando lo que pensarán, lo que me dirán: —éste andaba pegado a las pretinas[72] de su mamá por miedo a la pelona,[73] los miré con aversión, resuelto a no juntarme ya nunca con ellos.

Por entre las nubes podía verse la rueda del sol, amarilla, que alcanzaba débilmente a iluminar paredes y semblantes, con transparencias mortecinas. Dispuesto a ver, ávido de ver, esperanzado en ver, hubiera querido no oír. Las palabras me hacían el efecto de gaznuchazos[74] en las orejas, y tuve que aguantarlas desde que salimos hasta que regresamos. —Qué bueno que se quitó el agua y quiere salir el sol, para ver a gusto cuando saquen el cuerpo. Apreté la mano de mi madre. —Se adelantó la corrupción, hinchándose, desfigurándose, horrorosa, ella que asombraba de tan linda y arrogante, no se puede soportar la hediondez.[75] La mano de mi madre tembló. Con las palabras oídas enredáronse a golpes mis pensamientos. (—Así será el milagro más patente.) Cuando dimos vuelta, llegaban coches y más coches, formando inter-

minable hilera. —El carro fúnebre no llega todavía. (—Que ni lo traigan, pues no lo van a necesitar.) Terriblemente fría, la mano de mi madre sudaba. Vimos llegar a mucha gente catrina, hombres y mujeres. Muchas mujeres bonitas, elegantes como ella, con unos zapatos vistosos, que se oían taconear hasta donde nos encontrábamos; cubiertas con mantillas finas. Estiré la mano de mi madre y poco a poco la hice acercarnos más acá de la esquina. —Hace frío, y este sol descolorido entristece más: enero y febrero, desviejadero[76] (—¡Bueno fuera! tanta vieja chismosa y no la Niña en la flor de la edad.) Seguían llegando coches, catrines, hombres, mujeres bellamente enlutadas, misteriosas, parecidas a la Niña Esperanza. Mi esperanza de resurrección en vilo. (—¡Ahora o nunca, Santos Reyes, queridos Santos Reyes!) —La señorita Esperanza tenía chorro[77] de relaciones, por eso nos veía con lástima. (—A ti sería, por méndigo.[78] ¡La señorita! bonita palabra: se me había olvidado, ¡Señorita!) Noté movimientos de sorpresa en los curiosos; corrían apresurados.

—¡El milagro! ¿Los Santos Reyes? —grité. Mi madre me dio un tirón de manos.

¡Espanto! Era el carro fúnebre que apareció tres calles adelante; a galope, piafando, los caballos llegaron, se colocaron a la cabeza de los coches, frente a la puerta; los veía con cara de comerse al que se les pusiera cerca, de querer meterse furiosamente a la casa y patear cuanto encontraran. (—¡Mi monumento destrozado! ¡mis esperanzas!) —Con lo que un entierro así de lujoso cuesta, saldríamos de pobres, o sencillamente con el valor de las coronas. El carro, los caballos eran blancos, majestuosos; encima, un ángel hincado, con las alas plegadas, llorando. (—Si llora es porque sabe que no hay esperanzas . . .) —Si no negros, por lo menos debían ser pintitos, por las dudas. . . Hubo risas maliciosas, malvadas. De un tirón me solté de la mano de mi madre; pero ella volvió a cogerme aprisa, con fuerza. Comenzaron a sacar coronas y más coronas, los empleados de la funeraria.

—Luego. . . ¿siempre? —mi madre hizo

---

[72] cinturones con hebillas; partes del vestido que se ciñen a la cintura
[73] (coloquial) la muerte
[74] o gaznatazo o gaznatón: golpe que se da con la mano en el gaznate (garganta)
[75] mal olor

[76] cuando las viejas mueren (palabra inventada de un refrán infantil)
[77] gran cantidad
[78] pobre que pide limosnas; correctamente se pronuncia mendigo

gesto de que me callara; sus labios temblaban como rezando; tenía los ojos rojos, a punto de llorar, conteniéndose. Frente a la puerta hubo nuevo movimiento. Comenzó a salir la gente. Los muchachos arremolinábanse trepados en las ventanas, luchando por ver mejor. Vi, sí, no pude cerrar los ojos, vi que sacaban despacio la caja blanca, bonita, y que poco a poco la metían en el carro; que los caballos daban pezuñazos y movían las cabezas con impaciencia, queriendo arrancar, soltarse. —*Son caballos muy finos ¡qué lujo!* (—*Como ella.*) —*Venido a ver,*[79] *para qué, ¿para que al fin y al cabo se la coman los gusanos?*

Estiré la mano de mi madre violentamente para que nos retiráramos en dirección a la casa. Oí, pero no vi, ya no quise ver cuando el entierro se puso en marcha. Como hacha de carnicería caían sobre mi cabeza las palabras: *los gusanos, los gusanos se la comerán.* Llegando a la casa, hice añicos[80] la carta; pisoteé los pedazos; los junté y los eché al común[81] para que nadie los viera. Me puse a esperar la hora

de ver las estrellas en el cielo. Mañana el mundo será menos bonito. La jaqueca otra vez me derrumbó en la cama. Desde allí, cuando se hizo noche y llegó mi padre, oí a mi madre:

—Me avisaron que estoy en la lista del reparto; Dios quiera que me toque algo de su ropa interior; para burlas y mortificaciones no tendría si me tocara una blusa o una falda; ¿de qué me servirían si ni tengo cuándo ponerme esas catrinuras?[82]

Sí, sí, su ropa interior. Salí al patio, alcé los ojos al cielo en busca de las estrellas, dominado por la inquietud de no saber cuál de ellas sería. ¡El cielo estaba nublado!

En la calle jugaban los muchachos como todas las noches. Como todas las noches, las campanas dieron el toque de ánimas y los clarines el de queda.[83] No pude contener más el llanto. Sin esperanza. Sin Esperanza.

Mañana. . .

Mañana comienzan los reconocimientos[84] en la escuela.

---

[79] bien visto
[80] pedacitos muy pequeños
[81] retrete, letrina
[82] ropas elegantes, como las que usan las personas pulidas
[83] *toque de ánimas:* el de las campanas por la noche para que se ruegue a Dios por las ánimas del Purgatorio; *toque de queda:* señal que indica que hay que retirarse a casa y apagar las luces
[84] exámenes

Miguel Ángel Asturias

GUATEMALA, 1899

Sus novelas de preocupación y protesta social y de indagación en las raíces míticas de los indios y su inquietud nacionalista han hecho de Miguel Ángel Asturias el escritor centroamericano más conocido en un plano mundial. Nació en Guatemala siendo su madre maestra de escuela y su padre miembro del poder judicial. Realizó sus estudios secundarios en el Instituto Central de Varones y se graduó de doctor en Derecho en la Universidad Nacional. Pasó su infancia, adolescencia y juventud bajo las terribles dictaduras de Estrada Cabrera y Ubico. Su primer exilio comenzó en 1923 y ha pasado más de la mitad de su vida desterrado. Ese año partió a Europa y en la Sorbonne de París estudió Antropología e Historia bajo el eminente profesor George Raynaud. Esta estancia en Europa lo puso en contacto con los autores de la nueva literatura: Joyce, Fargue, Gertrude Stein y del Superrealismo y demás tendencias vanguardistas. Sirvió cargos diplomáticos tanto bajo el gobierno izquierdista de Juan José Arévalo (1945–1951) como del comunistoide Jacobo Arbenz (1951–1954), residente de la Cuba comunista. Desde muy joven practicó el periodismo y esto ha sido una de sus fuentes de ingresos en sus largos exilios. Al ser derrocado Arbenz vivió por muchos años en Buenos Aires y Génova. Desde 1966 se le nombró Embajador de Guatemala en París y en 1967 recibió el Premio Nobel de Literatura.

Asturias se ha distinguido a notable altura en la poesía, el teatro, la novela y los relatos cortos. Aunque sus grandes éxitos en la narrativa han opacado sus otras actividades, basta estudiar su obra poética para darnos cuenta de que estamos ante un gran poeta. Su teatro viene ganando más atención cada día. Con su primera obra, *Leyendas de Guatemala* (1930) atrajo la atención de la crítica y especialmente de Paul Valéry, quien las llamó «poemas-sueños». Resultan una evocación poética del mundo de los indios mayas exponiendo sus creencias, tradiciones, consejas e historias. Tienen influencia directa del *Popol Vuh* o Biblia maya. Aquí aparece ya una preocupación básica en Asturias: la búsqueda de las raíces más hondas de los mayas para lo cual tiene a menudo que recurrir a los mitos, como base esencial de su país. Él mismo ha dicho que comenzó a crear *El señor Presidente* (1947) hacia 1920, porque es de los autores que concibe una obra en su totalidad y es capaz de recitarla casi completa y después la escribe. La obra ofrece una visión superrealista y alucinante de la dictadura de Estrada Cabrera (1898–1920), pero puede ser aplicada al ambiente tenebroso de temor, sumisión e impotencia del pueblo en cualquier tiranía, desde la de Trujillo hasta la de Castro. Los protagonistas y la atmósfera son espectrales y su tono grotesco recuerda los *Sueños* de Quevedo, los *Caprichos* de Goya, y *Tirano Banderas* de Valle-Inclán. La realidad está ahí, pero aparece deformada como a través de la técnica de los espejos cóncavos. El lenguaje ejerce una función esencial en la obra a través de aliteraciones, paralelismos, «jitanjáforas», onomatopeyas, repeticiones. La obra maesta de Asturias es *Hombres de maíz* (1949), por el juego sincrónico de tiempo, magia y mitología. La novela muestra la poderosa imaginación de Asturias y está concebida como una rapsodia, con una riqueza verbal y de recursos que bien suplantan a los acordes musicales. Otra vez vuelve a uno de los recursos que el autor maneja mejor: la adaptación del lenguaje para producir los efectos deseados por él. La obra ofrece cinco relatos casi independientes que a la manera de tributarios van luego a desembocar a la corriente del río principal. El tema consiste en las diferentes concepciones que tienen el indio y el blanco criollo del maíz, base económica de los mayas: el indígena lo cultiva para usarlo exclusivamente como su alimento principal, mientras que los otros lo explotan como negocio llegando a quemar bosques de maderas preciosas para enriquecerse.

Posteriormente asistimos a una acentuación de la inquietud nacionalista y la preocupación de protesta social en Asturias. En esta época produce una trilogía para protestar contra los presuntos abusos de las compañías bananeras en Centroamérica: *Viento fuerte* (1950), *El papa verde* (1954) y *Los ojos de los enterrados* (1960). Dado su propósito político, las obras son polémicas y no exentas de tono tendencioso. Mezclan el regionalismo típico del tema con estructuras suprarrealistas. En la primera dos norteamericanos, Lester Stone y Leland Foster tratan de organizar las empresas en cooperativas de la que formen parte los trabajadores, pero fracasan en su intento. Los caracteres son más siluetas que personas vivas. La segunda es un ataque despiadado contra la United Fruit Company y la tercera concentra su interés en la explotación de que son víctimas los trabajadores. Aunque hay que reconocerle su sentido humano y su preocupación por los humildes y desposeídos, Asturias por lo general sacrifica lo artístico para hacer prevalecer el mensaje político y sociológico.

Después de la caída de Arbenz, el novelista escribió un conjunto de cuentos, *Weekend en Guatemala* (1956), todos matizados por la pasión política y el ansia de denuncia de un estado contrario a la ideología del autor. Añaden poco a su prestigio de escritor. Con *Mulata de tal* (1963), su última novela hasta la fecha, Asturias vuelve al reino intemporal y mitológico iniciado en *Hombres de maíz*. Es obra construida a base de pura fantasía, con mucho de cuento fabuloso. El lenguaje barroco y cargado de terminología religiosa y mítica, es sustituído por el lenguaje popular, con todo su genio para las frases ingeniosas y el juego de ideas. El asunto parece revivir el viejo mito del imposible casamiento entre la luna y el sol, mediante el matrimonio de la mulata con Yumí. La obra tiene méritos sobresalientes aunque hay que apuntarle el exceso de vision subjetiva del autor y un simbolismo a menudo perdido en la incoherencia. Asturias se yergue como uno de los grandes maestros de la novela en español durante el siglo XX.

FUENTE: *Leyendas de Guatemala* (1930), Buenos Aires, Biblioteca Contemporánea, Editorial Losada, 1957.

Leyendas de Guatemala[1]

1930

Leyenda del Sombrerón

El Sombrerón recorre los portales. . .

En aquel apartado rincón del mundo, tierra prometida a una Reina por un Navegante loco,[2] la mano religiosa había construído el más hermoso templo al lado de las divinidades[3] que en cercanas horas fueran testigos de la idolatría del hombre —el pecado más abominable a los ojos de Dios—, y al abrigo de[4] los vientos que montañas y volcanes detenían con sus inmensas moles.[5]

Los religiosos encargados del culto, corderos de corazón de león,[6] por flaqueza humana, sed de conocimientos, vanidad ante un mundo nuevo o solicitud hacia la tradición espiritual que acarreaban[7] navegantes y clérigos, se entregaron al cultivo de las bellas artes y al estudio de las ciencias y la filosofía, descuidando sus obligaciones y deberes a tal punto, que, como se sabrá el Día del Juicio, olvidábanse de abrir el templo, después de llamar a misa, y de cerrarlo concluídos los oficios. . .[8]

Y era de ver y era de oír y de saber las discusiones en que por días y noches se enredaban los más eruditos, trayendo a tal ocurrencia citas de textos sagrados, los más raros y refundidos.[9]

Y era de ver, era de oír y de saber la plácida tertulia de los poetas, el dulce arrebato[10] de los músicos y la inaplazable[11] labor de los pintores, todos entregados a construir mundos sobrenaturales con los recados[12] y privilegios del arte.

Reza en viejas crónicas, entre apostillas[13] frondosas de letra irregular, que a nada se redujo la conversación de los filósofos y los sabios; pues, ni mencionan sus nombres, para confundirles la Suprema Sabiduría[14] les hizo oír una voz que les mandaba se ahorraran[15] el tiempo de escribir sus obras. Conversaron un siglo sin entenderse nunca ni dar una plumada,[16] y diz que cavilaban[17] en tamaños errores.[18]

De los artistas no hay mayores noticias. Nada se sabe de los músicos. En las iglesias se topan pinturas empolvadas de imágenes que se destacan en fondos pardos al pie de ventanas abiertas sobre panoramas curiosos por la novedad del cielo y el sinnúmero de volcanes. Entre los pintores hubo imagineros y a juzgar por las esculturas de Cristos y Dolorosas[19] que dejaron, deben haber sido tristes y españoles. Eran admirables. Los literatos componían en verso,

---

[1] Las *Leyendas de Guatemala* son uno de los libros más encantadores escritos por Asturias. Con gran sentido poético nos va dando a conocer las leyendas más interesantes del folklore nativo, donde se mezclan raíces de la cultura india con la cristiana. El autor no ha llegado todavía al lenguaje y las construcciones superrealistas de muchas de sus novelas posteriores, pero ofrece metáforas, reiteraciones y rasgos constantes de su estilo. Aquel mundo fantástico y poético, mágico, misterioso, tan presente en lo nacional guatemalteco, sale de la pluma de Asturias con un encanto indiscutible, porque en él se aúnan el poeta y el narrador. Las influencias directas de la mitología del *Popol-Vuh*, la biblia maya, son muy evidentes en todos estos relatos, ricos en fantasía y que a veces dan la impresión de una «pesadilla tropical», como dijera Paul Valéry.

[2] Cristóbal Colón (¿1451?–1506) había prometido descubrir nuevas tierras para la reina Isabel de Castilla. El escenario de la leyenda es Guatemala, tierra de América descubierta por Colón.

[3] dioses y diosas del paganismo
[4] al amparo (refugio) de
[5] masas de gran bulto
[6] noble y valiente
[7] transportaban, llevaban
[8] rezos diarios a que están obligados los eclesiásticos
[9] a los que se ha dado nueva forma
[10] entusiasmo, fogosidad; furor
[11] que no se pospone
[12] regalos o presentes; conjunto de cosas necesarias para un objetivo
[13] glosas que se ponen a un escrito; notas
[14] conocimiento de los grandes filósofos
[15] economizaran, guardaran, reservaran
[16] rasgo de pluma en el papel; acción de escribir algo muy breve
[17] pensaban; pensaban mucho en alguna cosa
[18] muy grandes o muy pequeños
[19] esculturas en madera de la virgen

pero de su obra sólo se conocen palabras sueltas.[20]

Prosigamos.[21] Mucho me he detenido en contar cuentos viejos, como dice Bernal Díaz del Castillo[22] en «La Conquista de Nueva España», historia que escribió para contradecir a otro historiador; en suma, lo que hacen los historiadores.

Prosigamos con los monjes. . .

Entre los unos, sabios y filósofos, y los otros, artistas y locos, había uno a quien llamaban a secas[23] el Monje, por su celo religioso y santo temor de Dios y porque se negaba a tomar parte en las discusiones de aquéllos y en los pasatiempos de éstos, juzgándoles a todos víctimas del demonio.

El Monje vivía en oraciones dulces y buenos días, cuando acertó a pasar, por la calle que circunda los muros del convento, un niño jugando con una pelotita de hule.[24]

Y sucedió . . .

Y sucedió, repito para tomar aliento, que por la pequeña y única ventana de su celda, en uno de los rebotes,[25] colóse[26] la pelotita.

El religioso, que leía la Anunciación de Nuestra Señora[27] en un libro de antes, vio entrar el cuerpecito extraño, no sin turbarse, entrar y rebotar con agilidad midiendo[28] piso y pared, pared y piso, hasta perder el impulso y rodar a sus pies, como un pajarito muerto. ¡Lo sobrenatural! Un escalofrío le cepilló[29] la espalda.

El corazón le daba martillazos,[30] como a la Virgen desustanciada[31] en presencia del Arcángel.[32] Poco necesitó, sin embargo, para recobrarse y reír entre dientes de la pelotita. Sin cerrar el libro ni levantarse de su asiento, agachóse[33] para tomarla del suelo y devolverla, y a devolverla iba cuando una alegría inex-

plicable le hizo cambiar de pensamiento: su contacto le produjo gozos[34] de santo, gozos de artista, gozos de niño. . .

Sorprendido, sin abrir bien sus ojillos de elefante, cálidos y castos,[35] la apretó con toda la mano, como quien hace un cariño, y la dejó caer en seguida, como quien suelta una brasa; mas la pelotita, caprichosa y coqueta, dando un rebote en el piso, devolvióse a sus manos tan ágil y tan presta que apenas si tuvo tiempo de tomarla en el aire y correr a ocultarse con ella en la esquina más oscura de la celda, como el que ha cometido un crimen.

Poco a poco se apoderaba del santo hombre un deseo loco de saltar y saltar como la pelotita. Si su primer intento había sido devolverla, ahora no pensaba en semejante cosa, palpando con los dedos complacidos su redondez de fruto, recreándose en su blancura de armiño,[36] tentado de llevársela a los labios y estrecharla contra sus dientes manchados de tabaco; en el cielo de la boca le palpitaba un millar[37] de estrellas. . .

—¡La Tierra debe ser esto en manos del Creador! —pensó.

No lo dijo porque en ese instante se le fue de las manos —rebotadora inquietud—, devolviéndose en el acto, con voluntad extraña, tras un salto, como una inquietud.

—¿Extraña o diabólica? . . .

Fruncía las cejas[38] —brochas[39] en las que la atención riega dentífrico[40] invisible— y, tras vanos temores, reconciliábase con la pelotita, digna de él y de toda alma justa, por su afán elástico de levantarse al cielo.[41]

Y así fue como en aquel convento, en tanto unos monjes cultivaban las Bellas Artes y otros las Ciencias y la Filosofía, el nuestro jugaba en los corredores con la pelotita.

Nubes, cielo, tamarindos. . .[42] Ni un alma

---

[20] aisladas
[21] continuemos, sigamos
[22] Conquistador y cronista español (1492–¿1581?), autor de *Historia verdadera de la conquista de Nueva España* (1632)
[23] solamente
[24] goma elástica
[25] saltos o rechazos al chocar una cosa con otra
[26] se colocó, se metió
[27] cuando el ángel Gabriel anuncia a María que ella será la madre de Jesús. *Lucas* 1:26–38.
[28] tomando la medida
[29] rozó, le tocó la piel
[30] golpes dados con un martillo
[31] en este caso temerosa
[32] Véase nota 27.

[33] se inclinó, se bajó
[34] placeres, alegrías
[35] puros, virtuosos
[36] mamífero carnívoro de piel muy suave y delicada, parda en verano y blanquísima en invierno, excepto la punta de la cola, que es siempre negra; piel de este animal
[37] gran cantidad
[38] arrugaba la frente
[39] utensilios para pintar
[40] pasta de dientes
[41] la pelota al rebotar se elevaba o ascendía
[42] árbol de la familia de las papilionáceas, cuyo fruto contiene una pulpa de sabor agradable que se usa en medicina como laxante; su fruto

en la pereza del camino. De vez en cuando, el paso celeroso[43] de bandadas de pericas domingueras[44] comiéndose el silencio. El día salía de las narices de los bueyes, blanco, caliente, perfumado.

A la puerta del templo esperaba el monje, después de llamar a misa, la llegada de los feligreses,[45] jugando con la pelotita que había olvidado en la celda. ¡Tan liviana,[46] tan ágil, tan blanca!, repetíase mentalmente. Luego, de viva voz, y entonces el eco contestaba en la iglesia, saltando como un pensamiento:

¡Tan liviana, tan ágil, tan blanca!... Sería una lástima perderla. Esto le apenaba, arreglándoselas para afirmar que no la perdería, que nunca le sería infiel, que con él la enterrarían..., tan liviana, tan ágil, tan blanca...

¿Y si fuese el demonio?

Una sonrisa disipaba sus temores: era menos endemoniada que el Arte, las Ciencias y la Filosofía, y para no dejarse mal aconsejar por el miedo, tornaba a las andadas,[47] tentado de ir a traerla, enjuagándose con ella de rebote en rebote..., tan liviana, tan ágil, tan blanca...

Por los caminos —aún no había calles en la ciudad trazada por un teniente para ahorcar—[48] llegaban a la iglesia hombres y mujeres ataviados[49] con vistosos[50] trajes, sin que el religioso se diera cuenta, arrobado[51] como estaba en sus pensamientos. La iglesia era de piedras grandes; pero, en la hondura del cielo, sus torres y cúpula perdían peso, haciéndose ligeras, aliviadas, sutiles. Tenía tres puertas mayores en la entrada principal, y entre ellas, grupos de columnas salomónicas,[52] y altares dorados, y bóvedas y pisos de un suave color azul. Los santos estaban como peces inmóviles en el acuoso[53] resplandor del templo.

Por la atmósfera sosegada se esparcían tuteos[54] de palomas, balidos de ganados, trotes de recuas, gritos de arrieros.[55] Los gritos abríanse como lazos en argollas[56] infinitas, abarcándolo todo: alas, besos, cantos. Los rebaños,[57] al ir subiendo por las colinas, formaban caminos blancos, que al cabo se borraban. Caminos blancos, caminos móviles, caminitos de humo para jugar una pelota con un monje en la mañana azul...

—¡Buenos días le dé Dios, señor!

La voz de una mujer sacó al monje de sus pensamientos. Traía de la mano a un niño triste.

—¡Vengo, señor, a que, por vida suya, le eche los Evangelios a mi hijo, que desde hace días está llora que llora, desde que perdió aquí, al costado del convento, una pelota que, ha de saber su merced, los vecinos aseguraban era la imagen del demonio...

(... tan liviana, tan ágil, tan blanca ...)

El monje se detuvo de la puerta para no caer del susto, y, dando la espalda a la madre y al niño, escapó hacia su celda, sin decir palabra, con los ojos nublados y los brazos en alto.

Llegar allí y despedir la pelotita, todo fue uno.

—¡Lejos de mí, Satán! ¡Lejos de mí, Satán!

La pelota cayó fuera del convento —fiesta de brincos[58] y rebrincos de corderillo[59] en libertad—, y, dando su salto inusitado, abrióse como por encanto en forma de sombrero negro sobre la cabeza del niño, que corría tras ella. Era el sombrero del demonio.

Y así nace al mundo el Sombrerón.

---

[43] rápido, veloz
[44] pajarillos
[45] personas que pertenecen a una parroquia o iglesia
[46] ligera, que pesa poco.
[47] (fig. y fam.) volvía o reincidía en un vicio o mala costumbre
[48] posible alusión a la antigua costumbre de matar prisioneros, colgándolos en las calles
[49] adornados
[50] llaman mucho la atención, hermosos, llamativos
[51] cautivado, embelesado, encantado
[52] como las del palacio del Rey Salomón
[53] parecido al agua
[54] En el ambiente tranquilo (reposado) se regaban (se derramaban) tratamientos de «tú» entre las palomas.
[55] balidos: voces o gritos del carnero, el cordero, la oveja, el gamo y el ciervo; trotes pasos del caballo; recuas: grupos de bestias (mulos, etc.) que marchan unos tras otros; arrieros: los que conducen las bestias de carga de un lugar a otro
[56] anillos grandes; aro grueso de metal
[57] conjuntos de ganado; multitud
[58] saltos
[59] ovejita o cordero pequeño

CHILE, 1896

Como periodista, cuentista, novelista y ensayista se ha distinguido Manuel Rojas, uno de los grandes de la novela hispanoamericana contemporánea. Nació en Buenos Aires de padres chilenos, pero es chileno a todos los efectos legales y espirituales. A los siete años quedó huérfano de padre y su madre le procuró la educación que estuvo a su alcance, bastante limitada por la pobreza de la familia. Muy joven se tuvo que ganar la vida en una gran variedad de trabajos. Tanto su adolescencia y juventud como su edad madura han sido la de un hombre para quien la existencia ha tenido muchos sinsabores, angustias y trabajos ingratos. Pero Rojas sentía bullir dentro de sí la vocación de escritor y, a pesar de que había desempeñado oficios bien opuestos a ella, el autor de garra salió al fin a relucir. Bien joven todavía, dos cuentos suyos ganaron importantes premios literarios. Los relatos breves fueron los primeros en darlo a conocer como narrador de primera línea. Poco a poco fue cimentando una reputación literaria que culminó en 1957 cuando se le otorgó el Premio Nacional de Literatura por su vigorosa obra. En 1960 vino a los Estados Unidos y enseñó cursos en Middlebury College, donde terminó su novela *Punta de rieles* (1960). Actualmente goza de una reputación literaria pocas veces alcanzada por otro escritor chileno.

Como en el caso de muchos escritores, Rojas comenzó su carrera literaria por el verso. Sus primeros poemas aparecieron en 1917 y muestran a un poeta de mucha sensibilidad, de expresión muy sobria con auténtico sentimiento. Su producción se enmarca en el llamado Postmodernismo. Después de haber dado a conocer muchos cuentos que luego ganarían fama, en periódicos y revistas, publicó su primera colección, *Hombres del sur* (1926). Desde este momento se nota algo común a toda la obra de Rojas: una acertada combinación de lo criollo regional en los ambientes o escenarios, con una técnica de narrar diferente, porque toma muchas de las técnicas de las últimas corrientes novelísticas. Se complace en presentar vidas en su pleno perfil sicológico y humano, mostrando predilección por seres raros y extraños como inadaptados y delincuentes, que practican el heroísmo diario de vivir y sobrevivir en las mayores penurias y dificultades. Sus relatos están llenos de indignación y misericordia y de gran simpatía humana hacia los que sufren pobreza, incomprensión, abandono o son víctimas de la persecución. Más tarde publica más colecciones: *El delincuente* (1929), con nueve relatos, entre los que se cuenta «El vaso de leche», una de sus obras maestras; *Travesía* (1934) y *El bonete maulino* (1943). Agotadas rápidamente sus ediciones individuales, ha publicado *Antología de cuentos* (1957) y *El vaso de leche y sus mejores cuentos* (1959). Por su estilo único, su maestría en la concepción y la pintura de ambientes y personajes, Rojas tiene por lo menos una docena de cuentos que deben figurar entre los mejores de cualquier literatura. Hace buen uso del rico folklore chileno así como de las múltiples experiencias de su existencia tan trajinada, de manera que sus relatos no parecen ficción sino cosa realmente vivida por su autenticidad ambiental y sicológica. Narra siempre con gran naturalidad y tanto sus cuentos como novelas abundan en pasajes humorísticos e irónicos que, aparte de ofrecer una profunda filosofía de la vida, mueven al lector a la risa y el buen humor.

Ya cimentada su fama como cuentista, Rojas se dio a la tarea de escribir novelas. Hasta la fecha ha escrito seis y aunque no todas tienen el mismo valor, ofrecen méritos muy acentuados. En la novela sigue la tendencia del trascendentalismo que ya hemos visto en sus relatos breves. Su primera obra de este tipo es *Lanchas en la bahía* (1932), novelita construída a base de sus vivencias personales cuando abrazó la carrera de marino. Cuatro años después dio a conocer *La ciudad de los Césares* (1936). En ambas obras sigue lo que podríamos llamar el estilo tradicional de narrar. Empleando todo lo que había aprendido en sus muchas lecturas de Proust, Joyce, Huxley, Faulkner, Hemingway, Mann, Baroja, compuso *Hijo de ladrón* (1951), su obra más lograda y una de las cumbres de la literatura hispanoamericana. Aquí emplea las principales técnicas contemporáneas: monólogos interiores, ruptura del tiempo convencional, contrapunto, «flashbacks». Esto no quita para que emplee la técnica de la picaresca: relatos en primera persona con episodios y aventuras. La obra tiene un fuerte tono autobiográfico en el sentido de que recoge muchas de las experiencias personales de Rojas, quien vuelve a mostrar su interés en las vidas extrañas, algo excéntricas, quienes luchan por ser ellos mismos en circunstancias que le son completamente desfavorables. Rojas no moraliza, sino que eleva el relato por su especulación filosófica sobre la degradación de la sociedad, el destino humano y la aparente oposición en el mundo contemporáneo entre sociedad y desarrollo individual, sin ocultar su oposición a un estado social que hace víctimas a los más pobres e indefensos.

Novela de gran intensidad y fuerza es *Mejor que el vino* (1958), continuación de la anterior. Siguiendo a Proust y Joyce, explora lo más profundo del interior de algunas vidas, sobre todo la del protagonista, Aniceto Hevia, héroe o antihéroe de *Hijo de ladrón*. La vida amorosa de este personaje, su sicología bien delineada, junto a la recreación de ambientes diversos, son algunas de las virtudes del relato. Presenta los personajes como si fueran seres reales en un relato rico en evocaciones y con una línea muy débil entre lo real y lo puramente soñado. Más desnudez en la presentación del problema erótico notamos en *Punta de rieles* (1960), cuyo asunto el propio autor confiesa habérselo oído a dos amigos.[1] Rojas es también un excelente ensayista, habiendo publicado, entre otros, *De la poesía a la revolución* (1938) y *Algo sobre mi experiencia literaria* (1960), obras de imprescindible consulta para conocer el credo literario de este gran escritor. Por la transcendencia que imprime a sus relatos, por el caudal de ternura humana que muestra hacia el ser humano, por su maestría artística, Rojas ocupa un lugar muy sobresaliente en la narrativa continental.

FUENTE: *Obras completas*, Santiago, Zig-Zag, 1961. Incluye «Algo sobre mi experiencia literaria» y un estudio de José Santos González Vera.

---

[1] «Algo sobre mi experiencia literaria», *Obras completas*, págs. 30-32.

El vaso de leche y sus mejores cuentos

1959

Un ladrón y su mujer[1]

Una tarde de principios de invierno, en aquel pueblo del sur, una mujer apareció ante la puerta de la cárcel. Era una mujer joven, alta, delgada, vestida de negro. El manto[2] cubríale la cabeza y descendía hacia la cintura, envolviéndola completamente.

El viento, que a largas zancadas[3] recorría las solitarias callejuelas[4] del pueblo, ceñíale[5] la ropa contra el cuerpo, haciéndola ver más alta y delgada.

Tenía la piel blanca y los ojos claros.

Estuvo un largo rato mirando la vieja y torcida puerta de la cárcel. Detrás de la reja, más allá del ancho corredor, un gendarme con aire aburrido se paseaba con su carabina al hombro. Por fin, la mujer avanzó y entró decidida. Llevaba un paquete colgando de la mano izquierda.

—¿Qué quiere? —preguntó el guardia, interrumpiendo su paseo.

—Quisiera... —dijo la mujer, pero en el mismo instante el gendarme gritó con voz gruesa:

—¡Cabo de guardia![6]

—¿Qué te pasa? —respondió una voz delgada desde el interior.

—Aquí hay una mujer que quiere... —empezó a decir el soldado, pero como no supo qué agregar, se encogió de hombros y recomenzó su paseo.

Apareció un vejete chico,[7] delgado, de bigote blanco, vestido de uniforme, con la gorra torcida sobre la oreja y un gran manojo de llaves en la mano.

—¿Qué quiere, señora? —preguntó con voz amable.

La mujer se acercó a la reja.   5

—¿Hay aquí un preso que se llama Francisco Córdoba?

—¿Francisco Córdoba? Espérese... —respondió el cabo, rascándose la cabeza e inclinando más con este movimiento la gorrilla sobre   10 la oreja—. Francisco Córdoba... Sí. Uno delgado, moreno, de bigote...

—Sí.

—¿Y qué?

—Yo soy su mujer y quisiera verlo para   15 entregarle una ropa que le traigo.

—¡Hum! Ahora no va a poder verlo. Es muy tarde. La ropa puede dejarla, con confianza; yo se la entregaré.

—Y estos veinte pesos...   20

—¿Quiere mandarle veinte pesos? Muy bien. Démelos. No tenga cuidado, señora —agregó, risueño,[8] viendo que la mujer dudaba.

—Sí, tome —dijo ella.

—Si quiere hablar con él venga mañana   25 temprano.

—Bueno; muchas gracias.

—De nada, señora. Vaya tranquila.

Todavía no había salido cuando el cabo, dándose vuelta hacia adentro, gritó con voz   30 estentórea:[9]

—¡Francisco Córdoba!

---

[1] Este cuento está en la línea narrativa predilecta del autor, para quien la vida delictual tiene un encanto especial. Como sucede en muchos de sus relatos, la parte principal y más conmovedora no se centra en un delincuente sino en una persona buena y fiel que lo sigue queriendo, a pesar de las visitudes y peligros de la «profesión». Aquí una mujer se sacrifica por «su hombre» y está dispuesta a correr los riesgos más grandes y hacer toda clase de sacrificios por ayudarlo. Quizás, en el fondo, lo que Rojas quiere mostrarnos es que aún estos seres fuera de la ley son capaces de inspirar sentimientos tan elevados como el amor y la fidelidad. El autor mira a sus personajes con gran simpatía humana, como dando a entender que son víctimas de la sociedad y no sus victimarios.
[2] vestido amplio a modo de capa; mantilla grande y sin guarnición
[3] pasos largos
[4] calles pequeñas sin pavimentar
[5] le sujetaba; le apretaba
[6] jefe para las entradas a la cárcel
[7] viejo ridículo y pequeño
[8] amable
[9] muy fuerte

—¡Eh! —respondió lejos una voz que ella conocía; la voz de su hombre.

Se detuvo, con la esperanza de oírla de nuevo, pero ningún otro grito salió del fondo de aquellas murallas húmedas.

—¡Francisco Córdoba!

—¿Qué hay, mi cabo? —preguntó el preso.

—Toma, Tu mujer ha venido a verte y te manda este paquete y estos veinte pesos.

—¿De veras, mi cabito? ¿Y por qué no me deja hablar con ella?

—Ya es muy tarde. Vendrá mañana en la mañana —respondió el cabo, abriendo la puerta y entregando al preso el paquete y el dinero.

—Muchas gracias, cabo.

—Abre el paquete.

—En seguida.

El paquete contenía ropa interior limpia. El cabo echó una mirada de reojo[10] y cerrando la puerta del calabozo[11] se fue.

Pancho Córdoba, contento, cantando de gozo, empezó a cambiarse la ropa. Su mujercita había venido, trayéndole ropa limpia y dinero. ¡Tan linda y tan fiel! Desde donde la llamara, por muy lejos que estuviera, venía siempre a verlo. Ni una vez faltó al reclamo[12] de su hombre en desgracia. Se enterneció[13] pensando en ella, tan seria, tan humilde, tan maternal, siempre sin quejarse, llena de solicitud y de atención.

Pancho Córdoba era un hombre delgado, moreno, de bigote negro. Vestía siempre muy correctamente. Era un poco jugador y otro poco ladrón, poseedor de mil mañas[14] y de mil astucias,[15] todas ellas encaminadas al poco loable[16] fin de desvalijar al prójimo.[17] ¿Qué es lo que no sabían hacer las manos de Pancho Córdoba? Desde jugar con ventaja al póquer, al monte o a la brisca,[18] hasta extraer un billete de Banco, por muy escondido que estuviera en el fondo de los ajenos bolsillos, todo lo hacía. Era un verdadero pájaro de cuenta,[19] hábil, alegre, despreocupado. Lo habían detenido en la estación de ese pueblo en los momentos en que pretendía dejar sin su repleta[20] cartera a un respetable caballero, y a pesar de su aire de indignación, de su chaqué[21] y de sus protestas de honradez, fue enviado rectamente a la cárcel.

Una vez que se hubo cambiado de ropa se sintió otro hombre y se paseó con aire de importancia por el calabozo. Mañana vendría su mujer, haría algunas diligencias, gastaría algún dinero y seguramente lo pondrían en libertad. Conocía el sistema.

Dos horas después, los presos fueron sacados de sus calabozos y llevados al patio. Antes de las ocho era costumbre pasar lista a los detenidos. Esto servía también como recreo para los reos.[22]

Apenas llegó al patio, el salteador[23] Fortunato García condenado a una larga condena, se acercó a él y le dijo:

—Pancho, oye bien lo que te voy a decir.

—Habla.

—Óyeme sin mirarme. Cuando pase por aquí la guardia de relevo,[24] los hombres de mi cuadrilla se echarán encima de los soldados y les quitarán las carabinas. Seguramente habrá tiros hasta para regalar. Mientras tanto, yo me correré hacia el fondo y saltaré la muralla que da al río. La fuga[25] está preparada nada más que para mí, pero si quieres escaparte, sígueme. Si la treta[26] sale bien nos podemos ir muchos. ¿Entendiste?

—Sí, gracias.

—No me des las gracias todavía, porque es muy posible que si la cosa sale mal nos peguen un tiro. Atención.

Al principio, el proyecto le produjo un poco de miedo a Pancho Córdoba. El no era hombre de tiros ni de situaciones trágicas. No le gustaban las emociones demasiado violentas. Pero, pensándolo bien, el asunto no era tan terrible y todo dependía del modo como se aprovechara el tiempo. Observaría el desarrollo de los

---

[10] mirar con disimulo, por encima del hombro
[11] prisión subterránea; la celda peor de una prisión
[12] llamada; voz con que se llama a uno; petición de ayuda
[13] se movió a ternura; se conmovió
[14] habilidades, destrezas
[15] artificios, estratagemas, mañas
[16] digno de alabanza; plausible
[17] robar, despojar a los demás hombres
[18] cierto juego de naipes

[19] persona astuta que ha de tratarse con cuidado
[20] muy lleno, gruesa
[21] chaquet, especie de levita usada en las grandes solemnidades
[22] criminales, acusados
[23] bandido, el que asalta para robar en los caminos
[24] reemplazo, guardia que releva
[25] huída, salida o escape
[26] artificio, engaño, artimaña para lograr algún intento

acontecimientos y si las circunstancias se prestaban se marcharía lo más rápidamente posible.

Pensó en seguida que su desconocimiento de la región era un obstáculo para su fuga y buscó, entre los hombres que lo rodeaban, a alguien conocedor del terreno que pudiera guiarlo y acompañarlo.

Entre los presos había dos indios araucanos,[27] mocetones fornidos.[28] altos, macizos,[29] condenados a varios años por un robo de animales. Se acercó a ellos y en breves palabras les puso al corriente de lo que se preparaba, comprometiéndose ellos a llevarlo consigo y no abandonarlo. Conocían la región como sus propias rucas.[30]

—En cuanto me vean correr, síganme —les dijo Pancho Córdoba con aire de jefe.

Sin embargo, le quedó una última duda. ¿No sería una estupidez exponerse a recibir un tiro, ya que su causa no era grave y podía salir de un momento a otro? ¿Y su mujer?

Estaba pensando en ella cuando apareció en el patio el pelotón[31] de gendarmes que abandonaba la guardia. Pasó por delante de los presos y desapareció por la puerta que daba hacia el exterior. Inmediatamente entró el grupo que cubriría la nueva guardia. Apenas los soldados llegaron a la mitad del patio, uno de los presos cerró la puerta y los demás se echaron aullando[32] encima de los nuevos centinelas.[33] Gritos de violencia y quejidos de angustia se oyeron. A Pancho Córdoba se le encogió el corazón. Miró hacia el fondo del patio y vio que Fortunato García se lanzaba al aire desde lo alto de la muralla.

La guardia, cogida de improviso, fue desarmada casi en su totalidad y sus hombres, pálidos, se arrinconaban[34] rechinando[35] los dientes de rabia. Dos soldados luchaban aún.

Tres hombres más saltaron la muralla. Francisco Córdoba se repuso y pensó que estaba perdiendo un tiempo precioso. Hizo un rápido cálculo y vio que todavía disponía de diez o quince minutos para ponerse en salvo. Además, ya era casi de noche y sería fácil escurrirse[36] entre las sombras.

Sin saber cómo, se encontró en lo alto de la pared. Saltó en el aire y apenas tocó el suelo apretó a[37] correr derecho.[38] Un minuto después los indios corrían a su lado.

—Por aquí.

Se desviaron un poco y llegaron a la orilla de la barranca[39] del río.

—No hay camino. ¡Tírate![40] —gritó uno de los indios lanzándose al vacío.

Llevado por el ímpetu de la carrera, Pancho Córdoba no tuvo tiempo de reflexionar y cerrando los ojos saltó. Cayó en una pendiente de tierra suelta que se desmoronó[41] y lo fue a dejar, rodando, a la orilla del río.

El indio más joven corría ya sobre el agua, chapoteando[42] delante de Pancho. El otro venía detrás. Subieron la pendiente[43] contraria y se encontraron a la otra orilla del río, frente al campo inmenso, nerviosos y entusiasmados por la fuga.

En ese momento se oyó el primer tiro en la cárcel y como si ésa hubiese sido la señal de partida, los tres echaron a correr como locos.

Los faldones[44] del chaqué de Pancho Córdoba volaban detrás de él.

No supo cuánto tiempo estuvo corriendo. Con los puños cerrados, lleno de una alegría frenética, corría detrás del indio joven, procurando mantener la distancia. El indio corría con un trote[45] largo, elástico, sostenido, resoplando[46] como un caballo. El otro marchaba detrás de Pancho y él sentía su respiración vítrica y su paso liviano[47] resonando en el silencio del campo. Se sentía seguro en medio de esos dos hombres tan sanos, tan robustos, que parecían dispuestos a correr todo el tiempo que fuera necesario y más aún.

---

[27] los indios que formaban la parte principal de la población de Chile y que se extendían también por el oeste argentino
[28] jóvenes altos y fuertes, robustos
[29] sólidos, gruesos
[30] casas o habitaciones de los indios
[31] grupo pequeño de soldados
[32] gritando
[33] guardias, soldados que se colocan de guardia en un sitio
[34] se ponían en un rincón
[35] haciendo ruido con los dientes
[36] (fam.) escaparse
[37] se echó a correr
[38] sin desviarse, en línea recta
[39] abismo, precipicio
[40] ¡Lánzate!
[41] se deshizo
[42] remojando
[43] cuesta, inclinación
[44] faldas cortas y sueltas
[45] modo de andar (del caballo)
[46] aspirando y respirando
[47] ligero, que pesa poco

Pero si Pancho Córdoba era ágil y liviano, como un verdadero ladrón joven, no poseía, en cambio, la formidable resistencia de sus compañeros. El sudor corría a chorros[48] por su cuerpo y a la hora escasa de marcha se dio cuenta de que no podría correr mucho tiempo más. Sentía el pecho y las piernas pesadas y la respiración producíale un dolor como de quemadura en la garganta. Empezó a perder terreno y tropezaba continuamente, vacilando en la carrera. Quiso detenerse, pero el indio que venía detrás le gritó:

—¡No te pares, huinca[49] cobarde! ¡Corre!

El insulto le dio rabia, pero también le dio fuerzas, y continuó corriendo. Pero aquel demonio que corría delante de él era incansable, no disminuía un instante su largo trote y parecía tocar apenas con sus pies la blanda hierba del campo.

De pronto tropezó y cayó rodando al suelo, con la boca abierta, extenuado.[50] Los dos indios se detuvieron.

—¡Párate! ¡Corre! —le gritaron desesperados, rabiosos.

—No puedo. Váyanse ustedes. Déjenme solo —murmuró Pancho Córdoba.

—¡Párate! Vienen soldados. . . —le dijeron.

Pancho no respondió, no podía hablar. Entonces el indio más joven lo levantó bruscamente, se puso delante de él e inclinándose lo tomó sobre su espalda, reanudando[51] la carrera.

Pancho, avergonzado, se tomó del cuello del indio y se dejó llevar. Durante mucho rato el araucano corrió con su carga humana con un trote pesado, pero continuó; cuando juzgó que el hombre había descansado lo suficiente, lo soltó.[52] Pancho Córdoba volvió a correr y corrió hasta caer nuevamente al suelo, rendido,[53] tomándolo entonces en hombros el otro indio.

Cuando éste lo dejó, se negó a correr más. Ya no había razón para proseguir corriendo, pues se habían alejado bastante y seguramente estaban fuera de peligro.

Sin embargo, siguieron andando de prisa, escuchando de rato en rato. Pero el campo estaba en silencio. Ni un grito, ni un disparo, ni un trote de caballo. La obscuridad era profunda y en medio de ella marchaban los tres hombres, mudos, respirando fatigosamente.

Al día siguiente, muy temprano, la mujer de Pancho Córdoba se encaminó hacia la cárcel. Había tenido noticias de la evasión, pero sin saber detalles de ella. Estaba pálida y demacrada.[54] Apenas había dormido esa noche. En la obscuridad de su pieza, medio dormida, medio despierta, veía a su marido muerto, tendido de bruces[55] en el suelo, o huyendo, perseguido por un soldado que le hacía fuego sin poder herirlo. Otras veces lo veía libre, sonriendo, o herido, afirmado en un árbol, pálido, mirándola tristemente mientras ella lloraba.

¿Hasta cuándo viviría ella así? Todos los trances angustiosos en que él se encontraba a menudo, todos los peligros que corría, las prisiones, las fugas, los procesos, todo ese dolor continuo que forma la vida de un delincuente recaía únicamente sobre ella. Él soportaba los acontecimientos, los vivía; ella los sufría, viviendo siempre angustiada, recibiendo en su corazón de mujer todo el obscuro dolor de la vida de su hombre.

Resignada, silenciosa, iba de allá para acá, siguiéndole en sus vicisitudes.[56] Había unido su vida a la de ese hombre, queriéndolo, sin saber que era ladrón; cuando lo supo lo quiso más, sintiendo hacia él un cariño de madre y de hermana.

Antes de llegar a la puerta de la cárcel, se detuvo indecisa. ¿Se habría fugado o no habría podido hacerlo? ¿Estaría herido o muerto? ¿Qué hacer?

Por fin se decidió a entrar.

Detrás de la reja se paseaba un gendarme con el arma al hombro. Pero éste no tenía el aire aburrido que tenía el de la tarde anterior. Este se paseaba resueltamente,[57] con aspecto de guapeza[58] y de desafío.[59]

---

[48] copiosamente, abundantemente
[49] continúa
[50] debilitado, sin fuerzas, muy cansado
[51] reiniciando; prosiguiendo lo interrumpido
[52] lo dejó suelto, lo dejó libre
[53] muy cansado

[54] enflaquecida, sin buen color en la cara
[55] boca abajo, caído
[56] crisis, problemas, dificultades
[57] enérgicamente, de manera entusiasta
[58] valentía, bizarría
[59] reto, duelo; rivalidad, competencia

—¿Qué quiere? —preguntó, deteniéndose y echando una mirada terrible sobre la mujer.

—Quisiera hablar con el cabo de guardia.

—¡Cabo de guardia! —gritó él.

Un hombre alto y moreno acudió. La guardia había sido cambiada y el simpático vejete de la gorrilla ladeada estaba descansando.

—¿Qué pasa? ¿Qué quiere, señora? —preguntó con voz brusca.

—Es que. . . el otro cabo me dijo que podía venir hoy en la mañana a ver a mi marido.

—¿Quién es su marido?

—Un detenido, Francisco Córdoba.

—¿Francisco Córdoba? —preguntó el cabo, sorprendido.

—Sí. Yo vine ayer a hablar con él y el otro cabo me dijo. . .

—Sí, sí; espérese. ¿De modo que usted es la mujer del reo Córdoba?

—Sí, yo soy.

—Muy bien, pase.

Abrió la reja y la mujer entró.

—Venga por acá.

La hizo entrar en un cuartucho[60] donde había una mesa y una banca. Algunos grillos[61] estaban colgados de la pared.

—Siéntese.

La mujer se sentó, tímida. Había notado que el cabo le dirigía furtivas miradas, como queriendo sorprenderla. Además, su voz estaba llena de malicia. El hombre se plantó ante ella.

—¿Así es que usted quiere hablar con el preso Francisco Córdoba? —preguntó irónicamente.

—Sí, señor.

El gendarme la miró de arriba abajo y después de un momento preguntó:

—¿Usted no sabe lo que pasó anoche aquí?

—No, señor —mintió ella.

—Hubo una fuga. Los presos atacaron a la guardia e hirieron a dos soldados. Su marido fue uno de los cabecillas.[62] ¿Usted no sabía que se estaba preparando una fuga?

—No, señor, nada.

—¿No sabía nada, no? ¿Usted es de aquí del pueblo?

—No, señor; llegué ayer de Santiago.

—¿El no le dijo nada a usted?   5

—Si no he hablado con él. . .

El cabo calló, mirando a la mujer. Después le dijo, repentinamente, queriendo confundirla:

—Usted ha venido al pueblo a preparar la 10
fuga.

—No; él me escribió a Santiago pidiéndome que le trajera ropa y dinero. Nada más.

—¡Hum! ¡Qué casualidad! Llegar el mismo día de la evasión. Y dice que no sabe nada. . . 15

La mujer, con la cabeza inclinada, sentía caer sobre ella la mirada y las palabras del cabo. Este, con las piernas abiertas, balanceaba el cuerpo, haciendo sonar el llavero[63] que llevaba colgado de la mano izquierda. 20

—¿Y usted no sabe dónde está su marido? ¿Se arrancó?[64] —preguntó ella, anhelante.[65] El hombre largó una risotada.[66]

—No, no alcanzó a irse. Está aquí, bien guardado. Espérese un momento. 25

Salió y volvió acompañado de un sargento. Ante la puerta conversaron los dos en voz baja. El sargento miraba de vez en cuando a la mujer. Terminada la conversación, avanzó hacia ella y díjole: 30

—Usted va a quedar detenida. Necesitamos hacer algunas averiguaciones.[67]

La mujer no protestó. Sabía que era inútil.

—Vaya con el cabo.

—Por aquí. 35

El cabo guió a la mujer por una ancha galería de celdas y calabozos. Afirmados en los barrotes[68] de las rejas, mudos, tristes, algunos presos miraban a la mujer y al cabo. No hacían un movimiento ni decían una palabra; no había 40 ni sorpresa ni pena en sus rostros. Habían perdido toda expresión y parecían formar parte de aquellas rejas, de aquellas paredes y de aquellas tablas de las tarimas.[69]

—¡Está triste la gallada![70] —murmuró el 45

---

[60] cuarto malo y sucio
[61] anillos de hierro que se ponen a los presos
[62] jefes de rebeldes, instigadores
[63] anillo en que se ponen las llaves
[64] se fugó, se fue
[65] con gran deseo o ansias

[66] carcajada, risa ruidosa
[67] investigaciones
[68] barras gruesas; barras de hierro para asegurar algo
[69] camas muy rústicas
[70] grupo de gallos: se refiere a los presos

cabo irónicamente—. Se les dio vuelta la tortilla.[71]

Aludía al poco éxito de la fuga, atribuyendo a ello la causa del silencio y de la tristeza de los presos.

Por fin, en el último calabozo de la galería, fue encerrada la mujer.

Al entrar vio sobre la tarima una frazada[72] manchada de sangre, extendida sobre un bulto que parecía el de una persona. No dijo una palabra; pero apenas el cabo cerró la puerta y se fue, avanzó hacia la tarima, cogió la frazada de una punta y tiró hacia atrás, con miedo, temiendo ver de pronto aparecer el rostro pálido de su hombre.

El muerto no era su marido; lo tapó[73] cuidadosamente y fue a pararse ante la reja del calabozo. Después de irse el cabo, los presos habían comenzado a hablar en voz baja, de calabozo a calabozo, y ella sentía el cuchicheo[74] a lo largo de la galería.

Escuchando estaba, cuando cerca de ella una voz la llamó desde un calabozo:

—¡Señora! ¡Señora!

—¿Qué quiere? —respondió, sin ver al que llamaba.

La voz era suave y el que hablaba parecía tener el propósito de servirla o ayudarla.

—¿Por qué la traen a usted? —preguntó.

—Vine a ver a mi marido que está preso aquí; me han dicho que anoche hubo una fuga y me han detenido mientras hacen algunas averiguaciones.

—¿Y quién es su marido? —preguntó la voz.

—Francisco Córdoba.

—¿Pancho Córdoba? Se fugó ayer con seis reos más.

—¿Se fugó?

—Sí, señora; alégrese.

La noticia corrió rápidamente por la galería. ¡La mujer de Pancho Córdoba estaba allí! El tono de la conversación subió alegremente. La única distracción del momento la constituía el hablar de los que habían logrado fugarse.

Durante mucho rato estuvo oyendo contar los detalles de la evasión. Tranquilizáronla los presos diciéndole que su situación no era comprometedora y que tan pronto prestara la primera declaración pondríanla en libertad.

La charla de los presos la entretenía y la libraba de la horrible soledad de su calabozo, haciéndola olvidar un poco la fría presencia de aquel muerto.

Pero transcurrió el día y vino la tarde, helada, silenciosa. El rumor y el cuchicheo se fueron apagando poco a poco y por fin la mujer quedó aislada entre las paredes del calabozo. Hasta muy entrada la noche se mantuvo afirmada en la reja, de pie, sintiendo a su espalda algo molesto y extraño, procurando oir alguna voz, algún rumor de pasos, algo que la acompañara en su soledad.

Por fin sintió frío y cansancio. El viaje que había hecho desde la capital, la mala noche pasada, la falta de alimentación, la rindieron. Se acurrucó[75] en un rincón, pero el frío era demasiado intenso y le impedía dormir. Se levantó y haciendo un gran esfuerzo de valor fue hacia el muerto y tomando la frazada de una punta empezó a descubrirlo. Cuando la hubo retirado completamente, caminó en punta de pies hasta un rincón, se arrebozó en la frazada y sentándose en el suelo se quedó profundamente dormida.

Durante cinco días permaneció en la cárcel, sin ser interrogada. El juez había sido llamado a la capital y ella tuvo que esperar su vuelta, pacientemente, resignada con su suerte.

El cabo pequeño, el vejete de la gorrilla ladeada, venía siempre a hablar con ella, a acompañarla, y procuraba entretenerla contándole historias y chascarros.[76] Le inspiraba piedad y simpatía aquella mujer que no protestaba, que quería tanto a su hombre y que esperaba sin desesperarse. Además, el cabito había apreciado mucho a Pancho Córdoba, tan jovial, tan generoso y... tan pillo.[77]

A las horas de comida venía a dejarle personalmente la ración, un guisote horrible[78] que ella no podía soportar.

—Hay que comer, hija mía... —decíale, paternalmente—. El que no come no digiere[79]

---

[71] sucedió una cosa al revés de lo que se pensaba; fracasaron
[72] manta para la cama; colcha
[73] cubrió
[74] charla en voz baja
[75] se encogió

[76] anécdotas; anécdotas picantes
[77] Véase nota 19; pícaro, bribón
[78] guisado muy mal preparado
[79] hace la digestión

y para vivir hay que comer y digerir. Haga un empeñito.[80] Mire, tápese la nariz, cierre los ojos y échese una cucharadita a la disimulada.[81]

Ella reía y consentía en comer para agradar a aquel vejete tan simpático.

Por fin, al sexto día, habiendo regresado el juez, fue llevada a declarar y, como su declaración y la de la dueña de casa donde viviera una tarde y una noche fueran satisfactorias, fue puesta en libertad.

Desde la cárcel se fue hasta la estación, sola, silenciosa, tal como había llegado, y allí estuvo sentada hasta que llegó el tren.

Cuando subió, sintió que la chistaban,[82] llamándola. Se dio vuelta y vio, en un rincón del coche, a su marido, a Pancho Córdoba, que le sonreía tiernamente. Al verlo sintió algo dulce y triste que le oprimía la garganta y el corazón y empezó a llorar calladamente, sin sollozar, como si se propusiera no hacer ruido.

Él la tomó de un brazo y la sentó a su lado, acariciándola. Estaba locuaz y hablaba alegremente:

—¿Te tuvieron presa todo este tiempo? Yo lo suponía. . . Fíjate que yo me fugué con dos indios araucanos, que me llevaron en hombros cuando me cansé de correr. Fuimos a dar no sé dónde, por allá, en las montañas, a sus rucas. Me atendieron como a un príncipe, me dieron bien de comer y cuando al venirme les ofrecí dinero, los veinte pesos que tú me mandaste, no me los aceptaron. Les pregunté cómo podía pagarles, ¿y sabes lo que me pidieron? Los forros de seda[83] del chaqué para hacerse bolsas tabaqueras.[84] ¡Ja, ja, ja! ¡Qué diablos lesos![85] ¿Qué te parece?

Pero ella no contestó. Con la cabeza afirmada en el hombro de Pancho Córdoba, lloraba dulcemente, sintiendo que con el llanto descansaba su corazón atribulado.

VENEZUELA, 1906

Después de la primera guerra mundial aparecieron en Hispanoamérica las tendencias de vanguardia, que trajeron una verdadera revolución en el estilo literario. Simultáneamente surgieron movimientos como el Expresionismo, el Impresionismo y el «realismo mágico» que completaron una época de cambios fundamentales en la literatura. A través de las revistas *Válvula* y el *Ingenioso Hidalgo* una generación de jóvenes escritores venezolanos se adhirieron a los nuevos reclamos con voluntad de imponer una nueva estética. Entre los abanderados del nuevo ideal estético pronto comenzó a tener estatura propia Arturo Uslar Pietri, como narrador de perfil sobresaliente. Nació el notable escritor en Caracas y se graduó de doctor en Ciencias Políticas en la Universidad Central en 1929. Desde ese momento ha orientado su vida hacia dos vertientes: La vida pública y las letras. En la primera ha sido ministro de educación nacional, de hacienda, de relaciones exteriores, senador y candidato a la

---

[80] esfuerzo
[81] escondida
[82] hablaban en voz baja o hacían ademán de hablar

[83] telas interiores con que se refuerza (un vestido)
[84] estuches para guardar el tabaco
[85] tontos, necios

presidencia de la República en 1963, quedando en segundo lugar con una gran votación popular. Como hombre de letras e intelectual ha sido profesor de la Universidad Central de Venezuela y de Columbia University, presidente de la Asociación de Escritores de Venezuela y miembro de las Academias de Ciencias Políticas y Sociales, de la Lengua y de la Historia de Venezuela. Ha viajado extensamente por Hispanoamérica, Estados Unidos, Europa y el Cercano Oriente.

La obra literaria de Uslar Pietri lo destaca como autor fecundo que nunca se repite y comprende: libros de viaje, cuentos, novelas, ensayos (críticos, económicos, sociales) y teatro. El impulso inicial de su carrera lo orientó hacia la narración breve en *Barrabás y otros relatos* (1926), colección de dieciséis cuentos en los que se nota un afán de universalismo en sus ambientes extranjeros. Más tarde se definen sus solicitaciones temáticas más constantes: la tierra natal y el mundo. Atraído por la historia patria escribió su famosa novela *Las lanzas coloradas* (1931) en la que presenta la lucha del pueblo venezolano por obtener su independencia de España. Reaccionando tanto contra el modo romántico de novelar como contra el detallismo de crónica del otro tipo de novela histórica, nos presenta ese gran evento a través de pinceladas impresionistas y metáforas imprevistas, creando atmósferas raras pero verídicas a través del realismo mágico. Usa la técnica rápida y de sucesión de escenas del cine, evitando la narración morosa y de detalles. En su segunda novela, *El camino de El Dorado* (1948) vuelve otra vez a la historia para ofrecernos una especie de biografía del conquistador Lope de Aguirre, incluyendo las aventuras de este tétrico personaje y su sublevación contra el rey. El tirano muestra su gran valor cuando muere sonriendo ante los soldados que lo fusilan.

Entre lo más sobresaliente de las obras de Uslar Pietri deben colocarse sus ensayos, donde se conjuga una de las mejores prosas de Venezuela con un pensador ágil y original, que siempre tiene algo nuevo que decir aun cuando trate temas ya estudiados. Ha recorrido casi toda la gama del género, pues lo mismo escribe ensayos críticos que económico-sociales e inclusive de rumbo humanista. *Letras y hombres de Venezuela* (1948) es libro de obligada consulta para conocer aspectos de sumo interés sobre algunas de las figuras literarias e históricas. Notables aportes son también los titulados *Las nubes* (1951), *Pizarrón* (1955). *Hacia el humanismo democrático* (1966), *Materiales para la construcción de Venezuela* (1960) y *Valores humanos* (1964). Uslar Pietri ha escrito cerca de veinte libros de ensayos y en todos sobresale aquel dualismo de su obra a que nos hemos referido: lo apasionan los temas relacionados con Venezuela o Hispanoamérica, pero su visión a menudo abarca un ámbito universal cuando destaca valores que afectan a todos los hombres en todas las latitudes. Como muestra de su talento polifacético nos encontramos que Uslar Pietri ha cultivado también el teatro donde destacan las piezas *El día de Antero Albán*, *El Dios invisible* y *La Fuga de Miranda*, todas de 1958 y *Chúo Gil y las tejedoras* (1960). Con buen instinto dramático ha hecho valiosas aportaciones a un teatro nacional venezolano.

Tratamiento especial merece Uslar Pietri como cuentista. Ya hemos visto que se inició con este género para desviarse luego hacia el relato más largo, pero siempre vuelve al cuento y al ensayo, quizás con la premonición de que serán sus aportaciones más perdurables, no obstante el valor innegable de su obra total. En la narrativa breve ha publicado las colecciones *Red* (1936), *Treinta hombres y sus sombras* (1949), *Tiempo de contar* (1956), *Pasos y pasajeros* (1965) y últimamente *La lluvia y otros cuentos*

(1967). En todos sus relatos encontramos algo vital en el estilo de Uslar Pietri: sobre tipos y escenarios criollos proyecta sus relatos hacia sentimientos, emociones, sicologías y angustias de tipo universal. A base de un vocabulario flexible y de metáforas, inusitadas a menudo, construye sus relatos siguiendo las técnicas del llamado «realismo mágico», en el cual la realidad se ve bien al fondo transformada por la sensación de sueño y atmósferas llenas de fantasía y extrañeza. Con su obra total traspasa los marcos nacionales —en Venezuela se le tiene por uno de sus grandes escritores— para reclamar lugar entre los escritores hispanoamericanos más sobresalientes.

FUENTE: *Barrabás y otros relatos*, Buenos Aires, Losada, 1928.

Barrabás y otros cuentos

1928

La voz[1]

—Sin embargo, yo he matado un hombre . . .

Cuando lo dijo Fray[2] Dagoberto, temblándole la espesa barba negra, no pude menos de arrojar los naipes[3] sobre la mesa y soltar la risa.

Yo había llegado por la tarde, atravesando la montaña y los pantanos[4] entre aquella densa niebla que asfixia.[5] El guía indio me consolaba en el camino: «No se desespere, mi amo, ya en la otra vuelta[6] estará en la casa. Ahorita mismo, mi amo.»

Al anochecer llegué a la casa de las Misiones. En el corredor me esperaban los frailes. El Prior me los fue presentando:

—Fray Ermelindo.— «Para servir a Dios y a usted.» —Fray Froilán. . . Y allá, el último, apartado, silencioso, flaco y seco, con la barba negra: —Fray Dagoberto, nuestro ángel bueno. . .

Este me interesó mucho. Había en él algo que me atraía naturalmente. Me dediqué a buscarle la amistad.[7] En la noche, durante la comida, nos hicimos amigos.

Resolvimos para pasar el rato jugar una partida de naipes.   5

El juego era un pretexto para conversar. Hablamos de mil cosas banales y profundas, ligeras y pesadas. Le referí la causa de mi viaje: iba a reunirme con un tío mío que explotaba minas de oro en lo más perdido de aquellas 10 selvas, iba tras la aventura y la fortuna. El me aconsejaba con su larga experiencia, me hablaba de las cosas raras que suceden en la montaña, de los peligros, de las precauciones que hay que guardar.   15

—En la montaña suceden cosas raras, extrañas, hijo mío. Hay una vida distinta, impenetrable. Podrás quedarte en ella para siempre sin saber cómo, ni por qué. Podrías también matar.

---

[1] «La voz» cae dentro de la línea del «realismo mágico» porque la realidad está tratada tan subjetivamente que el lector tiene la sensación de que está viendo las escenas de un sueño o el misterio de una alegoría. Mediante detalles muy sugestivos como la confesión con que se inicia el relato, la forma de la entrevista, la repetición de la voz por el eco, las descripciones de la vida en las montañas, Uslar Pietri envuelve una realidad de todos los días —la montaña y dos viajeros— en una atmósfera rara, llena de misterio y sorpresas que aunque reconocible, nos impresiona como si fuese fantástica. Contribuye también a los efectos deseados el manejo de elementos como el aire, la luz, la noche, la luna, el frío, el trueno, el jaguar, y la descripción del proceso de la herida del guía indio.

[2] hermano
[3] cartas de juego, barajas
[4] ciénagas
[5] suspende la respiración por falta de oxígeno
[6] curva del camino; poca distancia
[7] tratar de obtener su amistad

Matar un hombre en la montaña es una cosa fácil, a veces irremediable.[8] La montaña siempre es nueva y peligrosa.

—Vaya, Padre, no juegue. Esto de matar hombres ya es asunto de personalidades. Ya ve, yo hasta ahora no he empezado y de usted, no hay ni que decirlo. . .

El fraile se quedó largo rato callado, como meditando, recordando.

—Sin embargo, yo he matado un hombre. . .

Fue tan inesperado,[9] tan increíble, que eché a reír:

—Usted. . . Asesino. . . Ja, ja ja. . .

Hubo un largo silencio y después, con una voz muy lenta, dijo Fray Dagoberto:

—Sí, yo. . . asesino. Verás, hijo. Fue hace tiempo. Esta casa era todavía muy joven, y yo también era joven. Los indios de Paragua se habían insurreccionado. Destruyeron los campos, las minas y los crucifijos y mataron a nuestro hermano Eleuterio. Malas cosas hacen los hombres cuando se enfadan.[10] Entonces nuestro Padre Prior me mandó ir a volverlos a la paz y a la religión. Me dieron por guía al indio José, uno de los más famosos de toda esta región. Para José la montaña era como la casa. Salimos antes del amanecer, con el farol,[11] una pistola para defendernos de los animales y llevando mucha comida. Rápidamente entramos en la montaña. La montaña al amanecer, hijo, es imponente,[12] hay un gran silencio, pesado, terrible, donde el ruido más pequeño va haciéndose enorme, monstruoso, como un grito en medio de una catedral desierta. La montaña está llena de cosas extraordinarias. El indio marchaba delante de mí con un paso ágil y firme. El sol salía[13] y todo se hacía claro, con esa débil claridad de las selvas.

«Padre, sería bueno de comer, tú cansado[14] y con hambre,» me dijo el indio al mediodía. Comimos bajo un árbol, luego hundiendo la cabeza en una fuente clara, bebimos el agua. Después, le dije: «Oye, José ¿falta mucho?»

«Ahorita mismo, mi Padre, andando más allá de aquella lomita,[15] ya estamos.»

La lomita era una elevación de árboles que cerraba el horizonte; calculé cinco horas más de marcha, todo por el amor de Dios. . . Anduvimos . . . anduvimos sobrehumanamente, como bestias de carga. Tenía ese cansancio seco y rígido que paraliza. Volví a preguntar: «¿Falta mucho, José?» «Ay, mi amito, el camino está raro, hoy se ha puesto más largo.» Ya el cielo estaba de todos los colores, y, a lo más, media hora después caería la tarde. Sin embargo seguíamos andando. El aire estaba húmedo como en la orilla de un río y se iba haciendo muy obscura la luz entre los árboles. No tienes idea, hijo, de lo que es un viaje en aquella selva interminable.

De pronto el indio se detuvo, se acercó a mí, y en voz baja me dijo: «Padre, nos hemos perdido, éste no es el camino.» Hubo un momento de desesperación, de duda. La noche se acercaba. Entonces José dijo: «No se preocupe, mi Padre, no hay peligro, pasaremos aquí la noche y por la mañanita encontraremos el camino bueno.»

Resignadamente nos pusimos a recoger leña y a cortar ramas, para encender fuego y hacer un cobertizo[16] para protegernos de la luna y el frío, porque en la montaña la luna es venenosa.

Sentí un grito y me volví asustado; el grito venía de donde estaba José. Corrí a él con el farol en una mano. Estaba tendido en el suelo, sollozando, mientras se agarraba[17] con ambas manos una pierna: «Yo me muero, mi amito, me picó una víbora.[18]»

Acerqué la luz y vi en el músculo dos agujeros[19] pequeñitos que manaban sangre. «Yo me muero, mi amito,» murmuraba el indio. En la selva hacía eco la voz y regresaba resonante, áspera, fuerte.

En la ansiedad quité el cristal al farol y apliqué la llama sobre la herida: la carne se quemó con olor repugnante.

---

[8] inevitable
[9] algo que no se espera
[10] se enojan
[11] especie de linterna
[12] que tiene gran atracción; majestuosa
[13] se levantaba, subía
[14] Tú estás cansado. Forma en que los indios hablan el español.
[15] pequeña elevación
[16] cubierta
[17] se asía
[18] serpiente venenosa
[19] huecos

—«Ayayay, mi amito, me muero». . .

La piel se había tostado y mostraba hendidu-ras[20] hondas.

Le apliqué una compresa[21] de hojas frescas, dejé el farol en tierra, y me senté junto a él esperando lo que pudiese suceder.

De la garganta le salía un mugido[22] ronco como el de un toro, y todo el cuerpo se le agitaba con un escalofrío terrible.

La pierna se le había puesto monstruosa, era como la pata de un elefante. La inflamación corría rápida, tomó[23] el muslo, llegó al abdo-men y a la garganta. Ya no tenía figura humana. Era como una de esas figuras de caucho[24] que se inflan con aire. Parecía un sapo gigante. La piel se le había puesto negra y espesa, como de reptil.

La voz era suave y suplicante: «Ayayay, mi amito, estoy sufriendo mucho.» Sus palabras eran débiles, casi femeninas.

Estaba informe,[25] la inflamación tocaba en su máximum. Estaba repugnante aquella carne que se expandía, que se dilataba: elástica, blanda. De un momento a otro reventaría[26] como una granada.

Yo sentía una confusión, una locura. Le veía volar en mil pedazos, en mil pedazos que llegarían hasta el cielo, en mil pedazos que apagarían las estrellas.

Ahora la voz era dulce, muy dulce: «Mi amito, ayayay, por Dios, mátame, mi amito, que estoy sufriendo mucho ¿verdad que lo harás por mí? Mátame, mi amito.» Del fondo de la montaña la voz regresaba convertida en grito tremendo. «Mátame, mi amito. . .»

La noche se había llenado del grito; yo me sentía loco. Ah, qué horror. . .

Desesperado, me alejé un poco. Pero la voz venía aullando entre los árboles enorme, in-sistente, terrible: «¡Mi amito!»

Me estaba atrayendo el grito como atraen al pájaro los ojos del jaguar; me empujaba hacia él.

«Mátame por el amor de Dios.» Allí estaba otra vez, delante de mí, muriendo, suplicante.

¡El Señor lo sabe. . . ! No fui yo. Fue algo sobrehumanamente fuerte lo que armó la pistola en mi mano. . .

«¿Verdad que lo harás por mí?» la montaña toda rugía llena del grito.

El grito se apagó de golpe. . . Ya no se oía la voz. . .

Venía galopando por la selva un gran trueno[27] denso, aullante, espantoso. . .

Ya no se oiría más la voz. . .

---

[20] grietas, aberturas
[21] tela con varios dobleces que se coloca sobre las heridas
[22] voz o sonido característico del toro o la vaca
[23] aquí significa llegó hasta
[24] goma
[25] sin forma
[26] explotaría
[27] ruido fuerte que acompaña al relámpago

Lino Novás-Calvo

CUBA, 1905

La crítica coloca la valiosa obra narrativa de Lino Novás-Calvo entre las mejores tendencias del cuento hispanoamericano contemporáneo, mientras que en Cuba se le tiene entre los más sobresalientes cultivadores de ese género. Nació en Grañas del Sur, provincia de la Coruña, Galicia, pero a los siete años vino para Cuba al emigrar sus padres, y aquí creció y se formó intelectualmente. Ha llevado una vida muy dura, de trabajos y afanes pero llena de dignidad y elevación, ya que nunca ha transigido ni con la dictadura ni con lo innoble. Esto le ha dado una consistencia espiritual muy especial donde se unen la ternura y la compasión, directamente reflejadas en su relatos. Su primera obra fue un poema de tendencia social publicado en la *Revista de Avance*, donde se agrupaban los escritores que anhelaban la renovación literaria de Cuba. Ingresó de lleno al periodismo, y vivió como corresponsal en Madrid, Barcelona y París desde 1931 hasta 1939. De regreso a Cuba ingresa en la revista *Bohemia*, la más leída e importante del país antes de Castro, donde publicó casi de todo. Al mismo tiempo presta servicios como profesor —otra de sus vocaciones— y se distingue en las traducciones de los grandes escritores, que al propio tiempo lo influyen notablemente: Aldous Huxley, D. H. Lawrence, Balzac, William Faulkner, Peter B. Kyne, Ernest Hemingway. Algunas de sus traducciones son las mejores que existen en español. Aunque defendió la revolución cubana como intento de reforma democrática, tomó el camino del exilio cuando Castro se entregó al comunismo, traicionando los verdaderos ideales revolucionarios. Después de dictar conferencias en diferentes lugares, ingresó en el Departamento de Lenguas Romances de la Universidad de Syracuse.

Sus primeros cuentos aparecieron en la prestigiosa *Revista de Occidente* que dirigía José Ortega y Gasset, ganándole una gran reputación. En Cuba hizo esfuerzos sobre-humanos por darle al cuento la dignidad temática y estilística que demandan las corrientes contemporáneas de la narrativa breve. En 1942 ganó el «Premio Hernández Catá», el galardón más alto del país, con su cuento «Un dedo encima» que ofrecemos como selección. Sus trabajos han obtenido los premios más preciados otorgados en Cuba. Intentó la novela con notable éxito en *El negrero* (1933), que ha alcanzado tres ediciones y grandes elogios de los más notables críticos. En este relato sobresale la base documental verídica de la trata de negros con un poder de narrador sobresaliente. Es un cuadro vigoroso y ameno del infamante comercio.

La verdadera gloria literaria de Novás-Calvo, sin embargo, reside en sus cuentos, publicados en las mejores revistas de Cuba, España e Hispanoamérica y luego recogidos en volúmenes: *La luna nona y otros cuentos* (1942), *No sé quién soy* (1945), *Cayo Canas* (1946), *En los traspatios* (1946). Su último cuento de que tenemos noticias es *El secreto de Narciso Campana* (1968) publicado en los «Papeles de Son Armadans» que dirige Camilo José Cela. También ha escrito *Maneras de contar*, todavía inédito, colección de cuentos de varias épocas, incluyendo algunos de la Revolución. Tiene lista para publicar próximamente *Los orenses*, novela de los últimos días de la Cuba pre-revolucionaria. Novás-Calvo no matiza la realidad con nuevos elementos, sino que la descompone en aquellos detalles que pueden contribuir mejor al desarrollo sicológico de sus personajes. En sus relatos no se abandona la pintura del paisaje o del medio exterior, ni la acción meramente física u objetiva, pero siempre se le concede la mayor importancia a la recreación de los estados sicológicos y anímicos auténticos de sus personajes, los que por esa razón viven por largo tiempo en el recuerdo de sus lectores. Emplea las técnicas más modernas, y es uno de nuestros narradores realmente conocedores de la narrativa contemporánea. Distintos niveles en la narración, juego con el tiempo, monólogo interior, corte o interrupciones del relato y hasta el uso de pausas para aumentar la sensación de ansiedad y la cuerda dramática. A menudo usa el *tempo lento* en sus cuentos, no para perderse en detallismos sobre la realidad, sino para dar un cuadro más completo del subconsciente de los caracteres. Rara vez muestra su pasión en lo que va narrando, por el contrario relata exteriormente, sin intromisiones emocionales en los conflictos, con el objeto de ofrecer las crisis y luchas de sus personajes con una visión más realista y completa.

Novás-Calvo se distingue por la sobriedad de trazo, por un vocabulario rico, pero muy bien empleado. No rehuye los regionalismos ni los ambientes locales, que son a menudo los que más conoce, pero los conflictos que plantea alcanzan una universalidad indudable. Ha sabido crear una galería de personajes que vivirán por mucho tiempo, por la justeza de su pintura y por el desarrollo sicológico que sabe imprimirles. Expresa preferencia por los personajes angustiados, abandonados, enfermos o aquellos de vida trabajosa y difícil, desenvolviéndose en un medio duro, lleno de ansiedad y desasosiego. Sus personajes a menudo viven como acosados por sus semejantes o por circunstancias cuyo control está fuera de sus posibilidades. Es un explorador del subconsciente, pero no con alardes científicos, sino con hondo calor y simpatía humana. A veces emplea técnicas cinematográficas y entonces los personajes expresan sus luchas por medio de gestos, ademanes y silencios. Una justa valoración de sus méritos inclina a incluirlo entre los grandes narradores contemporáneos, lugar ganado a base de una labor paciente y esmerada de sicólogo y estilista.

FUENTE: *Cayo Canas*, Buenos Aires, Colección Austral, Espasa-Calpe Argentina, 1946.

 ayo Canas

Un dedo encima[1]

Lo primero que sonó allí fue el nombre: Fillo ; Fillo Figueredo. *Allí* era un montoncito de cuartos, dentro y en torno a la cantera[2] vieja, y el camino a la lomita donde lavaba Sabina, y el camino a los pasajes, y el placel,[3] y el tren con su ceiba, y los marabúes.[4] Unos cuartos viejos, nacidos viejos, y chiquitos, y retorcidos y sin orden. Los del babiney,[5] nos llamaron.

El nombre sonó entre los cuartos. Tal vez lo dijo alguien desde un tejado, o una mujer desde el patio. El nombre entró antes que el hombre. Por la mañana, Sabina estaba aún dentro de su cuarto peleando con la hija Limbania, como siempre, sin saber nada, al menos a las claras. A nosotros los muchachos nos dijeron que a Sabina le habían traído un hijo del tamaño de Brunito la noche antes, y que se llamaba Fillo. Sabina llamaba *fillo* a todos los niños, y a su hija le llamaba cosas y nunca podía despertarla a tiempo por la mañana, en verano, y decían que eran las lluvias.

Es posible. Nosotros andábamos por el placel, y el apartadero[6] del tren, y a veces nos subíamos a los vagones y viajábamos en ellos hasta que cogían velocidad. Jugábamos a quien seguiría más tiempo y se tiraría con más marcha entre la yerba y las aromas[7] más allá del placel. Estos éramos Brunito, y Agileo, y Proto, y Tatica y Cascarita. Yo era Mileto, Brunito era pardo y Agileo era rubio, pero eran hermanos, y su madre era Altica. Los dos eran hermanos de Elfo Subirana, y éste era grande como Limbania Lapé, la hija de Sabina la Gallega. Yo era hijo del carrero[8] y éste era el Buchán Atávico y vivíamos solos en un cuarto sobre la tierra, y desde allí venía Elfo a bajear[9] a Limbania la hija de la gallega, llamada Lapé. Yo sabía esto ; quizás lo supieran todos, pero las mujeres miraban a Sabina, y a su hija rubia, y reían, pero nada más. Ellas no iban al tren ni sabían abrir los vagones ni podían haber visto allí a Elfo con Limbania. Acaso Brunito lo hubiese dicho, pero eso no hace al cuento.[10] Las mujeres se reían de Sabina, que lavaba sólo manteles de fondas, y un fondero[11] le había hecho aquella hija, y quién sabe si este otro hijo.

No : Fillo venía del mar. La madre misma lo había llevado a un barco en el puerto, cuando tenía tres meses, con una medalla, y lo había dejado solo en cubierta, pataleando,[12] una noche. Ahora tendría acaso doce años, como yo, pero era más alto y prieto[13] bajo el pelo rubio

[1] Novás-Calvo nos ofrece en este cuento una nota existencialista en la actitud de uno de los protagonistas, el adolescente de doce años que llega hasta herir gravemente por defender algo que forma parte de su propia personalidad : su resistencia a dejarse tocar, amarrar o enlazar, sentimiento que le viene directamente de su padre. Llama la atención que un niño pobre e hijo ilegítimo tenga ese sentimiento de la dignidad personal. El autor nos ofrece al mismo tiempo una pintura muy verídica de la forma de vida de unas familias muy pobres y, especialmente de un grupo de muchachos con sus juegos y sicología. El narrador es uno de estos chicos que tiene doce años aproximadamente. A pesar de lo escurridizo de Fillo, su presencia llena todo el relato y es el eje de la tensión dramática que termina en forma violenta. Hay muchas características del estilo de Novás-Calvo : predilección por los pobres y humildes, concentración en el desarrollo sicológico de los caracteres sin abandonar el cuadro exterior, la presencia de seres que viven como acosados por otros y los sentimientos elevados aun en las personas más humildes. El relato es

conmovedor cuando sentimos las burlas de que es víctima Sabina, una mujer muy trabajadora sin suerte o la tos cada vez peor de su hija Limbania, que padece de tuberculosis por condiciones sociales de miseria.

[2] lugar de donde sacan piedras para las construcciones
[3] lote de terreno vacío, vacante
[4] *ceibas:* árbol americano de las bombáceas, de tronco muy grueso ; *marabúes:* árbol no muy grande con ramas espinosas, muy abundante en Cuba
[5] (Cuba) lodazal, lugar fangoso, con mucho barro
[6] lugar donde se colocan los coches y vagones de ferrocarril para que otros pasen o cuando no están en servicio
[7] marabúes ; Véase nota 4.
[8] quien maneja un carro o carreta
[9] (Cuba) dándole vueltas para conquistarla
[10] eso no viene a cuento ; no venir al caso ; no tener relación con lo que se está hablando
[11] el dueño de una fonda (restaurante muy modesto)
[12] moviendo las patas (o piernas) violentamente
[13] muy oscuro y casi negro

cuando lo vimos, y no se parecía a ninguno de nosotros. Sabina no lo había visto nunca; ni aquella noche.

—Nunca lo pude mirar —dijo un día—; y cuando lo llevé al barco tampoco lo miré. Tenía que ser como el padre.

El padre era marino, y bandolero,[14] y pirata, y loco, decía Sabina. Quizás el hijo fuera igual cuando creciera. Mejor había sido llevárselo después de nacido, que lo criara y lo hiciera como él. Sería como él de todos modos. A estas horas quizás los dos estuvieran muertos, pues el barco «La Blanca» no había venido al puerto en cinco años. Sabina lloraba al decirlo, pero aun entonces las mujeres reían, por cómo hablaba la gallega, rubia y medio loca, a cuya hija dormilona y pálida bajeaba Elfo.

Entonces se presentó el Fillo. Por dos noches y un día supimos que el hijo estaba allí sin que nadie lo viera, salvo[15] tal vez el químico Apeles, que veía espíritus y mordía a las mujeres en las pantorrillas,[16] para asustarlas.[17] Pero éste no hablaba. Elfo debió de ser el primero en decírselo a Erólida Pérez, o a Hildelisa Joaristi, las canelas,[18] que se celaban[19] de Limbania. Erólida era Barco Ebrio, e Hildelisa era Vieja Mala. Las dos eran jóvenes de los cuartos y Elfo tenía algo que ver con ellas antes de venir Sabina y la hija.

—¿Tu Fillo es un espíritu, Sabina? —rieron las mujeres.

Estas lavaban en el patio y en el terreno al fondo de la cantera. Sabina iba más allá, al camino por donde antes salía la piedra y sólo lavaba manteles de fonderos. Las otras pasaron al lado con ropas hacia las tendederas, y la rubia cambiaba el chucho.[20] Entonces hablaba de peces. Ella misma se había criado entre peces, pero nadie aquí había oído los nombres que les daba ni los había comido.

—Quizás tú misma seas un pescado, Sabina, —dijo Erólida.

—Ten cuidado que no te pesquen a la Limbania —dijo Hildelisa.

—Ya se la pescaron —dijo Erólida.

Todas rieron pero nadie vio al Fillo ahora. Nosotros teníamos bandos,[21] y Brunito era el jefe, y al otro lado del tren había otros bandos. El tren nos dividía. Cuando vino la guerra el tren era la frontera. Los de allá eran los Malos, los del Káiser,[22] y los de acá éramos los Buenos. Brunito era el jefe, y Agileo el segundo jefe; yo era el sabio. A veces Agileo era el general y Brunito el segundo, pero yo era siempre el sabio. Ellos se juntaban conmigo, y oían mi consejo. A veces la candela era brava[23] y los Buenos se escapaban en medio de la pelea, y venían a pedir consejo, y si perdían me prendían[24] hasta que volvían a ganar.

—Puede que el marino nos ayude —dijo Brunito.

—Si vale lo haremos, capitán —dijo Agileo.

—Yo soy el capitán —dijo Cascarita.

—¡A ellos! —dijo Proto.

Fue entonces cuando vimos a Fillo. Hacía ya dos días y tres noches que su nombre estaba allí y nadie lo había visto a él. Sabina dejaba cerrado y Limbania salía por detrás al camino y cerraba también. La gente dijo que acaso Fillo estuviera encerrado dentro o que no hubiera tal Fillo.

—Fillo debe de ser un pescado —dijo Erólida.

Sabina calló. Era por la mañana. Las mujeres vieron al Químico y le cayeron.[25] Éste se quedaba de noche, con luz brillante, haciendo sus compuestos,[26] y salía a venderlos por las casas. Eran perfumes con nombres raros, etiquetas verdes y amarillas y rojas; de todos colores. El Químico dijo que había visto venir al Fillo, traído por un hombre viejo, a medianoche. Sabina callaba y cambiaba el chucho.

—¿Te has comido a tu Fillo, Sabina? —dijo Brunito.

Pero luego lo vimos. Los Malos estaban tumbados[27] del otro lado de la vía, cada uno frente a

---

14 ladrón, bandido, salteador
15 excepto
16 parte carnosa de la pierna debajo de la corva
17 meterles miedo
18 mulatas
19 tenían celos de
20 (Cuba) cambiaba el asunto de la conversación; *chucho:* aguja de ferrocarril, unión de una línea con otra
21 grupos que forman los muchachos para jugar

22 palabra alemana que significa emperador. Aquí se refiere al jefe de estado de Alemania.
23 había momentos muy difíciles; la pelea era muy dura
24 me hacían prisionero
25 se le acercaron, para tratarle sobre los productos que vendía
26 productos químicos
27 acostados, echados en la yerba

una traviesa,[28] pero más bajos. Las piedras daban en las traviesas, saltaban y caían más allá de ellos. Los Malos aguantaron[29] allí sin tirar, hasta que nosotros no teníamos más piedras. Entonces se levantaron todos en línea, como hombres de pasta, movidos por resortes. Se alzaron y se pararon allí, en línea, quietos, mirándonos, como muertos de pie, con piedras en las manos, pero sin tirar.

—¡Ríndanse, están muertos! —dijo su jefe.

Así nos ganaron, sin tirar. Entonces alzamos la vista y detrás de ellos vimos a Fillo, de pie sobre el ribazo,[30] de azul, descalzo y un pelo amarillo en la cabeza como un estropajo,[31] mirando, callado. Los Malos dieron la vuelta y marcharon en pares, junto a él, sin hablarle. Pasaron más allá, hacia Pajarito,[32] y los pasajes y nosotros quedamos allí, vencidos de un modo extraño, mirando al marino. Éste bajó del ribazo y pasó a nuestra derecha haciendo una curva para no acercarse, y andando como un gato. Nosotros lo seguimos con la vista, fascinados, pensando quizá que él se había unido a los Malos, dirigiéndolos como yo a los nuestros, con la cabeza.[33] Nadie había pensado jamás que se pudiera ganar allí una batalla de ese modo. Fillo pasó sobre el placel como un gato, haciendo curvas, esquivando[34] la gente. Luego entró en los cuartos por detrás y se paró en el patio, y miró a la gente con ojos muy abiertos. La gente lo miró callada, al principio. Luego alguien se movió y Fillo volvió a huir, siempre como los gatos jíbaros,[35] que bajan por hambre a las casas, y entró en su cuarto. Pero cuando nosotros fuimos allí no estaba ya en su cuarto, ni en el terreno detrás, y cuando alzamos la vista una hora después, ya de noche, estaba en el techo, sentado, agachado[36] y como a punto de saltar, pero nadie lo vio siquiera saltar. Desapareció simplemente.

Alguien dijo que no era el tal Fillo. Altica dijo que el Fillo había estado allí en espíritu, antes de estarlo en cuerpo; al otro día la gente dejó de reír cuando vio a Sabina. Nosotros pensamos que el espíritu de Fillo nos había ganado la pelea, de un modo extraño, pero a la tarde estaba allí otra vez, mirando la pelea desde un tocón[37] de ceiba en terreno neutro y esta vez ganamos nosotros. Fillo se había dejado ver todo el día, pero huyendo y sin hablar. Altica entró a quemar incienso, y poner rosas blancas en vasos de agua, y bañarse con albahaca,[38] y poner rosas rojas también en agua. Después, a mediodía, todos lo vimos entrar y ponerse a horcajadas[39] de la esquina del alero, sobre el patio. Brunito subió por detrás, a tocarlo, y el niño saltó desde cinco metros, o más, y escapó de nuevo, pero a poco estaba de nuevo en el alero. Entonces entró Sabina: —Viejos —dijo la rubia—, no le toquen. Él no es un espíritu, pero no lo toquen. Él es como su padre y yo lo conozco. Su padre ha muerto, y a él me lo ha traído el contramaestre. Creció en el mar y es como su padre y hay que entenderlo. Tocar no le toquen, viejos, porque no lo aguanta. Es como su padre. Háblenle y no pasará nada, pero un dedo encima no le pongan. Yo lo conozco, por su padre.

Las mujeres rieron. Nadie pensó ya más que fuera un espíritu, y él no fue más el oculto. Quizá no lo fuera nunca. Sabina dijo luego que ella lo había visto venir, antes de venir realmente, tres noches y dos días antes, pero que nunca había estado allí hasta que todos lo vieron. Otras personas lo habían presentido, dijo, dormidas o despiertas, igual que ella, pues la sombra transparente va siempre por delante de nosotros que seguimos sus pasos. La rubia había *visto* venir al hijo de la mano de un marino tres noches antes; esto ocurría a pleno día y al sol mientras lavaba con su cabeza rubia al sol. Luego fueron las mujeres y le dijeron: «Sabina, enséñanos a tu hijo, el que te han traído anoche» Sabina comprendió que también otros habían tenido la visión, y por eso cambió el chucho. El hijo vino como había sido anunciado por la visión y estaba allí visible pero escapando, sin juntarse con nosotros, sin parar en casa, saltando por los tejados, trepando por los árboles, y

---

[28] palo grueso sobre el que se colocan los rieles del ferrocarril
[29] resistieron
[30] terreno algo elevado con declive (pendiente)
[31] lío de diferentes materiales para fregar
[32] una calle de La Habana
[33] con consejos e inteligencia
[34] evitando
[35] salvajes, no domesticados
[36] con parte o todo el cuerpo inclinado o bajo
[37] parte del tronco de un árbol unida a la raíz
[38] planta labiada de flores blancas y muy aromática. Hay la creencia popular de que espanta los malos espíritus.
[39] echar cada pierna por su lado; como montando a caballo

dando saltos milagrosos cuando alguien quería tocarlo y aun dando aquel bufido[40] que dan los gatos espantados, pero sin hablar, sin que nadie pudiera aún conocer su voz a la semana de estar aquí, en la cantera y el placel, y en los rieles, pero solo.

—Muchachos no lo toquen —decía Sabina—. Les digo que no lo toquen porque algo ha de pasar si lo tocan. Él es como su padre. No lo toquen, háganme caso. Yo conozco a su padre, y sé que éste es el padre mismo vuelto a nacer. Háblenle, pero un dedo encima no le pongan.

Sabina pasaba por entre los cuartos todas las mañanas diciéndolo. Abría la boca y dejaba salir las palabras, según iba, hacia quien las pescara. Luego se iba hacia su batea[41] y al volver lo decía de nuevo. Erólida salía caminando como un barco ebrio y la otra Hildelisa la seguía riendo. Las dos recordaban lo que había dicho Sabina al venir allí, con la Limbania, años antes.

—Déjenme la muchachita —dijera Sabina—. No me la toquen y déjenla. Su padre anda cerca y un día vendrá aquí, y puede pasar algo; no la toquen.

Esto era años antes, pero nadie vio por allí al padre, y no pasó nada. Las mujeres reían por eso. Elfo no había creído en nada y el padre no había venido. Quizás no hubiera padre o Sabina no supiera de él. Luego Elfo se le fue a Erólida, y después a Hildelisa, y ancló en Limbania. Altica misma lo decía, riendo, y andando así, al decirlo.

—Déjenme la muchacha, por su madre, déjenmela —dijera Sabina.

Esto era antes. Hacía tres años que ya no lo decía, salvo quizás a sí misma. A veces hablaba sola y las otras reían, diciendo que aun lo decía, por lo bajito, porque alto nadie le creía.

—Déjenmela, no la toquen, que aún es muy joven —había dicho.

Pero Limbania tenía ahora 20 años, y dormía mucho, y odiaba a la vieja y a Altica, pero no a Elfo. Parecía odiarlo; no le odiaba y a veces se iba a los bailes sola, pero era cuento.[42] Limbania trabajaba en un taller, y volvía tarde, y

estaba muy pálida y delgada; estaba siempre triste, y a veces tosía.[43] Yo mismo la oía toser de noche a veces, como un niño pequeño, y luego veía sus venas azules de día, los domingos, y sus ojos negros y redondos parados en aquel rostro blanco como pintados en un papel blanco. Sabina callaba.

Fue ahora cuando volvió a hablar, pero por el hijo, y las dos canelas reían a borbotones,[44] caminando, sin pensar en Fillo, sino en la muchacha.

—Déjenmela, por su madre —había dicho Sabina.

Eso era antes. La gente lo enlazó con lo de ahora, y quizás rió más que nunca, porque Fillo escapaba y era miedoso. O así lo parecía. Nosotros vimos que no se juntaba con los Malos, ni con nosotros, y que veía las pedreas desde lejos, o escondido en la ceiba. Al fin de semana los Malos volvieron a ganarnos, y luego supimos por qué. Era el químico. Éste era un hombre flaco y pequeño, de andar menudo[45] y unos ojillos negros de jutía[46] y voz de perro. El químico vivía solo haciendo sus menjunjes,[47] y las mujeres le caían pidiéndole. Quizás por eso le salió aquella voz de perro, y modos de perro, para asustarlas. Venía a pasitos, escurriéndose, desde su cuarto y al ver una pierna cerca se agachaba y hacía aquel ruido junto a la pantorrilla, como un perro cuando muerde. La mujer saltaba, y el químico se iba agachado. A veces hacía otras trampas. Dejaba por allí cajas que saltaban al tocarlas y se convertían en bichos.[48] Así era él. Las jóvenes ya no le pedían nada. A las que lo hacían les mordía las pantorrillas, las llamaba aparte y les decía cosas sucias. No sé cuáles. Decían que eran sucias como nadie en el mundo podía decirlas sino él. Al principio le pedían, para oírlo, pero luego lo dejaron, y ya él no les mordía tanto las piernas. El químico Apeles.

Pero ahora supimos que el químico era el sabio traidor de los malos. Éstos no peleaban ya todos los días. Luego venían con otras trampas, como la de la tenaza. Habían traído gente de otra parte y la pusieron delante, entre la yerba.

---

[40] voz o sonido producido por algunos animales
[41] (Cuba) especie de caja redonda o cuadrada de madera para lavar la ropa
[42] mentira, falso
[43] El autor sugiere que estaba tuberculosa.

[44] se reían mucho
[45] pasos cortos y lentos
[46] mamífero roedor de las Antillas de carne comestible
[47] o mejunjes: drogas o medicamentos mezclados
[48] cualquier animal pequeño

Nosotros les tiramos y los nuevos cedieron, poco a poco. Nosotros avanzamos tirando, agotando las piedras, y al llegar a la línea, los malos nos salieron enteros por los lados, en tenaza, y nos coparon.[49] Obra del químico. Yo fui preso, y destituído dos veces, hasta que se nos pasó uno de las malos y nos dijo que el químico iba a veces a instruirlos y hablar en secreto con su jefe. Nada más por ese lado.

Fillo seguía por allí, flotando, y sin juntarse. *Allí* era por todo: en el barrio, en la calzada y hasta la loma y el marabú. La gente no lo veía nunca en su cuarto. Quizás fuera a comer por la puerta de atrás, o saliera luego por miedo. El miedo podía ser a la misma Sabina. La mujer lo había querido besar la primera vez, pero él se engrifó;[50] se hizo un ovillo,[51] en el suelo, y luego se soltó como por un muelle, y escapó. Sabina lo siguió hasta fuera, de noche, lo vio ir a saltos sobre la yerba. Aquella noche no volvió. Sabina luego lo miraba con ojos largos y tristes y movía los labios como hablando sola, y a la gente decía como llorando:

—Yo se los digo, viejos, no le toquen. Ni aun su madre puede tocarlo. Háblenle, pero un dedo encima no le pongan.

Entonces cesó la guerra, la nuestra. Nosotros nos calentamos un día con las artes del químico y les entramos bravo.[52] Juntamos piedras de verdad, aristadas, y les fuimos para arriba.[53] Ellos tenían su trampa, tenían una trinchera falsa y salieron de otra, de entre la hierba, pero nada. El químico mismo se apareció detrás de ellos esta tarde y le caímos a él también. Quizás por eso fue: el químico pensó ahora que Fillo era nuestro sabio escondido y le cogió odio. Nosotros les entramos a los Malos, y fue de veras. Algunos cayeron, o fueron a sus casas con chichones,[54] sangrando.

Después vino el guardia. Éste se paraba ahora allí en la caseta del tren, mirando por las tardes. Los Malos no volvieron. Se quedaron curando, preparando flechas y arcos, esperando. Nosotros vencimos entonces; creímos que eso era vencer, y que los otros estaban realmente muertos, y que ya no había guerra. Nosotros no queríamos que la hubiese, y por eso dijimos que no había guerra y que éramos los vencedores y podíamos jugar a otras cosas. Nos olvidamos de los Malos, pero no de Fillo.

Fue realmente ahora cuando pensamos en Fillo. Antes temíamos a los Malos, y Fillo no nos hacía nada. Incluso podía llegar a ser de los nuestros, algún día. Luego vimos que huía y lo olvidamos por dos o tres días. Brunito lo siguió una tarde hasta la ceiba. Lo siguió ceiba arriba, por entre las ramas. Lo vio subir, pero no dentro del árbol. Cuando miró de nuevo hacia abajo Fillo iba por el placel, a saltos. Brunito lo siguió abajo, hasta la calzada y lo vio pararse de pronto junto al carrito de frutas y volver para atrás. Nada más que eso. No vio que había cogido el cuchillo del carrito y volvía hacia él. Brunito se había detenido, y vuelto para atrás, porque vio el guardia. Por eso no pasó nada. Fillo volvió hacia el carro, y puso el cuchillo donde estaba. El viandero[55] no se lo había visto coger. Estaba gritando, mirando hacia una casa, con la boca abierta; cuando bajó la vista vio venir el muchacho con el cuchillo, y ponerlo allí, y marcharse de nuevo, sin decir nada. Fillo volvió al placel y a su cuarto; en el patio se encontró a Brunito, y lo esquivó. Se pegó a la pared, mirando de lado, y coló dentro, y Sabina volvió a salir a la puerta gritando:

—¡No, no; cuidado! No le toquen, se lo digo. ¡Cuidado! Ustedes no lo conocen. Igual pasó con el padre cuando era chico como él y por eso tuvo que huir y se hizo pirata y bandido. Él lo decía siempre: Usted hábleme, compadre, pero . . . no me ponga un dedo encima. Ya desde chiquito lo decía. Miren que yo se lo digo.

Todos rieron. Sabina se dirigía a nosotros (cinco o seis fiñes,[56] como el Fillo), que nos habíamos juntado con Brunito a caza del Fillo. Los otros veníamos cruzando el placel y vimos a Brunito correr tras el Fillo. Luego lo vimos volverse, sin cogerlo, y luego venir a Fillo, rodeando, como vagando por el borde del placel y entrar de pronto como en una zambullida[57] en el

---

[49] nos rodearon y tomaron prisioneros
[50] encrespó, erizó; se enojó
[51] bola que se forma al hilvanar el hilo; se puso redondo y encogido
[52] los atacamos fuertemente
[53] les atacamos
[54] bultos que hace un golpe en la cabeza o la cara
[55] el que vende viandas (vegetales)
[56] (Cuba), chicos, niños
[57] nadar por debajo del agua

cuarto, y Sabina gritando ahora a la puerta, espantándonos, mientras el Fillo comía dentro. Lo veíamos desde el patio, comiendo allá dentro, frente a Limbania en una tabla con patas, mirando por debajo de los brazos cortos y aleteantes[58] de Sabina (como muñones[59] de gallina gorda y pelada) con ojos asustados. Otra vez como un gato : lengüeteando, y abriendo mucho la boca ante una cuchara grande, pero mirando lejos, al acecho. No nos movimos. Esperamos allí, en grupo, como escuchando un discurso, y las mujeres detrás escuchando también, y riéndose de la rubia. Y algunos hombres. Estaba Perucho el Largo, y Aldo Caminero, y Santos Macudijes, y el Químico. Éste entró ahora sigiloso, por detrás y bajó el hocico hasta las pantorrillas de Erólida Pérez y rugió como un perro. Las mujeres se abrieron[60] a correr. Nosotros estábamos aún allí, como fascinados mirando hacia dentro, al Fillo comiendo. Luego él mismo se había evaporado. La cuchara estaba aún allí, como en el aire, pero el Fillo había desaparecido detrás de ella, y Sabina aún en la puerta, pero callada. Al cabo dijo :

—Ya lo saben.

Pero era inútil. La rubia hacía reír a otras mujeres, y daba pie a las jóvenes contra Limbania, pero nosotros ni oíamos. Sólo después. Como si lo que decía hubiera sido trasmitido de muy lejos y mientras llegaba (lo que decía) hubieran pasado las cosas y no tuvieran remedio. Después oímos las palabras de Sabina, dichas en pasado, y como oscuras y amortiguadas y raspantes,[61] pero *todo* había pasado. Ahora nosotros andábamos tras Fillo como un juego. Era una caza. Ya los malos no estaban delante (o no eran Malos) para pelear. Los juegos mismos cansaban y nosotros habíamos aprendido, por dentro, a cazar y ser cazados. Aprendido : eran como canales formados en nosotros, como vías. Ahora no queríamos pelear con los Malos, que no existían, pero tampoco jugar solamente en la yerba, y Fillo estaba aún intocado, invitándonos. Ahora el desafío[62] era entre nosotros, a quién más valía, a quién más podía, uno a uno.

A ver quién más corría, o mejor tiraba, con piedras, a los gatos extraños y forasteros perdidos que bajaban quizás de Pajarito. Esto pasó días antes. Fillo mismo podía ser aquel gato, o el gato su espíritu. Era también pequeño y flaco y nervioso, con grandes ojos pardos y siempre sobresalto. El bicho vino saltando a caza de grillos y ranas chiquitas ; como volando. Realmente volando. Nosotros le caímos a las piedras,[63] pero él las veía venir y siempre saltaba a tiempo. Ahora algunos de los Malos bajaron aquí y nos apostamos[64] en derredor, en un gran círculo, y las piedras cayéndole de todos lados. Una, otra, otra, otra : todo en derredor. Fillo estaba también allí, mirando, desde el alero, pero pocos lo vieron. El cerco se fue cerrando, por grados, sobre el gato, sin salida posible para él. Las piedras mismas no eran ya para darle, sino para formar un tejido en torno y cogerlo : como mallas vivas para enredarlo. El bicho se quedó entonces quieto, agachado entre la hierba, esperando, tal vez dándose ya por muerto. O quizás no. Puede que el gato esperara simplemente sabiendo que algo venía a salvarlo. Nadie había presentido eso. El agua empezó a caer de pronto. No a llover : a caer agua. Ni viento ni truenos : agua, agua, agua, y nada más. En el medio del placel había un trozo de paral[65] viejo clavado. El gato se subió allí y esperó a descampado.[66] El agua cubrió el placel y nosotros podíamos nadar en ella por los cangilones y las veredas[67] y las zanjas, pero no llegar hasta el gato, allá retrepado, lejos, negro, como un ovillo negro. El agua siguió cayendo toda la tarde, y al otro día el gato estaba aún en el paral aturdido. Como preparado, por el agua, para nosotros . . .

Quizás el agua, o algo, hiciera lo mismo con Fillo. Acaso el gato fuera, simplemente, la representación adelantada de lo que debía ocurrirle al niño-gato. Pero no : ahora no volvería a llover así en todo el año y Fillo nunca esperaría en el paral las piedras de guerra. Después del gato pensamos en él, pero sin piedras. Ahora queríamos cogerlo, tocarlo,

---

[58] que se mueven como alas
[59] partes de un miembro cortado que quedan unidas al cuerpo y tienen una cicatriz
[60] se echaron, empezaron
[61] que raspa ; raer, borrar sobre una superficie
[62] reto, duelo ; rivalidad, competencia
[63] les atacamos con piedras
[64] nos escondimos
[65] madero horizontal u oblicuo
[66] a campo raso, terreno descubierto
[67] *cangilones* : especie de canales ; *veredas* : sendas, caminos muy estrechos

prenderlo. Fillo era el que había que coger, enlazar, no matar. Como en una película: enlazarlo. De ahí vino el mal. Brunito se buscó una soga vieja en el tren y empezó a entrenarse a tirar el lazo. Fillo lo vio en seguida y entró en el patio, loco, y volvió a salir fletado[68] a la acera, y al tejado, y otra vez saltó al patio y entró en el cuarto. Sabina volvió a salir y dar gritos, pero nosotros estábamos fuera, lejos, jugando a enlazarnos.

—A ése lo voy a ligar yo con lazo —dijo Brunito.

No oímos lo que dijo Sabina. Fillo había entrado en su cuarto, cogido un cuchillo. Se arrimó a la pared, junto a la puerta del fondo, verde de rostro y con aquellos ojos verdes y espantados. —Yo se los advierto, viejas —dijo Sabina—. Aquí va a pasar algo si no reprenden[69] a sus hijos. Ahora están con la soga; yo los he visto. Como el padre, él vio la soga, y ustedes no comprenden. El terror a la soga. Ustedes no entienden.

No. Quizás no. Ni ella misma, tal vez lo entendía todo. Ni nosotros. La soga tenía para él algo extraño que nadie allí entendía. Sabina le quitó el cuchillo, lo apaciguó.[70] Alguien vio desde el patio que lo abrazaba, y que ahora él se dejaba abrazar. Fillo salió luego al campo, de noche, y no volvió hasta tarde, y por la mañana tampoco estaba en el barrio. Volvió a aparecerse por la tarde, por grados. Brunito escondió el lazo entre la aroma y se le empezó a acercar. Fillo lo dejaba ir unos pasos, pero retrocedía de nuevo. Yo propuse nombrar un emisario chiquito. Los demás esperaríamos cerca del aromal. Uno (tal vez Tatica) estaría escondido con el lazo y se lo tiraría al llegar. Nombramos un fiñe pequeño descalzo y medio desnudo; Fillo lo dejó acercarse, pero él no vino. Escuchó al fiñe. Éste fue con un trapo blanco en un palo de escoba al hombro, marcando el paso. Fillo estaba ahora, junto al paral (sobre el gato enterrado) y no se movió. Cuando hubo hablado, el fiñe volvió para atrás, marchando, pero no trajo ninguna respuesta. Lo volvimos a mandar, y el fiñe hizo el segundo viaje con la bandera, en marcha, hasta el paral y disparó el discurso:

—«El general Brunito y el coronel Agileo ofrecen la paz al general Fillo de la Noval . . .»

Esta vez el discurso fue así. Antes no habíamos dado nombres, y Fillo no debió entender. Su nombre no era Fillo, y de la Noval era el apellido de su madre, no de su padre. No le hizo caso al fiñe. Se quedó esperando, pero cuando nos vio movernos volvió a escapar. Ahora lo hizo lentamente, sin alarma. En la puerta del cuarto demoró hunto a la carretilla de las viandas y volvió a coger aquel cuchillo en la mano. Lo sacó de la vaina, le palpó el cabo y le miró la hoja. El viandero lo dejó, mirándolo. Luego Fillo volvió a poner el cuchillo en su lugar, en la vaina, y se fue dando la vuelta a los cuartos hacia la calzada. Nosotros no lo vimos. Ninguno pensó en eso; en el cuchillo y lo que él pensara. El viandero no hizo caso. Había cortado el pregón[71] por la mitad para mirar a Fillo; luego continuó. Fillo no lo miró a él, ni a nosotros, que veníamos lejos, regados, pero en concierto bajo un orden.

—No hay que matarlo —dijo Brunito—. Lo cogeremos vivo.

Realmente era así. No matarlo. Alguien pudiera querer matarlo como al gato, su hermano. Nosotros estábamos calientes aún de nuestra guerra; quizás pensáramos, incluso, matar a Fillo sin que pasara nada. Él no tenía más familia que Sabina —y ésta no contaba— y Limbania. Nadie les haría caso. Limbania tenía una vocecilla de gata flaca, ahogada, y quizás se muriera pronto, de tan blanca. De modo que Fillo no era como otro muchacho. Quizás pudiera uno matarlo, y enterrarlo como el gato después de las lluvias.

—Vamos a practicar el lazo, a los marabúes —dijo Brunito—. Cada uno se debe buscar su soga, y venir a practicar por las tardes, para luego enlazarlo. Lo quiero vivo —dijo Brunito.

Cada uno se buscó su soga. Durante seis días más acechamos a Fillo, por fuera, y le seguimos mandando emisarios (fiñes chiquitos y desnudos) con bandera blanca, pero él no hacía caso. El químico vino con el cuento[72] de que lo había visto con los Malos, y que tal vez éstos se preparaban para otra guerra contra nosotros,

---

[68] rápidamente, a prisa
[69] censuran, amonestan, regañan
[70] calmó sosegó

[71] anuncio de una cosa en voz alta y en público
[72] aquí significa historia

pero no le creímos. Dos de los Malos estaban ahora con nosotros, practicando el lazo para cazar a Fillo. Nosotros habíamos vencido a los malos, y no podíamos creer que tuviéramos que vencerlos de nuevo. No nos gustaba y por eso no lo creíamos. Nos gustaba más pensar en la caza de Fillo. Pero pensamos que éste pudiera andarse juntando con algunos malos. Así nos parecía digno de ser cazado. Justificaba más el lazo. A veces pasaban muchas horas sin que lo viéramos; días enteros. Venía a ratos, sólo a comer, como los animales jíbaros, y a veces ni eso. Sabina pensó que nosotros habíamos desistido de tocarlo y se calló. Dijo que el hijo no se quedaría nunca allí con ella y la Limbania, y que era una maldición. Era la herencia del pirata, del bandido. Era el mismo Figueredo vuelto a nacer, para tormento de Sabina.

—Quizás yo sea mala y me lo merezca —dijo—. Puede que sea un castigo que yo me haya ganado, y no tenga remedio.

La mujer hablaba ahora en su viejo tono, como de rezo,[73] mientras lavaba al sol, cuando alguna otra pasaba junto a ella. Había sacado su batea a un rellano[74] de la loma y se le veía subir y bajar de la cintura para arriba como una mujer de cuerda;[75] rubia, tostada, rugosa, ancha y dura, con aquellos ojillos verdes. Ahora hablaba a cualquiera, y seguía lavando.

—Se va a los muelles —decía Sabina—. De ahí vino su padre y por ahí se fue. Se fue él, y dejó al hijo, y éste dejará a otro cuando se vaya. Uno tras otro. Dale que dale.[76] Uno tras otro. Dale que dale.

Ahora las otras no rieron. Pensaron que Sabina estaba ida.[77] A veces decía versos que ella misma sacaba de la cabeza. Fillo se iba y volvía furtivo, a comer; a veces no volvía. Nosotros practicábamos el lazo a campo abierto, y esperábamos que Brunito diera la orden, o que el Fillo se pusiera a tiro.[78] Ahora todos sabíamos tirar un poco y éramos como siete, con dos Malos. No pensamos ya en Sabina, ni en lo que decía, ni en Limbania, que ya no salía. Elfo mismo se fue de allí. Limbania dejó un día de salir al taller donde estaba, y de noche oíamos

su tos,[79] y Elfo se fue callado. Quién sabe por qué; Elfo era un hombre y podía hacerlo.

—Yo sé por qué se fue —dijo Erólida—. Fue por la tos de Limbania.

Nadie la entendió. Al menos, entre nosotros. Limbania siguió tosiendo, y Sabina rezongando sola, pero Fillo vino un domingo y se quedó todo el día dando vueltas, y parecía más manso que nunca. Nosotros le mandamos otro emisario de un lado al otro del tren, y bajó hasta el riel, pero de pronto comenzó a irse a lo largo de la vía.

—Se está poniendo mansito —dijo Brunito.— Ahora lo ligamos.

Pero no era así. Fillo medía las distancias y el tiempo. Puede que nos midiera también a nosotros —nuestro ánimo. Ahora nosotros mismos parecíamos mansos, y él había visto las sogas en el aromal. Podíamos ser mansos, después de todo. Fillo se iba acercando, por grado, pero listo a saltar. Aquel día acortó tres metros la distancia; al otro empezó a acortarla un metro cada día por las tardes. Tres semanas había estado fuera, partiendo del día en que había visto la soga. Venía de noche, a veces. Luego empezó a venir de tarde, y a rondar, a mirarnos de lejos, y nosotros a enviarle nuevos fiñes con bandera blanca. Sabina no le veía. Las casas estaban lejos, hacia la calzada, y el placel terminaba en las aromas y marabúes, y el tren. Aquello era nuestro. Fillo quería juntarse y ser, tal vez, uno de los nuestros, pero aun no se atrevía. No se fiaba. La soga no estaba allí y no le tirábamos piedras, pero él la había visto.

—¡Ustedes no saben lo que él ha visto! —gritó Sabina.

Aquella noche. Fillo se había venido acercando todas las tardes y aun habló al emisario. «No les tengo miedo —le dijo—; no es miedo lo que les tengo».

—No —dijo Brunito—. No tiene miedo. ¡Mejor que no lo tuviera!

Todos estábamos allí, con las manos vacías, y dispersos. Nos acercamos un poco, pero Fillo se alejaba hacia los pasajes, midiendo las

---

[73] plegaria, oración religiosa
[74] parte llana de una loma; descanso, meseta de escalera
[75] como un títere
[76] Expresión que se dice cuando algo se repite mucho.
[77] estaba loca
[78] a una buena distancia para cogerlo con el lazo
[79] La tuberculosis de la joven se empeoraba por días.

distancias. Luego, cuando descubrió otros dos de aquel lado, giró de súbito, volvió casi a nuestro encuentro, nos esquivó a veinte metros. A los dos minutos estaba a la vuelta de los cuartos. Entró por detrás y se quedó en su puerta del patio. Sabina estaba ahora entrando de la calzada, y hablaba con el aire:

—¡Lo que él ha visto, nadie sabe! —dijo Sabina—. Hoy me lo han dicho. Me lo dijo el que lo trajo. ¡Tenía que ser! Un pirata no puede morir sino guindado[80] de su propio barco. ¡Pero que él lo haya visto! ¡Que lo haya visto el pequeño!

Yo entraba entonces y vi los ojos de Fillo escuchando detrás de la madre. Unos ojos que escuchan. En seguida desapareció dentro y Sabina tras él, cerrando. Las mujeres callaron. Y la noche vino callada sobre los cuartos y el patio y la tos de Limbania.

Esta fue la noche antes. Brunito se había escondido en el marabú junto a los lazos. Fillo vino a la tarde, flotando, desde los pasajes. Yo le envié otro emisario como en juego. Yo estaba cerca de Brunito, pero en campo raso,[81] y Fillo se acercó un metro más que el día antes. Ahora estaba a veinte metros o menos. El fiñe emisario tiró de él, hacia mí. Fillo pareció ceder, pero de golpe dio un salto hacia atrás. Yo vi sus ojos abiertos, espantados. Los vi como encenderse y oscurecerlo a él todo; y luego los vi apagarse, y al muchacho contraído, temblando, como cogido por una corriente. Después dio otro salto de lado, y otros saltos más, menudos y leves, como despegando de la tierra, hacia los pasajes. Entonces se perdió.

Yo no pensé que Fillo había visto las sogas. Quizás no las hubiese visto. Puede que sólo las *sintiese*. Nadie sabía qué tenían las sogas para él, ni las mujeres comprendieron a Sabina cuando dijo:

—¡Él lo ha visto todo; el pequeño! Eso tenía que pasar. Yo sabía que el padre sería guindado, un día u otro. La soga estaba allí, esperándole. ¡Pero el niño! ¡Que el niño no la haya visto!

Sabina habló sola para que la oyeran dos días seguidos, al pasar por el patio, pero nadie entendió entonces por completo. Muchos,

quizás nunca. Fillo estaba luego en la acera junto al viandero. Ahora no entró en casa, ni escapó cuando Brunito y yo nos acercamos desde el campo. Esperó allí, fijo, en la acera, con los brazos tensos a lo largo del cuerpo, el cuerpo todo tenso. Ahora nos miró de frente. No se movió. Estaba junto a la carreta, y el cuchillo estaba allí, en la vaina, en el borde.

—Déjalo ahora —dijo Brunito—. No lo asustes.

Fillo no se movió. Nosotros pasamos bordeándolo, sin mirarlo, y cuando entramos lo volvimos a mirar desde el patio, y estaba todavía allí, tenso, y el viandero voceando.

—Déjalo hasta mañana —dijo Brunito—. Mañana lo ligamos.

No habría mañana. Fillo no estaría allí ninguna otra mañana. Dónde estaría, nadie sabe. Quizás otra vez en el mar, o en el campo. Todavía estaba allí, en el camino junto a la carretilla. El viandero había bajado, o quizás subido, a algún cuarto, pero la carretilla estaba aún allí, con el cuchillo. Sabina estaba al otro lado, en la loma, lavando, y las otras en la falda.[82] Por medio estaban los cuartos, y el patio vacío, amarillo de sol poniente. Brunito y yo habíamos seguido hasta el fondo; estábamos en el fondo, contra el muro, conspirando. Fillo nos siguió con la vista, sin moverse. Quizás su mirada misma nos sujetara allí, juntos, como contenidos por sus ojos, sin saberlo. Estábamos de espaldas. Fillo estaba de espalda al camino y no sintió nada: mirándonos, tenso, y como preso del hierro. Imanado.[83] Así no pudo sentir nada. El Químico había surgido a la vuelta de los pasajes, con paso de chiva, sin maleta. A veces no traía maleta y a veces traía dos maletas. Esta vez venía libre, a salticos, por el borde de hierba. Proto estaba ahora en el terreno raso y vio acercarse al Químico, como un perro, por detrás de Fillo. Lo vio bajar, poco a poco, regodeándose[84] la cabeza, hasta tener el hocico a la altura de la pantorrilla. Proto lo vio abrir lentamente la boca, y luego, de pronto, cerrarla con aquel rugido. No vio más, por de pronto.

Lo demás debió de ocurrir sin tiempo, fuera

---

[80] colgado, ahorcado
[81] al aire libre
[82] lado (pendiente) de la loma

[83] con imán (óxido que atrae al hierro y otros metales)
[84] bromeando, deleitándose, haciendo chacota

de tiempo. Proto no lo vio ocurrir, pero luego el Químico estaba allí en el camino, retorciéndose, gritando. Y Fillo no existía. No existió más nunca, para nosotros. El Químico se levantó luego lentamente, con el cuchillo clavado, de refilón,[85] en el cuello.

Eso fue todo. Nosotros volvimos a ver al Químico andando, pero ya no mordiendo; y a Fillo más nunca. Volvimos a ver a Sabina, lavando manteles, y hablando sola, pero ya no veríamos ni oiríamos toser, por mucho tiempo, a Limbania.[86] Y volveríamos a jugar a la guerra, pero no a los lazos.

—¡Yo se lo decía! —dijo Sabina.

ARGENTINA, 1895-1964

Además de distinguirse como poeta, autor dramático, cuentista y, especialmente en el ensayo, Ezequiel Martínez Estrada fue profesor universitario casi toda su vida, así como conferencista y escritor de renombre. Colaboró en revistas literarias y sociológicas muy prestigiosas y pronunció conferencias en múltiples países donde se le tiene por intelectual de primera línea. Viajó por Europa, los Estados Unidos, varios países comunistas y la América Latina y vivió por algún tiempo en México y Cuba. Al morir disfrutaba de reconocimiento continental, especialmente entre los grupos que abogan por reformas radicales en Hispanoamérica.

Martínez Estrada se dio a conocer primeramente como poeta. Se unió a Leopoldo Lugones cuando éste sufría la crítica e inclusive la burla de los abanderados del Vanguardismo. Su poesía cae dentro del llamado Postmodernismo en su orientación hacia el realismo irónico y poético. Sus versos —al igual que toda su obra— se distinguen por un fuerte tono de pesimismo y amargura apenas disimulado por la ironía sentimental. La emoción parece detenerse ante el carácter puramente intelectual. Aunque los juicios sobre el valor de su poesía son bastante opuestos, se le puede considerar como uno de los mejores poetas de su generación. Escribió varios volúmenes de versos: con *Argentina* (1927) ganó el Primer Premio Municipal y *Humanesca* (1929) le valió el Primer Premio de Literatura. El autor se sintió muy inclinado hacia el arte dramático. *Títeres de pies ligeros* (1929) y *Lo que no vemos morir* (1941) son dos de las más importantes piezas que escribió, con marcadas influencias de Ibsen y Strindberg. Es teatro más bien para ser leído que representado, con fuerte matiz intelectual y desolado pesimismo. El autor no llega a producir una auténtica emoción dramática porque los personajes, en vez de gozar de autonomía como personas reales, actúan como altoparlantes de las ideas del propio autor.

Por su temperamento y carácter, la verdadera vocación de Martínez Estrada era el

---

[85] de lado, oblícuamente   [86] Había muerto

ensayo y aquí brilló a gran altura en las letras continentales. En él se muestra hombre de sólida cultura humanística y contemporánea con notable influencia de Nietzsche en la tendencia al pesimismo y al destacar los lados negativos. También estudió mucho a Spengler, Simmel, Brinton y a los autores marxistas. Comenzó mostrando gran interés en desentrañar el fondo profundo de la realidad argentina, pero en sus últimos ensayos amplía su visión hacia todos los países hispanoamericanos. Sus ensayos pueden agruparse en cuatro categorías: sociológicos, literarios, históricos y americanistas. Al primer grupo pertenece su ensayo más famoso: *Radiografía de la pampa* (1933), intento de interpretar el alma nacional argentina y descubrir las causas de la crisis que sufre. El título resulta muy apropiado porque trata de llegar a lo más hondo de esa realidad, pero ésta brota en forma de «fotografías con sombra». Su pluma analítica e incisiva destaca con preferencia los lados negativos en una actitud tan amarga como desolada y desesperanzada. Sin negarle gran originalidad a muchas de sus observaciones y planteamientos, parece justificada la polémica y oposición suscitadas alrededor de muchas de sus opiniones. Tono muy semejante encontramos en *La cabeza de Goliat* (1940), con el subtítulo de «microscopía de Buenos Aires». Aquí hace un análisis en detalle del extraordinario desarrollo de la gran urbe. Su título responde al hecho del desmesurado crecimiento de esa ciudad: más de una tercera parte de los habitantes del país se concentran en ella, produciendo un fenómeno sociológico de fatales implicaciones para la nación. A menudo coincide, por lo menos en sus líneas generales, con la tesis del *Facundo* de Domingo F. Sarmiento.

De tema histórico son sus ensayos *Sarmiento* (1946) y *Los invariantes históricos en el Facundo* (1947). Sagazmente interpreta al gran escritor y estadista y su obra más conocida, siguiendo sus propios puntos de vista ya conocidos. Entre sus ensayos literarios sobresale *Muerte y transfiguración de Martín Fierro* (1948), su segunda obra en importancia y que pasa por ser el estudio más ambicioso y profundo que se ha hecho sobre la literatura gauchesca. En los dos gruesos volúmenes que lo componen trata de dar el origen y definición de lo gauchesco para luego argumentar alrededor de su tesis central: lo gauchesco como una constante del espíritu nacional argentino que se modifica, pero no desaparece y se proyecta hacia el porvenir.

En los últimos tiempos, Martínez Estrada se orientó hacia una temática de perspectivas más amplias. En *Análisis funcional de la cultura* (1960) se acerca al ideario marxista, por lo menos en algunas conclusiones, por lo cual ganó un premio de Fidel Castro durante su estancia en La Habana como huésped de honor de ese régimen. Dos años después recogió unas conferencias pronunciadas en México en *Semejanzas y diferencias entre los países de la América Latina* (1962), con planteamientos muy interesantes, pero polémicos y con las características generales de su estilo. Martínez Estrada es un pensador serio y honesto, pero resulta una lástima que su fuerte reacción contra el proverbial optimismo de las historias oficiales o de muchos estudios sobre la América Latina, lo condujesen a semejante falta de objetividad al pasar por alto los indudables logros y progresos de la Argentina y otros pueblos, destacando solamente los lados criticables. Como ve fallas por todas partes, se orienta hacia una actitud radical postulando posibles remedios que en Cuba y otros países no han tenido el éxito esperado por sus defensores. Su estilo va siempre a lo hondo y brota con fuerza dialéctica indudable, siendo muy rico lírica y metafóricamente.

FUENTE: *Radiografía de la pampa*, 2a. edición, Buenos Aires, Losada, 1957.

Radiografía de la pampa

El tango[1]

Es el baile de la cadera a los pies. De la cintura a la cabeza, el cuerpo no baila; está rígido, como si las piernas, despiertas, llevaran dos cuerpos dormidos en un abrazo. Su mérito, como el del matrimonio, está en lo cotidiano, en lo usual, sin sobresaltos.[2]

Baile sin expresión, monótono, con el ritmo estilizado del ayuntamiento.[3] No tiene, a diferencia de las demás danzas, un significado que hable a los sentidos, con su lenguaje plástico, tan sugestivo, o que suscite movimientos afines[4] en el espíritu del espectador, por la alegría, el entusiasmo, la admiración o el deseo. Es un baile sin alma, para autómatas, para personas que han renunciado a las complicaciones de la vida mental y se acogen al nirvana.[5] Es deslizarse.[6] Baile del pesimismo, de la pena de todos los miembros; baile de las grandes llanuras siempre iguales y de una raza agobiada,[7] subyugada, que las anda sin un fin, sin un destino, en la eternidad de su presente que se repite. La melancolía proviene de esa repetición, del contraste que resulta de ver dos cuerpos organizados para los movimientos libres sometidos a la fatídica marcha mecánica del animal mayor.[8] Pena que da el ver a los caballos jóvenes en el malacate.[9]

Anteriormente, cuando sólo se lo cultivaba en el suburbio y, por tanto, no había experimentado la alisadura, el planchado de la urbe,[10] tuvo algunas figuras en que el bailarín lucía[11] algo de su habilidad; en que ponía algo que iba improvisando. El movimiento de la pierna y de la cadera, algún taconeo, corridas de costado,[12] cortes,[13] quebradas, medias lunas[14] y ese ardid con que el muslo de la mujer, sutilmente engañada, pegaba en toda su longitud con el del hombre, firme, rígido.

Por entonces[15] tenía su prestigio en las casas de lenocinio.[16] Era música solamente; una música lasciva que llevaba implícita la letra que aparecería años después, cuando la masa popular que lo gustaba hubiera formado su poeta. Oíanse los acordes a la noche,[17] en las afueras de los pueblos, escapando como vaho, del lupanar,[18] por las celosías siempre cerradas; e iba a perderse en el campo o a destrozarse en las calles desiertas. Llevaba un hálito tibio de pecado, resonancias de un mundo prohibido, de

---

[1] *Radiografía de la pampa* consta de seis secciones: «Trapalanda», «Soledad», «Fuerzas primitivas», «Buenos Aires», «Miedo» y «Seudoestructuras». «El tango» es el segundo ensayo de la primera, y constituye un comentario mordaz y amargo sobre una de las grandes tradiciones de la Argentina del siglo XX. En efecto, el tango es el baile nacional argentino y Martínez Estrada lo caracteriza como estilizado, de ritual fijo, destacando su absoluta monotonía y falta de sentimiento y vitalidad, en contraste con los elementos de otros bailes como son la pasión, la cortesía, la sorpresa, etc.

[2] sorpresas, sustos
[3] relación sexual
[4] semejantes, similares
[5] en el budismo, aniquilación o anonadamiento: feliz estado del alma al hundirse en la esencia divina
[6] como resbalar, escurrirse sobre una superficie
[7] oprimida, abatida; con gran molestia y fatiga

[8] se refiere al varón u hombre en la pareja de baile
[9] máquina impulsada por caballos
[10] procesos de refinamiento y de limpieza de la ciudad
[11] el bailador, o el que baila, mostraba
[12] Paso del tango en el que la pareja, lado a lado, se mueven suavemente hacia adelante. Para una más completa descripción del tango, véase Ernesto Sábato, *Tango, discusión y clave*, Buenos Aires, Losada, 1963, págs 153-166.
[13] «darse corte», en el argot del bajo mundo de Buenos Aires, significa *lucirse*; dar una exhibición porque se piensa que se baila muy bien; sentir orgullo de la forma de bailar. Véase nota 12.
[14] pasos del tango. Véase nota 12.
[15] en aquella época
[16] prostitución
[17] por la noche
[18] casa de prostitución

extramuros.[19] Después echó a rodar calles en el organito del pordiosero, para adquirir ciudadanía.[20] Se infiltraba clandestinamente en un mundo que le negaba acceso. Así, a semejanza de la tragedia en la carreta,[21] llegó a las ciudades hasta que entró victoriosamente en los salones y en los hogares, bajo disfraz.[22] Venía del suburbio, y al suburbio llegaba del prostíbulo,[23] donde vivió su vida natural en toda la gloria de sus filigranas;[24] donde las síncopas[25] significaban algo infame; donde las notas, prolongadas en las gargantas del órgano, estremecían un desfallecimiento erótico. Diluíase en la atmósfera con el perfume barato, el calor de las carnes fatigadas y las evaporaciones del alcohol.

En el baile de «candil»,[26] untuoso,[27] lúbrico, bailado con la ornamentación de cortes, corridas y quebradas, ponía en el ambiente familiar cierto interés de «clandestino». Todo eso era lo que le daba personería,[28] carácter propio, y se perdió; pero en cambio apareció el verso para recoger, como el drama satírico tras la tragedia, el elemento fálico,[29] ritual. Aun hoy la letra dice bien claro de su estirpe.[30] En ella está la mujer de mala vida; se habla de la canallada, del adulterio, de la fuga, del concubinato[31] de la prostitución sentimental; del canfinflero que plañe.[32] La joven más pura tiene en su atril[33] ese harapo que antes fue vestido de un cuerpo venal.[34] La boca inocente canta ese lamento de la mujer infame y no la redime, aunque ignore lo que expresa su palabra. Suena en su voz la humillación de la mujer.

Pero ahora es cuando el tango ha logrado su cabal expresión: la falta de expresión. Lento, con los pies arrastrados, con el andar del buey que pace.[35] Parecería que la sensualidad le ha quitado la gracia de los movimientos; tiene la seriedad del ser humano cuando procrea. El tango ha fijado esa seriedad de la cópula, porque parece engendrar[36] sin placer. En ese sentido es el baile ulterior[37] a todos los demás, el baile que consuma; como los otros son los bailes premonitorios. Todo él de la cintura para abajo, del dominio del alma vegetativa. En algún momento una pierna queda fija y la otra simula el paso hacia adelante y atrás. Es un instante en que la pareja queda dudando, como la vaca contempla a uno y otro lado, o hacia atrás, suspensas sus elementales facultades de pensar y de querer. Y de ahí el tango prosigue[38] otra vez lo mismo, lento, cansado, su propia marcha.

Así está estilizado, reducido a la simplicidad del treno,[39] que consiste en modular una sola nota que se afina o engruesa bajo la presión de un dedo deslizado en una cuerda. Tiene algo del quejido apagado y angustioso del espasmo. No busquemos música ni danza; aquí son dos simulacros. No tiene las alternativas, la excitación por el movimiento gimnástico de otros bailes; no excita por el contacto casual de los cuerpos. Son cuerpos unidos, que están, como en el acoplamiento de los insectos, fijos, adheridos. Pero las carnes así unidas, se embotan[40] en su enardecimiento después de algunos compases; no hay roce, no hay rubor, no hay lo inesperado en el contacto. Es el contacto convenido, pactado de antemano,[41] en la convención del tango. No es lo que precede a la posesión con resistencias, con dudas y reticencias; es lo que precede a la posesión concertada y pagada, con la seguridad de un acto legal. Más bien que el noviazgo[42] es el concubinato que no violenta las normas sociales.

No tiene ninguna de las exquisiteces que están implícitas en la estructura de otras danzas, con su cortesía. No son hombre y mujer, según se destacaban en las danzas antiguas, donde cada

---

[19] fuera del recinto de la ciudad
[20] obtener aceptación nacional
[21] Se refiere a compañías teatrales ambulantes (viajeras) de bajo origen que luego evolucionaron hacia grupos dramáticos prestigiosos que actuaban en teatros establecidos.
[22] disfrazado, con máscara para no ser reconocido
[23] Véase nota 18.
[24] delicadezas
[25] nota musical emitida en un tiempo débil y continuada en uno fuerte
[26] lámpara de aceite muy primitiva. El autor quiere sugerir el origen social bajo del tango.
[27] grasoso, con grasa
[28] personalidad

[29] algo relacionado con el sexo
[30] linaje, ancestro
[31] unión de hombre y mujer sin estar casados
[32] canfinflero: (Arg.) rufián, alcahuete; plañe: se aflige, se lamenta
[33] instrumento donde se pone el cuaderno de música
[34] corrupto; que se compra con dinero
[35] come su alimento
[36] procrear
[37] posterior
[38] continúa
[39] canto fúnebre, lamentación
[40] se entorpecen, se obstruyen, debilitan
[41] previamente, con anterioridad
[42] período en que la pareja son novios, antes del matrimonio

cual, él y ella, conservaban lo peculiar de su carácter, además de cierta elástica distancia. En el tango es la igualdad del sexo; es lo ya conocido, sin sorpresas posibles, sin la curiosidad de los primeros encuentros; es la antigua posesión.

El baile en parejas puede ser incitante, sensual, una «transferencia» freudiana;[43] el tango en particular es el acto mismo sin ficción, sin inocencia, sin neurosis. Es, hasta si se quiere, un acto solitario. Tiene algo de la rumia[44] su música lamentable en el bandoneón,[45] como hay algo del mugido en éste, su instrumento propicio. La segunda fase de la estilización del tango, para reducirlo a su puro esquema, a su sentido escueto,[46] está en el hallazgo del instrumento adecuado: el bandoneón, sucedáneo[47] portátil del aristón[48] y el órgano.

Desde otro punto de vista, es el baile humillante para la mujer, a quien se ve entregada a un hombre que no la dirige, que no la obliga a estar atenta a sus veleidades, a ceder a su voluntad. Es humillante por eso: porque el hombre es tan pasivo como ella y parece obligado a su vez.[49] En casi todos los otros, es el hombre quien indica el movimiento y hasta se tiene la impresión de que, en momentos, la mujer es soliviada.[50] invitada a volar. Tiene la posibilidad de una fuga. Aquí él y ella gravitan igualmente y ambos se mueven con una sola voluntad, como si esa voluntad fuera la mitad de una entera[51] en cada uno, falta de iniciativa, de inteligencia, cediendo al movimiento mecánico de andar y respirar. Tiene, en verdad, de la isocronía de la circulación,[52] del acto mecánico por excelencia. Es un baile sin voluntad, sin deseo, sin azar,[53] sin ímpetus. La mujer parecería cumplir un acto que le es enojoso o que para ella carece de sentido, en el que no encuentra placer. Nada en ella dice de la gracia, de la fragilidad,

de la veleidad, de la timidez. Es la carne apenas viva, que no siente, que no teme, segura, sumisa, pesada, a paso de mula, con una sola dirección, recta, como la ruta del animal cargado. No se teme por ella; no se ve que su capricho sea dominado a cada paso por una decisión que la gobierna imperativamente. Cede consciente, está conforme. Por eso no incita, al que la ve bailar, a quitársela a quien la lleva; no se la desea y su cuerpo está muy lejos del nuestro cuando baila, por lo mismo que está anastomosado[54] al del compañero. Se pertenecen y son un solo ser. No asumimos, por lo tanto, ni el papel del compañero. Desearla sería cometer adulterio. Está cumpliendo un rito penoso y sin valor estético, un acto de la vida conyugal, que es entregarse,[55] y otro de la vida diaria, que es andar.

Por otra parte, se advierte que forma una sola pieza con su compañero, y que de arrebatársela,[56] algo de él quedaría en ella, como queda del marido en la esposa que se rapta.[57] Son un solo cuerpo con cuatro piernas lo único que acciona, en la inmovilidad de los torsos,[58] con una voluntad. Un cuerpo que no piensa en nada, abandonado al compás de[59] la música, que suena, gutural y lejana, como el instinto de la orientación y de la querencia.[60] Ese vago instinto, en la música, los lleva tirando[61] de ellos.

Quizá ninguna música se preste[62] como el tango a la ensoñación. Entra y se posesiona de todo el ser como un narcótico. Es posible, a su compás, detener el pensamiento y dejar flotar el alma en el cuerpo, como la niebla en la llanura. Los movimientos no requieren ser producidos, nacen automáticos de esa música, que ya se lleva en lo interior. La voluntad, como la figura de los objetos, queda desvanecida en esa niebla, y el alma es una llanura en paz. Muy vagamente, la mujer acompaña al bailarín en un

---

[43] sublimación de la energía sexual
[44] acción de mascar de nuevo; aquí denota monotonía, algo que se repite
[45] acordeón pequeño
[46] seco, sin adornos; desnudo
[47] sustituto
[48] órgano de mano
[49] por su turno
[50] levantada por debajo
[51] completa, total
[52] tiene algo de la circulación cuyos movimientos son de igual duración y repetitivos

[53] sorpresa, casualidad, accidente
[54] interunido; unido; muy juntos
[55] darse al hombre
[56] quitársela
[57] se apodera de una mujer con intenciones deshonestas
[58] bustos de personas
[59] al ritmo de
[60] cariño, afición
[61] halando
[62] sea adecuada o apropiada

deslizamiento[63] casi inarticulado. Es el encanto de ese baile, en su sentido sentimental: la obliteración[64] de la voluntad, un estado en que sólo quedan despiertos los sentidos profundos de la vida vegetativa y sensitiva. Propicio al estado de ánimo del crepúsculo en los prados, a la vaga tristeza que se presume en los ojos del animal satisfecho.

Terminado el baile, no es posible olvidar en la mujer ese acto frío, en que ha sido poseída como un molusco,[65] en ayuntamiento recíproco. Queda flotando sobre su cuerpo un vaho de pesadumbre, de pecado; algo pegajoso y viscoso, como el eco de sus movimientos y de su entrega en un sueño trivial. Porque no ha sido poseída por un íncubo[66] sino por su propia soltería.

COLOMBIA, 1900

Mientras la crítica lo señala como el ensayista colombiano más notable después de la muerte de Baldomero Sanín Cano, su obra total lo sitúa entre los mejores escritores de las letras continentales. Como hombre de letras ha tenido múltiples actividades y en todas ha sobresalido por su talento y cultura: periodista, profesor, ensayista, historiador y diplomático. Nació en Bogotá y en la Universidad Nacional de esa ciudad se doctoró en leyes. Ha sido congresista, director del importante diario colombiano *El Tiempo*, Ministro de Educación y embajador en varios países. Ha dictado cursos en varias universidades de los Estados Unidos y Europa. Numerosas academias lo cuentan entre sus miembros, además de ser colaborador de revistas y periódicos, donde aparecen sus artículos con mucha frecuencia. Ha viajado extensamente por Europa, Estados Unidos y América Latina en misiones diplomáticas. Actualmente ocupa el cargo de Embajador de Colombia en Venezuela.

Las tres ocupaciones constantes de Arciniegas son: el artículo breve del periodismo de ideas, la diplomacia y el ensayo. A veces cuando viaja escribe artículos deliciosos sobre sus observaciones en otras tierras (como los dedicados no hace mucho a Italia y otros países de Europa), pero siempre vuelve al centro temático de sus momentos más felices de escritor: América, con cuyas raíces históricas, sociológicas y espirituales se muestra «comprometido» hasta los huesos. Atendiendo a su aspecto formal, sus ensayos pueden agruparse en dos categorías: algunos son colecciones de artículos aparecidos en revistas y periódicos, sobresaliendo entonces por su gran variedad y estilo propio del periodismo. Otras veces escribe libros con unidad orgánica, pero que no tienen nunca la densidad propia de los tratados por la forma natural y amena con que

---

[63] Véase nota 6.
[64] anulación, cancelación
[65] animal del mar de la familia de los metazoos

[66] espíritu o demonio masculino en la Edad Media. Se creía que buscaba relaciones sexuales con mujeres dormidas.

escribe. Ha escrito más de quince libros de ensayos muchos de los cuales han sido traducidos al inglés y otras lenguas. Casi todos sus ensayos son verdaderos aciertos por la forma en que combina la erudición, la interpretación filosófica de los hechos y una pupila muy alerta de sociólogo e historiador.

Mucha fama le ganó *El estudiante de la mesa redonda* (1932) compuesto de dieciséis capítulos a través de los cuales presenta otras tantas generaciones de estudiantes que en asamblea discuten los problemas más importantes de su época. El autor muestra sus simpatías por las ideas liberales y por las ansias de cambio y reformas propugnados por los estudiantes y hombres maduros también, cuya actitud rebelde —según él— es la misma y lo seguirá siendo en todas las etapas. Ensayo ingenioso, de bien madurado pensamiento filosófico donde traza la evolución de la cultura hispanoamericana como parte esencial de la occidental. En *Este pueblo de América* (1945) mantiene la tesis de que como la conquista de América se hizo por elementos populares, debe ser la tierra de la democracia. El exceso de optimismo sobre estos países lo lleva a una tesis desmentida por las largas dictaduras de derecha o de izquierda, hecho que no mengua otros aspectos de gran interés e importancia en esa obra. Uno de los libros más celebrados de Arciniegas es *Los comuneros* (1938) con un estudio ágil, ameno y penetrante de ese movimiento revolucionario. Después intentó la biografía en *El caballero de El Dorado* (1942), estudio sobre Gonzalo Jiménez de Quesada el conquistador de Colombia. Aparte de constituir uno de los mejores estudios biográficos publicados en la América hispana, su valor estriba en ser un estudio filosófico, e histórico de la conquista en general. Quizás el ensayo mejor logrado de Arciniegas sea *Biografía del Caribe* (1945) donde estudia todo el proceso histórico y sociológico del continente desde la conquista. Partiendo de la europea, traza el devenir de la historia americana, enlazando los datos históricos con la evolución cultural y espiritual. Erudición, ironía fina, cabal comprensión de la filosofía de la historia y el estilo en uno de sus momentos culminantes, decretan el valor de este estudio.

Uno de sus libros más interesantes, por la riqueza de observaciones, episodios, anécdotas y el fino humorismo son sus dos volúmenes de *En el país del rascacielos y las zanahorias* (1945), con muy numerosas y felices comparaciones al contrastar dos estilos de vida: el sajón y el hispánico. En el ensayo *Entre la libertad y el miedo* (1952) hace un estudio de historia contemporánea y comprueba la tremenda crisis de la democracia en estos países, contradiciendo con un dejo pesimista el perfil risueño trazado en *Este pueblo de América*. Últimamente publicó *El continente de siete colores. Historia de la cultura de la América latina* (1965). Aquí muestra Arciniegas varias invariables de su estilo: el descubrimiento de nuevos datos, la presentación de relaciones inusitadas y verídicas entre unos hechos históricos y otros, y una suprema habilidad para descargar la erudición de toda pesadez, revistiéndola de gran animación, a través de un estilo dinámico, lúcido y lleno de vida e interés.

Arciniegas ocupa lugar entre los ensayistas más brillantes del continente. No parece preocuparse por el estilo y, sin embargo, ha creado una forma de escribir, en lo externo llena de soltura y elegancia y en lo interno rica en información y observaciones. Leer a Arciniegas es tener una visión nueva aun de las cosas más viejas, y una interpretación muy acertada de los acontecimientos más próximos a nosotros en el tiempo.

FUENTE: *El continente de siete colores (Historia de la cultura en la América Latina)*, Buenos Aires, Sudamericana, 1965.

El continente de siete colores[1]

XI

La Ilustración[2]

AMÉRICA, ENTRE EL RENACIMIENTO Y LA ILUSTRACIÓN

El imperio de España en América queda situado entre dos momentos cruciales de la inteligencia y la vida europea —el Renacimiento y la Ilustración— que dan la clave[3] de los tiempos modernos. Por causas fáciles de comprender, tanto el Renacimiento como la Ilustración tienen mucho que ver con América: es América, como Nuevo Mundo, el hecho que va a ofrecer las pruebas y los ejemplos que buscan los sabios. Más aun: de la presencia de América arrancan no pocas de las ideas centrales que estimulan esos grandes avances del pensamiento occidental.

Entre el Renacimiento y la Ilustración pasan dos siglos de tanteos,[4] de debates, de ensayos, de silencios o de aventuras académicas en que se apasionan los escritores. Las colonias españolas parecen colocadas al margen del debate. La Ilustración viene a despertarlas, toma el carácter de un segundo descubrimiento, y es el principio de su liberación. Si la conquista de América es una consecuencia del Renacimiento, el fin del régimen colonial[5] es una consecuencia de la Ilustración. Estos son los dos acontecimientos que más importan al hombre y a la sociedad de la América española. Y así, uno y otro han dejado huellas profundas no sólo en la historia de América, sino que señalan simbólicamente lo que este Nuevo Mundo significa para el proceso intelectual del occidente.

El Renacimiento, o más exactamente el Humanismo, con su curiosidad científica, su espíritu de exploración y ansias de descubrimientos su impulso desmesurado[6] por ensanchar el horizonte europeo, culmina cuando el Atlántico se revela como un camino abierto que puede navegarse de una orilla a la otra. El hallazgo del nuevo continente demuestra en seguida la redondez y el tamaño de la tierra. . . .

La España oficial que desde las celdas de un monasterio, del Escorial,[7] trataba de retener para su exclusivo provecho, con cálculo político y recelo religioso, el inesperado regalo que le puso en las manos el destino, tuvo miedo de las liviandades de ese Renacimiento licencioso que fue el origen de su fortuna. Encogida, o recogida, apretada en una iglesia que tenía celos de la misma Roma, que desconfiaba hasta del Papa, montó sus milicias espirituales para rechazar lo nuevo que salía de la pluma de Erasmo,[8] o los tradicionales contactos de convivencia hebrea. La Contrarreforma se convierte en América en una empresa apostólica y en un programa político capitaneada por misioneros y por inquisidores, bajo el férreo centralismo impuesto por Felipe II. [. . .]

---

[1] Arciniegas llama a la América Latina «El continente de siete colores» porque la diversidad de países que la integran aparecen en el mapa dibujados en diferentes tonalidades para distinguirlos unos de otros.

[2] «Ilustración», «siglo de las luces», «enciclopedismo», «las luces», son términos aplicados para señalar la corriente central del pensamiento europeo en el siglo XVIII. Estaba basada en el racionalismo, el empirismo y el panteísmo de los siglos anteriores y se caracterizó por su profundo espíritu liberal, su visión secular en vez de religiosa, la libertad y el sentido de progreso.

[3] explican

[4] investigaciones

[5] Se produce por las Guerras de Independencia (1808-1825).

[6] sin medida, extraordinario

[7] monasterio cerca de Madrid construído por Felipe II (en 1563), «Panteón de los reyes».

[8] Erasmo, Desiderio: humanista holandés (¿1469?–1536) de espíritu enciclopédico y de gran influencia en Europa, especialmente en España

EN LA COLONIA LAS IDEAS NO CAMINAN

La palanca de la Ilustración se apoya en un nombre: Descartes.[9] Es decir: en un hombre del siglo XVII. El *Discurso del método* se publica en 1637. Pero pasó más de un siglo antes de que el nombre de ese filósofo y las enseñanzas de su libro llegaran a América. La entrada fue sorpresiva y los resultados extraordinarios. Hay unos años en que la lucha entre escolásticos y cartesianos se convierte en una guerra de ideas en las capitales españolas del Nuevo Mundo. Los escolásticos se defienden echando mano[10] a los poderes de la Inquisición, los cartesianos se atreven con una audacia de que antes no se tuvo ejemplo. Esos debates de fines del setecientos cambiarán el destino de las colonias. Entre vacilaciones, conquistas y tanteos despierta la curiosidad de los estudiantes. La estimula el vuelco[11] que en la propia España le dan los ministros de Carlos III a los estudios tradicionales [. . .]

COPÉRNICO[12] APARECE EN EL SIGLO XVIII

[. . .] El caso mismo de Copérnico sirve para mostrar el alcance[13] extraordinario que tuvo para la América española la Ilustración. Puntualicemos.[14] En Europa la batalla de Copérnico se presenta en la primera mitad del siglo XVI, y en Bogotá se da a más de dos siglos de distancia. El libro de Copérnico aparece en 1540. Giordano Bruno,[15] que lo defendió, fue condenado a la hoguera en 1600. El juicio de la Inquisición contra Galileo[16] se sustancia en 1633. Como se ve a través de estas fechas, desde que se lanza la idea hasta que aparece Descartes, la lucha ha sido peligrosa. Se piensa, a riesgo de perder la vida. Pienso, luego aún vivo.[17]

Copérnico mismo, sabiendo el alcance revolucionario de su sistema, sabía que afirmar lisa y llanamente[18] como podía hacerlo, con la tierra esférica a la vista, que el sol era el centro del sistema planetario y que la tierra giraba alrededor del sol, era declarar algo que iba a herir la soberbia de las escuelas oficiales. Y así, la primera vez que lanzó su idea, se cuidó de ofrecerla sólo como «hipótesis», sustrayendo con esta cautela[19] el libro a la hoguera de la Inquisición. Cuando ya se decidió a defender abiertamente su «sistema», lo combatieron lo mismo los protestantes de Lutero[20] que los católicos. Pero eso, en Europa, fueron cosas del quinientos, del seiscientos. En Bogotá la discusión ocurre a fines del setecientos. En 1774, un médico ilustrado, botánico y matemático, don José Celestino Mutis (1732-1808), se ve acusado ante la Inquisición por haber dicho que la tierra giraba alrededor del sol. Por suerte, y esto indica las nuevas posibilidades que la Ilustración triunfante en España ofrecía a las colonias, en vez de llevársele directamente a la cárcel, se le ofreció la oportunidad de que se justificara ante un tribunal académico-inquisitorial. La capilla del Colegio del Rosario se llenó de bote en bote,[21] y entre el público estaban oidores, letrados, canónigos, doctores, estudiantes. Para confusión de los acusadores, Mutis demostró, como que dos y dos son cuatro,[22] lo que había enseñado. Ese día vino a revelarse en la capital del Nuevo Reino de Granada[23] el nombre de Copérnico. Y ese día, en Bogotá, comenzó a girar la tierra alrededor del sol . . . En la Habana, en 1806, Félix Varela (1788-1853) inserta en los ejercicios que hace para obtener su grado de bachiller, dos novedades: Descartes y sus doctrinas, Feijoo[24] y la física de Copérnico [. . .]

---

[9] Descartes, René: filósofo francés (1596–1650), exponente del método racional filosófico

[10] usando

[11] cambio drástico

[12] Copernicus, Nicholas: astrónomo polaco (1473–1543), describió el universo como heliocéntrico (girando alrededor del sol) en vez de geocéntrico (la tierra como centro)

[13] importancia

[14] referir punto por punto; grabar con exactitud una cosa en la memoria

[15] filósofo italiano (1548–1600), creía en la relatividad de la verdad y fue ejecutado al considerarse sus enseñanzas como heréticas

[16] Galileo Galilei: astrónomo italiano (1564–1642), confirmó la teoría de Copérnico, siendo perseguido por las autoridades eclesiásticas a causa de sus enseñanzas

[17] paráfrasis de la premisa básica de Descartes, *Cogito ergo sum*, o sea, «Pienso, luego existo».

[18] con toda claridad, para que todo el mundo lo entienda

[19] opuesto de *imprudencia*; astucia, prudencia

[20] Lutero, Martín: líder alemán (1483–1546) de la Reforma Protestante

[21] (coloquial) completamente lleno

[22] con toda claridad, con todas las pruebas

[23] comprendía a las actuales Colombia y Venezuela

[24] Feijoo, Benito Jerónimo: erudito benedictino español (1676–1764), líder de la Ilustración en España

LA LUCHA POR LA ILUSTRACIÓN EN ESPAÑA Y AMÉRICA

El debate cubría todo el territorio español, en los dos hemisferios. Lo que se dice de la batalla de América es aplicable a la batalla de España. Las primeras escaramuzas[25] se libran en España, las últimas en América . . . sin perjuicio de que muchas veces, más tarde, se retome la discusión. Pero cuando el debate ocurre en América, lo dramatizan ciertas ambiciones ocultas que van saliendo a la superficie para confusión de los propios americanos. Hay un momento en que los mismos temas se están discutiendo, por simple coincidencia, en México y en Buenos Aires, en Chuquisaca,[26] en Córdoba, en Bogotá, en Lima . . . y en Salamanca. La diferencia, al final, es una diferencia de apasionamientos. En América, el criollo, que estaba metido dentro del mundo del experimento y de la revelación, se consideraba como un actor circunstancial. Despertaba, se afirmaba en él la idea de la liberación, de la independencia. Las ideas comenzaron a venir de España como mercancía inocua.[27] En América se tornaba explosiva. Una vez, don Carlos de Sigüenza y Góngora (1645-1700),[28] polemizando con un jesuíta en México, le decía: «Ni su reverencia ni ningún otro matemático, aunque sea el mismo Ptolomeo,[29] pueden asentar[30] dogmas en estas ciencias (la astronomía), porque en ella no sirve de cosa alguna la autoridad, sino las pruebas y la demostración.» Son famosas las naves de la Ilustración, que eran de la Compañía Guipuzcoana.[31] En ellas se transportaban cacao de Venezuela a España, libros de España a Venezuela. Libros de los enciclopedistas. Los ministros de Carlos III ofrecían así una nueva cartilla[32] que ellos mismos no sabían leer, porque lo que hubieran leído —sabiendo leer— era el final del imperio que tanto amaban.[. . .]

PRESENCIA DE AMÉRICA EN EL PROCESO INTELECTUAL DE EUROPA

Si América, como prueba física de la redondez y del tamaño del globo ha tenido esos resultados en el pensamiento europeo, el hombre americano, como problema de la libertad humana, es el punto de partida en que se apoya una nueva filosofía para llegar, a través de la Enciclopedia,[33] a la declaración de los derechos humanos. Nunca antes el caso de hombres de otras tierras —el África, el Asia— había despertado dudas tan profundas sobre la esclavitud. Más aun: durante dos siglos sucesivos, se continuó o se desarrolló la cacería de negros en el África, y hasta la víspera del descubrimiento, el mismo rey Fernando el Católico[34] le había enviado de regalo al Papa Inocencio VIII[35] cien moros esclavos que el pontífice distribuyó entre cardenales y amigos. Con el viaje de Colón se produce un cambio inesperado en la mentalidad política. Cuando el Almirante envía los primeros americanos cautivos para que se vendan en Sevilla, surge un escrúpulo en la conciencia del rey, y se prohiben las ventas. Luego vienen la prédica de Montesinos[36] en Santo Domingo responsabilizando a los españoles por el mal trato que daban a los indios, la apasionada campaña de fray Bartolomé de las Casas[37] y las leyes de Indias.[38] Se llegó con el tiempo a algo que es la gran sombra que oscurece a la civilización europea

---

[25] contiendas, disputas, combates ligeros

[26] ciudad del Alto Perú (hoy Bolivia) donde había una famosa universidad que se comparaba a la de Salamanca

[27] inofensiva, no hace daño

[28] sacerdote, ensayista y polígrafo mexicano (1645-1700), de estilo gongorista

[29] Ptolemaeus, Claudius: matemático, astrónomo y filósofo griego (¿?-151 a.C.), cuya teoría geocéntrica del universo fue aceptada como un hecho hasta la aparición de la teoría copérnica

[30] basar

[31] compañía española de navegación y de comercio que tenía el monopolio con Venezuela y otros países

[32] abecedario, cuaderno para aprender a leer

[33] la *Encyclopedie ou dictionaire raisonee des sciences, des arts, et des metiers*, (1751-1772), publicada por un grupo de filósofos franceses (Diderot, d'Alembert y otros), de gran contenido revolucionario contra las ideas de la

época. Defendió el racionalismo, las ideas liberales y atacó los abusos del clero y de los gobernantes. Es la máxima producción de la Ilustración y ejerció una tremenda influencia en la formación del pensamiento contemporáneo.

[34] Fernando II de Aragón (1452-1516), casado con Isabel I de Castilla y a quienes se llamó los «Reyes Católicos».

[35] Giovanni Battista Cibo (1432-1492), Papa (1484-1492)

[36] Montesinos, Antonio: misionero español (¿?-1545), denunció el mal trato dado a los indios en un famoso sermón pronunciado en Santo Domingo

[37] misionero dominico español (1474-1566), llamado el «Protector de los Indios»

[38] cuerpo de leyes promulgadas por la corona española en diferentes épocas sobre la forma de gobernar las colonias españolas y de tratar a los indios, a los que se consideraba como vasallos y no como esclavos

por varios siglos: a cazar negros en el África, tierra para hacer esclavos, y venderlos en América. Pero el americano, no. Con el americano surge la idea del hombre libre. En América, idealmente, se construía una imagen fantástica del buen salvaje libre. El europeo tuvo una actitud frente al hombre americano radicalmente distinta de la que tuvo frente al africano. No sólo las ciudades de Cuzco o Tenochtitlán, descritas por Cortés o los Pizarros, imponían respeto, sino que el salvaje puro parecía de una elevada calidad moral. Para Montaigne, la barbarie no estaba en los indios, sino en los conquistadores. Su idea del buen salvaje no aparece en los *Ensayos* como una fantasía, sino como el estudio de una realidad.[. . .]

Fue a través de estas páginas como surgió la imagen del buen salvaje, imagen tan arbitraria como se quiera, pero que habría de servir para llegar a un nuevo concepto del derecho, reivindicando para el hombre, como hombre, un mínimo de justicia. [. . .]

ANTECEDENTES PARA ROUSSEAU[39] EN AMÉRICA

De todos los autores de la época ninguno agitó tanto al mundo hispánico como Rousseau. España y América estaban mejor preparadas que las demás naciones, por razón de una tradición popular de siglos, para recibir la filosofía de *El contrato social*.[40] La España popular había inventado, desde la época de las reuniones a la sombra del árbol de Guernica en el País Vasco,[41] desde la fórmula del juramento que el pueblo exigía de los reyes de Aragón,[42] desde la revuelta de los comuneros contra Carlos V, la fuerza del pueblo soberano. Todo eso pasó a América con los compañeros de Balboa, de Cortés, de Quesa-

da, que en nombre del común le dieron autoridad a sus capitanes: con los comuneros[43] del Paraguay que se alzaron contra Cabeza de Vaca [. . .]

Cuando Rousseau estaba aún muy lejos de escribir *El contrato social* (1762), los comuneros del Paraguay hicieron en 1730 una revolución cuyos postulados[44] parecerían el primer borrador[45] de las páginas fundamentales del ginebrino.[46] Uno de los líderes, don Fernando Mompox, «hablaba del poder del común[47] de cualquier república, ciudad, villa o aldea, enseñando que era más poderoso que el mismo rey. Y que en manos del común estaba admitir la ley o el gobernador que gustasen, porque aunque se lo diese el príncipe, si el común no quería, podía justamente resistirse y dejar de obedecer . . .» [. . .]

El *Discurso*[48] sobre la desigualdad de los hombres se publica por primera vez en español no en Europa, sino en Charleston, por *un americano*. La edición es de 1803, y en ella se hace un elogio de los filósofos que pusieron las bases de la Independencia de los Estados Unidos.

El punto central iba a ser *El contrato social*. Se publicó en 1763. Se difunde en América con tal rapidez y extensión, que ya antes de 1780 no sólo lo conocen los literatos, sino el pueblo. Acaba por ser la nota dominante en los discursos de la Independencia. [. . .]

La corriente era ya avasalladora,[49] y la idea de *El contrato social*, en su interpretación revolucionaria, resultaba demasiado grata a los oídos del pueblo y de los más avanzados líderes de la revolución. Podían los letrados, en ciertos momentos, por prudencia o por escrúpulos, alzarse contra el pacto, asustados por las consecuencias que vino a revelar la revolución

---

[39] Rousseau, Jean Jacques: filósofo francés (1712–1778)
[40] publicado en 1762, uno de los principales ensayos de Rousseau donde expone la teoría de la soberanía popular opuesta a la del «derecho divino» de los reyes. Según él, los gobiernos son un contrato entre los gobernantes y el pueblo, donde reside la soberanía.
[41] referencia a una antigua costumbre de las provincias vascas. Se reunían para elegir el gobierno local y demandar de los reyes respeto para sus derechos y leyes locales.
[42] los reyes de Aragón tradicionalmente juraban respetar las costumbres y derechos locales reconocidos en los *fueros*, códigos y leyes
[43] extensa rebelión de las comunidades de Castilla (1520–1521) contra el Emperador Carlos V por los muchos

impuestos para pagar la política exterior del monarca. Nombre dado a los paraguayos que se alzaron contra Cabeza de Vaca (siglo XVI) y luego en 1717 contra las autoridades españolas. También hubo un levantamiento de comuneros en Colombia.
[44] principios
[45] primera copia provisional que hace el autor de un escrito
[46] Se refiere a Rousseau, quién nació en Ginebra.
[47] aquí significa *el pueblo*
[48] *Discurso sobre el origen de la desigualdad* en el cual Rousseau propone que el hombre es oprimido por la sociedad, pero que la soberanía colectiva puede restaurar sus derechos
[49] con gran fuerza

francesa. Así se explica que un hombre tan profundamente revolucionario y tan inquieto como el mexicano fray Servando Teresa de Mier (1765-1827) se pronunciara contra Rousseau.
5 Pero los humildes vieron en la idea del «pueblo soberano» la más deslumbrante revelación. Desde el momento en que el calificativo de «soberano» se traslada de la majestad del rey al puro pueblo, el edificio jurídico de la monar-
10 quía se derrumba. En América hay un día en que comienza a hablarse sencillamente de «el soberano» en el sentido de pueblo, como lo anunciaban los comuneros del Paraguay. Ese día es el de la independencia democrática. Después
15 de la revolución de Descartes, colocando a la razón en el lugar que había ocupado el dogma escolástico, la idea del pueblo soberano de Rousseau representa la segunda revolución. Una revolución de masas. Aparece un discurso sobre
20 el método para uso de los de abajo. En el Uruguay, José Artigas[50] no es sino un gaucho que agrupa a las montoneras de las pampas y las lleva a la independencia del Uruguay para echar las bases de un nuevo contrato social. Él habla
25 del Contrato a los campesinos, y los campesinos saben lo que quiere decir. Cuando se va a redactar la constitución del nuevo Estado, domina su idea roussoniana: la constitución es el *pacto* acordado por el soberano. Así nace el derecho
30 constitucional americano. Comienza a publicarse en 1810 el *Semanario de Caracas*, uno de cuyos animadores es el Licenciado Miguel José Sanz,[51] hombre de quien Humboldt[52] dijo que si deseaba ir a Venezuela era por conocerle. Pocas veces,
35 hablando con mayor claridad, se había hecho uso del Contrato como en estas líneas: «Al Pueblo, o Nación, que es el propio, verdadero y esencial soberano; que es independiente, absoluto; que no conoce superior en la tierra, toca, y no puede
40 tocar a otra autoridad, el conocer y decidir, porque siendo el conductor por donde se explica la voluntad de Dios para conferir la potestad, lo es también para quitarla a uno y transferirla a otro, si el Estado lo exige para su salud, orden
45 y tranquilidad, que es el fin de las sociedades, y sin el cual no pueden subsistir. En consecuencia

nadie puede sin tiranía titularse Soberano de una nación, ni pretender gobernarla en calidad de tal, sin haber obtenido ella, legítimamente congregada, el consentimiento de su voluntad general, que es la que contiene por esencia lo que es y debe llamarse con propiedad Soberanía. Quien pretende reinar sin esa circunstancia, pretende reinar sin la voluntad de Dios, y no puede decir que reina por él, ni obligar a ninguno que le honre, y obedezca. Es en una palabra un tirano que se usurpa autoridad, que no se le ha trasmitido legalmente, y si usa de la fuerza contra el Pueblo, puede éste con la fuerza resistirle.»[...]

ANTECEDENTES AMERICANOS DE LA ILUSTRACION

Sobre las ruedas de esta filosofía, tan nueva y tan antigua, se hace la revolución americana. Con ella se redactan las primeras constituciones, que a veces parecen transcripciones fieles del Contrato. Los primeros planes son utópicos. En chile, en 1764, a los dos años de publicado el Contrato, se proyecta una república ideal que sería el comienzo de la reforma en el mundo. Dos franceses, Antonio Gramusset, frustrado seminarista que había inventado una máquina para elevar el agua a grande altura, y Antonio Berney, profesor de latín y matemáticas, que leía en Santiago los tomos de la Enciclopedia casi al mismo tiempo que iban publicándose en Francia, se unieron a un chileno, José Antonio de Rojas, y a un piloto peruano, Manuel José de Orejuela, con el propósito de sustituir el régimen monárquico por el republicano, poniendo en manos de un «soberano senado» el gobierno. La audiencia de Lima se enteró del plan. Pagaron el pecado los dos franceses, que fueron deportados. Sólo al chileno Rojas cupo[53] la suerte de asistir luego a la independencia de su patria.

La idea de la soberanía del pueblo, del pacto social, está ligada ya en el propio Rousseau a la independencia de América. Puede decirse que cincuenta años antes de que aparezcan en el escenario de América Bolívar, San Martín,

---

[50] héroe nacional del Uruguay (1764–1850), líder de su guerra de independencia
[51] jurista y pensador venezolano (1754–¿?), uno de los líderes de la Ilustración en ese país. El viajero francés Francisco Depons lo llamó el «Licurgo de Venezuela».

[52] Humboldt, Alejandro von: geógrafo y naturalista alemán (1769–1859), que viajó extensamente por Hispanoamérica y dejó valiosos escritos con sus observaciones
[53] tuvo

O'Higgins o Morelos,[54] el ginebrino había dado el grito de la emancipación, cuando decía en el Contrato: «Cómo podrá un individuo o pueblo apoderarse de un territorio inmenso, privando de él al género humano,[55] de otro modo que por una usurpación punible,[56] puesto que arrebata al resto de los hombres su morada y los alimentos que la naturaleza ofrece al común? Cuando Núñez de Balboa tomaba, desde la playa, posesión del océano Pacífico y de toda la América Meridional en nombre de la corona de Castilla, ¿era razón suficiente para desposeer a todos sus habitantes, excluyendo igualmente a todos los príncipes del mundo? Bajo estas condiciones las ceremonias se multiplicaban inútilmente: el rey católico no tenía más que, de golpe,[57] tomar posesión de todo el universo, sin perjuicio de suprimir en seguida de su imperio lo que antes había sido poseído por otros príncipes.» [...]

EL CONTRATO SOCIAL Y LA REVOLUCIÓN

Quienes no leyeron a Diderot[58] directamente, tenían ya la semilla de Rousseau. La revolución francesa fue el toque de alarma que despertó a los mismos creadores del despotismo ilustrado para mostrarles cómo estaban jugando con fuego. De ahí en adelante lo que domina es el miedo del lado de España, y del lado de América el contrabando. Ya hemos visto que la traducción del *Discurso* sobre las desigualdades se editó en Charleston. En la Gaceta de México de 1803 se inserta un edicto para advertir a quienes tienen licencia para leer libros prohibidos, que, aun para ellos, quedaba vedado leer *El contrato*. En 1808 se pasa una circular en que se previene que «aquellas ideas de *El contrato social* de Rousseau, del *Espíritu de las leyes* de Montesquieu,[59] y otros semejantes filósofos, por las cuales en la

elección del príncipe concurre cada partícula con la porción de su independencia, que puede cuando quiere recoger, están proscritas[60] porque contribuyen a la libertad e independencia con que solicitan[61] destruir la religión, el estado, el trono y toda propiedad, y establecer la igualdad, que es un sistema quimérico impracticable, de lo cual nos da un ejemplo la misma Francia».

Dos argentinos, Manuel Belgrano (1770-1820) y Mariano Moreno (1778-1811), se familiarizan con los autores franceses muy lejos de Buenos Aires. Belgrano, porque fue a estudiar a España, y encontró en Salamanca, donde circulaban profusamente, a Montesquieu, Rousseau, Fulangieri. Era un buen católico, y obtuvo de la Santa Sede[62] licencia para leerlos. Mariano Moreno halló los mismos libros, y muchos más, ¡en Chuquisaca![63] Allí Matías Terrazas puso en sus manos algo así como la Summa Enciclopédica. En su enorme biblioteca abundaban los libros prohibidos, Chuquisaca, aun siendo mucho más adentro de los Andes que Córdoba, ejercía una atracción enorme. Viajando en mula por semanas llegaban a este encumbradísimo rincón del Alto Perú[64] los estudiantes de Montevideo o de Buenos Aires y les parecía dar con la Salamanca del Nuevo Mundo. Los letrados gozaban de un prestigio casi divino. [...]

En México, nada más roussoniano que el cura José María Morelos,[65] el Libertador, que como parte de sus campañas revolucionarias va a la cabeza de un congreso peregrino, el que dictará la primera constitución de la república. Errante, por más de un año, Morelos va de pueblo en pueblo, sesionando unas veces bajo los árboles, otras en las plazas, de Chilpancingo al rancho de las Ánimas, del rancho a las huertas de Huétano, de estas huertas al campo de Atijo, de Atijo al campo de Agua Dulce... y así hasta

---

[54] Bolívar, Simón: general y estadista venezolano (1783–1830), el «Libertador de Suramérica»; San Martín, José de: general y político argentino (1778–1850), libertador de Chile y Perú; O'Higgins, Bernardo: general y político chileno (1776–1842), uno de los héroes de la independencia de Chile; Morelos y Pavón, José María: sacerdote y patriota mexicano (1765–1815), héroe de la independencia.
[55] la humanidad, todos los hombres
[56] castigable
[57] de pronto, de súbito
[58] Diderot, Denis: filósofo francés (1713–1784), uno de

los fundadores de la *L'Encyclopedie*. Véase nota 33.
[59] Charles, Baron de Montesquieu: filósofo y político francés (1689–1755), autor de *El espíritu de las leyes* y colaborador de *L'Encyclopedia*. Sus escritos tuvieron extraordinaria influencia.
[60] prohibidas
[61] pretenden
[62] el Vaticano
[63] Véase nota 26.
[64] actual Bolivia
[65] Véase nota 54.

llegar a Apatzingán.[66] En Chilpancingo[67] dijo Morelos: «Sepultados en la estupidez y anonadados en la servidumbre, todas las nociones del Pacto Social nos eran extrañas y desconocidas.»
5 En Apatzingán se aprobó el artículo V de la Constitución : «La soberanía dimana inmediatamente del Pueblo, el que sólo quiere depositarla en sus representantes...»

Bolívar es un personaje que sale de las páginas
10 de Rousseau. Sus maestros fueron Simón Rodríguez (1771-1854) y Andrés Bello (1781-1865). Rodríguez le llevaba doce años, Bello dos. Rodríguez era de un temperamento volteriano, estaba imbuído[68] en las teorías de
15 los enciclopedistas, y fue tan aficionado al magisterio, que acabó inventando un sistema singularísimo de educación y escribiendo un libro revolucionario con sus ideas pedagógicas. Bello era el polo opuesto: parecía más maduro.
20 Sereno, erudito, ecuánime. Pero, eso sí, afrancesado. Aprendió sin maestros los idiomas extranjeros. El presbítero Montenegro le reprochaba amargamente un día, cuando le vio leyendo un libro de la lengua peligrosa: «¡Es
25 mucha lástima, amigo mío, que usted haya aprendido francés!» Fue el joven Bello uno de quienes estuvieron más cerca de Humboldt cuando visitó a Caracas. Por saber inglés, pudo traducir un artículo del Times de Londres en
30 donde se traían noticias de la invasión de España por Napoleón y de la abdicación de Carlos IV. Así se enteraron del hecho las autoridades. Bolívar recibió lecciones de los dos maestros, pero el mayor estímulo se lo dio
35 Rodríguez, primero en Caracas, y luego en Europa. En Venezuela, llevaba siempre consigo un libro de Rousseau, como modelo pedagógico. En Europa, adonde salió desterrado, indujo a Bolívar para que hiciera un viaje a pie, como
40 aconsejaba Rousseau, a través de la Europa central, hasta Roma. En Roma, Rodríguez movió a Bolívar para que hiciera, desde el monte Aventino,[69] su juramento: «Juro que no he de

morir hasta que no saque de América al último español.» [...]

Bolívar, más que un guerrero, es un revolucionario, un ideólogo. Su punto de partida está en la Enciclopedia, en Francia. Sigue de cerca la evolución de Napoleón, el caudillo, como él dice, y se indigna cuando lo ve coronarse emperador. Una vez producido el desastre de Waterloo, hay un momento en que surge la posibilidad de que Napoleón escape hacia América. Para Bolívar ese sería el mayor desastre.

En América se aprovechaba lo mejor de la filosofía francesa, sin seguirla al pie de la letra.[70] Pero además había un nuevo punto de referencia en el panorama político: los Estados Unidos. ¿Podría ser Filadelfia el mejor modelo para la revolución del sur? ¿No era acaso feliz el experimento de la federación que estaba dando en el norte los frutos que no conquistó Francia con la república? Sobre este punto Bolívar fue siempre muy explícito. En el memorial de Cartagena, el primer documento que escribe Bolívar, señala como causas de la primera gran derrota que le ha obligado a salir de Venezuela, de un lado al clero realista que usaba de su fuerza moral para combatir a la república, y del otro a los teóricos que se inspiraban en Jefferson. «La influencia eclesiástica tuvo, decía, después del terremoto,[71] una parte muy considerable en la sublevación de los lugares y ciudades subalternas y en la introducción de los enemigos en el país, abusando sacrílegamente de la santidad de su ministerio en favor de los promotores de la guerra civil...» De los revolucionarios decía: «Tuvimos filósofos por jefes, filantropía por legislación, dialéctica por táctica y sofistas[72] por soldados...» Y: «Lo que debilitó más el gobierno de Venezuela, fue la forma federal que adoptó, siguiendo las máximas[73] exageradas de los derechos del hombre que, autorizándolo para que se rija por sí mismo, rompe los pactos sociales, y constituye las naciones en anarquía.»

Pasan, después de Cartagena, siete años, entre

---

[66] La primera es una ciudad de México al sudoeste de la capital. Las otras son ciudades del sudoeste de México. Puntos importantes en la lucha por la independencia.

[67] Véase nota 66. Aquí se reunió el Primer Congreso Constituyente (1813) que convocó Morelos y proclamó la total independencia de España y la primera constitución libre mexicana.

[68] infundido, penetrado

[69] una de las famosas siete colinas de Roma

[70] fielmente, literalmente

[71] Referencia al terremoto de Lisboa de 1755 que destruyó la ciudad y causó miles de víctimas. El hecho conmovió una sociedad acostumbrada al optimismo general y fe en el progreso.

[72] grupo de filósofos griegos que se valían de razonamientos falsos y que fueron combatidos por Sócrates

[73] principios, postulados; pensamientos morales expresados concisamente

victorias y reveses,[74] en una de las guerras más feroces, heroicas y sangrientas de la historia americana, y aun de la historia universal. A orillas del Orinoco,[75] en abiertas soledades, reúne Bolívar su congreso famoso, al cual llegan los delegados poco menos que en harapos. El Libertador anuncia al mundo la irrevocable[76] voluntad de sus ejércitos de no aceptar ninguna solución distinta de la independencia. Pide a la asamblea que asuma el poder soberano para dictar la constitución, cuyo proyecto les ofrece y les dice: «¡Representantes del pueblo! Vosotros estáis llamados a consagrar, o suprimir cuanto os parezca digno de ser reformado, o desechado[77] de nuestro pacto social.» Pero les aconsejo, más que con Rousseau con Montesquieu: «¿No sería muy difícil aplicar a España el Código de libertad política, civil y religiosa de Inglaterra? Pues aun es más difícil adaptar en Venezuela las leyes del Norte de América. ¿No dice *El Espíritu de las Leyes* que éstas deben ser propias para el pueblo que se hacen? ¿Que es una gran casualidad que las de una nación puedan convenir a otra? ¿Que las leyes deben ser relativas a lo físico del país, a la calidad del terreno, a su situación, a su extensión, al género de vida de sus pueblos? ¿Referirse al grado de libertad que la constitución puede sufrir, a la religión de los habitantes, a sus inclinaciones, a sus riquezas, a su número, a su comercio, a sus costumbres, a sus modales? ¡He aquí el código que debíamos consultar, y no el de Washington!».[. . .]

EL CONTRABANDO DE LAS IDEAS

En Francia, la agitación de los enciclopedistas desembocó en la guillotina que había de cortar la cabeza del rey y de la reina,[78] en la proclamación de los derechos del hombre, en la república. Es todo lo que no habían previsto los ministros

de Carlos III que tanto afecto habían puesto en su correspondencia con los franceses. Ellos habían dejado zarpar[79] sin mayores reservas los navíos de la Ilustración para América, y permitido el paso de los sabios franceses de las misiones científicas, y ahora encontraban que algo más serio que la doctrina del regicidio de los jesuítas se perfilaba en el horizonte; la guillotina. Floridablanca,[80] que logró su título nobiliario como recompensa[81] por haber obtenido del Papa la bula que autorizaba la expulsión de los jesuítas,[82] fue el primero en enterarse con espanto de lo que pasaba en Francia. Sarrailh, en su obra sobre la Ilustración,[83] pinta el estado de España en aquellos días: «El gobierno de Madrid tomó unas cuantas medidas para protegerse del contagio revolucionario. Desde el mes de diciembre de 1789, por orden real se prohibió a los oficiales hablar de Francia, y poco tiempo después se aplicó la misma orden a los periódicos. Paralelamente, la Inquisición redobló su actividad. El ministro español pidió a los directores de correos controlar los paquetes y suprimir aquellos que contuvieran noticias de la revolución francesa. El Secretario de Relaciones Exteriores no debería pasar las cartas sospechosas que llegaran por correos diplomáticos. Se prohibió a los españoles el envío de sus hijos para estudiar en Francia. Se expulsó de Madrid a quienes no tuvieran una posición bien definida . . .»

Es impresionante la velocidad con que se imparten[84] las instrucciones a las colonias. El 13 de diciembre de 1789 fue prohibida y perseguida por el tribunal de la Inquisición de Cartagena la Declaración de los Derechos del Hombre, aunque no se conocía el texto en América . . Pero ya la Constitución de Filadelfia había incorporado esos principios como una doctrina americana. De Filadelfia se tenían abundantes noticias, en México, por la vecindad

---

[74] fracasos
[75] en la ciudad de Angostura (hoy Ciudad Bolívar) reunió *El Libertador* el llamado Congreso de Angostura (1818) que promulgó una constitución y dio gran impulso al movimiento emancipador. El *Discurso de Angostura*, muy influído por los autores franceses, es uno de los documentos políticos más importantes de Simón Bolívar.
[76] irrenunciable; no anulable
[77] rechazado, dejado de lado, abandonado
[78] Louis XVI y su reina, Marie Antoinette fueron guillotinados por las fuerzas revolucionarias en 1793.

[79] hacerse a la mar, salir un barco del puerto
[80] Moñino José, conde de Floridablanca: estadista español (1728–1808), hombre de ideas liberales e instrumento en la expulsión de la Orden de los Jesuítas (1767)
[81] premio
[82] Fueron expulsados en 1767.
[83] Jean Sarrailh, *L'Espagne éclairée de la seconde moitié du XVIIIe siecle*, París, 1954; *La España ilustrada de la segunda mitad del siglo XVIII*, México, Fondo de Cultura Económica, 1957.
[84] se comunican, se reparten

y en Sudamérica, en buena parte gracias a una revista de selecciones que se publicaba en Madrid con el título de *El espíritu de los mejores diarios.*

5   Antonio Nariño,[85] en Bogotá, lector muy asiduo de *El espíritu de los mejores diarios*, tenía una de las buenas bibliotecas de su tiempo. Preparado por la lectura de los enciclopedistas, fue descorriendo el velo[86] de la revolución

10   francesa y se dio a buscar el texto de la *Declaración de los Derechos del Hombre.* Lo sorprendió un día una obra sacada nada menos que de la biblioteca del virrey: la *Historia de la Asamblea Constituyente,* de Galart de Montjoie. En diciem-

15   bre de 1793 lo traduce, y un domingo, en su imprenta, auxiliado por un tipógrafo ignorante de lo que se trataba, imprime el texto en una hoja que al día siguiente distribuye clandestinamente. Denunciado, es sometido a tortura. Paga

20   su delito con 16 años de cárcel, en parte cumplidos en las bóvedas de Cartagena, en parte en España, con decreto de destierro al África.[...]

Cuando pasa la guerra de independencia, o se están dando los últimos combates en el Alto

25   Perú, la crítica a las ideas francesas y americanas comienza a desarrollarse en forma de ensayos que muestran el cuidado con que se estudiaban los autores y sistemas de Francia y de los Estados Unidos, para llegar a una solución americana.

30   Uno de los más afortunados expositores es el cubano Francisco Javier Yáñez, que había emigrado a Venezuela, tomó parte en la guerra, padeció en el destierro, y al fin tornó[87] a Caracas, donde su mente de jurista se muestra en un

35   librito el *Manual político del venezolano,* que se publica en Caracas en 1825. Es un estudio que arranca[88] de las teorías de Rousseau y Montesquieu y se detiene en las norteamericanas. Las norteamericanas las ha conocido el autor muy

40   bien por sus lecturas del *Federalista.*[89] Los errores que señala en Rousseau y Montesquieu se derivan, según él, de que ellos escribieron

cuando aún faltaban por hacerse las experiencias del Nuevo Mundo. «La representación, dice Yáñez, tiene sus gérmenes en el seno de las sociedades antiguas, pero ella ha sido perfeccionada en el Nuevo Mundo, y sus progenitores son Washington, Franklin, Lafayette, Paine, Hamilton, Madison, Ustáriz, Roscio, Lozano, Pombo, Torres, etc.» Y más adelante: «Deben leerse con mucha reserva y cautela las obras de Montesquieu y Rousseau y otros grandes hombres, pues unos escribieron antes de perfeccionarse el sistema representativo, y los más lo hicieron bajo unos gobiernos, cuyo principal interés se dirige a destruir o hacer odioso el régimen republicano, confundiendo los tiempos, los principios y las cosas.»

La tarea de Yáñez consistía en divulgar[90] y dar mayor énfasis a las teorías de los enciclopedistas y de los tratadistas universales, pero ajustadas con escrupuloso sentido de jurista, reservado y muy claro en el análisis. Menos rotundo[91] que Bolívar en su crítica a los filósofos de Filadelfia, que le inspiran la mayor admiración, tampoco se deja llevar por esta inclinación y llega a señalar la diferencia fundamental que encuentra, como punto de partida, entre los herederos de las colonias inglesas, y los herederos de las españolas. «La república del norte —dice— fue fundada en su origen no por la conquista, sino por transacciones del pacífico Penn.[92] Los legisladores trabajaron en un siglo de luces; en un país en donde no tenían que luchar y vencer un poder militar, ni limitar una autoridad absoluta, ni tampoco despojar a un clero dominante de un poder, a una nobleza de sus derechos privilegiados, a una multitud de familias de sus fortunas, ni de construir su nuevo edificio sobre despojos cimentados en la sangre. Por eso es que pudieron fundar sus instituciones sobre los principios de la razón, de la libertad, de la igualdad política y civil, de la justicia universal [...] Sus leyes, hechas únicamente con el objeto del

---

[85] escritor y político colombiano (1765–1823), precursor de la independencia de su país. Tradujo e hizo circular la *Declaración de los Derechos del Hombre.*
[86] conociendo más a fondo; descubriendo
[87] volvió, regresó
[88] parte, tiene por base
[89] los *Federalist Papers,* (1787–1788) son escritos de Alexander Hamilton, James Madison y John Jay, abogando por una constitución de tipo federal para los Estados Unidos
[90] publicar; propagar; anunciar
[91] terminante; sonoro; franco
[92] Penn, William: cuáquero inglés (1644–1718) fundador, gobernador y legislador de Pennsylvania. Estableció un gobierno muy liberal en esa colonia.

interés general, fueron trazadas, digámoslo así, sobre una tabla rasa, sin ser detenidas por el espíritu de clases, privilegiados, etc . . .»

Así, la herencia de la Ilustración europea va entrando a formar parte, con beneficio de inventario,[93] de las nuevas repúblicas, al mismo tiempo que la herencia de la república del norte, también recibida con la misma reserva.

VENEZUELA, 1901-1965

Con una serie de trabajos medulares, Mariano Picón-Salas se incorporó a la lista de los grandes cultivadores del ensayo en este continente. Se le considera el más importante crítico-ensayista de Venezuela en el siglo XX. Nació en Mérida, Venezuela y a los diecinueve años publicó *Buscando el camino* (1920), intento juvenil que llamó mucho la atención. Repitiendo lo sucedido con otro gran venezolano, Andrés Bello, vivió largo tiempo en Chile y a ese país debe mucho en su formación espiritual e intelectual. En 1923 lo encontramos en Chile y en su universidad obtuvo el doctorado en filosofía y letras y fue más tarde profesor. Formó parte activa de la vida literaria y cultural de Chile hasta que en 1936 regresó a Venezuela después de la derrota de la dictadura de Juan Vicente Gómez. Ocupó entonces un alto cargo en el Archivo Nacional y la dirección de Cultura del Ministerio de Educación. Como diplomático viajó por España y el resto de Europa, lo cual amplió su visión de la vida y de las cosas. En protesta contra la dictadura de Pérez Jiménez, tomó el camino del exilio. Esta vez vino a los Estados Unidos donde dictó cursos en la Universidad de Columbia en Nueva York y en la Universidad de California en Los Angeles. Caída la tiranía de Pérez Jiménez regresó a su patria, siendo nombrado profesor primero y más tarde Decano de la Facultad de Humanidades en la Universidad Central. Picón-Salas era miembro distinguido de las Academias de la Historia y de la Lengua de Venezuela.

Aunque tiene una labor encomiástica en el campo de la narración y de la diplomacia, lo realmente perdurable está en su vasta obra como crítico, historiador y ensayista. Sus temas favoritos son: los valores estéticos y literarios; la defensa de la libertad y de la moral; la conciencia de Hispanoamérica; el proceso de la cultura como máximo exponente de la evolución espiritual de nuestros países. Como sociólogo y crítico ocupa

---

[93] en derecho civil es la facultad que se reserva al heredero de no pagar las deudas de una herencia sino hasta donde alcance lo que ella produzca; significa que las ideas de la Ilustración entraron a la América Latina, pero con ciertas reservas.

lugar junto a los espíritus más alertas y constructivos de Hispanoamérica. Su primer ensayo importante fue *Interpretación de Andrés Bello* (1929), donde ofrece una nueva visión del gran humanista y contribuye a destruir juicios falsos o inadecuados. Ve en Bello a uno de los grandes hombres de letras de Hispanoamérica, presentando una bien marcada simbiosis entre cultura y valores éticos. Después publicó *Hispanoamérica, posición crítica* (1931), que muestra su agudeza para descubrir rasgos esenciales del devenir histórico y cultural de este continente. La mayoría de los críticos consideran que *Formación y proceso de la literatura venezolana* (1940) constituye una de sus obras mejor logradas, destacándose por la profundidad en los juicios y la agilidad del estilo. Este excelente compendio de las letras patrias le ha ganado un prestigio muy merecido como crítico sereno y muy seguro de sus opiniones. En vez de detenerse en datos superfluos o catálogo de nombres, se adentra por la exposición de las características esenciales de la literatura, destacando las contribuciones específicas de cada autor o movimiento o período al proceso literario total. Años después publicó en México *De la conquista a la independencia. Tres siglos de historia cultural hispanoamericana* (1944), obra de obligada consulta para conocer uno de los períodos más importantes en el desarrollo histórico y cultural de esa región. Aquí el erudito y el estilista se combinan admirablemente. Lo vemos afanoso en la búsqueda de una conciencia histórica y cultural revelándose como escritor bien documentado, pensador agudo y perspicaz junto al estilista de prosa deliciosa por la fluidez y las imágenes. Aquí muestra uno de sus procedimientos favoritos: gusta de presentar el proceso total de una cultura, aunando hechos históricos para fundamentar mejor la evolución espiritual, que en su concepto es lo primordial.

La cultura hispanoamericana aparece también estudiada en los ensayos agrupados bajo el título de *Crisis, cambio, tradición* (1952) donde reafirma su creencia de que sin libertad no puede haber proceso de creación artística. En *Comprensión de Venezuela* (1949) enfoca la realidad sociológica y espiritual específica de su patria para ofrecer interpretaciones muy originales y precisas. Picón-Salas no es de los escritores que a cada momento levantan polémicas, sino de los que saben esclarecer, deshacer confusiones y dar una visión definitiva de hechos y circunstancias. Como biógrafo dejó su obra *Pedro Claver, el santo de los esclavos* (1950), retrato excelente de esa gran figura histórica y religiosa, con plenitud de estilo y de sentido histórico. Finalmente mencionaremos *Regreso de tres mundos. Un hombre en su generación* (1959). Aunque contiene datos externos a su biografía, lo realmente importante de estas «memorias» son la revelación del espíritu de un gran pensador y escritor hispanoamericano para quien la cultura tiene la alta función de producir la comprensión mutua, el progreso moral y una visión más cabal de la vida. La serenidad y equilibrio de su pensar dejan a veces traslucir su desasosiego humano por formas más altas de convivencia, alumbradas por la cultura y la elevación espiritual.

FUENTE: *Cuadernos del Congreso por la Libertad y la Cultura*, París, No. 58, marzo de 1962.

Hombre, angustia e historia[1]

1962

UN HOMBRE CON UN SACO DE HUESOS

Buscar en el más remoto pasado que se pliega y arruga en las capas geológicas, en los primeros huesos humanos u hominianos revueltos con las más viejas piedras, no solo la historia de la vida sino el problema de que ella avance hacia una dirección, hacia un «punto omega»[2] esperanzado y perfectible, fue la gran hazaña del Padre Teilhard de Chardin.[3] Su vida y obra (1881-1955), fueron de las más fecundas y significativas, desde el punto de vista espiritual, que conociera nuestra época. Su gloria y su discusión apenas están comenzando. Aún no se aplacan[4] las polémicas en torno a su nombre, pero ya se le reconoce como un Tomás de Aquino[5] del siglo XX, capaz de acercar en nueva y distinta «Summa» lo que desde el tiempo de Descartes parecía roto o escindido en el pensamiento europeo: los datos, instrumentos, leyes y relaciones de que el hombre dispone para explicarse el mundo con un sentimiento de trascendencia, de fin y esperanza de la aventura humana que en último término se llama Religión. El Padre explica que cuando el sabio observa y ordena los datos de su investigación, tiene el objetivo superior de ligar[6] todos los hechos entre sí, de establecer o restablecer la unidad de la vida que es como sorprender el secreto de Dios. Su mística y apologética es sólo la última razón de su sabiduría. Los datos científicos fueron tan escrupulosos como para que también los acepten los agnósticos. Así como Santa Teresa buscaba a Dios entre «los pucheros»[7] de su cocina conventual, el Padre Chardin creía que también podría encontrarle en

los laboratorios de una Escuela de Ciencias, y aun entre la mejor sociedad de los llamados herejes. ¡Qué fervor y tolerancia universal nos ofrece su pensamiento!

El evolucionismo que él aceptó y completó, [5] la extraña línea que desde los primates y la más lejana edad de los hominianos condujo al «homo sapiens», le daba el ejemplo de una progresiva conciencia cósmica. Aun en las sagradas escrituras[8] se decía que el mundo no se hizo en [10] un solo día, y al último día, el del hombre y de la conciencia, se llegó después de millones de años. Pero acaso —y esta es la novedad del Padre Chardin— el día del hombre apenas está amaneciendo en el horizonte de la Historia. A [15] pesar de las catástrofes y colisiones que comporta el proceso, podemos tener fe en lo que el hombre, ese recién llegado al inmenso mundo de la vida, aún es capaz de hacer. Para el reino del espíritu —es su esperanza— estamos en un [20] momento temprano de la creación. Y tampoco entre nuestra materia y nuestro espíritu hay esa frontera que se empeñaban en marcar todas las filosofías dualistas. Son propiedades de una misma cosa; formas unificadoras de la totaliza- [25] ción. La Biología se sumerge en el más variable río de la Historia. Bergsonianamente[9] diríamos que la dimensión del tiempo está en la conciencia de quien lo mide.

Auvernés como Pascal,[10] nacido en esa vie- [30] ja tierra volcánica de Francia que guarda las grietas y hendiduras de un plutonismo[11] milenario semeja parecérsele no sólo en la capacidad

---

[1] Ensayo publicado en *Cuadernos* del Congreso por la Libertad y la Cultura, París, No. 58, marzo de 1962.
[2] última letra del alfabeto griego; fin, final
[3] jesuíta francés (1881–1955), antropólogo, geólogo y filósofo de renombre mundial
[4] suavizan
[5] Santo Tomás de Aquino: teólogo católico italiano (1225–1274), autor de la *Summa Teológica*, obra fundamental del Escolasticismo
[6] unir, reunir; mezclar

[7] vasijas de barro o porcelana para cocinar; guisado, comida
[8] la Biblia
[9] a la manera de Henri Bergson, filósofo francés (1800–1879), padre del intuicionismo filosófico
[10] Pascal, Blas: matemático, físico, filósofo y escritor francés (1623–1662)
[11] teoría geológica según la cual la corteza terrestre se formó bajo la acción del fuego

percibidora sino en el fuego interior, en el desvelo del alma. Y a veces cuando no escribe sobre Paleontología o Prehistoria comparte la vicisitud o el dolor del hombre en prosa casi pascaliana. Si Pascal no fue sólo un gran escritor, sino uno de los creadores de la Física y la Matemática de la Edad moderna, el Padre Chardin ha sido después de Darwin, completándolo y ampliándolo, uno de los definidores de lo que en el lenguaje de sus libros llama el «fenómeno humano», capítulo primordial de toda Biología. ¡Y qué pascaliano es, asimismo, el combate contra la ortodoxia demasiado literal y demasiado rígida de algunos de sus superiores que temían que su Ciencia y el libre ardor de su trabajo le precipitaran en peligroso camino herético! Del más desgarrado[12] acento es la carta que ya en su vejez —en 1951— escribe desde África del Sur al general de los jesuitas, defendiendo contra la intriga y la calumnia su fe de cristiano. Quiere que todos entiendan que si estudió las Ciencias con la más seria objetividad es porque su vida espiritual estuvo siempre dominada por el «sentimiento de la realidad orgánica del mundo» y pretendió encontrar el sentido de «una convergencia general del Universo». Cristo, la palabra de Dios, la palabra de la redención y de la esperanza estaban para él al término de una larga evolución de nuestra especie; eran el «punto Omega» de una hazaña[13] de la vida conquistando la Conciencia. En su final Teología el «espíritu de Dios no estaba separado del espíritu de la tierra». A nuestra vista, ante el testimonio del hombre de ciencia, esa Unidad podía percibirla en «las formidables dimensiones nuevamente halladas de lo real experimental».

¿Por qué ha de ser heterodoxo[14] creer que el mundo se ha ido creando en larga serie de etapas biológicas, las formas superiores más complejas proceden de las rudimentarias, y el hombre —este habitante tardío— influye en el inconcluso proceso de perfeccionamiento y de cambio? En la Teología y yo diría en la Biología del Padre Chardin, ni Dios, ni la Vida, ni la

Conciencia reposan después de «hacer», en el contento de las formas logradas, y desde los huesos y el tosco raspador[15] de piedra que dejó el hombre paleolítico hasta la poesía de Shakespeare y la más compleja estructura de la técnica moderna se marchó en dirección progresiva; se subieron otros escalones de la serie. Para esta nueva Teología —si así puede decirse— el cielo no está tan separado de la tierra, ni la trascendencea de la inmanencia, y el hombre es colaborador de Dios. Se le dio la tierra y debe ordenarla y gobernarla. Todavía no sabemos cuántos secretos y fuerzas ha de extraer de la vida y de la materia. Quizás no ha aprendido a conocer todo lo que contiene el mundo y cuánto desprenderá de sí mismo. Adán no ha hecho el inventario del jardín del Edén. La historia de nuestro pasado sólo es prólogo e indicio de un destino cósmico.

Y el Padre Chardin lo estuvo buscando con su martillo de geólogo, su visión de prehistoriador, sus manos clasificadoras a través de un agobiante periplo de sabio en las zonas más desconocidas del planeta. Si la Sorbonne le había enseñado la Ciencia y la Tolerancia, la primera guerra mundial, en la que fue soldado y «camillero»[16] en los campos de Verdun,[17] ensanchó en sensibilidad su experiencia humana. Los marroquíes con quienes se confunde en el Cuarto regimiento de zuavos y fusileros y cuyos cuerpos heridos auxilia en las camillas del convoy, le llaman «sidi marabout», que en su lengua es palabra dulce para el camarada y el amigo. Y aprende allí también el sereno coraje con que en sus dos grandes expediciones asiáticas por Mongolia, Turquestán, el desierto de Gobi,[18] llegando hasta la Siberia, resiste el hambre, la sed, la soledad, y en aquellos años de gran agitación revolucionaria en el Oriente, la pequeña caravana sufre el asalto de bandidos y guerrilleros. Son tiempos de tormenta política en el Asia Central; luchas de provincias contra provincias, de caudillos contra caudillos, de comunistas contra anticomunistas, de japoneses contra chinos, y el Padre Chardin, que ya es una

---

[12] que destroza, entristece mucho
[13] hecho heroico
[14] que se separa de la ortodoxia
[15] instrumento para raspar, pulir o rebajar
[16] el que transporta heridos en una camilla

[17] ciudad francesa a las orillas del Mosa; en la batalla de Verdun (1916), los franceses comandados por Petain derrotaron a los alemanes
[18] situado en Asia Central

de las autoridades mundiales en Prehistoria, que ha encontrado las huellas de los primos «sinantropos»[19] en las capas de «loes»[20] y las estratas[21] agrietadas del desierto, meditará sobre las otras mutaciones y revueltas del ser histórico. ¡Qué lástima —dirá alguna vez— que los hombres en su corta vida, contrastándose con los millones de años que precedieron su aparición, no hayan aprendido aún a estar unos al lado de los otros, y no en contra de la humanidad como en el desperdicio y horror de toda guerra!

Por el momento —en esos días de 1923 a 1936 en que se cumplen sus mayores expediciones asiáticas— el Padre Chardin no es más que un investigador tenaz y absorto, llevando a través de las estepas y valles chinos sus sacos de huesos fósiles y reconstituyendo el trabajo de aquellos primeros hominianos, ya industriosos, que debieron de vivir en las tierras que emergían del último terciario. ¡Y qué relación tenían con los otros «pitecántropos hominianos» de Java y la India era lo que quería leer en las estratas! Pero como además de paleontólogo es un místico y un pensador, descubrir con la larga evolución de las especies la más sutil evolución de la conciencia, y dar para las gentes del siglo XX una difícil «Summa» del hombre como Santo Tomás quiso hacer la «Summa» de lo religioso, es su casi desesperado designio. Y si de este pasado, del proceso histórico continuando el proceso biológico puede señalarse una dirección para la humanidad; si tanta vida no fue sólo dispendio de materia y energía, colecciones de huesos y tumbas, será su pregunta de filósofo y moralista. Por eso un sociólogo como Gaston Berger[22] que ha llevado a las ciencias sociales en Francia la nueva disciplina de la «Prospectiva», es decir de una posible aceleración de la Historia buscando desde nuestro presente los datos razonables para planear el porvenir, ve en el Padre Chardin uno de los precursores del estudio y proyecto que puede hacerse del futuro humano. Vamos a exprimir de un coloquio con sus libros, a la vez precisos y férvidos, una enseñanza que nos sirva a todos.

HOMBRE Y BIOLOGÍA

La originalidad del Padre Chardin no consiste en que haya conciliado su fe cristiana con la teoría de la evolución de las especies (ya en su tiempo se aplacaban las polémicas del siglo pasado entre la Iglesia y los evolucionistas, y el dogma se tornó más tolerante), sino que fijara con genio lo peculiar del preceso. Y frente a lo que los físicos llaman la Entropía, es decir la ley de degradación y tendencia a la uniformidad de la energía, lo propio de lo biológico es la complejidad de sus combinaciones. Por una ley de «corpusculización» los elementos se unen no para fundirse en lo homogéneo, sino para diferenciarse en individualidades más elevadas y definidas. Sería obvio probar que el hombre de hoy tiene más capacidad inventora que el primer hominiano «faber» que en India o en Java, en la turbulenta frontera geológica entre el terciario y el cuaternario, comenzó a tomar posesión del Universo. Y la ley de «corpusculización» engendra otra de «complejidad-conciencia», según la cual los elementos uniéndose en individualidades superiores exaltan su interioridad, se convierten a sí mismos en centros de acción y de reacción, perciben y acceden a lo reflexivo. Según la hermosa metáfora bíblica, la pelota de barro de que se había formado el hombre, despertaba a la vida del espíritu. ¡Y qué bello mito forja en las cosmogonías de todos los pueblos esta aparición del hombre dotado ya de conciencia, sustituyendo al animal monstruoso, o robando a Zeus —como Prometeo—[23] la luz y el fuego de su secreto! La evolución en esa etapa, prosigue entonces por lo que el Padre llama «neogénesis» la conciencia engendra conciencia, y el hombre partícipe de la creación del Universo, comienza a dar a la vida una dirección y destino.

Si para todo lo que rodea a lo viviente el geólogo Suess[24] había empleado la palabra «biosfera», el Padre Chardin llama con un vocablo nuevo la otra capa pensante, la herencia espiritual que configura la historia y que es para el medio humano tan activa y explosiva como

---

[19] primates fósiles descubiertos cerca de Pekín
[20] en geología, limo muy fino, sin fósiles ni estratificaciones
[21] estratos, masa mineral en forma de capa uniforme que forma la tierra
[22] sociólogo y escritor francés contemporáneo

[23] *Zeus*: dios principal de la mitología griega; Júpiter para los romanos; *Prometeo*: dios del fuego, iniciador de la primera civilización humana
[24] Suess, Edward: geólogo austríaco (1831–1914) nacido en Londres

pueden ser las bacterias en lo puramente biológico. Denomina «noosfera» esto que el
espíritu agrega a la naturaleza; no un espíritu
disociado, sino integrado en el cosmos. Imagina
con lenguaje de poeta que si desde fuera de la
tierra se mirase a nuestro planeta, aparecería
revestido no sólo con el verde y azul de los
océanos, y las plantas y la llaga de las erosiones,
sino también con la luz del pensamiento. La
vida primera fue —siguiendo el símil— «la
oscura púrpura de la materia», pero en la
inmensa duración de los tiempos prehistóricos
brotó también «el oro del espíritu». Y «yo no
sé por qué los geólogos —escribía el Padre—
consideran todas las esferas concéntricas de que
se formó la tierra, excepto una: la formada por
la capa humana pensante, y quienes se interesan
por el hombre son habitualmente extraños a la
Geología. Sería necesario juntar estos dos puntos
de vista». Y en la evolución compleja y diver-
sificada de la conciencia, desde el primer
hominiano «faber» hasta Shakespeare o Mozart,
se acentúa lo que el poeta llama la «blanca
incandescencia de la personalidad» «Lo personal
—escribe— es el estadio más alto desde el cual
se nos permite asir[25] la tela del Universo.» El
mundo del Espíritu es un mundo de «personas».
El hombre imprime la huella de su aventura y
sus sueños en la evolución cósmica. Y en ella
se traza —como veremos al estudiar el pensamiento histórico del Padre Chardin— el
derrotero[26] de un futuro, o como diría Gaston
Berger la posibilidad de una «Prospectiva».

En el mundo de la vida, la aparición del
hombre fue la más extraordinaria y reciente
emergencia y en él se concentraron cuatro
propiedades incomparables: extraordinario poder de expansión, extrema rapidez de diferen-
ciación, persistencia inesperada de la capacidad
de germinación, y enlace de las ramas en el seno
de un mismo haz. Hecho zoológico sorprendente,
en el hombre se refunde, a partir del fin del terciario, el principal esfuerzo evolutivo de la tierra.
En el hombre, la vida, desde el plioceno.[27] concentra (como un árbol hacia su copa), lo mejor
que le queda de savia. En el curso de los dos
últimos millones de años, si podemos observar

una multitud de desapariciones, ninguna realidad
nueva, fuera de los hominianos, despunta[28] en la
naturaleza. Por sí sólo este hecho sintomático
debería atraer nuestra atención y despertar
nuestras sospechas.» O siguiendo nosotros la
metáfora bíblica, el hombre fue la última
creación, y después de ella Dios descansó.
Biológicamente la «hominización» parecía una
«mutación diferente de todas las demás, en su
desarrollo».

Inicia, pues, el hombre un dominio o
compartimiento nuevo en el Universo: la esfera
de lo reflexivo. Siguiendo la línea de los
antropoides «hominizados», la onda de complejidad-conciencia penetró la tierra. «Y
franqueado este paso, el proceso continúa
difractándose en haz complicado de radios más
o menos divergentes: las diversas radiaciones
zoológicas del grupo humano. De acuerdo con
una propiedad primaria y universal de la
materia vitalizada, estas radiaciones zoológicas
que se propagan en un medio psíquicamente
convergente, manifiestan la tendencia a acercarse
y soldarse entre ellas. Así nace, en una atmósfera
—si no por efecto de socialización—, el grupo
eminentemente progresivo del *homo sapiens*.» Y
el fenómeno humano acarrea con «la asociación
en simbiosis, bajo relaciones psíquicas de los
corpúsculos histológicamente libres» que ya se
observa en las colonias animales, otra tendencia
a la personalización. En ninguna esfera de la vida
orgánica existió el individuo aislado; el salvaje
nació en un grupo de salvajes, pero el fenómeno
de «complejidad-conciencia» acrecienta en el
hombre, al mismo tiempo, la personalización.
Lo «étnico-social» unifica el conjunto e integra
lo que el Padre Chardin llamó la «noosfera»[29] o
esa «capa pensante» bajo la cual se desenvuelve
la peculiar aventura humana. El antropoide que
se tornó «homo sapiens» difiere de cualquiera
otra familia zoológica en que es ubicuo, engendra
él mismo por «antropogénesis» nuevos caminos
de evolución; no sólo tiene presente y pasado,
sino que —como quiere demostrarlo el Padre
Chardin— puede preparar el porvenir.

Último llegado al reino de la creación, toca
al hombre gobernar y dirigir una inmensa

---

[25] agarrar
[26] ruta
[27] último período de la era terciaria

[28] sobresale; empieza
[29] el orbe del espíritu humano

herencia de vida. Su juventud, contrastada con los millones de años de la materia, le promete una empresa —que según el vaticinio del jesuíta francés— acaso ahora sólo está comenzando.

¿Es posible desprender del pensamiento del Padre Chardin, una Filosofía de la Historia, una dialéctica de la vida que sirva para las angustias, tensiones e incógnitas en que se debate el hombre actual y combine esa doble corriente de «socialización» y «personalización» que según su lenguaje es lo propio del «fenómeno humano»? ¿O marchamos desde las tinieblas de la Prehistoria a una meta siempre perfectible de la conciencia? Contra el optimismo que tuvo la Filosofía de la Ilustración y en gran parte la del Romanticismo, desde la segunda mitad del siglo XIX el pensamiento histórico europeo empezó a poblarse de perplejidad y de miedo. O, trazando paralelos entre la nuestra y otras épocas históricas, veíase en el llamado progreso humano síntomas graves de decrepitud y de crisis. La oronda[30] civilización industrial no podía soldar sus propias contradicciones. Las guerras se tornaban más crueles, y entre los nuevos inventos del hombre-Prometeo superabundaban las armas de destrucción y de muerte. La prosperidad de la industria a veces se edificaba sobre la explotación y miseria de los pueblos coloniales, en la feroz cacería de productos y trabajo misérrimo,[31] en tierras de África o de Asia. O mejorando los procedimientos técnicos y la eficacia de las máquinas, la industrialización europea sumía en una labor monótona, mal retribuída y sombría, inmensas masas obreras, o peor que eso, las condenaba al desempleo. Después de la primera revolución industrial las muchedumbres de las grandes urbes capitalistas parecieron —en nombre del liberalismo económico— más desamparadas, rencorosas y sórdidas que aquellas del faubourg Saint-Antoine en París que en 1789

habían marchado a derribar la Bastilla[32]. Los derechos políticos no se integraban en los derechos sociales. Junto al egoísmo de la burguesía caricaturizada por Daumier[33] hace cien años, la proletarización de grandes masas urbanas a quienes Marx quiso imprimir un destino de arcángeles vengadores. La «proletarización» no solo desde el punto de vista económico sino espiritual, era una grave enfermedad de la cultura. «El rencor de los oprimidos se juntaba con el rencor de los señores», escribió alguna vez Nietzsche.

E historiadores como Burckhardt[34] en 1870 y Spengler en 1920 advertían, contra los antiguos propagandistas del progreso, el cáncer interior que a pesar de los alardes de opulencia y de fuerza, empezaba a corroer[35] la civilización. ¿Se iniciaba para la humanidad un período como el que siguió en Roma a las empresas agotadoras del Imperio, en aquella turbia decadencia de formas y unidad espiritual, cuando después de Marco Aurelio[36] el mundo romano comenzó a reventar de sus propias conquistas, de la hinchazón de su soberbia; cuando ya en los arcos de triunfo se inscribía el melancólico cortejo[37] de los cautivos de hoy, que serán los destructores de mañana; cuando al sereno estilo del viejo clasicismo lo sustituía —a partir del siglo III— el falso gigantismo del arte imperial? El libro de Burckhardt sobre Constantino el Grande[38] y las *Reflexiones sobre la Historia Universal* que siguen a la guerra franco-prusiana de 1870, parecen dar ejemplo y advertencia a los nuevos días de implacable capitalismo e implacable proletarización, que emergían en el horizonte histórico. Y no para el método comparativo de Burckhardt ninguna solución bonancible[39] esa especie de socialismo o capitalismo de Estado completamente compulsivo, destructor de la persona, a que Roma llegó con las diferencias y limitaciones de su técnica, en los días de Diocleciano.[40] Si para salvar el mundo entonces, para crear una «ciudad de Dios»[41] —ya que no era posible una

---

[30] satisfecha
[31] muy infeliz o pobre
[32] fortaleza de París y prisión, símbolo del absolutismo real, destruída por el pueblo el 14 de julio de 1789
[33] Daumier, Honorato: pinto y escultor francés (1808–1879), célebre por sus caricaturas políticas y sociales
[34] Burckhardt, Jacob: historiador y arqueólogo suizo (1818–1897).
[35] echar a perder, corromper

[36] emperador y filósofo romano (121–180), de tendencia estoica
[37] comitiva, desfile, parada
[38] Constantino I, el Grande: emperador romano (nacido entre 270 y 288–337)
[39] tranquila
[40] emperador romano (245–313), reinó de 284 a 305
[41] una de las obras más famosas de San Agustín, padre de la iglesia, obispo de Hipona (354–430)

armoniosa ciudad terrena— surgió el Cristianismo, los aficionados a la comparación dirían que en nuestra edad se les ofrecía en el vaticinio de Marx la promesa de un «tercer reino» comunista. ¿Era Marx el anti-San Agustín de una época que se tornaba anti-cristiana? Pero para alcanzar la gloria de ese nuevo tercer reino había que pasar, apocalípticamente, por el valle de Josafat[42] de una revolución, donde los oprimidos pueden trocarse en los nuevos opresores. ¿Y es sólo una clase social la que debemos salvar, exterminando a las otras, estableciendo la igualdad por disminución, o requerimos también una más difícil revolución de la conciencia para establecer la concordia y equilibrio humano? Si en el ajuste de cuentas de la historia inmediata, Marx concebía que la clase sufriente aniquilase inexpiablemente a la que la hizo sufrir, Nietzsche invocaba el vengador utópico ya no contra una clase, sino contra un sistema de valores. Con la eterna nostalgia romántica alemana, Nietzsche conjuraba, en la imagen de un nuevo sacrificador de monstruos, al superhombre que restablecería el heroísmo y la belleza. Cómo armonizar en la sociedad el doble impulso de «socialización» y «personalización» de justicia y libertad creadora, parecía el mayor problema de la época. En el graso[43] mundo de fines del siglo XIX —de burguesía abusadora y de mercados repletos— ya se invocaba una especie de salvación por el furor, y los anarquistas de entonces iban a estallar con sus bombas junto a los carruajes de los príncipes, los grandes duques y los primeros ministros. Pero lo que parecía aún tema literario en 1890, torna a[44] hacerse terriblemente vigente cuando después de la primera guerra mundial emergen los totalitarismos europeos.

En su gran «summa» de culturas, con audacia y fuerza de poeta, Oswald Spengler[45] aplicó a la Historia que estábamos viviendo el símil de los ciclos estacionales y anunció el enrarecido tiempo invernal. Soportar con coraje la tormenta que viene; salvarnos un poco por la desilusión, ya que no podemos hacerlo por la esperanza, era la moraleja[46] spengleriana. Como otras culturas, la nuestra iba a morir de cesarismo, violencia y «masificación». Admirábamos las grandes urbes en que cristalizó la fuerza, riqueza y derroche del capitalismo, sin ver que en ellas, en la soledad de millones de seres, en las plebes alógenas[47] sin unidad y destino común, desaparecía lo verdaderamente creador. Como en Roma bajo los peores Césares, se volvería a pedir pan y circo. El comercio o el Estado policial se apoderan entonces de la Cultura y apenas advertimos su decadencia en el «colosalismo» o falso esplendor de las propagandas. Desde 1920 Spengler parecía escribir un capítulo anticipado de lo que ocurriría en Alemania trece o catorce años después. Pero en la periferia del hasta entonces dominante mundo europeo iban a acontecer otras cosas, como la rebelión sombría de los pueblos coloniales, esa gran marejada de oprimidos y olvidados, contra la soberbia de los opresores, que suele ser la escena final de todo ciclo histórico. El pánico y letargo[48] de los espíritus se prolonga después por siglos; la muerte es larga y dolorosa, hasta que en distintos pueblos y latitudes despunta el «símbolo primario» de otra cultura, y los nuevos jefes bárbaros nacidos en la periferia provincial de los imperios deshechos, erigen sobre las ruinas y los palacios vacíos —como lo hizo Constantino— el signo de una nueva cruz. Prepararse para un tiempo de horror —teológicamente el del Anticristo— era lo que aconsejaban algunos vaticinadores de la Historia.

La «circunstancia» mundial entre las dos grandes guerras del siglo con las diásporas[49] y cautiverios de poblaciones enteras, genocidios y campos de concentración, influía sobre las literaturas y filosofías de la época. Por primera vez desde el Humanismo y el optimismo iluminista con que nació la Edad moderna, el hombre se preguntaba si la vida tenía salida o dirección; si es sólo nuestro asco o nuestra angustia lo que nos personaliza ante la indiferencia

---

[42] situado entre Jerusalén y el monte de los olivos, según la doctrina cristiana allí se encontrarán los muertos en el Juicio Final
[43] (Galicismo) rico, fértil
[44] muda, cambia

[45] historiador y filósofo alemán (1880–1936),
[46] lección o enseñanza moral de una fábula o cuento
[47] *plebes:* pueblo bajo; *alógenas:* de diferentes razas
[48] adormecimiento
[49] dispersiones

del mundo y nos movemos ante los hechos como los personajes de Kafka,[50] entre una sucesión de laberintos.

Ya veremos cómo el Padre Chardin, que padeció como todos los hombres de su tiempo de la confusión y amargura que ofrecía el siglo —en las trincheras de Verdún, en el pávido cortejo de las multitudes asiáticas, aventadas por guerras y revoluciones; en los fanatismos totalitarios de Europa— buscará en una visión cósmica del destino humano el signo de esperanza que parecía oscurecido. Las torpes[51] tiranías que azotan el mundo —comenta en una admirable carta del mes de octubre de 1936— han olvidado «las energías progresivas de la tierra», desconocen, además, la síntesis que debe hacerse entre «universalismo y personalismo». Los «fascismos —agregaba—, no ven otra esperanza que retrollevar al hombre a los días del neolítico». Y para un espíritu religioso como el suyo, en el desorden y desprecio de nuestra época, olvidamos también que es el amor «la única fuerza que hace que las cosas se unifiquen sin destruirlas». ¿Es que los césares totalitarios del siglo se vengaron en sus pueblos de su incapacidad de amor? Pero ya en ese momento el geólogo, el paleontólogo, el biólogo que lo es en alto grado el sabio francés, está pensando en una nueva ciencia humana sintética y unificadora que guíe la evolución y que se atreva a leer, preparar y descifrar el futuro. Qué acontecerá, y cómo prepararemos mejor los próximos cincuenta mil años, es una pregunta que de puro audaz y alucinante merece la preocupación de un pensador y un filósofo.

PUNTO OMEGA

Para un espíritu profundamente religioso como el del Padre Teilhard de Chardin, el «punto Omega» a donde por convergencia se dispara la vida no es otro que Dios, y en Cristo —el Dios encarnado, copartícipe del dolor de los hombres— ve un símbolo y postrero[52] destino de la Historia. Pero no nos adelantemos a juzgar esta última frontera mística de su

pensamiento con la sonrisa y desparpajo incrédulo de cualquier Monsieur Homais, enemigo personal de los clérigos y rebelde a toda Teología. Hombre de fina tolerancia intelectual, conocedor como pocos de las más varias disciplinas de la Ciencia moderna, el Padre Chardin había dialogado en más de un inolvidable debate parisiense con marxistas, fenomenólogos, existencialistas; había meditado no sólo en la evolución de las especies y en el hombre prehistórico, sino sobre el quehacer humano en un tiempo tan revuelto como el que le tocó vivir, y nos estaba pidiendo que para este epílogo místico de su Filosofía tuviésemos la misma atención comprensiva que él concedió a sus contrincantes[53] y adversarios. Su sabiduría quiere hablar también a los agnósticos, y fuera ya del plano religioso anhela mostrarnos cómo se ha cumplido la evolución y qué esperanza puede deducirse de una experiencia de milenios. Si al final de su vida pronuncia con dulce nostalgia el nombre de Cristo, y traza un «más allá de la Ciencia» para el cual le sirve el nombre cristiano, es porque según él, cada época podrá interpretar con creciente conciencia la enseñanza de amor unificador que asocia al cristianismo. No evadiéndose del mundo para llegar a la disolución del ser —como en las místicas orientales—, sino poseyendo la tierra, sirviéndola y dirigiéndola en provecho del hombre, es como su religiosidad activa se encuentra con Dios. «Construir la tierra es uno de los primeros deberes humanos.» Y en su final contemplación religiosa, el albedrío y libertad que Dios deja al hombre es para que concluya de «hacer el mundo». (Los marxistas podrían comparar este pensamiento del Padre con aquel de Marx de que el hombre vino al mundo no sólo para explicárselo, sino para transformarlo.) Eso sí que ese «cambio del mundo» procede de la evolución progresiva de la conciencia, por fuerza de amor que no destruye sino concilia y unifica. En la marcha de las sociedades humanas, las dos tendencias: la de la «socialización» o la de unificar los grupos, y la de «personalización» necesitan integrarse. ¿Y no ha sido el reciente y

---

[50] Kafka, Franz: escritor checo de lengua alemana (1883–1924), de gran influencia en la literatura contemporánea
[51] brutas, inhábiles
[52] último
[53] rivales

trágico disparadero[54] histórico el de un anárquico liberalismo que escindió al individuo de la sociedad, y de un compulsivo totalitarismo que olvida la persona?

Su religiosidad —última etapa de una meditación sobre el hombre— desprende la idea de Dios de este «sentido de la tierra» que «revela a cada uno que existe una parte de sí mismo en los otros y hace aparecer un principio de afección universal en la conciencia del mundo en progreso». Dios se unificaría en todo, se reflejaría en todo, como la luz del sol «aun en los pedazos del espejo quebrado». Él, parte de la tierra misma y no escindiría —como en los viejos dualismos— el cuerpo y el espíritu. La hazaña del hombre para buscar a Dios no es su fuga y escape de este mundo —como en las místicas orientales—, ni de un «valle de lágrimas» de los ascetas más desengañados, sino comienza con el dominio y aceptación de lo térreste; de esta parcela[55] que se le dejó al hombre para que la cultivara y fecundara; de su participación en una obra grandiosa de evolución cósmica. La compara el Padre con una travesía,[56] con la nueva jornada que debemos ganar cotidianamente. ¿No era la metáfora del sabio caminador que vencía grandes espacios, tocaba y exploraba muchos suelos (Mongolia, el desierto de Gobi, Siberia, Java, África del Sur) para atar los tiempos desde que los primeros antropoides se pusieron a caminar, avanzaron hasta el «homo faber» y hasta nuestro ya muy complejo, universalizado y especializado «homo sapiens»?

Pero también los que rechacen su pensamiento religioso, verán en la obra del Padre Chardin una de las aventuras intelectuales más fecundas y esperanzadas de nuestra época, y otra filosofía de la Historia que puede oponerse a la de los pensadores apocalípticos. Por una fuerza ínsita[57] a la vida humana —lo que él llama el fenómeno de la «complejidad-conciencia»— el hombre ya no fue sólo fruto tardío en la evolución biológica, sino que participó como actor y modificador en el drama terrestre. La conciencia colectiva completó la «biosfera» con una «noosfera»; un ámbito y herencia espiritual, progresivo y cambiante, que es el escenario de la Historia. Por ese cambio en la «noosfera» —infinitamente más rápido que la evolución biológica— la concepción del mundo del Padre Chardin es diametralmente distinta de la que pudo tener Aristóteles. La aparición del hombre en el proceso de la vida y la historia, origina una «neogénesis», y la tradición y el esfuerzo humano forjando grupos sociales, amaestrando a la naturaleza, inventando técnicas, desenvuelven a su vez la «antropogénesis». Se dilata, en una palabra, el campo de la conciencia creadora. ¡Qué enorme distancia y horizonte espiritual, separan al primer hominiano «faber», de Goethe o de Beethoven! En el proceso histórico, combaten y se penetran esas fuerzas de «socialización» y «personalización», y en cuyo equilibrio radica el mejor secreto de nuestro destino antropológico. Si predominase únicamente la «socialización» los grupos humanos hubieran evolucionado como colonias de termites u hormigueros,[58] y por contraste el individuo aislado se esterilizaría en el confinamiento incomunicable. No sólo los héroes —como decía Carlyle— hacen la Historia, pero también la hacen (o el ámbito mental en que el hombre se mueve parece distinto cuando lo fecundan) los grandes visionarios que con su acción y pensamiento prepararon el porvenir. Toda evolución en lo biológico y espiritual es irreversible, y una vez lanzado el proceso no se detiene. ¿Es extraño, por eso, que un espíritu religioso como el del Padre Chardin inquiera si la convergencia al futuro se dispara hacia un «punto omega», hacia una meta teológica, crecientemente perfectible? Es la imagen de un Dios no separado del mundo, sino inmerso en él, marchando con él, en el caudal de los tiempos.

Y artífice y transformador del mundo, actor de la evolución por «antropogénesis», al hombre se le ofrece la tarea alucinante de prever lo venidero.[59] Esta visión del futuro —que ya se le pide a la Historia— es otro grado de avance en la fuerza de «complejidad-conciencia». Demasiado joven en la vida de la tierra, último venido a la creación, la historia

---

[54] disparador de un arma
[55] lote
[56] viaje

[57] propia y connatural de una cosa; como nacida en ella
[58] lugares donde se crían y viven las hormigas
[59] futuro

del hombre apenas está comenzando y los cincuenta o cien mil años de los primeros hominianos faber y los seis mil de las primeras monarquías y ciudades. Estados de Egipto y Caldea, son sólo un segundo —un papiro, un templo y una esfinge en el desierto— comparados con los millones de la prehistoria cuando el planeta estaba casi solo, emergían los continentes y empezaron a brotar los monstruos. Pero en toda Mitología hay el Heracles o el Gilgamesch[60] que pone orden en el furor del mundo, descabeza la hidra[61] y las fieras salvajes, y hace más bonancible el «habitat» humano. «Nos gusta vivir» —dice el Padre, cuya religiosidad se fija en la valerosa aceptación de la existencia y no el llamado a la muerte— y este «gusto de vida» infunde un vigor propulsivo al proceso de la evolución. Sin semejante amor vital, nuestra especie se iría degradando por la ley de entropía que se aplica a los fenómenos físicos.

«Yo voy hacia aquel que viene», había escrito orgullosamente el Padre Chardin en unas notas íntimas, pocos días antes de su muerte. La visión o preparación del porvenir le parecía, con el ejemplo de la evolución biológica y de la más compleja evolución espiritual, un problema indeclinable que ya se estaba planteando a las Ciencias en nuestro tiempo; la síntesis audaz de lo que podría ser un programa antropológico. De nada serviría la Ciencia si no ayuda al hombre en la penosa búsqueda; si no le ilumina en el paso de todos los laberintos. En los días más afligidos de la segunda guerra mundial, perdido en China, sin saber de los suyos,[62] y qué sería bajo el furor nazi su dulce tierra francesa, dijo estas palabras reveladoras: «En la raíz de las revueltas mayores en que las naciones se han lanzado hoy, distingo los signos de un cambio de edad humana. Querámoslo o no, la edad de los «pluralismos tibios» ha pasado definitivamente. O bien un solo pueblo llegará a destruir o a absorber a los otros, o bien los pueblos se asociarán en un alma común a fin de ser más humanos. Si no me engaño, es la alternativa planteada por la crisis presente. Que

bajo el choque de los sucesos, la pasión de unir se ilumine en nosotros y cada día más ardiente, frente a la pasión de destruir. O que los pueblos que nos combaten reconozcan que les resistimos, porque podemos aportarles lo que han buscado en vano.» Y haciendo en 1948 una síntesis de todas las conquistas que había logrado la teoría de la evolución desde los días de Darwin, perfilaba mejor su pensamiento histórico:

«Una fresca y nueva etapa de la Evolución general comienza actualmente con el hombre. Pues no sólo el hombre en la Evolución se hace consciente de ella misma (Julian Huxley),[63] sino que en el hombre (en la medida en que descubre socialmente el procedimiento científico de orientarse hacia la ultra-reflexión), la Vida da un salto hacia adelante bajo un poder apreciable y creciente de autotransformación. Si aceptamos esta perspectiva, una era nueva comienza visiblemente para la Antropología. Hasta ahora esta ciencia se había considerado grosso modo[64] como pura y simple descripción del hombre pasado y presente, individual y social. En lo sucesivo,[65] su principal eje de interés debería ser guiar, promover y operar la evolución humana hacia adelante. Los neobiólogos olvidan, a menudo, que subyaciendo en las reglas variadas de la Ética, la Economía y la Política, se hallan inscritas en la estructura de nuestro Universo ciertas condiciones generales e imprescriptibles de crecimiento orgánico. Determinar —en el caso del hombre— estas condiciones básicas del progreso biológico debería ser el campo específico de la nueva Antropología: la ciencia de la Antropogénesis, la ciencia del desenvolvimiento ulterior de la humanidad.»

Así el Padre Chardin presenta no sólo una «perspectiva», sino una «prospectiva» del hombre que —como lo ha notado Gaston Berger— ofrece la más esperanzada fecundación del pensamiento histórico y social de nuestro tiempo. Imprimir cada vez mayor conciencia en el proceso de la evolución, ¿no es —como vencer el espacio— uno de los desafíos más prometedores que se hayan planteado al quehacer humano?

---

[60] *Heracles:* Hércules; *Gilgamesch:* héroe babilónico legendario, protagonista del poema épico más antiguo que se conoce

[61] serpiente mitológica de siete cabezas que volvían a crecer si no le eran cortadas todas juntas

[62] de su familia

[63] biólogo, político y escritor inglés (n. 1887)

[64] locución latina; sin detalle, aproximadamente

[65] en lo que sigue; en el futuro

Jorge Mañach

CUBA, 1898-1961

En una generación cubana de ensayistas de la talla de Juan Marinello, Francisco Ichaso, Félix Lizaso, Chacón y Calvo y otros grandes escritores, sobresalió a gran altura Jorge Mañach. En todo momento estuvo vinculado a los movimientos idealistas que deseaban la renovación política, social, moral y literaria de Cuba. Nació en Sagua la Grande e hizo sus primeros estudios en esa ciudad. Después de haber estudiado en España, Francia y los Estados Unidos, recibió los doctorados en Leyes y en Filosofía y Letras de la Universidad de La Habana. Como abanderado de la lucha por la transformación cubana, perteneció primero al grupo de la revista *Social*, más tarde al llamado «Grupo Minorista» y, por último a la *Revista de Avance* (1927–1930), punto de arranque de la revolución, tanto política como literaria. Mañach combatió todas las dictaduras de Cuba. Durante la de Machado (1927–1933), se exilió y enseñó por dos años en la Universidad de Columbia en Nueva York. A su regreso fue uno de los dirigentes del ABC, organización revolucionaria. Luego fue Embajador en Alemania, Ministro de Educación, de Estado y Senador de la República. Desde 1941 hasta 1961 ocupó una cátedra de Filosofía en la Universidad de La Habana. Ejerció el periodismo de ideas con sus famosas «Glosas» en el *Diario de la Marina* y los artículos de la revista *Bohemia*. Mañach llegó a ser el ensayista y escritor más famoso de Cuba, respetado y admirado, tanto por la profundidad de su pensamiento como por las galas de un estilo excepcional. Murió en Puerto Rico como exiliado de la dictadura de Fidel Castro.

A pesar de aislados intentos en la novela, el cuento y el teatro, sus campos principales son el ensayo y el periodismo de ideas. Mañach no escribía o hablaba nada a la ligera. Aun en sus improvisaciones en actos culturales o políticos, se adivina siempre al gran meditador, porque sentía una gran responsabilidad respecto a lo que afirmaba, además de tener una acrisolada honradez intelectual. Como bien ha escrito Max Henríquez Ureña «Mañach ha legado a la posteridad una producción valiosa en alto grado, si bien su quehacer político unido al quehacer docente, le regateó el tiempo necesario para acometer una obra orgánica, de fuerte unidad, como hubiera sido capaz de hacerla. Algunos de sus ensayos han de quedar, de todas suertes, como modelos: así los que componen el volumen *Historia y estilo*».[1]

Sin detenernos ahora en los ensayos estéticos que dedicó a la pintura y otras expresiones del arte, hallamos que su primer ensayo importante es *Indagación del choteo* (1928) con penetrantes y sagaces observaciones sobre características sicológicas del cubano que han jugado papel trascendente en sus destinos político y artístico. Lo cubano —tanto los motivos de las crisis como sus consecuencias— así como los problemas de la cultura ocuparon la mayor parte del tiempo de Mañach. Años después escribió *Martí, el Apóstol* (1933), su libro más celebrado y conocido en todo el Mundo

[1] *Panorama histórico de la literatura cubana*, Tomo II, México, Mirador, 1963, pág 417.

Hispánico. Constituye una de las grandes biografías escritas en Hispanoamérica, porque sin abandonar la expresión de los datos históricos sobresalientes, se concentra en el análisis sicológico del gran patriota y escritor. Ningún otro estudio biográfico de Martí ha podido superar los valores intrínsecos del de Mañach.

Posiblemente los dos mejores ensayos de Mañach aparecieron publicados bajo el título de *Historia y estilo* (1944). Con el primero, titulado «La nación y la formación histórica» (1943), ingresó en la Academia Cubana de la Historia y el segundo «El estilo en Cuba y su sentido histórico» (1944) le abrió las puertas de la Academia de Artes y Letras. Ambos ensayos contienen meditaciones de gran alcance y demuestran la mentalidad profunda y alerta del autor. Mañach era hombre de gran formación humanista, completada con una cultura contemporánea que incluía casi todos los órdenes del conocimiento, especialmente la historia, la filosofía y la literatura. Uno de sus ensayos más celebrados es *Examen del quijotismo* (1950), trabajo breve, pero que muestra a su autor en un momento de plenitud como pensador y estilista. Por su profundidad y por la originalidad del planteamiento se le considera entre lo mejor escrito sobre Don Quijote a ambos lados del Atlántico. Situándose más allá de las mejores consideraciones estéticas, históricas o técnicas, Mañach estudia la llamada «fenomenología del quijotismo», con sentido metafísico para concluir que la gran novela plantea la lucha entre el espíritu medieval (fundamentalmente imaginativo) y el racionalismo renacentista. Mención aparte merece su último capítulo titulado «El quijotismo y América», donde esboza las raíces hispánicas comunes entre la Península e Hispanoamérica.

Ya más maduro intelectualmente, Mañach se dio a la tarea de tratar asuntos de más universalidad, publicando *Hacia una filosofía de la vida* (1951) en la que vuelve a señorear una capacidad analítica indiscutible, con la prosa más codiciada de Cuba y un afán filosófico de desentrañar las verdades que rodean el misterio latente de la existencia humana. Por su serenidad crítica, por su honradez intelectual, por su constante elevación espiritual, Mañach representa uno de los momentos más felices de la ensayística hispanoamericana.

Fuente: *Historia y estilo,* La Habana, Academia de la Historia, 1944.

Historia y estilo

El estilo de la Revolución[1]

Desde hace por lo menos un año, casi todos estamos en Cuba fuera de nuestro eje vital, fuera de nuestras casillas.[2] La mutación de la vida pública, con ser hasta ahora una mutación muy somera,[3] a todos nos ha alcanzado un poco, y a algunos nos ha movilizado por derroteros[4] bien apartados de nuestro camino vocacional. Nos ha hecho políticos, políticos accidentales del anhelo revolucionario.

No tenemos más remedio —y hasta podríamos decir que hoy por hoy no tenemos más deber— que aceptar con fervor esta responsabilidad que los tiempos nos han echado encima. Nadie fue antaño más tolerante que yo hacia el hombre de artes o de letras que se mantenía pudorosamente al margen de las faenas públicas. Porque estas faenas tenían entonces la índole y los propósitos que ustedes saben: la carrera política era un ejercicio de aprovechamientos,[5] una carrera en que los obstáculos sólo los ponía la conciencia, de manera que, prescindiendo de ésta, solía llegarse a la meta[6] sin mayores dificultades. Así se fue segregando, al margen de la vida pública una muchedumbre de gentes sensitivas, que no se avenían a dejarse el pudor empeñado en las primeras requisas[7] del comité de barrio, Y, naturalmente, sucedió que la cosa pública se fue quedando, cada vez más exclusivamente, en manos de aquellos que se sentían capaces de echarse el mundo a la espalda,[8] y que generalmente se lo echaban.

Pero aquella abstinencia de los decorosos, de los sensitivos, les iba cerrando más y más el horizonte. Creíamos que se podría mantener la vida pública cubana dividida en dos zonas: la zona de la cultura y la zona de la devastación. Y creíamos que, ampliando poco a poco, por el esfuerzo educador, la primera de esas parcelas —con artículos, conferencias, libros y versos— acabaríamos algún día por hacer del monte orégano.[9] Lo cierto era lo contrario. Lo cierto era que la política rapaz iba esparciendo cada vez más sus yerbajos por el terreno espiritual de la Nación, nos iba haciendo todo el suelo infecundo, todo el ambiente irrespirable, todos los caminos selváticos.

Y un buen día, los cubanos nos levantamos con ganas de poda y chapeo.[10] Nos decidimos a asumir la ofensiva contra el yerbazal venenoso. No se trataba ya sólo de defender los destinos políticos de Cuba, sino sus mismos destinos de pueblo civilizado, su vocación misma a la cultura. En esta tarea estamos todavía, y digo que no nos podemos sustraer a ella, si no queremos volver a las andadas.[11]

En los momentos dramáticos que vivimos, urgidos a la defensa de la primera gran oportunidad que Cuba tiene de renovarse enteramente, no acabo de hallar en mí, ni de comprender en los demás, la aptitud para acomodarse otra vez a la pura contemplación. Todo lo que hoy se contempla parece deforme en sus perfiles y sin ningún contenido verdadero. Estamos habitando un pequeño mundo vertiginoso, frenético de impaciencias, y necesitamos sosegarlo, sosegarlo noblemente en una postura de gracia histórica, antes de retornar a las imágenes y a las perspectivas,

---

[1] Se refiere a la revolución que derrocó la dictadura de Gerardo Machado en 1933. Esta selección es un capítulo del ensayo «El estilo en Cuba y su sentido histórico» (1934).
[2] (fam) un poco aturdidos, un poco locos
[3] ligera, superficial, simple
[4] rutas, caminos

[5] beneficios personales
[6] objetivo, final
[7] revista, inspección
[8] los más osados y atrevidos; sin escrúpulos
[9] hacerlo todo fácil y placentero
[10] limpieza, honestidad
[11] reincidir en un vicio o mala costumbre

es decir a los goces del pensamiento, de la poesía y del arte puro.

Porque, en rigor, esta pureza no existe. Lo digo con el rubor heroico de quien confiesa una retractación. Por arte o pensamiento puro entendimos nosotros hace años —en los años del yerbazal— ejercicios de belleza o de reflexión totalmente desligados[12] de la inmediata realidad humana, social. Defendimos mucho aquella supuesta pureza. Eran los días —ustedes se acordarán— del llamado «vanguardismo»,[13] que para el gran público se traducía en una jerigonza[14] de minúsculas, de dibujos patológicos y de versos ininteligibles No se permitía ninguna referencia directa a la comedia o a la tragedia humanas: eso era «anécdota», y nosotros postulábamos un arte y un pensamiento de categorías, de planos astrales.

La gente se indignaba, y ahora yo comprendo que tenían y no tenían razón. La tenían, porque el arte y la manifestación del pensamiento y la poesía misma no son otra otra cosa que modos de comunicación entre los humanos. Y no hay derecho a sentar como normas de expresión aquellas formas que no sean francamente inteligibles. Ni tampoco lo hay de un modo absoluto a excluir de la expresión las experiencias inmediatas, cotidianas, que constituyen el dolor o el consuelo de los hombres, su preocupación o su esperanza.

Visto a esta distancia, el vanguardismo fue, en ese aspecto, una especie de fuga, una sublimación inconsciente de aquella actitud marginal en que creíamos deber y poder mantenernos para salvar la cultura. Lo que nos rodeaba en la vida era tan sórdido, tan mediocre y, al parecer, tan irremediable, que buscábamos nuestra redención espiritual elevándonos a planos ideales, o complicándonos el lenguaje que de todas maneras nadie nos iba a escuchar. Diego Rivera,[15] el gran mexicano, que hacía en su tierra una pintura mural fuerte, militante y

cargada de odios sociales, nos parecía un gran talento descarriado.[16] Pedíamos los vanguardistas un arte ausente del mundo casi inhabitable. Y así nos salía aquel arte sin color y casi sin sustancia, un arte adormecedor y excitante a la vez, un arte etílico, que se volatizaba al menor contacto con la atmósfera humana.

Recuerdo que, por entonces, el gran Varona[17] escribió, refiriéndose a nosotros, una frase que nos pareció de una venerable insolencia: «Están por las nubes. Ya caerán.»

Y, efectivamente, caímos. Caímos tan pronto como la tiranía quiso reducirnos, del nivel de la opresión, al nivel de la abyección. Se suspendió la *Revista de Avance* y se fugaron los sueños. La realidad era ya una pesadilla inexorable.

Y sin embargo, aquello del vanguardismo no fue en rigor una sumisión, ni una cosa inútil. Fue también una forma de protesta contra el mundo caduco[18] que nos rodeaba. Y preparó, a mi juicio, el instrumento de expresión mediante el cual han de encontrar su voz y su imagen los tiempos nuevos.

Aquella rebelión contra la retórica, contra la oratoria, contra la vulgaridad, contra la cursilería,[19] contra las mayúsculas y a veces contra la sintaxis, era el primer ademán de una sensibilidad nueva, que ya se movilizaba para todas las insurgencias. Lo que nosotros negábamos en el arte, en la poesía y en el pensamiento era lo que había servido para expresar un mundo vacío ya de sustancias, vacío de dignidad y de nobleza. Negábamos el sentimentalismo plañidero,[20] el civismo hipócrita, los discursos sin médula social o política, el popularismo plebeyo y regalón: en fin, todo lo que constituía aquel simulacro de república, aquella ilusión de nacionalidad en un pueblo colonializado y humillado. Nos emperrábamos[21] contra las mayúsculas porque no nos era posible suprimir a los caudillos, que eran las mayúsculas de la política. Le tomábamos el pelo a Byrne,[22] porque contribuía a la ilusión de que

---

[12] separados

[13] escuelas literarias aparecidas después de la Primera Guerra Mundial que abogaban por reformas literarias radicales

[14] lenguaje de mal gusto y difícil de entender

[15] pintor mexicano (1886–1957), autor de famosos murales

[16] un tren o vehículo fuera del carril

[17] Varona, Enrique José: ensayista, filósofo y pensador cubano (1849–1933).

[18] viejo, anciano

[19] algo ridículo, de mal gusto; presumir de culto o elegante sin serlo

[20] lloroso

[21] obstinábamos, empeñábamos

[22] Byrne, Bonifacio: poeta cubano (1861–1936), autor de un conocido poema a la bandera de Cuba, escrito durante la intervención americana (1899)

con la bandera bastaba para estar orgullosos. Deformábamos las imágenes en los dibujos, porque lo contrario de esa deformación era el arte académico, y las academias eran baluartes de lo oficial, del favoritismo[23] y la rutina y la mediocridad de lo oficial. Alentábamos lo afro-criollo, porque veíamos en ello una insurgencia sorda, un intento por romper la costra[24] de nuestra sociedad petrificada. Cultivábamos el disparate,[25] para que no lograran entendernos las gentes plácidamente discretas, con quienes no queríamos comunicación. Hacíamos, en fin, lo que llamábamos un arte «aséptico»,[26] como una reacción contra la mugre[27] periodística y la fauna microbiana que lo invadía todo en derredor.

Pero, entretanto, fijaos bien: se iba templando un instrumento nuevo. Un instrumento de precisión.

El estilo de escribir, de pintar, de pensar, se iba haciendo cada vez más ágil y flexible, más apto para ceñirse a las formas esquivas de la idea o de la emoción. Más capaz de brincar grandes trechos de lógica sin perder la gravedad. Más dispuesto para transfigurar imaginativamente las cosas. Esto ya en sí estimulaba el ansia de una realidad nueva. Nadie puede calcular lo que supone cultivar esas destrezas. La calistenia y la gimnasia son buenas porque, al capacitar al hombre para las emergencias físicas difíciles, le ponen en el cuerpo la tentación de provocarlas. Así, la capacidad de insurgencia y de innovación del espíritu se aumenta con esos ejercicios de expresión. Todas las grandes transformaciones sociales se han anunciado con un cambio en el estilo de pensar y de expresar. Lo primero fue siempre el verbo.

Sinceramente creo, pues, que el vanguardismo fue, en la vertiente cultural, el primer síntoma de la revolución. No digo, claro está, que fuesen los vanguardistas quienes hicieron lo que hasta ahora se ha hecho: digo que ellos contribuyeron mucho a sembrar el ambiente de audacias, de faltas necesarias de respeto, de

inquina[28] contra los viejos formalismos estériles. Los esbirros[29] de Machado[30] no andaban muy desacertados cuando recogían y denunciaban, por el simple aspecto de sus carátulas,[31] las revistas osadas de aquella época. Aquel dibujar hipertrófico, aquella negación de la simetría, aquella repugnancia a las mayúsculas, eran ya, para su olfato de sabuesos,[32] otros tantos atentados contra el régimen. Y cuando la mutación política vino, emergieron en los periódicos, en los micrófonos y hasta en los muros de la ciudad gentes que manejaban, en crudo, un nuevo estilo, una sintaxis y a veces un gusto insurgente de las minúsculas. Se cumplía así la prehistoria del estilo revolucionario.

La Revolución verdadera, la que sí lleva mayúscula y está todavía por hacer, utilizará como instrumento constructivo, en el orden de la cultura, esos modos nuevos de expresión que antaño nos parecieron simplemente arbitrarios y desertores.

Porque la revolución integral de Cuba tendrá que incluir, desde luego, una intensificación de la actitud creadora del espíritu, y en tanto en cuanto esa actividad sea susceptible de módulos nuevos, la Revolución los impondrá. No se concebiría un suceso político y social semejante sin un arte nuevo, una literatura nueva, un nuevo ritmo y rumbo del pensamiento.

El contenido de esa expresión revolucionaria cubana será emoción jubilosa o ardida[33] ante las imágenes de un medio social más altivamente cubano y más justo: de una patria enérgica y unánime, liberada de todo lo que hasta ahora la unió o la dividió contra sí misma: la politiquería rapaz, la incultura, la ausencia de jerarquías, la lucha feroz de las clases.

Y para expresar esa imagen de la Cuba armónica, se recurrirá sin duda a un lenguaje literario y artístico que en nada se parezca al de la época sumisa.[34] No el lenguaje insurgente del vanguardismo, que fue sólo un experimento previo de minoría; pero sí el que pasó por

[23] manifestación de parcialidad o preferencia hacia alguien
[24] corteza exterior
[25] contrasentido, desatino
[26] el arte que quiere evitar la invención producida por el uso corriente
[27] suciedad
[28] aborrecimiento, mala voluntad

[29] policías para la represión bajo una dictadura
[30] Machado y Morales, Gerardo: general cubano (1871–1939), y dictador de la república de 1925 a 1933.
[31] (Amer) portadas de libros
[32] investigadores. Véase nota 29.
[33] (Amer.) irritada, enojada
[34] obediente, dócil: opuesto de rebelde

aquella prueba críptica y sacó en limpio una agilidad, una gracia, una energía y una precisión totalmente desconocidas para las academias del viejo tiempo. En suma, un lenguaje de avance, puesto al servicio de una patria ya moderna.

Con la renovación integral de Cuba se producirá así la síntesis entre aquel estilo desasido[35] de antaño y las nuevas formas de vida. En el molde vacío que el vanguardismo dejó, se echarán las sustancias de la Cuba Nueva.

5

---

[35] separado de la realidad o de la vida; suelto, desprendido

IV Literatura actual: Generaciones más recientes

Teatro

Narrativa

Carlos Solórzano

Igualmente a Guatemala —su patria nativa— como a México —tierra de adopción— pertenece Carlos Solórzano, quien ha contribuído a la renovación y resurgimiento de un teatro latinoamericano serio, moderno y trascendente como crítico, animador, antólogo y autor dramático. Nació en San Marcos, Guatemala, pero a la edad de diecisiete años (1939) se trasladó a México, donde realizó sus estudios y ha vivido hasta hoy. En la Universidad Nacional Autónoma estudió la carrera de arquitecto graduándose en 1945. Simultáneamente realizó la carrera de Letras y obtuvo los grados de Licenciado en Letras en 1946 y el doctorado en 1948. Ha hecho estudios especializados de arte dramático, tanto en México como en Francia (1948–1951). De regreso a México ocupó por diez años la dirección del Teatro Universitario y comenzó la organización de los Grupos Teatrales Estudiantiles. En los últimos años ha sido catedrático de la Facultad de Filosofía y Letras de la Universidad Nacional Autónoma y Director del Museo Nacional de Teatro. En años anteriores enseñó como profesor visitante en las Universidades de Carolina del Sur y Kansas y ha colaborado en revistas y periódicos de diversos países.

Después de la Segunda Guerra Mundial las piezas dramáticas y las representaciones en la América hispana han aumentado considerablemente, tanto en cantidad como en calidad. A una época anterior en que el teatro se vio directamente interesado en problemas políticos, económicos y sociales de épocas y regiones determinadas, ha seguido una generación que anda en busca de un teatro de intereses más universales. También muestra esta generación —a la que pertenece Solórzano— un mayor interés por la técnica que la generación precedente, siguiendo el ejemplo de los buenos maestros del drama contemporáneo europeo y norteamericano. Su obra representa una reacción contra el Regionalismo y el Costumbrismo, y el cambio hacia una visión cosmopolita y universal como en todo buen teatro de la postguerra. Refiriéndose a sus grandes amigos y maestros Albert Camus y Michel Ghelderode ha escrito Solórzano: «De ellos aprendí, de uno, restituir al teatro su fondo trascendente y, del otro, la magia del arte popular, para integrar en el teatro un espectáculo que ofrece al público —además del fondo conceptual— un mundo plástico transfigurado».

Su obra dramática incluye hasta 1963, nueve títulos: *Doña Beatriz* (1952), *La muerte hizo la luz* (1952), *El hechicero* (1954), *Las manos de Dios* (1956), *Los fantoches* (1958), —obra en un acto que fue presentada como la primera mexicana en el Festival del Teatro de las Naciones de París en 1963—, *El crucificado* (1958), *El sueño del ángel* (1960), *El censo* (1962), *Los falsos demonios* (1963). Varias de sus obras han sido traducidas al francés, inglés, alemán, ruso, italiano y representadas en América y Europa. Sus obras más notables son: *Doña Beatriz* (1952), un «auto histórico» que transcurre en el siglo XVI en Guatemala. El drama es simbólico porque doña Beatriz, esposa del conquistador

Pedro de Alvarado representa a Europa y Leonor, la hija mestiza de aquél, al Nuevo Mundo. La primera muere en una inundación y la segunda sobrevive. En *Las manos de Dios* (1956), trata de revivir el tradicional «auto sacramental», tan en boga en el teatro del Siglo de Oro español, a través de las técnicas escénicas más modernas. En ella introduce al diablo como el poder revolucionario y transformador, sólo visible de los que no tienen temor de actuar según su conciencia. El empleo de luces, pantominas, ballets y otros recursos del teatro contemporáneo son de una calidad excepcional. Otros efectos dramáticos se logran a través de elementos alegóricos como en el auto sacramental tradicional y muchos del teatro clásico griego, como el coro. La heroína muere trágicamente, pero ruega al diablo —que sufre un momento de desilusión por una nueva batalla perdida— que siga luchando hasta que los hombres comprendan que «sólo es imposible lo que ellos no quieran alcanzar». Otros aspectos a señalar en esta magnífica pieza son la ejecución dramática impecable, con un diálogo lleno de movimiento y una ideología comprometida con cambios sociales fundamentales. El asunto parece ser la lucha del hombre por su libertad personal, por la destrucción de lo establecido, el logro de un mundo más justo socialmente y la eterna lucha entre el bien y el mal como se plantea en el siglo XX. En este conflicto contra los intereses creados, la hipocresía, el temor y el conservadorismo, la victoria final coronará los esfuerzos fallidos durante muchas décadas.

Solórzano se ha distinguido también como crítico y antólogo del teatro, bien demostrado en *Teatro latinoamericano del siglo XX* (1961) y *Teatro hispanoamericano contemporáneo* en dos volúmenes (1964). Últimamente ha hecho incursiones por la novela, pero su fuerte sigue siendo el arte drámatico, al cual ha dado nuevos impulsos en México y en todo el continente.

FUENTE: *El teatro hispanoamericano contemporáneo (Antología)*, 2 vols., México, Fondo de Cultura Económica, 1964, Tomo II.

Las manos de Dios[1]

1956

AUTO EN TRES ACTOS

REPARTO

El Campanero de la Iglesia, muchacho
El Sacristán, viejo
El Señor Cura, mediana edad, grueso, imponente
El Forastero (luego El Diablo)
Beatriz, muchacha del pueblo
El Carcelero, viejo
Una Prostituta
Imagen de la Madre
Imagen de Beatriz, con vestido idéntico al de
    Beatriz y máscara de dicho personaje
Imagen del Hermano Niño
Imagen del Hermano
Coro de Hombres, vestidos uniformemente,
    las caras como máscaras
Coro de Mujeres igual que el coro de hombres
Soldados
Prisioneros

La acción: *En una pequeña población de Ibero-américa. Hoy.*

Decorado: (*Es el mismo para los tres actos.*) *La plaza de un pueblo: A la izquierda y al fondo una iglesia; fachada barroca,[2] piedras talladas, ángeles, flores, etc. Escalinata al frente de la iglesia. En medio de las chozas[3] que la rodean, ésta debe tener un aspecto fabuloso, como de palacio de leyenda. A la derecha y en primer término,[4] un edificio sucio y pequeño con un letrero torcido que dice: «Cárcel de Hombres». A la izquierda, en primer término, un pozo. El resto, árboles secos y montes amarillos y muertos.*

Es de tarde.[5] La campana de la iglesia repica lánguidamente. Al alzarse el telón la escena permanece vacía unos segundos. Luego la atraviesan en todos sentidos,[6] hombres y mujeres vestidos a la usanza[7] mexicana en una pantomima angustiosa, mientras suena una música triste. Todos doblegados[8] por una carga; los hombres con cargamento de cañas secas y las mujeres llevando a la espalda a sus hijos. Van al pozo, sacan agua.

Se oyen fuera de la escena varios gritos que se van acercando:¡ Señor Cura![9] ! Señor Cura! El Campanero entra jadeante en escena, gritando. De la iglesia sale el Sacristán, que viene a recibirlo. Los hombres y mujeres del pueblo, que forman el coro, silenciosos, se agrupan en torno de estos dos en una pantomima de alarma. (Durante las dos primeras escenas, el coro comentará las situaciones sólo con movimientos rítmicos, uniformes, sin pronunciar una sola palabra.)

---

[1] Véase la introducción crítica en relación con esta obra.
[2] frente con profusión de adornos y predominio de la línea curva característico de las catedrales construídas en los siglos XVII y XVIII en México, Centro y Sur América
[3] cabañas, casas muy humildes
[4] parte delantera del escenario
[5] en la tarde
[6] en todas direcciones
[7] al estilo
[8] doblados, torcidos
[9] ¡ Padre!

ACTO PRIMERO

ESCENA PRIMERA

CAMPANERO: (*Sin resuello.*)[10] ¡Señor Cura! ¡Señor Cura!

SACRISTÁN: ¿Qué pasa? ¿A dónde fuiste? Tuve que tocar las campanas en lugar tuyo.

CAMPANERO: Quiero ver al Señor Cura.

SACRISTÁN: Ha salido, fue a ayudar a morir[11] a una mujer. Vendrá pronto. ¿Qué pasa?

CAMPANERO: (*Balbuciendo.*) Allá, en el monte.

SACRISTÁN: ¿En el monte? ¿Algo grave?

CAMPANERO: Ahí lo vi... Lo vi...

SACRISTÁN: Cálmate, por Dios. ¿Qué es lo que viste?

CAMPANERO: (*Con esfuerzo.*) Un hombre... He visto a un hombre vestido de negro...

SACRISTÁN: (*Suspirando aliviado.*) ¿Es eso todo? ¿Para decir que has visto a un hombre vestido de negro llegas corriendo como si hubiese sucedido una desgracia?

CAMPANERO: Usted no comprende. Ese hombre vestido de negro apareció de pronto. (*Estupor en el coro. El sacristán les hace gestos para que se aquieten*).

SACRISTÁN: ¿Qué dices?

CAMPANERO: Sí, apareció de pronto y me habló.

SACRISTÁN: Explícate claramente. ¡Lo has soñado!

CAMPANERO: No. Yo estaba sentado sobre un tronco; veía ocultarse el sol detrás de esos montes amarillos y secos, pensaba que este año no tendremos cosechas, que sufriremos hambre, y de pronto, sin que yo lo advirtiera,[12] él estaba ahí, de pie, junto a mí.

SACRISTÁN: No comprendo. (*Incrédulo.*) Y ¿cómo era ese hombre?

CAMPANERO: Era joven. Tenía una cara hermosa.

SACRISTÁN: Sería algún forastero.

CAMPANERO: Parecía muy bien informado de lo que pasa en este pueblo.

SACRISTÁN: ¿Te dijo algo?

CAMPANERO: Tú eres campanero de la iglesia, me dijo, y luego, señalando los montes: Este año va a haber hambre. ¿No crees que causa angustia ver un pueblo tan pobre y tan resignado? (*Movimiento de extrañeza[13] en los del coro.*)

SACRISTÁN: (*Con admiración.*) ¿Eso dijo?

CAMPANERO: Sí, pero yo le respondí: El Señor Cura nos ha ordenado rezar mucho, tal vez así el viento del Norte no soplará más, no habrá más heladas y podremos lograr nuestras cosechas. Pero él lanzó una carcajada que hizo retumbar al mismo cielo. (*El coro ve al vacío[14] como si quisiera ver allí algo.*)

SACRISTÁN: ¡Qué insolencia! ¿No te dijo quién era, qué quería?

CAMPANERO: Sólo me dijo que es el mismo Dios quien nos envía esas heladas, porque quiere que los habitantes de este pueblo se mueran de hambre. (*El pueblo está expectante en actitud de miedo.*)

SACRISTÁN: No hay que hacerle caso, lo que dijo no tiene importancia, pero tú no debiste permanecer callado.

CAMPANERO: No, si yo le dije que Dios no permitiría que nos muriéramos de hambre, pero él me contestó: Ya lo ha permitido tantas veces... Y luego, lo que más miedo me dio, ¡ay, Dios Santo!...

SACRISTÁN: ¿Qué? Habla pronto.

CAMPANERO: Lo que más miedo me dio, fue que adivinó lo que yo estaba pensando, porque me dijo: Tú estás pensando que no es justo que estos pobres pasen hambre, cuando el Amo de este pueblo les ha arrebatado sus tierras, les hace trabajar para él y... (*Los del pueblo se ven sin comprender, apretándose unos contra otros.*)

SACRISTÁN: ¡Cállate! ¡Cállate!

CAMPANERO: Quiero ver al Señor Cura.

SACRISTÁN: (*Al pueblo.*) No hay que hacer caso de lo que dice este muchacho. Siempre imagina cosas extrañas. (*Al Campanero.*) ¿No habías bebido nada?

CAMPANERO: No, le juro que no.

---

[10] aliento o respiración
[11] administrar los últimos sacramentos
[12] sin que yo lo viera

[13] expresión de perplejidad
[14] mira hacia el cielo

SACRISTÁN: Di la verdad.

CAMPANERO: No. De veras. No.

SACRISTÁN: (Con autoridad.) Tú estabas borracho. Confiésalo.

CAMPANERO: (Vacilante.) No sé, tal vez. . .

SACRISTÁN: Estabas borracho. Deberías arrepentirte y. . .

CAMPANERO: ¿Pero cómo iba a estar borracho si no había bebido nada?

SACRISTÁN: Te digo que estabas borracho.

CAMPANERO: Está bien. Si usted lo dice, así debe ser. Tal vez así es mejor. Porque lo más terrible es que ese hombre desapareció del mismo modo que había aparecido. Si yo estaba borracho, nada tiene importancia.

SACRISTÁN: Aquí viene el Señor Cura.

(Entra el Cura. El pueblo se arrodilla, el Cura hace señal para que se levanten.)

ESCENA SEGUNDA

CURA: ¿Qué pasa, hijos mios? (El Campanero se acerca a él, suplicante.) ¿Es algo grave?

SACRISTÁN: No, Señor Cura. Este muchacho ha bebido unas copas y. . .

CAMPANERO: (Se arroja a los pies del Cura.) ¡No es verdad! ¡No es verdad! Yo no estaba borracho. Usted debe creerme.

CURA: Levántate, hijo.

CAMPANERO: Usted debe creerme que ahí, en el monte, se me apareció un hombre vestido de negro, me dijo que es Dios quien nos envía la miseria y la muerte, y lo peor es que apareció en el momento en que yo pensaba esas mismas palabras y su voz sonaba dentro de mí como si fuera mi misma voz dicha por mil gargantas invisibles. Me arrepiento de haber pensado eso. Usted me perdonará, ¿verdad?

CURA: Te perdono si te arrepientes. Lo principal es el arrepentimiento.

CAMPANERO: Sí, estoy arrepentido, porque todo sucedió como si una fuerza extraña a mí se me impusiera. Traté de rezar, pero él se rió y su risa me heló la sangre dentro del cuerpo.

CURA: (Con asombro.) ¿Se rió porque rezabas?

CAMPANERO: Sí, y me dijo, además. . . Pero no sé si deba decirlo aquí.

CURA: Habla.

CAMPANERO: Me dijo: No reces, ni vayas a la iglesia. Son formas de aniquilarte, de dejar de confiar en ti mismo. (Movimiento de asombro en los del coro.)

SACRISTÁN: Padre, no lo deje seguir hablando aquí.

CURA: Déjalo, hijo mío, porque todos ellos tienen derecho de saber lo que estoy pensando.

SACRISTÁN: ¿Qué piensa usted, Padre?

CURA: Espera. (Al Campanero.) ¿Qué más dijo?

CAMPANERO: Ay, Padre, no puedo seguir. . .

CURA: Te ordeno que hables.

CAMPANERO: Pues bien, dijo: Yo soy el jefe de los rebeldes de todo el mundo, he enseñado a los hombres a. . . No recuerdo bien sus palabras. . . Sí, dijo: He enseñado a los hombres a confiar en sí mismos, sin temer a Dios. Por eso muchas veces han dicho que yo soy el espíritu del mal, cuando lo único que he querido ser es. . . ¿Cómo decía?. . . ¿Cómo dijo?. . . Sí, lo único que he querido ser es el espíritu del progreso.

CURA: ¿Eso dijo? (Reflexiona.) ¿Notaste algo raro en él, en sus ojos?

CAMPANERO: Eran brillantes y profundos.

CURA: ¿Su cuerpo no tenía nada de particular? ¿Algún apéndice? ¿Sus manos?

CAMPANERO: Sus manos eran grandes y fuertes.

CURA: ¿No olía, acaso, de una manera muy peculiar?

CAMPANERO: No sé. Puso su mano, aquí sobre mi hombro. Huela, huela usted Padre. (Se acerca al Cura.)

CURA: (Acerca su cara al hombro del Campanero y retrocede con un gesto violento.) ¡Azufre! Vade retro, Satanás.[15]

CAMPANERO: (Con un gesto impotente.) ¿Qué dice usted Padre?

CURA: ¿No comprendes quién era? Te dijo que no reces, que no vengas a la iglesia, habló en contra de Dios, se declaró el jefe de los hombres rebeldes y huele a azufre. Es muy claro.

CAMPANERO: (Atónito.) ¿Qué? Mis vestidos siempre huelen un poco a azufre. (El pueblo muévese con espanto, con estupor, con angustia.)

CURA: (Teatral.) Era el Demonio, hijos míos.

---

[15] vete fuera de aquí, Satanás

El mismo Demonio. (*Los del coro se apartan violentamente.*)

CAMPANERO: Pero él dijo que no era el espíritu del mal, sino del progreso. . .

CURA: Es lo mismo, hijo, es lo mismo. Nosotros, los servidores del Señor, sabemos distinguir al Enemigo.[16] Fue por haber oído su voz que los hombres se sintieron capaces de conocerlo todo y fue por eso también que Dios nos castigó haciéndonos mortales y al mismo tiempo temerosos de la muerte. (*El coro cae de rodillas, las cabezas en el suelo.*) Sólo quiero decirles una cosa: éste es un mal presagio. Todos ustedes deben venir con más frecuencia a la iglesia. Para ahuyentar al Enemigo, entremos a rezar ahora mismo, a nuestra venerada imagen del Padre Eterno que está aquí dentro, y que es orgullo de nuestro pueblo por las famosas joyas que ostenta en sus manos y que han sido compradas con las humildes limosnas de ustedes, de sus padres, de sus abuelos. . .

SACRISTÁN: (*Repite, como en feria.*) A rezar a la imagen del Padre Eterno, que es orgullo de nuestro pueblo.

(*Suenan unos acordes de música religiosa. Los hombres y mujeres del pueblo se ponen de pie y comienzan a entrar, silenciosos, en la iglesia, en una marcha resignada, con las cabezas bajas.*)

CURA: (*Al Campanero.*) Tú, hijo mío, a rezar. A redimir tu cuerpo y tu alma de ese sucio contacto.[17] (*El Campanero besa la mano del Cura y entra en la iglesia. Quedan solos el Sacristán y el Cura.*)

SACRISTÁN: (*Vacilante.*) Padre, ¿cree usted que ha sido realmente el Demonio? Me parece increíble en este siglo. Me pregunto si. . .

CURA: (*Solemne.*) A nosotros no nos cumple preguntar, hijo mío, sólo obedecer. Las preguntas en nuestra profesión se llaman herejías. Vamos a rezar. (*Entran los dos en la iglesia.*)

ESCENA TERCERA

Algunos hombres y mujeres atraviesan la escena con las mismas cargas de la primera. Se oye de pronto un tema musical que encierra cierto misterio.

Por el fondo aparece el Forastero. Es joven y atlético. Sus facciones hermosas, revelan decisión, capacidad de mando. Su cuerpo es elástico. Viste una malla alta y pantalones negros. Lleva una gorra, también negra, en la cabeza. Se adelanta y saluda con una pirueta un poco bufonesca a los transeúntes de la plaza.

FORASTERO: Buenas tardes. (*No recibe respuesta, el aludido pasa de largo sin verlo. Se dirige a otro.*) Buenas tardes. (*Tampoco recibe contestación ni siquiera un gesto. Habla a otro.*) Perdone, ¿qué idioma hablan los habitantes de este pueblo? (*No recibe respuesta. Toma del brazo a un hombre, con energía.*) Buenas tardes, he dicho. (*El hombre lo ve, con la mirada vacía, y sigue su camino, indiferente. El Forastero, se acerca a la iglesia con curiosidad, intenta entrar, retrocede, vacila, se quita la gorra, se limpia el sudor de la frente.*) ¡Vaya! ¡Vaya! Los habitantes de este pueblo se han quedado mudos. (*Camina reconociendo el lugar, echa una última mirada a la iglesia y ríe. Sale pausadamente.*)

ESCENA CUARTA

Entra el Carcelero seguido de Beatriz. El Carcelero es un hombre débil, pero de aspecto brutal. Su traje recuerda al traje militar. Lleva a la cintura una gran pistola que palpa constantemente para sentirse seguro. Beatriz es una muchacha de veinte años, bonita, vestida con extrema pobreza.

BEATRIZ: (*Corriendo tras el Carcelero.*) Espera, espera. Me he pasado los días enteros esperándote para poder hablarte.

CARCELERO: No debo hablar contigo, te lo he dicho varias veces.

BEATRIZ: Nadie puede oírnos. Mira, la plaza está desierta.

CARCELERO: No debo hablar con la hermana de un hombre que está en la cárcel.

BEATRIZ: Espera. Me dijiste que mi hermano saldría libre ayer.

CARCELERO: Las órdenes cambiaron.

BEATRIZ: ¿Por qué?

CARCELERO: El Amo[18] lo dispuso así.

BEATRIZ: Llevo un año esperando. Pasa el

---

[16] el diablo
[17] con el diablo

[18] el dueño. Representa «lo establecido», el régimen de gobierno tiránico y sin sensibilidad social.

tiempo y me dices que mi hermano saldrá libre. Me hago la ilusión de que será así y luego me dices que han cambiado las órdenes. Creo que voy a volverme loca. Ayer le esperé. En la lumbre[19] de nuestra casa le esperaba la cena que a él le gusta tanto y. . .

CARCELERO: (*Impaciente.*) Lo siento.

BEATRIZ: ¿Por qué no lo dejan en libertad? Tú sabes que su falta[20] no fue grave. Todo su delito consistió en decir que las tierras que eran nuestras, son ahora otra vez del Amo. ¿No es la verdad?

CARCELERO: No estoy aquí para decir la verdad, sino para cumplir las órdenes del Amo.

BEATRIZ: Pero tú sabes que lo hizo porque es muy joven. No tiene más que dieciocho años. ¿No comprendes? Cuando murió mi padre pensamos que el pedazo de tierra que era suyo sería nuestro también, pero resultó que mi padre, como todos, le debía al Amo y la tierra es ahora de él. Mi hermano quiso hablarle, pero él ni siquiera le oyó. Después bebió unas copas y gritó aquí en la plaza lo que pensaba. No creo, sin embargo, que eso sea una razón para estar más de un año en la cárcel.

CARCELERO: Todo fue culpa de tu hermano. Como si no supiera que aquí todo le pertenece al Amo: Las tierras son de él, los hombres trabajan para él al precio que él quiere pagarles, el alcohol con que se emborrachan está hecho también en su fábrica, la iglesia que aquí ves pudo terminarse de construir porque el Amo dio el dinero. No se mueve la hoja de un árbol sin que él lo sepa. ¿Cómo se atreve tu hermano a gritar contra un Señor tan poderoso?

BEATRIZ: Mi hermano no creyó que podría ir a la cárcel por hablar lo que pensaba.

CARCELERO: Muchos han ido a la cárcel porque se atrevieron sólo a pensar mal del Amo.

BEATRIZ: Y ustedes, ¿Cómo lo sabían?

CARCELERO: (*Viéndola fijo.*) Se les conocía en la mirada. Una mirada como la que tú tienes ahora. (*Inicia el mutis.[21] Entra el Forastero, despreocupado.*)

BEATRIZ: Espera. Tú, como carcelero, podrás al menos decirme cuándo podré verlo.

CARCELERO: Tengo órdenes terminantes.[22] El Amo no quiere que tu hermano hable con nadie en este pueblo y menos que vaya a meterles ideas raras en la cabeza. Por eso está incomunicado. (*El Forastero advierte la escena que se desarrolla frente a él y observa, atento.*)

BEATRIZ: (*Violenta.*) ¿Tiene miedo el Amo de que algún día esos pobres hombres que él ha vuelto mudos le griten a la cara lo mismo que mi hermano le dijo?

CARCELERO: (*Viendo en torno suyo con temor.*) Cállate.

BEATRIZ: Perdona. No sé lo que digo. Estoy desesperada. Ayúdame.

CARCELERO: (*Tiene un movimiento de compasión, luego se reprime y adopta un aire rígido.*) En mi oficio no hay lugar para la compasión,

BEATRIZ: Dime, al menos, qué hace ahí dentro. ¿Se acuerda de mí? ¿Canta? (*Con añoranza.*)[23] Le gustaba tanto cantar. . .

CARCELERO: Haces mal en hablarme así. No me gusta enternecerme. Ahí dentro se olvida uno de que los hombres sufren y todo es más fácil así.

BEATRIZ: ¿Cuánto tiempo estará preso mi hermano?

CARCELERO: Eso no puedo decírtelo.

BEATRIZ: ¿Por qué?

CARCELERO: Nunca se sabe.

BEATRIZ: ¿Quieres decir que puede pasar otro año y otro más? No es posible. Yo debo hacer algo. Veré de nuevo al Juez y le diré. . .

CARCELERO: Inútil. El Juez es sobrino del Amo.

BEATRIZ: ¿Y el Alcalde?

CARCELERO: Es hermano suyo.

BEATRIZ: (*Sombría.*) ¿Nadie puede nada, entonces, contra él?

CARCELERO: No. Y cuando se le sirve bien, es un buen Amo. (*Con amargura.*) Bueno, al menos me da de comer y una cama para dormir.

BEATRIZ: (*Suplicante.*) Tú debes ayudarme. (*Tierna.*) Cuídalo. En estas noches en que sopla el viento debe sentir mucho frío. Cuando cayeron las heladas no pude dormir pensando que se despertaría gritando como un niño. Una de sus pesadillas era soñar que estaba preso. Siempre la misma pesadilla. Hasta llegó a

---

[19] luz
[20] delito, crimen
[21] comienza a salir, marcharse

[22] finales, estrictas
[23] recordando con nostalgia

contagiármela... Pero ahora está preso de verdad. ¿Qué puedo hacer?

CARCELERO: (*Con intención.*) Quizá podrías...

BEATRIZ: Dímelo. Haré lo que sea.

CARCELERO: Podrías ir a ver al Amo.

BEATRIZ: ¿Crees que me recibiría?

CARCELERO: A él le gustan las muchachas bonitas. Aunque tiene muchas, podrías hacer la prueba. Tienes un cuerpo duro, ¿eh? (*La toca.*) ¿Estás virgen todavía? (*Trata de abrazarla.*)

BEATRIZ: (*Lo rechaza violentamente.*) Déjame. cochino.[24] Tú y tu Amo pueden irse al demonio. ¡Al demonio! ¡Al demonio!

ESCENA QUINTA

Beatriz llora. El Carcelero se encoge de hombros y entra en el edificio de la cárcel. El Forastero desciende de la escalera del templo, de donde ha observado la escena, y se acerca, muy cortés, a Beatriz.

FORASTERO: Me pareció que llamabas. ¿Necesitas ayuda?

BEATRIZ: (*Con lágrimas.*) Quiero estar sola.

FORASTERO: No es culpa del carcelero. Él es sólo una pieza de la maquinaria.

BEATRIZ: (*Sin ver al Forastero.*) ¡La maquinaria! ¿De qué habla usted?

FORASTERO: (*Misterioso.*) Lo sé todo, Beatriz.

BEATRIZ: (*Al oír su nombre, vuelve a verlo, extrañada.*) ¿Por qué sabe mi nombre? Ha estado espiando. ¿Quién es usted?

FORASTERO: Un extranjero, como tú.

BEATRIZ: Yo nací en esta tierra.

FORASTERO: Pero nadie se preocupa por ti. Nadie te habla. Nada te pertenece. Eres extranjera en tu propia tierra.

BEATRIZ: (*Con amargura.*) Es verdad. ¿Y usted cómo se llama?

FORASTERO: ¿Yo? (*Muy natural.*) Soy el diablo.

BEATRIZ: (*Con una risita.*) ¿El diablo?

DIABLO: Sí, ó no me crees?

BEATRIZ: Pues... No sé... La verdad... No. Usted tiene ojos bondadosos. Todo el mundo sabe que el diablo echa fuego por los ojos y que...

DIABLO: (*Sonriente.*) No es verdad.

BEATRIZ: ...Y que lleva una cola inmensa que se le enreda entre las piernas al andar, y que tiene dos grandes cuernos que apuntan contra el cielo... Y que se acerca a las muchachas de mi edad para...

DIABLO: (*Con aire mundano.*) ¿Para violarlas?

BEATRIZ: (*Avergonzada.*) Sí, eso es lo que se dice.

DIABLO: Pues todo eso no es verdad. ¡Es una calumnia!

BEATRIZ: (*Con simpatía.*) Bueno. Todo eso sería grave si usted fuera realmente el Demonio... Pero con ese aspecto tan cuidado, como de persona bien educada, no va a pretender asustarme.

DIABLO: (*Con un suspiro.*) No me crees. Me lo esperaba. Pero tal vez así sea mejor. Seremos amigos más pronto.

BEATRIZ: (*Lo ve, extrañada.*) No comprendo.

DIABLO: Debo advertirte que tengo dos clases de nombres. Unos han sido inventados para asustar a los hombres y hacerlos creer que no deben seguir mi ejemplo: (*Teatral.*) Mefistófeles,[25] Luzbel,[26] Satanás. (*Otra vez natural.*) Como si yo fuera el mal absoluto. El mal existe, por supuesto, pero yo no soy su representante. Yo sólo soy un rebelde, y la rebeldía, para mí, es el mayor bien. Quise enseñar a los hombres el por qué y el para qué de todo lo que les rodea; de lo que acontece, de lo que es y no es... Debo decirte que yo prefiero otros nombres, esos que aunque nadie me adjudica son los que realmente me pertenecen: para los griegos fui Prometeo,[27] Galileo[28] en el Renacimiento, aquí en tierras de América... Pero, bueno, he tenido tantos nombres más. (*Con un dejo de amargura.*) Los nombres cambiaron, pero yo fui siempre el mismo: calumniado, temido, despreciado y lo único que he querido siempre, a través de los tiempos, es acercarme al Hombre, ayudarle a vencer el miedo a la vida y a la muerte, la angustia del ser y del no ser.

---

[24] puerco, sucio
[25] uno de los nombres del diablo, popularizado por el *Fausto* de Goethe (1749–1832)
[26] otro de los nombres dados al diablo
[27] dios del fuego en la mitología griega; iniciador de la primera civilización humana. Esquilo (525–456 a. de C.), escribió la tragedia *Prometeo encadenado*.
[28] matemático, físico y astrónomo italiano (1564–1642)

CARLOS SOLÓRZANO   **663**

(*Torturado.*) Quise hallar para la vida otra respuesta que no se estrellara siempre con las puertas cerradas de la muerte, de la nada.

BEATRIZ: (*Ingenua.*) Pero ¿de qué está hablando?

DIABLO: (*Se vuelve a ella.*) Perdona. (*Al ver que Beatriz lo ve con estupor.*) Mi principal defecto es que me gusta oírme demasiado. (*Saca de la bolsa un pañuelo que ofrece a Beatriz. Le habla con simpatía.*) Límpiate las lágrimas. (*Beatriz lo hace. El Forastero ve en derredor suyo.*) Los habitantes de este pueblo son mudos. ¿verdad?

BEATRIZ: Hablan poco. Creo que sólo lo hacen cuando están en sus casas con las puertas cerradas. Nunca les oí hablar.

DIABLO: ¡Qué lástima! Tienen miedo.

BEATRIZ: Sí, pero es mejor tener miedo. Es más seguro. Mi hermano no lo tuvo y por eso está preso. (*Sigilosa.*) ¿Usted no tiene miedo del Amo?

DIABLO: No, porque el Amo no existiría si los hombres no lo dejaran existir.

BEATRIZ: No comprendo.

DIABLO: ¿No crees que esos pobres no hablan porque nunca les han preguntado nada, ni lo que piensan ni lo que quieren?

BEATRIZ: No sé, puede ser. ¿Cree usted?

DIABLO: (*Mundano.*) Puedes tratarme de tú. (*Pausa.*) Creo que no has empleado con el carcelero el método adecuado para obtener la libertad del Hombre. El ruego nunca ha sido eficaz. Veamos. (*Medita.*) A un servidor del Amo, ¿qué podría interesarle? (*Pausa.*) Creo que no hay más que una cosa, una sola para él: El dinero.

BEATRIZ: (*Con asombro.*) ¿El dinero?

DIABLO: Sí, claro está que estos pobres hombres mudos deberían libertarlo, pero no se atreverán. En otros tiempos quizás te habría aconsejado un método distinto, pero ahora es el único recurso.

BEATRIZ: Quizás. Pero, ¿cómo voy a ofrecerle dinero si no lo tengo? Los pocos ahorros que teníamos los he gastado esperando que mi hermano quedara en libertad. No he podido ni siquiera trabajar. La vida entera se me va en esta angustia, en esta espera.

DIABLO: (*Misterioso.*) Si quisieras, podrías arreglarlo todo.

BEATRIZ: ¿Cómo? No tengo nada. Este pueblo está arruinado. Las cosechas de este año se han perdido. Mira el cielo, está gris desde que el viento del Norte trajo las heladas. (*Con amargura.*) Y él ahí dentro sintiendo hambre y frío. . .

DIABLO: (*Encendiendo un cigarrillo.*) Dios tiene a veces designios que no se comprenden fácilmente.

BEATRIZ: ¿Qué quieres decir? ¿No crees en Dios?

DIABLO: (*Con un suspiro.*) He tenido que soportarlo como tú. Pero ahora hay que pensar cómo haremos para que el Hombre sea libre.

BEATRIZ: ¿Por qué le llamas el Hombre? Es mi hermano y no tiene más que dieciocho años. Es casi un niño.

DIABLO: Todos los hombres son casi niños. ¿Cómo haremos para que sea libre?

BEATRIZ: ¿Libre? Sólo si el Amo se muriera . . .

DIABLO: Eso no serviría de nada. Tendrá hijos y hermanos. . . Una larga cadena. (*De pronto, entusiasmado.*) Pero si tú quieres realmente que él sea libre. . .

BEATRIZ: ¡Si bastara con desearlo!

DIABLO: Basta con eso. ¿No sabes que los hombres nacen libres? Son los otros[29] los que después los van haciendo prisioneros.

BEATRIZ: Si puedes aconsejarme alguna manera para ayudar a mi hermano. . . trabajaría para ti, te juro que te lo pagaría. . .

DIABLO: (*Después de reflexionar, habla, muy seguro de sí mismo.*) Voy a ayudarte, pues él está preso por la misma razón que yo fui desterrado de mi tierra natal.[30] Tu hermano se rebeló contra este Amo que lo tiraniza, así como yo me rebelé contra esa voluntad todopoderosa que me desterró del Paraíso donde nací, por enseñarles a los hombres los frutos del bien y del mal. Pero, mira, ahí viene otra vez el carcelero. Luego te explicaré, ahora háblale y ofrécele dinero. Es la única manera.

BEATRIZ: Pero, ¿de dónde voy a sacarlo?

DIABLO: Háblale. Veremos si acepta. Haz un trato con él y yo luego haré otro trato contigo. (*Beatriz duda, pero un gesto firme del Diablo la impulsa a hablar. Éste vuelve a las gradas del templo. El Carcelero sale del edificio de la cárcel detrás de dos soldados que llevan a dos prisioneros,*

---

[29] otros hombres   [30] el cielo

con una marcha mecánica de pantomima siguiendo el toque insistente de un tambor.)

(Beatriz se acerca. El Carcelero finge no verla. Beatriz tira repetidas veces de su uniforme.)

CARCELERO: Te he dicho que no debo hablarte.

BEATRIZ: Voy a hacerte una proposición. Algo que te conviene.

CARCELERO: *(A los soldados.)* Alto ahí. Y vigilen a esos presos. No vayan a escaparse. *(Los presos, doblegados y famélicos, marcan el paso como autómatas. La vigilancia de los soldados resulta excesiva.)* ¿Qué quieres?

BEATRIZ: He pensado que tal vez tú quisieras dejar en libertad a mi hermano, si te diera algo de dinero.

CARCELERO: *(Garraspeando, grita a los soldados).* ¡Soldados!, lleven a esos prisioneros a picar la piedra del camino de la casa del Amo. Debe quedar arreglado hoy mismo. ¿No oyen? *(Los soldados tiran violentamente de los prisioneros. Uno de ellos cae del tirón, al otro se le incrusta la cuerda en el cuello ocasionándole un violento acceso de tos. Salen tirando unos de otros, en una pantomima grotesca.)* ¿Qué historia es ésa? Me comprometes hablando así delante de ellos. Por fortuna, creo que no oyeron nada. Si el Amo supiera algo de esto...

BEATRIZ: Perdona.

CARCELERO: Bueno, ¿cuánto puedes darme?

BEATRIZ: Entonces, ¿vas a ayudarme? ¡Qué feliz soy! *(Besa en la cara apasionadamente al Carcelero.)*

CARCELERO: Pensándole bien, creo que no debo aceptar dinero tuyo. *(Inicia el mutis.)*

BEATRIZ: Pero dijiste...

CARCELERO: *(Deteniéndose.)* ¿Cuánto?

BEATRIZ: Pues no sé... ¿Cuánto quieres tú?

CARCELERO: La libertad de un hombre vale mucho.

BEATRIZ: Oye, nunca he querido hablarte de esto, pero ahora debo hacerlo: sé que quieres a esa mujer que vive en las afueras del pueblo. Ella te querría si tú le dieras algo de dinero. ¿Cuánto quieres? *(El Diablo sigue la escena con una sonrisa de complicidad.)*

CARCELERO: *(Pensando.)* No sé... *(De pronto, concretando.)* Necesito trescientos pesos.

BEATRIZ: *(Retrocediendo espantada.)* ¿Trescientos pesos? *(Vuelve a ver al Diablo, que le hace una señal afirmativa con la cabeza.)* Está bien. Te daré lo que me pides.

CARCELERO: ¿Tú tienes ese dinero? Pero si andas vestida con andrajos.

BEATRIZ: *(Con fingida seguridad.)* Si ése es el precio de la libertad de mi hermano, te lo pagaré

CARCELERO: Bueno, creo que podemos arreglarlo, pero a condición de que tu hermano se vaya del pueblo cuando quede libre.

BEATRIZ: Sí. Nos iremos lejos, a la tierra donde nació mi madre.

CARCELERO: *(Con miedo.)* Y el Amo de allá, ¿no conocerá al nuestro?

BEATRIZ: No. Allí no hay ningún Amo. Yo no conozco esa comarca, pero me han dicho que ahí las gentes trabajan para sí mismas labrando una tierra que les pertenece, donde todo nace casi sin esfuerzo: el viento no lleva las heladas, sino la brisa cálida del mar. En las tardes, según me decía mi madre, después del trabajo, se tienden los hombres a cantar bajo el cielo, como si fuera su propio hogar.

CARCELERO: *(Soñador.)* Debe ser hermoso vivir allí. *(De pronto, rígido.)* ¡Bah! Eso lo soñaste o lo soñó tu madre, tal vez.

BEATRIZ: *(Con añoranza.)* Tal vez.

CARCELERO: ¿Ahí, en ese país, no se mueren las gentes?

BEATRIZ: Sí; si no, sería el cielo.

CARCELERO: Pues se si mueren, no debe ser mucho mejor que esta tierra. *(Pausa.)* Si me das ese dinero, mañana puedo dejar libre a tu hermano. *(Para sí.)* Voy a correr un grave riesgo. *(A Beatriz.)* ¿No puedes darme más?

BEATRIZ: *(Ve al Diablo, que le hace una señal negativa con la cabeza.)* No. Lo dicho. ¿Cómo harás para sacarlo? ¿A qué hora? Me tiembla todo el cuerpo de pensar que voy a verlo otra vez. Desde que nacimos, es ésta la primera vez que estamos separados. Sin él me siento como perdida en el aire.

CARCELERO: Mañana, al caer la tarde, haré que salgan los prisioneros a trabajar en el camino de la casa del Amo, como lo hacen todas las tardes.

BEATRIZ: *(Inquieta.)* ¿Van todos los días?

CARCELERO: Sí, Hasta donde alcanza mi

memoria, han ido allí todos los días. Bien. Aprovecharé ese momento para hacer salir a tu hermano y tú estarás preparada para huir. Vendrás con el dinero una hora antes. Debo estar absolutamente seguro.

BEATRIZ: Está bien. Haré todo como quieras. Hoy en la noche no podré dormir de la alegría. ¡Tengo tan poca costumbre de ser feliz!

CARCELERO: Entonces, hasta mañana. (*Sale.*)

BEATRIZ: (*Detrás de él.*) Adiós, adiós. Hasta mañana.

(*El Diablo se acerca. Beatriz baila en torno suyo cantando, luego se toman de las manos y bailan juntos cantando con júbilo, al compás de una música tierna y festiva.*)

> Ay hermano prisionero
> despierta ya. . .
> La prisión es como un barco
> hundido en un hondo mar
> ay hermano prisionero
> no duermas más. . .
> Pues en la orilla te esperan
> la risa y la libertad.

(*Ríen los dos, sofocados.*)

DIABLO: (*Riendo.*) ¿Verdad que cuando uno se siente libre, es como si la tierra fuera más ancha, como si fuera, en vez de un valle de lágrimas, un paraíso de alegrías? ¡Alégrate! ¡Aceptó! (*La abraza con júbilo.*)

ESCENA SEXTA

BEATRIZ: (*Radiante.*) Sí. . . ¡Aceptó! Lo va a dejar en libertad. (*De pronto se detiene asustada.*) Y ahora, ¿Qué voy a hacer para darle ese dinero?. . . ¿Por qué me has dicho que le propusiera eso? Nunca en mi vida he tenido trecientos pesos en la mano.

Ahora que lo pienso. . . Él no te vio, ¿verdad? (*El Diablo complacido hace un gesto negativo.*) ¿Cómo es posible que no te viera?. . .

DIABLO: Es natural: a mí sólo pueden verme los que llevan la llama de la rebeldía en el corazón, como tú. Los que tienen miedo no pueden verme. Tan pronto aparece el arrepentimiento, no me ven más.

BEATRIZ: Pero. . . entonces. . . ¿quién eres realmente? (*Lo ve horrizada.*) ¡No!. . . Yo creo en Dios. Cumplo con todos los mandamientos de la Igesia, rezo a solas y cuando he cometido una falta me arrepiento. No debo hablarte. (*Inicia el mutis.*)

DIABLO: (*Con autoridad.*) Espera. . . (*Mimoso.*) ¿No he sido bueno contigo?

BEATRIZ: (*Se detiene.*) Sí, has sido bueno. Tengo necesidad de que sean buenos conmigo y nadie más que tú lo ha sido.

DIABLO: (*Se acerca dominante.*) Dios te ayuda poco, ¿verdad?

BEATRIZ: No debería decirlo y no sé si Él[31] va a enojarse, pero todos los días y las noches de este año he rezado con todo el ardor posible para que mi hermano quedara en libertad, pero Él no ha querido oírme, y cuando Él no quiere, no se puede hacer nada.

DIABLO: (*Misterioso, habla con gran autoridad.*) Ahora vas a exigirle en vez de rogarle.

BEATRIZ: ¿Exigirle a Él?

DIABLO: Sí, te explicaré. En el interior de esta iglesia hay una imagen del Padre Eterno. . .

BEATRIZ: Sí, es una imagen preciosa, enorme; la cara casi no puede verse porque está en medio de las sombras, pero las manos que sostienen al mundo, le brillan de tantas joyas que tiene. Una aureola guarnecida de esmeraldas le sirve de respaldo, como si fuera el cielo con todas sus estrellas. A esa imagen he rezado durante todo este tiempo.

DIABLO: Ahora no vas a rezarle, sino a arrebatarle algo de lo que a él le sobra y que a ti te hace tanta falta. . . Él está acostumbrado a recibir. Vas a pedirle algo en préstamo. (*Ríe.*) Ya se lo pagarás en la otra vida.[32]

BEATRIZ: (*Viéndole muy cerca como fascinada.*) Te brilla en los ojos un fuego extraño. ¿Qué quieres que haga?

DIABLO: (*Dominándole con la mirada.*) Bastará con entrar en la iglesia cuando no haya nadie y alargar la mano. Las joyas serán tuyas. Será fácil.

BEATRIZ: (*Retrocede espantada.*) No, eso es imposible. ¿Por qué me aconsejas que robe las joyas del Padre Eterno? Creo que al alargar la

---

[31] Dios

[32] después de la muerte

mano se me caería allí mismo hecha pedazos, o
me quedaría allí petrificada para siempre, como
ejemplo para los que quisieran hacer lo mismo. . .

DIABLO: (*Impaciente.*) ¡Beatriz!

BEATRIZ: (*Aterrorizada.*) O me dejaría ciega,
dicen que su luz es cegadora, o quizás en ese
mismo momento mi hermano se moriría en la
cárcel. ¿Quién puede saber cómo querría
castigarme? Con Él nunca se sabe. (*Pausa.*)
¿Todo lo que puedes aconsejarme es que robe?

DIABLO: No es un robo. Es un acto de justicia.
¿O no quieres que tu hermano vuelva a ver la luz
del sol? Irte lejos con él a ese Paraíso de que hablas. ¿No quieres eso? (*La toma de los hombros,
ella vacila, luego se aleja.*)

BEATRIZ: Sí, pero no así. (*El Diablo la
sigue.*)

DIABLO: (*Sujetándola del brazo.*) En este momento tienes que escoger entre la libertad de tu
hermano y el respeto por esa imagen[33] que ha permanecido sorda ante tus ruegos.

BEATRIZ: (*Tratando de soltarse.*) No blasfemes.
No blasfemes. (*Se santigua[34] repetidas veces.*)

DIABLO: (*Enérgico.*) Recuérdalo, Él no ha
hecho nada por ti. Él es indiferente y tú quieres
seguir siéndole fiel. Mañana te esperará ahí
el carcelero. Si tú no traes lo que le has prometido, tu hermano se consumirá en la cárcel para
siempre. (*La suelta.*)

BEATRIZ: (*Agobiada.*) Pero ¿cómo podría
hacerlo? Siempre hay alguien cuidando de la
imagen, además, nunca me he atrevido a verla de
cerca, me da tanto miedo. . . Siempre tuve que
inclinar la cabeza hacia un lado para no verla.
¿Cómo quieres que me acerque para robarle?

DIABLO: (*Camina casi deslizándose, y se sitúa detrás de ella hablándole casi al oído.*) Sólo vas a
quitarle algo de lo que estos hombres mudos han
puesto entre sus manos y que Él quizás no
advertirá siquiera.

BEATRIZ: (*Casi impotente.*) No me lo perdona-
ría nunca, me condenaría.

DIABLO: (*Con absoluto dominio.*) Óyeme bien.
En el momento en que logres hacer esto te
sentirás liberada del miedo y también tu hermano será libre.

BEATRIZ: (*Al borde de las lágrimas.*)[35] ¡Ay Dios
mío! ¿Qué voy a hacer? Si el Amo se muriera
. . .

DIABLO: En eso no puedo ayudarte. Es Dios
quien inventó la muerte. No yo.

BEATRIZ: (*De pronto cree liberarse de la influencia de él y lo ve horrorizada.*) ¿Pero no comprendes que lo que me pides es superior a mis
fuerzas? Es a Dios a quien quieres que despoje.[36]

DIABLO: (*Riendo al vacío.*) ¿Dónde está Dios?
Es una imagen de madera que despojada de sus
joyas y resplandores, aparecerá a tus ojos y a los
de todo este pueblo, cono realmente es: un
trozo de materia inanimada a la que ellos
mismos han dado vida. Quítale todos los
adornos. (*Con ira.*) Déjala desnuda, totalmente
desnuda.

BEATRIZ: (*Desesperada.*) Mi pobre hermano
tendrá que perdonarme, pero él no querrá que
yo me condene. La libertad a ese precio, la
libertad sin Dios, no puede ser más que la
desgracia, la angustia, la desesperación.
(*Supersticiosa.*) Tuve una tía que por haber
jurado en vano,[37] Dios la condenó a que todos
sus hijos se murieran. (*Ingenua.*) Dios es rencoroso, ¿no lo sabes?

DIABLO: (*Irónico.*) ¡Y me lo dices a mí! Pero
mira al Amo, él no tiene miedo, él da el dinero
para construir esta iglesia, y hace que esos pobres
hombres mudos, que se creen hechos a semejanza de Dios, sean sus esclavos.

BEATRIZ: No quiero oírte más. Voy a rezar
para olvidar todo lo que me has dicho.

DIABLO: Espera, Beatriz.

BEATRIZ: No quiero, ¿por qué te habré oído?
(*Lo ve fijo.*) Tú lo que quieres es vengarte de Dios
y me has escogido a mí para hacerlo. (*Se santigua
frenéticamente y grita despavorida.*) ¡Es el Diablo!
¡El Demonio! ¡El Demonio! (*La plaza se llena
de rumores, de todos los puntos llegan corriendo
hombres y mujeres. Beatriz frenética en el suelo en un
ataque de histeria señala al punto donde está el
forastero a quien nadie ve.*) ¡Ahí. . . ¡Ahí!. . .
Mátenlo. . . Mátenlo.

(*El pueblo ve en torno suyo y se mueve como buscando al Diablo sin poder verle. El Diablo se acerca
a Beatriz gritando.*)

---

[33] Dios
[34] hace la señal de la cruz, se persigna
[35] a punto de llorar

[36] desposea, robe
[37] tomado el nombre de Dios en vano

DIABLO: Aquí estoy.

BEATRIZ: (*Retrocede.*) ¿No lo ven?

DIABLO: Pero cómo van a matarme si no pueden verme siquiera. Para ellos es como si yo estuviera detrás de una cortina; la cortina del miedo. (*Grita.*) Abran la cortina, ábranla de una vez por todas. (*El telón comienza a cerrarse, poco a poco, mientras el pueblo busca al Diablo sin comprender.*) ¡Ábranla, he dicho! ¡Ábranla! ¡Ábranla! (*El Diablo sigue clamando hasta cerrarse el*

TELÓN

ACTO SEGUNDO

ESCENA PRIMERA

Mismo decorado. Un día después. Al abrirse el telón, la plaza está desierta. Se oye un tema musical en una trompeta que recuerda la música de un «cabaret». Entra la prostituta, contoneándose. Del edificio de la cárcel sale el Carcelero. Se acerca a la prostituta.

PROSTITUTA: (*Despectiva.*) Te he dicho que no me sigas. Podrías ahuyentar a alguien que quisiera acercarse a mí.

CARCELERO: No quiero que se te acerque nadie.

PROSTITUTA: Déjame en paz. No tienes con qué pagar.

CARCELERO: (*Riéndose con insolencia.*) Llevas aquí dos semanas y nadie se ha acercado a ti. En este pueblo miserable no hay nadie que tenga dinero para comprarse un buen rato de placer.

PROSTITUTA: Tú tampoco lo tienes, y aunque lo tuvieras no me iría contigo. ¿Ya te olvidaste que te eché de mi casa? No quiero tratar con hombres viejos. Para qué quieres que yo . . .

CARCELERO: (*Con ansiedad.*) Puedo ofrecerte lo que nadie aquí podría. Pero te quiero sólo para mí.

PROSTITUTA: Para que fuera a vivir contigo, se necesitaría que tuvieras diez veces más dinero del que ganas como Carcelero.

CARCELERO: (*Resentido.*) No encontrarás a nadie. Te morirás de hambre.

PROSTITUTA: ¡Quiero ser libre! Por eso me escapé de la casa donde estaba en la ciudad. Ahí la dueña nos hacía trabajar toda la noche y a veces nos obligaba a acostarnos con hombres viejos y decrépitos como tú. Muchas noches en las horas en que dormía, venía a despertarme para meter algún tipo en mi cuarto. ¡Quiero tener derecho al sueño! Ahora soy libre para cualquier compromiso y no quiero, sin embargo, comprometerme en nada.

CARCELERO: (*Burlón.*) ¡Valiente libertad!

PROSTITUTA: No soy más libre que tú, ni menos. Me vendo como todos. (*Se pasea tratando de conquistar a alguien que pasa.*) La tierra entera es una prostituta. (*Lanza una carcajada.*)

CARCELERO: (*Acercándose.*) Voy a hacer un sacrificio por ti. Para que veas que te quiero.

PROSTITUTA: ¡Quererse! Hablas como el Cura. ¡Palabras huecas! (*De pronto reacciona con interés.*) Pero veamos. ¿Has dicho un sacrificio? A ver. Nadie se ha sacrificado por mí nunca.

CARCELERO: Sólo para tenerte voy a correr un grave riesgo. Un asunto que me dejará trescientos pesos.

PROSTITUTA: (*Con alegría.*) ¿Trescientos pesos? Parece un sueño.

CARCELERO: Ahora cambias, ¿verdad? Valiente p . . .[38]

PROSTITUTA: No te he dicho que quiero ese dinero. Ni me importa. (*Sigue su marcha.*)

CARCELERO: Espera. (*Se encara con ella y la abraza con lujuria.*) Sí, voy a hacer una locura, pero vas a ser mía. Nos divertiremos juntos y luego que me lleve el Diablo. ¡Así hay que vivir! Trescientos pesos no los ganas aquí en toda tu vida!

PROSTITUTA: Pero yo quiero seguir siendo libre.

CARCELERO: Qué te importa la libertad si de todas maneras algún día tendremos que morirnos.

PROSTITUTA: Si no me aseguras algo para después, como si no hubiera oído nada.[39]

CARCELERO: ¿Asegurarte? ¿Quién puede

---

[38] puta, prostituta

[39] Ignoraré lo que has dicho.

asegurarte nada? (*Irónico.*) Ni el mismo Padre Eterno. (*Señala a la iglesia.*)

PROSTITUTA: (*También irónica.*) No blasfemes. Dicen que el Diablo anda cerca.

CARCELERO: Eso querrías tú, acostarte con el mismo Diablo. Pero a partir de[40] ahora voy a ser solo yo tu amo. (*Trata de asirla.*)

PROSTITUTA: (*Se aleja.*) No quiero amos. (*Pausa.*) Y si aceptara ¿qué condiciones me pondrías? Eres igual que todos los hombres, siempre pensando en ser amos aunque sean unos miserables.

CARCELERO: (*Abrazándola.*) Vas a ser sólo mía: no saldrás de la casa, no te pintarás, no usarás esos vestidos, sino otros que cubran bien tu cuerpo. (*La aprieta contra él y la besa.*)

PROSTITUTA: (*Lo rechaza violenta.*) Ya comprendo. Quieres que yo sea otra prisionera. Te he dicho que ahora soy libre.

CARCELERO: ¡Libre! ¡Libre! Todos hablan de libertad, como si fuera tan fácil conseguirla. Si fuéramos libres dejaríamos de ser humanos. Vas a ser mía y quiero que olvides todo lo que fue tu vida hasta aquí. ¿Aceptas? Voy a arriesgarme mucho por ti.

PROSTITUTA: ¿Qué vas a hacer?

CARCELERO: No puedo decirte.

PROSTITUTA: (*Burlona.*) Quieres comprarme en cuerpo y alma, dices que vas a salvarme, pero no quieres que sepa cómo harás para conseguirlo. Te digo que hablas como el Cura.

CARCELERO: (*Sujetándola.*) Bueno, te lo diré: voy a dejar en libertad a un enemigo del Amo y por eso van a pagarme.

PROSTITUTA: (*Con admiración.*) ¿Y eso lo haces sólo por mí?

CARCELERO: Sí. Porque ya no puedo de ganas de tenerte.

PROSTITUTA: Así es que la libertad de ese pobre, vale tanto como acostarse con una prostituta. ¡Qué mundo éste! (*Ríe a carcajadas.*)

CARCELERO: (*Impaciente.*) Dime sí o no.

PROSTITUTA: (*Pensando las palabras.*) Y, ¿por qué van a darte sólo trescientos pesos? ¿No comprendes que ahí está nuestro porvenir? La libertad de ese tipo, o no tiene precio, o tiene el que tú quieras darle.

CARCELERO: No pueden pagar más.

PROSTITUTA: (*Implacable.*) Vuelve a pedirles.

CARCELERO: (*Convincente.*) Es imposible, se trata de una muchacha pobre . . .

PROSTITUTA: Y a mí qué me importa que sea pobre o no. ¿No voy a irme yo contigo que estás viejo? ¿No voy a sacrificarme? (*Otra vez despectiva.*) Cuando tengas el doble de lo que me has prometido, ven a verme. Antes no me voy contigo.

CARCELERO: (*Deteniéndola.*) ¡Pero oye!

PROSTITUTA: Cuando tengas el doble . . . y entonces . . . ya te resolveré . . .[41] (*Sale.*)

(*El Carcelero, furioso, patea el piso repetidas veces. Por el otro lado entra Beatriz.*)

ESCENA SEGUNDA

El Carcelero al ver a Beatriz entra violentamente en la cárcel para rehuirla. Al mismo tiempo el Cura sale de la iglesia y baja lentamente la escalera. Beatriz se acerca al Cura que viene leyendo un devocionario.

BEATRIZ: (*Con ansiedad.*) ¡Padre! ¡Padre! Vengo a pedirle ayuda. Sólo usted puede ayudarme ahora.

CURA: (*Extrañado.*) Hace tiempo que no vienes a la iglesia, hija mía.

BEATRIZ: He tenido una gran angustia.

CURA: ¿Es por tu hermano?

BEATRIZ: Sí.

CURA: ¿Está preso aún?

BEATRIZ: Sí. Me parece que va a consumirse en la cárcel para siempre si usted no me socorre.

CURA: Entonces tienes una buena razón para venir a la iglesia y rezar a Dios.

BEATRIZ: Lo he hecho muchas veces inútilmente. Por eso ahora he venido para hablarle a usted. Quiero confesarle que he visto a . . .

CURA: (*Interrumpe.*) ¿Vienes a hablarme de tu hermano? ¿Se ha arrepentido de su falta? Es pecado sembrar la rebeldía y el desorden entre los hombres. (*Inquisitivo.*) Te pregunto si se ha arrepentido.

BEATRIZ: (*Desolada.*) No lo sé. Pero yo quisiera decirle . . .

---

[40] desde

[41] Te diré mi decisión en ese tiempo.

CURA: (*Interrumpiendo otra vez.*) Dios quiere el orden, hija mía. ¿No lo sabes?

BEATRIZ: (*En un arranque de rebeldía.*) Sí, pero mi hermano no hizo nada más que reclamar lo suyo.

CURA: (*Impasible.*) Nada de lo que hay en esta tierra nos pertenece. Todo es de Dios Nuestro Señor. Él repartió los bienes terrenales y nosotros debemos aceptar su voluntad. Lo único que nos pertenece a cada quien es nuestra muerte y de lo que hagamos aquí, depende lo que ella signifique.[42]

BEATRIZ: (*Implorante.*) Pero a Él le sobra todo y a mí todo me falta . . .

CURA: (*Interrumpiendo.*) Me duele oírte hablar así. No ayudarás a tu hermano de esa manera.

BEATRIZ: Pero, ¿por qué es necesario soportarlo todo para que Dios esté satisfecho, padre?

CURA: No preguntes. Los designios de Dios son inescrutables. Sólo Él sabe cómo aplicar su poder.

BEATRIZ: (*Rebelde.*) ¿Por qué contra mi hermano? ¿Qué había hecho él?, ¿o es que Dios odia a sus hijos?

CURA: (*Severo.*) Dios es todo amor. (*Conciliador.*) Quizás sea una prueba que Él envía a tu hermano para hacerlo salir de ella con más fortaleza.

BEATRIZ: (*Extrañada.*) ¿Quiere usted decir que mientras más se resigne tendrá más fortaleza?

CURA: (*Solemne.*) Así es. Cuando los hombres se convencen de que la vida es una batalla que sólo Dios puede resolver, comienzan a ser felices. De otra manera es la oscuridad.

BEATRIZ: No comprendo. No comprendo ya nada. Ayer, en esta misma plaza . . . (*De pronto se arroja a los pies del Cura besándole la mano con pasión.*) Padre, necesito ayuda.

CURA: Es mi misión, hija, darte ayuda espiritual.

BEATRIZ: (*Apasionada.*) Necesito dinero. Lo necesito desesperadamente.

CURA: (*Sorprendido.*) ¿Dinero? Has llamado en una puerta que no es la que buscas. Nuestra riqueza no es ésa.

BEATRIZ: (*Rotunda.*) Sí. La iglesia está llena de cosas que valen mucho, mucho dinero. Necesito que me dé algo, alguna cosa pequeña. ¿No quiere Dios ayudar a sus hijos?

CURA: (*Impaciente.*) Sí. Pero no así hija mía, no así.

BEATRIZ: (*Imperiosa.*) Y ¿cómo entonces? Si todo vale dinero, hasta la libertad de un hombre. Si todo depende de que tengamos o no dinero, ¿por qué no ayuda Dios así también a sus hijos? (*Agresiva.*) ¿Se ha olvidado de que somos desgraciados porque somos miserables?

CURA: (*Severo.*) Piensa delante de quién hablas.

BEATRIZ: (*Trastornada.*) Sólo quiero pedirle que me ayude, y le aseguro que ahora será más importante que me dé dinero y no que me llame a rezar. (*Pausa.*)

CURA: (*Después de meditar.*) No puedo darte nada. No me pertenece.[43]

BEATRIZ: Entonces, ¿de quién es lo que hay ahí dentro?

CURA: (*Evasivo.*) De todos los hombres de esta tierra.

BEATRIZ: ¿También mío?

CURA: (*Dudando.*) Sí.

BEATRIZ: Es mío y no puedo disponer de nada. Es de todos y no es de nadie. Está ahí y no sirve para nada. Hágame comprender. (*Lo sigue con vehemencia.*)

CURA: (*Rehuyéndola.*) Mi misión no es la de hacer comprender. No es necesario comprenderlo todo. Yo sólo soy el guardián. El que guía las ovejas del Señor. Lo que pides no lo podría hacer el Señor mismo, aunque quisiera.

BEATRIZ: (*Sin comprender.*) Está bien. Pero entonces ¿cómo podemos seguir viviendo si ni Dios mismo puede hacer lo que quiere? ¿Qué puedo hacer yo, tan pequeña? Me siento perdida. ¡Perdida! ¡Perdida! (*Beatriz se aleja del Cura.*)

CURA: (*El Cura trata de detenerla.*) ¡Hija! ¡Hija!

(*Beatriz sale de la escena, enloquecida. Oscuridad total.*)

ESCENA TERCERA

(*Cuando la luz vuelve hay varios grupos de hombres y mujeres en la plaza. Entra Beatriz. Va de un lado al otro de la escena pidiendo a los hombres y mujeres.*)

---

[42] El significado de la muerte depende de lo que hagamos aquí en la tierra.

[43] Los bienes de la iglesia no son míos.

BEATRIZ: (*Se acerca a un hombre.*) ¡Necesito ayuda! ¡Una limosna por favor! ¡Ama a tu prójimo como a ti mismo! Dame algo. Cualquier cosa. (*Pantomima de un hombre que enseña las bolsas vacías. Beatriz va a otro que está de espaldas.*) Mira mis manos, están vacías. Dame algo de lo que tienes. ¡Mira! ¡Mira! (*El hombre se vuelve violentamente y se ve que es ciego. Beatriz va a otro.*) ¡Dame algo! Si me das algo tú mismo te sentirás contento. (*Una mujer aparta a su marido para no darle nada. Beatriz se arrodilla en mitad de la escena, mientras los transeúntes pasan en todos sentidos indiferentes, en una marcha mecánica. Ella está bajo un cono de luz.*) Nadie quiere ayudarme. ¿Tendré que hacerlo entonces yo sola? (*Viendo a lo alto.*) Tú[44] me has puesto en esta tierra. ¿Por qué me has puesto aquí? ¿Por qué está él en la cárcel? ¿Por qué estamos todos presos? ¿Por qué? ¿Por qué? He tratado de no oír al Demonio, pero desde que él me habló no he podido dormir pensando en sus palabras. Tú quieres sólo sacrificios, y él me habla de libertad. Él me habla como amigo y tú ni siquiera me haces una seña para hacerme saber que piensas un poco en mí. La cabeza me va a estallar porque no puedo comprender ya nada. ¿O es que tú crees que es bueno que mi hermano esté en la cárcel? Él es inocente. (*Con rencor.*) ¿Qué es lo que te propones entonces? (*Contrita.*) Perdóname Dios mío, pero a veces pienso que no eres tan bueno como nos han dicho, ¿O será que eres bueno de una manera que yo no puedo comprender? ¿O será que no te importa que yo comprenda o no? ¿O será que ya no estás donde yo creía que estabas? ¿O será que nunca has estado ahí? (*Desesperada.*) ¿O será que te he estado llamando y el que no comprende nada eres tú? (*Enajenada.*) Ya no sé qué es lo bueno y qué es lo malo. Ya no sé nada. Nada. Nada. (*Llora largamente.*)

ESCENA CUARTA

La plaza se ha quedado desierta. De la iglesia sale el Diablo. Llama a Beatriz sigilosamente.

DIABLO: Beatriz, Beatriz.

BEATRIZ: (*Alzando la cabeza.*) ¿Tú? ¿Otra vez?

DIABLO: (*Con premura.*)[45] Ahora no hay nadie dentro de la iglesia.

BEATRIZ: (*Retrocediendo.*) Nadie quiere ayudarme. ¿Por qué quieres ayudarme tú? ¿Quieres que yo te dé mi alma, verdad?

DIABLO: (*Con una carcajada.*) ¡Tonterías! ¿Cómo voy a pedirte un alma que no te pertenece a ti misma? Lo que quiero es ayudarte a recobrarla, a hacerla tuya realmente. No lo lograrás si no pierdes el miedo.

BEATRIZ: (*Viéndolo con simpatía.*) Creo que sólo tú eres mi amigo.

DIABLO: De eso estoy seguro. (*Señalando la iglesia.*) Hay que darse prisa.

BEATRIZ: (*Vacilante.*) Dios va a castigarme. Lo sé.

DIABLO: (*Impaciente.*) Dios te castiga de todos modos. Por el simple hecho de haber nacido. Mira, faltan pocos minutos para que el Carcelero salga a recibirte. Vamos. Vamos. (*Le tiende la mano a Beatriz y con suave movimiento la conduce hasta la puerta de la iglesia. Beatriz va a entrar, luego . . .*)

BEATRIZ: (*Retrocede espantada.*) No . . . No . . .

(*Pausa.*)

DIABLO: (*Después de meditar.*) Creo que tendré que recurrir[46] a los recuerdos y si es necesario, te haré ver un poco del futuro.

BEATRIZ: ¿Del futuro?

DIABLO: (*Muy natural.*) Sí. Es el último recurso en estos casos de indecisión. (*Cambiando de tono.*) Tu hermano nació hace dieciocho años en este mismo pueblo. Un pueblo como todos los del mundo . . .

BEATRIZ: Es verdad. Así es. (*La luz se concentra sobre el Diablo y Beatriz.*)

DIABLO: (*Echándole el brazo al hombro, señala al espacio.*) Recuerda, recuerda bien. Tu madre era una de tantas mujeres del pueblo. (*Luz fantástica. Comienzan a entrar en escena todas las mujeres del pueblo en una marcha resignada, como de cámara lenta, llevando a la espalda a sus hijos.*)

DIABLO: Ahí va tu madre. Llámala . . . Llámala.

(*Entra la madre con un movimiento angustioso. En*

---

[44] Dios, Señor
[45] con prisa
[46] acudir, usar

torno de ella se mueven la imagen de Beatriz y la imagen del hermano niño. Animarán en movimiento de pantomima el sentido del diálogo siguiente.)

BEATRIZ: (*Tímida.*) Madre, madre . . . (*Las mujeres siguen su desfile con una música triste. La madre se detiene y queda a mitad de[47] la escena. Su figura se despliega tratando de proteger a sus hijos. Las mujeres se sitúan a los lados formando coro.*)

DIABLO: Basta pensar en una pobre vida de mujer, para que de pronto se convierta en algo único, intransferible. Ahí estás. Lloras. ¿Por qué lloras?

(*La imagen de Beatriz baila angustiada.*)

BEATRIZ. Creo que tenía hambre.

DIABLO: Tu madre está sola. Ustedes no son hijos legítimos. Personalmente yo creo que hasta ahora ningún hombre lo es. Tu madre está sola con la carga de dos pequeñas vidas y la amenaza de tres muertes sobre ella. (*La imagen de Beatriz y la del hermano niño bailan una pantomima angustiosa con la imagen de la madre.*)

BEATRIZ: (*Rígida.*) Mi madre lavaba la ropa de los trabajadores de una mina. Era difícil dejarla limpia. Los hombres siempre nos rebajaban el dinero, porque no era posible dejarla blanca. (*El coro de mujeres y la madre hacen los movimientos de las lavanderas, torturadas, como si no pudieran escapar a ellos, como si fuera una pesadilla.*)

DIABLO: (*Burlón.*) ¡Ganarás el pan con el sudor de tu frente![48] Y tú lloras otra vez. ¿Por qué lloras? (*La imagen de Beatriz llora.*)

BEATRIZ: Tenía hambre otra vez. Creo que siempre tuve hambre.

DIABLO: Mira, tu hermano saca de la bolsa algo. (*Lo que sigue debe ser representado en pantomima por la imagen del hermano niño sobre el cual se concentra la luz.*) ¿Qué es eso? ¡Ah! Es una cartera y está llena de billetes. ¿La ha robado? No. La halló en la calle y la recogió. ¡El pobrecito piensa que todo lo que hay en el mundo le pertenece! ¡La niñez del Hombre! Por eso fue castigado.

BEATRIZ: Sí. Ese día mi madre lo castigó. Dijo que quería que su hijo fuera un hombre honrado. (*Pantomima de la madre que le pega al niño que huye de ella. La imagen de Beatriz y el Coro salen detrás.*)

DIABLO: (*Con fastidio.*) Ya sé. (*Teatral.*) ¡No robarás![49] Es increíble cómo las madres aunque sean miserables, educan a sus hijos como si la miseria no existiera en este mundo.

BEATRIZ: Mi madre quiso que devolviera la cartera, pero mi hermano no halló al dueño. Se compró un traje precioso y en la noche regresó muy contento. (*Pasa al fondo el niño en un baile rápido muy alegre, con un vestido reluciente.*)

DIABLO: Tu hermano no buscó al dueño de la cartera. Porque desde entonces pensó que se cobraba así una pequeña parte de todo lo que el mundo le había robado a él. (*Pausa.*) Tu madre murió. (*Música fúnebre.*) Una vida vacía. Dios hace la eternidad con la sucesión de muchas vidas vacías. (*Pasan al fondo las mujeres con las cabezas cubiertas, en una marcha torturada. Pantomima de la imagen de Beatriz y la del hermano enlutados[50] después del funeral.*) Tú lloras otra vez. ¿Tenías hambre? (*La imagen de Beatriz y la del hermano animarán en pantomima el sentido del siguiente diálogo. El Coro de mujeres enlutadas baila lento como un friso de angustia.*)

BEATRIZ: Creo que mi hambre se ha convertido ahora en algo peor. Yo también estoy vacía. No me importa nada. Sólo un ansia de comprender, de saber por qué hemos sido hechos así, tan desgraciados y por qué la única respuesta a nuestra desgracia, es la muerte.

DIABLO: ¡La adolescencia del Hombre! Tu hermano quiere convencerte de algo. Tú quieres irte y él quiere quedarse aquí y reclamar el pedazo de tierra que le pertenecía. ¿Querías huir?

BEATRIZ: Quería irme. Olvidar. Alejarme del lugar en que había muerto mi madre. Tenía algo así como un remordimiento por estar viva.

DIABLO: ¡El pecado original! (*La pantomima, se desenvuelve vertiginosa. La imagen de Beatriz quiere irse y en los gestos del hermano se advierte que quiere convencerla a quedarse con una angustia impotente.*)

DIABLO: Tu hermano seguía pensando que la tierra debería pertenecerle.

---

[47] en medio de
[48] una expresión bíblica

[49] Uno de los diez mandamientos de Dios.
[50] vestidos de negro

BEATRIZ: (*Hunde la cabeza entre las manos.*) Sí ¿Por qué no me hizo caso? ¿Por qué? Nos habríamos ido lejos de este pueblo de hombres mudos del que Dios se ha olvidado. Yo no quería quedarme, pero él tenía tanta ilusión. Le brillaban los ojos cuando hablaba de ese pedazo de tierra que sería nuestro. Me decía que tendríamos aquí un hogar . . .

DIABLO: Y en vez de eso, halló una prisión. (*La pantomima cesa de pronto . . . La imagen del hermano atraída por una fuerza desde el interior de la cárcel se va acercando. La imagen de Beatriz trata de impedirlo pero la cárcel se traga al hermano y la puerta se cierra ante ella. Sale de escena bailando con desesperación.*) ¡Ahora estamos en plena actualidad! Ya sabemos lo que pasó después. Pero ahora tendrás que saber lo que va a sucederle si tú no lo liberas. ¿Quieres verlo?

BEATRIZ: ¿Qué?

DIABLO: El futuro del Hombre, quiero decir, de tu hermano.

BEATRIZ: (*Con miedo.*) Sí.

DIABLO: Tendrás que ser fuerte.

BEATRIZ: Quiero ver.

DIABLO: Está bien. Ahí viene. En medio de esos guardianes. (*Pantomima saliendo de la cárcel, de un pelotón*[51] *de soldados al frente del cual viene el carcelero. Entre los soldados viene el hermano con las manos amarradas detrás del cuerpo y los ojos vendados.*)

BEATRIZ: (*Acercándose al Diablo.*) ¿Qué es lo que hacen?

DIABLO: El carcelero está furioso. Cree que tú le has engañado. Teme haber caído en una trampa y para estar seguro . . . (*Señal del carcelero dando una orden al pelotón. Los soldados preparan los fusiles muy lentamente en movimiento de «cámara lenta».*)

BEATRIZ: ¿Qué hacen?

DIABLO: ¡Van a fusilarlo!

BEATRIZ: (*Gritando.*) ¡No! ¡No! Él nunca ha sido feliz. Es inocente. Es inocente. (*La imagen del hermano trata de soltar las cuerdas que lo atan. Se mueve con desesperación. Los soldados van levantando lentamente los fusiles y apuntan contra el hermano.*)

DIABLO: Esa no es razón para que lo perdonen.

BEATRIZ: No. ¡Deténganse!

DIABLO: Tus palabras no servirán de nada.

BEATRIZ: (*Gritando.*) ¡Es un crimen!

DIABLO: Es la Justicia. (*En la pantomima, los soldados se detienen. El hermano, gesticula como si quisiera lanzar una arenga*[52] *a los aires, pero las palabras no salen.*)

BEATRIZ: (*Escondiendo la cabeza en el pecho del Diablo.*) ¡No dejes que lo hagan! Tú eres poderoso. Si quisieras podrías salvarlo sin necesidad de inducirme a mí a la violencia.

DIABLO: Yo no puedo hacer nada por mí mismo. Si tú no descubres que yo estoy dentro de ti, todo será inútil. Mira (*Alzándole la cara.*) Atrévete a ver.

BEATRIZ: (*El carcelero hace una señal y el pelotón dispara sobre el hermano. Beatriz lanza un grito desgarrador.*) ¡No! ¡Yo haré todo, menos dejarlo morir! ¡Él ha tenido siempre tanto miedo a la muerte! (*En la pantomima el hermano expira en medio de una contorsión desorbitada*[53] *y angustiosa. Los soldados alzan el cuerpo, lo colocan sobre la espalda de uno de ellos y salen marcando el paso*[54] *mecánicamente. Beatriz ve horrorizada la escena. Vuelve la luz real. Pausa.*)

DIABLO: (*Insinuante.*) ¿Vas a hacerlo por fin?

BEATRIZ (*Jadeante.*) Sí. Tú vigilarás aquí afuera. Y que sea lo que tú has querido. (*Como enajenada entra Beatriz dentro de la iglesia. Antes de entrar no puede resistir al movimiento habitual y se cubre la cabeza.*)

DIABLO: (*Dando una fuerte palmada en señal de satisfacción. En una pantomima que debe expresar todos los movimientos de Beatriz dentro de la iglesia dice en monólogo.*) ¡Beatriz! Ahora debes caminar firmemente. Camina, camina. Qué largo es el camino que la separa de esa imagen. Se acerca al altar . . . Lo ve . . . Está erguida frente a él, desafiante . . . Ahora sube al altar, alarga la mano, ahora está sacando las joyas de esas manos inmensas . . . Una, dos, tres . . . Ve a la cara de la imagen. ¡No tiene ojos! Desde abajo parecían dos ojos inmensos que lo veían todo y no son más que dos cuencas[55] vacías, ciegas, sin luz . . . El corazón palpita fuertemente. Señal de que estamos vivos. ¡Es fácil!

---

[51] grupo pequeño de soldados
[52] discurso breve y convincente para estimular a los soldados a la pelea
[53] fuera de lo natural
[54] marchando
[55] huecos

Más fácil de lo que creía. ¡Qué bueno es cobrarse de una vez por todas lo que sabemos que es nuestro! ¿Un vértigo? No. ¡Hay que ser fuertes! Las joyas ahora están en sus manos y no en las de la imagen. Esas joyas valen mucho. Valen la libertad. Valen la vida entera. ¡Ya está! ¡Ahora vamos afuera! Los pasos resuenan en la oscuridad! ¡Vamos! ¡Vamos! ¡La puerta está tan lejos todavía! ¡Camina Beatriz, camina! Uno, dos, uno, dos. La puerta se ve ya más cerca. ¡Ahora está cerca! ¡Ahí está la luz, la libertad! ¡La vida! ¡Ahí! Dos pasos más. ¡Ahí está la libertad! ¡La puerta. La puerta, la puerta, la puerta. La luz, la luz, ya, ya . . . (*Beatriz sale de la iglesia enloquecida con las manos cerradas sobre el pecho. El Diablo se acerca a ella para reanimarla.*)

DIABLO: Ya está, Beatriz. ¡Has franqueado[56] la Eternidad! Ahí está el carcelero. Te espera. (*El Carcelero ha salido de la cárcel. Al ver a Beatriz trata de entrar violentamente de nuevo, pero ésta se avalanza sobre él, enjugándose las lágrimas.*)

BEATRIZ: ¡Mira! ¡Mira! Aquí está. Te traigo más de lo que te he prometido . . . (*El Carcelero, al ver el pequeño bulto que Beatriz le muestra, hace un gesto indiferente. Beatriz lo ve sorprendida.*) Todo está bien, ¿verdad? ¿Hoy lo dejarás libre?

CARCELERO: (*Recibe dentro de las cuencas de las manos, las joyas, con indiferencia.*) ¿Qué es esto?

BEATRIZ: ¡Son joyas! Podrás venderlas. Valen más de lo que me pediste.

CARCELERO: (*Viéndolas fijo.*) ¿Es esto todo?

(*Se guarda las joyas dentro de la bolsa. Se oye en la trompeta el tema de la prostituta. Esta atraviesa la escena por el fondo, contoneándose, mientras lanza una carcajada siniestra.*)

CARCELERO: (*Rígido.*) Tráeme más.

BEATRIZ: (*Viéndolo sin comprender.*) ¿Qué dices?

CARCELERO: (*Rígido.*) ¡No es bastante!

(*Beatriz esconde la cara entre las manos. El Diablo reacciona extrañado, el carcelero rígido. Sobre este cuadro estático cae el*)

TELÓN

ACTO TERCERO

ESCENA PRIMERA

Tres días después, en el atrio;[57] *el Campanero barre las gradas. De pronto sale de la iglesia precipitadamente el Cura, y detrás de él el Sacristán.*

CURA: (*Dando muestras de desesperación.*) ¡Qué gran desgracia! Cuando lo vi no quise creerlo.

SACRISTÁN: ¡Cómo es posible! ¡Después de tantos años!

CURA: Después de tantos años, es ésta la primera vez que siento miedo.

SACRISTÁN: ¿Del castigo de Dios?

CURA: No. De lo que estos hombres puedan atreverse a hacer. (*Al campanero que se ha acercado.*) ¿Has visto entrar a alguien en la iglesia?

CAMPANERO: (*Displicente.*[58]) A todo el mundo. Aquí es lo único que hay que hacer.

CURA: Quiero decir . . . a alguien que no conozcamos.

CAMPANERO: No. ¿Por qué?

CURA: (*Conteniendo las palabras.*) Han sido robadas las joyas de la mano derecha del Padre Eterno.

CAMPANERO: (*Cayendo de rodillas.*) No he sido yo, no he sido yo.

CURA: (*Severo.*) Lo dices como si hubieras pensado hacerlo.

CAMPANERO: Le confieso que aquella tarde en que se me apareció el Diablo . . . Pero yo soy inocente. ¿Me creerá usted? He limpiado esas joyas durante toda mi vida y nunca un granito de oro se quedó entre mis manos.

CURA: ¿Quién pudo haber sido entonces?

---

[56] cruzado, pasado
[57] patio interior de las iglesias

[58] que desagrada y disgusta

CAMPANERO: No sé si otros lo habrán pensado también. Pero no conozco a nadie capaz de hacerlo.

SACRISTÁN: (*Que ha estado meditando.*) Señor Cura, usted distraídamente no habrá . . .

CURA: (*Grita alarmado.*) ¡Cómo te atreves a dudar de mí! (*Con insidia.*)[59] Fuiste tú quien descubrió el robo.

SACRISTÁN: (*Contrito.*) De haberlo querido hacer lo habría hecho desde hace muchos años. (*Pausa.*)

CURA: ¡Qué vamos a hacer ahora! ¡Qué voy a decir al Señor Obispo!

CAMPANERO: Rezaremos veinte rosarios y tal vez así . . .

CURA: Sí . . . sí . . ., pero hay que pensar ahora en algo más concreto.

SACRISTÁN: Haremos saber a todos que es pecado mortal tener esas joyas y así las devolverán.

CAMPANERO: El que las tiene sabía que desafiaba la ira de Dios.

CURA: (*Temeroso.*) ¡Calla! ¡No vayan a oírte! Debemos hacer que ese robo no sea visible.[60] ¿Qué pensarían todos si supieran que la imagen misma del Padre Eterno ha sido despojada? ¿A qué no se atreverían después? ¡Esto es muy peligroso!

SACRISTÁN: (*Iluminado.*) Tenemos algunas joyas falsas. Podríamos ponerlas a la imagen, y como está en alto, los que vienen a rezarle no podrían ver si son las auténticas o si son falsas. Ellos saben que las joyas están en las manos del Padre Eterno y sabiéndolo ya no tienen la preocupación de verlas.

CAMPANERO: Además, siempre que rezan tienen la cabeza baja. No se atreven ni siquiera a ver a la imagen.

CURA: (*Recapacitando, dice complacido.*) Creo que es una buena idea: Pondremos las joyas falsas, pues es mejor que todo parezca en regla. No le diré nada al señor Obispo, sino hasta haber hallado las auténticas . . .

CAMPANERO: ¿Y si no las hallamos?

SACRISTÁN: Tenemos que hallarlas.

CAMPANERO: ¿Por qué?

SACRISTÁN: (*Convincente.*) Porque Dios tiene que ayudarnos.

CURA: Sí . . . Sí . . . Pero todo porque vamos a estar vigilantes. (*Les toma las cabezas y habla como si se tratara de una conspiración.*) Desde dentro del confesionario, se puede ver la imagen del Padre Eterno sin ser visto. Haremos guardia los tres.

CAMPANERO: ¿Y si no vuelve el ladrón?

SACRISTÁN: Rezaremos a Dios para que venga a robar de nuevo y así pronto le haremos caer en nuestras manos. Ahora voy a poner las joyas falsas. (*Entra en la iglesia.*)

CAMPANERO: (*Meditando.*) Padre, ¿no cree usted que puede ser cosa del Demonio?

CURA: (*Con fastidio.*) No seas inocente, hijo mío.

CAMPANERO: ¿Y si fue Él?[61] ¿Y si vuelve a sorprendernos? ¿Y si fue el Enemigo, Padre?

CURA: Tranquilízate, hijo, y ahora vamos a montar guardia. (*Entran los dos en la iglesia.*)

ESCENA SEGUNDA

Entran Beatriz por un lado y el Carcelero por otro.

CARCELERO: (*Viendo a Beatriz, con crueldad.*) Te he dicho que no es bastante.

BEATRIZ: Llevo dos días rogándote. Me tiranizas y tengo que rogarte. Tengo lástima y asco de mí misma.

(*El Carcelero se encoge de hombros.*)

BEATRIZ: Te traje todo lo que tenía; una vez y otra, nunca es bastante. Tres veces me lo has dicho y tres veces te he traído más.

CARCELERO: Tengo que tomar precauciones. Voy a quedarme sin trabajo y . . .

BEATRIZ: ¡Valiente trabajo!

CARCELERO: (*Insolente.*) Es un buen trabajo. Aquí el único que no se muere de hambre soy yo. Y pensándolo bien, los presos tampoco se mueren de hambre. ¿Para qué quieres que sea libre? De cualquier manera, todos estamos prisioneros en este mundo, porque nunca podemos tener lo que queremos.

BEATRIZ: (*Suplicante.*) Pero, en fin, ¿qué es lo que debo hacer?

CARCELERO: Me traerás una cantidad igual a

---

[59] emboscada, asechanza, complot
[60] que nadie lo sepa

[61] el diablo, el enemigo

la de ayer y lo dejaré libre.

BEATRIZ: ¿Y quién me asegura que será así?

CARCELERO: Yo mismo.

BEATRIZ: ¿Cómo puedo confiar en ti?

CARCELERO: (*Altanero*.) Si no confías en mí, no confías en nada, y tu hermano se pudre en la cárcel. Si te pido cada vez más, es porque a mí también me piden más y más.[62]

BEATRIZ: (*Llorosa*.) Podría traerte esa cantidad y me dirías que no es bastante. Llegaría un momento en que no tendría qué darte. La vida misma no vale nada si tú no le das valor.

CARCELERO: Esta vez es seguro. Si no crees en mí, tienes que darlo todo por perdido.

BEATRIZ: (*Impotente*.) ¡A dónde he llegado! Siendo tú el carcelero, eres mi única esperanza.

CARCELERO: (*Dominante*.) Sí. Y más vale que me traigas hoy mismo lo que te pido, porque mañana será tarde.

BEATRIZ: (*Con alarma*.) ¿Tarde? ¿Qué quieres decir?

CARCELERO: Me han dicho que mañana se llevarán de aquí a los prisioneros incomunicados.

BEATRIZ: (*Angustiada*.) No es verdad. Quieres asustarme.

CARCELERO: (*Cruel*.) No. A veces hay que hacer una limpia[63]. La cárcel está llena y los prisioneros no caben dentro de ella. Duermen uno junto a otro, y a veces han tenido que dormir uno sobre otro. (*Ríe con una risa equívoca*.) Es que la cárcel se construyó para unos cuantos y ahora hay muchos, muchos más.

BEATRIZ: ¿Y qué van a hacer con los que se lleven de aquí?

CARCELERO: (*Fastidiado*.) No sé.

BEATRIZ: ¿Van a matarlos, verdad? ¿Es eso? (*Vuelve a ver el lugar donde estuvo el Diablo*.) Él tenía razón.

CARCELERO: Bueno, es lo más probable. (*Al ver que Beatriz se sobresalta*.[64]) Unos años antes, unos después . . . De la cárcel podrás librarlo, pero de la muerte . . .

BEATRIZ: Me parece que la muerte, después de haber sido libres en esta tierra, debe ser una forma más de libertad, pero si hemos estado aquí prisioneros, la muerte ha de ser la cárcel definitiva. (*Pausa*.) Dime, ¿todos esos presos

están ahí porque han hablado en contra del Amo?

CARCELERO: (*Con intención*.) No todos, otros son ladrones.

BEATRIZ: (*Tímida*.) Comprendo.

CARCELERO: Sí, veo que comprendes muy bien. ¿Crees que no sé de dónde vienen esas joyas?

BEATRIZ: (*Desesperada*.) Son herencia de mi familia. Las tenía guardadas y . . .

CARCELERO: Está bien, está bien . . . (*Lanza una carcajada*.) Si me traes lo que te he pedido, me callaré, si no . . .

BEATRIZ: Si hablas, tendrás que devolverlas.

CARCELERO: (*Burlón*.) Confieso que has tenido una buena idea. He conocido tipos arriesgados, pero mira que arrebatarle a Dios mismo de las manos . . . (*Ríe. De pronto, muy serio*.) ¿No sabes que eso puede costarte una angustia tal, que la libertad y la vida misma pueden llegar a parecer vacías?

BEATRIZ: (*Con angustia*.) ¡Calla!

CARCELERO: Está bien. Pero si no me traes lo que te pido . . .

BEATRIZ: Diré que las tienes tú.

CARCELERO: (*Muy seguro de sí mismo*.) No te creerán. Tú no eres nadie. Una mujer, hermana de un hombre que no es libre. Yo soy la autoridad.

BEATRIZ: ¿Esto te hace creerte libre de culpa?

CARCELERO: Al menos no corro el riesgo de que me atrapen. Y además, por si acaso . . . (*Burlón*). Como dicen que Dios es muy cuidadoso de las formas,[65] ante sus ojos el ladrón eres tú y no yo. Con que ya lo sabes, si no quieres despedirte hoy mismo de tu hermanito . . . (*Tararea*[66] *el tema musical de la prostituta y entra en la cárcel, dejando a Beatriz paralizada*.)

ESCENA TERCERA

Pasan algunos hombres y mujeres por la escena. Beatriz espera que salgan para entrar furtivamente dentro de la iglesia. De pronto se oyen dos gritos prolongados en el interior. Salen de la iglesia el Cura y el Sacristán, llevando casi a rastras a Beatriz.

---

[62] la prostituta
[63] limpieza
[64] se asusta, se atemoriza

[65] apariencias
[66] canturrea, canta entre dientes

CURA: ¿Qué has hecho, desventurada? ¿Qué has hecho? Hereje, impía, alma diabólica! ¿Cómo te has atrevido? ¿No sabes que te exponías a la ira de Dios? (*El Cura arroja a Beatriz al suelo.*)

BEATRIZ: (*Irguiéndose, habla con absoluta rebeldía.*) Desde que nací, he oído esas palabras. ¿Podría ignorarlas ahora?

CURA: ¿Y sabiéndolo te has atrevido a hacerlo?

BEATRIZ: (*Dolida.*) Pensé que si Dios lo comprende todo realmente, sabría perdonarlo todo también.

SACRISTÁN: (*Escandalizado.*) Sabe lo que ha hecho y se atreve a declararlo.

CURA: Lo que has hecho sólo se paga con la condenación eterna. Soy sacerdote y sé lo que Dios es capaz de hacer con quienes violan su sagrada casa.

BEATRIZ: No he hecho nada que pudiera merecerme esta suerte tan desgraciada. (*Al Cura.*) ¿Qué espera? Envíeme a la cárcel. (*Patética.*) Quise vivir con mi hermano en la libertad y usted me mandará a morir con él en la prisión.

CURA: (*Severo.*) ¿Dónde están las joyas?

BEATRIZ: Se las di al carcelero para que diera la libertad a mi hermano, pero él siempre me pedía más y más y Dios me daba cada vez menos.

CURA: Y tú ¿no enrojecías de vergüenza de pensar que tu hermano podría ser libre a ese precio?

BEATRIZ: (*Iluminada.*) Creí que la libertad de un hombre merece que se sacrifique a ella todo lo demás.

CURA: ¿Y ese carcelero sabía de dónde provenían las joyas? ¿Tú se lo hiciste saber?

BEATRIZ: Sólo sé que debía salvar a mi hermano a cualquier precio.

CURA: (*Al Sacristán.*) Vé a buscar al Carcelero. (*El Sacristán entra en la cárcel.*)

CURA: Tú tendrás que afrontar también la justicia de esta tierra. Por cosas mucho menores el Amo ha hecho encarcelar por toda la vida a tantos hombres . . .

BEATRIZ: Ahora todo está perdido. Mi pobre hermano no será nunca libre, pero yo no tengo miedo ya de nada.

CURA: (*Amenazador.*) Aún te quedan muchos castigos. Siempre hay un castigo que no conocemos.

BEATRIZ: (*Con amargura.*) Ya no me importa nada.

CURA: ¿No sabías que al robar la imagen del Padre Eterno dabas con ello un mal ejemplo a todos los hombres? ¿No te arrepientes?

BEATRIZ: (*Crispada.*)[67] De lo único que me arrepiento, es de haber nacido. (*Entra el Sacristán seguido del Carcelero y, detrás de él, la Prostituta.*)

SACRISTÁN: Aquí está el carcelero, señor Cura, ha llorado cuando le conté lo sucedido.

(*El Sacristán da un empellón[68] al Carcelero y éste cae de rodillas ante el Cura.*)

CURA: ¿Eres cómplice de ésta que se ha atrevido a alargar la mano hasta donde los hombres no deben atreverse?

CARCELERO: (*De rodillas.*) Soy culpable por haber aceptado esas joyas, pero no por otra cosa. No sabía de quién eran. ¿Cómo iba yo a atreverme si no?

BEATRIZ: (*Violenta.*) Tú sabes la verdad, pero eres como todos; la escondes, te arrodillas, te humillas, haces como que crees . . .

CARCELERO: ¿Voy a declararme culpable si no lo soy?

BEATRIZ: Sigue declarándote inocente, para seguir teniendo el derecho de ser carcelero.

CURA: ¡Silencio! (*Al Carcelero.*) ¿Dónde están esas joyas?

CARCELERO: No las tengo ya. Se las di a esta mujer.

CURA: (*De pronto, repara en la presencia de la Prostituta.*) ¿A esta mujer?

PROSTITUTA: (*Burlona.*) Yo tampoco las tengo. Las vendí a una mujer que es amiga del Amo. (*Ríe.*)

CURA: (*Alzando las manos.*) ¡Con qué seres me enfrentas, Dios mío! Lo más bajo de la creación.

CARCELERO: (*Ofendido, se pone de pie.*) ¿Por qué me acusan a mí? No tengo la culpa de ser Carcelero. Yo no soy el que ha puesto a unos hombres adentro, tras las rejas, y otros afuera para custodiarlos. (*Despectivo.*) Alguna vez fui yo también a esa iglesia, a preguntarle al Padre

---

[67] nerviosa, con contracciones, impaciente

[68] empuja con fuerza

Eterno si estaba bien que yo fuera Carcelero. Pero Él calló. Puedo asegurarle, señor Cura, que ser Carcelero no es fácil: Ser Carcelero no es más que una forma de estar preso. Y usted, tras ese uniforme negro . . .

CURA: Calla, insensato.

CARCELERO: (*Sobreponiéndose al Cura.*) Es la verdad. Mi padre fue Carcelero y mi abuelo también, toda mi raza está hecha de carceleros y he llegado a aborrecerlos, pero usted es el que menos derecho tiene a despreciarme, porque las cárceles y las iglesias . . .

CURA: (*Con gran firmeza.*) Te he ordenado que calles y me digas dónde están esas joyas. Algún rastro[69] tendrás de ellas . . .

PROSTITUTA: (*Burlona.*) Ya le dijo que me las dio a mí. Me las dio como limosna, ¿sabe usted? (*Ríe insolente.*) La limosna es mi especialidad.

CURA: (*Fuera de sí.*) ¡Calla! ¿Qué hiciste con las joyas?

PROSTITUTA: Las vendí y me compré una cama[70] reluciente. Tiene en las cabeceras cuatro grandes esferas doradas, como ésa que sostiene el Padre Eterno entre las manos. (*Ríe, más insolente.*)

CURA: (*Después de reflexionar.*) ¿Dijiste de dónde provenían las joyas?

PROSTITUTA: No. No soy tonta.

CURA: ¡Mejor! Esto no debe saberse.

SACRISTÁN: Sería un ejemplo espantoso.

CARCELERO: Por mi parte no se sabrá nada.

CURA: Entonces lleva a esta mujer a la cárcel. Yo hablaré con el Amo para que la castigue con todo rigor. Ella sola es la culpable y nadie más.

BEATRIZ: (*Con intención.*) ¿Está usted seguro de eso?

CURA: (*Firme.*) Sí. En la cárcel estarás incomunicada para siempre. Ya tendrás tiempo de arrepentirte.

(*El Carcelero toma violentamente a Beatriz del brazo, pero ésta forcejea y grita repetidas veces.*)

BEATRIZ: ¡Soy inocente! ¡Soy inocente! ¡Soy inocente!

ESCENA CUARTA

La plaza se llena de hombres y mujeres que vienen de todos lados de la escena y rodean al grupo, interrogantes. Por el otro lado entra el Diablo. El pueblo está agitado. Se oye un rumor, pero ninguna palabra.

SACRISTÁN: (*Temeroso.*) Señor Cura, hay que explicarles a estas gentes.

CURA: Creo que es inevitable explicarles.

(*El Diablo está cerca de Beatriz.*)

BEATRIZ: ¿Ya ves hasta dónde me has llevado?

DIABLO: (*Con ardor.*) ¡Ha llegado el momento decisivo! Estos hombres sabrán lo que has hecho y te justificarán. Les has demostrado que no hay en esa imagen nada que pueda infundirles temor. Vencerán el miedo. Se sentirán unidos. Podrán entonces verme y oírme y podré encaminarlos a su salvación.

CURA: (*Desde el atrio de la iglesia, arengando al pueblo.*) Ha sucedido en nuestro pueblo, algo que ha hecho temblar el trono mismo del Altísimo: Alguien se ha atrevido a entrar en esta iglesia y ha tratado de robar, inútilmente, las joyas que estaban en manos de la sagrada imagen. (*El pueblo se mueve sorprendido, otra vez con movimiento rítmico y uniforme.*) Pero al mismo tiempo se ha operado el más maravilloso de los milagros: Por el centro de la cúpula de nuestra iglesia, ha entrado un ángel que vino a avisarme. (*Estupor en el pueblo, que ve, arrobado,[71] al cielo.*)

SACRISTÁN: (*Con asombro.*) ¿Por qué no me lo había dicho, señor Cura?

CURA: (*Zafando con impaciencia la punta de la sotana que el Sacristán le tira.*) Aquel Ángel sonrió, y me dijo: Debes estar vigilante, porque alguien intenta cometer un grave pecado y revoloteando como una mariposa gigantesca, cuyas alas encendían de luz toda la iglesia. . .

SACRISTÁN: (*Alucinado.*) ¡Qué hermosura!

CURA: (*Detiene al Sacristán con un gesto severo.*) Encendían de luz toda la iglesia y me guiaban hasta el lugar donde esta infeliz, con la mano

---

[69] señal, marca
[70] Nótese la ironía: la cama es el artículo imprescindible para el «trabajo» que realiza esta mujer.
[71] embelesado, extasiado, cautivado

paralizada, trataba inútilmente de robar las joyas. (*Movimiento del pueblo hacia Beatriz.*)

SACRISTÁN: (*Que camina siempre detrás del Cura.*) ¿Por qué tengo tan mala suerte? Siempre me pierdo de lo mejor.

CURA: Aquel ángel, todo bondad, quiso dar un castigo a la falta de esta mujer y con sus grandes alas volaba en torno suyo, azotándola con ellas, como si fuesen dos látigos inmensos y coléricos.

SACRISTÁN: (*Entusiasmado.*) ¡Bien hecho! ¡Bien hecho!

CURA: (*Alucinado por sus mismas palabras.*) Yo miraba, absorto, todo esto, pensando que hasta al pueblo más modesto, como es el nuestro, le está señalado el día en que ha de ver manifiesto el poder de los ángeles.

SACRISTÁN: (*En un arrebato de entusiasmo.*) ¡Vivan los ángeles!

CURA: Esta mujer, al verse castigada, quiso huir, pero un rayo de luz caía sobre ella y la paralizaba en la tierra.

SACRISTÁN: (*Asombrado.*) Pero si fui yo el que la detuvo. . .

CURA: (*Con la voz más fuerte.*) El rayo de luz la inmovilizó y la hizo caer entre mis manos. Así, ante ustedes está esta mujer, cuya alma se ha manchado. (*A Beatriz.*) ¡De rodillas, desventurada! ¡De rodillas! (*Beatriz permanece de pie.*) He dicho que te arrodilles.

(*El pueblo se mueve, amenazador, contra Beatriz.*)

BEATRIZ: (*Altiva.*) No tengo de qué arrepentirme. Quiero hablarles.

CURA: No hay que escucharla, hijos míos.

(*El pueblo hace un movimiento, como si arrojara algo a la cara de Beatriz.*)

BEATRIZ: He tomado esas joyas de las manos de Dios porque creí que eso era lo justo. Muchos de ustedes habrán pensado hacerlo. ¿Van a condenarme? ¿Por qué? ¿Porque tuve valor de hacer lo que ustedes no han querido hacer? Aún quedan ahí joyas. Son nuestras.

CURA: ¡Calla, maldita!

(*Movimiento del pueblo hacia el Cura.*)

DIABLO: Amigos, hermanos. (*Sobre el atrio de la iglesia. El pueblo vuelve a ver al Diablo.*) ¿Ahora

ya pueden verme? (*El pueblo asiente con la cabeza.*) Las palabras y el sufrimiento de esta muchacha han obrado el verdadero milagro. ¡Ustedes ya pueden verme!

CURA: (*Al Sacristán.*) ¿Quién es ese hombre? No le conozco.

SACRISTÁN: (*Cae de rodillas, arrobado.*) Debe ser el ángel que usted vio.[72] (*El Cura lo levanta violentamente, y el Sacristán queda en actitud de éxtasis. El Cura se adelanta al Diablo, pero éste lo detiene con un gesto enérgico.*)

DIABLO: (*Movimiento del pueblo hacia el Diablo, cuando éste habla.*) Esta mujer debe quedar libre ahora mismo. ¡Mírenla! Es joven y está sola. Sola como cada uno de ustedes. Sola porque ustedes no quisieron unirse a ella.

CURA: ¡De rodillas, pecadores! ¡Todos de rodillas! (*El pueblo se arrodilla.*) La ira de Dios caerá sobre este pueblo por haber escuchado al Enemigo. Sólo el arrepentimiento puede salvarlos.

DIABLO: No hay de qué arrepentirse. (*El pueblo se yergue poco a poco mientras el Diablo habla.*) Es la voz de la justicia la que habla dentro de ustedes. (*Movimiento del pueblo otra vez hacia el Diablo.*) Por una vez hablen, hombres de este pueblo. Que suene el timbre de esa voz dormida dentro de sus pechos. Se trata de ir ahora a la cárcel, ir a la iglesia, abrir las puertas de par en par y dejar libres a todos los que han estado ahí aprisionados.

CURA: (*Tonante.*)[73] Los muros de esta iglesia son sólidos y fuertes. ¿Serían capaces de embestir contra ellos?

(*Movimiento del pueblo hacia el Cura.*)

PUEBLO: (*Tímido.*) No.

DIABLO: (*Con alegría.*) ¡Han hablado! Se operó el segundo milagro. (*Al pueblo.*) ¿Quieren condenar a esa muchacha? ¿Quieren aceptar la injusticia eterna que pesa sobre ella?

(*Movimiento del pueblo hacia el Diablo.*)

PUEBLO: (*Menos tímido.*) No.

CURA: Esta iglesia es la seguridad, hijos míos. Lo sabemos bien.

PUEBLO: (*Movimiento hacia el Cura.*) Sí.

DIABLO: (*Con entusiasmo.*) El camino que sigo es a veces áspero, pero es el único que puede llevar a la libertad ¿No quieren hacer la prueba?

---

[72] Nótese la ironía.

[73] que truena, con gran sonoridad

PUEBLO: (*Con entusiasmo, moviéndose hacia el Diablo.*) Sí.

CURA: (*Amenazador.*) Pobre de aquel que se vea aprisionado en la cárcel de su propia duda. Esa cárcel es más estrecha que todas las de esta tierra. ¿No lo saben?

PUEBLO: (*Resignado, moviéndose hacia el Cura.*) Sí.

DIABLO: Lo que él llama duda es la salvación. Ustedes serán capaces de hacer aquí las cosas más increíbles.

PUEBLO: (*Alucinado.*) Sí.

CURA: ¿Y la otra vida? ¿No importa nada? ¿Quieren hallar, al morir, cerradas definitivamente las puertas de la esperanza?

PUEBLO: (*Atemorizado.*) No.

DIABLO: (*Vital.*) Lo único que importa es la vida.

PUEBLO: (*Con entusiasmo.*) Sí.

CURA: La resignación es la única salud del alma. ¿Quieren consumirse en una rebeldía inútil?

PUEBLO: (*Resignado.*) No.

DIABLO: (*Con gran fuerza.*) Pero será hermoso el día que nuestra voluntad gobierne esta tierra. Todo lo puede la voluntad del Hombre.

PUEBLO (*Enardecido.*) Sí.

CURA: (*Gritando.*) ¡Basta de locuras, insensatos! ¿Trabajamos todos en la tierra de Dios?

PUEBLO: (*Dolorosamente.*) Sí.

DIABLO: Esta tierra será la tierra de los hombres.

PUEBLO: (*Soñador.*) Sí.

CURA: (*Con los brazos en cruz.*) No es posible rebelarse ante todo lo que Dios ha querido que sea.

PUEBLO: (*Resignado.*) No.

DIABLO: (*Entusiasta.*) ¡Sí, es posible!

PUEBLO: (*Interrogante.*) ¿Sí? (*En la puerta de la iglesia aparece el Campanero gesticulando.*)

CAMPANERO: (*Gritando.*) ¡Señor Cura! ¡Señor Cura! (*Se acerca al Cura y le habla al oído. Expectación general. El pueblo está inmóvil.*)

CURA: (*Muy solemne, después de oír al Campanero.*) Hijos míos, el pecado de esta mujer, que les indujo a oír la voz del Demonio, ha dado ya sus frutos malignos. Vienen a decirme que las cosechas se perderán definitivamente en este

año. No quedará ni una sola planta en estos campos. La miseria va apoderarse de esta tierra. El viento del Norte comienza a soplar. ¡Oigan!

(*El pueblo se despliega. Se oye el rumor del viento, que seguirá siendo más estruendoso hasta el final de la escena.*)

SACRISTÁN: (*Supersticioso.*) Todo esto es castigo de Dios.

PUEBLO: (*De rodillas.*) ¡Castigo de Dios! ¡Castigo de Dios!

DIABLO: (*Gritando.*) ¡No es verdad! No dejen que el miedo se filtre otra vez por la primera rendija. ¡Óiganme! (*El pueblo, arrodillado, le vuelve la espalda al Diablo.*)

BEATRIZ: (*Con gran tristeza.*) Ya no te ven, amigo mío.

DIABLO: ¡Me oirán al menos!

BEATRIZ: Tu imagen se está borrando dentro de ellos mismos. Tienen miedo. (*Con angustia.*) ¿Qué van a hacer de mí?

DIABLO: (*Con amargura.*) ¡La ignorancia es la peor injusticia! (*A Beatriz.*) ¿Tienes miedo? (*Se acerca a ella y la toma en sus brazos.*)

BEATRIZ: (*Lo ve, arrobada.*) No. Es extraño, pero no siento miedo. Algo comienza a crecer dentro de mí que me hace sentir más libre que nunca.

DIABLO: Pero no es justo. (*Al pueblo.*) ¡Óiganme! Esta mujer debe quedar libre. Hay que soltarla.

PUEBLO: (*Arrodillado, repite mecánicamente con los brazos abiertos en cruz y viendo al cielo.*) ¡Castigo de Dios! ¡Castigo de Dios! ¡Castigo de Dios!

CURA: (*Implacable. Señalando a Beatriz.*) Esta mujer es la culpable.

(*El pueblo se pone mecánicamente de pie. Se arremolina[74] en torno de Beatriz. Un hombre se acerca a ella y la señala, gritando.*)

UN HOMBRE: ¡La muerte!

PUEBLO: (*Repite frenéticamente.*) ¡La muerte! ¡La muerte! (*Las mujeres, enloquecidas, se apoderan de Beatriz y violentamente la amarran al tronco de un árbol.*)

DIABLO: (*Impotente, corre tras de ellas.*) ¡Detén-

---

[74] se agrupa

ganse! ¡Deténganse! (*Nadie le hace caso.*)

BEATRIZ: (*Gritando con pánico mientras la arrastran.*) ¡No! ¡No! Suéltenme. Suéltenme. (*Mientras la amarran, grita, forcejeando.*) No soy culpable de nada. Si me matan, matarán una parte de ustedes mismos. (*El pueblo, en tumulto, al ver a Beatriz amarrada, se precipita sobre ella en un movimiento uniforme y avasallador y la hiere con gran violencia, mientras ella grita enloquecida.*)

BEATRIZ: ¡No, no, no! (*Su voz se va apagando.*)

CURA: Que la voluntad de Dios se cumpla sobre ella. Nosotros rezaremos por la salvación de su alma. (*El pueblo, al oír la voz del Cura, cesa de herir a Beatriz y se repliega en un extremo de la escena donde se arrodilla, siguiendo el rezo del Cura, que dice el Padre Nuestro.*)

BEATRIZ: (*Amarrada, le habla al Diablo, que llora junto a ella.*) Van a dejarme aquí, inmóvil, atada, hasta que el frío y el viento terminen con mi vida.

DIABLO: (*Junto a Beatriz.*) ¿Qué hacen ahora?

(*Un hombre entra con una imagen del Diablo, a manera de un judas mexicano,[75] y en medio del silencio expectante de los demás, lo cuelga como si lo ahorcara.*)

BEATRIZ: (*Desfalleciente.*) Están ahorcando tu imagen. Lo hacen para sentirse libres de culpa.

(*Se oye un ruido de cohetes y el muñeco cuelga al viento.*)

CURA: (*Desde el atrio.*) Ahora hay que castigarse, hijos míos. ¡Hay que castigarse! Todos somos culpables de lo que esta mujer ha querido hacer. No hemos estado vigilantes. ¡A pagar nuestra culpa! ¡A pagar nuestra culpa!

(*Los hombres y mujeres, arrodillados, comienzan a flagelarse con chicotes[76] imaginarios y con movimientos angustiosos se van poniendo de pie mientras se flagelan, en una especie de pantomima grotesca y comienzan a entrar en la iglesia flagelándose con movimientos contorsionados.*)

CURA: (*Desde el atrio.*) ¡Fuerte! ¡Más fuerte! ¡Más fuerte!

(*Los del pueblo continúan la pantomima flagelándose, giran en derredor del Cura y, delirantes y como si obedeciesen a una fuerza ciega, desesperados, entran en la iglesia. El Cura entra detrás de ellos con los brazos abiertos, como el pastor tras su rebaño.*)

DIABLO: (*Corre inútilmente hacia el pueblo.*) No se flagelen más. No se odien de esa manera. ¡Ámense a sí mismos más que a Dios!

(*El Sacristán y el Campanero entran en la iglesia. El Carcelero vacila, pero, resuelto, entra también en la iglesia con paso firme. Quedan solos Beatriz y el Diablo, que se desploma, sollozando, en las gradas de la iglesia.*)

ESCENA QUINTA

BEATRIZ: (*Amarrada, casi exhausta.*) Estas ataduras se hunden en mi carne. Me duelen mucho. No puedo más. (*Viendo al Diablo con gran simpatía.*) ¿No puedes hacer ya nada por mí, amigo mío?

DIABLO: Lo único que logré fue sacrificarte a ti. ¡Para eso es para lo único que he servido!

BEATRIZ: (*Con voz entrecortada.*) No estés triste. Ahora comprendo que el verdadero bien eres tú.

DIABLO: (*Sollozando.*) He perdido tantas veces esta batalla de la rebeldía y cada vez me sube el llanto al pecho como si fuera la primera. El viento del Norte moverá tu cuerpo, pobre Beatriz, y golpeará en la ventana de la celda del Hombre, que sigue prisionero. (*Patético.*) No volveré a luchar más. Nunca más.

BEATRIZ: (*Casi sin poder hablar.*) Sí. Volverás a luchar. Prométeme que lo harás por mí. Algún día se cansarán de creer en el viento[77] y sabrán que sólo es imposible lo que ellos no quieran alcanzar. Su misma voluntad es el viento, con que hay que envolver la superficie completa de esta tierra. (*Se desfallece. El viento sopla furioso,*

---

[75] Efigies de Judas Iscariote son llenadas de cohetes y quemadas tradicionalmente en México y otros países hispanoamericanos el Sábado de Gloria.
[76] (Amer.) látigo corto
[77] Con el viento norte que comienza a soplar se pretende representar la ira de Dios. Anteriormente ha soplado cuando el Cura necesitaba pruebas de lo diabólico en Beatriz. El diablo y Beatriz lo ven solamente como una incitación al temor entre los ignorantes, crédulos y supersticiosos.

agitando los vestidos y cabellos de Beatriz.)

DIABLO : (*Impotente.*) ¡ Ya no puedo hacer nada por ti! (*Se levanta y se acerca a Beatriz y la llama inútilmente.*) ¡Beatriz!. . . (*Pausa. La sacude con desesperación. De pronto, reacciona otra vez con energía*) Está bien. . . Seguiré luchando ; libraré de nuevo la batalla, en otro lugar, en otro tiempo, y algún día, tú muerta y yo vivo, seremos los vencedores. (*Abre los brazos como si fuera a comenzar el vuelo. El tema musical del Demonio suena ahora dramático, mezclado con el rumor del viento.*)

TELÓN

ARGENTINA, 1914

Al inicio de la Primera Guerra Mundial surgió en América y Europa la llamada literatura del absurdo o fantástica. Respondía a una forma de ver la realidad y a una filosofía que consideraba la vida como algo ilógico y con facetas distintas a las vistas tradicionalmente. Uno de los antecedentes más remotos de ese tipo de literatura es *El hombre que parecía un caballo* (1914) de Rafael Arévalo Martinez[1] y más tarde Leopoldo Lugones. El Vanguardismo, y especialmente el Dadaísmo y el Superrealismo dieron gran impulso a esta forma, surgiendo así los grandes autores del absurdo : Franz Kafka, Eugéne Ionesco, René Crevel, Henri Michaux y otros. En América surgían Jorge Luis Borges, Macedonio Fernández, Adolfo Bioy-Casares, Roberto Artl y Juan José Arreola. La literatura del absurdo responde a un concepto nuevo de la vida, del arte y de la realidad y en su forma aparentemente disparatada hay toda una metafísica en el anhelo de buscar nuevas relaciones entre los seres y las cosas y un plano existencial evidente en su preocupación por lo humano.

Julio Cortázar pertenece al grupo de los que abren la narrativa argentina e hispanoamericana hacia las posibilidades de la más reciente técnica. Nació en Bruselas de padres argentinos y con ascendencia de vascos, franceses y alemanes. Desde los cuatro años se crió en Banfield, un suburbio de Buenos Aires y vivió en su patria hasta 1951, año en que se marchó a Francia. Por esta razón su cosmopolitismo y modernidad no desmienten su argentinidad. Cortázar obtuvo su título de maestro en la Escuela Normal Mariano Acosta de Buenos Aires, luego estudió el profesorado en Letras, ingresó en la Facultad de Filosofía y Letras y aceptó unas cátedras en un pueblo de la provincia de Buenos Aires. Allí pasó cinco años como profesor de enseñanza secundaria. Después enseñó en la Universidad de Cuyo en Mendoza. Durante su estancia en el campo leyó con un interés realmente febril. Luchó contra la dictadura de Perón y en protesta renunció a sus cátedras y se marchó a Buenos Aires. En 1951 fue a París donde trabaja

---

[1] Véase a este autor en este tomo.

como traductor independiente para la UNESCO y casas editoriales. Cortázar es un profundo conocedor de las literaturas modernas y ha leído con detenimiento a Poe, Hawthorne, Ambrose Bierce, Saki, Jacobs, Wells, Kipling, Lord Dunsay, Forster, Cocteau, Alfred Jarry, Kafka, Joyce, Ionesco, Crevel, Michaux, así como a Lugones, Borges y Quiroga entre los hispanoamericanos. En su obra son reconocibles estas influencias, así como las del Superrealismo y otras escuelas de vanguardia.

El impulso inicial de su obra fue un libro de versos, *Presencia* (1938) compuesto de sonetos «muy mallarmeanos» como él mismo ha dicho. Con su largo entrenamiento en el cuento —había escrito mucho aunque no tenía prisa para publicar— dio a conocer *Los reyes* (1949). Es un «poema dramático» sobre el mito de Teseo y el Minotauro, con una defensa de éste, porque representa la oposición a lo convencional mientras que el primero defiende la tradición y al individuo carente de imaginación. Ariadna está enamorada del Minotauro —no de Teseo— y le da a aquél el hilo del laberinto segura de que matará a Teseo y saldrá del laberinto para reunirse con ella. El libro no tuvo éxito de público, pero ganó la aprobación de Borges y otros modernos de las letras argentinas. Luego publicó *Bestiario* (1951), colección de ocho cuentos donde exhibe su afición por lo fantástico y el Superrealismo, así como uno de sus muchos estilos. Del libro se desprende que la realidad no es simple ni fácilmente apresable, porque todo tiene sus opuestos y está vista a través de sombras. Mediante un juego con el sin sentido y lo irracional nos hace ver una nueva realidad —muy extraña, por cierto— y la profundidad de las cosas. El lenguaje es muy sencillo pero hay que saber leer entre líneas el contexto de estos cuentos. Como siempre en su primer ciclo, el autor crea una situación fantástica que se resuelve estéticamente y a su gusto.

Después vinieron *Final del juego* (1956), otra sugestiva colección de cuentos fantásticos seguida de *Las armas secretas* (1959), al cual pertenece «El perseguidor», donde ahonda un problema de tipo existencial y humano. «Yo había mirado muy poco al género humano —dice el propio Cortázar— hasta que escribí «El perseguidor». Este relato marca un cambio de rumbo hacia lo humano, hacia una línea existencial más honda que luego seguirá en las dos novelas que siguen: *Los premios* (1960) y, sobre todo en *Rayuela* (1963). De ahora en adelante deja de interesarle el tema fantástico por lo fantástico mismo. En efecto, *Los premios* sigue una trayectoria distinta con una preocupación mayor por la realidad sicológica y social, con disminución de la tendencia estetizante de sus obras anteriores. El tema es el viaje en barco de un grupo de personas que no se conocen entre sí, pero a quienes une el hecho de haber ganado el viaje en una lotería. Parece que el simbolismo —cosa muy difícil de precisar en Cortázar— es un viaje de cada pasajero y del propio autor hacia su interior, en busca de una confrontación consigo mismos, en busca de una verdad honda y personal. El final es bastante equívoco, como el de la vida humana en general. La obra más larga, complicada y ambiciosa de Cortázar es *Rayuela* (1963), una de las grandes novelas salidas de Hispanoamérica. El protagonista es Oliveira, un suicida triunfante e hiperbólico que anda en busca de una amada —la Maga— mujer vaporosa y sutil. Pero la novela no resulta tan simple porque a través de una gran cantidad de episodios grotescos, semitrágicos, irónicos y cómicos el autor quiere presentar un cuadro muy amplio de la futilidad de la vida humana y de la cultura contemporánea. Cortázar llega en esta novela a una altura metafísica y existencial nunca antes alcanzada, a más de sobresalir por la técnica novedosa y el estilo de diferentes tonos. La obra representa uno de los momentos más felices de la novela hispanoamericana contemporánea, por sus firmes valores universales.

Antes de esta obra Cortázar había publicado *Historias de cronopios y famas* (1962), seres creados por él mismo mediante el uso de su potente fantasía e imaginación. Ultimamente ha publicado *Todos los fuegos al fuego* (1966), *La vuelta al día en ochenta mundos* (1967), y *62, modelo para armar* (1968) obras donde encontramos excelentes aciertos y toda la originalidad y novedad a que nos tiene acostumbrados el autor. Sin amargura, con gran sentido del humor y de la ironía, Cortázar va escribiendo una obra consistente y bella, llena de poesía y de hondas reflexiones filosóficas, donde se debate el destino humano en forma que parece increíble cuando es sencillamente nueva y original.

FUENTE: *Bestiario,* 6a. edición Buenos Aires, Editorial Sudamericana, 1967.

Bestiario

1951

Casa tomada[1]

Nos gustaba la casa porque aparte de espaciosa y antigua (hoy que las casas antiguas sucumben a la más ventajosa liquidación de sus materiales) guardaba los recuerdos de nuestros bisabuelos, el abuelo paterno, nuestros padres y toda la infancia.

Nos habituamos Irene y yo a persistir solos en ella, lo que era una locura pues en esa casa podían vivir ocho personas sin estorbarse.[2] Hacíamos la limpieza por la mañana, levantándonos a las siete, y a eso de las once yo le dejaba a Irene las últimas habitaciones por repasar y me iba a la cocina. Almorzábamos a mediodía, siempre puntuales; ya no quebaba nada por hacer fuera de unos pocos platos sucios. Nos resultaba grato almorzar pensando en la casa profunda y silenciosa y cómo nos bastábamos para mantenerla limpia. A veces llegamos a creer que era ella la

que no nos dejó casarnos. Irene rechazó dos pretendientes sin mayor motivo, a mí se me murió María Esther antes que llegáramos a comprometernos. Entramos en los cuarenta años con la inexpresada idea de que el nuestro, simple y silencioso matrimonio de hermanos, era necesaria clausura de la genealogía asentada[3] por los bisabuelos en nuestra casa. Nos moriríamos allí algún día, vagos y esquivos primos se quedarían con la casa y la echarían al suelo para enriquecerse con el terreno y los ladrillos; o mejor, nosotros mismos la voltearíamos[4] justicieramente antes de que fuese demasiado tarde.

Irene era una chica nacida para no molestar a nadie. Aparte de su actividad matinal[5] se pasaba el resto del día tejiendo en el sofá de su dormitorio. No sé por qué tejía tanto, yo creo que las

---

[1] A base de una ironía muy sutil, una situación sin sentido a la que se agrega cierta ñota nostálgica por las cosas amadas que se pierden, Cortázar compone este cuento bien inscripto dentro del absurdo. La trama de la narración es aparentemente simple, pero adquiere mayor complicación si tratamos de descomponerla en su verdadero simbolismo. ¿Qué quiso plantear en este relato Cortázar, un escritor básicamente alegórico? La disyuntiva puede caer hacia dos lados: las fuerzas ocultas de la vida que nos van privando de aquello que más amamos

o una situación arbitraria bajo una dictadura en que se nos despoja de todo, incluyendo lo más apreciado, sin que podamos levantar la más mínima protesta. En sus libros posteriores, como *Rayuela* y *62, modelo para armar* llega a su plena madurez este estilo del autor argentino en el que se abrazan lo irracional y lo metafísico.
[2] molestarse
[3] establecida
[4] daríamos vueltas; mudar, cambiar
[5] por las mañanas

mujeres tejen cuando han encontrado en esa labor el gran pretexto para no hacer nada. Irene no era así, tejía cosas siempre necesarias, tricotas[6] para el invierno, medias para mí, mañanitas[7] y chalecos para ella. A veces tejía un chaleco y después lo destejía en un momento porque algo no le agradaba; era gracioso ver en la canastilla[8] el montón de lana encrespada resistiéndose a perder su forma de algunas horas. Los sábados iba yo al centro a comprarle lana; Irene tenía fe en mi gusto, se complacía con los colores y nunca tuve que devolver madejas.[9] Yo aprovechaba esas salidas para dar una vuelta por las librerías y preguntar vanamente si había novedades en literatura francesa. Desde 1939 no llegaba nada valioso a la Argentina.

Pero es de la casa que me interesa hablar, de la casa y de Irene, porque yo no tengo importancia. Me pregunto qué hubiera hecho Irene sin el tejido. Uno puede releer un libro, pero cuando un pullover está terminado no se puede repetirlo sin escándalo. Un día encontré el cajón de abajo de la cómoda de alcanfor[10] lleno de pañoletas[11] blancas, verdes, lila. Estaban con naftalina, apiladas como en una mercería[12]; no tuve valor de preguntarle a Irene qué pensaba hacer con ellas. No necesitábamos ganarnos la vida, todos los meses llegaba la plata de los campos y el dinero aumentaba. Pero a Irene solamente la entretenía el tejido, mostraba una destreza maravillosa y a mí se me iban las horas viéndole las manos como erizos[13] plateados, agujas yendo y viniendo y una o dos canastillas en el suelo donde se agitaban constantemente los ovillos. Era hermoso.

Cómo no acordarme de la distribución de la casa. El comedor, una sala con gobelinos, la biblioteca y tres dormitorios grandes quedaban en la parte más retirada, la que mira hacia Rodríguez Peña. Solamente un pasillo con su maciza puerta de roble aislaba esa parte del ala delantera donde había un baño, la cocina, nuestros dormitorios y el living central, al cual comunicaban los dormitorios y el pasillo. Se entraba a la casa por un zaguán con mayólica,[14] y la puerta cancel daba al living. De manera que uno entraba por el zaguán, abría la cancel y pasaba al living; tenía a los lados las puertas de nuestros dormitorios, y al frente el pasillo que conducía a la parte más retirada; avanzando por el pasillo se franqueaba la puerta de roble y más empezaba el otro lado de la casa, o bien se podía girar a la izquierda justamente antes de la puerta y seguir por un pasillo más estrecho que llevaba a la cocina y el baño. Cuando la puerta estaba abierta advertía uno que la casa era muy grande; si no, daba la impresión de un departamento de los que se edifican ahora, apenas para moverse; Irene y yo vivíamos siempre en esta parte de la casa, casi nunca íbamos más allá de la puerta de roble, salvo para hacer la limpieza, pues es increíble cómo se junta tierra en los muebles. Buenos Aires será una ciudad limpia, pero eso lo debe a sus habitantes y no a otra cosa. Hay demasiada tierra en el aire, apenas sopla una ráfaga se palpa el polvo en los mármoles de las consolas[15] y entre los rombos de las carpetas de macramé;[16] da trabajo sacarlo bien con plumero, vuela y se suspende en el aire, un momento después se deposita de nuevo en los muebles y los pianos.

Lo recordaré siempre con claridad porque fue simple y sin circunstancias inútiles. Irene estaba tejiendo en su dormitorio, eran las ocho de la noche y de repente se me ocurrió poner al fuego la pavita del mate.[17] Fuí por el pasillo hasta enfrentar la entornada puerta de roble, y daba la vuelta al codo que llevaba a la cocina cuando escuché algo en el comedor o la biblioteca. El sonido venía impreciso y sordo, como un volcarse de silla sobre la alfombra o un ahogado susurro de conversación. También lo oí, al mismo tiempo o un segundo después, en el fondo del pasillo que traía desde aquellas piezas hasta la puerta. Me tiré contra la puerta antes de que fuera demasiado tarde, la cerré de golpe apoyando el

---

[6] (Arg.) jersey de punto
[7] abrigos femeninos para permanecer en la cama
[8] cestillo
[9] manojillos de hilo
[10] *cómoda*: mueble o armario de las alcobas; *alcanfor*: sustancia aromática que se pone en las gavetas para ahuyentar los insectos
[11] pañuelos
[12] (Arg.) tienda de objetos pequeños como alfileres, botones, etc.

[13] mamíferos roedores con la piel cubierta de pelos puntiagudos
[14] loza de esmalte metálico fabricada antiguamente en Mallorca, Islas Baleares
[15] mesas arrimadas a una pared para sostener algún adorno
[16] tejido de estilo árabe con figuras geométricas
[17] *pavita*: (Arg.) tetera para el mate; *mate*: planta americana cuyas hojas se emplean para hacer el mate, una infusión parecida al té, muy popular en los países del Río de la Plata

cuerpo; felizmente la llave estaba puesta de nuestro lado y además corrí el gran cerrojo para más seguridad.

Fuí a la cocina, calenté la pavita, y cuando estuve de vuelta con la bandeja del mate le dije a Irene:

—Tuve que cerrar la puerta del pasillo. Han tomado la parte del fondo.

Dejó caer el tejido y me miró con sus graves ojos cansados.

—¿Estás seguro?

Asentí.

—Entonces —dijo recogiendo las agujas— tendremos que vivir en este lado.

Yo cebaba[18] el mate con mucho cuidado, pero ella tardó un rato en reanudar su labor. Me acuerdo que tejía un chaleco gris; a mí me gustaba ese chaleco.

Los primeros días nos pareció penoso porque ambos habíamos dejado en la parte tomada muchas cosas que queríamos. Mis libros de literatura francesa, por ejemplo, estaban todos en la biblioteca. Irene extrañaba unas carpetas, un par de pantuflas que tanto la abrigaban en invierno. Yo sentía mi pipa de enebro[19] y creo que Irene pensó en una botella de Hesperidina de muchos años. Con frecuencia (pero esto solamente sucedió los primeros días) cerrábamos algún cajón de las cómodas y nos mirábamos con tristeza.

—No está aquí.

Y era una cosa más de todo lo que habíamos perdido al otro lado de la casa.

Pero también tuvimos ventajas. La limpieza se simplificó tanto que aun levantándose tardísimo, a las nueve y media por ejemplo, no daban las once y ya estábamos de brazos cruzados. Irene se acostumbró a ir conmigo a la cocina y ayudarme a preparar el almuerzo. Lo pensamos bien, y se decidió esto: mientras yo preparaba el almuerzo, Irene cocinaría platos para comer fríos de noche. Nos alegramos porque siempre resulta molesto tener que abandonar los dormitorios al atardecer y ponerse a cocinar. Ahora nos bastaba con la mesa en el dormitorio de Irene y las fuentes de comida fiambre.[20]

Irene estaba contenta porque le quedaba más tiempo para tejer. Yo andaba un poco perdido a causa de los libros, pero por no afligir a mi hermana me puse a revisar la colección de estampillas de papá, y eso me sirvió para matar el tiempo. Nos divertíamos mucho, cada uno en sus cosas, casi siempre reunidos en el dormitorio de Irene que era más cómodo. A veces Irene decía:

—Fíjate en este punto que se me ha ocurrido. ¿No da un dibujo de trébol?

Un rato después era yo el que le ponía ante los ojos un cuadradito de papel para que viese el mérito de algún sello de Eupen y Malmédy. Estábamos bien, y poco a poco empezábamos a no pensar. Se puede vivir sin pensar.

(Cuando Irene soñaba en alta voz yo me desvelaba en seguida.) Nunca pude habituarme a esa voz de estatua o papagayo,[21] voz que viene de los sueños y no de la garganta. Irene decía que mis sueños consistían en grandes sacudones[22] que a veces hacían caer el cobertor. Nuestros dormitorios tenían el living de por medio, pero de noche se escuchaba cualquier cosa en la casa. Nos oíamos respirar, toser, presentíamos el ademán que conduce a la llave del velador, los mutuos y frecuentes insomnios.

Aparte de eso todo estaba callado en la casa. De día eran los rumores domésticos, el roce metálico de las agujas de tejer, un crujido al pasar las hojas del álbum filatélico. La puerta de roble, creo haberlo dicho, era maciza. En la cocina y el baño, que quedaban tocando la parte tomada, nos poníamos a hablar en voz más alta o Irene cantaba canciones de cuna. En una cocina hay demasiado ruido de loza y vidrios para que otros sonidos irrumpan en ella. Muy pocas veces permitíamos allí el silencio, pero cuando tornábamos a los dormitarios y al living, entonces la casa se ponía callada y a media luz, hasta pisábamos más despacio para no molestarnos. Yo creo que era por eso que de noche, cuando Irene empezaba a soñar en alta voz, me desvelaba en seguida.

Es casi repetir lo mismo salvo las consecuencias. De noche siento sed, y antes de acostarnos le dije a Irene que iba hasta la cocina a servirme un vaso de agua. Desde la puerta del dormitorio (ella tejía) oí ruido en la cocina;

---

[18] preparaba
[19] arbusto de madera dura, rojiza, muy olorosa
[20] fría

[21] especie de loro, con plumas de colores; aprende repetir palabras
[22] (amer) sacudidas (acción de agitar violentamente)

tal vez en la cocina o tal vez en el baño porque el codo del pasillo apagaba el sonido. A Irene le llamó la atención mi brusca manera de detenerme, y vino a mi lado sin decir palabra. Nos quedamos escuchando los ruidos, notando claramente que eran de este lado de la puerta de roble, en la cocina y el baño, o en el pasillo mismo donde empezaba el codo casi al lado nuestro.

No nos miramos siquiera. Apreté el brazo de Irene y la hice correr conmigo hasta la puerta cancel, sin volvernos hacia atrás. Los ruidos se oían más fuerte pero siempre sordos, a espaldas nuestras. Cerré de un golpe la cancel y nos quedamos en el zaguán. Ahora no se oía nada.

—Han tomado esta parte —dijo Irene. El tejido le colgaba de las manos y las hebras iban hasta la cancel y se perdían debajo. Cuando vió que los ovillos habían quedado otro lado, soltó el tejido sin mirarlo.

—¿Tuviste tiempo de traer cosa? —le pregunté inútilmente.

—No, nada.

Estábamos con lo puesto.[23] Me acordé de los quince mil pesos en el armario de mi dormitorio. Ya era tarde ahora.

Como me quedaba el reloj pulsera, vi que eran las once de la noche. Rodeé con mi brazo la cintura de Irene (yo creo que ella estaba llorando) y salimos así a la calle. Antes de alejarnos tuve lástima, cerré bien la puerta de entrada y tiré la llave a la alcantarilla. No fuese que a algún pobre diablo se le ocurriera robar y se metiera en la casa, a esa hora y con la casa tomada.

PARAGUAY, 1917

Entre los escritores que le han dado una tonalidad universalista a los viejos escenarios y temas del Criollismo figura Augusto Roa Bastos, quien nació en el pueblecito de Iturbe en la región de Guairá. Asistió al Colegio San José y la Escuela Superior de Comercio de Asunción. Escribió sus primeros trabajos literarios en la infancia. Cuando sólo tenía diecisiete años fue reclutado para la terrible Guerra del Chaco entre Paraguay y Bolivia y después trabajó en un banco (1938–1942). Más tarde formó parte de los redactores del periódico *El País*. Con una beca pasó nueve meses en Inglaterra y luego viajó por toda Europa. En 1946 su gobierno lo nombró Agregado Cultural en Buenos Aires, pero la guerra civil de 1947, con los drásticos cambios políticos que supuso, terminó su carrera diplomática. Se quedó en Buenos Aires alternando sus tareas en una compañía de seguros con misiones periodísticas. Durante la segunda guerra mundial prestó servicios como corresponsal en varios países europeos y en el Norte de África. Desde hace tiempo se ha consagrado, con mucho éxito, a la literatura y el cine. Como guionista del cine, su *Alias gardelito*, basado en un cuento de Bernard Kordon, ganó el Primer Premio del Festival de Santa Margherita (1952), en Italia. También ha adaptado al cine algunas de sus obras, así como *Don Segundo Sombra* de Güiraldes y *El Señor Presidente* de Asturias.[1]

Roa Bastos inició su carrera literaria con dos libros de poemas, *Poemas* (1942) y *El naranjal ardiente* (1949) con versos en español y guaraní. Los valores de su poesía, su

---

[23] con las ropas que usaban   [1] Véanse estos autores en este tomo.

fuerza lírica y originalidad lo sitúan junto a Josefina Pla y Hérib Campos Cervera en el renacimiento de la poesía paraguaya contemporánea. Ha dejado de escribir versos, pero el poeta que hay en él aparece a menudo en el tono lírico que adquiere su prosa narrativa. Sin embargo, el triunfo rotundo obtenido con su primera colección de cuentos, *El trueno entre las hojas* (1953), lo decidió a consagrarse por entero a la prosa de ficción, en la cual ocupa un lugar señero junto a Rulfo, Fuentes, Cortázar, Vargas Llosa, Marqués y otros integrantes de las promociones más jóvenes. En la mayoría de sus cuentos presenta aspectos dramáticos de su país, pero no con la antigua orientación del Regionalismo, sino con una visión amplia de los problemas humanos, con trascendencia universal. De los diecisiete cuentos que componen esta colección más de la mitad son antológicos y pueden colocarse al lado de los más acabados salidos de Hispanoamérica.

Seis años después Roa Bastos publicó *Hijo de hombre* (1959). Dos capítulos de esta novela ganaron el Premio de la revista *Life en Español* (1961), mereciendo la obra total el Primer Premio del Concurso Internacional de Novela de la Editorial Losada. Por su madurez y por su alcance estético e ideológico representa la obra maestra del autor. La monumental novela intenta ser un gran mural de la vida dramática del Paraguay, desde sus orígenes hasta épocas recientes, cubriendo varias décadas y moviéndose la acción en varios planos. Sobre un fondo histórico en que vemos moverse personajes reales, Roa Bastos destaca las angustias, penurias y abusos de que ha sido víctima el pueblo paraguayo. Por su inquietud social y por su defensa de los valores humanos fundamentales como son la justicia, la libertad, la dignidad y la auténtica democracia, su interés trasciende a una escala universal. La obra alcanza momentos de simbolismo y aliento épico, así como matices líricos de gran hermosura sobre todo en la descripción del paisaje. Roa Bastos emplea muchas de las técnicas contemporáneas: ruptura del tiempo convencional, mezcla de la lengua popular con imágenes muy cerca del Superrealismo. Tiene talento especial para captar los aspectos violentos y brutales, los que corren precipitadamente hacia la tragedia final. Posee un estilo sobrio, sin caer en desnudeces o prosa árida por lo demasiado escueta. Dice lo que tiene que decir sin melodramatismos ni retoricismos. Así obtiene hondura a través de un estilo sencillo y claro. Roa Bastos es hombre de sentimientos humanitarios y se le ve afanoso por ir a lo más profundo de la historia y alma de su país y de la vida para orientarlas hacia caminos trascendentes donde jueguen los valores supremos.

Ha enriquecido su valiosa labor con una nueva colección de cuentos, *El baldío* (1966), donde impera una gran fuerza para desentrañar la realidad oculta de las cosas. Como toda su obra, refleja una verdad esencial: la de su patria y su tiempo. Su estilo se concentra más hasta llegar a un tipo de cuento casi esquemático que no pierde su dramatismo, como el que da título a la colección. Él mismo ha dicho: «una buena literatura, una obra bien hecha, auténticamente iluminadoras, serán siempre y en el mejor sentido testimoniales». Para él la tarea primordial del escritor contemporáneo es profundizar la realidad a través de su propia experiencia. Una de las últimas obras de Roa Bastos de que tenemos noticias se titula *Madera quemada* (1967), que en sus líneas generales sigue la técnica y los objetivos estéticos y sociales que ya hemos visto en sus obras anteriores. El autor se inquieta por la condición humana y tiene fe irreductible en su perfectibilidad, filosofía que lleva a sus obras como mensaje de futura redención.

FUENTE: *El trueno entre las hojas,* Buenos Aires, Editorial Losada, 1961

El trueno entre las hojas

El ojo de la muerte[1]

No aseguró al caballo en uno de los horcones[2] del boliche[3] donde ya había otros, sino en un chircal[4] tupido que estaba en frente. Las peripecias de la huída le obligaban a ser en todo momento cauteloso.

El malacara[5] parecía barcino[6] en la luna. Se internó entre las chircas[7] hasta donde lo pudiera dejar bien oculto. La fatiga, quizás la desesperanza, fundían al jinete y a la cabalgadura en un mismo tranco[8] soñoliento. Sólo la instintiva necesidad de sigilo distinguía al hombre de la bestia.

Desmontó, desanudó el cabestro[9] y lo ató a la mata de un caraguatá.[10] Los cocoteros cercanos arrojaban columnas de sombra quieta sobre ellos. Le aflojó la cincha, removió el apero[11] para que el aire fresco entrara hasta el lomo bajo las jergas[12] y le sacó el freno para que pudiera pastar a gusto. Después se acercó y juntó su rostro al hocico del animal que cabeceó dos o tres veces como si comprendiera. Le friccionó suavemente las orejas, el canto tibio de la nariz. Más abajo del ojo izquierdo del animal sintió una raya viscosa. Retiró la mano húmeda, pegadiza. Pensó que sería un poco de baba,[13] espesa por la rumia.[14] Al vadear el arroyo había bebido mucho. No le dio importancia. No pensó en eso. Lo importante era ahora que los dos tenían un respiro[15] hasta el alba.

Se dirigió al boliche. Una raja de luz salía por la puerta del rancho. En una larga tacuara,[16] amarrada a un poste, manchaba levemente el viento de la noche un trapo blanco: el banderín del expendio[17] de Cleto Noguera. Caña y barajas. Tereré[18] y trasnochadores orilleros siempre dispuestos para una buena pierna.[19]

Empujó la puerta y entró. Un golpe de viento hizo parpadear el candil.[20] En el movimiento de la llama humosa las caras también parecieron ondear cuando se volvieron hacia el recién llegado. Cesó el rumoreo incoherente de los que comentaban para adentro sus ligas.[21] Cesó el orejeo decidor de los naipes sucios y deshilachados. Hasta que alguien irrumpió jovialmente:

—¡Pero si es Timó Aldama! Apese pues el kuimba'é.[22] Aquí está el truco[23] esperándolo desde hace un año.

Hacía un año que duraba la huída.

La faena recomenzó con risas y tallas[24] acerca del arribeño[25]

Timó Aldama se acercó a la mesa redonda y se sentó en la punta de un escaño.[26]

---

[1] Presenta la forma en que un hombre perseguido por la muerte, pasa sus últimos momentos, con notable acierto en el cuadro sicológico y ambiental. Metáforas muy modernas se entrecruzan con el habla dialectal y hasta guaraní. Un halo de misterio y de tragedia inminente campea por todo el relato, cuya prosa alcanza momentos de belleza poética, a pesar de la violencia y furia del destino y de los elementos de la naturaleza desencadenados. El tiempo se fracciona y el relato avanza unas veces, y otras retrocede mediante evocaciones retrospectivas.
[2] (Amer.) madero sobre el que van colocadas las vigas de las chozas o casas rústicas; poste para amarrar los caballos
[3] (Riopl.) almacén pequeño
[4] (Amer.) plantación de chirca o chilca (planta compuesta resinosa)
[5] caballo
[6] de pelo blanco y pardo o rojizo
[7] Véase nota 4.
[8] paso largo del caballo
[9] rienda
[10] planta espinosa y textil
[11] silla del caballo
[12] (Arg.) pieza de lana o algodón colocada debajo de la silla de montar
[13] saliva espesa y viscosa
[14] acto de mascar de nuevo
[15] un descanso
[16] caña fuerte o bambú
[17] tienda pequeña
[18] (Riopl.) mate frío
[19] (Arg.) juego a la baraja
[20] lámpara de aceite
[21] combinaciones de cartas
[22] *apese:* apéese; *el kuimba'e:* compañero
[23] (Arg.) juego de naipes o cartas
[24] (Arg. y Chile) charla, conversación
[25] recién llegado
[26] asiento

—Seguro que Timó —añadió, «apretando» un envido,[27] el que·lo había reconocido— trae las espuelas forradas de plata saguasú.[28] ¿Ayé, cumpá?[29] Él va a los rodeos y saca pira-piré[30] a talonazo limpio de los redomones que doma.

—Y si no —apuntó otro—, de las carreras y los gallos. Timó es un güen apostador. Tiene ojo de kavuré'í.[31]

—Y es un truquero de ley[32] —dijo zalamero alguien más—. ¿Se acuerdan de la otra vez? Nos soltó a todos. Karia'y pojhii ko koa.[33]

—Se llevó mi treinta y ocho largo[34] —recordó con cierta bronca un arriero bajito y bizco rascándose vagamente la barriga hacia el lugar del revólver.

—Y a mí me peló[35] el pañuelo de seda y el cuchillo solingen.

La conspiración del arrietaje[36] se iba cerrando alrededor del arribeño suertudo.[37] Alguien, quizás el mismo Cleto Noguera, le alcanzó un jarro. Aldama bebió con ansias. La caña[38] le escoció el pescuezo y le hizo cerrar los ojos, mientras los demás lo seguían «afilándolo» para la esperada revancha.

—Y a mí casi me llevó la guaina.[39] Si no hubiera sido por los treinta y tres de mano que ligué, el catre se habría quedado vacío y yo andaría a estas horas durmiendo con las manos entre las piernas enfermo de tembo ätä.[40]

Una carcajada general coreó la chuscada[41] obscena. El mismo Aldama se rió. Pero en seguida, casi serio, levantó el cargo.[42]

—No, Benítez. No juego por mujer. Yo tengo mi guaina en mi valle. Soy güen padre de familia.

—Un poco jugador nomás —chicaneó[43] uno.

—Y . . . cuando se presenta la ocasión, no le saco el bulto[44] a la baraja. Cada uno trae su signo.

—Así me gusta —aduló el que había hablado primero alcanzándole nuevamente el jarro—. Timó Aldama es de los hombres que saben morir en su ley. Así tiene que ser el macho de verdá.

El elogio resbaló sobre Timó sin tocarlo. Empezaba a ponerse ausente. El otro insistió:

—¿Hacemos una mesa de seis, Timó?

—No. Voy a mironear[45] un poco nomás.

Pero lo dijo sin pensar en lo que decía. Su rostro ya estaba opaco por el recuerdo. Recordaba ahora algo que había olvidado hacía mucho tiempo. Tal vez fue la alusión a las barajas, eso que él mismo había dicho repecto a los signos de cada uno. Tal vez lo que dijo el otro con respecto a eso de «morir en su ley». El hecho fue que recordó en ese momento y no en otros que acababa de pasar y en los cuales también ese recuerdo hubiera podido surgir y envolverlo en su humo invisible hasta ponerlo de espaldas contra la fiera realidad que lo perseguía sin descanso. Por ejemplo, cuando huyendo de la comisión[46] que casi lo tenía acorralado, el malacara[47] había rodado al saltar una zanja incrustando la cabeza en una maraña[48] espinosa.

La caída del caballo resultó en realidad una providencial zancadilla[49] a la muerte. La violencia del golpe los aplastó a los dos durante un momento en la espesura donde se habían hundido, mientras los otros pasaban de largo sin verlos. Desde la flexible hamaca de ramas y hojas a la que él había sido arrojado, veía aún al caballo incorporarse renqueando[50] y maltrecho, mientras el galope de la partida se desvanecía en el monte.

Pero no fue el ímpetu secreto de la rodada sino esa trivial referencia a las barajas la que había arrancado del fondo de él las palabras de la vieja que ahora recordaba como si acabara de oírlas.

Fue en una función patronal de Santa Clara.

---

[27] apuesta
[28] una especie de plata
[29] ¿verdad, compadre?
[30] escama de pescado; (fig.) el dinero
[31] ojo muy hábil, agudo, penetrante
[32] un jugador excelente
[33] hombre malo
[34] revólver calibre 38 de cañón largo
[35] me ganó todo lo que tenía
[36] grupo de arrieros (los que conducen bestias)
[37] con suerte
[38] ron
[39] (Arg.) muchacha, moza

[40] verga erecta, o la acción de ésta
[41] dicho chistoso y con picardía
[42] el calificativo, la acusación
[43] (Galicismo) sofisticó, tergiversó, sutilizó
[44] no abandono la jugada, no huyo
[45] mirar
[46] delegación, grupo de policía
[47] (Riopl.) caballo con el cuerpo colorado y la frente blanca
[48] maleza, matorrales, vegetación
[49] acción de derribar una persona haciendo que choque con nuestra pierna
[50] cojeando

Todavía no se había «juntado»[51] con Anuncia: todavía Poilú[52] no había nacido.

Una tribu de gitanos había acampado en las afueras del pueblo. Era un espectáculo inusitado, extraño, nunca visto, el de esa gente extraña ataviada con andrajos de vivos colores. Su extraño idioma. Las largas trenzas de las mujeres. Las sonrisas misteriosas de los hombres. Las criaturas no conocen el llanto.

Timó Aldama, rodeado de compinches,[53] venía de ganar en las carreras. Al pasar delante de los gitanos, les ofreció unas demostraciones acrobáticas con su parejero[54] y, por último, lo hizo bailar una polca sinuosa y flexible. Dos razas se miraban frente a frente en la insinuación de un duelo hecho de flores, sonrisas y augurios sobre el verde paisaje y la luz rojiza del atardecer. La juventud hacía ligero e indiferente el cuerpo de Timó Aldama. El ritmo del caballo le cantaba en las espuelas; un ritmo que él contenía con sus manos huesudas y fuertes. Los gitanos sólo tenían su noche y sus distancias; su miseria rapaz.[55] De allí se arrancó una vieja gorda que se aproximó y detuvo de las riendas al parejero del rumboso jinete. Los ojos oscuros y los ojos verdes se encontraron:

—¿Qué quiere, yarii?[56]

—Decirte tu destino, muchacho.

—Mi destino lo hago yo, abuela. ¿No es así acaso con todos?

—Sin embargo, no sabes una cosa.

—¿Qué cosa?

—Cuándo vas a morir.

—Ah, para eso falta mucho. Se muere en el día señalado. No en la víspera.

—Pero ese día lo puedes saber . . .

—¿Cómo?

—¿Quieres saberlo?

—Sí. Para sacarle la lengua al diablo.[57]

—Tiene un precio.

Timó Aldama sacó del bolsillo varios billetes los arrugó en su puño y los bajó hasta la mano de la vieja convertidos en un solo y retorcido cigarro gris. Las risas hombrunas estallaron en torno al dadivoso. La gitana gorda atrapó el cigarro y lo hizo desaparecer en su seno. La tribu miraba impasible.

—No morirás muchacho, hasta que el ojo de tu caballo cambie de color.

—¿De éste, abuela? —el rostro cetrino de Timó planeaba sobre ella como un cuervo.

—Del que montes en ese momento. Y entonces, tal vez, tal vez puedas conjurar el peligro si te quedas quieto, si no huyes. Pero . . ., eso no es seguro.

—Bueno, abuela; gracias por el aviso. Cuando llegue el momento me acordaré de usted —y el parejero de Timó Aldama volvió a encabezar la tropa de jinetes bulliciosos, marcando en el polvo con sus remos[58] finos y flexibles el ritmo de una polca, apagando en el polvo la agüería[59] de la gitana.

Después habían sucedido muchas cosas.

Aquella trenza[60] en que había herido a un hombre por una apuesta estafada, la muerte del herido unos días después, la persecución, esta misma partida de truco en que él ahora estaba envuelto ofreciendo a esos hombres, más que una revancha una restitución casi póstuma, eran solamente las últimas circunstancias, no los últimos episodios, de un destino que, salvo aquella casual e indescifrable adivinanza de la vieja gitana, le había negado constantemente sus confidencias y favores. De tal modo que él había venido avanzando, huyendo como un ciego, en medio de una cerrazón[61] cada vez más espesa.

Esos mismos hombres que le estaban simbólicamente exterminando sobre el poncho mugriento del truco, se le antojaban sombras de hombres que él no conocía. Sabía sus nombres, los ignoraba a ellos. Y el hecho mismo de que ellos no le mencionaran el crimen ni la huída, los hacía aún más sospechosos. Ellos deberían saberlo, pero simulaban una perfecta ignorancia para que la emboscada[62] jovial diera sus frutos. Se dio cuenta de que esos hombres estaban ahí para que ciertas cosas se cumplieran.

No pudo evitarlo. Las suertes del truco le arrebataron en la decreciente noche todo lo

---

[51] no casado legalmente
[52] hijo de Timó Aldama
[53] amigos
[54] (Riopl.) caballo corredor
[55] que roba
[56] doña, señora, dama

[57] para burlarse de diablo
[58] aquí, patas
[59] adivinaciones
[60] (Arg.) lucha o pelea cuerpo a cuerpo
[61] obscuridad
[62] ataque por sorpresa

que él a su vez había arrebatado a aquellos hombres un año atrás, en ese mismo pueblo de Cangó, el primero en que había pernoctado[63] al comienzo de su huída.

El pañuelo de seda, el cinturón con balera,[64] el treinta y ocho caño largo, el solingen[65] con cabo de asta de ciervo, herrumbrado y desafilado las nazarenas[66] de plata, todo estaba nuevamente en poder de sus dueños.

Despúes comenzó a perder —a entregar— sus propias cosas; una tras otra, sin laboriosos titubeos.[67] Al contrario, era una minuciosa delicia; un hecho simple, complicado tan sólo por su significado. Era como si él mismo hubiera estado despojándose de estorbos, podándose[68] de brotes superfluos.

El alba le sorprendió sin nada más que la camisa puesta y la bombacha de liña rotosa.[69] Tuvo que salir de allí atajándosela con las manos. El cinturón y los zapatones habían quedado en el último pozo.

Cleto Noguera cerró sobre él las puertas del boliche. En su borrachera, en el mareo ominoso que lo apretaba hacia abajo pero que también lo empujaba, él sintió que esas puertas se cerraban sobre él dejándolo, no en el campo inmenso lleno de luz rosada, de viento, de libertad. Sintió que lo encerraban en una picada[70] oscura por la que no tenía más remedio que avanzar.

Entre las chircas arrancó un trozo de ysypó[71] y se lo anudó alrededor de la bombacha que se le deslizaba a cada momento sobre las escuetas[72] caderas.

El malacara estaba echado entre los yuyos.[73] Cuando lo vio venir, movió hacia él la cabeza y la dejó inclinada hacia el lado izquierdo. Timó Aldama lo palmeó tiernamente. El caballo se levantó: ya estaba repuesto, listo para reanudar la fuga interminable. Timó Aldama volvió a juntar su rostro al hocico del animal, como lo hiciera a la noche, antes de dejarlo, para entrar al boliche. También el animal volvió a cabecear dos o tres veces, como si correspondiera.

Fue entonces cuando se fijó. El ojo izquierdo del malacara había cambiado de color: tenía un vago matiz azulado tendiendo al gris ceniza, y estaba húmedo, como con sangre. No reflejaba nada. Miraba como muerto. El otro ojo continuaba oscuro, vivo, brillante. El alba chispeaba en él con tenues astillas doradas.

La agüería de la gitana cayó sobre él. Sintió un fragor, le pareció ver un cielo oscuro lleno de viento y agua, vio un inmenso machete arrugado que venía volando desde el fondo de ese cielo negro, entre relámpagos deslumbradores, que lo buscaba, que caía sobre él con ira ciega y torva,[74] inevitable.

Ya no pudo pensar en nada más en la inminencia de esa revelación que le aturdía los oídos. Toda posibilidad de justificar los hechos simples había huído de él. Por ejemplo, que el cambio de color del ojo de su caballo se debía simplemente a una espina de karaguatá[75] que se había incrustado en él cuando rodara en la zanja. Para él, el ojo tuerto del caballo era el ojo insondable de la muerte.

La vieja de colorinches[76] le había dicho también:

—Y entonces tal vez, tal vez puedas conjurar el peligro si te quedas quieto, si no huyes. Pero . . ., eso no es seguro.

Tampoco podía ya recordarlo. Y echó a correr por el campo en el rosado amanecer.

Los cuadrilleros del ferrocarril que hacían avanzar la zorra[77] moviendo rítmicamente las palancas de los pedales, vieron venir por el campo a un hombre que les hacía desde lejos con los brazos desesperadas señales. Parecía un náufrago en medio de la alta maciega.[78] Detuvieron la marcha y lo esperaron. Apenas pudo llegar al terraplén. Se desplomó[79] sin poder trepar hasta el riel.[80] Entonces los cuadrilleros lo subieron a pulso[81] a la zorra y

---

[63] pasado la noche
[64] para poner las balas
[65] cuchillo
[66] espuelas grandes que usan los gauchos
[67] oscilaciones, dudas
[68] limpiándose, cortándose
[69] pantalones muy anchos (de los gauchos) muy rotos
[70] senda o camino estrecho
[71] junco fino o delgado
[72] flacas, pequeñas

[73] yerbas silvestres
[74] airado, irritado
[75] Véase nota 10.
[76] (Arg.) vestido ridículo con colores chillones
[77] (Arg.) vagoneta, carro pequeño de ferrocarril
[78] (Arg.) espadaña de yuyo o pajonal grande
[79] se cayó
[80] carril, línea del tren
[81] haciendo fuerza con la muñeca y la mano

prosiguieron su marcha hacia el sur. Debían llegar esa noche a Encarnación.

El hombre parecía un cadáver. Flaco, consumido, lívido. Probablemente hacía varios días que no comía ni bebía. Tenía los pies llagados y las carnes desgarradas[82] por las espinas. De su ropa no restaban sino tiras[83] de lo que debía haber sido una camisa y una bombacha sujeta con un trozo de bejuco en lugar de cinto.

Por el camino reaccionó y pareció reanimarse un poco, pero no habló en ningún momento. Los ojos mortecinos miraban algo que ellos no veían. Pidió con señas que detuvieran la zorra o que la hicieran avanzar más velozmente. Su gesto ansioso fue ambiguo. Los cuadrilleros supusieron que era un loco, pero no podían abandonarlo a una muerte segura al borde de la vía, en ese descampado inmenso, con la tormenta que se venía encima. El cielo hacia el sur estaba encapotado[84] y negro con una calota[85] girante que parecía de hierro fundido. El hombre volvió a insistir en el gesto. Algo le urgía sordamente. Los cuadrilleros, sin dejar de remar en la zorra, le alcanzaron una cantimplora[86] con agua y un trozo de tabaco torcido. El hombre los rechazó con un gesto. Daba la impresión de que había perdido la memoria de esas cosas.

La zorra entró en los arrabales de Encarnación en el momento en que el ciclón que arrasó la ciudad comenzaba a desatarse.

El hombre saltó ágilmente de la zorra y se encaminó hacia las casas cuyos techos empezaban a volar en medio del fragor del viento y de la tromba[87] enredada de camalotes y raigones[88] que subía arrancada del Paraná.[89] Avanzaba impávido, sin una vacilación, como un sonámbulo en medio de su pesadilla, hacia el centro tenebroso del vórtice.

Negro, con tinieblas viscosas de cielo destripado,[90] verde de agua, ceniciento de vértigo, blanco como plomo derretido proyectado por una centrífuga, el viento chicoteaba[91] la atmósfera con sus grandes colas de kuriyúes[92] trenzadas y masticaba la tierra, la selva, la ciudad, con su furiosa dentadura de aire, de trueno sulfúrico. Entre los machetones arrugados de las chapas[93] de cinc, volaban pedazos de casas, pedazos de carretas, pedazos humanos salpicando agua o sangre. Planeaban zumbando, bureando[94] a inmensa, a fantástica velocidad sobre el hombre que iba dormido, que había pasado sin transición de una magia a otra magia, que aún seguía avanzando, que avanzó unos pasos más hasta que el vientre verdoso y mercurial de la tormenta lo chupó[95] hacia adentro para parirlo del otro lado, en la muerte.

---

[82] *llagados:* llenos de llagas o heridas; *desgarradas:* con muchas heridas, despedazadas
[83] pedazos largos y estrechos
[84] con nubes negras o tempestuosas
[85] especie de campana
[86] vasija de metal para llevar agua
[87] borrasca, columna de agua movida por una tempestad
[88] *camalotes:* (Arg.) plantas flotantes de los ríos: *raigones:* árbol de las papilonáceas
[89] río de la América del Sur que desemboca en el Río de la Plata
[90] con las tripas afuera
[91] (Amer.) daba latigazos, zurraba
[92] boas, serpientes
[93] hojas o láminas de metal u otro material
[94] entreteniéndose, divirtiéndose
[95] succionó, absorbió; se tragó

Entre los excelentes narradores con que cuenta México en la actualidad se destaca con perfil propio Juan Rulfo, seguidor del «realismo mágico» y de un tipo de relato que sin romper frontalmente con el Regionalismo —por lo menos en los tipos y escenarios— adapta las situaciones locales a una más amplia visión universal. Nació cerca de Sayula, pequeño y pobre pueblo del estado de Jalisco donde la tierra es dura, seca, cálida y desolada. Durante las revoluciones esta región sufrió grandemente el hambre y la muerte y todo esto se refleja directamente en la obra del gran cuentista. Quedó huérfano de padre y madre y fue enviado a un orfelinato donde pasó varios años. Después su abuela materna quiso que entrase en un seminario para hacerse cura, pero él se marchó a la ciudad de México (1934). Durante diez años trabajó en la Oficina de Migración y después en el departamento de ventas y publicidad de la compañía Goodrich (1947–1954). De aquí pasó a la Comisión de la represa de Papolapan en el estado de Veracruz hasta que volvió a México para dedicarse a escribir guiones y adaptaciones de películas comerciales. En 1959 lo encontramos trabajando en la televisión de Guadalajara y desde 1962 en el Instituto Indigenista donde lleva una vida llena de trabajos, viajes y responsabilidades que agobian. En sus tiempos libres leyó mucho a Sillampää, Andreiev, Korolenko, Knut Hamsun, Selma Lagerlöt y Jean Giono y siente viva admiración por Paul Claudel.

Rulfo no es un escritor fecundo, pues toda su fama se basa en varios cuentos y dos novelas. Su primera obra, escrita en 1940, fue una novela sobre la vida en la ciudad de México, que destruyó por no satisfacerle el estilo y enfoque. Publicó sus primeros cuentos en las revistas *Pan* de Guadalajara y *América* de la ciudad de México. Coleccionó quince de esos relatos y los publicó bajo el título de uno de ellos, *El llano en llamas* (1953), entrando de lleno a la fama literaria con este delgado volumen, muy elogiado por la crítica nacional y extranjera. Construye sus relatos a base de frases cortas y directas, con una trama muy esquemática, pero la verdadera complicación está en sus imágenes y en el desarrollo de sus personajes. Todos sus paisajes son áridos y los asuntos tienen siempre que ver con el sufrimiento, el dolor, el hambre, la muerte, la lucha del hombre contra el medio estéril. Rulfo se caracteriza por su habilidad en la recreación de personajes angustiados, su penetración sicológica, el dominio de diálogos escuetos y realistas y una capacidad excepcional para crear atmósferas sombrías y extrañas detrás de las cuales se adivina una realidad específica y tangible, pero que presentada por él mediante los recursos del realismo mágico, son como inquietantes pesadillas. Supera el Criollismo hacia una amplitud universal de los problemas: aun cuando presenta problemas económicos y sociales, les da un tratamiento de interés para todos los hombres. En uno de sus mejores cuentos, *Talpa*, desarrolla en un escenario como los ya descritos el tema de la propia confesión y expiación del pecado, no con sentido religioso o moral, sino como medio de presentar las miserias y agonías de la vida y algunas facetas interesantes de la sicología humana. Estilo escueto, desnudo, como las tierras que describe, que a menudo recuerda a Azorín, pero de una gran fuerza de tensión con auténtico dramatismo.

Mediante una beca de la fundación Rockefeller, Rulfo escribió su primera novela titulada *Pedro Páramo* (1955) cuyos antecedentes están en sus cuentos «Luvina» y «El hombre». En una atmósfera infernal de gran ansiedad y misterio, empleando no el tiempo cronológico sino el síquico, presenta la vida de Juan Preciado, uno de los incontables hijos de Pedro Páramo, un caudillo local. Su madre al momento de morir le pide que busque a su padre para obtener sus derechos como descendiente. El lector va descubriendo poco a poco que todos los personajes ya están muertos, en un pueblo lleno de ecos y murmullos. Pedro Páramo no es simplemente el cacique diabólico, sino la mitificación de la forma más primitiva de amor, odio y deseo vehemente por el poder que existe en todos los seres humanos. La presencia física de la muerte y la fatalidad constituyen el punto central de este relato, porque ellas están sobre el pueblo, los caminos y persiguen con saña a cada uno de los personajes. Hay ruptura del tiempo convencional y la acción se mueve en diferentes planos, mientras que apenas se percibe la línea divisoria entre realismo y fantasía, la crudeza del relato y el poder de evocación. La figura de Pedro Páramo como caudillo resulta un poco convencional, pero su sicología y la del resto de los personajes se presenta en forma convincente. El estilo vuelve a ser austero, de frases escuetas, a pesar de la oblicuidad de la acción.

Después de un largo silencio ha publicado *La cordillera* (1966), donde vuelve a mostrar nuevamente su estilo inconfundible. Mediante un viaje mental, rico en evocaciones, presenta las vidas y destinos de una familia de encomenderos desde sus orígenes hasta el presente. «En realidad —dice el mismo Rulfo— es la historia de una mujer que es la última descendiente de las familias éstas». Su gran afán ha sido el de «mostrar una realidad que conozco y que quisiera que otros conocieran». Rulfo se ha hecho de un estilo único e inconfundible y ha dado nuevos impulsos al cuento en México e Hispanoamérica, mediante una técnica muy bien elaborada que huye de los métodos tradicionales de la narración.

FUENTE: *El llano en llamas,* 5a. edición, México, Fondo de Cultura Económica, 1961.

El llano en llamas

El hombre[1]

Los pies del hombre se hundieron en la arena, dejando una huella sin forma, como si fuera la pezuña[2] de algún animal. Treparon sobre las piedras, engarruñándose[3] al sentir la inclinación de la subida, luego caminaron hacia arriba, buscando el horizonte.

«Pies planos —dijo el que lo seguía—. Y un dedo de menos. Le falta el dedo gordo en el pie izquierdo. No abundan fulanos[4] con estas señas. Así que será fácil.»

La vereda subía entre yerbas, llena de espinas y de malasmujeres.[5] Parecía un camino de hormigas de tan angosto. Subía sin rodeos hacia el cielo. Se perdía allá y luego volvía a aparecer más lejos, bajo un cielo más lejano.

Los pies siguieron la vereda, sin desviarse. El hombre caminó apoyándose en los cailos de sus talones, raspando las piedras con las uñas de sus pies, rasguñándose[6] los brazos, deteniéndose en cada horizonte para medir su fin : «No el mío, sino el de él», dijo. Y volvió la cabeza para ver quién había hablado.

Ni una gota de aire, sólo el eco de su ruido entre las ramas rotas. Desvanecido a fuerza de ir a tientas, calculando sus pasos, aguantando hasta la respiración : «Voy a lo que voy», volvió a decir. Y supo que era él el que hablaba.

«Subió por aquí, rastrillando[7] el monte —dijo el que lo perseguía—. Cortó las ramas con un machete. Se conoce que lo arrastraba el ansia. Y el ansia deja huellas siempre. Eso lo perderá.»

Comenzó a perder el ánimo cuando las horas se alargaron y detrás de un horizonte estaba otro y el cerro por donde subía no terminaba. Sacó el machete y cortó las ramas duras como raíces y tronchó la yerba desde la raíz. Mascó un gargajo[8] mugroso y lo arrojó a la tierra con coraje. Se chupó los dientes y volvió a escupir. El cielo estaba tranquilo allá arriba, quieto, trasluciendo sus nubes entre la silueta de los palos guajes,[9] sin hojas. No era tiempo de hojas. Era ese tiempo seco y roñoso de espinas y de espigas secas y silvestres. Golpeaba con ansia sobre los matojos con el machete : «Se amellará[10] con este trabajito, más te vale dejar en paz las cosas.»

Oyó allá atrás su propia voz.

«Lo señaló su propio coraje —dijo el perseguidor—. Él ha dicho quién es, ahora sólo falta saber dónde está. Terminaré de subir por donde subió, después bajaré por donde bajó, rastreándolo hasta cansarlo. Y donde yo me detenga, allí estará, se arrodillará y me pedirá perdón. Y yo le dejaré ir un balazo en la nuca . . . Eso sucederá cuando yo te encuentre.»

Llegó al final. Sólo el puro cielo, cenizo,[11] medio quemado por la nublazón de la noche. La

---

1 Este cuento y el que lleva por título «Luvina» son los antecedentes inmediatos de *Pedro Páramo*, la gran novela de Rulfo. A pesar de que la acción debía ser monótona porque se limita a la persecución de un hombre por otro, Rulfo emplea con mucha habilidad varias técnicas contemporáneas que contribuyen a aumentar el dramatismo, el suspenso y el interés. Lo primero que se destaca es el efecto de diálogo que producen los soliloquios de perseguido y perseguidor, a pesar de que nunca llegan a hablar entre ellos. La parte narrativa se hace por dos narradores: en la primera parte es el propio Rulfo y la segunda parte nos viene contada por un cuidador de borregos, quien declara ante las autoridades sobre la muerte del asesino. Como siempre, Rulfo

combina en este cuento la técnica del realismo mágico, aunque más atenuado que en otras obras suyas, con el uso de la lengua dialectal y una buena imitación de la forma reiterativa del habla campesina.
2 uña grande de las patas de algunos animales
3 encogiéndose
4 voz para designar personas cuyos nombres se ignoran
5 (México) plantas espinosas
6 hiriéndose en la piel
7 limpiando
8 mucosidad que se escupe
9 árboles parecidos a la calabaza
10 perderá el filo
11 gris; color de ceniza

tierra se había caído para el otro lado. Miró la casa enfrente de él, de la que salía el último del rescoldo. Se enterró en la tierra blanda, recién removida. Tocó la puerta sin querer, con el mango del machete. Un perro llegó y le lamió las rodillas, otro más corrió a su alrededor moviendo la cola. Entonces empujó la puerta sólo cerrada a la noche.

El que lo perseguía dijo «Hizo un buen trabajo. Ni siquiera los despertó. Debió llegar a eso de la una, cuando el sueño es más pesado; cuando comienzan los sueños; después del 'Descansen en paz', cuando se suelta la vida en manos de la noche y cuando el cansancio del cuerpo raspa las cuerdas de la desconfianza y las rompe.»

«No debí matarlos a todos —dijo el hombre —. Al menos no a todos.» Eso fue lo que dijo.

La madrugada estaba gris, llena de aire frío. Bajó hacia el otro lado, resbalándose por el zacatal.[12] Soltó el machete que llevaba todavía apretado en la mano cuando el frío le entumeció las manos. Lo dejó allí. Lo vio brillar como un pedazo de culebra sin vida, entre las espigas secas.

El hombre bajó buscando el río, abriendo una nueva brecha entre el monte.

Muy abajo el río corre mullendo[13] sus aguas entre sabinos[14] florecidos; meciendo su espesa corriente en silencio. Camina y da vueltas sobre sí mismo. Va y viene como una serpentina enroscada sobre la tierra verde. No hace ruido. Uno podría dormir allí, junto a él, y alguien oiría la respiración de uno, pero no la del río. La yedra baja desde los altos sabinos y se hunde en el agua, junta sus manos y forma telarañas que el río no deshace en ningún tiempo.

El hombre encontró la línea del río por el color amarillo de los sabinos. No lo oía. Sólo lo veía retorcerse bajo las sombras. Vio venir las chachalacas.[15] La tarde anterior se habían ido siguiendo el sol, volando en parvadas detrás de la luz. Ahora el sol estaba por salir y ellas regresaban de nuevo.

Se persignó[16] hasta tres veces. «Discúlpenme», les dijo. Y comenzó su tarea. Cuando llegó al tercero,[17] le salían chorretes de lágrimas. O tal vez era sudor. Cuesta trabajo matar. El cuero es correoso.[18] Se defiende aunque se haga a la resignación. Y el machete estaba mellado: «Ustedes me han de perdonar», volvió a decirles.

«Se sentó en la arena de la playa —eso dijo el que lo perseguía—. Se sentó aquí y no se movió por un largo rato. Esperó a que despejaran las nubes. Pero el sol no salió ese día, ni al siguiente. Me acuerdo. Fue el domingo aquel en que se me murió el recién nacido y fuimos a enterrarlo. No teníamos tristeza, sólo tengo memoria de que el cielo estaba gris y de que las flores que llevamos estaban desteñidas y marchitas como si sintieran la falta del sol.»

«El hombre ese se quedó aquí, esperando. Allí estaban sus huellas: el nido que hizo junto a los matorrales; el calor de su cuerpo abriendo un pozo en la tierra húmeda.»

«No debí haberme salido de la vereda[19] —pensó el hombre—. Por allá ya hubiera llegado. Pero es peligroso caminar por donde todos caminan, sobre todo llevando este peso que yo llevo. Este peso se ha de ver por cualquier ojo que me mire; se ha de ver como si fuera una hinchazón rara. Yo así lo siento. Cuando sentí que me había cortado un dedo, la gente lo vio y yo no, hasta después. Así ahora aunque no quiera, tengo que tener alguna señal. Así lo siento, por el peso, o tal vez el esfuerzo me cansó.» Luego añadió: *«No debí matarlos a todos; me hubiera conformado con el que tenía que matar: pero estaba oscuro y los bultos era iguales. . . Después de todo, así de a muchos les costará menos el entierro.»*

«Te cansarás primero que yo. Llegaré adonde quieres llegar antes que tú estés allí —dijo el que iba detrás de él—. Me sé de memoria tus intenciones, quién eres y de dónde eres y adónde vas. Llegaré antes que tú llegues».

«Éste no es el lugar —dijo el hombre al ver el río—. Lo cruzaré aquí y luego más y quizá salga a la misma orilla. Tengo que estar al otro lado, donde no me conocen, donde nunca he estado y nadie sabe de mí; luego caminaré derecho, hasta llegar. De allí nadie me sacará nunca.»

---

[12] (Amer.) pastizal, pastos
[13] ahuecando; haciendo blando
[14] arbustos
[15] aves gallináceas de México
[16] se santiguó; hizo la señal de la cruz

[17] de las personas que había matado
[18] *cuero:* aquí significa piel; *correoso:* duro y resbaladizo como una correa
[19] senda, camino muy estrecho

Pasaron más parvadas de chachalacas, graznando[20] con gritos que ensordecían.

«*Caminaré más abajo. Aquí el río se hace un enredijo*[21] *y puede devolverme a donde no quiero regresar.*»

«Nadie te hará daño nunca, hijo. Estoy aquí para protegerte. Por eso nací antes que tú y mis huesos se endurecieron primero que los tuyos».

Oía su voz, su propia voz, saliendo despacio de su boca. La sentía sonar como una cosa falsa y sin sentido.

¿Por qué habría dicho aquello? Ahora su hijo se estaría burlando de él. O tal vez no. «Tal vez esté lleno de rencor conmigo por haberlo dejado solo en nuestra última hora. Porque era también la mía; era únicamente la mía. Él vino por mí. No los buscaba a ustedes, simplemente era yo el final de su viaje, la cara que él soñaba ver muerta, restregada[22] contra el lodo, pateada y pisoteada hasta la desfiguración. Igual que lo que yo hice con su hermano; pero lo hice cara a cara, José Alcancía, frente a él y frente a ti y tú nomás llorabas y temblabas de miedo. Desde entonces supe quién eras y cómo vendrías a buscarme. Te esperé un mes, despierto de día y de noche, sabiendo que llegarías a rastras, escondido como una mala víbora. Y llegaste tarde. Y yo también llegué tarde. Llegué detrás de ti. Me entretuvo el entierro del recién nacido. Ahora entiendo. Ahora entiendo por qué se me marchitaron las flores en la mano.»

«*No debí matarlos a todos* —iba pensando el hombre—. *No valía la pena echarme ese tercio tan pesado en mi espalda. Los muertos pesan más que los vivos; lo aplastan a uno. Debía de haberlos tentaleado*[23] *de uno por uno hasta dar con él; lo hubiera conocido por el bigote; aunque estaba oscuro hubiera sabido dónde pegarle antes que se levantara... Después de todo, así estuvo mejor. Nadie los llorará y yo viviré en paz. La cosa es encontrar el paso para irme de aquí antes que me agarre la noche.*»[24]

El hombre entró a la angostura del río por la tarde. El sol no había salido en todo el día, pero la luz se había borneado,[25] volteando las sombras; por eso supo que era después del mediodía.

«Estás atrapado[26] —dijo el que iba detrás de él y que ahora estaba sentado a la orilla del río—. Te has metido en un atolladero.[27] Primero haciendo tu fechoría[28] y ahora yendo hacia los cajones, hacia tu propio cajón. No tiene caso que te siga hasta allá. Tendrás que regresar en cuanto te veas encañonado.[29] Te esperaré aquí. Aprovecharé el tiempo para medir la puntería, para saber dónde te voy a colocar la bala. Tengo paciencia y tú no la tienes, así que ésa es mi ventaja. Tengo mi corazón que resbala y da vueltas en su propia sangre, y el tuyo está desbaratado, revenido y lleno de pudrición. Ésa es también mi ventaja. Mañana estarás muerto, o tal vez pasado mañana o dentro de ocho días. No importa el tiempo. Tengo paciencia.»

El hombre vio que el río se encajonaba[30] entre altas paredes y se detuvo. «*Tendré que regresar*», dijo.

El río en estos lugares es ancho y hondo y no tropieza con ninguna piedra. Se resbala en un cauce como de aceite espeso y sucio. Y de vez en cuando se traga alguna rama en sus remolinos, sorbiéndola sin que se oiga ningún quejido.

«Hijo —dijo el que estaba sentado esperando—: no tiene caso que te diga que el que te mató está muerto desde ahora. ¿Acaso yo ganaré algo con eso? La cosa es que yo no estuve contigo. ¿De qué sirve explicar nada? No estaba contigo. Eso es todo. Ni con ella. Ni con él. No estaba con nadie; porque el recién nacido no me dejó ninguna señal de recuerdo.»

El hombre recorrió un largo tramo[31] río arriba.

En la cabeza le rebotaban burbujas de sangre. «*Creí que el primero iba a despertar a los demás con su estertor, por eso me di prisa.*» «Discúlpenme la apuración»,[32] les dijo. Y después sintió que el gorgoreo[33] aquel era igual al ronquido de la

---

[20] dando gritos propios de esa ave
[21] enredo
[22] rodada
[23] reconocido a tientas (tocándolos)
[24] llegue la noche
[25] torcido, ladeado, girado
[26] acorralado, sin poder huir

[27] impedimento; gran dificultad
[28] mala acción
[29] atrapado, sin salida
[30] se hacía estrecho hasta cerrarse
[31] distancia
[32] acción de acabar, extremar
[33] quiebros (sonidos) que se hacen con la garganta

gente dormida; por eso se puso tan en calma cuando salió a la noche de afuera, al frío de aquella noche nublada.

Parecía venir huyendo. Traía una porción de lodo en las zancas,[34] que ya ni se sabía cuál era el color de sus pantalones.

Lo vi desde que se zambulló en el río. Apechugó[35] el cuerpo y luego se dejó ir corriente abajo, sin manotear, como si caminara pisando en el fondo. Después rebalsó[36] la orilla y puso sus trapos a secar. Lo vi que temblaba de frío. Hacía aire y estaba nublado.

Me estuve asomando desde el boquete de la cerca donde me tenía el patrón al encargo de sus borregos.[37] Volvía y miraba a aquel hombre sin que él se maliciara[38] que alguien lo estaba espiando.

Se apalancó[39] en sus brazos y se estuvo estirando y aflojando su humanidad, dejando orear el cuerpo para que se secara. Luego se enjarretó[40] la camisa y los pantalones agujereados. Vi que no traía machete ni ningún arma. Sólo la pura funda que le colgaba de la cintura, huérfana.

Miró y remiró para todos lados y se fue. Y ya iba yo a enderezarme para arriar mis borregos, cuando lo vi volver con la misma traza de desorientado.

Se metió otra vez al río, en el brazo de en medio, de regreso.

«¿Qué trairá[41] este hombre?», me pregunté.

Y nada. Se echó de vuelta al río y la corriente se soltó zangoloteándolo como un reguilete,[42] y hasta por poco y se ahoga. Dio muchos manotazos y por fin no pudo pasar y salió allá abajo, echando buches de agua hasta desentriparse.[43]

Volvió a hacer la operación de secarse en pelota[44] y luego arrendó[45] río arriba por el rumbo de donde había venido.

Que me lo dieran ahorita. De saber lo que

había hecho lo hubiera apachurrado a pedradas y ni siquiera me entraría el remordimiento.

Ya lo decía yo que era un jüilón.[46] Con sólo verle la cara. Pero no soy adivino, señor licenciado. Sólo soy un cuidador de borregos y hasta si usted quiere algo miedoso cuando da la ocasión. Aunque, como usted dice, lo pude muy bien agarrar desprevenido[47] y una pedrada bien dada en la cabeza lo hubiera dejado allí tieso. Usted ni quién se lo quite[48] que tiene la razón.

Eso que me cuenta de todas las muertes que debía y que acababa de efectuar, no me lo perdono. Me gusta matar matones,[49] créame usted. No es la costumbre; pero se ha de sentir sabroso ayudarle a Dios a acabar con esos hijos del mal.

La cosa es que no todo quedó allí. Lo vi venir de nueva cuenta al día siguiente. Pero yo todavía no sabía nada. ¡De haberlo sabido!

Lo vi venir más flaco que el día antes, con los güesos[50] afuerita del pellejo, con la camisa rasgada. No creí que fuera él, así estaba de desconocido.

Lo conocí por el arrastre de sus ojos: medio duros, como que lastimaban. Lo ví beber agua y luego hacer buches como quien está enjuagándose la boca; pero lo que pasaba era que se había tragado un buen puño de ajolotes,[51] porque el charco donde se puso a sorber era bajito y estaba plagado de ajolotes. Debía de tener hambre.

Le vi los ojos, que eran dos agujeros oscuros como de cueva.

Se me arrimó y me dijo: «¿Son tuyas esas borregas?» Y yo le dije que no. «Son de quien las parió», eso le dije.

No le hizo gracia la cosa. Ni siquiera peló el diente.[52] Se pegó a la más ovachona[53] de mis borregas y con sus manos como tenazas le agarró las patas y le sorbió el pezón. Hasta acá

---

[34] piernas (de las aves)
[35] se encogió
[36] o rebasó, llegó a
[37] corderos de uno o dos años
[38] (México) sospechara
[39] usó como palancas
[40] se puso
[41] traerá
[42] *zangoloteándolo:* sacudiéndolo o moviéndolo continuamente; *reguilete:* (o rehilete) flechilla de papel con una púa usada como juguete

[43] botar toda el agua que había tragado
[44] desnudo
[45] se dirigió, caminó
[46] un escapado, uno que huye
[47] impreparado, cuando él no lo esperase
[48] nadie puede contradecirle
[49] asesinos
[50] huesos
[51] animales anfibios de México y América del Norte
[52] coqueteó; se mostró simpático
[53] oval, gorda

se oían los balidos del animal; pero él no la soltaba, seguía chupe y chupe hasta que se hastió de mamar. Con decirle que tuve que echarle criolina[54] en las ubres para que se le
5 desinflamaran y no se le fueran a infestar los mordiscos que el hombre les había dado.

¿Dice usted que mató a toditita la familia de los Urquidi? De haberlo sabido lo atajo a puros leñazos.[55]
10 Pero uno es ignorante. Uno vive remontado en el cerro, sin más trato que los borregos, y los borregos no saben de chismes.

Y al otro día se volvió aparecer. Al llegar yo, llegó él. Y hasta entramos en amistad.
15 Me contó que no era de por aquí, que era de un lugar muy lejos; pero que no podía andar ya porque le fallaban las piernas: «Camino y camino y no ando nada. Se me doblan las piernas de la debilidad. Y mi tierra está lejos, más allá
20 de aquellos cerros». Me contó que se había pasado dos días sin comer más que puros yerbajos. Eso me dijo.

¿Dice usted que ni piedad le entró cuando mató a los familiares de los Urquidi? De haberlo
25 sabido se habría quedado en juicio[56] y con la boca abierta mientras estaba bebiéndose la leche de mis borregas.

Pero no parecía malo. Me contaba de su mujer y de sus chamacos.[57] Y de lo lejos que estaban de
30 él. Se sorbía los mocos al acordarse de ellos.

Y estaba reflaco,[58] como trasijado.[59] Todavía ayer se comió un pedazo de animal que se había muerto del relámpago. Parte amaneció comida de seguro por las hormigas arrieras y la
35 parte que quedó él la tatemó[60] en las brasas que yo prendía para calentarme las tortillas y le dio fin. Ruñó[61] los güesos hasta dejarlos pelones.

«El animalito murió de enfermedad», le dije yo.

Pero como si ni me oyera. Se lo tragó enterito Tenía hambre.

Pero dice usted que acabó con la vida de esa gente. De haberlo sabido. Lo que es ser ignorante y confiado. Yo no soy más que borreguero y de ahi en más[62] no sé nada. ¡Con decirle que se comía mis mismas tortillas y que las embarraba en mi mismo plato!

¿De modo que ora que vengo a decirle lo que sé, yo salgo encubridor? Pos ora sí[63] ¿Y dice usted que me va a meter en la cárcel por esconder a ese individuo? Ni que yo fuera el que mató a la familia esa. Yo sólo vengo a decirle que allí en un charco del río está un difunto. Y usted me alega que desde cuándo y cómo es y de qué modo es ese difunto. Y ora que yo se lo digo, salgo encubridor. Pos ora sí.

Créame usted, señor licenciado, que de haber sabido quién era aquel hombre no me hubiera faltado el modo de hacerlo perdedizo. ¿Pero yo qué sabía? Yo no soy adivino. Él sólo me pedía de comer y me platicaba[64] de sus muchachos, chorreando lágrimas.

Y ahora se ha muerto. Yo creí que había puesto a secar sus trapos entre las piedras del río; pero era él, enterito, el que estaba allí boca abajo, con la cara metida en el agua. Primero creí que se había doblado al empinarse[65] sobre el río y no había podido ya enderezar la cabeza y que luego se había puesto a resollar[66] agua, hasta que le vi la sangre coagulada que le salía por la boca y la nuca repleta de agujeros como si lo hubieran taladrado. Yo no voy a averiguar eso. Sólo vengo a decirle lo que pasó, sin quitar ni poner nada. Soy borreguero y no sé de otras cosas.

---

[54] un desinfectante
[55] golpes con un palo
[56] indica que lo habría matado
[57] (México) muchachos, niños
[58] muy flaco o delgado
[59] muy flaco
[60] (México) asó
[61] (México) devoró, comió
[62] de aquí en adelante; después de esto
[63] Pues ahora sí; esto sí tiene gracia
[64] hablaba, conversaba
[65] ponerse sobre las puntas de los pies
[66] respirar con mucho ruido

En la literatura puertorriqueña actual se nota la voluntad de conservar las bases hispánicas y nacionales a pesar de los contactos tan directos con la civilización norte-americana. Muchas obras literarias reflejan la división política entre estadistas, inde-pendentistas y partidarios del presente status político. Asimismo es evidente el anhelo de reafirmar la personalidad tanto histórica como cultural del país, presentando los problemas que produce la acción progresista e industrialista al estilo norteamericano dentro del tradicional medio puertorriqueño.

Entre los valores contemporáneos de las letras de Puerto Rico se destaca René Marqués (1919). Nació en Arecibo en el seno de una familia campesina. Queriendo seguir ligado a las faenas del campo obtuvo su título de ingeniero agrónomo, pero su vocación literaria era muy fuerte y más tarde realizó estudios literarios en la Universi-dad Central de Madrid. A su regreso a Puerto Rico fundó la sociedad Pro Arte en su pueblo natal y comenzó a colaborar en la prestigiosa revista literaria *Asomante*, donde publicó en 1948 su primera obra dramática. Sus talentos dramáticos le ganaron una beca de la Fundación Rockefeller para estudiar arte dramático en la Universidad de Columbia (1949–50). En 1954 se le confió la dirección del Teatro Experimental del Ateneo Puertorriqueño y en ese año obtuvo una beca Guggenheim que le facilitó la composición de su novela *La víspera del hombre*.

Aunque la vocación literaria de Marqués se inclina hacia el teatro, ha sobre-salido también en el cuento, la novela y el ensayo. Como autor teatral ha estrenado en Nueva York, España y Puerto Rico y ya tiene renombre continental. Se inició en el arte dramático con *El hombre y sus sueños* (1948), muy influído por *Niebla* y el teatro de Unamuno. A ésta siguió *El sol y los MacDonald* (1950), *La carreta* (1952), *La muerte no entrará en palacio* (1957), *Un niño azul para esa sombra* (1959), *Carnaval afuera, carnaval adentro* (1958). Aun cuando el teatro de Marqués se ha apartado del costumbrismo fácil, por lo general presenta los problemas y conflictos de su patria, sobre todo derivados de la coexistencia de un pueblo básicamente hispánico y el contacto de la civilización norteamericana, en muchos aspectos contradictorios. Después de sus estudios en Columbia escribió *El sol y los MacDonald* (1950), estrenada por los estu-diantes de esa universidad, cuyo escenario es el sur de los Estados Unidos. En cierto sentido es una nueva versión del «complejo de Edipo.» Su asunto es la lucha de Gustavo MacDonald, rico del sur, para conservar la pureza de la sangre de su familia. Al fin se produce la desintegración de sus sueños. Sobresale el dominio del autor sobre las técnicas modernas del teatro, que luego aparecerán en otras obras. Le presta mucha atención al análisis interior de sus personajes mediante la revelación de sus pensamien-tos y anhelos. Una de sus obras más vigorosas es *La carreta* (1952) estrenada primera-mente en Nueva York. Es la historia de una pareja anciana de puertorriqueños desarraigados que abandonan el monte para ir a San Juan y luego a Nueva York. Al final regresan nuevamente a la tierra nativa, con cierto tono de optimismo a pesar de las muchas pesadumbres. El drama, como otros de Marqués, tiene mucho simbolismo y se destaca por la brillantez de la concepción dramática y el realismo y naturalidad de los diálogos. Quizás la mejor obra de Marqués sea *La muerte no entrará en palacio* (1957) que marca su punto más alto de madurez en cuanto al dominio de las técnicas modernas teatrales con profusión de juego de luces. La obra presenta uno de los temas más debatidos en la vida de Puerto Rico: la lucha entre los amantes de la República y los amantes del presente estado político. Las semblanzas políticas son demasiado obvias: don José es el ex-Gobernador Muñoz Marín y don Rodrigo, Albizu Campos, el líder independentista. El autor parece defender la ideología de la total autonomía. Presenta la sozobra del pueblo frente al industrialismo y el progreso material de tipo americano que amenaza sus raíces hispánicas y tradicionales.

En el campo de la narrativa de ficción Marqués se ha situado en el grupo de los autores más capaces de su generación. Sus mejores colecciones de cuentos son: *Otro día nuestro* (1955), la antología *Cuentos puertorriqueños de hoy* (1959) y *En una ciudad llamada San Juan* (1960). En ellos sigue muy de cerca su propia afirmación: «Lo sicológico es, por lo tanto, lo fundamental en el cuento. Todo otro elemento estético ha de operar en función del personaje. Dada la brevedad que, en términos de extensión, dicta el género, el cuento se presta, quizás más que otras expresiones en prosa, al uso afortunado del símbolo como recurso de síntesis poética».[1] Entre sus mejores cuentos están: «La hora del dragón», «Dos vueltas de llave y un arcángel», «En la popa hay un cuerpo reclinado». Cuentos de alta tensión dramática iluminados por un buen manejo de las imágenes poéticas. Por lo general se hace eco de los problemas sociales y conflictos humanos de su patria, pero con una orientación técnica muy moderna. En su novela, *La víspera del hombre* (1959) presenta el angustiado amor de Pirulo hacia su esposa, la tierra nativa y la gente pobre. Como en otras obras de Marqués, el planteamiento político entre independentistas y «asociacionistas» es muy crudo y directo, como lo muestran los diálogos entre Pirulo y Raúl, partidarios de dichas corrientes respectivamente.

Con mucha razón ha escrito Fernando Alegría: «Que en Puerto Rico se llegue a crear un estilo literario como el de René Marqués, hecho de castiza calidad lírica, de profundidad psicológica y de honrado y valiente enojo ante el drama de su patria, es algo que la crítica hispana debe celebrar y exaltar como ejemplo para los escritores jóvenes del Caribe y de la América Central».[2] La calidad de su obra dramática y narrativa lo ha colocado entre los autores de la generación de 1940 de logros más sobresalientes.

FUENTE: *En una ciudad llamada San Juan (Cuentos)*, México, Ediciones de Andrea, 1960.

---

[1] *Cuentos puertorriqueños de hoy*, 1959, pág 107.   [2] *Novelistas contemporáneos hispanoamericanos*, Boston, Heath, 1964, pág 156.

En una ciudad llamada San Juan

En la popa hay un cuerpo reclinado[1]

A pesar del sol inmisericorde,[2] los ojos se mantenían muy abiertos. Las pupilas, ahora, con esta luz filosa, adquirían una transparencia de miel. La nariz, proyectada al cielo, y el cuello en tensión, parecían modelados en cera: ese blanco cremoso de la cera, esa luminosidad mate del panal convertido en cirio. Lástima que el collar de seda roja ciñera la piel tan prietamente.[3] Lucía bien el rojo sobre el blanco cremoso de la piel. Pero daba una inquietante sensación de incomodidad, de zozobra casi.

El cuerpo desnudo estaba reclinado suave, casi graciosamente, en la popa del bote. Desnudo no. Los senos, un poco caídos por la posición del torso, lograban a medias ocultarse tras la pieza superior de la trusa[4] azul.

Remaba lenta, rítmicamente. No le acuciaba prisa alguna. No sentía fatiga. El tiempo estaba allí inmovilizado, tercamente inmóvil, obstinándose en ignorar su destino de eternidad. Pero el bote avanzaba. Avanzaba ingrávido,[5] como si no existiese el peso del cuerpo semidesnudo reclinado suave, casi graciosamente, sobre la popa . . .

El bote pesa menos que el sentido de mi vida junto a ti. Y los remos trasmitían la levedad del peso a sus manos. Sus músculos, en la flexión rítmica, apenas si formaban relieve en los bíceps; meras[6] cañas de bambú, apenas nudosos, sin la forma envidiada de otros brazos, a pesar de las vitaminas que en el anuncio del diario garantizaban la posesión de un cuerpo de Atlas, de atleta al menos.

Observó su propio pecho hundido. *Debo hacer ejercicio. Es una vergüenza.* La franja[7] estrecha de vellos negros separando apenas las tetillas. *Dejaré de fumar el mes próximo. Me estoy matando.* No sentía el sol encendido en su espalda. Quizás por la brisa. Era una brisa acariciante, suave, fresca, como si en vez de salitre trajera humedad de hoja de plátano o rocío de helechos.[8] Resultaba extraño. Ninguna de sus sensaciones correspondía a la realidad inmediata. Pero el bote avanzaba. Y su propio vientre escuálido formaba arrugas más arriba del pantaloncito de lana. Y abajo, entre sus piernas, el bulto exagerado a pesar de lo tenso del elástico.

Porque hay un absurdo cruel en el sentido de equilibrio de ese alguien responsable de todo; que no es equilibrio, que no tiene en verdad sentido, que no es igual a mantener el bote a flote con dos cuerpos, ni hacer que el mundo gire sobre un eje imaginario, porque estar aquí no lo he pedido yo, del mismo modo que nunca pedí nada. Pero exigen, piden, demandan, de mí, de mí sólo. Eres tan niño. Y tienes ya cosa de hombre. Y no supe si lo decía porque escribía a escondidas o por lo otro. Pero no debió decirlo. Porque una madre haría bien en estrujar[9] cuidadosamente las palabras en su corazón antes de darles calor en sus labios. Y nunca se sabe. Aunque por saberlo acepté ir con Luis a la casa de balcón en

[1] Sobresale como uno de los cuentos mejor logrados de Marqués y, al mismo tiempo, muy típico de su estilo. Es la historia de un matrimonio cuyos miembros viven en dos mundos opuestos, lo cual rompe toda comunicación entre ellos. Para ella, ser hombre significa proporcionar a la esposa una casa nueva y rodearla de las comodidades de la vida moderna, mientras que él es «un hombre que no pide sino buscar el sentido de la vida y saber por qué está aquí». Esta incomprensión y falta de comunicación conduce a la tragedia final. Existen dos niveles de narración: la acción actual ocurre en un corto tiempo y en un bote, mientras que los recuerdos del protagonista —que cubren los aspectos más importantes de su vida— se expresan mediante monólogos interiores muy bien construidos. Se combinan el tono lírico y poético de la prosa con un gran desenfado en presentar momentos relacionados con la realidad sórdida y el sexo.
[2] sin misericordia, sin piedad
[3] apretadamente
[4] traje de baño
[5] sin peso, leve
[6] simples
[7] faja, lista
[8] plantas criptógamas de la clase de las filicíneas
[9] apretar una cosa

ruinas donde vivía la vieja Leoncia con las nueve
muchachas. Y comprobaron todas que sí, que yo
tenía cosa de hombre, y gozaron mucho, sobre todo la
bajita de muslos duros y mirada blanda como
5 de níspero.[10] Pero fíjate que eso no es ser
hombre. Porque ser hombre es tener uno sentido
propio. Y ella lo tenía por mí: No te cases joven,
hijito. Y el sentido no estaba en el amor. Porque el
amor estaba siempre en una muchacha negra, o
10 mulata, o pobre o generosa en demasía con su propio
cuerpo. Y no era ése el sentido que ella tenía para mí,
sino una blanca y bien nacida. Y tampoco era en
escribir: Deja esas tonterías, hijito, sino en una
profesión, la que fuese, que no podía ser otra sino la
15 de maestro, porque no siempre hay medios de estudiar
lo que más se anhela. Y murió al llevarle yo el
diploma, no sé si de gusto, aunque el doctor aseguró
que era sólo de angina. Pero de todos modos murió.
Y yo creí que al fin mi vida tendría un sentido. Pero
20 no se puede llenar una vida vacía de sentido como se
ahíta una almohada con guano,[11] o con plumas de
ganso, o con plumas más suaves de cisne. Porque ya
yo era maestro. Y no pasaría necesidades, teniendo
una carrera, como había asegurado ella, ni escribiría
25 jamás. Y te conocí a ti que prometías dar amor a mi
vida, suavidad a mi vida como pluma de cisne. Y
me casé contigo que entonces tenías los pechitos
erguidos y eras de buena cuna, y creí que sería
hombre de provecho porque no fui más a la casa
30 vieja de balcón en ruinas (a Leoncia sólo la
vi luego cargando el Sepulcro, los Viernes Santos, en
la procesión de las cuatro), y me dediqué a trabajar
como lo hacen los mansos y a quererte como el que
tiene hambre vieja de amor, que eso tenía yo, porque
35 no hay ser que viva con menos amor que el hijo de
una madre que dirige con sus manos duras el destino,
y es esclava de su hijo. Y esa hambre de amor que yo
tenía desde chiquito y que no saciaban las muchachas
de la casa vieja (eran nueve las muchachas) estaba en
40 mí para que tú la saciaras, y por eso no escribí ya
más, y todo ello para que estés ahora ahí, quieta,
en la popa del bote, como si no oyeras ni sintieras
nada, como si no supieras que estoy aquí, gobernando
la nave, yo, por vez primera, hacia el rumbo que
45 escoja, sin consultar a nadie, ni siquiera a ti, ni a
mi madre porque está muerta, ni a la principal de esa

escuela donde dicen que soy maestro («mister»,
«mister», usted es lindo y me gusta y el
mundo se está cayendo), ni a la senadora que
demanda que yo vote por ella, ni a la alcaldesa que
pide que yo mantenga su ciudad limpia, ni a la
farmacéutica que exige que yo, precisamente yo, le pague
la cuenta atrasada,[12] sonriendo, como sonríen los seres
que tienen siempre la vida o la muerte en sus manos,
ni a la doctora que atendió al nene, ni a todas las que
exigen, y obligan, y piden, y sonríen, y dejan a uno
vacío, sin saber que ya otra había vaciado de sentido,
desde el principio, al hombre que no pidió estar aquí,
ni exigió nunca nada; a nadie, ¿entiendes?, a
nadie.

¿Por qué se afinaba tanto la costa? La copa de
los cocoteros[13] se fundía ya con las tunas y las
uvas playeras. Era una pincelada verde, alargada,
como una ceja que alguien depilara[14] sobre el
párpado semicerrado de la arena. El mar parece
azul desde la costa, pero es verde aquí, sólo verde.
¿No había una realidad que fuese inmutable sin
importar la distancia?

Cada remo hacía chas al hundirse en el agua y
luego un glú-glú rápido. Y a pesar de ser dos los
remos, el sonido era simultáneo, como si fuese
uno. El cuerpo en la popa seguía ejerciendo una
fascinación indescriptible. No era que los senos
parecieran un poco caídos. Eso sin duda se
debía a la posición de ella frente a él. Pero el
vientre no era tan terso como la noche de bodas.

—No, así no quiero. Los hijos deforman el
cuerpo—. Precisamente allí donde la pieza
inferior de la trusa azul bordeaba la carne tan
apretadamente, se había deformado el vientre.

—Ay, mi pobre cuerpo. Por tu culpa.

Y había crecido ahí, precisamente ahí, en el
lugar que había sido terso y que él besara con la
pasión de una luna perdida en la búsqueda inútil
de su noche. Hasta que no pudo crecer más y
rompió la fuente de sangre y gritos.

—Es un niño.

¡Qué débil y frágil es! Como son siempre los
niños. Aunque la fragilidad de la embarcación no
le impedía llevar el peso de los dos cuerpos
rasgando el verde desasosegado[15] del mar. El
sol de nadie tenía piedad. Y él remaba sin prisa,

---

[10] fruta tropical
[11] ahíta: llena; guano: en las Antillas, todas las palmas o las
hojas de estas plantas
[12] sin pagar

[13] copa: parte más alta; cocoteros: árboles del coco
[14] quítase el vello
[15] rasgando: desgarrando, rompiendo; desasosegado: intranquilo

el infinito a su espalda. *¡Es tan frágil la infancia!* Tan frágil un cuerpo reclinado suave, casi graciosamente, sobre la popa del bote.

Ahora no sentía el cansancio de las noches y las mañanas.

—El nene está llorando.

—Levántate tú. Yo estoy cansada.

Remaba rítmicamente, sin esfuerzo casi, sin fatiga, la brisa salpicando de espuma el interior del bote.

—Por mí querido, un televisor.

—No sé si pueda. Este mes . . .

—La vida no tiene sentido sin televisor.

La vida no tenía sentido, pero el sol evaporaba rápidamente las gotas tenues de mar sobre la piel de ella.

—Mañana vence el plazo de la lavadora eléctrica.

Cada remo hacía *chas* al hundirse en el agua y luego un *glú-glú* rápido, huidizo. Pero lento, angustioso, enloquecedor, saliendo de la incisión en la garganta del nene por el tubo de goma con olor a desinfectante.

—Si se obstruye el tubo, muere el niño. (*El niño mío, quería decir ella, el niño que era mi hijo.*)

Café negro y bencedrina. *Aléjate, sueño, aléjate.* Limpiar el tubo, mantener el tubo sin obstrucciones. *Glú-glú,* al unísono, los remos saliendo del agua. *Glú-glú,* el reloj de esfera negra, sobre la mesa de noche.

—Papi, mami está llorando porque se le quemó el arroz. (*Ay, se le quemó el arroz. Otra vez se le quemó el arroz.*)

Glú-glú y la espuma del tubo, que era preciso limpiar. *Cuidadosamente. Cuidadosamente,* con el pedazo de gasa desinfectada.

—Papi, cuando yo sea grande, ¿me casaré también?

Café negro y bencedrina. ¿Por qué los remos empezaban de súbito a sentirse pesados y recios bajo sus manos? *Café negro . . .*

—No puedo más. Quédate tú ahora con el nene.

—Yo no. Los nervios me matan. Soy sólo una débil mujer.

Glú-glú. Glúglú. Minuto a minuto. *Glú-glú,* en el reloj de la mesa. *Glú-glú,* en la punta de los remos. *Glú-glú,* en los párpados pesados de sueño. *Glú-glú. Glú-glú. Glú . . .*

—Otra vez tarde. Y ayer faltó usted a clase.

—Ayer enterré a mi hijito.

Ya la tierra no se veía. Ya el horizonte era idéntico a su izquierda o a su derecha, frente a sí, o a sus espaldas. Ya era sólo un bote en el desasosiego del mar. Y ahora que era sólo eso, ahora que no importaban los límites ni los horizontes, los remos empezaban a perder su ritmo lento para moverse a golpes secos, febriles, irregulares.

—Este vecindario se ha vuelto un infierno.

—Era bueno cuando nos mudamos.

—Hay algo que se llama el tiempo, querido. Y que pasa. Pero nosotros . . . *Nosotros somos una pareja de tantas,[16] porque el marido es maestro y la mujer una bien nacida, y peor hubiese sido si soy escritor, aunque no estoy seguro. La principal es mujer, y la alcaldesa es mujer, y la senadora es mujer, y mi madre fue mujer, y yo soy sólo maestro, y en la cama un hombre, y mi mujer lo sabe, pero no es feliz porque la felicidad la traen las cosas buenas que se hacen en las fábricas americanas, como se la trajeron a la supervisora de inglés, y a otras tan hábiles como ella para atraer la felicidad. A mi mujer no. Pero Anita, de la Calle Luna, es feliz cuando me goza, o aparenta que me goza, a pesar de que es mayor que aquellas muchachas de la vieja casa de balcón en ruinas (eran nueve las muchachas y la menor tenía los muslos duros y la mirada de níspero), pero no pide absurdos, sólo lo que le doy, que es bastante en un sentido, mas no exige un traje nuevo para la fiesta de los Rotarios el mismo día en que me ejecutan la hipoteca,[17] y los cuarenta dólares que me descuentan del sueldo por el último préstamo y quince más para el Fondo del Retiro, porque la ley que hizo la senadora es buena y obliga a que yo piense en la vejez (la de mi mujer quiere decir la ley, porque no hay ley que proteja al hombre), aunque antes de llegar a esa vejez que la ley señala no se tenga para el plazo atrasado del televisor (nadie puede vivir sin televisor, ay, nadie puede), y ella insiste en que lo eche afuera para conservar el cuerpo bonito y lucir el traje nuevo (no ése, sino el último, el de la faldita bordada en «rhinestones»), si tan siquiera fuese para gozarlo (su cuerpo, digo),*

---

[16] ordinaria, como cualquier otra

[17] obligan a que pague el préstamo

pero apenas me deja, con esa angustia de lo incompleto, y todo por no usar la esponja chica, como dijo la trabajadora social de Bienestar Público que es en verdad Malestar Privado o cuando no con aquello de no, me duele, que Anita nunca dice porque se conforma con los tragos en la barra y los cinco dólares, más dos del cuarto que usamos esa noche, y no se queja, ni le duele, porque no es bien nacida y tampoco estoy seguro de que sea blanca.

—¿Es que no tienes vergüenza ni orgullo, querido? La gente decente vive hoy en las nuevas urbanizaciones. Pero nosotros . . .

Las puntas del pañuelo rojo que ceñía el cuello tan justamente flotaban al aire gritando alegres traps-traps.[18] Él estaba seguro de haber apretado el lazo con firmeza al notarlo demasiado flojo (por eso ahora parecía un collar de seda), pero lo había hecho con gestos suaves para no incomodarla, para que no se alterara en lo más mínimo la posición graciosa del cuerpo sobre la popa. Por lo demás, el bote avanzaba.

—Si yo fuese hombre ganaría más dinero que tú. Pero soy sólo una débil mujer . . .

Una débil mujer destinada a ser esclava del marido porque yo soy el marido y ella la esclava. Mi madre era también una débil mujer. Y si mi hijo no hubiera muerto también habría sido el amo de dos esclavas y es mejor que muriera. Un maestro no muere, pero precisa tenerlo todo eléctrico, porque no hay servicio y cómo ha de haberlo si las muchachas del campo se van a las fábricas o a los bares de la Calle Luna (a casa de Leoncia no, porque murió un Viernes Santo, mientras cargaba el Sepulcro en la procesión de las cuatro), y se niegan a servir, lo cual es una agonía en el tiempo porque creen ser libres, y no lo son si luego aspiran a salir de la fábrica, y tener, y exigir, y el marido agonizar, porque la estufa eléctrica es buena, y la olla de presión también, pero el arroz se amogolla,[19] o se quema, y las habichuelas[20] se ahuman, y los sánwiches de La Nueva Aurora no son alimento para un hombre que trabaja, y hay que gastar en vitaminas que la farmacéutica despacha con su sonrisa eterna, y a veces me dan tentaciones de pedirle veneno, pero en casa no hay ratas, aunque es cierto que tengo una especie de erupción en las ingles,[21] y

alguna cosa habrá para esa molestia (me pregunto si la farmacéutica sonreirá también cuando le hable del escozor en mis ingles), un polvo que sea blanco y venenoso porque ahora en el verano es peor (la erupción, quiero decir), y tengo que llevarla a la playa y me dará dolor de cabeza hablándome del auto nuevo que debo comprar, y de las miserias que pasa, y de su condición de mujer débil y humillada, hasta que me estalle la cabeza y me den ganas de echarle plomo derretido en todos los huecos de su cuerpo, pero no le echaré nada porque soy maestro de criaturas inocentes («mister», «mister», esa niña está preñada del conserje),[22] y para sentirme vivo tengo que ir a la Calle Luna, pero a Anita, claro está, yo no le haría daño, y es que es en casa donde soy el amo, hasta que reviente.

Vio en el fondo del bote sus propios pies desnudos: los dedos largos, retorcidos, encaramándose uno encima del otro. Me aprietan, madre. Ese número te queda bien hijito. Pero me aprietan, madre. Ya los domarás,[23] son bonitos, como si quisieran protegerse, unos a otros, contra la crueldad del mundo. Y vio luego los pies de ella formando óvalos casi perfectos, con los dedos suaves y pequeños, las uñas de coral encendido.

—¿Para qué estás amolando ese cuchillo tan viejo?

—Para mañana. Para abrir unos cocos en la playa mañana.

—Me da dentera.[24]

Observó el vuelo de un ave marina sobre el bote: el plumaje tan blanco, los movimientos tan gráciles, la forma toda tan bellamente encendida de sol. Y el ave se lanzó sobre el agua y volvió a remontarse con un pez en sus garras. Y eran unas garras poderosas, insospechadas en la frágil belleza del cuerpo aéreo.

—Tenemos que cambiar la cortina vieja del balcón, querido. ¡Qué vergüenza! Somos el hazmerreír[25] del vecindario.

El vecindario ríe, y oigo su risa, y debe sus cuentas en la misma farmacia. La farmacéutica entregándole el pequeño paquete: la calavera[26] roja sobre dos huesos en cruz. «Uso externo.»

---

[18] sonido que hace el pañuelo movido por el viento
[19] (Puerto Rico) se vuelve bolas; se empelota
[20] frijoles, judías; planta leguminosa
[21] parte del cuerpo en que se unen los muslos con el vientre

[22] el que custodia y limpia una casa
[23] los harás más anchos; te acostumbrarás a ellos
[24] sensación desagradable en los dientes
[25] ridículos y extravagantes
[26] cráneo, cabeza de muerto

¿ *Veneno para las ratas?* Sonriendo, sonriendo siempre.

El cuchillo viejo estaba a sus pies, en el fondo del bote, las manchas negras oscureciendo el filo.

—¡Cuidado, que el coco mancha!

—No importa, queridita. Pruébalo. Es fresco y dulce. (*Uso externo no; interno, interno.*)

—Es demasiado picante.

—No importa, queridita. Vamos a pasear en bote. Y no tendremos agua a mano por un buen rato. Bebe.

Remaba ahora con furia, sin sentido del rumbo. El bote, inexplicablemente, describía círculos amplios, más amplios . . .

—No es que yo sea mala, querido. Es que nací para otra vida. ¿Qué culpa tengo, si el dinero . . . ?

Los círculos, cortados limpiamente a pesar del desasosiego del agua, daban la sensación de que había en ello un propósito definido. ¿Pero lo había? El bote giraba locamente empezando a estrechar los círculos. *¿Qué busca el bote, qué busca el bote?*

—Mami dice que tú eres un infeliz. ¿Por qué tú eres un infeliz, papi?

El sudor de la frente le caía a goterones[27] sobre los párpados, atravesando las pestañas para dar a la visión del mundo la sensación de un objetivo fuera de foco.

¿*Sabes, querido?* Un hombre de verdad le da a su mujer lo que ella no tiene.

Y la nicotina en los bronquios, aglutinándose[28] para obstruir la respiración. El pecho escuálido era un fuelle de angustia y ruidos, la franja estrecha de pelos separando apenas las tetillas. Y era desordenada, exasperante la flexión de los brazos moviendo los remos.

El bote acortaba los círculos, los hacía más reducidos, pero siempre inútiles, furiosamente inútiles, como un torbellino que aparenta tener sentido oculto, sin tenerlo, excepto el único de girar, girar con rabia atroz sobre sí mismo, devorando sus propios movimientos concéntricos.

De pronto, dejó de remar. El bote, huérfano de orientación y mando, osciló peligrosamente. El sudor seguía dando a sus pupilas la visión de'

un mundo fuera de foco. Pero reinaba el orden porque allí, de súbito, estaba ahora la anciana de pelo blanco, semidesnuda, en la trusa azul, asqueante,[29] su cuerpo expuesto al sol inmisericorde.

—Eres muy joven para pensar en el matrimonio. No pienses en eso *todavía*, hijito.

—No pienso en eso, madre. Lo juro. No pienso en eso, *ya*.

Jadeaba[30] de fatiga, aunque sus brazos permanecían inmóviles, laxos, doloridos, abandonados los remos que flotaban y se deslizaban de sus manos, y se alejaban, sin remedio, en el tiempo, sobre lo verde . . .

—Papi, mami dice que tú no debías . . .

Pero debí hacerlo desde hace años. Debí hacerlo. Porque hay algo que le roe a ella las entrañas, demandando, exigiendo, de mí, que no tengo la culpa de poseer lo que ella no tiene y nunca pedía a nadie. Sólo vivir tranquilo, buscando un sentido a mi vida. O angustiado, no logrando encontrarlo jamás. Pero sin esa presión horrible de la envidia de ella, sin esa exigencia de siempre proporcionar a su vida cosas que no entiendo. Ayer se llevaron la lavadora eléctrica. Porque piensa que ser hombre es sólo eso. La casa nueva, querido. Pero ser hombre es, por lo menos, saber por qué está uno en un bote sobre las aguas verdes que de lejos parecen ser azules. Y sin embargo, si ella lo pide. Si tú lo pides . . .

Lo pedía, dentro de la trusa azul, reclinada en la popa, aquella criatura radiante y juvenil, de belleza sobrehumana. *Baile en los Rotarios, querido.* El sol de nadie tenía piedad. *¿Me queda bien lo rojo, querido?* El cuchillo a sus pies tuvo un chispazo cegador a pesar de las manchas negruzcas en el filo. *Ni pensar en otro hijo. ¡Y con tu sueldo . . . !* Al inclinarse a agarrarlo, sus ojos resbalaron sobre el abultado relieve entre sus piernas. *Ay, no, querido, que me haces daño.*

Daño en el alma a un hombre que no pide sino buscar el sentido de su vida. Llamada urgente del banco. Tampoco mi hijo lo hubiese encontrado. Llamada urgente . . . Y es mejor que muriera. Ejecutaron ya . . . Pero no puedo. Porque antes he de saber por qué estoy aquí. Sin prórroga[31] . . . Y

---

[27] gotas gruesas
[28] uniéndose; pegándose
[29] que produce asco (repugnancia)

[30] respiraba con dificultad
[31] acción de posponer

no me han dado tiempo. Muy señor nuestro, lamentamos[32] . . . *No me han dejado paz para la búsqueda.* Telegrama del Departamento. Telegrama . . . *¡ Todo lo que quieran por tener la paz!*
5 Lamentamos . . . *Y saber. Saber* . . .

—Cosas de hombre, hijito.

—Sí, madre, del hombre que nunca conociste.

Se puso de pie. El bote osciló bruscamente, pero él logró mantener el equilibrio. En la
10 popa había un cuerpo. Inmóvil ya; era cierto. Pero el mundo, allá en la playa, seguía siendo un mundo de devoradoras y de esclavos. Y acá, era un viaje sin retorno.[33] Introdujo el cuchillo entre su carne y el pantaloncito de baño. Volteó
15 el filo hacia afuera. Rasgó la tela. Hizo lo propio en el lado izquierdo y los trozos de lana, junto a las tiras de elástico, cayeron al fondo del bote entre sus pies desnudos.

El bote estaba solo entre el cielo y el mar. Nada había cambiado. El sol era el mismo. Y la brisa seguía arrancando alegres *traps-traps* a las puntas del pañuelo de seda roja. Pero el tiempo, antes inmóvil, empezaba a proyectarse hacia la eternidad. Y ahora él estaba desnudo en el vientre del bote. Y en la popa había un cuerpo reclinado.

—Un hombre da a su mujer . . .

Sí, querida, ya lo dijiste antes. Con la mano izquierda agarró el conjunto de tejido esponjoso y lo separó lo más que pudo de su cuerpo. Levantó el cuchillo al sol y de un tajo tremendo, de espanto, cortó a ras de los vellos negros. El alarido, junto al despojo sangrante, fue a estrellarse contra el cuerpo inmóvil que permanecía apoyado suave, casi graciosamente, sobre la popa del bote.

Gabriel García Márquez

COLOMBIA, 1928

LA insurgencia literaria de Gabriel García Márquez ha dado nueva vida a la bastante lánguida literatura colombiana de los últimos años. Cinco obras escritas en el corto período de doce años lo han colocado a la cabeza de la novela de su país y del continente. Pertenece al grupo de Fuentes, Vargas Llosa y otros que andan ahora por los treinta o cuarenta años y cuya obra está renovando el arte de narrar y el espíritu de la literatura continental. Nació en el pueblecito de Aracataca en la costa atlántica de Santa Marta. Muy joven se trasladó para la provincia de Bolívar terminando su educación secundaria en el Liceo Nacional de Zipaquirá. Por tres años asistió a la escuela de Leyes de la Universidad Nacional de Bogotá, pero nunca se graduó. Bien pronto ingresó en la redacción del diario liberal *El Espectador* de Bogotá, donde publicó sus primeros artículos y cuentos. Ese diario lo nombró corresponsal en Roma y allí permaneció nueve meses. A más de enviar sus impresiones a Bogotá se hizo director de cine en el Centro Experimental Cinematográfico. Esto ha sido muy importante en su vida porque ha dirigido películas en México y otros lugares y actualmente escribe «guiones» para películas de «la nueva ola». Luego se trasladó a París y allí pasó

---

[32] primera frase del telegrama que le han enviado   [33] regreso

momentos muy tristes y angustiosos al clausurar el dictador Rojas Pinillas *El Espectador*.
Su angustiosa espera de los cheques que no llegaban aparece en una de sus novelas más
perfectas. En 1956 regresó a Colombia, se casó y se trasladó a Caracas donde trabajó
en las revistas *Momentos, Cromos* y *Élite*. Volvió a Bogotá como representante de *Prensa
Latina*, órgano de propaganda de Fidel Castro, con la que rompió muy pronto. En
1961 se estableció en México por algún tiempo, pero actualmente radica en Barcelona,
aunque está viajando constantemente de un lugar a otro. Tiene un gran renombre en
los países hispánicos y sus principales obras han sido traducidas a varios idiomas
importantes.

Sus cuentos le habían ganado algún renombre en Colombia, y su obra inicial, la
novela corta *La hojarasca* (1955), fue aclamada como el acontecimiento más importante
de las letras de su país en los últimos cuarenta años. La comenzó a los diecinueve y la
terminó ocho años después. El relato ocurre en Macondo, escenario de todos sus
relatos, pueblo que no aparece en el mapa, construído a base de recuerdos reales y de
fantasía, pero cuya realidad palpitante es propia de muchos pueblos de Colombia y del
resto de Hispanoamérica. En el velorio de un doctor, sus amigos evocan el esplendor y
decadencia de Macondo a través de los destinos de una familia y sus tres generaciones.
La obra posterior del autor emplea las mismas figuras centrales. Aquí aparecen algunas
características constantes de su obra: acontecimientos históricos como telón de fondo,
dramatismo y colorido, gran poder de sugestión, protesta social y política implícita.
La obra se resiente de cierta exuberancia verbal —desaparecida en su obra posterior—
y sensación de cosa no acabada, típica también de otras novelas suyas. El mismo autor
ha hablado de la influencia de Faulkner y Virginia Woolf sobre él en esta época.

Posiblemente debido a la influencia del estilo concentrado de Hemingway, *El
coronel no tiene quien le escriba* (1961) se distingue por su economía de palabras. El autor
es un verdadero perfeccionista de su arte y la redactó nueve veces, siempre mejorando
la ejecución y la prosa. El protagonista central pasa por ser el personaje mejor logrado
del autor dentro de su novela más perfecta. Aunque el relato parece centrarse en las
angustias de un coronel retirado que espera todos los días una carta con su pensión,
se da una visión muy completa de la vida de Macondo y a través de ella de la situación
de muchas épocas de la vida colombiana, con el ambiente revolucionario y la violencia
palpitando no lejos. El anhelo del autor de expresarse en un lenguaje «limpio» y
preciso llega aquí a su punto más alto. Emplea muy bien la ironía y el humorismo más
bien agridulce, combinando admirablemente el retrato sicológico de los personajes
con los rasgos del pueblo y del paisaje e inclusive del clima. Como en otros relatos
suyos hay mezcla de pesimismo y angustia con destellos momentáneos de ilusión y
esperanza. *Los funerales de la mamá grande* (1962) es una colección de ocho cuentos
publicados en distintas épocas, pues «La siesta del martes» data de 1948. Constituye
una especie de sátira contra una satrapía local y como el autor dice «una burla de toda
la retórica oficial» de la literatura periodística colombiana. La obra en su conjunto se
caracteriza por la sutileza que campea en los relatos y la tensión espiritual de muchos
personajes. En el cuento titulado «Un día después del sábado» hay influencia directa
de *La peste* de Albert Camus. En *La mala hora* (1962), como en todas sus obras, la
política está presente, no directamente sino mediante sugestiones. Macondo está a
punto de llegar a la locura colectiva —después de las guerras políticas cuando se
esperaban años de paz y tranquilidad— porque en sus muros aparecen carteles revela-

dores de secretos y verguenzas, falsos y verdaderos, de las gentes del pueblo. El alcalde, después de querer emplear la situación en su beneficio, decide actuar y declara el estado de sitio y el toque de queda. Más tarde se descubre «que los papeles son obra de todos y todos descubren en ellos sus propias culpas». La última y más universal obra de García Márquez tiene por título *Cien años de soledad* (1967) y la edición argentina lleva nueve ediciones, sin contar las que se han hecho en España y las traducciones. El autor ha dicho que con ella cierra el ciclo de sus novelas sobre Macondo. Es la historia durante cien años de toda la familia del coronel Aureliano Buendía, desde la fundación de Macondo hasta el suicidio del último Buendía. Hay muchas complicaciones por la repetición de los mismos nombres en las diferentes generaciones. Aprovechando certeramente sus talentos naturales de narrador y su conocimiento de las técnicas narrativas modernas, García Márquez nos presenta un gran cuadro de muchas de las peripecias de la vida colombiana y no pocas angustias y desazones del hombre moderno en el último siglo. *Cien años de soledad*, por su método narrativo, empaque e implicaciones, es una de las grandes novelas escritas en Hispanoamérica en los últimos veinte años.

FUENTE: *Los funerales de la mamá grande*, Buenos Aires, Sudamericana, 1962.

Los funerales de la mamá grande

1962

La prodigiosa tarde de Baltazar[1]

La jaula estaba terminada. Baltazar la colgó en el alero,[2] por la fuerza de la costumbre, y cuando acabó de almorzar ya se decía por todos lados que era la jaula más bella del mundo. Tanta
5 gente vino a verla, que se formó un tumulto frente a la casa, y Baltazar tuvo que descolgarla y cerrar la carpintería.

—Tienes que afeitarte —le dijo Úrsula, su mujer—. Pareces un capuchino.

10 —Es malo afeitarse después del almuerzo —dijo Baltazar.

Tenía una barba de dos semanas, un cabello corto, duro y parado como las crines de un mulo, y una expresión general de muchacho asustado. Pero era una expresión falsa. En febrero había cumplido 30 años, vivía con Úrsula desde hacía cuatro, sin casarse y sin tener hijos, y la vida le había dado muchos motivos para estar alerta, pero ninguno para estar asustado. Ni siquiera sabía que para algunas personas, la jaula que acababa de hacer era la más bella del mundo. Para él, acostumbrado a

---

[1] Los personajes de García Márquez frecuentemente oscilan del pesimismo más radical a la ilusión ingenua. Caso típico presenta el protagonista de este cuento, el carpintero Baltazar, quien fabrica una jaula preciosa y grande para el hijo de los Montiel, una familia muy rica de Macondo. Baltazar sueña que ha de hacer un negocio estupendo. Después de negarse a venderla al Dr. Giraldo, el médico del pueblo, el padre del muchacho se niega a comprársela. En vez de desanimarse, Baltazar la regala al chico rico para que no llore y celebra una gran fiesta

con sus amigos, emborrachándose por primera vez con el dinero imaginario que ha ganado en la venta fracasada. El relato tiene una aguda intención social a más de la implicación sobre la caída de muchos sueños e ilusiones humanos. Sobresalen en su técnica la plasticidad, los diálogos vívidos y cortantes y el método cinematográfico en el corte y brevedad de las partes narrativas y las escenas simultáneas.

[2] parte del techo que sale fuera de la pared

hacer jaulas desde niño, aquel había sido apenas un trabajo más arduo[3] que los otros.

—Entonces repósate un rato —dijo la mujer—. Con esa barba no puedes presentarte en ninguna parte.

Mientras reposaba tuvo que abandonar la hamaca varias veces para mostrar la jaula a los vecinos. Úrsula no le había prestado atención hasta entonces. Estaba disgustada porque su marido había descuidado el trabajo de la carpintería para dedicarse por entero[4] a la jaula, y durante dos semanas había dormido mal, dando tumbos[5] y hablando disparates, y no había vuelto a pensar en afeitarse. Pero el disgusto se disipó[6] ante la jaula terminada. Cuando Baltazar despertó de la siesta, ella le había planchado los pantalones y una camisa, los había puesto en un asiento junto a la hamaca, y había llevado la jaula a la mesa del comedor. La contemplaba en silencio.

—¿Cuánto vas a cobrar? —preguntó.

—No sé —contestó Baltazar—. Voy a pedir treinta pesos para ver si me dan veinte.

—Pide cincuenta —dijo Úrsula—. Te has trasnochado[7] mucho en estos quince días. Además, es bien grande. Creo que es la jaula más grande que he visto en mi vida.

Baltazar empezó a afeitarse.

—¿Crees que me darán los cincuenta pesos?

—Eso no es nada para don Chepe Montiel, y la jaula los vale —dijo Úrsula—. Debías pedir sesenta.

La casa yacía en una penumbra sofocante. Era la primera semana de abril y el calor parecía menos soportable por el pito de las chicharras.[8] Cuando acabó de vestirse, Baltazar abrió la puerta del patio para refrescar la casa, y un grupo de niños entró en el comedor.

La noticia se había extendido. El doctor Octavio Giraldo, un médico viejo, contento de la vida pero cansado de la profesión, pensaba en la jaula de Baltazar mientras almorzaba con su esposa inválida. En la terraza interior donde ponían la mesa en los días de calor, había muchas macetas con flores y dos jaulas con canarios. A su esposa le gustaban los pájaros, y le gustaban tanto que odiaba a los gatos porque eran capaces de comérselos. Pensando en ella, el doctor Giraldo fue esa tarde a visitar a un enfermo, y al regreso pasó por la casa de Baltazar a conocer la jaula.

Había mucha gente en el comedor. Puesta en exhibición sobre la mesa, la enorme cúpula de alambre con tres pisos interiores, con pasadizos[9] y compartimientos especiales para comer y dormir, y trapecios en el espacio reservado al recreo de los pájaros, parecía el modelo reducido de una gigantesca fábrica de hielo. El médico la examinó cuidadosamente, sin tocarla, pensando que en efecto aquella jaula era superior a su propio prestigio, y mucho más bella de lo que había soñado jamás para su mujer.

—Esto es una aventura de la imaginación —dijo. Buscó a Baltazar en el grupo, y agregó, fijos en él sus ojos maternales—: Hubieras sido un extraordinario arquitecto.

Baltazar se ruborizó.

—Gracias —dijo.

—Es verdad —dijo el médico. Tenía una gordura lisa y tierna como la de una mujer que fue hermosa en su juventud, y unas manos delicadas. Su voz parecía la de un cura hablando en latín—. Ni siquiera será necesario ponerle pájaros —dijo, haciendo girar la jaula frente a los ojos del público, como si la estuviera vendiendo—. Bastará con colgarla entre los árboles para que cante sola. —Volvió a ponerla en la mesa, pensó un momento, mirando la jaula, y dijo:

—Bueno, pues me la llevo.

—Está vendida —dijo Úrsula.

—Es del hijo de don Chepe Montiel —dijo Baltazar—. La mandó a hacer expresamente.

El médico asumió una actitud respetable.

—¿Te dio el modelo?

—No —dijo Baltazar—. Dijo que quería una jaula grande, como esa, para una pareja de turpiales.[10]

El médico miró la jaula.

—Pero ésta no es para turpiales.

---

[3] muy difícil
[4] completamente
[5] vaivenes o caídas violentas
[6] desapareció
[7] pasado la noche sin dormir

[8] *pito*: instrumento que al soplarse produce un sonido agudo; *chicharras*: cigarras, especie de insectos
[9] pasillos, corredores
[10] pájaros americanos parecidos a la oropéndola

—Claro que sí, doctor —dijo Baltazar, acercándose a la mesa. Los niños lo rodearon—. Las medidas están bien calculadas —dijo, señalando con el índice los diferentes compartimientos. Luego golpeó la cúpula con los nudillos, y la jaula se llenó de acordes profundos.

—Es el alambre más resistente que se puede encontrar, y cada juntura está soldada por dentro y por fuera —dijo.

—Sirve hasta para un loro —intervino uno de los niños.

—Así es —dijo Baltazar.

El médico movió la cabeza.

—Bueno, pero no te dio el modelo —dijo—. No te hizo ningún encargo preciso, aparte de que fuera una jaula grande para turpiales. ¿No es así?

—Así es —dijo Baltazar.

—Entonces no hay problema —dijo el médico—. Una cosa es una jaula grande para turpiales y otra cosa es esta jaula. No hay pruebas de que sea ésta la que te mandaron hacer.

—Es esta misma —dijo Baltazar, ofuscado—.[11] Por eso la hice.

El médico hizo un gesto de impaciencia.

—Podrías hacer otra —dijo Úrsula, mirando a su marido. Y después, hacia el médico—: Usted no tiene apuro.

—Se la prometí a mi mujer para esta tarde —dijo el médico.

—Lo siento mucho, doctor —dijo Baltazar—, pero no se puede vender una cosa que ya está vendida.

El médico se encogió de hombros. Secándose el sudor del cuello con un pañuelo, contempló la jaula en silencio, sin mover la mirada de un mismo punto indefinido, como se mira un barco que se va.

—¿Cuánto te dieron por ella?

Baltazar buscó a Úrsula sin responder.

—Sesenta pesos —dijo ella.

El médico siguió mirando la jaula.

—Es muy bonita —suspiró—. Sumamente bonita. —Luego, moviéndose hacia la puerta, empezó a abanicarse con energía, sonriente, y el recuerdo de aquel episodio desapareció para siempre de su memoria.

—Montiel es muy rico —dijo.

En verdad, José Montiel no era tan rico como parecía, pero había sido capaz de todo por llegar a serlo. A pocas cuadras de allí, en una casa atiborrada de arneses[12] donde nunca se había sentido un olor que no se pudiera vender, permanecía indiferente a la novedad de la jaula. Su esposa, torturada por la obsesión de la muerte, cerró puertas y ventanas después del almuerzo y yació[13] dos horas con los ojos abiertos en la penumbra del cuarto, mientras José Montiel hacía la siesta. Así la sorprendió un alboroto de muchas voces. Entonces abrió la puerta de la sala y vio un tumulto frente a la casa, y a Baltazar con la jaula en medio del tumulto, vestido de blanco y acabado de afeitar, con esa expresión de decoroso candor con que los pobres llegan a la casa de los ricos.

—Qué cosa tan maravillosa —exclamó la esposa de José Montiel, con una expresión radiante, conduciendo a Baltazar hacia el interior—. No había visto nada igual en mi vida —dijo, y agregó, indignada con la multitud que se agolpaba en la puerta—: Pero llévesela para adentro que nos van a convertir la sala en una gallera.

Baltazar no era un extraño en la casa de José Montiel. En distintas ocasiones, por su eficacia y buen cumplimiento, había sido llamado para hacer trabajos de carpintería menor. Pero nunca se sintió bien entre los ricos. Solía pensar en ellos, en sus mujeres feas y conflictivas, en sus tremendas operaciones quirúrgicas y experimentaba siempre un sentimiento de piedad. Cuando entraba en sus casas no podía moverse sin arrastrar los pies.

—¿Está Pepe? —preguntó.

Había puesto la jaula en la mesa del comedor.

—Está en la escuela —dijo la mujer de José Montiel—. Pero ya no debe demorar. —Y agregó:— Montiel se está bañando.

En realidad José Montiel no había tenido tiempo de bañarse. Se estaba dando una urgente fricción de alcohol alcanforado para salir a ver lo que pasaba. Era un hombre tan prevenido, que dormía sin ventilador eléctrico para vigilar durante el sueño los rumores de la casa.

—Adelaida —gritó—. ¿Qué es lo que pasa?

---

[11] turbado, confuso
[12] *atiborrada:* muy llena, repleta; *arneses:* armaduras; arreos para los caballos; cosas necesarias para algún fin
[13] estuvo echada o tendida

—Ven a ver qué cosa tan maravillosa —gritó su mujer.

José Montiel —corpulento y peludo, la toalla colgada en la nuca— se asomó por la ventana del dormitorio.

—¿Qué es eso?

—La jaula de Pepe —dijo Baltazar.

La mujer lo miró perpleja.

—¿De quién?

—De Pepe —confirmó Baltazar. Y después dirigiéndose a José Montiel—: Pepe me la mandó a hacer.

Nada ocurrió en aquel instante, pero Baltazar se sintió como si le hubieran abierto la puerta del baño.[14] José Montiel salió en calzoncillos del dormitorio.

—Pepe —gritó.

—No ha llegado —murmuró su esposa, inmóvil.

Pepe apareció en el vano[15] de la puerta. Tenía unos doce años y las mismas pestañas rizadas y el quieto patetismo de su madre.

—Ven acá —le dijo José Montiel—. ¿Tu mandaste a hacer esto?

El niño bajó la cabeza. Agarrándolo por el cabello, José Montiel lo obligó a mirarlo a los ojos.

—Contesta.

El niño se mordió los labios sin responder.

—Montiel —susurró la esposa.

José Montiel soltó al niño y se volvió hacia Baltazar con una expresión exaltada.

—Lo siento mucho, Baltazar —dijo—. Pero has debido consultarlo conmigo antes de proceder. Sólo a ti se te ocurre contratar con un menor. —A medida que hablaba, su rostro fue recobrando la serenidad. Levantó la jaula sin mirarla y se la dio a Baltazar.— Llévatela en seguida y trata de vendérsela a quien puedas —dijo—. Sobre todo, te ruego que no me discutas. —Le dio una palmadita en la espalda, y explicó:— El médico me ha prohibido coger rabia.[16]

El niño había permanecido inmóvil, sin parpadear, hasta que Baltazar lo miró perplejo con la jaula en la mano. Entonces emitió un sonido gutural, como el ronquido de un perro, y se lanzó al suelo dando gritos.

José Montiel lo miraba impasible, mientras la madre trataba de apaciguarlo.

—No lo levantes —dijo—. Déjalo que se rompa la cabeza contra el suelo y después le echas sal y limón para que rabie con gusto.

El niño chillaba sin lágrimas, mientras su madre lo sostenía por las muñecas.

—Déjalo —insistió José Montiel.

Baltazar observó al niño como hubiera observado la agonía de un animal contagioso. Eran casi las cuatro. A esa hora, en su casa, Úrsula cantaba una canción muy antigua, mientras cortaba rebanadas[17] de cebolla.

—Pepe —dijo Baltazar.

Se acercó al niño, sonriendo, y le tendió la jaula. El niño se incorporó de un salto, abrazó la jaula, que era casi tan grande como él, y se quedó mirando a Baltazar a través del tejido metálico, sin saber qué decir. No había derramado una lágrima.

—Baltazar —dijo Montiel, suavemente—. Ya te dije que te la lleves.

—Devuélvela —ordenó la mujer al niño.

—Quédate con ella —dijo Baltazar. Y luego, a José Montiel—: Al fin y al cabo, para eso la hice.

José Montiel lo persiguió hasta la sala.

—No seas tonto, Baltazar . . decía, cerrándole el paso—. Llévate tu trasto[18] para la casa y no hagas más tonterías. No pienso pagarte ni un centavo.

—No importa —dijo Baltazar—. La hice expresamente para regalársela a Pepe. No pensaba cobrar nada.

Cuando Baltazar se abrió paso a través de los curiosos que bloqueaban la puerta, José Montiel daba gritos en el centro de la sala. Estaba muy pálido y sus ojos empezaban a enrojecer.

—Estúpido —gritaba—. Llévate tu cacharro.[19] Lo último que faltaba es que un cualquiera venga a dar órdenes en mi casa. ¡Carajo!

En el salón de billar recibieron a Baltazar con una ovación. Hasta ese momento, pensaba que había hecho una jaula mejor que las otras, que

---

[14] con mucha vergüenza, avergonzado
[15] hueco, umbral
[16] enojarse mucho; enfadarse con cólera

[17] tajadas, rodajas; porciónes delgadas
[18] cosa vieja e inservible
[19] (fam.) cosa sin ningún valor

había tenido que regalársela al hijo de José Montiel para que no siguiera llorando, y que ninguna de esas cosas tenía nada de particular. Pero luego se dio cuenta de que todo eso tenía una cierta importancia para muchas personas, y se sintió un poco excitado.

—De manera que te dieron cincuenta pesos por la jaula.

—Sesenta —dijo Baltazar.

—Hay que hacer una raya en el cielo —dijo alguien—. Eres el único que ha logrado sacarle ese montón de plata a don Chepe Montiel. Esto hay que celebrarlo.

Le ofrecieron una cerveza, y Baltazar correspondió con una tanda[20] para todos. Como era la primera vez que bebía, al anochecer estaba completamente borracho, y hablaba de un fabuloso proyecto de mil jaulas de a sesenta pesos, y después de un millón de jaulas hasta completar sesenta millones de pesos.

—Hay que hacer muchas cosas para vendérselas a los ricos antes que se mueran —decía, ciego de la borrachera—. Todos están enfermos y se van a morir. Cómo estarán de jodidos[21] que ya ni siquiera pueden coger rabia.

Durante dos horas el tocadiscos automático estuvo por su cuenta tocando sin parar. Todos brindaron por la salud de Baltazar, por su suerte y su fortuna, y por la muerte de los ricos, pero a la hora de la comida lo dejaron solo en el salón.

Úrsula lo había esperado hasta las ocho, con un plato de carne frita cubierto de rebanadas de cebolla. Alguien le dijo que su marido estaba en el salón de billar, loco de felicidad, brindando cerveza a todo el mundo, pero no lo creyó porque Baltazar no se había emborrachado jamás. Cuando se acostó, casi a la medianoche, Baltazar estaba en un salón iluminado, donde había mesitas de cuatro puestos con sillas alrededor, y una pista de baile al aire libre, por donde se paseaban los alcaravanes.[22] Tenía la cara embadurnada[23] de colorete, y como no podía dar un paso más, pensaba que quería acostarse con dos mujeres en la misma cama. Había gastado tanto, que tuvo que dejar el reloj como garantía, con el compromiso de pagar al día siguiente. Un momento después, despatarrado[24] por la calle, se dio cuenta de que le estaban quitando los zapatos, pero no quiso abandonar el sueño más feliz de su vida. Las mujeres que pasaron para la misa de cinco no se atrevieron a mirarlo, creyendo que estaba muerto.

---

[20] una convidada; los tragos de licor que se toman varias personas al mismo tiempo
[21] malos, enfermos
[22] aves zancudas con cabeza negro-verdosa, cuello largo, cola pequeña, vientre blanco y alas blancas y negras
[23] sucia, pintarrajeada, manchada como con tinta
[24] con las piernas muy abiertas

MÉXICO, 1929

Nació este activo, combativo y polémico escritor en la ciudad de México de ante-pasados alemanes y nacidos en las Islas Canarias. Su bisabuelo era socialista en Alemania y llegó a México como exiliado del régimen de Bismark, «el Canciller de hierro». Estos antecedentes familiares tienen mucho que ver con la ideología, la filosofía y la independencia de criterio de Fuentes. Pasó su infancia y adolescencia viajando y residiendo en distintos lugares porque su padre, diplomático de carrera, fue Cónsul en Río de Janeiro, Buenos Aires, Montevideo, Santiago de Chile, Quito, Panamá y Washington. Ya en su juventud vivió con sus padres en Ginebra y París. En la capital de Estados Unidos obtuvo un conocimiento amplio del idioma inglés, que le ha per-mitido leer a los grandes autores de esa lengua; en Chile completó su enseñanza básica y en Ginebra estudió Derecho Internacional y Ciencias Económicas y Sociales. En 1950 comenzó su carrera de Leyes en la Universidad Nacional de México, graduán-dose en 1955. Al regresar de Suiza ocupó algunos cargos importantes en la Universidad y en la Secretaría de Relaciones Exteriores. Su gran afición al cine lo llevó a casarse con una famosa actriz del cine mexicano y a escribir numerosos guiones para películas.

Fuentes es uno de los escritores que más enérgicamente han reaccionado contra el regionalismo impuesto por el ciclo de la novela de la Revolución mexicana. Su obra narrativa responde a la filosofía, doctrinas y técnicas más revolucionarias del mundo contemporáneo, en un anhelo de darle la universalidad debida al tratamiento de los temas. Se puede disentir en algunos aspectos de la ideología de Fuentes, pero no se le puede negar una cultura profunda, sobre todo en el campo literario y un talento innato sobresaliente de narrador. Resultan fácilmente reconocibles las influencias en su obra: Balzac, Joyce, Kafka, Lawrence, Dos Passos, Faulkner, Mailer, Flannery O'Connor y en la propia lengua Unamuno, Pérez Galdós, Pío Baroja. La obra de Fuentes comprende, aparte de guiones cinematográficos y artículos para revistas, dos colecciones de cuentos y cinco novelas. Su primera obra, *Los días enmascarados* (1954) comprende seis cuentos terminados en un mes porque quería estimular la producción de una editorial de jóvenes escritores. Emplea la técnica del «realismo mágico» y sigue la vena universal de Jorge Luis Borges por el tono fantástico y mitológico de los temas. Constituye un homenaje reverente de Fuentes a los mitos perdurables del pasado mexicano que siguen vigentes en la vida moderna del país. Cuatro años después publicó *La región más transparente* (1958), especie de radiografía de la ciudad capital con una crítica muy fuerte a los logros de la Revolución, porque el autor cree que ésta se ha frenado sin lograr sus objetivos esenciales. La obra ha sido traducida a más de doce lenguas modernas y en ella Fuentes hace acopio de las últimas técnicas novelís-ticas: monólogo interior, superposición de planos narrativos, alegorías y simbolismo, contrapunto, libre asociación de ideas, personaje colectivo, técnicas cinematográficas, fragmentación del tiempo lógico, siguiendo a los grandes maestros ya citados. Fuentes exhibe una prosa inconfundible, llena de vida, energía, de ritmo rápido y por momentos de tono poemático. Estilo, forma y técnica bien diferentes muestra su novela *Las buenas conciencias* (1959), en la que sigue el realismo tradicional de Balzac y Pérez Galdós. Situando el escenario en la ciudad de Guanajuato hace una crítica muy severa a la sociedad aristocrática y católica, llena de convencionalismos y cerrada a toda forma de sensibilidad social. Jaime Ceballos, el protagonista, pertenece a una de estas familias y siente grandes inquietudes sociales e inclusive hace amistad con Juan Manuel un indio y líder popular. Al final, Jaime es ganado por la filosofía de su familia y decide ser uno de ellos, frustrando así el luchador que podría haber sido.

Con *La muerte de Artemio Cruz* (1962), traducida también a gran número de idiomas, Fuentes vuelve a las técnicas superrealistas mientras continúa su crítica más enérgica contra el proceso revolucionario, en su anhelo de presentar ún perfil exacto —según su ideología marxista— de los males de su país. Novela pesimista y amarga donde se relata, dándole saltos hacia atrás y hacia adelante al tiempo, el envilecimiento de los hombres que frustraron, por sus ambiciones personales, los ideales de la revolución. Desde su lecho de enfermo y próximo a morir un revolucionario relata toda su vida, ofreciendo un amplio panorama de la vida nacional. Si estructuralmente constituye un acierto, su prosa tiene una fuerza poética que la aproxima a lo mejor escrito en Hispanoamérica en este siglo. Dos años después Carlos Fuentes volvió a la narración breve con los siete cuentos de *Cantar de ciegos* (1964), escritos con los procedimientos más modernos. En estos cuentos vemos la búsqueda de lo mejor del hombre y el desengaño, la desilusión y la cuerda trágica en que parece resumirse el sentido último de la vida humana. Nos presentan un Fuentes no polémico, o político sino dándole rienda suelta al caudal de su ternura, nostalgia y poder evocador.

Hasta el presente, *Cambio de piel* (1967) representa su última novela. Ofrece gran complicación narrativa y demuestra el pleno dominio de las técnicas contemporáneas. Mediante la constante transfiguración de sus personajes, trata de exponer los distintos cambios ocurridos en México a través de su historia, con referencias a los hechos mundiales más sobresalientes del siglo XX. Insiste en su actitud crítica hacia la Revolución en el poder. Hoy por hoy Fuentes es uno de los grandes narradores hispanoamericanos, con renombre internacional, a pesar de cierta tendencia doctrinaria que a veces va más allá de los principios de la «literatura comprometida».

FUENTE: *Cantar de ciegos* 2a. edición, México, Editorial Joaquín Mortiz, 1966.

Cantar de ciegos

1964

La muñeca reina[1]

a María Pilar y José Donoso

I

Vine porque aquella tarjeta, tan curiosa, me hizo recordar su existencia. La encontré en un libro olvidado cuyas páginas habían reproducido un espectro de la caligrafía[2] infantil. Estaba acomodando,[3] después de mucho tiempo de no hacerlo, mis libros. Iba de sorpresa en sorpresa, pues algunos, colocados en las estanterías más altas, no fueron leídos durante mucho tiempo. Tanto, que el filo de las hojas se había granulado, de manera que sobre mis palmas abiertas cayó una mezcla de polvo de oro y escama[4] grisácea, evocadora del barniz que cubre ciertos cuerpos entrevistos primero en los sueños y después en la decepcionante realidad de la primera función de ballet a la que somos conducidos. Era un libro de mi infancia —acaso de la de muchos niños— y relataba una serie de historias ejemplares más o menos truculentas[5] que poseían la virtud de arrojarnos sobre las rodillas de nuestros mayores para preguntarles, una y otra vez, ¿por qué? Los hijos que son desagradecidos con sus padres, las mozas que son raptadas por caballerangos[6] y regresan avergonzadas a la casa, así como las que

de buen grado abandonan el hogar, los viejos que a cambio de una hipoteca vencida[7] exigen la mano de la muchacha más dulce y adolorida de la familia amenazada, ¿por qué? No recuerdo las respuestas. Sólo sé que de entre las páginas manchadas cayó, revoloteando,[8] una tarjeta blanca con la letra atroz[9] de Amilamia: *Amilamia no olbida a su amiguito y me buscas aquí como te lo divujo.*[10]

Y detrás estaba ese plano de un sendero que partía de la X que debía indicar, sin duda, la banca[11] del parque donde yo, adolescente rebelde a la educación prescrita y tediosa, me olvidaba de los horarios de clase y pasaba varias horas leyendo libros que, si no fueron escritos por mí, me lo parecían: ¿cómo iba a dudar que sólo de mi imaginación podían surgir todos esos corsarios, todos esos correos del zar,[12] todos esos muchachos, un poco más jóvenes que yo, que bogaban el día entero sobre una barcaza a lo largo de los grandes ríos americanos? Prendido al brazo de la banca como a un arzón[13] milagroso, al principio no escuché los pasos ligeros que,

---

[1] En este cuento, típico del tono general de *Cantar de ciegos*, Fuentes anda en busca de aquellos instantes de la existencia que significaron un momento de inolvidable gozo espiritual. El protagonista, ya hombre, trata de desandar el camino de la vida hacia atrás, para encontrarse nuevamente con su amiguita, cuya sicología, gestos y modos de ser tanto le impresionaron, para descubrir que los padres de ella rinden culto a una muñeca que les recuerda a su hija, en momentos de hermosura, mientras esconden a ésta porque es deforme y contrahecha. Al análisis penetrante y escudriñador, detalles de gran poder de sugestión y de emoción evocadora, une Fuentes una prosa de gran fuerza lírica. Estos elementos se combinan con un halo de misterio que mantiene el suspenso y lleva el relato hasta su punto de mayor dramatismo. El lector llega a compenetrarse con Amilamia y su buen amiguito que va en su búsqueda y se conmueve ante la tragedia final, llena de desilusión

y desengaño. La ternura, piedad e interés por lo humano brotan de la narración, amarga como la vida misma.

[2] escritura, modo de escribir

[3] organizándolos, poniéndolos en su lugar

[4] membrana o tejido que cubre la piel de los peces y algunos reptiles

[5] terribles, crueles, atroces

[6] (México) caballerizo: el que cuida de los caballos

[7] préstamo que hay que pagar

[8] volando, dando vueltas o giros

[9] horrible, terrible

[10] Amilamia no olvida a su amiguito y me buscas aquí como te lo dibujo

[11] o banco; asientos largos

[12] referencia a la novela de Julio Verne (1828–1905) titulada *Miguel Strogoff* o *El correo del Zar*, muy leída e inclusive llevada al cine.

[13] fuste (pieza o vara de madera) de la silla de montar

después de correr sobre la grava[14] del jardín, se detenían a mis espaldas. Era Amilamia y no supe cuánto tiempo me habría acompañado en silencio si su espíritu travieso,[15] cierta tarde, no hubiese optado por hacerme cosquillas en la oreja con los vilanos de un amargón[16] que la niña soplaba hacia mí con los labios hinchados y el ceño fruncido.

Preguntó mi nombre y después de considerarlo con el rostro muy serio, me dijo el suyo con una sonrisa, si no cándida, tampoco demasiado ensayada.[17] Pronto me di cuenta que Amilamia había encontrado, por así decirlo, un punto intermedio de expresión entre la ingenuidad de sus años y las formas de mímica adulta que los niños bien educados deben conocer, sobre todo para los momentos solemnes de la presentación y la despedida. La gravedad de Amilamia, más bien, era un don de su naturaleza, al grado de que sus momentos de espontaneidad, en contraste, parecían aprendidos. Quiero recordarla, una tarde y otra, en una sucesión de imágenes fijas que acaban por sumar a Amilamia entera. Y no deja de sorprenderme que no pueda pensar en ella como realmente fue, o como en verdad se movía, ligera, interrogante, mirando de un lado a otro sin cesar. Debo recordarla detenida para siempre, como en un álbum. Amilamia a lo lejos, un punto en el lugar donde la loma[18] caía, desde un lago de tréboles, hacia el prado llano donde yo leía sentado sobre la banca: un punto de sombra y sol fluyentes y una mano que me saludaba desde allá arriba. Amilamia detenida en su carrera loma abajo, con la falda blanca esponjada[19] y los calzones[20] de florecillas apretados con ligas[21] alrededor de los muslos, con la boca abierta y los ojos entrecerrados porque la carrera agitaba el aire y la niña lloraba de gusto. Amilamia sentada bajo los eucaliptos,[22] fingiendo un llanto para que yo me acercara a ella.

Amilamia boca abajo con una flor entre las manos: los pétalos de un amento[23] que, descubrí más tarde, no crecía en este jardín, sino en otra parte, quizás en el jardín de la casa de Amilamia, pues la única bolsa de su delantal[24] de cuadros azules venía a menudo llena de esas flores blancas. Amilamia viéndome leer, detenida con ambas manos a los barrotes[25] de la banca verde, inquiriendo con los ojos grises: recuerdo que nunca me preguntó qué cosa leía, como si pudiese adivinar en mis ojos las imágenes nacidas de las páginas. Amilamia riendo con placer cuando yo la levantaba del talle[26] y la hacía girar sobre mi cabeza y ella parecía descubrir otra perspectiva del mundo en ese vuelo lento. Amilamia dándome la espalda y despidiéndose con el brazo en alto y los dedos alborotados.[27] Y Amilamia en las mil posturas que adoptaba alrededor de mi banca: colgada de cabeza, con las piernas al aire y los calzones abombados, sentada sobre la grava, con las piernas cruzadas y la barbilla apoyada en el mentón; recostada sobre el pasto, exhibiendo el ombligo[28] al sol; tejiendo ramas de los árboles, dibujando animales en el lodo[29] con una vara, lamiendo los barrotes de la banca, escondida bajo el asiento, quebrando sin hablar las cortezas sueltas de los troncos añosos, mirando fijamente el horizonte más allá de la colina,[30] canturreando con los ojos cerrados, imitando las voces de pájaros, perros, gatos, gallinas, caballos. Todo para mí, y sin embargo, nada. Era su manera de estar conmigo, todo esto que recuerdo, pero también su manera de estar a solas en el parque. Sí; quizás la recuerdo fragmentariamente porque mi lectura alternaba con la contemplación de la niña mofletuda,[31] de cabello liso y cambiante con los reflejos de la luz: ora pajizo, ora de un castaño[32] quemado. Y sólo hoy pienso que Amilamia, en ese momento, establecía el otro

---

[14] conjunto de piedrecitas redondeadas empleadas en pavimentos
[15] pícaro, revoltoso
[16] *milanos*: flores del cardo (una planta); *amargón*: especie de cardo
[17] practicada
[18] altura no tan importante como una montaña; montaña pequeña y baja
[19] como una esponja
[20] prendas de vestir que cubren desde la cintura hasta la rodilla
[21] cintas elásticas
[22] árboles de la familia de las mirtáceas, muy altos
[23] una flor
[24] pieza de tela que se usa para preservar el vestido cuando se cocina y trabaja
[25] barras gruesas
[26] cintura
[27] en movimiento
[28] cicatriz en el vientre donde estaba el cordón umbilical
[29] barro
[30] loma: Véase nota 18.
[31] con la cara muy gorda
[32] del color de la cáscara de la castaña

punto de apoyo para mi vida, el que creaba la tensión entre mi propia infancia irresuelta y el mundo abierto, la tierra prometida que empezaba a ser mía en la lectura.

Entonces no. Entonces soñaba con las mujeres de mis libros, con las hembras —la palabra me trastornaba— que asumían el disfraz[33] de la Reina para comprar el collar en secreto, con las invenciones mitológicas —mitad seres reconocibles, mitad salamandras[34] de pechos blancos y vientres húmedos— que esperaban a los monarcas en sus lechos. Y así, imperceptiblemente, pasé de la indiferencia hacia mi compañía infantil a una aceptación de la gracia y gravedad de la niña, y de allí a un rechazo[35] impensado de esa presencia inútil. Acabó por irritarme, a mí que ya tenía catorce años, esa niña de siete que no era, aún la memoria y su nostalgia, sino el pasado y su actualidad. Me había dejado arrastrar por una flaqueza. Juntos habíamos corrido, tomados de la mano, por el prado. Juntos habíamos sacudido los pinos y recogido las piñas que Amilamia guardaba con celo en la bolsa del delantal. Juntos habíamos fabricado barcos de papel para seguirlos, alborozados,[36] al borde de la acequia.[37] Y esa tarde, cuando juntos rodamos por la colina, en medio de gritos de alegría, y al pie de ella caímos juntos. Amilamia sobre mi pecho, yo con el cabello de la niña en mis labios, y sentí su jadeo[38] en mi oreja y sus bracitos pegajosos de dulce alrededor de mi cuello, le retiré con enojo los brazos y la dejé caer. Amilamia lloró, acariciándose la rodilla y el codo heridos, y yo regresé a mi banca. Luego Amilamia se fue y al día siguiente regresó, me entregó el papel sin decir palabra y se perdió, canturreando, en el bosque. Dudé entre rasgar[39] la tarjeta o guardarla en las páginas del libro. *Las tardes de la granja.* Hasta mis lecturas se estaban infantilizando al lado de Amilamia. Ella no regresó al parque. Yo, a los pocos días, salí de vacaciones y después regresé a

los deberes del primer año de bachillerato. Nunca la volví a ver.

II

Y ahora, casi rechazando la imagen que es desacostumbrada sin ser fantástica y por ser real es más dolorosa, regreso a ese parque olvidado y, detenido ante la alameda[40] de pinos y eucaliptos, me doy cuenta de la pequeñez del recinto boscoso,[41] que mi recuerdo se ha empeñado en dibujar con una amplitud que pudiera dar cabida al oleaje de la imaginación. Pues aquí habían nacido, hablado y muerto Strogoff y Huckleberry, Milady de Winter y Genoveva de Brabante:[42] en un pequeño jardín rodeado de rejas mohosas, plantado de escasos árboles viejos y descuidados, adornado apenas con una banca de cemento que imita la madera y que me obliga a pensar que mi hermosa banca de hierro forjado,[43] pintada de verde, nunca existió o era parte de mi ordenado delirio retrospectivo.[44] Y la colina . . . ¿Cómo pude creer que era eso, el promontorio[45] que Amilamia bajaba y subía durante sus diarios paseos, la ladera empinada[46] por donde rodábamos juntos? Apenas una elevación de zacate[47] pardo sin más relieve que el que mi memoria se empeñaba en darle.

Me buscas aquí como te lo divujo. Entonces habría que cruzar el jardín, dejar atrás el bosque, descender en tres zancadas la elevación, atravesar ese breve campo de avellanos[48] —era aquí, seguramente, donde la niña recogía los pétalos blancos—, abrir la reja rechinante[49] del parque y súbitamente recordar, saber, encontrarse en la calle, darse cuenta de que todas aquellas tardes de la adolescencia, como por milagro, habían logrado suspender los latidos de la ciudad circundante, anular esa marea de pitazos,[50] campanadas, voces, llantos, motores, radios,

---

[33] máscara
[34] batracio urodelo que se alimenta de insectos
[35] rebote de un cuerpo al chocar con otro
[36] alegres, regocijados
[37] arroyo; zanja por donde corren las aguas
[38] respiración dificultosa
[39] romper, desgarrar
[40] paseo con árboles
[41] lugar con muchos árboles
[42] *Strogoff:* véase nota 12; *Huckleberry:* protagonista de *The Adventures of Huckleberry Finn* (1884) de Mark Twain

(1835–1910); *Genoveva de Brabante:* novela romántica muy famosa del siglo XIX
[43] hierro que forma figuras y adornos
[44] deseo vehemente de recordar el pasado
[45] altura de tierra
[46] pendiente
[47] gramínea (especie de hierba)
[48] arbustos de la familia de las betuláceas, cuyo fruto es la avellana
[49] que hace un ruido agudo
[50] silbidos; sonido producido con un pito

imprecaciones:[51] ¿cuál era el verdadero imán: el jardín silencioso o la ciudad febril? Espero el cambio de luces y paso a la otra acera sin dejar de mirar el iris rojo[52] que detiene el tránsito. Consulto el papelito de Amilamia. Al fin y al cabo, ese plano rudimentario es el verdadero imán del momento que vivo, y sólo pensarlo me sobresalta. Mi vida, después de las tardes perdidas de los catorce años, se vio obligada a tomar los cauces[53] de la disciplina y ahora, a los veintinueve, debidamente diplomado,[54] dueño de un despacho,[55] asegurado de un ingreso módico,[56] soltero aún, sin familia que mantener, ligeramente aburrido de acostarme con secretarias, apenas excitado por alguna salida eventual al campo o a la playa, carecía de una atracción central como las que antes me ofrecieron mis libros, mi parque y Amilamia. Recorro la calle de este suburbio chato y gris.[57] Las casas de un piso se suceden monótonamente, con sus largas ventanas enrejadas y sus portones de pintura descascarada. Apenas el rumor de ciertos oficios rompe la uniformidad del conjunto. El chirreo[58] de un afilador aquí, el martilleo de un zapatero allá. En las cerradas laterales,[59] juegan los niños del barrio. La música de un organillo llega a mis oídos, mezclada con las voces de las rondas. Me detengo un instante a verlos, con la sensación, también fugaz, de que entre esos grupos de niños estaría Amilamia, mostrando impúdicamente sus calzones floreados, colgada de las piernas desde un balcón, afecta siempre a sus extravagancias acrobáticas, con la bolsa del delantal llena de pétalos blancos. Sonrío y por vez primera quiero imaginar a la señorita de veintidós años que, si aún vive en la dirección apuntada, se reirá de mis recuerdos o acaso habrá olvidado las tardes pasadas en el jardín.

La casa es idéntica a las demás. El portón, dos ventanas enrejadas, con los batientes cerrados. Un solo piso, coronado por un falso barandal neoclásico que debe ocultar los menesteres[60] de la azotea: la ropa tendida, los tinacos[61] de agua, el cuarto de criados, el corral. Antes de tocar el timbre, quiero desprenderme de cualquier ilusión. Amilamia ya no vive aquí. ¿Por qué iba a permanecer quince años en la misma casa? Además, pese a su independencia y soledad prematuras, parecía una niña bien educada, bien arreglada, y este barrio ya no es elegante; los padres de Amilamia, sin duda, se han mudado. Pero quizás los nuevos inquilinos saben a dónde.

Aprieto el timbre[62] y espero. Vuelvo a tocar. Ésa es otra contingencia: que nadie esté en casa. Y yo, ¿sentiré otra vez la necesidad de buscar a mi amiguita? No, porque ya no será posible abrir un libro de la adolescencia y encontrar, al azar, la tarjeta de Amilamia. Regresaría a la rutina, olvidaría el momento que sólo importaba por su sorpresa fugaz.

Vuelvo a tocar. Acerco la oreja al portón y me siento sorprendido: una respiración ronca y entrecortada se deja escuchar del otro lado; el soplido trabajoso, acompañado por un olor desagradable a tabaco rancio,[63] se filtra por los tablones resquebrajados del zaguán.[64]

—Buenas tardes. ¿Podría decirme. . .?

Al escuchar mi voz, la persona se retira con pasos pesados e inseguros. Aprieto de nuevo el timbre, esta vez gritando:

—¡Oiga! ¡Ábrame! ¿Qué le pasa? ¿No me oye?

No obtengo respuesta. Continúo tocando el timbre, sin resultados. Me retiro del portón, sin alejar la mirada de las mínimas rendijas, como si la distancia pudiese darme perspectiva e incluso penetración. Con toda la atención fija en esa puerta condenada,[65] atravieso la calle caminando hacia atrás; un grito agudo me salva a tiempo, seguido de un pitazo prolongado y feroz, mientras yo, aturdido, busco a la persona cuya voz acaba de salvarme, sólo veo el automóvil que se aleja por la calle y me abrazo a un poste de luz, a un asidero[66] que, más que

---

[51] maldiciones
[52] la luz (del tráfico) roja
[53] lechos (canales); caminos
[54] graduado de la universidad
[55] oficina de trabajo
[56] modesto, moderado; no mucho
[57] pobre, mediocre, sin importancia
[58] por chirrido, ruido agudo

[59] calles cerradas al tráfico para que jueguen los niños
[60] ocupaciones, empleos
[61] tinajas de barro
[62] Presiono el botón de la campanilla eléctrica.
[63] olor muy fuerte y desagradable
[64] vestíbulo
[65] cerrada al uso
[66] parte por donde se coge o toma una cosa

seguridad, me ofrece un punto de apoyo para el paso súbito de la sangre helada a la piel ardiente, sudorosa. Miro hacia la casa que fue, era, debía ser la de Amilamia. Allá, detrás de la balaustrada, como lo sabía, se agita la ropa tendida. No sé qué es lo demás: camisones, pijamas, blusas, no sé; yo veo ese pequeño delantal de cuadros azules, tieso,[67] prendido con pinzas[68] al largo cordel que se mece entre una barra de fierro y un clavo del muro blanco de la azotea.[69]

III

En el Registro de la Propiedad[70] me han dicho que ese terreno está a nombre de un señor R. Valdivia, que alquila la casa. ¿A quién? Eso no lo saben. ¿Quién es Valdivia? Ha declarado ser comerciante. ¿Dónde vive? ¿Quién es usted?, me ha preguntado la señorita con una curiosidad altanera.[71] No he sabido presentarme calmado y seguro. El sueño no me alivió de la fatiga nerviosa. Valdivia. Salgo del Registro y el sol me ofende.[72] Asocio la repugnancia que me provoca el sol brumoso y tamizado por las nubes bajas —y por ello más intenso— con el deseo de regresar al parque sombreado y húmedo. No, no es más que el deseo de saber si Amilamia vive en esa casa y por qué se me niega la entrada. Pero lo que debo rechazar, cuanto antes, es la idea absurda que no me permitió cerrar los ojos durante la noche. Haber visto el delantal secándose en la azotea, el mismo en cuya bolsa guardaba las flores, y creer por ello que en esa casa vivía una niña de siete años que yo había conocido catorce o quince antes... Tendría una hijita. Sí. Amilamia, a los veintidós años, era madre de una niña quizás se vestía igual, se parecía a ella, repetía los mismos juegos, ¿quién sabe?, iba al mismo parque. Y cavilando llego de nuevo hasta el portón de la casa. Toco el timbre y espero el resuello agudo del otro lado de la puerta. Me he equivocado. Abre la puerta una mujer que no tendrá más de cincuenta años. Pero envuelta en

un chal, vestida de negro y con zapatos de tacón bajo, sin maquillaje, con el pelo estirado hasta la nuca, entrecano, parece haber abandonado toda ilusión o pretexto de juventud y me observa con ojos casi crueles de tan indiferentes.

—¿Deseaba?

—Me envía el señor Valdivia. —Toso y me paso una mano por el pelo. Debí recoger mi cartapacio[73] en la oficina. Me doy cuenta de que sin él no interpretaré bien mi papel.

—¿Valdivia? —La mujer me interroga sin alarma; sin interés.

—Sí. El dueño de la casa.

Una cosa es clara: la mujer no delatará[74] nada en el rostro. Me mira impávida.

—Ah sí. El dueño de la casa.

—¿Me permite?...

Creo que en las malas comedias el agente viajero adelanta un pie para impedir que le cierren la puerta en las narices. Yo lo hago, pero la señora se aparta y con un gesto de la mano me invita a pasar a lo que debió ser una cochera.[75] Al lado hay una puerta de cristal y madera despintada. Camino hacia ella, sobre los azulejos amarillos del patio de entrada, y vuelvo a preguntar, dando la cara a la señora que me sigue con paso menudo: —¿Por aquí?

La señora asiente y por primera vez observo que entre sus manos blancas lleva una camándula[76] con la que juguetea sin cesar. No he vuelto a ver esos viejos rosarios desde mi infancia y quiero comentarlo, pero la manera brusca y decidida con que la señora abre la puerta me impide la conversación gratuita. Entramos a un aposento largo y estrecho. La señora se apresura a abrir los batientes, pero la estancia sigue ensombrecida por cuatro plantas perennes que crecen en los macetones de porcelana y vidrio incrustado. Sólo hay en la sala un viejo sofá de alto respaldo enrejado de bejuco[77] y una mecedora.[78] Pero no son los escasos muebles o las plantas lo que llama mi atención. La señora me invita a tomar asiento en el sofá antes de que ella lo haga en la mecedora.

---

[67] muy derecho
[68] tenacillas de metal
[69] plataforma en el tejado de una casa
[70] oficina pública donde se inscriben los terrenos, casas, y demás propiedad inmueble
[71] arrogante
[72] hace un sol muy fuerte y le molesta

[73] cartera de mano grande donde se llevan libros y documentos; libreta de notas
[74] descubrirá; demostrará
[75] lugar donde se guardan los coches
[76] rosario de uno o tres dieces
[77] una cerca de plantas de tallos muy largos y delgados
[78] silla con brazos para mecerse

A mi lado, sobre el bejuco, hay una revista abierta.

—El señor Valdivia se excusa de no haber venido personalmente.

5 La señora se mece sin pestañear. Miro de reojo esa revista de cartones cómicos.

—La manda saludar y. . .

Me detengo, esperando una reacción de la mujer. Ella continúa meciéndose. La revista 10 está garabateada[79] con un lápiz rojo.

—. . .y me pide informarle que piensa molestarla durante unos cuantos días. . .

Mis ojos buscan rápidamente.

—. . .Debe hacerse un nuevo avalúo[80] de la 15 casa para el catastro.[81] Parece que no se hace desde. . . ¿Ustedes llevan viviendo aquí. . .?

Sí; ese lápiz labial romo[82] está tirado debajo del asiento. Y si la señora sonríe lo hace con las manos lentas que acarician la camándula: allí 20 siento, por un instante, una burla veloz que no alcanza a turbar sus facciones. Tampoco esta vez me contesta.

—. . .¿por lo menos quince años, no es cierto. . .?

25 No afirma. No niega. Y en sus labios pálidos y delgados no hay la menor señal de pintura. . .

—. . .¿usted, su marido y. . .?

Me mira fijamente, sin variar de expresión, casi retándome a que continúe. Permanecemos 30 un instante en silencio, ella jugueteando con el rosario, yo inclinado hacia adelante, con las manos sobre las rodillas. Me levanto.

—Entonces, regresaré esta misma tarde con mis papeles. . .

35 La señora asiente mientras, en silencio, recoge el lápiz labial, toma la revista de caricaturas y los esconde entre los pliegues del chal.

IV

40 La escena no ha cambiado. Esta tarde, mientras yo apunto cifras imaginarias en un cuaderno y finjo interés en establecer la calidad de las tablas opacas del piso y la extensión de la 45 estancia, la señora se mece y roza con las yemas

de los dedos los tres dieces[83] del rosario. Suspiro al terminar el supuesto inventario de la sala y le pido que pasemos a otros lugares de la casa. La señora se incorpora, apoyando los brazos largos y negros sobre el asiento de la mecedora y ajustándose el chal a las espaldas estrechas y huesudas.

Abre la puerta de vidrio opaco y entramos a un comedor apenas más amueblado. Pero la mesa con patas de tubo,[84] acompañada de cuatro sillas de níquel y hulespuma, ni siquiera poseen el barrunto[85] de distinción de los muebles de la sala. La otra ventana enrejada, con los batientes cerrados, debe iluminar en ciertos momentos este comedor de paredes desnudas, sin cómodas ni repisas.[86] Sobre la mesa sólo hay un frutero de plástico con un racimo de uvas negras, dos melocotones y una corona zumbante de moscas. La señora, con los brazos cruzados y el rostro inexpresivo, se detiene detrás de mí. Me atrevo a romper el orden: es evidente que las estancias comunes de la casa nada me dirán sobre lo que deseo saber.

—¿No podríamos subir a la azotea? —pregunto—. Creo que es la mejor manera de cubrir la superficie total.

La señora me mira con un destello fino y contrastado, quizás, con la penumbra del comedor.

—¿Para qué? —dice, por fin—. La extensión la sabe bien el señor. . . Valdivia. . .

Y esas pausas, una antes y otra después del nombre del propietario, son los primeros indicios de que algo, al cabo,[87] turba a la señora y la obliga, en defensa, a recurrir a cierta ironía.

—No sé —hago un esfuerzo por sonreír—. Quizás prefiero ir de arriba hacia abajo y no. . . —mi falsa sonrisa se va derritiendo—. . . . de abajo hacia arriba.

—Usted seguirá mis indicaciones —dice la señora con los brazos cruzados sobre el regazo[88] y la cruz de plata sobre el vientre oscuro.

Antes de sonreír débilmente, me obligo a pensar que en la penumbra mis gestos son inútiles, ni siquiera simbólicos. Abro con un

---

[79] con rasgos o letras muy mal hechos
[80] valuación; calcular el precio o valor de una cosa
[81] censo de las fincas de un país
[82] punta chata; contrario de agudo o punteagudo
[83] vueltas de un rosario; Véase nota 76.
[84] pieza de metal cilíndrica y hueca
[85] indicio; noticia
[86] anaqueles, estantes
[87] al fin
[88] seno; enfaldo de la saya

crujido de la pasta el cuaderno y sigo anotando con la mayor velocidad posible, sin apartar la mirada, los números y apreciaciones de esta tarea cuya ficción —me lo dice el ligero rubor de las mejillas, la definida sequedad de la lengua— no engaña a nadie. Y al llenar la página cuadriculada[89] de signos absurdos, de raíces cuadradas[90] y fórmulas algebraicas, me pregunto qué cosa me impide ir al grano, preguntar por Amilamia y salir de aquí con una respuesta satisfactoria. Nada. Y sin embargo, tengo la certeza de que por ese camino, si bien obtendría una respuesta, no sabría la verdad. Mi delgada y silenciosa acompañante tiene una silueta que en la calle no me detendría a contemplar, pero que en esta casa de mobiliario ramplón[91] y habitantes ausentes, deja de ser un rostro anónimo de la ciudad para convertirse en un lugar común del misterio. Tal es la paradoja, y si las memorias de Amilamia han despertado otra vez mi apetito de imaginación, seguiré las reglas del juego, agotaré las apariencias y no reposaré hasta encontrar la respuesta —quizás simple y clara, inmediata y evidente— a través de los inesperados velos que la señora del rosario tiende en mi camino. ¿Le otorgo a mi anfitriona renuente[92] una extrañeza gratuita? Si es así, sólo gozaré más en los laberintos de mi invención. Y las moscas zumban alrededor del frutero, pero se posan sobre ese punto herido del melocotón, ese trozo mordisqueado[93] —me acerco con el pretexto de mis notas— por unos dientecillos que han dejado su huella en la piel aterciopelada y la carne ocre de la fruta. No miro hacia donde está la señora. Finjo que sigo anotando. La fruta parece mordida pero no tocada. Me agacho para verla mejor, apoyo las manos sobre la mesa, adelanto los labios como si quisiera repetir el acto de morder sin tocar. Bajo los ojos y veo otra huella cerca de mis pies: la de dos llantas[94] que me parecen de bicicleta, dos tiras de goma impresas sobre el piso de madera despintada que llegan hasta el filo de la mesa y luego se retiran, cada vez más débiles, a

lo largo del piso, hacia donde está la señora. . .

Cierro mi libro de notas.

—Continuemos, señora.

Al darle la cara, la encuentro de pie con las manos sobre el respaldo de una silla. Delante de ella, sentado, tose el humo de su cigarrillo negro un hombre de espaldas cargadas[95] y mirar invisible: los ojos están escondidos por esos párpados arrugados, hinchados, gruesos y colgantes, similares a un cuello de tortuga vieja, que no obstante parecen seguir mis movimientos. Las mejillas mal afeitadas, hendidas por mil surcos grises, cuelgan de los pómulos salientes y las manos verdosas están escondidas entre las axilas:[96] viste una camisa burda,[97] azul, y su pelo revuelto semeja, por lo rizado, un fondo de barco cubierto de caramujos.[98] No se mueve y el signo real de su existencia es ese jadeo difícil (como si la respiración debiera vencer los obstáculos de una y otra compuerta de flema, irritación, desgaste) que ya había escuchado entre los resquicios[99] del zaguán.

Ridículamente, murmuró: —Buenas tardes . . . —y me dispongo a olvidarlo todo: el misterio, Amilamia, el avalúo, las pistas. La aparición de este lobo asmático justifica una pronta huída. Repito «Buenas tardes», ahora en son de despedida. La máscara de la tortuga se desbarata en una sonrisa atroz: cada poro de esa carne parece fabricado de goma quebradiza, de hule pintado y podrido. El brazo se alarga y me detiene.

—Valdivia murió hace cuatro años —dice el hombre con esa voz sofocada, lejana, situada en las entrañas y no en la laringe: una voz tipluda[1] y débil.

Arrestado por esa garra fuerte, casi dolorosa, me digo que es inútil fingir. Los rostros de cera y caucho que me observan nada dicen y por eso puedo, a pesar de todo, fingir por última vez, inventar que me hablo a mí mismo cuando digo:

—Amilamia. . .

Sí: nadie habrá de fingir más. El puño que aprieta mi brazo afirma su fuerza sólo por un

---

[89] con rayas verticales y horizontales
[90] operación aritmética
[91] tosco, grosero
[92] terca; indócil
[93] mordido ligeramente
[94] gomas, ruedas
[95] jorobado; contrahecho

[96] cavidades debajo de los hombros
[97] tosca, grosera; Véase nota 91.
[98] especie de caracol pequeño que se pega a los fondos de los buques
[99] hendedura; huecos
[1] voz de tiple (muy aguda)

instante, en seguida afloja y al fin cae, débil y tembloroso, antes de levantarse y tomar la mano de cera que le tocaba el hombre: la señora, perpleja por primera vez, me mira con los ojos de un ave violada y llora con un gemido seco que no logra descomponer el azoro² rígido de sus facciones. Los ogros de mi invención, súbitamente, son dos viejos solitarios, abandonados, heridos, que apenas pueden confortarse al unir sus manos con un estremecimiento que me llena de vergüenza. La fantasía me trajo hasta este comedor desnudo para violar la intimidad y el secreto de dos seres expulsados de la vida por algo que yo no tenía el derecho de compartir. Nunca me he despreciado tanto. Nunca me han faltado las palabras de manera tan burda. Cualquier gesto es vano: ¿voy a acercarme, voy a tocarlos, voy a acariciar la cabeza de la señora, voy a pedir excusas por mi intromisión? Me guardo el libro de notas en la bolsa del saco. Arrojo al olvido todas las pistas de mi historia policial: la revista de dibujos, el lápiz labial, la fruta mordida, las huellas de la bicicleta, el delantal de cuadros azules. . . Decido salir de esta casa sin decir nada. El viejo, detrás de los párpados gruesos, ha debido fijarse en mí. El resuello tiplado me dice:

—¿Usted la conoció?

Ese pasado tan natural, que ellos deben usar a diario, acaba por destruir mis ilusiones. Allí está la respuesta. Usted la conoció. ¿Cuántos años? ¿Cuántos años habrá vivido el mundo sin Amilamia, asesinada primero por mi olvido, resucitada, apenas ayer, por una triste memoria impotente? ¿Cuándo dejaron esos ojos grises y serios de asombrarse con el deleite de un jardín siempre solitario? ¿Cuándo esos labios de hacer pucheros³ o de adelgazarse en aquella seriedad ceremoniosa con la que, ahora me doy cuenta, Amilamia descubría y consagraba las cosas de una vida que, acaso, intuía fugaz?

—Sí, jugamos juntos en el parque. Hace mucho.

—¿Qué edad tenía ella? —dice, con la voz aún más apagada, el viejo.

—Tendría siete años. Sí, no más de siete.

La voz de la mujer se levanta, junto con los brazos que parecen implorar:

—¿Cómo era, señor? Díganos cómo era, por favor. . .

Cierro los ojos. —Amilamia también es mi recuerdo. Sólo podría compararla a las cosas que ella tocaba, traía y descubría en el parque. Sí. Ahora la veo, bajando por la loma. No, no es cierto que sea apenas una elevación de zacate. Era una colina de hierba y Amilamia había trazado un sendero con sus idas y venidas y me saludaba desde lo alto antes de bajar, acompañada por la música, sí, la música de mis ojos, las pinturas de mi olfato, los sabores de mi oído, los olores de mi tacto. . . mi alucinación. . . ¿me escuchan?. . . bajaba saludando, vestida de blanco, con un delantal de cuadros azules. . . el que ustedes tienen tendido en la azotea. . .

Toman mis brazos y no abro los ojos.

—¿Cómo, era, señor?

—Tenía los ojos grises y el color del pelo le cambiaba con los reflejos del sol y la sombra de los árboles. . .

Me conducen suavemente, los dos; escucho el resuello del hombre, el golpe de la cruz del rosario contra el cuerpo de la mujer. . .

—Díganos, por favor. . .

—El aire la hacía llorar cuando corría; llegaba hasta mi banca con las mejillas plateadas por un llanto alegre. . .

No abro los ojos. Ahora subimos. Dos, cinco, ocho, nueve, doce peldaños.⁴ Cuatro manos guían mi cuerpo.

—¿Cómo era, cómo era?

—Se sentaba bajo los eucaliptos y hacía trenzas con las ramas y fingía el llanto para que yo dejara mi lectura y me acercara a ella. . .

Los goznes rechinan. El olor lo mata todo: dispersa los demás sentidos, toma asiento como un mogol amarillo en el trono de mi alucinación, pesado como un cofre,⁵ insinuante como el crujir de una seda drapeada, ornamentado como un cetro turco, opaco como una veta honda y perdida, brillante como una estrella muerta. Las manos me sueltan. Más que el llanto, es el temblor de los viejos lo que me rodea. Abro lentamente los ojos: dejo que el mareo líquido de mi córnea primero, en seguida la red de mis pestañas, descubran el aposento

---

² sobresalto; turbación
³ gestos que se hacen al empezar a llorar

⁴ escalones
⁵ caja para guardar cualquier cosa

sofocado por esa enorme batalla de perfumes, de vahos y escarchas de pétalos casi encarnados, tal es la presencia de las flores que aquí, sin duda, poseen una piel viviente: dulzura del jaramago, náusea del ásaro, tumba del nardo, templo de la gardenia:[6] la pequeña recámara sin ventanas, iluminada por las uñas incandescentes de los pesados cirios chisporroteantes, introduce su rastro de cera y flores húmedas hasta el centro del plexo y sólo de allí, del sol de la vida, es posible revivir para contemplar, detrás de los cirios y entre las flores dispersas, el cúmulo de juguetes usados, los aros de colores y los globos arrugados, sin aire, viejas ciruelas transparentes; los caballos de madera con las crines destrozadas, los patines del diablo, las muñecas despeluçadas[7] y ciegas, los osos vaciados de serrín, los patos de hule perforado, los perros devorados por la polilla, las cuerdas de saltar roídas, los jarrones de vidrio repletos de dulces secos, los zapatitos gastados, el triciclo —¿tres ruedas?; no; dos; y no de bicicleta; dos ruedas paralelas, abajo—, los zapatitos de cuero y estambre; y al frente, al alcance de mi mano, el pequeño féretro levantado sobre cajones azules decorados con flores de papel, esta vez flores de la vida, claveles y girasoles, amapolas y tulipanes, pero como aquéllas, las de la muerte, parte de un asativo[8] que cocía todos los elementos de este invernadero funeral en el que reposa, dentro del féretro plateado y entre las sábanas de seda negra y junto al acolchado de raso blanco, ese rostro inmóvil y sereno, enmarcado por una cofia de encaje, dibujado con tintes de color de rosa: cejas que el más leve pincel trazó, párpados cerrados, pestañas reales, gruesas, que arrojan una sombra tenue sobre las mejillas tan saludables como en los días del parque. Labios serios, rojos, casi en el puchero de Amilamia cuando fingía un enojo para que yo me acercara a jugar. Manos unidas sobre el pecho. Una camándula, idéntica a la de la madre, estrangulando ese cuello de pasta. Mortaja blanca y pequeña del cuerpo impúber, limpio, dócil.

Los viejos se han hincado, sollozando.

Yo alargo la mano y rozo con los dedos el rostro de porcelana de mi amiga. Siento el frío de esas faciones dibujadas, de la muñeca-reina que preside los fastos de esta cámara real de la muerte. Porcelana, pasta y algodón. *Amilamia no olbida a su amigito y me buscas aquí como te lo divujo.*

Aparto los dedos del falso cadáver. Mis huellas digitales quedan sobre la tez de la muñeca.

Y la náusea se insinúa en mi estómago, depósito del humo de los cirios y la peste del ásaro en el cuarto encerrado. Doy la espalda al túmulo[9] de Amilamia. La mano de la señora toca mi brazo. Sus ojos desorbitados no hacen temblar la voz apagada:

—No vuelva, señor. Si de veras la quiso, no vuelva más.

Toco la mano de la madre de Amilamia, veo con los ojos mareados la cabeza del viejo, hundida entre sus rodillas, y salgo del aposento a la escalera, a la sala, al patio, a la calle.

V

Si no un año, sí han pasado nueve o diez meses. La memoria de aquella idolatría ha dejado de espantarme. He perdido el olor de las flores y la imagen de la muñeca helada. La verdadera Amilamia ya regresó a mi recuerdo y me he sentido, si no contento, sano otra vez: el parque, la niña viva, mis horas de lectura adolescente, han vencido a los espectros de un culto enfermo. La imagen de la vida es más poderosa que la otra. Me digo que viviré para siempre con mi verdadera Amilamia, vencedora de la caricatura de la muerte. Y un día me atrevo a repasar aquel cuaderno de hojas cuadriculadas donde apunté los datos falsos del avalúo. Y de sus páginas, otra vez, cae la tarjeta de Amilamia con su terrible caligrafía infantil y su plano para ir del parque a la casa. Sonrío al recogerla. Muerdo uno de los bordes, pensando que los pobres viejos, a pesar de todo, aceptarían este regalo.

Me pongo el saco y me anudo la corbata, chiflando.[10] ¿Por qué no visitarlos y ofrecerles ese papel con la letra de la niña?

---

[6] flores de agradable perfume
[7] con el pelo quitado
[8] cocido con su zumo

[9] monumento o construcción funeraria
[10] silbando

Me acerco corriendo a la casa de un piso. La lluvia comienza a caer en gotones[11] aislados que hacen surgir de la tierra, con una inmediatez mágica, ese olor de bendición mojada que parece remover los humus y precipitar las fermentaciones de todo lo que existe con una raíz en el polvo.

Toco el timbre. El aguacero arrecia e insisto. Una voz chillona grita: ¡Voy!, y espero que la figura de la madre, con su eterno rosario, me reciba. Me levanto las solapas del saco. También mi ropa, mi cuerpo, transforman su olor al contacto con la lluvia. La puerta se abre.

—¿Qué quiere usted? ¡Qué bueno que vino!

Sobre la silla de ruedas, esa muchacha contrahecha[12] detiene una mano sobre la perilla[13] y me sonríe con una mueca inasible. La joroba del pecho convierte el vestido en una cortina del cuerpo: un trapo blanco al que, sin embargo, da un aire de coquetería el delantal de cuadros azules. La pequeña mujer extrae de la bolsa del delantal una cajetilla de cigarros y enciende uno con rapidez, manchando el cabo con los labios pintados de color naranja. El humo le hace guiñar los hermosos ojos grises. Se arregla el pelo cobrizo, apajado, peinado a la permanente,[14] sin dejar de mirarme con un aire inquisitivo y desolado, pero también anhelante, ahora miedoso.

—No, Carlos. Vete. No vuelvas más.

Y desde la casa escucho, al mismo tiempo, el resuello tiplado del viejo, cada vez más cerca:

—¿Dónde estás? ¿No sabes que no debes contestar las llamadas? ¡Regresa! ¡Engendro[15] del demonio! ¿Quieres que te azote otra vez?

Y el agua de la lluvia me escurre[16] por la frente, por las mejillas, por la boca, y las pequeñas manos asustadas dejan caer sobre las losas húmedas la revista de historietas.

Mario Vargas Llosa

PERÚ, 1936

Parece increíble que un escritor joven de carácter tranquilo, sencillo y taciturno — Mario Vargas Llosa — sea quien haya abierto las posibilidades actuales de la novela peruana y establecido pautas muy valiosas a la latinoamericana. Vargas Llosa nació en Arequipa, pero sus padres pronto se divorciaron para juntarse después nuevamente. Su padre era periodista y como casi nunca tuvo contactos con el hijo, no había la debida comunicación entre ellos. Su madre se mudó, cuando era muy pequeño a Cochabamba, Bolivia, donde el niño se iba criando «consentido y caprichoso». Aquí comenzó a ir a la escuela. Cuando tenía diez años la madre y él se mudaron para el pueblo de Piura (1945) y luego, al volver con el padre, para Lima (1946). Estudió tres o cuatro años en un colegio religioso y en 1950 el padre lo envió interno al Colegio Militar Leoncio Prado, institución con mucho de reformatorio y de escuela militar, y que constituye el escenario de su novela *La ciudad y los perros*. Se licenció en Filosofía y Letras en la Universidad de San Marcos de Lima y sacó su doctorado mediante una beca en la

[11] gotas grandes y gruesas
[12] deforme, jorobada, informe
[13] adorno de figura de pera; barbilla
[14] con rizos hechos por lo general en una peluquería
[15] criatura informe; Véase nota 12.
[16] me gotea, me corre, me chorrea, me cae

Universidad de Madrid en 1959. Sintiéndose muy estrecho en el ambiente literario de su patria se marchó a París donde ha vivido por mucho tiempo. Sus primeros años fueron muy duros, pues lo mejor que encontró fue un cargo de profesor en la escuela Berlitz. Luego pasó a la sección española de la Agencia France Presse y más tarde a la Radio-Televisión Francesa para trabajar en los programas destinados a la América Latina. En los últimos años ha enseñado en los Estados Unidos y en Puerto Rico (1968-1969). Siente gran pasión por la literatura francesa, su escritor favorito es Gustave Flaubert de quien hereda el método de narrar lo objectivo sin concesiones importantes al criterio subjetivo.

Con solamente tres obras escritas hasta el momento, Vargas Llosa se ha ganado un puesto muy cercano a los grandes innovadores de la narrativa latinoamericana. Su nombre es uno de los más altamente cotizables dentro de las generaciones de narradores más jóvenes. Se estrenó en la vida literaria con un volumen titulado *Los jefes* (1958) compuesto de seis narraciones. Aunque la obra pasó casi inadvertida en el Perú, en España ganó el Premio Leopoldo Alas. Con escenarios de Piura y Lima, presenta vidas adolescentes y jóvenes en lucha por la supervivencia y el predominio en un sistema de jerarquías establecidas rígidamente. El valor supremo de estos pandilleros juveniles —como el de la sociedad en que viven— es la falsa virilidad, la fuerza, la astucia y la habilidad para imponer el propio criterio. Producto de las circunstancias, van cayendo en una moral donde el machismo, lo brutal e instintivo son lo esencial. El propio autor les ha reconocido poca sustancia a estas narraciones aunque tienen valor como anticipos de su visión del mundo y la realidad. La forma es tradicional, con algunos atisbos de su técnica definitiva en cuanto al diálogo y la realidad objetivizada.

La obra que dio extraordinaria fama a Vargas Llosa, de la noche a la mañana, fue *La ciudad y los perros* (1962), cuyo manuscrito ganó el Premio de la Biblioteca Breve, el Premio de la Crítica de 1963 y le faltó un solo voto para ganar el codiciado International Prix Fomentor. Mientras esto ocurría en Europa, la obra levantó una ola de protestas en Lima, sobre todo de parte de los militares, y se llegaron a quemar mil ejemplares de la obra en plena calle, en acto que remeda las salvajes fogatas de la Inquisición. El título hace alusión a la sociedad contemporánea donde impera la fuerza, la violencia y los seres se devoran como perros. Con escalpelo de cirujano, ahonda en las lacras físicas y morales y las expone sin tapujos. La historia tiene por centro el colegio militar Leoncio Prado, cuya vida retrata inclusive la topografía y el nombre exacto de la institución. Los «perros» son los alumnos de primer año del colegio militar así llamados por los estudiantes superiores. «Los propios estudiantes —dice Vargas Llosa— conciben el colegio como una especie de acceso, de aprendizaje de la virilidad. Para merecerla se requiere pasar por ciertas etapas. Hay que soportar sacrificios, humillaciones y violencias para ganar el título de cadete, es decir para convertirse de «perro» en «hombre». El régimen militar sigue disciplinas autoritarias y rígidas y en ellos hay muchachos de todas las clases sociales. La violencia y la lucha contra ese régimen establecido reproduce la que se encuentra en la sociedad y en la vida. El autor maneja muy bien el diálogo, siempre vívido y adecuado. Muestra preocupación social y humana en todas sus novelas, de las que están ausentes la sátira, la burla, la ironía y el humorismo.

La segunda novela de Vargas Llosa lleva por título *La casa verde* (1966), cuya complicada trama presenta un triángulo simultáneo de escenarios: un suburbio de Piura, la selva amazónica e Iquitos. Son cuatro o cinco relatos sabiamente trenzados y entrecruzados. Así pasan por delante del lector la historia de Don Anselmo propiciador de los placeres sensuales de la población en la «casa verde», el japonés Fushía, bandolero fugitivo, la del sargento Lituma y la de las gentes de Santa María de Nieva en el alto Marañón. El relato se mueve en tiempos diferentes, desde el presente hasta el más remoto pasado y en planos de distinta realidad. La obra es una épica poderosa que muestra en su compleja retórica y estructura, mucha de la pobreza, lujuria, violencia y crimen de nuestra era. Por su complicación de trama, su poder sugerente y su módulo estructural, *La casa verde* es novela mucho más ambiciosa que *La ciudad y los perros*. En ambas encontramos las mismas limitaciones de Vargas Llosa como narrador: cierta propensión al convencionalismo en personajes, que a veces parecen de poca consistencia sicológica, y el afán de ocultar al lector, hasta el final, ciertos antecedentes, esenciales para ir siguiendo y comprendiendo la trama. A juzgar por los muchos aciertos de sus dos novelas, Vargas Llosa no es sólo una esperanza, sino una prueba palpable del grado de madurez y universalidad a que ha llegado la novela en Hispanoamérica.

FUENTES: *Los jefes*, Buenos Aires, Editorial Jorge Alvarez, 1966; Lima, José Godard Editor, 1968.

os jefes

1965

El hermano menor[1]

Al lado del camino había una enorme piedra y, en ella, un sapo; David le apuntaba cuidadosamente.

—No dispares —dijo Juan.

5 David bajó el arma y miró a su hermano, sorprendido.

—Puede oir los tiros —dijo Juan.

—¿Estás loco? Faltan cincuenta kilómetros para la cascada.[2]

10 —A lo mejor no está en la cascada —insistió Juan—, sino en las grutas.

—No —dijo David—. Además, aunque estuviera, no pensará nunca que somos nosotros.

El sapo continuaba allí, respirando calmadamente con su inmensa bocaza abierta, y detrás de sus lagañas,[3] observaba a David con cierto aire malsano. David volvió a levantar el revólver, tomó la puntería con lentitud y disparó.

—No le diste —dijo Juan.

—Sí le dí.

Se acercaron a la piedra. Una manchita verde delataba el lugar donde había estado el sapo.

[1] El asunto y las circunstancias de este cuento son muy características de la colección *Los jefes*, donde se pinta el machismo y la lucha brutal por el predominio de pandilleros adolescentes y jóvenes de Lima, Piura y otros lugares. Ellos por lo general aseguran su éxito actuando en superioridad numérica sobre el supuesto «enemigo». La fuerza, la astucia, el instinto en vez de la razón, conducen al abuso, al atropello y hasta al asesinato. Estos jóvenes reflejan en su conducta los valores de la sociedad a que pertenecen. En el presente relato dos hermanos toman la justicia por su mano y asesinan a un infeliz indio por supuesto ultraje cometido a Leonor, la hermana menor de ellos. Al descubrir al final que la muchacha había mentido, ni siquiera tienen el asomo de un cargo de conciencia. La narración está más bien en la línea tradicional, con una excelente pintura del paisaje y la naturaleza. Sobresale por la plasticidad de algunas escenas, como aquella en que David lucha con el indio en la oscuridad, y el pleno dominio sobre la lengua y el diálogo

[2] salto de agua

[3] o legañas, humor viscoso que se forma en los ojos

—¿No le dí?

—Sí —dijo Juan—, sí le diste.

Caminaron hacia los caballos. Soplaba el mismo viento frío y punzante[4] que los había escoltado durante el trayecto, pero el paisaje comenzaba a cambiar: el sol se hundió tras los cerros, al pie de una montaña una imprecisa sombra disimulaba los sembríos,[5] las nubes enroscadas[6] a las cumbres más próximas habían adquirido el color gris oscuro de las rocas. David echó sobre sus hombros la manta que había extendido en la tierra para descansar y luego, maquinalmente, reemplazó[7] en su revólver la bala disparada. A hurtadillas,[8] Juan observó las manos de David cuando cargaban el arma y la arrojaban a su funda;[9] sus dedos no parecían obedecer a una voluntad, sino actuar solos.

—¿Seguimos? —dijo David.

Juan asintió.

El camino era una angosta cuesta y los animales trepaban con dificultad, resbalando constantemente en las piedras, húmedas aún por las lluvias de los últimos días. Los hermanos iban silenciosos. Una delicada e invisible garúa[10] les salió al encuentro a poco de partir, pero cesó pronto. Oscurecía cuando avistaron[11] las grutas, el cerro chato y estirado como una lombriz que todos conocen con el nombre de Cerro de los Ojos.

—¿Quieres que veamos si está ahí? —preguntó Juan.

—No vale la pena. Estoy seguro que no se ha movido de la cascada. El sabe que por aquí podrían verlo, siempre pasa alguien por el camino.

—Como quieras —dijo Juan.

Y un momento después preguntó:

—¿Y si hubiera mentido el tipo ese?

—¿Quién?

—El que nos dijo que lo vio.

—¿Leandro? No, no se atrevería a mentirme a mí. Dijo que está escondido en la cascada y es seguro que ahí está. Ya verás.

Continuaron avanzando hasta entrada[12] la noche. Una sábana negra los envolvió y en la oscuridad, el desamparo de esa solitaria región sin árboles ni hombres era visible sólo en el silencio, que se fue acentuando hasta convertirse en una presencia semi-corpórea. Juan, inclinado sobre el pescuezo[13] de su cabalgadura, procuraba distinguir la incierta huella del sendero. Supo que habían alcanzado la cumbre cuando, inesperadamente, se hallaron en terreno plano. David indicó que debían continuar a pie. Desmontaron, amarraron los animales a unas rocas. El hermano mayor tiró de las crines de su caballo, lo palmeó varias veces en el lomo y murmuró a su oído:

—Ojalá no te encuentre helado, mañana.

—¿Vamos a bajar ahora? —preguntó Juan.

—Sí —repuso David—. ¿No tienes frío? Es preferible esperar el día en el desfiladero. Allá descansaremos. ¿Te da miedo bajar a oscuras?

—No. Bajemos, si quieres.

Iniciaron el descenso de inmediato. David iba adelante, llevaba una pequeña linterna y la columna de luz oscilaba entre sus pies y los de Juan, el círculo dorado se detenía un instante en el sitio que debía pisar el hermano menor. A los pocos minutos, Juan transpiraba[14] abundantemente y las rocas ásperas de la ladera habían llenado sus manos de rasguños. Sólo veía el disco iluminado frente a él, pero sentía la respiración de su hermano y adivinaba sus movimientos: debía avanzar sobre el resbaladizo declive[15] muy seguro de sí mismo, sortear[16] los obstáculos sin dificultad. Él, en cambio, antes de cada paso, tanteaba la solidez del terreno y buscaba un apoyo al que asirse; aún así, en varias ocasiones estuvo a punto de caer. Cuando llegaron a la sima,[17] Juan pensó que el descenso tal vez había demorado varias horas. Estaba exhausto y, ahora, oía muy cerca el ruido de la cascada. Ésta era una grande y majestuosa cortina de agua que se precipitaba desde lo alto, retumbando como los truenos, sobre una laguna que alimentaba un riachuelo.

---

[4] que hiere
[5] (Amer.) sembrados, plantaciones
[6] que rodean o envuelven
[7] substituyó
[8] secretamente
[9] vaina; artículo para guardar el revólver
[10] (Amer.) llovizna

[11] vieron, alcanzaron con la vista
[12] llegada
[13] cuello de los animales
[14] sudaba
[15] inclinación, pendiente
[16] evitar o eludir un obstáculo
[17] abismo, lo más profundo

Alrededor de la laguna había musgo y hierbas todo el año y ésa era la única vegetación en veinte kilómetros a la redonda.

—Aquí podemos descansar —dijo David.

5 Se sentaron uno junto al otro. La noche estaba fría, el aire húmedo, el cielo cubierto. Juan encendió un cigarrillo. Se hallaba fatigado, pero sin sueño. Sintió a su hermano estirarse y bostezar; poco después dejaba de moverse, su 10 respiración era más suave y metódica, de cuando en cuando emitía una especie de murmullo. A su vez, Juan trató de dormir. Acomodó su cuerpo lo mejor que pudo sobre las piedras e intentó despejar su cerebro, sin conseguirlo. Encendió 15 otro cigarrillo. Cuando llegó a la hacienda, tres meses atrás, hacía dos años que no veía a sus hermanos. David era el mismo hombre que aborrecía y admiraba desde niño, pero Leonor había cambiado, ya no era aquella criatura que 20 se asomaba a las ventanas de La Mugre para arrojar piedras a los indios castigados, sino una mujer alta, de gestos primitivos y su belleza tenía, como la naturaleza que la rodeaba, algo de brutal. En sus ojos había aparecido un in- 25 tenso fulgor. Juan sentía un mareo que empañaba[18] sus ojos, un vacío en el estómago, cada vez que asociaba la imagen de aquel que buscaban al recuerdo de su hermana, y como arcadas de furor. En la madrugada de ese día, sin 30 embargo, cuando vio a Camilo cruzar el descampado[19] que separaba la casa-hacienda de las cuadras, para alistar los caballos, había vacilado.

—Salgamos sin hacer ruido —había dicho David—. No conviene que la pequeña se 35 despierte.

Estuvo con una extraña sensación de ahogo, como en el punto más alto de la Cordillera, mientras bajaba en puntas de pie las gradas de la casa-hacienda y en el abandonado camino que 40 flanqueaba[20] los sembríos; casi no sentía la maraña zumbona de mosquitos que se arrojaban atrozmente sobre él, y herían, en todos los lugares descubiertos, su piel de hombre de ciudad. Al iniciar el ascenso de la montaña, el 45 ahogo desapareció. No era un buen jinete[21] y el precipicio desplegado[22] como una tentación terrible al borde del sendero que parecía una

delgada serpentina, lo absorbió. Estuvo todo el tiempo vigilante, atento a cada paso de su cabalgadura y concentrando su voluntad contra el vértigo que creía inminente.

—¡Mira!

Juan se estremeció.

—Me has asustado —dijo—. Creía que dormías.

—¡Cállate! Mira.

—¿Qué?

—Allá. Mira.

A ras de tierra, allí donde parecía nacer el estruendo de la cascada, había una lucecita titilante.

—Es una fogata —dijo David—. Juro que es él. Vamos.

—Esperemos que amanezca —susurró Juan: de golpe su garganta se había secado y le ardía—. Si se echa a correr, no lo vamos a alcanzar nunca en estas tinieblas.

—No puede oírnos con el ruido salvaje del agua —respondió David, con voz firme, tomando a su hermano del brazo—. Vamos.

Muy despacio, el cuerpo inclinado como para saltar, David comenzó a deslizarse pegado al cerro. Juan iba a su lado, tropezando, los ojos clavados en la luz que se empequeñecía y agrandaba como si alguien estuviese abanicando[23] la llama. A medida que los hermanos se acercaban, el resplandor de la fogata les iba descubriendo el terreno inmediato, pedruscos, matorrales, el borde de la laguna, pero no una forma humana. Juan estaba seguro ahora, sin embargo, que aquel que perseguían estaba allí, hundido en esas sombras, en un lugar muy próximo a la luz.

—Es él —dijo David—. ¿Ves?

Sólo por un instante, las frágiles lenguas de fuego habían iluminado un perfil oscuro y huidizo que buscaba calor.

—¿Qué hacemos? —murmuró Juan, deteniéndose. Pero David no estaba ya a su lado, corría hacia el lugar donde había surgido ese rostro fugaz.

Juan cerró los ojos, imaginó al indio en cuclillas,[24] sus manos alargadas hacia el fuego, sus pupilas irritadas por el chisporroteo de la

---

[18] obscurecía
[19] a campo raso; terreno descubierto
[20] rodeaba, iba al lado
[21] el que monta a caballo
[22] abierto
[23] echando aire o fresco
[24] posición en que las asentaderas descansan en los talones del pie

hoguera, de pronto algo le caía encima y él atinaba a[25] pensar en un animal, cuando sentía dos manos violentas cerrándose en su cuello y comprendía. Debió sentir un infinito terror ante esa agresión inesperada que provenía de la sombra, seguro que ni siquiera intentó defenderse, a lo más se encogería como un caracol para hacer menos vulnerable su cuerpo y abriría mucho los ojos, esforzándose por ver en las tinieblas al asaltante. Entonces, reconocería su voz: «¿qué has hecho, canalla?», «¿qué has hecho, gusano?» Juan oía a David y se daba cuenta que lo estaba pateando, a veces sus puntapiés parecían estrellarse no contra el indio, sino en las piedras de la ribera; eso debía encolerizarlo[26] más. Al principio, hasta Juan llegaba un gruñido lento, como si el indio hiciera gárgaras,[27] pero después sólo oyó la voz enfurecida de David, sus amenazas, sus insultos. De pronto, Juan descubrió en su mano derecha el revólver, su dedo presionaba ligeramente el gatillo. Con estupor pensó que si disparaba podía matar también a su hermano, pero no guardó el arma y, al contrario, mientras avanzaba hacia la fogata, sintió una gran serenidad.

—¡Basta, David! —gritó—. Tírale un balazo. Ya no le pegues.

No hubo respuesta. Ahora Juan no los veía: el indio y su hermano, abrazados, habían rodado[28] fuera del anillo iluminado por la hoguera. No los veía, pero escuchaba el ruido seco de los golpes y, a ratos, una injuria o un hondo resuello.

—David —gritó Juan—, sal de ahí. Voy a disparar.

Presa de intensa agitación, segundos después repitió:

—Suéltalo, David. Te juro que voy a disparar.
Tampoco hubo respuesta.

Después de disparar el primer tiro, Juan quedó un instante estupefacto, pero de inmediato continuó disparando, sin apuntar, hasta sentir la vibración metálica del percutor al golpear la cacerina[29] vacía. Permaneció inmóvil, no sintió que el revólver se desprendía de sus manos y caía a sus pies. El ruido de la cascada había desaparecido, un temblor recorría todo su cuerpo, su piel estaba bañada de sudor, apenas respiraba. De pronto gritó:

—¡David!

—Aquí estoy, animal —contestó a su lado, una voz asustada y colérica—. ¿Te das cuenta que has podido balearme[30] a mí también? ¿Te has vuelto loco?

Juan giró sobre sus talones,[31] las manos extendidas y abrazó a su hermano. Pegado a él, balbuceaba cosas incomprensibles, gemía y no parecía entender las palabras de David, que trataba de calmarlo. Juan estuvo un rato largo repitiendo incoherencias, sollozando. Cuando se calmó, recordó al indio:

—¿Y ése, David?

—¿Ése? —David había recobrado su aplomo;[32] hablaba con voz firme—. ¿Cómo crees que está?

La hoguera continuaba encendida, pero alumbraba muy débilmente. Juan cogió el leño más grande y buscó al indio. Cuando lo encontró, estuvo observando un momento con ojos fascinados y luego el leño cayó a tierra y se apagó.

—¿Has visto, David?

—Sí, he visto. Vámonos de aquí.

Juan estaba rígido y sordo, como en un sueño sintió que David lo arrastraba hacia el cerro. La subida les tomó mucho tiempo. David sostenía con una mano la linterna y con la otra a Juan, que parecía de trapo: resbalaba aún en las piedras más firmes y se escurría[33] hasta el suelo, sin reaccionar. En la cima se desplomaron, agotados. Juan hundió la cabeza en sus brazos y permaneció tendido, respirando a grandes bocanadas.[34] Cuando se incorporó, vio a su hermano, que lo examinaba a la luz de la linterna.

—Te has herido —dijo David—. Voy a vendarte.

Rasgó en dos su pañuelo y con cada uno de los retazos vendó las rodillas de Juan, que

---

[25] acertaba
[26] enojarlo mucho, ponerlo colérico
[27] gargarismos
[28] resbalado
[29] parte del revólver donde giran las balas
[30] herirme de bala
[31] dio una vuelta
[32] calma, serenidad
[33] resbalaba
[34] porción de aire que se expele de una vez

asomaban a través de los desgarrones[35] del pantalón, bañadas en sangre.

—Esto es provisional —dijo David—. Regresemos de una vez. Pueden infectarse. No estás acostumbrado a trepar cerros. Leonor te curará.

Los caballos tiritaban[36] y sus hocicos estaban cubiertos de espuma azulada. David los limpió con su mano, los acarició en el lomo y en las ancas, chasqueó[37] tiernamente la lengua junto a sus orejas. «Ya vamos a entrar en calor», les susurró.

Cuando montaron, amanecía. Una claridad débil abarcaba el contorno de los cerros y una laca blanca se extendía por el entrecortado horizonte, pero los abismos continuaban sumidos en la oscuridad. Antes de partir, David tomó un largo trago de su cantimplora y la alcanzó a Juan, que no quiso beber. Cabalgaron toda la mañana por un paisaje hostil, dejando a los animales imprimir a su capricho el ritmo de la marcha. Al mediodía, se detuvieron y prepararon café. David comió algo del queso y las habas[38] que Camilo había colocado en las alforjas.[39] Al anochecer avistaron dos maderos que formaban un aspa.[40] Colgaba de ellos una tabla donde se leía «La Aurora». Los caballos relincharon: reconocían la señal que marcaba el límite de la hacienda.

—Vaya —dijo David—. Ya era hora. Estoy rendido. ¿Cómo van esas rodillas?

Juan no contestó.

—¿Te duelen? —insistió David.

—Mañana me largo[41] a Lima —dijo Juan.

—¿Qué cosa?

—No volveré a la hacienda. Estoy harto[42] de la sierra. Viviré siempre en la ciudad. No quiero saber nada con el campo.

Juan miraba al frente, eludía los ojos de David que lo buscaban.

—Ahora estás nervioso —dijo David—. Es natural. Ya hablaremos después.

—No —dijo Juan—. Hablemos ahora.

—Bueno —dijo David suavemente—. ¿Qué te pasa?

Juan se volvió hacia su hermano; tenía el rostro demacrado,[43] la voz hosca.

—¿Qué me pasa? ¿Te das cuenta de lo que dices? ¿Te has olvidado del tipo de la cascada? Si me quedo en la hacienda voy a terminar creyendo que es normal hacer cosas así.

Iba a agregar «como tú», pero no se atrevió.

—Era un perro infecto —dijo David—. Tus escrúpulos son absurdos. ¿Acaso te has olvidado lo que le hizo a tu hermana?

El caballo de Juan se plantó en ese momento y comenzó a corcovear[44] y alzarse sobre las patas traseras.

—Se va a desbocar,[45] David —dijo Juan.

—Suéltale las riendas. Lo estás ahogando.

Juan aflojó las riendas y el animal se calmó.

—No me has respondido —dijo David—. ¿Te has olvidado por qué fuimos a buscarlo?

—No —contestó Juan—. No me he olvidado.

Dos horas después llegaban a la cabaña de Camilo, construída sobre un promontorio, entre la casa-hacienda y las cuadras.[46] Antes que los hermanos se detuvieran, la puerta de la cabaña se abrió y en el umbral apareció Camilo. El sombrero de paja en la mano, la cabeza respetuosamente inclinada, avanzó hacia ellos y se paró entre los dos caballos, cuyas riendas sujetó.

—¿Todo bien? —dijo David.

Camilo movió la cabeza negativamente.

—La niña Leonor. . .

—¿Qué le ha pasado a Leonor? —interrumpió Juan, incorporándose en los estribos.

En su lenguaje pausado y confuso, Camilo explicó que la niña Leonor, desde la ventana de su cuarto, había visto a los hermanos partir en la madrugada y que, cuando ellos se hallaban apenas a unos mil metros de la casa, había aparecido en el descampado, con botas y pantalón de montar, ordenando a gritos que le prepararan su caballo. Camilo, siguiendo las instrucciones de David, se negó a obedecerla. Ella misma entonces, entró decididamente a las cuadras y, como un hombre, alzó con sus brazos la montura,[47] las mantas y los aperos

---

[35] rasgones; rupturas
[36] temblaban de frío
[37] pasó con ruido
[38] frijoles
[39] sacos que lleva la silla de montar para cargar cosas
[40] dos maderos cruzados en forma de x; brazo de molino
[41] me voy, me marcho

[42] muy lleno; fastidiado, molesto
[43] enflaquecido, pálido
[44] dar saltos el caballo cuando camina
[45] correr sin control
[46] establos
[47] silla de montar

sobre el Colorado, el más pequeño y nervioso animal de «La Aurora», que era su preferido.

Cuando se disponía a montar, las sirvientas de la casa y el propio Camilo la habían sujetado: durante mucho rato soportaron los insultos y los golpes de la niña, que, exasperada, se debatía y suplicaba y exigía que le dejaran marchar tras sus hermanos.

—Pero —lo contuvo David—, ¿acaso ella sabía que nosotros? . . .

Siempre lentamente, cuidando de seleccionar las palabras y darles en todo momento un giro humilde y respetuoso, Camilo replicó que la niña sí sabía dónde habían ido sus hermanos.

—¡Ah, me las pagará! —dijo David—. Fue Jacinta, estoy seguro. Nos oyó hablar esa noche con Leandro, cuando servía la mesa. Ella ha sido.

La niña había quedado muy impresionada, continuó Camilo. Luego de injuriar y arañar a las criadas y a él mismo, comenzó a llorar a grandes voces, y regresó a la casa. Allí permaneció, desde entonces, encerrada en su cuarto.

Los hermanos abandonaron los caballos a Camilo y se dirigieron a la casa.

—Leonor no debe saber una palabra[48] —dijo Juan.

—Claro que no —dijo David—. Ni una palabra.

Leonor supo que habían llegado por el ladrido de los perros. Estaba semidormida cuando un ronco gruñido cortó la noche y bajo su ventana pasó, como una exhalación, un animal acezante.[49] Era Spoky, advirtió su carrera frenética y sus inconfundibles aullidos. En seguida escuchó el trote perezoso y el sordo rugido de Domitila, la perrita preñada. La agresividad de los perros terminó bruscamente, a los ladridos sucedió el jadeo[50] afanoso con que recibían siempre a David. Por una rendija vio a sus hermanos acercarse a la casa y oyó el ruido de la puerta principal que se abría y cerraba. Esperó que subieran la escalera y llegaran a su cuarto. Cuando abrió, Juan estiraba la mano para tocar.

—Hola, pequeña —dijo David.

Dejó que la abrazaran y les alcanzó la frente, pero ella no los besó. Juan encendió la lámpara.

—¿Por qué no me avisaron? Han debido decirme. Yo quería alcanzarlos, pero Camilo no me dejó. Tienes que castigarlo, David, si vieras cómo me agarraba, es un insolente y un bruto. Yo le rogaba que me soltara y él no me hacía caso.

Había comenzado a hablar con energía, pero su voz se quebró. Tenía los cabellos revueltos y estaba descalza.[51] David y Juan trataban de calmarla, le acariciaban los cabellos, le sonreían, la llamaban pequeñita.

—No queríamos inquietarte —explicaba David. —Además, decidimos partir a última hora. Tú dormías ya.

—¿Qué ha pasado? —dijo Leonor.

Juan cogió una manta del lecho y con ella cubrió a su hermana. Leonor había dejado de llorar. Estaba pálida, tenía la boca entreabierta y su mirada era ansiosa.

—Nada —dijo David—. No ha pasado nada. No lo encontramos.

La tensión desapareció del rostro de Leonor, en sus labios hubo una expresión de alivio.

—Pero lo encontraremos —dijo David. Con un gesto vago indicó a Leonor que debía acostarse. Luego dio media vuelta.

—Un momento, no se vayan —dijo Leonor.

Juan no se había movido.

—¿Sí? —dijo David—. ¿Qué pasa, chiquita?

—No lo busquen más a ése.

—No te preocupes —dijo David—, olvídate de eso. Es un asunto de hombres. Déjanos a nosotros.

Entonces Leonor rompió a llorar nuevamente, esta vez con grandes aspavientos. Se llevaba las manos a la cabeza, todo su cuerpo parecía electrizado y sus gritos alarmaron a los perros, que comenzaron a ladrar al pie de la ventana. David le indicó a Juan con un gesto que interviniera, pero el hermano menor permaneció silencioso e inmóvil.

—Bueno, chiquita —dijo David—. No llores. No lo buscaremos.

—Mentira, lo vas a matar. Yo te conozco.

—No lo haré —dijo David—. Si crees que ese miserable no merece un castigo. . .

—No me hizo nada —dijo Leonor, muy rápido, mordiéndose los labios.

---

[48] no debe saber nada
[49] jadeante, respirando muy fuerte
[50] Véase nota 49.
[51] sin zapatos

—No pienses más en eso —insistió David—. Nos olvidaremos de él. Tranquilízate, pequeña.

Leonor seguía llorando, sus mejillas y sus labios estaban mojados y la manta había rodado al suelo.

—No me hizo nada —repitió—. Era mentira.

—¿Sabes lo que dices? —dijo David.

—Yo no podía soportar que me siguiera a todas partes —balbuceaba Leonor—. Estaba tras de mí todo el día, como una sombra.

—Yo tengo la culpa —dijo David, con amargura—. Es peligroso que una mujer ande suelta por el campo. Le ordené que te cuidara. No debía fiarme de un indio. Todos son iguales.

—No me hizo nada, David —clamó Leonor—. Créeme, te estoy diciendo la verdad. Pregúntale a Camilo, él sabe que no pasó nada. Por eso lo ayudó a escaparse. ¿No sabías eso? Sí, él fue. Yo se lo dije. Sólo quería librarme de él, por eso inventé esa historia. Camilo sabe todo, pregúntale.

Leonor se secó las mejillas con el dorso de la mano. Levantó la manta y la echó sobre sus hombros. Parecía haberse librado de una pesadilla.[52]

—Mañana hablaremos de esto —dijo David—. Ahora estamos cansados. Hay que dormir.

—No —dijo Juan.

Leonor descubrió a su hermano muy cerca de ella: había olvidado que Juan también se hallaba allí. Tenía la frente llena de arrugas, las aletas de su nariz palpitaban como el hociquito de Spoky.

—Vas a repetir ahora mismo lo que has dicho —le decía Juan, de un modo extraño—. Vas a repetir cómo nos mentiste.

—Juan —dijo David—. Supongo que no vas a creerle. Es ahora que trata de engañarnos.

—He dicho la verdad —rugió Leonor; miraba alternativamente a los hermanos—. Ese día le ordené que me dejara sola y no quiso. Fui hasta el río y él detrás de mí. Ni siquiera podía bañarme tranquila. Se quedaba parado, mirándome torcido, como los animales. Entonces vine y les conté eso.

—Espera, Juan —dijo David—. ¿Dónde vas? Espera.

Juan había dado media vuelta y se dirigía hacia la puerta; cuando David trató de detenerlo, estalló. Como un endemoniado comenzó a proferir improperios: trató de puta[53] a su hermana y a su hermano de canalla y de déspota, dio un violento empujón a David que quería cerrarle el paso, y abandonó la casa a saltos, dejando un reguero[54] de injurias. Desde la ventana, Leonor y David lo vieron atravesar el descampado a toda carrera, vociferando[55] como un loco, y lo vieron entrar a las cuadras y salir poco después montando a pelo[56] el Colorado. El mañoso[57] caballo de Leonor siguió dócilmente la dirección que le indicaban los inexpertos puños que tenían sus riendas: caracoleando con elegancia, cambiando de paso y agitando las crines rubias de la cola como un abanico, llegó hasta el borde del camino que conducía, entre montañas, desfiladeros y extensos arenales, a la ciudad. Allí se rebeló. Se irguió de golpe en las patas traseras relinchando, giró como una bailarina y regresó al descampado, velozmente.

—Lo va a tirar —dijo Leonor.

—No —dijo David, a su lado—. Fíjate, Se sostiene.

Muchos indios habían salido a las puertas de las cuadras y contemplaban, asombrados, al hermano menor que se mantenía increíblemente seguro sobre el caballo y a la vez taconeaba con ferocidad sus ijares y le golpeaba la cabeza con uno de sus puños. Exasperado por los golpes, el Colorado iba de un lado a otro, encabritado,[58] brincaba, emprendía vertiginosas y brevísimas carreras y se plantaba[59] de golpe, pero el jinete parecía soldado[60] a su lomo. Leonor y David lo veían aparecer y desaparecer, firme como el más avezado[61] de los domadores, y estaban mudos, pasmados.[62] De pronto, el Colorado se rindió: su esbelta cabeza colgando hacia el suelo, como avergonzado, se quedó quieto, respirando fatigosamente. En ese momento creyeron que

---

[52] un mal sueño
[53] la llamó prostituta
[54] corriente o chorro
[55] hablando con gritos y cólera
[56] sin montura o silla de montar
[57] experto, inteligente; vicioso, engañoso

[58] levantado sobre las patas de atrás
[59] se paraba o se ponía de pie, firme en un lugar
[60] pegado
[61] acostumbrado, con experiencia
[62] helados, parados

regresaba: Juan dirigió el animal hacia la casa y se detuvo ante la puerta, pero no desmontó. Como si recordara algo, dio media vuelta y a trote corto marchó derechamente hacia esa construcción que llamaban La Mugre. Allí bajó de un brinco.[63] La puerta estaba cerrada y Juan hizo volar el candado[64] a puntapiés. Luego indicó a gritos a los indios que estaban adentro, que salieran, que había terminado el castigo para todos. Después volvió a la casa, caminando lentamente. En la puerta lo esperaba David. Juan parecía sereno: estaba empapado de sudor y sus ojos mostraban orgullo. David se aproximó a él y lo llevó al interior tomado del hombro.[65]

—Vamos —le decía—. Tomaremos un trago mientras Leonor te cura las rodillas.

---

[63] salto
[64] cerradura móvil

[65] con la mano sobre su hombro

Permissions and Acknowledgments

We wish to thank the following authors, publishers and holders of copyright for their permission to reprint and include copyrighted material in this text:

Special permission of Leopoldo Lugones, hijo for: «La voz contra la roca» (extract) from *Las montañas del oro*; «Oceánida», «El solterón», «Emoción aldeana», from *Los crepúsculos del jardin*; «Divagación lunar» from *Lunario sentimental*; «A los gauchos» from *Odas seculares*; «La joven esposa», «La blanca soledad» from *El libro fiel*; «La violeta solitaria» from *El libro de los paisajes*; «Rosa de otoño», «Alma venturosa» from *Las horas doradas*; «Elegía crepuscular» from *Romancero*; «El labriego» from Poemas solariegos, and «Yzur» from *Las fuerzas extrañas*, by Leopoldo Lugones (IEJ). Josefina Valencia de Hubach for: «Los camellos», «Nihil», «El triunfo de Nerón», «Palemón el estilita», «Salomé y Joakanann» from *Ritos* by Guillermo Valencia (J). Hector González Rojo for: «Irás sobre la vida de las cosas» from *Silénter*; «Busca en todas las cosas», «Alas», «Tuércele el cuello al cisne», «Intus» from *Los senderos ocultos*; «Los días inútiles» from *La muerte del cisne*; «Viento sagrado» from *El libro de la fuerza, de la bondad y del ensueño*; «Parábola del camino» from *Parábolas y otros poemas*; «La visita lúgubre» from *La palabra del viento*; «Las tres cosas del romero» from *El romero alucinado*; «El áspid» from *Ausencia y canto* and «Berceuse» from *Tres rosas en el ánfora* by Enrique González Martínez (J). Editorial Nascimiento S.A., for «En provincia» by Augusto D'Halmar (J). Doris Dana for: «El niño solo», «La maestra rural», «Nocturno», «Los sonetos de la muerte» from *Desolación*; «Miedo» from *Ternura*; «Pan», «Cosas» from *Tala* and «Mujer de prisionero» from *Lagar* by Gabriela Mistral (IHJ). Juana de Ibarbourou for: «La hora», «Rebelde», «La cita» from *Las lenguas de diamante*; «Como la primavera», «Mañana de falsa primavera» from *Raíz salvaje*; «Días de felicidad sin causa» from *La rosa de los vientos*; «Tiempo» from *Perdida* and «Elegía de la abandonada» from *Romances del destino* (IJJ). Enrique Luis Banchs for: «Elogio de una lluvia» from *Libro de los elogios*: «Cancioncilla», «La estatua» from *El cascabel del halcón*; «Hospitalario y fiel en su reflejo . . . » from *La urna*; «La soledad», «Los bienes» and «Sombra» not previously published in book form, by Enrique Banchs (J). Sra. L. Iturbe de Blanco for: «Coplas del amor viajero», «A Florinda en invierno», «La renuncia», «El dulce mal» from *Poda, saldo de poemas 1923–28*; «Coloquio bajo la palma» from *Giraluna* by Andrés Eloy Blanco (J). Sra. López Osorio de Fernandez Moreno for: «Canillita muerto», «Al parque Lezama» from *Ciudad*; «Sahumerio» from *Versos de negrita*; «Infancia» from *Aldea española*; «Colgando en casa un retrato de Rubén Darío from *Décimas*; «Seguidillas personales» from *Seguidillas* and «Las cumbres» from *Viaje del Tucumán* by Baldomero Fernández Moreno (J). Rafael Arévalo Martínez for: «Los hombres-lobos», «Ananké», «El señor que lo veía» and «Retrato de mujer» from *Los atormentados*; «Ropa limpia» and «Oración» from *Las rosas de Engaddi*, and «La signatura de la esfinge» (J). Dr. Jesús López Velarde for: «Mi prima Águeda», «La tejedora» and «A Sara» from *La sangre devota*; «Mi corazón se amerita . . . » from *Zozobra* by Ramón López Velarde (J). Ana María Brull de Vázquez for: «Ya se derramará como obra plena», «En esta tierra del alma», «Verdehalago» from *Poemas en menguante*, «Epitafio de la rosa» from *Canto redondo*; «Tiempo en pena», «El niño y la luna» from *Temps en peine* by Mariano Brull (J). Vicente G. Huidobro Portales for: «Arte poética» from *El espejo de agua*; «Las ciudades» from *Hallalí*; «Horizonte», «Marino» from *Poemas árticos*; «Poema trece» from *Tout à coup*; Sections «I, III, IV, VI, IX, XI» from *Altazor o el viaje en paracaídas*; «XI, Fatiga» from *Ver y palpar*; «III, Balada de lo que no vuelve», «IV, Al oído del tiempo» from *El ciudadano del olvido*, by Vicente Huidobro (J). Jorge Luis Borges for: «La noche que en el sur lo velaron» from *Cuaderno San Martín*; «Límites» from *Poemas*; «Poema de los dones» from *Obra poética*; «El tiempo circular» from *Historia de la eternidad*; «Las ruinas circulares» from *El jardín de los senderos que se bifurcan*; «La escritura del Dios» from *El Aleph* (J). Pablo Neruda for: «Farewell», «Barrio sin luz» from *Crepusculario*; «Poema seis», «La canción desesperada» from *Veinte poemas de amor y una canción desesperada*; A selection from *Tentativa del hombre infinito*; «Poema ocho» from *El hondero entusiasta*; «Débil del alba», «Ritual de mis piernas» from *Residencia en la tierra I*; «Sólo la muerte», «Entrada a la madera» from *Residencia en la tierra II*; «Vals» from *Tercera residencia*; «II, Alturas de Machu Pichu», «Del aire al aire, como una red vacía», «Si la flor a la flor entrega el alto germen», «Sube a nacer conmigo, hermano» from *Canto general*; «El hijo» from *Los versos del capitán*; «Oda a la cebolla», «Oda a un reloj en la noche» from *Odas elementales*; «Oda a los calcetines» from *Nuevas odas elementales;* «Muchos somos» from *Estravagario*; «Soneto LXXXIX» from *Cien sonetos de amor*; «Fin de fiesta» from *Cantos ceremoniales*, (J). Georgette de Vallejo for: «Ágape», «La voz del espejo», «El pan nuestro» from *Los heraldos negros*; Sections

«XXVIII, XLIX» from *Trilce*; «Voy a hablar de la esperanza» from *Poemas en prosa*; «Considerando en frío, imparcialmente . . . », «Traspié entre dos estrellas», «Piedra negra sobre piedra blanca», «Y si después de tantas palabras . . . » from *Poemas humanos*; «Imagen española de la muerte» from *España, aparta de mí ese cáliz*, by César Vallejo, (IDJ). Jorge Carrera Andrade for: «Edición de la tarde» from *Noticias del cielo*; «Biografía para uso de los pájaros», «Segunda vida de mi madre» from *Biografía para uso de los pájaros*; «Juan sin cielo» from *Aquí yace la espuma*; «Dictado por el agua», «Familia de la noche» from *Familia de la noche*, (J). Fondo de Cultura Económica for: «La orilla del mar», «Otoño» from *Canciones para cantar en las barcas*; «Sonetos I, III» from *Poesía*; Sections I and IV from *Muerte sin fin* by José Gorostiza (IA). Sonia Henríquez Ureña de Hito for: «Caminos de nuestra historia literaria» from *Seis ensayos en busca de nuestra expresión* by Pedro Henríquez Ureña (J). José J. Vasconcelos for: «Misión de la raza iberoamericana» from *La raza cósmica* by José Vasconcelos (J). Fondo de Cultura Económica for: «Salutación al romero» from *Repaso poético, 1906–1958*; «La señal funesta» from *Jornada en sonetos, 1912–1951*; «La reina perdida» from *El plano oblicuo*; «Valor de la literatura hispanoamericana» from *Última tule* by Alfonso Reyes (EA). Ed. Zig Zag for: «Celos bienhechores» from *Del natural* by Eduardo Barrios (J). International Editors' Co. for: «Güelé» from *Cuentos de muerte y de sangre* by Ricardo Güiraldes (J). Angel López Oropeza for: «La patria» from *Cuentos campesinos* de México by Gregorio López y Fuentes (J). Jorge Icaza for: «Cachorros» from *Barro de la sierra* (J). María Helena Bravo de Quiroga for: «Tacuara-Mansión» from *Los desterrados* by Horacio Quiroga (IEJ). Sra. de Marquez Sterling for: «El pagaré» from *Un cementerio en Las Antillas* by Alfonso Hernández-Catá (J). Fondo de Cultura Económica for: «Nocturno eterno» from *Nocturnos*; «Nocturno en que habla la muerte», «Nocturno rosa» from *Nostalgia de la muerte*; «Décima muerte» from *Décima muerte y otros poemas*; «Nuestro amor» from *Canto a la primavera y otros poemas* by Xavier Villaurrutia (HA). Ricardo E. Molinari for: «Yo quisiera ser feliz como un pie desnudo» from *Tabernáculo*; Casida de la Bailarina (extract); Cinco canciones antiguas de amigo (extract), (J). María Valdés Vda. de Palés Matos for: «El pozo» from *El palacio en las sombras*; «Pueblo» from *Canciones de la vida media*; «Danza negra», «Canción festiva para ser llorada», «Elegía del duque de la Mermelada» from *Tuntún de pasa y grifería. Poemas Afroantillanos* by Luis Palés Matos (J). Nicolás Guillén for: «Mulata» from *Motivos de son*; «Secuestro de la mujer de Antonio» from *Sóngoro Cosongo*; «Sensemayá» from *West Indies Ltd.*; «No sé por qué piensas tú», «Fusilamiento», «Velorio de papá Montero» from *Cantos para soldados y sones para turistas*; «Cuando yo vine a este mundo», «Glosa» from *El son entero*; «Little Rock», «Un largo lagarto verde» from *La paloma de vuelo popular. Elegías* (J). Manuel del Cabral for: «Carta a Manuel» from *Tierra íntima*; «Negro sin zapatos», «Negro sin risa», «Negro manso» from *Trópico negro*; «Mon dice cosas» from *Compadre Mon*; «Letra» from *Sangre mayor* (J). Octavio Paz for: «Himno entre las ruinas» from *La estación violenta*; «Más allá del amor», «El sediento», «El regreso», «El desconocido» from *Libertad bajo palabra. Obra poética 1935–1958*; «Repeticiones», «El tiempo mismo», from *Salamandra*; «Viento entero» from *Viento entero*; «El verbo desencarnado» from *El arco y la lira* (J). Eduardo Mallea for: «La celebración» from *La razón humana* (J). Alejo Carpentier for: «Semejante a la noche» from *La guerra del tiempo* (IJJ). Agustín Yañez for: «La niña Esperanza o El monumento derribado» from *Tres cuentos* (J). Miguel Angel Asturias for: «La leyenda del sombrerón» from *Leyendas de Guatemala* (IJJ). Manuel Rojas for: «Un ladrón y su mujer» from *El vaso de leche y sus mejores cuentos* (EJ). Arturo Uslar Pietri for «La voz» from *Barrabás y otros cuentos* (J). Lino Novás Calvo for: «Un dedo encima» from *Cayo Canas* (J). Agustina M. de Martínez Estrada for: «El tango» from *Radiografía de la Pampa* by Ezequiel Martínez Estrada (J). Germán Arciniegas for «La ilustración» from *El continente de siete colores* (J). Dr. Jorge Mañach Jr., for: «El estilo de la revolución» by Jorge Mañach (J). Carlos Solórzano for: «La mano de Dios» (GJ). Julio Cortázar for «La casa tomada» from *Bestiario*, Copyright © 1951 Editorial Sudamericana, S.A. Buenos Aires (IJJ). Augusto Roa Bastos for «El ojo de la muerte» from *El trueno entre las hojas* (J). Fondo de Cultura Económica for «El hombre» from *El llano en llamas* by Juan Rulfo (DA). René Marqués for «En la popa hay un cuerpo reclinado» from *En una ciudad llamada San Juan* (EJ). «La prodigiosa tarde de Baltazar» from *Los funerales de la Mamá Grande* by © Gabriel García Márquez (CE). Editorial Joaquín Mortiz for «La muñeca reina» from *Cantar de ciegos* by Carlos Fuentes (IJJ). Mario Vargas Llosa for «El hermano menor» from *Los jefes* (EJ).

Índice de Autores